공기업 합격을 위한 위포트만의 **특별 학습 혜택 8가지**

통합 쿠폰번호

RHE9-127B-VT85-NPCF

※ 쿠폰 유효기간: 쿠폰 등록 후 90일 이내
※ 본 쿠폰은 1인 1회만 사용 가능 / 중복 사용 불가

통합 쿠폰 등록 방법

위포트 웹사이트 로그인 (www.weport.co.kr) ▶ 왼쪽 상단 메뉴 [쿠폰] 클릭 ▶ 쿠폰번호 입력 후 [등록] 클릭 ▶ [마이페이지] - [온라인 콘텐츠]에서 등록 확인

---

1 혜택
핵심 모듈 이론을 빠르게 점검하는

모듈 핵심 이론 OX 100제(PDF)

2 혜택
산인공 워크북에는 없지만 출제 가능성이 높은 이론을 문제로 풀어볼 수 있는

'플러스 알파(구모듈 + 산인공 외 모듈)' 문제와 해설(PDF)

---

3 혜택
모듈형, 피듈형, PSAT형 중 강·약점 유형을 파악할 수 있는

유형별 실력테스트 문제와 해설(PDF)

4 혜택
합격의 당락을 가르는 어휘·어법 특강! NCS 의사소통능력 향상을 위한

한글맞춤법 특강

---

5 혜택
NCS 필기 전형 최종 점검을 위한

NCS 온라인 모의고사 응시권

6 혜택
자기소개서 작성 및 면접 대비를 위한

자소서·면접 합격 전략 가이드북(PDF)

---

7 혜택
경쟁자 대비 나의 위치를 확인할 수 있는

NCS 모의고사 채점 및 분석 서비스

8 혜택
다양한 공기업 인성검사를 대비할 수 있는

인성검사 공략법 및 모의테스트(PDF)

※ 구매혜택은 도서 구매 인증 시 제공해 드리며, 시기에 따라 변경되거나 순차적으로 제공될 수 있습니다.

믿을 수 있는 취업전문가 위포트 www.weport.co.kr

'가장 빠른 합격'을 위한 확실한 방법, 위포트입니다.

14년 전, 우리가 취업 교육을 시작한 이유는 여기에 있습니다.

검증되지 않은 취업 컨설턴트, 취업 스터디 속 무분별한 정보, 현실에 맞지 않는 취업 프로그램 등 잘못된 정보로 취업에 실패하고 꿈을 포기하는 친구들을 보면서, 더 이상 여러분의 소중한 노력이 외면받지 않아야 한다고 생각했습니다.

10년간 72,465명 합격자를 만든 1타 강사진과 교재로 증명합니다.

❓ 왜, 믿을 수 있는 취업전문가 위포트인가?

1. 1위* 취업교육 아카데미
2010년부터 오직 취업에 특화된 전문적인 지식과 교육 제공
* 위포트 1위: 네이버 트렌드 지수 월간 검색량(2017.03~2020.11 기준)

2. 前 대기업/공기업 채용담당자 및 직무별 현직자 등 취업 전문 강사진
삼성, CJ, 포스코, KT, ASML 출신 채용담당자 및 현직자와 19년 경력 공기업 인사차장 강사진의 실제 업무 경험을 바탕으로 합격 방향 제시

3. 대기업/공기업 합격자 수 72,465명* 합격자 수로 증명하는 위포트!
14년간의 취업 노하우로 맞춤형 취업 전략 제시
* 위포트 수강생 중 서류, 인적성, 최종합격자 수(2012.05~2024.11.15 기준)

4. 7년 연속 취업도서 베스트셀러 1위!*
삼성, 한전, 코레일 등 대기업/공기업 합격 노하우를 담은 자소서/인적성/면접 도서 출간!
*Yes24 공사공단 수험서 부문 2016년 52주 중 26주 1위, 2017년 52주 중 31주 1위, 2018년 53주 중 37주 1위, 2019년 52주 중 37주 1위, 2020년 52주 중 30주 1위, 2021년 53주 중 42주 1위, 2022년 22주 중 20주 1위(22.06.03 기준)

지금 검색창에 **'위포트'**를 검색하세요. 🔍

채용담당자의 다양한 취업강의를 확인해보세요.

Weport

가장 빠른 합격을 위한 확실한 방법, 위포트!
공기업 NCS 0원 합격패스

최대 100% 합격 환급!

10년간 *72,465명 합격자를 만든
1타 강사진과 교재로 증명합니다.

(* 위포트 수강생 중 서류, 인적성, 최종합격자 수 2012.05~2024.11.15 기준)

채용 담당자 출신 전문 강사진
임호근 / 홍기찬

경영 & 경제 & 회계 1위* 전공 1타 강사진
장진 / 김만희 / 기계의 진리
신경수 / 김윤상 / 황윤하

NCS 1위 & PSAT 1위*** 전문 강사진**
윤진원 / 이지은
하주웅 / 신헌 / 박어령

* [경영 1위] 김윤상 - 나무경영아카데미 2020년 1월 CPA 봄 기준 종합반 수강생 수 기준 / [경제 1위] 신경수 - Yes24 공무원 수험서 경제학 부문 (2021년11월 5주, 2021년 1월 기준)
** 신헌 - NCS 자료해석 검색량 1위(2016년 1월 ~ 2021년 5월 PSAT 자료해석 대표강사 검색 1위)
*** 7급 PSAT 자료해석기출 단기 완성 Yes24 PSAT(외시/행시/7급) 카테고리 주별 베스트 1위 (2020년 12월 2~3주 1위)

공기업 최종 합격을 위한 가장 합리적인 선택, 위포트!

공기업 강좌 0원 최대 100% 환급
※ 제세공과금 본인 부담

1,248개 이상 콘텐츠 실시간 업데이트
※ 제공되는 강의 수는 변동 가능

자소서 / NCS / PSAT / 전공 / 모듈 / 면접
자소서부터 NCS 필기, 전공, 면접까지 합격 커리큘럼 제공

지금 바로 검색창에 **'위포트'**를 검색하세요.

가장 빠른 합격을 위한 확실한 방법, 위포트!
10년간 72,465명* 합격자를 만든 1타 강사진과 교재로 증명합니다.

* 위포트 수강생 중 서류, 인적성, 최종합격자 수 (2012.05~2024.11.15 기준)

1 공기업을 **처음** 준비하는 **취업준비생**

2 이제는 **합격**하고 싶은 **취업N수생**

3 **독학**으로 준비하고 싶은 **취준독학러**

베스트셀러로 구성된 맞춤 커리큘럼으로 학습!

1단계 — 기본학습
NCS 유형 정복
기초 탄탄 전 범위 학습

기본서

- NCS 통합 (1위)
- NCS 모듈형 (1위)

2단계 — 심화학습
고난도 실전 대비 PSAT 기출 엄선
핵심 유형 집중 학습

기본서

- 수리·자료해석 핵심 기본서 (1위)
- 추리·상황판단 핵심 기본서 (1위)
- 언어·의사소통 능력 핵심 기본서

실전서

- 수리·자료해석 실전 300제
- 추리·상황판단 실전 200제

플러스 α — 7급 PSAT 단기 완성
7급 PSAT 영역별 기출 단기 완성 학습

기본서

- 자료해석 기출 단기 완성 (1위)
- 상황판단 기출 단기 완성
- 언어논리 기출 단기 완성

실전서

- 파이널 실전단기 완성

• NCS 기본서 Yes24 공사공단 수험서 부문 2015년 8월 4주~2022년 6월 4주 중 총 226주 1위
• 모듈형 기본서 Yes24 취업/상식/적성검사 내 모듈형 통합 기본서 부문 2020년 1월 3주~2022년 10월 4주 중 총 84주 1위
• PSAT for NCS 수리·자료해석 핵심 Yes24 공사공단 NCS 카테고리 내 NCS 교재 부문 2017년 7월 4주~2022년 10월 3주 중 총 245주 1위
• PSAT for NCS 추리·상황판단 핵심 Yes24 공사공단 수험서 부문 2021년 7월 1주 1위
• 7급 PSAT 자료해석 기출 단기 완성 Yes24 PSAT(외시/행시/7급) 부문 2020년 12월 2주~12월 3주 1위

가장 빠른 합격을 위한 확실한 방법, 위포트!
10년간 *72,465명 합격자를 만든 1타 강사진과 교재로 증명합니다.

최종합격을 위한 공부 습관 완성!

위포트 빡공스터디 100% 무료

빡공스터디는 위포트 1타 강사진의 강의를 무료로 제공해드리며
학습안내 및 미션을 통해 공부 습관을 완성해드리는 프로그램입니다.

타사 비교불가
**1타 강사진의 강의
100% 무료 제공**

최종합격을 위한
공부 습관 형성
**스터디 매니저의
매일 학습 알림**

NCS/PSAT/전공필기
대기업/이공계
**대·공기업 취준 완성
온라인 스터디**

(* 위포트 수강생 중 서류, 인적성, 최종합격자 수 2012.05~2024.11.15 기준)

모집 중인 스터디 확인하기

2025 최신판

위포트 공기업
NCS 모듈형
통합기본서

핵심 모듈이론 + 실전 모의고사

Weport

서문

2025 최신판
위포트 공기업 NCS 모듈형
통합 기본서를 출간하며

위포트 연구소에서는 취업을 위하여 부단히 노력하는 청년들을 응원하는 마음으로, 최신 채용 트렌드를 분석하여 이에 적합한 양질의 콘텐츠를 제작하고, 이를 효율적·효과적으로 활용할 수 있도록 제공하는 데 최선을 다하고 있습니다.

2025 최신판 위포트 공기업 NCS 모듈형 통합 기본서는 위포트 연구소가 취업 교육 전문 연구소로서의 책임감을 갖고 고민한 끝에 내놓은 연구·개발의 결실로, 다음과 같은 특징을 지닙니다.

첫째, 지원하려는 공기업의 출제 대행사별 맞춤 학습 전략 수립을 위해 '출제 대행사별 채택 공기업 현황' 제공

둘째, 영역별 최신 모듈형 출제 경향과 2025 대비 학습법, 대표 출제 기업 등을 확인하고 대표예제를 통해 실전 문제를 파악할 수 있도록 '영역별 최신 모듈형 출제 경향' 수록

셋째, 산업인력공단에서 제공하는 방대한 워크북 이론을 짜임새 있게 재구성함은 물론, 워크북에는 없지만 출제 가능성이 높은 '플러스 알파 이론'까지 수록

넷째, 모듈이론의 효과적인 학습을 위해 NCS 10개 직업기초능력별 '개념정리 → 기본문제 → 심화문제 → 응용문제 → 실전 모의고사'의 체계적인 커리큘럼 구현

다섯째, 실전 감각 향상을 위해 영역형, 통합형 실전 모의고사 총 2회분 수록

여섯째, 학습 효율 향상을 위하여 문항별 난이도, 출제 포인트, 개념 보충, 실전용 해설 등 상세한 학습 정보 제공

본 수험서가 채용 관문 통과에 필요한 기본기와 노하우를 다지는 데 최적화된 훈련서이자 지침서로서의 역할을 다하여, 여러분들이 체감하는 취업 한파를 조금이나마 달랠 수 있는 온기로 작용하기를 진심으로 바랍니다.

2025, 위포트 연구소 드림

정오표 제공 및 확인 방법 안내

위포트 연구소에서는 변화하는 채용 전형에 신속히 대응하여
정확한 콘텐츠를 제공하는 것을 가장 중시하고 있습니다.

위포트 연구소는 기업별 필기 전형이 진행된 직후 출제 경향 분석을 시작하여, 분석 결과에 부합하는 콘텐츠를 개발하고, 다층적 검수 과정을 거쳐 도서 형태로 출간하고 있습니다.

이 과정에서 전문가들에 의하여 다각적인 콘텐츠 검수가 이뤄지지만, 그럼에도 불구하고 오탈자 등의 정정 사항을 미처 발견하지 못하는 경우가 있음에 매우 안타까움을 느낍니다.

출제부터 편집까지 전부 사람이 하는 일인지라 100% 완벽하기는 어려운 것이 현실이지만, 학습 과정상 여러분에게 교재의 크고 작은 오류들이 어떠한 방해 요인으로 작용하는지 잘 알고 있기에, 저희는 책임감을 갖고 정오를 최소화하기 위하여 노력하고 있습니다.

또한 위포트 홈페이지를 통하여 상시로 정오표를 제공하고 있사오니, 아래 안내된 방법에 따라 정오표를 확인한 후 학습에 참고하여 주시길 바랍니다.

항상 양질의 콘텐츠를 제공하기 위하여 더욱 노력하겠습니다.

감사합니다.

| 홈페이지 접속 (www.weport.co.kr) | >>> | 상단 메뉴에서 '도서' 클릭 |

| 도서명 입력(판/쇄 정보 확인) | <<< | 왼쪽 하단의 '도서 정오표' 클릭 |

Contents

▶ 정오표 안내 ... 3
▶ 구성&활용 ... 6
▶ 학습 플랜 ... 8
▶ 국가직무능력표준(NCS) 안내 ... 10
▶ NCS 직업기초능력평가 안내 ... 12
▶ NCS 모듈형 안내 ... 14
▶ NCS 학습모듈 안내 ... 16
▶ 출제 대행사별 채택 공기업 현황 ... 24
▶ 영역별 최신 모듈형 출제 경향 ... 26

PART 1 직/업/기/초/능/력/평/가

01 의사소통능력
- 개념정리 ... 52
  - 개념체크
  - 플러스 알파 이론
- 기본문제 ... 124
- 심화문제 ... 130
- 응용문제 ... 156

02 수리능력
- 개념정리 ... 166
  - 개념체크
  - 플러스 알파 이론
- 기본문제 ... 204
- 심화문제 ... 208

03 문제해결능력
- 개념정리 ... 240
  - 개념체크
  - 플러스 알파 이론
- 기본문제 ... 270
- 심화문제 ... 276
- 응용문제 ... 302

04 자기개발능력
- 개념정리 ... 310
  - 개념체크
  - 플러스 알파 이론
- 기본문제 ... 334
- 심화문제 ... 338
- 응용문제 ... 368

05 자원관리능력
- 개념정리 ... 374
  - 개념체크
  - 플러스 알파 이론
- 기본문제 ... 406
- 심화문제 ... 412
- 응용문제 ... 436

06 대인관계능력
- 개념정리 ... 444
  - 개념체크
  - 플러스 알파 이론
- 기본문제 ... 482
- 심화문제 ... 488
- 응용문제 ... 516

07 정보능력
- 개념정리 ... 522
  - 개념체크
  - 플러스 알파 이론
- 기본문제 ... 560
- 심화문제 ... 566
- 응용문제 ... 590

08 기술능력
- 개념정리 ... 596
  - 개념체크
  - 플러스 알파 이론
- 기본문제 ... 618
- 심화문제 ... 624
- 응용문제 ... 656

09 조직이해능력
- 개념정리 ... 662
  - 개념체크
  - 플러스 알파 이론
- 기본문제 ... 706
- 심화문제 ... 714
- 응용문제 ... 744

10 직업윤리
- 개념정리 ... 758
  - 개념체크
  - 플러스 알파 이론
- 기본문제 ... 782
- 심화문제 ... 786
- 응용문제 ... 820

PART 2 실전 모의고사

01 실전 모의고사 1회(영역형)   827
02 실전 모의고사 2회(통합형)   855

별책 정답 및 해설

PART 1   직업기초능력평가

01 의사소통능력   4
02 수리능력   18
03 문제해결능력   28
04 자기개발능력   42
05 자원관리능력   54
06 대인관계능력   68
07 정보능력   82
08 기술능력   96
09 조직이해능력   110
10 직업윤리   126

PART 2   실전 모의고사

01 실전 모의고사 1회(영역형)   142
02 실전 모의고사 2회(통합형)   152

구성&활용

STEP 1 NCS 모듈형 이해 및 출제 대행사별 채택 공기업 현황 확인

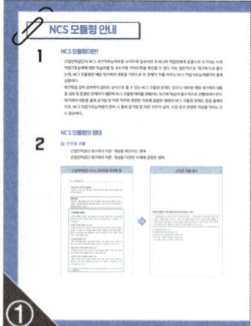

① NCS 모듈형 이해

본격적인 학습에 앞서 NCS 직업기초능력평가의 중요한 출제 유형인 NCS 모듈형에 대해 정확하게 이해한다.

② 출제 대행사별 채택 공기업 현황 확인

최근 3년 동안의 주요 출제 대행사별 채택 공기업을 확인하여 맞춤형 학습 전략을 수립한다.

STEP 2 NCS 모듈형 이론 학습

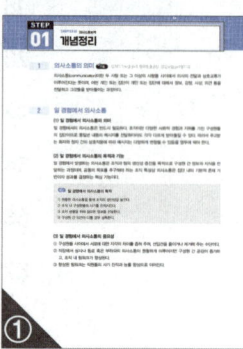
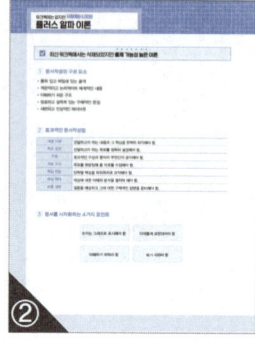

① 산업인력공단 워크북 이론 학습

산업인력공단에서 제공하는 방대한 양의 워크북 이론을 NCS 10개 영역의 34개 하위능력별로 짜임새 있게 재구성한 개념정리 이론을 학습한다. 이때 실제 필기시험에 출제된 내용에는 출제 기업명이 표기되어 있으므로, 빈출 이론을 중심으로 내용의 중요도를 구분하여 파악할 수 있다.

② 산업인력공단 워크북 범위 외에 출제 가능성이 높은 플러스 알파 이론 학습

최신 산업인력공단 워크북에서는 삭제되었지만 출제 가능성이 높은 이론, 또는 워크북에 수록되지 않았지만 출제 가능성이 높은 이론을 학습함으로써, 워크북 범위가 아닌 영역에서 출제되는 문제에도 대비한다.

③ 하위능력별 개념체크 문제 풀이

NCS 모듈형 이론을 학습한 후 간단한 개념체크 문제를 풀이함으로써 주요 내용을 잘 이해하고 있는지 점검한다.

STEP 3 　 NCS 모듈형 문제 풀이

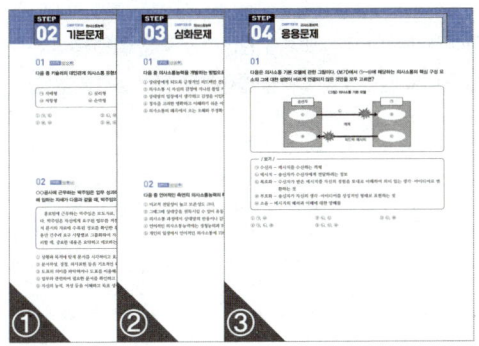

① 기본문제를 통한 기본 다지기

산업인력공단 워크북의 핵심 내용을 기반으로 한 기본문제를 풀이함으로써 NCS 모듈형의 기본 형태를 확인하고, 문제 유형에 익숙해지도록 한다.

② 심화문제 & 응용문제를 통한 문제 응용력 향상

기본문제보다는 조금 더 실전에 가깝게 구성된 심화문제 & 응용문제를 풀이함으로써 NCS 모듈형의 다양한 형태를 접하고, 문제 응용력을 향상시킨다.

STEP 4 　 NCS 모듈형 실전 대비

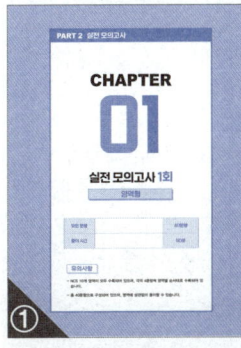

① 영역형 모의고사를 통해 NCS 모듈형 실전 감각 향상

NCS 10개 영역이 영역별 순서대로 구성된 실전 모의고사 1회분(40문제)을 풀어보며, 시간 관리 감각 및 실전 감각을 익힌다.

② 통합형 모의고사를 통해 NCS 모듈형 실전 감각 향상

NCS 10개 영역별 출제 비중이 달라지는 공기업 필기시험에 대비하여 실전 모의고사 1회분(40문제)을 풀이하고, 이를 통해 시간 관리 감각 및 실전 감각을 익힌다.

③ 자가 학습 점검표 작성 및 활용

실전 모의고사 풀이 후 자가 학습 점검표를 작성하고 활용하여, 자신의 강점과 약점 유형을 스스로 파악하고 학습의 효율성을 높인다.

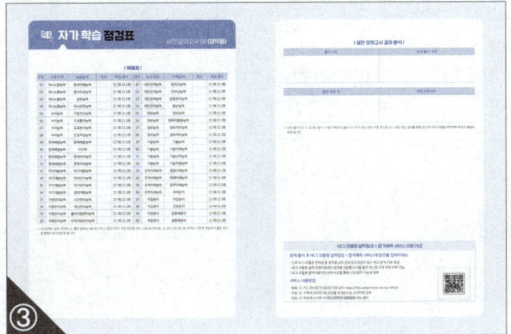

학습 플랜

20일

공기업 NCS 직업기초능력평가 응시 경험이 없으며, NCS 모듈형에 대한 이해가 필요한 학습자에게 권장하는 학습 플랜입니다. 산업인력공단에서 제공하는 워크북의 핵심 내용을 완벽하게 이해하고, 이를 토대로 실전 모의고사를 풀어보며 실전 감각을 높일 수 있습니다.

( )요일	( )요일	( )요일	( )요일	( )요일
___월 ___일 1일 차	___월 ___일 2일 차	___월 ___일 3일 차	___월 ___일 4일 차	___월 ___일 5일 차
출제 대행사별 채택 공기업 & 최신 모듈형 출제 경향 확인 및 학습 전략 수립	의사소통능력 개념정리 학습 &기본문제 풀이	의사소통능력 심화문제 풀이 &응용문제 풀이	수리능력 개념정리 학습 &기본문제 풀이	수리능력 심화문제 풀이
___월 ___일 6일 차	___월 ___일 7일 차	___월 ___일 8일 차	___월 ___일 9일 차	___월 ___일 10일 차
문제해결능력 개념정리 학습 &기본문제 풀이	문제해결능력 심화문제 풀이 &응용문제 풀이	자기개발능력 개념정리 학습 &기본문제 풀이 &심화문제 풀이 &응용문제 풀이	자원관리능력 개념정리 학습 &기본문제 풀이	자원관리능력 심화문제 풀이 &응용문제 풀이
___월 ___일 11일 차	___월 ___일 12일 차	___월 ___일 13일 차	___월 ___일 14일 차	___월 ___일 15일 차
대인관계능력 개념정리 학습 &기본문제 풀이 &심화문제 풀이 &응용문제 풀이	정보능력 개념정리 학습 &기본문제 풀이 &심화문제 풀이 &응용문제 풀이	기술능력 개념정리 학습 &기본문제 풀이 &심화문제 풀이 &응용문제 풀이	조직이해능력 개념정리 학습 &기본문제 풀이	조직이해능력 심화문제 풀이 &응용문제 풀이
___월 ___일 16일 차	___월 ___일 17일 차	___월 ___일 18일 차	___월 ___일 19일 차	___월 ___일 20일 차
직업윤리 개념정리 학습 &기본문제 풀이 &심화문제 풀이 &응용문제 풀이	실전 모의고사 1회 풀이	실전 모의고사 1회 오답노트	실전 모의고사 2회 풀이	실전 모의고사 2회 오답노트

10일

공기업 NCS 직업기초능력평가에 대한 기본적 이해가 있으며, NCS 모듈형의 최신 출제 경향을 중점적으로 확인하고 싶은 학습자에게 권장하는 학습 플랜입니다. 기본·심화·응용문제를 통해 10개 직업기초능력별 최신 출제 경향 및 형태를 파악하고, 실전 모의고사를 풀어보며 실전 감각을 높일 수 있습니다.

( )요일	( )요일	( )요일	( )요일	( )요일
___월 ___일 1일 차	___월 ___일 2일 차	___월 ___일 3일 차	___월 ___일 4일 차	___월 ___일 5일 차
의사소통능력 개념정리 학습 &기본문제 풀이 &심화문제 풀이 &응용문제 풀이	수리능력 개념정리 학습 &기본문제 풀이 &심화문제 풀이	문제해결능력 개념정리 학습 &기본문제 풀이 &심화문제 풀이 &응용문제 풀이	자기개발능력 개념정리 학습 &기본문제 풀이 &심화문제 풀이 &응용문제 풀이	자원관리능력 개념정리 학습 &기본문제 풀이 &심화문제 풀이 &응용문제 풀이
___월 ___일 6일 차	___월 ___일 7일 차	___월 ___일 8일 차	___월 ___일 9일 차	___월 ___일 10일 차
대인관계능력 개념정리 학습 &기본문제 풀이 &심화문제 풀이 &응용문제 풀이	정보능력 기술능력 개념정리 학습 &기본문제 풀이 &심화문제 풀이 &응용문제 풀이	조직이해능력 직업윤리 개념정리 학습 &기본문제 풀이 &심화문제 풀이 &응용문제 풀이	실전 모의고사 1회 풀이&오답노트	실전 모의고사 2회 풀이&오답노트

5일

◎ Self Check

( )요일	( )요일	( )요일	( )요일	( )요일
___월 ___일 1일 차	___월 ___일 2일 차	___월 ___일 3일 차	___월 ___일 4일 차	___월 ___일 5일 차

국가직무능력표준(NCS) 안내

1. 국가직무능력표준(NCS)의 의미

국가직무능력표준(NCS, National Competency Standards)은 산업현장에서 직무를 수행하기 위해 요구되는 지식·기술·태도 등의 내용을 국가가 체계화한 것이다.

2. 국가직무능력표준(NCS)의 개념도

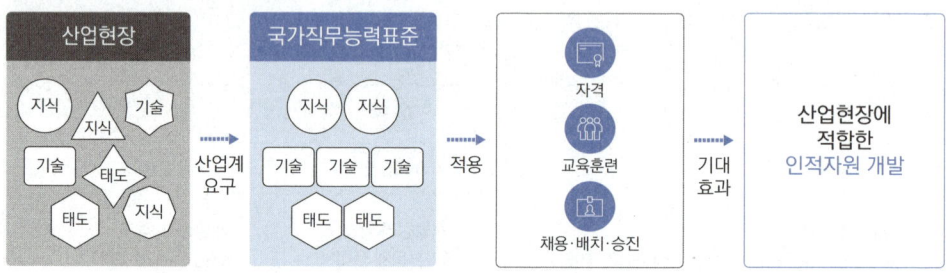

3. 국가직무능력표준(NCS)의 구성

- 직무는 국가직무능력표준 분류의 세분류를 의미하고, 원칙상 세분류 단위에서 표준이 개발된다.
- 능력단위는 국가직무능력표준 분류의 하위단위로서 국가직무능력표준의 기본 구성요소에 해당되며, 능력단위요소(수행준거, 지식·기술·태도), 적용 범위 및 작업 상황, 평가 지침, 직업기초능력으로 구성된다.

✎ 국가직무능력표준 능력단위 구성

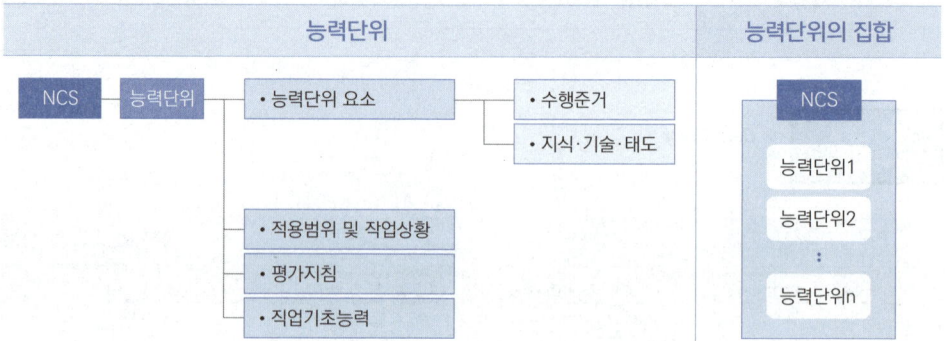

4 국가직무능력표준의 분류

한국고용직업분류(KECO, Korean Employment Classification of Occupations) 등을 참고로 분류되었으며 '대분류(24개) → 중분류(81개) → 소분류(271개) → 세분류(1,083개)'의 순으로 구성되었다.

국가직무능력표준 분류

순서	대분류	중분류	소분류	세분류
1	사업관리	1	2	5
2	경영·회계·사무	4	11	29
3	금융·보험	2	9	36
4	교육·자연·사회과학	2	3	8
5	법률·경찰·소방·교도·국방	2	4	16
6	보건·의료	1	2	11
7	사회복지·종교	3	6	17
8	문화·예술·디자인·방송	3	9	61
9	운전·운송	4	8	31
10	영업판매	3	8	18
11	경비·청소	2	2	4
12	이용·숙박·여행·오락·스포츠	4	12	46
13	음식서비스	1	3	12
14	건설	8	28	132
15	기계	11	36	139
16	재료	2	10	48
17	화학·바이오	5	17	53
18	섬유·의복	3	8	26
19	전기·전자	3	36	115
20	정보통신	3	17	111
21	식품가공	2	4	21
22	인쇄·목재·가구·공예	2	4	23
23	환경·에너지·안전	6	19	67
24	농림어업	4	13	54
	계	81개	271개	1,083개

세부 분류 기준

분류	하위능력
대분류	· 노동시장 정보와의 연계를 위해 한국고용직업분류(KECO)의 중분류를 차용 · 한국고용직업분류의 중분류에 해당하는 산업의 규모가 크거나 이질적인 분야가 존재할 경우, 직능유형에 따라 분리
중분류	· 직능유형에 따라 분류하되, 이를 '수행해야 할 활동' 과 '수행의 대상'으로 구분하여 분류 · 중분류 수준에서 자격에 의해 '경력개발'이 가능할 수 있도록 분류 · 자격 관리·운영의 현장성을 고려하여 산업별인적자원개발위원회(ISC) 관련 분야가 존재하는 경우나 유력시 되는 분야는 별도로 분리 · 관련 법령에 근거하여 분류하였으며 여러 분류에 중복해서 존재하거나, 특정 분야 내에서 자격종목이 누락되지 않도록 설정
소분류	· 중분류 내에서 이질적인 분야가 존재할 경우 직능유형에 따라 분류 · 중분류 내에서 직종구조분석을 통해서 최신성, 현장성을 유지 · 자격 관리·운영의 현장성을 고려하여 산업별인적자원개발위원회(ISC) 관련 분야가 존재하는 경우나 유력시 되는 분야는 별도로 분리
세분류	· 직종구조분석을 통해 분류하였으며, 소분류 내에서 이질적인 분야가 존재할 경우 직능유형에 따라 분류 · 한국고용직업분류의 세세분류를 반영하고, 향후 해당 산업에서 중요하게 부각될 가능성이 높은 직무를 고려

NCS 직업기초능력평가 안내

1. 직업기초능력이란?

업무를 수행함에 있어 직업인이 공통적으로 가져야 할 능력으로 10개 영역, 34개 하위능력으로 구성된다.

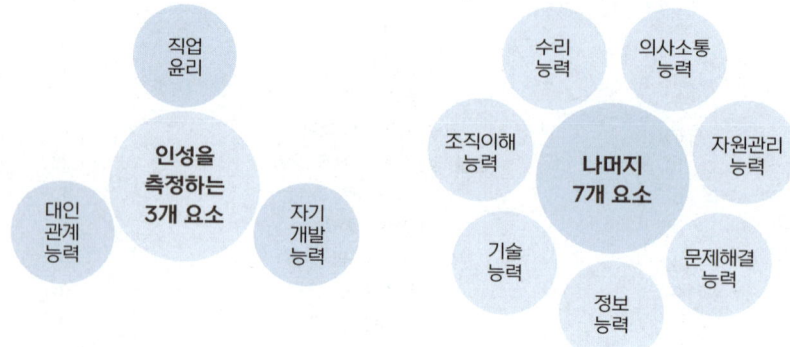

직업기초능력 영역 분류

의사소통능력	• 글과 말을 읽고 들음으로써 다른 사람이 뜻한 바를 파악하고, 자기가 뜻한 바를 글과 말을 통해 정확하게 쓰거나 말하는 능력이다. • 하위능력: 문서이해능력, 문서작성능력, 경청능력, 의사표현능력, 기초외국어능력
수리능력	• 사칙연산, 통계, 확률의 의미를 정확하게 이해하고, 이를 업무에 적용하는 능력이다. • 하위능력: 기초연산능력, 기초통계능력, 도표분석능력, 도표작성능력
문제해결능력	• 문제 상황이 발생하였을 경우, 창조적이고 논리적인 사고를 통하여 이를 올바르게 인식하고 적절히 해결하는 능력이다. • 하위능력: 사고력, 문제처리능력
자기개발능력	• 업무 추진에 있어 스스로를 관리하고 개발하는 능력이다. • 하위능력: 자아인식능력, 자기관리능력, 경력개발능력
자원관리능력	• 시간, 자본, 재료 및 시설, 인적자원 등의 자원 가운데 무엇이 얼마나 필요한지를 확인하고, 이용 가능한 자원을 최대한 수집하여 실제 업무에 활용할 것인지를 계획하고, 계획대로 업무 수행에 이를 할당하는 능력이다. • 하위능력: 시간관리능력, 예산관리능력, 물적자원관리능력, 인적자원관리능력
대인관계능력	• 업무 수행 중 접촉하게 되는 사람들과 문제를 일으키지 않고 원만하게 지내는 능력이다. • 하위능력: 팀워크능력, 리더십능력, 갈등관리능력, 협상능력, 고객서비스능력
정보능력	• 업무와 관련된 정보를 수집·분석하여 의미 있는 정보를 찾아내고, 이를 적절히 조직 및 관리하며, 업무 수행에 활용하는 과정에서 컴퓨터를 사용하는 능력이다. • 하위능력: 컴퓨터활용능력, 정보처리능력
기술능력	• 도구, 장치 등을 포함하여 필요한 기술에는 어떠한 것들이 있는지 이해하고, 실제로 업무를 수행함에 있어 적절한 기술을 선택하여 적용하는 능력이다. • 하위능력: 기술이해능력, 기술선택능력, 기술적용능력
조직이해능력	• 업무를 원활하게 수행하기 위해 국제적인 추세를 포함하여 조직의 체제와 경영에 대해 이해하는 능력이다. • 하위능력: 경영이해능력, 체제이해능력, 업무이해능력, 국제감각
직업윤리	• 원만한 직업생활을 위해 필요한 태도, 매너, 올바른 직업관 등에 관한 능력이다. • 하위능력: 근로윤리, 공동체윤리

2 NCS 직업기초능력평가 출제 유형

기업마다 NCS 직업기초능력평가는 출제 유형이 다르므로 최근 출제 경향과 출제 대행사를 확인하여 대비한다. NCS 직업기초능력평가 출제 유형은 크게 모듈형, PSAT형, 피듈형 세 가지로 구분할 수 있으며, 기업별로 출제 유형이 다르므로 이에 유의해야 한다.

✎ 모듈형
한국산업인력공단에서 제공하는 직업기초능력 모듈 학습 워크북을 기반으로 출제되는 유형이다. 이 유형은 직업기초능력평가의 이론과 개념을 숙지하고 있는지, 이를 실무에 적용할 수 있는지 확인한다.

> **학습 전략**
> 직업기초능력 모듈 학습 워크북의 내용이 방대하므로, 이를 모두 암기하기는 것은 불가하다. 주요 개념 또는 빈출 출제 개념 위주로 학습하는 등의 방식으로 모듈형에 대비한다. 또한, 동일한 개념을 다루는 여러 문제를 반복적으로 풀이함으로써 개념에 대해 확실히 학습 및 암기할 수 있도록 한다.

✎ PSAT형
국가직 공무원 5급과 7급 선발에서 실시하는 PSAT(공직적격성평가)와 유사한 형태로 출제되는 유형이다. 이 유형은 일반적으로 방대한 분량의 자료를 제시하며, 자료에서 중요한 정보를 가려내고 이를 통해 정답을 도출할 수 있는지 확인한다.

> **학습 전략**
> PSAT형은 일반적으로 방대한 정보를 포함한 자료가 제시된다. 짧은 시간 동안 자료에서 중요한 정보를 가려내야 하는 만큼 자료 분석 및 추론 능력이 필수적이다. 다만, 이러한 능력은 단기간 향상시키기 어려우므로 꾸준한 학습이 필요하며, 학습 시 제한 시간 안에 정확히 정답을 찾는 연습으로 실전 감각을 기르도록 한다.

✎ 피듈형
모듈형과 PSAT형의 중간적 성격을 띤 유형으로, 크게 2개의 세부 유형으로 나눌 수 있다. 첫 번째는 직업기초능력 모듈 학습 워크북 이론이 아니나, 기본적인 관련 지식의 암기를 요구하는 유형이다. 두 번째는 직무와 관련 상황을 고려하여 제시된 조건에 따라 즉각적으로 정답을 찾는 유형이다. 이를 통해서도 알 수 있듯이 피듈형은 모듈형 풀이에 필요한 암기력과 PSAT형 풀이에 필요한 분석 및 추론 능력을 모두 확인한다.

> **학습 전략**
> 자주 출제되는 관련 지식이 정형화되어 있으므로 이에 유의하여 모듈 학습 워크북뿐만 아니라 해당 지식도 반드시 학습해야 한다. 또한, 고차원의 자료 분석 및 추론 능력은 아니더라도 기본적으로 제시되는 상황과 조건을 빠르게 이해할 수 있어야 하므로 직무 상황과 관련한 문제를 접해 보며 정답 도출에 중요한 열쇠가 되는 조건들을 가려내도록 한다.

📋 주요 기업별 출제 경향 ※ 각 기업별로 가장 최근 시행된 필기시험 기준

기업	모듈형	PSAT형	기업	모듈형	PSAT형
코레일	○	○	국민연금공단	○	○
서울교통공사	○	○	근로복지공단		○
한국도로공사	○	○	건강보험심사평가원	○	○
한국수자원공사	○	○	한국산업인력공단	○	
한국토지주택공사	○	○	한국전력공사	○	○
인천국제공항공사	○	○	한전KDN	○	○
한국공항공사	○	○	한전KPS	○	
부산교통공사	○	○	한국가스공사		○
IBK기업은행	○	○	한국중부발전	○	○
신용보증기금	○	○	한국남동발전		○
KDB산업은행	○	○	한국수력원자력		○
농협은행	○	○	한국전기안전공사	○	○
국민건강보험공단		○	한국농어촌공사	○	○

NCS 모듈형 안내

1. NCS 모듈형이란?

- 산업인력공단의 NCS 국가직무능력표준 사이트에 접속하면 우리나라 직업인에게 공통으로 요구되는 10개 직업기초능력에 대한 학습자용 및 교수자용 가이드북을 확인할 수 있다. 이는 일반적으로 '워크북'으로 불리는데, NCS 모듈형은 해당 워크북의 내용을 기반으로 한 문제가 주를 이루는 NCS 직업기초능력평가의 출제 경향이다.
- 워크북을 깊이 공부하지 않아도 상식으로 풀 수 있는 NCS 모듈형 문제도 있으나, 대부분 해당 워크북의 내용을 심화 및 응용한 문제이기 때문에 NCS 모듈형 대비를 위해서는 워크북 학습이 필수적으로 선행되어야 한다.
- 워크북의 내용을 출제 공기업 및 지원 직무와 관련된 자료에 결합한 형태의 NCS 모듈형 문제도 종종 출제되므로, NCS 직업기초능력평가 준비 시 출제 공기업 및 지원 직무의 성격, 사업 등과 관련한 자료를 익히는 것도 중요하다.

2. NCS 모듈형의 형태

☑ 산인공 모듈
- 산업인력공단 워크북의 이론·개념을 확인하는 형태
- 산업인력공단 워크북의 이론·개념을 다양한 사례에 결합한 형태

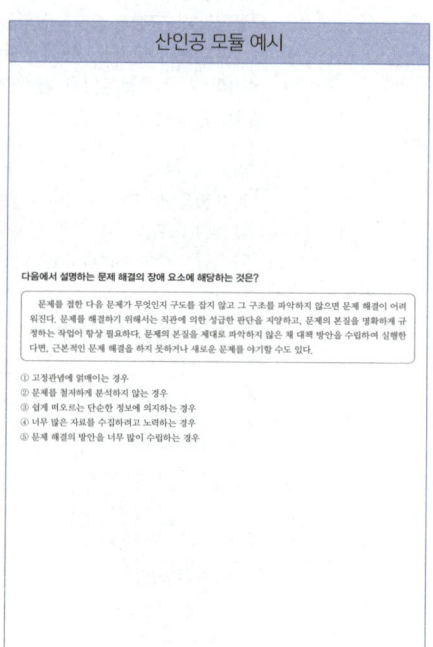

☑ 응용 모듈

- 산업인력공단 워크북의 이론·개념에서 확장 및 파생된 이론·개념을 확인하는 형태
- 산업인력공단 워크북 외의 이론·개념을 확인하는 형태

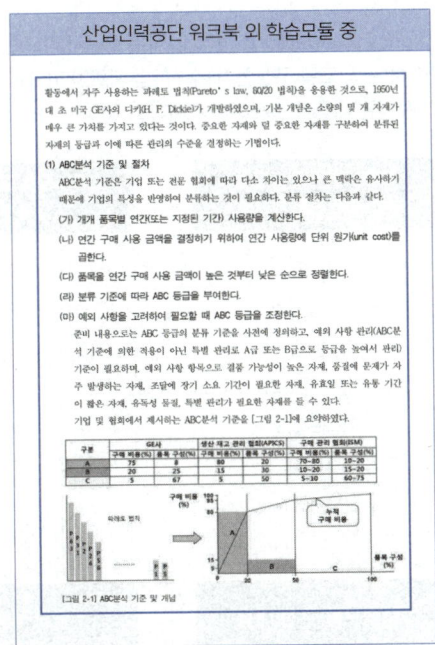

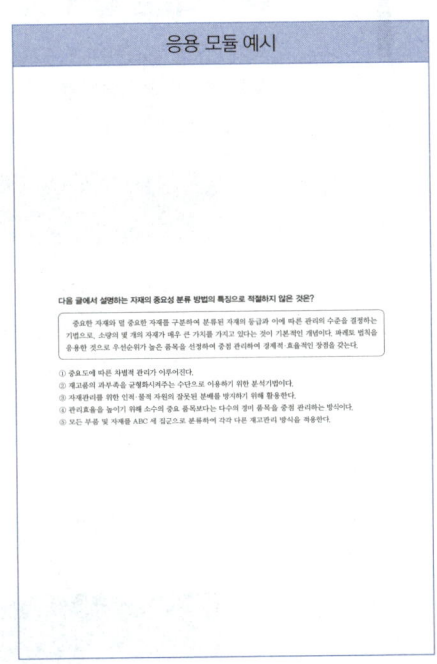

NCS 학습모듈 안내

1. NCS 학습모듈의 개념

국가직무능력표준(NCS, National Competency Standards)을 현장의 '직무 요구서'라고 한다면, NCS 학습모듈은 NCS의 능력단위를 교육훈련에서 학습할 수 있도록 구성한 '교수·학습 자료'이다. NCS 학습모듈은 구체적 직무를 학습할 수 있도록 이론 및 실습과 관련된 내용을 상세하게 제시하고 있다.

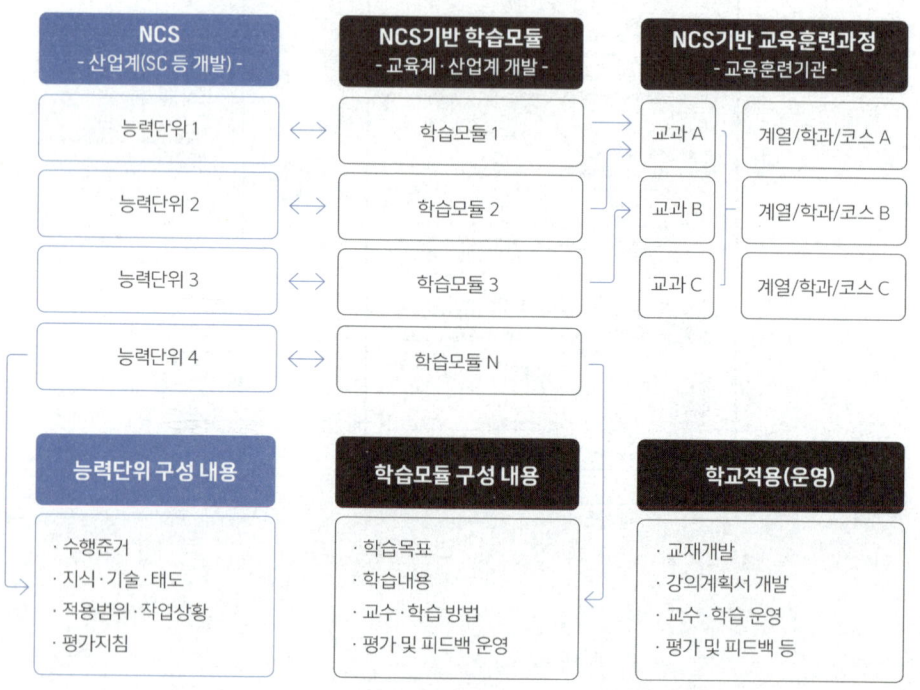

2 NCS와 NCS 학습모듈의 연결체제

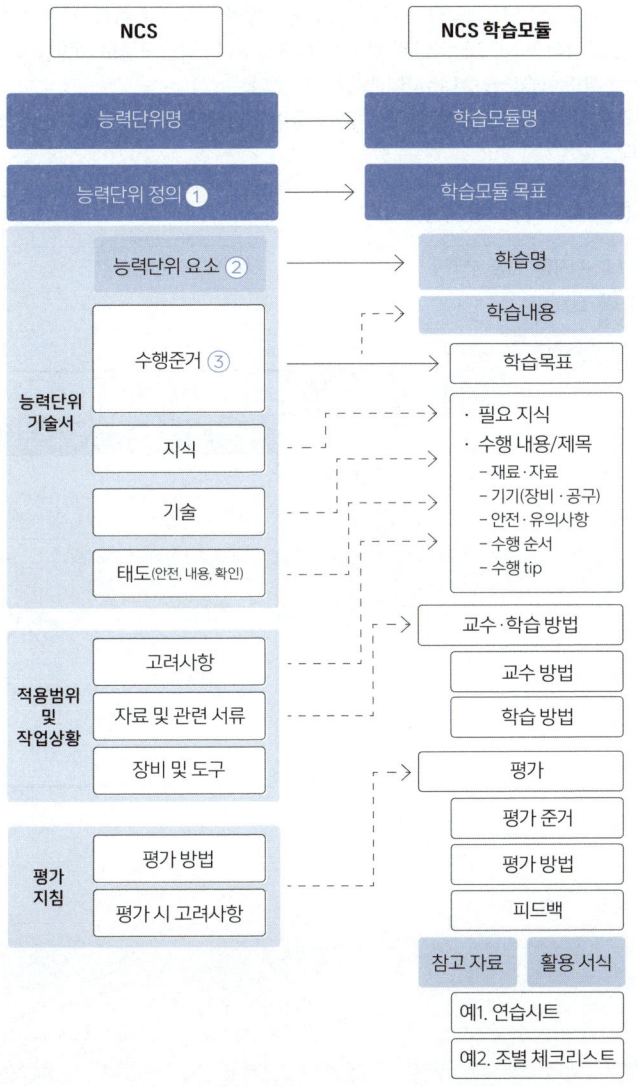

① **능력단위**
특정 직무에서 업무를 성공적으로 수행하기 위하여 요구되는 능력을 교육훈련 및 평가가 가능한 기능 단위로 개발한 것

② **능력단위 요소**
해당 능력단위를 구성하는 중요한 범위 안에서 수행하는 기능을 도출한 것

③ **수행준거**
각 능력단위 요소별로 능력의 성취 여부를 판단하기 위해 개인들이 도달해야 하는 수행의 기준을 제시한 것

3 NCS 학습모듈의 위치

- NCS 학습모듈은 NCS 능력단위 1개당 1개의 학습모듈 개발을 원칙으로 한다. 그러나 필요에 따라 고용 단위 및 교과단위를 고려하여 NCS 능력단위 몇 개를 묶어서 1개의 학습모듈로 개발할 수 있으며, 또 NCS 능력단위 1개를 여러 개의 학습모듈로 나누어 개발할 수도 있다.
- NCS 학습모듈의 위치는 NCS 분류에서 해당 학습모듈이 어디에 위치하는지를 한눈에 볼 수 있도록 그림으로 제시한 것이다.

디자인 분야 중 시각디자인 세분류(예시)

대분류 >	문화·예술·디자인·방송				
	중분류 >	디자인			
		소분류 >	디자인		
			세분류 >	시각디자인 >	능력단위	학습모듈명
				제품디자인	시각디자인 프로젝트 기획	시각디자인 프로젝트 기획
				환경디자인	시각디자인 리서치	시각디자인 리서치
				디지털디자인	시각디자인 전략 수립	시각디자인 전략 수립
					비주얼 아이데이션	비주얼 아이데이션
					시안 디자인 개발	시안 디자인 개발
					프레젠테이션	프레젠테이션
					최종 디자인 개발	최종 디자인 개발
					디자인 제작 관리	시각디자인 제작 및 자료화
					디자인 자료화	

4 NCS 학습모듈의 개요

구성

학습모듈의 목표	해당 NCS 능력단위의 정의를 토대로 학습 목표를 작성한 것
선수 학습	해당 학습모듈의 목표를 달성하기 위해 선수되어야 할 학습 내용, 관련 교과목 등을 기술한 것
교육훈련 대상 및 이수시간(예시)	• 교육훈련 대상: 학습모듈의 목표를 고려하여 학습 내용 및 NCS 수준에 적합한 교육훈련 대상을 학교급별로 예시한 것 • 이수시간: 해당 학습모듈을 이수하는 데 필요한 총 교육훈련 시간을 예시한 것
핵심 용어	해당 학습모듈 내용의 지식 또는 기술 등 핵심적 용어 등을 제시한 것

활용 안내

시각디자인 프로젝트 기획 학습모듈의 개요

학습모듈의 목표 ①
프로젝트의 디자인 컨셉에 대한 효과적인 생각들을 시각적으로 표현하고 계획할 수 있다.

선수 학습 ②
상식일반

교육훈련 대상 및 이수시간(예시)

학습	학습내용	교육훈련 대상 및 이수시간(hour)		
		고등학교	전문대학	대학교
1. 프로젝트 파악하기	1-1. 시각디자인 업무의 종류와 이해	8	10	
	1-2. 회의와 브리핑			
2. 프로젝트 제안하기	2-1. 세부 계획과 설계	6	8	
	2-2. 프로젝트 개발일정 수립			
	2-3. 사실의 정리와 요령			
3. 프로젝트 계약하기	3-1. 계약 내용의 구성과 작성	3	6	
	3-2. 계약의 확인과 교환			

※ 교육훈련 대상 및 이수 시간은 NCS 능력단위 요소별 수준에 근거하여, 교육훈련 및 산업체 현장 전문가의 의견을 수렴하여 참고로 제시함.

핵심 용어 ③
의뢰인, 기획, 추진배경, 목적, 내용, 요구사항, 정보수집, 프로세스, 커뮤니케이션, 보고서, 일정, 예산, 인력, 리더십, 제안, 권리, 책임, 계약

❶ 학습모듈의 목표
학습자가 해당 학습모듈을 통해 성취해야 할 목표를 제시한 것으로 교수자는 학습자가 학습 모듈의 전체적인 내용 흐름을 파악할 수 있도록 지도함이 필요하다.

❷ 선수 학습
교수자나 학습자가 해당 모듈을 교수 또는 학습하기 이전에 이수해야 할 학습 내용, 교과목, 핵심단어 등을 표기한 것이다. 따라서 교수자는 학습자가 개별학습, 자기주도학습, 방과 후 활동 등 다양한 방법을 통해 이수할 수 있도록 지도함이 필요하다.

❸ 핵심 용어
학습모듈을 통해 학습되고 평가되어야 할 주요 용어이다. 또한 당해 모듈 또는 타 모듈 사이트(www.ncs.go.kr)에서 색인(찾아보기) 중 하나로 이용할 수 있다.

5 NCS 학습모듈의 내용체계

구성

학습	해당 NCS 능력단위요소 명칭을 사용하여 제시한 것으로, 크게 학습 내용, 교수·학습 방법, 평가로 구성되며 해당 NCS 능력단위의 능력단위 요소별 지식·기술·태도 등을 토대로 학습 내용을 제시한 것
학습 내용	• 학습 목표, 필요 지식, 수행 내용으로 구성한 것으로, 이 중 수행 내용은 재료·자료, 기기(장비·공구), 안전·유의사항, 수행 순서, 수행 tip으로 구성한 것 • 학습모듈의 학습 내용은 업무의 표준화된 프로세스에 기반을 두고 학습 내용을 구성하였으며, 실제 산업현장에서 이루어지는 업무 활동을 다양한 방식으로 학습 내용에 반영한 것
교수·학습 방법	학습 목표를 성취하기 위한 교수자와 학습자 간, 학습자들 간의 상호 작용이 활발하게 일어날 수 있도록 교수자의 활동 및 교수 전략, 학습자의 활동을 제시한 것
평가	해당 학습모듈의 학습 정도를 확인할 수 있는 평가 준거, 평가 방법, 평가 결과의 피드백 방법을 제시한 것

활용 안내

학습 1 프로젝트 파악하기(08210101_13v1.1) ❶
학습 2 프로젝트 제안하기(08210101_13v1.2)
학습 3 프로젝트 계약하기(08210101_13v1.3)

1-1. 시각디자인 업무의 종류와 이해 ❷

학습목표 • 의뢰된 프로젝트에 대한 리뷰를 바탕으로 프로젝트를 이해할 수 있다. ❸
• 제안요청서에 따라 프로젝트의 취지, 목적, 성격, 내용, 요구사항을 파악할 수 있다.

필요 지식 / ❹

1. 프로젝트의 의뢰와 유형
클라이언트(이하 의뢰인/자)가 의뢰한 시각디자인 프로젝트를 파악하기 위해서는 업무의 유형을 구분할 수 있는 능력이 필요하다. 따라서 의뢰자가 설명하는 프로젝트 리뷰를 경청하고 관찰하여 프로젝트

❶ **학습**
해당 NCS 능력단위요소 명칭을 사용하여 제시한다. 학습은 일반 교과의 '대단원'에 해당되며, 모듈을 구성하는 가장 큰 단위가 된다. 또한 완성된 직무를 수행하기 위한 가장 기본적인 단위로 사용할 수 있다.

❷ **학습 내용**
요소별 수행 증거를 기준으로 제시한다. 일반교과의 '중단원'에 해당된다.

❸ **학습 목표**
모듈 내의 학습 내용을 이수했을 때 학습자가 보여줄 수 있는 행동 수준을 의미한다. 따라서 일반 수업시간의 과목 목표로 활용할 수 있다.

❹ **필요 지식**
해당 NCS의 지식을 토대로 해당 학습에 대한 이해와 성과를 높이기 위해 알아야 할 주요 지식을 제시한다. 필요 지식은 수행에 꼭 필요한 핵심 내용을 위주로 제시하여 교수자의 역할이 매우 중요하며, 이후 수행 순서 내용과 연계하여 교수·학습으로 진행할 수 있다.

| 수행 내용 / 시각 디자인 업무유형 파악 ⑤

재료·자료 ⑥
- 관련 형식의 시각디자인 자료
- A4용지, 필기도구, 포스트잇, 칼, 자, 테이프 등

기기(장비·공구) ⑦
- 컴퓨터, 프린터, 스캐너, 카메라, 복사기, 녹음기, 빔 프로젝터, 스크린 등
- 소프트웨어 : 문서작성, 프레젠테이션, 그래픽 소프트웨어 등

안전·유의사항 ⑧
- 조사된 자료의 출처를 확인하도록 한다.
- 팀별 구성으로 인한 분위기를 소란하지 않게 유도한다.
- 사용하는 전자기기와 전기안전 적합성을 확인한다.

수행 순서 ⑨
① 시각디자인의 유형을 조사하고 분류한다.
  1. 5명 정도의 인원으로 팀 단위를 구성한다.

(그림 1-21)디자인업무조사의 팀단위 구성 예시

  2. 필요지식을 기준으로 시각디자인 업무유형중 그룹별 하나씩 선택한다.

수행 tip ⑩
- 발행된 신문을 주변에서 미리 수집하여 자료로 준비한다.
- 국내 신문판형 종류를 확인하고 크기를 관찰한다.

⑤ 수행 내용
모듈에 제시한 것 중 기술(Skill)을 습득하기 위한 실습 과제로 활동할 수 있다.

⑥ 재료·자료
수행 내용을 수행하는 데 필요한 재료 및 준비물로, 실습 시 필요 준비물로 활용할 수 있다.

⑦ 기기(장비·공구)
수행 내용을 수행하는 데 필요한 기본적인 장비 및 도구를 제시한다. 제시된 기기 외에도 수행에 필요한 다양한 도구나 장비를 활용할 수 있다.

⑧ 안전·유의사항
수행 내용을 수행하는 데 안전상 주의해야 할 점 및 유의사항을 제시한다. 수행 시 꼭 유념하여야 하고 NCS의 고려사항도 추가적으로 활용할 수 있다.

⑨ 수행 순서
실습 과제의 진행 순서로 활용할 수 있다.

⑩ 수행 tip
수행 내용에 수행의 수월성을 높일 수 있는 아이디어를 제시한다. 따라서 수행 tip은 지도상의 안전 및 유의사항 외에 전반적으로 적용되는 주안점 및 수행과제 목적에 대한 보충 설명, 추가사항 등으로 활용할 수 있다.

⑪ 교수·학습 방법
학습 목표를 성취하는 데 필요한 교수 방법과 학습 방법을 제시한다.

⑫ 교수 방법
해당 학습 활동에 필요한 학습 내용, 학습 내용과 관련된 학습 자료명, 자료 형태, 수행 내용의 진행 방식 등에 대하여 제시한다. 또한 학습자의 수업참여도를 제고하기 위한 방법 및 수업진행상 유의사항 등도 제시한다. 선수 학습이 필요한 학습을 학습자가 숙지하였는지 교수자가 확인하는 과정으로 활용할 수도 있다.

⑬ 학습 방법
교수자의 교수 방법에 대응하는 자기주도적 학습 방법을 제시한다. 또한 학습자가 숙달해야 할 실기 능력과 학습 과정에서 주의해야 할 사항 등을 제시한다. 학습자가 학습을 이수하기 전에 숙지해야 할 기본 지식을 학습하였는지 스스로 확인하는 과정으로 활용할 수 있다.

⑭ 평가
해당 NCS 능력단위의 평가 방법과 평가 시 고려사항을 준용하여 작성하였다. 교수자 및 학습자가 평가항목별 성취수준을 확인하는 데 활용할 수 있다.

⑮ 평가 준거
학습자가 해당 학습을 어느 정도 성취하였는지를 평가하기 위한 기준을 제시한다. 학습 목표와 연계하여 단위수업 시간에 평가항목별 성취수준을 평가하는 데 활용할 수 있다.

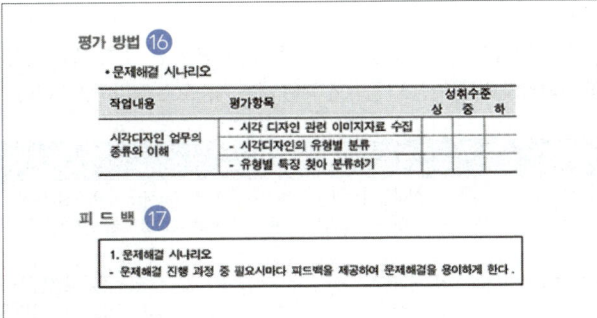

⑯ 평가 방법
NCS 능력단위의 평가 방법을 준용하였으며, 평가 준거에 따른 평가 방법을 3개 내외로 제시한다. 평가 방법으로는 서술형/논술형 검사, 체크리스트를 통한 관찰, 작업장 평가, 구술 시험, 토론법 등이 있으며, NCS의 능력단위 요소별 수행 수준을 평가하는 데 가장 적절한 방법을 선정하여 활용할 수 있다.

⑰ 피드백
평가 후에 학습자들에게 평가 결과를 피드백하여 부족한 부분을 알려주고, 학습 결과가 미진한 경우, 해당 부분을 다시 학습하여 학습 목표를 달성하는 데 활용할 수 있다.

출제 대행사별 채택 공기업 현황

- 2022~2024년 동안 주요 출제 대행사 13개를 채택한 공기업을 정리한 것으로, 2025년 채용 시 변경될 수 있습니다.
- 조사기간 중 여러 출제 대행사를 채택한 공기업의 경우, 가장 나중에 진행된 채용 기준으로 정리하였습니다.

출제 대행사	시기	채택 공기업
인크루트	2024년	공항철도, 국민건강보험공단, 근로복지공단, 금천구시설관리공단, 독립기념관, 안산도시공사, 여수광양항만공사, 용인시산업진흥원, 인천문화재단, 인천테크노파크, 포천도시공사, 한국무역보험공사, 한국문화정보원, 항만공사 통합채용, 우체국시설관리단, 한국산업은행, 금융감독원, 대한적십자사
	2023년	공항철도, 과천도시공사, 국가평생교육진흥원, 국립농업박물관, 국민건강보험공단, 근로복지공단, 금천구시설관리공단, 독립기념관, 세종도시교통공사, 시흥도시공사, 안산도시공사, 여수광양항만공사, 용인시산업진흥원, 울산시설공단, 인천문화재단, 인천테크노파크, 전주시설공단, 정선아리랑문화재단, 지방공기업평가원, 충남문화관광재단, 포천도시공사, 한국국학진흥원, 한국무역보험공사, 한국문화정보원, 한국유교문화진흥원, 한국제품안전관리원, 한국철도공사, 한국학중앙연구원, 항만공사 통합채용, 화성시환경재단
	2022년	건강보험심사평가원, 국민건강보험공단, 근로복지공단, 한국무역보험공사, 한국석유공사, 한국연구재단, 광주광역시 공공기관 통합채용, 대한건설기계안전관리원, 독립기념관, 코레일테크, 한국문화정보원, 한국양성평등교육진흥원, 한국장학재단, 기술보증기금, 서울교통공사, 한국동서발전, 공항철도, 국가철도공단, 국토안전관리원, 한국수산자원공단, 한국전력기술, 항만공사 통합채용
사람인HR	2024년	강릉관광개발공사, 경기도 공공기관 통합채용, 광주광역시 공공기관 통합채용, 국립부산과학관, 국민연금공단, 대구공공시설관리공단, 대전광역시 공공기관 통합채용, 도로교통공단, 부산시 공공기관 통합채용, 서울주택도시공사, 전라남도 공공기관 통합채용, 주택도시보증공사, 평택도시공사, 한국가스공사, 한국가스기술공사, 한국방송광고진흥공사, 한국산업단지공단, 한국전력거래소, 한국중부발전, 한국원자력연료, 국가평생교육진흥원
	2023년	강릉관광개발공사, 강원도일자리재단, 경기교통공사, 경기도 공공기관 통합채용, 경상북도 공공기관 통합채용, 경제인문사회분야 정부출연연구기관 공동채용, 과천도시공사, 과학기술분야 정부출연연구기관 공동채용, 광주광역시 공공기관 통합채용, 국립부산과학관, 국민연금공단, 대구공공시설관리공단, 대전광역시 공공기관 통합채용, 도로교통공단, 부산시 공공기관 통합채용, 서울주택도시공사, 영월군시설관리공단, 우체국시설관리단, 전라남도 공공기관 통합채용, 주택도시보증공사, 평택도시공사, 한국가스공사, 한국가스기술공사, 한국방송광고진흥공사, 한국산업단지공단, 한국산업은행, 한국전력거래소, 한국주택금융공사, 한국중부발전, 한국환경공단, 한전원자력연료, 한전KPS
	2022년	신용보증기금, 한국가스기술공사, 한국전력거래소, 한국중부발전, 한전KPS, KDB산업은행, 경기도 공공기관 통합채용, 과학기술분야 정부출연연구기관 공동채용, 대전광역시 공공기관 통합채용, 대한지방행정공제회, 부산시 공공기관 통합채용, 국민연금공단, 농업정책보험금융원, 주택도시보증공사, 한국기계연구원, 한국에너지기술연구원, 한국산업단지공단, 한국소비자원, 한국저작권위원회, 한국주택금융공사, 한국남부발전, 한국가스공사, 예금보험공사, 한국방송광고진흥공사, 한국벤처투자, 한국연금공단, 한국지질자원연구원
엑스퍼트 컨설팅	2024년	한국환경산업기술원, 국민체육진흥공단, 한국승강기안전공단
	2023년	금융감독원, 서울교통공사 9호선, 성남시청소년재단, 용인도시공사, 용인시 공공기관 통합채용, 한국공항공사, 한국농어촌공사, 한국로봇산업진흥원, 한국원자력환경공단, 한국재정정보원, 한국환경산업기술원
	2022년	한국공항공사, 한국재정정보원, 한국환경산업기술원, 한국서부발전, 고양시 공공기관 통합채용, 국립농업박물관, 성남시 공공기관 통합채용, 한국수자원조사기술원, 코레일테크, 에스알, 한국수출입은행
인트로맨	2024년	국가평생교육진흥원, 남양주도시공사, 농림수산식품교육문화정보원, 대한장애인체육회, 연구개발특구진흥재단, 인천도시공사, 한국문화재단, 한국수자원조사기술원, 한국양성평등교육진흥원, 한국교육학술정보원
	2023년	국가평생교육진흥원, 남양주도시공사, 농림수산식품교육문화정보원, 대한장애인체육회, 대한적십자사, 연구개발특구진흥재단, 인천도시공사, 장애인기업종합지원센터, 춘천도시공사, 국가유산진흥원, 한국수자원조사기술원, 한국식품산업클러스터진흥원, 한국양성평등교육진흥원
	2022년	서울경제진흥원, 소상공인시장진흥공단, 국가유산진흥원, 대한적십자사, 대한장애인체육회, 아동권리보장원, 한국건강증진개발원, 한국보건의료정보원, 한국산업기술평가관리원, 한국산업진흥원, 한국수자원조사기술원, 한국의료기기안전정보원, 한국교통안전공단, 국립농업박물관, 농림수산식품교육문화정보원, 장애인기업종합지원센터, 한국건강가정진흥원, 한국물기술인증원, 한국양성평등교육진흥원
한국행동과학연구소	2024년	인천국제공항공사
	2023년	인천국제공항공사
	2022년	인천국제공항공사, 서울대학교치과병원, 한국수력원자력

휴노	2024년	한전KPS, 한국농어촌공사, 한국공항공사, 한국수자원공사, 한국조폐공사, 한국지역난방공사, 한국수산자원공단, 한국전력공사
	2023년	코레일테크, 한국수력원자력, 한국수자원공사, 한국조폐공사, 한국지역난방공사
	2022년	한국철도공사, 한국수자원공사, 한국전력공사, LH한국토지주택공사
스카우트	2024년	시흥도시공사, 한국원자력환경공단, 인천공항시설관리, 한국장학재단, 한국전력기술
	2023년	인천공항시설관리, 인천국제공항공사, 중소벤처기업진흥공단, 한국과학기술원, 한국교육학술정보원, 한국보훈복지의료공단, 한국부동산원, 한국수산자원공단, 한국원자력안전기술원, 한국장학재단, 한국전력기술
	2022년	한국원자력안전기술원, 한국원자력환경공단, 건설근로자공제회, 건설기술교육원, 국립항공박물관, 도로교통공단, 새만금개발공사, 한국보훈복지의료공단, 한국수산자원공단, 한전원자력연료, 서울주택도시공사, 연구개발특구진흥재단, 인천교통공사, 중소기업기술정보진흥원, 한국국제협력단, 한국부동산원, 한국환경공단
ORP연구소	2024년	강원대학교병원
	2023년	강원대학교병원, 한국안전기술원, 한국영상자료원
	2022년	국방기술품질원, 한국고용정보원, 한국승강기안전공단, 한국국방연구원, 국가평생교육진흥원, 금융감독원, 코레일 유통, 한국투자공사, 항공안전기술원
태드솔루션	2024년	화성시환경재단, 성남시청소년재단, 용인도시공사, 용인시 공공기관 통합채용, 성남시 공공기관 통합채용, 충남테크노파크, 한전MCS, 화성시 공공기관 통합채용, 한국인터넷진흥원
	2023년	국립낙동강생물자원관, 국립호남권생물자원관, 방송통신심의위원회, 서울물재생시설공단, 성남시 공공기관 통합채용, 정보통신산업진흥원, 충남테크노파크, 한국물기술인증원, 한국보건산업진흥원, 한국소방산업기술원, 한전MCS, 화성시 공공기관 통합채용
	2022년	한전KDN, 대한무역투자진흥공사, 용인시 공공기관 통합채용, 한국산업기술시험원, 한국데이터산업진흥원, 화성시 공공기관 통합채용
한국사회 능력개발원	2024년	한국철도공사, 공무원연금공단, 국가철도공단, 국립공원공단, 대구도시개발공사
	2023년	공무원연금공단, 국가철도공단, 국립공원공단, 국민체육진흥공단, 대구교통공사, 대구도시개발공사, 한국국토정보공사
	2022년	한국국토정보공사, 서울교통공사 9호선, 공무원연금공단, 한국저작권보호원, 국립공원공단, 국민체육진흥공단, 대구도시개발공사
휴스테이션	2024년	한국주택금융공사, 서울교통공사 9호선, 장애인기업종합지원센터, 국립낙동강생물자원관, 건강보험심사평가원, 서울시설공단, 서울신용보증재단, 한국교통안전공단, 한국생산기술연구원, 한국석유공사, 한국에너지공단
	2023년	건강보험심사평가원, 서울교통공사, 서울시설공단, 서울신용보증재단, 한국중소벤처기업유통원, 한국교통안전공단, 한국국제교류재단, 한국생산기술연구원, 한국석유공사, 한국에너지공단, 한국장애인개발원
	2022년	국립생태원, 축산물품질평가원, 국가평생교육진흥원, 코레일네트웍스, 한국교육학술정보원, 한국생산기술연구원, 한국체육산업개발, 서울시설공단, 국립호남권생물자원관, 서울디자인재단, 한국교직원공제회, 한국기상산업기술원, 한국보건의료인국가시험원, 한국신용보증재단
트리피	2024년	한국학중앙연구원, 한국환경공단, 한국재정정보원, 코레일테크, 중소벤처기업진흥공단, 한국보훈복지의료공단, 창업진흥원, 한국가스안전공사, 한국노인인력개발원, 한국디자인진흥원, 한국산업안전보건공단, 한국전기안전공사, 한국해양과학기술원, 한국해양진흥공사
	2023년	국립해양박물관, 새만금개발공사, 창업진흥원, 한국가스안전공사, 한국기상산업기술원, 한국노인인력개발원, 한국데이터산업진흥원, 한국디자인진흥원, 한국산업안전보건공단, 한국승강기안전공단, 한국인터넷진흥원, 한국전기안전공사, 한국해양과학기술원, 한국해양교통안전공단, 한국해양진흥공사
	2022년	중소벤처기업진흥공단, 한국가스안전공사, 한국노인인력개발원, 한국사회보장정보원, 한국식품산업클러스터진흥원, 한국어촌어항공단, 한국임업진흥원, 한국해양진흥공사, 한국남동발전, 창업진흥원, 한국해양과학기술원, 한국해양교통안전공단, 한국산업안전보건공단, 한국예탁결제원, 한국지방재정공제회

영역별 최신 모듈형 출제 경향

의사소통능력

☑ 최신 출제 경향

- 의사소통능력은 산업인력공단에서 제공하는 워크북의 이론적인 내용을 토대로만 출제되는 모듈형보다는 모듈형과 PSAT형이 함께 출제되는 경향을 보이고 있다. 하지만 모듈형만 출제되는 경우, 종류에 따른 문서작성법, 문서작성의 원칙, 작성한 문서의 수정, 적극적 경청, 경청의 방해 요인, 공감적 이해 등 워크북의 핵심 이론이 출제된다. 또한, 워크북에는 없지만 핵심 이론과 관련된 다양한 자료들이 함께 제시되는 문제와 맞춤법, 사자성어, 속담, 띄어쓰기, 어휘 문제가 다수의 기관에서 출제되고 있다.

☑ 2025 대비 학습법

- 의사소통능력은 최근 모듈형만 출제되기보다는 PSAT형과 모듈형이 함께 출제되는 피듈형이나 모듈형을 응용한 응용 모듈형으로 출제되는 경향을 보이고 있으므로 산업인력공단이 제공하는 워크북의 핵심 이론에 관한 학습과 PSAT형 문항 풀이 학습이 균형 있게 이루어져야 한다. 그러므로 산업인력공단이 제공하는 워크북의 핵심 이론에 관한 내용을 단순히 암기하는 것보다는 이와 관련된 기사, 사례 등 다양한 자료들을 자주 접하여 핵심 이론에 대한 지식을 넓히는 것이 시험장에서 실제로 만나게 될 여러 자료를 활용한 문제에 대비하는 데 도움이 된다. 또한, 맞춤법, 사자성어, 속담, 어휘 문제는 빈출되는 내용을 위주로 평소 암기해 두면 실전에서 상대적으로 시간을 많이 단축할 수 있다.

☑ 대표 출제 기업

- 한국철도공사, 서울교통공사, 한국공항공사, 한국전력공사, 한국가스공사, 한국남동발전, 경기교통공사, 경기도 공공기관 통합채용, 부산시 공공기관 통합채용, 주택도시보증공사, 한국산업단지공단, 금융감독원, 서울교통공사 9호선, 용인시 공공기관 통합채용, 한국로봇산업진흥원, 한국원자력환경공단, 한국문화재단, 한국조폐공사, 한국지역난방공사, 인천공항시설관리, 정보통신산업진흥원, 대구교통공사, 서울신용보증재단, 한국교통안전공단, 국가철도공단 등

대표예제

| 예제01 |

다음 밑줄 친 단어의 띄어쓰기가 적절하지 않은 것은?

① 앞마당에는 은행나무 한 그루가 서 있다.
② 학생들은 모두 자리에 앉아 있었다.
③ 지나친 흡연은 폐암 등을 일으킨다.
④ 그는 조용히 웃을 뿐이었다.
⑤ 떠난 지 사흘만에 돌아왔다.

| 정답 및 해설 |

정답 ⑤

해설
한글 맞춤법 제42항에 따라 의존 명사는 띄어 써야 하며, '만'이 시간이나 거리를 나타내는 말 뒤에 쓰여 '앞말이 가리키는 동안이나 거리'를 나타내거나 횟수를 가리키는 말 뒤에 쓰여 '앞말이 가리키는 횟수를 끝으로'의 뜻을 나타내는 경우에는 의존 명사이므로 띄어 써야 한다. 즉, '사흘 만에'가 띄어쓰기로 적절하며, '사흘만에'의 띄어쓰기는 적절하지 않다. 따라서 정답은 ⑤이다.

오답분석
① 한글 맞춤법 제43항에 따라 단위를 나타내는 명사는 띄어 써야 하며, 단위를 나타내는 말은 의존 명사이든 자립 명사이든 하나의 단어로 인정되는 명사이므로 앞말과 띄어 써야 한다고 하였다. '그루'는 의존 명사이므로 '한 그루'의 띄어쓰기는 적절하다.
② 한글 맞춤법 제42항에 따라 의존 명사는 띄어 써야 하지만, '들'이 '남자들, 학생들'처럼 복수를 나타내는 경우에는 접미사이므로 앞말에 붙여 써야 한다. 따라서 '학생들은'의 띄어쓰기는 적절하다.
③ 한글 맞춤법 제45항에 따라 두 말을 이어 주거나 열거할 적에 쓰이는 말들은 띄어 써야 하며, 사물을 열거할 때 쓰는 '등'은 의존 명사로서 앞말과 띄어 써야 한다고 하였으므로 '폐암 등을'의 띄어쓰기는 적절하다.
④ 한글 맞춤법 제42항에 따라 의존 명사는 띄어 써야 하며, '웃을 뿐이다'와 같이 '뿐'이 용언의 관형사형 뒤에 나타날 경우에는 의존 명사이므로 '웃을 뿐'의 띄어쓰기는 적절하다.

| 예제02 |

○○공사의 사원들이 다음 글을 읽고 의사소통능력을 개발하는 방법에 대해 〈보기〉와 같이 대화를 나누었다고 할 때, 적절하지 않은 발언을 한 사람만을 모두 고르면?

> 1994년에 다마지오(Damasio)가 출간한 〈데카르트의 오류〉에 나오는 환자의 사례는 감정 결핍이 가져오는 파국적인 상황을 잘 보여준다. 다마지오가 진료했던 그 환자는 이마엽에 생긴 뇌종양을 제거한 후 운동 기능이나 기억력, 언어 기능 등 지적 능력은 정상이었다. 하지만 감정적으로는 정상적인 생활을 할 수가 없었다. 예컨대 그는 아침에 일어나 출근할 때 어떤 옷을 입을지조차 판단하지 못했다. 지능이 지극히 정상이었음에도 불구하고, 좋고 싫은 것 자체를 느끼지 못하게 되었기 때문이다.
> 사람들은 무언가를 선택해야 할 상황에서 그것이 좋은지 싫은지, 혹은 즐거운지 괴로운지 등의 감정을 직감적으로 느끼면서 그에 따라 선택 대상을 압축한 후 최종적인 판단을 의식적으로 하게 된다. 즉, 감정이 없다면 판단 자체가 불가능하므로 합리적인 판단이 어려운 것이다. 물론 감정적인 것이 늘 좋은 결과를 가져오는 것은 아니다. 감정적으로 불안정한 경우, 예컨대 질투나 분노와 같은 감정은 의미 해석이나 의사결정에 악영향을 미치며 파괴적인 결과를 초래하기도 한다.

/ 보기 /

- 박사원: "다마지오가 제시한 사례 속 환자는 뇌종양 제거 후 운동과 언어 기능을 담당하는 부위가 손상되어 다양한 정보를 판단할 수 없었군요."
- 황사원: "어떤 문제에 대해 감정적으로 좋지 못한 상황에 있을 때는 메시지를 곡해하여 부정적인 결과를 가져올 수 있겠네요."
- 안사원: "그렇기 때문에 감정을 억제하는 연습을 하는 것도 의사소통능력을 향상하기 위한 하나의 방법이 될 수 있겠어요."
- 장사원: "맞아요. 특히 조직 내에서라면 시간이 다소 걸리더라도 자신이 평정을 찾을 때까지 의사소통을 연기하는 것이 바람직해요."

① 박사원, 황사원 ② 박사원, 장사원 ③ 황사원, 안사원
④ 황사원, 장사원 ⑤ 안사원, 장사원

정답 및 해설

정답 ②

해설
- 박사원: 1문단에서 다마지오가 진료했던 환자는 뇌종양 제거 후 운동 기능이나 기억력, 언어 기능 등 지적 능력은 정상이었다고 하였다.
- 장사원: 감정적으로 좋지 못한 상황에 있을 때 자신이 어느 정도 평정을 찾을 때까지 의사소통을 연기하는 것이 하나의 방법이 될 수 있지만, 조직 내에서는 의사소통을 무한정 연기할 수 없다. 조직 내에서 감정적으로 좋지 못한 상황이라면 자신의 분위기와 조직의 분위기를 개선하도록 노력하는 등 적극적인 자세가 필요하다.

따라서 적절하지 않은 발언을 한 사람만을 모두 고르면 '박사원, 장사원'이므로 정답은 ②이다.

오답분석
- 황사원: 2문단에서 감정적으로 불안정한 경우 의미 해석이나 의사결정에 악영향을 미친다고 하였다.
- 안사원: 2문단에서 감정적으로 불안정할 경우 의미 해석이나 의사결정에 악영향을 미친다고 하였으므로, 감정을 억제하는 연습을 하는 것이 의사소통능력을 향상하기 위한 하나의 방법이 될 수 있다.

영역별 최신 모듈형 출제 경향

수리능력

✓ 최신 출제 경향

- 수리능력은 산업인력공단에서 제공하는 워크북의 이론적인 내용을 토대로 한 모듈형보다는 농도, 면적·부피, 거리/시간/속력, 경우의 수 등을 계산할 수 있는지 묻는 유형과 그래프나 표 등의 자료를 해석하여 계산할 수 있는지 묻는 유형이 주로 출제되고 있다. 하지만 일부 기업에서는 사칙연산, 도표 종류별 활용, 통계의 정의, 도표작성 순서, 도표의 장단점 등과 같은 워크북에 수록된 이론을 묻는 문항이 함께 출제되기도 하였다.

✓ 2025 대비 학습법

- 수리능력은 최근 모듈형보다는 특정한 공식을 활용하여 값을 계산할 수 있는지 묻는 유형과 자료를 해석하여 계산할 수 있는지 묻는 유형이 주로 출제되고 있으므로, 자주 활용되는 공식을 정확히 암기해 두어야 하며 값이 크고 복잡한 수치를 어림수 계산으로 풀이하는 방법을 많이 연습해 두는 것이 핵심이다. 또한 워크북에 수록된 이론을 묻는 문항은 미리 학습이 되어 있어야만 답을 빠르고 정확하게 찾아낼 수 있고 실전에서 상대적으로 시간이 오래 걸리는 유형에 풀이 시간을 더 많이 분배할 수 있으므로 이에 대한 학습도 소홀히 해서는 안 된다.

✓ 대표 출제 기업

- 한국철도공사, 서울교통공사, 한국공항공사, 신용보증기금, KDB산업은행, 건강보험심사평가원, 한국전력공사, 항만공사 통합채용, 경기도 공공기관 통합채용, 경상북도 공공기관 통합채용, 도로교통공단, 부산시 공공기관 통합채용, 서울주택도시공사, 주택도시보증공사, 한국산업단지공단, 한국주택금융공사, 한국로봇산업진흥원, 한국재정정보원, 한국소방산업기술원, 한전MCS, 국가철도공단, 서울시설공단, 한국가스안전공사, 한국데이터산업진흥원, 한국산업안전보건공단 등

대표예제

| 예제 |

다음을 바르게 계산한 값은?

$$865^2 + 865 \times 270 + 135 \times 138$$

① 1,000,105　　　② 1,000,205　　　③ 1,000,305
④ 1,000,405　　　⑤ 1,000,505

| 정답 및 해설 |

정답 ④

해설
$865^2 + 865 \times 270 + 135 \times 138$의 계산 값은 1,000,405이다. 따라서 정답은 ④이다.

영역별 최신 모듈형 출제 경향

문제해결능력

☑ 최신 출제 경향
- 문제해결능력은 국가직 5급 및 7급 공무원 선발 1차 시험인 PSAT(공직적격성평가)와 유사한 형태인 PSAT형으로만 출제되거나, PSAT형과 산업인력공단에서 제공하는 워크북 이론을 활용하는 모듈형이 혼합된 형태로 출제되고 있다. 하지만 일부 기업에서는 모듈형만으로 출제되기도 하였다.

☑ 2025 대비 학습법
- 최근 문제해결능력은 모듈형과 PSAT형이 함께 출제되는 경향이 두드러지므로, 평소 PSAT형 문항을 꾸준히 풀이해야 할 뿐만 아니라 산업인력공단에서 제공하는 워크북 이론에 대한 학습도 병행해야 한다. 문제해결능력의 경우 특히 워크북 이론을 특정한 자료 혹은 사례에 적용할 수 있는지 묻는 문항이 자주 출제되므로 이론에 대한 이해나 암기를 잘 해두어야 한다.

☑ 대표 출제 기업
- 한국철도공사, 서울교통공사, 한국도로공사, 한국수자원공사, 신용보증기금, KDB산업은행, 국민연금공단, 한전KDN, 한전KPS, 한국전기안전공사, 과학기술분야 정부출연연구기관 공동채용, 부산시 공공기관 통합채용, 서울주택도시공사, 우체국시설관리단, 주택도시보증공사, 한국주택금융공사, 한국원자력연료, 금융감독원, 한국문화재단, 한국장학재단, 정보통신산업진흥원, 대구교통공사, 한국생산기술연구원, 한국해양진흥공사, 한국원자력안전기술원 등

대표예제

| 예제 |

다음은 논리적 사고의 구성요소에 관한 자료이다. ⓐ에 들어갈 구성요소로 옳은 것은?

> 다른 사람을 설득하는 과정에서 거부당할 수 있다. 그 경우 (ⓐ)(이/가) 필요하다. 자신의 주장이 받아들여지지 않는 원인 중에 상대 주장에 대한 이해가 부족한 것이 있을 수 있다. 상대의 논리에서 약점을 찾고, 자신의 생각을 재구축한다면 상대를 설득할 수 있다.

① 상대 논리의 구조화
② 생각하는 습관
③ 구체적인 생각
④ 타인에 대한 이해
⑤ 설득

| 정답 및 해설 |

정답 ①

해설
논리적 사고의 구성요소는 생각하는 습관, 상대 논리의 구조화, 구체적인 생각, 타인에 대한 이해, 설득이다. 다른 사람을 설득하는 과정에서 거부당할 수 있는데, 이 경우 상대의 논리를 구조화하는 것이 필요하다. 따라서 정답은 ①이다.

영역별 최신 모듈형 출제 경향

자기개발능력

☑ 최신 출제 경향

- 자기개발능력은 모듈형이 주로 출제되므로, 자기관리의 원리와 절차, 자기개발의 방해 요인, 의사결정의 오류, 경력단계모형 등 산업인력공단에서 제공하는 워크북의 핵심 이론을 묻는 문제가 자주 출제된다. 자기개발능력은 주로 단일형 문제가 출제되는 편이었으나, 최근 워크북의 핵심 이론과 관련된 그림이나 표를 활용한 자료가 제시되면서 하나의 자료에 대해 두 개 이상의 문항이 나오는 세트형 문제도 출제되고 있다.

☑ 2025 대비 학습법

- 자기개발능력은 직업기초능력평가에서 자주 출제되는 주요 영역은 아니지만, 출제될 경우 워크북 이론을 기반으로 특정한 자료 혹은 사례에 적용할 수 있는지 묻는 문항이 출제되는 경우가 많기 때문에 지원하고자 하는 기업의 직업기초능력평가의 평가 영역에 자기개발능력이 포함되어 있다면 워크북 이론에 대한 학습을 꾸준히 해야 한다. 최근 워크북의 핵심 이론을 기반으로 워크북에 없는 그림이나 표를 활용한 자료가 제시되는 문제도 출제되고 있다. 그러므로 실전에서 문항을 빠르고 정확하게 풀기 위해서는 워크북 이론에 대한 암기는 물론, 평소 핵심 이론과 관련된 기사, 사례 등 다양한 자료들을 자주 접하는 것이 중요하다.

☑ 대표 출제 기업

- 서울교통공사, 한전KDN, 금천구시설관리공단, 전주시설공단, 한국유교문화진흥원, 강릉관광개발공사, 경상북도 공공기관 통합채용, 대구공공시설관리공단, 서울교통공사 9호선, 한국장애인개발원 등

대표예제

| 예제 |

다음은 자기개발 계획을 수립할 때 장애가 되는 요인이다. 다음 중 '자기정보의 부족'에 해당하는 사례로 가장 적절한 것은?

> 자기개발 계획을 수립하는 데는 다양한 장애요인들이 있다. 장애요인으로는 다음과 같이 자신이나 작업에 대한 정보가 부족한 경우, 의사결정에 대한 자신감이 부족한 경우, 주변 환경의 문제가 있을 수 있다.
>
> ─ 자기정보의 부족
> ─ 내부 작업정보의 부족
> ─ 외부 작업정보의 부족
> ─ 의사결정 시 자신감 부족
> ─ 일상생활의 요구사항
> ─ 주변 상황(재정, 시간 등)의 제약
>
> [그림] 자기개발 계획 수립 시 장애요인

① A는 매일 같이 야근하고 있어 능력 발전에 대해 고민할 여력이 없었다.
② B는 회사 내의 경력 기회나 직무 가능성에 대해 충분히 알지 못했다.
③ C는 다른 업무나 회사 밖의 기회에 대해 모르고 있어 무엇을 준비할지도 알 수 없었다.
④ D는 생활고를 겪고 있는 상황에서 자신에게 필요한 역량이 무엇인지 고민하기 어려웠다.
⑤ E는 자신이 어떤 업무를 잘하는지 알지 못하여 업무능력을 발전시키는 방법도 알 수 없었다.

| 정답 및 해설 |

정답 ⑤

해설
자기개발 계획 수립의 어려움 중 자신의 흥미, 장점, 가치, 라이프스타일을 충분히 이해하지 못해 자기개발 계획을 수립하지 못하는 경우인 자기정보의 부족에 해당함을 알 수 있다. 따라서 정답은 ⑤이다.

오답분석
①, ④ 자기개발 계획 수립의 어려움 중 재정적 문제, 연령, 시간 등에 의해 자기개발 계획을 수립하지 못하는 경우인 주변 상황의 제약에 해당함을 알 수 있다.
② 자기개발 계획 수립의 어려움 중 회사 내의 경력 기회 및 직무 가능성에 대해 충분히 알지 못해 자기개발 계획을 수립하지 못하는 경우인 내부 작업정보의 부족에 해당함을 알 수 있다.
③ 자기개발 계획 수립의 어려움 중 다른 직업이나 회사 밖의 기회에 대해 충분히 알지 못해 자기개발 계획을 수립하지 못하는 경우인 외부 작업정보의 부족에 해당함을 알 수 있다.

영역별 최신 모듈형 출제 경향

자원관리능력

✓ 최신 출제 경향
- 자원관리능력은 최근 국가직 공무원 5급과 7급 선발에서 실시하는 PSAT(공직적격성평가)와 유사한 형태인 PSAT형으로만 출제되는 경향이 두드러지고 있다. 하지만 일부 기업에서는 효과적인 자원관리, 인맥, 물품 보관 원칙, 직접비용과 간접비용 등 산업인력공단에서 제공하는 워크북의 이론에 대해 묻는 문항도 출제되었다.

✓ 2025 대비 학습법
- 자원관리능력은 최근 PSAT형이 주로 출제되고 있지만 모듈형이 출제되기도 하므로, 평소 PSAT형 문항에 대한 풀이와 함께 워크북 이론에 대한 학습도 병행해야 한다. 자원관리능력의 경우 PSAT형으로 보이지만 결국 워크북 이론을 기반으로 하고 있어 이론에 대한 학습이 되어 있어야 정확하게 풀이할 수 있는 문항들이 출제되기도 하므로, 워크북 이론에 대한 학습도 놓쳐서는 안 된다.

✓ 대표 출제 기업
- 서울교통공사, 한전KDN, 경기교통공사, 부산시 공공기관 통합채용, 전라남도 공공기관 통합채용, 한국로봇산업진흥원, 한국원자력환경공단, 농림수산식품교육문화정보원, 한국장학재단, 국립공원공단, 한국교통안전공단, 한국에너지공단, 한국기상산업기술원, 한국노인인력개발원, 국립낙동강생물자원관, 한국물기술인증원 등

대표예제

| 예제 |

신입사원 윤씨가 선배들로부터 전달받은 효과적인 자원관리 내용으로 옳지 않은 것은?

- A: 책정비용이 실제비용보다 적은 경우 적자가 발생했다고 합니다.
- B: 시간계획 시 우선순위 선정이 매주 중요합니다. 또한 시간계획 시 명확한 목표를 설정해야 합니다.
- C: 업무를 담당했을 때, 어떤 활동을 할 것인지, 이때 무슨 자원이 얼마나 필요한지 파악해야 합니다.
- D: 시간 관리 시 주어진 시간을 꽉 채워서 계획해야 합니다.
- E: 개인적인 차원에서 인맥 관리는 중요하므로 타인에게 전달받은 명함을 적절하게 관리해야 합니다.

① A ② B ③ C ④ D ⑤ E

| 정답 및 해설 |

정답 ④

해설
수행관리의 미흡, 외부 돌발 상황 등 다양한 상황을 해결하기 위해 철저한 시간계획과 관리가 필요하며, 돌발 상황을 대비하여 여유 있게 시간계획을 세워야 한다. 따라서 정답은 ④이다.

오답분석
① 책정비용보다 실제비용이 더 많은 경우 적자가 발생하며, 책정비용보다 실제비용이 더 적은 경우 경쟁력 손실이 발생한다. 책정비용과 실제비용이 비슷한 경우 가장 이상적인 상태이다.
② 효과적인 시간계획을 작성하기 위해서는 명확한 목표를 설정한 후 일의 우선순위를 정해야 하며, 우선순위가 결정된 후에는 예상 소요시간을 결정해야 한다.
③ 자원관리 기본 과정 중 업무를 추진할 때 어떤 자원이 필요하며, 또 얼마만큼 필요한지 파악하는 필요한 자원의 종류와 양 확인 단계를 거쳐야 한다.
⑤ 개인적인 차원에서 자신의 인맥을 관리하기 위한 방법으로 명함관리, 인맥관리카드 작성, SNS 등이 있다.

영역별 최신 모듈형 출제 경향

대인관계능력

☑ 최신 출제 경향

- 대인관계능력은 최근 산업인력공단에서 제공하는 워크북 이론을 활용하는 모듈형과 해당 이론을 관련 자료 또는 사례에 적용할 수 있는지 확인하는 유형이 주로 출제되고 있다. 워크북 이론 중에서도 효과적인 팀워크, 갈등의 유형, 리더십의 유형, 임파워먼트, 갈등해결방법, 협상전략의 형태 등과 같은 내용이 빈번하게 출제된다. 또한 기존에는 주로 하나의 자료에 대해 하나의 문항만 나오는 단일형 문항이 출제되는 편이었으나, 최근에는 하나의 자료에 대해 두 개 이상의 문항이 나오는 세트형 문항도 출제되고 있다.

☑ 2025 대비 학습법

- 대인관계능력은 직업기초능력평가에서 자주 출제되는 주요 영역은 아니지만, 출제될 경우 워크북 이론을 기반으로 특정한 자료 혹은 사례에 적용할 수 있는지 묻는 문항이 출제되는 경우가 많기 때문에 지원하고자 하는 기업의 직업기초능력평가의 평가 영역에 대인관계능력이 포함되어 있다면 워크북 이론 및 관련 자료들에 대한 학습을 꾸준히 해야 한다. 또한 이론에 대한 학습과 함께 대인관계능력의 하위능력인 팀워크능력, 리더십능력, 갈등관리능력, 협상능력, 고객서비스능력에 관한 다양한 실제 사례들을 평소에 많이 접해 보고, 각각의 상황과 관련된 개념들을 떠올리는 연습을 해 보는 것도 실전에서 도움이 많이 된다.

☑ 대표 출제 기업

- 서울교통공사, 한전KDN, 공항철도, 독립기념관, 과학기술분야 정부출연연구기관 공동채용, 광주광역시 공공기관 통합채용, 대구공공시설관리공단, 서울주택도시공사, 주택도시보증공사, 서울교통공사 9호선, 용인도시공사, 한국원자력환경공단, 연구개발특구진흥재단, 한국양성평등교육진흥원, 화성시 공공기관 통합채용, 대구교통공사, 서울시설공단, 한국에너지공단, 한국인터넷진흥원, 방송통신심의위원회 등

대표예제

| 예제 |

갈등의 유형에 따라 과업 갈등과 관계 갈등에 해당하는 (가)~(라)를 각각 바르게 짝지은 것은?

> 갈등의 유형은 크게 과업 갈등(Task Conflict)과 관계 갈등(Relationship Conflict)으로 구분할 수 있으며, 갈등은 그 유형에 따라 조직에 미치는 영향이 각기 다르게 나타난다.
>
> 과업 갈등은 서로 다른 관점, 아이디어, 의견 등을 포함하는 과업을 수행하는 데 있어 집단 구성원들 사이의 불일치로 정의되며, 단기적인 관점에서 업무를 수행하는 목표와 내용과 관련이 있다. 반면에 관계 갈등은 성격, 개인적 취향, 선호, 가치 그리고 대인관계 스타일처럼 인간관계가 중심이 되어 나타나는 것으로 집단 내 구성원들 사이의 긴장, 원한, 귀찮음 등과 같은 정서적 대립을 말한다. 따라서 기존 연구에서는 관계 갈등을 집단의 효과성을 떨어뜨리고 만족과 몰입에 부정적 영향을 주며, 집단 의사결정의 질에도 부정적인 영향을 미치는 것으로 설명하고 있다.

〈갈등의 유형 예시〉

(가) 팀원들과의 업무 과정에서 서로 화를 내는 일이 발생했다.
(나) 업무를 하는 도중 팀원들이 낸 의견 간의 마찰이 발생했다.
(다) 함께 일하는 팀원들 간에 감정적으로 깊은 골이 존재했다.
(라) 팀원들의 관점과 아이디어가 각기 다양하여 갈등이 발생했다.

	과업 갈등	관계 갈등
①	(가), (나)	(다), (라)
②	(가), (라)	(나), (다)
③	(나), (다)	(가), (라)
④	(나), (라)	(가), (다)
⑤	(다), (라)	(가), (나)

| 정답 및 해설 |

정답 ④

해설

과업 갈등: 업무를 하는 도중 팀원들이 낸 의견 간의 마찰이 발생한 것과 팀원들의 관점과 아이디어가 다양한 것으로 인해 갈등이 발생한 것은 서로 다른 관점, 아이디어, 의견 등을 포함하는 과업을 수행하는 데 있어 집단 구성원들 사이의 불일치가 일어난 경우이므로, 과업 갈등에는 (나), (라)가 해당한다.

관계 갈등: 팀원들과의 업무 과정에서 서로 화를 내는 일이 발생한 것과 함께 일하는 팀원들 간에 감정적으로 깊은 골이 존재한 것은 인간관계가 중심이 되어 집단 내 구성원들 사이에 정서적 대립이 일어난 경우이므로, 관계 갈등에는 (가), (다)가 해당한다.

따라서 갈등의 유형에 따라 과업 갈등과 관계 갈등에 해당하는 (가)~(라)를 각각 바르게 짝지은 것은 '과업 갈등: (나), (라) 관계 갈등: (가), (다)'이므로 정답은 ④이다.

영역별 최신 모듈형 출제 경향

정보능력

☑ 최신 출제 경향
- 정보능력은 산업인력공단에서 제공하는 워크북 이론을 활용하는 모듈형과 함께 최신 IT용어를 묻는 유형, 엑셀, 파워포인트, 한글 등의 프로그램을 활용하는 유형 등이 출제되고 있다. 또한, 프로그래밍 언어 관련 자료를 이해 및 응용할 수 있는지 묻는 유형이 출제되기도 하였다.

☑ 2025 대비 학습법
- 정보능력은 산업인력공단에서 제공하는 워크북 이론 내용을 포함하여, 특정한 개념을 알고 있는지 확인하는 지식형 문항이 주로 출제된다. 하지만 엑셀 함수, 제품코드, 프로그래밍 언어 관련 자료 등을 제시한 후 이를 이해하여 또 다른 자료에 적용할 수 있는지 묻는 문항이 출제되기도 하는데, 실전에서 이와 같은 유형을 처음 접하면 당황하여 정답을 찾지 못하거나 너무 많은 시간을 쓰게 될 수도 있으므로, 평소 이러한 유형에 익숙해질 수 있도록 문항을 자주 풀어보는 것이 좋다.

☑ 대표 출제 기업
- 서울교통공사, 한국도로공사, 인천국제공항공사, 한국공항공사, 부산교통공사, KDB산업은행, 농협은행, 건강보험심사평가원, 한국전력공사, 한전KDN, 한국가스공사, 한국전기안전공사, 한국농어촌공사, 공항철도, 대구공공시설관리공단, 도로교통공단, 우체국시설관리단, 한국산업단지공단, 서울교통공사 9호선, 농림수산식품교육문화정보원, 한국지역난방공사, 정보통신산업진흥원, 대구도시개발공사, 한국교통안전공사 등

대표예제

| 예제 |

다음 중 정보에 대한 설명으로 적절한 것만을 〈보기〉에서 모두 고르면?

/ 보기 /
- ㉠ 적시성과 독점성은 정보의 핵심적인 특성이다.
- ㉡ 공개 정보는 비공개 정보보다 더 큰 가치를 가진다.
- ㉢ 정보의 가치는 사용 목적, 활용 시기, 장소 등과 관계없이 동일하게 평가된다.
- ㉣ 정보 활용 측면에서 비공개 정보는 경제성이 떨어지고, 공개 정보는 경쟁성이 떨어진다.

① ㉠, ㉡ ② ㉠, ㉣ ③ ㉡, ㉢
④ ㉢, ㉣ ⑤ ㉠, ㉡, ㉣

| 정답 및 해설 |

정답 ②

해설
- ㉠ 적시성과 독점성은 정보의 핵심적인 특성이다.
- ㉣ 정보 활용 측면에서 비공개 정보는 경제성이 떨어지고, 공개 정보는 경쟁성이 떨어진다. 따라서 정보는 공개 정보와 비공개 정보를 적절히 구성함으로써 경제성과 경쟁성을 동시에 추구해야 한다.

따라서 적절한 것만을 〈보기〉에서 모두 고르면 '㉠, ㉣'이므로 정답은 ②이다.

오답분석
- ㉡ 정보는 아무리 중요한 내용이라도 공개 후에는 그 가치가 급격하게 떨어지는 것이 보통이다. 따라서 정보는 공개 정보보다는 반공개 정보가 더 큰 가치를 가지고, 반공개 정보보다는 비공개 정보가 더 큰 가치를 가진다.
- ㉢ 정보의 가치는 우리의 요구, 사용 목적, 그것이 활용되는 시기와 장소에 따라서 다르게 평가된다.

영역별 최신 모듈형 출제 경향

기술능력

✓ 최신 출제 경향

- 기술능력은 노하우와 노와이, 기술혁신 등과 같이 산업인력공단에서 제공하는 워크북 이론을 활용하는 모듈형과 해당 이론을 관련 자료 또는 사례에 적용할 수 있는지 확인하는 유형이 주로 출제되고 있다. 또한, 최근에는 기술 관련 소재를 다룬 제시글을 주고 이에 대한 이해를 묻는 유형이 자주 출제되고 있다.

✓ 2025 대비 학습법

- 기술능력은 워크북 이론 내용을 포함하여 특정 개념을 알고 있는지 확인하는 지식형 문항이 출제되기도 하지만, 제시된 자료를 이해하거나 이를 또 다른 상황 혹은 자료에 적용할 수 있는지 묻는 문항이 주로 출제되므로, 평소 문항을 꾸준히 풀어보아야 한다. 제시되는 자료의 내용이 이해하기 어렵지 않은 편이지만, 자료에 따라 각기 다른 풀이 기제가 작용할 수 있는 문항들로 구성되므로 실전에서 빠르게 풀이할 수 있도록 다양한 문항들을 미리 접해 보는 것이 좋다.

✓ 대표 출제 기업

- 서울교통공사, 한전KPS, 한국중부발전, 공항철도, 한국전력기술, 대구교통공사, 서울시설공단, 한국교통안전공단, 서울교통공사 9호선 등

대표예제

| 예제 |

다음은 벤치마킹에 관한 자료이다. 자료를 토대로 할 때, 다음 벤치마킹의 사례들 중 수행 방식이 나머지 넷과 다른 하나를 고르면?

> 벤치마킹이란 특정 분야에서 뛰어난 업체나 상품, 기술, 경영 방식 등을 배워 합법적으로 응용하는 것을 의미한다. 단순한 모방과는 달리 우수한 기업이나 성공한 상품, 기술, 경영 방식 등의 장점을 충분히 배우고 익힌 후 자사의 환경에 맞추어 재창조하는 것이다.
> 이러한 벤치마킹은 비교 대상에 따라 분류할 수도 있고 수행 방식에 따라 분류할 수도 있다. 그중 수행 방식에 따라 분류할 경우, 벤치마킹은 직접적 벤치마킹과 간접적 벤치마킹 2가지로 분류할 수 있다. 직접적 벤치마킹은 벤치마킹 대상을 직접 방문하여 수행하는 방법으로, 직접 접촉하여 자료를 입수하고 조사하기 때문에 높은 정확도와 지속 가능한 점에서 장점이 있다. 하지만 벤치마킹 대상 선정이 어렵고 수행비용 및 시간이 과다하게 소요된다는 단점이 있다. 반면 간접적 벤치마킹은 인터넷이나 문서 형태의 자료를 통해서 수행하는 방법으로, 벤치마킹 대상의 수에 제한이 없고 다양하며, 비용 또는 시간적 측면에서 상대적으로 많이 절감할 수 있다는 장점이 있다. 그러나 벤치마킹 결과가 피상적이며 정확한 자료의 확보가 어렵고, 특히 핵심자료의 수집이 상대적으로 어렵다는 단점이 있다.

① A전통시장 상인회는 전통시장 디지털화를 위해 디지털 플랫폼 운영 기업을 방문하였다.
② B시는 캐릭터 산업의 역량을 키우고자 캐릭터 성공 사례로 유명한 일본 구마모토현에 시찰단을 파견하였다.
③ C부처는 D부처가 시행한 정책의 장점을 논문 자료를 통해 학습한 후, 이를 정책 시행 시에 활용하였다.
④ 이란 정부는 행정 혁신을 하기 위해 E시 소재 콜센터를 견학하고 실무 협의를 진행하였다.
⑤ F시 소재 행정복지센터 직원들은 G시의 체계적인 행정 운영 사례를 배우기 위해 G시 소재 행정복지센터를 방문하였다.

| 정답 및 해설 |

정답 ③
해설
직접적 벤치마킹은 벤치마킹 대상을 직접 방문하여 수행하는 방법이라고 하였고, ①, ②, ④, ⑤가 이에 해당한다. 간접적 벤치마킹은 인터넷이나 문서형태의 자료를 통해서 수행하는 방법이라고 하였고, ③이 이에 해당한다. 따라서 정답은 ③이다.

영역별 최신 모듈형 출제 경향

조직이해능력

☑ 최신 출제 경향

- 조직이해능력은 주로 산업인력공단에서 제공하는 워크북의 이론에 대해 묻거나, 워크북에는 수록되지 않았지만 조직, 경영 등과 관련된 개념을 이해하고 실제 업무 현장에서 접할 수 있는 상황 혹은 자료에 적용할 수 있는지 묻는 유형이 출제되고 있다. 또한, 조직의 의사결정, 조직 변화의 과정, 조직의 경영전략, 조직구조의 형태 및 결정요인, 업무의 방해요인과 해결 방법 등과 같이 워크북에 수록된 핵심 이론들을 묻는 모듈형 문항과 워크북에는 없지만 핵심 이론이나 각 기업의 상황과 관련된 자료가 제시되며 하나의 자료에 대해 두 개 이상의 문항이 나오는 세트형 문항도 출제되고 있다.

☑ 2025 대비 학습법

- 조직이해능력은 최근 워크북의 핵심 이론 내용을 포함하여, 특정한 개념을 실제 업무 현장에 적용할 수 있는지 확인하는 문항이 출제된다. 조직문화, 조직도, 의사결정, 심리 효과 등 제시되는 자료의 내용이 이해하기 어렵지 않은 편이지만, 주로 조직이해능력 관련 개념을 응용하여 풀이하는 문항이 출제되기 때문에 실전에서 체감 난도가 높을 수 있다. 따라서 워크북 이론은 물론, 본 도서에 수록된 '플러스 알파 이론'도 잘 익혀두는 것이 좋다. 또한, 각 기업의 경영 철학, 핵심 가치, 비전, 인재상과 연관된 내용이 나올 수 있으므로, 해당하는 기업의 홈페이지에서 해당 내용들을 미리 파악해 두면 실전에서 도움이 될 수 있다.

☑ 대표 출제 기업

- 서울교통공사, 인천국제공항공사, 한국산업인력공단, 한전KDN, 한국수력원자력, 인천테크노파크, 경기도 공공기관 통합채용, 주택도시보증공사, 한국환경공단, 한국지역난방공사, 인천공항시설관리, 한국장학재단, 한국전력기술, 한국교통안전공단, 한국산업안전보건공단, 한국해양과학기술원, 한국해양진흥공사 등

대표예제

| 예제 |

다음 자료를 토대로 할 때, 조직화의 원칙 중 조직 구성원이 하나의 전문적인 업무를 담당하도록 업무를 분담해야 한다는 원칙은?

> 조직이란 두 사람 이상이 공동의 목표를 달성하기 위해 의식적으로 구성된 상호작용과 조정을 행하는 행동의 집합체이다. 그러나 단순히 사람들이 모였다고 해서 조직이라고 하지는 않는다. 조직은 목적을 가지고 있고, 구조가 있으며, 목적을 달성하기 위해 구성원들이 서로 협동을 하고, 외부 환경과 긴밀한 관계를 가지고 있다. 즉, 조직은 조직목표와 조직구조, 업무 프로세스, 조직문화, 규칙 및 규정 등의 구성 요소로 이뤄진 하나의 체제이다. 조직은 다음 〈그림〉과 같은 조직화의 원칙을 통해 구성된다.
>
>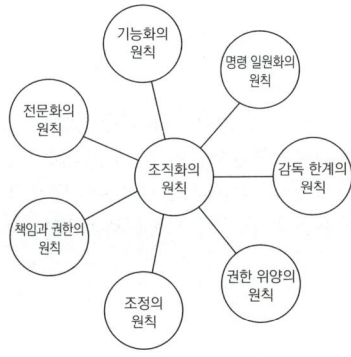
>
> [그림] 조직화의 원칙
>
> 한편, 조직은 목적과 목표를 가지고 있으며, 이를 달성하기 위해 다양한 조직구조를 사용한다. 조직 구조의 유형에는 기능 구조, 사업 구조, 매트릭스 구조, 수평 구조, 네트워크 구조 등이 있다.

① 기능화의 원칙
② 전문화의 원칙
③ 조정의 원칙
④ 감독 한계의 원칙
⑤ 권한 위양의 원칙

| 정답 및 해설 |

정답 ②

해설
조직 구성원이 하나의 전문적인 업무를 담당하도록 업무를 분담해야 한다는 원칙은 '전문화의 원칙'이다. 따라서 정답은 ②이다.

영역별 최신 모듈형 출제 경향

직업윤리

✓ 최신 출제 경향
- 직업윤리는 산업인력공단에서 제공하는 워크북의 이론적인 내용을 토대로 한 모듈형이 주로 출제되므로, 도덕적 해이, 도덕적 타성, 직업윤리의 원칙 등 워크북의 핵심 이론을 질문하는 문제가 출제되고 있다. 직업윤리는 최근 기업의 사회적 책임에 관한 출제 비중도 커지고 있으며, 주로 단일형 문제가 출제되는 편이었으나, 핵심 이론을 기반으로 지문이 제시되고 하나의 자료에 대해 두 개 이상의 문항이 나오는 세트형 문제도 출제되고 있다.

✓ 2025 대비 학습법
- 직업윤리는 직업기초능력평가에서 자주 출제되는 주요 영역은 아니지만, 실제 기업에서 윤리적인 측면을 중요하게 다루기 때문에 눈여겨보는 것이 좋다. 직업윤리에서는 워크북의 핵심 이론을 기반으로 기업 관련 신문 기사, 기업 내부 규정 등과 같은 자료를 제시하는 경우가 많기 때문에 평소 이러한 자료들에 익숙해지는 것이 좋다 특히 법조문이나 기업 내부 규정의 경우 다소 복잡해 보이는 자료가 제시되기도 하므로, 워크북 이론을 학습함과 동시에 실제 지원하고자 하는 기업과 관련된 자료들을 확인하는 것도 도움이 된다.

✓ 대표 출제 기업
- 서울교통공사, 대구공공시설관리동단, 서울주택도시공사, 우체국시설관리단, 서울교통공사 9호선, 대구교통공사, 한국에너지공단, 국민연금공단, 한국산업인력공단, 한전KDN, 공항철도, 한국전력거래소, 인천도시공사, 한국지역난방공사, 대구도시개발공사, 서울시설공단 등

대표예제

| 예제 |

다음 사례에서 밑줄 친 ㉠, ㉡에게 부족한 직업윤리 덕목을 각각 바르게 짝지은 것은?

> 사례 1: 식당을 운영하는 ㉠김 사장은 최근 공과금 납부 등으로 부담이 컸다. 김 사장은 밤에 몰래 음식물 쓰레기를 갈아 불법 투기하는 행위를 저질렀다.
> 사례 2: 건설기계의 안전관리를 담당하는 ㉡박 대리는 건설기계의 구조 및 성능과 안전을 꼼꼼히 확인하고 점검하라는 과장님의 말씀에도 건설기계를 대충 점검하였다.

	㉠	㉡
①	창의성	성실성
②	준법성	정직성
③	창의성	준법성
④	준법성	성실성
⑤	성실성	창의성

| 정답 및 해설 |

정답 ④

해설
㉠: 직업윤리에서 준법성은 법률이나 규칙을 잘 지키는 성질을 의미한다. 따라서 불법 투기와 같은 불법행위를 저지른 김 사장에게 부족한 직업윤리 덕목은 준법성임을 알 수 있다.
㉡: 직업윤리에서 성실성은 맡은 업무에 대해 정성을 다하여 처리하는 성질을 의미하므로, 건설기계의 안전관리를 소홀히 한 박 대리에게 부족한 직업윤리 덕목은 성실성임을 알 수 있다.
따라서 밑줄 친 ㉠, ㉡에게 부족한 직업윤리 덕목을 각각 바르게 짝지은 것은 '㉠: 준법성, ㉡: 성실성'이므로 정답은 ④이다.

PART 1

직업기초능력평가

- CHAPTER 01 의사소통능력
- CHAPTER 02 수리능력
- CHAPTER 03 문제해결능력
- CHAPTER 04 자기개발능력
- CHAPTER 05 자원관리능력
- CHAPTER 06 대인관계능력
- CHAPTER 07 정보능력
- CHAPTER 08 기술능력
- CHAPTER 09 조직이해능력
- CHAPTER 10 직업윤리

National Competency Standards

PART 1 직업기초능력평가

CHAPTER 01
의사소통능력

STEP 01 개념정리
- 개념체크
- 플러스 알파 이론

STEP 02 기본문제

STEP 03 심화문제

STEP 04 응용문제

● 영역 소개

업무를 수행하는 데 글과 말을 읽고 들음으로써 다른 사람이 뜻한 바를 파악하고, 자기가 뜻한 바를 글과 말을 통해 정확하게 쓰거나 말하는 능력이다. 하위능력은 문서이해능력, 문서작성능력, 경청능력, 의사표현능력, 기초외국어능력으로 구분된다.

● 출제 유형

구분	의미	학습 포인트
문서이해능력	일 경험 중 필요한 문서를 읽고, 내용을 이해하여 업무 수행에 필요한 요점을 파악하는 능력	▶ 문서이해능력의 개념 ▶ 다양한 문서의 종류와 용도 ▶ 문서이해의 구체적인 절차
문서작성능력	일 경험에서 만나는 여러 상황과 목적에 따라 다양하게 요구되는 문서를 파악하고 작성하는 능력	▶ 문서작성의 개념 및 중요성 ▶ 상황과 종류에 맞는 문서작성법 ▶ 문서작성 시 주의 사항 ▶ 문서의 시각화
경청능력	경청의 개념과 중요성을 확인하고, 업무 수행 상황 및 대상에 따라 실천할 수 있는 능력	▶ 경청의 개념 및 중요성 ▶ 경청의 방해요인 ▶ 경청의 올바른 자세와 경청훈련 ▶ 공감 반응의 방법
의사표현능력	의사표현의 개념과 중요성을 확인하고, 의사표현력을 기를 수 있는 능력	▶ 의사표현의 개념과 중요성 ▶ 의사표현에 영향을 미치는 비언어적 요소 ▶ 효과적인 의사표현 방법 ▶ 상황과 대상에 따른 의사표현법
기초외국어능력	학교 및 직업생활에서 필요한 기초외국어능력이 무엇인지 이해하고, 상황에 따라 적절한 기초외국어를 구사하는 능력	▶ 기초외국어능력의 개념 및 필요성 ▶ 기초외국어능력이 필요한 상황 ▶ 비언어적 표현방법의 유형

● 기출 키워드

- ▶ 의사소통의 의미
- ▶ 언어적·문서적인 의사소통능력
- ▶ 의사소통의 유형(키슬러 양식)
- ▶ 의사소통을 저해하는 요소
- ▶ 문서이해의 구체적인 절차
- ▶ 문서의 종류와 용도(보도자료, 설명서, 보고서 등)
- ▶ 상황에 따른 문서작성법
- ▶ 종류에 따른 문서작성법(공문서, 기안서, 보고서 등)
- ▶ 문서작성의 원칙 및 주의 사항
- ▶ 문서의 시각화
- ▶ 경청의 개념과 중요성
- ▶ 경청의 종류(적극적 경청과 소극적 경청)
- ▶ 경청의 방해요인
- ▶ 경청의 올바른 자세
- ▶ 경청훈련
- ▶ 의사표현의 종류(공식적 말하기, 의례적 말하기, 친교적 말하기)
- ▶ 의사표현에 영향을 미치는 비언어적 요소(연단공포증, 말, 몸짓, 유머)
- ▶ 상황과 대상에 따른 의사표현법(문 안에 한 발 들여놓기 기법, 얼굴 부딪히기 기법)
- ▶ 설득력 있는 의사표현 지침
- ▶ 기초외국어(연결어, 접속사 등)
- ▶ 어휘 관계
- ▶ 동음이의어
- ▶ 어문규범(한글맞춤법, 외래어 표기법)
- ▶ 사자성어

STEP 01 개념정리

CHAPTER 01 의사소통능력

1 의사소통의 의미 기출 주택도시보증공사, 한국환경공단, 건강보험심사평가원

의사소통(Communication)이란 두 사람 또는 그 이상의 사람들 사이에서 의사의 전달과 상호교류가 이루어진다는 뜻이며, 어떤 개인 또는 집단이 개인 또는 집단에 대해서 정보, 감정, 사상, 의견 등을 전달하고 그것들을 받아들이는 과정이다.

2 일 경험에서 의사소통

(1) 일 경험에서 의사소통의 의미

일 경험에서의 의사소통은 반드시 필요하다. 조직이란 다양한 사회적 경험과 지위를 가진 구성원들의 집단이므로 동일한 내용의 메시지를 전달하더라도 각각 다르게 받아들일 수 있다. 따라서 주고받는 화자와 청자 간의 상호작용에 따라 메시지는 다양하게 변형될 수 있음을 염두에 두어야 한다.

(2) 일 경험에서 의사소통의 목적과 기능

일 경험에서 발생하는 의사소통은 조직과 팀의 생산성 증진을 목적으로 구성원 간 정보와 지식을 전달하는 과정이며, 공통의 목표를 추구해야 하는 조직 특성상 의사소통은 집단 내의 기본적 존재 기반이자 성과를 결정하는 핵심 기능이다.

> **참고 일 경험에서 의사소통의 목적**
> - 원활한 의사소통을 통해 조직의 생산성을 높인다.
> - 조직 내 구성원들의 사기를 진작시킨다.
> - 조직 생활을 위해 필요한 정보를 전달한다.
> - 구성원 간 의견이 다를 경우 설득한다.

(3) 일 경험에서 의사소통의 중요성

① 구성원들 사이에서 서로에 대한 지각의 차이를 좁혀 주며, 선입견을 줄이거나 제거해 주는 수단이다.
② 직장에서 상사나 동료 혹은 부하와의 의사소통이 원활하게 이루어지면 구성원 간 공감이 증가하고, 조직 내 팀워크가 향상된다.
③ 향상된 팀워크는 직원들의 사기 진작과 능률 향상으로 이어진다.

3 일 경험에서 의사소통의 종류

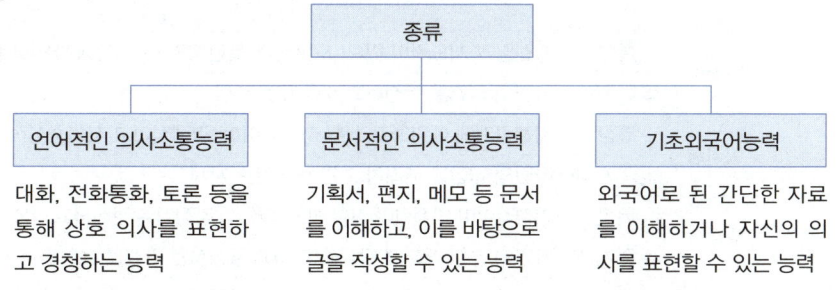

(1) 언어적인 의사소통능력과 문서적인 의사소통능력 〔기출〕 대한적십자사

구분	종류	내용	특징
언어적인 의사소통능력	경청능력	원활한 의사소통을 위해 상대방의 이야기를 주의를 기울여 집중하고 몰입하여 듣는 능력	유동성↑, 정확성↓
	의사표현능력	자신의 의사를 목적과 상황에 맞게 설득력을 가지고 표현하는 능력	
문서적인 의사소통능력	문서이해능력	업무와 관련된 다양한 문서를 읽고, 문서의 핵심을 이해하며, 구체적인 정보를 획득하고, 수집·종합하는 능력	권위감↑, 정확성↑, 전달성↑, 보존성↑, 혼란과 곡해 가능성 있음
	문서작성능력	업무 관련 상황과 목적에 적합한 문서를 시각적이고 효과적으로 작성하는 능력	

워크북 자료로 알아보기

Q 다음 사례에서 의사소통능력의 종류가 다른 것을 찾아보시오.

무역회사에 근무하는 K씨는 아침부터 밀려드는 일에 정신이 없다. 오전에 독일의 고객사에서 보내온 주방용품 컨테이너 ㉠수취확인서를 보내야 하는데 ㉡수취확인 문의전화와 다른 고객사의 클레임을 받느라 바쁜 시간을 보냈다. 어제 오후 P대리에게 영문 운송장을 전달해 달라는 ㉢메모를 책상 위에 올려두고 퇴근했는데 제대로 전달되지 않았는지 엉뚱한 주문서를 작성해 놓아 다시 P대리에게 ㉣클레임 관련 메일을 보내놓았다. 오후에 회의에서 발표할 ㉤주간업무보고서를 작성해야 하는데 시간이 빠듯해 조바심이 생겼다.

A ㉡은 언어적인 의사소통능력, ㉠, ㉢, ㉣, ㉤은 문서적인 의사소통능력이다.

(2) 기초외국어능력

① 기초외국어능력의 의미
외국어로 된 간단한 자료를 이해하거나 외국인의 간단한 의사표현을 이해하고, 자신의 의사를 기초외국어로 표현할 수 있는 능력이다.

② 일 경험에서 요구되는 기초외국어능력
필요한 문서의 이해나 문서작성, 의사표현, 경청 등 기초적인 의사소통을 기초적인 외국어로서 가능하게 하는 능력을 말하며, 컴퓨터나 공장 기계에 적힌 간단한 외국어 표시 등을 이해하는 것도 포함한다.

4 의사소통의 유형

구분		특징 및 필요 자세
지배형	특징	자신감과 지도력이 있으나, 논쟁적·독단적인 면이 강해 대인갈등을 겪을 수 있음.
	필요 자세	타인의 의견을 경청하고 수용하는 자세
실리형	특징	이해관계에 예민하고 성취 지향적이며, 경쟁적이고 자기중심적임.
	필요 자세	타인의 입장을 배려하고 관심을 갖는 자세
냉담형	특징	이성적이며 의지력이 강한 반면, 타인의 감정에 무관심하고, 피상적인 대인관계를 유지함.
	필요 자세	타인의 감정 상태에 관심을 가지고 긍정적인 감정을 표현하는 자세
고립형	특징	혼자 있는 것을 선호하고 사회적 상황을 회피하며 지나치게 자신의 감정을 억제함.
	필요 자세	대인관계의 중요성을 인식하고 타인에 대한 비현실적인 두려움의 근원을 성찰하는 자세
복종형	특징	수동적이고 의존적이며 자신감이 없음.
	필요 자세	적극적으로 자기를 표현하고, 의견에 대해서는 강하게 주장하는 자세
순박형	특징	단순하고 솔직하지만 자기주관이 부족함.
	필요 자세	자신의 의견을 주장하는 자세
친화형	특징	따뜻하고 인정이 많고 자기희생적이나, 타인의 요구를 거절하지 못함.
	필요 자세	타인과의 정서적인 거리를 유지하는 자세
사교형	특징	타인에 대한 높은 관심으로 간섭하려는 경향이 있고, 남에게 인정받고자 하는 욕구가 강하며 쉽게 흥분하는 경향이 있음.
	필요 자세	심리적 안정감과 지나친 인정욕구에 대해 성찰하는 자세

> **참고** 키슬러 양식으로 확인하는 의사소통 유형
>
> 의사소통 양식지의 각 유형별 문항에 대한 점수를 합산한 후 그 점수에 해당하는 점을 연결한다. 팔각형의 모양이 중심으로부터 특정 방향으로 기울어진 형태일수록 그 방향의 대인관계 의사소통 양식이 강하다고 해석한다.

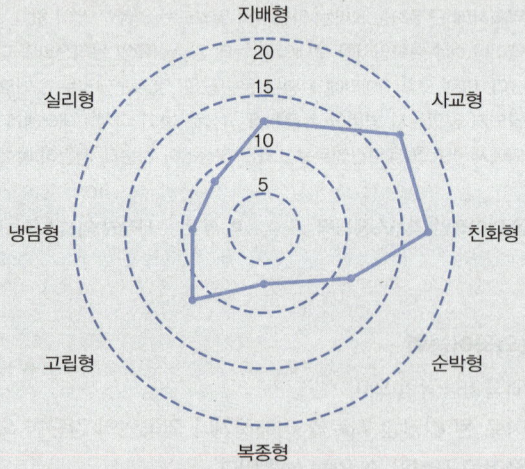

예를 들어 양식지를 통해 위와 같은 결과를 얻었다면, 이 사람은 사교형, 친화형인 사람으로 분석할 수 있다. 이러한 유형의 사람은 따뜻하고 인정이 많지만 타인을 간섭하려는 경향이 있고 남에게 인정받고자 하는 욕구가 강한 사람으로 볼 수 있다. 이러한 사람은 타인과의 정서적 거리를 유지하고 지나친 인정욕구에 대해 성찰하는 자세가 필요하다.

5 의사소통을 저해하는 요소 기출 서울교통공사

(1) '일방적으로 말하고', '일방적으로 듣는' 무책임한 마음

자신의 메시지가 '정확하게 전달되었는지', 상대방이 메시지를 '정확하게 이해했는지' 확인하지 않고 그 순간을 넘겨버리면 서로 '엇갈린 정보'를 가지게 된다. 이때 엇갈린 정보를 갖게 되는 경우 듣는 사람에게도 책임이 있다.

→ 의사소통 과정에서의 상호작용 부족

(2) '그래서 하고 싶은 말이 정확히 뭐야?' 분명하지 않은 메시지

업무를 위한 의사소통은 많은 정보를 담아야 하는 경우가 있다. 그러나 듣는 사람이 이해하기에 너무 복잡한 메시지, 서로 모순되는 내용을 가진 경쟁적인 메시지를 전달하는 경우 잘못된 의사소통이 이루어지게 된다.

→ 복잡한 메시지, 경쟁적인 메시지

(3) '말하지 않아도 아는 문화'에 안주하는 마음

'말하지 않아도 안다', '호흡이 척척 맞다', '일은 눈치로 배워라' 등과 같이 '눈치'를 중요하게 여기는 의사소통을 미덕이라고 생각하는 경향이 있다. 말하지 않아도 마음이 통하는 관계가 물론 중요하나, 비즈니스 현장에서 더욱 필요한 것은 마음으로 아는 눈치의 미덕보다는 정확한 업무 처리이다.

→ 의사소통에 대한 잘못된 선입견

> **참고 효과적인 인간관계를 위한 의사소통**
>
> 정서를 가장 잘 소통할 수 있는 보편적인 방법은 없지만 자신의 정서를 분명하고 직접적으로 표현하는 것이 이득일 때가 있다. 다음은 언제 어떻게 정서를 표현할지 결정하는 데 도움이 되는 지침이다.
>
> | 자신의 느낌 인지하기 | 자신의 정서적 상태를 잘 이해하고 중요한 결정을 내릴 때 이러한 정보를 사용하는 것, 즉 자신의 느낌에 대한 인식을 넘어서서 정서를 식별할 수 있는 능력을 갖는 것이 중요하다. 이러한 능력을 가진 사람은 정서를 관리하기 위한 전략도 가지고 있다. |
> |---|---|
> | 느낌, 말하기, 그리고 행동 사이의 차이 인지하기 | 정서를 느끼는 것과 그 느낌을 행동으로 표현하는 것은 다르다는 점을 이해함으로써 힘든 상황에서 자신을 건설적으로 표현하는 데 도움을 받을 수 있다. |
> | 자신의 느낌에 대한 책임 수용하기 | 자신의 정서에 대한 책임은 본인에게 있다. 상대의 행동을 어떻게 이해하고 받아들이는지에 따라 분노, 슬픔, 체념 등 자신의 정서가 결정된다. |

6 의사소통능력의 개발 방법

의사소통능력을 개발하기 위해서는, 의사소통의 저해 요인을 분명히 알고 이를 제거하기 위한 훈련을 해야 한다. 이를 위해 스스로가 의사소통의 중요한 주체임을 인지하고, 자신의 문제점을 객관적으로 분석해야 하며, 타인을 이해하려는 노력과 조직의 구성원으로서 조직 분위기를 개선하려는 노력이 필요하다.

(1) 사후검토와 피드백(Feedback) 주고받기
① 피드백(Feedback)의 의미
　상대방에게 그의 행동 결과에 대한 정보를 제공해 주는 것으로, 그의 행동이 자신의 행동에 어떤 영향을 미치고 있는가에 대하여 상대방에게 솔직하게 알려주는 것이다.
② 사후검토와 피드백 활용
　의사소통의 왜곡에서 오는 오해와 부정확성을 줄이기 위하여 말하는 사람은 사후검토와 피드백을 이용하여 메시지의 내용이 실제로 어떻게 해석되고 있는가를 조사할 수 있다.
③ 사후검토와 피드백 시 유의점
　피드백은 상대방에게 행동을 개선할 기회를 제공해 줄 수 있지만, 부정적인 피드백만을 주면 오히려 역효과가 나타날 수 있다. 따라서 피드백을 줄 때 상대방의 긍정적인 면과 부정적인 면을 균형 있게 전달하도록 주의하여야 한다.

(2) 언어의 단순화
전문용어는 그 언어를 사용하는 집단 구성원들 사이에서 이해를 촉진시키지만, 조직 밖의 사람들, 즉 고객에게 사용했을 때에는 소통의 문제가 발생할 수 있으므로 명확하고 쉽게 이해 가능한 단어를 선택해야 한다.

(3) 적극적인 경청
상대방의 이야기를 듣는 것은 수동적인 데 반해 경청은 능동적인 의미의 탐색이다. 상대방의 입장에서 생각하려고 노력하면서 감정을 이입할 때 적극적인 경청이 용이해진다.

> **참고** 적극적인 관심 표출 행동
> - 좋은 자세
> - 완화한 시선의 접촉
> - 상냥한 얼굴 표정과 음색
> - 즉각적인 반응

(4) 감정의 억제
감정에 지나치게 몰입하게 되면 의사소통 과정에서 상대의 메시지를 오해하기 쉽고, 반대로 자신이 전달하고자 하는 의사표현을 명확하게 하지 못할 경우가 많다. 이러한 경우 침착하게 마음을 비우고, 평정을 어느 정도 찾을 때까지 의사소통을 연기하는 것이 좋다. 하지만 조직 내에서 의사소통을 무한정 연기할 수는 없기 때문에 먼저 자신의 분위기와 조직의 분위기를 개선하도록 노력하는 등 적극적인 자세가 필요하다.

> **참고** 의사소통을 위한 노력
> - 언제나 주위의 언어 정보에 민감하게 반응하고, 정보를 자신이 활용할 수 있도록 노력한다.
> - 자신이 자주 사용하는 표현을 찾아내 다른 표현으로 바꿔 본다.
> - 언제나 '다른 표현은 없을까?'하고 생각하고, 새로운 표현을 검토해 본다.

개/념/체/크

01 다음은 일 경험에서의 의사소통에 대한 설명이다. 이와 관련하여 맞으면 ○, 틀리면 ×를 표시해보시오.

① 의사소통은 내가 상대방에게 메시지를 일방적으로 전달하는 과정이다. (○, ×)
② 의사소통에서 상대방이 어떻게 받아들일 것인가에 대한 고려가 바탕이 되어야 한다. (○, ×)

02 다음은 기초외국어능력에 대한 설명이다. 빈칸에 들어갈 적절한 용어를 적어보시오.

> 외국어 자료를 이해하고, 외국인과의 전화응대, 대화 등을 통해 자신의 의사를 표현할 수 있는 능력으로, 중요한 것은 자신이 왜 의사소통을 하려고 하는지 상대방과 (　　　)을/를 공유하는 것이다.

03 다음은 의사소통능력의 개발에 대한 설명이다. 이와 관련하여 맞으면 ○, 틀리면 ×를 표시해보시오.

① 전문용어는 그 언어를 사용하는 집단 구성원들 사이에서 사용될 때와 같이 조직 밖에서 사용할 때에도 이해를 촉진시킨다. (○, ×)
② 경청이란 상대방의 이야기를 들어주는 것을 말한다. (○, ×)
③ 피드백은 대인관계에 있어서 그의 행동을 개선할 수 있는 기회를 제공해 줄 수 있다. (○, ×)

04 다음 글에 해당하는 의사소통 저해 요소를 적어보시오.

> '말하지 않아도 안다', '호흡이 척척 맞다', '일은 눈치로 배워라' 등처럼 직접적 대화가 아닌 '눈치'를 중요하게 여기는 의사소통을 미덕으로 여긴다.

✓ 정답

01 ① ×, ② ○ | ① 의사소통은 내가 상대방에게 메시지를 전달하는 과정이 아니라, 상대방과의 상호작용을 통해 메시지를 다루는 과정이다.

02 목적

03 ① ×, ② ×, ③ ○ | ① 전문용어의 사용은 그 언어를 사용하는 집단 구성원들 사이에서 사용될 때에는 이해를 촉진시키지만, 조직 밖의 사람들에게 사용했을 때에는 소통의 문제를 야기할 수 있다. ② 경청이란 상대방이 보내는 메시지 내용에 주의를 기울이고 이해를 위해 노력하는 행동으로서 능동적인 의미의 탐색이므로, 상대방의 이야기를 들어주기만 하는 것은 경청이 아니다.

04 의사소통에 대한 잘못된 선입견 | 의사소통 저해 요소 중 의사소통에 대한 잘못된 선입견에 대한 설명으로, 비즈니스 현장에서는 말하지 않아도 아는 눈치의 미덕보다는 정확한 업무 처리가 중요하다는 것을 기억해야 한다.

하위능력 1 | CHAPTER 01 의사소통능력
문서이해능력

1 문서이해능력

(1) 문서이해능력의 개념 `기출` 건강보험심사평가원, 한국교통안전공단
다양한 종류의 문서에서 전달하고자 하는 핵심 내용을 요약, 정리하여 이해하는 능력으로, 문서에서 전달하는 정보의 출처를 파악하고 옳고 그름까지 판단하는 능력을 말한다.

(2) 일 경험에서 요구되는 문서이해능력 `기출` 한국교통안전공단
① 일 경험 중에는 업무 관련 인쇄물부터 기호화된 정보로 간략하게 적힌 메모까지 수많은 문서를 접하게 된다. 따라서 업무 수행을 위해서는 문서의 내용을 이해하고, 요점을 파악하며 통합할 수 있는 능력이 필요하다.
② 단순히 문서의 내용 파악에 그치지 않고, 문서에서 전달하는 정보를 바탕으로 업무와 관련하여 요구되는 행동이 무엇인지 추론하는 능력, 생산성과 효율성 향상을 위해 자신이 이해한 업무 지시의 적절성을 판단하는 능력까지 포함한다.
③ 직업생활에서 사용하는 문서는 업무와 관련된 타인의 의사를 전달하고, 필요한 업무를 지시하며, 나아가 어떤 업무가 진행 중인지 기록으로 보존하는 역할을 한다. 따라서 문서이해능력이 부족하면 업무를 이해하고 수행하는 데 지장을 끼치게 된다.

> **참고 문해력의 구분**
> - 최소 문해력: 글을 읽고 쓰는 기초적인 능력
> - 기능적 문해력: 사회적 맥락 안에서 글을 읽고 쓸 수 있는 능력

2 문서의 종류와 용도 `기출` 서울교통공사, 한국남동발전, 한국지역난방공사, 한국서부발전

(1) 공문서
정부 행정기관에서 대내적 혹은 대외적 공무를 집행하기 위해 작성하는 문서로, 엄격한 규격과 양식에 따라 정당한 권리를 가진 사람이 작성해야 하며, 최종 결재권자의 결재가 있어야 문서로서의 기능이 성립한다.

(2) 기획서
적극적으로 아이디어를 내고 기획해 하나의 프로젝트를 문서 형태로 만들어 상대방에게 기획의 내용을 전달하여 시행하도록 설득하는 문서이다.

(3) 기안서
흔히 사내 공문서를 말하는 것으로, 회사의 업무에 대한 협조를 구하거나 의견을 전달할 때 작성하는 문서이다.

(4) 보고서
특정한 일에 관한 현황이나 그 진행 상황 또는 연구·검토 결과 등을 보고하고자 할 때 작성하는 문서이다.

구분	내용
영업보고서	재무제표와 달리 영업 상황을 문장 형식으로 기재해 보고하는 문서
결산보고서	진행됐던 사안의 수입과 지출 결과를 보고하는 문서
일일업무보고서	매일의 업무를 보고하는 문서
주간업무보고서	한 주간에 진행된 업무를 보고하는 문서
출장보고서	회사 업무로 출장을 다녀와 외부 업무나 그 결과를 보고하는 문서
회의보고서	회의 결과를 정리해 보고하는 문서

(5) 설명서
상품의 특성이나 사물의 성질과 가치, 작동 방법이나 과정을 소비자에게 설명하는 것을 목적으로 작성한 문서이다.

구분	내용
상품소개서	일반인들이 친근하게 읽고 내용을 쉽게 이해하도록 하는 문서로, 소비자에게 상품의 특징을 잘 전달해 상품을 구입하도록 유도하는 것이 목적인 문서
제품설명서	제품의 특징과 활용도에 대해 세부적으로 언급하는 문서로, 제품 구입도 유도하지만 제품의 사용법을 더 자세히 알려주는 것이 주목적인 문서

(6) 보도자료
정부 기관이나 기업체, 각종 단체 등이 언론을 상대로 자신들의 정보가 기사로 보도되도록 하기 위해 보내는 문서이다.

(7) 자기소개서
개인의 가정환경과 성장과정, 입사 동기와 근무자세 등을 구체적으로 기술하여 자신을 소개하는 문서이다.

(8) 비즈니스 메모
업무상의 중요한 일이나 앞으로 체크해야 할 일이 있을 때 필요한 내용을 메모 형식으로 작성하여 전달하는 글이다.

구분	내용
전화 메모	업무 내용부터 개인적인 전화의 전달사항 등을 간단히 작성하여 당사자에게 전달하는 메모이며, 휴대폰의 발달로 사용이 현저히 줄어듦.
회의 메모	회의에 참석하지 못한 상사나 동료에게 전달 사항이나 회의 내용을 간략하게 적어 전달하는 메모 또는 회의 내용을 참고 자료로 남기기 위한 것으로 월말·연말에 업무 상황을 파악하거나 업무 추진에 대한 궁금증이 있을 때 핵심적인 자료 역할을 하는 메모
업무 메모	개인이 추진하는 업무나 상대의 업무 추진 상황을 적은 메모

(9) 비즈니스 레터(E-mail)
사업상의 이유로 고객이나 단체에 편지 형태로 작성하는 문서이다.

구분	내용
공식적 문서	제안서나 보고서 등 공식 문서를 전달할 때 사용
비공식적 문서	직장업무, 개인 간의 연락, 직접 방문하기 어려운 고객관리 등을 위해 사용

3 문서이해 방법

(1) 문서이해를 위한 구체적인 절차 〔기출〕 서울교통공사, 한국환경공단

주어진 문서를 빠르고 정확하게 이해하기 위해서는 문서이해를 위한 구체적인 절차 6단계를 실제로 적용하고 활용하는 것이 좋다.

1단계	2단계	3단계
문서의 목적 이해	문서의 작성 배경과 주제 파악	문서에 쓰인 정보 파악, 문서가 제시한 현안문제 파악

4단계	5단계	6단계
상대의 욕구와 의도 및 나에게 요구되는 행동 분석	문서에서 이해한 목적 달성을 위해 행동 및 생각 결정	상대방의 의도를 도표, 그림 등으로 메모하여 요약 및 정리

(2) 문서이해를 위해 필요한 능력
① 각 문서에서 필요한 정보를 획득하고, 수집하여 종합하는 능력
② 꾸준한 다독과 다작을 통한 문서이해능력과 내용종합능력의 향상
③ 다양한 종류의 문서를 읽고, 구체적인 절차에 따라 이해 및 정리하는 습관을 통해 자신만의 방식으로 소화하여 작성할 수 있는 능력

> **참고** 메모의 기술
> - 언제 어디서든 메모하라.
> - 주위 사람들을 관찰하라.
> - 기호와 암호를 활용하라.
> - 중요 사항은 한눈에 띄게 하라.
> - 메모하는 시간을 따로 마련하라.
> - 메모를 데이터베이스로 구축하라.
> - 메모를 재활용하라.

개/념/체/크

01 다음은 문서의 종류에 대한 설명이다. 이와 관련하여 맞으면 ○, 틀리면 ×를 표시해보시오.
　① 공문서는 최종 결재권자의 결재가 있어야 문서로서의 기능이 성립한다. (○, ×)
　② 상품소개서나 제품설명서와 같이 소비자에게 설명하는 것을 목적으로 작성한 문서는 보도자료이다.
　　　　　　　　　　　　　　　　　　　　　　　　　　　　　　　　　　　　　　　(○, ×)
　③ 업무상 중요한 일이나 앞으로 체크해야 할 일이 있을 때 필요한 내용을 메모 형식으로 작성하는 것은 비즈니스 레터이다. (○, ×)

02 다음 문서의 종류와 그 내용을 서로 관련된 것끼리 연결해보시오.

① 결산보고서　　•　　　　　•　㉠ 회사의 업무에 대한 협조를 구하거나 의견을 전달할 때 작성하는 문서

② 기획서　　　•　　　　　•　㉡ 상대방에게 기획의 내용을 전달하여 시행하도록 설득하는 문서

③ 기안서　　　•　　　　　•　㉢ 진행됐던 사안의 수입과 지출 결과를 보고하는 문서

03 다음 〈보기〉의 ㉠~㉥을 문서이해를 위한 구체적인 절차에 따라 순서대로 나열해보시오.

/ 보기 /
㉠ 문서의 목적 이해
㉡ 문서의 정보 및 현안문제 파악
㉢ 상대의 의도와 나에게 요구되는 행동 분석
㉣ 문서의 작성 배경, 주제 파악
㉤ 문서에서 이해한 목적을 달성하기 위해 행동 및 생각 결정
㉥ 상대방의 의도를 도표, 그림 등으로 메모하여 요약 및 정리

✓ **정답**

01 ① ○, ② ×, ③ × | ② 상품소개서나 제품설명서와 같이 소비자에게 설명하는 것을 목적으로 작성하는 것은 설명서이다. ③ 업무상 중요한 일이나 앞으로 체크해야 할 일이 있을 때 필요한 내용을 메모 형식으로 작성하는 것은 비즈니스 메모이다.

02 ① ㉢, ② ㉡, ③ ㉠

03 ㉠ - ㉣ - ㉡ - ㉢ - ㉤ - ㉥

하위능력 2 — CHAPTER 01 의사소통능력
문서작성능력

1 일 경험에서 문서작성

일 경험에서의 문서작성은 업무와 관련된 일로 조직의 비전을 실현시키는 생존을 위한 것이라 할 수 있다. 그렇기 때문에 개인의 의사표현이나 의사소통을 위한 과정으로서의 업무일 수도 있지만 이를 넘어 조직의 사활이 걸린 중요한 업무이기도 하다.

2 문서작성 시 고려사항

문서작성은 작성하는 개인의 사고력과 표현력이 총동원된 결정체이다. 그러므로 문서작성 시 고려해야 할 사항은 대상과 목적, 시기가 포함되어야 하며, 기획서나 제안서 등 형식에 따라 기대효과 등이 포함되어야 한다.

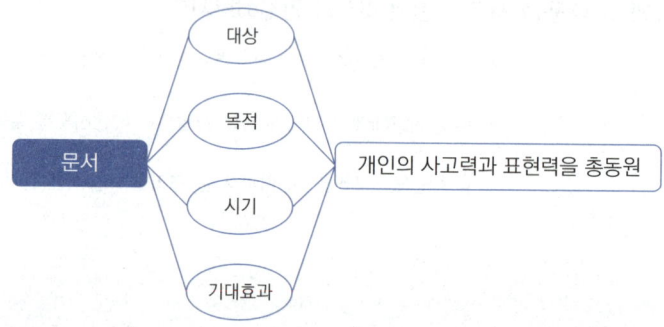

워크북 자료로 알아보기

Q 다음 작성된 보고서를 보고 잘못 작성된 부분을 생각해보시오.

〈보고서〉

제목: 이별 노랫말을 담은 발라드 곡을 만들자.
댄스나 록, 힙합이 아닌 느린 템포의 발라드가 유행하고 있으며, 솔로 가수보다는 그룹이나 듀엣으로 구성된 가수를, 가사는 진행형의 사랑보다는 이별의 아픔을 주로 다루고 있다. 이 유행은 앞으로 1년은 지속될 것으로 보인다.
(중략)
따라서 향후 우리 팀 역시 그룹 또는 듀엣 가수를 결성해 느린 템포의 발라드 곡에 가슴에 스며드는 이별을 표현한 가사를 담은 음악을 만들어야 할 것으로 판단된다.

20××년 02월 05일
음반제작기획팀 PYJ

A 문서를 작성할 때는 제목과 내용을 구체적이고 명확하게 작성해야 한다. 위 보고서는 트렌드에 대한 분석 및 향후 전망에 대한 내용이 구체적이지 않고, 포괄적으로 제시되었다.

3 상황에 따른 문서작성법 　기출　서울교통공사, 한국데이터산업진흥원

일 경험에서 요구되는 문서는 상황에 따라 그 내용이 결정된다.

(1) 요청 및 확인
① 업무 내용과 관련된 요청사항이나 확인을 요구할 때 작성한다.
② 반드시 일정한 양식과 격식을 갖추어 작성해야 한다.
　예　공문서

(2) 정보 제공
① 일 경험 중 성과를 높이기 위해 적시에 유용한 정보를 제공해야 한다.
② 정보를 제공하기 위한 문서로 무엇보다 신속하고 정확해야 한다.
③ 시각적인 자료를 활용할 경우 더욱 효과적이다.
　예　설명서, 안내서, 홍보물, 보도자료 등

> 　참고　 **정보 제공 목적에 따른 문서 구분**
> - 회사 자체에 대한 홍보나 기업정보를 제공하는 경우: 홍보물, 보도자료 등
> - 제품이나 서비스에 대한 정보를 제공하는 경우: 설명서, 안내서 등

(3) 명령 및 지시
① 관련 부서나 외부기관, 단체 등에 명령이나 지시를 내려야 할 때 작성한다.
② 상황에 적합하고 명확한 내용이어야 하고, 즉각적인 업무 진행이 되도록 작성한다.
　예　업무지시서 등

(4) 제안 및 기획
① 업무 혁신 개선 방안이나 업무 추진 시 그 방향에 대한 의견을 제시할 때 작성한다.
② 상당히 깊이 있는 내용을 담아야 하므로 종합적인 판단과 예견적인 지식이 필요하다.
　예　제안서, 기획서 등

(5) 약속 및 추천
① 약속을 위한 문서는 고객이나 소비자에게 제품의 이용에 관한 정보를 제공하고자 할 때 작성한다.
② 추천서는 개인이 다른 회사에 지원하고자 할 때 일반적으로 상사가 작성해 주는 문서이다.
　예　추천서

4 종류에 따른 문서작성법 기출 건강보험심사평가원, 한국남동발전, 한국지역난방공사, 한국산업인력공단

보통 각 회사나 기관별로 고유의 문서양식이 있어서 상황에 따라 적합한 문서를 선정하여 작성하게 되지만 목적에 따라 다음과 같이 유의할 사항이 있다.

종류	문서작성법
공문서	공문서는 회사 외부로 전달되는 문서이므로 누가, 언제, 어디서, 무엇을, 어떻게(왜)가 정확하게 드러나도록 작성해야 한다. 〈날짜 작성 시 유의 사항〉 • 연도와 월일을 반드시 함께 기입한다. • 날짜 다음에 괄호를 사용할 경우에는 마침표를 찍지 않는다. 〈내용 작성 시 유의 사항〉 • 한 장에 담아내는 것이 원칙이다. • 마지막엔 반드시 '끝'자로 마무리한다. • 복잡한 내용은 항목별로 구분한다. ('-다음-' 또는 '-아래-') • 대외문서이며 장기간 보관되는 문서이므로 정확하게 기술한다.
설명서	• 명령문보다 평서형으로 작성한다. • 상품이나 제품에 대해 설명하는 글의 성격에 맞춰 정확하게 기술한다. • 정확한 내용 전달을 위해 간결하게 작성한다. • 소비자들이 이해하기 어려운 전문용어는 가급적 사용을 삼간다. • 복잡한 내용은 도표를 통해 시각화하여 이해도를 높인다. • 동일한 문장 반복을 피하고 다양하게 표현하도록 한다.
기획서	〈기획서 작성 전 유의 사항〉 • 기획서의 목적을 달성할 수 있는 핵심 사항이 정확하게 기입되었는지 확인한다. • 기획서는 설득력을 갖춰야 하므로, 상대가 요구하는 것이 무엇인지 고려하여 작성한다. 〈기획서 내용 작성 시 유의 사항〉 • 내용이 한눈에 파악되도록 체계적으로 목차를 구성한다. • 핵심 내용의 표현에 신경을 써야 한다. • 효과적인 내용 전달을 위해 내용과 적합한 표나 그래프를 활용하여 시각화한다. 〈기획서 제출 시 유의 사항〉 • 충분히 검토한 후 제출하도록 한다. • 인용한 자료의 출처가 정확한지 확인한다.
보고서	〈보고서 내용 작성 시 유의 사항〉 • 업무 진행 과정에서의 보고서는 진행 과정에 대한 핵심 내용을 구체적으로 제시하도록 작성한다. • 핵심 사항만을 산뜻하고 간결하게 작성한다. • 내용 중복을 피한다. • 복잡한 내용일 때에는 도표나 그림을 활용한다. 〈보고서 제출 시 유의 사항〉 • 보고서는 개인의 능력을 평가하는 기본 요인이므로, 제출하기 전에 반드시 최종점검을 한다. • 참고 자료는 정확하게 제시한다. • 내용에 대한 예상 질문을 사전에 추출해 보고, 그에 대한 답을 미리 준비한다.

5 문서작성의 원칙과 주의 사항 〔기출〕 광주광역시북구시설관리공단

(1) 문장 구성 시 주의 사항
① 간단한 표제를 붙인다.
　문서의 내용을 바로 파악할 수 있도록 간단한 표제를 붙인다.
② 문서의 주요 내용을 먼저 쓴다.
　업무와 관련된 문서작성의 핵심은 결론을 먼저 제시하는 것이다.
③ 문장을 짧고, 간결하게 작성하며 불필요한 한자 사용은 배제한다.
　문서 내용의 이해를 돕기 위해 문장은 육하원칙에 맞추어 짧고 간결하게 작성하고, 행과 단락을 적절하게 배분하여 문서가 체계적으로 되도록 한다. 중요하지 않은 경우 한자 사용 등은 자제한다.
④ 긍정문으로 작성한다.
　공문서에서 부정문이나 의문문의 형식은 피한다.

(2) 문서작성 시 주의 사항
① 문서는 작성 시기를 정확하게 기입한다.
② 문서작성 후 반드시 다시 한번 내용을 검토해야 한다.
③ 문서의 첨부 자료는 반드시 필요한 자료 외에는 첨부하지 않는다.
④ 문서내용 중 금액, 수량, 일자 등은 정확하게 기재해야 한다.

6 문서의 시각화 〔기출〕 광주광역시북구시설관리공단

(1) 의미
직장업무 중 많은 비중을 차지하는 것이 문서와 관련된 일들이다. 내용을 텍스트로 나열하는 방식보다 적절하게 시각화하면 더 효과적으로 내용을 전달할 수 있다. 시각화는 텍스트 나열에 비해 더 많은 시간과 노력이 소요되지만 문서의 이해도를 높일 수 있다.

워크북 자료로 알아보기

Q 다음은 K사의 클레임 현황에 대해 정리한 자료이다. 두 가지 자료 중 더 이해가 쉬운 문서를 고르고, 그 이유를 생각해보시오.

〈자료 1〉
올해 K사의 클레임은 총 178건으로 집계되었습니다. 그중 제품 불량이 64건, 부품 결함이 22건, 배송이 21건, 서비스 불만족이 52건, 사용 불편이 16건입니다.

〈자료 2〉
K사의 클레임 발생 현황

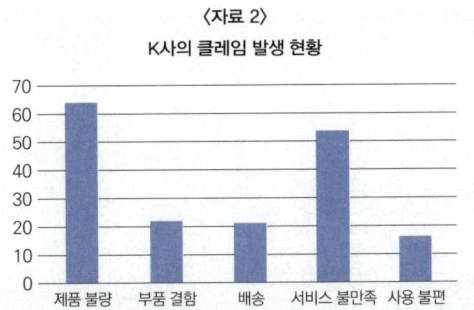

A 〈자료 2〉의 그래프 형태가 내용을 이해하기 더 쉽다. 〈자료 2〉와 같이 문서를 시각화함으로써 문서를 읽는 대상은 문서의 전반적인 내용을 쉽게 파악하고, 문서 내용의 논리적 관계를 더욱 쉽게 이해할 수 있다. 또한 적절한 이미지 사용은 문서 내용에 대한 기억력을 높일 수 있다.

(2) 문서를 시각화하여 구성하는 방법

구분	특징
차트 시각화	데이터 정보를 쉽게 이해하도록 시각적으로 표현하며, 주로 통계 수치 등을 도표나 차트를 통해 명확하고 효과적으로 전달한다.
다이어그램 시각화	개념이나 주제 등 중요한 정보를 도형, 선, 화살표 등 여러 상징을 사용하여 표현한다.
이미지 시각화	전달하려는 내용을 관련 그림 또는 사진 등으로 나타낸다.

개/념/체/크

01 다음은 문서작성의 구성 요소와 고려 사항에 대한 설명이다. 이와 관련하여 맞으면 ○, 틀리면 ×를 표시해보시오.

① 문서작성은 업무와 관련하여 조직 비전을 실현시키는 과정으로 볼 수 있다. (○, ×)
② 문서에는 대상과 목적, 시기가 포함되어야 하며, 경우에 따라 기대효과도 포함되어야 한다. (○, ×)

02 다음은 문서 종류에 따른 작성법에 대한 설명이다. 이와 관련하여 맞으면 ○, 틀리면 ×를 표시해보시오.

① 설명서는 상품이나 제품에 대해 설명하는 글이므로 정확하고 구체적으로 작성해야 한다. (○, ×)
② 보고서는 업무 진행 과정 중 작성하는 것으로 예상 질문을 추출해보고 미리 답변을 준비한다. (○, ×)
③ 공문서는 회사 외부로 전달되는 문서이므로, 여러 장에 걸쳐 가능한 한 구체적이고 상세하게 작성한다. (○, ×)

03 다음은 문서작성의 주의 사항에 대한 설명이다. 이와 관련하여 맞으면 ○, 틀리면 ×를 표시해보시오.

① 문장은 짧고 간결하게 작성하되, 이해를 돕기 위한 한자나 전문용어를 활용하는 것이 좋다. (○, ×)
② 첨부 자료는 많을수록 이해도와 설득력이 높아지므로 되도록 많이 수록한다. (○, ×)
③ 문서에 금액, 수량, 일자 등을 기입할 때는 정확하게 기재해야 한다. (○, ×)

04 다음은 문서를 시각화하여 구성하는 방법에 대해 정리한 것이다. ㉠~㉢에 들어갈 단어를 적어보시오.

방법	특징
(㉠) 시각화	전달하고자 하는 내용을 관련 그림이나 사진 등으로 나타낸다.
(㉡) 시각화	데이터 정보를 쉽게 이해할 수 있도록 시각적으로 표현한다. 주로 도표나 차트를 통해 통계 수치 등을 명확하고 효과적으로 전달한다.
(㉢) 시각화	개념이나 주제 등 중요한 정보를 도형, 선, 화살표 등 여러 상징을 사용하여 시각적으로 표현한다.

✓ 정답

01 ① ○, ② ○
02 ① ×, ② ○, ③ × | ① 설명서는 상품이나 제품에 대해 설명하는 글이므로 정확하되 간결하게 작성한다. ③ 공문서는 누가, 언제, 어디서, 무엇을, 어떻게(왜)가 정확하게 드러나게 작성하되 한 장 안에 내용을 담아야 한다.
03 ① ×, ② ×, ③ ○ | ① 한자나 전문용어는 삼가는 것이 좋다. ② 첨부 자료는 반드시 필요한 자료 외에는 첨부하지 않도록 한다.
04 ㉠ 이미지, ㉡ 차트, ㉢ 다이어그램

하위능력 3 | CHAPTER 01 의사소통능력
경청능력

1 경청의 개념과 중요성 기출 주택도시보증공사

(1) 경청의 개념
경청이란 상대방이 보내는 메시지 내용에 주의를 기울이고 이해를 위해 노력하는 행동을 의미한다. 경청을 통해 상대방은 우리가 그들에게 얼마나 집중하고 있는지 알 수 있으므로 경청은 대화의 과정에서 신뢰를 쌓을 수 있는 최고의 방법 중 하나이다.

(2) 경청의 중요성
① 상대방을 한 개인으로 존중하게 된다. 이는 상대방을 인간적으로 존중함은 물론 그의 감정, 사고, 행동을 평가하거나 비판 또는 판단하지 않고 있는 그대로 받아들이는 태도이다.
② 상대방을 성실한 마음으로 대하게 된다. 이는 상대방과의 관계에서 느낀 감정과 생각 등을 긍정적이든 부정적이든 솔직하고 성실하게 표현하는 태도를 말한다. 이러한 감정의 표현은 상대방과의 솔직한 의사 및 감정의 교류를 가능하도록 도와주기 때문이다.
③ 상대방의 입장에 공감하며 이해하게 된다. 이는 자신의 생각이나 느낌, 가치, 도덕관 등의 선입견이나 편견을 가지고 상대방을 이해하려 하지 않고, 상대방으로 하여금 자신이 이해받고 있다는 느낌을 갖도록 하는 것이다.

> **참고** TED와 경청의 3단계
>
> 상대의 마음을 들어주면 상대가 변한다. 이때 생각 Thought, 감정 Emotion, 갈망 Desire을 한 세트(TED)로 상대의 마음을 알아볼 수 있다.
> 첫째, 지금 어떤 감정이 느껴지십니까? (감정)
> 둘째, 그 감정은 어떤 생각에서 비롯되었습니까? (생각)
> 셋째, 그래서 지금 원하는 것이 무엇입니까? (갈망)
> 이때 경청은 3단계로 진행된다.
> - 1단계: 상대가 하는 이야기를 잘 듣고 그 사람이 말하는 핵심 단어를 마치 복사하듯이 그대로 되묻는다.
> - 2단계: 되물은 질문에 상대방이 답을 하면, 이번에도 집중해서 듣고 다시 한번 핵심을 짚어서 되물어준다.
> - 3단계: 가장 중요한 단계로, 상대방이 하는 이야기를 타고 들어가면서 강조하는 단어의 의미를 묻는다. "지금 말씀하신 것의 의미는 어떤 건가요?" 이 질문이 본질로 직결되는 관문이 된다.

2 경청의 종류 기출 한전KPS

경청은 다른 사람의 이야기에 주의를 기울이겠다는 마음가짐으로만 볼 수는 없다. 오히려 경청은 구체적인 실천이 필요한 태도와 행동으로 볼 수 있다.

적극적 경청	• 적극적 경청은 자신이 상대방의 이야기에 주의를 집중하고 있음을 행동을 통해 외적으로 표현하며 듣는 것을 의미한다. • 상대방의 말 중 이해가 안 되는 부분을 질문하거나, 자신이 이해한 내용을 확인하기도 하고, 때로는 상대방의 발언 내용과 감정에 대해 공감할 수도 있다.
소극적 경청	• 소극적 경청은 상대방의 이야기에 특별한 반응을 표현하지 않고 수동적으로 듣는 것을 의미한다. 즉, 상대방이 하는 말을 중간에 자르거나 다른 화제로 돌리지 않고 상대의 이야기를 수동적으로 따라가는 것을 의미한다.

3 경청을 위한 기본적 태도

적극적 경청은 상대가 무엇을 느끼고 있는가를 상대의 입장에서 받아들이는 공감적 이해, 자신이 가지고 있는 고정관념을 버리고 상대의 태도를 받아들이는 수용의 정신, 자신의 감정을 솔직하게 전하고 상대를 속이지 않는 성실한 태도가 필수적이다.

① 비판적·충고적인 태도를 버린다.
② 상대방이 말하는 의미를 이해한다.
③ 단어 이외의 보여지는 표현에도 신경쓴다.
④ 상대방이 말하는 동안 경청하고 있다는 것을 표현한다.
⑤ 대화 시 흥분하지 않는다.

4 경청의 방해요인 기출 지방공기업평가원

(1) 짐작하기
상대방의 말을 믿고 받아들이기보다 자신의 생각에 들어맞는 단서들을 찾아 자신의 생각을 확인하는 것을 말한다.

(2) 대답할 말 준비하기
상대방의 말을 듣고 곧이어 자신이 할 말을 생각하느라 상대방이 말하는 것을 잘 듣지 않는 것을 말한다.

(3) 걸러내기
상대의 말을 듣기는 하지만 상대방이 전하는 메시지를 온전하게 듣지 않는 것을 말한다.

(4) 판단하기
상대방에 대한 부정적인 선입견 때문에, 또는 상대방을 비판하기 위해 상대방의 말을 듣지 않는 것을 말한다.

(5) 다른 생각하기
상황을 회피하고 있다는 위험한 신호로, 대화 도중 상대방에게 관심을 기울이는 것이 점차 더 힘들어지고 상대방이 말을 할 때 자꾸 다른 생각을 하게 되는 것을 말한다. 이런 회피는 부정적 감정이 내면화되어 있기 때문에 상대방은 오해받고 공격받는다는 느낌을 갖는다.

(6) 조언하기
다른 사람의 문제를 본인이 직접 해결하고자 하는 것을 말한다. 상대가 원하는 것이 조언이 아닌 공감과 위로일 경우, 조언이 매번 반복된다면 상대방은 본인이 무시당하고 이해받지 못한다고 느끼게 된다.

(7) 언쟁하기
단지 반대하고 논쟁하기 위해서만 상대방의 말에 귀를 기울이는 것을 말한다.

(8) 자존심 세우기
자존심이 강한 사람의 경우 자신의 부족한 점에 대해서 상대방의 말을 듣지 않는 것을 말한다.

(9) 슬쩍 넘어가기
대화가 너무 사적이거나 위협적인 경우 주제를 바꾸거나 농담으로 상황을 넘기려 하는 것을 말한다. 자칫 상황을 넘기려다가 핀트를 잘못 맞추게 되면 상대방의 진정한 고민을 놓치게 된다.

(10) 비위 맞추기
상대방을 위로하거나 비위를 맞추기 위해서 너무 빨리 동의하는 것을 말한다. 지지하고 동의하는 데 너무 치중하게 돼 상대방에게 자신의 생각이나 감정을 충분히 표현할 시간을 주지 못하게 된다.

5 경청의 올바른 자세 `기출` 한국교통안전공단, 한국산업안전보건공단

① 상대를 정면으로 마주하는 자세 → 의논할 준비가 되었음을 알리는 표시
② 손이나 다리를 꼬지 않는 자세(소위 개방적 자세) → 상대에게 마음을 열어 놓고 있다는 표시
③ 상대방을 향하여 상체를 기울여 다가앉은 자세 → 자신이 열심히 듣고 있다는 사실을 강조
④ 우호적인 눈의 접촉 → 자신이 관심을 가지고 있음을 알리는 표시
⑤ 비교적 편안한 자세를 취하는 것 → 전문가다운 자신만만함과 아울러 편안한 마음을 상대방에게 전하는 것

> **참고** 경청을 실천하기 위한 행동 가이드
> - 공감을 준비한다: 대화를 시작할 때는 자신의 마음속에 있는 판단과 선입견을 모두 비워낸다.
> - 상대를 인정한다: 상대를 완전한 인격체로 인정해야 진정한 마음의 소리가 들린다.
> - 말하기를 절제한다: 상대에게 이해를 받으려면 자신이 먼저 귀를 기울여야 한다.
> - 겸손하게 이해한다: 상대가 가진 생각이 자신과 다르더라도 들어줄 줄 아는 자세가 중요하다.
> - 온몸으로 응답한다: 몸짓과 눈빛으로 상대의 말에 귀 기울이고 있음을 계속 표현해야 한다.

6 경청훈련 기출 한국산업단지공단

(1) 주의 기울이기(바라보기, 듣기, 따라하기)
산만한 행동은 중단하고 상대방의 얼굴과 몸의 움직임뿐만 아니라 호흡하는 자세, 상대방이 하는 말의 어조와 억양, 소리의 크기까지도 귀를 기울인다.

(2) 상대방의 경험을 인정하고 더 많은 정보 요청하기
다른 사람의 메시지를 인정하고 아울러 상대방이 말하고 있는 것에 대해 관심과 존경을 보인다. 또한 부드러운 지시나 진술, 질문의 형태로 '요청하기'를 취하는 것은 상대방이 더 많은 것을 말할 수 있도록 하는 수단이 된다.

(3) 정확성을 위해 요약하기
요약하는 기술은 상대방에 대한 자신의 이해의 정확성을 확인하는 데 도움이 될 뿐만 아니라, 자신과 상대방을 서로 알게 하며 자신과 상대방의 메시지를 공유할 수 있도록 한다.

(4) 개방적인 질문하기
'누가, 무엇을 어디에서, 언제 또는 어떻게'라는 어휘로 시작된다. 이는 단답형의 대답이나 반응보다 상대방의 다양한 생각을 이해하고 상대방으로부터 더욱 많은 정보를 얻기 위한 방법으로, 서로에 대한 이해의 정도를 높일 수 있다.

(5) '왜?'라는 질문 피하기('왜?'라는 말 삼가기)
'왜?'라는 질문은 보통 진술을 가장한 부정적·추궁적·강압적인 표현이므로 사용하지 않는 것이 좋다.

> **참고** 앵무새 놀이(= 좋은 청자가 되기 위한 경청훈련 활동)
>
> 1. 의미
>   앵무새 놀이를 할 때는 진지한 표정과 태도로 성실하게 임해야 한다. 앵무새 놀이를 통해 상대방의 말을 받아들여 반영, 요약, 정리할 수 있도록 한다.
> 2. 순서 및 방법
>   ① 두 사람이 가까이 마주 앉아 한 사람은 말하는 사람, 한 사람은 듣는 사람의 역할을 맡는다.
>   ② 먼저 말하는 사람의 역할을 맡은 사람이 직장에서 자주 겪을 만한 소재로 이야기를 한다.
>   ③ 듣는 사람 역할을 맡은 사람은 말하는 사람 역할을 맡은 사람이 한 말을 듣고 그대로 반복한다.
>   ④ 5분간 계속한 후 이번에는 서로 역할을 바꾸어서 연습한다.
>   ⑤ 이번에는 마디 수를 늘려 말하는 사람이 2~5마디를 한 번에 이야기하고, 듣는 사람은 상대방의 이야기를 들은 후 그 말을 요약하여 조금 다른 말로 되돌려 준다. 이때 듣는 사람의 주관적인 평가나 판단이 개입되지 않도록 유의한다.
>   ⑥ 5분간 계속한 후 이번에는 서로 역할을 바꾸어서 연습한다.

7 공감 반응

(1) 공감의 개념
공감이란 상대방이 하는 말을 상대방의 관점에서 이해하고 그의 감정을 느끼는 것을 뜻한다.

(2) 공감적 반응을 위한 노력
① 상대방의 이야기를 자신의 관점이 아닌 그의 관점에서 이해하려는 태도를 가져야 한다.
　나와 다른 상황에 처해 있는 상대방의 관점과 입장에 서서 그의 마음을 헤아리려는 노력이 필요하다.
② 공감을 위해서는 상대방의 말 속에 담겨 있는 감정과 생각에 민감하게 반응해야 한다.
　때로는 상대방이 전달하는 그대로의 메시지만으로 상대의 감정과 생각을 헤아리기 어렵다. 따라서 우리는 상대방의 '말' 안에 담겨져 있는 감정과 기분을 이해하려는 노력이 필요하다.
③ 공감을 할 때는 대화를 통해 자신이 느낀 상대방의 감정을 전달해 주어야 한다.
　상대방의 이야기를 들으면서 그의 입장에서 그의 감정을 경험하고, 그 감정들을 다시 돌려주어야 한다. 이런 공감적 반응을 통해 상대방은 자신이 깊이 이해받고 있다고 느끼게 된다.

워크북 자료로 알아보기

Q 다음 제시된 각 팀장의 발언을 통해 공감적 이해의 세 가지 수준을 알아보시오.

같은 회사의 세 명의 팀장은 나이, 학벌, 업무능력이 비슷하지만, 이들의 공감적 이해 수준은 천차만별이다. 다음 대화에서 한 사원으로부터 같은 이야기를 들은 각 팀장의 공감적 이해 수준 차이가 쉽게 드러난다.

- 사원: "일단 저에게 맡겨주신 업무에 대해서는 팀장님이 너무 간섭하시지 않았으면 합니다. 제 소신껏 창의적으로 일하고 싶습니다."
- L팀장: "자네가 지난번에 처리했던 일이 아마 잘못됐었지? 자네 나름대로의 생각이 있더라도 상사의 지시대로 해야지."
- M팀장: "자네 업무에 대해서 이야기하는 것이 간섭받는 것으로 생각되어 기분이 상한 모양이구만."
- N팀장: "믿고 맡겨 준다면 더 잘 할 수 있을 것으로 생각된다는 말이구만. 자네가 맡은 일은 자신의 소신과 창의력에 따라 책임감을 갖고 일하고 싶은 모양이구만."
- 사원: "저는 입사한 지 1년이 넘었는데도 아직 일다운 일을 해본 적이 없습니다."
- L팀장: "자네가 입사한 지 벌써 1년이 넘었나? 세월 빠르구만! 회사에서 중요하지 않은 일이 어디 있겠나? 모든 일에 최선을 다해야지."
- M팀장: "음, 아직 일다운 일을 해보지 못했단 말이지. 아직 자신의 능력에 맞는 일이 주어지지 않아 섭섭했던 모양이군."
- N팀장: "자네의 능력을 맘껏 발휘해볼 수 있는 일다운 일을 해보고 싶다는 말이지?"

A 공감적 이해란 청자가 상대방의 입장에서 주관적인 세계를 이해하는 것으로, 상대방이 지닌 생각과 느낌의 틀을 이용해 그 사람의 생각과 감정을 이해하는 것이다. 세 팀장의 공감적 이해 수준은 다음과 같다.

인물	수준	경청 자세
L팀장	인습적 수준	청자가 주로 자기 주장만을 할 뿐, 상대방의 생각이나 느낌과 일치된 의사소통을 못하는 경우
M팀장	기본적 수준	청자가 상대방이 전달하려는 내용을 정확하게 파악하고 그에 맞는 반응을 보이는 경우
N팀장	심층적 수준	청자가 상대방의 내면적 감정, 사고를 지각하고, 이를 왜곡 없이 표현함으로써 상대방의 사기를 진작시키는 경우

개/념/체/크

01 다음은 경청에 대한 설명이다. 이와 관련하여 맞으면 ○, 틀리면 ×를 표시해보시오.

① 좋은 청자는 타인의 음성만 듣는 것이 아니라 목소리 톤, 얼굴 표정, 자세 등 비언어적 단서에도 주의를 기울인다. (○, ×)
② 대화법을 통한 경청훈련은 모든 인간관계에 적용할 수는 없다. (○, ×)
③ 상대방의 말에 맞장구를 치는 것은 대화하는 데 방해가 된다. (○, ×)

02 다음은 경청의 종류에 대한 설명이다. ㉠, ㉡에 들어갈 단어를 적어보시오.

- (㉠) 경청: 상대방의 이야기에 특별한 반응을 표현하지 않고 수동적으로 듣는 것
- (㉡) 경청: 자신이 상대방의 이야기에 주의를 집중하고 있음을 행동을 통해 외적으로 표현하며 듣는 것

03 다음은 경청의 올바른 자세에 관한 내용이다. 이와 관련하여 맞으면 ○, 틀리면 ×를 표시해보시오.

① 상대방이 민망하지 않도록 상대방을 정면으로 마주하는 행위, 상대방과 눈을 마주치는 행위 등은 피한다. (○, ×)
② 손이나 다리를 꼬지 않는 소위 개방적 자세를 취한다. (○, ×)
③ 상대방을 향하여 상체를 기울여 다가앉는다. (○, ×)

✓ 정답

01 ① ○, ② ×, ③ × | ② 대화법을 통한 경청훈련은 부부관계, 부모와 자녀관계, 친구관계, 직장 동료관계 등 모든 인간관계에서 그대로 적용된다. ③ 좋은 청자가 되기 위해서는 듣고 있다는 것을 맞장구로 표현하여 상대방이 알도록 해야 한다.

02 ㉠ 소극적, ㉡ 적극적

03 ① ×, ② ○, ③ ○ | ① 상대방을 정면으로 마주하는 행위는 함께 의논할 준비가 되었음을 알리는 자세이며, 우호적인 눈의 접촉을 통해 자신이 관심을 가지고 있다는 사실을 상대방에게 알릴 수 있다.

하위능력 4 | CHAPTER 01 의사소통능력
의사표현능력

1 의사표현

(1) 의사표현의 개념
의사표현은 말하는 이가 자신의 감정, 사고, 욕구, 바람 등을 상대방에게 효과적으로 전달하는 중요한 기술이며, 음성언어와 신체언어로 구분할 수 있다.

음성언어	입말로 표현하는 구어
신체언어	신체의 한 부분인 표정, 손짓, 발짓, 몸짓 따위로 표현하는 몸말을 의미

(2) 의사표현이 사용되는 예
① 말하는 이가 듣는 이의 생각이나 태도를 변화시키려는 의도로 주장(설득이 주목적)
② 말하는 이가 자신에게 필요한 정보를 제공받기 위하여 청자에게 질문
③ 말하는 이가 청자에게 자신에게 필요한 일을 하도록 요청

(3) 의사표현의 중요성
성공적인 일 경험을 위해서는 반드시 자신의 의사표현을 상대에게 정확히 전달해야만 한다. 또한 의사표현을 통해 사람의 이미지를 결정할 수 있다. 적절한 의사표현을 통해 자신이 보이고 싶은 성격, 능력, 매력 등을 타인에게 보여줄 수 있다. 이를 통해 새로운 사람과의 관계를 시작하거나, 이미 맺은 관계를 관리할 수 있다.

> **참고** 의사표현의 전략
> - 다른 사람의 기분에 좌우되지 않는다.
> - 당당하게 말하자.
> - 강박감에서 벗어나자.
> - 상대를 제풀에 지쳐 나가떨어지게 하자.
> - 화제를 바꿔보자.
> - 한마디로 받아쳐라.
> - 속셈을 쉽게 드러내지 말자.
> - 되물어서 독기를 빼자.
> - 마음의 균형을 잃게 하라.
> - 감정적으로 받아치지 말라.
> - 모욕적인 말은 저지하자.
> - 핵심을 명확하게 말하자.

2 의사표현의 종류 〔기출〕 건강보험심사평가원, 한국데이터산업진흥원

(1) 공식적 말하기
사전에 준비된 내용을 대중을 상대로 하여 말하는 것으로, 대표적인 예로는 연설, 토의, 토론 등이 있다.

연설	말하는 사람 혼자서 여러 사람을 대상으로 자기의 사상이나 감정에 관하여 일방적으로 말하는 방식
토의	여러 사람이 모여서 공통의 문제에 대하여 가장 좋은 해답을 얻기 위해 협의하는 말하기 방식
토론	어떤 논제에 관하여 찬성자와 반대자가 각기 논리적인 근거를 발표하고, 상대방의 논거가 부당하다는 것을 명백하게 하는 말하기 방식

(2) 의례적 말하기
정치적·문화적 행사에서와 같이 의례 절차에 따른 말하기이다. 대표적인 예는 식사, 주례, 회의 등이 있다.

(3) 친교적 말하기
친교적 말하기는 매우 친근한 사람들 사이에 가장 자연스러운 상태에 떠오르는 대로 주고받는 말하기이다.

3 의사표현에 영향을 미치는 비언어적 요소 〔기출〕 한국중부발전

(1) 연단공포증
면접이나 발표 등 청중 앞에서 이야기해야 하는 상황에서 가슴이 두근거리고 입술이 타며, 식은땀이 나고 얼굴이 달아오르는 생리적인 현상을 느끼게 된다. 이러한 연단공포증은 90% 이상의 사람들이 호소하는 불안으로 심리현상을 잘 통제하면서 구두 표현을 한다면 듣는 사람은 말하는 사람이 더 인간적이라고 생각할 수 있다.

(2) 말
의사표현은 기본적으로 '말하기'이기 때문에 말하는 이가 전달하려는 메시지의 내용만큼이나 '비언어적' 측면 역시 중요하다.

① 장단
   목소리의 길이는 한 음절을 얼마나 오래 끌며 발음하느냐를 뜻한다. 표기가 같은 말이라도 소리가 길고 짧음에 따라 전혀 다른 뜻이 되므로 정확하게 발음할 필요가 있다.

② 발음
   발음이 분명하지 못하면 듣는 이에게 정확하게 의사를 전달하기 어렵다. 정확한 발음을 위해 천천히 복식호흡을 하여 깊은 소리를 내며 침착하게 이야기하는 습관을 가져야 한다.

> **참고** 발음을 바르게 내는 기본 요령
> - 호흡을 충분히 한다.
> - 목에 힘을 주지 않는다.
> - 입술과 혀와 턱을 빨리 움직인다.

③ 속도
   말을 할 때 속도 변화를 통해 그 순간 화자의 감정을 알 수 있다. 발표할 때 기본적인 말의 보통 속도는 10분에 200자 원고지 15장 정도이며, 이보다 빠르게 말하면 청중은 내용에 대해 생각할 시간이 부족하고 놓친 메시지가 있다고 느낀다. 또한 말하는 사람이 바쁘고 성의 없는 느낌을 준다. 반대로 느리게 말하면 분위기가 처지게 되어 청중이 내용에 집중하지 못할 수 있다.

④ 쉼
   쉼이란 대화 도중에 잠시 침묵하는 것을 말한다. 쉼은 의도적인 경우와 비의도적인 경우로 구분할 수 있고, 의도적으로 쉼을 활용함으로써 논리성, 감정 제고, 동질감 등을 확보할 수 있다. 쉼의 경우는 다음과 같다.
   - 이야기를 전환할 때
   - 양해, 동조, 반문할 때
   - 생략, 암시, 반성할 때
   - 여운을 남길 때

(3) 몸짓

① 몸의 방향
몸의 방향은 주로 말하는 사람의 머리, 몸, 발 등이 듣는 사람을 향하는가, 피하는가를 본다. 예를 들어 제삼자가 대화에 참여하는 것이 반갑지 않을 경우, 그로부터 몸을 살짝 돌릴 수 있다. 몸의 방향은 의도적일 수도 있고, 비의도적일 수도 있으나 이렇게 몸을 살짝 돌린 경우 적어도 지금 현재 말하는 이가 그 사람을 '피하고' 있음을 표현하는 방식이 된다.

② 자세
자세는 의사표현의 비언어적인 요소 중에 가장 덜 모호한 유형으로, 실제로 사람들은 다른 사람들의 특정 자세를 보며 분노, 슬픔, 행복 등의 감정을 이해할 수 있다. 그만큼 자세는 우리가 미처 언어적으로 표현하지 못하는 감정을 표현하는 효과적인 의사표현의 요소로 볼 수 있다.

③ 몸짓의 유형
몸짓은 손과 팔의 움직임으로 중요한 비언어적 요소 중 하나이며, 유형은 다음과 같다.

몸동작으로 화자가 말을 하면서 자연스럽게 동반하는 움직임	말로 설명하기 어려운 것들을 설명하는 데 자주 사용되며, 몸동작이 전혀 배제된 의사표현은 때로 어색함을 줄 수 있다. 예) 누군가 길을 물어볼 때 손가락을 사용하여 방향을 알려주는 것
상징적 동작	말을 동반하지 않아도 의사표현이 가능한 몸짓이지만, 문화권에 따라 의미가 다를 수 있다. 예) '최고다'라는 긍정적 신호를 보내기 위해 엄지를 들어올리는 것

(4) 유머

유머는 의사표현을 더욱 풍요롭게 만든다. 유머는 하루아침에 구사할 수 있는 것이 아니며, 상황에 적절한 유머를 사용하기 위해서는 일상생활 속에서 유머 감각을 훈련해야 한다. 유머는 흥미 있는 이야기로, 과장된 표현으로, 권위에 대한 도전으로, 엄숙한 분위기를 가볍게 만들 때, 변덕스러운 말로, 풍자 또는 비교로, 반대 표현으로, 모방으로, 예기치 못한 방향 전환으로, 아이러니 등의 방법이 사용될 때 그 성과를 기대할 수 있다.

> **참고** 의사표현에 사용되는 적절한 언어
> - 이해하기 쉬운 언어
> - 대화체의 언어
> - 필요한 말
> - 감각적 언어
> - 상세하고 구체적인 언어
> - 간결한 언어
> - 정확한 말
> - 문법적 언어

4 효과적인 의사표현 방법

① 말하는 이는 자신이 전달하고 싶은 의도, 생각, 감정이 무엇인지 분명하게 인식해야 한다.
② 전달하고자 하는 내용을 적절한 메시지로 바꾸어야 한다.
③ 메시지를 전달하는 매체와 경로를 신중하게 선택해야 한다.
④ 듣는 이가 자신의 메시지를 어떻게 받아들였는지 피드백을 받는 것이 중요하다.
⑤ 효과적인 의사표현을 위해서는 비언어적 방식을 활용하는 것이 좋다.
⑥ 확실한 의사표현을 위해서는 반복적 전달이 필요하다.

> **참고** 성공하는 프레젠테이션과 실패하는 프레젠테이션

성공하는 프레젠테이션	실패하는 프레젠테이션
• 내용을 완전히 숙지하고 예행연습을 철저히 한다. • 공포감을 극복하고, 자신감 있게 발표한다. • 제한 시간을 효과적으로 활용하는 기술을 익힌다. • 일관된 흐름으로 요점을 간결·명확하게 전달한다. • 다양한 시청각 기자재를 활용하여 효과를 극대화한다. • 설득할 대상과 니즈(Needs)를 철저히 연구한다. • 여유 있는 마음으로 천천히 발표해야 한다. • 발표 환경을 미리 조사한다. • 철저한 준비를 해야 한다. • 밝고 긍정적으로 발표해야 한다.	• 주제가 불명확하다. • 일방적인 전달자가 된다. • 시간 분배가 제대로 되지 않는다. • 설명이 명확하지 못하다. • 분위기가 딱딱하다. • 전문용어를 지나치게 사용한다.

5 상황과 대상에 따른 의사표현법

(1) 상대방의 잘못을 지적할 때

보통 상대방의 잘못을 지적해야 할 때 질책이나 충고를 통해 의사표현을 한다.

종류	의사표현 방법
질책	샌드위치 화법을 사용하면 듣는 사람이 반발하지 않고 부드럽게 받아들일 수 있다. 샌드위치 화법이란 '칭찬의 말', '질책의 말', '격려의 말' 순서에 따라, 질책을 가운데 두고 칭찬을 먼저 한 다음 끝에 격려의 말을 하는 것이다.
충고	예를 들거나 비유법을 사용하는 것이 효과적이다. 충고는 가급적 최후의 수단으로 은유적으로 접근하는 것이 더 나을 수 있다.

(2) 상대방을 칭찬할 때

칭찬은 상대방을 기분 좋게 만드는 의사표현 전략이다. 그러나 상황과 상관없이 별 의미 없는 내용을 칭찬하면 빈말이나 아부로 여겨질 수 있다. 따라서 상대에게 정말 칭찬해 주고 싶은 중요한 내용을 칭찬하거나, 대화 서두에 분위기 전환 용도로 간단한 칭찬을 사용하는 것이 좋다.

(3) 상대방에게 요구해야 할 때

여러 상황에서 상대방에게 우리가 원하는 무언가를 하도록 요구해야 하는 경우가 발생한다. 이런 경우 그 일이 사적인가, 공적인가, 업무상 반드시 필요한 일인가 등 여러 상황을 고려해서 상대방에게 부탁을 할 수도 있고 명령을 할 수도 있다.

종류	의사표현 방법
부탁	상대방의 사정을 듣고, 상대가 들어줄 수 있는 상황인지 확인하는 태도를 보여준 후, 응하기 쉽게 구체적으로 부탁한다. 물론 이때 거절을 당해도 싫은 내색을 해서는 안 된다.
명령	업무상 지시를 해야 할 때는 '○○을 이렇게 해라!' 식의 강압적 표현보다는 '○○을 이렇게 해주는 것이 어떻겠습니까?'와 같은 청유식 표현이 훨씬 효과적이다.

(4) 상대방의 요구를 거절해야 할 때

먼저 요구를 거절하는 것에 대해 사과한 다음, 응해줄 수 없는 이유를 설명한다. 요구를 들어주는 것이 불가능하다고 여겨질 때는 모호한 태도를 보이는 것보다 단호하게 거절하는 것이 좋다. 그러나 정색하는 태도를 보이면, 자칫 인간관계까지 나빠질 수 있으므로 주의해야 한다.

(5) 설득해야 할 때 기출 중소벤처기업진흥공단, 국가유산진흥원

설득은 상대방으로 하여금 나의 태도와 의견을 받아들이게 하고, 그의 태도와 의견을 바꾸도록 하는 과정이다. 일방적인 강요는 금물이다.

때로는 상대방의 도움을 얻기 위해 절충과 협상을 해야 할 때가 있다. 상대방이 들어줄 수 있는 여건을 절충해서 일부분이라도 도움을 얻어야 하는 경우들이다. 이때 내가 원하는 도움을 효과적으로 얻는 두 가지 방법이 있다.

방법	특징
문 안에 한 발 들여놓기 기법 (Foot-in-the-door technique)	말하는 이가 요청하고 싶은 도움이 100이라면 처음에는 상대방이 'Yes'라고 할 수 있도록 50, 60 정도로 부탁을 하고 점차 도움의 내용을 늘려서 상대방의 허락을 유도하는 방법이다.
얼굴 부딪히기 기법 (Door-in-the-face technique)	말하는 이가 원하는 도움의 크기가 50이라면 처음에 100을 상대방에게 요청하고 거절을 유도하는 것이다. 이후 이미 한 번 도움을 거절했기 때문에 듣는 이는 말하는 이에게 미안한 마음을 가지며, 좀 더 작은 도움을 요청받으면 미안한 마음을 보상하기 위해 100보다 작은 요청을 들어주게 된다.

개/념/체/크

01 다음은 의사표현의 종류에 대한 설명이다. 이와 관련하여 맞으면 ○, 틀리면 ×를 표시해보시오.

① 의사표현의 종류는 상황에 따라 구분되는데, 토의, 토론과 같이 사전에 준비된 내용을 대중을 상대로 말하는 것은 의례적 말하기이다. (○, ×)
② 친구들끼리 말하기는 의사표현의 종류에 포함되지 않는다. (○, ×)

02 다음 글의 빈칸에 들어갈 적절한 말을 적어보시오.

> (　　　)은/는 의사표현에 영향을 미치는 비언어적 요소 중 하나이다. 면접, 발표 등 청중 앞에서 이야기해야 하는 상황에서 가슴이 두근거리고 입술이 타며, 식은땀이 나고 얼굴이 달아오르는 생리적인 현상이다. 이는 누구나 호소하는 불안으로, 적절히 통제하는 연습을 해야 한다.

03 다음은 상황과 대상에 따른 의사표현법에 대한 설명이다. 이와 관련하여 맞으면 ○, 틀리면 ×를 표시해보시오.

① 상대방의 잘못을 지적하는 경우 충고는 가급적 최후의 수단으로 사용하며, 충고를 할 때는 잘못에 대해 명확히 이해할 수 있도록 질책하고 격려의 말로 마무리한다. (○, ×)
② 거절을 할 때는 시간을 들여 충분히 고민한 후, 상대가 무안하지 않도록 여지를 남겨 대답한다. (○, ×)

04 다음은 상황과 대상에 따른 의사표현법 중 설득해야 할 때의 두 가지 효과적인 방법에 대한 설명이다. ㉠, ㉡에 들어갈 적절한 내용을 적어보시오.

- (㉠): 말하는 이가 요청하고 싶은 도움이 100이라면 처음에는 상대방이 'Yes'라고 할 수 있도록 50, 60 정도로 부탁하고, 점차 도움의 내용을 늘려 상대방의 허락을 유도하는 방법이다.
- (㉡): 말하는 이가 원하는 도움의 크기가 50이라면 처음에 100을 상대방에게 요청하고 거절을 유도한다. 이후 이미 한 번 도움을 거절했기 때문에 듣는 이는 말하는 이에게 미안한 마음을 가지게 되고, 이러한 마음을 보상할 수 있도록 100보다 작은 요청을 하여 허락을 유도하는 방법이다.

✓ **정답**

01 ① ×, ② × | ① 토의, 토론과 같이 사전에 준비된 내용을 대중을 상대로 말하는 것은 공식적 말하기이다. 의례적 말하기는 정치적·문화적 행사에서와 같이 의례 절차에 따른 말하기를 말한다. ② 친교적 말하기에는 매우 친근한 사람들 사이에서 주고받는 말하기도 포함된다.

02 **연단공포증** | 연단에 섰을 때, 가슴이 두근거리며 입술이 마르고, 식은땀이 나 얼굴이 달아오르는 생리적인 현상을 느끼게 되는 것으로, 90% 이상의 사람들이 호소하는 불안이다.

03 ① ×, ② × | ① 명확히 이해할 수 있도록 질책하고 격려의 말로 마무리하는 경우는 질책할 때이다. 충고는 예시를 들거나 비유법 등으로 깨우쳐 주는 것이 바람직하다. ② 거절을 할 때는 모호한 태도보다는 단호하게 거절하는 것이 좋다.

04 ㉠ 문 안에 한 발 들여놓기 기법, ㉡ 얼굴 부딪히기 기법

> 하위능력 5 | CHAPTER 01 의사소통능력
> # 기초외국어능력

1 기초외국어능력

(1) 기초외국어능력의 개념
기초외국어능력은 외국인과의 유창한 의사소통을 뜻하는 것이 아니다. 일 경험 중에 필요한 문서이해나 문서작성, 의사표현, 경청 등의 의사소통을 기초외국어로 하는 능력으로, 크게 다음의 네 가지로 구분한다.
① 외국어로 된 간단한 자료 이해
② 외국인과의 전화 응대와 간단한 대화
③ 외국인의 의사표현을 이해하고, 자신의 의사를 외국어로 표현
④ 이메일이나 팩스를 통해 외국인과 간단하게 업무 내용에 대해 소통

(2) 기초외국어능력의 중요성
외국인들과의 업무가 잦은 특정 직업인의 경우에만 기초외국어능력이 필요한 것은 아니다. 컴퓨터에서부터 공장의 기계, 외국산 제품 등까지 사용법이 외국어로 작성되어 있는 것이 많고, 이때 기초외국어를 모르면 불편한 경우가 종종 있기 때문에 직업인으로서 기초외국어능력은 중요하다.

2 기초외국어능력이 필요한 상황

(1) 전화, 메일 등을 위한 의사소통
외국 기업과 협업하는 경우 대면하지 않더라도 전화나 메일을 통해 외국어로 업무를 진행해야 하는 상황이 발생한다. 이 경우 업무 관련 회화는 물론이고 안부 인사처럼 일상에서 나누는 가벼운 대화가 필요할 수 있다.

(2) 매뉴얼, 서류 등 외국어 문서의 이해
일 경험 중 외국어로 된 문서나 제품 설명서, 매뉴얼 등을 이해해야 하는 상황이 올 수 있으며, 이 경우 독해가 되어야 업무에 차질이 생기지 않는다.

(3) 필요한 정보를 얻기 위한 경우
국내에서 찾기 어려운 아이디어나 참고 사례를 찾기 위해 해외 웹 사이트를 방문하는 경우도 점차 늘고 있다. 인터넷에서 필요한 정보를 얻기 위해서는 기초외국어능력이 필요하다.

3 기초외국어로 의사소통 시 필요한 능력
무엇보다 중요한 것은 자신이 왜 의사소통을 하려고 하는지 상대방과 목적을 공유하는 것이다. 그러기 위해서는 자신이 전달하고 싶은 것을 먼저 생각하는 사고력이 필요하고, 생각한 내용을 어떤 형태로 표현할 것인가를 결정하는 표현력이 중요하다.

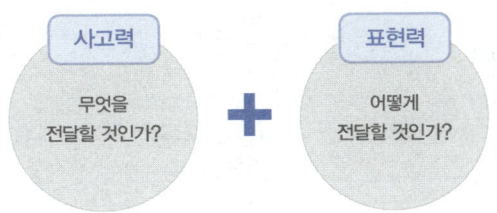

4 외국인과의 의사소통

(1) 비언어적 표현방법
기초외국어능력이 부족하더라도 비언어적인 의사표현을 이해한다면 간단한 의사소통이 가능하다.
① 표정

구분	내용
웃는 표정	행복과 만족, 친절
찌푸리는 표정	불만족과 불쾌
눈을 마주보는 것	흥미와 관심
눈을 마주보지 않는 것	무관심

② 음성

구분		내용
어조	높음	적대감, 대립감
	낮음	만족, 안심
목소리 크기	큼	내용 강조, 흥분, 불만족
	작음	자신감 결여
말의 속도	빠름	공포, 노여움
	느림	긴장, 저항

(2) 외국인과의 의사소통에서 피해야 할 행동
① 상대를 볼 때 흘겨보거나, 아예 보지 않는 행동
② 팔이나 다리를 꼬는 행동
③ 표정 없이 말하는 것
④ 대화에 집중하지 않고 다리를 흔들거나 펜을 돌리는 행동
⑤ 맞장구를 치지 않거나, 고개를 끄덕이지 않는 것
⑥ 자료만 보는 행동
⑦ 한숨, 하품을 하는 것
⑧ 다른 일을 하면서 듣는 것
⑨ 상대방에게 이름이나 호칭을 어떻게 할지 먼저 묻지 않고 마음대로 부르는 것

> **참고** 각국/문화별 주요 보디랭귀지

보디랭귀지	국가	의미
손가락으로 'O'를 만드는 것	영어권	긍정
	프랑스	제로, 무(無)
	일본	돈
	지중해	동성연애
	브라질	외설적 표현
엄지 세우기	공통	권력, 우월, 지배, 최고
	영국, 호주, 뉴질랜드	자동차 세우기
	그리스	거부
	유럽	비웃기
가운데 손가락	공통	외설
손가락으로 'V'를 만드는 것	안쪽 보이게	윈스터 처칠의 승리
	바깥쪽 보이게	경멸, 외설
머리 긁기	서양	비듬, 가려움
	동양	미안함, 답답함
입 가리기	서양	거짓말
	동양	창피
귀 움직이기	인도	후회
	브라질	칭찬
고개 끄덕이기	공통	긍정
	불가리아, 그리스	부정
옆으로 고개 흔들기	공통	부정
	네팔	긍정
손바닥 아래·위로 흔들기	미국	헤어질 때 인사
	유럽	거부/부정
	그리스	모욕
손가락 교차하기	유럽	경멸
	브라질	행운

개/념/체/크

01 다음은 기초외국어능력에 대한 설명이다. 이와 관련하여 맞으면 ○, 틀리면 ×를 표시해보시오.
　① 기초외국어능력은 외국인과의 유창한 의사소통능력을 말한다. (○, ×)
　② 기초외국어능력은 외국인과의 업무가 잦은 사람만 필요하다. (○, ×)
　③ 기초외국어능력은 외국어로 된 E-mail을 받고 이를 해결하는 상황, 외국인으로부터 걸려온 전화 응대 등 다양한 상황에서 필요하다. (○, ×)

02 다음 중 외국인과의 의사소통에서 피해야 할 행동이 아닌 것을 고르시오.

　　㉠ 자료만 보는 행동
　　㉡ 한숨을 쉬거나 하품을 하는 행동
　　㉢ 상대방의 말에 고개를 끄덕이는 행동
　　㉣ 상대방을 흘겨보거나 아예 보지 않는 행동
　　㉤ 상대방의 호칭을 자신이 정하여 부르는 행동

✔ **정답**

01 ① ×, ② ×, ③ ○ | ① 기초외국어능력은 외국인과의 유창한 의사소통을 뜻하는 것은 아니며, 일 경험 중에 필요한 문서이해나 문서작성, 의사표현, 경청 등의 의사소통을 기초외국어로 가능하게 하는 능력을 의미한다. ② 기초외국어능력은 전화, 메일 등의 의사소통을 위해 외국어를 사용하는 경우, 매뉴얼과 서류 등 외국어 문서를 이해해야 하는 경우, 필요한 정보를 얻기 위한 경우 등에 필요하므로 외국인들과의 업무가 잦은 특정 직업인에 국한되지 않는다.

02 ㉢ | 외국인과 의사소통을 할 때는 상대방의 말에 맞장구를 치지 않거나, 고개를 끄덕이지 않는 행동을 피해야 한다.

워크북에는 없지만 시험에는 나오는
플러스 알파 이론

☑ **최신 워크북에서는 삭제되었지만 출제 가능성 높은 이론**

1 문서작성의 구성 요소

① 품위 있고 짜임새 있는 골격
② 객관적이고 논리적이며 체계적인 내용
③ 이해하기 쉬운 구조
④ 명료하고 설득력 있는 구체적인 문장
⑤ 세련되고 인상적인 레이아웃

2 효과적인 문서작성법

내용 이해	전달하고자 하는 내용과 그 핵심을 완벽히 파악해야 함.
목표 설정	전달하고자 하는 목표를 정확히 설정해야 함.
구성	효과적인 구성과 형식이 무엇인지 생각해야 함.
자료 수집	목표를 뒷받침해 줄 자료를 수집해야 함.
핵심 전달	단락별 핵심을 하위목차로 요약해야 함.
대상 파악	대상에 대한 이해와 분석을 철저히 해야 함.
보충 설명	질문을 예상하고 그에 대한 구체적인 답변을 준비해야 함.

3 문서를 시각화하는 4가지 포인트

- 숫자는 그래프로 표시해야 함
- 다채롭게 표현되어야 함
- 이해하기 쉬워야 함
- 보기 쉬워야 함

4 효과적인 경청방법

준비하기	강의의 주제나 강의에 등장하는 용어에 친숙해지기 위해 미리 읽어둠.
주의를 집중하기	말하는 사람의 모든 것에 집중해서 적극적으로 들음.
예측하기	대화를 하는 동안 다음에 무엇을 말할 것인가를 추측하려고 노력함.
나와 관련짓기	상대방이 전달하려는 메시지를 자신의 삶, 목적, 경험과 관련시킴.
질문하기	질문에 대한 답이 즉각적으로 이루어질 수 없다고 하더라도 질문을 하려고 하면 경청하는 데 적극적으로 되고 집중력이 높아짐.
요약하기	대화 도중 주기적으로 대화의 내용을 요약하면 상대방이 전달하려는 메시지를 이해하고 사상과 정보를 예측하는 데 도움이 됨.
반응하기	상대방에 대한 자신의 지각이 옳았는지 확인할 수 있는 기회로서, 오해가 있었다면 고칠 수 있도록 함. 또한 상대방에게 자신이 정확하게 의사소통을 하였는가에 대한 정보를 제공할 뿐 아니라, 상대방이 자신의 관점을 받아들일 수 있도록 함.

5 경청능력을 높이는 맞장구

구분	표현
치켜올리듯 가볍게 하는 맞장구	"저런! 그렇습니까? 아닙니다."
	"잘됐습니다. 그렇게 하십시오."
동의하는 맞장구	"과연! 정말 그렇겠군요. 알겠습니다."
정리하는 맞장구	"말하자면 이런 것입니까?"
	"아, ○○와 □□라는 것이지요?"
재촉하는 맞장구	"그래서 어떻게 되었습니까?"

6 의사표현 방해요인의 제거 방법

연단공포증 극복 방법	• 완전무결하게 준비하기 • 청중 앞에서 말할 기회 자주 가지기 • 실제 발표 시간보다 더 많이 준비하기 • 충분히 휴식하기 • 처음부터 웃기기 • 심호흡하기 • 청자 분석을 철저히 하기 • 청자를 호박으로 보기 • 청자의 코를 보기
유머를 활용하는 방법	• 자기의 실패담을 이야기하기 • 기발한 재료 모으기 • 한 단계 더 파고 들기 • 습관적인 사고방식 배제하기 • 청자 가운데 한 사람을 화제로 삼기 • 쾌활한 태도로 간단한 이야기를 임기응변식으로 처리하기 • 이야기는 빨리 하고 빨리 끝내기 • 서투른 유머는 하지 않기 • 무리하게 웃기려 하지 않기 • 청자를 염두에 두고 이야기 선택하기 • 화자가 먼저 웃어버리지 않기 • 뒤가 나쁜 이야기는 하지 않기 • 진지한 내용의 연설을 전개할 때는 요점 보강에 주력하되 유머 삽입은 가능하면 피하기
음성을 좋게 하는 방법	• 숨을 얕게 들이마시면 목소리가 떨리므로 숨을 깊게 들이마시기 • 음가를 정확히 내기 위해서 입을 크게 벌리기 • 입안이 타는 것 같으면 소금 먹기 • 긴장이 되면 껌 씹기 • 성대 보호에 좋은 당분과 지방질 음식 섭취하기 • 술과 담배를 절제하고, 충분한 휴식 취하기
몸짓을 자연스럽게 하는 방법	• 두 다리 사이를 너무 넓게 벌리지 않기 • 몸의 체중을 한쪽 다리에 의존하지 않기 • 지나치게 경직된 자세 피하기 • 갑자기 자세 고치지 않기 • 뒷짐 지는 자세, 팔장 끼는 자세, 손을 주머니에 넣는 자세 지양하기 • 화자와 청자의 시선을 연결시키기 • 시선을 골고루 배분하기 • 눈동자를 함부로 굴리지 않기 • 시선을 둘 곳에 두기 • 대화의 내용과 시선을 일치시키기

말 연습 방법

- 등이 의자 등에 닿지 않도록 몸을 앞으로 조금 당기기
- 앉은 채로 키를 최대한 높일 수 있도록 상체를 위로 쭉 뻗기
- 가장 큰 소리로 말하는 것처럼 가능한 한 성대와 목의 근육을 조이기
- 한꺼번에 긴장된 모든 근육을 풀기
- 가능한 한 몸을 이완시키고 곧바로 앉아 목과 목구멍의 근육이 완전히 이완되도록 하기
- 머리를 정상적인 자세보다 더 어깨에 가까워지게 하기
- 말하는 동안 하품을 하는 자세로 목의 근육과 목청을 유지할 수 있도록 하품을 4~5번 하기
- 위 자세를 계속 유지하면서 짧은 문장을 크게 소리 내어 읽기

7 설득력 있는 의사표현의 지침

① 'YES'를 유도하여 미리 설득 분위기 조성하기
② 대비 효과로 분발심 불러일으키기
③ 침묵을 지키는 사람의 참여도 높이기
④ 여운의 말로 상대방의 감정 누그러뜨리기
⑤ 하던 말을 갑자기 멈춰 상대방의 주의를 끌기
⑥ 호칭을 바꿔 심리적 간격 좁히기
⑦ 끄집어 말하여 자존심 건드리기
⑧ 정보 전달 공식을 이용하여 설득하기
⑨ 상대방의 불평이 가져올 결과 강조하기
⑩ 권위 있는 사람의 말이나 작품 인용하기
⑪ 약점을 보여 주어 심리적 거리 좁히기
⑫ 이상과 현실의 구체적 차이 확인시키기
⑬ 자신의 잘못도 솔직하게 인정하기
⑭ 집단의 요구를 거절하기 위해 개개인의 의견 묻기
⑮ 동조 심리를 이용하여 설득하기
⑯ 지금까지의 노고를 치하한 후 새롭게 요구하기
⑰ 담당자가 대변자 역할을 하도록 하여 윗사람 설득하게 하기
⑱ 겉치레 양보로 기선 제압하기
⑲ 변명의 여지를 만들어주고 설득하기
⑳ 혼자 말하는 척하면서 상대방의 잘못 지적하기

8 원활한 의사표현의 지침

① 올바른 화법을 위해 독서하기
② 좋은 청중 되기
③ 칭찬 아끼지 않기
④ 공감하며 긍정적으로 보이도록 하기
⑤ 겸손은 최고의 미덕임을 잊지 않기
⑥ 과감하게 공개하기
⑦ '뒷말'을 숨기지 않기
⑧ '첫마디' 말 준비하기
⑨ 이성과 감성의 조화를 꾀하기
⑩ 대화의 룰 지키기
⑪ 문장을 완전하게 말하기

✓ 워크북에 수록되지 않았지만 출제 가능성 높은 이론

1 어휘 관계 `기출` 국민연금공단, 한국중소벤처기업유통원

동위 관계	같은 상위 개념에 속하는 서로 대등한 하위 개념 간의 관계 예) 동물 – 식물
교차 관계	두 개념의 외연의 일부분이 합치되는 관계 예) 여자 – 학생
인과 관계	두 개념이 원인과 결과인 관계 예) 위법 – 처벌
교착 관계	두 개념이 밀접하여 서로 연관되어 있는 관계 예) 물고기 – 강
단체와 구성원의 관계	어떤 단체와 단체에 소속된 구성원 간의 관계 예) 대학교 – 대학생
유의 관계	문맥 속에서 대체가 가능한 단어 사이의 관계 예) 생각 – 사색
반대 관계	내포의 속성이 대립되면서 그 사이에 많은 중간 개념이 존재하는 관계 예) 아름답다 – 추하다
모순 관계	내포의 속성이 상반되고 그 사이에 중간 개념이 존재하지(허용되지) 않는 관계 예) 현실 – 이상
상대 관계	둘을 떼어서 생각할 수 없는 관계, 즉 상대가 되는 짝의 관계 예) 스승 – 제자
종속 관계	유(類)개념(상위 개념)과 종(種)개념(하위 개념)의 관계 = 상하 관계 예) 동물 – 원숭이

2 어휘 의미
(1) 다의어

갈다	• 날카롭게 날을 세우거나 표면을 매끄럽게 하기 위하여 다른 물건에 대고 문지르다. 　예 기계로 칼을 갈다. • 잘게 부수기 위하여 단단한 물건에 대고 문지르거나 단단한 물건 사이에 넣어 으깨다. 　예 무를 강판에 갈아 즙을 내다. • 먹을 풀기 위하여 벼루에 대고 문지르다. 　예 벼루에 먹을 갈다. • 윗니와 아랫니를 맞대고 문질러 소리를 내다. 　예 자면서 뽀드득뽀드득 이를 갈다.
걸다	• 흙이나 거름 따위가 기름지고 양분이 많다. 　예 퇴비로 땅을 걸게 만들었다. • 액체 따위가 내용물이 많고 진하다. 　예 죽이 국물을 볼 수 없을 정도로 걸다. • 음식 따위가 가짓수가 많고 푸짐하다. 　예 이 식당은 반찬이 걸게 나온다. • 말씨가 거칠고 험하다. 　예 이웃집 아낙은 입이 어찌나 건지 아무도 못 당한다. • ('-게'의 꼴로 쓰여) 푸짐하고 배부르다. 　예 잔칫집에 가서 걸게 먹고 왔다.
굳다	• 무른 물질이 단단하게 되다. 　예 시멘트가 굳다. • 근육이나 뼈마디가 뻣뻣하게 되다. 　예 혀가 굳어 말이 잘 나오지 않는다. • 표정이나 태도 따위가 부드럽지 못하고 딱딱하여지다. 　예 그의 표정은 돌처럼 굳어 있었다. • 몸에 배어 버릇이 되다. 　예 한번 말버릇이 굳어 버리면 여간해서 고치기 어렵다. • 돈이나 쌀 따위가 헤프게 없어지지 아니하고 자기의 것으로 계속 남게 되다. 　예 출퇴근 시 걸어다니니 차비도 굳고 건강도 좋아졌다.
긋다	• 어떤 일정한 부분을 강조하거나 나타내기 위하여 금이나 줄을 그리다. 　예 바닥에 금을 긋다. • 성냥이나 끝이 뾰족한 물건을 평면에 댄 채로 어느 방향으로 약간 힘을 주어 움직이다. 　예 짓궂은 친구 하나가 그의 뺨에 색연필을 그어 놓았다. • 물건값이나 밥값, 술값 따위를 바로 내지 않고 외상으로 처리하다. 　예 내일 드릴 테니 오늘 밥값은 장부에 그어 두세요. • 일의 경계나 한계 따위를 분명하게 짓다. 　예 이번 일에 책임을 분명히 그어야지 어물쩍 넘겨서는 안 된다. • 시험 채점에서 빗금을 표시하여 답이 틀림을 나타내다. 　예 맞춤법이 틀린 답에는 줄을 그어 버려라.

나누다	• 음식 따위를 함께 먹거나 갈라 먹다. 　예 우리 차라도 한잔 나누면서 이야기를 합시다. • 말이나 이야기, 인사 따위를 주고받다. 　예 두 사람이 서로 인사를 나누다. • 즐거움이나 고통, 고생 따위를 함께하다. 　예 그들은 슬픔과 기쁨을 함께 나누며 산다. • 같은 핏줄을 타고나다. 　예 나는 그와 피를 나눈 형제이다.
나오다	• 안에서 밖으로 오다. 　예 어머니는 길에 나오셔서 아들을 기다리셨다. • 책, 신문 따위에 글, 그림 따위가 실리다. 　예 이 글은 논어에 나온다. • 소속된 단체나 직장 따위에 일하러 오다. 　예 과장님은 곧 회사에 나오실 겁니다. • 액체나 기체 따위가 밖으로 흐르다. 　예 연료 통에서 가스가 잘 나오지 않아 기계를 돌릴 수가 없다. • 어떤 곳을 벗어나다. 　예 그는 책을 들고 방에서 나왔다. • 어떠한 태도를 취하여 겉으로 드러내다. 　예 만일 그가 비협조적인 태도로 나온다면 상대하지 마라. • 처리나 결과로 이루어지거나 생기다. 　예 실험 결과가 나오다. • 감정 표현이나 생리 작용 따위가 나타나다. 　예 나는 자꾸 울음이 나와서 혼났다.
나타나다	• 보이지 아니하던 어떤 대상의 모습이 드러나다. 　예 다시 내게 나타나면 가만두지 않겠다. • 어떤 일의 결과나 징후가 겉으로 드러나다. 　예 열심히 공부한 결과가 시험 성적에 나타나기 시작했다. • 생각이나 느낌 따위가 글, 그림, 음악 따위로 드러나다. 　예 그의 주장은 이 글에 잘 나타나 있다. • 내면적인 심리 현상이 얼굴, 몸, 행동 따위로 드러나다. 　예 그의 얼굴에는 굳은 의지가 나타나 있다. • 어떤 새로운 현상이나 사물이 발생하거나 생겨나다. 　예 약을 먹었더니 효과가 나타나는 듯하다.
다루다	• 일거리를 처리하다. 　예 이 병원은 피부병만을 다루고 있다. • 어떤 물건을 사고파는 일을 하다. 　예 이 상점은 주로 전자 제품만을 다룬다. • 기계나 기구 따위를 사용하다. 　예 악기를 다루다. • 사람이나 짐승 따위를 부리거나 상대하다. 　예 코치는 여자아이를 남자아이처럼 다루었다. • 어떤 것을 소재나 대상으로 삼다. 　예 회의에서 물가 안정을 당면 과제로 다루었다.

단어	의미 및 예문
들다	• 밖에서 속이나 안으로 향해 가거나 오거나 하다. 　예 숲속에 드니 공기가 훨씬 맑았다. • 수면을 취하기 위한 장소에 가거나 오다. 　예 이불 속에 들다. • 어떤 일에 돈, 시간, 노력, 물자 따위가 쓰이다. 　예 잔치 음식에는 품이 많이 든다. • 어떤 범위나 기준, 또는 일정한 기간 안에 속하거나 포함되다. 　예 반에서 5등 안에 들다. • 안에 담기거나 그 일부를 이루다. 　예 빵 속에 든 단팥 • ('눈', '마음' 따위의 뒤에 쓰여) 어떤 물건이나 사람이 좋게 받아들여지다. 　예 마음에 드는 신랑감 • 어떤 일이나 기상 현상이 일어나다. 　예 남부 지방에 가뭄이 들다. • 적금이나 보험 따위의 거래를 시작하다. 　예 보험에 들다. • 나이가 많아지다. 　예 아이는 나이가 들수록 병치레가 잦아졌다. • 버릇이나 습관이 몸에 배다. 　예 그 아이는 거짓말을 하는 나쁜 버릇이 들었다.
맞다	• 문제에 대한 답이 틀리지 아니하다. 　예 네 답이 맞는다. • (앞 사람의 말에 동의하는 데 쓰여) '그렇다' 또는 '옳다'의 뜻을 나타내는 말. 　예 다시 생각해 보니 네 말이 맞는다. • 어떤 대상의 내용, 정체 따위의 무엇임이 틀림이 없다. 　예 우리 집 전화번호가 방금 말씀하신 번호가 맞습니다. • 어떤 대상의 맛, 온도, 습도 따위가 적당하다. 　예 음식 맛이 내 입에 맞는다. • 어떤 행동, 의견, 상황 따위가 다른 것과 서로 어긋나지 아니하고 같거나 어울리다. 　예 나의 의견이 그의 생각과 맞을 것이라고 확신한다.
만들다	• 노력이나 기술 따위를 들여 목적하는 사물을 이루다. 　예 음식을 만들다. • 글이나 노래를 짓거나 문서 같은 것을 짜다. 　예 노래를 만들다. • 기관이나 단체 따위를 결성하다. 　예 동아리를 만들다. • 틈, 시간 따위를 짜내다. 　예 짬을 만들다. • 무엇이 되게 하다. 　예 이웃 나라를 속국으로 만들다. • 그렇게 되게 하다. 　예 상대를 꼼짝 못 하게 만들다.

맵다	• 고추나 겨자와 같이 맛이 알알하다. 　예 찌개가 맵다. • 성미가 사납고 독하다. 　예 어머니는 매운 시집살이를 하셨다. • 날씨가 몹시 춥다. 　예 겨울바람이 맵고 싸늘하게 불었다. • 연기 따위가 눈이나 코를 아리게 하다. 　예 매운 담배 연기 • 결기가 있고 야무지다. 　예 저 녀석은 하는 일마다 맵게 잘 처리해서 마음에 든다.
먹다	• 음식 따위를 입을 통하여 배 속에 들여보내다. 　예 밥을 먹다. • 담배나 아편 따위를 피우다. 　예 담배를 먹다. • 연기나 가스 따위를 들이마시다. 　예 연탄가스를 먹다. • 어떤 마음이나 감정을 품다. 　예 세상일이란 마음 먹기에 달려 있다. • 일정한 나이에 이르거나 나이를 더하다. 　예 나이를 먹다. • 겁, 충격 따위를 느끼게 된다. 　예 겁을 먹다. • 욕, 핀잔 따위를 듣거나 당하다. 　예 아내에게 핀잔만 먹었다. • (속되게) 뇌물을 받아 가지다. 　예 뇌물을 먹다. • 수익이나 이문을 차지하여 가지다. 　예 동업자인 그가 이익의 반을 먹는다. • 물이나 습기 따위를 빨아들이다. 　예 김이 습기를 먹어 눅눅해졌다. • 어떤 등급을 차지하거나 점수를 따다. 　예 1등을 먹다. • 구기 경기에서, 점수를 잃다. 　예 상대편에게 먼저 한 골을 먹었다. • 날이 있는 도구가 소재를 깎거나 자르거나 갈거나 하는 작용을 하다. 　예 이 나무는 톱날이 잘 안 먹는다. • 바르는 물질이 배어들거나 고루 퍼지다. 　예 옷감에 풀이 잘 먹어야 다림질하기가 좋다. • 벌레, 균 따위가 파 들어가거나 퍼지다. 　예 사과에 벌레가 많이 먹었다.

밀다	• 일정한 방향으로 움직이도록 반대쪽에서 힘을 가하다. 　예 수레를 뒤에서 밀다. • 피부에 묻은 지저분한 것을 문질러 벗겨 내다. 　예 때를 밀다. • 허물어 옮기거나 깎아 없애다. 　예 불도저로 야산을 밀다. • 뒤에서 보살피고 도와주다. 　예 아무래도 누군가 그를 밀고 있다. • 바닥이 반반해지도록 연장을 누르면서 문지르다. 　예 구겨진 바지를 다리미로 한 번 밀어라. • 눌러서 얇게 펴다. 　예 만두피를 밀다. • 등사기로 인쇄하다. 　예 등사기로 시험지를 밀다.
보다	• 눈으로 대상의 존재나 형태적 특징을 알다. 　예 잡지에서 난생처음 보는 단어를 발견하였다. • 눈으로 대상을 즐기거나 감상하다. 　예 영화를 보다. • 일정한 목적 아래 만나다. 　예 맞선을 보다. • 맡아서 보살피거나 지키다. 　예 그녀는 아이를 봐 줄 사람을 구하였다. • 상대편의 형편 따위를 헤아리다. 　예 그의 사정을 보니 딱하게 되었다. • 점 따위로 운수를 알아보다. 　예 사주를 보다. • ('시험'을 뜻하는 목적어와 함께 쓰여) 자신의 실력이 나타나도록 치르다. 　예 시험 잘 봤니? • 어떤 일을 맡아 하다. 　예 사무를 보다. • 어떤 결과나 관계를 맺기에 이르다. 　예 끝장을 보다. • 음식상이나 잠자리 따위를 채비하다. 　예 어머니는 술상을 보느라 바쁘시다. • 어떤 관계의 사람을 얻거나 맞다. 　예 그는 늦게나마 손자를 보게 되었다. • 어떤 일을 당하거나 겪거나 얻어 가지다. 　예 손해를 보면서 물건을 팔 사람은 없다. • 음식 맛이나 간을 알기 위하여 시험 삼아 조금 먹다. 　예 장맛을 보면 그 집의 음식 솜씨를 알 수 있다. • 남의 결점 따위를 들추어 말하다. 　예 다른 사람의 흉을 보다.

바르다	• 겉으로 보기에 비뚤어지거나 굽은 데가 없다. 　예 줄을 바르게 서다. • 말이나 행동 따위가 사회적인 규범이나 사리에 어긋나지 아니하고 들어맞다. 　예 마음가짐이 바르다. • 사실과 어긋남이 없다. 　예 숨기지 말고 바르게 대답하시오. • 그늘이 지지 아니하고 햇볕이 잘 들다. 　예 기르던 잉꼬가 죽자 아이들은 양지 바른 곳에 묻어 주었다.
번지다	• 액체가 묻어서 차차 넓게 젖어 퍼지다. 　예 종이에 잉크가 번지다. • 병이나 불, 전쟁 따위가 차차 넓게 옮아가다. 　예 전염병이 온 마을에 번지다. • 말이나 소리 따위가 널리 옮아 퍼지다. 　예 나쁜 소문이 마을 곳곳에 번지다. • 빛, 기미, 냄새 따위가 바탕에서 차차 넓게 나타나거나 퍼지다. 　예 엷은 웃음이 입가에 번지다. • 풍습, 풍조, 불만, 의구심 따위가 어떤 사회 전반에 차차 퍼지다. 　예 사회 전반에 보신주의 풍조가 유행처럼 번지고 있다.
불다	• 바람이 일어나서 어느 방향으로 움직이다. 　예 따뜻한 바람이 불다. • 유행, 풍조, 변화 따위가 일어나 휩쓸다. 　예 사무실에 영어 회화 바람이 불다. • 입을 오므리고 날숨을 내어보내어, 입김을 내거나 바람을 일으키다. 　예 유리창에 입김을 불다. • 입술을 좁게 오므리고 그 사이로 숨을 내쉬어 소리를 내다. 　예 그는 휘파람을 불며 산책을 했다. • 코로 날숨을 세게 내어보내다. 　예 소가 콧김을 불다. • 관악기를 입에 대고 숨을 내쉬어 소리를 내다. 　예 피리를 불다. • 풀무, 풍구 따위로 바람을 일으키다. 　예 풀무를 불다. • (속되게) 숨겼던 죄나 감추었던 비밀을 사실대로 털어놓다. 　예 경찰에게 지은 죄를 낱낱이 불다.

오르다	• 사람이나 동물 따위가 아래에서 위쪽으로 움직여 가다. 　예 산에 오르다. • 지위나 신분 따위를 얻게 되다. 　예 왕위에 오르다. • 탈것에 타다. 　예 기차에 오른 것은 한밤중이 되어서였다. • 어떤 정도에 달하다. 　예 사업이 비로소 정상 궤도에 올랐다. • 길을 떠나다. 　예 이민 길에 오르다. • 물에서 육지로 옮다. 　예 뭍에 오른 물고기 신세란 바로 그를 두고 하는 말이었다. • 몸 따위에 살이 많아지다. 　예 얼굴에 살이 오르니 귀여워 보인다. • 식탁, 도마 따위에 놓이다. 　예 모처럼 저녁상에 갈비가 올랐다. • 남의 이야깃거리가 되다. 　예 구설에 오르다. • 기록에 적히다. 　예 호적에 오르다. • 값이나 수치, 온도, 성적 따위가 이전보다 많아지거나 높아지다. 　예 등록금이 오르다. • 기운이나 세력이 왕성하여지다. 　예 삽시간에 불길이 올라 옆집까지 옮겨붙었다. • 실적이나 능률 따위가 높아지다. 　예 판매 실적이 오르도록 연구해 봅시다. • 어떤 감정이나 기운이 퍼지다. 　예 부아가 치밀어 오르다. • 병균이나 독 따위가 옮다. 　예 옴이 오르면 가려워 온몸을 긁게 된다.
취하다	• 일정한 조건에 맞는 것을 골라 가지다. 　예 그가 제시한 조건들 가운데서 마음에 드는 것만을 취했다. • 자기 것으로 만들어 가지다. 　예 부당 이득을 취하다. • 어떤 일에 대한 방책으로 어떤 행동을 하거나 일정한 태도를 가지다. 　예 강경한 태도를 취하다. • 어떤 특정한 자세를 하다. 　예 포즈를 취하다.

잡다	• 손으로 움키고 놓지 않다. 　예 밧줄을 잡고 올라가다. • 붙들어 손에 넣다. 　예 도둑을 잡다. • 짐승을 죽이다. 　예 할아버지는 돼지를 잡아 잔치를 베푸셨다. • 권한 따위를 차지하다. 　예 주도권을 잡다. • 돈이나 재물을 얻어 가지다. 　예 한밑천을 잡다. • 실마리, 요점, 단점 따위를 찾아내거나 알아내다. 　예 일의 가닥을 잡다. • 자동차 따위를 타기 위하여 세우다. 　예 심야에는 택시를 잡기가 다른 시간대보다 더 어렵다. • 어떤 순간적인 장면이나 모습을 확인하거나 찍다. 　예 경찰이 범행 현장을 잡았다. • 일, 기회 따위를 얻다. 　예 기회를 잡다. • 말 따위를 문제로 삼다. 　예 그는 사사건건 트집을 잡았다. • 사람을 떠나지 못하게 말리다. 　예 그는 떠나려는 손님을 잡아 하루 더 묵어가게 하였다. • 어떤 상태를 유지하다. 　예 몸의 균형을 잡다. • 노래 따위를 제 박자와 음정에 맞게 부르다. 　예 그는 음을 잘 잡는다. • 어느 한쪽으로 기울거나 굽거나 잘못된 것을 바르게 만들다. 　예 일의 균형을 잡다. • 남을 모해하여 곤경에 빠뜨리다. 　예 이제 와서 그 일을 못하겠다니 네가 나를 잡으려고 작정을 했구나. • 어림하거나 짐작하여 헤아리다. 　예 우리는 공사 기간을 길게 잡아 손해를 많이 봤다.
정리하다	• 흐트러지거나 혼란스러운 상태에 있는 것을 한데 모으거나 치워서 질서 있는 상태가 되게 하다. 　예 방 안을 정리하다. • 체계적으로 분류하고 종합하다. 　예 논문을 정리하다. • 문제가 되거나 불필요한 것을 줄이거나 없애서 말끔하게 바로잡다. 　예 사업을 정리하다. • 다른 사람과의 관계를 지속하지 아니하고 끝내다. 　예 그와 관계를 정리하고 나자 기분이 한결 홀가분해졌다. • 은행과의 거래 내역을 통장에 기록으로 나타내다. 　예 통장을 정리하다.

타다	• 탈것이나 짐승의 등 따위에 몸을 얹다. 　예 비행기에 타다. • 도로, 줄, 산, 나무, 바위 따위를 밟고 오르거나 그것을 따라 지나가다. 　예 원숭이는 나무를 잘 탄다. • 어떤 조건이나 시간, 기회 등을 이용하다. 　예 부동산 경기를 타고 건축 붐이 일었다. • 바람이나 물결, 전파 따위에 실려 퍼지다. 　예 연이 바람을 타고 하늘로 올라간다. • 바닥이 미끄러운 곳에서 어떤 기구를 이용하여 달리다. 　예 썰매를 타려면 꼭 장갑을 끼어야 한다. • 그네나 시소 따위의 놀이 기구에 몸을 싣고 앞뒤로, 위아래로 또는 원을 그리며 움직이다. 　예 그네를 타다. • 의거하는 계통, 질서나 선을 밟다. 　예 연줄을 타다.
파다	• 구멍이나 구덩이를 만들다. 　예 마당에 우물을 파다. • 그림이나 글씨를 새기다. 　예 그는 도장을 파는 것이 직업이다. • 천이나 종이 따위의 한 부분을 도려내다. 　예 목둘레선을 깊이 파서 목 부분이 허전하다. • 어떤 것을 알아내거나 밝히기 위하여 몹시 노력하다. 　예 사건의 진상을 파다. • 드러나 있지 아니한 것을 긁어 떼어 내다. 　예 철수는 귀이개로 귀를 팠다. • 전력을 기울이다. 　예 그는 자기 전공 분야만을 파서 다른 분야에 대해선 아는 것이 없다. • 아기가 젖을 몹시 빨다. 　예 아기가 젖을 파다. • 문서나 서류 따위에서 어떤 부분을 삭제하다. 　예 호적을 파다.
풀다	• 묶이거나 감기거나 얽히거나 합쳐진 것 따위를 그렇지 아니한 상태로 되게 하다. 　예 보따리를 풀다. • 일어난 감정 따위를 누그러뜨리다. 　예 그가 사과를 해서 화를 풀기로 했다. • 모르거나 복잡한 문제 따위를 알아내거나 해결하다. 　예 수학 문제를 풀다. • 콧물을 밖으로 나오게 하다. 　예 코를 풀다. • 긴장된 상태를 부드럽게 하다. 　예 경계심을 풀다. • 액체에 다른 액체나 가루 따위를 섞다. 　예 팔팔 끓는 물에 된장을 풀다.

헐다	• 집 따위의 축조물이나 쌓아 놓은 물건을 무너뜨리다. 　예 울타리를 헐다. • 저장하여 둔 물건을 꺼내거나 쓰기 시작하다. 　예 며칠 전에 담근 동치미 독을 새로 헐었다. • 일정한 액수의 돈을 쓰게 되어 그 액수의 상태를 유지하지 못하게 되다. 　예 십만 원짜리 수표를 헐다.

(2) 유의어

가공 – 허구	• 가공(架空): 이유나 근거가 없이 꾸며 냄. 또는 사실이 아니고 거짓이나 상상으로 꾸며 냄. • 허구(虛構): 사실에 없는 일을 사실처럼 꾸며 만듦.
각별 – 특별	• 각별(各別): 어떤 일에 대한 마음가짐이나 자세 따위가 유달리 특별함. • 특별(特別): 보통과 구별되게 다름.
각오 – 결심	• 각오(覺悟): 앞으로 해야 할 일이나 겪을 일에 대한 마음의 준비. • 결심(決心): 할 일에 대하여 어떻게 하기로 마음을 굳게 정함. 또는 그런 마음.
간병 – 간호	• 간병(看病): 앓는 사람이나 다친 사람의 곁에서 돌보고 시중을 듦. • 간호(看護): 다쳤거나 앓고 있는 환자나 노약자를 보살피고 돌봄.
감염 – 전염	• 감염(感染): 1. 나쁜 버릇이나 풍습, 사상 따위가 영향을 주어 물이 들게 함. 2. 병원체인 미생물이 동물이나 식물의 몸 안에 들어가 증식하는 일. • 전염(傳染): 1. 병이 남에게 옮음. 2. 다른 사람의 습관, 분위기, 기분 따위에 영향을 받아 물이 듦.
개량 – 개선	• 개량(改良): 나쁜 점을 보완하여 더 좋게 고침. • 개선(改善): 잘못된 것이나 부족한 것, 나쁜 것 따위를 고쳐 더 좋게 만듦.
거부 – 거절	• 거부(拒否): 요구나 제의 따위를 받아들이지 않고 물리침. • 거절(拒絕): 상대편의 요구, 제안, 선물, 부탁 따위를 받아들이지 않고 물리침.
검약 – 절약	• 검약(儉約): 돈이나 물건, 자원 따위를 낭비하지 않고 아껴 씀. 또는 그런 데가 있음. • 절약(節約): 함부로 쓰지 아니하고 꼭 필요한 데에만 써서 아낌.
격려 – 고무	• 격려(激勵): 용기나 의욕이 솟아나도록 북돋워 줌. • 고무(鼓舞): 힘을 내도록 격려하여 용기를 북돋움.
결의 – 결심	• 결의(決意): 뜻을 정하여 굳게 마음을 먹음. 또는 그런 마음. • 결심(決心): 할 일에 대하여 어떻게 하기로 마음을 굳게 정함. 또는 그런 마음.
결점 – 단점	• 결점(缺點): 잘못되거나 부족하여 완전하지 못한 점. • 단점(短點): 잘못되고 모자라는 점.
결핍 – 부족	• 결핍(缺乏): 있어야 할 것이 없어지거나 모자람. • 부족(不足): 필요한 양이나 기준에 미치지 못해 충분하지 아니함.
경험 – 체험	• 경험(經驗): 자신이 실제로 해 보거나 겪어 봄. 또는 거기서 얻은 지식이나 기능. • 체험(體驗): 자기가 몸소 겪음. 또는 그런 경험.
계획 – 의도	• 계획(計劃/計畫): 앞으로 할 일의 절차, 방법, 규모 따위를 미리 헤아려 작정함. 또는 그 내용. • 의도(意圖): 무엇을 하고자 하는 생각이나 계획. 또는 무엇을 하려고 꾀함.

고국 – 조국	• 고국(故國): 주로 남의 나라에 있는 사람이 자신의 조상 때부터 살던 나라를 이르는 말. • 조국(祖國): 1. 조상 때부터 대대로 살던 나라. 2. 자기의 국적이 속하여 있는 나라.
고심 – 고충	• 고심(苦心): 몹시 애를 태우며 마음을 씀. • 고충(苦衷): 괴로운 심정이나 사정.
공헌 – 기여	• 공헌(貢獻): 힘을 써 이바지함. • 기여(寄與): 도움이 되도록 이바지함.
과격 – 급진	• 과격(過激): 정도가 지나치게 격렬함. • 급진(急進): 목적이나 이상 따위를 급히 실현하고자 함.
과실 – 실패	• 과실(過失): 부주의나 태만 따위에서 비롯된 잘못이나 허물. • 실패(失敗): 일을 잘못하여 뜻한 대로 되지 아니하거나 그르침.
구속 – 속박	• 구속(拘束): 행동이나 의사의 자유를 제한하거나 속박함. • 속박(束縛): 어떤 행위나 권리의 행사를 자유로이 하지 못하도록 강압적으로 얽어매거나 제한함.
구획 – 경계	• 구획(區劃): 토지 따위를 경계를 지어 가름. 또는 그런 구역. • 경계(境界): 사물이 어떠한 기준에 의하여 분간되는 한계.
귀향 – 귀성	• 귀향(歸鄕): 고향으로 돌아가거나 돌아옴. • 귀성(歸省): 부모를 뵙기 위하여 객지에서 고향으로 돌아가거나 돌아옴.
기대 – 촉망	• 기대(期待/企待): 어떤 일이 원하는 대로 이루어지기를 바라면서 기다림. • 촉망(屬望/囑望): 잘되기를 바라고 기대함. 또는 그런 대상.
기질 – 성격	• 기질(氣質): 자극에 대한 민감성이나 특정한 유형의 정서적 반응을 보여 주는 개인의 성격적 소질. • 성격(性格): 개인이 가지고 있는 고유의 성질이나 품성.
기초 – 근저	• 기초(基礎): 사물이나 일 따위의 기본이 되는 것. • 근저(根底/根柢): 사물의 뿌리나 밑바탕이 되는 기초.
기획 – 기도	• 기획(企劃): 일을 꾀하여 계획함. • 기도(企圖): 어떤 일을 이루려고 꾀함. 또는 그런 계획이나 행동.
낙담 – 실망	• 낙담(落膽): 바라던 일이 뜻대로 되지 않아 마음이 몹시 상함. • 실망(失望): 희망이나 명망을 잃음. 또는 바라던 일이 뜻대로 되지 아니하여 마음이 몹시 상함.
납득 – 요해	• 납득(納得): 다른 사람의 말이나 행동, 형편 따위를 잘 알아서 긍정하고 이해함. • 요해(了解): 깨달아 알아냄.
달성 – 성취	• 달성(達成): 목적한 것을 이룸. • 성취(成就): 목적한 바를 이룸.
대가 – 거성	• 대가(大家): 전문 분야에서 뛰어나 권위를 인정받는 사람. • 거성(巨星): 어떤 방면의 뛰어난 인물을 비유적으로 이르는 말.
독점 – 전유	• 독점(獨占): 1. 혼자서 모두 차지함. 2. 개인이나 하나의 단체가 다른 경쟁자를 배제하고 생산과 시장을 지배하여 이익을 독차지함. 또는 그런 경제 현상. • 전유(專有): 한 사람이나 특정한 부류만 소유하거나 누림.
동의 – 찬성	• 동의(同意): 1. 같은 뜻. 또는 뜻이 같음. 2. 의사나 의견을 같이함. 3. 다른 사람의 행위를 승인하거나 시인함. • 찬성(贊成): 어떤 행동이나 견해, 제안 따위가 옳거나 좋다고 판단하여 수긍함.

모반 – 반역	• 모반(謀反): 1. 배반을 꾀함. 2. 국가나 군주의 전복을 꾀함. • 반역(反逆/叛逆): 1. 나라와 겨레를 배반함. 2. 통치자에게서 나라를 다스리는 권한을 빼앗으려고 함.
무시 – 묵살	• 무시(無視): 1. 사물의 존재 의의나 가치를 알아주지 아니함. 2. 사람을 깔보거나 업신여김. • 묵살(默殺): 의견이나 제안 따위를 듣고도 못 들은 척함.
미개 – 원시	• 미개(未開): 사회가 발전되지 않고 문화 수준이 낮은 상태. • 원시(原始/元始): 처음 시작된 그대로 있어 발달하지 아니한 상태.
미연 – 사전	• 미연(未然): 어떤 일이 아직 그렇게 되지 않은 때. • 사전(事前): 일이 일어나기 전. 또는 일을 시작하기 전.
미행 – 추적	• 미행(尾行): 다른 사람의 행동을 감시하거나 증거를 잡기 위하여 그 사람 몰래 뒤를 밟음. • 추적(追跡): 도망하는 사람의 뒤를 밟아서 쫓음.
발달 – 진보	• 발달(發達): 1. 명사 신체, 정서, 지능 따위가 성장하거나 성숙함. 2. 명사 학문, 기술, 문명, 사회 따위의 현상이 보다 높은 수준에 이름. • 진보(進步): 정도나 수준이 나아지거나 높아짐.
방법 – 수단	• 방법(方法): 어떤 일을 해 나가거나 목적을 이루기 위하여 취하는 수단이나 방식. • 수단(手段): 어떤 목적을 이루기 위한 방법. 또는 그 도구.
비운 – 불운	• 비운(否運): 막혀서 어려운 처지에 이른 운수. • 불운(不運): 운수가 좋지 않음. 또는 그런 운수.
사려 – 분별	• 사려(思慮): 여러 가지 일에 대하여 깊게 생각함. 또는 그런 생각. • 분별(分別): 1. 서로 다른 일이나 사물을 구별하여 가름. 2. 세상 물정에 대한 바른 생각이나 판단.
사명 – 임무	• 사명(使命): 맡겨진 임무. • 임무(任務): 맡은 일. 또는 맡겨진 일.
산보 – 산책	• 산보(散步): 휴식을 취하거나 건강을 위해서 천천히 걷는 일. • 산책(散策): 휴식을 취하거나 건강을 위해서 천천히 걷는 일.
선철 – 선현	• 선철(先哲): 옛날의 어질고 사리에 밝은 사람. • 선현(先賢): 옛날의 어질고 사리에 밝은 사람.
설명 – 해설	• 설명(說明): 어떤 일이나 대상의 내용을 상대편이 잘 알 수 있도록 밝혀 말함. 또는 그런 말. • 해설(解說): 문제나 사건의 내용 따위를 알기 쉽게 풀어 설명함. 또는 그런 글이나 책.
수리 – 수선	• 수리(修理): 고장 나거나 허름한 데를 손보아 고침. • 수선(修繕): 낡거나 헌 물건을 고침.
쇠진 – 쇠퇴	• 쇠진(衰盡): 점점 쇠퇴하여 바닥이 남. • 쇠퇴(衰退/衰頹): 기세나 상태가 쇠하여 전보다 못하여 감.
숙명 – 천명	• 숙명(宿命): 날 때부터 타고난 정해진 운명. 또는 피할 수 없는 운명. • 천명(天命): 1. 타고난 운명. 2. 하늘의 명령.
실망 – 실의	• 실망(失望): 희망이나 명망을 잃음. 또는 바라던 일이 뜻대로 되지 아니하여 마음이 몹시 상함. • 실의(失意): 뜻이나 의욕을 잃음.
실행 – 실시	• 실행(實行): 실제로 행함. • 실시(實施): 실제 시행함.

안전 – 무사	• 안전(安全): 위험이 생기거나 사고가 날 염려가 없음. 또는 그런 상태. • 무사(無事): 1. 아무런 일이 없음. 2. 아무 탈 없이 편안함.
압박 – 위압	• 압박(壓迫): 1. 강한 힘으로 내리누름. 2. 기운을 못 펴게 세력으로 내리누름. • 위압(威壓): 위엄이나 위력 따위로 압박하거나 정신적으로 억누름. 또는 그런 압력.
암시 – 시사	• 암시(暗示): 넌지시 알림. 또는 그 내용. • 시사(示唆): 어떤 것을 미리 간접적으로 표현해 줌.
업적 – 공적	• 업적(業績): 어떤 사업이나 연구 따위에서 세운 공적. • 공적(功績): 노력과 수고를 들여 이루어 낸 일의 결과.
연혁 – 변천	• 연혁(沿革): 변천하여 온 과정. • 변천(變遷): 세월의 흐름에 따라 바뀌고 변함.
영양 – 자양	• 영양(營養): 생물이 살아가는 데 필요한 에너지와 몸을 구성하는 성분을 외부에서 섭취하여 소화, 흡수, 순환, 호흡, 배설을 하는 과정. 또는 그것을 위하여 필요한 성분. • 자양(滋養): 1. 몸의 영양을 좋게 함. 2. 자양분이 많은 물질
영원 – 영구	• 영원(永遠): 어떤 상태가 끝없이 이어짐. 또는 시간을 초월하여 변하지 아니함. • 영구(永久): 어떤 상태가 시간상으로 무한히 이어짐.
외관 – 외견	• 외관(外觀): 겉으로 드러난 모양. • 외견(外見): 겉으로 드러난 모양.
원망 – 희망	• 원망(願望): 원하고 바람. 또는 그런 것. • 희망(希望): 어떤 일을 이루거나 하기를 바람.
운세 – 운명	• 운세(運勢): 운명이나 운수가 닥쳐오는 기세. • 운명(運命): 1. 인간을 포함한 모든 것을 지배하는 초인간적인 힘. 또는 그것에 의하여 이미 정하여져 있는 목숨이나 처지. 2. 앞으로의 생사나 존망에 관한 처지.
운송 – 운수	• 운송(運送): 사람을 태워 보내거나 물건 따위를 실어 보냄. • 운수(運輸): 운송이나 운반보다 큰 규모로 사람을 태워 나르거나 물건을 실어 나름.
운영 – 운용	• 운영(運營): 1. 조직이나 기구, 사업체 따위를 운용하고 경영함. 2. 어떤 대상을 관리하고 운용하여 나감. • 운용(運用): 무엇을 움직이게 하거나 부리어 씀.
위엄 – 위신	• 위엄(威嚴): 존경할 만한 위세가 있어 점잖고 엄숙함. 또는 그런 태도나 기세. • 위신(威信): 위엄과 신망을 아울러 이르는 말.
유명 – 고명	• 유명(有名): 이름이 널리 알려져 있음. • 고명(高名): 높이 알려진 이름이나 높은 명예.
윤리 – 도덕	• 윤리(倫理): 사람으로서 마땅히 행하거나 지켜야 할 도리. • 도덕(道德): 사회의 구성원들이 양심, 사회적 여론, 관습 따위에 비추어 스스로 마땅히 지켜야 할 행동 준칙이나 규범의 총체.
의존 – 의지	• 의존(依存): 다른 것에 의지하여 존재함. • 의지(依支): 1. 다른 것에 몸을 기댐. 또는 그렇게 하는 대상. 2. 다른 것에 마음을 기대어 도움을 받음. 또는 그렇게 하는 대상.
응접 – 응대	• 응접(應接): 손님을 맞아들여 접대함. • 응대(應待): 손님을 맞아들여 접대함.

이국 – 외국	• 이국(異國): 인정, 풍속 따위가 전혀 다른 남의 나라. • 외국(外國): 자기 나라가 아닌 다른 나라.
이용 – 활용	• 이용(利用): 대상을 필요에 따라 이롭게 씀. • 활용(活用): 도구나 물건 따위를 충분히 잘 이용함.
이의 – 이론	• 이의(異意): 다른 의견이나 의사. • 이론(異論): 달리 논함. 또는 다른 이론(理論)이나 의견.
이전 – 전거	• 이전(移轉): 장소나 주소 따위를 다른 데로 옮김. • 전거(轉居): 살던 곳을 떠나 다른 곳으로 옮겨 삶.
일족 – 일문	• 일족(一族): 조상이 같은 겨레붙이. 또는 같은 조상의 친척. • 일문(一門): 한 가문이나 문중.
일치 – 합치	• 일치(一致): 비교되는 대상들이 서로 어긋나지 아니하고 같거나 들어맞음. • 합치(合致): 의견이나 주장 따위가 서로 맞아 일치함.
자부 – 자신	• 자부(自負): 자기 자신 또는 자기와 관련되어 있는 것에 대하여 스스로 그 가치나 능력을 믿고 마음을 당당히 가짐. • 자신(自信): 어떤 일을 해낼 수 있다거나 어떤 일이 꼭 그렇게 되리라는 데 대하여 스스로 굳게 믿음. 또는 그런 믿음.
자산 – 재산	• 자산(資産): 개인이나 법인이 소유하고 있는 경제적 가치가 있는 유형·무형의 재산. • 재산(財産): 재화와 자산을 통틀어 이르는 말. 개인, 단체, 국가가 소유하는 토지, 가옥, 가구, 금전, 귀금속 따위의 금전적 가치가 있는 것을 이른다.
자연 – 천연	• 자연(自然): 사람의 힘이 더해지지 아니하고 저절로 생겨난 산, 강, 바다, 식물, 동물 따위의 존재. 또는 그것들이 이루는 지리적·지질적 환경. • 천연(天然): 사람의 힘을 가하지 아니한 상태.
재능 – 기량	• 재능(才能): 어떤 일을 하는 데 필요한 재주와 능력. 개인이 타고난 능력과 훈련에 의하여 획득된 능력을 아울러 이른다. • 기량(器量): 사람의 재능과 도량을 아울러 이르는 말.
저가 – 염가	• 저가(低價): 시세에 비하여 헐한 값. • 염가(廉價): 매우 싼 값.
전심 – 몰두	• 전심(專心): 마음을 오로지 한곳에만 기울임. • 몰두(沒頭): 어떤 일에 온 정신을 다 기울여 열중함.
정독 – 숙독	• 정독(精讀): 뜻을 새겨 가며 자세히 읽음. • 숙독(熟讀): 1. 글을 익숙하게 잘 읽음. 2. 글의 뜻을 잘 생각하면서 차분하게 하나하나 읽음.
정세 – 상황	• 정세(情勢): 일이 되어 가는 형편. • 상황(狀況): 일이 되어 가는 과정이나 형편.
제압 – 진압	• 제압(制壓): 위력이나 위엄으로 세력이나 기세 따위를 억눌러서 통제함. • 진압(鎭壓): 강압적인 힘으로 억눌러 진정시킴.
중심 – 핵심	• 중심(中心): 사물의 가장 중심이 되는 부분. • 핵심(核心): 사물의 가장 중심이 되는 부분.

지배 – 통치	• 지배(支配): 어떤 사람이나 집단, 조직, 사물 등을 자기의 의사대로 복종하게 하여 다스림. • 통치(統治): 나라나 지역을 도맡아 다스림.
지원 – 지망	• 지원(至願): 지극히 바람. 또는 그런 소원이나 염원. • 지망(志望): 뜻을 두어 바람. 또는 그 뜻.
진력 – 분주	• 진력(盡力): 있는 힘을 다함. 또는 낼 수 있는 모든 힘. • 분주(奔走): 몹시 바쁘게 뛰어다님.
진보 – 전진	• 진보(進步): 정도나 수준이 나아지거나 높아짐. • 전진(前進): 앞으로 나아감.
진퇴 – 거취	• 진퇴(進退): 1. 앞으로 나아가고 뒤로 물러남. 2. 직위나 자리에서 머물러 있음과 물러남. • 거취(去就): 사람이 어디로 가거나 다니거나 하는 움직임.
질의 – 질문	• 질의(質疑): 의심나거나 모르는 점을 물음. • 질문(質問): 알고자 하는 바를 얻기 위해 물음.
찬성 – 동의	• 찬성(贊成): 어떤 행동이나 견해, 제안 따위가 옳거나 좋다고 판단하여 수긍함. • 동의(同意): 같은 뜻. 또는 뜻이 같음.
찬조 – 협찬	• 찬조(贊助): 어떤 일의 뜻에 찬동하여 도와줌. • 협찬(協贊): 힘을 합하여 도움.
참고 – 참조	• 참고(參考): 살펴서 생각함. • 참조(參照): 참고로 비교하고 대조하여 봄.
초춘 – 조춘	• 초춘(初春): 이른 봄. • 조춘(早春/肇春): 이른 봄.
최고 – 지상	• 최고(最高): 가장 높음. • 지상(至上): 가장 높은 위.
추량 – 추측	• 추량(推量): 미루어 생각하여 헤아림. • 추측(推測): 미루어 생각하여 헤아림.
친우 – 지기	• 친우(親友): 가까이하여 친한 사람. • 지기(知己): 자기의 속마음을 참되게 알아주는 친구.
침착 – 냉정	• 침착(沈着): 행동이 들뜨지 아니하고 차분함. • 냉정(冷靜): 생각이나 행동이 감정에 좌우되지 않고 침착함.
타계 – 영면	• 타계(他界): 인간계를 떠나서 다른 세계로 간다는 뜻으로, 사람의 죽음 특히 귀인(貴人)의 죽음을 이르는 말. • 영면(永眠): 영원히 잠든다는 뜻으로, 사람의 죽음을 이르는 말.
풍격 – 기품	• 풍격(風格): 사람의 풍채와 품격. • 기품(氣品): 인격이나 작품 따위에서 드러나는 고상한 품격.
풍정 – 정취	• 풍정(風情): 정서와 회포를 자아내는 풍치나 경치. • 정취(情趣): 깊은 정서를 자아내는 흥취.
평소 – 평상	• 평소(平素): 특별한 일이 없는 보통 때. • 평상(平常): 특별한 일이 없는 보통 때.

품행 – 소행	• 품행(品行): 품성과 행실을 아울러 이르는 말. • 소행(素行): 평소의 행실.
향리 – 고향	• 향리(鄕里): 자기가 태어나서 자란 곳 • 고향(故鄕): 자기가 태어나서 자란 곳.
향상 – 진보	• 향상(向上): 실력, 수준, 기술 따위가 나아짐. 또는 나아지게 함. • 진보(進步): 정도나 수준이 나아지거나 높아짐.
허가 – 인가	• 허가(許可): 행동이나 일을 하도록 허용함. • 인가(認可): 인정하여 허가함.
허락 – 승낙	• 허락(許諾): 청하는 일을 하도록 들어줌. • 승낙(承諾): 청하는 바를 들어줌.
혼잡 – 잡답	• 혼잡(混雜): 여럿이 한데 뒤섞이어 어수선함. • 잡답(雜沓): 사람들이 많이 몰려 북적북적하고 복잡함. 또는 그런 상태.
효용 – 효능	• 효용(效用): 보람 있게 쓰거나 쓰임. 또는 그런 보람이나 쓸모. • 효능(效能): 효험을 나타내는 능력.
휴식 – 휴게	• 휴식(休息): 하던 일을 멈추고 잠깐 쉼. • 휴게(休憩): 어떤 일을 하다가 잠깐 동안 쉼.
휴양 – 정양	• 휴양(休養): 편안히 쉬면서 몸과 마음을 보양함. • 정양(靜養): 몸과 마음을 안정하여 휴양함.

(3) 동음이의어 기출 한국가스안전공사

가공	• 加工: 원자재나 반제품을 인공적으로 처리하여 새로운 제품을 만들거나 제품의 질을 높임. • 架空: 1. 어떤 시설물을 공중에 가설함. 2. 이유나 근거가 없이 꾸며 냄. 또는 사실이 아니고 거짓이나 상상으로 꾸며 냄.
감상	• 感傷: 하찮은 일에도 쓸쓸하고 슬퍼져서 마음이 상함. 또는 그런 마음. • 感想: 마음속에서 일어나는 느낌이나 생각. • 鑑賞: 주로 예술 작품을 이해하여 즐기고 평가함.
개정	• 改正: 주로 문서의 내용 따위를 고쳐 바르게 함. • 改定: 이미 정하였던 것을 고쳐 다시 정함. • 改訂: 글자나 글의 틀린 곳을 고쳐 바로잡음.
결정	• 決定: 행동이나 태도를 분명하게 정함. 또는 그렇게 정해진 내용. • 結晶: 애써 노력하여 보람 있는 결과를 이루는 것이나 그 결과를 비유적으로 이르는 말.
공유	• 公有: 국가나 지방 자치 단체의 소유. • 共有: 1. 두 사람 이상이 한 물건을 공동으로 소유하거나 이용함. 2. 정보나 의견, 감정 따위를 나눔.
기능	• 技能: 육체적, 정신적 작업을 정확하고 손쉽게 해 주는 기술상의 재능. • 器能: 기량과 재능을 아울러 이르는 말. • 機能: 1. 하는 구실이나 작용을 함. 또는 그런 것. 2. 권한이나 직책, 능력 따위에 따라 일정한 분야에서 하는 역할과 작용.
기술	• 技術: 1. 과학 이론을 실제로 적용하여 사물을 인간 생활에 유용하도록 가공하는 수단. 2. 사물을 잘 다룰 수 있는 방법이나 능력. • 記述: 대상이나 과정의 내용과 특징을 있는 그대로 열거하거나 기록하여 서술함. 또는 그런 기록.
녹음	• 綠陰: 푸른 잎이 우거진 나무나 수풀. 또는 그 나무의 그늘. • 錄音: 테이프나 판 또는 영화 필름 따위에 소리를 기록함. 또는 그렇게 기록한 소리.
답사	• 答辭: 1. 회답을 함. 또는 그런 말. 2. 식장에서 환영사나 환송사 따위에 답함. 또는 그런 말. • 踏査: 현장에 가서 직접 보고 조사함.
매수	• 買收: 1. 물건을 사들임. 2. 금품이나 그 밖의 수단으로 남의 마음을 사서 자기편으로 만드는 일. • 買受: 물건을 사서 넘겨받음.
매진	• 賣盡: 하나도 남지 아니하고 모두 다 팔려 동이 남. • 邁進: 어떤 일을 전심전력을 다하여 해 나감.
무고	• 無故: 1. 아무런 까닭이 없음. 2. 사고 없이 평안함. • 誣告: 사실이 아닌 일을 거짓으로 꾸미어 해당 기관에 고소하거나 고발하는 일.
보수	• 保守: 1. 보전하여 지킴. 2. 새로운 것이나 변화를 적극적으로 받아들이기보다는 전통적인 것을 옹호하며 유지하려 함. • 報酬: 일한 대가로 주는 돈이나 물품. • 補修: 건물이나 시설 따위의 낡거나 부서진 것을 손보아 고침.
보조	• 步調: 1. 걸음걸이의 속도나 모양 따위의 상태. 2. 여럿이 함께 일을 할 때의 진행 속도나 조화(調和). • 補助: 1. 보태어 도움. 2. 주되는 것에 상대하여 거들거나 도움. 또는 그런 사람.
부양	• 扶養: 생활 능력이 없는 사람의 생활을 돌봄. • 浮揚: 가라앉은 것이 떠오름. 또는 가라앉은 것을 떠오르게 함.

부정	• 不正: 올바르지 아니하거나 옳지 못함. • 不定: 일정하지 아니함. • 不貞: 부부가 서로의 정조를 지키지 아니함. • 否定: 그렇지 아니하다고 단정하거나 옳지 아니하다고 반대함.
사상	• 事象: 관찰할 수 있는 사물과 현상. • 思想: 어떠한 사물에 대하여 가지고 있는 구체적인 사고나 생각. • 死傷: 죽거나 다침.
사색	• 死色: 죽은 사람처럼 창백한 얼굴빛. • 思索: 어떤 것에 대하여 깊이 생각하고 이치를 따짐. • 辭色: 말과 얼굴빛을 아울러 이르는 말.
선정	• 善政: 백성을 바르고 어질게 잘 다스리는 정치. • 煽情: 정욕을 자극하여 일으킴. • 選定: 여럿 가운데서 어떤 것을 뽑아 정함.
소원	• 所願: 어떤 일이 이루어지기를 바람. 또는 그런 일. • 疏遠: 지내는 사이가 두텁지 아니하고 거리가 있어서 서먹서먹함. • 訴願: 하소연하여 바로잡아 주기를 바람.
수습	• 收拾: 1. 흩어진 재산이나 물건을 거두어 정돈함. 2. 어수선한 사태를 거두어 바로잡음. 3. 어지러운 마음을 가라앉히어 바로잡음. • 修習: 학업이나 실무 따위를 배워 익힘. 또는 그런 일.
수용	• 收用: 거두어들여 사용함. • 受容: 어떠한 것을 받아들임.
수입	• 收入: 돈이나 물품 따위를 거두어들임. 또는 그 돈이나 물품. • 輸入: 1. 다른 나라로부터 상품이나 기술 따위를 국내로 사들임. 2. 다른 나라의 사상, 문화, 제도 따위를 배워 들여옴.
습득	• 拾得: 주워서 얻음. • 習得: 학문이나 기술 따위를 배워서 자기 것으로 함.
시가	• 市街: 1. 도시의 큰 길거리. 2. 인가(人家)나 상가가 많이 늘어선 거리. • 市價: 시장에서 상품이 매매되는 가격. • 時價: 일정한 시기의 물건값. • 媤家: 남편의 부모가 사는 집. 또는 그 부모의 집안. • 詩歌: 1. 가사를 포함한 시 문학을 통틀어 이르는 말. 2. 시와 노래.
신장	• 伸長: 길이 따위를 길게 늘림. • 伸張: 세력이나 권리 따위가 늘어남. 또는 늘어나게 함. • 身長/身丈: 사람이나 동물이 똑바로 섰을 때에 발바닥에서 머리끝에 이르는 몸의 길이. • 新裝: 시설이나 외관 따위를 새로 장치함. 또는 그 장치.
우수	• 憂愁: 근심과 걱정을 아울러 이르는 말. • 優秀: 여럿 가운데 뛰어남.
원조	• 元祖: 1. 어떤 일을 처음으로 시작한 사람. 2. 어떤 사물이나 물건의 최초 시작으로 인정되는 사물이나 물건. • 援助: 물품이나 돈 따위로 도와줌.
유학	• 留學: 외국에 머물면서 공부함. • 遊學: 타향에서 공부함.

이동	• 移動: 움직여 옮김. 또는 움직여 자리를 바꿈. • 異動: 전임(轉任)이나 퇴직 따위로 말미암은 지위나 직책의 변동.	
이론	• 理論: 사물의 이치나 지식 따위를 해명하기 위하여 논리적으로 정연하게 일반화한 명제의 체계. • 異論: 달리 논함. 또는 다른 이론(理論)이나 의견.	
이행	• 移行: 다른 상태로 옮아감. • 履行: 실제로 행함.	
인상	• 人相: 사람 얼굴의 생김새. 또는 그 얼굴의 근육이나 눈살 따위. • 引上: 1. 물건 따위를 끌어 올림. 2. 물건값, 봉급, 요금 따위를 올림. • 印象: 어떤 대상에 대하여 마음속에 새겨지는 느낌.	
전기	• 傳記: 한 사람의 일생 동안의 행적을 적은 기록. • 電氣: 물질 안에 있는 전자 또는 공간에 있는 자유 전자나 이온들의 움직임 때문에 생기는 에너지의 한 형태. • 轉機: 전환점이 되는 기회나 시기.	
정숙	• 貞淑: 여자로서 행실이 곧고 마음씨가 맑고 고움. • 靜肅: 조용하고 엄숙함.	
조작	• 造作: 어떤 일을 사실인 듯이 꾸며 만듦. • 操作: 기계 따위를 일정한 방식에 따라 다루어 움직임.	
조화	• 弔花: 조의를 표하는 데 쓰는 꽃. • 造化: 1. 만물을 창조하고 기르는 대자연의 이치. 또는 그런 이치에 따라 만들어진 우주 만물. 2. 어떻게 이루어진 것인지 알 수 없을 정도로 신통하게 된 일. 또는 일을 꾸미는 재간. • 造花: 종이, 천, 비닐 따위를 재료로 하여 인공적으로 만든 꽃. • 調和: 서로 잘 어울림.	
지급	• 支給: 돈이나 물품 따위를 정하여진 몫만큼 내줌. • 至急: 매우 급함.	
진정	• 眞正: 거짓이 없이 참으로. • 陳情: 실정이나 사정을 진술함. • 鎭靜: 1. 몹시 소란스럽고 어지러운 일을 가라앉힘. 2. 격앙된 감정이나 아픔 따위를 가라앉힘.	
표시	• 表示: 겉으로 드러내 보임. • 標示: 표를 하여 외부에 드러내 보임.	
협의	• 協議: 둘 이상의 사람이 서로 협력하여 의논함. • 狹義: 어떤 말의 개념을 정의할 때에, 좁은 의미.	
환송	• 還送: 도로 돌려보냄. • 歡送: 떠나는 사람을 기쁜 마음으로 보냄.	
환영	• 幻影: 눈앞에 없는 것이 있는 것처럼 보이는 것. • 歡迎: 오는 사람을 기쁜 마음으로 반갑게 맞음.	

(4) 혼동어휘

가늠/가름/갈음	가늠	① 목표나 기준에 맞고 안 맞음을 헤아려 봄. 또는 헤아려 보는 목표나 표준. ② 사물을 어림잡아 헤아림. 예 그 건물의 높이가 가늠이 안 된다.
	가름	① 승부나 등수 따위를 정하는 일. ② 쪼개거나 나누어 따로따로 되게 하는 일. 예 차림새만 봐서는 여자인지 남자인지 가름이 되지 않는다.
	갈음	다른 것으로 바꾸어 대신함. 예 기말시험을 리포트로 갈음했다.
강연/강의	강연(講演)	일정한 주제에 대하여 청중 앞에서 강의 형식으로 말함. 예 선생님은 학생들에게 논리학을 강연하셨다.
	강의(講義)	학문이나 기술의 일정한 내용을 체계적으로 설명하여 가르침. 예 강의 계획서를 열람하다.
게시/계시	게시(揭示)	여러 사람에게 알리기 위하여 내붙이거나 내걸어 두루 보게 함. 또는 그런 물건. 예 합격자 명단을 게시판에 게시하다.
	계시(啓示)	신이 깨우쳐 보여 줌. 예 그것은 성공 여부의 적중률을 암시하는 계시 같은 것이다
계발/개발	계발(啓發)	슬기나 재능, 사상 따위를 일깨워 줌. 예 소질을 계발하다.
	개발(開發)	① 토지나 천연자원 따위를 유용하게 만듦. ② 산업이나 경제 따위를 발전하게 함. ③ 새로운 물건을 만들거나 새로운 생각을 내어놓음. 예 인류가 행복해지기 위해서는 개발의 한계를 인식하여야 한다.
보전/보존	보전(保全)	온전하게 보호하여 유지함. 예 국토의 개발과 보전을 합리적으로 조화시키다.
	보존(保存)	잘 보호하고 간수하여 남김. 예 전통 문화재의 보존
시각/시간	시각(時刻)	시간의 어느 한 시점. 예 출발시각
	시간(時間)	어떤 시각에서 어떤 시각까지의 사이. 예 휴식시간
구명/규명	구명(救命)	사람의 목숨을 구함. 예 구명 운동을 펼치다.
	규명(糾明)	어떤 사실을 자세히 따져서 바로 밝힘. 예 주민들은 사건의 진상 규명을 촉구하였다.
곤욕/곤혹	곤욕(困辱)	심한 모욕. 또는 참기 힘든 일. 예 추위에 약해서 겨울마다 큰 곤욕을 치르곤 하였다.
	곤혹(困惑)	곤란한 일을 당하여 어찌할 바를 모름. 예 예기치 못한 질문에 곤혹을 느끼다.

결재/결제	결재(決裁)	결정할 권한이 있는 상관이 부하가 제출한 안건을 검토하여 허가하거나 승인함. 예 서류를 결재하다.	
	결제(決濟)	① 일을 처리하여 끝을 냄. ② 증권 또는 대금을 주고받아 매매 당사자 사이의 거래 관계를 끝맺는 일. 예 물품 대금은 나중에 예치금에서 자동으로 결제된다.	
가게/가계	가게	작은 규모로 물건을 파는 집. 예 가게를 내다.	
	가계(家計)	① 한집안 살림의 수입과 지출의 상태. ② 집안 살림을 꾸려 나가는 방도나 형편. 예 대가족의 가계를 꾸려가기가 벅차다.	
갱신/경신	갱신(更新)	① 법률관계의 존속 기간이 끝났을 때 그 기간을 연장하는 일. ② 이미 있던 것을 고쳐 새롭게 함. 예 여권 갱신	
	경신(更新)	이미 있던 것을 고쳐 새롭게 함. 예 마라톤 세계 기록 경신	
단합/담합	단합(團合)	많은 사람이 마음과 힘을 한데 뭉침. 예 우리 팀은 단합이 잘된다.	
	담합(談合)	① 서로 의논하여 합의함. ② 경쟁 입찰을 할 때에 입찰 참가자가 서로 의논하여 미리 입찰 가격이나 낙찰자 따위를 정하는 일. 예 그 가게는 이웃 가게와 담합하여 물건값을 대폭 인상했다.	
보상/배상	보상(報償)	어떤 것에 대한 대가로 갚음. 예 노고에 대해 보상을 받다.	
	배상(賠償)	남의 권리를 침해한 사람이 그 손해를 물어 주는 일. 예 피해자 쪽에서 배상을 금전으로 요구해 왔다.	
상영/상연	상영(上映)	극장 따위에서 영화를 영사(映寫)하여 공개하는 일. 예 이 영화는 상영 시간이 길다.	
	상연(上演)	연극 따위를 무대에서 하여 관객에게 보이는 일. 예 희곡은 무대 상연을 전제로 하는 문학이다.	
경우/경위	경우(境遇)	사리나 도리. 예 경우에 어긋나는 행동은 하지 마라.	
	경위(涇渭)	사리의 옳고 그름이나 이러하고 저러함에 대한 분별. 예 경위가 분명하다.	
	경위(經緯)	일이 진행되어 온 과정. 예 사건의 경위를 밝히다.	
내력/내역	내력(來歷)	지금까지 지내온 경로나 경력. 예 아버지께서는 살아온 내력을 책으로 엮으셨다.	
	내역(內譯)	물품이나 금액 따위의 내용. 예 검찰은 수사 기록에 나타난 뇌물 수수 내역을 공개했다.	

반박/반발	반박(反駁)	어떤 의견, 주장, 논설 따위에 반대하여 말함. 예 그의 말이 끝나자 곳곳에서 반박이 잇따랐다.
	반발(反撥)	어떤 상태나 행동 따위에 대하여 거스르고 반항함. 예 이 회사는 사원들의 반발에도 불구하고 월급을 줄였다.
반증/방증	반증(反證)	어떤 사실이나 주장이 옳지 아니함을 그에 반대되는 근거를 들어 증명함. 또는 그런 증거. 예 우리에겐 그 사실을 뒤집을 만한 반증이 없다.
	방증(傍證)	사실을 직접 증명할 수 있는 증거가 되지는 않지만, 주변의 상황을 밝힘으로써 간접적으로 증명에 도움을 줌. 또는 그 증거. 예 해박한 지식을 방증하는 듯한 풍부한 예화
변조/위조	변조(變造)	① 이미 이루어진 물체 따위를 다른 모양이나 다른 물건으로 바꾸어 만듦. ② 권한 없이 기존물의 형상이나 내용에 변경을 가하는 일. 예 주민 등록증을 변조하다.
	위조(僞造)	어떤 물건을 속일 목적으로 꾸며 진짜처럼 만듦. 예 화폐 위조범
부문/부분	부문(部門)	일정한 기준에 따라 분류하거나 나누어 놓은 낱낱의 범위나 부분. 예 자연 과학은 여러 부문으로 나뉜다.
	부분(部分)	전체를 이루는 작은 범위. 전체를 몇 개로 나눈 것 중의 하나. 예 행사를 세 부분으로 나누어 진행하다.
선뜩/선뜻	선뜩	갑자기 서늘한 느낌이 드는 모양. 예 차가운 유리창이 얼음처럼 선뜩 볼에 닿았다.
	선뜻	동작이 빠르고 시원스러운 모양. 예 선뜻 대답하다.
실험/시험	실험(實驗)	과학에서, 이론이나 현상을 관찰하고 측정함. 예 약의 효능을 증명하기 위해서는 과학적인 실험이 필요하다.
	시험(試驗)	① 사물의 성질이나 기능을 실지로 증험(證驗)하여 보는 일. ② 재능이나 실력 따위를 일정한 절차에 따라 검사하고 평가하는 일. 예 시험에 합격하다.
실재/실제/실지	실재(實在)	실제로 존재함. 예 사회 과학은 객관적 실재로서의 사회적 제 관계를 연구 대상으로 한다.
	실제(實際)	사실의 경우나 형편. 예 그는 실제 나이보다 젊게 보인다.
	실지(實地)	① 실제의 처지나 경우. ② 사물이 현재 있는 곳. 예 생각보다 실지가 훨씬 더 좋다.
유래/유례	유래(由來)	사물이나 일이 생겨남. 예 유래를 찾기 힘들다.
	유례(類例)	같거나 비슷한 예. 예 기마 민족의 유래에 관한 저서가 유례없는 반향을 일으켰다.

유루/유류	유루(遺漏)	빠져나가거나 새어 나감. 예 매사에 유루가 없이 기민하다.
	유류(遺留)	① 끼치어 둠. ② 후세에 물려줌. 예 승객의 유류품을 보관하다.
일체/일절	일체(一切)	① 모든 것. ② 모든 것을 다. 예 내 것을 일체 가지시오.
	일절(一切)	아주, 전혀, 절대로. 예 작업 중에는 면회를 일절 금합니다.
재료/자료	재료(材料)	물건을 만드는 데 들어가는 감. 예 건축 재료
	자료(資料)	연구나 조사 따위의 바탕이 되는 재료. 예 취재 자료
재연/재현	재연(再演)	① 연극이나 영화 따위를 다시 상연하거나 상영함. ② 한 번 하였던 행위나 일을 다시 되풀이함. 예 범행 재연
	재연(再燃)	① 꺼졌던 불이 다시 탐. ② 한동안 잠잠했던 일이 다시 문제가 되어 시끄러워짐. 예 산불을 겨우 진압하기는 했으나 재연을 경계해야 한다.
	재현(再現)	다시 나타남. 또는 다시 나타냄. 예 고려청자의 재현
조정/조종	조정(調整)	어떤 기준이나 실정에 맞게 정돈함. 예 공공요금의 조정
	조종(操縱)	비행기나 선박, 자동차 따위의 기계를 다루어 부림. 예 조종 기술이 뛰어나다.
중개/중계/중매	중개(仲介)	제삼자로서 두 당사자 사이에 서서 일을 주선함. 예 중개 수수료
	중계(中繼)	중간에서 이어 줌. 예 중계무역
	중매(仲買)	생산자와 판매상. 또는 도매상과 소매상의 중간에서 물건이나 권리의 매매를 중개하고 이익을 얻는 일. 예 중매인
지양/지향	지양(止揚)	더 높은 단계로 오르기 위하여 어떠한 것을 하지 아니함. 예 상업주의를 지양하다.
	지향(志向)	어떤 목표로 뜻이 쏠리어 향함. 또는 그 방향이나 그쪽으로 쏠리는 의지. 예 평화를 지향하다.
추돌/충돌	추돌(追突)	자동차나 기차 따위가 뒤에서 들이받음. 예 급정차나 급가속은 추돌 사고를 일으킬 수 있으므로 삼가야 한다.
	충돌(衝突)	서로 맞부딪치거나 맞섬. 예 버스와 승용차의 정면충돌

폐해/피해	폐해(弊害)	폐단으로 생기는 해. 예 수백 연래의 폐해이던 당벌과 서원을 깨뜨려 버렸다.
	피해(被害)	생명이나 신체, 재산, 명예 따위에 손해를 입음. 또는 그 손해. 예 피해를 입다.
한참/한창	한참	① 어떤 일이 상당히 오래 일어나는 모양. ② 시간이 상당히 지나는 동안. 예 그가 오기를 한참 기다렸다.
	한창	어떤 일이 가장 활기 있고 왕성하게 일어나는 때. 또는 어떤 상태가 가장 무르익은 때. 예 한창 바쁜 시간에 전화가 왔다.
혼돈/혼동	혼돈(混沌)	마구 뒤섞여 있어 갈피를 잡을 수 없음. 또는 그런 상태. 예 외래문화의 무분별한 수입은 가치관의 혼돈을 초래하였다
	혼동(混同)	① 서로 뒤섞이어 하나가 됨. ② 구별하지 못하고 뒤섞어서 생각함. 예 꿈과 현실을 혼동하다.

(5) 사자성어 〔기출〕 국가유산진흥원, 광주광역시북구시설관리공단

가담항설(街談巷說)	거리나 항간에 나도는 소문.
가렴주구(苛斂誅求)	세금 같은 것을 가혹하게 거두어 백성을 핍박하는 것.
각골통한(刻骨痛恨)	뼈에 사무치게 마음 깊이 맺힌 원한.
각주구검(刻舟求劍)	세상 형편에 밝지 못하고 융통성이 없음.
감언이설(甘言利說)	남의 비위에 맞도록 꾸민 달콤한 말 또는 이로운 조건을 내세워 꾀는 말.
감탄고토(甘呑苦吐)	달면 삼키고 쓰면 뱉는다는 뜻으로, 자신의 비위에 따라서 사리의 옳고 그름을 판단함.
갑론을박(甲論乙駁)	서로 자기의 주장만 내세우고 남의 주장은 반박함.
개과천선(改過遷善)	잘못을 뉘우치고 착한 사람이 됨.
괄목상대(刮目相對)	재주나 학식이 놀랍도록 성장함.
견강부회(牽强附會)	이치에 맞지 않는 말을 끌어다가 자기에게 유리하게 꿰어 맞춤.
견마지로(犬馬之勞)	자기의 노력을 낮추어 일컫는 말.
결초보은(結草報恩)	죽어서도 은혜를 갚는다는 뜻.
경국지색(傾國之色)	나라를 위태롭게 할 정도의 미모.
고육지계(苦肉之計)	매우 어려운 상황에서 자신의 희생을 각오하고 상대를 속이기 위해 꾸미는 계책.
고진감래(苦盡甘來)	고생이 다하면 즐거움이 옴.
고장난명(孤掌難鳴)	일은 혼자하여서는 잘 되지 않음.
곡학아세(曲學阿世)	바른길에서 벗어난 학문으로 세상 사람에게 아첨함.
공평무사(公平無私)	공평하여 사사로움이 없음.
과대망상(誇大妄想)	턱없이 과장하여 엉뚱하게 생각함.
과유불급(過猶不及)	모든 사물이 정도를 지나치면 도리어 미치지 못한 것과 같다는 뜻으로, 중용이 중요함을 이름.
교언영색(巧言令色)	아첨하는 말과 알랑거리는 태도.
구우일모(九牛一毛)	아주 적은 수를 뜻함.
군계일학(群鷄一鶴)	평범한 사람들 중에 매우 뛰어난 사람.
권토중래(捲土重來)	어떤 일에 실패한 뒤에 힘을 가다듬어 다시 그 일에 착수함.
근묵자흑(近墨者黑)	악한 사람을 가까이하면 그 버릇에 물들기 쉬움.
기고만장(氣高萬丈)	펄펄 뛸 만큼 몹시 성이 남.
남가일몽(南柯一夢)	덧없는 부귀영화와 인생.
낭중지추(囊中之錐)	유능한 존재는 저절로 사람들에게 알려짐.
내우외환(內憂外患)	나라 안팎의 여러 가지 어려운 사태(事態).
녹의홍상(綠衣紅裳)	젊은 여자의 곱게 치장한 옷.
능소능대(能小能大)	모든 일에 두루 능함.
동문서답(東問西答)	묻는 말에 당치도 않는 엉뚱한 대답을 함.
동병상련(同病相憐)	어려운 처지에 있는 사람끼리 서로 동정하고 도움.
등화가친(燈火可親)	가을 밤은 글을 읽기에 좋음.
마이동풍(馬耳東風)	남의 말을 귀담아 듣지 않음.

막무가내(莫無可奈)	달리 어찌할 수 없음.
막역지우(莫逆之友)	막역하게 지내는 벗.
망양보뢰(亡羊補牢)	이미 실패한 뒤에 뉘우쳐도 소용이 없음.
맥수지탄(麥秀之嘆)	고국의 멸망을 한탄함.
면종복배(面從腹背)	겉으로는 복종하는 척하면서 내심으로는 배반함.
명경지수(明鏡止水)	맑은 거울과 잔잔한 물, 즉 맑고 깨끗한 마음.
목불인견(目不忍見)	딱하고 가엾어 차마 눈뜨고 볼 수 없음.
발본색원(拔本塞源)	폐단의 뿌리를 뽑아 근원을 막음.
방약무인(傍若無人)	곁에 아무도 없는 것같이 거리낌없이 행동함.
반신반의(半信半疑)	얼마쯤 믿으면서도 한편으로는 의심함.
백년하청(百年河淸)	아무리 기다려도 일이 해결될 가망이 없음.
부화뇌동(附和雷同)	일정한 주의, 주장이 없이 남의 주장을 덩달아 좇음.
사고무친(四顧無親)	의지할 데가 전혀 없음.
사면초가(四面楚歌)	사방이 적으로 둘러싸여 포위되어 고립된 상태.
사상누각(砂上樓閣)	어떤 사물의 기초가 튼튼하지 못하여 오래가지 못함을 뜻함.
삼순구식(三旬九食)	가난하여 끼니를 많이 거름.
선우후락(先憂後樂)	근심할 일은 남보다 먼저 걱정하고 즐거워할 일은 남보다 나중에 기뻐함.
설상가상(雪上加霜)	좋지 않은 일이 연거푸 일어남.
수주대토(守株待兎)	융통성과 판단력이 부족함.
심심상인(心心相印)	묵묵한 가운데 마음으로 서로 뜻이 통함.
아전인수(我田引水)	자기에게 이로운 대로만 함.
안하무인(眼下無人)	성질이 방자하고 교만하여 사람을 업신여김.
양자택일(兩者擇一)	두 사람 또는 두 사물 중에 하나를 골라 잡음.
어부지리(漁夫之利)	쌍방이 이해관계로 다투는 통에 제삼자가 이득을 봄.
어불성설(語不成說)	말이 조금도 사리에 맞지 않음.
염량세태(炎凉世態)	권세가 있을 땐 아첨하여 따르고 없으면 푸대접하는 세상 인심.
오월동주(吳越同舟)	사이가 좋지 못한 사람들이 같이 있게 됨.
와신상담(臥薪嘗膽)	뜻을 이루기 위해 어려움과 괴로움을 참고 견딤.
요산요수(樂山樂水)	산수(山水)의 경치를 좋아함.
우공이산(愚公移山)	어떤 일이라도 끊임없이 노력하면 반드시 이룰 수 있음.
음풍농월(吟風弄月)	바람과 달, 즉 자연을 읊으며 즐겁게 노는 것.
인과응보(因果應報)	인업이 있으면 그에 대한 업보가 반드시 있다는 말.
일장춘몽(一場春夢)	이룰 수 없는 한순간의 꿈, 즉 헛된 부귀영화를 뜻함.
일진일퇴(一進一退)	한 번 나아갔다 물러섬, 즉 좋아졌다 나빠졌다 함.
자가당착(自家撞着)	같은 사람의 언행이 앞뒤가 모순됨.
자강불식(自强不息)	스스로 힘써 몸과 마음을 가다듬어 쉬지 아니함.

자격지심(自激之心)	어떤 일을 해 놓고 스스로 미흡하게 여김.
자승자박(自繩自縛)	자기의 잘못으로 인해 스스로 옭혀 들어감.
재승덕박(才勝德薄)	재주는 있으나 덕이 적음.
전전긍긍(戰戰兢兢)	매우 두려워 조심함.
주경야독(晝耕夜讀)	어려운 여건 속에서도 꿋꿋이 공부함.
전화위복(轉禍爲福)	화가 바뀌어서 도리어 복이 됨.
점입가경(漸入佳境)	점점 썩 좋은 또는 재미있는 경지로 들어감.
조변석개(朝變夕改)	무슨 일을 자주 변경하는 것.
지록위마(指鹿爲馬)	윗사람을 속이고 권세를 마음대로 휘두름.
진퇴양난(進退兩難)	나아가지도 물러서지도 못함. 즉 입장이 난처함을 뜻함.
진퇴유곡(進退維谷)	궁지에 빠짐.
창해일속(滄海一粟)	매우 많거나 넓은 가운데 있는 보잘것없는 작은 존재.
천석고황(泉石膏肓)	산수 자연을 몹시 사랑함.
천의무봉(天衣無縫)	완전무결하여 흠이 없음.
천재일우(千載一遇)	다시 얻기 힘든 좋은 기회.
청출어람(靑出於藍)	제자가 스승보다 나음.
촌철살인(寸鐵殺人)	간단한 경구(警句)나 단어로 사물의 급소를 찌름.
침소봉대(針小棒大)	조그마한 일을 크게 불려서 말함.
타산지석(他山之石)	남에게 필요치 않은 것이라도 자기의 지덕과 품성을 쌓는 데는 도움이 됨.
풍수지탄(風樹之嘆)	효도를 다하지 못한 채 부모를 여읜 자식의 슬픔.
필부필부(匹夫匹婦)	보통의 남자와 보통의 여자.
파죽지세(破竹之勢)	세력이 강하여 적을 거침없이 물리치고 쳐들어 가는 기세.
하석상대(下石上臺)	임기응변으로 어려운 일을 처리함.
함구무언(緘口無言)	입을 다물고 아무런 말이 없음.
허장성세(虛張聲勢)	실력이 없으면서 허세만 부림.
호가호위(狐假虎威)	다른 사람의 권세를 빌어 위세를 부림.
회자정리(會者定離)	만난 자는 반드시 헤어진다는 것으로, 모든 것이 무상함.
흥진비래(興盡悲來)	즐거운 일이 다하면 슬픈 일이 닥쳐옴. 즉 흥망과 성쇠가 반복됨.
환골탈태(換骨奪胎)	완전히 새로운 것으로 거듭남.

3 어문 규범

(1) 한글 맞춤법 기출
대한지방행정공제회, 주택도시보증공사, 서울교통공사 9호선, 대구도시철도공사, 한국장학재단, 인천문화재단

① 두음 법칙

제10항	한자음 '녀', '뇨', '뉴', '니'가 단어 첫머리에 올 적에는, 두음 법칙에 따라 '여', '요', '유', '이'로 적는다. 예 여자(女子), 유대(紐帶), 연세(年歲) 다만, 다음과 같은 의존 명사에서는 '냐', '녀' 음을 인정한다. 예 냥(兩), 냥쭝(兩-), 년(年)(몇 년) [붙임 1] 단어의 첫머리 이외의 경우에는 본음대로 적는다. 예 남녀(男女), 당뇨(糖尿), 결뉴(結紐), 은닉(隱匿) [붙임 2] 접두사처럼 쓰이는 한자가 붙어서 된 말이나 합성어에서, 뒷말의 첫소리가 'ㄴ' 소리로 나더라도 두음 법칙에 따라 적는다. 예 신여성(新女性), 공염불(空念佛), 남존여비(男尊女卑) [붙임 3] 둘 이상의 단어로 이루어진 고유 명사를 붙여 쓰는 경우에도 붙임 2에 준하여 적는다. 예 한국여자대학, 대한요소비료회사
제11항	한자음 '랴', '려', '례', '료', '류', '리'가 단어의 첫머리에 올 적에는, 두음 법칙에 따라 '야', '여', '예', '요', '유', '이'로 적는다. 예 양심(良心), 유행(流行), 역사(歷史) 다만, 다음과 같은 의존 명사는 본음대로 적는다. 예 리(里): 몇 리냐? 예 리(理): 그럴 리가 없다. [붙임 1] 단어의 첫머리 이외의 경우에는 본음대로 적는다. 예 개량(改良), 수력(水力), 사례(謝禮), 급류(急流) 다만, 모음이나 'ㄴ' 받침 뒤에 이어지는 '렬', '률'은 '열', '율'로 적는다. 예 나열(羅列), 분열(分裂), 실패율(失敗率), 백분율(百分率) [붙임 2] 외자로 된 이름을 성에 붙여 쓸 경우에도 본음대로 적을 수 있다. 예 신립(申砬), 최린(崔麟), 채륜(蔡倫), 하륜(河崙) [붙임 3] 준말에서 본음으로 소리 나는 것은 본음대로 적는다. 예 국련(국제 연합), 한시련(한국 시각 장애인 연합회) [붙임 4] 접두사처럼 쓰이는 한자가 붙어서 된 말이나 합성어에서, 뒷말의 첫소리가 'ㄴ' 또는 'ㄹ' 소리로 나더라도 두음 법칙에 따라 적는다. 예 역이용(逆利用), 연이율(年利率), 열역학(熱力學), 해외여행(海外旅行) [붙임 5] 둘 이상의 단어로 이루어진 고유 명사를 붙여 쓰는 경우나 십진법에 따라 쓰는 수(數)도 붙임 4에 준하여 적는다. 예 서울여관, 신흥이발관, 육천육백육십육(六千六百六十六)
제12항	한자음 '라', '래', '로', '뢰', '루', '르'가 단어의 첫머리에 올 적에는, 두음 법칙에 따라 '나', '내', '노', '뇌', '누', '느'로 적는다. 예 낙원(樂園), 내일(來日), 노인(老人) [붙임 1] 단어의 첫머리 이외의 경우에는 본음대로 적는다. 예 쾌락(快樂), 왕래(往來), 연로(年老), 지뢰(地雷), 가정란(家庭欄) [붙임 2] 접두사처럼 쓰이는 한자가 붙어서 된 단어는 뒷말을 두음 법칙에 따라 적는다. 예 내내월(來來月), 상노인(上老人), 중노동(重勞動), 비논리적(非論理的)

② 접미사가 붙어서 된 말

제19항	어간에 '-이'나 '-음/-ㅁ'이 붙어서 명사로 된 것과 '-이'나 '-히'가 붙어서 부사로 된 것은 그 어간의 원형을 밝히어 적는다. 1. '-이'가 붙어서 명사로 된 것 　예 달맞이, 미닫이, 벼훑이, 쇠붙이 2. '-음/-ㅁ'이 붙어서 명사로 된 것 　예 묶음, 얼음, 울음, 앎 3. '-이'가 붙어서 부사로 된 것 　예 굳이, 실없이, 짓궂이 4. '-히'가 붙어서 부사로 된 것 　예 밝히, 익히, 작히 다만, 어간에 '-이'나 '-음'이 붙어서 명사로 바뀐 것이라도 그 어간의 뜻과 멀어진 것은 원형을 밝히어 적지 아니한다. 　예 굽도리, 목거리(목병), 코끼리, 거름(비료), 노름(도박) [붙임] 어간에 '-이'나 '-음' 이외의 모음으로 시작된 접미사가 붙어서 다른 품사로 바뀐 것은 그 어간의 원형을 밝히어 적지 아니한다. 　(1) 명사로 바뀐 것 　　예 귀머거리, 너머, 무덤, 올가미, 주검 　(2) 부사로 바뀐 것 　　예 거뭇거뭇, 너무, 도로, 뜨덤뜨덤, 바투, 불긋불긋, 비로소, 차마 　(3) 조사로 바뀌어 뜻이 달라진 것 　　예 나마, 부터, 조차
제20항	명사 뒤에 '-이'가 붙어서 된 말은 그 명사의 원형을 밝히어 적는다. 1. 부사로 된 것 　예 곳곳이, 낱낱이, 몫몫이, 샅샅이, 앞앞이, 집집이 2. 명사로 된 것 　예 곰배팔이, 바둑이, 삼발이, 애꾸눈이, 육손이, 절뚝발이/절름발이 [붙임] '-이' 이외의 모음으로 시작된 접미사가 붙어서 된 말은 그 명사의 원형을 밝히어 적지 아니한다. 　예 끄트머리, 바가지, 바깥, 이파리, 지붕, 지푸라기
제21항	명사나 혹은 용언의 어간 뒤에 자음으로 시작된 접미사가 붙어서 된 말은 그 명사나 어간의 원형을 밝히어 적는다. 1. 명사 뒤에 자음으로 시작된 접미사가 붙어서 된 것 　예 값지다, 홑지다, 넋두리, 빛깔, 옆댕이, 잎사귀 2. 어간 뒤에 자음으로 시작된 접미사가 붙어서 된 것 　예 낚시, 늙정이, 덮개, 굵다랗다, 깊숙하다, 넓적하다, 높다랗다 다만, 다음과 같은 말은 소리대로 적는다. (1) 겹받침의 끝소리가 드러나지 아니하는 것 　예 널따랗다, 널찍하다, 얄따랗다, 얄팍하다, 짤막하다, 실컷 (2) 어원이 분명하지 아니하거나 본뜻에서 멀어진 것 　예 넙치, 올무, 납작하다
제23항	'-하다'나 '-거리다'가 붙는 어근에 '-이'가 붙어서 명사가 된 것은 그 원형을 밝히어 적는다. 　예 꿀꿀이, 눈깜짝이, 오뚝이, 코납작이, 배불뚝이, 홀쭉이 [붙임] '-하다'나 '-거리다'가 붙을 수 없는 어근에 '-이'나 또는 다른 모음으로 시작되는 접미사가 붙어서 명사가 된 것은 그 원형을 밝히어 적지 아니한다. 　예 깍두기, 날라리, 부스러기

제24항	'-거리다'가 붙을 수 있는 시늉말 어근에 '-이다'가 붙어서 된 용언은 그 어근을 밝히어 적는다. 예 끄덕이다, 들먹이다, 지껄이다, 번득이다, 헐떡이다
제25항	'-하다'가 붙는 어근에 '-히'나 '-이'가 붙어서 부사가 되거나, 부사에 '-이'가 붙어서 뜻을 더하는 경우에는 그 어근이나 부사의 원형을 밝히어 적는다. 1. '-하다'가 붙는 어근에 '-히'나 '-이'가 붙는 경우 　예 급히, 꾸준히, 도저히, 딱히, 어렴풋이, 깨끗이 [붙임] '-하다'가 붙지 않는 경우에는 소리대로 적는다. 　　예 갑자기, 반드시(꼭), 슬며시 2. 부사에 '-이'가 붙어서 역시 부사가 되는 경우 　예 곰곰이, 더욱이, 생긋이, 오뚝이, 일찍이, 해죽이

③ 합성어 및 접두사가 붙은 말

제27항	둘 이상의 단어가 어울리거나 접두사가 붙어서 이루어진 말은 각각 그 원형을 밝히어 적는다. 예 꽃잎, 끝장, 싫증, 홑몸 [붙임 1] 어원은 분명하나 소리만 특이하게 변한 것은 변한 대로 적는다. 　　예 할아버지, 할아범 [붙임 2] 어원이 분명하지 아니한 것은 원형을 밝히어 적지 아니한다. 　　예 골병, 골탕, 끌탕, 며칠, 아재비, 오라비, 업신여기다, 부리나케 [붙임 3] '이[齒, 虱]'가 합성어나 이에 준하는 말에서 '니' 또는 '리'로 소리 날 때에는 '니'로 적는다. 　　예 덧니, 사랑니, 앞니, 어금니, 톱니, 틀니, 머릿니
제30항	사이시옷은 다음과 같은 경우에 받치어 적는다. 1. 순우리말로 된 합성어로서 앞말이 모음으로 끝난 경우 　(1) 뒷말의 첫소리가 된소리로 나는 것 　　예 머릿기름, 뱃길, 부싯돌, 선짓국, 쇳조각, 아랫집, 잿더미, 조갯살 　(2) 뒷말의 첫소리 'ㄴ', 'ㅁ' 앞에서 'ㄴ' 소리가 덧나는 것 　　예 아랫니, 텃마당, 아랫마을, 뒷머리, 잇몸, 빗물 　(3) 뒷말의 첫소리 모음 앞에서 'ㄴㄴ' 소리가 덧나는 것 　　예 두렛일, 뒷일, 베갯잇, 나뭇잎 2. 순우리말과 한자어로 된 합성어로서 앞말이 모음으로 끝난 경우 　(1) 뒷말의 첫소리가 된소리로 나는 것 　　예 귓병, 아랫방, 자릿세, 전셋집, 찻잔, 텃세, 햇수 　(2) 뒷말의 첫소리 'ㄴ', 'ㅁ' 앞에서 'ㄴ' 소리가 덧나는 것 　　예 곗날, 제삿날, 훗날, 툇마루, 양칫물 　(3) 뒷말의 첫소리 모음 앞에서 'ㄴㄴ' 소리가 덧나는 것 　　예 가욋일, 예삿일, 훗일 3. 두 음절로 된 다음 한자어 　예 곳간(庫間), 셋방(貰房), 숫자(數字), 찻간(車間), 툇간(退間), 횟수(回數)

④ 준말

제39항	어미 '-지' 뒤에 '않-'이 어울려 '-잖-'이 될 적과 '-하지' 뒤에 '않-'이 어울려 '-찮-'이 될 적에는 준 대로 적는다. 예 그렇잖은, 만만찮다, 적잖은, 변변찮다
제40항	어간의 끝음절 '하'의 'ㅏ'가 줄고 'ㅎ'이 다음 음절의 첫소리와 어울려 거센소리로 될 적에는 거센소리로 적는다. 예 간편케, 다정타, 연구토록, 정결타, 흔타 [붙임 1] 'ㅎ'이 어간의 끝소리로 굳어진 것은 받침으로 적는다. 　　예 않다, 그렇고, 아무렇지, 어떻든지 [붙임 2] 어간의 끝음절 '하'가 아주 줄 적에는 준 대로 적는다. 　　예 거북지, 넉넉지 않다, 생각건대, 못지않다, 생각다 못해, 익숙지 않다 [붙임 3] 다음과 같은 부사는 소리대로 적는다. 　　예 결단코, 결코, 기필코, 무심코, 아무튼, 요컨대, 하마터면, 하여튼

⑤ 조사

제41항	조사는 그 앞말에 붙여 쓴다. 예 꽃이, 꽃마저, 꽃밖에, 꽃에서부터, 꽃으로만, 꽃이나마

⑥ 의존 명사, 단위를 나타내는 명사 및 열거하는 말 등

제42항	의존 명사는 띄어 쓴다. 예 먹을 만큼 먹어라, 그가 떠난 지가 오래다
제43항	단위를 나타내는 명사는 띄어 쓴다. 예 한 개, 차 한 대, 금 서 돈, 소 한 마리, 옷 한 벌, 신 두 켤레, 북어 한 쾌 다만, 순서를 나타내는 경우나 숫자와 어울리어 쓰이는 경우에는 붙여 쓸 수 있다. 예 두시 삼십분 오초, 삼학년, 육층, 1446년 10월 9일, 제1실습실, 10개, 7미터
제44항	수를 적을 적에는 '만(萬)' 단위로 띄어 쓴다. 예 십이억 삼천사백오십육만 칠천팔백구십팔, 12억 3456만 7898
제45항	두 말을 이어 주거나 열거할 적에 쓰이는 다음의 말들은 띄어 쓴다. 예 국장 겸 과장, 열 내지 스물, 청군 대 백군
제46항	단음절로 된 단어가 연이어 나타날 적에는 붙여 쓸 수 있다. 예 좀더 큰 것, 이말 저말, 한잎 두잎

⑦ 보조 용언

제47항	보조 용언은 띄어 씀을 원칙으로 하되, 경우에 따라 붙여 씀도 허용한다. 예 (원칙) 비가 올 듯하다. / (허용) 비가 올듯하다. 예 (원칙) 그 일은 할 만하다. / (허용) 그 일은 할만하다. 예 (원칙) 비가 올 성싶다. / (허용) 비가 올성싶다 예 (원칙) 잘 아는 척한다. / (허용) 잘 아는척한다. 다만, 앞말에 조사가 붙거나 앞말이 합성 용언인 경우, 그리고 중간에 조사가 들어갈 적에는 그 뒤에 오는 보조 용언은 띄어 쓴다. 예 잘도 놀아만 나는구나! 예 네가 덤벼들어 보아라. 예 이런 기회는 다시없을 듯하다. 예 그가 올 듯도 하다. 예 잘난 체를 한다.

⑧ 고유 명사 및 전문 용어

제48항	성과 이름, 성과 호 등은 붙여 쓰고, 이에 덧붙는 호칭어, 관직명 등은 띄어 쓴다. 예 김양수(金良洙), 채영신 씨, 최치원 선생, 박동식 박사, 충무공 이순신 장군 다만, 성과 이름, 성과 호를 분명히 구분할 필요가 있을 경우에는 띄어 쓸 수 있다. 예 남궁억/남궁 억, 독고준/독고 준
제49항	성명 이외의 고유 명사는 단어별로 띄어 씀을 원칙으로 하되, 단위별로 띄어 쓸 수 있다. 예 (원칙) 대한 중학교 / (허용) 대한중학교 예 (원칙) 한국 대학교 사범 대학 / (허용) 한국대학교 사범대학

⑨ 그 밖의 것

제51항	부사의 끝음절이 분명히 '이'로만 나는 것은 '-이'로 적고, '히'로만 나거나 '이'나 '히'로 나는 것은 '-히'로 적는다.
	1. '이'로만 나는 것
	  예 깨끗이, 따뜻이, 반듯이, 버젓이, 가까이, 겹겹이, 번번이, 일일이, 틈틈이
	2. '히'로만 나는 것
	  예 급히, 속히, 작히, 특히, 엄격히, 정확히
	3. '이', '히'로 나는 것
	  예 간편히, 소홀히, 쓸쓸히, 꼼꼼히, 능히, 분명히

제54항	다음과 같은 접미사는 된소리로 적는다. 예 볼때기, 판자때기, 뒤꿈치, 팔꿈치, 객쩍다, 겸연쩍다

제56항	'-더라', '-던'과 '-든지'는 다음과 같이 적는다.
	1. 지난 일을 나타내는 어미는 '-더라', '-던'으로 적는다.
	  예 지난겨울은 몹시 춥더라.
	  예 그렇게 좋던가?
	  예 그 사람 말 잘하던데!
	  예 얼마나 놀랐던지 몰라.
	2. 물건이나 일의 내용을 가리지 아니하는 뜻을 나타내는 조사와 어미는 '(-)든지'로 적는다.
	  예 배든지 사과든지 마음대로 먹어라.
	  예 가든지 오든지 마음대로 해라.

(2) 외래어 표기법 기출
한국수자원조사기술원, 한국과학기술연구원, 국가유산진흥원

① 외래어 표기의 기본 원칙

제1항	외래어는 국어의 현용 24 자모만으로 적는다.
제2항	외래어의 1 음운은 원칙적으로 1 기호로 적는다.
제3항	받침에는 'ㄱ', 'ㄴ', 'ㄹ', 'ㅁ', 'ㅂ', 'ㅅ', 'ㅇ'만을 쓴다.
제4항	파열음 표기에는 된소리를 쓰지 않는 것을 원칙으로 한다.
제5항	이미 굳어진 외래어는 관용을 존중하되, 그 범위와 용례는 따로 정한다.

② 영어의 표기

제1항 무성 파열음 ([p], [t], [k])	1. 짧은 모음 다음의 어말 무성 파열음([p], [t], [k])은 받침으로 적는다. 예 gap[gæp] 갭, cat[kæt] 캣, book[buk] 북 2. 짧은 모음과 유음·비음([l], [r], [m], [n]) 이외의 자음 사이에 오는 무성 파열음([p], [t], [k])은 받침으로 적는다. 예 apt[æpt] 앱트, setback[setbæk] 셋백, act[ækt] 액트 3. 위 경우 이외의 어말과 자음 앞의 [p], [t], [k]는 '으'를 붙여 적는다. 예 stamp[stæmp] 스탬프, cape[keip] 케이프, nest[nest] 네스트, part[pa:t] 파트, desk[desk] 데스크, make[meik] 메이크, apple[æpl] 애플, mattress[mætris] 매트리스, chipmunk[ʧipmʌŋk] 치프멍크, sickness[siknis] 시크니스
제2항 유성 파열음 ([b], [d], [g])	어말과 모든 자음 앞에 오는 유성 파열음은 '으'를 붙여 적는다. 예 bulb[bʌlb] 벌브, land[lænd] 랜드, zigzag[zigzæg] 지그재그, lobster[lɔbstə] 로브스터, signal[signəl] 시그널, kidnap[kidnæp] 키드냅
제3항 마찰음 ([s], [z], [f], [v], [θ], [ð], [ʃ], [ʒ])	1. 어말 또는 자음 앞의 [s], [z], [f], [v], [θ], [ð]는 '으'를 붙여 적는다. 예 mask[ma:sk] 마스크, jazz[dʒæz] 재즈, graph[græf] 그래프, olive[ɔliv] 올리브, thrill[θril] 스릴, bathe[beið] 베이드 2. 어말의 [ʃ]는 '시'로 적고, 자음 앞의 [ʃ]는 '슈'로, 모음 앞의 [ʃ]는 뒤따르는 모음에 따라 '샤', '섀', '셔', '셰', '쇼', '슈', '시'로 적는다. 예 flash[flæʃ] 플래시, shrub[ʃrʌb] 슈러브, shark[ʃa:k] 샤크, shank[ʃæŋk] 섕크, fashion[fæʃən] 패션, sheriff[ʃerif] 셰리프, shopping[ʃɔpiŋ] 쇼핑, shoe[ʃu:] 슈, shim[ʃim] 심 3. 어말 또는 자음 앞의 [ʒ]는 '지'로 적고, 모음 앞의 [ʒ]는 'ㅈ'으로 적는다. 예 mirage[mira:ʒ] 미라지, vision[viʒən] 비전
제4항 파찰음 ([ts], [dz], [ʧ], [ʤ])	1. 어말 또는 자음 앞의 [ts], [dz]는 'ㅊ', 'ㅈ'로 적고, [ʧ], [ʤ]는 '치', '지'로 적는다. 예 Keats[ki:ts] 키츠, odds[ɔdz] 오즈, switch[swiʧ] 스위치, bridge[briʤ] 브리지, hitchhike[hiʧhaik] 히치하이크, Pittsburgh[pitsbə:g] 피츠버그 2. 모음 앞의 [ʧ], [ʤ]는 'ㅊ', 'ㅈ'으로 적는다. 예 chart[ʧa:t] 차트, virgin[və:ʤin] 버진
제5항 비음 ([m], [n], [ŋ])	1. 어말 또는 자음 앞의 비음은 모두 받침으로 적는다. 예 steam[sti:m] 스팀, corn[kɔ:n] 콘, ring[riŋ] 링, lamp[læmp] 램프, hint[hint] 힌트, ink[iŋk] 잉크 2. 모음과 모음 사이의 [ŋ]은 앞 음절의 받침 'ㅇ'으로 적는다. 예 hanging[hæŋiŋ] 행잉, longing[lɔŋiŋ] 롱잉

제6항 유음 ([l])	1. 어말 또는 자음 앞의 [l]은 받침으로 적는다. 　예 hotel[houtel] 호텔, pulp[pʌlp] 펄프 2. 어중의 [l]이 모음 앞에 오거나, 모음이 따르지 않는 비음([m], [n]) 앞에 올 때에는 'ㄹㄹ'로 적는다. 다만, 비음([m], [n]) 뒤의 [l]은 모음 앞에 오더라도 'ㄹ'로 적는다. 　예 slide[slaid] 슬라이드, film[film] 필름, helm[helm] 헬름, swoln[swouln] 스월른, Hamlet[hæmlit] 햄릿, Henley[henli] 헨리
제7항 장모음	장모음의 장음은 따로 표기하지 않는다. 　예 team[tiːm] 팀, route[ruːt] 루트
제8항 중모음 ([ai], [au], [ei], [ɔi], [ou], [auə])	중모음은 각 단모음의 음가를 살려서 적되, [ou]는 '오'로, [auə]는 '아워'로 적는다. 　예 time[taim] 타임, house[haus] 하우스, skate[skeit] 스케이트, oil[ɔil] 오일, boat[bout] 보트, tower[tauə] 타워
제9항 반모음 ([w], [j])	1. [w]는 뒤따르는 모음에 따라 [wə], [wɔ], [wou]는 '워', [wa]는 '와', [wæ]는 '왜', [we]는 '웨', [wi]는 '위', [wu]는 '우'로 적는다. 　예 word[wəːd] 워드, want[wɔnt] 원트, woe[wou] 워, wander[wandə] 완더, wag[wæg] 왜그, wool[wul] 울, witch[witʃ] 위치, west[west] 웨스트 2. 자음 뒤에 [w]가 올 때에는 두 음절로 갈라 적되, [gw], [hw], [kw]는 한 음절로 붙여 적는다. 　예 swing[swiŋ] 스윙, twist[twist] 트위스트, penguin[peŋgwin] 펭귄, whistle[hwisl] 휘슬, quarter[kwɔːtə] 쿼터 3. 반모음 [j]는 뒤따르는 모음과 합쳐 '야', '얘', '여', '예', '요', '유', '이'로 적는다. 다만, [d], [l], [n] 다음에 [jə]가 올 때에는 각각 '디어', '리어', '니어'로 적는다. 　예 yard[jaːd] 야드, yank[jæŋk] 앵크, yearn[jəːn] 연, yellow[jelou] 옐로, yawn[jɔːn] 욘, you[juː] 유, year[jiə] 이어, Indian[indjən] 인디언, battalion[bətæljən] 버탤리언, union[juːnjən] 유니언
제10항 복합어	1. 따로 설 수 있는 말의 합성으로 이루어진 복합어는 그것을 구성하고 있는 말이 단독으로 쓰일 때의 표기대로 적는다. 　예 cuplike[kʌplaik] 컵라이크, bookend[bukend] 북엔드, headlight[hedlait] 헤드라이트, touchwood[tʌtʃwud] 터치우드, sit-in[sitin] 싯인, bookmaker[bukmeikə] 북메이커, flashgun[flæʃgʌn] 플래시건, topknot[tɔpnɔt] 톱놋 2. 원어에서 띄어 쓴 말은 띄어 쓴 대로 한글 표기를 하되, 붙여 쓸 수도 있다. 　예 Los Alamos[lɔsæləmous] 로스 앨러모스/로스앨러모스, top class[tɔpklæs] 톱 클래스/톱클래스

③ 일본어의 표기

제1항 촉음(促音)	[ッ]는 'ㅅ'으로 통일해서 적는다. 　예 サッポロ 삿포로, トットリ 돗토리, ヨッカイチ 욧카이치
제2항 장모음	장모음은 따로 표기하지 않는다. 　예 キュウシュウ(九州) 규슈, ニイガタ(新潟) 니가타, トウキョウ(東京) 도쿄, オオサカ(大阪) 오사카

STEP 02 기본문제

CHAPTER 01 의사소통능력

01 난이도 상 중 하

다음 〈보기〉 중 키슬러의 대인관계 의사소통 유형으로 적절하지 않은 것만을 모두 고르면?

| 대한적십자사, 한국수자원조사기술원 |

/ 보기 /
㉠ 지배형   ㉡ 실리형   ㉢ 냉담형   ㉣ 대립형
㉤ 저항형   ㉥ 순박형   ㉦ 친화형   ㉧ 사교형

① ㉠, ㉢
② ㉡, ㉤
③ ㉢, ㉦
④ ㉣, ㉤
⑤ ㉥, ㉧

02 난이도 상 중 하

○○공사에 근무하는 박주임은 업무 성과에 대해 동료들로부터 좋은 평가를 받고 있다. 박주임이 업무에 임하는 자세가 다음과 같을 때, 박주임의 업무 역량으로 가장 적절한 것은?

> 홍보팀에 근무하는 박주임은 보도자료, 공문서, 업무 협조문, 기획서, 보고서 등 수많은 문서를 접한다. 박주임은 자신에게 요구된 업무를 적절하게 처리하기 위해 다음 두 가지 사항을 반드시 지킨다. 먼저 문서와 자료에 수록된 정보를 확인한 후, 알맞은 정보를 구별하고 비교하여 통합한다. 이때 핵심 내용만 간추려 요구 사항별로 그룹화하여 자신에게 필요한 행동을 추론한다. 또한 다른 사람의 의견을 정리할 때, 중요한 내용은 요약하고 메모하는 습관을 들여 요구 사항이 누락되지 않도록 항상 유의한다.

① 상황과 목적에 맞게 문서를 시각적이고 효과적으로 작성하는 능력
② 문서작성, 경청, 의사표현 등을 기초적인 외국어로 표현할 수 있는 능력
③ 도표의 의미를 파악하거나 도표를 이용해서 결과를 효과적으로 제시하는 능력
④ 업무와 관련하여 필요한 문서를 확인하고 내용을 이해하며 요점을 파악하는 능력
⑤ 자신의 능력, 적성 등을 이해하고 목표 성취를 위해 자신을 관리하며 개발해 나가는 능력

03 난이도 상 중 하

○○공사 홍보팀에 근무하는 박과장은 신입사원 교육에서 직업생활에 필요한 문서의 종류와 특징에 대한 교육을 진행하고 있다. 참석자들이 교육 내용을 잘 이해하고 있는지 파악하기 위해 다음과 같이 대화하였다고 할 때, 적절하지 않은 대화는?

| 해양환경공단, 국가유산진흥원 |

① 박과장: "전화 메모와 업무 메모는 무엇인가요?"
  이사원: "전화 메모는 업무적인 내용부터 개인적인 전화의 전달 사항 등을 간단히 작성하여 당사자에게 전달하는 메모이고, 업무 메모는 개인이 추진하는 업무나 상대의 업무 추진 상황을 메모로 적은 것입니다."

② 박과장: "설명서는 상품의 특성이나 사물의 성질과 가치, 작동 방법, 과정 등을 소비자에게 설명하는 목적으로 작성한 문서입니다. 그렇다면 제품설명서는 무엇인가요?"
  최사원: "제품설명서는 제품의 특징과 활용도에 대해 세부적으로 언급하는 문서로, 제품 구매도 유도하지만, 제품의 사용법에 대해 자세히 알려주는 것이 주목적입니다."

③ 박과장: "비즈니스 레터란 무엇인가요?"
  정사원: "사업상의 이유로 고객이나 단체에 편지를 쓰는 것으로, 직장 업무, 개인 간의 연락, 직접 방문하기 어려운 고객 관리 등을 위해 사용되는 비공식적 문서이지만, 제안서, 보고서 등 공식적인 문서 전달에도 사용됩니다."

④ 박과장: "개인의 가정환경이나 성장과정, 입사 동기 등을 구체적으로 기술하여 자신을 소개하는 문서는 무엇인가요?"
  하사원: "자기소개서입니다."

⑤ 박과장: "보고서는 무엇인가요?"
  김사원: "보고서는 정부 기관이나 기업체, 각종 단체 등이 언론을 상대로 자신들의 정보가 기사로 보도되도록 보내는 자료입니다."

04 난이도 상중하

다음 중 공문서 작성법에 대한 설명으로 적절하지 않은 것은? | 코레일테크, 한국건강가정진흥원 |

① 연도와 월일은 반드시 함께 작성한다.
② 문서 마지막은 반드시 '끝' 자로 마무리한다.
③ 한 장에 모든 내용을 담아내는 것이 원칙이다.
④ 복잡한 내용은 '-다음-', '-아래-' 등으로 항목별로 구분한다.
⑤ 날짜 다음에 괄호를 사용할 때는 마침표를 반드시 찍는다.

05 난이도 상중하

다음 중 문서를 작성해야 하는 상황에 대한 설명으로 적절하지 않은 것은?

① 타 부서에 업무 내용에 대한 확인 및 요청을 부탁하는 경우 메신저로 업무 요청 사항을 간단하게 정리하여 보낸다.
② 회사 차원이나 대외적으로 추진하는 사업 등과 같은 정보를 제공하는 경우 그 목적에 따라 보도자료, 홍보물 등을 작성한다.
③ 업무 추진 시 관련 부서 및 외부기관, 단체에 명령이나 지시를 내려야 하는 경우 업무 지시서 등을 작성한다.
④ 개인이 다른 회사에 지원하거나 이직을 하고자 하는 경우와 같이 추천을 위한 경우에도 문서를 작성한다.
⑤ 직업생활에서 회사의 중요한 행사나 업무를 추진할 경우에는 대부분 제안서나 기획서를 작성한다.

06 난이도 상 중 하

다음 사례에 해당하는 경청의 방해요인으로 가장 적절한 것은? | 코레일테크, 한국과학기술연구원 |

> 은아는 기념일을 기억하고 있는 자신과 달리, 남자친구인 지석이 기념일을 기억해 주지 않아 기분이 상하였다. 때문에 지석이 말을 걸어도 표정이 좋지 않았고, 묻는 말에도 시큰둥하게 대답하였다. 그런데 지석은 은아가 회사에서 최근 맡게 된 프로젝트로 인해 스트레스를 많이 받아 피곤한 상태라고 생각하여 크게 마음 쓰지 않았다.

① 짐작하기 ② 걸러내기 ③ 판단하기
④ 조언하기 ⑤ 언쟁하기

07 난이도 상 중 하

다음 글의 빈칸 ㉠~㉢에 들어갈 용어를 각각 바르게 짝지은 것은?

> 의사소통은 상대방과의 상호작용을 통해 메시지를 다루는 과정으로, 성공적인 의사소통을 위해서는 내가 가진 정보를 상대방이 어떻게 받아들일 것인가에 대해 고려해야 한다. 다시 말해, 의사소통을 위한 가장 기본적인 자세는 경청이다. 먼저 경청을 통해 우리는 상대방을 한 개인으로 (㉠)하게 된다. 이는 상대방을 있는 그대로 받아들이는 태도이다. 또한 경청을 함으로써 상대방을 (㉡)한 마음으로 대하게 되고, 이러한 감정의 표현은 상대방과의 솔직한 의사 및 감정의 교류가 가능하도록 도와준다. 마지막으로 경청을 함으로써 상대방의 입장에 (㉢)하며 이해하게 된다. 이는 자신의 생각이나 느낌, 가치, 도덕관 등의 선입견이나 편견으로 상대방을 이해하려 하지 않는 태도를 말한다.

	㉠	㉡	㉢
①	존중	측은	공감
②	존중	성실	공감
③	존경	측은	동정
④	존경	성실	동정
⑤	존경	성실	공감

08 난이도 상 중 하

다음 중 상황과 대상에 따른 의사표현법에 대한 설명으로 적절하지 않은 것은?

① 상대방에게 충고할 때 예를 들거나 비유법을 사용하면 의사를 명확하게 전달할 수 없으므로 효과적이지 않다.
② 상대방의 요구를 거절해야 할 때는 거절에 대한 사과를 한 후 응해줄 수 없는 이유를 설명한다.
③ 상대방에게 업무상 지시와 같은 명령을 해야 할 때는 청유식 표현이 강압적 표현보다 훨씬 효과적이다.
④ 상대방을 설득하는 방법에는 '문 안에 한 발 들여놓기 기법'과 '얼굴 부딪히기 기법'이 있다.
⑤ 상대방을 칭찬할 때는 대화 서두에 분위기 전환 용도로 간단한 칭찬을 사용하는 것이 좋다.

09 난이도 상 중 하

다음은 의사표현의 종류에 대한 설명이다. 빈칸 ㉠~㉢에 들어갈 용어를 각각 바르게 짝지은 것은?

| 한국표준협회, 대한적십자사 |

- (㉠): 연설, 토의, 토론 등 사전에 준비된 내용을 대중을 상대로 말하는 것
- (㉡): 식사, 주례, 회의 등 정치적·문화적 행사에서 의례 절차에 따라 말하는 것
- (㉢): 매우 친근한 사람들 사이에서 가장 자연스러운 상태에 떠오르는 대로 주고받으며 말하는 것

	㉠	㉡	㉢
①	공식적 말하기	친교적 말하기	의례적 말하기
②	공식적 말하기	의례적 말하기	친교적 말하기
③	의례적 말하기	공식적 말하기	친교적 말하기
④	의례적 말하기	친교적 말하기	공식적 말하기
⑤	친교적 말하기	의례적 말하기	공식적 말하기

10 난이도 상 중 하

다음 〈보기〉 중 외국인과의 의사소통에 대한 설명으로 적절하지 않은 것만을 모두 고르면?

/ 보기 /
㉠ 문화적인 차이가 사소한 오해를 가져올 수 있다는 점을 유의해야 한다.
㉡ 보디랭귀지와 같이 그들만의 표현방식을 이해하는 능력을 키워야 한다.
㉢ 외국인과의 대화에서 상대방을 가장 쉽게 알 수 있는 비언어적 의사소통 수단은 '음성'이다.
㉣ 외국어 사용능력에 따라 의사소통의 편의성이 좌우되지만, 반드시 상급의 외국어 능력을 갖춰야만 의사소통이 가능한 것은 아니다.

① ㉢
② ㉣
③ ㉠, ㉣
④ ㉡, ㉢
⑤ ㉢, ㉣

정답 및 해설 4p

STEP 03 심화문제

CHAPTER 01 의사소통능력

01 난이도 상중하

다음 중 의사소통능력을 개발하는 방법으로 적절하지 않은 것은?

① 상대방에게 되도록 긍정적인 피드백만 전달
② 의사소통 시 자신의 감정에 지나친 몰입 자제
③ 상대방의 입장에서 생각하고 감정을 이입하여 경청
④ 청자를 고려한 명확하고 이해하기 쉬운 어휘 선택
⑤ 의사소통의 왜곡에서 오는 오해와 부정확성을 줄일 수 있도록 사후검토

02 난이도 상중하

다음 중 언어적인 측면의 의사소통능력의 특징으로 적절하지 않은 것은? | 대한적십자사 |

① 비교적 전달성이 높고 보존성도 크다.
② 그때그때 상대방을 설득시킬 수 있어 유동성이 있다.
③ 의사소통 과정에서 상대방의 반응이나 감정을 살필 수 있다.
④ 언어적인 의사소통능력에는 경청능력과 의사표현능력이 있다.
⑤ 개인의 일생에서 언어적인 의사소통에 75%의 시간을 사용한다.

03 난이도 상중하

다음 글을 읽고 추론한 내용으로 적절하지 않은 것은?

> 진정한 의사소통 행위란 그저 말을 하고 듣는 단순한 행위가 아닌, 사람들 사이의 직접적인 상호 이해가 그 목적이라고 할 수 있다. 이러한 행위는 다른 언어 행위와 구분 지어 생각할 수 있다. 예를 들어 어떤 특정한 목적의 실현을 목표로 삼고 있는 '목적론적 행위'나, 사회적으로 지켜야 한다고 여겨지는 규범을 따르는 '규범적 행위', 본인의 진실성이나 진정성을 표현하는 듯이 보이는 '연출적 행위'와 같은 언어 행위는 언어가 사용된다는 점에서는 의사소통 행위와 같다. 그러나 이들 행위는 사람들 사이의 직접적인 상호 이해가 부차적인 데 반해 의사소통 행위에서는 상호 이해 도달이 가장 큰 목적이 된다.
>
> 의사소통 행위에서 언어적 상호 이해가 이루어지기 위해서는 먼저 말하는 사람은 상대방이 자신의 말을 알아들을 수 있도록 말해야 하고, 상대방이 믿을 수 있는 방식으로 말을 해야 한다. 또한 자신이 말하고자 하는 것이 상대방이 생각하는 규범과 어긋나지 않도록 해야 하며, 말하고자 하는 바가 진실된 마음에서 우러나고 있다는 것을 설득해야 한다. 이를 바탕으로 말하는 사람이 어떤 주장을 할 때, 이 주장은 단순히 홀로 존재할 수 있는 것이 아니라 상대방이 그 주장을 인정해 줄 때에만 의미가 있을 수 있다. 따라서 말을 듣는 사람도 말하는 사람과 마찬가지로 말하는 사람의 주장에 대해 의문을 제기하거나, 추가적인 설명을 요구하는 것이 가능하다. 이것은 의사소통 행위가 말하는 사람과 듣는 사람의 상호 동의를 전제로 이루어질 수 있다는 것을 의미한다.

① 언어 행위와 의사소통 행위는 공통적으로 언어를 사용한다.
② 상품을 팔기 위해 선전하는 행위의 가장 큰 목적은 직접적인 상호 이해이다.
③ 상대방의 주장에 대해 의문이나 의견을 제시할 수 없다면 의미 있는 의사소통으로 볼 수 없다.
④ 강의에서 강사가 하는 말을 이해하지 않고 그저 듣기만 하는 것은 진정한 의사소통 행위로 보기 어렵다.
⑤ 상대방이 말한 내용이 자신이 생각하는 규범과 어긋나는 것이라면 언어적 상호 이해에 실패할 수 있다.

04 난이도 상 중 하

다음 글의 빈칸 ㉠, ㉡에 들어갈 용어를 각각 바르게 짝지은 것은?

> 의사소통이란 두 사람 또는 그 이상의 사람들 사이에서 의사의 (㉠)과 (㉡)이/가 이루어진다는 뜻이다. 즉, 어떤 개인 또는 집단이, 개인 또는 집단에 대해 정보, 감정, 사상, 의견 등을 전달하고, 그것들을 받아들이는 과정이라고 볼 수 있다.

	㉠	㉡
①	표현	경청
②	표현	이해
③	전달	설득
④	전달	요약
⑤	전달	상호교류

05 난이도 상 중 하

다음 글에서 설명하는 의사소통을 저해하는 요소로 가장 적절한 것은?

> '말하지 않아도 안다', '일은 눈치로 배워라' 등 업무 시 눈치를 중요하게 생각하는 의사소통을 미덕이라고 생각하는 경향이 있다. 물론 말하지 않아도 마음이 통하는 관계가 중요하지만, 비즈니스 현장에서 필요한 것은 직접적인 대화를 통한 정확한 업무 처리임을 잊지 말아야 한다.

① 복잡한 메시지
② 의사소통에 대한 잘못된 선입견
③ 의사소통 과정에서의 상호작용 부족
④ 경쟁적인 메시지
⑤ 일방적으로 말하고 듣는 무책임한 마음

06 난이도 상 중 하

다음 중 일 경험에서 의사소통의 목적으로 적절하지 않은 것은?

① 조직구성원의 사기를 진작시킨다.
② 조직 생활을 위해 필요한 정보를 전달한다.
③ 조직구성원 간 의견이 다를 경우 설득한다.
④ 조직구성원 간 선입견을 없애거나 줄여준다.
⑤ 원활한 의사소통을 통해 조직의 생산성을 높인다.

07 난이도 상 중 하

다음 사례의 박사원은 문서이해의 구체적인 절차에 따라 업무를 진행하고 있다. 이때, 바로 다음 단계에서 이어질 박사원의 행동으로 가장 적절한 것은?

| 해양환경공단, 대한적십자사 |

> ○○공사의 영업팀에 근무하는 박사원은 경영지원팀으로부터 메일 한 통을 수신하였다. 박사원은 먼저 제목을 통해 해당 메일의 목적이 업무 협조 요청이라는 것을 이해하였다. 그리고 본문을 읽으며, 이번 달 말에 주최되는 세미나의 진행 인력이 부족하여 영업팀 내 인력 지원을 요청한다는 내용을 파악하였다. 구체적으로는 영업팀 내에서 최소 5명의 인력을 지원해 줄 것을 요청하여, 박사원은 영업팀에 요구되는 행동에 대해 분석하기 시작했다.

① 지원 인력을 선별하기 위해 취해야 할 행동을 결정한다.
② 경영지원팀이 메일을 작성한 배경과 메일의 주제를 파악한다.
③ 경영지원팀이 보낸 메일이 문서로서 가지는 성격을 이해한다.
④ 세미나의 진행 인력 부족이 현안 문제임을 파악한다.
⑤ 경영지원팀이 요구한 내용을 도표로 요약하여 정리한다.

08 난이도 상중하

다음 문서에 대한 설명으로 가장 적절한 것은?

| 한국과학기술연구원 |

보도 일시	배포 즉시 보도 가능	배포 일시	20X2.08.26.

케이(K)-생명건강(바이오헬스) 전략센터 개소
― 보건산업 분야 상생협력 생태계 조성을 위한 전진기지 역할 기대 ―

□ 보건복지부는 바이오헬스 생태계 조성을 지원하는 '케이(K)-생명건강(바이오헬스) 전략센터(이하 전략센터)'를 8월 26일에 서울 P빌딩에 개소한다고 밝혔다.
□ 정부는 창업기업의 기술개발 및 사업화 촉진을 위해 창업 공간 임대, 실험 장비 공유, 임상시험 자문 등의 기능을 하는 6개의 케이(K)-생명건강(바이오헬스) 지역센터(이하 지역센터)를 2019년부터 설치해 왔다.
  ○ 이번 전략센터 개소로 전국 6개의 지역센터를 총괄·지원하는 기관이 신설됨에 따라 바이오헬스 기업에 대한 종합적인 지원체계를 구축할 수 있을 것으로 기대된다.
    * (역할·기능) 기업 입주 공간 임대, 시설·장비 공유, 임상 자문 등 지역 내 창업 기업의 성장을 지원하는 센터
    ** (현황) (일반형) 강원, 경남, 광주 (백신특화형) 경기, 대전, 인천
□ 보건복지부는 전략센터를 중심으로 지역 자원을 효율적으로 활용하여 뛰어난 기술과 아이디어를 가진 바이오헬스 기업들이 사업화에 성공할 수 있는 상업 생태계를 조성하기 위해 관련 정책을 지속적으로 추진해 나갈 계획이다.

① 정부 기관에서 정보가 기사로 보도될 수 있도록 언론에 보내는 문서이다.
② 업무상 필요한 내용을 메모형식으로 작성하여 전달하는 문서이다.
③ 정부 기관에서 대내적 공무를 집행하기 위해 작성하는 문서이다.
④ 회사의 업무에 대한 협조 요청을 위해 작성하는 문서이다.
⑤ 영업상황을 문장 형식으로 기재하여 보고하는 문서이다.

09 난이도 상중하

○○연구원에서 근무하는 귀하는 주요 국토 정책 현안을 연구하여 정책 방안을 제안하는 업무를 담당하고 있다. 최근 진행한 연구의 요약문이 다음과 같을 때, 이를 바탕으로 귀하가 회의에서 발표할 내용으로 적절하지 않은 것은?

> 지난 20년간 정부 주도의 공간 정보 정책 추진으로 지도서비스 이용자가 월별 약 4천만 명에 이를 만큼 일반 시민의 공간 정보 활용 저변이 확대되고 있다. 더불어 고령화사회로 진입하면서 일반 장애인뿐만 아니라 65세 이상 노인층의 장애 발생률 증가로, 사회적 이동성이 취약한 계층의 생활 편의를 위한 지도 활용 수요도 크게 증가할 것으로 전망된다. 그러나 이들 취약 계층을 위한 지도·공간 정보 서비스는 경제성이 낮아 민간 기업의 활동이 저조하므로 국가 차원에서 공간 정보의 공공성을 극대화할 수 있는 정책 지원이 필요하다. 장애인·노인 등 이동약자들의 생활 편의성을 향상시킬 수 있는 지도 서비스 등이 활성화되기 위해서는 표준화된 최신 공간 정보의 구축과, 무장애 공간 정보* 서비스 제공을 위한 호환성 확보, 활용 서비스 연계 지원까지 공간 정보의 공공성을 제고할 수 있는 정책의 개발이 시급하다.
>
> * 장애인이나 노인 등 이동약자가 접근하기 쉬운 상점과 문화시설 같은 생활 공간을 지도 정보로 만든 것

① 사회적 이동성이 취약한 계층에는 일반 장애인뿐만 아니라 노인층도 포함된다.
② 취약 계층을 위한 정부 주도의 공간 정보 정책 지원의 확대가 필요하다.
③ 호환성 확보는 무장애 공간 정보 서비스를 구축하기 위해 필요한 요소이다.
④ 앞으로는 일반 장애인보다 노인층의 지도 활용 수요가 더 크게 증가할 것이다.
⑤ 민간 기업의 경우 경제성 때문에 무장애 공간 정보 서비스 구축에 적극적으로 나서지 않았다.

10 난이도 상 중 하

다음 사례를 읽고 문서이해능력에 대해 추론한 내용으로 적절하지 않은 것은?

> 영업팀에 근무하는 윤사원은 고객들이 보내는 수십 건의 주문서를 처리하고, 상사의 지시문에 따라 보고서나 기획서 등을 작성하는 일을 하고 있다. 그러다 보니 매일 늘어나는 주문서와 상사의 지시문, 업무 관련 보고서에 파묻혀 일하는 신세가 되었다.
>
> 어느 날 윤사원은 같은 팀 선배로부터 문서를 종류별로 체계적으로 정리하라는 조언을 들었고, 이에 따라 고객의 주문서 중 핵심 내용만 뽑아 요구사항별로 그룹화하고, 상사의 지시문 중 중요한 내용만 요약하여 메모하기 시작했다. 정리한 내용은 필요한 동료에게 메일로 보내주기도 하고, 자신이 보고서를 작성할 때에도 참고하였다.
>
> 이후에도 업무 양이 점차 많아지고, 처리해야 하는 문서의 양이 늘어났지만, 윤사원은 당황하지 않고 오히려 예전보다 빠른 속도로 문서의 내용을 이해하고 분류하여 보다 신속하게 업무를 처리할 수 있게 되었다.

① 업무와 관련한 문서를 읽고 나만의 방식으로 소화하여 작성할 수 있어야 한다.
② 문서에서 주어진 정보를 이해 및 파악한 후 관련된 모든 내용을 메모해야 한다.
③ 다양한 종류의 문서를 읽고, 구체적인 절차에 따라 이해하고 정리하는 습관을 가져야 한다.
④ 문서에서 알아야 하는 중요한 내용만을 골라 필요한 정보를 획득하고 수집할 수 있어야 한다.
⑤ 같은 업무를 처리하더라도 요점을 파악하고 정리하는지가 업무 성과의 차이를 가져올 수 있다.

11 난이도 상중하

다음 글을 읽고 이해한 내용으로 적절하지 않은 것만을 〈보기〉에서 모두 고르면?

○○교통공사, '재난대응 상시훈련' 실시

○○교통공사는 도시철도 대형사고 대비 종합훈련의 일환으로 '재난대응 상시훈련'을 국토교통부와 함께 실시했다고 밝혔다. 재난대응 상시훈련은 재난 및 안전관리 기본법 제35조에 의거 국토교통부 주관으로 매년 1회 전국 철도운영기관, 지방자치단체, 공공기관 및 일반 국민들이 참여하여 재난 발생에 대비하는 범국가적 재난대응 종합훈련이다.

국토교통부, ○○교통공사, ○○구청 공동 주관하에 실시된 이번 훈련의 배경은 2016년 벨기에 말베크 지하철의 자살폭탄테러와 2019년 홍콩 지하철에서 열차 신호 시스템 문제로 발생한 열차 충돌 사고이다. 이번 훈련은 긴급구조 역량과 실전에 대비하는 현장 대응 역량 강화에 중점을 두었으며, 운행 중인 열차가 폭발물 테러로 탈선되고 화재가 발생한 상황을 가정하여 현장의 수습 및 복구활동에 임했다.

○○교통공사 관계자는 이번 훈련으로 국민 생명보호 최우선을 위한 초기 대응능력을 강화하고 실전 대응 역량의 재고 및 협업 위기 대응 능력을 강화해 나갈 것이라고 말했다. 또한 훈련 과정에서 도출된 문제점을 개선하여 안전한 도시철도를 만들어 나갈 것임을 밝혔다.

/ 보기 /
㉠ 벨기에 지하철의 자살폭탄테러는 재난대응 훈련의 배경 중 하나이다.
㉡ 재난대응 상시훈련은 매 분기마다 시행되는 범국가적 재난대응 종합훈련이다.
㉢ 재난대응 상시훈련은 재난 및 안전관리 기본법 제35조에 의거한다.

① ㉠　　　　　　　　② ㉡　　　　　　　　③ ㉢
④ ㉠, ㉡　　　　　　⑤ ㉡, ㉢

12

다음 글의 빈칸 ㉠~㉢에 들어갈 용어를 각각 바르게 짝지은 것은?

(㉠)은 직업현장에서 업무와 관련된 인쇄물이나 기호화된 정보 등 필요한 문서를 확인하여 문서를 읽고, 내용을 이해하며, (㉡)을/를 파악하는 능력이다. 직업생활을 하는 동안 업무와 관련된 수많은 문서를 접하는데, 이를 적절하게 처리하는 것이 중요하다. 만약 문서를 제대로 이해하지 못해 주어진 업무가 무엇인지, 자신에게 요구된 행동이 무엇인지 파악하지 못한다면 원활한 직업생활을 영위할 수 없다. 따라서 주어진 각종 문서를 읽고 적절히 이해해야 하며, 그에 수록된 정보를 확인하여 알맞은 정보를 구별하고 비교 및 통합할 수 있어야 한다. 그뿐만 아니라 주어진 문장이나 정보를 읽고 이해하여, 자신에게 필요한 행동이 무엇인지 (㉢)하고, 도표, 수, 기호 등도 이해하고 표현할 수 있어야 한다.

	㉠	㉡	㉢
①	문서정리능력	요점	추론
②	문서작성능력	의견	학습
③	문서이해능력	요점	추론
④	문서이해능력	의견	반복
⑤	문서요약능력	자료	학습

13 난이도 상중하

○○공사 홍보실에서 근무하는 홍사원은 보도자료를 작성하여 배포하는 업무를 담당하고 있다. 홍사원이 작성한 보도자료가 다음과 같을 때, ㉠에 들어갈 헤드라인으로 가장 적절한 것은?

| 킨텍스, 한국원자력환경공단 |

　○○공사는 지난 3일 본사에서 인권 분야 전문가 및 협력회사를 포함한 사내·외 위원이 참석한 가운데 제2차 인권경영위원회 회의를 개최했다고 밝혔다.
　○○공사는 올해 인권경영체계를 확립하기 위해 조직과 규정을 정비하고, 인권 침해 구제 절차를 마련하였으며, 이해관계자 인권 침해 가능성을 평가하여 관련 제도와 관행을 개선하기 위해 인권영향평가를 실시하였다. 또한 발전소 정비 협력회사 현장 근로자의 안전과 인권을 보호하기 위해 다양한 노력을 기울였다. ○○공사는 이번 인권경영위원회 결정에 따라 앞으로 협력회사와 자회사의 경영 자율성을 존중하면서, 이들 관련 기업에 대한 인권경영 확산을 위해 지속적으로 노력할 계획이다.

① ○○공사, 임직원 대상 '인권경영 교육' 실시
② ○○공사, 협력회사 및 자회사 인권경영 확산 추진
③ ○○공사, 인권경영 홍보 아이디어 공모전 발표대회 개최
④ ○○공사, '인권경영, 선택 아닌 필수' 인권경영 헌장 선포
⑤ ○○공사, 인권 존중문화 확산을 위한 인권감수성 향상 교육 실시

14 난이도 상 중 하

다음은 ○○공사에서 보고서나 공문서 작성 시 자주 실수하는 한글 맞춤법을 정리한 내용이다. 이를 토대로 다섯 명의 사원이 작성한 문장 중 적절하지 않은 것은?

1. '함으로(써)'와 '하므로'의 구분: '~으로(써)'는 수단 또는 도구의 의미를 나타내는 조사, '~(으)므로'는 까닭의 의미를 나타내는 어미
2. '로서'와 '로써'의 구분: '~로서'는 자격, '~로써'는 수단이나 도구의 의미를 나타내는 조사
3. '다르다'와 '틀리다'의 구분: '다르다'는 '같지 않다'는 말, '틀리다'는 '사실 따위와 어긋난다'는 말
4. '왠'와 '웬'의 구분: '왠지'는 '왜인지'가 줄어든 말, '웬'은 관형사
5. '웃'과 '윗'의 구분: 위와 아래의 대립이 있을 때만 '윗'으로 씀

① 윤사원: 윗물이 맑아야 아랫물이 맑다.
② 김사원: 상대를 존중함으로써 다름을 인정할 수 있다.
③ 이사원: 아랫사람은 항상 윗어른을 공경해야 한다.
④ 장사원: 왠지 그 문제의 답이 틀린 것 같다.
⑤ 곽사원: 디자이너는 새로운 것을 만들어야 하므로 창의성이 뛰어나야 한다.

15 난이도 상 중 하

□□공단 기획팀에서 '교통안전 아이디어 공모전'의 기획 업무를 담당하고 있는 귀하는 대행사의 김과장에게 업무 협조를 요청하기 위해 메일의 초안을 작성하였다. 이후 팀장에게 메일 초안에 대한 피드백을 받아 귀하가 수정한 내용이 다음과 같을 때, 팀장의 피드백 중 반영되지 않은 것은?

제목: [□□공단] 교통안전 아이디어 공모전 2차 기획안 검토 요청

김◇◇ 과장님, 안녕하세요. □□공단 정○○입니다.
지난주 진행했던 '교통안전 아이디어 공모전' 1차 기획회의의 내용이 반영된 2차 기획안 송부드립니다. 구체적으로 지난 기획안에서 공모 주제 및 응모 방법이 크게 수정되었으므로, 이 부분 위주로 검토 부탁드립니다. 다음 주 월요일에 최종 기획회의가 있을 예정이므로, 회의 자료 준비를 위해 이번 주 목요일 오전까지는 회신해 주시기 바랍니다.
감사합니다.

---

① "외부에 메일을 보내는 경우 제목 앞에 기업명을 표기해 주세요."
② "본문 마지막에 작업 일정과 원하는 업무 행동 및 조치를 강조해 주세요."
③ "요청, 공지, 보고 등 메일의 목적을 드러내는 단어를 제목의 마지막에 적어 주세요."
④ "수신자가 정해져 있는 경우 인사말에 상대방의 이름과 직위를 함께 언급해 주세요."
⑤ "전달하고자 하는 내용은 상세한 내용을 알아보기 쉽게 항목으로 정리하여 작성해 주세요."

16 난이도 상 중 하

다음은 어떤 문서를 작성할 때의 유의사항을 정리한 것이다. 이에 해당하는 문서로 가장 적절한 것은?

- 핵심 내용의 표현에 신경을 써야 한다.
- 목적을 달성할 수 있는 핵심 사항을 정확하게 기입해야 한다.
- 내용을 한눈에 파악할 수 있도록 목차를 체계적으로 구성해야 한다.
- 내용을 효과적으로 전달하기 위해 표, 그래프 등으로 문서를 시각화한다.
- 상대를 설득할 수 있도록 상대가 요구하는 것이 무엇인지를 고려해야 한다.

① 설명서 ② 기획서 ③ 공문서
④ 보고서 ⑤ 추천서

17 난이도 상 중 하

다음 〈보기〉 중 문서작성의 원칙에 대한 설명으로 적절하지 않은 것만을 모두 고르면? | 대한적십자사 |

― / 보기 / ―
㉠ 벨기에 지하철의 자살폭탄테러는 재난대응 훈련의 배경 중 하나이다.
㉡ 재난대응 상시훈련은 매 분기마다 시행되는 범국가적 재난대응 종합훈련이다.
㉢ 재난대응 상시훈련은 재난 및 안전관리 기본법 제35조에 의거한다.

① ㉠, ㉢ ② ㉡, ㉤ ③ ㉢, ㉣
④ ㉠, ㉢, ㉣ ⑤ ㉡, ㉣, ㉤

18 난이도 상 중 하

다음 〈보기〉 중 상황에 따른 문서작성법에 대한 설명으로 적절하지 않은 것만을 모두 고르면?

/ 보기 /
- ㉠ 업무 내용과 관련한 요청 사항 및 확인 절차를 요구하기 위해 작성하는 문서에는 보도자료, 설명서, 홍보물 등이 있다.
- ㉡ 업무 지시서는 명령이나 지시가 필요한 경우에 작성하는 문서로, 업무가 즉각 추진될 수 있도록 작성한다.
- ㉢ 약속을 위한 문서는 고객이나 소비자에게 제품 이용에 관한 정보를 제공하고자 할 때 작성한다.
- ㉣ 제안이나 기획을 위한 문서는 작성자의 종합적인 판단을 배제하여 작성한다.

① ㉠, ㉡
② ㉠, ㉣
③ ㉡, ㉢
④ ㉢, ㉣
⑤ ㉡, ㉢, ㉣

19 난이도 상 중 하

다음은 문서를 시각화하여 구성하는 방법에 대한 설명이다. 빈칸 ㉠~㉢에 들어갈 용어를 각각 바르게 짝지은 것은?

| 광주광역시북구시설관리공단 |

- (㉠): 주로 통계 수치 등을 도표나 차트를 통해 명확하고 효과적으로 전달하는 것으로, 데이터 정보를 쉽게 이해할 수 있도록 시각적으로 표현하는 방법
- (㉡): 개념이나 주제 등 중요한 정보를 도형, 선, 화살표 등 여러 상징을 사용하여 시각적으로 표현하는 방법
- (㉢): 전달하고자 하는 내용을 관련 그림이나 사진 등으로 나타내는 방법

	㉠	㉡	㉢
①	차트 시각화	이미지 시각화	다이어그램 시각화
②	차트 시각화	다이어그램 시각화	이미지 시각화
③	이미지 시각화	다이어그램 시각화	차트 시각화
④	다이어그램 시각화	차트 시각화	이미지 시각화
⑤	다이어그램 시각화	이미지 시각화	차트 시각화

20 난이도 상중하

○○공사 홍보실에 근무하는 귀하는 후배 팀원이 작성한 보도자료 초안을 검토하고 있다. 초안이 다음과 같을 때, 귀하가 후배 팀원에게 해줄 수 있는 조언으로 적절하지 않은 것은?

보 도 자 료	배포부서	홍보실
	배포일	20○○.○.○.(수)

배포 즉시 보도 가능

국가철도공단, 차세대 한국형 열차제어시스템 개발 본격 착수
– 연구 성과 보고회 개최 및 핵심기술 개발 성과 공유 –

국가철도공단은 한국철도공사, 한국철도기술연구원, 현대로템 등과 공동으로 국가 R&D 연구 사업으로 개발 중인 차세대 한국형 열차제어시스템(이하 "KTCS-3") 연구 성과 보고회를 ㉠개최했다. 이번에 개발하는 KTCS-3은 열차를 제어할 때 열차를 감지하는 궤도회로 등 지상 장치를 사용하지 않고 무선통신망을 사용하는 한국형 열차제어시스템으로, 국제적으로 널리 사용하고 있는 유럽 열차제어시스템보다 ㉡한 발 앞선 기술이다. ㉢시범운영 결과를 토대로 한국형 신호시스템의 중장기 전용계획을 수립하고, 2032년까지 모든 국가철도망에 확대 설치할 계획이다. 이번 연구 성과 보고회에서 공단은 새롭게 개발하는 차상 신호 제어장치 등 핵심기술 개발 내용을 공유하고, KTCS-3 개발 마스터 플랜 및 실용화 방안에 대하여 논의하였다. ㉣그러나 KTCS-3가 도입되면 기관사의 조작 없이 자동 가·감속 및 정위치 정차가 가능하여 배차 간격 단축 및 운행 횟수 증가 등 열차의 운행 효율성이 크게 향상될 것으로 ㉤보여진다. 국가철도공단 담당자는 "KTCS-3가 개발되면 4차 산업을 선도하는 철도 신호시스템 기술 선점을 통한 철도기술 경쟁력 강화로 해외 철도시장 진출에 크게 도움될 것으로 기대하고 있다."라며 "앞으로도 빠르고 안전하며 쾌적한 철도서비스의 제공을 위해 철도분야 핵심기술 개발에 최선을 다하겠다."라고 말했다.

① "의미상 적절하지 않은 단어를 사용하였으므로 ㉠을 '재개'로 수정하세요."
② "㉡이 사용된 문장의 의미가 명확해지려면 '한발'로 붙여 써야 해요."
③ "문맥과 관계없는 문장이므로 ㉢은 삭제하세요."
④ "앞뒤 문장을 고려했을 때 적절하지 않으므로 ㉣도 삭제하세요."
⑤ "이중 피동을 사용하였으므로 ㉤을 '보인다'로 수정하세요."

21 난이도 상 중 하

다음 글의 빈칸에 공통으로 들어갈 용어로 가장 적절한 것은?

> 우리는 인간관계를 성숙하게 하기 위해서 서로가 서로의 의견을 (　　)하고 존중하며 의견을 조율해야 한다. (　　)은 상대방의 마음을 깊이 있게 이해하고 느끼는 것을 의미한다. 즉, (　　)이란 상대방이 하는 말을 상대방의 관점에서 이해하고 그의 감정을 느끼는 것을 뜻한다.

① 인정　　　② 비판　　　③ 표현　　　④ 공감　　　⑤ 판단

22 난이도 상 중 하

영업팀에 근무하는 지사원은 최근 업무 고민에 대해 선배 팀원인 김주임, 이주임, 박주임에게 각각 조언을 구했고, 세 사람은 다음과 같이 대답하였다. 이때, 세 사람의 공감적 이해 수준을 각각 바르게 짝지은 것은?

> 지사원: "저는 입사한 지 1년이 넘었는데도 아직 일다운 일을 해본 적이 없어 고민입니다. 이 경우 저는 어떻게 하면 좋을까요?"
> 김주임: "지사원이 입사한 지 벌써 1년이 넘었어? 세월 참 빠르다. 그런데 회사에서 중요하지 않은 일이 어딨니? 모든 일에 최선을 다해야지."
> 이주임: "아직 일다운 일을 해보지 못했단 말이지? 아직 자신의 능력에 맞는 일이 주어지지 않아서 섭섭했나봐."
> 박주임: "지사원의 능력을 맘껏 발휘해 볼 수 있는 일다운 일을 이제는 해보고 싶다는 말이지?"

	김주임	이주임	박주임
①	기본적 수준	인습적 수준	심층적 수준
②	인습적 수준	심층적 수준	기본적 수준
③	인습적 수준	기본적 수준	심층적 수준
④	심층적 수준	인습적 수준	기본적 수준
⑤	심층적 수준	기본적 수준	인습적 수준

23

다음 사례의 A에게 해줄 수 있는 조언으로 적절하지 않은 것은? | 한국건강가정진흥원, 부산교통공사 |

> 변호사 A가 이런 어려움을 토론한 적이 있다. "예전과 달리 요즘은 변호사도 영업해야 하는 시대인 것은 사실입니다. 그래서 조금 더 공감하는 자세로 의뢰인과 대화를 해야 한다는 점도 동의합니다. 그런데 마음처럼 쉽지 않아요. 의뢰인 이야기에 경청하리라 마음먹었는데 이야기를 들어주다 보면, 10분이면 끝날 상담이 40분, 50분이 되도록 끝나지 않습니다. 게다가 불필요한 이야기를 다 들어주다 보면 지칩니다. 정리하자면, 경청하려고 하는데 실제로는 너무 어렵고, 비효율적인 것 같다는 생각도 듭니다. 이런데도 계속 경청해야 하는 걸까요?" 변호사 A의 고민처럼, 경청하기로 마음을 먹더라도 현실적으로는 잘 안 되는 경우가 있다. 그러나 경청은 어려운 것이 아니다. 결론부터 이야기하자면 경청은 '마음가짐'이 아닌, '방법'이기 때문이다.

① "경청은 다른 사람의 이야기에 주의를 기울이겠다는 마음가짐으로만 볼 수 없어요. 구체적인 실천이 필요한 태도와 행동이죠."
② "특별한 반응을 표현하지 않고 수동적으로 듣기보다는 행동을 통해 외적으로 표현하며 듣는 건 어떨까요?"
③ "상대방의 말 중 이해가 안 되는 부분은 질문하거나 때로는 발언 내용과 감정에 대해 공감을 표해보는 건 어떨까요?"
④ "이야기가 듣기 힘들거나 지루하더라도 자신의 감정을 솔직하게 전하기보다는 상대가 기분 나쁘지 않게 감정을 숨기는 건 어떨까요?"
⑤ "상대방의 이야기를 들을 때는 고정관념을 버리고 상대방의 태도를 받아들이는 마음으로 성실하게 들어보는 건 어떨까요?"

24

다음은 대화를 통한 경청훈련에 대한 설명이다. 빈칸에 들어갈 내용으로 가장 적절한 것은?

대화는 기본적으로 말을 하는 행위와 말을 듣는 행위로 이루어진다. 대화 과정에서 자신의 말에 상대방이 어떻게 반응하느냐에 따라 우리의 감정은 달라진다. 다른 사람의 메시지를 인정하는 것은 상대방에게 언어적·비언어적 표현을 통해 대화에 따라가고 있다는 것을 알려주는 반응이다. 이때 상대방이 말하고 있는 것에 관심을 보이면 상대방의 말에 완전히 동의하지 않더라도 상대방의 경험이 무엇인지 알게 된다. 또한 (   )는 부드러운 지시나 진술, 질문의 형태를 취함으로써 상대방이 무엇이든지 더 많은 것을 말할 수 있도록 하는 수단이 된다.

① 질문하기 ② 바라보기 ③ 따라하기
④ 요청하기 ⑤ 요약하기

25

○○공사에 근무하는 김사원은 경청에 관한 다음 글을 읽던 중, 내용이 잘못된 부분을 발견하였다. 밑줄 친 ⊙~② 중 경청에 관한 내용으로 적절하지 않은 것만을 모두 고르면?

경청, 즉 듣기는 다른 사람이 전달하는 메시지를 이해하는 과정이다. ⊙좋은 청자는 목소리 톤, 강조, 빠르기, 얼굴 표정, 자세 등 비언어적 단서에 주의를 기울이는 것이 아닌, 오직 다른 사람의 음성에만 집중한다. 이렇듯 경청은 상대방이 보내는 메시지 내용에 주의를 기울이고, 이해를 위해 노력하는 행동을 말한다. ⓒ경청을 통해 상대방은 우리가 그들에게 얼마나 집중하고 있는지 알 수 있다. 따라서 ⓒ경청은 대화의 과정에서 신뢰를 쌓을 수 있는 최고의 방법 중 하나이다. 또한 ②경청은 우리가 상대의 말에만 귀를 기울이는 것이 아닌, 우리가 경청함으로써 상대방도 우리의 말에 귀를 기울이게 된다.

① ⊙ ② ⓒ ③ ⊙, ⓒ
④ ⓒ, ② ⑤ ⓒ, ②

26 난이도 상 중 하

다음 중 경청의 올바른 자세에 대한 설명으로 적절하지 않은 것은?

| 해양환경공단 |

① 상대방의 이야기를 들을 때는 눈을 접촉하는 태도를 지양해야 한다.
② 손이나 다리를 꼬지 않는 자세는 상대방에게 마음을 열어 놓고 있다는 뜻이다.
③ 상대방을 정면으로 마주하는 자세는 상대방과 의논할 준비가 되었음을 알리는 자세이다.
④ 편안한 자세를 취하는 것은 전문가다운 자신만만함과 편안한 마음을 상대방에게 전하는 자세이다.
⑤ 상대방을 향하여 상체를 기울여 다가앉은 자세는 자신이 열심히 듣고 있다는 사실을 강조하는 자세이다.

27 난이도 상 중 하

○○공단의 사원인 귀하는 경청능력 향상을 위한 온라인 강의를 수강하고 있다. 이번 수업 자료가 다음과 같을 때, 빈칸에 들어갈 내용으로 적절하지 않은 것은?

> [자료] 개방적인 질문하기
>
>   개방적인 질문은 상대방의 다양한 생각을 이해하고, 상대방으로부터 보다 많은 정보를 얻기 위한 질문 방법이다. '예' 또는 '아니요' 형태의 단답형 대답이나, 사지선다형과 같이 주어진 선택지 중에서 고르는 것만 허용하는 폐쇄적인 질문과 대조된다. 개방적인 질문을 활용하면 응답자가 자연스럽게 자신의 평소 생각을 말할 수 있고, 상대가 자신의 말에 귀를 기울이고 있음을 느낌으로써 자신의 가치를 발견할 수 있다는 장점이 있다. 그러나 응답자에게 원하는 반응 체계에 관한 정보를 제공할 수 없기 때문에 의도와 전혀 관련이 없는 반응이 나오는 것을 통제하기 어렵다는 한계점도 있다.
>
> [활동] 위의 자료를 바탕으로 개방적인 질문을 만들어 보세요.
> (   )

① "새로 이직한 직장의 분위기는 어때요?"
② "퇴사한 이후 최근의 구직 활동은 어떤가요?"
③ "이직한 직장에서 어떤 일을 하는지 말해 줄래요?"
④ "직장을 옮기는 것에 대해 어떤 생각을 하고 있나요?"
⑤ "직장 생활을 하면서 취미를 가지는 것이 어렵다고 생각하나요?"

28 난이도 상중하

다음 중 성공적인 프레젠테이션을 위해 준비해야 할 사항으로 적절하지 않은 것은?

① 여유 있는 마음으로 천천히 프레젠테이션해야 한다.
② 프레젠테이션 환경과 설득해야 할 대상을 미리 연구해야 한다.
③ 다양한 시청각 기자재로 프레젠테이션 효과를 극대화해야 한다.
④ 일관된 흐름을 가지고 요점을 간결하고 명확하게 전달해야 한다.
⑤ 제한 시간을 준수하기 보다는 준비한 모든 내용을 전달하는 데 중점을 둬야 한다.

29 난이도 상중하

다음 사례에서 설명하는 비언어적 요소의 특징으로 적절하지 않은 것은?

> 영업팀에 근무하는 민주임은 업무 프레젠테이션을 위해 많은 사람 앞에서 발표할 때 늘 가슴이 두근거린다. 심할 때는 발표를 위해 사람들 앞에 서야 한다는 생각만으로도 불안감이 엄습하여, 땀이 나고 온 몸이 덜덜 떨리면서 얼굴이 달아오른다. 게다가 한번은 자신이 말해야 하는 것을 완전히 잊어버려 곤욕을 치르기도 했다.

① 사전에 연설에 대한 충분한 계획이나 준비를 하지 못한 경우에 발생할 수 있다.
② 과거의 경험에 의한 트라우마로 인해 발생하는 것으로, 일부 소수가 호소하는 불안감이다.
③ 발표하는 동안 자료에 집중하거나 발표하기 전 미리 반복하여 연습함으로써 충분히 극복할 수 있다.
④ 대표적인 치료 방법에는 연설에 대한 불안감의 근본 원인을 파악하는 데 집중하는 인지 행동 치료가 있다.
⑤ 연단에 올라 많은 사람 앞에 서서 말을 할 때 지나치게 긴장하여 두려움과 불안감을 느끼는 연단공포증에 해당한다.

30 난이도 상 중 하

다음 사례의 장사원이 김사원에게 취할 수 있는 의사표현법으로 가장 적절한 것은?

> 지난주 금요일에 퇴근을 준비하던 장사원은 동료인 김사원에게 한 가지 부탁을 받았다. 김사원이 갑작스럽게 가족 행사가 잡혀 장사원과 여름휴가 일정을 바꾸기를 원한다는 것이다. 김사원은 평소 장사원과 직장 동료 이상의 친분을 유지하고 있으며, 업무할 때에도 서로 많은 도움을 주고받는다. 그러나 장사원이 김사원과 친분을 유지하고 있더라도, 장사원은 이미 휴가 날짜에 맞춰 여행 준비를 끝낸 상태이다.

① 예시를 들거나 비유법을 사용하여 대화한다.
② 강압적 표현보다 청유형의 부드러운 표현을 사용한다.
③ 대화 서두에 분위기 전환을 위해 간단한 칭찬을 사용한다.
④ 김사원의 상황을 확인한 후 응하기 쉽게 구체적으로 부탁한다.
⑤ 거절에 대해 먼저 사과한 후 응할 수 없는 이유를 분명히 설명한다.

31 난이도 상 중 하

다음 글의 빈칸 ㉠~㉢에 들어갈 용어를 각각 바르게 짝지은 것은?

> 일반적으로 상대방의 잘못을 지적할 때 충고나 질책을 통해 의사표현을 한다. 충고는 주로 예시나 비유를 사용하는 것이 효과적이고, 질책은 샌드위치 화법을 사용하면 듣는 사람이 반발하지 않고 부드럽게 받아들일 수 있다. 샌드위치 화법이란 상대방에게 의견을 전달할 때, '(㉠)의 말', '(㉡)의 말', '(㉢)의 말'의 순서대로 하는 것이다. 예를 들어 A부장이 B주임이 작성한 기획안의 잘못된 부분을 전달하고자 할 때, 다음과 같이 이야기 할 수 있다. 먼저 "이번 기획안이 지난번보다 많이 발전했네요. 좋아요."라고 말한다. 이후 "다만, 제시한 전략이 구체적이지 않고 추상적이어서 부실한 느낌이에요."라는 의견과 함께 마지막으로 "전략만 조금 더 보완하면 완벽할 것 같아요." 정도로 의견을 전달한다. 즉, (㉡)을/를 가운데에 놓고, 먼저 (㉠)을/를 한 다음 마지막으로 (㉢)을/를 하는 것이다.

	㉠	㉡	㉢
①	격려	칭찬	질책
②	격려	질책	칭찬
③	칭찬	격려	질책
④	칭찬	질책	격려
⑤	질책	칭찬	격려

32 난이도 상 중 하

다음 중 의사표현에 영향을 미치는 비언어적 요소인 '말'에 대한 설명으로 적절하지 않은 것은?

| 코레일테크 |

① 표기가 같은 말이라도 소리가 길고 짧음에 따라 전혀 다른 뜻이 될 수 있다.
② 듣기 좋은 속도의 이야기에서 숨의 총량은 이야기 전체의 35~40%가 적당하다.
③ 발표할 때 기본적인 말의 보통 속도는 10분에 200자 원고지 15장 정도로 하는 것이 적당하다.
④ 말의 속도는 사람마다 다르지만, 말을 할 때 속도 변화를 통해 그 순간 화자의 감정을 알 수 있다.
⑤ 발음을 바르게 내기 위해서는 충분히 호흡하며, 목에 힘을 주지 않은 채로 입술, 혀, 턱을 천천히 움직여야 한다.

33 난이도 상 중 하

다음 글의 빈칸 ㉠, ㉡에 들어갈 용어를 각각 바르게 짝지은 것은? | 국가유산진흥원, 한국수자원조사기술원 |

> 상대방의 도움을 얻기 위해 절충과 협상을 통해 원하는 도움을 효과적으로 얻는 방법에는 크게 두 가지가 있다. 먼저 (㉠)으로, 말하는 이가 요청하고 싶은 도움의 크기가 100이라면 처음에는 상대방이 수락할 수 있도록 50, 60 정도로 부탁을 하는 것이다. 이후 점차 도움의 내용을 늘려서 상대방의 허락을 유도한다. 반면 (㉡)은 말하는 이가 요청하고 싶은 도움의 크기가 50이라면, 처음에는 상대방에게 100을 요청하여 상대방의 거절을 유도한다. 이후 상대방은 도움을 요청한 이에게 미안한 마음을 가지게 되고, 좀 더 작은 도움을 요청받으면 이를 보상하기 위해 작은 요청은 들어주게 된다.

	㉠	㉡
①	문 안에 한발 들여놓기 기법	낮은 공 기법
②	문 안에 한발 들여놓기 기법	얼굴 부딪히기 기법
③	낮은 공 기법	문 안에 한발 들여놓기 기법
④	낮은 공 기법	얼굴 부딪히기 기법
⑤	얼굴 부딪히기 기법	낮은 공 기법

34 난이도 상중하

○○공사에 근무하는 하사원은 이번 달 사보에서 다음의 '나-전달법(I-Message)'에 관한 칼럼을 읽었다. 다음 중 하사원이 칼럼을 읽고 이해한 내용으로 적절하지 않은 것은?

> '나-전달법(I-Message)'은 '나'를 주어로 상대방의 행동에 대한 나의 감정을 전달하는 의사소통 방법이다. 일반적으로 상대방과 대화할 때, 상대방, 즉 '너'를 주어로 하는 대화는 상대방의 잘못을 지적하거나 비난하는 말투가 되기 쉽다. 하지만 '나'를 주어로 하는 대화는 상대방의 기분을 상하지 않게 하면서 나의 감정을 솔직하게 표현하기 때문에 상호 이해를 도울 수 있다.
>
> 나-전달법은 총 4단계로 진행되는데, 1단계에서는 문제점이라고 생각하는 상대방의 행동이나 상황을 비난 없이 그대로 말한다. 2단계에서는 상대방의 그러한 행동이 나에게 미치는 영향에 대해서 말하고, 3단계에서는 그때 내가 느끼는 감정을 솔직하게 말한다. 마지막 단계에서는 상대방이 나에게 해 주기를 바라는 점에 대해 구체적으로 말한다.
>
> 예를 들어 상대의 지속적인 거짓말로 화가 난 경우, "너는 어떻게 하루도 빠지지 않고 거짓말을 계속하니? 양심이 있기는 하니?"라고 비난하는 것이 아닌, "네가 계속 거짓말을 하니까, 작은 거짓말이 나중에 큰 거짓말이 될까 봐 걱정이 돼."라는 방법으로 이야기를 하는 것이다.
>
> 이러한 나-전달법은 상대의 행동을 비난하는 것이 아닌, 상대방의 행동에서 느낀 점을 말하기 때문에 상대방이 나의 이야기를 더 잘 경청할 수 있다. 그뿐만 아니라 상대방의 행동이 나에게 미친 영향과 그때의 감정을 상대방이 분명히 알게 하며, 상대방의 성격을 지적하는 것이 아닌 행동의 변화를 강조하기 때문에, 상대방의 감정을 해치지 않는다. 또한 내가 원하는 행동이 무엇인지 상대방에게 분명하게 전달할 수 있다.

① 나-전달법은 상대방의 행동 변화를 강조하기 때문에 상대방의 감정이 상하지 않는다.
② "그냥 사실대로 말해. 어젯밤 그 일 때문에 화났지?"는 나-전달법의 1단계에 해당한다.
③ 상대방을 주어로 하는 대화는 상대방의 잘못을 지적하거나 비난하는 말투가 될 수 있다.
④ 총 4단계로 진행되는 나-전달법은 상대방의 행동에서 내가 느낀 점을 말하는 대화법이다.
⑤ "네가 밤늦게 다니면 혹시 너에게 안 좋은 일이 생길까 봐 너무 불안해."는 나-전달법에 해당한다.

35

다음 글의 밑줄 친 ㉠~㉤ 중 기초외국어능력에 대한 설명으로 적절하지 않은 것은?

> ㉠기초외국어능력이란 일 경험을 하는 우리의 무대가 세계로 넓어지면서 다른 나라의 언어로 의사소통 하는 능력을 말한다. ㉡이는 일 경험 중에 필요한 문서이해, 문서작성, 의사표현, 경청 등 의사소통을 기초외국어로 가능하게 하는 능력으로, ㉢외국인과의 유창한 의사소통을 말하는 것은 아니다. ㉣기초외국어능력에는 크게 외국어로 된 간단한 자료 이해, 외국인과의 전화응대, 이메일이나 팩스로 업무 내용에 대해 외국인과 상호 소통할 수 있는 능력 등을 말한다. ㉤특히 외국인과의 업무가 잦은 특정 직업인의 경우에 한하여 필요하다.

① ㉠ ② ㉡ ③ ㉢ ④ ㉣ ⑤ ㉤

36

의류회사의 해외영업팀 과장인 귀하는 다음 주에 진행될 외국인 바이어와의 미팅을 위해 다음과 같이 '외국인과의 의사소통에서 비언어적인 의사소통 방법'을 작성하여 팀에 공유하였다. 귀하가 작성한 내용 중 적절하지 않은 것은?

> 〈외국인과의 의사소통에서 비언어적인 의사소통 방법〉
>
> ㉠ 눈을 마주하여 쳐다보는 것은 흥미와 관심이 있음을 나타낸다.
> ㉡ 말의 속도가 빠르면, 공포나 노여움을 표현하는 것이다.
> ㉢ 어조가 높으면 만족감이나 안도감을 나타낸다.
> ㉣ 눈살을 찌푸리는 표정은 불만족과 불쾌함을 나타낸다.
> ㉤ 목소리가 커진다면 말하고 있는 내용을 강조하기 위함이다.

① ㉠ ② ㉡ ③ ㉢ ④ ㉣ ⑤ ㉤

37 난이도 상 중 하

다음은 기초외국어능력이 필요한 상황에 대한 설명이다. 빈칸 ㉠, ㉡에 들어갈 용어를 각각 바르게 짝지은 것은?

> 직업인으로서 자신에게 기초외국어능력이 필요한 상황을 생각해 보면, 지금 나에게 어떤 외국어가 필요한지, 어떤 내용의 대화나 문서가 오고 가는지, 이에 적절히 응답하기 위해서는 외국어에서 어떤 표현이 필요한지를 알 수 있다. 무엇보다 중요한 것은 자신이 왜 의사소통을 하려고 하는지 상대방과 그 목적을 공유하는 것이다. 이를 위해서는 자신이 무엇을 전달할 것인가를 생각하는 (㉠)이 필요하고, 이를 어떻게 전달할 것인지를 결정하는 (㉡)이 중요하다.

	㉠	㉡
①	응용력	창의력
②	전달력	이해력
③	사고력	표현력
④	기억력	감상력
⑤	집중력	어휘력

38 난이도 상 중 하

다음 중 각국의 보디랭귀지에 대한 설명으로 적절하지 않은 것은?

① 손가락을 교차하는 행동은 브라질에서는 '행운'을, 유럽에서는 '경멸'을 의미한다.
② 입을 가리는 행동은 서양에서는 '거짓말'을, 동양에서는 '창피함'을 의미한다.
③ 'V' 모양 손가락은 어느 쪽을 보이냐에 따라 그 의미를 달리한다.
④ 고개를 끄덕이는 행동은 세계 공통으로 긍정의 의미를 내포한다.
⑤ 네팔에서 옆으로 고개를 흔드는 행동은 긍정의 의미를 내포한다.

39 난이도 상 중 하

다음 사례의 H주임이 계약을 성사시킬 수 있었던 이유로 가장 적절한 것은?

> H주임은 일본의 한 기업이 주최하는 신제품 런칭 및 사업권 입찰 업무를 위해 일본으로 출장을 갔다. 신제품 런칭을 위한 파티에는 H주임의 회사 외에도 사업권 입찰에 참여하려는 우리나라 기업의 직원들이 보였다. H주임이 주위를 둘러보니 행사를 주최한 일본 기업의 입찰 담당 직원이 우리나라의 몇몇 기업 직원들과 담소를 나누고 있었다. 그런데 대화를 나누는 일본인 담당자가 환하게 웃으며 고개는 끄덕이고 있었지만, 대화 내내 머리를 긁적이는 것을 발견했다. H주임은 머리를 긁적이는 행동이 혼란스러운 감정을 숨기려는 일본인들의 습관이라는 것을 알고 있었다. 때문에 조용히 다가가 대화할 기회를 포착한 후, 일본인 담당자를 편안하게 해주며 대화를 주도하였다. 또한 일본인 담당자가 건넨 명함을 재빨리 주머니에 넣지 않고, 앞에서 주위 깊게 살펴본 후 앞의 테이블 위에 잘 보이도록 올려 둔 후 대화를 이어나갔다. 다음 날 일본인 담당자는 입찰에 참여한 회사의 기획안이 모두 비슷한 수준이었고 각 회사 담당자들과의 의사소통도 원활히 이루어졌지만, 다른 사람들보다 H주임의 센스가 돋보였기 때문에 함께 일하는 것을 결정했다고 설명했다.

① H주임의 일본어 실력이 유창했다.
② H주임의 업무 파악 능력이 가장 뛰어났다.
③ 필요한 정보를 얻기 위한 적극적인 태도가 돋보였다.
④ 외국인과의 의사소통에서 피해야 할 행동을 잘 지켰다.
⑤ 일본인 담당자의 비언어적 의사소통을 센스 있게 파악했다.

40 난이도 상 중 하

다음 사례의 M사원에게 필요한 역량으로 가장 적절한 것은?

> 국내 자동차 부품 조립 업체에 다니는 M사원은 요즘 전화 받기가 두렵다. 회사가 국내 시장을 넘어 미국 B사에 납품을 시작하였고, 성실하기로 소문난 M사원도 관련 프로젝트에 함께 참여하게 되었기 때문이다. 게다가 B사와의 계약 추진이 좋은 성과를 이루어 해외에서도 발주량이 늘어났다. 때문에 B사의 바이어로부터 종종 전화가 오는데, M사원은 수화기 너머 영어가 들리면 아득해질 때가 한두 번이 아니다. 기본적인 영어 회화도 어려워 B사 바이어와 통화할 때마다 통역이 가능한 직원을 찾느라 정신이 없고, 그동안 바이어는 기다리기 일쑤다. 업무에 의욕적이었지만 이제는 전화 소리만 들려도 걱정이 앞서는 상황이 되었다. 결국 M사원은 외국어능력의 부족으로 프로젝트에서 제외되었다.

① 문서이해능력 ② 의사표현능력 ③ 문제해결능력
④ 업무이해능력 ⑤ 기초외국어능력

📍 정답 및 해설 6p

STEP 04 응용문제

CHAPTER 01 의사소통능력

01

다음은 의사소통 기본 모델에 관한 그림이다. 〈보기〉에서 ㉠~㉢에 해당하는 의사소통의 핵심 구성 요소와 그에 대한 설명이 바르게 연결되지 않은 것만을 모두 고르면?

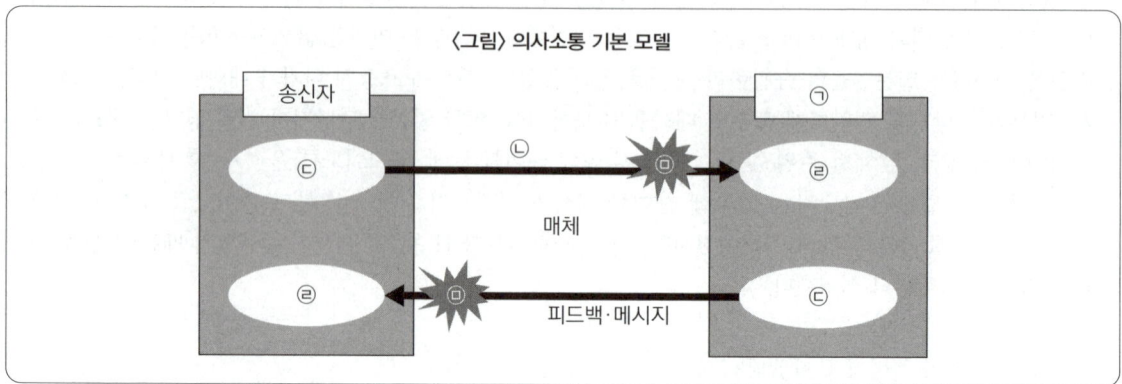

〈그림〉 의사소통 기본 모델

/ 보기 /

㉠ 수신자 – 메시지를 수신하는 객체
㉡ 메시지 – 송신자가 수신자에게 전달하려는 정보
㉢ 복호화 – 수신자가 받은 메시지를 자신의 경험을 토대로 이해하여 의미 있는 생각·아이디어로 변환하는 것
㉣ 부호화 – 송신자가 자신의 생각·아이디어를 상징적인 형태로 표현하는 것
㉤ 소음 – 메시지의 해석과 이해에 대한 방해물

① ㉠, ㉤   ② ㉡, ㉢   ③ ㉢, ㉣
④ ㉠, ㉡, ㉣   ⑤ ㉡, ㉢, ㉤

02

다음 〈표〉의 ㉠~㉷ 중 의사소통 방법에 따른 의사소통 사례로 적절하지 않은 것은 총 몇 개인가?

〈표〉 의사소통 방법

구분	의사소통 방법	의사소통 사례
공식	문서	㉠보고서, ㉡메모, ㉢노트
	언어	㉣스피치, ㉤프레젠테이션, ㉥개인 간 회의
비공식	문서	㉦전자우편, ㉧메신저
	언어	㉷개인 간 대화

① 6개 ② 5개 ③ 4개
④ 3개 ⑤ 2개

03

다음은 공감적 경청에 대해 설명하는 글이다. 이 글을 읽고, 〈보기〉에서 공감적 경청에 해당하는 사례로 적절한 것만을 모두 고르면?

> 공감적 경청은 상대방에 대한 진정한 이해를 추구하며, 자신의 시각이 아닌 상대방이 가진 시선으로 세상을 바라봄으로써 상대방의 패러다임과 감정을 이해하는 경청 방법이다. 여기서 공감을 동감과 같은 의미로 착각하기 쉽지만, 이 둘은 엄연히 다른 개념이다. 동감은 합의의 한 형태이자 판단의 한 형태로 상대방의 견해나 의견에 동의하는 것을 말한다. 그러나 공감은 그저 상대방의 견해나 의견에 동의하는 데 그치지 않으며, 더 나아가 상대방을 지적으로도 감정적으로도 완전히 이해하는 것을 말한다. 그러므로 공감적 경청의 본질 역시 상대방을 머리로만 이해하는 것이 아니라 감정적으로도 깊게 느끼고 이해하는 것을 의미한다. 이러한 공감적 경청은 그 자체만으로도 상대방에게 큰 신뢰감과 심리적 만족감을 줄 수 있다.

/ 보기 /

㉠ 이대리는 새로 들어온 신입사원의 집이 회사와 멀다는 사실을 알고 출퇴근이 힘들겠다고 다독이면서 이를 위한 회사 복지가 있는지 알아봐 주겠다고 했다.
㉡ 영업팀의 한팀장은 올해 회사의 1분기 영업이익과 더불어 매출액이 급격히 상승했다는 결과 보고를 받고 팀원들의 노고를 치하하기 위해 회식을 하기로 했다.
㉢ 박대리는 김사원이 교통사고로 오전 회의를 지각한 것에 대해 신랄하게 지적하면서도 속으로는 그럴 수 있다고 생각했다.
㉣ 경영지원팀의 최팀장은 점심 식사 메뉴를 선정하는 과정 중 다른 팀원들의 의사를 고려하기에 앞서 새로 들어온 신입사원의 의사를 묻기로 했다.

① ㉠
② ㉠, ㉢
③ ㉡, ㉣
④ ㉠, ㉡, ㉢
⑤ ㉡, ㉢, ㉣

04

「행정업무의 운영 및 혁신에 관한 규정 시행규칙」에 따라 공공기관에서 기안문 작성 시 기안문의 구성에 관한 설명으로 적절하지 않은 것은?

① 기안문 작성 시 그 문서를 기안한 부서가 속한 행정기관명이 다른 행정기관명과 동일하다면 바로 위 상급 기관명을 함께 표시할 수 있다.
② 기안문에 한 가지의 다른 서식이 첨부된다면, 본문의 내용이 끝난 줄 다음 "붙임" 표시를 하고 첨부물의 명칭과 수량을 적어야 한다.
③ 기안문 본문의 내용이 오른쪽 한계선에 닿는다면 다음 줄의 왼쪽 기본선에서 한 글자 띄우고 "끝" 표시를 한다.
④ "내부결재"라고 표시한 기안문은 수신자가 없는 내부 결재문서이다.
⑤ 시행문 본문의 구성은 제목과 내용, 그리고 모든 붙임 문서로 구성되어야 한다.

05

해외 영업팀에 입사한 신입사원 A는 팀 특성상 문서 작성에 외래어를 자주 사용하게 되면서 올바른 외래어 표기에 대해 관심을 가지게 되었다. 신입사원 A가 평소 자주 헷갈리는 외래어의 예시를 〈보기〉와 같이 정리했을 때, 〈보기〉의 ㉠~㉺ 중 밑줄 친 외래어 표기가 올바른 것만 골라 순서대로 나열한 것은?

/ 보기 /
㉠ 정아는 제과제빵 자격증을 취득하여 맛있는 (카스텔라/카스테라)를 만들었다.
㉡ 스텔라는 미국에서 알아주는 (카운슬러/카운셀러)로 활동하고 있다.
㉢ 아버지는 집에 (리모콘/리모컨)이 없어 TV를 볼 수 없다고 불평하셨다.
㉣ 해외 음반사 측에서 음원 샘플링 사용에 대하여 (로열티/로얄티)를 요구하였다.
㉤ 이번 축제를 효과적으로 홍보하기 위해 (팸플릿/팜플렛)이 제작되었다.
㉥ 수많은 축구팬들이 (플래카드/플랜카드)를 들고 축구 경기를 응원하고 있다.
㉦ 모든 항공사의 하계 운항 (스케줄/스케쥴)이 확정되었다.

① 카스테라, 카운슬러, 리모컨, 로얄티, 팜플렛, 플랜카드, 스케줄
② 카스텔라, 카운셀러, 리모콘, 로열티, 팜플렛, 플래카드, 스케쥴
③ 카스테라, 카운셀러, 리모콘, 로열티, 팸플릿, 플랜카드, 스케줄
④ 카스텔라, 카운슬러, 리모콘, 로열티, 팸플릿, 플래카드, 스케줄
⑤ 카스텔라, 카운셀러, 리모콘, 로얄티, 팸플릿, 플랜카드, 스케줄

06

A공단에 입사한 신입사원 K는 다음과 같은 〈한글 맞춤법〉 조항을 직장 내 문서 작성에 참고하기로 했다. 다음 〈보기〉의 ㉠~㉥ 중 신입사원 K가 참고한 〈한글 맞춤법〉 조항과 관련 있는 예시로 적절한 것을 모두 고르면?

〈한글 맞춤법〉

제42항 의존 명사는 띄어 쓴다.
제43항 단위를 나타내는 명사는 띄어 쓴다. 다만, 순서를 나타내는 경우나 숫자와 어울리어 쓰이는 경우에는 붙여 쓸 수 있다.
제44항 수를 적을 적에는 '만(萬)' 단위로 띄어 쓴다.

/ 보기 /

㉠ 아름다운 꽃이 피어 있다.
㉡ 책을 다섯 권 읽었다.
㉢ 5만 5천 원 상당의 상품권을 받았다.
㉣ 아는 것이 힘이다.
㉤ 오래된 건물이 많이 있다.
㉥ 철수는 공부밖에 모르는 학생이다.

① ㉠, ㉡, ㉢
② ㉠, ㉣, ㉥
③ ㉡, ㉢, ㉣
④ ㉡, ㉣, ㉤
⑤ ㉣, ㉤, ㉥

07

다음은 김팀장이 작성한 사내 유연근무제에 관한 메일이다. 다음 메일의 밑줄 친 ㉠과 관련된 사자성어로 가장 적절한 것은?

제목: [알림] 팀별 유연근무제에 관한 논의

안녕하세요.
기획팀 김○○입니다.
다름이 아니라 작년부터 회사에서 유연근무제를 채택하였으나 시행 초반과 달리 올해 3월부터는 사용률이 저조한 상황입니다. ㉠이러한 상황이 발생한 근본적인 원인이 제대로 파악되지 않아 해당 문제가 해결되지 못하는 것으로 보여, 이를 논의하고자 연락드렸습니다. 아래 사항을 참조하시어 참석 여부 회신 부탁드립니다.

일시: 8월 7일(수) 오후 3시
장소: 8층 3회의실
첨부 자료: 유연근무제 회의 자료.pdf

---

① 과유불급(過猶不及)　② 아전인수(我田引水)　③ 격화소양(隔靴搔癢)
④ 점입가경(漸入佳境)　⑤ 성동격서(聲東擊西)

08

다음은 영업부의 박대리가 작성 중인 출장 보고서이다. 〈보기〉 중 박대리가 출장 보고서를 완성하기 위해 출장 보고서 서식에 추가해야 할 내용으로 적절한 것은 모두 몇 개인가?

출장 보고서				문서 번호	영업 03-○○○
				작성 일자	○○○○.06.24.
소속	영업부	직위	대리	출장자	박○○
출장 기간	○○○○.06.16.~06.21.(5박 6일)			출장지	서울특별시 대리점
출장 목적	화장품 ○○의 매출 실태 조사				

보고 내용
1. 매출 상황
　1) 대학생을 주 고객으로 하여 비교적 단기간에 판매됨.
　2) 일부 대리점에서는 품절이 발생하였으나, 일부 대리점에서는 많은 재고가 발생함.
　3) 백화점에 입점한 대리점에서는 판매가 저조했고, 대학교 주변의 상가에 입점된 대리점에서는 판매가 증가하는 추세였음.

2. 대책
　1) 주 고객인 대학생에게 적합한 홍보 및 마케팅 전략으로 SNS 마케팅을 도입.
　2) 재고를 안정적으로 가져갈 수 있도록 재고관리에 주의.
　3) 백화점을 이용하는 고객층을 위한 홍보 및 마케팅 전략으로 백화점 내의 디스플레이 광고를 새롭게 구상.

첨부
1. 화장품 ○○의 고객 연령에 따른 매출액 현황 1부
2. 화장품 ○○의 서울특별시 내 대리점별 매출 현황 1부

/ 보기 /

㉠ 결재자
㉡ 승인자
㉢ 문서 번호
㉣ 문서 작성일
㉤ 첨부 자료 목록
㉥ 검토자

---

① 1개　　　② 2개　　　③ 3개
④ 4개　　　⑤ 5개

09

다음 〈보기〉 중 밑줄 친 부분의 한글 맞춤법이 옳지 않은 것만을 모두 고르면?

/ 보기 /
㉠ <u>지난주</u> 매출액을 확인한 팀장님의 표정은 몹시 심각해졌다.
㉡ 고슴도치 등 전체에는 갈색과 흰색의 가시가 <u>돋혀</u> 있다.
㉢ 철수는 동물원의 악어를 보고 놀랜 가슴을 애써 진정하였다.
㉣ 박 대리는 업무 중에도 <u>간간이</u> SNS를 확인하는 편이다.
㉤ 영희가 돌려차기로 격파한 송판의 <u>갯수</u>는 13개였다.
㉥ 조류 독감으로 인해 전보다 계란이 몇 <u>갑절</u> 비싸졌다.

① ㉢, ㉥
② ㉠, ㉡, ㉣
③ ㉡, ㉢, ㉤
④ ㉠, ㉡, ㉢, ㉣
⑤ ㉡, ㉢, ㉤, ㉥

♥ 정답 및 해설 14p

PART 1 직업기초능력평가

CHAPTER 02
수리능력

STEP 01 개념정리
- 개념체크
- 플러스 알파 이론

STEP 02 기본문제

STEP 03 심화문제

● 영역 소개

업무를 수행하는 데 사칙연산, 통계, 확률의 의미를 정확하게 이해하고, 이를 업무에 적용하는 능력이다. 하위능력은 기초연산능력, 기초통계능력, 도표분석능력, 도표작성능력으로 구분된다.

● 출제 유형

구분	의미	학습 포인트
기초연산능력	업무 상황에서 필요한 기초적인 사칙연산과 계산방법을 이해하고 활용하는 능력	▶ 사칙연산의 종류 ▶ 기초연산능력이 필요한 상황 ▶ 효과적인 검산방법
기초통계능력	업무 상황에서 평균, 합계, 빈도와 같은 기초적인 통계기법을 활용하여 자료의 특성과 경향성을 파악하는 능력	▶ 통계의 개념 및 기능 ▶ 대표적인 통계치 ▶ 다섯 숫자 요약
도표분석능력	업무 상황에서 도표(그림, 표, 그래프 등)의 의미를 파악하고, 필요한 정보를 해석하는 능력	▶ 도표의 개념과 종류 ▶ 도표의 종류별 활용 ▶ 도표분석 시 유의 사항
도표작성능력	업무 상황에서 도표(그림, 표, 그래프 등)를 이용하여 결과를 효과적으로 제시하는 능력	▶ 도표작성의 절차 ▶ 도표작성 시 유의 사항 ▶ 도수분포표의 작성 ▶ 엑셀 프로그램을 활용한 그래프 작성

● 기출 키워드

- ▶ 단위환산(할푼리, 인치, m/s, ton 등)
- ▶ 사칙연산
- ▶ 통계의 개념
- ▶ 통계자료의 파악 방법(집중화 경향)
- ▶ 평균(산술평균, 가중평균 등)
- ▶ 중앙값
- ▶ 표준편차
- ▶ 분산
- ▶ 최빈값
- ▶ 도표의 종류(방사형, 원형, 선형 등)
- ▶ 도표작성의 절차
- ▶ 도수분포표
- ▶ 집합
- ▶ 비와 비율
- ▶ 이차방정식
- ▶ 제곱근
- ▶ 지수법칙과 로그법칙
- ▶ 거리·시간·속력
- ▶ 소금물 농도
- ▶ 작업량
- ▶ 손익계산(할인율, 이자율)
- ▶ 원리합계(적금, 연이율)
- ▶ 분침과 시침
- ▶ 경우의 수(줄 세우기 등)
- ▶ 확률
- ▶ 도형의 둘레와 넓이, 부피 공식(원 둘레, 원기둥 부피 등)
- ▶ 수추리를 위한 기본 수열(등차수열, 등비수열 등)

STEP 01 개념정리

CHAPTER 02 수리능력

1 수리능력의 구성

수리능력이란 직장생활에서 필요한 사칙연산과 기초적인 통계를 이해하고, 도표 또는 자료(데이터)를 정리, 요약하여 의미를 파악하거나 도표를 이용해서 합리적인 의사결정을 위한 객관적인 판단 근거로 제시하는 능력을 말한다. 크게 기초연산능력, 기초통계능력, 도표분석능력, 도표작성능력으로 구성된다.

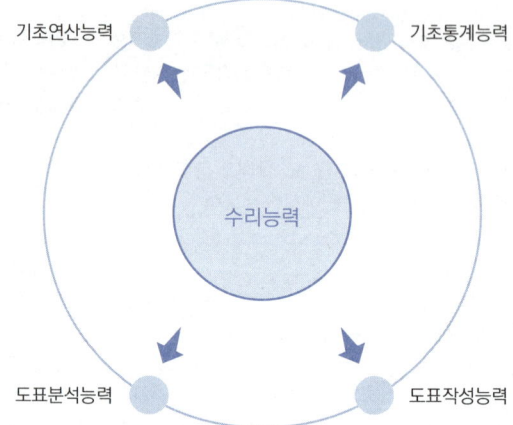

2 하위능력의 개념과 요구되는 상황

(1) 기초연산능력

업무 상황에서 필요한 기초적인 사칙연산과 계산방법을 이해하고 활용하는 능력을 의미한다. 특히 업무 상황에서 다단계의 복잡한 사칙연산을 수행하고, 연산결과의 오류를 판단하고 수정하는 것이 요구되는 능력이다.

> **참고 사칙연산**
>
> 사칙연산이란 수에 관한 덧셈(+), 뺄셈(−), 곱셈(×), 나눗셈(÷)의 네 종류의 계산법으로 사칙계산이라고도 한다. 보통 사칙연산은 정수나 분수 등에서 계산할 때 활용되며, 여러 부호가 섞여 있을 경우에는 곱셈과 나눗셈을 먼저 계산한다.

(2) 기초통계능력

업무 상황에서 평균, 합계, 빈도와 같은 기초적인 통계기법을 활용하여 자료를 정리하고 요약하는 능력을 의미한다. 특히 업무 상황에서 다단계의 복잡한 통계기법을 활용하여 결과의 오류를 수정하는 것이 요구되는 능력이다.

(3) 도표분석능력

업무 상황에서 도표(그림, 표, 그래프 등)의 의미를 파악하고, 필요한 정보를 해석하여 자료의 특성을 규명하는 능력을 의미한다. 특히 업무 상황에서 접하는 다양한 도표를 분석하여 내용을 종합하는 것이 요구되는 능력이다.

(4) 도표작성능력

업무 상황에서 자료(데이터)를 이용하여 도표를 효과적으로 제시하는 능력을 의미한다. 특히 업무 상황에서 다양한 도표를 활용하여 내용을 강조하여 제시하는 것이 매우 중요하다.

3 수리능력의 업무상 중요성

수리능력은 여러 자연 현상이나 사회 현상들을 추상화·계량화하여 그 본질적 성질에 대해 설명하는 능력으로, 단순히 숫자 계산만을 말하거나 특정 직업에 종사하는 사람에게만 필요한 능력이 아니다. 직업생활에서 단순히 숫자를 계산하는 것이 아니라 복잡하고 어려운 문제들을 계산하고 해결해 가는 과정을 통해 논리적으로 생각하는 방법과 문제해결력을 기를 수 있다.

(1) 수학적 사고를 통한 문제해결

업무 중에 일어나는 다양한 문제를 해결할 때 수학적 사고를 적용하면 문제를 분류하고 해법을 찾는 일이 쉬워진다. 즉, 수학 원리를 활용하면 어려운 문제들에 대한 지구력과 내성이 생겨 업무의 문제해결이 더욱 쉽고 편해질 수 있다.

(2) 직업 세계의 변화에 적응

수리능력은 논리적이고 단계적인 학습을 통해 향상되는 것으로, 앞 단계에서 제대로 학습을 하지 못하면 다음 단계를 학습하는 것이 매우 어렵다. 수십 년에 걸친 직업 세계의 변화에 적응하기 위해서는 수리능력을 가져야 한다.

(3) 실용적 가치의 구현

수리능력의 향상으로 일상생활 또는 업무생활에 필요한 수학적 지식이나 기능을 습득할 수 있다. 수리능력의 향상을 통해 일상적으로 필요한 지식이나 기능이 단순한 형식적인 테두리에서 머무는 것이 아닌, 수량적인 사고를 할 수 있는 아이디어, 개념 등을 도출해낼 수 있다.

4 도표의 목적

도표란 선, 그림, 원 등으로 그림을 그려서 내용을 시각적으로 표현하여 다른 사람이 한눈에 자신의 주장을 알아볼 수 있게 한 것이다. 복잡한 수치도 그래프를 그려봄으로써 쉽게 파악할 수 있고, 전체와 부분의 비교도 간단히 할 수 있다. 따라서 그래프는 다른 사람에게 설명할 때 더욱 설득력이 있다.

(1) 보고 및 설명을 위해

도표는 사내 회의에서 설명을 하거나 상급자에게 보고할 때 대표적으로 사용된다. 그러나 도표가 단순히 보고 또는 설명용으로 쓰인다고 하면 모든 것의 사후 결과만을 표시하는 것이 되어 무의미하다. 때때로 도표는 현상분석을 통해 전체의 경향 또는 이상 수치를 발견하거나, 문제점을 명백히 밝혀 대책이나 계획을 세우기 위해 적극 활용된다.

(2) 상황분석을 위해

도표를 더욱 적극 활용하는 경우라고 할 수 있다. 회사의 상품별 매출액의 경향을 본다거나 거래처의 분포 등을 보는 경우 등이 그 예이다.

(3) 관리목적을 위해

진도관리 도표나 회수상황 도표 등이 이에 해당된다. 실제로 각 회사마다 이런 것이 사무실 벽에 많이 붙어 있다. 이것은 시각에 호소하여 강한 인상을 주는, 도표가 지닌 성질을 유효하게 이용한 대표적인 예이다.

5 대표적인 단위환산표 `기출` 한국토지주택공사

단위	단위환산		
길이	1cm = 10mm	1m = 100cm	1km = 1,000m
넓이	$1cm^2 = 100mm^2$	$1m^2 = 10,000cm^2$	$1km^2 = 1,000,000m^2$
부피	$1cm^3 = 1,000mm^3$	$1m^3 = 1,000,000cm^3$	$1km^3 = 1,000,000,000m^3$
들이	$1ml = 1cm^3$	$1dl = 100cm^3 = 100ml$	$1l = 1,000cm^3 = 10dl$
무게	1kg = 1,000g	1t = 1,000kg	1t = 1,000kg = 1,000,000g
시간	1분 = 60초	1시간 = 60분	1시간 = 60분 = 3,600초
할푼리	1푼 = 0.1할	1리 = 0.1푼 = 0.01할	1모 = 0.1리 = 0.01푼 = 0.001할

개/념/체/크

01 다음은 수리능력 구성에 대한 설명이다. 이와 관련하여 맞으면 ○, 틀리면 ×를 표시해보시오.

① 기초연산능력은 평균, 합계, 빈도 등을 활용하는 능력을 말한다. (○, ×)
② 도표작성능력은 도표를 파악하고 자료의 특성을 규명하는 능력을 말한다. (○, ×)

02 다음 글에서 설명하는 것이 무엇인지 적어보시오.

> 직업인으로서 업무를 원활하게 수행하기 위한 것으로, 수 또는 식에 관한 덧셈(+), 뺄셈(−), 곱셈(×), 나눗셈(÷)의 네 종류의 계산법이다.

03 다음 중 업무상 수리능력이 중요한 이유가 아닌 것을 고르시오.

> ㉠ 수학적 사고를 통한 문제해결　　㉢ 실용적 가치의 구현
> ㉡ 직업 세계의 변화에 적응　　　　㉣ 참신한 아이디어 창출

04 단위환산을 이용하여 빈칸에 들어갈 숫자를 적어보시오.

① 7km = (　　　)cm　　② 3m² = (　　　)cm²
③ 2m³ = (　　　)cm³　　④ 2mL = (　　　)L
⑤ 1kg = (　　　)g　　　⑥ 1할 = (　　　)리

✓ 정답

01 ① ×, ② × | ① 기초연산능력은 업무 상황에서 필요한 기초적인 사칙연산과 계산방법을 이해하고 활용하는 능력이다. 평균, 합계, 빈도 등과 같은 기초적인 통계기법을 활용하는 능력은 기초통계능력이다. ② 도표작성능력은 업무 상황에서 자료(데이터)를 이용하여 도표를 효과적으로 제시하는 능력이다. 도표를 파악하고 자료의 특성을 규명하는 능력은 도표분석능력이다.

02 사칙연산(사칙계산)

03 ㉣ | 수리능력은 특정 직업에 종사하는 자에게만 필요한 것이 아니며, 모든 직업인에게 공통으로 필요한 능력이다. 수리능력이 일상생활 혹은 업무수행 과정에서 중요한 이유는 크게 수학적 사고를 통한 문제해결, 직업 세계의 변화에 적응, 실용적 가치의 구현 측면에서 생각해 볼 수 있다.

04 ① 700,000, ② 30,000, ③ 2,000,000, ④ 0.002, ⑤ 1,000, ⑥ 100

하위능력 1 | CHAPTER 02 수리능력
기초연산능력

1 사칙연산 〈기출〉 국민건강보험공단, 한국가스공사, 한국수자원공사, 한국도로공사, 한국산업인력공단, 한국중부발전

사칙연산이란 수에 관한 덧셈, 뺄셈, 곱셈, 나눗셈의 네 종류의 계산법으로 사칙계산이라고도 한다.

(1) 덧셈·곱셈

각각 교환법칙, 결합법칙이 성립하며, 덧셈과 곱셈 두 연산은 분배법칙에 의해 관계 지을 수 있다.

구분	덧셈	곱셈
교환법칙	$a + b = b + a$	$a \times b = b \times a$
결합법칙	$a + (b + c) = (a + b) + c$	$a \times (b \times c) = (a \times b) \times c$
분배법칙	$(a + b) \times c = a \times c + b \times c$	

> **참고** 분배법칙의 활용
>
> '7 × 3 = 7 + 7 + 7'인 관계는 분배법칙을 기초로 하여 다음과 같이 증명할 수 있다.
> 7 × 3 = 7 × (2 + 1) = 7 × 2 + 7 × 1 = 7 × (1 + 1) + 7 × 1 = 7 + 7 + 7

(2) 뺄셈·나눗셈

뺄셈·나눗셈은 각각 덧셈·곱셈의 각 법칙에서 유도된다. 임의의 실수를 a, b라 할 때 $b + x = a$를 만족하는 x를 구하는 것을 뺄셈이라 하고, 이것을 a − b로 쓰며 'a와 b의 차'라 한다. 한편 $b \times x = a (b \neq 0)$를 만족하는 x를 구하는 것을 나눗셈이라 하고, 이것을 a ÷ b 또는 $\frac{a}{b}$로 쓰며 'a와 b의 몫'이라 한다.

> **참고** 베다 수학
>
> 고대 인도의 베다 수학은 현대 수학의 기원으로 인식되고 있다. 힌두교 경전인 베다(Veda)에 기반해 베다 수학으로 불린다. 베다에 나오는 계산법과 수학 지식들이 발전해 현대 수학의 기원이 됐다는 분석도 있다. 베다 수학은 특유의 사칙연산법으로 유명한데 곱셈·뺄셈·방정식 등도 베다 수학을 이용하면 쉽게 풀이된다.
>
> 〈덧셈의 예시〉
> 일반 수학에서는 '75 + 38 = 113'을 풀 때 보통은 끝자리의 5와 8을 더한 다음, 1을 십의 자리에 올리고 1 + 7 + 3을 계산한다.
> 베다 수학에서는 75는 70 + 5로, 38은 30 + 8로 분리하고, 이 중 일의 자리 덧셈 5 + 8의 답인 13은 다시 10 + 3으로 파악한다. 이에 따라 '75 + 38 = 70 + 30 + 10 + 3 = 113' 식이 성립된다.

2 기초연산능력이 필요한 상황

덧셈, 뺄셈, 곱셈, 나눗셈 등과 같은 간단한 사칙연산에서부터 다단계의 복잡한 사칙연산까지 수행할 수 있어야 하며, 연산결과의 오류까지도 수정할 수 있는 능력이 필요하다. 업무수행 과정에서 연산능력이 요구되는 대표적인 상황은 다음과 같다.

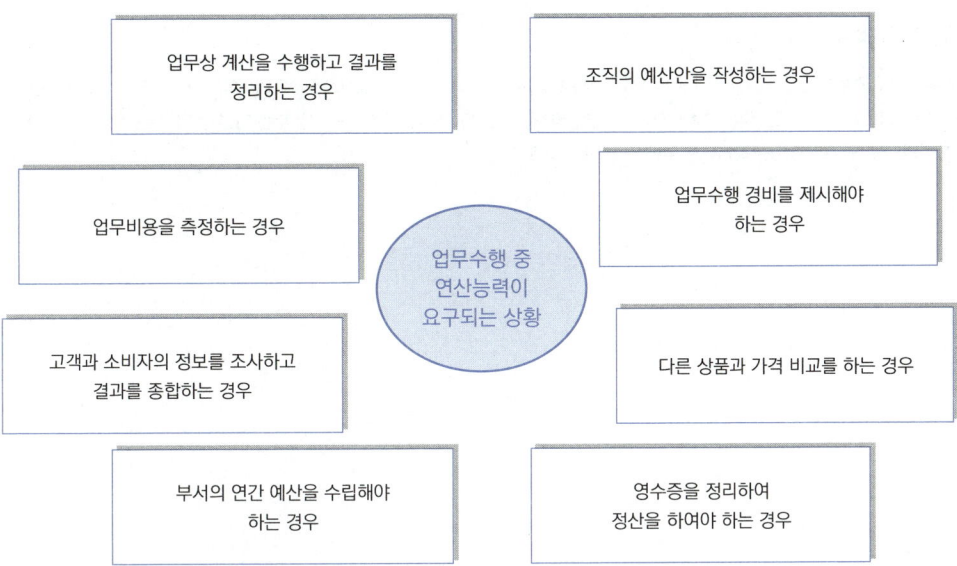

3 효과적인 검산방법

검산이란 연산의 결과를 확인하는 과정을 의미한다. 업무를 수행하는 데 있어서 연산의 결과를 확인하는 검산과정을 거치는 것은 필수적이다.

(1) 역연산법

본래의 풀이와 반대로 연산을 해가면서 답이 맞는지 확인해 나가는 과정이다. 즉, 덧셈은 뺄셈으로, 뺄셈은 덧셈으로, 곱셈은 나눗셈으로, 나눗셈은 곱셈으로 연산하여 확인하는 방법이다. 역연산 방법은 원래의 연산 순서를 거꾸로 계산하는 방법이므로 곱셈과 나눗셈보다 덧셈과 뺄셈을 먼저 계산한다. 이 방법은 번거롭기는 하지만 가장 확실하기 때문에 가장 많이 쓰이는 방법이다.

> **참고** **역연산법의 활용**
>
> 역연산법은 답에서 거꾸로 계산해 봄으로써 원래 답이 나오는지 계산하는 것이다. 예를 들어 3 + 4 = 7의 연산 결과가 있을 때, 원래의 값인 3으로 돌아가기 위해서는 더한 4를 다시 빼주어야 한다. 즉, 7 - 4 = 3과 같이 거꾸로 계산하는 방법을 말한다.

(2) 구거법

원래의 수를 9로 나눈 나머지와 각 자릿수의 합을 9로 나눈 나머지가 같다는 원리를 이용한 검산방법이다. 좌변에 원래의 수를 두고, 우변에 원래의 수의 각 자릿수의 합을 두고 양변을 9로 나눠 나머지를 계산하고, 그 값이 좌변과 우변에서 같은지 확인하면 된다.

> **참고** **구거법의 활용**
>
> 3,456 + 341 = 3,797에서 3 + 4 + 5 + 6의 9로 나눈 나머지는 0, 3 + 4 + 1의 9로 나눈 나머지는 8, 3 + 7 + 9 + 7을 9로 나눈 나머지는 8이므로 0 + 8 = 8은 맞는 식이 되어 계산을 제대로 했다고 볼 수 있다. 구거법이란 이렇게 각 수를 9로 나눈 나머지만 계산해서 좌변과 우변의 9로 나눈 나머지가 같은지 판단하면 된다.

개/념/체/크

01 기본적인 사칙연산을 활용하여, 이어지는 물음에 대한 답을 적어보시오.

① 수수께끼를 좋아하는 한 사람에게 나이가 몇 살이냐고 물어보았을 때 "내 나이에 3을 더하고 3을 곱한 수에서 내 나이에 3을 뺀 후에 3을 곱한 수를 빼면 내 나이입니다."라고 말했다면 현재 그의 나이는 몇 살인가?　　　　　　　　　　　　　　　　　　(　　　　　　　　　)

② 한 사람이 우의, 모자 그리고 장화를 사는 데 15,000원을 지불하였다. 우의는 모자보다 8,000원 비싸고, 우의와 모자의 값을 합친 것은 두 켤레의 장화보다 12,000원이 비싸다고 할 때, 모자의 가격은 얼마인가?　　　　　　　　　　　　　　　　　　　　　(　　　　　　　　　)

02 역연산 방법을 활용하여, 다음 사칙연산의 결과가 맞으면 ○, 틀리면 ×를 표시해보시오.

① $2 \times 8 + 32 = 48 \Rightarrow (48 - 32) \div 8 = 2$ (○, ×)
② $18 - 9 \times 2 = 0 \Rightarrow (0 - 18) \div 2 = -9$ (○, ×)
③ $42 \div 7 \times (9 - 7) = 2 \Rightarrow 2 \div (9 - 7) \times 7 = 7$ (○, ×)

✓ **정답**

01 ① 18살, ② 3,000원 | ① 나이를 x라고 하면, $x = 3(x + 3) - 3(x - 3) = 3x + 9 - 3x + 9 = 18$이다. 따라서 나이는 18살이다. ② 우의의 가격을 x, 모자의 가격을 y, 장화의 가격을 z라고 하면 $x + y + z = 15,000$, $x - y = 8,000$, $x + y = 2z + 12,000$이 되므로 $2z + 12,000 + z = 15,000$, $3z = 3,000$이다. 따라서 $x = 11,000$, $y = 3,000$, $z = 1,000$이므로 모자의 가격은 3,000원이다.

02 ① ○, ② ○, ③ × | ③ 검산 결과가 연산을 하기 전의 값과 다르다. 사칙연산의 규칙에 따라 올바른 방법으로 연산한 결과는 $42 \div 7 \times (9 - 7) = 12$이다.

하위능력 2	CHAPTER 02 수리능력
	기초통계능력

1 통계 〔기출〕 한국환경공단

(1) 통계의 개념

통계란 집단현상에 대한 구체적인 양적 표현을 반영하는 숫자를 의미한다. 특히 통계적 방법의 급속한 진보와 보급에 따라 자연적인 현상이나 추상적인 수치의 집단도 포함해서 일체의 집단적 현상을 숫자로 나타낸 것도 포함하고 있다.

> **참고** 기본적인 통계가 업무수행 중에 활용되는 경우
> - 고객과 소비자의 정보를 조사하여 자료의 경향성을 제시하는 경우
> - 연간 상품 판매실적을 제시하는 경우
> - 업무비용을 다른 조직과 비교해야 하는 경우
> - 업무결과를 제시하는 경우
> - 상품판매를 위한 지역 조사를 실시하는 경우
> - 판매전략을 수립하고 시장관리를 하여야 하는 경우
> - 판매를 예측하여 목표를 수립하여야 하는 경우
> - 거래처 관리를 하여야 하는 경우
> - 판매활동의 효율화를 도모하여야 하는 경우
> - 마케팅 분석을 하여야 하는 경우
> - 재무관리와 이익관리를 하여야 하는 경우

(2) 통계의 조사방법

조사방법	내용
전수조사	분석 대상을 모두 조사하는 방법으로, 시간과 비용이 많이 들기 때문에 잘 사용하지 않는다.
표본조사	전체(모집단)를 대표하는 일부분(표본)을 뽑고 표본을 조사, 분석하여 전체(모집단)의 특성을 유추하는 방법이다.

(3) 통계의 기능

① 많은 수량적 자료 처리가 가능하고 쉽게 이해할 수 있는 형태로 축소시킨다.
② 표본을 통해 연구 대상 집단의 특성을 유추할 수 있다.
③ 의사결정의 보조 수단이 된다.
④ 관찰 가능한 자료를 통해 논리적인 결론을 추출하거나 검증한다.

(4) 통계자료의 파악 방법

① 집중화 경향 **기출** 코레일
  자료들이 어느 위치에 집중되어 있는가를 나타낸다.
  예) 평균, 중앙값, 최빈값 등
② 분산도
  자료들이 어느 정도 흩어져 있는가를 나타낸다.
  예) 범위, 표준편차, 분산 등
③ 비대칭도
  자료들이 대칭에서 얼마나 벗어나 있는가를 나타낸다.
  예) 왜도, 첨도 등

2 대표적인 통계치

(1) 빈도와 빈도분포

빈도(빈도수, 도수)란 어떤 측정값의 측정된 횟수 또는 각 계급에 속하는 자료의 개수를 의미하고, 빈도분포(도수분포)란 그러한 빈도를 표나 그래프로 종합하여 일목요연하게 표시하는 것을 말한다.

빈도분포는 보통 빈도수와 백분율로 나타내는 경우가 많으며, 상대도수 또는 누적도수로 나누어 표시하기도 한다.

참고 빈도와 빈도분포

[빈도]
정원이 20명인 어느 학급의 성적

97, 72, 80, 64, 73,
75, 74, 97, 98, 60,
88, 86, 76, 80, 75,
85, 90, 75, 87, 88

→

[빈도분포]

계급별 점수	인원수
90~99	4
80~89	7
70~79	7
60~69	2

(2) 범위

관찰값의 흩어진 정도를 나타내는 도구로, 최댓값에서 최솟값을 뺀 값에 1을 더한 값을 의미한다.

(3) 평균

평균은 모든 자료의 자룟값을 합한 후 자룟값의 개수로 나눈 값을 말한다. 자룟값 전부에 대한 정보를 담고 있으나 극단적인 값이나 이질적인 값에 의해 쉽게 영향을 받아 전체를 대표하지 못할 가능성이 있다. 예를 들면 1, 2, 3, 4, 5의 평균은 3으로 관찰값 전체를 대표하기에 적절하지만, 1, 2, 3, 4, 100의 평균은 22로 관찰값 전체를 대표하기에 적절하지 않다.

$$평균(m) = \frac{a+b+c}{n}$$

> **참고** 산술평균과 가중평균
>
> 평균에는 산술평균과 가중평균이 있다.
> - 산술평균: 전체 관찰값을 모두 더한 후 관찰값의 개수로 나눈 값
> - 가중평균: 각 관찰값에 자료의 상대적 중요도(가중치)를 곱하여 모두 더한 값을 가중치의 합계로 나누어 구한 값

> **워크북 자료로 알아보기**
>
> **Q** 다음을 통해 '평균'의 장점과 단점을 생각해 보고, 이에 대한 대안이 무엇인지 생각해보시오.
>
> 어느 회사에 월 급여가 1백 50만 원인 직원이 6명, 2백만 원인 직원이 5명, 1천만 원인 임원이 2명이 있다. 이 회사 임직원의 급여 평균을 구하면 3백만 원이다. 이는 고액의 연봉을 받는 임원 두 명 때문에 평균이 많이 올라갔기 때문이다.
>
> **A** 평균은 대부분 대푯값으로서의 역할을 충실히 수행하는 장점이 있지만, 아주 높거나 낮은 값이 끼어 있을 때 영향을 민감하게 받는 것이 단점이다. 이러한 경우 값들을 크기대로 나열했을 때 중간에 위치하는 '중앙값' 2백만 원이 더 적절한 대푯값이 될 수 있다. 따라서 자료의 성격과 대푯값을 구하는 목적에 따라 평균, 중앙값 등을 적절히 선택해야 한다.

(4) 백분율

백분율은 전체 수량을 100으로 할 때, 나타내려는 수량이 차지하는 비율을 나타낸다. 기호는 %(퍼센트)로 나타내며, 100분의 1이 1%에 해당된다. 백분율은 오래전부터 실용계산의 기준으로 널리 사용되고 있으며, 원형 그래프 등을 이용하면 이해하기 쉽다.

- 비율(%) = $\dfrac{\text{비교수}}{\text{기준수}} \times 100$
- 구성비(%) = $\dfrac{\text{부분}}{\text{전체}} \times 100$

(5) 분산 [기출] 한국환경공단, 한국산업안전보건공단, 한국중소벤처기업유통원

자료의 퍼져 있는 정도를 구체적인 수치로 알려주는 도구이다. 각 관찰값과 평균값과의 차이의 제곱을 모두 더한 값을 관찰값의 개수로 나누어 구한다.

예를 들어 집단의 관찰값이 1, 2, 8, 9이고 평균이 5라면, 집단의 분산은 $(1-5)^2 + (2-5)^2 + (8-5)^2 + (9-5)^2$을 4로 나눈 값을 의미한다. 따라서 이 집단의 분산은 $16 + 9 + 9 + 16 = 50$을 4로 나눈 값, 즉 12.5가 된다.

$$\text{분산}(\sigma^2) = \dfrac{(a-m)^2 + (b-m)^2 + (c-m)^2}{n}$$

(6) 표준편차 기출 한국환경공단, 한국산업안전보건공단

분산값의 제곱근 값을 의미한다. 개념적으로는 평균으로부터 얼마나 떨어져 있는가를 나타낸다. 예를 들어 집단의 관찰값이 1, 2, 8, 9이고 평균이 5라면, 집단의 분산은 위에서 구한 바와 같이 12.5가 되며, 여기서 표준편차는 12.5의 제곱근 값이 된다.

$$표준편차(\theta) = \sqrt{\frac{a^2 + b^2 + c^2}{n} - m^2}$$

표준편차	의미
큰 표준편차	자료들이 넓게 퍼져 있고, 이질성이 큰 것을 의미
작은 표준편차	자료들이 집중되어 있고, 동질성이 큰 것을 의미

> **참고** 산포도
>
> 값이 흩어져 있는 정도를 나타낸다. 산포도로 흔히 사용되는 것은 범위, 분산, 표준편차 등이다.

3 다섯 숫자 요약(Five number summary)

평균과 표준편차만으로는 원자료의 전체적인 형태를 파악하기 어렵기 때문에, 다섯 숫자 요약(최솟값, 최댓값, 중앙값, 하위 25%값, 상위 25%값)을 효과적으로 활용할 수 있어야 한다.

(1) 최솟값(m), 최댓값(M)

최솟값은 원자료 중 값의 크기가 가장 작은 값을 의미한다. 반대로 최댓값이란 원자료 중 값의 크기가 가장 큰 값을 의미한다.

> **참고** 최빈값
>
> 최빈값이란 표본에서 가장 자주 발생한 값으로, 가장 많이 관측되는 값이다. 예를 들어 1, 3, 6, 6, 6, 7, 7, 11, 14, 17의 값이 제시되었다면 최빈값은 6이다.

(2) 중앙값(Q_2) 기출 한국KPS, 해양환경공단, 한국원자력환경공단, 한국산업안전보건공단

중앙값은 정확하게 중간에 있는 값을 의미한다. 이는 관찰값을 최솟값부터 최댓값까지 크기순으로 배열하였을 때 순서상 중앙에 위치하는 관찰값을 말한다. 예를 들어 46.0, 46.9, 48.2, 48.5, 50.4의 다섯 개 수치 가운데, 세 번째 수치인 48.2가 중앙값이 된다. 이는 평균값과 다르며, 자룟값 중 어느 하나가 너무 크거나 작을 때에도 자료의 특성을 잘 나타낸다. 또한 관찰값의 개수가 짝수일 경우, 중앙에 위치하는 두 관찰값의 평균이 중앙값이 된다. 예를 들어 1, 2, 3, 4, 5, 6의 여섯 개 수치 중 중앙의 3, 4의 평균인 3.5가 중앙값이 된다.

> **참고** 평균값과 중앙값
>
> 평균값 = 170, 중앙값 = 150
>
> 평균값이 중앙값보다 크다는 것은 자료 중에 매우 큰 값이 일부 있음을 의미한다. 흔히 집단을 대표하는 값으로 평균값을 활용하지만, 이렇게 평균값과 중앙값이 다를 경우에는 반드시 평균값과 중앙값 모두를 제시해 줄 필요가 있다.

(3) 하위 25%값(Q_1), 상위 25%값(Q_3)

원자료를 크기순으로 배열하여 4등분한 값을 의미한다. 백분위 수의 관점에서 제25백분위수, 제75백분위수로 표기할 수도 있다. 이러한 값으로부터 상위층과 하위층의 경계선을 파악할 수 있다.

개/념/체/크

01 다음 글의 빈칸에 공통으로 들어갈 적절한 용어를 적어보시오.

> (   )(이)란 사회현상의 양을 반영하는 숫자이며, 특히 사회집단의 상황을 숫자로 표현한 것이다. 근래에는 자연적인 현상이나 추상적인 수치의 집단도 포함해서 일체의 집단적 현상을 숫자로 나타낸 것을 (   )(이)라고 한다.

02 다음은 통계의 조사방법과 기능에 대한 설명이다. 이와 관련하여 맞으면 ○, 틀리면 ×를 표시해보시오.

① 전수조사는 전체를 대표하는 일부분을 뽑고, 이를 조사 및 분석하여 전체의 특성을 유추하는 방법이다. (○, ×)
② 통계란 많은 수량적 자료를 쉽게 이해할 수 있도록 간결한 형태로 축소시킨 것이다. (○, ×)

03 다음 기본적인 통계치와 그 내용을 서로 관련된 것끼리 연결해보시오.

① 빈도   •   • ㉠ 전체 수량을 100으로 할 때, 나타내려는 수량이 차지하는 비율

② 평균   •   • ㉡ 어떤 측정값의 측정된 횟수 또는 각 계급에 속하는 자료의 개수

③ 백분율 •   • ㉢ 모든 자료의 자룟값을 합한 후 자룟값의 개수로 나눈 값

✓ **정답**

01 통계

02 ① ×, ② ○ | ① 전수조사는 분석대상을 모두 조사하는 것이다. 전체를 대표하는 일부분을 뽑고, 이를 조사 및 분석하여 전체의 특성을 유추하는 방법은 표본조사이다.

03 ① ㉡, ② ㉢, ③ ㉠

하위능력 3	CHAPTER 02 수리능력
	도표분석능력

1 도표

(1) 도표의 개념
도표는 선, 그림, 원 등으로 그림을 그려 내용을 시각적으로 표현함으로써 다른 사람이 자신의 주장을 한눈에 알아볼 수 있게 한 것이다.

(2) 도표의 종류
도표는 크게 목적별·용도별·형상별로 구분할 수 있는데, 실제로는 목적과 용도와 형상을 여러 가지로 조합하여 하나의 도표를 작성하게 된다.

목적별	용도별	형상별
관리(계획 및 통제) 해설(분석) 보고	경과 그래프 내역 그래프 비교 그래프 분포 그래프 상관 그래프 계산 그래프	선(절선) 그래프 막대 그래프 원 그래프 점 그래프 층별 그래프 레이더 차트

2 도표의 종류별 활용 기출 한국전력공사, 한국가스공사, 한국수자원공사, 한국공항공사, 코레일

(1) 선(절선) 그래프
주로 시간의 경과에 따른 수량의 변화를 절선의 기울기로 나타내는 그래프이다. 경과·비교·분포(도수·곡선 그래프)를 비롯하여 상관관계 등을 나타낼 때(상관선 그래프·회귀선) 쓰인다. 이러한 선 그래프는 시간적 추이(시계열 변화)를 표시하는 데 적합하다.

예 연도별 매출액 추이 변화 등

〈그래프〉 상품별 매출액 추이

(2) 막대 그래프(봉 그래프)

비교하고자 하는 수량을 막대 길이로 표시하고 그 길이를 비교하여 각 수량 간의 대소 관계를 나타내는 그래프이다. 내역, 비교, 경과, 도수 등을 표시하는 용도로 쓰인다.

예 영업소별 매출액, 성적별 인원 분포 등

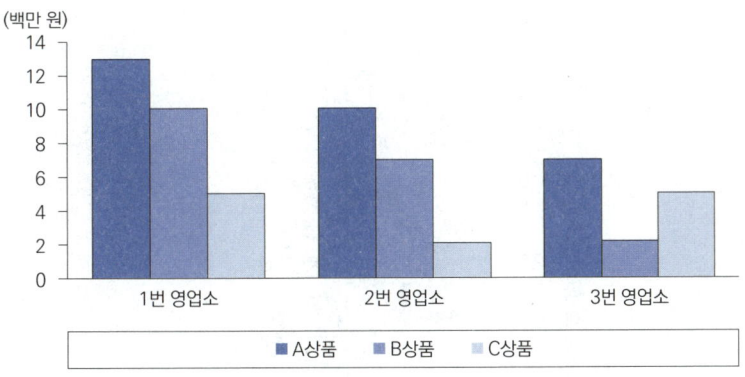

〈그래프〉 영업소 및 상품별 매출액

(3) 원 그래프

일반적으로 내역이나 내용의 구성비를 분할하여 나타낸다. 두 개의 동심원을 그림으로써 투시점에서의 매출액 크기와 구성비를 비교해볼 수도 있다. 하지만 수치를 각도로 환산해야 하는 점이 까다롭다.

예 제품별 매출액 구성비 등

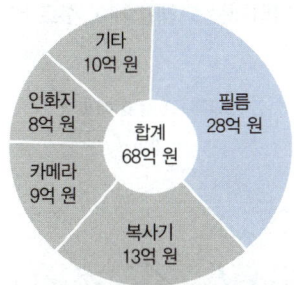

〈그래프〉 제품별 매출액 구성비

> **참고 그래프별 특징**
>
> 정리되지 않은 통계자료를 활용하기 쉽게 간단한 숫자의 표로 정리한 것이 통계표이고, 통계표를 바탕으로 항목별 분포나 변화 정도, 추이 등을 파악하기 쉽게 시각화한 것이 도표(그래프)이다. 도표를 읽을 때는 그것에 담긴 의미를 파악하는 자료 분석과 해석 작업을 병행해야 한다.

막대 그래프	크거나 작거나, 많거나 적은 것을 한눈에 비교하여 읽는 데 적당하다.
꺾은선 그래프	시간이 흐름에 따라 변해가는 모습을 나타내는 데 적당하다. 예 날씨 변화, 에너지 사용 증가율, 물가의 변화
원 그래프 및 띠 그래프	전체에 대한 부분의 비율을 나타내는 데 적당하다. 그래프를 읽을 때는 전체가 100%인지를 확인하고, 각각의 항목이 차지하는 비중을 통해 각 항목이 차지하는 중요도(비율)나 우선순위를 파악해야 한다.

(4) 점 그래프

종축과 횡축에 두 요소를 두고, 보고자 하는 것이 어떤 위치에 있는가를 알고자 할 때 쓰인다. 주로 지역 분포, 도시, 지방, 기업, 상품 등의 평가나 위치, 성격을 표시하는 데 이용된다.

예 광고비율과 이익률의 관계 등

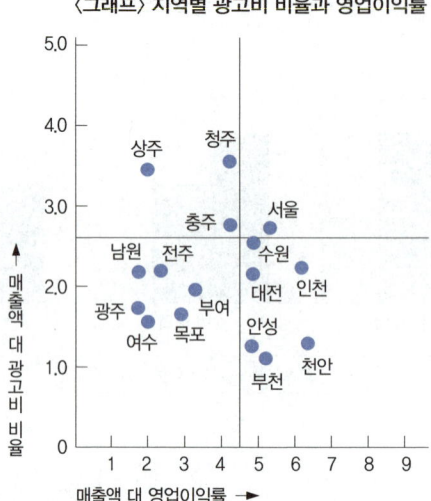

〈그래프〉 지역별 광고비 비율과 영업이익률

(5) 방사형 그래프(레이더 차트, 거미줄 그래프)

원 그래프의 일종으로 레이더 차트, 거미줄 그래프라고도 한다. 비교하는 수량을 직경 또는 반경으로 나누어 원의 중심에서의 거리에 따라 각 수량의 관계를 나타내는 그래프이다. 주로 비교할 때와 경과를 나타낼 때 활용한다.

예 매출액의 계절변동 등

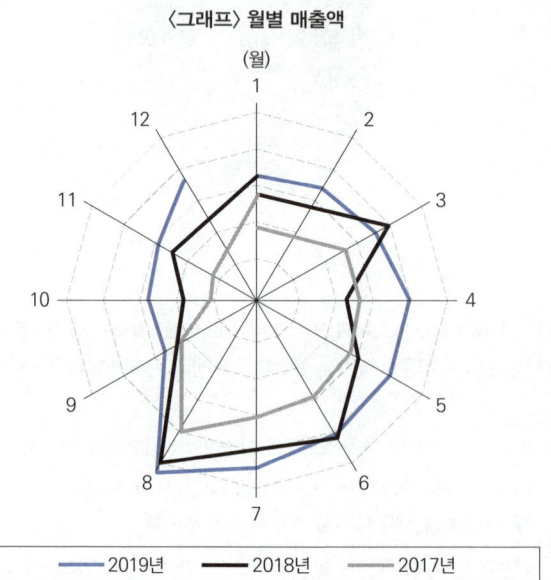

〈그래프〉 월별 매출액

워크북 자료로 알아보기

Q 다음은 같은 내용을 두 가지 그래프로 표현한 것이다. 각 그래프별 유형과 장단점을 생각해보시오.

〈그래프 1〉

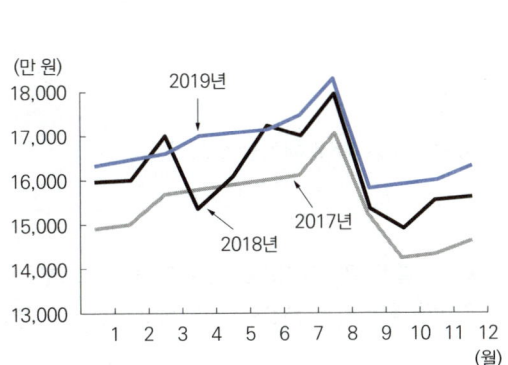

〈그래프 2〉

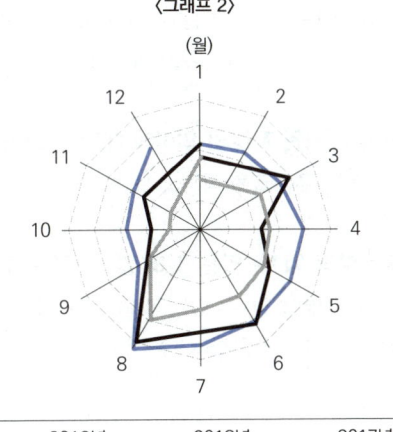

A 각 그래프의 유형과 장단점은 다음과 같다.

구분	〈그래프 1〉	〈그래프 2〉
유형	선 그래프	방사형 그래프(거미형 그래프)
공통 특징	호황기와 불황기의 차이를 명백히 알 수 있으며, 계절변동의 상황도 부각시킬 수 있음.	
장점	• 시간적 추이에 따른 변화를 한눈에 볼 수 있음.	• 한 장으로 수년간의 내용을 나타낼 수 있음. • 비교적 장기의 라이프 사이클(Life Cycle)을 지닌 상품의 과거 수년간의 동향을 알 수 있어, 다음 해의 판매를 예측할 수 있음.
단점	• 자료가 많으면 표가 길어져 한 장의 그래프에서 5~6년분을 한꺼번에 비교하기 어렵고, 복잡함.	• 작성하기가 복잡함.

3 도표분석 시 유의 사항

(1) 요구되는 지식의 수준
도표의 해석은 특별한 지식을 요구하지 않는 경우가 대부분이나 지식의 수준에는 차이가 있어 어떤 사람에게는 상식인 내용이 어떤 사람에게는 지식일 수 있다. 따라서 직업인으로서 자신의 업무와 관련된 기본적인 지식의 습득을 통하여 특별한 지식을 상식화할 필요가 있다.

(2) 도표에 제시된 자료의 의미에 대한 정확히 숙지
주어진 도표를 무심코 해석하다 보면 자료가 지니고 있는 진정한 의미를 확대 해석할 수도 있다.

(3) 도표로부터 알 수 있는 것과 알 수 없는 것의 구별
주어진 도표로부터 알 수 있는 것과 알 수 없는 것을 완벽하게 구별할 필요가 있다. 즉, 주어진 도표로부터 의미를 확대 해석하여서는 곤란하며, 주어진 도표를 토대로 자신의 주장을 충분히 추론할 수 있는 보편타당한 근거를 제시해야 한다.

(4) 총량의 증가와 비율의 증가 구분
비율이 같더라도 총량에 있어서는 많은 차이가 있을 수 있다. 또한 비율에 차이가 있더라도 총량이 표시되어 있지 않은 경우에는 비율 차이를 근거로 절대적 양의 크기를 평가할 수 없다. 따라서 이에 대한 세심한 검토가 요구된다.

(5) 백분위수와 사분위수의 이해
백분위수는 크기순으로 배열한 자료를 100등분하는 수의 값을 의미한다. 예컨대 제p백분위수란 자료를 크기순으로 배열하였을 때 p%의 관찰값이 그 값보다 작거나 같고, (100 − p)%의 관찰값이 그 값보다 크거나 같게 되는 값을 말한다. 한편, 사분위수란 자료를 4등분한 것으로 제1사분위수는 제25백분위수, 제2사분위수는 제50백분위수(중앙치), 제3사분위수는 제75백분위수에 해당한다.

워크북 자료로 알아보기

Q 제시된 도표는 3개월 동안 A사의 빙과류 중 두 제품의 매출현황을 나타낸 것이다. 이를 보고 직원들이 다음과 같이 대화했을 때, 도표 해석이 적절하지 않은 사람을 찾고, 그 이유를 생각해보시오.

〈표〉 제품별 매출현황

구분	콘	아이스크림
6월	28%	27%
7월	35%	40%
8월	37%	43%

- K사원: "6월만 본다면 콘의 점유율이 더 높네요."
- M사원: "3개월간의 평균 매출점유율은 콘이 더 높네요."
- S사원: "도표의 자료로 볼 때 3개월 동안 두 제품이 이 회사의 빙과류 매출의 절반 이상이네요."

A 도표 해석이 적절하지 않은 사원은 M사원이다. 콘의 3개월간의 평균 매출점유율은 (28 + 35 + 37) / 3 ≒ 33.33%이며, 아이스크림의 3개월간의 평균 매출점유율은 (27 + 40 + 43) / 3 ≒ 36.67%이므로, 아이스크림의 3개월간의 점유율이 더 높음을 알 수 있다.

개/념/체/크

01 다음 도표의 종류와 활용되는 예시를 서로 관련된 것끼리 연결해보시오.

① 막대 그래프 •   • ㉠ 비교하고자 하는 수량을 막대로 표시하고, 수량 간의 대소를 표현할 때

② 점 그래프 •   • ㉡ 지역 분포 등 기업, 상품들의 평가나 위치, 성격을 표현할 때

③ 원 그래프 •   • ㉢ 내역이나 내용의 구성비를 분할하여 나타내고자 할 때

02 다음은 A~C영업소의 연간 매출액을 나타낸 것이다. 이어지는 물음에 알맞은 것을 〈보기〉에서 골라 보시오.

(단위: 억 원)

영업소	2018년	2019년	2020년	2021년
A영업소	120	150	180	280
B영업소	150	140	135	110
C영업소	30	70	100	160

/ 보기 /
㉠ 선 그래프   ㉡ 막대 그래프   ㉢ 원 그래프
㉣ 점 그래프   ㉤ 레이더 차트

① A영업소의 연도별 매출액 변화 추이를 도표로 나타낼 때 적절한 도표를 고르시오.

② 2021년도의 영업소별 매출액 구성 비율을 도표로 나타낼 때 적절한 도표를 고르시오.

✓ **정답**

01 ① ㉠, ② ㉡, ③ ㉢

02 ① ㉠, ② ㉢ | ① 선 그래프는 시간적 변화에 따른 수량의 변화를 표현하기에 적합하다. ② 원 그래프는 전체에 대한 구성비를 표현할 때 다양하게 활용할 수 있다.

하위능력 4 | CHAPTER 02 수리능력
도표작성능력

1 도표작성의 절차 [기출] 한국중소벤처기업유통원

(1) 어떠한 도표로 작성할 것인지를 결정
주어진 자료를 면밀히 검토하여 어떠한 도표를 활용하여 작성할 것인지를 결정한다. 도표는 목적이나 상황에 따라 올바르게 활용할 때 실효를 거둘 수 있으므로 어떠한 도표를 활용할 것인지를 결정하는 일이 선행되어야 한다.

(2) 가로축과 세로축에 나타낼 것을 결정
주어진 자료를 활용하여 가로축과 세로축에 무엇을 나타낼 것인지를 결정하여야 한다. 일반적으로 가로축에는 명칭 구분(연, 월, 장소 등), 세로축에는 수량(금액, 매출액 등)을 나타내며, 축의 모양은 L자형이 일반적이다.

(3) 가로축과 세로축의 눈금 크기를 결정
주어진 자료를 가장 잘 표현할 수 있도록 가로축과 세로축의 눈금 크기를 결정해야 한다. 한 눈금의 크기가 너무 크거나 작으면 자료의 변화를 잘 표현할 수 없으므로, 자료를 가장 잘 표현할 수 있는 눈금의 크기를 정하는 것이 바람직하다.

(4) 자료를 가로축과 세로축이 만나는 곳에 표시
자료 각각을 결정된 축에 표시한다. 이때 가로축과 세로축이 만나는 곳에 정확히 표시해야 정확한 그래프를 작성할 수 있다.

(5) 표시된 점에 따라 도표 작성
표시된 점들을 활용하여 실제로 도표를 작성한다. 선 그래프라면 표시된 점들을 선분으로 이어 도표를 작성하고, 막대 그래프라면 표시된 점들을 활용하여 막대를 그려 도표를 작성한다.

(6) 도표의 제목 및 단위 표시
도표를 작성한 후에는 도표의 상단 혹은 하단에 제목과 함께 단위를 표기한다.

2 도표작성 시 유의 사항

(1) 선(절선) 그래프
① 가로축에 명칭 구분(연, 월, 장소 등), 세로축에 수량(금액, 매출액 등)을 제시하며, 축의 모양은 L자형으로 그리는 것이 일반적이다.
② 선의 높이에 따라 수치를 파악하는 경우가 많으므로 세로축의 눈금을 가로축의 눈금보다 크게 하는 것이 효과적이다.
③ 선이 두 종류 이상인 경우에는 반드시 무슨 선인지 그 명칭을 기입하고, 선의 굵기와 색을 다른 선과 구별되게 하는 것이 좋다.

(2) 막대 그래프
① 가로보다는 세로로 그리는 것이 일반적이다.
② 축은 L자형이 일반적이나 가로 막대 그래프는 사방을 틀로 싸는 것이 좋다.
③ 가로축은 명칭 구분(연, 월, 장소, 종류 등)으로, 세로축은 수량(금액, 매출액 등)으로 한다.
④ 막대 수가 부득이하게 많을 경우에는 눈금선을 기입하는 것이 알아보기 쉽다.
⑤ 막대의 폭은 모두 같게 해야 한다.

(3) 원 그래프
① 정각 12시의 선을 시작선으로 하며, 이를 기점으로 오른쪽으로 그리는 것이 일반적이다.
② 분할선은 구성 비율이 큰 순서로 그린다.
③ '기타' 항목은 구성 비율의 크기에 관계없이 가장 뒤에 그리는 것이 좋다.
④ 항목의 명칭은 같은 방향으로 기록하는 것이 일반적이고, 만일 면적이 작아서 명칭을 기록하기 힘든 경우에는 지시선을 써서 기록한다.

워크북 자료로 알아보기

Q 제약회사에 근무하는 두 사원은 동일한 자료를 활용하여 다음과 같이 분기별 매출액 그래프를 각각 작성한 후 분석하였다. 두 사원이 같은 자료를 활용했음에도 서로 다른 해석을 내린 이유를 생각해보시오.

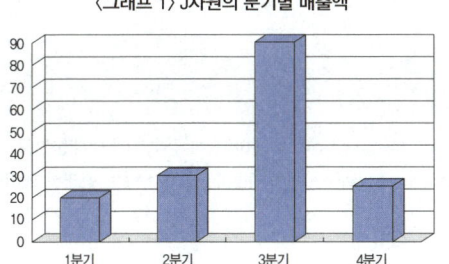
〈그래프 1〉 J사원의 분기별 매출액

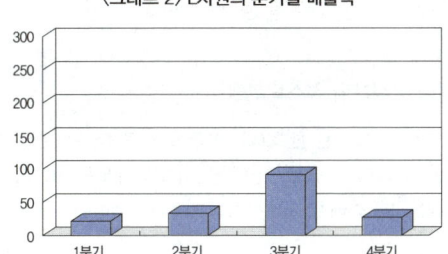
〈그래프 2〉 L사원의 분기별 매출액

〈그래프 분석 내용〉
- J사원: "3분기의 매출액이 다른 분기에 비해 월등하게 큰 것을 알 수 있다."
- L사원: "3분기의 매출액이 다른 분기에 비해 크기는 하지만 그 차이가 그리 크지는 않다."

A J사원은 분기별 매출액 그래프를 통해 3분기의 매출액이 다른 시기에 비해 월등하게 크다고 결론을 내린 반면, L사원은 3분기의 매출액이 다른 시기에 비해 크기는 하지만 그 차이는 그리 크지 않다는 결론을 내렸다. 이는 같은 자료로 도표를 작성하였음에도 불구하고 세로축 눈금의 크기 차이 때문에, 다른 분석을 하게 된 것이다. 즉, J사원은 세로축의 눈금 크기를 10으로 하여 상대적으로 분기별 매출액의 차이가 크게 보이는 반면, L사원은 세로축의 눈금 크기를 50으로 하여 상대적으로 분기별 매출액의 차이가 작게 보이는 것을 알 수 있다.

참고 데이터를 시각화해야 하는 이유
- 많은 양의 데이터를 한눈에 볼 수 있다.
- 데이터 분석에 대한 전문 지식이 없어도, 누구나 쉽게 데이터 인사이트를 찾을 수 있다.
- 요약된 통계치보다 정확한 데이터 분석 결과를 도출할 수 있다.
- 효과적인 데이터 인사이트 공유로 데이터 기반의 의사결정을 할 수 있다.
- 데이터 시각화를 활용할 수 있는 분야와 방법이 무궁무진하다.

3 도수분포표의 작성 〔기출〕 한전KPS

(1) 의미
도수분포표는 자료의 범위가 넓은 연속적 변수인 경우에 사용하는 것으로, 각 계급을 중복되지 않는 일정한 구간으로 정하여 그 구간에 속하는 자료의 개수를 정리한 것을 의미한다.

(2) 일반적인 작성 지침
① 각 구간의 폭은 같은 것이 바람직하다.
② 계급의 수는 분포의 특성이 나타날 수 있게 6개 이상 15개 미만이 바람직하다.
③ 계급에 속하는 도수가 없거나 너무 적지 않게 구간을 결정한다.
④ 극한값을 반영하기 위하여 제일 아래 계급이나 위 계급을 개방할 수도 있다.

(3) 일반적인 작성 절차
① 자료의 최댓값과 최솟값을 찾아 범위(= 최댓값 - 최솟값)를 구한다.
② 자료의 수와 범위를 고려하여 계급의 수를 잠정적으로 결정한다.
③ 잠정적으로 계급의 폭(= 범위 / 계급의 수)을 올림으로 소수를 정리한 후 계급의 폭을 조정한다.
④ 첫 계급의 하한과 마지막 계급의 상한을 조정한다(계급의 시작은 0, 1, 5, 10으로, 상한은 0, 5, 9, 10으로 정하는 것이 바람직하다).
⑤ 각 계급에 속하는 도수 등을 계산한다.

> **참고** 막대 그래프와 히스토그램
>
> 막대 그래프(Bar chart)는 한 축에는 계급을, 다른 한 축에는 도수를 두고 자료의 도수에 비례하여 계급의 축에 막대형으로 그린 그래프를 의미한다. 막대 그래프는 각 막대들이 떨어져 있는 반면에, 히스토그램(Histogram)은 막대들이 붙여져 있는 형태를 의미한다. 히스토그램은 가로축에 반드시 수량을 표시해야 한다.
>
> [히스토그램의 예]
>
>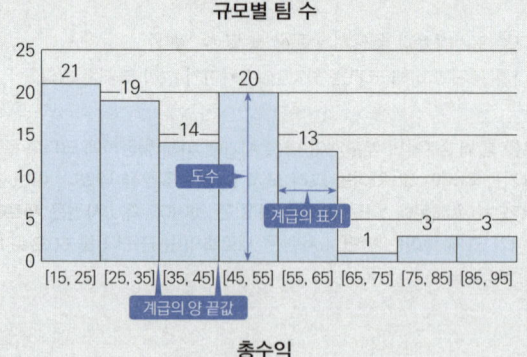

> **참고** 효과적인 그래프 작성 방법

그래프를 작성할 때, 텍스트나 새로운 선, 색 등을 추가하면 데이터의 의미를 시각적으로 보다 빠르게 파악할 수 있다.

- 그래프에 텍스트 더하기

  그래프의 제목, X축, Y축, 범례 등은 그래프를 보조하는 수단으로 활용된다. 제시된 그래프는 2017년 한 해 동안 서울시의 치킨 배달 업종 이용 추이를 시각화한 선 그래프이며, 그래프에 텍스트로 내용을 작성하여 인사이트를 바로 찾을 수 있도록 하는 방법이다. 제시된 그래프와 같이 특정 시점의 날짜를 텍스트로 표기하면, 그래프를 보는 사람의 시선이 텍스트로 먼저 이동하도록 유도할 수 있다.

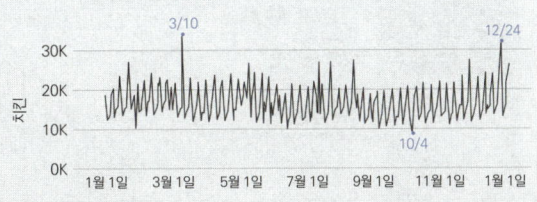

- 그래프에 선 긋기

  시각화 그래프에는 X축, Y축 외에도 추가로 선을 더해 그래프가 전하는 데이터 인사이트를 강조하는 방법이 있다. 제시된 그래프는 우리나라의 연도별 미세먼지(PM10) 농도를 시각화한 것이다. 그래프 상단을 보면 미세먼지 환경 기준을 의미하는 파란색 참조선이 수평으로 그어진 것을 볼 수 있는데, 이 선을 기준으로 연도별 미세먼지의 수준이 높았는지 낮았는지를 판단할 수 있다.

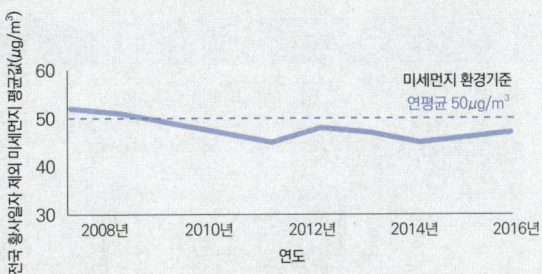

- 그래프 요소의 색 바꾸기

  그래프에 특정한 부가 요소를 더하지 않고, 색을 활용해 자신이 의도한 메시지를 강조하는 방법이다. 제시된 그래프를 보면, 회색 음영 처리된 영역을 통해 기간 내 데이터의 최댓값과 최솟값을 기준으로 데이터의 변동 폭을 직관적으로 파악할 수 있다. 영역이 크면 클수록 데이터의 변동 폭이 큰 것이고, 그렇지 않은 경우 비슷한 수준을 유지했다는 것을 직관적으로 알 수 있다.

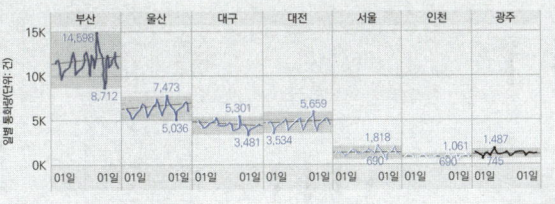

4 엑셀 프로그램을 활용한 그래프 작성

엑셀을 활용해 작성한 도표는 대단히 호환성이 높고, 도표를 쉽게 작성할 수 있다는 장점이 있어 실제 업무에서 폭넓게 활용되고 있다. 엑셀 프로그램을 활용하여 그래프를 그리는 절차는 다음과 같다.

① 자료 입력	② [삽입]-[차트] 선택
셀에 자료를 입력한다.	풀다운 메뉴의 [삽입]을 선택한다.

③ 그래프의 종류 선택하고 그리기

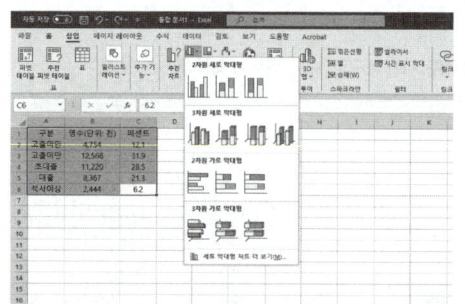

상단 메뉴에서 그래프의 종류를 선택한다.

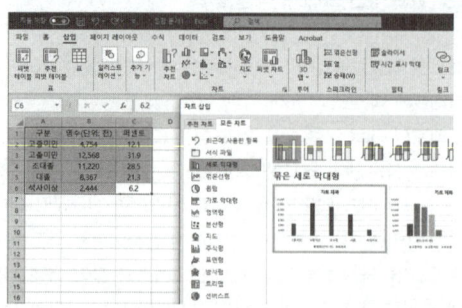

상단의 차트 메뉴에서 🔽 클릭 후,
차트 종류 메뉴에서 그래프의 종류를 선택한다.

④ 옵션 지정

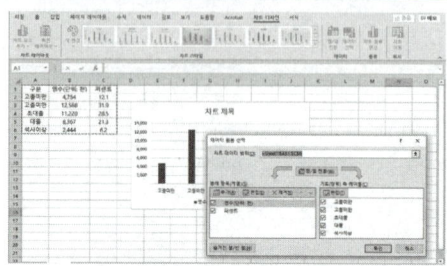

[데이터 범위와 계열의 수정]
그래프 영역 선택 후 마우스의 오른쪽버튼을 누르면, 데이터 선택 창이 나타나고, 데이터 범위와 계열을 수정할 수 있다.

이때 데이터 범위는 직접 입력하거나 화살표 아이콘을 이용해 직접 지정할 수 있다.

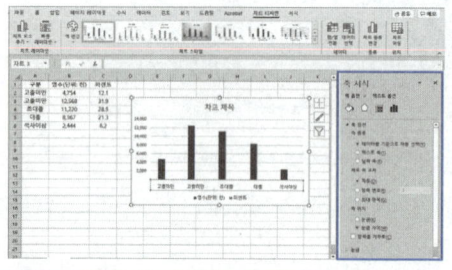

[축 값의 수정]
축 선택 후 마우스의 오른쪽버튼을 누르면, 축 서식 창이 나타나고, 축 값을 수정할 수 있다.

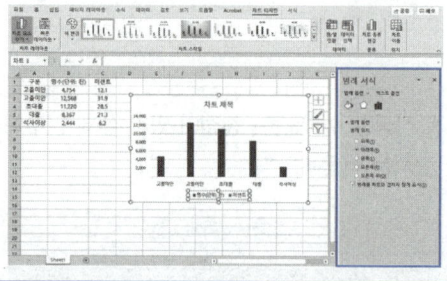

[범례의 수정]
범례 선택 후 마우스의 오른쪽버튼을 누르면 범례 서식 창이 나타나고, 수정할 수 있다. 이때, 범례를 드래그하여 움직이면 원하는 위치로 변경할 수 있다.

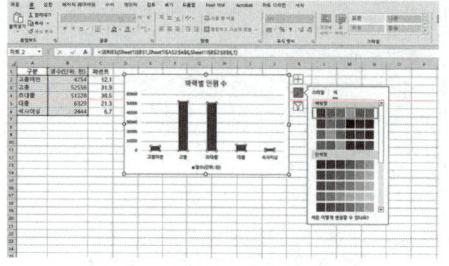

[제목 및 그래프 색 수정]
제목을 수정할 때는 차트 제목을 클릭하여 원하는 제목을 입력한다. 그래프의 색을 변경할 때는 변경하고자 하는 막대를 클릭 후 두 번째 붓 모양의 탭을 클릭하여 색을 변경한다.

개/념/체/크

01 다음은 도표를 작성할 때의 유의 사항을 정리한 것이다. 이와 관련하여 내용이 맞으면 ○, 틀리면 ×를 표시해보시오.

① 선 그래프를 작성할 때 선이 두 종류 이상이면 반드시 무슨 선인지 그 명칭을 기입해야 한다. (○, ×)

② 막대 그래프를 작성할 때 일반적으로 세로축은 명칭 구분(연, 월, 장소 등)으로, 가로축은 수량(금액, 매출액 등)으로 정한다. (○, ×)

③ 막대 그래프를 작성할 때 막대의 폭은 모두 같도록 해야 한다. (○, ×)

④ 원 그래프를 작성할 때 일반적으로 정각 12시의 선을 시작선으로 하여 오른쪽 방향으로 그린다. (○, ×)

⑤ 원 그래프를 작성할 때 '기타' 항목은 구성 비율이 가장 큰 경우 가장 앞에 그린다. (○, ×)

02 다음 글의 빈칸에 공통으로 들어갈 용어를 적어보시오.

> 막대 그래프는 한 축에는 계급을, 다른 한 축에는 도수를 두고 자료의 도수에 비례하여 계급의 축에 막대형으로 그린 그래프로서, 각 막대들이 떨어져 있는 형태이다. 이와 다르게 막대들이 붙어 있을 경우에는 (   )(이)라고 한다. 막대 그래프는 가로축에 수량이 표시되지 않아도 되지만, (   )은/는 가로축에 반드시 수량을 표시해야 한다.

✓ 정답

01 ① ○, ② ×, ③ ○, ④ ○, ⑤ × | ② 막대 그래프를 작성할 때 일반적으로 가로축은 명칭 구분(연, 월, 장소, 종류 등)으로 정하고, 세로축은 수량(금액, 매출액 등)으로 정한다. ⑤ 원 그래프를 작성할 때 '기타' 항목은 구성 비율의 크기와 관계없이 가장 뒤에 그리는 것이 좋다.

02 <u>히스토그램</u> | 각 막대들이 떨어져 있는 막대 그래프와 달리 막대들이 붙어 있는 형태를 히스토그램이라고 한다.

플러스 알파 이론
워크북에는 없지만 **시험에는 나오는**

> ✓ 최신 워크북에서는 삭제되었지만 **출제 가능성 높은 이론**

1 층별 그래프의 특징과 용도

선의 움직임보다는 선과 선 사이의 크기로써 데이터 변화를 나타내는 그래프로서, 시간적 변화에 따른 구성비의 변화를 표현하고자 할 때 활용 가능하다. 이러한 층별 그래프는 합계와 각 부분의 크기를 백분율로 나타내고 시간적 변화를 보고자 할 때, 합계와 각 부분의 크기를 실수로 나타내고 시간적 변화를 보고자 할 때 등에 특히 유용하다.

예 상품별 매출액 추이 등

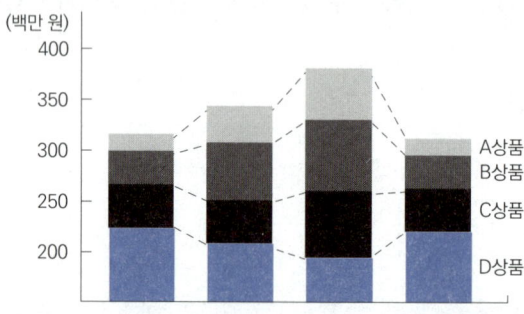

2 층별 그래프의 작성 시 유의 사항

① 층별을 세로로 할 것인가 가로로 할 것인가 하는 것은 작성자의 기호나 공간에 따라 판단하지만, 구성 비율 그래프의 경우 가로로 작성하는 것이 좋다.
② 눈금은 선 그래프나 막대 그래프보다 적게 하고 눈금선을 넣지 않아야 하며, 층별로 색이나 모양이 모두 완전히 다른 것이어야 한다.
③ 같은 항목은 옆에 있는 층과 선으로 연결하여 보기 쉽도록 하여야 한다.
④ 세로 방향일 경우 위로부터 아래로, 가로 방향일 경우 왼쪽에서 오른쪽으로 나열하면 보기가 좋다.

✅ 워크북에 수록되지 않았지만 출제 가능성 높은 이론

1 기초연산을 위한 수학적 개념 및 공식

(1) 집합 기출 건강보험심사평가원

① 원소의 개수가 n개인 집합의 부분집합 개수: 2^n

> 예) 집합 {1, 3, 5, 7}의 부분집합 개수는?
> $2^4 = 16$개

② 합집합과 교집합의 원소 개수
- $n(A \cup B) = n(A) + n(B) - n(A \cap B)$
- $n(A \cap B) = n(A) + n(B) - n(A \cup B)$

> 예) $A = \{x \mid x$는 20 이하의 5의 배수$\}$, $B = \{x \mid x$는 20 이하의 4의 배수$\}$일 때, $n(A \cup B)$는?
> $A = \{5, 10, 15, 20\}$, $B = \{4, 8, 12, 16, 20\}$, $A \cap B = \{20\}$
> $n(A \cup B) = n(A) + n(B) - n(A \cap B) = 4 + 5 - 1 = 8$

(2) 약수와 배수

① 공약수: 0이 아닌 두 개 이상의 정수에 대하여 공통의 약수가 되는 정수이다.
② 공배수: 0이 아닌 두 개 이상의 정수에 대하여 공통의 배수가 되는 정수이다.
③ 최대공약수: 0이 아닌 두 개 이상의 정수에 대하여 공통의 약수 중 가장 큰 수이다.
④ 최소공배수: 0이 아닌 두 개 이상의 정수에 대하여 공통의 배수 중 가장 작은 수이다.

(3) 비와 비율 기출 서울교통공사, 한국가스공사, 경기환경에너지진흥원

비	• A : B = C : D인 경우 BC = AD이다. • A : B인 경우 다음이 성립한다. 　$\dfrac{A}{B} < 1 \rightarrow A < B$ (단, B > 0) 　$\dfrac{A}{B} > 1 \rightarrow A > B$ (단, B > 0) 　$\dfrac{A}{B} = 1 \rightarrow A = B$
비율	• 비율 = 비교하는 양 / 기준량 • 백분율 = 비율 × 100

(4) 곱셈공식
① $(a + b)^2 = a^2 + 2ab + b^2$
② $(a - b)^2 = a^2 - 2ab + b^2$
③ $(a + b)(a - b) = a^2 - b^2$
④ $(x + a)(x + b) = x^2 + (a + b)x + ab$
⑤ $(ax + b)(cx + d) = acx^2 + (ad + bc)x + bd$
⑥ $(a + b + c)^2 = a^2 + b^2 + c^2 + 2ab + 2bc + 2ca$

(5) 이차방정식 `기출` 인천도시공사, 경기도일자리재단
① $ax^2 + bx + c = 0 \, (a \neq 0)$
   인수분해가 되면 인수분해로, 인수분해가 되지 않으면 완전제곱식이나 근의 공식을 사용한다.
   → 근의 공식: $x = \dfrac{-b \pm \sqrt{b^2 - 4ac}}{2a}$

② 근의 개수

구분	$b^2 - 4ac > 0$	$b^2 - 4ac = 0$	$b^2 - 4ac < 0$
근의 개수	서로 다른 두 실근	한 개의 중근	근이 없음

③ 근과 계수의 관계(두 근이 α, β인 경우)
- $\alpha + \beta = -\dfrac{b}{a}$
- $\alpha\beta = \dfrac{c}{a}$

(6) 부등식
① $a < b$라면 $a + c < b + c$이다.
② $a < b$라면 $a - c < b - c$이다.
③ $a < b$, $c > 0$이라면 $ac < bc$이다.
④ $AB > 0$이라면 $A > 0$, $B > 0$ 또는 $A < 0$, $B < 0$이다.

(7) 제곱근 `기출` 강원랜드, 한국가스기술공사
① 제곱근: 어떤 수 x를 제곱하여 a가 되었을 때, x를 a의 제곱근이라 한다.

구분	$a > 0$	$a = 0$	$a < 0$
제곱근의 개수	2개	1개	제곱근이 없음
제곱근	$x = \pm\sqrt{a}$	$x = 0$	

② 제곱근의 성질
- $a > 0$일 때 $\sqrt{a^2} = \sqrt{(-a)^2} = a$, $(\sqrt{a})^2 = (-\sqrt{a})^2 = a$이다.
- $a \geq 0$일 때 $\sqrt{a^2} = a$이다.
- $a < 0$일 때 $\sqrt{a^2} = -a$이다.

③ 제곱근의 대소관계($a > 0$, $b > 0$일 때)
- $a < b$이면, $\sqrt{a} < \sqrt{b}$이다.
- $\sqrt{a} < \sqrt{b}$이면, $a < b$이다.
- $\sqrt{a} < \sqrt{b}$이면, $-\sqrt{b} < -\sqrt{a}$이다.

④ 제곱근의 곱셈과 나눗셈($a > 0$, $b > 0$일 때)
- $\sqrt{a}\sqrt{b} = \sqrt{ab}$
- $\sqrt{a^2 b} = a\sqrt{b}$
- $\dfrac{\sqrt{a}}{\sqrt{b}} = \sqrt{\dfrac{a}{b}}$

⑤ 분모의 유리화($b > 0$일 때)
$$\dfrac{a}{\sqrt{b}} = \dfrac{a \times \sqrt{b}}{\sqrt{b} \times \sqrt{b}} = \dfrac{a\sqrt{b}}{b}$$

⑥ 제곱근의 덧셈과 뺄셈($a > 0$일 때)
- $m\sqrt{a} + n\sqrt{a} = (m+n)\sqrt{a}$
- $m\sqrt{a} - n\sqrt{a} = (m-n)\sqrt{a}$

(8) 지수법칙과 로그법칙 기출 인천도시공사, 한국가스기술공사

지수법칙	1) $a^m \times a^n = a^{m+n}$, $(a^m)^n = a^{mn}$ 2) <table><tr><td>$m > n$일 때</td><td>$a^m \div a^n = a^{m-n}$</td></tr><tr><td>$m = n$일 때</td><td>$a^m \div a^n = 1$</td></tr><tr><td>$m < n$일 때</td><td>$a^m \div a^n = \dfrac{1}{a^{n-m}}$</td></tr></table> 3) $(ab)^n = a^n b^n$, $\left(\dfrac{a}{b}\right)^n = \dfrac{a^n}{b^n}$ (단, $b \neq 0$) 4) $a^0 = 1$, $a^{(-n)} = \dfrac{1}{a^n}$ (단, $a \neq 0$)

로그법칙	1) 기본성질: $a^m = b \Leftrightarrow \log_a b = m$ (단, $a > 0$, $a \neq 1$, $b > 0$)
	   • $\log_a 1 = 0 \Leftrightarrow a^0 = 1$
	   • $\log_a a = 1 \Leftrightarrow a^1 = a$
	 2) 진수의 변환(단, $a > 0$, $a \neq 1$, $x > 0$, $y > 0$, $c > 0$, $c \neq 1$)
	   • $\log_a xy = \log_a x + \log_a y$
	   • $\log_a \dfrac{x}{y} = \log_a x - \log_a y$
	   • $\log_a x^n = n\log_a x$
	   • $\log_a b = \dfrac{\log_c b}{\log_c a}$

2 방정식의 활용을 위한 개념 및 공식

(1) 거리·시간·속력 기출
서울교통공사, 건강보험심사평가원, LH, 한전KPS, 한국중부발전, 국가유산진흥원, 한국과학기술연구원, 한국수자원조사기술원, 대한적십자사, 한국농업기술진흥원, 광주광역시북구시설관리공단

① 거리 = 시간 × 속력

② 시간 = $\dfrac{거리}{속력}$

③ 속력 = $\dfrac{거리}{시간}$

> **Tip** 거리·시간·속력 문제에서 가장 중요한 것은 단위의 통일이다. 문제에서 묻고 있는 것과 문제에서 주어진 조건의 단위가 서로 같은지 확인하고, 그렇지 않은 경우에는 통일시켜야 한다.

(2) 소금물 농도 기출
코레일, 한국중소벤처기업유통원, 정보통신산업진흥원, 한국표준협회, 대한적십자사, 서해철도주식회사, 한국농업기술진흥원, 한국해양진흥공사

① 소금물 농도(%) = $\dfrac{소금의\ 양}{소금물의\ 양} \times 100$

② 소금의 양 = 소금물 농도 × 소금물의 양 / 100

③ 소금물의 양 = $\dfrac{소금의\ 양}{소금물\ 농도} \times 100$

(3) 작업량 기출
코레일, 한국중소벤처기업유통원, 정보통신산업진흥원, 한국표준협회, 대한적십자사, 서해철도주식회사, 한국농업기술진흥원, 한국해양진흥공사

① 시간당 작업량 = $\dfrac{작업량}{작업에\ 걸린\ 시간}$

② 작업에 걸린 시간 = $\dfrac{작업량}{시간당\ 작업량}$

③ 작업량 = 시간당 작업량 × 작업에 걸린 시간

(4) 손익계산 기출
공무원연금공단, 경기환경에너지진흥원, 대한적십자사

① 정가(매출) = 원가 + 이익

  예 원가에 1,000원의 이익을 붙여서 정가를 정하는 경우 ⇒ 정가 = 원가 + 1,000원

  예 원가에 a%의 이익을 붙여서 정가를 정하는 경우 ⇒ 정가 = 원가 × $\left(1 + \dfrac{a}{100}\right)$

② 할인율(%) = (정가 − 할인가) / 정가 × 100

③ 수익률(%) = (매도금액 − 매수금액) / 매수금액 × 100

(5) 원리합계 〔기출〕 농협, 대한적십자사, 주택도시보증공사, 한국중소벤처기업유통원, 안산도시공사

① 정기예금

(단리) 연이자 r%로 n년 동안 a원을 적립했을 때, n년 말의 원리합계
$a(1 + rn)$
(복리) 연이자 r%로 n년 동안 a원을 적립했을 때, n년 말의 원리합계
$a(1 + r)^n$

② 정기적금

1년마다 복리로 연이자 r%로 n년 동안 매년 초에 a원을 적립했을 때, n년 말의 원리합계
$\dfrac{a(1 + r)\{(1 + r)^n - 1\}}{(1 + r) - 1}$
1년마다 복리로 연이자 r%로 n년 동안 매년 말에 a원을 적립했을 때, n년 말의 원리합계
$\dfrac{a\{(1 + r)^n - 1\}}{(1 + r) - 1}$

(6) 분침과 시침 〔기출〕 국가유산진흥원, 대한적십자사, 아동권리보장원

구분	분침	시침
1분 동안 움직이는 각도	6°	0.5°
1시간 동안 움직이는 각도	360°	30°

3 확률과 통계를 위한 개념 및 공식

(1) 경우의 수 `기출`
한국수자원공사, 한전KPS, 부산교통공사, 건강보험심사평가원, 주택도시보증공사, 한국관광공사, 한국중소벤처기업유통원, 인천도시공사, 한국과학기술연구원, 대전테크노파크, 경기문화재단, 남양주도시공사, 한국표준협회

줄 세우기	1) n명을 한 줄로 세우는 경우의 수 $n! = n(n-1)(n-2)(n-3) \times \cdots \times 3 \times 2 \times 1$가지 **예** 5명을 한 줄로 세우는 경우의 수는? $5! = 5 \times 4 \times 3 \times 2 \times 1 = 120$가지 2) n명 중 r명을 뽑아 한 줄로 세우는 경우의 수 $_nP_r = \underbrace{n(n-1)(n-2) \times \cdots \times (n-r+1)}_{r개}$ **예** 5명 중 3명을 뽑아 한 줄로 세우는 경우의 수는? $_5P_3 = 5 \times 4 \times 3 = 60$가지
대표 뽑기	1) 직책이 다른 경우(순서를 생각해야 함) A, B, C 3명 중에서 반장, 부반장을 1명씩 뽑는 경우는 다음과 같은 순서쌍이 있다. (A, B), (A, C), (B, A), (B, C), (C, A), (C, B) 여기서 A와 B의 2명을 생각할 때, 'A가 반장이고 B가 부반장', 'B가 반장이고 A가 부반장'이 되는 2가지 경우는 서로 다른 방법이 된다. → 경우의 수는 $_3P_2 = 3 \times 2 = 6$가지이다. 2) 직책이 같은 경우(순서를 생각하지 않음) A, B, C 3명 중에서 대표 2명을 뽑는 경우의 수를 구할 때는 대표(A, B)와 대표(B, A)는 같은 경우가 된다. 즉, 순서는 상관이 없으므로 다음과 같은 순서쌍이 있다. (A, B), (A, C), (B, C) → 경우의 수는 $_nC_r = \dfrac{n(n-1) \cdots (n-r+1)}{r!}$이므로 $\dfrac{_3P_2}{2!} = \dfrac{3 \times 2}{2 \times 1} = 3$가지이다.
정수 만들기 (0을 처리하는 것에 주의)	1) 0이 아닌 서로 다른 숫자가 각각 적힌 n장의 카드에서 r장을 뽑아 만들 수 있는 r자리 정수는 $_nP_r = n(n-1)(n-2) \times \cdots \times (n-r+1)$개이다. 2) 0이 포함된 서로 다른 숫자가 각각 적힌 n장의 카드에서 r장을 뽑아 만들 수 있는 r자리 정수는 $\underbrace{(n-1) \times (n-1) \times (n-2) \times \cdots \times (n-r+1)}_{r개}$개이다.

(2) 확률 기출 한전KPS, 부산교통공사, 경기연구원, 한국과학기술연구원, 한국가스기술공사, 강원랜드, 경기환경에너지진흥원, 인천도시공사

① 확률의 정의

일어날 수 있는 모든 경우의 수를 n, 사건 A가 일어날 경우의 수를 r이라 하면 사건 A가 일어날 확률 $P(A) = \dfrac{r}{n}$이다.

② 확률의 덧셈과 곱셈

- 확률의 덧셈

    사건 A, B가 동시에 일어나지 않을 경우에 사건 A가 일어날 확률을 p, 사건 B가 일어날 확률을 q라고 하면, A 또는 B가 일어날 확률은 $p + q$이다.

    > 예 주머니 속에 빨간 공 7개, 파란 공 5개, 노란 공 3개가 있다. 이 중에 한 개의 공을 꺼낼 때, 빨간 공 또는 파란 공을 꺼낼 확률은?
    >
    > 빨간 공을 꺼낼 확률은 $\dfrac{7}{15}$, 파란 공을 꺼낼 확률은 $\dfrac{5}{15}$이다. 이 두 사건은 동시에 일어나지 않으므로 확률은 $\dfrac{7}{15} + \dfrac{5}{15} = \dfrac{4}{5}$이다.

- 확률의 곱셈

    두 사건 A, B가 서로 영향을 끼치지 않는 경우에 사건 A가 일어날 확률을 p, 사건 B가 일어날 확률을 q라고 하면, A, B가 동시에 일어날 확률은 $p \times q$이다.

    > 예 동전 한 개와 주사위 한 개를 동시에 던질 때, 동전의 앞면과 주사위의 짝수의 눈이 나올 확률은?
    >
    > 동전의 앞면이 나올 확률은 $\dfrac{1}{2}$, 주사위의 짝수의 눈이 나올 확률은 $\dfrac{3}{6} = \dfrac{1}{2}$이다. 이 두 사건은 서로 영향을 끼치지 않으므로 확률은 $\dfrac{1}{2} \times \dfrac{1}{2} = \dfrac{1}{4}$이다.

③ 여사건의 확률

사건 A가 일어나지 않을 확률 $P(A^c) = 1 - P(A)$이다.

> 예 3개의 O, X 문제에 무심코 답할 때, 적어도 한 개는 정답일 확률은?
>
> 한 문제를 답할 때 틀릴 확률은 $\dfrac{1}{2}$이다. 따라서 3문제 모두 틀릴 확률은 $\dfrac{1}{2} \times \dfrac{1}{2} \times \dfrac{1}{2} = \dfrac{1}{8}$이다. 이때 적어도 한 개는 정답일 확률은 전체에서 모두 틀리는 확률을 뺀 $1 - \dfrac{1}{8} = \dfrac{7}{8}$이다.

④ 조건부 확률

어떤 사건 B가 일어났을 때 사건 A가 일어날 확률 $P(A|B) = \dfrac{P(A \cap B)}{P(B)}$ 이다(단, A, B는 서로 독립이다).

> **예** 어느 회사는 같은 제품을 두 공장 A, B에서 각각 전체 제품의 40%, 60%를 생산하고 있다. 두 공장 A, B의 불량률은 각각 1%, 2%이다. 한 제품이 불량품이었을 때, 이 제품이 A공장에서 생산되었을 확률은?
>
> 생산량을 가정하고 계산하는 것이 가장 편하다. 전체 생산량을 1,000개라고 가정하면 각 공장에서의 불량품 수를 정리할 수 있다.
>
> | 구분 | 생산량 | 불량품 수(불량률) |
> |---|---|---|
> | A공장 | 400 | 4(1%) |
> | B공장 | 600 | 12(2%) |
> | 계 | 1,000 | 16 |
>
> 두 공장에서 나온 불량품은 모두 16개이고 이 중 4개가 A공장에서 생산되었으므로 한 제품이 불량품이었을 때, 이 제품이 A공장에서 생산되었을 확률은 $\dfrac{4}{16} = \dfrac{1}{4}$ 이다.

4 도형의 둘레와 넓이 공식 [기출]
한국중부발전, 부산교통공사, 한국산업단지공단, 경기환경에너지진흥원, 한국과학기술연구원

도형	공식	도형	공식
[정삼각형]	• 둘레: $3a$ • 넓이: $\dfrac{\sqrt{3}a^2}{4}$	[사다리꼴]	• 넓이: $\dfrac{(a+b)h}{2}$
[삼각형]	• 둘레: $a+b+c$ • 넓이: $\dfrac{bh}{2}$	[평행사변형]	• 넓이: ah
[정사각형]	• 둘레: $4a$ • 넓이: a^2	[원]	• 둘레: $2\pi r$ • 넓이: πr^2
[직사각형]	• 둘레: $2(a+b)$ • 넓이: ab	[구]	• 겉넓이: $4\pi r^2$ • 부피: $\dfrac{4\pi r^3}{3}$
[마름모]	• 넓이: $\dfrac{ab}{2}$		

5 수추리를 위한 기본 수열 ✓기출 한전KPS, 인천도시공사, 국가유산진흥원

① **등차수열**: 어떤 수에 차례로 일정한 수를 더하여 얻어지는 수의 나열이다.

1	→	3	→	5	→	7	→	9	→	11	→	13
	+2		+2		+2		+2		+2		+2	

② **등비수열**: 어떤 수에 차례로 일정한 수를 곱하여 얻어지는 수의 나열이다.

1	→	2	→	4	→	8	→	16	→	32	→	64
	×2		×2		×2		×2		×2		×2	

③ **등차 계차수열**: 직전 항과의 차가 일정하게 등차를 이루는 수의 나열이다.

1	→	2	→	4	→	7	→	11	→	16	→	22
	+1		+2		+3		+4		+5		+6	
	+1		+1		+1		+1		+1			

④ **등비 계차수열**: 직전 항과의 차가 일정하게 등비를 이루는 수의 나열이다.

1	→	3	→	7	→	15	→	31	→	63	→	127
	+2		+4		+8		+16		+32		+64	
	×2		×2		×2		×2		×2			

⑤ **건너뛰기 수열**: 두 개 이상의 수열이 일정한 간격을 두고 번갈아가며 나타나는 수의 나열

1	→	1	→	3	→	3	→	5	→	9	→	7	→	27

- 홀수항(1, 3, 5, 7, …)은 직전 홀수항에 +2의 규칙
- 짝수항(1, 3, 9, 27 …)은 직전 짝수항에 ×3의 규칙

⑥ **반복수열**: 두 개 이상의 연산기호가 반복되어 나타나는 수의 나열이다.

1	→	3	→	6	→	4	→	6	→	12	→	10
	+2		×2		-2		+2		×2		-2	

⑦ **피보나치 수열**: 앞의 두 항의 합이 그 다음 항의 수가 되는 수의 나열이다.

1	→	1	→	2	→	3	→	5	→	8	→	13
		1+1		1+2		2+3		3+5		5+8		

⑧ **군수열**: 몇 개의 항을 묶어 무리를 지었을 때 일정한 규칙을 보이는 수의 나열이다.

1	2	3	4	5	9	10	11	21	22	23	45

⎯ 1+2=3 ⎯⎯ 4+5=9 ⎯⎯ 10+11=21 ⎯⎯ 22+23=45 ⎯

6 도표분석을 위한 개념 및 계산식

(1) 도표와 관련한 기본 계산식
① A 대비 B의 증가량: $B - A$
② A 대비 B의 감소량: $|B - A|$
③ A 대비 B의 증가율(%): $(B - A) / A \times 100$
④ A 대비 B의 감소율(%): $|(B - A)| / A \times 100$
⑤ A 대비 B의 비율: $B / A \times 100$

(2) %(퍼센트)와 %p(퍼센트포인트)
① %(퍼센트): 전체의 수량을 100으로 할 때 해당 수량이 가지는 양을 말한다.
② %p(퍼센트포인트): %(퍼센트) 간의 차이를 말한다.

> **예** 한국사능력검정시험 합격률이 2023년에는 10%, 2024년에는 20%라고 한다면, '2024년은 2023년 대비 합격률이 100% 증가하였다'고 할 수 있고, '2024년은 2023년보다 합격률이 10%p 증가하였다'고 할 수도 있다.

STEP 02 기본문제

CHAPTER 02 수리능력

01 난이도 상 중 하

다음 숫자들이 일정한 규칙을 따르고 있을 때, 빈칸에 들어갈 알맞은 숫자를 고르면? | 국가유산진흥원 |

| 4 | 5 | 8 | 13 | 20 | 29 | 40 | 53 | ( ) |

① 62   ② 65   ③ 68   ④ 71   ⑤ 74

02 난이도 상 중 하

다음은 몸을 기본으로 한 길이 단위에 관한 설명이다. 제시된 자료를 토대로 키가 164cm인 박대리의 키를 A인치, B피트, C야드로 변환할 때, A + B + C의 값은 얼마인가? (단, A, B, C 계산 시 소수점 둘째 자리에서 반올림한다.) | 광주광역시북구시설관리공단, 공무원연금공단 |

서구권에서 사용하는 단위인 1인치는 손가락 한 마디 길이, 1피트는 발 길이, 1야드는 팔을 옆으로 벌릴 때 코끝에서 한쪽 손가락 끝까지의 길이에서 유래했다. 1인치는 2.54cm, 1피트는 30.48cm, 1야드는 91.44cm이다.

① 70.9   ② 71.2   ③ 71.5   ④ 71.8   ⑤ 72.1

03 난이도 상중하

다음 중 계산한 값이 옳지 않은 것은?

① $3.9 - \dfrac{3}{5} \times 0.4 = 3.66$

② $7 + \left(5 - \dfrac{3}{2}\right) \div 7 = 7.5$

③ $1 \div 4 \times \dfrac{3}{2} + 1 = 1.375$

④ $(2 - 5) \times -3 \times \dfrac{8}{5} = 14.4$

⑤ $-\dfrac{4}{5} - 2 \times -3 + 5 = 13.4$

04 난이도 상중하

부부인 A와 B가 양가 친척 1명당 선물을 1개씩 나눠주기로 하였다. 선물 포장에 대한 정보가 다음과 같을 때, A와 B가 포장한 선물의 개수는 모두 몇 개인가?

- A가 혼자서 친척들에게 줄 선물을 모두 포장하면 총 10시간이 걸린다.
- B가 혼자서 친척들에게 줄 선물을 모두 포장하면 총 8시간이 걸린다.
- A, B가 함께 친척들에게 줄 선물을 모두 포장하면 총 4시간이 걸린다.
- 1시간 동안 A, B가 함께 포장한 선물의 개수는 1시간 동안 A와 B가 혼자서 각각 포장한 선물의 개수의 합보다 2개가 많다.

① 80개 ② 84개 ③ 88개 ④ 92개 ⑤ 100개

05 난이도 상중하

A기업 입사 지원자의 남녀 비율은 4:6이고, 남자 지원자 중 수도권에 거주하는 비율은 30%, 여자 지원자 중 수도권에 거주하는 비율은 60%이다. 임의로 선택한 지원자가 비수도권에 거주할 때, 그 지원자가 여자일 확률은 얼마인가?

① $\dfrac{5}{13}$ ② $\dfrac{6}{13}$ ③ $\dfrac{7}{13}$ ④ $\dfrac{8}{13}$ ⑤ $\dfrac{9}{13}$

06 난이도 상중하

○○기업에 근무하는 김사원은 상품 판매 실적을 정리하거나 작년 한 해 동안의 업무 결과를 제시하는 등 A를 활용한 업무가 많다. A를 더 효율적으로 활용하기 위해 관련 내용을 찾아 다음과 같이 정리했다고 할 때, 밑줄 친 ㉠~㉣ 중 적절한 것만을 모두 고르면?

- (A)의 의미
  사회현상의 양을 반영하는 숫자이며, 특히 사회집단의 상황을 숫자로 표현한 것이다. 근래에는 자연적인 현상이나 추상적인 수치의 집단도 포함해서 일체의 집단적 현상을 숫자로 나타낸 것을 의미한다.

- (A)의 기능
  ㉠많은 수량적 자료의 처리가 가능하지만, 이를 쉽게 이해할 수 있는 형태로 축소시킬 수는 없다.
  ㉡표본을 통해 연구대상 집단의 특성을 유추한다.
  ㉢관찰 가능한 자료를 통해 논리적으로 어떠한 결론을 추출 및 검증한다.
  ㉣의사결정의 보조 수단이 된다.

① ㉠, ㉡ ② ㉠, ㉣ ③ ㉢, ㉣
④ ㉠, ㉡, ㉢ ⑤ ㉡, ㉢, ㉣

07 난이도 상중하

다음 중 다섯 숫자 요약에 대한 설명으로 적절하지 않은 것은?

① 제2사분위수는 중앙값에 해당한다.
② 최댓값이란 원자료 중 값의 크기가 가장 큰 값을 의미한다.
③ 최솟값이란 원자료 중 값의 크기가 가장 작은 값을 의미한다.
④ 평균값이 중앙값보다 높다는 의미는 자료 중에 매우 큰 값이 일부 있음을 의미한다.
⑤ 중앙값은 제시된 수를 큰 수대로 배열했을 때 정확하게 중간에 있는 값을 의미한다.

08 난이도 상 중 하

다음 중 도표의 특징으로 적절하지 않은 것은? | 안산도시공사, 국가유산진흥원 |

① 원 그래프는 내역이나 내용의 구성비를 원을 분할하여 나타내는 그래프이다.
② 선 그래프는 시간의 경과에 따른 수량의 변화를 절선의 기울기로 나타내는 그래프이다.
③ 점 그래프는 종축과 횡축에 1개의 요소를 두고, 보고자 하는 것이 어떤 위치에 있는가를 알고자 할 때 사용하는 그래프이다.
④ 막대 그래프는 비교하고자 하는 수량을 막대 길이로 표시하고 그 길이를 비교하여 각 수량 간의 대소 관계를 나타내는 그래프이다.
⑤ 방사형 그래프는 레이더 차트라고도 하며, 비교하는 수량을 직경 또는 반경으로 나누어 원의 중심에서의 거리에 따라 각 수량의 관계를 나타내는 그래프이다.

09 난이도 상 중 하

다음 중 도수분포표의 일반적인 작성 지침 및 절차에 대한 설명으로 적절하지 않은 것은?

① 각 구간의 폭은 같은 것이 바람직하다.
② 계급에 속하는 도수가 없거나 너무 적지 않게 구간을 결정해야 한다.
③ 계급의 수는 분포의 특성이 나타나도록 6개 이상 15개 미만이 바람직하다.
④ 계급의 폭(= 범위 / 계급의 수)을 버림으로 하여 소수를 정리한 후 계급의 폭을 조정한다.
⑤ 도수분포표를 작성하기 위해 가장 먼저 자료의 범위(= 최댓값 - 최솟값)를 확정해야 한다.

10 난이도 상 중 하

다음 중 데이터 시각화를 해야 하는 이유로 적절하지 않은 것은?

① 많은 양의 데이터를 한눈에 볼 수 있다.
② 데이터 시각화를 활용할 수 있는 분야와 방법이 무궁무진하다.
③ 효과적인 데이터 인사이트 공유로 데이터 기반의 의사결정을 할 수 있다.
④ 데이터 분석에 대한 전문 지식이 없어도 누구나 쉽게 데이터 인사이트를 찾을 수 있다.
⑤ 요약된 통계치에 근사한 데이터 분석 결과를 도출할 수 있다.

정답 및 해설 18p

STEP 03 심화문제

CHAPTER 02 수리능력

01 난이도 상중하

다음 식의 연산 규칙을 적용하면 11 ◆ 4의 값은 얼마인가?

> 5 ◆ 8 = 30   2 ◆ 14 = 18   6 ◆ 7 = 32   9 ◆ 13 = 107

① 26　　② 28　　③ 30　　④ 32　　⑤ 34

02 난이도 상중하

다음 중 사칙연산에 대한 설명으로 적절하지 않은 것은?　　| 한국건강가정진흥원 |

① 수식 계산은 괄호를 먼저 계산한다.
② 곱셈과 나눗셈을 덧셈과 뺄셈보다 먼저 계산한다.
③ 일반적으로 교환법칙, 결합법칙, 분배법칙이 성립한다.
④ 수에 관한 덧셈, 뺄셈, 곱셈, 나눗셈의 네 종류의 계산법을 말한다.
⑤ '( )'와 '{ }'가 있을 때에는 { } 안의 식을 먼저 계산한 뒤 ( ) 안의 식을 나중에 계산한다

03 난이도 상중하

다음은 A~E사의 수출액과 수입액에 관한 자료이다. 각국의 수출액을 구하는 식으로 옳은 것은?

구분	수출액 대비 수입액 비율(%)	수입액(천만 원)	수출액(천만 원)
A사	55	5,600	
B사	45	6,400	
C사	53	7,500	
D사	35	9,000	
E사	47	8,400	

① 수입액 / 수출액 대비 수입액 비율
② 수입액 / 수출액 대비 수입액 비율 / 100
③ 수입액 / 수출액 대비 수입액 비율 × 100
④ 수출액 대비 수입액 비율 / 수입액 × 100
⑤ 수출액 대비 수입액 비율 / 수입액 / 100

04 난이도 상중하

다음 대화를 토대로 A대리가 처음에 가지고 있었던 노끈의 길이를 구하면 얼마인가?

> A대리: "제가 현재 가지고 있는 노끈은 60cm밖에 안돼요."
> B대리: "노끈이 60cm밖에 안 남았어요? 제가 A대리의 노끈을 절반 사용해서 그런가요?"
> A대리: "아니에요. B대리가 새 노끈의 절반을 사용한 후에, C대리가 남은 길이의 절반을 사용했고 그 남은 것에서 D대리가 2/5를 남기고 사용했어요."

① 3m ② 4m ③ 5m ④ 6m ⑤ 7m

05

A부서장은 각 부서원에게 15,000원짜리 답례품을 1개씩 주려고 하는데, 총 부서원이 몇 명인지 정확히 기억나지 않았다. 다음 정보를 토대로 총 부서원 수를 알아냈다고 할 때, A부서장이 부서원 모두에게 답례품을 주는 데 드는 총비용은 얼마인가?

- 올해 신년회에서 부서원이 각 테이블에 6명씩 채워 앉았더니 모든 부서원이 테이블에 앉았고, 테이블 6개는 모두 비워져 있었다.
- 올해 송년회에서 부서원이 각 테이블에 4명씩 앉았더니 부서원 6명이 앉지 못했다.
- 올해 신년회와 송년회에 준비된 테이블 수는 동일했다.
- 올해 신년회와 송년회를 비롯해 지금까지 부서원 중 새로 입사하거나 퇴사한 사람은 없으며, 모든 부서원은 신년회와 송년회에 다 참여하였다.

① 1,230,000원 ② 1,260,000원 ③ 1,290,000원
④ 1,320,000원 ⑤ 1,350,000원

06

다음은 T사의 지점별 매출액에 관한 자료이다. ㉠ + ㉡의 값은 얼마인가?

〈표〉 T사 지점별 매출액

(단위: 만 원, %)

지점	매출액	매출액 비중
A지점	50,000	(㉠)
B지점	28,000	
C지점	37,500	(㉡)
D지점	64,500	
E지점	70,000	

① 31 ② 33.3 ③ 35 ④ 36.4 ⑤ 38

07 난이도 상중하

다음 연산에서 사용되지 않은 법칙을 고르면?

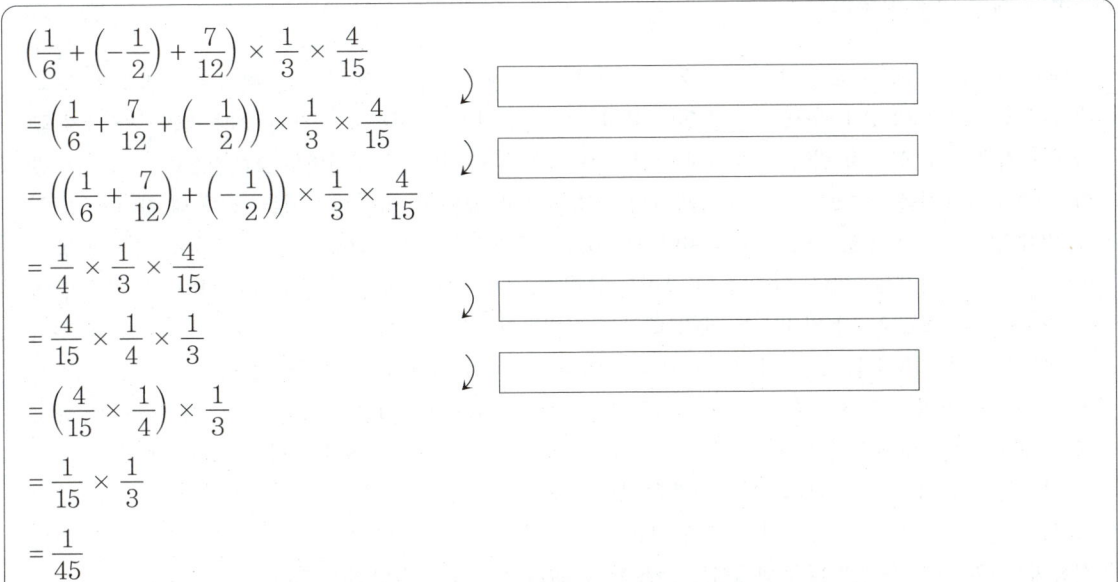

① 분배법칙 ② 곱셈의 교환법칙 ③ 곱셈의 결합법칙
④ 덧셈의 교환법칙 ⑤ 덧셈의 결합법칙

08 난이도 상중하

지현은 강 상류의 어느 지점에서 15km 떨어진 하류 지점까지 배를 타고 이동한 후 다시 상류 지점으로 이동하려고 한다. 배의 속력은 강물의 속력보다 5km/h가 빠르고, 하류 지점에서 상류 지점까지 가는 데 걸린 시간과 상류 지점에서 하류 지점까지 가는 데 걸린 시간의 차이가 2시간이라고 할 때, 배의 속력은 몇 km/h인가?

| 광주광역시북구시설관리공단, 한전KPS, 건강보험심사평가원 |

① 5km/h ② 7km/h ③ 8km/h ④ 10km/h ⑤ 11km/h

09 난이도 상 중 하

다음은 검산방법 중 하나인 구거법에 관한 자료이다. 자료를 토대로 구거법에 대해 잘못 이해한 사람만을 <보기>에서 모두 고르면?

> 대표적인 검산방법으로 역연산을 사용하고 있다. 역연산은 덧셈은 뺄셈으로, 뺄셈은 덧셈으로, 곱셈은 나눗셈으로, 그리고 나눗셈은 곱셈으로 확인하는 방법이며, 번거롭고 시간이 오래 걸리지만 가장 확실하게 검산할 수 있는 방법이다. 여기에 역연산보다 더 간편한 방법인 구거법도 오래전부터 사용되어 왔다. 구거법이란 9를 버리고 남은 수로 계산하는 방법으로, 9를 버리는 방법에는 크게 세 가지가 있다. 첫 번째 방법은 수를 9로 나누어 나머지만 생각하는 방법이다. 예를 들어 569,342를 9로 나누면 몫이 63,260이고 나머지가 2이다. 그러나 이 방법은 복잡하고 시간이 오래 걸리는 단점이 있다. 두 번째 방법은 한 자릿수가 되도록 각 자릿수를 계속 더하는 방법이다. 예를 들어 5 + 6 + 9 + 3 + 4 + 2 = 29이고, 이 수의 각 자릿수를 또 더하면 2 + 9 = 11이 된다. 여기서 다시 각 자릿수를 더하면 1 + 1 = 2가 된다. 마지막 방법은 각 자릿수 중 9이거나 두 자릿수를 합해서 9가 되면 버리는 방법이다. 569,342에서 그 자체가 9인 천의 자릿수 9와, 합해서 9가 되는 5와 4, 6과 3을 버리면 2가 남게 된다. 위 방법 중 어떤 방법을 사용하든 569,342의 나머지, 즉 검산 수는 2가 나온다. 이와 같이 구거법은 검산 수를 가지고 사칙계산을 하여 처음 계산한 결과와 맞는지를 확인하는 방법이다. 다만 구거법은 덧셈과 뺄셈에는 적용할 수 있지만, 곱셈과 나눗셈에서는 적용할 수 없다는 치명적인 단점이 있다.

/ 보기 /

A사원: "곱셈이 들어있는 사칙연산에는 구거법을 사용할 수 없어."
B사원: "구거법 중 마지막 방법으로 987,321을 표현하면 검산 수는 0이야."
C사원: "구거법 중 두 번째 방법은 각 자릿수를 9 이하가 되도록 계속 더해야 해."
D사원: "5,049 + 3,047 = 8,096을 구거법 중 마지막 방법을 이용하여 표현하면 9 + 5 = 14야."

① A사원
② B사원
③ A사원, C사원
④ B사원, D사원
⑤ B사원, C사원, D사원

10 난이도 상 중 하

다음은 ○○사에 근무하는 이사원이 이번 달 지점별 상품 판매 정보를 정리한 엑셀시트이다. 이사원이 마 지점의 판매 개수를 실수로 삭제하여 〈보기〉의 역연산 방법을 통해 그 값을 찾았다고 할 때, $\frac{A}{B}$의 값은 얼마인가?

▲	A	B	C
1	구분	판매 개수	1개당 가격
2	가 지점	50개	3,000원
3	나 지점	35개	
4	다 지점	30개	
5	라 지점	60개	
6	마 지점		
7			
8	총판매금액	675,000원	

/ 보기 /

- 총판매금액 공식

  총판매금액 = (가 지점의 판매 개수 + 나 지점의 판매 개수 + 다 지점의 판매 개수 + 라 지점의 판매 개수 + 마 지점의 판매 개수) × 3,000

- 역연산 방법

  1. (A) ÷ 3,000 = 225
  2. 225 − 50 − 35 − 30 − 60 − 마 지점의 판매 개수 = 0
  ∴ 마 지점의 판매 개수 = (B)

① 11,250　　② 13,500　　③ 16,870　　④ 19,600　　⑤ 22,500

11

농도가 15%인 소금물 400g에서 절반을 버린 후 물 70g과 소금을 넣어 주었더니 농도가 25%인 소금물이 되었다. 이때, 추가한 소금의 양은 몇 g인가? | 남양주도시공사, 한국표준협회, 대한적십자사, 국가유산진흥원 |

① 30g　　② 35g　　③ 40g　　④ 45g　　⑤ 50g

12

다음 글에서 설명하는 통계의 함정으로 가장 적절한 것은?

> 달러당 환율이 하루에 10원 오르내리는 것은 상당히 큰 변화다. 하지만 그래프의 한 눈금을 1백 원 단위로 해서 1천 3백 원까지 눈금을 모두 그리고 그 안에서 변동을 표시한다면 어떨까? 10원 오르내리는 것은 거의 변화가 없는 것처럼 보일 것이다. 이와 마찬가지로 숫자가 너무 클 때 그래프 중간을 생략했다는 의미의 물결선을 그리고 눈금을 적당히 조절하면, 매출이 별로 늘지 않은 기업도 많이 성장한 것처럼 보이게 할 수 있다.

① 잘못된 인과관계 추론
② 너무 작은 표본에 기초한 결론
③ 시각적 도해를 활용한 왜곡
④ 잘못된 조사 방법을 활용한 오류
⑤ 백분율의 배수 차이에 너무 큰 의미를 부여

13

다음 중 통계에 대한 설명으로 적절하지 않은 것은?

① 평균과 표준편차만으로 원자료의 전체적인 형태 추측이 가능하다.
② 관찰 가능한 자료를 통해 논리적으로 어떠한 결론을 추출 또는 검증한다.
③ 많은 수량적 자료를 처리 가능하고 쉽게 이해할 수 있는 형태로 축소시킨다.
④ 많은 시간과 비용이 드는 전수조사보다 전체의 특성을 유추하는 표본조사를 사용한다.
⑤ 통계는 어떤 현상의 상태를 양으로 반영하는 숫자이며, 사회집단의 상황을 숫자로 표현한 것이다.

14 난이도 상중하

다음은 M사 채용 필기시험 합격자의 점수 분포에 관한 자료이다. 중앙값을 A, 평균값을 B, 분산을 C라고 할 때, A + B − 5C의 값은?

| 한국원자력환경공단 |

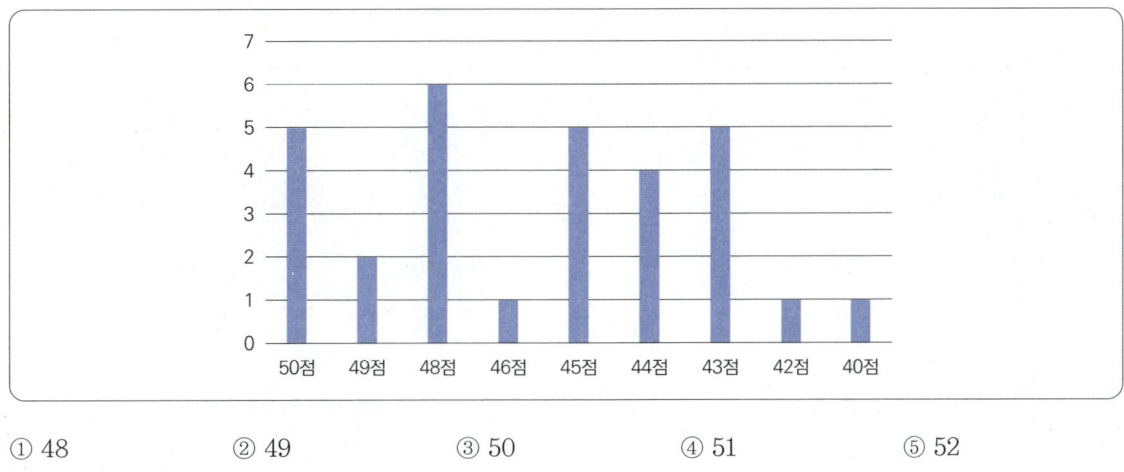

① 48 ② 49 ③ 50 ④ 51 ⑤ 52

15 난이도 상중하

다음 자료의 다섯 숫자 요약으로 옳지 않은 것은?

100, 250, 120, 190, 270, 180, 200, 110, 140, 220, 150, 240, 170, 260, 300, 290

① 최솟값은 100이다.
② 최댓값은 300이다.
③ 중앙값은 195이다.
④ 하위 25%의 값은 145이다.
⑤ 상위 25%의 값은 265이다.

16

다음은 A~E팀 직원의 평가 점수 분포를 나타낸 히스토그램이다. 모든 팀의 평균이 5점일 때, 표준편차가 가장 작은 팀은 어느 팀인가?

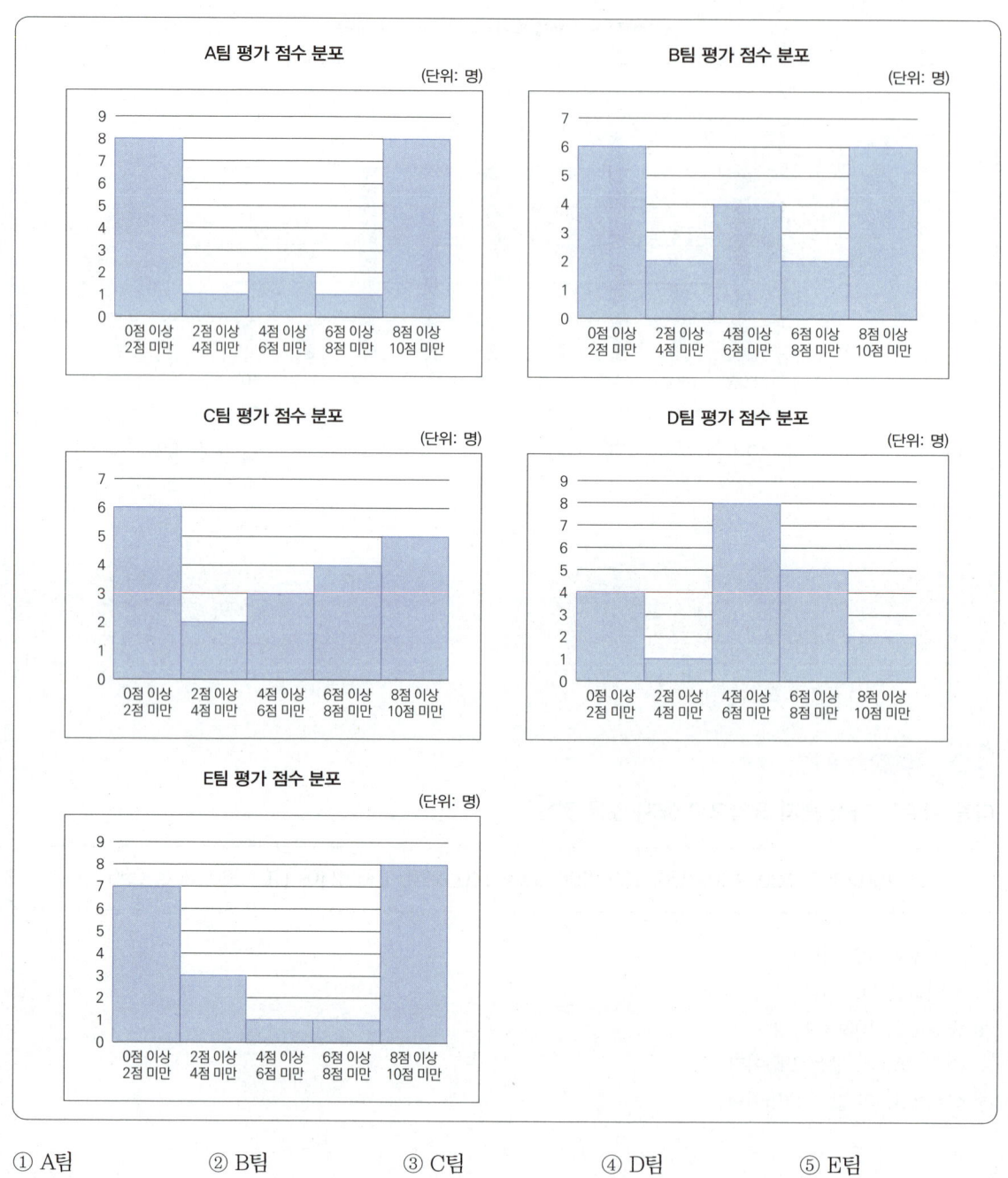

① A팀　　② B팀　　③ C팀　　④ D팀　　⑤ E팀

17 난이도 상중하

다음 대화를 토대로 B팀이 결승 7차전에서 최종 우승할 확률은 얼마인가? (단, 무승부는 없다.)

> 아나운서: "안녕하세요. 여기는 결승 4차전이 열리고 있는 ○○경기장입니다. 지난 3차전까지 A팀이 2승, B팀이 1승을 가져갔는데요. 이번 결승전은 7전4선승제 승부로 진행되고 있죠?"
> 해설자: "네, 맞습니다. 이번 대회는 결승 7차전 중 먼저 4승을 거둔 팀이 최종 우승을 하게 됩니다."
> 아나운서: "결승에 올라온 팀답게 경기당 승률은 A팀과 B팀 모두 동일하군요."
> 해설자: "과연 결승 4차전은 누가 이기게 될지 경기 함께 지켜보시죠."

① $\frac{1}{8}$ ② $\frac{3}{16}$ ③ $\frac{1}{4}$ ④ $\frac{5}{16}$ ⑤ $\frac{3}{8}$

18 난이도 상중하

재무팀 직원 2명, 인사팀 직원 3명, 마케팅팀 직원 4명이 원형 테이블에서 식사를 하려고 한다. 같은 팀 직원끼리 이웃하여 앉을 때, 앉을 수 있는 경우의 수는 총 몇 가지인가? | 한전KPS |

① 540가지 ② 576가지 ③ 612가지 ④ 648가지 ⑤ 684가지

19 난이도 상중하

다음은 A팀 직원 10명의 인사평가 점수이다. 이들의 점수 평균을 A, 분산을 B라고 할 때, A + B의 값은 얼마인가? | 해양환경공단, 경기주택도시공사, 한국산업안전보건공단 |

직원	김○○	이○○	박○○	차○○	나○○	진○○	고○○	장○○	모○○	구○○
점수	8점	10점	9점	6점	7점	8점	10점	8점	7점	7점

① 7.8 ② 8.4 ③ 9.0 ④ 9.6 ⑤ 10.2

20

다음 중 업무수행 과정에서 사용하는 통계치에 대한 설명으로 적절하지 않은 것은?

① 백분율은 백분비라고도 하며, 기호는 %(퍼센트)이다.
② 평균이란 전체 사례의 수치를 합한 후에 총사례 수로 나눈 값이다.
③ 빈도란 어떤 사건이 일어나거나 증상이 나타나는 정도를 의미한다.
④ 빈도분포란 상대적 빈도분포와 누가적 빈도분포로 나누어 표시하기도 한다.
⑤ 백분율이란 전체의 수량을 100으로 하여 나타내려는 수량의 비율을 의미하며, 100분의 1은 0.01%이다.

21

○○기업에 근무하는 최사원은 지난달 매출 도표를 토대로 보고서를 작성하던 중 도표를 분석하는 것이 어려워 같은 팀 한대리에게 도표분석 방법에 대해 조언을 구했다. 다음 중 한대리가 최사원에게 조언한 내용으로 적절하지 않은 것은?

① "백분위수와 사분위수를 정확히 이해해야 합니다."
② "도표에 제시된 자료의 의미를 정확히 숙지해야 합니다."
③ "총량의 증가와 비율의 증가를 구분할 줄 알아야 합니다."
④ "도표로부터 알 수 있는 것과 없는 것을 구별할 줄 알아야 합니다."
⑤ "도표분석에는 높은 수준의 지식이 요구되므로 관련 지식을 익혀둬야 합니다."

22 난이도 상 중 하

다음은 갑국의 전년 대비 소비자물가지수의 증가율에 관한 자료이다. 소비자물가지수는 2021년 기준(= 100)으로 작성된다고 할 때, 2021년 대비 2024년에 소비자물가지수가 가장 많이 증가한 항목은?

〈표〉 전년 대비 소비자물가지수의 증가율

(단위: %)

구분	2022년	2023년	2024년
농축산물지수	1.0	1.9	1.5
공업제품지수	0.7	2.5	1.6
전기·수도·가스지수	6.5	6.2	3.6
공공서비스지수	1.6	1.5	1.2
개인서비스지수	1.9	1.5	1.2

① 농축산물지수　　② 공업제품지수　　③ 전기·수도·가스지수
④ 공공서비스지수　　⑤ 개인서비스지수

[23~24] 다음은 건설사업 관리기술인 노임가격에 관한 자료이다. 이어지는 물음에 답하시오.

〈표 1〉 건설사업 관리기술인 등급별 1일 노임가격

(단위: 원)

구분	2020년	2021년	2022년	2023년
특급	298,590	311,200	322,740	319,180
고급	252,980	261,930	271,760	278,250
중급	205,860	213,200	225,620	237,200
초급	157,020	169,180	178,000	170,850

〈표 2〉 건설사업 관리기술인 직종별 1일 노임가격

(단위: 원)

구분	2022년 상반기	2022년 하반기	2023년 상반기	2023년 하반기
일반공사	181,100	190,700	197,900	203,900
광전자	282,600	305,600	316,640	330,430
문화재	230,320	237,460	244,130	252,020
원자력	222,900	224,200	219,300	220,200
기타	209,340	224,040	231,980	242,860

23 난이도 상 중 하

위의 자료에 대한 설명으로 옳지 않은 것은?

① 2022년 하반기에 광전자 직종 1일 노임가격의 전반기 대비 증가율은 6% 이상이다.
② 2022년 상·하반기에 기타를 제외한 4개 직종을 1일 노임가격이 높은 순서대로 나열하면 그 순서가 서로 동일하다.
③ 2021~2023년 동안 1일 노임가격의 전년 대비 증감 추이가 특급 관리기술인과 동일한 등급은 2개 등급이다.
④ 2022년 상반기~2023년 하반기 중 원자력 직종과 일반공사 직종의 1일 노임가격 차이가 가장 작은 때는 2023년 하반기이다.
⑤ 2020~2023년 중 초급 관리기술인 1일 노임가격이 가장 높은 해에 특급 관리기술인의 1일 노임가격은 초급 관리기술인의 1.5배 이상이다.

24 난이도 상 중 하

위의 자료에 대한 설명으로 옳은 것만을 〈보기〉에서 모두 고르면?

/ 보기 /
㉠ 2023년 하반기에 문화재 직종 1일 노임가격의 전년 동반기 대비 증가량은 기타 직종보다 작다.
㉡ 2021년에 고급 관리기술인의 1일 노임가격은 4개 등급의 평균보다 낮다.
㉢ 2023년에 1일 노임가격의 전년 대비 감소량은 특급 관리기술인보다 초급 관리기술인이 더 크다.
㉣ 2022년 상반기에 일반공사 직종 1일 노임가격 대비 광전자 직종 1일 노임가격의 비율은 150% 이상이다.

① ㉠, ㉡
② ㉡, ㉢
③ ㉢, ㉣
④ ㉠, ㉡, ㉣
⑤ ㉠, ㉢, ㉣

25

다음은 교통사고 현황에 관한 자료이다. 이에 대한 설명으로 옳지 않은 것은?

〈표〉 교통사고 현황

(단위: 건, 명, %)

구분	2016년	2017년	2018년	2019년	2020년	2021년
교통사고 건수	220,914	216,335	217,148	229,600	209,654	203,130
자동차 1만 대당 교통사고 건수	1.8	1.6	1.4	1.2	1.1	1.0
인구 10만 명당 교통사고 사망자 수	8.5	8.1	7.3	6.5	5.9	5.6
보행자 교통사고 사망자 구성비	39.9	40.0	39.3	38.9	35.5	34.9

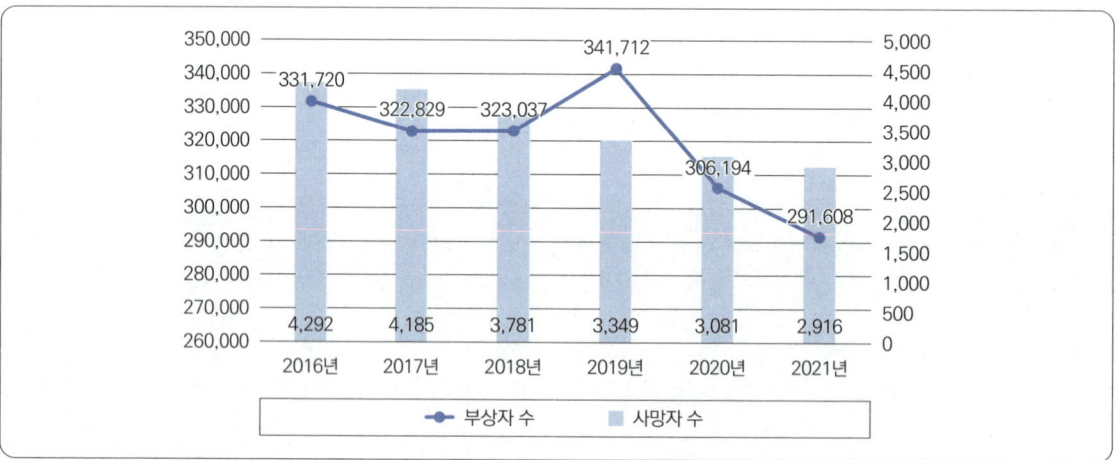

〈그래프〉 교통사고 사상자 수

① 조사기간 중 교통사고 부상자 수가 가장 많은 해에 교통사고 건수도 가장 많다.
② 2017~2021년 내내 자동차 1만 대당 교통사고 건수와 인구 10만 명당 교통사고 사망자 수의 전년 대비 증감 추이가 동일하다.
③ 전년 대비 2021년에 인구는 증가했다.
④ 2017~2021년 중 보행자 교통사고 사망자 구성비가 전년 대비 증가한 해에 보행자 교통사고 사망자는 1,674명이다.
⑤ 2016년 대비 2021년에 전체 자동차 대수의 증가량은 80,000만 대 이상이다.

26 난이도 상 중 하

다음 중 도표의 분류상 성격이 다른 것은?

① 선 그래프 ② 원 그래프 ③ 점 그래프 ④ 비교 그래프 ⑤ 막대 그래프

27 난이도 상 중 하

다음은 A~E 5개 도시의 인구 천 명당 자동차 등록 대수와 전체 자동차 등록 대수에 관한 자료이다. A~E도시 중 인구가 세 번째로 많은 도시는?

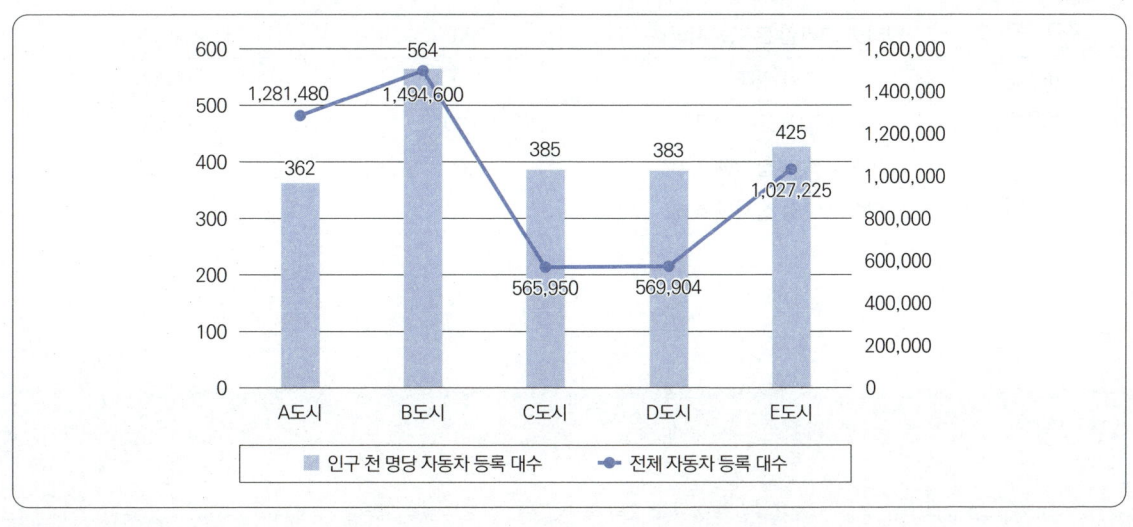

〈그래프〉 인구 천 명당 자동차 등록 대수 및 전체 자동차 등록 대수
(단위: 대)

① A도시 ② B도시 ③ C도시 ④ D도시 ⑤ E도시

28-29 다음은 만화산업의 업종별 현황에 관한 자료이다. 이어지는 물음에 답하시오.

〈표 1〉 만화산업의 업종별 사업체 수

(단위: 개)

구분		2022년	2023년	2024년
만화 출판업	만화 출판사	94	99	83
	일반 출판사(만화 부문)	108	104	98
온라인 만화 제작·유통업	인터넷·모바일 콘텐츠 제작	50	57	72
	인터넷·모바일 콘텐츠 서비스	35	33	42
만화책 임대업	만화 임대	821	744	690
	서적 임대(만화 부문)	2,131	1,865	1,806
만화 도소매업	만화서적 및 잡지류 도매	192	166	162
	만화서적 및 잡지류 소매	4,295	4,104	3,675

〈표 2〉 2024년 만화산업의 업종별 종사자 수 및 매출액

(단위: 명, 백만 원)

구분		종사자 수	매출액
만화 출판업	만화 출판사	780	163,260
	일반 출판사(만화 부문)	1,820	379,210
온라인 만화 제작·유통업	인터넷·모바일 콘텐츠 제작	300	46,670
	인터넷·모바일 콘텐츠 서비스	620	219,000
만화책 임대업	만화 임대	980	27,260
	서적 임대(만화 부문)	2,790	50,620
만화 도소매업	만화서적 및 잡지류 도매	790	63,730
	만화서적 및 잡지류 소매	2,680	228,870

28 난이도 상 중 하

위의 자료에 대한 설명으로 옳지 않은 것은?

① 2024년에 만화 출판업의 매출액은 550,000만 원 이하이다.
② 전년 대비 2023년에 만화책 임대업의 사업체 수는 감소했다.
③ 2024년에 인터넷·모바일 콘텐츠 제작업체 1개당 매출액은 640백만 원 이상이다.
④ 2024년에 만화서적 및 잡지류 소매의 종사자 수는 만화 출판사의 3배 이상이다.
⑤ 2022년에 온라인 만화 제작·유통업의 사업체 수에서 인터넷·모바일 콘텐츠 서비스가 차지하는 비중은 40% 이상이다.

29 난이도 상 중 하

2024년에 만화 출판업, 온라인 만화 제작·유통업, 만화책 임대업, 만화 도소매업 중 종사자 1인당 매출액이 가장 큰 업종과 그 업종의 2024년 종사자 1인당 매출액을 바르게 나열한 것은? (단, 1인당 매출액은 십만 원 단위에서 반올림한다.)

① 만화 출판업, 209백만 원
② 만화 출판업, 290백만 원
③ 온라인 만화 제작·유통업, 289백만 원
④ 만화책 임대업, 210백만 원
⑤ 만화 도소매업, 840백만 원

30 난이도 상 중 하

다음은 9개 유제품별 국내 생산량 및 국내 소비량에 관한 자료이다. 이에 대한 설명으로 옳지 않은 것은?

⟨표 1⟩ 유제품별 국내 생산량

(단위: 톤)

구분	2017년	2018년	2019년	2020년
백색시유	1,368,787	1,378,255	1,378,364	1,362,497
가공시유	317,812	309,198	323,561	285,267
발효유	560,990	556,216	583,690	571,599
연유	11,655	11,278	12,262	11,872
치즈	35,214	37,322	41,491	44,671
조제분유	16,727	18,163	16,565	12,501
버터	2,420	1,958	2,757	3,574
전지분유	1,798	1,284	1,478	1,289
탈지분유	9,041	8,018	9,356	12,974

⟨표 2⟩ 유제품별 국내 소비량

(단위: 톤)

구분	2017년	2018년	2019년	2020년
백색시유	1,368,787	1,378,255	1,378,364	1,362,497
가공시유	317,812	309,198	323,561	285,267
발효유	555,081	551,259	578,407	564,719
연유	7,497	7,522	6,338	4,410
치즈	158,612	154,679	166,150	188,231
조제분유	13,771	13,908	12,117	8,831
버터	11,469	13,093	16,949	17,870
전지분유	6,581	6,382	6,616	6,937
탈지분유	33,890	34,745	32,320	26,190

※ 국내 소비량 = 국내 생산량 + 해외 수입량

① 2020년에 국내 생산량이 국내 소비량보다 많은 유제품은 3개이다.
② 조사기간 내내 국내 생산량이 많은 상위 3개 유제품은 동일하다.
③ 조사기간 중 가공시유 국내 생산량이 가장 많은 해와 가공시유 국내 소비량이 가장 많은 해는 동일하다.
④ 조사기간 중 버터 국내 소비량이 가장 많은 해에 버터의 국내 소비량 대비 국내 생산량의 비율은 20%이다.
⑤ 2018~2020년 내내 연유 국내 생산량의 전년 대비 증감 추이와 연유 국내 소비량의 전년 대비 증감 추이는 동일하다.

31 난이도 상 중 하

다음은 7개 도시의 기초생활수급자에 관한 자료이다. 이에 대한 설명으로 옳지 않은 것은?

⟨표⟩ 7개 도시의 기초생활수급자

(단위: 명)

구분	2020년	2021년	2022년	2023년	2024년
서울	258,427	267,023	263,347	289,342	317,269
부산	152,389	149,528	145,113	159,031	172,439
대구	113,152	107,763	103,132	110,495	117,594
인천	97,334	100,301	98,789	110,257	122,027
광주	71,683	69,420	65,712	72,757	76,193
대전	53,930	54,490	52,357	56,324	59,317
울산	21,375	18,776	18,821	22,939	26,594

※ 기초생활수급자 = 일반수급자 + 시설수급자

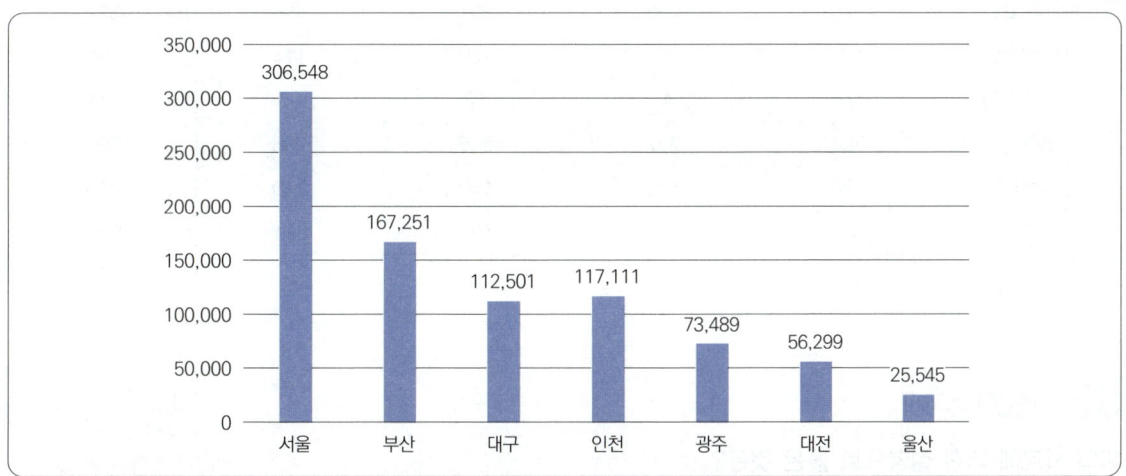

⟨그래프⟩ 2024년 7개 도시의 일반수급자

(단위: 명)

① 2024년에 부산의 시설수급자는 인천의 시설수급자보다 많다.
② 2020년 대비 2024년에 광주의 기초생활수급자 증가량은 4,510명이다.
③ 2024년에 울산의 기초생활수급자 중 일반수급자가 차지하는 비중은 95% 이상이다.
④ 2021~2024년 내내 대구의 기초생활수급자의 전년 대비 증감 추이는 대전과 동일하다.
⑤ 2021~2024년 중 서울의 기초생활수급자가 가장 많은 해에 부산의 기초생활수급자는 전년 대비 증가했다.

32~33 다음은 발화요인별 화재 발생 건수 및 부상자 수에 관한 자료이다. 이어지는 물음에 답하시오.

〈표 1〉 발화요인별 화재 발생 건수

(단위: 건)

구분	2020년	2021년	2022년	2023년	2024년
합계	44,435	43,413	44,178	42,338	40,103
전기적 요인	8,980	8,962	9,264	10,471	9,459
기계적 요인	4,511	5,187	4,489	4,619	4,046
화학적 요인	146	625	625	604	624
부주의	23,525	22,629	23,429	20,352	20,149
방화	1,262	987	898	917	805
기타	6,011	5,023	5,473	5,375	5,020

〈표 2〉 발화요인별 부상자 수

(단위: 명)

구분	2020년	2021년	2022년	2023년	2024년
합계	1,837	1,718	1,865	2,225	2,230
전기적 요인	273	296	201	466	331
기계적 요인	91	92	129	114	78
화학적 요인	92	49	42	66	111
부주의	784	757	855	798	891
방화	190	145	140	210	213
기타	407	379	498	571	606

32

위의 자료에 대한 설명으로 옳은 것은?

① 2022년에 방화로 인한 화재 1건당 부상자 수는 0.1명 이하이다.
② 2020년 대비 2024년에 전체 부상자 수의 증가율은 20% 이하이다.
③ 조사기간 중 부주의로 인한 화재 발생 건수가 가장 많은 해는 2024년이다.
④ 기타를 제외하고 화재 발생 건수가 많은 순으로 발화요인을 나열했을 때 2021년과 2023년의 순위는 다르다.
⑤ 2021~2024년 중 화학적 요인으로 인한 화재 발생 건수가 전년 대비 감소한 해에 화학적 요인으로 인한 부상자 수의 전년 대비 증가량은 24명이다.

33 난이도 상 중 하

2021년에 기타를 제외한 5개 발화요인 중 부상자 수가 세 번째로 많은 발화요인의 2021~2024년 전년 대비 부상자 수 증가량을 나타낸 그래프로 옳은 것은?

① (단위: 명)
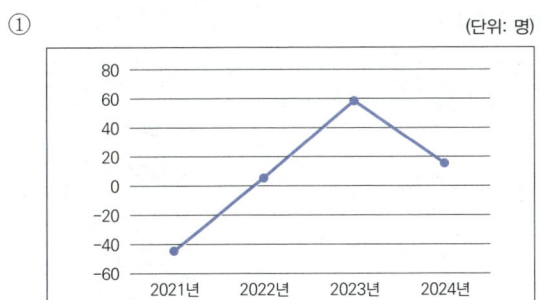

② (단위: 명)
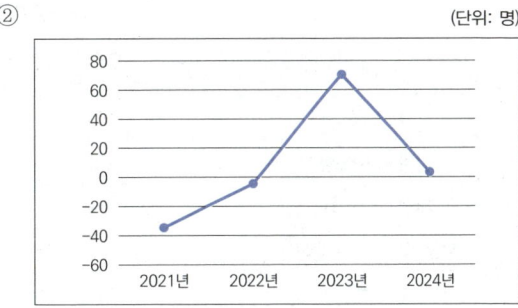

③ (단위: 명)
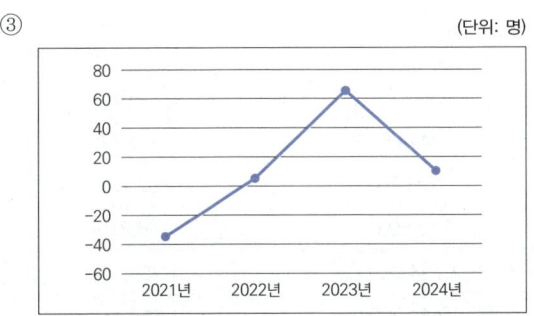

④ (단위: 명)
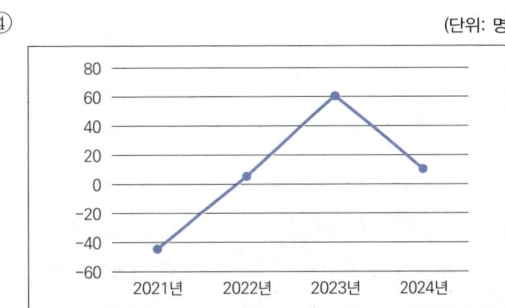

⑤ (단위: 명)
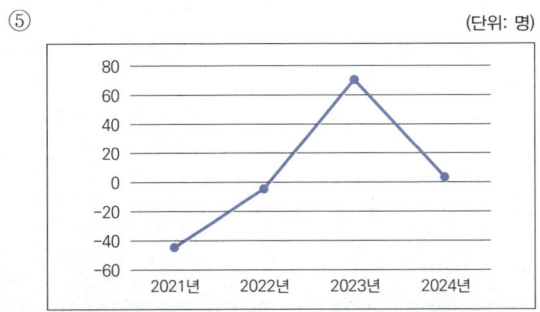

34 난이도 상 중 하

다음은 부문별 로봇산업 기업 수와 매출액에 관한 자료이다. 2019~2020년 동안 전년 대비 부품 및 소프트웨어 기업 수의 증가량이 가장 많은 해에 부문별 기업 1개당 매출액을 나타내는 그래프로 옳은 것은?

〈표 1〉 부문별 로봇산업 기업 수

(단위: 개)

구분	2018년	2019년	2020년
제조용	507	525	542
전문서비스용	237	244	254
개인서비스용	99	106	132
부품 및 소프트웨어	1,250	1,360	1,450
시스템	715	742	805

〈표 2〉 부문별 로봇산업 매출액

(단위: 백만 원)

구분	2018년	2019년	2020년
제조용	2,754,124	2,944,282	3,015,248
전문서비스용	305,548	319,926	352,151
개인서비스용	298,848	315,893	346,215
부품 및 소프트웨어	1,654,848	1,754,959	1,954,165
시스템	1,254,545	1,444,229	1,651,155

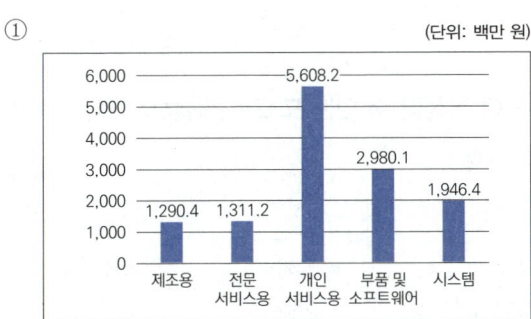

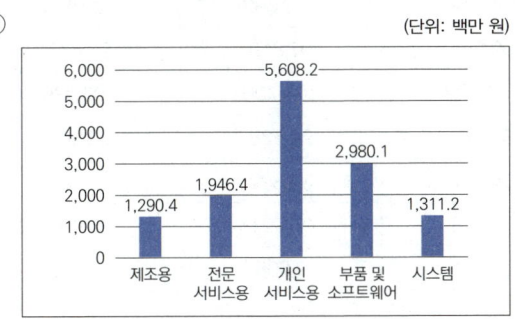
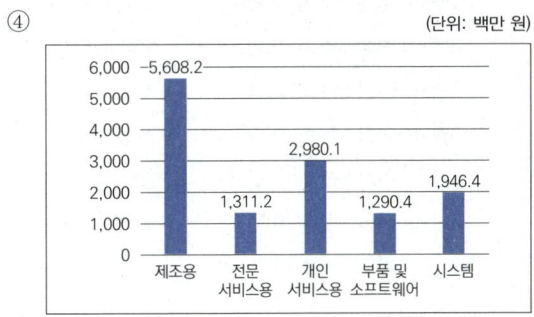
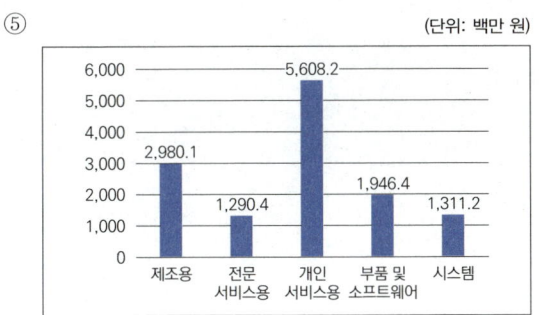

35 난이도 상 중 하

다음은 면적별 건축물 현황에 관한 자료이다. 이를 활용하여 작성할 수 있는 도표로 적절하지 않은 것은?

〈표〉 면적별 건축물 현황

(단위: 동)

구분	2021년	2022년	2023년	2024년
합계	628,947	620,838	611,368	604,726
1백 m² 미만	129,741	125,072	119,824	115,845
1백 m² 이상 2백 m² 미만	144,551	139,164	133,792	129,544
2백 m² 이상 3백 m² 미만	102,355	99,954	97,819	96,477
3백 m² 이상 5백 m² 미만	99,710	100,808	101,796	102,736
5백 m² 이상 1천 m² 미만	87,251	89,876	91,528	92,860
1천 m² 이상 3천 m² 미만	35,705	35,847	35,892	36,153
3천 m² 이상 1만 m² 미만	20,077	20,358	20,721	20,953
1만 m² 이상	9,557	9,759	9,996	10,158

① 2022~2024년 1만 m² 이상 건축물 수의 전년 대비 증가율
② 2021~2024년 면적별 건축물 수의 평균
③ 2022~2024년 1백 m² 미만 건축물 수의 전년 대비 감소율
④ 2024년 면적별 건축물 구성비
⑤ 2천 m² 이상 6천 m² 미만의 건축물 현황

36 난이도 상 중 하

○○기업의 신입사원 교육을 맡고 있는 곽대리는 '도표작성'과 관련하여 강의를 진행하고 있다. 다음과 같은 신입사원의 질문에 대해 곽대리가 할 수 있는 답변으로 적절하지 않은 것은?

| 대한적십자사 |

> 신입사원: "오늘 강의 잘 들었습니다. 업무수행과정에서 도표를 작성하는 경우가 많다고 말씀하셨는데, 도표의 종류별로 작성 시 유의해야 하는 점이 따로 있나요?"
> 곽대리: "네. (   )"

① 선 그래프 작성 시 세로축의 눈금을 가로축의 눈금보다 크게 하는 것이 효과적입니다.
② 막대 그래프 작성 시 막대의 폭은 모두 동일해야 합니다.
③ 원 그래프 작성 시 구성비율이 낮아, 보이지 않는 경우에는 지시선을 사용하여 기록해야 합니다.
④ 선 그래프 작성 시 선이 두 개 이상인 경우에는 색을 다르게 하거나, 굵게 하여 차이를 줘야 합니다.
⑤ 원 그래프 작성 시 정각 12시 선을 기준으로 시계방향으로 그리되, 기타 항목을 포함하여 항목의 구성비율이 큰 순서대로 작성해야 합니다.

37 난이도 상중하

다음은 A~C사 수출액에 관한 자료이다. 이를 토대로 2018~2020년 동안 A~C사의 전년 대비 수출액의 증가량을 나타낸 그래프로 옳은 것은?

〈표〉 A~C사 수출액

(단위: 천만 원)

구분	2017년	2018년	2019년	2020년
A사	6,415	6,738	6,897	7,125
B사	6,680	6,487	6,845	7,215
C사	7,025	7,239	7,498	7,295

①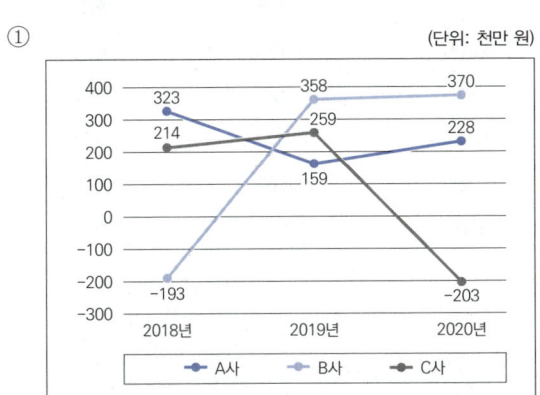

②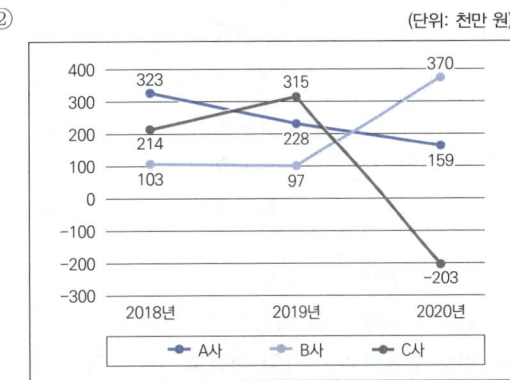

③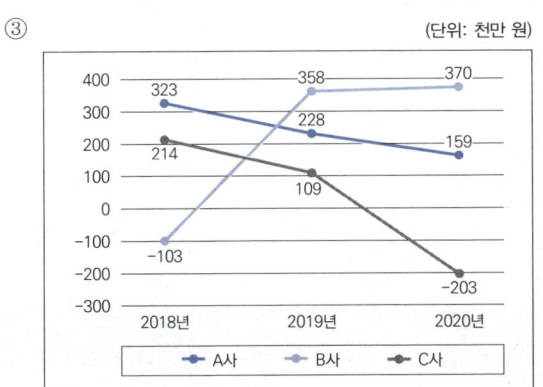

④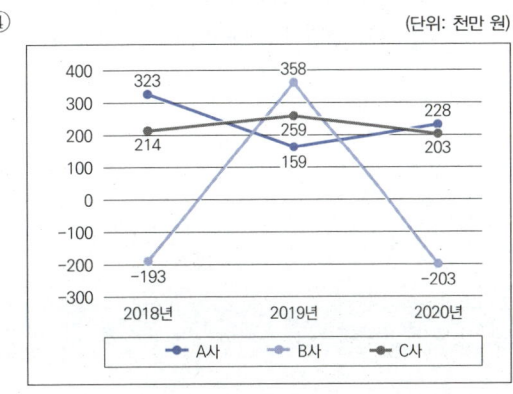

⑤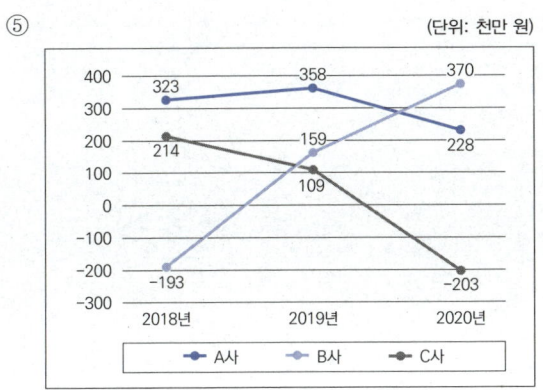

38 난이도 상 중 하

다음은 성별 및 최종 학력에 따른 취업자 수에 관한 자료이다. 이를 활용하여 작성할 수 있는 도표로 적절하지 않은 것은?

〈표〉 성별 및 최종 학력에 따른 취업자 수

(단위: 천 명)

성별	최종 학력	2017년	2018년	2019년	2020년
전체	중졸 이하	4,336	4,189	4,115	4,017
	고졸	10,386	10,415	10,457	10,291
	대졸 이상	11,456	11,804	12,152	12,514
남자	중졸 이하	1,994	1,946	1,915	1,860
	고졸	6,106	6,080	6,083	6,015
	대졸 이상	7,056	7,215	7,370	7,497
여자	중졸 이하	2,342	2,243	2,200	2,157
	고졸	4,280	4,336	4,374	4,276
	대졸 이상	4,400	4,589	4,782	5,017

① 연도별 전체 취업자 수
② 연도별 고졸 이상 취업자 수
③ 연도별 남자와 여자의 취업률
④ 연도별 대졸 이상 취업자 수의 증감 추이
⑤ 연도별 전체 취업자 수에서 여자 취업자 수가 자치하는 비중

39

다음 〈보기〉의 ㉠~㉥을 도표작성 절차에 따라 바르게 나열한 것은? | 대한적십자사, 한국중소벤처기업유통원 |

/ 보기 /
㉠ 어떠한 도표로 작성할 것인지 결정
㉡ 도표의 제목 표기
㉢ 가로축과 세로축에 나타낼 것을 결정
㉣ 자료를 가로축과 세로축이 만나는 곳에 표시
㉤ 표시된 점을 선분으로 연결
㉥ 한 눈금의 크기를 결정

① ㉠ – ㉡ – ㉢ – ㉣ – ㉤ – ㉥
② ㉠ – ㉢ – ㉣ – ㉥ – ㉤ – ㉡
③ ㉠ – ㉢ – ㉥ – ㉣ – ㉤ – ㉡
④ ㉡ – ㉠ – ㉢ – ㉥ – ㉣ – ㉤
⑤ ㉡ – ㉠ – ㉥ – ㉢ – ㉣ – ㉤

40

다음은 7개 도시의 인구와 경찰공무원 1명당 담당 인구에 관한 자료이다. 2016년 대비 2020년에 경찰공무원 1명당 담당 인구의 감소량이 가장 큰 도시의 2016~2020년 경찰공무원 수를 나타낸 그래프로 옳은 것은?

〈표 1〉 7개 도시 인구

(단위: 명)

구분	2016년	2017년	2018년	2019년	2020년
서울	9,930,616	9,857,426	9,765,623	9,729,107	9,668,465
부산	3,498,529	3,470,653	3,441,453	3,413,841	3,391,946
대구	2,484,557	2,475,231	2,461,769	2,438,031	2,418,346
인천	2,943,069	2,948,542	2,954,642	2,957,026	2,942,828
광주	1,469,214	1,463,770	1,459,336	1,456,468	1,450,062
대전	1,514,370	1,502,227	1,489,936	1,474,870	1,463,882
울산	1,169,666	1,164,732	1,155,548	1,147,936	1,134,757

〈표 2〉 7개 도시 경찰공무원 1명당 담당 인구

(단위: 명)

구분	2016년	2017년	2018년	2019년	2020년
서울	368.6	365.1	359.2	338.8	327.0
부산	399.3	396.3	390.4	376.9	368.6
대구	458.4	451.8	445.1	423.9	418.0
인천	512.1	488.6	480.2	458.7	449.2
광주	454.6	447.5	439.6	423.8	419.0
대전	512.3	495.6	484.5	457.7	450.4
울산	489.4	480.5	470.5	464.0	425.8

①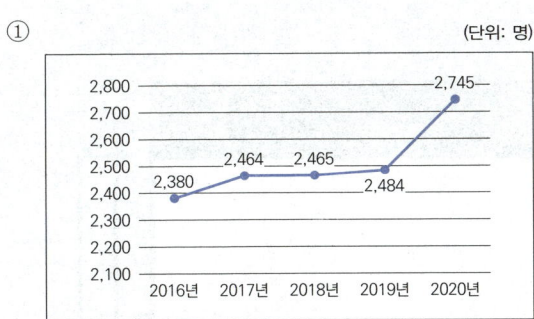

②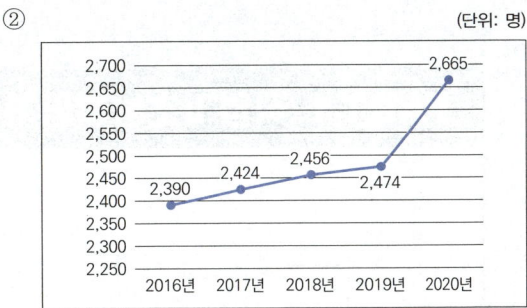

③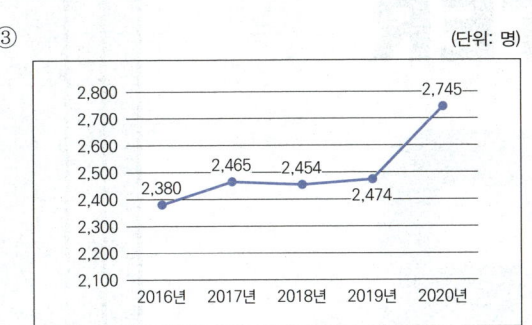

④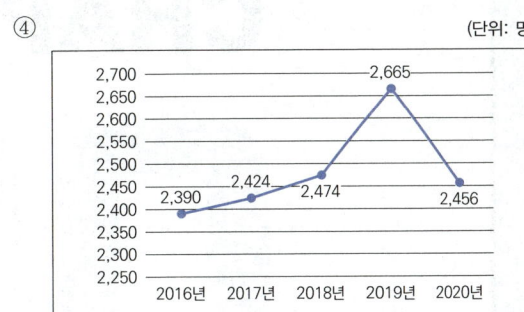

⑤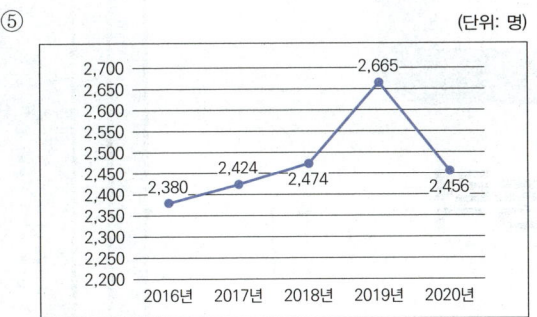

PART 1 직업기초능력평가

CHAPTER 03

문제해결능력

STEP 01 개념정리
- 개념체크
- 플러스 알파 이론

STEP 02 기본문제

STEP 03 심화문제

STEP 04 응용문제

● 영역 소개

업무를 수행하는 데 문제 상황이 발생하였을 경우, 창조적이고 논리적인 사고를 통하여 이를 올바르게 인식하고 적절히 해결하는 능력이다. 하위능력은 사고력, 문제처리능력으로 구분된다.

● 출제 유형

구분	의미	학습 포인트
사고력	문제를 해결하기 위해서 창의적, 논리적, 비판적으로 생각하는 능력	▸ 창의적 사고의 개념 및 특징 ▸ 창의적 사고의 개발 방법 ▸ 논리적 사고의 개념 및 구성 요소 ▸ 비판적 사고의 개념 및 개발 방법
문제처리능력	발생한 문제를 인식하고, 문제해결 절차에 따라 적절한 해결책을 적용하여 문제를 해결하는 능력	▸ 문제해결 절차 ▸ 문제 인식 및 도출, 원인 분석 ▸ 해결안 개발 및 실행, 평가

● 기출 키워드

- ▸ 문제와 문제점의 구분
- ▸ 문제의 유형(발생형, 탐색형, 설정형)
- ▸ 문제해결을 위한 기본적 사고(전략적 사고, 분석적 사고, 발상의 전환 등)
- ▸ 문제해결의 장애 요인
- ▸ 문제해결 방법의 종류(소프트 어프로치, 하드 어프로치, 퍼실리테이션 등)
- ▸ 창의적 사고의 개발 방법(강제연상법, 자유연상법, 비교발상법 등)
- ▸ 논리적 사고의 개발 방법(피라미드 구조화 방법, So what 방법 등)
- ▸ 논리적 오류(연역법의 오류, 성급한 일반화의 오류, 복합 질문의 오류 등)
- ▸ 비판적 사고(개발 태도 등)
- ▸ 문제해결 절차 5단계
- ▸ 3C 분석
- ▸ SWOT 분석(SO전략, ST전략, WO전략, WT전략)
- ▸ 체크리스트법
- ▸ 브레인스토밍
- ▸ NM법
- ▸ 시네틱스
- ▸ 로직트리
- ▸ 창의적 문제와 분석적 문제
- ▸ MECE
- ▸ 삼단논법
- ▸ 진실게임
- ▸ 조건추리
- ▸ 스캠퍼(SCAMPER) 기법
- ▸ 거시적 환경분석(STEEP 분석 등)

STEP 01 개념정리

CHAPTER 03 문제해결능력

1. 문제의 의미 `기출` 한국공항공사, 서울교통공사

① 원활한 업무수행을 위해 해결해야 하는 질문이나 의논 대상으로, 해결하기를 원하지만 실제로 해결해야 하는 방법을 모르고 있거나, 얻고자 하는 해답이 있지만 그 해답을 얻는 데 필요한 일련의 행동을 알지 못한 상태이다.

② 문제는 흔히 문제점과 구분되지 않고 사용되는데, 문제점이란 문제의 근본 원인이 되는 사항으로 문제해결에 필요한 열쇠인 핵심 사항이다. 즉, 문제점은 개선해야 할 사항이나 손을 써야 할 사항, 그에 의해서 문제가 해결될 수 있고 문제의 발생을 미리 방지할 수 있는 사항이다.

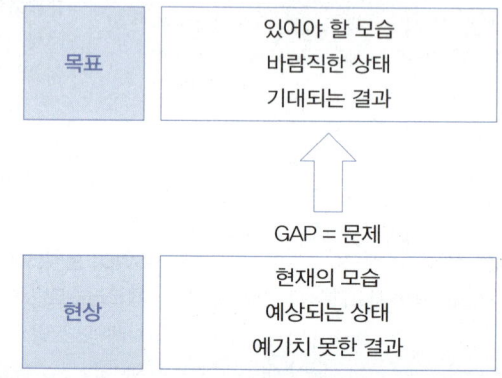

> **참고** 문제와 문제점
>
> 문제는 흔히 문제점과 구분하지 않고 사용하는데, 사실 이 둘은 구분되어야 한다. 문제는 발생한 상황을 말하고, 문제점은 상황이 발생한 원인, 즉 문제해결을 위해 손을 써야 할 대상을 말한다.
>
> **예** 난폭 운전으로 전복사고가 일어난 상황
> 　문제: 전복사고의 발생
> 　문제점: 난폭 운전

2. 문제의 유형 `기출` 건강보험심사평가원, 서울교통공사, 해양수산과학기술진흥원

문제를 효과적으로 해결하기 위해 문제의 유형을 파악하는 것이 우선시되어야 한다. 문제의 유형은 그 기준에 따라 다음과 같이 구분할 수 있다.

(1) 기능에 따른 문제 유형
제조 문제, 판매 문제, 자금 문제, 인사 문제, 경리 문제, 기술상 문제

(2) 해결방법에 따른 문제 유형
논리적 문제와 창의적 문제

(3) 시간에 따른 문제 유형
과거 문제, 현재 문제, 미래 문제

(4) 업무수행과정 중 발생한 문제 유형
발생형 문제(보이는 문제), 탐색형 문제(찾는 문제), 설정형 문제(미래 문제)

3 업무수행 중 발생한 문제 유형

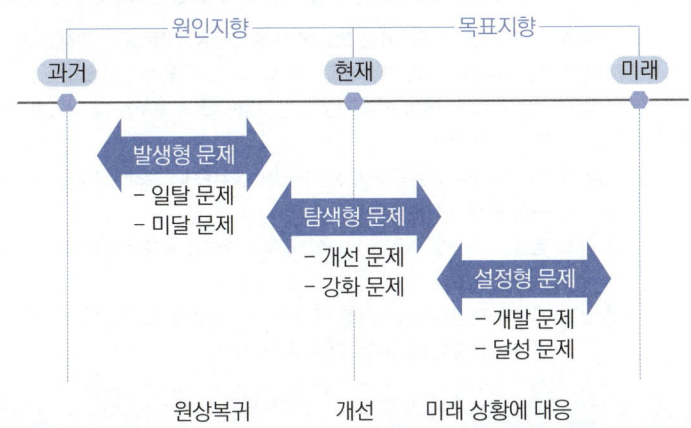

(1) 발생형 문제(보이는 문제)
① 눈앞에 발생되어 당장 걱정하고 해결하기 위해 고민하는 문제를 의미한다.
② 눈에 보이는 이미 일어난 문제로, 어떤 기준을 일탈함으로써 생기는 일탈 문제와 기준에 미달하여 생기는 미달 문제로 대변되며 원상복귀가 필요하다.
③ 문제의 원인이 내재되어 있기 때문에 원인지향적인 문제라고도 한다.
예 매출목표 미달 대응 방안, 현업의 업무 갈등 발생 등

(2) 탐색형 문제(찾는 문제)
① 현재의 상황을 개선하거나 효율을 높이기 위한 문제를 의미한다.
② 눈에 보이지 않는 문제로, 이를 방치하면 뒤에 큰 손실이 따르거나 결국 해결할 수 없는 문제로 확대되기도 한다.
③ 탐색형 문제는 잠재 문제, 예측 문제, 발견 문제의 세 가지 형태로 구분된다.
예 생산성을 높이려면 어떻게 해야 하는가?, 전년 대비 원가 10% 절감 등

구분	형태
잠재 문제	문제가 잠재되어 있어 인식하지 못하다가 결국은 문제가 확대되어 해결이 어려운 문제로, 문제가 숨어있기 때문에 조사 및 분석을 통해 찾을 수 있음.
예측 문제	현재로는 문제가 없으나 현재 상태로 진행할 경우 앞으로 일어날 가능성이 있는 문제
발견 문제	현재로서는 문제가 없으나 유사 타 기업 혹은 선진 기업의 업무 방법 등의 정보를 얻음으로써 환경을 보다 개선, 향상시킬 수 있는 문제

(3) 설정형 문제(미래 문제)
① 미래 상황에 대응하는 장래 경영전략의 문제로 '앞으로 어떻게 할 것인가'에 대한 문제를 의미한다.
② 지금까지 해오던 것과 전혀 관계없이 미래 지향적으로 새로운 과제 또는 목표를 설정함에 따라 일어나는 문제로서, 목표 지향적 문제라고 할 수 있다.
③ 문제를 해결하는 데에는 많은 창조적인 노력이 요구되기 때문에 창조적 문제라고도 한다.

예 장래 어떤 분야로 진출해야 하는가?, 신제품/신시장 발굴, 새로운 시스템 개발 등

워크북 자료로 알아보기

Q 다음에 제시된 각 상황들을 보이는 문제, 찾는 문제, 미래 문제로 나누고 그 이유를 생각해보시오.
- 상황 A: 제조부서의 K에게 제품 불량에 대한 고객들의 클레임이 발생했다.
- 상황 B: 생산부서의 L에게 생산성을 15% 높이라는 임무가 떨어졌다.
- 상황 C: 기획부서의 J에게 향후 자동차 생산 분야로 진출하는 데 있어서 발생 가능한 문제를 파악하라는 지시가 내려왔다.
- 상황 D: 생산부서의 M은 중국에 생산라인을 설치할 때 고려해야 하는 문제들이 무엇인지 판단해야 하는 상황에 처해 있다.
- 상황 E: 경쟁사의 품질 수준이 자사의 품질 수준보다 높다는 신문기사가 발표된 후 자사 상품의 판매부진이 누적되고 있다.
- 상황 F: 자사의 자금흐름이 이대로 두면 문제가 발생할지도 모른다는 판단 아래, 향후 1년간 제품판매에 따른 자금흐름을 예측하는 것이 필요해졌다.

A

상황	문제의 유형	이유
A, E	보이는 문제	현재 직면하고 있으면서 바로 해결해야 되는 문제
B, F	찾는 문제	현재 상황은 문제가 아니지만 상황 개선을 통해서 더 효과적인 수행을 할 수 있는 문제
C, D	미래 문제	환경 변화에 따라 앞으로 발생할 수 있는 문제

참고 사토인이치 교수의 3가지 문제 유형

구분	발생형 문제	탐색형 문제	설정형 문제
상황	잘 되고 있다가 틀어진 실제의 문제 발생, 즉 이미 일어나 버린 문제	실제 문제도 발생하지 않고 잘 되고 있지만, 현재 성과 수준에 불만을 갖고 더 높은 수준을 갈 구함으로써 만들어진 문제	'만약 ~한다면'이라는 미래의 조건을 상정했을 때 생성되는 문제 • 개발형 문제: 전혀 새로운 목표를 설정 • 회피형 문제: 장래의 발생 가능한 리스크
대응방법	임기응변	문제의 전체 구조를 파악하고 근원적인 해결책을 체계적으로 모색 및 추진	주로 상부 경영층의 전략적 관점을 요구하는 문제의식을 바탕으로 한 혁신
예시	기계 고장, M/S 저하	작업자의 품질 개선 활동, 현업 부서의 업무 생산성 제고 활동	신규 사업 진출, 시장 개방

4 문제해결

(1) 문제해결의 의미
문제해결이란 목표와 현상을 분석하고, 분석 결과를 토대로 주요 과제를 도출한 뒤, 바람직한 상태나 기대되는 결과가 나타나도록 최적의 해결안을 찾아 실행, 평가하는 활동을 의미한다. 이러한 문제해결은 조직, 고객, 자기 자신의 세 가지 측면에서 도움을 줄 수 있다.

구분	내용
조직	자신이 속한 조직의 관련 분야에서 세계 일류 수준을 지향하며, 경쟁사와 대비하여 우위를 확보하기 위해서 끊임없는 문제해결이 요구된다.
고객	고객의 불편 개선과 고객 감동을 통한 고객 만족을 높이는 측면에서 문제해결이 요구된다.
자기 자신	불필요한 업무를 제거·단순화하여 업무를 효율적으로 처리하게 됨으로써 자신을 경쟁력 있는 사람으로 만들어 나가는 데 문제해결이 요구된다.

(2) 문제해결의 필수 요소
① 체계적인 교육훈련을 통해 일정 수준 이상의 문제해결능력을 발휘할 수 있도록 조직, 실무자가 노력해야 한다.
② 고정관념, 편견 등의 심리적 타성과 기존의 패러다임을 극복하고 새로운 아이디어를 효과적으로 낼 수 있는 창조적 스킬 등을 습득해야 한다.
③ 문제해결방법에 대한 체계적인 교육훈련을 통해 창조적 문제해결능력을 향상시켜야 한다.
④ 개인은 사내외의 체계적인 교육훈련을 통해 문제해결을 위한 기본 지식, 본인이 담당하는 전문영역에 대한 지식 등을 습득해야 한다.
⑤ 조직 전체의 관점과 각 기능단위별 관점으로 문제를 구분하고, 스스로 해결할 수 있는 부분과 조직 전체의 노력을 통해서 해결할 수 있는 부분으로 나누어 체계적으로 접근해야 한다.

5 문제해결을 위한 기본적 사고 기출 한국산업인력공단

(1) 전략적 사고
현재 당면하고 있는 문제와 그 해결방법에만 집착하지 말고, 그 문제와 해결방안이 상위 시스템 또는 다른 문제와 어떻게 연결되어 있는지를 생각하는 것이 필요하다.

(2) 분석적 사고
전체를 각각의 요소로 나누어 그 요소의 의미를 도출한 다음 우선순위를 부여하고 구체적인 문제해결방법을 실행하는 것이 요구된다.

> **참고** 문제의 성격에 따라 필요한 분석적 사고

문제의 성격	내용
성과 지향의 문제	기대하는 결과를 명시하고 효과적으로 달성하는 방법을 사전에 구상하고 실행한다.
가설 지향의 문제	현상 및 원인 분석 전에 지식과 경험을 바탕으로 일의 과정이나 결과, 결론을 가정한 후 사실일 경우 다음 단계의 일을 수행한다.
사실 지향의 문제	일상 업무에서 일어나는 상식, 편견을 타파하여 객관적 사실로부터 사고와 행동을 시작한다.

(3) 발상의 전환
사물과 세상을 바라보는 인식의 틀을 전환하여 새로운 관점에서 바라보는 사고를 지향한다.

(4) 내·외부자원의 효과적 활용
문제해결 시 필요한 기술, 재료, 방법, 사람 등 필요한 자원 확보 계획을 수립하고 내·외부자원을 효과적으로 활용한다.

> **워크북 자료로 알아보기**
>
> **Q** 다음 각 사례는 문제해결에 필요한 각각의 사고가 부족해서 벌어진 결과이다. 각 사례별 부족한 사고와 그 이유를 생각해보시오.
> - 사례 1: K-POP 음반회사인 A회사는 음반시장의 부진으로 인하여, 기업의 위기 상황에 처해 있다. 이러한 상황을 타개하기 위하여 미국에 있는 지사를 철수하여 비용을 절감하려고 하였다. 그러나 A회사가 미국에서 철수한 후 K-POP 열풍이 불게 되었고, A회사는 비용을 절감한 게 아닌 수익을 버린 결과를 초래하게 되었다.
> - 사례 2: C는 제과 업체의 신입사원이다. C가 입사한 회사는 경쟁업체인 P사보다 판매율과 인지도가 뒤떨어졌고, 구성원들 모두 그러한 현실을 받아들이고 있는 상황이었다. C는 이러한 업계상황을 바꾸기 위하여 P기업과 자신의 기업 간의 차이를 분석하게 되었다. 그 결과 자신의 회사가 위생의식에 있어 P기업보다 교육이 부족하다는 것을 알게 되었고, 소비자 역시 위생에 점점 예민해지고 있다고 판단하였다. 그래서 이를 보고서로 제출하였지만, 결국, 회사의 전략으로 채택되지 못하였다.
> - 사례 3: 라면 판매업체인 N회사는 업계 1위였으나 현재 경쟁업체인 S회사에게 그 자리를 빼앗길 위기에 처해 있다. N회사에 근무하는 K과장은 업계에 불고 있는 매운맛 열풍을 감지하고 라면스프의 매운맛을 증폭한 라면을 출시하자는 아이디어를 제시하였다. 그러나 회사 측에서는 신제품 개발에 미온적인 반응이었다.
>
> **A**
>
> | 구분 | 부족한 사고 | 이유 |
> |---|---|---|
> | 사례 1 | 전략적 사고 | A회사가 음반시장 부진이라는 현 상황만을 보고 철수하는 것은 향후 환경변화에 대한 전략적인 사고가 부족함을 보여줌. |
> | 사례 2 | 분석적 사고 | C가 분석적인 사고를 통해서 제출한 보고서를 회사가 수용하지 못한 문제점을 보여주고 있음. |
> | 사례 3 | 발상의 전환 | N회사가 고정관념에 사로잡혀 발상의 전환을 못하기 때문에 발생함. |

6. 문제해결의 장애요인 기출 한국산업단지공단

문제를 해결하는 데 장애가 되는 요소들은 조직이 직면한 상황과 맡고 있는 담당업무의 특성에 따라서 굉장히 다양하게 나타날 수 있다. 이러한 장애 요소들 중 가장 대표적인 경우는 다음과 같다.

(1) 문제를 철저하게 분석하지 않는 경우
문제를 접한 다음 문제가 무엇인지 문제의 구도를 심도 있게 분석하지 않으면 문제해결이 어려워진다. 즉, 어떤 문제가 발생하면 직관으로 성급하게 판단하여 문제의 본질을 명확하게 분석하지 않고 대책안을 수립, 실행함으로써 근본적인 해결을 하지 못하거나 새로운 문제를 야기하는 결과를 초래할 수 있다.

(2) 고정관념에 얽매이는 경우
상황이 무엇인지를 분석하기 전에, 증거와 논리에도 불구하고 개인적인 편견이나 경험, 습관으로 정해진 규정과 틀에 얽매여서 새로운 아이디어와 가능성을 무시해 버릴 수 있다.

(3) 쉽게 떠오르는 단순한 정보에 의지하는 경우
문제해결에 있어 종종 우리가 알고 있는 단순한 정보들에 의존하는 경향이 있다. 단순한 정보에 의지하면 문제를 해결하지 못하거나 오류를 범하게 된다.

(4) 너무 많은 자료를 수집하려고 노력하는 경우
자료를 수집하는 데 있어 구체적인 절차를 무시하고 많은 자료를 얻으려는 노력에만 온 정열을 쏟는 경우가 있다. 무계획적인 자료 수집은 무엇이 제대로 된 자료인지를 알지 못하는 우를 범할 우려가 많다.

참고 문제해결을 위한 다섯 가지 질문

1. "이 문제의 좋은 점은 무엇인가?"
   문제로 인해 얻게 된 유익에 대해 감사하는 마음을 가지면, 문제를 해결하는 데 보다 객관적인 감정을 유지할 수 있다.
2. "아직 완전하지 않은 부분은 어느 곳인가?"
   많은 사람들이 문제를 만나면, 해결하려고 노력하기보다 회피하거나 그냥 놔두려는 경향이 있다. 이런 자세는 문제를 통해 더 완전해질 수 있는 가능성을 잃어버리게 만든다. 중요한 것은 우리가 문제를 통해 보다 완전해질 수 있다는 확신을 갖는 것이다.
3. "이 일을 내가 원하는 방향으로 해결하기 위해서 무엇을 할 수 있는가?"
   문제해결을 위해 자신이 선택할 수 있는 대안을 있는 대로 생각해 본다. 때론 객관적인 시각에서 대안을 생각해 낼 수 있는 누군가의 도움을 받는 것도 좋다.
4. "이 일을 내가 원하는 방향으로 해결하기 위해서 무엇을 포기할 수 있는가?"
   감정적인 측면이나 실제적인 이익 등에 모두 집착해서는 결코 문제를 해결할 수 없다.
5. "이 일을 내가 원하는 방향으로 해결하기 위해서 필요한 일을 하는 동안, 어떻게 하면 그 과정을 즐길 수 있을까?"
   문제해결을 위해 어떤 일을 하는 동안 즐겁지 않다면, 결코 문제해결이 쉽지 않을 것이다. 여러 방법 중에 자신이 즐기면서 할 수 있는 방법을 선택한다면, 그 과정이 더욱 쉬워진다.

7 문제해결 방법의 종류 〈기출〉 한국가스안전공사, 한전KPS, 한국건강가정진흥원

(1) 소프트 어프로치(Soft approach)
① 대부분의 기업에서 볼 수 있는 전형적인 스타일로, 조직구성원들은 같은 문화적 토양을 가지고 이심전심으로 서로를 이해하는 상황을 가정한다.
② 직접적인 표현이 바람직하지 않다고 여기며, 무언가를 시사하거나 암시를 통하여 의사를 전달하고 기분을 서로 통하게 함으로써 문제해결을 도모하려고 하기 때문에 결론이 애매하게 끝나는 경우가 적지 않다.
③ 코디네이터 역할을 하는 제삼자는 결론으로 끌고 갈 지점을 미리 머릿속에 그려가면서 권위나 공감에 의지하여 의견을 중재하고, 타협과 조정을 통하여 해결을 도모한다.

(2) 하드 어프로치(Hard approach)
① 상이한 문화적 토양을 가지고 있는 구성원을 가정하고, 서로의 생각을 직설적으로 주장하고 논쟁이나 협상을 통해 서로의 의견을 조정해 가는 방법이다.
② 중심적 역할을 하는 것은 논리, 즉 사실과 원칙에 근거한 토론으로, 제삼자는 구성원에게 지도와 설득을 하고 전원이 합의하는 일치점을 찾아내려고 한다.
③ 하드 어프로치는 합리적이긴 하지만, 잘못하면 단순한 이해관계의 조정에 그치는 경우가 많아 창조적인 아이디어나 높은 만족감을 이끌어 내기 어렵다.

(3) 퍼실리테이션(Facilitation)
① 퍼실리테이션은 '촉진'이란 뜻으로 어떤 그룹이나 집단이 의사결정을 잘 하도록 도와주는 일을 의미한다.
② 퍼실리테이션에 의한 문제해결방법은 깊이 있는 커뮤니케이션을 통해 서로의 문제점을 이해하고 공감함으로써 창조적인 문제해결을 도모한다.
③ 소프트 어프로치나 하드 어프로치 방법은 단순한 타협점의 조정에 그치지만, 퍼실리테이션에 의한 방법은 초기에 생각하지 못했던 창조적인 해결 방법이 도출된다. 이와 동시에 구성원의 동기가 강화되고 팀워크도 한층 강화된다는 특징을 보인다.
④ 퍼실리테이션은 구성원이 자율적으로 실행하는 것이며, 제삼자가 합의점이나 줄거리를 준비해놓고 예정대로 결론이 도출되어 가는 것이어서는 안 된다.

참고 퍼실리테이션의 기본 능력과 역량

구분	기본적인 능력	필요한 기본 역량
내용	• 객관적으로 사물을 보는 능력 • 다른 사람의 견해를 편견 없이 들을 수 있는 청취 능력 • 다양한 관점에서 사물을 볼 수 있는 관찰력 • 현상에 대한 분석력 • 인간관계 능력 • 논리적인 사고 능력	• 문제의 탐색과 발견 • 문제해결을 위한 구성원 간의 커뮤니케이션 조정 • 합의를 도출하기 위한 구성원들 사이의 갈등 관리

개/념/체/크

01 다음 〈상황〉에서 문제와 문제점을 구분해보시오.

> /상황/
> A씨는 평소와 같이 난폭 운전을 하였고, 이로 인해 차량 전복 사고가 발생하였다.

① (　　　　　): 전복 사고의 발생　　② (　　　　　): 난폭 운전

02 다음 문제의 유형과 그 특징을 서로 관련된 것끼리 연결해보시오.

① 발생형 문제　•　　　　　•　㉠ 앞으로 어떻게 할 것인가 하는 문제

② 탐색형 문제　•　　　　　•　㉡ 현재 직면하여 해결하기 위해 고민하는 문제

③ 설정형 문제　•　　　　　•　㉢ 현재의 상황을 개선하거나 효율을 높이기 위한 문제

03 다음은 문제해결 방법의 종류에 관한 내용이다. 빈칸에 적절한 용어를 적어보시오.

① (　　　　　)은/는 서로의 생각을 주장하고, 논쟁이나 협상을 통해 서로의 의견을 조정해 가는 문제해결방법이다.

② (　　　　　)은/는 깊이 있는 커뮤니케이션을 통해 서로의 문제점을 이해하고 공감함으로써 창조적으로 문제를 해결하는 방법이다.

③ (　　　　　)은/는 문제해결을 위해서 직접적인 표현이 바람직하지 않다고 여기며, 무언가를 시사하거나 암시를 통하여 의사를 전달하고 서로 이해하게 함으로써 문제해결을 도모하는 방법이다.

✓ **정답**

01 ① 문제, ② 문제점 | 문제점이란 문제의 원인이 되는 사항으로, 문제해결에 필요한 핵심 사항이다. 제시된 상황은 난폭 운전의 결과로 차량 전복 사고가 발생한 것이므로, ① 전복 사고의 발생이 문제이며, ② 난폭 운전은 문제점이다.

02 ① ㉡, ② ㉢, ③ ㉠ | ① 발생형 문제는 우리가 바로 직면하여 걱정하고, 해결하기 위해 고민하는 문제이다. ② 탐색형 문제는 현재의 상황을 개선하거나 효율을 높이기 위한 문제이다. ③ 설정형 문제는 장래의 경영전략을 생각하는, 미래 상황에 대응하는 경영전략의 문제이다.

03 ① 하드 어프로치, ② 퍼실리테이션, ③ 소프트 어프로치

하위능력 1 사고력

CHAPTER 03 문제해결능력

1 창의적 사고 `기출` 서울교통공사, 건강보험심사평가원, 한국산업인력공단, 인천도시공사

(1) 창의적 사고의 개념
창의적 사고는 개인이 가지고 있는 경험과 지식을 가치 있는 새로운 아이디어로 다시 결합함으로써 참신한 아이디어를 산출하는 힘으로, 다음과 같은 의미를 포함한다.
① 발산적(확산적) 사고로, 아이디어가 많고, 다양하고, 독특한 것을 의미한다.
② 새롭고 유용한 아이디어를 생산해 내는 정신적인 과정이다.
③ 통상적인 것이 아니라 기발하거나, 신기하며 독창적인 것이다.
④ 유용하고 적절하며, 가치가 있어야 한다.
⑤ 기존의 정보(지식, 상상, 개념 등)를 특정한 요구 조건에 맞거나 유용하도록 새롭게 조합시킨 것이다.

(2) 창의적 사고의 특징
① 정보와 정보의 조합이다.
② 사회나 개인에게 새로운 가치를 창출한다.
③ 교육훈련을 통해 개발될 수 있는 능력이다.

(3) 창의적 사고의 개발 방법
창의적으로 사고하기 위해서는 문제에 대한 다양한 사실이나 다채로운 아이디어를 창출하는 발산적 사고가 요구된다. 이러한 발산적 사고를 개발하기 위한 방법으로는 강제연상법, 자유연상법, 비교발상법 등이 있다.

① 강제연상법
- 각종 힌트에 강제적으로 연결시켜서 발상하는 방법이다.
- 대표적 방법: 체크리스트법
- 관련 예시: '신차 출시'라는 주제에 대해서 판매방법, 판매대상 등의 힌트를 통해 사고 방향을 미리 정해서 발상을 한다.

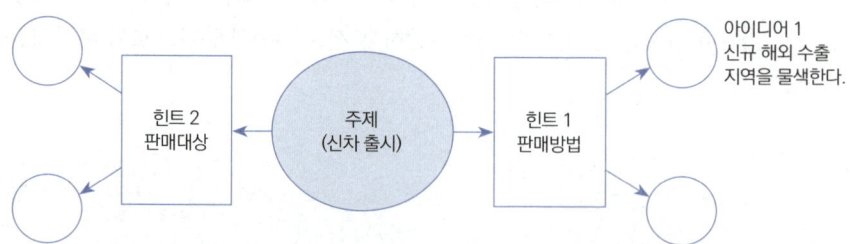

> **참고** 체크리스트법(Checklist technique)
> 캘리포니아 대학의 오스본(Osborn) 교수가 고안한 방법으로 어떤 개선점을 찾고자 할 때에 이에 대한 질문 항목을 표로 만들어 정리하고 그에 따라 하나씩 점검해 가며 아이디어를 뽑아내는 방법이다. 적어 놓은 내용을 항목별로 하나씩 검토하기 때문에 누락의 염려가 없고, 반복적인 작업에는 편리하게 사용할 수 있다. 그러나 문제의 범위를 벗어난 새로운 발상의 가능성이 적어지고, 창의적 발상을 유도하는 기본적인 자유성이 부족할 위험이 있다.

② 자유연상법
- 어떤 주제에서 생각나는 것을 계속해서 열거해 나가는 방법이다.
- 대표적 방법: 브레인스토밍
- 관련 예시: '신차 출시'라는 주제에 대해서 '홍보를 통해 판매량을 늘린다', '회사 내 직원들의 반응을 살핀다' 등 자유롭게 아이디어를 창출한다.

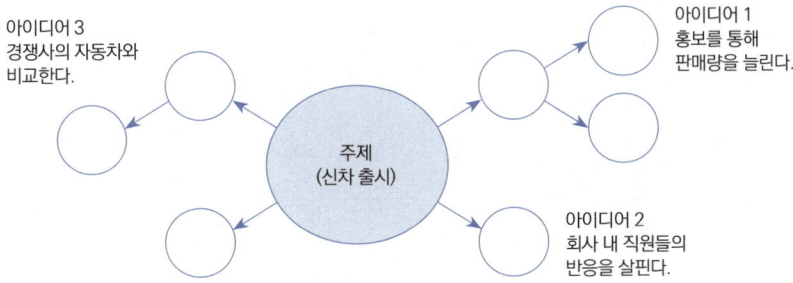

참고 브레인스토밍

미국의 오스본(Osborn)이 고안한 그룹발산기법으로, 창의적인 사고를 위한 발산방법 중 가장 흔히 사용되는 방법이다. 브레인스토밍은 집단의 효과를 살려 아이디어의 연쇄반응을 일으켜 자유분방한 아이디어를 내고자 하는 방법이다.

1. 진행 방법

1단계	주제를 구체적이고 명확하게 정한다.
2단계	구성원이 모두 마주할 수 있는 좌석 배치와 큰 용지를 준비한다.
3단계	구성원들의 다양한 의견을 도출할 수 있는 사람을 리더로 선출한다.
4단계	구성원은 다양한 분야의 사람들로 5~8명 정도로 구성한다.
5단계	발언은 누구나 자유롭게 할 수 있도록 하며, 모든 발언 내용을 기록한다.
6단계	아이디어에 대해 비판해서는 안 되고, 독자성과 실현가능성을 고려하여 최적의 방안을 찾는다.

2. 4대 원칙

비판엄금	자유분방
평가 단계 이전에 비판해서는 안 된다.	무엇이든 자유롭게 말한다.
질보다 양	**결합과 개선**
가능한 많은 아이디어를 내도록 격려한다.	아이디어의 조합으로 더 좋은 아이디어를 만든다.

③ 비교발상법
- 주제의 본질과 닮은 것을 힌트로 하여 발상하는 방법이다.
- 대표적 방법: NM법, 시네틱스(Synectics)법
- 관련 예시: '신차 출시'라는 주제와 이전에 히트 친 '비누'라는 신상품을 비교하여, '지난달 신상품인 비누의 판매전략을 토대로 신차의 판매 전략을 어떻게 수립할 수 있을까' 등의 아이디어를 창출한다.

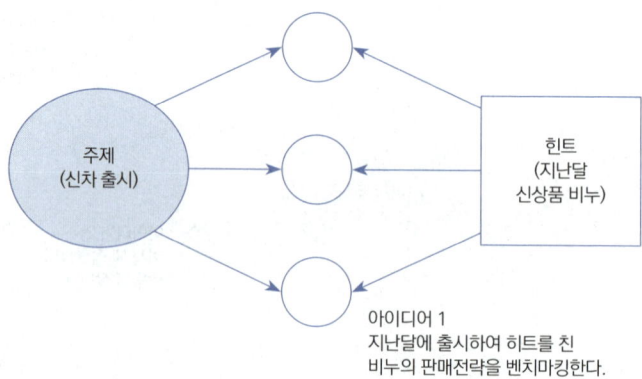

아이디어 1
지난달에 출시하여 히트를 친
비누의 판매전략을 벤치마킹한다.

> **참고 NM법과 시네틱스법**
>
> 1. NM법
> 대상과 비슷한 것을 찾아내 그것을 힌트로 하여 새로운 아이디어 등을 생각해내는 방법으로 실시 순서는 다음과 같다.
> ① 키워드 설정
> ② 키워드로부터 연상 유추
> ③ 계속 질문으로 발상
> ④ 추론 배경 조사
> ⑤ 콘셉트 구성
> ⑥ 콘셉트를 유효하게 조립
>
> 2. 시네틱스법
> 서로 관련이 없어 보이는 요소들을 결합하여 새로운 것을 유추해내는 집단 아이디어 발상법으로 다음과 같은 방법이 있다.
> - 직접유추: 실제로는 닮지 않은 두 가지의 개념을 객관적으로 비교하여 아이디어를 내는 방법
> - 의인유추: 자신이 문제의 일부라고 가정하거나 혹은 문제나 물체를 의인화하여 문제를 해결하는 방법
> - 상징유추: 두 대상물 간의 관계를 기술하는 과정에서 상징을 활용하는 방법
> - 환상유추: 공상이나 꿈을 현실과 결부시켜서 문제를 해결하는 방법

2 논리적 사고 『기출』 한국가스공사

(1) 논리적 사고의 개념
논리적 사고는 사고의 전개에 있어서 전후의 관계가 일치하고 있는가를 살피고, 아이디어를 평가하는 능력을 의미한다. 이러한 논리적 사고는 다른 사람을 공감시켜 움직일 수 있게 하며 짧은 시간에 헤매지 않고 사고할 수 있게 한다. 또한 행동하기 전에 생각을 먼저 하게 함으로써 주위를 설득하는 일을 훨씬 쉽게 한다.

(2) 논리적 사고의 구성 요소

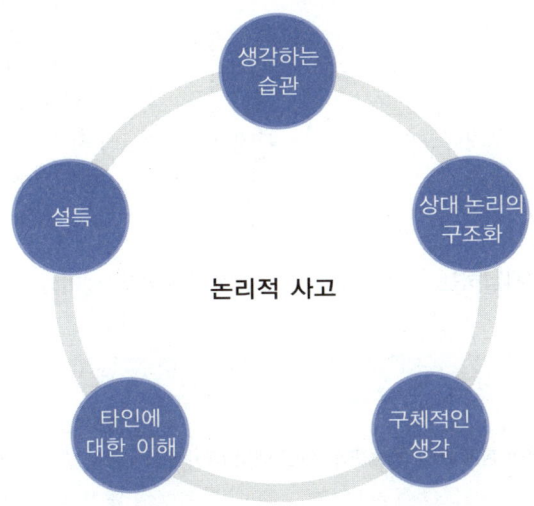

① 생각하는 습관

　논리적 사고의 기본으로, 일상적인 대화, 회사의 문서, 신문의 사설 등 접하는 모든 것에 대해서 늘 생각하는 자세가 필요하다. 특히 이런 생각은 출퇴근길, 화장실, 잠자리에 들기 전 등 언제 어디서나 해야 한다.

② 상대 논리의 구조화

　상대의 논리를 구조화하는 것이 필요하다. 상대 논리에서 약점을 찾고, 자신의 생각을 재구축하면 상대를 설득할 수 있다.

③ 구체적인 생각

　상대가 말하는 것을 잘 알 수 없을 때에는 구체적인 이미지를 떠올리거나, 숫자를 활용하여 표현하는 등 다양한 방법을 활용하여 생각해야 한다.

④ 타인에 대한 이해

　상대의 주장을 반론할 때는 상대 주장 전부를 부정하지 않고, 동시에 상대의 인격을 존중해야 한다.

⑤ 설득

　논리적인 사고는 고정된 견해나 자신의 사상을 강요하는 것이 아니다. 설득은 논증을 통해 이뤄지며, 설득의 과정은 나의 주장을 다른 사람에게 이해시켜 공감시키고 그 사람이 내가 원하는 행동을 하게 만드는 것이다.

(3) 논리적 사고의 개발 방법

① 피라미드 구조화 방법

하위의 사실이나 현상부터 사고함으로써 상위의 주장을 만들어가는 방법으로, 보조 메시지들을 통해 주요 메시지를 얻고, 다시 메인 메시지를 종합한 최종적인 정보를 도출해 내는 방법이다.

구분	예시
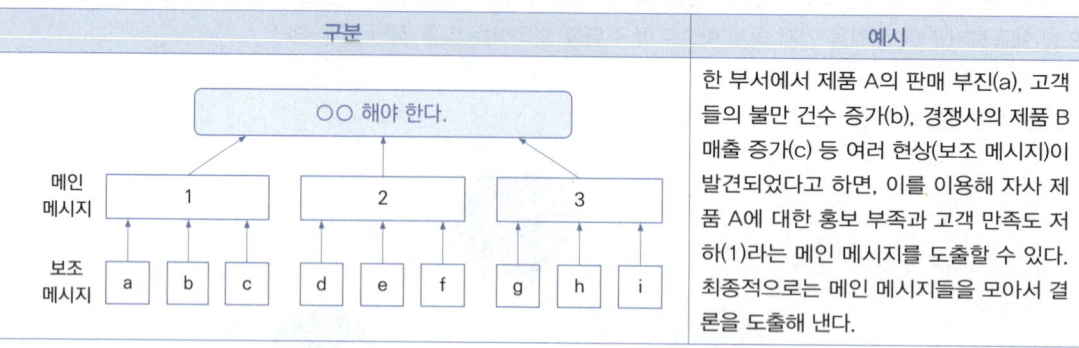	한 부서에서 제품 A의 판매 부진(a), 고객들의 불만 건수 증가(b), 경쟁사의 제품 B 매출 증가(c) 등 여러 현상(보조 메시지)이 발견되었다고 하면, 이를 이용해 자사 제품 A에 대한 홍보 부족과 고객 만족도 저하(1)라는 메인 메시지를 도출할 수 있다. 최종적으로는 메인 메시지들을 모아서 결론을 도출해 낸다.

② So what 방법

'그래서 무엇이지?'하고 자문자답하는 의미로, 눈앞에 있는 정보로부터 의미를 찾아내어 가치 있는 정보를 이끌어 내는 사고 방법이다.

구분	예시
[상황] ① 우리 회사의 자동차 판매량이 창사 이래 처음으로 전년 대비 마이너스를 기록했다. ② 우리나라의 자동차 업계 전체는 일제히 적자 결산을 발표했다. ③ 주식 시장은 몇 주간 조금씩 하락하고 있다. [논리적 사고의 예] a. 자동차 판매의 부진 b. 자동차 산업의 미래 c. 자동차 산업과 주식 시장의 상황 d. 자동차 관련 기업의 주식을 사서는 안 된다. e. 지금이야말로 자동차 관련 기업의 주식을 사야 한다.	[상황]이 발생하였을 때, a~e 중에서 모든 상황을 고려하고 의미 있는 메시지(-해야 한다)를 이끌어낸 d, e가 So what 방법을 사용한 예이다. a는 ①의 상황만 고려하고, b는 ①, ②의 상황만 고려하고 있으며, c는 모든 상황을 고려했으나 의미 있는 메시지를 이끌어내지 못했다.

> **참고** 일상생활 속 자주 발견되는 논리적 오류

- 권위나 인신공격에 의존한 논증: 상대방의 주장이 아니라 상대방의 인격을 공격하는 것
  - 예 제정신을 가진 사람이라면 그런 주장을 펼 수 없다.
- 허수아비 공격의 오류: 상대방의 주장과는 전혀 상관없는 별개의 논리를 만들어 공격하는 것
  - 예 피의자는 평소 사생활이 문란하고 마약을 복용한 전력이 있으므로 살인 혐의로 기소되어야 한다.
- 무지의 오류: 증명되지 않았다고 하여 그 반대의 주장이 참이라고 주장하는 것
  - 예 담배가 암을 일으킨다는 확실한 증거가 없으므로 정부의 금연 정책은 잘못이다.
- 분할의 오류: 전체적으로 보았을 때 특정 성질을 지니므로, 일부 역시 해당 성질을 지닐 것이라고 착각하는 것
  - 예 한 트럭에 실린 모래가 무겁기 때문에 한 알의 모래도 무겁다.
- 결합의 오류: 일부가 가지는 속성을 전체도 가지고 있다고 착각하는 것
  - 예 머리카락 하나가 빠지면 대머리가 되지 않으므로 1만 개가 빠져도 대머리가 되지 않는다.
- 성급한 일반화의 오류: 특정한 몇몇 사례만을 토대로 일반화하여 주장하는 것
  - 예 요즘 젊은 사람들은 예의가 없다.
- 복합 질문의 오류: 한 질문에 사실상 두 개의 질문을 담음으로써 발생하는 것
  - 예 형사가 피의자에게 '또다시 이런 죄를 지을 것인가'라고 물었을 때, '예'나 '아니오' 중 어떠한 답을 하더라도 피해자는 이미 죄를 지었다는 것을 인정하는 셈이다.
- 과대 해석의 오류: 문맥을 무시하고 과도하게 문구에만 집착할 경우 발생하는 것
  - 예 '이웃을 사랑하라'는 문구에만 집착하여 도피 중인 중범죄자까지 보호해준다.
- 애매성의 오류: 애매한 언어를 사용하여 발생하는 것
  - 예 '여자는 남자보다 약하다. 따라서 여자는 오래 살지 못한다'에서 '약하다'는 여러 가지 해석이 가능하다.
- 연역법의 오류: 'A = B, B = C, so A = C'와 같은 삼단논법에 의해 발생하는 것
  - 예 TV를 자주 보면 눈이 나빠진다. 철수는 TV를 자주 보지 않는다. 따라서 철수는 눈이 나빠지지 않는다.
- 군중에 호소하는 오류: 대중의 편견, 감정, 군중 심리 등에 호소하여 논지를 받아들이게 하는 오류
  - 예 전국 서점에서 베스트셀러인 것을 보니, 이 책은 좋은 책임에 틀림없다.
- 피장파장의 오류: 비판받은 내용이 비판하는 사람에게도 동일하게 적용됨을 근거로 비판에서 벗어나려는 오류
  - 예 너는 뭘 잘했다고 그러니? 너는 더 하더라!
- 원천 봉쇄의 오류: 반론의 가능성이 있는 요소를 원천적으로 비난하여 봉쇄하는 오류
  - 예 빨리 가서 자렴. 늦게 자는 어린이는 착한 어린이가 아니야.
- 잘못된 인과 관계의 오류: 단순한 선후 관계를 인과 관계로 추론하는 오류
  - 예 철수가 카페에 들어가고 5분 후에 영희도 들어가더라. 둘이 사귀는 게 맞을 거야.
- 흑백 논리의 오류: 어떤 집합의 원소가 단 두 개밖에 없다고 여기고 추론하는 오류
  - 예 내 부탁을 거절한 것을 보니, 나를 싫어하는구나?

3 비판적 사고 『기출』 한국건강가정진흥원

(1) 비판적 사고의 개념
비판적 사고는 어떤 논증, 추론, 증거, 가치를 표현한 사례를 타당한 것으로 수용할 것인가 아니면 불합리한 것으로 거절할 것인가에 대한 결정을 내릴 때 요구되는 사고능력이다.

(2) 비판적 사고의 특징
① 어떤 주제나 주장 등에 대해서 적극적으로 분석하고 종합하며 평가하는 능동적인 사고이다.
② 시시콜콜한 문제가 아닌 문제의 핵심을 중요한 대상으로 한다.
③ 지식, 정보를 바탕으로 객관적 근거에 기초를 두고 현상을 분석하고 평가하는 사고이다.

> **참고** 비판적 사고의 개발 태도
>
> 비판적 사고를 개발하기 위해서는 다음과 같은 태도가 요구된다.
> - 지적 호기심
> - 객관성
> - 개방성
> - 융통성
> - 지적 회의성
> - 체계성
> - 지속성
> - 결단성
> - 다른 관점에 대한 존중
> - 지적 정직성

(3) 비판적 사고의 개발 방법
비판적 사고를 개발하기 위해서는 어떤 현상에 대해서 문제의식을 가지고, 고정관념을 버려야 한다.
① 문제의식
우리가 처한 상황이나 현상에 대한 문제의식을 가질 때 주변에서 발생하는 사소한 것에서도 정보를 수집하고 새로운 아이디어를 끊임없이 생산해 낼 수 있다.
② 고정관념 타파
지각의 폭을 넓히는 일은 정보에 대한 개방성을 가지고 편견을 갖지 않는 것으로, 고정관념을 타파하는 일이 중요하다.

> **참고** 고정관념을 탈피한 사례
>
> | 상품 | 본래 용도 | 새로운 용도 |
> | --- | --- | --- |
> | 스테이플러 | 서류를 정리한다. | 벽에 종이를 고정한다. |
> | 드라이어 | 머리를 말린다. | 온풍을 이용해서 어깨 결림을 완화시킨다. |
> | 칫솔 | 양치질을 한다. | 빗의 이물질을 제거한다. |
> | 스카치 테이프 | 종이를 붙인다. | 지문을 채취한다. |

개/념/체/크

01 다음 창의적 사고를 개발하는 방법과 활용 기법을 서로 관련된 것끼리 연결해보시오.

① 자유연상법 •　　　　• ㉠ NM법

② 강제연상법 •　　　　• ㉡ 체크리스트법

③ 비교발상법 •　　　　• ㉢ 브레인스토밍

02 다음 글의 빈칸에 들어갈 논리적 사고의 개발 방법으로 적절한 용어를 적어보시오.

① 논리적 사고를 개발하는 방법으로 하위의 사실이나 현상부터 사고함으로써 상위의 주장을 만들어 가는 방법을 (　　　　　)(이)라고 한다.

② 논리적 사고를 개발하는 방법으로 '그래서 무엇이지?'라는 물음에 답을 하면서 가치 있는 정보를 이끌어 내는 방법을 (　　　　　)(이)라고 한다.

03 다음 글의 빈칸에 들어갈 적절한 말을 적어보시오.

> 비판적 사고를 개발하기 위해서는 문제의식과 (　　　　　)이/가 필요하다.

✓ **정답**

01 ① ㉢, ② ㉡, ③ ㉠ | ① 자유연상법은 생각나는 대로 자유롭게 발상하는 방법으로 브레인스토밍이 대표적이다. ② 강제연상법은 각종 힌트에 따라 강제적으로 연결 지어서 발상하는 방법으로, 체크리스트법이 대표적이다. ③ 비교발상법은 주제의 본질과 닮은 것을 힌트로 하여 발상하는 방법으로, NM법과 시네틱스법이 대표적이다.

02 ① 피라미드 구조 방법, ② So what 방법

03 고정관념 타파 | 고정관념 타파는 정보에 대한 개방성을 가지고 편견을 가지지 않는 것으로, 비판적 사고를 위해 꼭 필요한 능력이다.

하위능력 2 | CHAPTER 03 문제해결능력
문제처리능력

1 문제해결 절차 `기출` 서울교통공사, 한국전력공사

문제처리능력은 목표와 현상을 분석하고 이 결과를 토대로 문제를 도출하여 최적의 해결책을 찾아 실행 및 평가하는 일련의 활동을 수행하는 능력이다. 문제처리능력은 문제해결 절차를 의미하며 다음의 절차를 따른다.

2 단계 1: 문제 인식 `기출` 건강보험심사평가원, 서울교통공사, 한국가스안전공사, 한국환경공단, 한국전력공사, 한국공항공사

문제 인식은 해결해야 할 전체 문제를 파악하여 우선순위를 정하고, 선정한 문제에 대한 목표를 명확히 하는 절차를 거치며, 환경 분석, 주요 과제 도출, 과제 선정의 절차를 통해 수행된다.

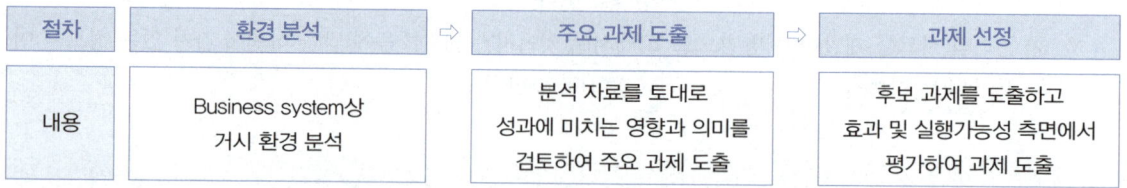

(1) 환경 분석

문제가 발생했을 때, 가장 먼저 고려해야 하는 점이다. 환경 분석을 위해서 주요 사용되는 기법에는 3C 분석, SWOT 분석 방법이 있다.

① 3C 분석

  사업 환경을 구성하고 있는 요소인 3C(자사, 경쟁사, 고객)에 대한 체계적인 분석이다.

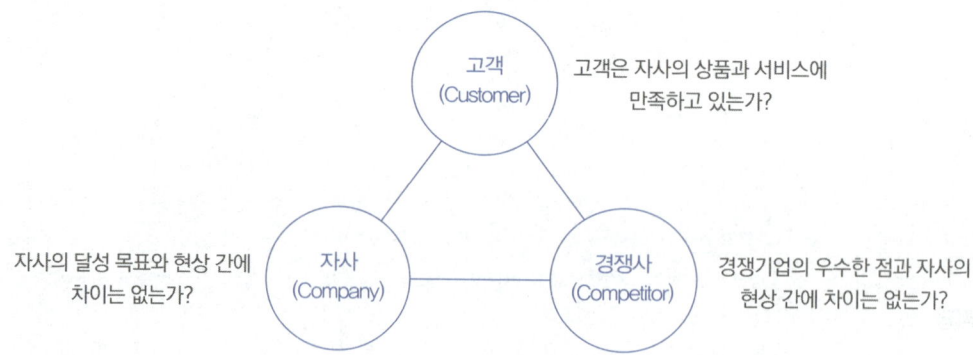

> **참고** 고객들의 요구조사 방법

구분	심층면접법	표적집단면접(Focus group interview)
내용	• 조사자가 응답자와 일대일로 마주한 상태에서 응답자의 잠재된 동기와 신념, 태도 등을 발견하고 조사 주제에 대한 정보를 수집하는 방법 • 30분에서 1시간 정도의 시간이 소요되는데 조사자는 편안한 분위기를 조성하여 응답자의 응답에 영향을 미치지 않도록 해야 함. • 첫 번째 질문을 던지고 이에 대한 응답에 따라 면접을 진행하며 조사자는 진행과정과 조사문제에 대한 개략적인 윤곽을 가지고 있어야 함. • 구체적인 질문 내용과 순서는 응답자의 응답에 따라 달리 진행함.	• 진행자의 주재로 6~8인으로 구성된 그룹에서 특정 주제에 대해 논의하는 과정 • 조사 목적 수립, 대상자 분석, 그룹수 결정, 대상자 리쿠르트, 가이드라인 작성의 순서로 진행
특징	• 독특하고 심층적인 정보를 경험적으로 얻을 수 있음. • 수집된 자료를 자기진단과 평가, 매뉴얼 및 사례로 활용 가능 • 성과와 관련된 실제적이고, 구체적인 것을 얻을 수 있음. • 인터뷰 시간을 집중적으로 투입해야 하며, 많은 비용이 소모됨. • 조사자의 철저한 인터뷰기법 능력과 훈련이 요구됨. • 인터뷰 결과를 사실과 다르게 해석할 수 있음.	• 인터뷰 종료 후 전체적인 내용에 대한 합의를 함. • 흩어져 있는 정보들을 주제에 대한 연관성을 고려하여 수집함. • 가이드라인에 따라 내용을 열거하고, 열거된 내용의 상호 관련성을 생각하면서 결론을 내림. • 동의 혹은 반대의 경우 합의의 정도와 강도를 중시함. • 확실한 판정이 가능한 것은 판정하되 그렇지 못한 경우는 판정을 내려서는 안 됨. • 가능한 그룹으로 분석 작업을 진행 • 조사의 목적에 따라 결론을 이끌 수 있도록 함.

② SWOT 분석

기업 내부의 강점, 약점과 외부 환경의 기회, 위협요인을 분석·평가하고, 이들을 서로 연관지어 전략과 문제해결 방안을 개발하는 방법이다.

		내부환경요인	
		강점(Strength)	약점(Weakness)
외부환경요인	기회(Opportunity)	**SO** 내부강점과 외부기회 요인을 극대화	**WO** 외부기회를 이용하여 내부약점을 강점으로 전환
	위협(Threat)	**ST** 외부위협을 최소화하기 위해 내부강점을 극대화	**WT** 내부약점과 외부위협을 최소화

> **참고** SWOT 분석의 방법

SWOT 분석은 내부환경요인과 외부환경요인으로 구성되어 있다. 내부환경요인과 외부환경요인에 대한 분석이 끝난 후에 교차표가 겹치는 SO, WO, ST, WT 영역별 분석 결과를 작성하면 된다.

외부환경요인 분석 (Opportunity, Threat)	• 자신을 제외한 모든 것(정보)을 기술 • 언론매체, 개인 정보망 등을 통해 입수한 상식적인 세상의 변화 내용을 시작으로, 당사자에게 미치는 영향을 순서대로 점차 구체화함. • 인과관계가 있는 경우 화살표로 연결 • 동일한 데이터라도 자신에게 긍정적으로 전개되면 기회로, 부정적으로 전개되면 위협으로 파악 • 외부환경요인 분석에는 SCEPTIC 체크리스트를 활용하면 편리[Social(사회), Competition(경쟁), Economic(경제), Politic(정치), Technology(기술), Information(정보), Client(고객)]
내부환경요인 분석 (Strength, Weakness)	• 경쟁자와 비교하여 나의 강점과 약점을 분석 • 강점과 약점의 내용: 보유하거나 동원 및 활용 가능한 자원(Resources) • 내부환경요인 분석에는 MMMITI 체크리스트를 활용할 수도 있지만, 반드시 적용해서 분석할 필요는 없음[Man(인력), Material(물자), Money(자본), Information(정보), Time(시간), Image(이미지)]

(2) 주요 과제 도출

환경 분석을 통해 현상을 파악한 후에는 분석 결과를 검토하여 주요 과제를 도출해야 한다. 과제 도출을 위해서는 한 가지 안이 아닌 다양한 과제 후보안을 도출해내는 일이 선행되어야 한다. 주요 과제 도출을 위한 과제안 작성 시 과제안 간의 동일한 수준, 표현의 구체성, 기간 내 해결 가능성 등을 확인해야 한다.

구분	요소 1	요소 2	요소 3
환경			
고객			
경쟁사			
자사			

과제안	1. 2. 3.

(3) 과제 선정

과제 선정은 과제안 중 효과 및 실행 가능성 측면을 평가하여 우선순위를 부여한 후 가장 우선순위가 높은 안을 선정하며, 우선순위 평가 시에는 과제의 목적, 목표, 자원현황 등을 종합적으로 고려하여 평가한다.

구분	평가기준 1	평가기준 2	평가기준 3	종합점수	우선순위
과제안 1					
과제안 2					
과제안 3					

> **참고** 과제안에 대한 평가기준
>
> 다음의 내용을 고려하여 여러 개의 평가기준을 동시에 설정하는 것이 바람직하다.
> - 과제해결의 중요성: 매출/이익 기여도, 지속성/파급성, 고객만족도 향상, 경쟁사와의 차별화, 자사 내부적 문제해결 등
> - 과제착수의 긴급성: 달성의 긴급도, 달성에 필요한 시간 등
> - 과제해결의 용이성: 실시상의 난이도, 필요자원 적정성 등

3 단계 2: 문제 도출

문제 도출 단계는 선정된 문제를 분석하여 해결해야 할 것이 무엇인지를 명확히 하는 단계로, 현상에 대하여 문제를 분해하여 인과관계 및 구조를 파악하는 단계이다. 문제 구조 파악, 핵심 문제 선정의 절차를 거친다.

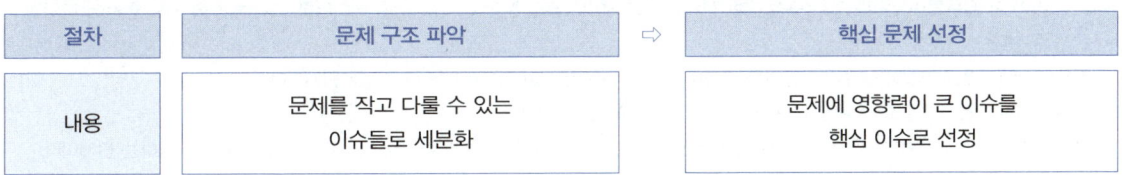

(1) 문제 구조 파악

전체 문제를 개별화된 세부 문제로 재구성하는 과정으로, 문제의 내용 및 부정적인 영향 등을 파악하여 문제의 구조를 도출해내는 단계이다. 문제 구조 파악을 위해서는 본래 문제가 발생한 배경이나 문제를 일으키는 원인을 분명히 하고, 현상에 얽매이지 말고 문제의 본질과 실제를 봐야 하며, 다양하고 넓은 시야에서 문제를 바라봐야 한다.

① 로직트리(Logic tree)방법

　문제의 원인을 깊이 파고든다든지 해결책을 구체화할 때, 제한된 시간 속에서 문제의 넓이와 깊이를 추구하는 데 도움이 되는 기술로, 주요 과제를 나무모양으로 분해, 정리하는 기술이다.

② 로직트리(Logic tree) 작성 시 주의 사항
- 전체 과제를 명확히 해야 한다.
- 분해해 가는 가지의 수준(대분류 – 중분류 – 문제점)을 맞춰야 한다.
- 원인이 중복되거나 누락되지 않고, 각각의 합이 전체를 포함해야 한다.

(2) 핵심 문제 선정

문제에 영향력이 큰 이슈를 핵심 이슈로 선정한다.

> **참고** 맥킨지의 문제 분석 4단계

1. Framing: 문제의 범위가 어디까지인지 파악하고 문제를 쉽게 다룰 수 있는 작은 단위로 나누는 단계로, 초기가설을 도출해 내는 단계이다. 로직트리, 초기가설, 이슈트리 순으로 진행된다.
   - 로직트리: 가장 큰 문제점부터 논리적인 순서에 따라 작은 단위로 나누어서 분류하는 것으로, 로직트리를 통해 문제점에 대한 포괄적인 시각을 얻을 수 있으면서 동시에 어디를 해결하는 것이 문제해결에 가장 중요한지 명확히 할 수 있다.
   - 초기가설: 로직트리 등을 통해 문제의 범위와 얼개를 파악하고 난 상태에서 해결책을 생각해 보는 단계이다. 제한된 팩트와 약간의 직관, 그리고 브레인스토밍을 통해서 일단 초기가설을 세우고, 그 가설이 맞는지 아닌지를 증명해 줄 수 있는 팩트를 찾아 나서는 순서로 진행하는 것이 훨씬 효과적이므로, 초기가설은 자세한 팩트가 조사되지 않은 단계에서 세워야 한다. 초기가설이 좋은 가설인지 아닌지를 테스트하는 좋은 방법은 QDT(Quick and Dirty Test)로, '그 가설이 사실이려면 어떤 전제가 되어 있어야 하느냐'를 묻는 것이다. 이때 그 전제(들)에 문제가 있거나 가능성이 낮다면 그 가설은 좋은 가설이 아니라고 볼 수 있다.
   - 이슈트리: 초기가설이 세워졌으면 이슈트리를 만든다. 이슈트리는 초기가설이 옳은지 아닌지를 판별하는 기준이 되는 이슈를 MECE 원칙에 따라 트리 형태로 정리한 것이다. 이슈트리를 만들어 나가면 초기가설이 맞는지 아닌지를 검증하기 위해 던져 보아야 할 질문들이 논리적으로 구성되며, 전체적인 그림이 그려질 뿐만 아니라, 어떤 데이터를 조사해야 할 지도 한눈에 파악할 수 있다.
2. Designing: 초기가설이 옳은지 아닌지를 증명하기 위해 어떤 분석이 필요한지를 규정하는 단계이다.
3. Gathering: 분석에 필요한 데이터, 즉 '팩트(사실)'를 모으는 단계이다.
4. Interpreting: 데이터를 바탕으로 초기가설의 유효성을 판단하고 결과를 해석해서 앞으로 어떤 행동을 할지 결정하는 단계이다.

4 단계 3: 원인 분석

원인 분석 단계는 파악된 핵심 문제에 대한 분석을 통해 근본 원인을 도출해 내는 단계로, 쟁점(issue) 분석, 데이터 분석, 원인 파악의 절차로 진행된다.

절차	쟁점(Issue) 분석	⇨	데이터 분석	⇨	원인 파악
내용	• 핵심 이슈 설정 • 가설 설정 • 분석결과 이미지 결정		• 데이터 수집 계획 수립 • 데이터 정리 및 가공 • 데이터 해석		• 근본 원인 파악 • 원인과 결과 도출

(1) 쟁점 분석

핵심 이슈 설정, 가설 설정, 분석결과 이미지 결정의 절차를 거쳐 수행된다.
① 핵심 이슈 설정: 현재 수행하고 있는 업무에 가장 크게 영향을 미치는 문제로 선정
② 가설 설정: 이슈에 대해 자신의 직관, 경험, 지식, 정보 등에 의존하여 일시적인 결론을 예측해 보는 가설을 설정
③ 분석결과 이미지 결정: 가설검증계획에 의거하여 분석결과를 미리 이미지화함

(2) 데이터 분석

데이터 분석은 데이터 수집 계획 수립, 데이터 수집, 데이터 분석의 절차를 거쳐 수행된다.
① 데이터 수집 계획 수립: 목적에 따라 데이터 수집 범위를 정하고, 전체 자료의 일부인 표본을 추출하는 전통적인 통계학적 접근과 전체 데이터를 활용한 빅데이터 분석을 구분
② 데이터 정리 및 가공: 객관적인 사실을 수집하고, 자료의 출처를 명확히 할 수 있어야 함
③ 데이터 해석: 목적에 따라 수집된 정보를 항목별로 분류 정리한 후 '문제(What)', '원인(Why)', '방법(How)' 측면에서 데이터 분석 및 의미 해석

(3) 원인 파악

이슈와 데이터 분석을 통해서 얻은 결과를 바탕으로 최종 원인을 확인하는 단계이다. 원인 파악을 할 때 원인과 결과 사이에 어떤 패턴이 있는지 확인하는 것이 필요한데, 원인의 패턴은 다음과 같다.

① 단순한 인과관계
   원인과 결과를 분명하게 구분할 수 있는 경우에 해당한다.
   예 날씨가 더우면 아이스크림 판매량이 증가하는 경우

② 닭과 계란의 인과관계
   원인과 결과를 구분하기 어려운 경우에 해당한다.
   예 브랜드의 인지도 향상이 매출 확대로 이어지고, 매출 확대가 다시 브랜드의 인지도 향상으로 이어지는 경우

③ 복잡한 인과관계
   단순한 인과관계와 닭과 계란의 인과관계의 두 가지 유형이 복잡하게 서로 얽혀 있는 경우로, 대부분의 문제가 이에 해당한다.

5 단계 4: 해결안 개발

해결안 개발 단계는 문제로부터 도출된 근본 원인을 효과적으로 해결할 수 있는 최적의 해결방안을 수립하는 단계이다. 해결안 도출, 해결안 평가 및 최적안 선정의 절차로 진행된다.

절차	해결안 도출	⇨	해결안 평가 및 최적안 선정
내용	문제로부터 최적의 해결안을 도출하고, 아이디어를 명확화		최적안 선정을 위한 평가 기준을 선정하고, 우선순위 선정을 통해 최적안 선정

(1) 해결안 도출

해결안 도출은 열거된 근본 원인을 어떠한 시각과 방법으로 제거할 것인지에 대한 독창적이고 혁신적인 아이디어를 도출하고, 이를 바탕으로 유사한 방법이나 목적을 갖는 내용은 군집화를 거쳐 최종 해결안으로 제시해야 한다.

(2) 해결안 평가 및 최적안 선정

문제(What), 원인(Why), 방법(How)에 따라 해결안을 평가하고, 중요성과 실현 가능성을 고려하여 최종 해결안을 선택한다.

구분	중요성		실현 가능성			종합평가	채택여부
	고객만족도	문제해결	개발기간	개발능력	적용가능성		
해결책 1							
해결책 2							
해결책 3							
…							

> **참고** 셀프코칭을 통한 문제해결
>
> 빠른 속도로 변화하는 사회트렌드에 관심을 갖고 이에 적응하며 진취적인 도전을 하는 것도 성공으로 가는 하나의 방법이다. 그에 대한 방법 중 하나가 코칭이다.
> 풍부한 경험과 지식으로 지표를 제시해 주는 멘토링(Mentoring), 지식을 전달해주는 티칭(Teaching), 상담과 조언 역할을 하는 카운슬링(Counseling)과 달리 코칭은 계약관계로 맺어지고, 개인의 변화와 발전을 지원하는 수평적이고 협력적인 파트너십에 중점을 둔다. 즉, 코칭은 성취를 이루려는 개인과 적극적으로 커뮤니케이션하고, 동기부여와 믿음을 심어주며, 스스로 문제점을 찾아 해결할 수 있도록 도와주는 일이다.

6 단계 5: 실행 및 평가

실행 및 평가 단계는 해결안 개발을 통해 만들어진 실행 계획을 실제 상황에 적용하는 활동으로, 당초 장애가 되는 문제의 원인들을 해결안을 사용하여 제거해 나가는 단계이다. 실행 계획 수립, 실행, 사후관리의 절차로 진행된다.

절차	실행 계획 수립	⇨	실행	⇨	사후관리(Follow-up)
내용	최종 해결안을 실행하기 위한 구체적인 계획 수립		실행계획에 따른 실행 및 모니터링		실행 결과에 대한 평가

(1) 실행 계획 수립

무엇을(What), 어떤 목적으로(Why), 언제(When), 어디서(Where), 누가(Who), 어떤 방법으로(How)에 대한 답을 이용해 계획하고 자원(인적, 물적, 예산, 시간)을 고려하여 수립한다. 이때 계획은 가급적 구체적으로 세우는 것이 좋으며 실행의 목적과 과정별 진행내용을 일목요연하게 정리해야 한다.

(2) 실행 및 사후관리

실행 및 사후관리 단계는 가능한 사항부터 실행하며, 그 과정에서 나온 문제점을 해결해 가면서 해결안의 완성도를 높이고 일정한 수준에 도달하면 전면적으로 전개해 나가는 것이 필요하다. 즉, 사전 조사(Pilot test)를 통해 문제점을 발견하고, 해결안을 보안한 후 대상 범위를 넓혀서 전면적으로 실시해야 한다. 특히 실행상의 문제점 및 장애요인을 신속히 해결하기 위해서 감시 체제(Monitoring system)를 구축하는 것이 바람직하다.

> **참고** 모니터링 시 고려사항
>
> - 바람직한 상태가 달성되었는가?
> - 또 다른 문제를 발생시키지 않았는가?
> - 문제가 재발하지 않을 것을 확신할 수 있는가?
> - 해결책이 주는 영향은 무엇인가?
> - 사전에 목표한 기간 및 비용은 계획대로 지켜졌는가?

개/념/체/크

01 다음 중 문제를 해결하는 절차에서 가장 첫 번째 단계를 고르시오.

> ㉠ 원인 분석　㉡ 실행 및 평가　㉢ 해결안 개발　㉣ 문제 도출　㉤ 문제 인식

02 다음 중 문제 인식 단계에서 환경을 분석할 때 사용하는 분석 기법만을 모두 고르시오.

> ㉠ 3C 분석　　　　㉡ 로직트리　　　　㉢ 쟁점(Issue)분석
> ㉣ 데이터 분석　　㉤ SWOT 분석　　㉥ 사전 조사

03 다음은 문제 도출 단계에 대한 설명이다. 이와 관련하여 맞으면 ○, 틀리면 ×를 표시해보시오.

① 문제 도출은 문제 구조 파악, 핵심 문제 선정의 절차를 거쳐 수행된다. (○, ×)
② 문제 구조를 파악할 때는 개별화된 세부 문제를 전체 문제로 그룹화해야 한다. (○, ×)
③ 문제 구조 파악을 위해 로직트리 방법을 활용한다. (○, ×)

✓ **정답**

01 ㉤ | 문제해결절차는 '문제 인식 → 문제 도출 → 원인 분석 → 해결안 개발 → 실행 및 평가'로 가장 먼저 문제 인식이 이뤄진다.
02 ㉠, ㉤
03 ① ○, ② ×, ③ ○ | ② 문제 구조를 파악할 때는 전체 문제를 개별화된 세부 문제로 재구성해야 한다. 즉, 문제를 작고, 다룰 수 있는 이슈들로 다시 구성해야 하는 것이다.

플러스 알파 이론

워크북에는 없지만 시험에는 나오는

✓ 최신 워크북에서는 삭제되었지만 출제 가능성 높은 이론

1 창의적 문제와 분석적 문제 기출 한국남동발전

구분	창의적 문제	분석적 문제
문제 제시 방법	현재 문제가 없지만 보다 나은 방법을 찾기 위한 문제 탐구로, 문제 자체가 명확하지 않음.	현재의 문제점이나 미래의 문제로 예견될 것에 대한 문제 탐구로, 문제 자체가 명확함.
해결 방법	창의력에 의한 많은 아이디어 작성을 통해 해결	분석, 논리, 귀납과 같은 논리적 방법을 통해 해결
해답 수	해답의 수가 많으며, 많은 답 중에서 보다 나은 것을 선택	해답의 수가 적으며, 한정되어 있음.
특징	주관적, 직관적, 감각적, 정성적, 개별적, 특수성	객관적, 논리적, 정량적, 이성적, 일반적, 공통성

2 문제해결의 기본 요소

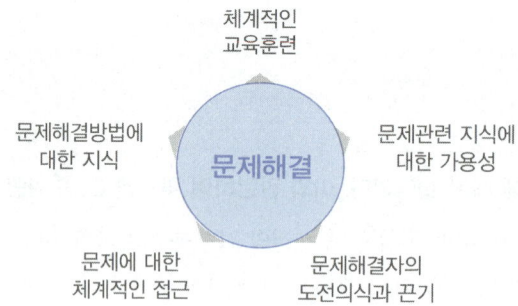

3 MECE(Mutually Exclusive and Collectively Exhaustive)

① Mutually Exclusive and Collectively Exhaustive의 첫 문자를 따서 만든 맥킨지식 표현으로, 어떤 사항과 개념을 중복 없이, 그리고 전체로서 누락 없는 부분집합으로 파악하는 것을 의미한다.
② 이야기를 전달할 때 중복·누락·착오로 실제 중요한 내용은 빠뜨리고 중요하지 않은 것만 강조하여 발생하는 반복적인 오류를 극복하기 위해, 분석하려는 현상이나 보고서의 내용을 일목요연하게 정리하는 방법이다.

✓ 워크북에 수록되지 않았지만 출제 가능성 높은 이론

1 명제

(1) 명제의 정의

참, 거짓을 판단할 수 있는 문장

예) 바다를 좋아하는 사람은 산을 좋아한다.
　　　　　가정　　　　　　　결론

(2) 명제의 역, 이, 대우

① 명제의 역: 명제 조건문의 가정과 결론의 순서를 바꾸어 만든 조건문
　예) 바다를 좋아하는 사람은 산을 좋아한다. → 산을 좋아하는 사람은 바다를 좋아한다.
② 명제의 이: 명제 조건문의 가정과 결론 모두 부정이 되는 조건문
　예) 바다를 좋아하는 사람은 산을 좋아한다. → 바다를 좋아하지 않는 사람은 산을 좋아하지 않는다.
③ 명제의 대우: 명제 조건문의 가정과 결론의 순서가 바뀌고, 모두 부정문이 되는 조건문
　예) 바다를 좋아하는 사람은 산을 좋아한다. → 산을 좋아하지 않는 사람은 바다도 좋아하지 않는다.

(3) 명제의 참/거짓

① 명제가 참일 경우, 명제의 대우는 반드시 참이다.
② 명제가 참일 경우, 역이나 이가 반드시 참은 아니다. 즉, 역이나 이가 참일 수도 거짓일 수도 있다.

2 삼단논법 〈기출〉 한국공항공사, 한국산업안전보건공단

(1) 삼단논법의 정의

2개의 전제를 바탕으로 한 가지 결론을 이끌어 내는 것이다.

(2) 삼단논법의 3가지 개념요소

① 대개념: 결론의 서술어에 해당하는 개념
② 소개념: 결론의 주어에 해당하는 개념
③ 매개념: 결론에는 없고 두 전제에만 나타나는 개념

예)

대전제	어떤 철학자도 허풍쟁이가 아니다.
소전제	어떤 시인은 허풍쟁이다.
결론	어떤 시인은 철학자가 아니다.

위의 삼단논법에서 대개념은 철학자, 소개념은 시인, 매개념은 허풍쟁이가 된다.

(3) 삼단논법의 '어떤'

'어떤' 수험생은 열심히 공부한다.

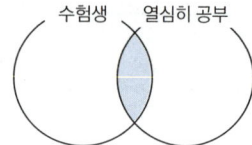

(4) 삼단논법의 '모든'

'모든' 수험생은 열심히 공부한다.

(5) 삼단논법의 흐름

대전제	소전제	결론
모든	모든	모든
모든	모든	어떤
어떤	모든	어떤
모든	어떤	어떤
어떤	어떤	어떤

3 진실게임 기출
한국수자원공사, LH한국토지주택공사, 한국서부발전, 부산교통공사, 서울교통공사 9호선, 주택도시보증공사, 한국농업기술진흥원, 충남대학교병원, 킨텍스, 정보통신산업진흥원, 코레일테크

(1) 문제의 특징
제시된 여러 개의 진술을 확인한 후 참인 진술의 개수와 거짓인 진술의 개수를 조건으로 삼아 각 진술의 참·거짓 여부를 판단한다.

(2) 기본적인 문제해결 방법

1단계	중요한 조건이 되는 참인 진술의 개수와 거짓인 진술의 개수를 파악한다.

▼

2단계	여러 개의 진술 중 하나의 진술을 참 또는 거짓으로 가정한다.

▼

3단계	• 참 또는 거짓으로 가정한 진술을 기준으로 다른 진술의 모순 여부를 따지며 각 진술의 참·거짓 여부를 확인한다. • 참·거짓으로 가정한 진술과 내용이 같은 진술은 가정한 진술과 동일하게 참·거짓을 적어준다.

▼

4단계	각 진술의 참·거짓 여부를 모두 정리한 후 참인 진술의 개수와 거짓인 진술의 개수가 적절한지, 모순되는 내용은 없는지 확인한다.

▼

5단계	모순되는 내용이 있다면, 2단계에서 가정한 진술이 아닌 다른 진술을 참 또는 거짓으로 새롭게 가정하여 다시 3단계와 4단계의 과정을 거친다.

(3) 빠른 문제해결 방법

1단계	중요한 조건이 되는 참인 진술의 개수와 거짓인 진술의 개수를 파악한다.

▼

2단계	동일 관계 또는 모순 관계에 놓인 진술들을 찾는다. • 동일 관계란 두 진술이 동시에 참 또는 거짓인 관계이다. 　예) A: 나는 범인이 아니다. 　　　B: A는 범인이 아니다. • 모순 관계란 두 진술이 동시에 참 또는 거짓이 될 수 없는 관계이다. 　예) A: 나는 범인이 아니다. 　　　B: A는 범인이다.

▼

3단계	동일 관계 또는 모순 관계에 놓인 진술들을 토대로 경우의 수를 상정하고, 각 경우에서 나머지 진술들의 참·거짓 여부를 확인한다. • 동일 관계에 놓인 진술들이 모두 참인 경우와 거짓인 경우로 나눈 후 나머지 진술들의 참·거짓 여부를 확인한다. • 모순 관계에 놓인 진술들 중 '하나가 참, 나머지가 거짓'인 경우와 '하나가 거짓, 나머지가 참'인 경우로 나눈 후 나머지 진술들의 참·거짓 여부를 확인한다.

▼

4단계	각 진술의 참·거짓 여부를 모두 정리한 후 참인 진술의 개수와 거짓인 진술의 개수가 적절한지, 모순되는 내용은 없는지 확인한다.

(4) 문제해결 시 주의 사항

① 동일 관계 또는 모순 관계에 놓인 진술들을 찾을 때는 동일한 항목에 대해 언급하는 진술들을 비교하는 것이 좋다.
② 한 개의 진술에 두 개 이상의 내용이 포함되는 경우가 있다. 이 경우 모든 내용이 참인 경우, 모든 내용이 거짓인 경우, 일부 내용만 참인 경우 등으로 쪼개서 검토해야 한다.
③ 진술을 바탕으로 순위를 나열하거나, 자리를 찾는 식의 문제가 출제되기도 한다. 이 경우 진술을 토대로 도식화하는 과정을 추가하여 정답을 도출해야 한다.

4 조건추리 `기출`

한국수자원공사, 한전KPS, 한국가스안전공사, 건강보험심사평가원, 부산교통공사, 공무원연금공단, 대한지방행정공제회, 한국중소벤처기업유통원, 주택도시보증공사, 아동권리보장원, 인천도시공사, 국가유산진흥원, 대구도시철도공사, 부산광역시의료원, 강원랜드, 국립농업박물관, 한국과학기술연구원, 코레일유통, 정보통신산업진흥원, 한국산업인력공단, 재외동포협력센터, 경기주택도시공사, 경기콘텐츠진흥원, 중소벤처기업진흥공단, 고양국제꽃박람회, 안산도시공사

(1) 문제의 특징
① 제시된 특정 상황과 조건들을 확인한 후, 이를 토대로 드러나지 않은 내용까지 추론하여 특정 항목에 맞게 특정 요소들을 분류한다.
② 가장 빈번하게 출제되는 소재로는 순서 나열, 자리 배치 등이 있다.

(2) 문제해결 방법

1단계	문제 풀이에 영향을 주는 특정 상황을 확인한다. • 한 개의 항목에 한 개의 요소들만 분류하는 상황인지 확인한다. 　예) 4층 건물에 4개 팀이 각각 하나씩 들어가는 상황 • 한 개의 항목에 두 개 이상의 요소들을 분류하는 상황인지 확인한다. 　예) 3개 팀에 6명의 직원들이 2명씩 나누어 들어가는 상황

▼

2단계	특정 상황을 토대로 어떤 것을 항목으로, 어떤 것을 요소로 설정할지 결정한 후 항목을 기준으로 도표를 작성한다. 이때, 항목은 물리적으로 변동이 없거나 변동이 적은 것으로 선택해야 한다. 예) 4층 건물에 4개 팀이 각각 하나씩 들어가는 상황에서는 '4층 건물'이 항목이다.

구분	1층	2층	3층	4층
1팀				
2팀				
3팀				
4팀				

예) 3개 팀에 6명의 직원들이 2명씩 나누어 들어가는 상황에서는 '3개 팀'이 항목이다.

구분	1팀	2팀	3팀
직원			

▼

3단계	확정적인 조건들을 먼저 도표에 표시한다. 이때 직접적인 조건으로 제시되지 않더라도, 이미 확정적인 조건들에 의해 확정되는 내용들도 함께 표시한다.

▼

4단계	확정되지 않아 도표에서 공백으로 남은 부분은 일정한 가정을 통해 공백을 채워 나간다.

▼

5단계	공백을 채워 나갈 수 있는 가정이 많을 경우, 즉 다양한 경우의 수가 존재하는 경우에는 각 경우를 모두 고려하되 1단계의 특정 상황이 적용되는지 확인해야 한다.

(3) 문제해결 시 주의 사항

① 2단계에서 출제 소재나 항목의 특성에 따라 표 대신 다양한 그림을 활용할 수 있다.

예 원탁에 4명이 둘러앉는 경우

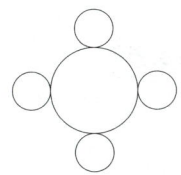

예 자동차 좌석에 5명이 앉는 경우

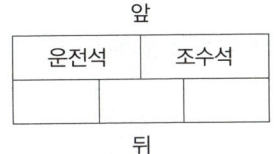

② 다양한 경우의 수가 존재하는 문제들은 발문에 '반드시', '항상'이라는 단어가 포함된 경우가 많다.
③ 정답을 도출하는 데 있어 다양한 경우의 수를 일일이 정리하지 않아도 되는 문제들이 있다. 이 경우 3단계까지 진행한 다음 4단계에서 공백을 하나씩 채워갈 때마다 선지를 확인하여 오답을 빠르게 소거한다.

5 스캠퍼(SCAMPER) 기법 〔기출〕 국가유산진흥원

간단한 질문들로 구성된 7단계별 체크리스트를 사용하여 다양한 방법이나 시각을 토대로 새로운 아이디어, 대안 등을 탐색하고 구성하는 발산적 사고 기법이다.

S	Substitute	어떻게 대체할 수 있는가?
C	Combine	어떻게 결합할 수 있는가?
A	Adapt	어떻게 조정할 수 있는가?
M	Modify·Magnify·Minify	어떻게 수정·확대·축소할 수 있는가?
P	Put to other use	어떤 다른 용도로 사용할 수 있는가?
E	Eliminate	어떻게 제거할 수 있는가?
R	Rearrange	어떻게 재배치할 수 있는가?

6 거시적 환경분석 〔기출〕 국가유산진흥원

어떤 산업 내에 있는 기업의 경쟁력에 어떤 거시적 환경요인이 영향을 미칠 수 있는지 파악하려는 방법론이다.
- STEEP 분석: 기업의 경쟁력에 영향을 미치는 거시적 환경요인을 사회·문화적 요인, 기술적 요인, 경제적 요인, 생태학적 요인, 법적·정치적 요인으로 나누어 파악하는 분석기법이다.

S	Social	인구 증가율, 트렌드 등에 대한 사회·문화적 요인 분석
T	Technological	기술 트렌드 변화, 신기술 등에 대한 기술적 요인 분석
E	Economic	물가, 금리, 경제성장 등에 대한 경제적 요인 분석
E	Ecological	날씨, 기후 변화 등 자연환경에 대한 생태학적 요인 분석
P	Political	제도, 정책 등에 대한 법적·정치적 요인 분석

STEP 02

CHAPTER 03 문제해결능력

기본문제

01 난이도 상 중 하

다음 〈보기〉 중 탐색형 문제에 대한 설명으로 적절한 것만을 모두 고르면?

| 해양수산과학기술진흥원, 한국환경공단 |

/ 보기 /
㉠ 지금까지 해오던 것과 전혀 관계없이 새로운 과제 또는 목표를 설정함에 따라 발생하는 문제
㉡ 문제가 잠재되어 있어 인식하지 못하다가 문제가 확대되면서 해결이 어려워지는 문제
㉢ 우리가 바로 직면하여 걱정하고 해결하기 위해 고민하는 문제
㉣ 현재로서는 문제가 없으나 현 상태의 진행 상황을 예측했을 때 발생할 수 있는 문제
㉤ 유사 타 기업의 업무 방식이나 선진 기업의 업무 방법 등의 정보를 얻어 개선시킬 수 있는 문제

① ㉠, ㉡
② ㉠, ㉢, ㉣
③ ㉡, ㉢, ㉤
④ ㉡, ㉣, ㉤
⑤ ㉢, ㉣, ㉤

02 난이도 상 중 하

다음 중 문제에 대한 설명으로 적절하지 않은 것은?

| 창원문화재단 |

① 답을 요구하는 질문이다.
② 의논을 통해 해결되어야 하는 사항이다.
③ 문제와 문제점은 구분되어야 한다.
④ 해결하기를 원하지만 실제로 해결해야 하는 방법을 모르고 있는 상태는 문제가 아니다.
⑤ 해답이 있지만 그 해답을 얻는 데 필요한 행동을 알지 못하는 상태다.

03 난이도 상 중 하

진숙, 영훈, 명진 세 사람은 자신들의 진급 여부에 대해 다음과 같이 진술했다. 진급한 사람은 거짓을 말하고 진급하지 못한 사람은 진실을 말한다고 할 때, 진급한 사람만을 모두 고르면?

> 진숙: 영훈은 진급을 했다.
> 영훈: 진숙과 명진 모두 진급했거나 진숙과 명진 모두 진급하지 못했거나 둘 중 하나이다.
> 명진: 영훈은 진급하지 못했다.

① 진숙
② 영훈
③ 명진
④ 진숙, 명진
⑤ 영훈, 명진

04 난이도 상 중 하

다음 글의 빈칸에 들어갈 말로 가장 적절한 것은?

> 아이디어 발상법 중 하나인 시네틱스는 (　　　) 둘 이상의 요소를 통해 새로운 아이디어를 내는 방식이다.

① 상하 관계인
② 일부가 유사한
③ 시기적으로 다른
④ 효과가 이미 증명된
⑤ 서로 전혀 관련이 없는

05

다음 글에서 강조하고 있는 사고로 가장 적절한 것은?

> 우리는 인터넷만 하더라도 수많은 정보를 접할 수 있다. 지금 시대는 정보의 양이 중요한 요소가 아니다. 어떤 정보가 중요한 정보인지, 이 정보가 나에게 필요한지를 판단할 수 있어야 한다. 이를 위해서는 자신만의 정보를 판단하는 기준을 세우고, 정보를 평가해보려는 사고를 하여야 한다.

① 창의적 사고
② 발산적 사고
③ 수렴적 사고
④ 비판적 사고
⑤ 경험적 사고

06

T사 취업을 목표로 하는 취업준비생 A는 SWOT 분석법을 이용하여 다음과 같이 T사를 분석했다. 밑줄 친 ㉠~㉤ 중 적절하지 않은 것은?

[강점] Strength	[약점] Weakness
• ㉠안정적인 매출과 확고한 캐시 카우 • 쇼핑 중심의 E커머스 생태계 구축 • 방대하게 축적된 검색 기술과 빅데이터	• 검색/광고 '서치 플랫폼' 성장성 둔화 • ㉡낮은 대주주 지분율
[기회] Opportunity	[위협] Threat
• ㉢글로벌 사용자 확보로 해외 진출 용이 • 무궁무진한 메타버스 플랫폼 가능성 • ㉣여러 대기업의 협력 활발	• 정부 반독점/공정거래/금융 규제 이슈 • 점점 치열해지는 해외 빅테크와의 경쟁 • ㉤느린 신사업 전개속도

① ㉠
② ㉡
③ ㉢
④ ㉣
⑤ ㉤

07 난이도 상중하

BCG 매트릭스란 미국의 보스턴 컨설팅 그룹이 개발한 전략평가 기법이다. BCG 매트릭스는 기업의 사업을 '스타(Star), 현금젖소(Cash cow), 물음표(Question mark), 개(Dog)' 사업으로 분류하는데 이를 분류하는 두 가지 기준은?

| 한국농업기술진흥원 |

① 시장성장률, 매출액 증가율
② 사업점유율, 매출액 증가율
③ 사업점유율, 시장성장률
④ 사업점유율, 매출액
⑤ 매출액, 시장성장률

08 난이도 상중하

다음 〈보기〉 중 맥킨지의 문제 분석 기법 중 Framing 단계에 대한 설명으로 적절한 것만을 모두 고르면?

─ / 보기 / ─
㉠ 로직트리를 활용 툴로 자주 사용한다.
㉡ 막연한 문제점이 구체적인 이슈로 정리 및 분류된다.
㉢ 문제의 범위를 결정하는 단계이다.
㉣ 초기가설이 옳은지 아닌지를 증명하기 위해 어떤 분석이 필요한지를 규정한다.

① ㉠, ㉡
② ㉠, ㉣
③ ㉢, ㉣
④ ㉠, ㉡, ㉢
⑤ ㉡, ㉢, ㉣

09 난이도 상중하

다음 글에서 말하고자 하는 바로 가장 적절한 것은?

'문제'의 정의는 복잡한 것이 아니다. 직장 생활에서 문제는 현재 상태와 목표 상태의 차이를 말한다. 예를 들어 어떤 회사의 목표 매출액이 12억 원인데, 작년 매출액이 10억 원, 올해 매출액이 8억 원이었다면 문제를 인지하는 데 어려움이 없다. 더불어 문제를 정의할 때는 문제의 표기가 구체적인 게 좋다. 단순히 '매출액의 증대'보다는 '매출액 50% 증대'라는 표현이 더 적절하다는 의미이다. 이슈를 분명히 밝힐 수 있고 의사소통 과정에서도 오류가 발생하지 않게 되기 때문이다.

① 개별적인 이슈에 대해 미리 잠정적인 해결안을 수립해 보는 것이 좋다.
② 문제를 작은 단위로 구조화하여 설계하는 것이 좋다.
③ 고정된 문제해결 프로세스를 구축하여 이를 체계적으로 실행하는 것이 좋다.
④ 문제를 정의하기 위해 구체적이고 정량적인 표현을 사용하는 것이 좋다.
⑤ 대안을 설정하기 전에 충분한 자료 수집 단계를 거치는 것이 좋다.

10 난이도 상 중 하

김대리는 팀 내 문제처리 과정을 매뉴얼로 만든 후 팀에 공유하여 실행하였으나, 문제점이 발생하여 감시 체제를 구축하려고 한다. 김대리가 감시 체제를 구축할 때, 고려해야 할 사항으로 적절하지 않은 것은?

① 바람직한 상태가 달성되었는가?
② 해결책이 주는 영향은 무엇인가?
③ 문제가 재발하지 않을 것을 확신할 수 있는가?
④ 해결안별 세부 실행 내용이 구체적으로 수립되었는가?
⑤ 사전에 목표한 기간 및 비용은 계획대로 지켜졌는가?

정답 및 해설 28p

STEP 03 심화문제

CHAPTER 03 문제해결능력

01 난이도 상 중 하

문제해결 방법을 크게 소프트 어프로치와 하드 어프로치로 나눈다고 할 때, 다음 중 문제해결 방법이 나머지와 다른 하나는?

| 국가유산진흥원, 경기연구원 |

① "본사와의 상의도 없이 마음대로 제품의 가격을 낮추시면 다른 매장과 불공정성 문제가 생기므로 앞으로는 이런 일이 발생하지 않도록 해 주세요."
② "부장님, 지금 저희에게 배정된 예산만으로는 말씀하신 프로젝트를 원활하게 진행할 수 없습니다. 예산을 추가로 배정해 주시든지 프로젝트의 크기를 줄이든지 조치가 필요합니다."
③ "김대리, 어제 내가 부탁했던 보고서에 관하여 오후 6시에 회의가 있을 예정이니 한 시간 전까지는 보고서를 작성해서 저에게 보내주세요."
④ "강차장님, 곧 경제 상황이 나아질 전망이라고 하니 이번 재계약 시에는 저희 상품의 구매량을 조금 조정해 보는 게 어떠신가요? 이전 상품 공급량으로는 수요를 감당하기 어려울 것으로 예상됩니다."
⑤ "현재 코로나19의 전염 위험성 때문에 공장이 원활하게 돌아갈 수 없어 계약서에 명시되어 있는 날짜에 상품을 공급하는 것은 거의 불가능합니다."

02 난이도 상중하

P기업에 근무하는 귀하는 이번 신입사원 채용 면접에 면접관으로 참석하게 되었다. 귀하는 신입사원의 능력을 크게 두 가지로 나누어 평가하고자 하는데, 하나는 논리적으로 생각하고 올바른 결론을 이끌어 낼 수 있는 능력이고, 다른 하나는 결론의 옳고 그름을 떠나 창의적인 답변을 구성하고 상대를 설득할 수 있는 능력이다. 면접을 위해 귀하가 준비한 질문이 다음과 같을 때, 평가하고자 하는 능력이 나머지와 다른 하나는?

① "작년에 저희 기업에 입사한 신입사원 300명의 1인당 평균 신용카드 사용 금액이 얼마인지 말씀해 주세요."
② "연세가 많으신 고객들을 상대로 영업을 하는 데 가장 중요한 능력이 무엇인지 말씀해 주세요."
③ "소규모 팀일 때보다 대규모 팀의 리더가 되었을 때 더 필요한 리더의 덕목을 말씀해 주세요."
④ "현재 저희 기업에서 가장 중점적으로 진행하고 있는 사업이 무엇인지 말씀해 주세요."
⑤ "조직의 구조가 수평적인 게 좋은지 수직적인 게 좋은지 말씀해 주세요."

03 난이도 상중하

다음 글에서 설명하는 문제해결의 장애 요소에 해당하는 것은?

> 문제를 접한 다음 문제가 무엇인지 심도 있게 분석하지 않으면 문제해결이 어려워진다. 문제를 해결하기 위해서는 직관에 의한 성급한 판단을 지양하고, 문제의 본질을 명확하게 규정하는 작업이 항상 필요하다. 문제의 본질을 제대로 파악하지 않은 채 대책 방안을 수립하여 실행한다면, 근본적인 문제해결을 하지 못하거나 새로운 문제를 야기할 수도 있다.

① 고정관념에 얽매이는 경우
② 문제를 철저하게 분석하지 않는 경우
③ 쉽게 떠오르는 단순한 정보에 의지하는 경우
④ 너무 많은 자료를 수집하려고 노력하는 경우
⑤ 문제해결의 방안을 너무 많이 수립하는 경우

04 난이도 상중하

다음 글을 토대로 밑줄 친 ㉠과 ㉡의 구분이 적절하지 않은 사례는?

문제란 업무를 수행함에 있어서 답을 요구하는 질문이나, 의논에 따라 해결되어야 하는 사항을 의미한다. 즉, 해결하기를 원하지만 실제로 해결해야 하는 방법을 모르고 있는 상태나, 얻고자 하는 해답이 있지만 그 해답을 얻는 데 필요한 일련의 행동을 알지 못하는 상태이다. 이러한 ㉠문제는 흔히 ㉡문제점과 구분되지 않고 사용되는데, 사실 이 둘은 구분되어야 한다. 문제점이란 문제의 원인이 되는 사항으로, 문제해결을 위해 손을 써야 할 대상을 말한다. 즉, 개선해야 할 사항이나 손을 써야 할 사항, 그에 의해서 문제가 해결될 수 있고 문제의 발생을 미리 방지할 수 있는 사항을 가리킨다.

① 난폭운전으로 자동차 전복사고가 일어났을 때, ㉠은 전복사고의 발생이며, ㉡은 난폭운전이다.
② 인터넷 서버가 자주 끊겨 재고품 수량이 제때 갱신되지 않았을 때, ㉠은 재고품 수량이 제때 갱신되지 않은 것이며, ㉡은 인터넷 서버가 자주 끊기는 것이다.
③ 회사의 출퇴근기록부 보안이 정밀하지 않아 직원들의 휴가 현황을 파악하기 어려울 때, ㉠은 출퇴근기록부 보안이 정밀하지 않은 것이며, ㉡은 직원들의 휴가 현황을 파악하기 어려운 것이다.
④ 기획서 결재라인 규정이 명확하지 않아 관리자들이 팀에서 진행되는 사업들을 제대로 알지 못할 때, ㉠은 관리자들이 팀에서 진행되는 사업을 제대로 알지 못하는 것이고, ㉡은 결재라인 규정이 명확하지 않은 것이다.
⑤ 사무실 환기가 원활하지 않아 직원들이 기관지 관련 질병에 걸렸을 때, ㉠은 직원들이 기관지 관련 질병에 걸린 것이고, ㉡은 사무실 환기가 원활하지 않은 것이다.

05 난이도 상중하

코로나19 유행 이후 많은 IT기업이 비대면 업무 방식을 도입하였고, 더불어 생산성 향상을 위해 직원들에게 많은 지원을 아끼지 않고 있다. IT기업인 A기업은 아직 비대면 업무 방식을 도입하지 않고 있으며 업무 생산성에도 아무런 문제가 없다. 다만, 현재 상태가 지속될 경우 비대면 업무 방식과 생산성 향상을 위해 많은 지원을 아끼지 않는 기업에 인력이 유출될 것을 우려하고 있다. 이때 A기업이 직면한 문제의 유형을 고르면?

| 아동권리보장원 |

① 예측 문제 ② 설정형 문제 ③ 창조적 문제
④ 발생형 문제 ⑤ 일탈 문제

06 난이도 상중하

다음 글의 빈칸 ㉠, ㉡에 들어갈 용어를 각각 바르게 짝지은 것은?

문제해결능력을 향상시키기 위한 교수 방법으로는 강의 형식인 직접 교수 방법보다 학습자들이 경험을 통해 스스로를 발견하고 계획을 수립할 수 있도록 하는 (㉠)과 (㉡)이 효과적이다. (㉠)은 학습자들이 소그룹 학습에 능동적으로 참여하여 협력적이고 자기 주도적으로 문제를 해결하는 교수 방법으로, 문제에 대한 이해와 문제 해결을 위해 학습 활동이 이루어진다. (㉡)은 주어진 가상 상황에서 현실적인 해결책을 마련하는 교수 방법으로, 교수자는 관리자 역할을 수행하며 학습자들에게 무엇을 배우고 경험하는지를 인식시켜야 한다.

	㉠	㉡
①	문제중심 학습	역할극
②	문제중심 학습	시뮬레이션 학습
③	프로젝트 학습	역할극
④	프로젝트 학습	시뮬레이션 학습
⑤	프로그램 학습	역할극

07

신입사원인 전사원은 업무 중에 발생한 문제를 해결하기 위해서 스스로에게 여러 가지 질문을 던진 후 다음과 같은 답을 구하였다. 이때 전사원이 던진 질문으로 가장 적절한 것은?

> "문제를 해결하기 위해 내가 무엇을 할 수 있는지 또는 어떤 것을 실행에 옮겨야 하는지 알아야 하는 영역이 있는 반면, 그 반대의 것도 있어. 이것은 감정적인 측면이나 실제적인 이익, 또는 생각의 전환 등 기존에 내가 소유하고 있는, 혹은 소유하려고 했던 것들에 집착해서는 결코 문제를 해결할 수 없음을 시사해."

① 내가 원하는 방향으로 해결하기 위해서 필요한 일을 하는 동안, 어떻게 하면 그 과정을 즐길 수 있을까?
② 내가 원하는 방향으로 해결하기 위해서 무엇을 포기할 수 있는가?
③ 내가 원하는 방향으로 해결하기 위해서 무엇을 할 수 있는가?
④ 아직 완전하지 않은 부분은 어느 곳인가?
⑤ 이 문제의 좋은 점은 무엇인가

08

다음은 문제의 유형에 관한 자료이다. 빈칸 ㉠~㉢에 들어갈 문제의 유형을 각각 바르게 짝지은 것은?

| 한국수자원조사기술원, 서울경제진흥원 |

> (㉠)는 우리 눈앞에 발생하여 당장 걱정하고 해결하기 위해 고민하는 문제를 의미한다. 이 문제는 눈에 보이는 이미 일어난 문제로, 어떤 기준을 일탈함으로써 생기는 일탈 문제와 기준에 미달하여 생기는 미달문제로 대변되며 원상복귀가 필요하다. 또한 문제의 원인이 내재되어 있으므로 원인지향적인 문제라고도 한다.
> (㉡)는 현재 상황을 개선하거나 효율을 높이기 위한 문제를 의미한다. 이 문제는 눈에 보이지 않는 문제로, 이를 방치하면 뒤에 큰 손실이 따르거나 결국 해결할 수 없는 문제로 확대되기도 한다.
> (㉢)는 미래 상황에 대응하는 장래 경영전략의 문제로, '앞으로 어떻게 할 것인가'에 대한 문제를 의미한다. 이 문제는 지금까지 해오던 것과 전혀 관계없이 미래 지향적으로 새로운 과제 또는 목표를 설정함에 따라 일어나는 문제로서, 목표 지향적 문제라고 할 수 있다.

	㉠	㉡	㉢
①	발생형 문제	탐색형 문제	설정형 문제
②	발생형 문제	설정형 문제	탐색형 문제
③	설정형 문제	탐색형 문제	발생형 문제
④	설정형 문제	발생형 문제	탐색형 문제
⑤	탐색형 문제	설정형 문제	발생형 문제

09 난이도 상 중 하

다음 글에서 강조하고 있는 문제해결을 위한 기본적 사고로 가장 적절한 것은?

> 트리즈(Triz)는 혁신을 위한 40가지 기본 발명 원리를 제공한다. 예를 들어 서로 독립적인 부분이라고 생각했던 것을 하나로 결합한다든지, 반대로 하나의 완성품이라 생각했던 것을 여러 부분으로 나눈다든지 또는 필요한 부분만 추출한다든지 등의 방법을 통해 이전에 생각하지 못했던 방식으로 대상을 새롭게 바라볼 수 있도록 한다. 즉, 트리즈는 기존 생각의 틀을 벗어나서 사고할 수 있도록 해주는 발명 기제인 것이다.

① 분석적 사고
② 전략적 사고
③ 발상의 전환
④ 내·외부자원의 활용
⑤ 명확한 우선순위 설정

10 난이도 상 중 하

다음 〈보기〉 중 퍼실리테이션에 대한 설명으로 적절한 것만을 모두 고르면?

| 강원랜드, 한국원자력환경공단, 경기테크노파크 |

/ 보기 /

㉠ 퍼실리테이션은 어떤 집단이 의사결정을 잘할 수 있도록 도와주는 것을 의미한다.
㉡ 퍼실리테이션에 의한 문제해결 방법은 구성원이 상이한 문화적 토양을 가졌다고 가정하고, 서로의 생각을 직설적으로 주장하고 논쟁 및 협상을 통해 의견을 조정한다.
㉢ 퍼실리테이션에 의한 방법은 초기에 생각하지 못했던 창조적인 해결방법을 도출하는 동시에 구성원의 동기를 강화시키고 팀워크도 한층 강화시킨다.

① ㉠
② ㉢
③ ㉠, ㉡
④ ㉠, ㉢
⑤ ㉡, ㉢

11 난이도 상 중 하

문제해결을 위한 기본적 사고 중 문제 전체를 각각의 요소로 나누어 그 요소의 의미를 도출한 다음 우선순위를 부여하고 구체적인 문제해결 방법을 실행하는 것이 요구되는 사고로 가장 적절한 것은?

| 대한적십자사 |

① 전략적 사고
② 분석적 사고
③ 발상의 전환
④ 고정관념의 타파
⑤ 내·외부자원의 활용

12 난이도 상 중 하

홍보팀 직원 A~H 8명 중 2명이 팀 대표로 공모전에 나가게 되었다. 팀 대표 선발에 대한 갑~무 5명의 진술이 다음과 같다. 이들 중 3명의 진술은 참이고, 나머지 2명의 진술은 거짓일 때, 반드시 거짓인 것은?

갑: A, B, C는 모두 선발되지 않았다.
을: D, E, F, G, H는 모두 선발되지 않았다.
병: A와 C 중에 1명만 선발되었다.
정: D와 E 중에 1명만 선발되었다.
무: F와 G 중에 1명만 선발되었다.

① A가 선발되지 않는다.
② D가 선발된다.
③ B와 H가 선발되지 않는다.
④ E와 G가 선발된다.
⑤ F와 G가 선발된다.

13 난이도 상 중 하

다음 중 복합 질문의 오류를 보이는 사례로 가장 적절한 것은?

| 대한적십자사 |

① 지금 내 말이 틀렸다는 거니?
② 그럼 동물을 학대해도 된다는 거야?
③ 결국 저 사람의 말은 옳지 않지?
④ 이 문제의 답을 찾는 게 어렵다는 거야?
⑤ 이제부터는 도둑질을 하지 않을 거지?

14 난이도 상 중 하

마케팅팀 직원 A~H 8명이 다음과 같이 1번부터 8번까지 일렬로 나열된 자리에 앉아 있다. 자리에 대한 정보가 다음 〈조건〉과 같을 때, 항상 옳은 것은?

왼쪽 | 1 | 2 | 3 | 4 | 5 | 6 | 7 | 8 | 오른쪽

/ 조건 /
㉠ C는 7번에, D는 4번에 앉아 있다.
㉡ F는 G보다 왼쪽에, A보다는 오른쪽에 앉아 있다.
㉢ E가 앉은 자리로부터 오른쪽으로 두 번째 자리에 A가 앉아 있다.
㉣ A보다 왼쪽에 앉아 있는 사람은 2명 이상이다.
㉤ F는 5번에 앉아 있지 않다.

① E와 H가 바로 옆에 나란히 앉아 있다.
② B와 D가 바로 옆에 나란히 앉아 있다.
③ A가 B보다 왼쪽에 앉아 있다.
④ E가 D보다 왼쪽에 앉아 있다.
⑤ F와 G 사이에 2명이 앉아 있다.

15 난이도 상 중 하

다음 두 사례에서 알 수 있는 문제해결을 위한 사고 방법으로 가장 적절한 것은?

> [A] 미국의 한 TV 프로그램인 J쇼는 심리적으로 힘든 상황을 보내고 있는 사람들을 인터뷰하여 좋은 시청률을 기록했다. 그러나 일각에서는 '남의 불행을 이용한다'며 비난하였고, 당시 쇼를 운영하던 연출자는 그럼에도 불구하고 시청자들이 J쇼를 보는 이유를 분석하기 시작했다. 분석 결과 연출자는 많은 시청자들이 출연자에게 공감하는 마음으로 프로그램을 시청하고 있음을 알게 되었다. 여기서 힌트를 얻은 연출자는 방송 시간에 상담 전화번호를 내보내 프로그램 중 시청자들의 상처를 컨설팅할 수 있도록 조치하였다. 결과는 성공적이었고, J쇼는 단순히 보여주기식 오락 프로그램에서 교육 프로그램으로 바뀌어 비난을 피할 수 있었다.
>
> [B] 한국의 한 정수기 판매 업체 W사는 1990년대 당시 IMF 외환위기에 맞물려 100만 원이 넘는 고가의 정수기를 판매할 수단이 없었다. 이에 당시 그룹의 회장이었던 B씨는 100만 원이 넘는 정수기를 판매하는 대신 월 27,000원에 누구나 부담 없이 이용할 수 있는 렌털 시스템을 생각해냈다. 정수기의 단가를 맞추기 위해 정수기의 장식적인 부품을 없애고 납품 시스템을 개선하여 제작비를 절감하였다. 결과적으로 W사는 제품의 질을 유지하면서도 생산 원가를 줄일 수 있어 국내 최초의 정수기 렌털 시대를 연 기업이 되었다.

① 어울리지 않는 것처럼 보이는 두 현상을 잘 융합하면 새로운 아이디어를 얻을 수 있다.
② 다른 사람의 실수나 잘못된 모습을 본 후 스스로를 돌아보고 배울 수 있어야 한다.
③ 실패를 겪을 때마다 좌절하지 않고 실패의 경험에서 배울 수 있어야 한다.
④ 실패를 두려워하지 않고 항상 새로운 것에 도전하는 용기가 있어야 한다.
⑤ 위기의 순간에서 어려움에 맞서려고 하면 이를 기회로 삼을 수 있다.

16 난이도 상 중 하

다음 대화에서 나타난 창의적 사고의 개발 방법으로 가장 적절한 것은? | 한국산업안전보건공단 |

> A: "지난 분기에 저희 상품이 고객들에게 그다지 매력적으로 다가가지 못한 것 같아요. 그래서 기획팀에서 이번 상품에는 혁신적인 기능을 추가했다고 합니다. 새 상품의 샘플이 곧 도착할 예정인데, 저희는 새로운 기능을 고객들에게 효과적으로 홍보할 방법을 생각해 보아야 합니다. 혹시 의견 있으신가요?"
> B: "시민 체험단을 모집해서 실제 사용 후기를 SNS에 올리도록 하는 건 어떨까요?"
> C: "매장 안에 사람들이 상품을 직접 체험할 수 있는 공간을 만들어서 체험해볼 수 있도록 하는 것도 좋을 것 같아요."

① 자유연상법　　② 비교발상법　　③ 강제연상법
④ 퍼실리테이션　⑤ 델파이기법

17 난이도 상 중 하

다음 중 비판적 사고를 개발하는 데 요구되는 사항이 아닌 것은?

① 주관성　　② 개방성　　③ 융통성
④ 지적 회의성　⑤ 지적 호기심

18 난이도 상 중 하

다음 중 논리적 오류와 그 사례가 잘못 연결된 것은?

| 코레일테크 |

① 미국은 경제 대국이야. 그러니까 미국 사람들은 전부 부자일거야. – 분할의 오류
② 모든 사람은 죄인입니다. 그러니 사람은 교도소에 가야 합니다. – 애매어 사용의 오류
③ 교수님의 주장은 설득력이 없습니다. 이전에 논문을 표절하셨잖아요. – 인신공격의 오류
④ 강팀장이 우리 팀에 온 이후로 실적이 바닥을 치고 있어. 강팀장을 갈아치워야 돼. – 결합의 오류
⑤ 많은 사람들이 이 제품을 사용하고 있습니다. 아직도 이 제품이 없으신가요? – 군중에 호소하는 오류

19 난이도 상 중 하

치원, 규보, 시습, 선도, 제현 5명은 미국, 독일, 프랑스, 베트남, 일본 중 서로 다른 한 곳으로 출장을 간다. 이들이 다음 〈조건〉에 따라 A~E항공 중 서로 다른 항공을 이용하여 출장을 간다고 할 때, 항상 옳은 것은?

| 서울교통공사, 주택도시보증공사 |

/ 조건 /
㉠ 치원은 C항공을 이용하지 않고, 일본으로 출장을 간다.
㉡ 베트남으로 출장을 가는 사람은 B항공을 이용한다.
㉢ 시습은 A항공과 B항공을 이용하지 않고, 독일로 출장을 가지 않는다.
㉣ 제현은 D항공을 이용한다.
㉤ 선도는 B항공과 E항공을 이용하지 않는다.
㉥ A항공을 이용하는 사람은 독일로 출장을 간다.
㉦ 미국, 독일, 프랑스, 베트남, 일본 순으로 서로 다른 날에 출장을 간다.

① 시습이 선도보다 출장을 먼저 간다.
② 제현이 규보보다 출장을 먼저 간다.
③ 시습은 E항공을 이용한다.
④ 규보는 프랑스로 출장을 간다.
⑤ 제현은 미국으로 출장을 간다.

20 난이도 상중하

갑은 A~F 6곡 중 일부 곡을 콘서트에서 공연하려고 한다. 갑이 다음 〈조건〉에 따라 공연한다고 할 때, 반드시 공연하는 곡만을 모두 나열한 것은?

/ 조건 /
㉠ D곡과 F곡을 모두 공연하면 A곡을 공연하지 않는다.
㉡ B곡을 공연하거나 D곡을 공연하지 않는다.
㉢ C곡이나 F곡을 공연한다.
㉣ D곡을 공연한다.
㉤ C곡을 공연하면 B곡을 공연하지 않는다.

① A곡, B곡, D곡
② B곡, D곡, F곡
③ B곡, C곡, D곡, F곡
④ A곡, B곡, D곡, F곡
⑤ A곡, B곡, D곡, E곡, F곡

21 난이도 상중하

정은, 윤호, 지민, 호열 4명은 각자 자신을 제외한 세 명 중 서로 다른 한 명에게 선물을 주려고 한다. 이들 4명이 다음 〈조건〉에 따라 선물을 주고받았다고 할 때, 항상 옳은 것은?

| 한전KPS |

/ 조건 /
㉠ 4명은 목도리, 화장품, 손거울, 다이어리 중 서로 다른 하나의 선물을 준비했다.
㉡ 정은은 호열이 준비한 선물을 받았고, 지민은 목도리를 받았다.
㉢ 서로 간에 선물을 교환한 사람은 없다.
㉣ 정은은 화장품을 준비했으며, 호열은 손거울을 받지 않았다.
㉤ 윤호는 호열에게 선물을 주지 않았다.

① 정은은 다이어리를 받았다.
② 윤호는 지민의 선물을 받았다.
③ 호열은 화장품을 받았다.
④ 지민은 윤호의 선물을 받았다.
⑤ 다이어리를 준비한 사람은 윤호이다.

22 난이도 상 중 하

구름, 장마, 안개, 서리, 맑음 5명 각각은 빨간색, 노란색, 흰색, 검은색, 초록색 중 서로 다른 색을 좋아한다. 이들에 관한 정보가 다음 〈조건〉과 같을 때, 항상 거짓인 것은?

/ 조건 /

㉠ 안개는 초록색을 좋아하지 않는다.
㉡ 서리는 노란색을 좋아하는 사람보다 나이가 많고, 안개보다는 나이가 적다.
㉢ 맑음은 구름보다 나이가 적고, 노란색을 좋아하지 않는다.
㉣ 나이가 가장 많은 사람은 초록색을 좋아하고, 나이가 가장 적은 사람은 노란색을 좋아하지 않는다.
㉤ 장마는 빨간색을 좋아하는 사람보다 나이가 많으며, 초록색을 좋아하지 않는다.

① 안개는 검은색을 좋아한다.
② 구름은 안개보다 나이가 많다.
③ 맑음은 흰색을 좋아하지 않는다.
④ 서리는 빨간색을 좋아하지 않는다.
⑤ 장마는 흰색을 좋아하는 사람보다 나이가 많다.

23 난이도 상 중 하

다음 〈보기〉 중 창의적 사고의 개발 방법에 해당하지 않는 것만을 모두 고르면? | 한국부동산원 |

/ 보기 /

㉠ "저는 평소 문제의식을 가지고 고정관념에 얽매이지 않으려고 합니다."
㉡ "저는 생각나는 단어를 자유롭게 나열할 때 많은 아이디어가 발생합니다."
㉢ "저는 공상이나 꿈을 현실과 결부시켜 생각하는 방법을 자주 사용합니다."
㉣ "저는 질문 항목을 표로 만들어 하나씩 점검해 보고 있어요."
㉤ "저는 '그래서 무엇이지?'라고 자문자답하는 So What 방법을 자주 사용하여 사고를 확장합니다."

① ㉠, ㉡
② ㉠, ㉤
③ ㉡, ㉣
④ ㉡, ㉤
⑤ ㉢, ㉣

24 난이도 상 중 하

다음 글에서 밑줄 친 '문제점'에 대한 사례로 적절한 것만을 〈보기〉에서 모두 고르면?

> 문제는 '목표와 현실과의 차이'로 인해 발생한다. 이때 '목표'는 '어떻게 되었으면 좋겠는가?'라는 전망을 말하고, '현실'은 '어떻게 되어 있는가?'라는 상태를 말한다. 또한 목표와 현실의 차이는 목표와 현실이 어긋났음을 의미한다. 결국 문제점이란 문제가 아니라 목표와 현실이 어긋나게 된 원인이 무엇인지 묻는 물음에 대한 답변이다.

/ 보기 /
㉠ 경제 불황으로 인하여 올해 휴대폰 판매량은 작년의 90% 정도였다.
㉡ 올해 K사는 목표 매출이 300억 원이었지만, 200억 원밖에 달성하지 못하였다.
㉢ 인력 부족으로 인해 머신러닝 사업의 진행 정도가 목표보다 늦어지고 있다.
㉣ 공사 착공 후 10개월이 지났는데도 진척률은 80% 수준이다.

① ㉠
② ㉡
③ ㉠, ㉢
④ ㉡, ㉣
⑤ ㉠, ㉡, ㉢

25 난이도 상 중 하

다음은 문제해결에 관한 어느 강연자의 강연 내용이다. 다음 중 강연을 이해한 내용으로 가장 적절한 것은?

> 안녕하세요. 오늘 문제해결에 관한 강연을 맡게 된 ◇◇◇입니다.
> 요즘 연말이라 모두 바쁘시죠. 업무와 관련하여 지금처럼 바쁜 시기에, 실제로 바쁜 이유는 일상 업무와 비일상 업무가 혼재되기 때문이에요. 연말에는 일상 업무도 양이 많아지는데 중간에 비일상 업무가 기존 일정 사이에 끼어들면서 업무가 정리되지 않는 현상이 벌어지는 것이죠. 게다가 상사가 갑자기 업무를 줄 때 어떻게 주나요? 상사가 지시하는 바를 들으면 바로 어떤 것을 어떻게 해야겠다가 머릿속에 떠오르나요? 아마 대부분 그렇지 않을 거예요. 대부분의 업무는 명확하지 않고 구체적이지 않은 채로 우리에게 떨어져요. 그렇다면 우리는 명확하지 않은 문제를 어떻게 해야 할까요? 간단합니다. 명확하지 않은 문제를 명확하게 바꾸는 겁니다. 문제가 명확하지 않은 이유는 그 문제가 단일한 문제가 아니고 수많은 문제가 복합적으로 얽혀있기 때문이에요. 이를 독립적인 하나의 문제로 나누면 문제의 구조가 밝혀집니다. 독립적인 문제는 상대적으로 당연히 더 명확하고, 해결 방안 역시 구체적으로 제시하고 실행할 수 있어요.

① 문제를 해결하기 위해서는 다양한 관점에서 의견을 들을 수 있어야 한다.
② 문제를 효과적으로 해결하기 위해서는 문제를 문제의 구조에 따라 세분화하는 것이 필요하다.
③ 문제를 해결해야 하는 담당자를 명확하게 설정해야 담당자가 책임감 있게 문제를 다룰 수 있다.
④ 실제로 해결할 수 있는 문제와 해결할 수 없는 문제를 분류해야 문제해결에 낭비되는 시간을 줄일 수 있다.
⑤ 문제가 없는 상황은 없으며, 다만 문제가 보이지 않을 뿐이라는 것을 기억하고, 보이지 않는 문제도 찾아낼 수 있어야 한다.

26 난이도 상 중 하

다음 노키아의 사례는 문제처리 5단계 중 어느 단계에 해당하는가? | 국가유산진흥원 |

> 핀란드의 노키아는 한때 세계 휴대폰 시장점유율이 40%까지 육박하는 선도 기업이었다. 핀란드 국내 총생산(GDP)의 25%를 노키아 한 기업이 차지한 적도 있었다. '노키아가 망하면 핀란드가 망한다'라는 말이 나올 정도로 노키아는 1998년부터 13년간 휴대폰 시장에서 독보적인 지배력을 유지했다. 하지만 스마트폰 산업의 변화를 제대로 파악하지 못하면서 결국 삼성전자와 애플에 완전히 밀려났다.
> 노키아 경영진은 2009년에 애플 아이폰이 출시될 당시 돌이킬 수 없는 실수를 저질렀다. 아이폰의 등장으로 휴대폰 패러다임이 스마트폰 시대로 넘어가는 혁명이 일어났지만, 오히려 자신들이 장악해 온 일반폰(피처폰)의 생산라인을 늘리는 악수를 둔 것이다. 노키아의 오판에 따른 대가는 혹독했다. 2010년부터 일반폰 시장이 급격히 감소하자 뒤늦게 스마트폰 생산에 뛰어들었지만, 이미 애플과 삼성의 벽을 넘기에는 역부족이었다. 결국, 핀란드 본사 건물을 매각하고 1만 명의 직원을 감원하는 대규모 구조조정을 단행했다. 이후 2013년 9월에는 휴대전화 사업부를 마이크로소프트사에 매각하였고, 2014년 4월에는 조직을 네트워크 사업분야를 중심으로 재편성하였다.

① 문제 인식 ② 문제 도출 ③ 원인 분석
④ 해결안 개발 ⑤ 실행 및 평가

27

문제가 발생했을 때 문제의 환경을 분석하는 기법으로 3C 분석이 있다. 다음은 R기업의 3C 분석에 관한 자료이다. 다음 중 3C 분석에 따라 누락된 정보를 추가한 내용으로 가장 적절한 것은?

| 대한적십자사, 국가유산진흥원, 한전KPS, 한국산업안전보건공단 |

[문제 상황]
SNS를 통한 마케팅 수요가 높아지고 있음.

[분석 내용]
- 주력 판매 상품의 고객은 대부분 20~30대이며, 현재 해당 연령대에서 SNS 사용 비율이 해마다 높아지고 있음. SNS를 통하여 마케팅을 할 경우 고객들은 자사를 좀 더 친근하게 느끼며, 번거로운 방문이나 전화 연락 없이 문의 사항을 SNS에 자유롭게 남기고 소통할 수 있어 앞으로도 수요가 더 늘어날 것으로 생각됨.
- 경쟁사인 H기업과 F기업의 경우 기업 전용 SNS 계정을 만들어 이미 고객이 쉽게 접근할 수 있는 기업이라는 이미지를 심어주었으며, 고객들과 끊임없는 소통을 통해 이후의 상품에 대한 의견도 듣고 있음.
-

① F기업은 작년에 비해 마케팅 부서 직원을 5% 이상 추가로 채용하여 부서를 확장하고 추가적으로 지원하겠다고 발표함.
② 현재 R기업의 마케팅 부서에는 SNS 전담팀이 구성되어 있지 않으므로 빠르게 팀을 구성하고 다른 기업과 차별화된 전략을 내세워야 할 것으로 보임.
③ 고객 설문에 의하면 설문에 응한 고객들 중 51%가 광고를 가장 많이 접하는 매체로 SNS를 꼽았는데, 이는 그동안 가장 비율이 높았던 TV(33%)보다 18%p가 높은 수치임.
④ H기업은 SNS를 통해 자사의 상품을 소개하는 것뿐만 아니라 공연, 예술 등 문화 활동과 연계하여 다양한 고객층에 기업 이미지를 강화함.
⑤ SNS는 빠르게 정보가 지나가기 때문에 고객들은 줄글로 된 광고를 적극적으로 읽기보다는 간단한 영상으로 이루어진 주입식 광고를 선호함.

28 난이도 상 중 하

마케팅팀에 근무하는 정주임은 신제품에 대한 고객만족도를 조사하는 방법으로 심층면접법을 활용하고자 한다. 이를 위해 심층면접법의 특징에 대해 다음과 같이 정리하였을 때, 밑줄 친 ㉠~㉤ 중 적절하지 않은 것은?

---

1. 정의
   - ㉠응답자들로부터 조사 주제에 대한 정보를 수집하는 방법으로, 조사자와 응답자 간의 일대일 대면접촉을 통해 응답자의 잠재된 동기, 신념, 태도 등을 발견함.

2. 조사 방법
   - ㉡30분에서 1시간 정도 소요되며, 조사자는 편안한 분위기를 조성하여 응답자의 답변에 영향을 미치지 않도록 해야 함.
   - 조사자는 진행 과정 및 조사 문제에 대한 윤곽을 가지고 면접을 진행하되, 구체적인 질문 내용과 순서는 응답자의 응답에 따라 달리 진행함.

3. 장단점

장점	단점
• ㉢독특한 정보를 얻을 수 있음. • 다른 방법을 통해 포착할 수 없는 심층적인 정보를 경험적으로 얻을 수 있음. • 수집한 자료를 자기진단과 평가, 매뉴얼 및 사례로 활용 가능	• 인터뷰 시간을 집중적으로 투입해야 하며 비용이 많이 소모됨. • 조사자의 철저한 인터뷰 기법 기술과 훈련이 요구됨. • ㉣성과와 관련하여 추상적인 결과를 얻을 수 있음. • ㉤인터뷰 결과를 사실과 다르게 해석할 수 있음.

① ㉠   ② ㉡   ③ ㉢   ④ ㉣   ⑤ ㉤

29 난이도 상중하

다음 중 표적집단면접을 진행할 때 주의 사항으로 적절하지 않은 것은?

① 가능한 그룹으로 분석 작업을 진행한다.
② 가이드라인에 따라 열거한 내용 간의 독립성을 유지하면서 결론을 얻어 나간다.
③ 인터뷰 종료 후 전체 내용에 대한 합의를 한다.
④ 동의 또는 반대의 경우 합의 정도와 강도를 중시한다.
⑤ 앞뒤에 흩어져 있는 정보들을 주제에 대한 연관성을 고려하여 수집한다.

30 난이도 상중하

다음은 문제해결 과정 중 문제 인식 단계의 진행 절차를 정리한 것이다. 빈칸 ㉠에 대한 설명으로 가장 적절한 것은?

| 대한적십자사 |

절차	환경 분석	주요 과제 도출	㉠
내용	산업 시스템상 거시 환경 분석	분석 자료를 토대로 성과에 미치는 영향·의미를 검토하여 주요 과제 도출	후보 과제를 도출하고, 효과 및 실행 가능성 측면에서 평가하여 과제 도출

① 주요 기법으로는 3C, SWOT 분석 등이 있다.
② 한 가지 안이 아닌 다양한 과제 후보안을 도출한다.
③ 효과 및 실행 가능성 측면을 평가하여 과제안에 우선순위를 부여해야 한다.
④ 과제안의 우선순위를 평가할 때는 기준을 한 가지로 설정해야 한다.
⑤ 과제안 작성 시 수준은 동일한지, 표현은 구체적인지, 주어진 기간 내에 해결 가능한지 등을 확인해야 한다.

31

다음 과제안에 대한 평가기준 중 과제해결의 용이성에 해당하는 것은?

① 경쟁사와의 차별화
② 달성에 필요한 시간
③ 고객만족도 향상
④ 필요 자원 적정성
⑤ 달성의 긴급도

| 코레일테크 |

32

귀하는 R기업의 인사팀 팀장으로 근무하고 있다. 이번에 R기업에서 블라인드 채용을 도입하면서 블라인드 채용 시 기업에 적합한 직원을 채용하기 위해 어떤 장치들이 필요할지에 대해 팀원들과 브레인스토밍을 하고자 한다. 다음 중 브레인스토밍을 하기 전 귀하가 브레인스토밍 적용 방법에 대해 학습한 내용으로 적절하지 않은 것은?

| 코레일테크, 부산교통공사, 경기테크노파크 |

① "회의에 참여하는 사람들이 서로 얼굴을 볼 수 있도록 회의실에 있는 둥근 테이블을 사용하는 게 좋겠어."
② "논의하고자 하는 주제가 구체적이고 명확할수록 많은 아이디어가 나올 수 있으니 주제를 구체적으로 정해야겠군."
③ "회의에 참여하는 모든 사람들이 자유롭게 발언할 수 있도록 해야 하고 그것들을 모두 기록할 수 있도록 준비해야겠군."
④ "아이디어의 독자성과 실현가능성을 고려해야 하므로 제시된 아이디어에 문제가 있는 경우에 자유롭게 비판할 수 있도록 독려해야겠어."
⑤ "브레인스토밍을 할 때는 다양한 의견을 제시할 수 있는 편안한 분위기가 조성되어야 하므로 굳이 내가 팀장이라고 하여 회의의 리더가 될 필요는 없겠군."

33 난이도 상 중 하

원인 분석 단계에서는 이슈와 데이터 분석을 통해 얻은 결과를 토대로 근본 원인을 파악하고 원인과 결과를 도출하는데, 원인을 파악할 때는 원인과 결과 사이에 패턴이 있는지 확인하는 것이 필요하다. 다음 사례에 나타난 원인의 패턴으로 가장 적절한 것은?

> 최근 전 세계 많은 사망자를 발생시킨 바이러스로 인해 국내의 A제약업체가 주목을 받고 있다. 평소 A제약업체의 인지도는 낮았으나, 국민들의 바이러스 치료제 개발 기대 심리로 인해 A제약업체의 인지도가 높아지게 되었다. 덕분에 A제약업체는 주가가 강세를 나타냈으며, 치료제 개발에 많은 투자를 받게 되어 치료제 개발에 착수할 수 있었다. 이 소식이 뉴스에 보도되며 더 많은 사람들이 A제약업체의 주식을 사들이고 있는 상황이다. 치료제 개발 착수 소식이 화제가 되자 A제약업체는 연일 실시간 검색어에 올랐고, 인지도는 더욱 향상되었다. 높아진 인지도로 인해 많은 사람들이 주식을 사들이게 되어 A제약업체의 주가는 사상 최고가를 기록하였으며, 이제는 주가 상승으로 인해 연일 화제가 된 A제약업체를 모르는 사람이 없을 정도가 되었다.

① 단순한 인과관계
② 닭과 계란의 인과관계
③ 복잡한 인과관계
④ 상당 인과관계
⑤ 상관관계

34 난이도 상 중 하

다음 중 실행계획을 수립할 때 고려해야 하는 사항으로 적절하지 않은 것은?

① 해결안별 세부 실행 내용을 구체적으로 수립해야 한다.
② 인적, 물적, 예산, 시간에 대한 고려를 통해 수립해야 한다.
③ 실행상의 문제점을 해결하기 위한 감시 체제를 구축해야 한다.
④ 실행의 목적과 과정별 진행 내용을 일목요연하게 정리해야 한다.
⑤ '무엇을, 어떤 목적으로, 언제, 어디서, 누가, 어떤 방법으로'의 물음에 대한 답을 이용해야 한다.

35 난이도 상 중 하

김대리는 다음과 같이 A제품의 판매량을 증대하기 위한 방법을 분석하였다. 이러한 김대리의 행동은 문제해결 과정 중 어느 단계에 해당하는가?

| 한국산업안전보건공단 |

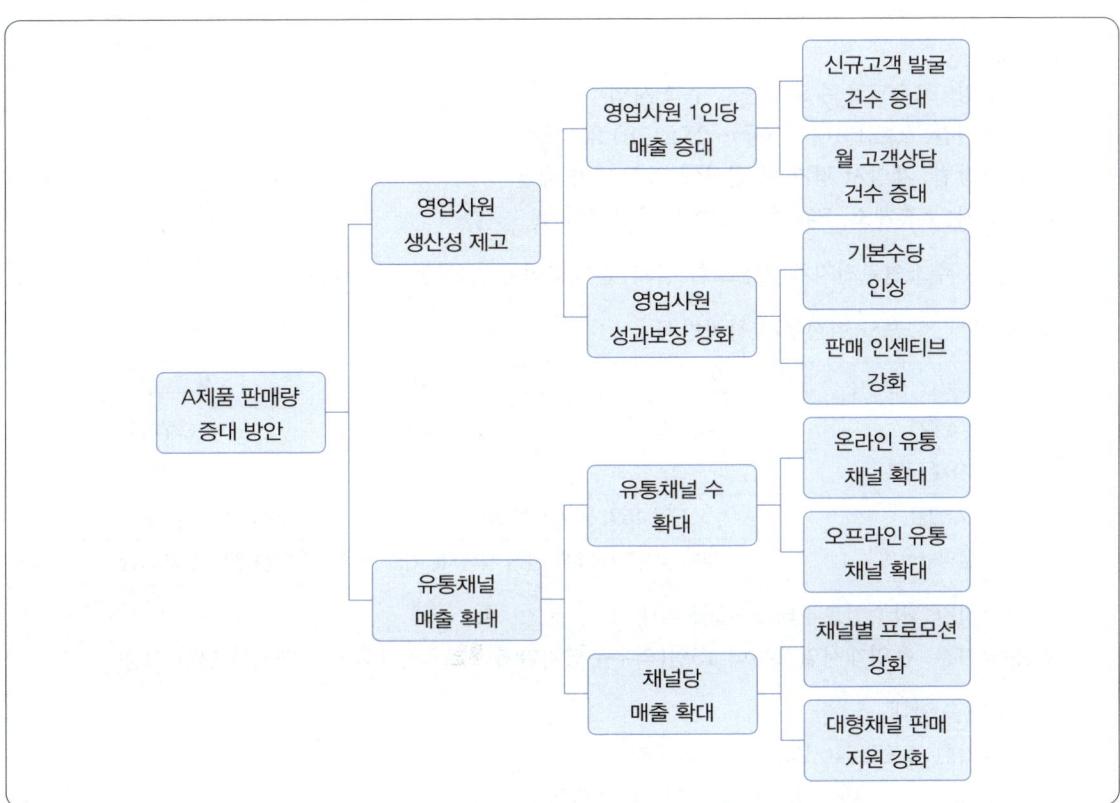

① 문제 인식
② 문제 도출
③ 원인 분석
④ 해결안 개발
⑤ 실행 및 평가

36 난이도 상 중 하

다음은 ○○공사의 고속도로 수소충전소 구축 사업 사업시행자 모집 공고에 관한 자료이다. 이에 대한 설명으로 가장 적절한 것은?

□ 공모개요
  가. 사업명: 고속도로 수소충전소 구축 사업
  나. 공모기간: 2X21.10.15.(금)~2X21.10.25.(월)
  다. 공모방법: 제안서 평가 및 협상에 의한 계약 체결
  라. 대상지: A휴게소, B휴게소, C휴게소 총 3개 소
□ 참가자격: 수소연료전지차 충전소를 설치·운영하려는 자(공동수급 가능)
□ 사업방식: ○○공사 지정부지 참여방식

노선	갑 고속도로	을 고속도로	병 고속도로
대상지	A휴게소	B휴게소	C휴게소
지자체 지원	O	O	X
지원금	기당 15억 원(지자체 참여 시 기당 17.5억 원으로 지원금 상향)		
운영방식	부지 무상임대(수익 발생 시까지), 기존 주유소 운영사 위탁 운영 가능		

  가. 구축기간: 착수일로부터 15개월 이내
  나. 운영기간: 운영개시일로부터 15년(의무운영기간 5년 포함), 1회에 한해 5년 연장 가능
□ 제안서 제출 안내
  가. 제출기한: 2X21.10.25.(월), 18:00까지
  나. 제출장소: ○○공사 휴게시설처 에너지운영팀
     (주소: □□북도 △△시 ◇◇로 77(▽▽동, ○○공사) 14층
  다. 접수방법: 방문접수
  라. 제출서류: 제안요청서 참조
□ 사업자 선정방법
  가. 평가위원회를 구성하여 사업제안서를 제안요청서에 정해진 기준에 따라 서면 심사 및 평가
  나. 사업제안서 평가 후 합산 상위 점수부터 순차적으로 우선 협상대상자로 선정하여 협상 실시
□ 기타사항
  가. 사업시행자 모집과 관련된 세부사항은 제안요청서 참고
  나. 제안요청서는 ○○공사 홈페이지(http://www.xxx.xx.kr)에서 열람 가능
  다. 기타 사업시행자 모집과 관련한 사항은 ○○공사 휴게시설처 에너지운영팀(☎ 0XX-XX1-XXX3, XXX4)으로 문의

① 고속도로 수소충전소 구축 사업의 공모기간은 10일이다.
② B휴게소에 수소충전소 구축 사업을 하려는 자는 지자체 지원을 받을 수 없다.
③ 수익이 발생하기 전까지는 부지를 무상으로 이용할 수 있다.
④ 수소충전소 구축 사업에 선정된 사업시행자의 운영기간은 최대 25년이다.
⑤ 선정된 사업시행자가 2X22년 1월에 수소충전소 구축에 착수했다면, 2X23년 5월까지 구축을 완료해야 한다.

37

다음 글에서 설명하는 용어로 가장 적절한 것은?

| 인천도시공사 |

> 문제를 세분화해 가면서 문제의 원인과 대안을 찾는 기법이다. 구조가 생선의 머리와 뼈처럼 보여 Fish bone diagram으로 알려져 있으며, 품질관리 분야에 널리 이용되고 있다.

① 이슈트리　　　　　② 마인드맵　　　　　③ 초기가설
④ 파레토도　　　　　⑤ 특성요인도

38

다음 사례는 문제해결 과정 중 어느 단계에 해당하는가?

| 한국자산관리공사 |

> 개발팀은 지난 프로젝트를 마무리하며 일어났던 문제들에 대한 해결안을 수립했다. 이에 대해 각 팀원들이 어떤 역할을 담당할지 역할을 분배하였으며, 맡은 역할을 통해 완성도를 높이고자 하였다. 프로젝트를 전체적으로 전개하면서 문제점을 발견하고 그에 대해 어떻게 하면 해결할 수 있을지 구상하였다.

① 문제 인식   ② 문제 도출   ③ 원인 분석
④ 실행계획 수립   ⑤ 실행 및 사후관리

39

다음은 문제해결 과정 중 원인 분석 단계의 진행 절차와 각 절차에 대한 내용을 정리한 것이다. 밑줄 친 ㉠~㉤ 중 적절하지 않은 것만을 모두 고르면?

절차	내용
쟁점(Issue) 분석	• ㉠핵심 이슈 설정: 현재 수행하고 있는 업무에 가장 크게 영향을 미치는 문제로 선정한다. • ㉡가설 설정: 논리적이며 창의적이어야 한다. • 분석 결과 이미지 결정: 분석결과를 미리 이미지화한다.
↓	
데이터 분석	• ㉢데이터 수집 계획 수립: 목적에 따라 데이터 수집 범위를 정하고, 객관적인 정보와 직관에 의존한 정보를 모두 나열한다. • 데이터 정리 및 가공 • 데이터 해석
↓	
원인 파악	• ㉣근본 원인 파악 • ㉤원인과 결과 도출

① ㉠, ㉡   ② ㉠, ㉣   ③ ㉡, ㉢
④ ㉢, ㉣   ⑤ ㉡, ㉢, ㉤

40 난이도 상 중 하

다음은 ○○마트의 포인트 적립률에 관한 자료이다. 이를 토대로 할 때, 다음 중 이번 구매로 포인트가 가장 많이 적립되는 경우는 무엇인가?

○○마트 포인트 적립률

구분	대상 가맹점/업종	전월 이용금액			적립한도
		30만 원 미만	30만 원 이상 70만 원 미만	70만 원 이상	
주요 가맹점	○○마트, ○○24, ○○브랜드, ○○홀릭	1%	3%	5%	최대 40,000 포인트
생활편의영역	커피·베이커리	0.5%	2%	3%	
	통신				
	대중교통				
일반 가맹점	그 외 가맹점	–	1%	2%	

① 전월 이용금액이 88만 원인 고객 A가 ○○24에서 10만 원짜리 와인을 산 경우
② 전월 이용금액이 29만 원인 고객 B가 통신비로 8만 원을 사용한 경우
③ 전월 이용금액이 105만 원인 고객 C가 그 외 가맹점에서 35만 원어치 음식을 산 경우
④ 전월 이용금액이 15만 원인 고객 D가 그 외 가맹점에서 125만 원짜리 텔레비전을 산 경우
⑤ 전월 이용금액이 63만 원인 고객 E가 ○○브랜드에서 25만 원짜리 모니터를 산 경우

STEP 04 응용문제

CHAPTER 03 문제해결능력

01
다음 글의 빈칸 ㉠~㉣에 들어갈 용어를 각각 바르게 짝지은 것은?

> 시넥티스법은 서로 관련이 없어 보이는 요소들을 함께 모아 새로운 아이디어를 창출해내는 집단 아이디어 발상법이다. 이러한 시네틱스법의 종류에는 문제 상황을 개인적인 문제로 가정하고 검토하는 (㉠), 서로 관련이 없는 대상물 간의 유사한 양상과 과정 등을 비교하고 검토하는 (㉡), 대상물 간의 관계를 기술하는 과정에서 상징을 활용하거나 대상물을 압축하여 단순하게 재현하는 (㉢), 현실과 무한한 상상을 결부시켜 문제 상황을 탐구하고 해결하는 (㉣)가 있다.

	㉠	㉡	㉢	㉣
①	직접유추	환상유추	상징유추	개인유추
②	직접유추	상징유추	개인유추	환상유추
③	개인유추	환상유추	상징유추	직접유추
④	개인유추	직접유추	상징유추	환상유추
⑤	개인유추	상징유추	환상유추	직접유추

02

다음은 외식 업체 K가 진행한 외식 산업에 대한 PEST 분석표의 일부이다. 밑줄 친 ㉠~㉣ 중 적절하지 않은 것만을 모두 고르면?

구분	내용
정치적 요소	• 외식 산업의 진흥 및 경쟁력 강화를 위한 정책 수립 및 시행 • ㉠식자재 원가 상승 및 배달비 추가로 인한 외식 비용 증가
경제적 요소	• 소비자 물가 상승 및 불황으로 인한 외식 지출 감소 • ㉡가맹점주에 대한 프랜차이즈 본사의 위법행위 규제 강화
사회적 요소	• 1인 가구 증가와 밀키트 제품 소비 문화의 확산 • ㉢건강과 웰빙에 대한 사회적 관심도 증가 및 관련 소비의 증가
기술적 요소	• SNS, 블로그 등의 온라인 환경을 활용한 외식 마케팅 활성화 • ㉣외식 서비스 프로세스 효율성 제고를 위한 푸드테크 도입 및 디지털 전환 가속화

① ㉠, ㉡ ② ㉠, ㉢ ③ ㉡, ㉢
④ ㉡, ㉣ ⑤ ㉢, ㉣

03

다음 글의 빈칸에 공통으로 들어갈 용어로 적절한 것은?

> (　　　)(이)란 실제로 정보를 수집하거나 분석 활동을 하기 전에 그 과정 또는 결과를 추측해 보는 사고 방법이다. (　　　)을/를 하기 위해서는 경험과 지식을 쌓고 통찰력을 기르는 것이 중요하다. 경험의 경우, 자연 발생적으로 가능한 경험보다는 주도적이고 의식적으로 내면화된 경험이 중요하며, 경험을 할 때에는 사물과 현상을 현실에 기초해 파악하는 것이 중요하다. 또한 지식이 많아야 다양한 관점에서 접근이 가능하므로 새로운 지식이나 정보를 지속적으로 습득해야 한다. 그리고 통찰력은 뉴스나 이슈 등을 통해 (　　　)을/를 하는 연습을 함으로써 기를 수 있다.

① 브레인스토밍 ② 가설 지향적 사고 ③ NM법
④ 시네틱스법 ⑤ 사실 지향적 사고

04

다음은 3C 분석의 3가지 관점을 도식화한 그림이다. (A)의 평가요소에 해당하는 것만을 〈보기〉에서 모두 고르면?

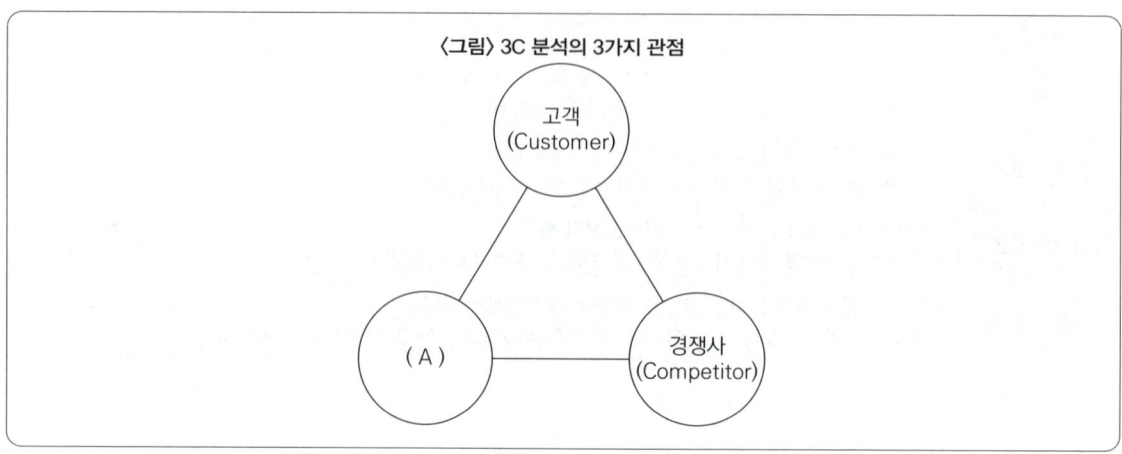

/ 보기 /
㉠ 기업 목표
㉡ 잠재적 경쟁자
㉢ 시장규모
㉣ 시장 성장률
㉤ 자원
㉥ 현재의 경쟁자
㉦ 시너지 효과

① ㉠, ㉣, ㉤
② ㉠, ㉤, ㉦
③ ㉡, ㉢, ㉥
④ ㉡, ㉣, ㉥
⑤ ㉢, ㉤, ㉦

05

다음 글에서 설명하는 집단의사결정 기법으로 적절한 것은?

제시된 문제에 대한 문제해결 아이디어를 각 구성원이 개별적으로 종이에 적은 후 리더에게 익명으로 제출하면 리더가 그 내용을 칠판에 적는다. 이후 각 구성원은 집단 논의를 하여 각각의 아이디어에 대하여 평가를 하고, 논의가 끝나면 각 구성원은 각각의 아이디어에 대하여 서열을 매긴 후 리더에게 제출한다. 이렇게 하여 종합 순위를 가장 높게 받은 아이디어가 결정된다.

① 브레인스토밍 ② 명목집단법 ③ 델파이법
④ 변증법적 토의 ⑤ 시네틱스법

06

다음 글에서 설명하는 조사방법으로 적절한 것은?

통상 6~10명으로 구성된 면접자들로부터 동시에 정해진 주제에 관한 동기, 태도, 신념 등을 조사하는 조사방법으로, 응답자들의 반응을 객관적으로 관찰할 수 있는 미러룸에서 실시하는 것이 일반적이지만, 특별한 시설이 없더라도 실시 가능한 조사방법이다. 이 조사방법의 경우 조사내용을 융통성 있게 조절할 수 있으며, 면접자들과의 직접 접촉을 통해 깊이 있는 자료를 얻을 수 있고, 처음에 의도하지 않았던 정보를 얻을 수도 있다는 장점이 있다. 계량화되지 않고 추상적이거나 잠재된 니즈를 발견할 수 있는 점도 이 조사방법의 장점 중 하나이다.

① 투사법 ② 델파이법 ③ 표적집단면접법
④ 개별 심층면접법 ⑤ 민족지학적 연구

07

다음 중 퍼실리테이터의 역할에 대한 설명으로 적절하지 않은 것은?

① 회의가 시작되기 전에 회의의 목적과 회의를 통해 달성해야 할 것들을 구성원들에게 명확히 전달한다.
② 회의의 목적이 무엇인지, 참가자가 누구인지, 최종적인 결과가 무엇인지를 명확히 인식하고, 회의가 생산적일 수 있도록 진행 과정을 구성한다.
③ 팀 빌딩을 통해 팀 활동의 기반을 조성하고 토론의 방해 요소를 제거하며, 구성원들이 자유롭고 편안한 분위기에서 토론 과제에 집중할 수 있도록 한다.
④ 구성원들이 문제해결을 위한 창의적 아이디어를 도출할 수 있도록 도와주고, 실수나 실패가 용납되는 창의적 환경을 조성한다.
⑤ 갈등을 당연한 것으로 받아들이지 않되, 갈등이 발생한 경우에는 사고의 외연을 좁혀 건설적인 의사결정을 할 수 있도록 한다.

08

다음 〈보기〉 중 스토리 라인에 대하여 옳게 발언한 사람만을 모두 고르면?

/ 보기 /

갑: "스토리 라인이란 문제해결을 위해 전달하고 싶은 메시지를 논리적이고 일관적인 스토리 형식으로 설득력 있게 정리한 것을 의미해."
을: "그런데 스토리 라인을 먼저 정하고 그에 맞춰 보고서를 작성하면 내용의 앞뒤가 자연스럽게 연결되지 않는 경우가 많이 발생해."
병: "스토리 라인을 구성할 때 가장 우선적으로 고려해야 할 사항은 스토리 라인이 보고를 받는 입장에서 구성되어야 한다는 거야."
정: "맞아. 그렇기 때문에 스토리 라인의 구성은 전적으로 보고를 받는 입장만을 위한 것이라고 볼 수 있어."

① 갑, 을
② 갑, 병
③ 을, 병
④ 병, 정
⑤ 갑, 병, 정

09

다음 글의 밑줄 친 ㉠에 해당하는 사례로 가장 적절한 것은?

> MECE(Mutually Exclusive and Collectively Exhaustive)란 어떤 사항이나 개념을 전체 집합으로 할 때, 이를 중복도 없고 누락도 없이 상호 배타적인 부분집합들로 나누어 파악하는 사고 기법이다.
> MECE는 연령이나 성별 등과 같이 ㉠전체 집합을 중복·누락 없이 완전히 상호 배타적인 부분집합들로 분해 가능한 경우와 단기·중기·장기 등과 같이 중복·누락이 절대 없다고 볼 수는 없지만 중복·누락이 크게 없다고 볼 수 있는 경우로 나눌 수 있다. MECE를 활용하면 문제해결 방법을 찾을 때 논리적이고 현실적으로 사고할 수 있으며, 색다른 기준을 통해 MECE를 할 경우에는 어떤 사항이나 개념을 참신한 관점에서 바라볼 수도 있다.

① 개념: 생물
　부분집합A: 포유류
　부분집합B: 파충류

② 개념: 연령
　부분집합A: 20세 미만
　부분집합B: 30세 이상

③ 개념: 여성
　부분집합A: 미혼 여성
　부분집합B: 기혼 여성
　부분집합C: 직장인 여성

④ 개념: 대학교 학과
　부분집합A: 경영학과
　부분집합B: 경제학과
　부분집합C: 회계학과

⑤ 개념: 중학생
　부분집합A: 1학년
　부분집합B: 2학년
　부분집합C: 3학년

10

다음 〈보기〉에서 STEEP 분석의 5가지 요인 중 경제적 환경 요인에 해당하는 것은 모두 몇 개인가?

/ 보기 /
- 교육 수준
- R&D 예산
- 신기술
- 재활용 시설 규모
- 인플레이션율
- 에너지원
- GDP 성장률
- 규제 합리화
- 문맹률

① 1개　② 2개　③ 3개　④ 4개　⑤ 5개

PART 1 직업기초능력평가

CHAPTER 04
자기개발능력

STEP 01 개념정리
- 개념체크
- 플러스 알파 이론

STEP 02 기본문제
STEP 03 심화문제
STEP 04 응용문제

● 영역 소개

업무를 추진하는 데 스스로를 관리하고 개발하는 능력이다. 하위능력은 자아인식능력, 자기관리능력, 경력개발능력으로 구분된다.

● 출제 유형

구분	의미	학습 포인트
자아인식능력	직업생활에서 다양한 방법으로 자신의 장단점, 흥미, 적성 등을 분석하여 자신의 가치를 설명하는 능력	▶ 자아인식의 개념과 방법 ▶ 자아존중감의 개념 ▶ 흥미와 적성의 개발 ▶ 반성적 성찰을 통한 개발
자기관리능력	직업생활에서 직업인으로서 자신의 역할과 목표를 정립하고, 이를 위하여 자신의 행동과 업무수행을 관리하고 통제하는 능력	▶ 자기관리의 절차 ▶ 합리적인 의사결정 과정 ▶ 내면을 관리하는 방법 ▶ 업무수행 성과를 높이는 방법
경력개발능력	일터에서 직업인으로서 자신의 경력단계를 이해하고, 이에 적절한 경력개발 계획을 수립하는 능력	▶ 경력개발의 의미와 필요성 ▶ 경력단계 ▶ 경력개발 계획 ▶ 경력개발과 관련된 이슈

● 기출 키워드

- ▶ 자기개발의 개념과 특징
- ▶ 자기개발 계획 수립이 어려운 이유(장애요인)
- ▶ 내면을 관리하는 방법(인내심 키우기, 긍정적인 마음 가지기 등)
- ▶ 경력개발
- ▶ 경력단계(직업선택, 조직입사, 경력초기, 경력중기, 경력말기)
- ▶ 경력개발 계획 5단계
- ▶ 경력개발과 관련된 이슈(평생학습사회, 투잡스, 워라밸 등)
- ▶ 자아 인식 모델−조해리의 창
- ▶ 표준화검사의 종류와 특징(MBTI, STRONG 검사, MMPI 등)

STEP 01 개념정리

CHAPTER 04 자기개발능력

1. 자기개발의 개념과 특징 〔기출〕 부산교통공사

(1) 자기개발의 개념
자기개발은 자신의 능력, 적성 및 특성 등에 있어서 강점과 약점을 찾고 확인함으로써 강점을 강화시키고, 약점을 관리하여 성장을 위한 기회로 활용하는 것이다. 자기개발능력은 직업인으로서 자신의 능력, 적성, 특성 등의 이해를 기초로 자기 발전 목표를 스스로 수립하고 성취해 나가는 능력이다.

(2) 자기개발의 필요성
① 효과적으로 업무를 처리하기 위해(업무 성과를 향상시키기 위해)
② 변화하는 환경에 적응하기 위해
③ 긍정적인 인간관계를 형성하기 위해
④ 자신이 달성하고자 하는 목표를 성취하기 위해
⑤ 보람된 삶을 살기 위해

(3) 자기개발의 특징
① 타인이 아닌 자신이 주체가 되어야 하는 활동이다.
② 개별적인 과정으로서 자기개발을 통해 지향하는 바와 선호하는 방법 등이 사람마다 상이하다.
③ 단기간에 이룰 수 있는 것이 아닌 평생에 걸쳐서 이루어지는 과정이다.
④ 일과 관련하여 이루어지는 활동이다.
⑤ 생활 속에서 이루어지는 활동이다.
⑥ 모든 사람이 해야 하는 활동이다.

2. 자기개발의 구성 요소

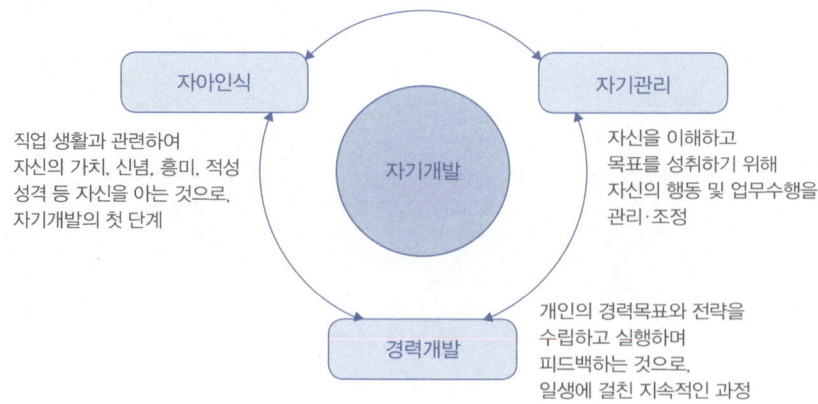

3 자기개발 설계 전략

(1) 장단기 목표 수립

장기목표	5~20년	자신의 욕구, 가치, 흥미, 적성 및 기대를 고려하여 수립하며 직장에서의 일과 관련하여 직무의 특성, 타인과의 관계 등을 고려해야 한다.
단기목표	1~3년	장기목표를 이룩하기 위한 기본단계가 되며, 이를 위해 필요한 직무관련 경험, 개발해야 될 능력 혹은 자격증, 쌓아두어야 할 인간관계 등을 고려하여 수립한다.

(2) 인간관계 고려
가족, 친구, 직장동료, 부하직원, 상사, 고객 등 많은 인간관계를 맺고 살아가고 있으므로 이러한 관계를 고려하지 않고 자기개발 계획을 수립한다면 계획을 실행하는 데 어려움을 겪게 된다.

(3) 현재의 직무 고려
현재의 직무상황과 이에 대한 만족도는 자기개발 계획을 수립하는 데 중요한 역할을 담당한다. 따라서 현 직무를 담당하는 데 필요한 능력과 이에 대한 자신의 수준, 개발해야 할 능력, 관련된 적성 등을 고려해야 한다.

(4) 구체적인 방법으로 계획
자신이 수행해야 할 자기개발방법을 명확하고 구체적으로 수립하면 집중적이고 효율성 있게 노력할 수 있고, 이에 대한 진행과정도 손쉽게 파악할 수 있다. 다만 장기목표는 경우에 따라 구체적인 방법을 계획하는 것이 어렵거나 바람직하지 않을 수 있다.

(5) 자신을 브랜드화
자신을 브랜드화하기 위해서는 남들과는 다른 자신만의 차별성을 강조해야 한다. 자신을 알리는(PR) 구체적인 방법으로는 소셜네트워크와 인적네트워크 활용, 경력 포트폴리오 구성 등이 있다.

4 자기개발 계획 수립이 어려운 이유 〔기출〕 서울교통공사 9호선

자기개발 계획 수립의 전략을 알고 있다고 하더라도 자기개발 계획을 구체적으로 설계하는 일은 어려운 일이다. 이는 자기개발 계획을 수립하는 데 다음과 같은 장애요인이 있기 때문이다.

장애요인	특징
자기정보의 부족	자신의 흥미, 장점, 가치, 라이프스타일을 충분히 이해하지 못함.
내부 작업정보의 부족	회사 내의 경력기회 및 직무 가능성에 대해 충분히 알지 못함.
외부 작업정보의 부족	다른 직업이나 회사 밖의 기회에 대해 충분히 알지 못함.
의사결정 시 자신감 부족	자기개발과 관련된 결정을 내릴 때 자신감 부족
일상생활의 요구사항	개인의 자기개발 목표와 일상생활(예 가정) 간 갈등
주변 상황의 제약	재정적 문제, 연령, 시간 등의 제약

> **참고** 자기개발에 실패하지 않기 위한 방법
>
> 자기개발을 방해하는 데에는 개인 내면에 따른 내적인 요인과 부모나 가족, 조직이나 사회 등 외적인 요인이 모두 작용하므로 자기개발의 중요성에 공감하더라도 자기개발을 실행하는 일은 쉽지 않다. 따라서 자기개발에 실패하지 않도록 노력해야 한다.
> - 인간의 욕구와 감정을 통제하여 자기개발에 대한 태도 형성
> - 제한적인 사고를 벗어나 자신을 객관적으로 파악
> - 현재 익숙한 문화에 안주하지 않으려는 노력

개/념/체/크

01 다음은 자기개발의 특징에 대한 설명이다. 이와 관련하여 맞으면 ○, 틀리면 ×를 표시해보시오.

① 사람들은 모두 자기개발에 있어서 지향하는 바가 비슷하다. (○, ×)
② 자기개발은 일시적으로 이루어지는 과정이다. (○, ×)
③ 자기개발은 일과 관련하여 이루어지는 활동이다. (○, ×)
④ 자기개발은 생활 가운데 이루어져야 한다. (○, ×)
⑤ 자기개발은 승진이나 이직을 원하는 사람만 하는 것이다. (○, ×)

02 다음은 자기개발 설계 전략에 대한 설명이다. 이와 관련하여 맞으면 ○, 틀리면 ×를 표시해보시오.

① 장단기 목표 수립에서 장기목표는 5년 이내의 목표를 의미하며, 이를 수립할 때는 직무관련 경험, 개발해야 할 능력 혹은 자격증 등을 고려해야 한다. (○, ×)
② 자기개발 계획을 수립할 때는 자신의 인간관계를 고려한다. (○, ×)
③ 자기개발 방법은 구체적일수록 좋다. (○, ×)

03 다음은 자기개발 계획 수립이 어려운 이유와 그 특징을 표로 정리한 것이다. ㉠, ㉡에 들어갈 적절한 말을 적어보시오.

이유	특징
자기정보의 부족	자신의 흥미, 장점, 가치, 라이프스타일을 충분히 이해하지 못함.
(㉠)	회사 내의 경력기회 및 직무 가능성에 대해 충분히 알지 못함.
(㉡)	다른 직업이나 회사 밖의 기회에 대해 충분히 알지 못함.
의사결정 시 자신감 부족	자기개발과 관련된 결정을 내릴 때 자신감 부족
일상생활의 요구사항	개인의 자기개발 목표와 일상생활(예 가정) 간 갈등
주변 상황의 제약	재정적 문제, 연령, 시간 등의 제약

✓ 정답

01 ① ×, ② ×, ③ ○, ④ ○, ⑤ × | ① 자기개발은 개별적인 과정으로서, 사람마다 자기개발을 통해 지향하는 바와 선호하는 방법 등이 모두 다르다. ② 자기개발은 어떤 특정한 사건이나 요구가 있을 때 이루어지는 과정이 아니라, 평생에 걸쳐 이루어지는 과정이다. ⑤ 자기개발은 특정한 사람만이 해야 하는 것이 아닌 모든 사람이 해야 하는 것이다.

02 ① ×, ② ○, ③ ○ | ① 장단기 목표 수립에서 장기목표는 5~20년 뒤를 설계하는 것이다. 이를 수립할 때는 자신의 욕구, 가치, 흥미, 적성 및 기대를 고려해야 하며 직장에서의 일과 관련하여 직무의 특성, 타인과의 관계 등도 고려해야 한다.

03 ㉠ 내부 작업정보의 부족, ㉡ 외부 작업정보의 부족

CHAPTER 04 자기개발능력
하위능력 1 자아인식능력

1 자아인식

(1) 자아인식의 개념

자아인식이란 다양한 방법을 활용하여 자신이 어떤 분야에 흥미가 있고, 어떤 능력의 소유자이며, 어떤 행동을 좋아하는지 등을 종합적으로 분석하여 이해하는 것을 말한다.

(2) 올바른 자아인식의 효과

올바른 자아인식은 자신을 존중하고 가치 있다고 여기는 동시에 자신의 한계를 더 보완하려는 성장 욕구를 가질 수 있도록 해준다. 이러한 자아인식의 노력은 자아정체감을 확인시켜 주며 동시에 자기개발의 토대가 되고, 개인과 팀의 성과를 높이는 데도 필수적으로 요구된다.

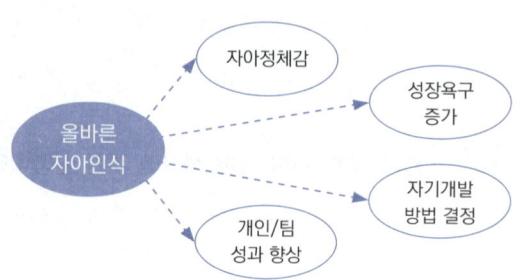

2 자아존중감

(1) 자아존중감의 개념

자아존중감이란 개인의 가치에 대한 주관적인 평가와 판단을 통해 자기결정에 도달하는 과정이며, 스스로에 대한 긍정적 또는 부정적 평가를 통해 가치를 결정짓는 것이다. 이러한 가치 판단은 자신의 정체성 형성에 영향을 주는 중요한 요소이다. 자아존중감은 주변의 의미 있는 타인에게 영향을 받으며, 환경에 적응할 수 있도록 도움을 줘 긍정적인 자아형성에 매우 중요하다.

(2) 자아존중감의 구분

가치 차원	다른 사람들이 자신을 가치 있게 여기며 좋아한다고 생각하는 정도
능력 차원	과제를 완수하고 목표를 달성할 수 있다는 신념
통제감 차원	자신이 세상에서 경험하는 일들과 거기에 영향을 미칠 수 있다고 느끼는 정도

3 자아인식의 방법

(1) 스스로 질문을 통해 알아내는 방법

다른 사람이 알 수 없는 내면이나 감정을 알 수 있다.

> **참고** '다른 사람이 알 수 없는 나'를 알기 위한 질문
> - 일을 할 때 나의 성격의 장단점은 무엇인가?
> - 현재 일과 관련된 나의 부족한 부분은 무엇인가?
> - 일과 관련한 나의 목표는 무엇인가?
> - 그것은 나에게 어떠한 의미가 있는가?
> - 지금 현재 내가 하고 있는 일이 정말로 내가 원했던 일을 하고 있는가?

(2) 다른 사람과의 대화를 통해 알아내는 방법
다른 사람과의 대화를 통해 자신이 무심코 지나쳤던 부분들을 알게 되고, 다른 사람들이 자신에 대하여 어떻게 판단하고 있는지 객관적으로 알 수 있다.

> **참고** '다른 사람이 생각하는 나'를 확인할 수 있는 질문
> - 나의 장단점은 무엇인가?
> - 내가 무엇을 하고 있을 때 가장 재미있어 보이는가?
> - 어려움이나 문제 상황에 처했을 때 나는 어떠한 행동을 하는가?

(3) 표준화된 검사 도구를 활용해 알아내는 방법
자신을 다른 사람과 객관적으로 비교할 수 있는 척도를 제공한다. 여러 가지 검사 도구를 활용하여 자신의 특성을 객관적으로 파악하면 이후 진로를 계획하거나 직업을 탐색하고 결정하는 데 도움을 받을 수 있다.

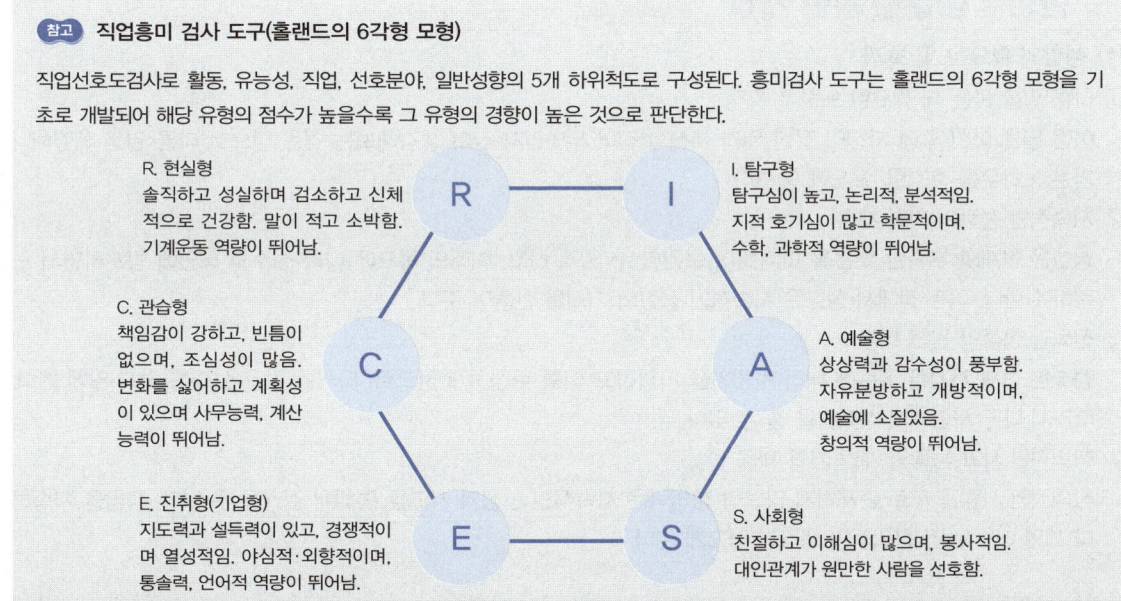

> **참고** 직업흥미 검사 도구(홀랜드의 6각형 모형)
> 직업선호도검사로 활동, 유능성, 직업, 선호분야, 일반성향의 5개 하위척도로 구성된다. 흥미검사 도구는 홀랜드의 6각형 모형을 기초로 개발되어 해당 유형의 점수가 높을수록 그 유형의 경향이 높은 것으로 판단한다.
>
> - R. 현실형: 솔직하고 성실하며 검소하고 신체적으로 건강함. 말이 적고 소박함. 기계운동 역량이 뛰어남.
> - I. 탐구형: 탐구심이 높고, 논리적, 분석적임. 지적 호기심이 많고 학문적이며, 수학, 과학적 역량이 뛰어남.
> - C. 관습형: 책임감이 강하고, 빈틈이 없으며, 조심성이 많음. 변화를 싫어하고 계획성이 있으며 사무능력, 계산 능력이 뛰어남.
> - A. 예술형: 상상력과 감수성이 풍부함. 자유분방하고 개방적이며, 예술에 소질있음. 창의적 역량이 뛰어남.
> - E. 진취형(기업형): 지도력과 설득력이 있고, 경쟁적이며 열성적임. 야심적·외향적이며, 통솔력, 언어적 역량이 뛰어남.
> - S. 사회형: 친절하고 이해심이 많으며, 봉사적임. 대인관계가 원만한 사람을 선호함.

4 흥미와 적성의 개발

(1) 흥미와 적성의 의미
흥미는 일에 대한 관심이나 재미를 의미하며, 적성은 개인이 잠재적으로 가지고 있는 재능으로 개인이 보다 쉽게 잘 할 수 있는 일을 의미한다.

(2) 흥미와 적성의 특징
① 개인에 따라 다르기 때문에 각자 관심을 가지고 잘 할 수 있는 일이나 분야가 다르기 마련이다.
② 선천적으로 부여되는 것이기도 하지만 후천적으로 개발되어야 되는 측면이 있다.
③ 경험을 통해 자신의 흥미나 적성을 발견하고 이를 적극적으로 개발하려는 노력이 중요하다.

(3) 흥미와 적성의 개발 방법
① 마인드 컨트롤

　마인드 컨트롤은 자신을 의식적으로 관리하는 방법으로, '나는 잘할 수 있다', '나는 지금 주어진 일이 적성에 맞는다' 등의 지속적인 자기암시를 통해 자신도 모르는 사이에 자신감을 얻게 되고 흥미나 적성을 가지게 될 수 있다.

② 조금씩 성취감을 느끼기

　일을 할 때 너무 큰 단위로 하지 않고 작은 단위로 나누어 수행한다. 작은 성공의 경험들이 축적되어 조금씩 성취감을 느끼게 되면 다음에 해야 할 일도 흥미를 갖게 되어 더 잘 할 수 있다.

③ 기업의 문화 및 풍토 고려

　흥미나 적성검사가 자신에게 적합한 일을 찾는 데 도움을 줄 수 있지만 이것이 반드시 일터에서 성공을 의미하는 것은 아니다. 실제로는 일터에서의 조직문화, 조직풍토를 잘 이해할 수 있어야만 자신의 일에 잘 적응할 수 있고, 일에 대한 흥미를 높여 적성을 개발할 수 있다.

5 반성적 성찰을 통한 개발

(1) 성찰의 필요성 및 효과
① 다른 일을 하는 데 필요한 노하우 축적

　어떤 일을 마친 후에 자신이 잘한 일과 개선할 점이 무엇인지 깊이 생각해보는 것은 앞으로 다른 일을 해결해나가는 노하우를 축적할 수 있게 해준다.

② 지속적인 성장의 기회 제공

　성찰은 현재의 부족한 부분을 파악하여 보완할 수 있게 하고, 미래의 목표에 따라 실수를 미연에 방지하면서 노력하게 한다. 이런 점에서 성찰은 지속적인 성장의 기회를 만들어 준다.

③ 신뢰감 형성의 원천 제공

　성찰은 현재 저지른 실수에 대하여 원인을 파악하고 이를 수정하게 하므로, 다시는 같은 실수를 하지 않게 한다. 따라서 다른 사람에게 신뢰감을 줄 수 있다.

④ 창의적인 사고 능력의 개발 기회 제공

　창의적인 사람은 따로 존재하지 않으며 창의력은 지속적인 반성과 사고를 통해서 길러질 수 있다. 성찰을 지속하다 보면 어느 순간 창의적인 생각이 나오게 된다.

(2) 성찰 연습 방법
성찰은 지속적인 연습을 통하여 습관화되면 중요한 일이 발생했을 때에 축적한 노하우를 발현할 수 있다.
① 성찰 노트를 작성한다.
② 끊임없이 질문하는 습관을 가진다.

> **참고** 관련 질문
> - 지금 일이 잘 진행되거나 그렇지 않은 이유는 무엇인가?
> - 이 상태를 변화시키거나 혹은 유지하기 위하여 해야 하는 일은 무엇인가?
> - 이번 일 중 다르게 수행했다면 더 좋은 성과를 냈을 방법은 무엇인가?

개/념/체/크

01 다음 글의 빈칸에 들어갈 적절한 용어를 각각 적어보시오.

> ① (　　　)(이)란 일에 대한 관심이나 재미를 의미하며, ② (　　　)(이)란 개인이 잠재적으로 가지고 있는 재능, 개인이 보다 쉽게 학습할 수 있는 잠재력을 의미한다. ① (　　　)와/과 ② (　　　)은/는 사람마다 다르기 때문에 각자 관심을 가지고 잘할 수 있는 일이나 분야는 다르기 마련이다.

02 다음은 흥미와 적성의 개발 방법에 대한 내용이다. 빈칸에 들어갈 적절한 용어를 적어보시오.

> (　　　　　　)은/는 자신을 의식적으로 관리하는 방법으로 이 방법을 사용하여 문제 상황을 해결할 수 있다. 지속적으로 이 방법을 사용하다 보면 자신감을 얻게 되고 흥미나 적성을 개발할 수 있게 된다.

03 다음은 성찰에 대한 설명이다. 이와 관련하여 맞으면 ○, 틀리면 ×를 표시해보시오.

① 성찰을 하면 현재의 부족한 부분을 알 수 있다. (○, ×)
② 성찰을 하더라도 한 번 한 실수는 반복적으로 하게 되므로, 처음에 실수를 하지 않는 것이 중요하다. (○, ×)
③ 성찰은 과거에 있었던 일에 대한 반성이기 때문에 앞으로의 일에는 영향을 주지 못한다. (○, ×)
④ 성찰은 지속적으로 연습해야 몸에 익혀진다. (○, ×)

✓ 정답

01 ① 흥미, ② 적성
02 마인드 컨트롤
03 ① ○, ② ×, ③ ×, ④ ○ | ② 성찰을 통해 현재의 부족한 부분을 파악하고 보완할 수 있으며, 이를 개선하여 과거에 했었던 실수를 다시 반복하지 않도록 도와준다. ③ 성찰은 지속적인 성장의 기회를 제공하므로 성찰을 통해 현재의 부족한 부분을 파악하고, 보완하여 미래에 발생할 실수를 방지할 수 있다.

자기관리능력

하위능력 2 / CHAPTER 04 자기개발능력

1 자기관리의 절차

자기관리는 자신의 비전과 목적을 정립하고, 자신의 역할 및 능력을 분석하여 과제를 발견하며, 이에 따른 일정을 수립하여 시행하는 절차로 이루어진다. 이렇게 시행된 결과는 지속적인 자기관리를 위하여 반성하고 피드백한다.

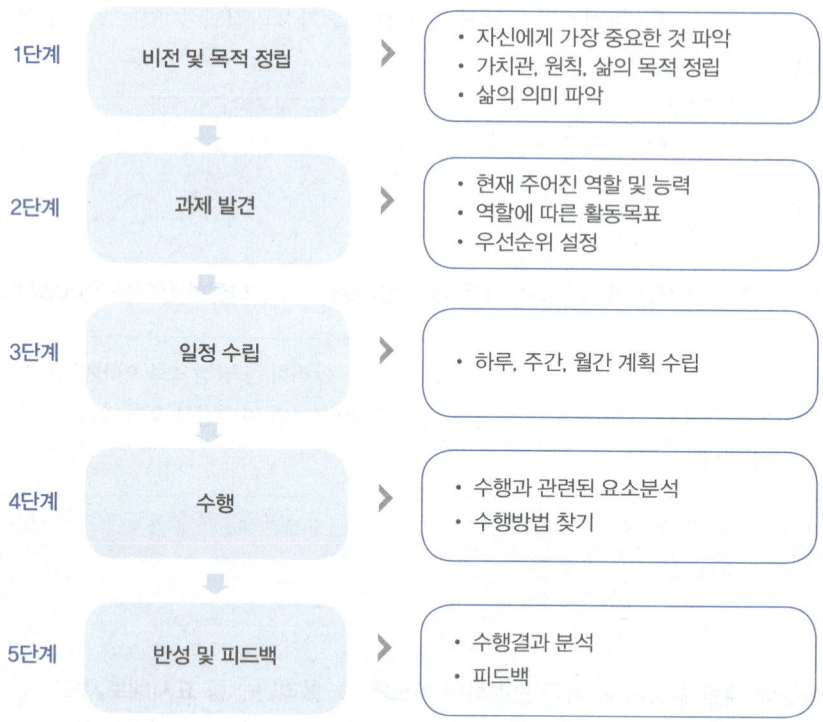

(1) 단계 1: 비전 및 목적 정립

어떤 행동을 하거나 일을 수행하기 위해서는 비전과 목적을 정립하여 방향성을 가지는 것이 중요하다. 비전과 목적은 업무의 기초가 되며, 의사결정에 있어서 가장 중요한 지침으로 적용된다.

> **참고** 자신의 비전과 목적을 정립하기 위한 질문
> - 나에게 가장 중요한 것은 무엇인가?
> - 나의 가치관은?
> - 내가 생각하는 의미 있는 삶은?
> - 내가 살아가는 원칙은?
> - 내 삶의 목적은 어디에 있는가?

(2) 단계 2: 과제 발견

비전과 목적이 정립되면 현재 자신의 역할 및 능력을 검토하여 자신이 수행해야 할 역할들을 도출하고 이 역할들에 상응하는 활동 목표를 설정하게 된다. 이때 활동 목표가 너무 크거나 높은 경우에는 세부 목표로 나누고, 실행 가능한 목표로 조정한다. 수행해야 할 역할들이 도출되고 이에 적합한 활동 목표가 수립되면, 역할 및 활동 목표별로 해야 할 일을 우선순위에 따라 구분한다.

> **참고** 자신의 역할과 능력을 검토하기 위한 질문
> - 자신이 현재 수행하고 있는 역할과 능력은 무엇인가?
> - 역할들 간에 상충되는 것은 없는가?
> - 현재 변화되어야 할 것은 없는가?

(3) 단계 3: 일정 수립

월간계획 → 주간계획 → 하루계획의 순으로 일의 우선순위에 따라 구체적인 일정을 수립한다. 월간계획은 보다 장기적인 관점에서 계획하고 준비해야 할 일을 작성하며, 주간계획은 우선순위가 높은 일을 먼저 하도록 계획을 세우고, 하루계획은 이를 보다 자세하게 시간단위로 작성한다.

> **참고** 일정 수립 시 주의사항과 과제수행 우선순위
>
> 1. 일정 수립 시 주의사항
>   빨리 해결해야 할 긴급한 문제라고 하여 우선순위를 높게 잡고 이를 중심으로 계획을 세우게 된다면 오히려 중요한 일을 놓치게 될 수 있다. 따라서 앞서 분석한 우선순위에 따라 중요한 일을 모두 수행할 수 있도록 계획을 세워야 한다.
> 2. 과제수행 우선순위
>   과제수행의 우선순위를 구분하는 여러 방법들이 있지만, 일반적으로 중요성과 긴급성의 두 가지 기준을 이용한 방법이 사용된다. 가장 중요하고, 가장 긴급한 일일수록 우선순위가 높다고 판단하며, 중요성이 긴급성에 비해 앞서는 기준이 된다.

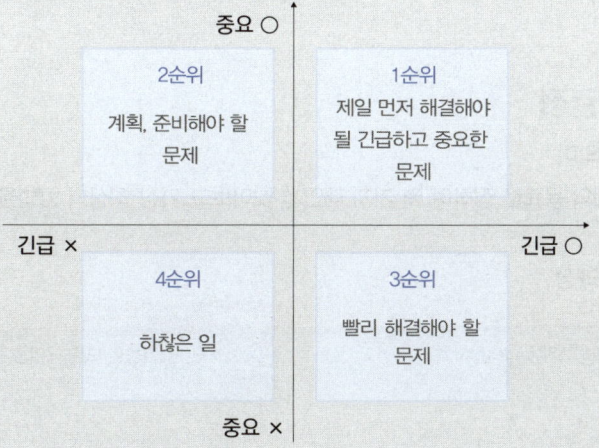

(4) 단계 4: 수행

지금 내가 하려고 하는 일은 무엇인지, 이 일에 영향을 미치는 요소들은 무엇인지, 이를 관리하기 위한 방법은 어떤 방법이 있는지를 찾아 계획한 대로 바람직하게 수행되도록 한다. 수행 단계에서는 다음과 같은 요소들을 고려해야 한다.

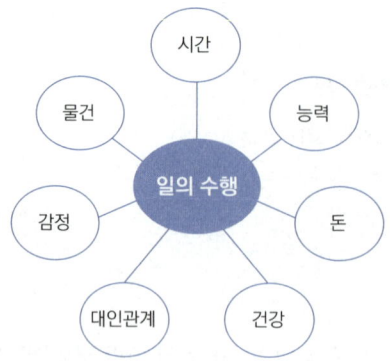

(5) 단계 5: 반성 및 피드백

일을 수행하고 나면 결과를 분석하고 피드백하여 다음 수행에 반영한다.

> **참고** 반성 및 피드백을 위한 질문
> - 어떤 목표를 성취하였는가?
> - 일을 수행하는 동안 어떤 문제에 직면했는가?
> - 어떻게 결정을 내리고 행동했는가?
> - 우선순위, 일정에 따라 계획적으로 수행하였는가?

2 합리적인 의사결정

(1) 합리적인 의사결정의 의미

합리적인 의사결정이란 자신의 목표를 정하여 몇 가지 대안을 찾아보고 가장 최상의 방법을 선택하여 행동하는 것이다.

(2) 합리적인 의사결정의 과정

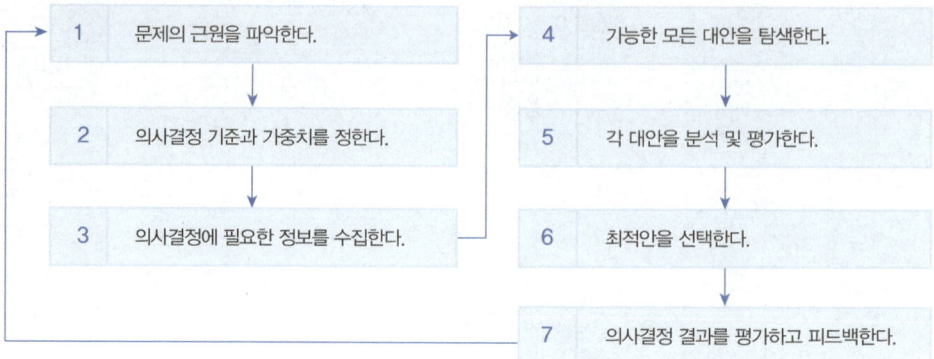

(3) 거절의 의사결정

거절의 의사결정에는 일을 거절함으로써 발생할 문제들과 그 일을 수락했을 때의 기회비용을 따져보고, 거절하기로 결정하였다면 이를 추진할 수 있는 의지가 필요하다. 거절의 의사결정을 하고 이를 표현하기 위해서는 다음 내용을 유의해야 한다.

① 상대방의 말을 들을 때에는 귀를 기울여서 문제의 본질을 파악한다.
② 거절의 의사결정은 빠를수록 좋다. 오래 지체될수록 상대방은 긍정의 대답을 기대하게 되고, 의사결정자는 거절을 하기 더욱 어려워진다.
③ 거절을 할 때에는 분명한 이유를 만들어야 한다.
④ 대안을 제시한다.

> **참고 의사결정의 오류**
> - 숭배에 의한 논증(동굴의 우상): 권위 있는 전문가의 말을 따르는 것이 옳다고 여기는 것
> - 상호성의 법칙: 상대의 호의에 대한 부담으로 부당한 요구를 거절하지 못하는 것
> - 사회적 증거의 법칙: 베스트셀러를 사는 것처럼 많은 사람들이 하는 것을 무의식적으로 따라하는 것
> - 호감의 법칙: 자신에게 호감을 주는 상대의 권유에 무의식적으로 수긍하는 것
> - 권위의 법칙: 권위에 맹종하는 것
> - 희귀성의 법칙: '얼마 없습니다', '이번이 마지막 기회입니다'와 같은 유혹에 꼭 필요하지 않음에도 구매하는 것

3 내면을 관리하는 방법 기출 서울교통공사

(1) 인내심 키우기
① 자신의 목표를 분명히 한다.
② 새로운 시각으로 상황을 분석한다.

(2) 긍정적인 마음 가지기
① 자신의 능력과 가치를 신뢰하고, 있는 그대로의 자신을 받아들여 건강한 자아상을 확립한다.
② 과거에 받았던 상처나 고민을 털어버리고 타인을 원망하는 마음을 가지지 않도록 노력한다.
③ 고난이나 역경을 통하여 자신이 성장할 수 있다는 가능성을 믿고, 어려움 속에서 자신을 개발하는 법을 터득한다.

4 업무수행 성과를 높이는 방법

(1) 업무수행 성과에 영향을 미치는 요인
직업인은 자신의 직장에서 업무수행성과를 높이는 것이 가장 중요한 자기개발이다. 다음과 같은 요인들이 직업인의 업무수행 성과에 영향을 미친다.

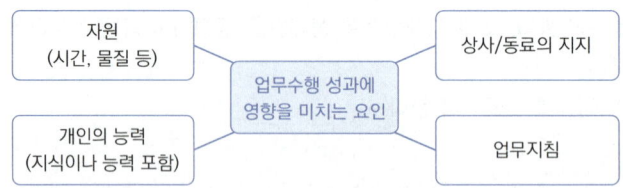

(2) 업무수행 성과를 높이는 전략

① 일을 미루지 않기

　일을 하나 둘 미루고 급하게 처리하다 보면, 어느새 다른 일도 지속적으로 밀리게 되고, 일을 처리하는 데 있어서 최선을 다하지 못하게 된다. 따라서 해야 될 일이 있다면 바로 하는 습관을 들여야 한다.

② 비슷한 유형의 업무를 묶어서 처리하기

　직업인들이 하는 일은 비슷한 속성을 가진 경우가 많다. 10개의 비슷한 업무를 한꺼번에 처리하면 첫 번째 일을 하는 데 드는 시간의 20% 정도밖에 걸리지 않을 만큼 효율적으로 일을 할 수 있다. 또한 한 번 움직일 때 여러 가지 일을 함께 처리해서, 같은 곳을 반복해서 가지 않도록 경로를 단축시킨다.

③ 다른 사람과 다른 방식으로 일하기

　다른 사람이 일하는 방식과 다른 방식으로 생각하다 보면, 의외로 다른 사람들이 발견하지 못한 더 좋은 해결책을 발견하는 경우가 있다. 일을 하는 순서를 반대로 해보거나 다른 사람이 생각하는 순서와 거꾸로 생각해보고, 다른 사람이 하는 일에 '아니요'라고 대답하고, 일의 처리 방법을 생각해 보면 의외로 창의적인 방법을 발견할 수도 있어 업무의 성과도 높일 수 있다.

④ 회사와 팀의 업무 지침을 따르기

　자신이 아무리 일을 열심히 한다고 하더라도 자신이 속한 회사나 팀의 업무 지침을 지키지 않으면 업무수행 능력을 인정받을 수 없다. 또한 회사와 팀의 업무 지침은 변화하는 환경 속에서 그 일의 전문가들에 의해 확립된 것이므로 기본적으로 지켜야 한다.

⑤ 역할 모델을 설정하기

　직장에서 가장 일을 잘한다고 평가받는 사람을 찾아보고 그 사람이 어떻게 일을 하는지, 어떠한 방식으로 보고하는지, 어떻게 말하는지 등을 주의 깊게 살펴 따라 하도록 노력해 본다.

개/념/체/크

01 다음 〈보기〉는 자기관리의 절차를 무작위로 배열해 놓은 것이다. 자기관리의 절차를 바르게 나열해보시오.

/ 보기 /
㉠ 수행 ㉡ 과제 발견 ㉢ 비전 및 목적 정립 ㉣ 반성 및 피드백 ㉤ 일정 수립

02 다음 ㉠~㉣ 중 과제수행의 우선순위가 가장 높은 것을 고르시오.

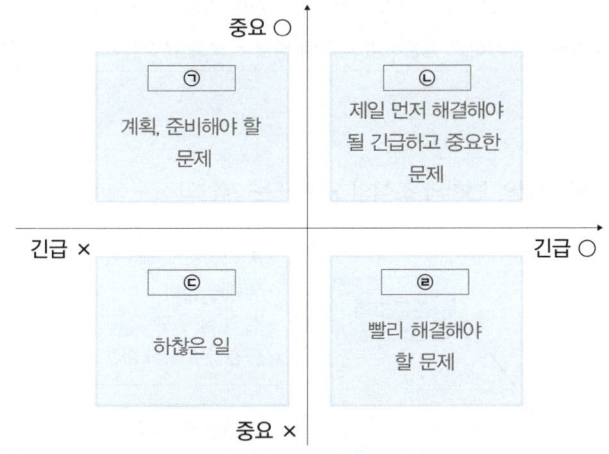

✓ **정답**

01 ㉢-㉡-㉤-㉠-㉣ | 자기관리는 자신의 비전과 목적을 정립하고, 자신의 역할 및 능력을 분석하여 과제를 발견하며, 이에 따른 일정을 수립하여 수행하는 절차로 이루어진다. 이렇게 시행된 결과는 지속적인 자기관리를 위하여 반성하고 피드백한다.

02 ㉡ | 과제수행의 우선순위를 고려할 때에는 일반적으로 중요성과 긴급성의 두 가지 기준을 이용한다. 가장 중요하고, 가장 긴급한 일일수록 우선순위가 높다고 판단한다.

하위능력 3 | CHAPTER 04 자기개발능력
경력개발능력

1 경력개발 [기출] 서울교통공사

(1) 경력의 의미
일생에 걸쳐 지속적으로 생기는 일과 관련된 경험을 의미하며, 직위, 직무와 관련된 역할이나 활동뿐만 아니라 여기에 영향을 주고받는 환경적 요소도 포함된다. 또한 경력은 전문적인 일이나 특정 직업에만 한정된 개념이 아니고, 승진만을 추구하는 활동도 아니다. 누구든지 일과 관련된 활동을 하고 있으면 경력을 추구하는 것이다.

(2) 경력개발의 의미
개인이 경력목표와 전략을 수립하고 실행하며 피드백하는 과정으로, 개인은 한 조직의 구성원으로서 조직과 함께 상호작용하며 자신의 경력을 개발해나간다.

(3) 경력개발의 구분
경력개발은 경력계획과 경력관리로 이루어져 있다.

경력계획	자신과 자신의 환경 상황을 인식하고 분석하여 합당한 경력 관련 목표를 설정하는 과정이다.
경력관리	경력계획을 준비하고 실행하며 피드백 하는 것으로 규칙적이고 지속적으로 이루어져야 한다.

(4) 경력개발의 필요성
현대사회의 직업인들은 빠른 환경의 변화와 조직의 요구 또는 개인의 요구에 따라 경력개발을 해나가야 한다.

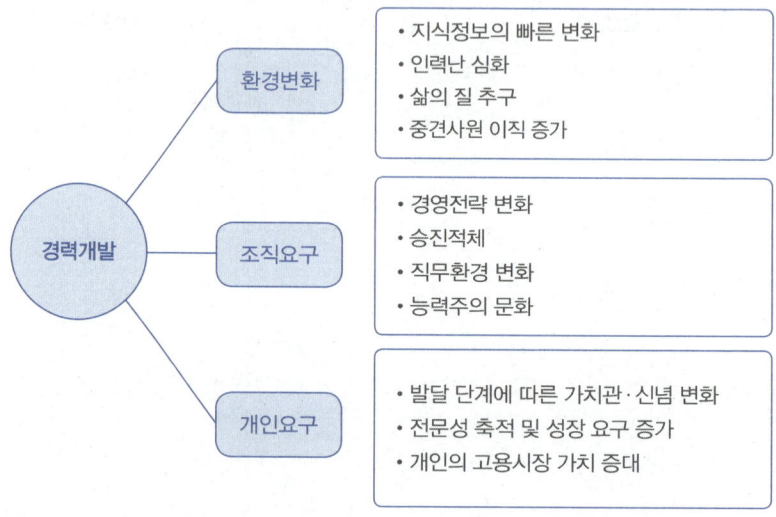

2 경력단계 〔기출〕 서울교통공사

경력개발 단계에 대한 많은 모형들이 있으며, 이러한 모형들은 경력이 일정한 단계를 거치면서 점진적으로 성숙된다는 전제로 대략적인 연령범위를 설정하여 설명하고 있다. 개인별로 입직시기도 다르고, 처한 환경과 상황이 달라서 경력단계를 연계시켜 일반화하는 것은 쉽지 않지만, 일반적으로 직업선택, 조직입사, 경력초기, 경력중기, 경력말기로 나누어 볼 수 있다.

(1) 직업선택
자신에게 적합한 직업이 무엇인지를 탐색하고 이를 선택한 후, 여기에 필요한 능력을 키우는 과정이다. 이를 위해서 자신에 대한 탐색과 직업에 대한 탐색이 동시에 이루어져야 한다. 이 단계는 일반적으로 태어나면서부터 25세까지로 구분되지만, 사람에 따라서 일생 동안 여러 번 일어날 수도 있다.

(2) 조직입사
학교를 졸업한 후 자신이 선택한 경력분야에서 원하는 일자리를 얻으며, 직무를 선택하는 과정이다. 직무를 선택할 때도 직업선택 과정과 마찬가지로 자신의 특성과 처한 환경을 고려해야 하며, 특히 자신이 들어갈 조직의 특성을 알아보아야 한다. 이 단계는 일반적으로 18~25세에 발생되나 각각의 교육 정도나 상황에 따라 조직입사 시기가 다를 수 있기 때문에 유동적이다.

(3) 경력초기
조직에 입사하면 직무와 조직의 규칙·규범에 대해서 배우게 된다. 특히 자신이 맡은 업무의 내용을 파악하고, 새로 들어간 조직의 규칙·규범이나 분위기에 적응해 나가는 것이 중요하다. 또한 궁극적으로는 조직 내에서 자신의 입지를 확고히 다져나가고, 승진에 많은 관심을 가지는 시기이다. 이 단계는 일반적으로 25~40세까지의 성인 초기로 구분하지만, 성공 지향적인 행동을 언제까지 하느냐로 구분하기도 한다.

(4) 경력중기
자신이 그동안 성취한 것을 재평가하고, 생산성을 그대로 유지하는 단계이다. 이 단계에 이르게 되면 직업 및 조직에서 어느 정도 입지를 굳히게 되어 더 이상 수직적인 승진가능성이 적은 경력 정체시기에 이르게 되고, 새로운 환경의 변화에 직면하여 생산성을 유지하는 데 어려움을 겪기도 한다. 또한 매일의 반복적인 일상에 따분함을 느껴 자신의 경력초기의 생각을 재검토하게 되며, 현재의 경력경로와 관련 없는 다른 직업으로 이동하는 경력변화가 일어나기도 한다. 이 단계는 일반적으로 40~55세의 성인 중기를 말한다.

(5) 경력말기
조직의 생산적인 기여자로 남고 자신의 가치를 지속적으로 유지하기 위하여 노력하며, 동시에 퇴직을 고려하게 되는 단계이다. 특히 경력말기로 갈수록 경력중기에 경험했던 새로운 환경 변화에 대처하는 데 더욱 어려움을 겪게 되며, 퇴직에 대한 개인적인 고민과 함께 조직의 압력을 받기도 한다. 이 단계는 대부분 50대 중반에서 은퇴 시기까지를 말한다.

3 경력개발 계획 〈기출〉 서울교통공사

경력개발은 경력을 탐색하고, 자신에게 적합한 경력목표를 설정하며, 이에 따른 전략을 수립해서 실행하고, 평가하여 관리하는 단계로 이루어진다. 이러한 단계는 명확하게 구분되는 것은 아니며 중복적으로 이루어질 수 있고, 실행 및 평가를 통해 수정될 수도 있다.

(1) 직무정보 탐색

직무정보 탐색은 자신이 관심을 가지고 있는 직무에 대하여 구체적으로 어떠한 일을 하는지, 필요한 자질은 무엇인지 등 해당 직무와 관련된 모든 정보를 알아내는 단계이다.

(2) 자신과 환경 이해

경력 목표를 설정하는 데 도움이 될 수 있도록 자신의 능력, 흥미, 적성, 가치관 등을 파악(자기탐색)하고, 직무와 관련된 주변 환경의 기회와 장애요인에 대하여 정확하게 분석(환경탐색)하는 단계이다.

> **참고** 자기탐색과 환경탐색의 방법

구분	탐색 방법
자기탐색	• 자기인식 관련 워크숍 참여 • 전문기관의 전문가 면담 • 표준화된 검사 • 일기 등을 통한 성찰과정
환경탐색	• 회사의 연간 보고서 • 특정직무와 직업에 대한 설명 자료 • 전직 및 경력 상담 회사 및 기관 방문 • 주변 지인과의 대화 • 직업 관련 홈페이지 탐색: 각종 기관에서 운영하는 직업정보(Know), 자격정보(Q-net), 취업알선 정보(Work-net), 직업교육훈련정보(HRD-net. Career-net), 노동시장 정보(고용보험 DB, 실업자대책 DB)를 획득

(3) 경력 목표 설정

자신과 주변 환경에 대한 정보를 기초로 자신이 하고 싶은 일은 어떤 것인지, 이를 달성하기 위해서는 어떻게 능력이나 자질을 개발해야 하는지에 대하여 단계별 목표를 설정하는 단계이다.

① 장기목표

자신이 어떤 직무, 활동, 보상, 책임 등을 원하는지를 파악하고 자신이 선호하는 직업 환경에서 향후 5~7년 정도를 예측하여 목표를 수립한다.

② 단기목표

장기 목표를 달성하기 위하여 어떤 경험을 축적해야 하는지, 어떤 능력을 개발해야 하는지, 장애요소는 무엇인지를 중심으로 2~3년 사이의 목표를 수립한다.

(4) 경력개발 전략 수립

경력 목표를 수립한 후에 이를 달성하기 위한 활동계획을 수립하는 단계이다. 경력개발 전략은 다음과 같다.
① 현 직무를 기반으로 성장할 수 있도록 성공적으로 직무를 수행할 필요가 있다.
② 자신의 역량을 개발하기 위하여 교육 프로그램 참가, 워크숍 참가, 상급학교 진학, 학습동아리 활동 등을 할 수 있다.
③ 자신을 알리고 다른 사람과 상호작용할 수 있는 기회를 늘린다.
④ 직장에서 업무시간에 경력개발을 한다.

(5) 실행 및 평가

목표달성을 위해 경력개발 전략을 실행하며, 실행 과정을 통해 도출된 결과를 검토하고 수정하는 단계이다.

4 경력개발과 관련된 이슈 기출 서울교통공사

(1) 평생학습사회
개인 각자가 자아실현, 생활향상 또는 직업적 지식, 기술의 획득 등을 목적으로 생애에 걸쳐서 자주적, 주체적으로 학습을 계속할 수 있는 평생학습사회가 도래하였으며, 이러한 사회에서는 개인이 현재 가지고 있는 능력보다 개인의 학습하는 능력과 이에 대한 자기개발 노력이 더욱 중요시된다.

(2) 투잡스(Two-Jobs)
지속적인 경기불황과 주5일제 시행으로 2개 혹은 그 이상의 직업을 가지는 사람이 늘고 있다.

(3) 청년 실업
일할 능력과 의사가 있는 청년들이 직업을 가지지 못하는 사회현상으로, 외환위기 이후 우리나라 노동시장에서 매우 큰 문제로 부각되고 있다.

(4) 창업경력
전 세계적으로 창업이 증가하고 있는 추세이고, 최근에는 인터넷의 확산으로 공간이나 시간의 제약 없이 손쉽게 창업을 하고 있으며 여성들의 창업도 증가하고 있다.

(5) 독립근로자와 같은 새로운 노동형태의 등장
정보기술의 발달로 인해 원격근무 등 근무환경이 유연해졌고, 4차 산업 분야의 주력산업인 AI, IoT, 빅데이터, 가상현실과 증강현실, 블록체인 등의 산업분야가 성장하면서 인간의 노동력은 기계로 대체되었다. 이로 인해 프리랜서, 계약근로자, 자유근로자, 포트폴리오 근로자와 같은 독립근로자들이 증가하게 되었다.

(6) 일과 생활의 균형(WLB; Work-Life Balance)
개인의 일(Work)과 생활(Life)이 조화롭게 균형을 유지하고 있는 상태를 의미한다. 이를 위해 설계된 제도를 WLB프로그램이라고 하는데, 가족친화적 제도(Family-Friendly policy)라고도 부른다. WLB프로그램은 크게 근무형태 다양화, 가족대상 프로그램, 개인신상 지원 등 세 가지로 분류한다.

근무형태 다양화	가족대상 프로그램	개인신상 지원
• 탄력 근무제 • 재량근무, 원격근무 • 집중 노동일제 • 휴가·휴직제도	• 보육지원 • 노인부양 지원 • 가정상담 지원	• 학자금 등 교육지원 • 보험제도 정비 • 경력 상담 지원 • 문화생활 지원

개/념/체/크

01 다음은 경력개발에 대한 설명이다. 빈칸에 들어갈 적절한 용어를 적어보시오.

> 경력개발은 자신과 자신의 환경 상황을 인식하고 분석하여 합당한 경력 관련 목표를 설정하는 과정인 경력계획과, 경력계획을 준비하고 실행하며 피드백 하는 (　　　　)(으)로 이루어진다.

02 다음은 경력단계가 이루어지는 과정을 나타낸 것이다. 빈칸에 들어갈 적절한 용어를 적어보시오.

직업선택 ▶  ▶ 경력초기 ▶ 경력중기 ▶ 경력말기

03 다음 〈보기〉의 ㉠~㉢을 경력개발 계획의 단계에 따라 순서대로 나열해보시오.

/ 보기 /
㉠ 경력 목표 설정　　㉡ 직무정보 탐색　　㉢ 경력개발 전략 수립
㉣ 실행 및 평가　　㉤ 자신과 환경 이해

✓ 정답

01 경력관리

02 조직입사 | 개인별로 입직시기도 다르고, 처한 환경과 상황이 달라서 경력단계를 연계시켜 일반화하는 것은 쉽지 않지만, 일반적으로 직업선택, 조직입사, 경력초기, 경력중기, 경력말기로 나누어 볼 수 있다.

03 ㉡-㉤-㉠-㉢-㉣ | 경력개발은 경력을 탐색하고, 자신에게 적합한 경력목표를 설정하며, 이에 따른 전략을 수립해서 실행하고, 평가하여 관리하는 단계로 이루어진다. 이러한 단계는 명확하게 구분되는 것은 아니며 중복적으로 이루어질 수도 있고, 실행 및 평가를 통해 수정될 수도 있다.

워크북에는 없지만 시험에는 나오는
플러스 알파 이론

☑ **최신 워크북에서는 삭제되었지만 출제 가능성 높은 이론**

1 자기 브랜드화

(1) 자신을 브랜드화하기 위한 전제 조건
① 자신을 브랜드화하기 위해서는 자기개발이 선행되어야 한다.
② 자신이 만족할 만한 상품을 만들어야 다른 사람들에게도 추천할 수 있듯이 자기 브랜드에 있어서도 스스로 자신에게 만족하고 만족할 만한 노력을 해야 한다.

(2) 자신을 브랜드화하기 위한 전략: 차별성

친근감	• 오랜 기간 관계를 유지한 브랜드에 대한 친숙한 느낌으로, 자신을 브랜드화하기 위해서는 친근감을 주기 위한 노력이 필요하며, 이를 위해 다른 사람과의 관계 유지를 위해 노력하고, 자신의 내면을 관리하여 긍정적인 마인드를 가지도록 해야 함. • 브랜드 PR을 통해 지속적으로 자신을 다른 사람에게 알려 친근해지도록 해야 함.
열정	• 브랜드를 소유하거나 사용해보고 싶다는 동기를 유발하는 욕구임. • 자신을 브랜드화하여 사람들로부터 자신을 찾게 하기 위해서는 다른 사람과 다른 차별성을 가질 필요가 있으며, 이를 위해서는 최신의 중요한 흐름을 아는 것과 이에 대한 자기개발이 요구됨.
책임감	• 소비자가 브랜드와 애정적 관계를 유지하겠다는 약속으로, 소비자에게 신뢰감을 주어 지속적인 소비가 가능하도록 함. • 자신이 할 수 있는 일이 어떤 것인지를 명확하게 파악하고 자신이 할 수 있는 최상의 생산성을 내야 함. • 지속적인 자기개발이 이루어질 수 있도록 장단기 계획을 수립하고, 시간약속을 지키는 등의 노력을 해야 함.

(3) 자아의 구성 요소

내면적 자아
• 자신의 내면을 구성하는 요소 • 측정하기 어려운 특징을 가짐. • 적성, 흥미, 성격 가치관 등

+

외면적 자아
• 자신의 외면을 구성하는 요소 • 외면, 나이 등

(4) 자기자본이익률(ROE; Return On Equity)
① 경영자가 기업에 투자된 주주의 자본을 사용하여 어느 정도 이익을 올리고 있는지를 나타내는 지표이다.
② '자기자본이익 = 당기순이익 / 자기자본'과 같이 기업의 당기순이익을 자기자본으로 나눠 구한다.
③ 개인의 업무수행에서도 자기자본이익률을 높이기 위해서는 자신의 생활을 전략적으로 기획하고, 정한 시간 내에 목표를 달성하기 위해 어떻게 하는 것이 가장 효과적인지 고려해야 한다.

(5) 자아인식 모델-조해리의 창(Johari's window) 기출   서울교통공사 9호선

조셉과 해리라는 두 심리학자에 의해 만들어진 '조해리의 창(Johari's Window)'은 자신과 다른 사람의 두 가지 관점을 통해 파악해 보는 자아인식 모델이다. 4개의 면 중에서 어디가 가장 넓은지에 따라 자신이 어떤 유형의 사람이며, 따라서 보완해야 할 성격 유형이 무엇인지, 어떻게 인간관계를 형성해야 하는지 파악하는 기초 자료가 된다.

	내가 아는 나	내가 모르는 나
타인이 아는 나	공개된 자아 Open self	눈먼 자아 Blind self
타인이 모르는 나	숨겨진 자아 Hidden self	아무도 모르는 자아 Unknown self

① 공개된 자아(Open self): 자기 자신과 다른 사람이 공통적으로 알고 있는 정보 영역으로, 이 영역이 넓은 사람은 상대에 호감을 주어 빨리 친밀해지는 성향이 있다.
   예 성별, 나이, 외모 등
② 눈먼 자아(Blind self): 자기 자신은 모르지만 다른 사람이 알고 있는 정보 영역으로, 이 영역이 넓은 사람은 다른 사람의 반응에 무감각하며 독단적인 경향이 있다.
   예 다른 사람이 느끼는 자신의 무의식적인 습관이나 행동 등
③ 숨겨진 자아(Hidden self): 자기 자신만 알고 있고 다른 사람은 모르는 정보 영역으로, 이 영역이 넓은 사람은 신중하지만 계산적이라 스스로 고독해지는 경향이 있다.
   예 소득, 애정관계 등
④ 아무도 모르는 자아(Unknown self): 자기 자신과 다른 사람 모두가 모르는 정보 영역으로, 이 영역이 넓은 사람은 인간관계에 소홀하고 혼자 있는 시간을 즐기는 경향이 있다.
   예 개인의 내면세계, 무의식 등

(6) 매슬로우(A. H. Maslow)의 인간 욕구 5단계

매슬로우는 인간의 욕구를 생리적 욕구, 안정의 욕구, 사회적 욕구, 존경의 욕구, 자기실현의 욕구의 5단계로 제안하고, 다른 하위 욕구가 충족되지 않으면 자기실현의 욕구가 발현되지 않는다고 하였다. 따라서 최상위 욕구인 자기실현의 욕구는 생리적 욕구, 안정의 욕구, 사회적 욕구, 존경의 욕구 등과 같이 더 기본적인 욕구들이 충족된 다음에야 충족될 수 있다.

✓ 워크북에 수록되지 않았지만 **출제 가능성 높은 이론**

1 표준화검사 종류와 특징 〔기출〕 서울교통공사 9호선

MBTI	• 마이어스와 브릭스가 스위스 정신분석학자인 칼 융의 심리 유형론을 토대로 고안한 자기 보고식 성격 유형 검사 도구 • 시행이 쉽고 간편하여 학교, 직장, 군대 등에서 광범위하게 사용됨. • 정신적 에너지의 방향성을 나타내는 '외향-내향(E-I)' 지표, 정보 수집을 포함한 인식의 기능을 나타내는 '감각-직관(S-N)' 지표, 수집한 정보를 토대로 합리적으로 판단하고 결정 내리는 '사고-감정(T-F)' 지표, 인식 기능과 판단 기능이 실생활에 적용되어 나타난 생활 양식을 보여주는 '판단-인식(J-P)' 지표가 있음. • 4가지 선호 지표가 조합된 양식을 통해 16가지 성격 유형을 설명하여 성격적 특성과 행동의 관계를 이해하도록 도움.
STRONG 검사	• 미국의 직업 심리학자 에드워드 스트롱이 1972년에 개발한 검사로, 각 직업군에 종사하는 사람들이 보이는 특징을 분석하여 직업 흥미 유형을 패턴화하고 이를 통해 직업 및 진로선택에 도움을 받을 수 있도록 하고자 이 검사를 개발함. • 직업심리학자 존 홀랜드의 직업선택 이론에 기반을 둔 '일반직업분류'를 토대로, 각각의 흥미 유형과 관련한 활동에 대한 정보를 제공하는 '기본흥미척도'와 업무 및 학습유형, 리더십 및 위험감수 유형, 팀 지향 유형 등에 대한 정보를 제공하는 '개인특성척도'를 제공함. • 척도들을 종합하여 진로 및 직업 선택에서 개인이 중요하게 여기는 가치, 흥미, 환경, 업무 등에서의 지향점 및 지양해야 할 사항에 대해 이해하고 적용할 수 있음.
MMPI	• 해서웨이와 매킨리가 1943년에 개발한 대표적인 자기보고형 성향 검사로, 정신건강의학과 임상 장면에서 환자들의 정신 병리를 더 신뢰성 있고 효율적인 방법으로 진단 및 평가할 목적으로 개발한 자기보고형 검사 • 현재는 원판을 개정하여 다양한 심리 내적 영역을 양적으로 측정할 목적으로 '성인용 MMPI-2'와 '청소년용 MMPI-A'가 사용됨.

2 Super의 진로발달 이론

(1) 진로발달 5단계

성장기	출생~14세	• 욕구와 환상이 지배적이지만, 사회 참여와 현실 검증력이 발달하면서 점차 흥미와 능력을 중시하게 됨. • 환상기, 흥미기, 능력기의 하위 단계로 구분		
		환상기	4~10세	환상적인 역할 수행이 중시됨.
		흥미기	11~12세	진로를 결정할 때 흥미가 중요 요소로 작용함.
		능력기	13~14세	능력을 더욱 중시하고, 직업 요구 조건을 고려함.
탐색기	15~24세	• 학교생활, 여가활동, 시간제 일을 통해 자아를 검증하고 역할을 수행하며 직업탐색을 시도함. • 잠정기, 전환기, 시행기의 하위 단계로 구분		
		잠정기	15~17세	자신의 욕구, 능력 등을 고려하며, 토론, 일의 경험 등을 통해 잠정적으로 진로를 선택함.
		전환기	18~21세	직업세계에 필요한 교육훈련을 받으며 현실적 요인을 중시
		시행기	22~24세	직업을 선택하여 종사하기 시작하며, 적합 여부를 시험하게 됨.
확립기	25~44세	• 자신에게 적합한 분야를 발견해서 종사하고, 생활의 터전을 잡기 위해 노력함. • 시행기, 안정기의 하위 단계로 구분		
		시행기	25~30세	적합하지 않을 경우, 한두 차례 전환을 시도
		안정기	31~44세	직업을 통해 소속감, 만족감, 지위를 가짐.
유지기	45~64세	• 직업세계에서 자신의 위치가 공고해짐. • 자신의 자리를 유지하기 위해 노력하며 안정된 삶을 영위		
쇠퇴기	65세 이후	• 정신적·육체적 기능이 쇠퇴하면서 직업전선에서 은퇴하고, 다른 새로운 역할을 찾음.		

(2) 진로발달 과업

구체화	14~17세	선호하는 진로에 대해 계획하고 어떻게 실행할 것인지 고려
특수화	18~21세	직업선택을 객관적이고 명백히 하며, 진로계획을 특수화함.
실행화	22~24세	직업 교육훈련을 마친 후 특정 직업에 노력을 기울여 취업
안정화	25~35세	조직이 요구하는 수준으로 일을 수행하고, 자신의 직업지위를 안정화함.
공고화	36세 이후	직업인으로서 직업 정체감을 공고히 함.

STEP 02 기본문제

CHAPTER 04 자기개발능력

01 난이도 상중하

다음 중 자기개발을 하는 이유로 적절하지 않은 것은?

① 업무 성과를 향상시키기 위함이다.
② 개인적으로 보람된 삶을 살기 위함이다.
③ 자신이 달성하고자 하는 목표를 성취하기 위함이다.
④ 주변 사람과 긍정적인 인간관계를 형성하기 위함이다.
⑤ 빠르게 변하는 환경 속에서 안정을 유지하기 위함이다.

02 난이도 상중하

○○사에 근무하는 김대리는 본인이 맡은 프로젝트를 마칠 때마다 자신이 잘한 일과 개선할 점에 대해서 깊이 생각하며 정리하는 습관을 갖고 있다. 이러한 습관 덕분에 김대리는 일을 해결해 나가는 노하우를 축적할 수 있게 되었으며, 동기들보다 빠르게 진급할 수 있었다. 다음 중 자기인식의 과정 중 하나인 김대리의 습관에 대한 설명으로 적절하지 않은 것은?

① 사전적 의미는 '자신이 한 일을 깊이 되돌아보는 일'을 뜻한다.
② 현재의 부족한 부분을 파악하여 보완할 수 있는 기회를 제공한다.
③ 같은 실수를 하지 않게 되어 다른 사람에게 신뢰감을 줄 수 있다.
④ 미래의 목표에 따라 실수를 미연에 방지하면서 노력하게 만들어 준다.
⑤ 개인의 내면적인 활동이므로, 팀원이나 타인과의 교류는 포함하지 않는다.

03 난이도 상 중 하

다음 중 자아인식의 효과에 대한 설명으로 적절하지 않은 것은? | 서울교통공사 |

① 자신의 한계를 인식하고 더 성장해야겠다는 욕구를 갖도록 한다.
② 팀의 성과에는 영향을 미치지 않지만, 개인의 성과를 향상시킨다.
③ 자신의 능력 및 기술을 이해하여 자신의 가치를 확신하게 한다.
④ 자아인식을 위한 노력은 자아존중감을 확인시켜준다.
⑤ 자기개발의 토대가 된다.

04 난이도 상 중 하

다음 글의 빈칸 A와 B에 들어갈 용어에 대한 설명으로 적절하지 않은 것은? | 서울교통공사 |

> (A)은/는 일에 대한 관심이나 재미를 의미하며, (B)은/는 개인이 잠재적으로 가지고 있는 재능, 개인이 보다 쉽게 잘 할 수 있는 학습 능력을 의미한다.

① 선천적으로만 부여되는 것이 아니며, 꾸준한 연습으로 개발할 수 있다.
② 자신이 처한 상황과 업무에 맞춰서 개발하는 노력을 강구해야 한다.
③ 사람마다 다르기 때문에 각자 관심을 가지고 잘할 수 있는 일이나 분야는 다르다.
④ 관련 검사를 통해 자신에게 알맞은 직업을 도출할 수 있으며, 이는 그 직업에서의 성공을 보장해준다.
⑤ '나는 지금 주어진 일이 적성에 맞다' 등의 지속적인 자기암시를 통해서 개발할 수 있다.

05 난이도 상 중 하

다음 중 자기관리 과정에서 단계별로 할 수 있는 질문 중 그 성격이 다른 하나를 고르면?

① "현재 내 삶에서 변화되어야 할 것은 무엇인가?"
② "내가 생각하는 의미 있는 삶은 무엇인가?"
③ "내가 살아가는 원칙은 무엇인가?"
④ "내 삶의 목적은 어디에 있는가?"
⑤ "나의 가치관은 무엇인가?"

06 난이도 상중하

다음 중 거절의 의사결정에 대한 설명으로 적절하지 않은 것은? | 서울교통공사 |

① 거절할 때는 이 일을 거절함으로써 발생할 문제들과 거절하지 못해서 수락했을 때의 기회비용을 따져봐야 한다.
② 거절의 의사결정이 지체될수록 상대방은 부정의 대답을 기대하므로, 거절의 의사결정은 빠를수록 좋다.
③ 상대방의 말을 들을 때는 귀를 기울여서 문제의 본질을 파악한다.
④ 거절을 결정하였다면 이를 추진할 수 있는 의지가 필요하다.
⑤ 거절할 때에는 분명한 이유를 만들고, 대안을 제시해야 한다.

07 난이도 상중하

○○공사에 근무하는 김사원은 다음 달까지 IT 관련 국가 자격증을 취득하기 위해 일간 계획을 세웠다. 이 행동이 자기관리 과정 5단계 중 어느 한 단계에 해당할 때, 바로 다음 단계에서 김사원이 취해야 할 행동으로 가장 적절한 것은?

① 자격증을 취득하기 위한 방법을 찾는다.
② 자격증을 취득하기 위해 주간 계획을 세운다.
③ 자격증 취득에 있어 무엇이 가장 중요한지 파악한다.
④ 현재 자신에게 주어진 역할이 무엇인지 파악한다.
⑤ 일정에 따라 계획적으로 수행하였는지 피드백한다.

08 난이도 상중하

다음 〈보기〉 중 경력개발이 필요한 이유에 대한 설명으로 적절하지 않은 것만을 모두 고르면?

/ 보기 /
㉠ 경력개발 요인에는 환경변화, 조직요구, 개인요구가 있다.
㉡ 경영전략 변화, 인력난 심화, 능력주의 문화 등은 조직요구에 해당한다.
㉢ 전문성 축적 및 성장 요구 증가는 개인요구에 해당한다.
㉣ 지식정보의 빠른 변화, 삶의 질 추구 등은 환경변화에 해당한다.

① ㉠
② ㉡
③ ㉡, ㉣
④ ㉢, ㉣
⑤ ㉠, ㉡, ㉣

09 난이도 상 중 하

다음 글에서 설명하는 용어로 가장 적절한 것은?

경제적 자립을 기반으로 자발적인 조기 은퇴를 추진하는 사람들을 일컫는다. 이들은 30대 말 늦어도 40대 초반에는 은퇴하겠다는 목표로, 회사 생활을 하는 20대부터 수입의 70~80% 이상을 저축하고 극단적으로 소비를 줄이며 은퇴 자금을 마련한다. 이들은 빠르게 은퇴하고 본인이 하고 싶은 일을 하면서 살고자 한다. 불필요한 소비를 줄이고 본인의 인생에서 중요한 것에 집중하겠다는 것이다. 이들은 생활비를 절약하기 위해 외식과 여행, 쇼핑을 줄이고 식자재를 직접 재배하기도 한다. 은퇴 후에도 경제적으로 여유롭지 않아 절약하며 살아야 하지만, 돈에 얽매이지 않고 자유롭게 살 수 있다는 데 의의를 둔다.

① 파이어족
② 예티족
③ 다운시프트족
④ 여피족
⑤ 프리터족

10 난이도 상 중 하

다음 글에서 설명하는 경력개발 이슈에 해당하는 것은?

지식과 정보의 폭발적인 증가로 새로운 기술이 개발됨에 따라 직업에서 요구되는 능력도 변화하고 있으며, 지속적인 능력 개발이 필요한 시대가 되었다. 개인 각자는 자아실현, 생활 향상, 직업적 지식 또는 기술의 획득 등을 목적으로 생애에 걸쳐서 자주적, 주체적으로 학습을 계속할 수 있게 되었으며, 이러한 상황에서 개인이 현재 가지고 있는 능력보다는 개인의 학습 능력 및 자기개발 노력이 더욱 중요시된다.

① 투잡스
② 창업경력
③ 청년 실업
④ 평생학습사회
⑤ 소셜 네트워크 구인·구직

STEP 03 심화문제

CHAPTER 04 자기개발능력

01 난이도 상 중 하

다음 사례의 A사원이 자기개발 계획 수립에 어려움을 느끼는 이유로 가장 적절한 것은?

> ○○공사 마케팅부에 근무하고 있는 A사원은 평소 IT분야에 관심이 있어 빅데이터 분석을 공부하여 빅데이터 분석 마케팅 전문가로 성장하고자 한다. 하지만 자신이 꾸준히 공부할 수 있을지, 특정 부서의 직원으로서 과연 그런 시도들이 도움이 될지 자신이 없어 고민이다.

① 자기 정보의 부족
② 내부 작업 정보 부족
③ 외부 작업 정보 부족
④ 주변 상황의 제약
⑤ 의사결정 시 자신감의 부족

02 난이도 상 중 하

다음 사례의 김사원이 자기개발에 실패한 원인으로 가장 적절한 것은?

> 홍보부에서 근무하는 김사원은 업무 특성상 다양한 부서의 사람들로부터 피드백을 받는다. 문제는 김사원이 자신의 모든 행동을 합리화하고, 자신의 주장과 반대되는 주장은 배척하는 경향이 강하다는 것이다. 이로 인해 선입견이 작용하여 편향적인 사고를 하며, 자신의 장단점을 객관적으로 파악하고 자기개발의 방향을 설정하는 데 어려움을 겪고 있다.

① 익숙한 문화에 정착하려는 경향이 강했기 때문이다.
② 자신이 만든 틀 안에서 제한적으로 사고했기 때문이다.
③ 자기개발을 어떻게 해야 하는지 그 방법을 몰랐기 때문이다.
④ 긍정적이거나 부정적인 감정에 따른 태도를 보였기 때문이다.
⑤ 자기실현 욕구보다 더 우선하는 욕구가 있었기 때문이다.

03 난이도 상 중 하

다음 사례를 읽고 A~E 다섯 사람이 〈보기〉와 같이 대화를 나누었을 때, 적절하지 않은 발언을 한 사람은?

> K는 입사 3년 차다. 신입사원으로 들어왔을 때는 나름대로 촉망받는 인재였지만, 3년 동안 업무에 시달리다 보니 자기개발에 소홀했고, 새로 들어오는 신입사원보다 새로운 시스템이나 프로그램을 다루는 데 있어 자신의 능력이 뒤떨어진다고 느끼게 되었다. 이에 K는 자신의 전문성을 신장시키고 다른 사람과 차별성을 유지할 수 있는 일을 배워 보기로 결심했다. 그런데 막상 어떤 것부터 시작해야 하는지 막막하였다. 그래서 그는 빈 종이를 들고, '나는 어떤 능력을 개발해야 되는가?', '나에게 부족한 능력은 무엇인가?', '이 능력은 어떻게 개발할 수 있는가?', '나의 장기적인 경력에서 이 능력은 어떻게 활용될 수 있는가?', '이를 방해하는 것에는 무엇이 있는가?' 등 떠오르는 생각을 적어나갔다.

/ 보기 /

A: K는 자신에 대한 이해를 바탕으로 어떠한 능력을 개발하고, 경력 개발은 어떻게 해야 하는지를 알고 있어. 이를 통해 자기개발은 자아인식, 자기관리, 경력개발로 이루어짐을 알 수 있어.

B: 직업생활에서 자신의 능력과 적성을 파악하고, 목표 성취를 위해 자신을 관리하고 통제하며, 경력목표 성취에 필요한 역량을 신장시켜 자신을 개발해야 해.

C: 자신을 알아가는 방법에는 크게 내가 아는 나를 확인하는 방법과 다른 사람과의 대화를 통해 알아가는 방법의 두 가지가 있어.

D: 자기관리는 자신에 대한 이해를 바탕으로 비전 및 목표의 수립, 이에 대한 과제 발견, 일정 수립 및 조정, 자기관리 수행, 반성 및 피드백의 과정으로 이루어져.

E: 경력은 일생에 걸쳐 꾸준히 이루어지는 일과 관련된 경험이며, 경력개발은 개인의 경력 목표와 전략을 수립하고 실행하며 피드백하는 과정을 말해.

① A   ② B   ③ C   ④ D   ⑤ E

04 난이도 상 중 하

다음 중 자기개발에 대한 설명으로 적절하지 않은 것은?

① 직장생활에서의 자기개발은 업무의 성과를 향상시키기 위하여 이루어진다.
② 자기개발은 지향하는 바와 선호하는 방법 등이 사람마다 다르다.
③ 자기개발은 변화하는 환경에 적응하기 위하여 이루어진다.
④ 자기개발은 개발의 주체가 타인일 때 효과가 더 크다.
⑤ 자기개발은 모든 사람이 해야 하는 것이다.

05 난이도 상 중 하

다음 글을 읽고 자기개발에 대해 이해한 내용으로 적절하지 않은 것은?

> 직장인을 뜻하는 샐러리맨과 학생을 뜻하는 스튜던트의 합성어인 샐러던트(Saladent)는 공부하는 직장인을 일컫는 신조어이다. 샐러던트는 직장에 다니고 있음에도 새로운 분야를 공부하거나 본인이 종사하고 있는 분야의 전문성을 높이기 위한 공부를 하는 직장인이다. 샐러던트들은 점심시간 혹은 퇴근 이후 등 본인이 활용할 수 있는 자투리 시간에 공부하며, 이는 지속적으로 자기개발을 하는 것이기에 평생교육과 의미가 맞닿아있다.

① 자기개발은 모든 직장인이 해야 하는 것이며 평생에 걸쳐 이루어지는 과정이다.
② 직장인이 본인의 능력, 적성 등을 이해하는 것은 자기개발을 위한 첫 단계가 된다.
③ 자기개발에 대한 태도를 형성하기 위해 직장인은 욕구와 감정에 제한을 두어서는 안 된다.
④ 직장인이 자기개발 계획을 수립하는 데 현재 직무 상황과 그에 대한 만족도가 중요한 영향을 미친다.
⑤ 업무의 효율성을 높이기 위해 컴퓨터 학원에 다니는 것도 직장인이 행할 수 있는 자기개발의 일종이다.

06 난이도 상 중 하

○○공사에 근무하는 네 명의 신입사원은 자기개발의 필요성에 대해 다음 〈보기〉와 같이 대화를 나누었다. 네 사람 중 적절하지 않은 발언을 한 사람은 모두 몇 명인가? | 서울교통공사 |

/ 보기 /

김사원: "자기개발은 본인이 달성하고자 하는 목표를 발견하고 성취하는 데 도움이 돼요. 예를 들어 직업생활에서의 자기개발은 효과적으로 업무를 처리함으로써 업무 성과를 향상시키기 위해 이루어집니다."

이사원: "우리를 둘러싸고 있는 환경은 계속해서 변화하는데, 그 변화의 속도가 점차 빨라지고 있어요. 그래서 우리가 지금 보유하고 있는 지식이나 기술이 과거의 것이 되지 않으려면 지속적인 자기개발이 필요해요."

박사원: "자기개발에서 자기관리는 굉장히 중요한 요소인데, 본인의 내면과 시간, 생산성을 관리하는 것은 좋은 인간관계의 형성 및 유지에 기반이 되기도 합니다."

정사원: "개인적으로 보람찬 삶을 살기 위해 자기개발을 할 수도 있어요. 자기개발을 통해 자신감을 얻고 삶의 질이 향상되면 보람된 삶을 살 수 있기 때문이에요."

① 0명 ② 1명 ③ 2명 ④ 3명 ⑤ 4명

07 난이도 상 중 하

○○공단 기획부에 근무하는 신입사원들이 다음 사례를 읽고 김과장이 자기개발 계획을 수립하는 데 어려움을 느끼는 이유에 관해 대화를 나누었다. 이들 중 적절하지 않은 반응을 보인 사람은?

> ◇◇사 마케팅팀에 재직 중인 김과장은 퇴직 후 도자기 공방을 차리겠다는 목표를 가지고 있다. 김과장은 대학교에서 도자기 공예를 전공하였으나, 전공을 포기하고 마케팅팀에 입사하였다. 그럼에도 회사를 다니면서 주말마다 틈틈이 도자기를 만들며 실력을 다져왔다. 또한 도자기 공예 관련 업무에 종사하는 동기들과 꾸준히 교류하며 최신 기술과 트렌드를 익혀오고 있다. 김과장은 늦어도 5년 이내에는 공방을 차리고자 하는데, 구체적인 계획을 수립하는 것이 쉽지 않아 고민이 많다. 우선 본인이 지금 실력으로 공방을 차려서 성공할 수 있을지 자신이 없다. 도자기 공예 관련 업계에 종사하는 김과장의 대학 동기들은 충분히 성공할 수 있다고 하였지만, 김과장의 생각에는 관련 업계를 너무 오랫동안 떠나있었던 것 같다. 부양해야 할 가족들이 있는 입장에서 공방을 차리기 위해 큰돈을 투자하는 것이 재정적으로 부담이 된다는 점도 문제이다. 5년 이내에 직장을 그만두고 공방을 열겠다는 김과장의 계획을 들은 김과장의 아내는 농담으로 치부하며 넘겼지만 탐탁지 않게 생각하는 눈치이다.

① 박사원: "김과장은 본인의 목표와 일상생활의 요구사항 간의 갈등으로 인해 자기개발 계획 수립에 난항을 겪고 있군요."
② 정사원: "김과장이 도자기 공예 관련 업무에 종사하는 동기들보다 외부 작업정보를 제대로 얻지 못하는 것도 문제가 되고 있어요."
③ 오사원: "김과장의 재정적 문제도 자기개발 계획 수립의 어려움 중 하나로 작용하고 있네요."
④ 권사원: "김과장은 본인이 흥미를 느끼는 분야를 충분히 이해하고 있기 때문에 자기정보의 부족으로 자기개발 계획 수립이 어려운 것은 아니에요."
⑤ 이사원: "김과장은 도자기 공방을 열겠다는 목표가 뚜렷함에도 결정을 내리기 위한 자신감이 부족한 것 같아요."

08 난이도 상 중 하

다음 중 자기개발 계획을 수립하기 위한 전략에 대한 설명으로 가장 적절한 것은?

① 장기목표는 단기목표를 수립하기 위한 기본 단계이다.
② 장단기 목표는 모두 구체적으로 작성해야 실현 가능성이 높다.
③ 장기목표는 직무 관련 경험, 개발해야 될 능력 혹은 자격증 등을 고려하여 수립한다.
④ 자기개발은 미래 계획에 큰 의미를 부여하므로, 현재의 직무보다 미래의 계획에 더 우선순위를 둔다.
⑤ 인간관계는 자기개발 목표를 수립하는 데 고려해야 할 사항인 동시에 하나의 자기개발 목표가 될 수 있다.

09 난이도 상 중 하

인사팀에 근무하는 A~E사원이 다음 〈보기〉와 같이 자기개발의 특징에 대해 대화를 나누었다. 아들 중 적절하지 않은 발언을 한 사람은?

/ 보기 /

A사원 — 자기개발의 주체와 객체는 모두 자기 자신이므로, 자신을 이해하는 것이 자기개발의 첫걸음이라고 할 수 있어요.

B사원 — 자기개발은 학교 단계 또는 특정 사건이나 요구가 있을 때 일시적으로 이뤄지는 과정으로, 학교 단계에서 원리 및 원칙에 대한 교육부터 실생활에 적응하는 교육까지 이루어져요.

C사원 — 현재 직업을 가지고 있지 않더라도 직업을 탐색하고 이를 준비하는 과정을 거치므로, 자기개발은 일과 관련하여 이루어지는 활동이라 볼 수 있습니다.

D사원 — 자기개발은 개별적인 과정으로, 사람마다 자기개발을 통해 지향하는 바와 선호하는 방법 등이 달라요.

E사원 — 자신의 역할 및 능력을 점검하고 개발계획을 수립하여 시간을 관리하고, 대인관계를 맺으며 감정을 관리하고 의사소통하는 것도 자기개발이라고 볼 수 있어요.

① A사원 ② B사원 ③ C사원 ④ D사원 ⑤ E사원

10　난이도 상중하

다음 〈보기〉 중 자아인식에 대한 설명으로 적절한 것만을 모두 고르면?

/ 보기 /
㉠ 자아인식은 자신의 가치, 신념, 태도 등을 아는 것을 넘어 이것들이 자신의 행동에 미칠 영향을 아는 것을 포함한다.
㉡ 자신이 원하는 직업을 갖고 업무를 효과적으로 수행하기 위해 단기간에 걸쳐 선행되어야 한다.
㉢ 자기를 지각하고 그 내용을 체계화시킴으로서 자신의 한계를 인식하고 이를 보완하고자 하는 욕구를 가질 수 있다.
㉣ 올바른 자아인식은 직업 생활에서 개인과 팀의 성과를 높이는 데에도 필수적으로 요구된다.

① ㉠, ㉡
② ㉢, ㉣
③ ㉠, ㉢, ㉣
④ ㉡, ㉢, ㉣
⑤ ㉠, ㉡, ㉢, ㉣

11　난이도 상중하

다음 사례의 두 사람에게서 나타나는 태도의 차이점으로 가장 적절한 것은?

P사에 두 명의 신입사원이 입사하였다. 두 사람 모두 입사한 지 얼마 되지 않아 일이 서툴고 실수를 하기 일쑤다. 한 신입사원은 '사람이 실수할 수도 있지. 오늘은 과장님한테 혼나고 운도 없네. 술이나 마셔야겠다'고 생각하고는 친구들을 만나 회사 일이 어렵다는 푸념을 늘어놓으며 술을 마셨다. 또 다른 신입사원은 '도대체 내가 왜 혼이 난거지? 다른 사람들은 어떻게 일을 했더라. 업무 지침을 다시 한번 찾아봐야겠어'라고 생각했고, 자신이 실수한 일에 대해 다시 실수하지 않도록 노트에 기록해 두었다.

① 성찰
② 인내심
③ 긍정적인 마음
④ 흥미
⑤ 적성

12 난이도 상 중 하

다음 중 일과 관련하여 다른 사람이 알 수 없는 나를 알기 위해 던질 수 있는 질문으로 적절하지 않은 것은?

① "일과 관련한 나의 목표는 무엇인가?"
② "일을 할 때 나의 성격의 장단점은 무엇인가?"
③ "현재 일과 관련한 나의 부족한 부분은 무엇인가?"
④ "내가 무엇을 하고 있을 때 가장 재미있어 보이는가?"
⑤ "지금 현재 하고 있는 일이 내가 정말로 원했던 일인가?"

13 난이도 상 중 하

같은 부서에 근무하는 A~C사원이 본인의 업무에 대해 다음과 같이 생각하고 있을 때, 이들 세 사원에 대한 설명으로 적절하지 않은 것은?

> A사원: "정말 일이 왜 이렇게 힘들지? 왜 이렇게 챙겨야 할 게 많은 거야. 몇 번씩 같은 일을 해야 하는 것도 지겨워. 정말 내가 그만두지 못해서 다닌다."
> B사원: "직장은 돈을 버는 수단에 불과해. 그때그때 일해서 돈을 많이 벌고, 편한 곳으로 옮길 거야. 나는 회사에 출근하지 않을 수 있는 주말만 기다려. 주말에는 놀러 가야지."
> C사원: "이번 사내 행사에 내가 낸 제안이 받아들여져서 정말 신나. 이 제품은 패키지를 바꾸면 판매율이 더 올라갈 것 같은데, 참고할 만한 자료가 있는지 찾아봐야겠다."

① A사원은 본인이 담당하고 있는 업무를 보다 쉽게 잘 할 수 있는 학습능력과 재능이 부족하다.
② B사원은 본인이 하는 업무에 부정적이지는 않지만 업무를 단순히 돈을 버는 수단으로 생각하고 있다.
③ C사원은 본인의 업무에 대한 적성이 낮았더라도 지속적인 노력을 통해 능력을 발휘할 수 있었을 것이다.
④ A사원과 B사원이 바로 일을 그만둘 수 없다면 본인의 상황과 업무에 맞춰 흥미를 개발하기 위해 노력할 필요가 있다.
⑤ 세 사람 모두 업무를 진행하는 데 있어 장기적인 목표보다는 단기적인 목표를 설정하는 것이 업무에 대한 흥미 유발에 도움이 된다.

14

다음은 하사원이 실시한 직업가치관검사 결과지의 일부일 때, 제시된 자료의 특징으로 적절한 것만을 〈보기〉에서 모두 고르면?

1. 직업가치관 결과

　　직업생활과 관련하여 하○○님은 '보수'와 '사회적 인정'을 가장 중요하게 생각하는 반면, '사회봉사'와 '창의성'은 상대적으로 덜 중요하게 생각합니다.

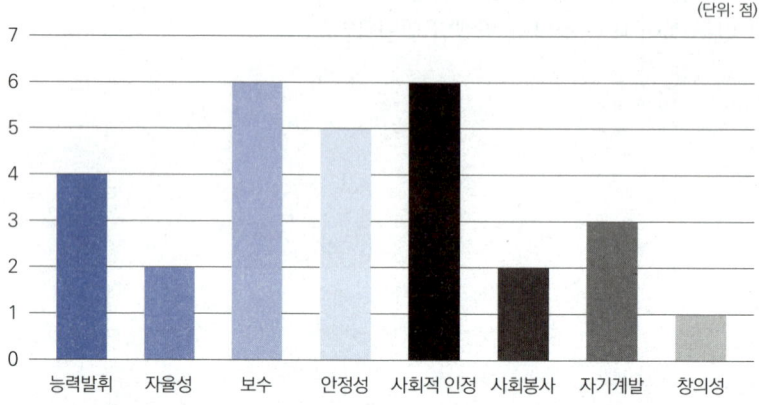
(단위: 점)

2. 하○○님의 가치관과 관련이 높은 직업
   (1) 종사자 평균 학력별

학력	직업
고졸	레크리에이션지도자, 운동선수, 상점판매원 등
전문대졸	GIS 전문가, 전기공학기술자, 항공기정비원 등
대졸	감정평가사, 개그맨, 경찰관, 기자, 노무사, 변리사, 변호사, 비행기조종사, 성우, 아나운서, 영화감독, 컬러리스트, 판사, 한의사 등
대학원졸	교육학연구원, 에너지공학기술자, 치과의사, 통역가, 애널리스트 등

   (2) 종사자 평균 전공계열별

전공계열	직업
인문	감정평가사, 성우, 통역가 등
사회	감정평가사, 경찰관, 기자, 노무사, 변리사, 변호사, 상점판매원, 아나운서, 판사 등
교육	교육학연구원 등
공학	GIS 전문가, 변리사, 비행기조종사, 전기공학기술자, 항공기정비원 등
자연	에너지공학기술자 등
의학	치과의사, 한의사 등
계열무관	개그맨, 레크리에이션지도자, 영화감독, 운동선수, 컬러리스트 등

/ 보기 /
㉠ 다른 사람과 객관적으로 비교할 수 있는 척도를 제공한다.
㉡ 신뢰성 있는 결과를 위하여 서면 방식의 검사만을 활용한다.
㉢ 진로를 계획하거나 직업을 탐색하고 결정하는 데 도움을 받을 수 있다.
㉣ 여러 가지 검사 도구를 활용하여 자신의 특성을 객관적으로 파악할 수 있다.

① ㉠, ㉢ ② ㉡, ㉣ ③ ㉢, ㉣
④ ㉠, ㉢, ㉣ ⑤ ㉠, ㉡, ㉢, ㉣

15 난이도 상중하

귀하의 사수는 신입사원인 귀하에게 매일 업무를 마치고 짧게라도 그날의 업무에 대해 성찰하는 시간을 갖는 게 좋다고 조언하였다. 이에 귀하가 사수에게 성찰을 하는 이유에 대해 물었을 때, 사수의 답변으로 적절하지 않은 것은?

| 서울교통공사 |

① "성찰을 통해 본인이 저지른 실수의 원인을 파악하고 이를 수정하여 앞으로 같은 실수를 반복하지 않게 되면 다른 사람에게 신뢰감을 줄 수 있어요."
② "일을 마친 후에 본인이 잘한 일과 못한 일을 구분하고, 개선할 점을 깊이 생각해보는 시간을 가짐으로써 다른 일을 해결하기 위해 필요한 노하우를 축적할 수 있어요."
③ "성찰을 하면 문제 상황의 인과관계를 명확하게 파악하고 이해 당사자의 잘잘못을 가릴 수 있어 회사에 발생할 수 있는 경제적 손실을 최소화할 수 있어요."
④ "창의력은 지속적인 반성과 사고를 통해 키울 수 있는 것 아시죠? 계속해서 성찰을 하다보면 창의적인 사고를 개발할 수 있어요."
⑤ "성찰은 현재 본인에게 부족한 부분을 파악하여 보완할 수 있는 기회를 주고, 미래에 이루고자 하는 목표에 따라 실수를 방지하면서 노력할 수 있게 해요."

16 난이도 상중하

다음 중 자아존중감에 대한 설명으로 적절하지 않은 것은?

① 자신에 대한 인식과 신념의 체계적이고 일관된 집합을 말한다.
② 자아존중감은 주변의 의미 있는 다른 사람에게 영향을 받는다.
③ 자아존중감은 크게 가치 차원, 능력 차원, 통제감 차원으로 구분한다.
④ 환경에 적응할 수 있도록 도움을 주는 등 긍정적인 자아형성에 매우 중요하다.
⑤ 개인의 가치에 대한 주관적인 평가와 판단을 통해 자기결정에 도달하는 과정이다.

17 난이도 상중하

다음 사례의 정사원이 직장 생활에서의 목표를 달성하지 못한 이유로 가장 적절한 것은?

정사원은 학창시절 혼자 있는 것을 좋아하고 수줍음이 많아 친구가 많지 않았다. 하지만 노래 부르는 것을 좋아하고 가창 실력이 뛰어나 대회에서 입상하는 등 음악에 두각을 나타내는 학생이었다. 대학도 그의 능력을 살려 음악특기생으로 들어갔다. 수년 뒤 정사원은 대학 졸업 후 취업을 고민하다 자동차 판매회사 영업부에 취직하였다. 입사한 지 3년이 지났지만, 정사원은 판매 영업에 늘 소극적이고 자신이 없다. 게다가 직장 동기는 이번 분기 판매왕이지만, 정사원은 성과가 늘 저조해 고민이 많다. 사실 정사원은 판매라는 직업이 자신과 맞지 않는다는 생각을 오래전부터 해왔다. 그러나 이미 정한 직업이고 3년 동안 다닌 직장이기 때문에 쉽게 되돌릴 수도 없어 고민이 되었다.

① 스스로 감정을 잘 다스리지 않았다.
② 자신의 적성을 제대로 파악하지 않았다.
③ 취업 후 경력개발의 중요성을 간과했다.
④ 효과적인 자기개발 방법을 알지 못했다.
⑤ 현재 직무를 고려하지 않은 계획을 세웠다.

18 난이도 상 중 하

○○공사에 입사한 인턴 A~F는 부서 배치를 위해 시행된 홀랜드(John L. Holland) 직업 흥미 검사 결과에 대해 다음과 같이 대화를 나누고 있다. 다음 중 A~F가 받은 직업 흥미 유형을 각각 바르게 짝지은 것은?

> A: "검사 결과에 따르면 나는 판단이나 의사결정을 하기 위해 지식과 추리능력을 사용하고, 솔직하면서 성실하고 세밀하다고 해. 또 과제 완성하기도 좋아한다고 나왔어."
> B: "나는 분석적이고 호기심이 많으며 합리적인 반면, 말이 별로 없는 편이고 복잡한 경향을 띠기도 해. 그리고 자료를 수집하고 문제에 적용하는 데 흥미를 느끼고 자료와 사물을 계획, 처리, 통제, 지시, 평가하는 것을 좋아한다고 나왔어."
> C: "나는 타인을 가르치고 보호하는 활동을 선호하지만, 체계적이고 질서정연한 활동에는 적극적으로 참여하지 않는 경향이 있대."
> D: "나도 체계적이고 질서정연한 활동은 좋아하지 않는다고 나왔어. 또 실제적이고 순서적인 활동을 좋아하지 않고, 모호하고 자유분방하면서 독립적인 활동을 좋아한대."
> E: "나는 조직적이고 경제적인 차원에서 뛰어난 언어구사력을 가져 사람들을 이끌어나가는 활동을 선호한대. 그리고 과학적인 능력을 필요로 하는 활동은 싫어한대. 맞아, 나 예전부터 과학을 별로 안 좋아했어."
> F: "나는 사물이나 일을 체계적이고 순차적으로 조작하는 일을 좋아한대. 비체계적이고 탐구적이면서 추상적인 관념과 관련된 활동에는 호기심을 느끼지 못하고, 직관력이 부족하다는 단점이 있다고 하네."

	A	B	C	D	E	F
①	현실형	탐구형	예술형	사회형	진취형	관습형
②	현실형	탐구형	사회형	예술형	진취형	관습형
③	진취형	탐구형	사회형	현실형	관습형	예술형
④	진취형	사회형	관습형	예술형	현실형	탐구형
⑤	관습형	예술형	사회형	현실형	진취형	탐구형

19 난이도 상중하

□□기업의 신입사원 교육을 맡고 있는 인사팀의 나대리는 성찰을 연습하는 방법에 대해 강의를 진행하고 있다. 다음과 같은 신입사원의 질문에 대해 나대리가 할 수 있는 답변으로 적절하지 않은 것은?

> 신입사원: "어떠한 일이 발생했을 때 성찰을 위해 스스로 질문하는 습관을 들이라고 하셨는데요, 어떤 질문을 하면 좋을지 예를 들어주실 수 있을까요?"
> 나대리: "네, (   )와 같은 질문을 할 수 있어요."

① '지금 일이 원활하게 잘 진행되고 있는 이유는 무엇인가?'
② '동일한 문제 상황에 직면했었던 다른 사람들은 어떤 평가를 받았는가?'
③ '현 상태를 변화시키거나 유지하기 위해 어떻게 준비하고 행동해야 하는가?'
④ '이번 일 중에서 다르게 수행하였다면 더 좋은 성과를 냈을 방법은 무엇인가?'
⑤ '만약 일이 제대로 진행되지 않고 있다면 그 원인은 무엇이며 개선할 점은 무엇인가?'

20 난이도 상중하

다음 사례에 해당하는 자기관리의 단계에 대한 설명으로 가장 적절한 것은?

> M기업 기획팀에서 근무하는 P사원은 사수로부터 신제품 출시를 위한 시장 조사 업무를 부여받았다. 사수는 P사원의 시장 조사 결과에 따라 신제품의 타깃으로 삼을 고객층이 달라질 수 있다는 사실을 강조하며, 최대한 꼼꼼히 조사하여 유의미한 결론을 도출해 줄 것을 당부하였다. P사원은 해당 업무를 효율적으로 수행하기 위해 현재 본인이 할 수 있는 역할과 능력을 검토하였고, 시장 조사 업무의 역할에 상응하는 세부적이고 실행 가능한 활동 목표를 정하였다.

① 수행해야 하는 과제의 우선순위를 중요도와 긴급도를 기준으로 구분한다.
② 자신에게 가장 중요한 것을 파악하며, 가치관, 원칙, 삶의 목적 등을 정립한다.
③ 우선순위에 따라 구체적인 일정을 월간 계획, 주간 계획, 하루 계획 순서로 수립한다.
④ 성취한 목표, 목표 달성 과정에서 직면한 문제, 계획의 이행 여부 등 업무 수행 결과를 분석한다.
⑤ 시간, 돈, 물건, 능력과 같이 업무 수행에 영향을 미치는 요소를 분석하여 업무가 계획대로 수행되도록 한다.

21 난이도 상 중 하

○○공사에서 사내교육을 담당하고 있는 임대리는 다음과 같은 PPT 자료를 준비하였다. PPT 자료 중 적절하지 않은 내용이 포함된 슬라이드는 모두 몇 개인가?

[슬라이드 1]

흥미와 적성이란?

◆ 흥미 – 일에 대한 관심이나 재미
◆ 적성 – 개인이 잠재적으로 가지고 있는 재능
    – 개인이 보다 쉽게 잘 할 수 있는 주어진 학습 능력

[슬라이드 2]

흥미와 적성의 특징

"흥미 & 적성" ▶ 모두 **선천적으로 부여**되는 것

1) 흥미: 선천적으로 부여되어 개발이 필요 없음.
2) 적성: 상대적으로 더 많이 가지고 태어나는 능력

[슬라이드 3]

흥미와 적성 개발 전략 (1)

🍀 "마인드 컨트롤"
▼
'나는 이 일을 잘 할 수 있다',
'주어진 일이 나의 적성에 맞는다'와 같은
자기암시를 통한 자신감 얻기
▼
흥미를 높이고 적성 개발 가능

[슬라이드 4]

흥미와 적성 개발 전략 (2)

장기적 & 추상적 목표(X)
단기적 목표 (O)
↓
성공적인 경험의 축적 & 성취감
↓
다음에 해야할 일에 흥미 O

---

① 0개   ② 1개   ③ 2개   ④ 3개   ⑤ 4개

22 난이도 상중하

인사팀에 근무하는 박주임은 OJT 교육에서 '업무수행 성과를 높이기 위한 행동전략'을 주제로 강의를 진행하고자 한다. 박주임이 제작한 강의자료가 다음과 같을 때, 적절하지 않은 내용을 포함한 것은?

| 서울교통공사 |

① 업무수행 성과를 높이기 위한 행동전략
- 일을 미루지 않는다.
  - 성공한 사람들의 가장 중요한 자기 경영 습관 중 하나임.
  - 일을 미루고 급하게 처리하다 보면 최선을 다하지 못함.
  - 해야 하는 일은 바로 하는 습관을 들여야 함.

② 업무수행 성과를 높이기 위한 행동전략
- 업무는 묶어서 처리한다.
  1. 비슷한 일을 묶어서 처리하면 효율적으로 일할 수 있음.
  2. 한 번 움직일 때 여러 일을 함께 처리하여 경로를 단축시킴.
     → 같은 곳을 반복해서 가지 않을 수 있음.

③ 업무수행 성과를 높이기 위한 행동전략
- 다른 사람과 같은 방식으로 일한다.
  " 다른 사람이 놓친 부분을 대신 발견할 수 있음.
    → 업무 시간을 단축하여 빠르게 일을 마무리할 수 있음. "

④ 업무수행 성과를 높이기 위한 행동전략
- 회사와 팀의 업무지침을 따른다.
  " 회사나 팀의 업무 지침 → 전문가에 의해 확립된 것 "
  ▼
  기본적인 것은 지키되 그 속에서
  자신만의 일하는 방식을 발견할 것

⑤ 업무수행 성과를 높이기 위한 행동전략
- 역할 모델을 설정한다.
  직장에서 가장 일을 잘하는 사람 찾기
  ▼
  그 사람의 일하는 방식 살펴보기
  ▼
  그 사람처럼 업무수행 성과를 내고 있는 자신 발견

23 난이도 상 중 하

○○공사에서 근무하는 주대리는 업무 중 문제 상황이 발생하자, 문제의 근원을 파악한 후 의사결정 기준과 가중치를 정하였다. 이 행동이 합리적인 의사결정 과정 중 어느 단계에 해당할 때, 바로 다음 단계에서 주대리가 취해야 할 행동으로 가장 적절한 것은?

① 최적안을 선택한다.
② 각 대안을 분석 및 평가한다.
③ 가능한 모든 대안을 탐색한다.
④ 의사결정에 필요한 정보를 수집한다.
⑤ 의사결정 결과를 평가하고 피드백한다.

24 난이도 상 중 하

다음 사례의 김사원이 자기관리를 수행하는 방법으로 적절하지 않은 것은?

> 인사팀의 이사원은 항상 허둥지둥 바쁘고 정신이 없다. 누가 보더라도 이사원은 인사팀에서 가장 열심히 일하는 것 같은데도 팀장한테 혼나기 일쑤다. 오늘 아침에도 어김없이 일을 제때에 못 마쳐서 혼났다. 반면 같은 팀의 김사원은 언제 일했는지 모르게 훌륭하게 일을 수행하여 언제나 칭찬을 받는다.
> 오늘 사내 온라인 게시판에 인사평점 결과가 공지되었다. 언제나처럼 이사원은 낮은 점수를, 김사원은 높은 점수를 받았다. 얼마 후면 인사조정이 있다고 하는데 이사원은 위기감을 느꼈다. 그래서 이사원은 김사원에게 일을 잘하는 이유에 대해 직접 물어보기로 했다.
> 김사원 자리에 가 보았더니 자신의 책상과 비교되게 정말 깨끗하게 정리되어 있었다. 가장 눈에 띄는 것은 책상 앞에 큰 글씨로 "성실한 사람이 되자. 노력한 만큼 얻는다."라고 쓰여 있는 문구였다. 이를 보니 김사원은 아침에 가장 먼저 출근하여 책을 보고, 대학원도 다니면서 자신을 개발하고 있다는 사실이 떠올랐다.
> 이사원이 김사원에게 '칭찬받는 업무수행 능력의 비결'에 관해 묻자, 김사원은 이사원에게 자신의 수첩을 보여주었다. 수첩 속에는 이번 달 계획, 이번 주 계획, 오늘의 계획이 구체적으로 적혀 있었고, 각 계획에는 빨간 글씨로 1, 2, 3, 4와 같은 숫자가 표시되어 있었다. 여기에 자신이 잘한 일, 직면한 문제, 이에 따른 자신의 결정, 결정에 대한 반성적 내용도 정리되어 있었다.

① 자신의 목표를 명확히 한다.
② 자신이 한 일을 성찰하고 있다.
③ 일정을 우선순위에 따라 수립한다.
④ 자신의 비전과 목표를 정립하고 있다.
⑤ 대략적인 일정을 수립한 후 실행한다.

25 난이도 상중하

다음 사례의 A에 해당하는 의사결정의 오류로 가장 적절한 것은?

> A씨는 필요한 물건을 메모하여 구매하는 습관이 있어, 필요하지 않은 물건을 충동적으로 구매하는 경우가 거의 없다. 얼마 전 A씨는 가족들과 함께 대형마트에 들러 식료품 매장을 둘러보던 중 시식 코너의 직원이 친절하게 A씨의 자녀들에게 시식용 음식을 나누어 주는 것을 발견했다. A씨의 자녀들은 그 직원이 나눠준 음식을 여러 차례 맛있게 먹었고, 시식 코너 직원은 A씨에게 "이번에 새로 나온 제품인데 아이들이 시식용 음식을 다 먹었어요. 아이들이 좋아하네요."라며 은근슬쩍 구매를 강요하였다. 결국 A씨는 구매 목록에 없는 해당 제품을 구매했다.

① 희귀성의 법칙
② 상호성의 법칙
③ 사회적 증거의 법칙
④ 호감의 법칙
⑤ 권위의 법칙

26 난이도 상중하

다음 글을 읽고 이해한 내용으로 가장 적절한 것은?

> 한 실험에서 두 개의 그룹으로 참가자를 나눈 뒤 음식을 권하면 거절하도록 했다. 이때 한 그룹에는 "저는 못 먹어요."라고 대답하도록 했고, 다른 한 그룹에는 "저는 안 먹어요."라고 대답하도록 했다. 대답을 수없이 반복하는 상황이 종료된 후, 참가자들이 집으로 돌아갈 때 그들에게 아이스크림을 하나씩 제공했다. 이 아이스크림을 제공하는 순간이 진짜 실험이었는데, '못 먹는다'고 대답했던 그룹은 60% 정도가 아이스크림을 받았으며, '안 먹는다'고 대답했던 그룹은 30% 정도만 아이스크림을 받았다. 즉, '할 수 없다'는 수동적인 답변 대신 '하지 않는다'는 능동적인 답변을 한 것이 타인의 권유를 들어줄 확률을 30%나 낮춘 것이다.

① 어떤 일이든 개인은 조직을 위해 어느 정도의 희생을 감수해야 한다.
② 이미 거절을 한 상태라면 그 이후에 일어나는 일들에 대해서는 생각하지 않는 것이 좋다.
③ 의사결정이 오래 지체될수록 상대방은 긍정의 대답을 기대하므로 거절의 의사결정은 빠를수록 좋다.
④ 권유나 부탁을 거절하는 상황에서 자신의 의지가 중심이 되는 표현을 활용하는 것이 효과적일 수 있다.
⑤ 상대에게 완강히 거부당했다는 느낌이 들면 관계가 틀어질 수 있으므로 거절할 때는 그 이유를 자세히 설명해야 한다.

27

○○공사에서 근무하는 직원이 고민 해결을 위해 사내 익명 게시판에 게시글을 남겼다. 이에 대해 다음과 같이 댓글이 달렸을 때, 밑줄 친 ㉠~㉤ 중 적절하지 않은 것은?

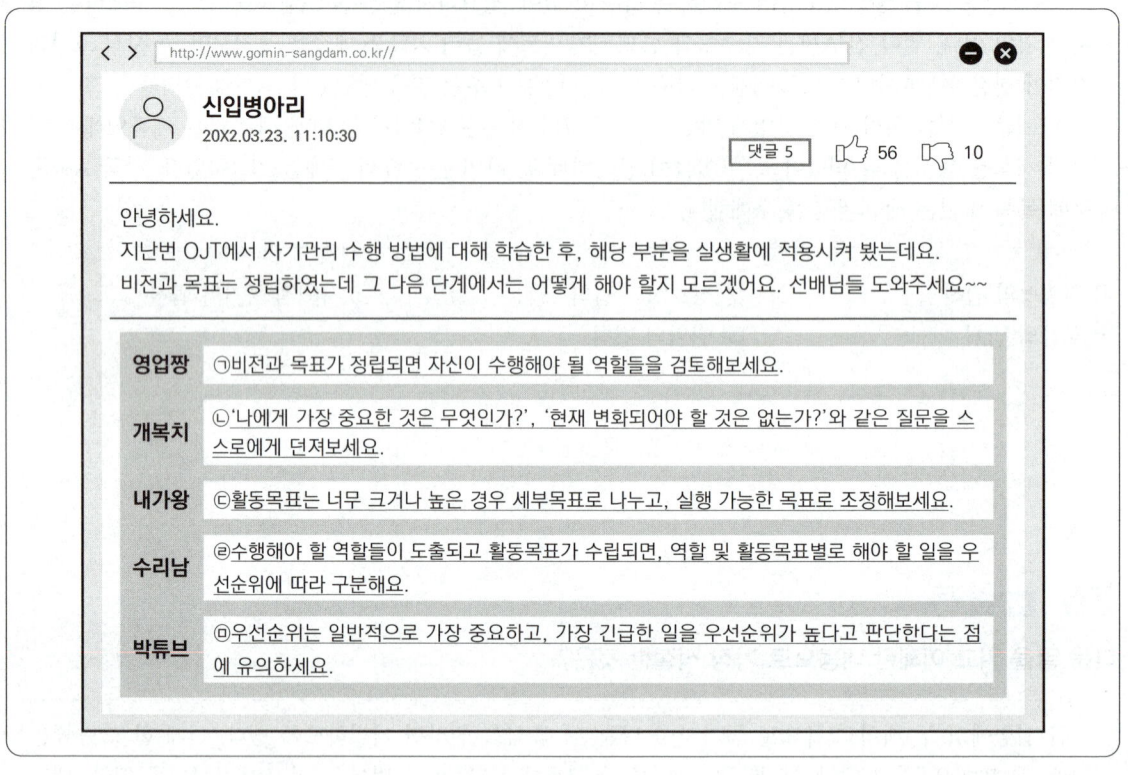

① ㉠   ② ㉡   ③ ㉢   ④ ㉣   ⑤ ㉤

28 난이도 상 중 하

다음 사례의 K가 합리적인 의사결정을 하지 못했던 이유로 적절하지 않은 것은?

> 소규모 제조회사의 생산관리팀에 근무하는 K는 사장으로부터 소규모 제조회사연합회 이사직을 맡지 않겠냐는 놀라운 제의를 받았다. K는 자신에게 그렇게 중요한 자리를 왜 맡기는지와 실제로 무슨 일을 해야 하는 자리인지 물었고, 사장은 이렇게 대답했다. "뭐, K씨 정도면 충분히 할 수 있는 일이에요. 실제로 아무 일도 할 필요 없이 사무실만 지켜주면 돼요." K는 의문이 들었으나 사장이 부탁하는 일이라 거절하기 어려워 그 자리에 대해 정확히 알아보지 않고 선뜻 긍정의 결정을 내렸다.
>
> 며칠이 지나고 제조회사연합회 회장이 K에게 곧 협회 간부 회의가 있다는 이야기를 전해주었다. K는 다른 일도 있어 시간을 내기 어려웠지만, 이사직을 맡았기 때문에 어쩔 수 없이 자리에 나갔다. 그런데 간부 회의에 참석한 K는 자신이 제조회사연합회에 소속된 회사 간부 모임을 주최하고, 제조회사연합회의 홍보활동을 담당해야 하며, 신입 회원사를 모집하는 등 많은 책임이 있다는 것을 알게 되었다. 그제서야 K는 후회하며 자신이 맡은 역할과 그에 따라 앞으로 일어날 손실을 따져보기 시작했다.

① 거절의 결정에 따른 결과를 예상하지 않았다.
② 의사결정에 필요한 정보를 수집하지 않았다.
③ 여러 대안의 장단점을 분석하지 않았다.
④ 가능한 모든 대안을 탐색하지 않았다.
⑤ 시간에 쫓겨 거절하지 못했다.

29 난이도 상 중 하

다음 사례에서 강조하고 있는 심리적 태도를 가지기 위한 행동전략으로 적절하지 않은 것은?

최근 긍정적인 마음을 가지고 실패를 극복하는 태도의 중요성이 새롭게 부각하고 있다. 실패는 곧 파멸을 의미하던 이전의 시각이 바뀌어 '실패의 원인을 분석하고 실패로부터 긍정적인 사고를 통해 성공을 끌어내자'라는 움직임이 일고 있는 것이다. 한 예로, 1926년 미국항공우주국에서는 인생에서 심각한 위기를 겪은 적이 없거나 실패를 극복한 경험이 없는 지원자는 탈락시켰다.

① 다른 사람을 원망하는 마음을 가지지 않도록 노력한다.
② 고난이나 역경을 통해 자신이 성장할 수 있다는 가능성을 믿는다.
③ 자신의 능력과 가치를 신뢰하고, 있는 그대로의 자신을 받아 들인다.
④ 과거에 받았던 상처나 고민은 곱씹으며 같은 실수를 반복하지 않도록 한다.
⑤ 할 일이 많으면 자신의 능력이 뛰어나며 인정받고 있다는 뜻으로 받아들인다.

30

○○공사에서 신입사원을 대상으로 '합리적인 의사결정 과정'에 대한 교육을 진행하였다. 강연이 끝난 후, 다음과 같이 강연자가 질문하였을 때, 〈보기〉의 A~E사원 중 적절하지 않은 답변을 한 사람은?

강연자: 오늘은 자신의 목표를 정하여 몇 가지 대안을 찾아보고, 가장 실행 가능한 최상의 방법을 선택하여 행동하는 합리적 의사결정 과정에 대해 배웠습니다. 합리적 의사결정 과정에 대해 자유롭게 이야기해보세요.

/ 보기 /

A사원: 가장 먼저 문제의 근원을 파악해야 합니다. 의사결정에 앞서 발생한 문제의 원인이 무엇인지, 문제의 특성이나 유형은 무엇인지 등을 파악하는 거죠.

B사원: 문제의 원인을 파악한 후에는 의사결정의 기준과 가중치를 정해야 해요. 기준이나 가치는 대부분 모든 사람에게 공통으로 적용되기 때문에 정하는 건 어렵지 않아요.

C사원: 의사결정에 필요한 정보를 수집할 때, 너무 많은 정보를 수집하면 시간과 비용의 소모가 큽니다. 반대로 너무 적게 수집하면 다각도로 검토할 수 없죠. 적절히 수집해야 해요.

D사원: 의사결정을 하기 위해서는 찾은 대안들을 수집한 자료에 기초하여 의사결정 기준에 따라 장단점을 분석하고 평가해야 합니다.

E사원: 합리적인 의사결정을 하려면 가능한 모든 평가기준과 대안을 찾을 수 있어야 하며, 별다른 어려움 없이 정보를 얻을 수 있어야 합니다.

① A사원　② B사원　③ C사원　④ D사원　⑤ E사원

31

다음 사례에서 나타나는 경력개발 관련 이슈에 대한 설명으로 적절하지 않은 것은?

> 학원 강사인 A씨는 하루에 8시간씩 학원에서 근무하는 동시에 온라인 도서 쇼핑몰을 운영하여 월 평균 500만 원 이상의 매출을 올리고 있다. 하루 중 쇼핑몰 관리에 투자하는 시간은 4시간 정도로, 강의가 있는 시간에는 고객들의 문의 전화를 받을 수 없기 때문에 제품 판매 페이지에 상담 가능 시간을 적어두었다. A씨는 두 가지 일이 서로 방해받지 않도록 시간 배분을 철저히 하고, 이를 통해 안정적인 수입을 얻어 미래에 대한 불안감을 줄이고 있다.

① 본업 외에 한 개 이상의 부업을 가지기도 한다.
② 전문성이 요구되어 부업은 본업과 관련된 분야에서만 파생된다.
③ 경제적 여유, 새로운 커리어 준비, 취미 등의 이유로 발생할 수 있다.
④ 실질적인 경제적 이득과 성취감을 얻는 것을 목적으로 한다.
⑤ 경기 불황과 주 5일제의 확산에 따라 증가하는 추세이다.

32

다음과 같이 경력단계를 다섯 단계로 구분할 때, 3단계에서 나타날 수 있는 행동으로 가장 적절한 것은?

1단계	2단계	3단계	4단계	5단계
( )	조직입사	( )	경력중기	( )

① 경력초기의 생각을 재검토하고 현재 경력 경로와 관계없는 다른 직업으로 이동하기도 한다.
② 본인이 현재 처한 환경과 특성 등을 복합적으로 고려하여 직무를 택하고 취직한다.
③ 조직에서 본인이 맡은 업무를 파악하고 입지를 확고히 다져나가며 승진에 관심을 갖는다.
④ 본인에게 적합한 직업이 무엇인지를 탐색하고 선택한 후 이를 위해 필요한 능력을 기른다.
⑤ 조직에 생산적인 기여자로 남고 본인의 가치를 지속적으로 유지하기 위해 노력한다.

33 난이도 상 중 하

○○공사에서는 사내 직원들을 대상으로 경력개발에 관한 강의를 진행하였다. 다음은 경력개발 관련 최근 이슈 중 하나를 정리한 강의자료이며, 자료를 토대로 A~E사원이 〈보기〉와 같이 대화를 나누었을 때, 이들 중 적절하지 않은 발언을 한 사람은 모두 몇 명인가?

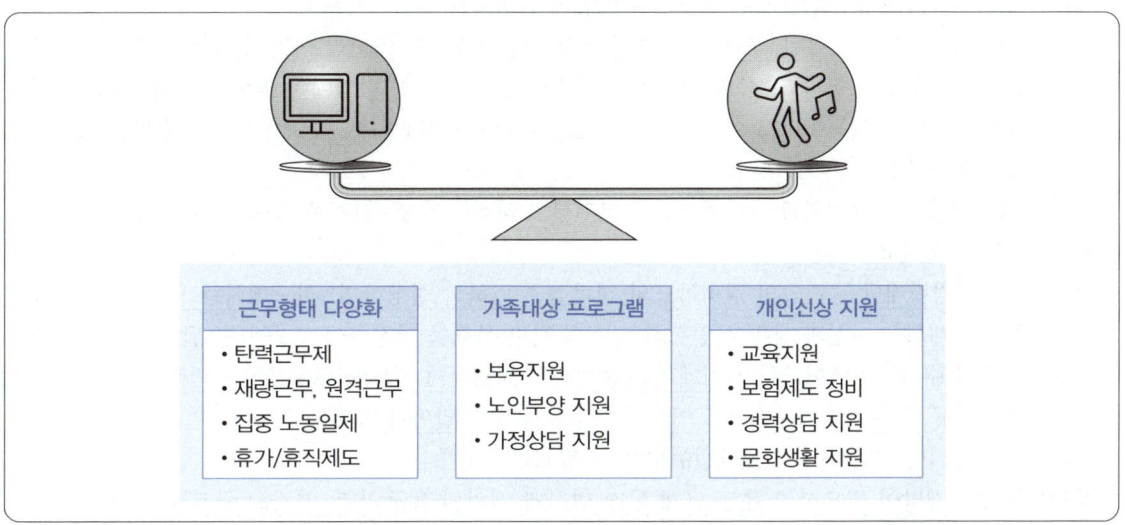

/ 보기 /

 A사원: 직업인이 일과 생활을 모두 잘 해내고 있다고 느끼는 상태인 워라밸로, 워라밸을 위해 설계된 제도를 WLB 프로그램이라고 해요. 가족친화적 제도라고 부르죠.

 B사원: 워라밸은 경영적 측면에서 비용이 많이 드는 반면 긍정적 효과가 당장 가시화되지 않았어요.

 C사원: 미국에서는 1980년대 초부터 워라밸을 적극 도입했고, 이어 점차 남녀를 가리지 않고 교육, 문화 생활, 경력 계발을 지원하고 탄력근무제가 늘어나는 식으로 확산됐어요.

 D사원: 일본에서도 1990년대 초에 이미 정부 차원의 구체적인 가이드라인을 마련했어요. 워라밸을 선호하는 신세대 성향을 감안해 출산율과 경제활동 참가율을 높이는 게 목표죠.

 E사원: 우리나라의 경우 일부 대기업에서만 워라밸이 보편화된 상태로, 여전히 많은 기업에서는 선호하지 않죠.

① 1명 ② 2명 ③ 3명 ④ 4명 ⑤ 5명

34 난이도 상중하

취업 컨설팅 수업을 듣고 있는 예리는 궁금한 사항이 생겨 쉬는 시간에 강사에게 질문을 하였다. 예리와 강사의 대화 내용이 다음과 같을 때, 밑줄 친 ㉠~㉤ 중 적절하지 않은 것은?

예리: "경력은 직위, 직무와 관련된 역할이나 활동에 한정되는 개념인가요?"
강사: "아니요. ㉠경력은 직위, 직무와 관련된 역할이나 활동뿐만 아니라 여기에 영향을 주고받는 환경적 요소도 포함합니다. 종종 경력을 전문적인 일이나 특정 직업에 한정되는 개념, 혹은 승진만을 추구하는 활동이라고 여기는 경우가 있습니다. 그러나 ㉡누구든 일과 관련된 활동을 하고 있으면 경력을 추구하는 것입니다."
예리: "경력개발은 경력계획과 경력관리로 구분된다고 하셨는데, 두 가지에 대해 좀 더 자세히 설명해 주실 수 있나요?"
강사: "네, ㉢경력개발은 개인의 경력목표와 전략을 수립하고 실행하며, 피드백하는 과정입니다. 그 중 경력계획은 자신과 상황을 인식하고 경력 관련 목표를 설정하여 그 목표를 달성하는 과정이라고 볼 수 있죠. ㉣이러한 경력계획을 준비하고 실행하며 피드백하는 것이 경력관리인데, 경력관리는 규칙적이고, 지속적으로 이루어져야 함을 잊지 말아야 합니다."
예리: "감사합니다. 그렇다면 경력개발능력은 왜 필요한가요?"
강사: "㉤경력개발이 필요한 이유는 크게 환경 변화와 개인의 요구의 두 가지로 구분하여 설명할 수 있어요. 현대사회는 지식정보가 빠른 속도로 변화하여 개인이 속한 조직과 일에 영향을 미치고, 조직 내부적인 환경 변화 문제를 겪기도 해요. 개인적으로도 가치관과 신념 등이 바뀌게 되죠. 따라서 직업인들은 개인의 진로에 대해 단계적 목표를 설정하고 이에 필요한 능력을 개발해 나가야 해요."

① ㉠   ② ㉡   ③ ㉢   ④ ㉣   ⑤ ㉤

35 난이도 상 중 하

다음은 직장인들이 복수의 일을 하는 이유와 관련한 기사들이다. 이때 기사들을 통해 알 수 있는 투잡의 이유로 적절하지 않은 것은?

[기사 1]

취업 포털사이트 A에서 코로나19 이후 아르바이트 구직 경험이 있는 응답자 1,599명을 대상으로 조사한 결과, 13.5%는 이미 투잡을 하고 있고, 35.7%는 투잡을 고려하고 있었다. 특히 자영업자의 47.4%, 직장인의 22.1%가 '이미 투잡을 뛰고 있다'라고 밝혔다. 자영업자와 직장인 중 '투잡을 고려하고 있다'라고 답한 비율은 각각 21.1%, 44.7%였다.

국내 모 대기업에 다니는 장씨(34)는 "코로나19 사태로 야근 수당이 줄어 월급이 줄다 보니 정말 내 일을 해야겠다는 생각에 회사 몰래 동생 이름으로 블로그 마켓을 시작했다."라고 했다.

(후략)

[기사 2]

최근 끝없이 오르는 부동산 가격에 의해 본인의 월급만으로는 집을 장만하기 어려워졌다. 학자금 대출을 떠안은 채 사회생활을 시작한 것도 버거운데, 이러한 상황에서 직장인들은 답답하다.

퇴근 후에는 대학가에서 호프집을 운영하는 직장인 한씨(41)는 "서울 집값을 봐라. 마흔 살이 넘어가는데 아직도 월세와 전세를 왔다 갔다 하고 있어 이대로는 안 되겠다고 생각해 투잡을 시작했다."라고 말했다. 그는 퇴근 후 해보고 싶었던 호프집을 운영하며 추가 수입을 올리고 있다.

(후략)

[기사 3]

글로벌 컨설팅 회사 맥킨지는 2025년 긱 이코노미가 창출하는 부가가치가 전 세계 국내총생산(GDP)의 2%에 해당하는 2조 7,000억 달러에 달하고, 약 5억 4,000만 명이 혜택을 입을 것으로 전망했다.

최근 젊은 층을 중심으로 일자리의 개념이 바뀌고 있다. 비정규 임시/계약직의 프리랜서 근로 형태가 확산되는 경제, 긱 이코노미(Gig economy)가 부상하고 있다.

공기업에 재직 중인 권씨(29)는 2년 전 약 1년간 퇴근 후 한 중소기업으로 다시 출근해 회계 일을 보는 말단 직원으로 투잡을 뛰었다. 그는 "돈을 벌기 위해서가 아닌, 회계 실무를 배우고 싶었다."라고 했다.

(후략)

[기사 4]

2008년 글로벌 금융 위기 이후, 미국의 젊은 고학력, 고소득층을 중심으로 '파이어족'이 확산됐다. 파이어족은 극단적인 절약으로 부를 축적하여 30대 말이나 늦어도 40대 초반까지는 은퇴하는 것을 목표로 한다.

여기에 플랫폼의 발전으로 투잡에 관심이 커졌다. 플랫폼을 통해 누구든지 마음만 먹으면 몇 분 안에 투잡 시장에 뛰어들 수 있는 환경이 조성된 것이다.

다만, 전문가들은 투잡이 늘 성공으로 이어지는 것은 아니기 때문에 주의가 필요하고, 투잡을 단순히 돈을 벌기 위해 혹은 재미만을 위한 수단으로 생각하는 것을 경계해야 한다고 조언했다.

(후략)

① 일자리 개념 변경
② 높은 부동산 가격
③ 경기 부진
④ 자아 실현
⑤ 느려진 퇴직 연령

36 난이도 상 중 하

○○공사는 사내 직무 교육에서 경력개발 관련 이슈에 대한 강의를 진행하였다. 강의에 사용된 발표 자료가 다음과 같을 때, 내용이 잘못 작성된 항목은 총 몇 개인가?

3주차 강의 주제 – 경력개발 최근 이슈

◆ 평생학습사회
- 지식과 정보의 폭발적 증가&새로운 기술개발&직업에서 요구되는 능력 변화 → 지속적인 능력개발 필요
- 생애에 걸쳐 자주적/주체적으로 학습을 계속하는 평생학습사회 도래
- '개인이 현재 가지고 있는 능력'&'개인의 학습 능력'&'자기개발 능력' 모두 중요해짐.

◆ 청년 실업
- 외환위기 이후 우리나라 노동시장에서 큰 문제로 부각됨.
- 경기 침체 시 대부분의 기업에서는 신규채용을 억제함. → 청년 노동시장이 경기변동에 민감한 이유

◆ 창업
- 창업 이유: 정치 변화, 경제 변화, 회사생활에 대한 불만 등 → 인터넷의 확산으로 손쉽게 창업 가능
- 업무 환경에 대한 충분한 정보를 얻은 후 목표와 전략을 수립하여 실행해야 함.
- 청년 실업&새로운 일자리 만들기 → 창업 교육이 활발&청년창업을 지원하는 정부 정책 다양

◆ 새로운 노동형태 등장
- 긱 경제의 출현 → 근로자가 노동방식&노동시간에 대한 결정권을 가짐. → 독립근로 등장
- 4차 산업의 발달 → 기계로 대체된 인간의 노동력 → 일자리가 줄고 독립 근로자 증가

---

① 0개　　② 1개　　③ 2개　　④ 3개　　⑤ 4개

37

다음은 경력개발 계획을 수립하고 실행하는 단계별 과정을 나타낸 것이다. 〈보기〉의 A~C 세 명의 경력개발 단계를 각각 바르게 짝지은 것은?

〈경력개발 단계〉

1단계	직무정보 탐색
2단계	자신과 환경 이해
3단계	경력목표 설정
4단계	경력개발 전략수립
5단계	실행 및 평가

/ 보기 /

A: 직무 수행능력을 향상시키기 위해 이번 하반기에 회사 연수원에서 진행되는 교육프로그램에 참가할 계획이에요.
B: 표준화된 검사로 나의 능력, 흥미, 적성, 가치관 등을 진단하였고, 이후 결과를 토대로 평가기관의 전문가와 면담을 하였어요.
C: 평소 관심있던 직무의 세부 업무 및 이를 수행하기 위해 필요한 역량은 무엇인지에 대한 정보와 실제 현직자의 직무 만족도를 알아보았어요.

	A	B	C
①	경력목표 설정	경력개발 전략수립	실행 및 평가
②	경력목표 설정	자신과 환경 이해	직무정보 탐색
③	경력개발 전략수립	자신과 환경 이해	직무정보 탐색
④	경력개발 전략수립	실행 및 평가	직무정보 탐색
⑤	직무정보 탐색	자신과 환경 이해	실행 및 평가

38 난이도 상 중 하

다음 사례의 A과장이 해당하는 경력단계에 대한 설명으로 적절하지 않은 것은? | 서울교통공사 |

> ○○사에 근무하는 47세의 A과장은 꼼꼼한 일 처리와 리더십으로 회사 내에서 정평이 나있지만, 정작 본인은 수직적인 승진 가능성이 적어 고민이 많다.

① 자신이 그동안 성취한 것을 재평가하고, 생산성을 그대로 유지하는 단계이다.
② 새로운 환경의 변화에 직면하게 되어 생산성을 유지하는 데 어려움을 겪기도 한다.
③ 현재의 경력 경로와 관련 없는 다른 직업으로 이동하는 경력 변화가 일어나기도 한다.
④ 현재 직업이나 생활 스타일에 대한 불만을 느끼며, 반복적인 일상에 따분함을 느끼곤 한다.
⑤ 조직의 생산적인 기여자로 남고 자신의 가치를 지속적으로 유지하기 위하여 노력한다.

39 난이도 상 중 하

다음은 경력개발이 필요한 이유들을 나열한 것이다. 〈보기〉에서 경력개발 요구 측면이 동일한 것끼리 바르게 짝지은 것은?

─── / 보기 / ───
㉠ 전문성과 경험의 축적 요구 증가
㉡ 능력만을 기준으로 평가하는 문화
㉢ 회사에서 중심이 되는 사원들의 이직 증가
㉣ 조직 내부적으로 경영전략의 변화로 인한 부서 개편
㉤ 지식정보의 빠른 변화로 인한 직무의 불안도 증가

① ㉠, ㉢   ② ㉠, ㉣   ③ ㉡, ㉢
④ ㉢, ㉤   ⑤ ㉣, ㉤

40 난이도 상 중 하

다음 중 경력 및 경력개발의 특징에 대한 설명으로 적절하지 않은 것은?

① 경력개발은 경력계획과 이를 준비하고 실행하며 피드백하는 경력관리로 구성된다.
② 개인은 한 조직의 구성원으로서 조직과 함께 상호 작용하며 경력을 개발해간다.
③ 일생에 걸쳐 지속해서 하는, 일과 관련한 경험을 경력이라고 한다.
④ 경력은 전문적인 일이나 특정 직업에만 한정된 개념은 아니다.
⑤ 경력은 직업생활에서의 승진을 추구하는 행동으로 한정한다.

정답 및 해설 44p

STEP 04 응용문제

CHAPTER 04 자기개발능력

01

다음 〈보기〉 중 홀(Hall)의 경력단계 모형의 각 단계에 해당하는 설명을 바르게 짝지은 것은?

/ 보기 /
- ㉠ 특정 직무에 정착하는 시기
- ㉡ 조직에서의 은퇴를 준비하는 시기
- ㉢ 육체적·정신적 능력뿐 아니라 경력을 통한 동기 부여도 감퇴하여 조직 내에서의 역할에 소극적인 시기
- ㉣ 다음 세대에 의미 있는 무언가를 만들어내려고 노력하는 생산의 시기
- ㉤ 본인의 잠재 능력을 평가하고 조직 내 구성원과 정보를 교환하며 성장을 위해 노력하는 시기
- ㉥ 고민과 방황이 많으며 이직률이 가장 높은 시기
- ㉦ 경력 정체의 위기가 발생하는 시기
- ㉧ 본인에게 적합한 분야를 탐색하여 찾은 직무를 발전시켜 평생의 업으로 삼을 것을 계획하는 시기

	탐색단계	확립단계	유지단계	쇠퇴단계
①	㉠, ㉧	㉤, ㉥	㉣, ㉦	㉡, ㉢
②	㉠, ㉧	㉣, ㉤	㉥, ㉦	㉡, ㉢
③	㉥, ㉧	㉣, ㉤	㉠, ㉢	㉡, ㉦
④	㉥, ㉧	㉠, ㉤	㉢, ㉣	㉡, ㉦
⑤	㉥, ㉧	㉠, ㉤	㉣, ㉦	㉡, ㉢

02

다음은 홀랜드(Halland)의 개인-환경 일치이론에 관한 자료이다. 빈칸 ㉠~㉢에 들어갈 용어로 적절한 것을 바르게 짝지은 것은?

> 홀랜드(Halland)는 각 개인이 고유한 특성을 가지고 있으며, 직업 또한 그 특성에 맞는 사람을 원한다는 특성-요인이론을 개인-환경 일치이론으로 확장하였다. 이 이론에서 홀랜드는 다음과 같은 가정을 하고 있다.
>
> (1) 사람들 대부분은 현실형, (㉠), 예술형, (㉡), 기업형, (㉢)의 여섯 가지 직업적 성격을 가지고 있다.
> (2) 직업적 환경 또한 위와 같은 여섯 가지의 환경을 가지고 있다.
> (3) 사람들은 대부분 본인에게 맞는 직업적 환경을 찾는다.
> (4) 직업적 성격과 직업적 환경의 상호작용이 행동으로 이어진다.

	㉠	㉡	㉢
①	미래형	과학형	개인형
②	미래형	사회형	개인형
③	탐구형	사회형	관습형
④	탐구형	사회형	개인형
⑤	탐구형	과학형	관습형

03

H 기업에서는 사내 직원들의 진로 발달 및 경력개발을 위해 관련된 교육을 진행하였다. 교육을 마친 강연자가 다음과 같은 질문을 하였을 때, 〈보기〉의 A~E 사원 중 적절한 답변을 사람을 모두 고르면?

> 강연자: "오늘은 개인이 일생에 걸쳐 업무와 관련하여 습득한 경험을 통해 자신의 직무 관련 태도, 능력 및 성과를 향상시키는 과정에 관한 이론들을 배웠습니다. 이러한 진로 발달 및 경력 개발에 관한 이론 중 경력 닻 유형론에 관해 기억나는 것들을 자유롭게 공유해볼까요?"

/ 보기 /

A사원: "반두라의 사회인지이론을 중심으로 여러 학자들의 이론을 취합하여 개념화한 이론으로 자아 효능감과 결과 기대에 관한 이론입니다."

B사원: "구성 요소로는 라이프 스타일, 순수한 도전, 서비스·봉사, 기업가적 창의성, 안전·안정, 자율·독립, 일반관리자 역량, 기술적·기능적 역량과 같이 여덟 가지가 있습니다."

C사원: "개인은 고유한 특성을 가지고 있으며, 직업도 특성에 맞는 사람을 원한다는 내용이며, 가장 기본적인 진로 이론입니다."

D사원: "개인이 경력에 관한 선택에서 무게중심을 가지는 특성에 관한 내용으로 샤인(Schein)이 제시하였으며, 개인의 경력 개발 과정을 항해에 비유한 이론입니다."

E사원: "홀랜드의 이론이 개인과 환경의 상호작용에 의한 직업 선택을 강조하였다면, 이 이론은 입사 후 직업 적응을 더욱 강조하였습니다."

① A사원, C사원　　　② A사원, E사원　　　③ B사원, D사원
④ B사원, E사원　　　⑤ C사원, E사원

04

다음은 자아 정체감에 관한 자료의 일부이다. 인사팀에 근무하는 A~E 사원들이 해당 자료를 읽고, 〈보기〉와 같이 대화를 나누었을 때, 적절하지 않은 발언을 한 사람은 모두 몇 명인가?

> 자아 정체감이란 '나는 누구인가?'라는 질문에 대하여 개인이 스스로에게 내리는 대답으로, 건강한 성격을 유지하고 발전시켜 나가기 위해 필수적인 요소이다. 자아 정체감의 상태는 의미 있는 대안 중 어떤 선택을 할지를 고민하는 것을 의미하며, 성취, 유예, 유실, 혼미로 분류할 수 있다. 자아 정체감 성취란 위기를 성공적으로 극복하여 의사 결정 등에서 자기 확신이 있는 상태이며, 자아 정체감 유예란 현재 위기 상태에서 자아 정체감을 형성하기 위한 행동 등을 하고 있음에도 의사 결정을 내리지 못한 상태이다. 만일 자아 정체감 유예에서 위기 해결에 실패할 경우, 자아에 대해 통합되고 안정된 견해를 갖는 데 실패했거나 정체감에 대한 탐색도 하지 않는 상태인 자아 정체감 혼미 상태로 빠질 수 있다. 또한, 자아 정체감 유실이란 부모의 역할 모델의 가치나 기대를 비판 없이 그대로 수용하여 비슷한 선택을 하거나 기존 사회적 가치를 그대로 답습하는 경우로 자아 정체감 위기를 경험하지 않은 상태에서 의사 결정을 한 사람들이 이러한 상태에 해당한다.

/ 보기 /

A사원: "현재 업무에 어려움이 있어 타 부서로 이동하는 것을 생각 중이지만, 부서 이동에 관하여 마음을 정하지 못하는 상태는 자아 정체감 유예로 볼 수 있어요."
B사원: "반대로 여러 업무를 진행해 본 결과, 자신에게 가장 적합한 업무를 파악하여 현재 있는 회사와 부서에 자신감이 있는 상태는 자아 정체감 성취로 볼 수 있습니다."
E사원: "보통 부모님이 대기업을 다녀서 자신도 대기업에 입사하는 결정을 내린 상태는 자아 정체감 유실에 해당해요."
C사원: "그렇지만 자아 정체감 유실의 상태에서 성취감을 느끼더라도 자아 정체감 혼미 상태가 될 수 있어서 주의가 필요해요."
D사원: 맞아요. 그리고 자아 정체감은 기업에서 개인에게 내리는 결정으로 볼 여지가 있어서 건강한 회사 생활을 하기 위해서는 고민할 필요가 있어요.

① 1명 ② 2명 ③ 3명
④ 4명 ⑤ 5명

정답 및 해설 52p

PART 1 직업기초능력평가

CHAPTER 05

자원관리능력

STEP 01   개념정리
- 개념체크
- 플러스 알파 이론

STEP 02   기본문제

STEP 03   심화문제

STEP 04   응용문제

● 영역 소개

업무를 수행하는 데 시간, 자본, 재료 및 시설, 인적자원 등의 자원 가운데 무엇이 얼마나 필요한지를 확인하고, 이용 가능한 자원을 최대한 수집하여 실제 업무에 어떻게 활용할 것인지를 계획한 후에 계획대로 업무 수행에 이를 할당하는 능력이다. 하위능력은 시간관리능력, 예산관리능력, 물적자원관리능력, 인적자원관리능력으로 구분된다.

● 출제 유형

구분	의미	학습 포인트
시간관리능력	시간을 확인하고 확보하여, 업무 수행에 이를 할당하는 능력	▸ 시간의 특성 ▸ 시간관리의 효과 ▸ 직장에서의 시간 낭비요인 ▸ 효과적인 시간계획
예산관리능력	예산을 확인하고 확보하여, 업무 수행에 이를 할당하는 능력	▸ 예산관리의 개념 및 중요성 ▸ 예산의 구성 요소 ▸ 효과적인 예산수립 방법
물적자원관리능력	물적자원을 확인하고 확보하여, 업무 수행에 이를 할당하는 능력	▸ 물적자원의 종류와 중요성 ▸ 물적자원 활용의 방해요인 ▸ 효과적인 물적자원관리 과정 ▸ 물적자원관리 기법
인적자원관리능력	인적자원을 확인하고 확보하여, 업무 수행에 이를 할당하는 능력	▸ 인적자원관리능력의 개념과 특징 ▸ 인적자원관리의 중요성 ▸ 개인적 차원에서의 인맥관리 ▸ 팀 작업에서의 인적자원관리

● 기출 키워드

- ▸ 자원 낭비요인의 특징
- ▸ 효과적인 자원관리의 과정 4단계
- ▸ 인적자원과 물적자원의 차이
- ▸ 시간의 특성
- ▸ 시간관리의 효과
- ▸ 직장에서의 시간 낭비요인
- ▸ SMART법칙
- ▸ 효과적인 시간계획 4단계
- ▸ 스티븐 코비의 시간관리 매트릭스
- ▸ 예산관리
- ▸ 예산의 구성 요소(직접비용, 간접비용 등)
- ▸ 효과적인 예산수립 3단계
- ▸ 물적자원관리의 중요성
- ▸ 물적자원 활용의 방해요인
- ▸ 효과적인 물적자원관리의 과정 3단계
- ▸ 물적자원관리 기법(바코드, QR코드 등)
- ▸ 인맥관리(핵심인맥, 파생인맥 등)
- ▸ 기업의 인적자원이 가지는 특성(능동성, 개발가능성, 전략적 자원)
- ▸ 인력배치의 원칙(적재적소주의, 능력주의, 균형주의 등)
- ▸ 인력배치의 유형(양적 배치, 질적 배치, 적성 배치 등)
- ▸ 회계장부
- ▸ 지출·구매 관련 문서(구매품의서, 지출품의서, 구매계획서 등)
- ▸ 포괄손익계산서 구성 요소(수익, 비용, 이익)
- ▸ 예산과 결산
- ▸ 물품 보관의 원칙

STEP 01 개념정리

CHAPTER 05 자원관리능력

1 자원의 종류와 낭비요인

(1) 자원의 의미와 종류

기업 활동을 위해 사용되는 기업 내의 모든 시간, 예산, 물적·인적자원을 의미한다. 과거에는 제품 생산에 이용되는 원료로서의 물적자원이 가장 중요한 자원으로 인식되었으나, 최근 무한 경쟁의 시대에서는 시간이나 예산이 중요한 자원으로 인식되고 있다. 또한 역량 있는 인적자원을 보유했는지 여부가 기업의 경쟁력을 가늠하는 지표가 되고 있다.

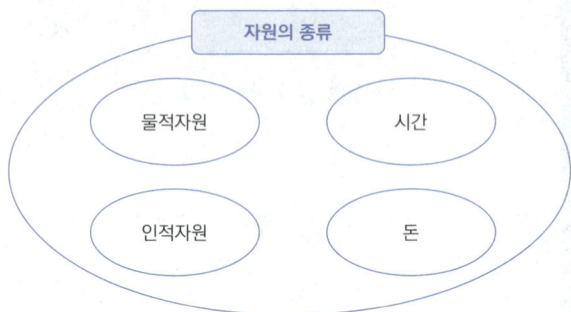

(2) 자원관리의 중요성

자원의 유한성으로 인해 한정된 자원을 효과적으로 확보, 유지, 활용하는 것이 매우 중요하다. 따라서 자원관리능력의 하위능력인 시간관리능력, 예산관리능력, 물적자원관리능력, 인적자원관리능력은 모든 사람에게 매우 중요한 능력이다.

> **참고** 자원 낭비의 예시
>
> 자원 낭비요인들의 공통점은 계획적으로 행동하지 않는다는 것, 자원에 대한 인식이 부족하다는 것, 무조건 편한 방향으로 행동한다는 것 등 다양한 측면에서 제시될 수 있다.
> - 시간 낭비요인: '늦잠 자기', '무계획', '오늘 할 일을 다음으로 미루기' 등
> - 돈 낭비요인: '무계획적인 지출', '불필요한 물건의 구입', '돈이면 다 된다는 잘못된 생각' 등
> - 물적자원 낭비요인: '유행 따라 하기', '일회용품 사용하기', '물품의 재구입', '물품의 부실한 관리' 등
> - 인적자원 낭비요인: '주변 사람과의 소원함', '자신의 주변 사람에 대한 미파악' 등

(3) 자원 낭비요인의 특징 [기출] 서울교통공사

자원을 낭비하는 요인은 자원의 유형이나 개인에 따라 매우 다양하다. 하지만 그 요인들은 공통적으로 비계획적 행동, 편리성 추구, 자원에 대한 인식 부재, 노하우 부족이라는 특징을 가진다.

구분	특징
비계획적 행동	• 계획 없이 충동적이고 즉흥적으로 행동하여 자신이 활용할 수 있는 자원들을 낭비하게 되는 경우 • 계획적인 사람은 자신의 목표치가 있어 이를 만족시키려고 노력하는 반면, 비계획적인 사람은 목표치가 없기 때문에 얼마나 낭비하는지조차 파악하지 못함.
편리성 추구	• 자원을 활용하는 데 자신의 편리함을 최우선적으로 추구하기 때문에 나타나는 경우 • 물적자원뿐 아니라 시간과 돈의 낭비를 초래할 수 있으며, 주위의 인맥까지도 줄어들게 만듦. 예 일회용품의 잦은 사용, 할 일 미루기, 약속 불이행 등
자원에 대한 인식 부재	• 자신이 가지고 있는 중요한 자원을 인식하지 못하는 경우 • 무의식적으로 중요한 자원을 낭비하게 됨. 예 시간 등
노하우 부족	• 자원관리에 대한 경험이나 노하우가 부족하여 자원관리의 중요성을 인식하면서도 효과적인 방법을 활용할 줄 모르는 경우 • 자원관리에 실패한 경험을 통해 노하우를 축적해 나갈 수 있으며, 별도의 학습을 통해서도 극복이 가능함.

2 효과적인 자원관리의 과정 [기출] 서울교통공사

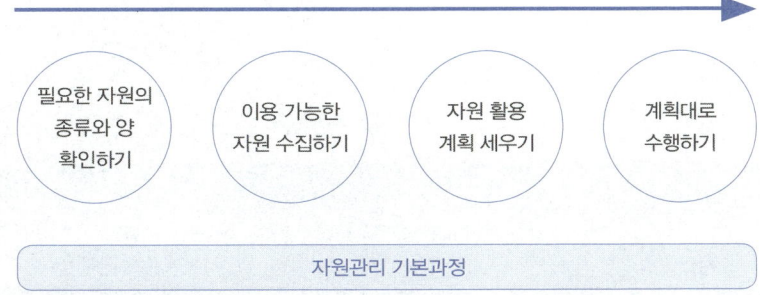

자원관리 기본과정: 필요한 자원의 종류와 양 확인하기 → 이용 가능한 자원 수집하기 → 자원 활용 계획 세우기 → 계획대로 수행하기

(1) 필요한 자원의 종류와 양 확인하기

자원의 종류는 크게 시간, 예산, 물적자원, 인적자원으로 나뉘지만 실제 업무 수행에서는 이보다 더 구체적으로 나눌 필요가 있다. 구체적으로 어떤 활동을 할 것이며, 이 활동에 어느 정도의 시간, 돈, 물적·인적자원이 필요한지를 파악한다.

(2) 이용 가능한 자원 수집(확보)하기

자원을 수집할 때 가능하면 필요한 양보다 좀 더 여유 있게 확보할 필요가 있다. 실제 준비나 활동을 하는 데 있어서 계획과 차이를 보이는 경우가 빈번하기 때문에 여유 있게 확보하는 것이 안전하다.

(3) 자원 활용 계획 세우기

이 단계에서는 업무나 활동의 우선순위를 고려하는 것이 중요하다. 만약 확보한 자원이 실제 활동 추진에 비해 부족할 경우 우선순위가 높은 것에 중심을 두고 계획하는 것이 바람직하다.

(4) 계획대로 수행하기

업무 추진의 단계로서 계획에 맞게 업무를 수행해야 하는 단계이다. 계획에 얽매일 필요는 없지만 최대한 계획대로 수행하는 것이 바람직하다. 불가피하게 수정해야 하는 경우에는 전체 계획에 미칠 수 있는 영향을 고려해야 한다.

개/념/체/크

01 다음 글의 빈칸에 들어갈 적절한 용어를 적어보시오.

> 우리가 자원을 적절히 관리하지 않으면 안 되는 이유는 자원의 (　　　　) 때문이다.

02 다음은 자원 낭비요인의 특징 4가지이다. 빈칸에 들어갈 적절한 용어를 적어보시오.

자원의 낭비요인

1. 비계획적 행동
2. 편리성 추구
3. _____
4. 노하우 부족

03 다음 중 효과적인 자원관리의 과정에서 가장 첫 번째 단계를 고르시오.

㉠ 자원 활용 계획 세우기　　　㉡ 필요한 자원의 종류와 양 확인하기
㉢ 이용 가능한 자원 수집하기　　㉣ 계획대로 수행하기

✓ 정답

01 유한성 | 유한성이란 우리가 활용할 수 있는 모든 자원에 한계가 있다는 것을 말한다.

02 자원에 대한 인식 부재 | 자원을 낭비하게 하는 요인 중 자원에 대한 인식 부재는 해당 자원이 얼마나 중요한지를 의식하지 못하는 경우를 말한다. 예를 들어 시간이라는 것은 누구에게나 하루 24시간이 주어지지만, 이것을 중요한 자원으로 인식하여 최대한 계획적으로 활용하는 사람이 있는 반면, 중요성을 인식하지 못하고 헛되이 보내는 사람들도 있다.

03 ㉡ | 효과적인 자원관리의 과정은 필요한 자원의 종류와 양을 확인하고 난 후 이용 가능한 자원을 수집하고, 확보된 자원의 활용 계획을 세워 수행하는 것이다.

하위능력 1 | CHAPTER 05 자원관리능력
시간관리능력

1 시간의 특성 〔기출〕 한국데이터산업진흥원

① 매일 주어지는 기적이다.
② 똑같은 속도로 흐르고, 멈추게 할 수 없다.
③ 빌리거나 저축할 수 없다.
④ 어떻게 사용하느냐에 따라 가치가 달라진다.
⑤ 시절에 따라 밀도와 가치가 다르다.

> **참고** 시간과 관련된 속담
> - 시간은 언제까지나 당신을 기다리는 것은 아니다. 〈짐멜〉
> - 시간을 선택하는 것은 시간을 절약하는 것이다. 〈베이컨〉
> - 아침잠은 시간의 지출이며, 이렇게 비싼 지출은 달리 없다. 〈앤드루 카네기〉
> - 오늘이라는 날은 두 번 다시 오지 않는다는 것을 잊지 말라. 〈알리기에리 단테〉
> - 시간을 관리하지 못하는 사람은 아무것도 관리하지 못한다. 〈피터 드러커〉
> - 인간은 항상 시간이 모자란다고 불평을 하면서 마치 시간이 무한정 있는 것처럼 행동한다. 〈세네카〉
> - 시계의 바늘은 되돌려 놓을 수 없다. 하지만 자신의 힘으로 앞으로 당길 수는 있다.

2 시간관리의 효과 〔기출〕 서울교통공사

(1) 기업 입장에서의 시간관리 효과

* '가격 인상'은 기업의 입장에서 일을 수행할 때 소요되는 시간을 단축함으로써 비용이 절감되고, 상대적으로 이익이 늘어나 가격 인상 효과가 있다는 의미이다.

(2) 개인 입장에서의 시간관리 효과

① 스트레스 감소
  짧은 시간 동안 너무 많은 것을 하려고 하면 조급한 마음에 스트레스를 받게 된다. 시간 낭비요인은 잠재적인 스트레스 유발요인이라 할 수 있으며, 시간관리를 통하여 일에 대한 부담을 줄임으로서 스트레스를 줄일 수 있다.

② 균형적인 삶
  시간관리를 잘 한다면 직장에서 일을 수행하는 시간을 줄이고 일과 가정 혹은 자신의 다양한 여가를 동시에 즐길 수 있다.

③ 생산성 향상
  개인이나 조직의 입장에서 시간은 매우 한정된 자원 중의 하나이므로 시간을 적절히 관리하여 효율적으로 일을 하면 생산성이 크게 향상된다.

④ 목표 달성
  목표는 좀 더 훌륭한 결과를 얻을 수 있도록 스스로에게 동기를 부여하는 매우 강력한 방법이자 수단이나 시간을 들이지 않고서 까다로운 목표를 성취한 사람은 없다. 목표를 성취하기 위해서는 시간이 필요하고, 시간관리와 관련된 중요한 것을 얻기 위해서는 목표가 필요하다.

3 직장에서의 시간 낭비요인 『기출』 한전KPS

(1) 외적 요인
외부인이나 외부에서 일어난 사건에 의한 것으로 동료, 가족, 세일즈맨, 고객들, 문서, 교통 혼잡 등 본인 스스로 조절할 수 없는 것이다.

(2) 내적 요인
자신의 내부에 있는 습관으로, 일정을 연기하는 것, 사회활동, 계획의 부족, 거절하지 못하는 우유부단함, 혼란스러운 생각 등이 있다. 내적 요인은 분명히 하기도 어렵고 정복하기도 어렵다.

> **참고** 직장에서의 대표적인 시간 낭비 예시
> - 목적이 불명확하다.
> - 여러 가지 일을 한 번에 많이 다룬다.
> - 1일 계획이 불충분하다.
> - 서류정리를 하거나 서류를 숙독한다.
> - 스마트폰이나 컴퓨터의 불필요한 사용이 많다.
> - 조정 및 팀워크가 부족하다.
> - 예정 외의 방문자가 많다.
> - 정보가 불완전하거나 지연이 발생한다.
> - 일을 끝내지 않고 남겨둔다.
> - 회의시간이 길다.
> - 커뮤니케이션이 부족하거나 결여되어 있다.
> - 일을 느긋하게 하는 성격이다.
> - 기다리는 시간이 많다.
> - 권한위양을 충분히 하지 않고 있다.
> - 우선순위 없이 일을 한다.
> - 장래의 일에 도움이 되지 않는 일을 한다.
> - 게으른 성격이며, 책상 위는 항상 번잡하다.
> - 파일링시스템이 부적당하다.
> - 일에 대한 의욕이 부족하고 무관심하다.
> - 전화를 너무 많이 한다.
> - 'No'라고 말하지 못하는 성격이다.
> - 극기심이 결여되어 있다.
> - 소음이나 주의를 흩트리는 경우가 있다.
> - 회의나 타협에 대한 준비가 불충분하다.
> - 잡담이 많다.
> - 모든 것에 대해 알고 싶어 한다.
> - 초조하고 성질이 급하다.
> - 권한위양한 일에 대해 관리가 부적절하다.

4 시간관리에 대한 오해

시간을 낭비하게 되는 이유로 시간관리에 대한 오해를 꼽을 수 있다. 가장 흔히 오해하는 것은 결과의 질과 마감기한 간의 우선순위에서 결과의 질이 마감기한에 우선한다는 생각이다. 하지만 어떤 일이든 기한을 넘기는 것은 인정받기 어려우므로 결과의 질보다 마감기한을 지키는 것이 중요하다는 사실을 잊어서는 안 된다. 이 밖에도 시간관리에 대한 오해를 살펴보면 다음과 같다.

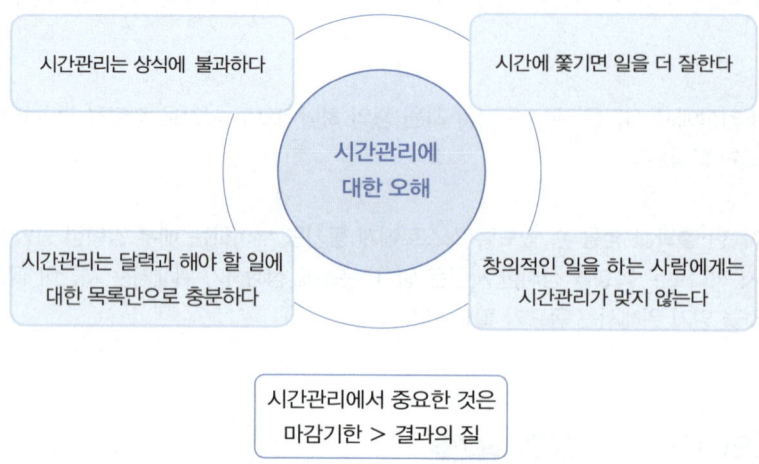

5 효과적인 시간계획 `기출` 한국전력공사, 한전KPS, 서울교통공사, 한국데이터산업진흥원

(1) 시간계획의 의미
시간을 최대한 활용하기 위하여 가장 많이 반복되는 일에 가장 많은 시간을 분배하고, 최단시간에 최선의 목표를 달성할 수 있도록 해야 한다.

(2) 시간계획의 순서

① 명확한 목표 설정하기
　한정된 시간을 효율적으로 활용하기 위해서는 먼저 분명한 목표가 필요하다.

> **참고** SMART법칙에 따른 목표 설정

SMART법칙은 목표를 어떻게 설정하고 그 목표를 성공적으로 달성하기 위해 꼭 필요한 필수 요건들을 S, M, A, R, T 란 5개 철자에 따라 제시한 것이다.

구분	S (Specific)	M (Measurable)	A (Action-oriented)	R (Realistic)	T (Time limited)
내용	구체적으로	측정 가능하도록	행동 지향적으로	현실성 있게	시간적 제약이 있게
예시	토익점수 700점을 넘겠다.	2시간 내에 10페이지 분량의 보고서를 작성하겠다.	매일 아침 부모님께 전화를 드리겠다.	1년 안에 해외여행을 가겠다.	오늘 안에 작성을 완료하겠다.

② 일의 우선순위 정하기

일의 우선순위는 일반적으로 일이 가진 중요성과 긴급성을 기준으로 결정한다. 중요성은 결과와 연관되는 사명과 가치관 그리고 목표에 기여하는 정도를 의미하며, 긴급성은 즉각적인 처리가 요구되고 보통 눈앞에 보이며 심리적으로 압박감을 주는 정도를 의미한다.

> **참고** 스티븐 코비의 일의 우선순위 판단을 위한 매트릭스

	긴급함	긴급하지 않음
중요함	I 긴급하면서 중요한 일 • 위기 상황 • 급박한 문제 • 기간이 정해진 프로젝트	II 긴급하지 않지만 중요한 일 • 예방 생산 능력 활동 • 인간관계 구축 • 새로운 기회 발굴 • 중장기 계획, 오락
중요하지 않음	III 긴급하지만 중요하지 않은 일 • 잠깐의 급한 질문 • 일부 보고서 적성 및 회의 • 눈앞의 급박한 상황 • 인기 있는 활동 등	IV 긴급하지 않고 중요하지 않은 일 • 바쁜 일, 하찮은 일 • 우편물, 전화 • 시간낭비거리 • 즐거운 활동 등

③ 예상 소요시간 결정하기

우선순위가 결정되었다면 각각의 할 일에 소요되는 예상 시간을 결정하는 것이 필요하다. 모든 일마다 자세한 계산을 할 필요는 없지만 규모가 크거나 힘든 일을 해야 할 때는 정확한 소요시간을 계산하여 결정하는 것이 효과적이다.

④ 시간 계획서 작성하기

앞서 도출된 일의 우선순위와 소요시간을 바탕으로 시간 계획서를 작성한다.

(3) 시간계획의 기본원리 - 60 : 40의 규칙

60 : 40의 규칙은 자신에게 주어진 시간 중 60%는 계획된 행동을 해야 한다는 규칙이다. 즉, 예측하지 못한 사태와 일의 중단(낭비 시간의 발생요인) 등에 대비할 수 있도록 자신이 가지고 있는 시간 중 60%만 계획하는 것을 말한다. 구체적으로 자신의 시간을, 계획에 포함되는 행동(60%), 계획 외의 행동(20%, 예정 외의 행동에 대비한 시간), 자발적 행동(20%, 창조성을 발휘하는 시간)의 세 가지 범주로 구분할 수 있다.

참고 시간계획 시 주의 사항

주의 사항	내용
행동·시간·저해요인 분석	어디에서 어떻게 시간을 소비하고 있는가를 확인한다.
일·행동의 리스트화	해당 기간에 예정된 행동을 모두 리스트화한다.
규칙성-일관성	시간계획을 정기적·체계적으로 체크하여 일관성 있게 일을 마칠 수 있게 해야 한다.
현실적인 계획	무리한 계획을 세우지 말고, 실현 가능한 것만을 계획해야 한다.
유연성(Flexibility)	시간계획이란 그 자체의 중요성보다 목표 달성을 위한 것이므로 사고를 유연하게 한다.
시간의 손실	발생된 시간 손실은 미루지 않고 가능한 한 즉시 보상해야 한다.
기록	체크리스트나 스케줄표를 사용하여 계획을 반드시 기록하고 전체 상황을 파악할 수 있게 해야 한다.
미완료의 일	꼭 해야 하는 일을 끝내지 못했을 경우, 다음 계획에 반영한다.
성과	예정 행동만을 계획하는 것이 아니라 기대되는 성과나 행동의 목표도 기록한다.
시간 프레임(Time frame)	시간의 한계를 설정하고 특정한 일을 하는 데 꼭 필요한 시간만을 계획에 삽입한다.
우선순위	여러 일 중에서 어느 일을 가장 우선적으로 처리해야 할 것인가를 결정해야 한다.
권한위양	자기의 사무를 분할하여 일부를 부하에게 위임하면, 그 수행 책임은 위임받은 부하에게 있다.
시간의 낭비요인과 여유 시간	불시의 방문객, 전화 등으로 인해 예정된 시간이 모자랄 때를 대비하여 여유 시간을 확보한다. 이때 이동시간, 대기시간 등 자유롭게 된 시간도 계획에 포함시킨다.
정리 시간	중요한 일에는 좀 더 시간을 할애하고, 중요도가 낮은 일에는 단축시켜 전체적인 계획을 정리한다.
시간계획의 조정	자기 외 다른 사람(비서, 부하, 상사)의 시간계획을 감안하여 계획을 세운다.

개/념/체/크

01 다음은 시간의 속성과 시간관리에 대한 내용이다. 이와 관련하여 맞으면 ○, 틀리면 ×를 표시해보시오.

① 시간은 똑같이 주어지며, 그 가치도 동일하다. (○, ×)
② 시간을 멈출 수는 없으나 저축할 수는 있다. (○, ×)
③ 시간관리를 해야 하는 진정한 이유는 시간을 통제하는 데 있다. (○, ×)

02 다음은 시간계획의 기본원리를 나타내는 그림이다. ①, ②, ③에 들어갈 적절한 숫자를 각각 적어보시오.

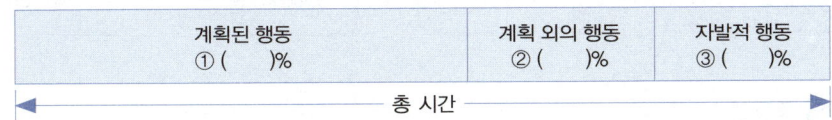

| 계획된 행동
① (　)% | 계획 외의 행동
② (　)% | 자발적 행동
③ (　)% |

◀────────── 총 시간 ──────────▶

03 다음 시간계획과 관련한 용어와 그 설명을 서로 관련된 것끼리 연결해보시오.

① 권한위양　•　　　　•　㉠ 여러 일 중에 우선적인 일을 먼저 처리

② 우선순위　•　　　　•　㉡ 시간계획을 유연하게 작성

③ 유연성　　•　　　　•　㉢ 타인에게 일을 맡김.

✓ **정답**

01 ① ×, ② ×, ③ × | ① 시간은 똑같이 주어지지만, 그것을 어떻게 활용하느냐에 따라서 가치가 달라진다. ② 시간은 멈추거나 저축할 수 없다. ③ 시간관리를 해야 하는 진정한 이유는 시간의 통제가 아니라 시간을 효과적으로 관리함으로써 삶이나 업무의 여러 가지 문제를 개선하는 데 있다.

02 ① 60, ② 20, ③ 20 | 시간계획의 기본원리는 60 : 40의 법칙으로, 계획된 행동을 60%, 비계획된 행동을 40%로 구성하는 것이다. 비계획된 행동은 계획 외의 행동과 자발적 행동을 각각 20%로 구성한다.

03 ① ㉢, ② ㉠, ③ ㉡

하위능력 2 | CHAPTER 05 자원관리능력
예산관리능력

1 예산관리 `기출`
한국전력공사, 근로복지공단, 한국공항공사, 한국수자원공사, 한국산업안전보건공단, 한국중부발전

(1) 예산의 개념
사전적 의미는 '필요한 비용을 미리 헤아려 계산함. 또는 그 비용'이라고 정의되어 있다. 넓은 범위에서 민간기업·공공단체 및 기타 조직체는 물론이고 개인의 수입·지출에 관한 것도 포함된다.

(2) 예산관리의 개념
활동이나 사업에 소요되는 비용을 산정하고, 예산을 편성하는 것뿐만 아니라 예산을 통제하는 것 모두를 포함한다. 즉, 예산을 수립하고 집행하는 모든 일을 예산관리라고 할 수 있다.

예산관리 = 비용산정 + 예산편성 + 예산통제

(3) 예산관리의 중요성
대부분 한 개인이나 기업이 활용할 수 있는 예산은 한정되어 있기 때문에, 정해진 예산을 얼마나 효율적으로 사용하느냐는 중요한 문제이다.

> **참고 예산 책정**
>
> 예산 책정 시 무조건 비용을 적게 들이는 것이 좋은 것은 아니다. 예를 들어 기업에서 제품을 개발한다고 할 때, 개발 책정 비용을 실제보다 높게 책정하면 경쟁력을 잃어버리게 되고, 반대로 낮게 책정하면 개발 자체가 이익을 주는 것이 아니라 오히려 적자가 나는 경우가 발생할 수 있다. 따라서 책정 비용과 실제 비용의 차이를 줄이고, 비슷한 상태가 가장 이상적이다.

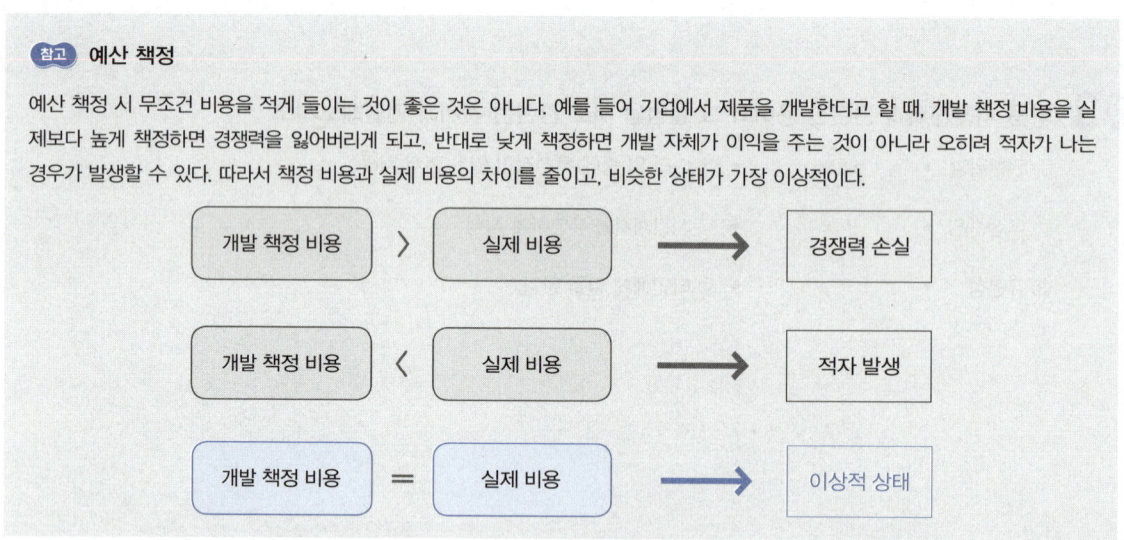

> **참고** 기업 예산관리의 실무
> - 기업 예산관리 실무의 총괄
> - 예산체계의 수립
> - 예산관리조직
> - 예산의 편성
> - 예산의 실행 및 수정
> - 예산 차이 분석
> - 예산의 통제 및 보고

2 예산의 구성 요소: 비목 + 세목 〔기출〕 서울교통공사

(1) 비목
예산을 구성하는 모든 원가의 속성을 파악하여 유사한 군별로 묶어 표현한 대분류 원가항목으로, 직접비용과 간접비용으로 구분된다.

① 직접비용(Direct cost)
   제품 생산 또는 서비스를 창출하기 위해 직접 소비되는 비용을 의미한다.
   예 재료비, 원료비와 장비비, 시설비, 여행(출장)비 및 잡비, 인건비 등

② 간접비용(Indirect cost)
   제품 생산 또는 서비스를 창출하기 위해 소비된 비용 중에서 직접비용을 제외한 비용으로, 제품 생산에 직접 관련되지 않은 비용을 의미한다.
   예 보험료, 건물관리비, 광고비, 통신비, 사무비품비, 각종 공과금 등

(2) 세목
비목의 구성요소를 비교적 상세하게 표현한 중분류 원가항목이다.

> **참고** 예산서의 작성
> 예산서는 예산의 구성요소를 바탕으로 작성한 문서로, 계획된 일의 목표 달성을 위해서도 필요하지만, 사업 및 프로젝트 수주 시 중요한 평가항목 중 하나이다.

3 효과적인 예산수립 기출 서울교통공사

(1) 예산수립 절차

① 필요한 과업 및 활동 구명

예산을 수립하는 경우 계속해서 추가되는 항목으로 인해 어려움을 겪을 수 있기 때문에, 예산을 배정하기 전에 예산이 필요한 모든 활동과 예상되는 예산을 정리할 필요가 있다. 과제 수행에 필요한 활동을 구명할 때 효과적인 과업세부도는 과제 및 활동 계획을 수립할 때 가장 기본적인 수단으로 활용되는 그래프로, 필요한 모든 일들을 중요한 범주에 따라 체계화하여 구분해 놓은 것이다.

> **참고 과업세부도**
>
> 과업세부도는 구체성에 따라 2단계, 3단계, 4단계 등으로 구분할 수 있으며, 과업세부도 활용의 장점은 다음과 같다.
> - 과제에 필요한 활동이나 과업을 파악할 수 있고, 이를 비용과 매치시켜 놓음으로써 항목별 소요 비용을 정확하게 파악할 수 있다.
> - 과제 수행에 필요한 예산 항목을 빠뜨리지 않고 확인할 수 있으며, 이를 통해 전체 예산을 정확하게 분배할 수 있다.
>
> 〈과업세부도 예시〉
>
> ```
>                        생일파티
>    ┌──────┬──────┬──────┼──────┬──────┐
>   계획  음식물 준비  각종 기구   세팅    청소        } 2단계
>                              ┌────┼────┐
>                           게임과 오락  청소   도구    } 3단계
>                           배구네트의 설치  집안 청소   테이블과 의자 설치
>                           수영장 청소    잔디 깎기    텐트 설치         } 4단계
> ```

② 우선순위 결정

배정된 예산으로 모든 업무를 수행할 수 없기 때문에 우선순위를 배정하여 예산이 우선적으로 들어갈 활동을 도출해야 한다. 이 경우 상대적인 중요도를 고려하여 우선순위를 반영하는 것이 효과적이다. 과제에서 핵심적인 활동과 부수적인 활동을 고려하여, 예산 여건이 되지 않는 경우 핵심 활동 위주로 예산을 편성해야 한다.

③ 예산 배정

우선순위가 높은 활동부터 적절하게 예산을 배정하고 실제 예산을 사용하는 것이 바람직하다. 이 단계에서는 과업세부도와 예산을 매치하는 것이 효과적이다. 과업세부도와 비용을 매치한 그림은 다음과 같다.

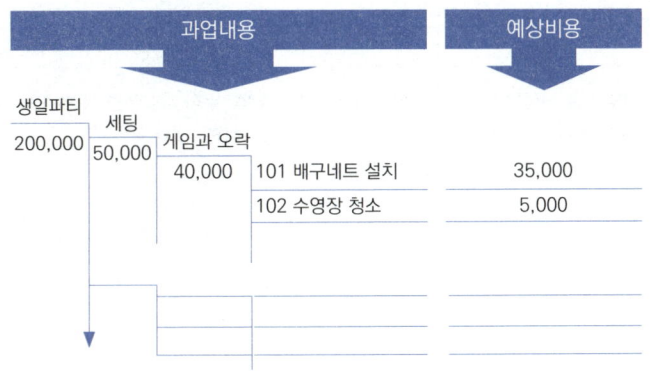

(2) 예산집행의 관리

효과적인 예산관리를 위해서는 예산집행 과정에 대한 관리가 중요하다. 또한 예산관리를 효과적으로 하기 위해서 예산의 계획 및 집행에 대한 지속적인 관심과 자신만의 예산관리 노하우를 개발하는 것도 효과적이다.

① 개인 단위의 예산관리

수기 또는 컴퓨터나 스마트기기의 앱을 이용해 가계부 작성하기

② 직장에서의 예산관리

월 단위로 실행예산 대비 사용실적에 대한 워크시트(예산 집행 실적) 작성하기

> **참고** 가계부의 효과적인 관리방법
> - 하루도 빠뜨리지 말 것
> - 단돈 10원이라도 정확하게 기록할 것
> - 지출하기 전에 먼저 예정 지출액을 계산할 것
> - 지출 후 지출액을 예산과 비교 검토한 후에 차액을 파악하여 차후의 예산 설정에 참고할 것
> - 후회되는 지출항목은 실수를 반복하지 않도록 눈에 잘 띄게 표시할 것

> **참고** **예산 집행 실적 워크시트**

예산 집행 실적을 작성하면, 항목 예산이 어느 정도 남아 있으며, 앞으로 얼마나 사용할 수 있는지를 파악할 수 있다. 이를 하지 않고 자유롭게 예산을 집행하게 된다면, 예산 항목의 지출이 초과되어 곤란함을 겪을 수 있다.

<table>
<tr><td colspan="7" align="center">예산 집행 실적</td></tr>
<tr><td>항목</td><td>배정액</td><td>당월 지출액</td><td>누적 지출액</td><td>잔액</td><td>사용률(%)</td><td>비고</td></tr>
<tr><td></td><td></td><td></td><td></td><td></td><td></td><td></td></tr>
<tr><td></td><td></td><td></td><td></td><td></td><td></td><td></td></tr>
<tr><td>합계</td><td></td><td></td><td></td><td></td><td></td><td></td></tr>
</table>

- 예산 편성 항목과 항목별 배정액을 작성하고, 해당 항목에 대한 당월 지출액, 누적 지출액을 작성한다.
- 잔액은 '배정액 − 누적 지출액'을 적고, 사용률은 '누적 지출액/배정액 × 100'을 적는다.
- 비고에는 어떠한 목적으로 사용했는지에 대한 정보를 기입한다.

개/념/체/크

01 다음은 개발 책정 비용과 실제 비용과의 관계에 따른 효과를 나타내는 그림이다. ①, ②, ③에 들어갈 적절한 용어를 각각 적어보시오.

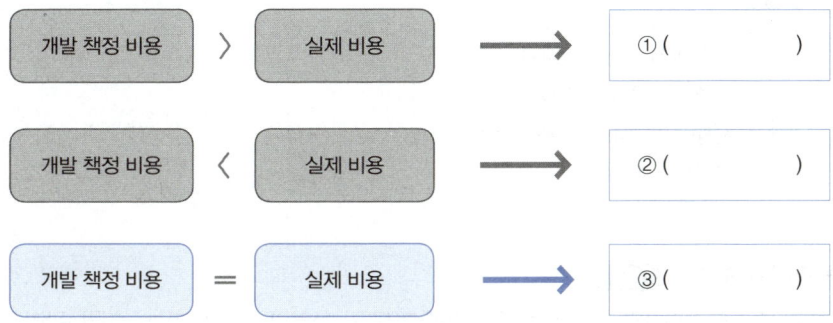

02 다음은 예산의 구성 요소에 대한 내용이다. ①, ②에 들어갈 적절한 용어를 각각 적어보시오.

> 예산의 구성 요소 중 ① (　　　　)은/는 제품 생산 또는 서비스를 창출하기 위해 직접 소비된 것으로 여겨지는 비용이고, ② (　　　　)은/는 제품 생산에 직접 관련되지 않은 비용을 의미한다.

03 다음 〈보기〉의 ㉠~㉢을 예산수립 절차에 따라 순서대로 나열해보시오.

— / 보기 / ——
㉠ 예산 배정　　　　㉡ 우선순위 결정　　　　㉢ 필요한 과업 및 활동 구명

✓ 정답

01 ① 경쟁력 손실, ② 적자 발생, ③ 이상적 상태 | ① 개발 책정 비용을 실제보다 높게 책정하면 경쟁력을 잃어버리게 된다. ② 개발 책정 비용을 실제보다 낮게 책정하면 개발 자체가 이익을 주는 것이 아니라 오히려 적자가 나는 경우가 발생할 수 있다. ③ 책정 비용과 실제 비용의 차이를 줄여 비슷한 상태가 가장 이상적인 상태라고 할 수 있다.

02 ① 직접비용, ② 간접비용 | ① 직접비용은 제품 또는 서비스를 창출하기 위해 직접 소요되는 비용으로 재료비, 원료비와 장비비, 시설비, 여행(출장)비 및 잡비, 인건비 등을 포함한다. ② 간접비용은 제품 생산에 직접 관련되지 않은 비용으로 보험료, 건물관리비, 광고비, 통신비, 사무비품비, 각종 공과금 등을 포함한다.

03 ㉢-㉡-㉠

물적자원관리능력

하위능력 3 | CHAPTER 05 자원관리능력

1 물적자원

(1) 물적자원의 종류

자연자원	자연 상태 그대로의 자원 예 석유, 석탄, 나무 등
인공자원	사람이 인위적으로 가공하여 만든 자원 예 시설, 장비 등

(2) 물적자원관리의 중요성 기출 대한적십자사

물적자원을 효과적으로 관리하면 경쟁력 향상과 함께 과제 및 사업의 성공이 가능하지만, 관리를 소홀히 하게 되면 경제적 손실과 더불어 과제 및 사업의 실패를 낳을 수 있다. 따라서 직장인에게 있어 물적자원을 적절히 관리하는 것은 매우 중요하다.

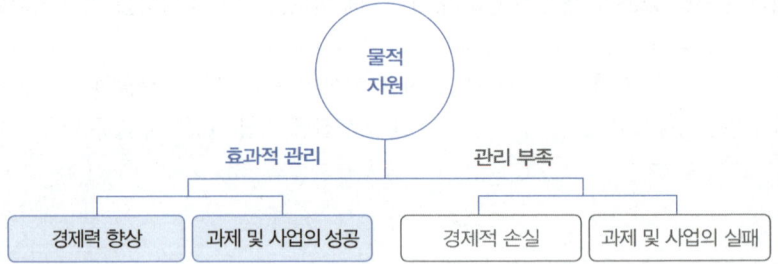

워크북 자료로 알아보기

Q 다음 사례를 통해 효율적인 자원관리의 효과에 대해 생각해보시오.

코로나19가 한창 확산되던 시기에 다수의 기업들이 '언택트(Untact)' 방식, 즉 비대면 방식의 근무를 시행했다. 이를 위해 다수의 기업들은 원격근무제를 핵심으로 하는 '스마트오피스'를 활용해 밀집도를 낮추고 인원을 분산하는 방식을 활용했다. 그러나 코로나19가 확산되고 사회적 거리두기가 강조되면서 일부 기업에서는 서대문과 종로, 판교, 분당 등 수도권 지역에 한해 '거점오피스'를 마련하였다.

A 위 사례에서 설명하는 기술혁신을 이용한 '원격근무제', '거점오피스'는 기업에게는 생산성 향상과 비용 절감 효과를 주었고, 개인에게는 시간을 밀도 있게 사용하고 여유 시간 동안 자기개발 또는 가치 있는 활동을 할 수 있게 하였다.

2 물적자원 활용의 방해요인 〔기출〕 서울교통공사, 한전KPS

(1) 보관 장소를 파악하지 못하는 경우
물건을 정리하지 않고 아무렇게나 보관하게 되면, 추후에 다시 그 물건이 필요할 때 물품을 찾기 어려워질 수 있다. 또한 물적자원이 필요한 적시에 공급이 되지 않고 시간이 지체되면 아무런 효과도 거둘 수 없게 된다.

(2) 물품이 훼손된 경우
물적자원은 사용할 수 있는 기간이 대부분 한정되어 있기 때문에, 적절히 관리하여 고장이나 훼손이 없도록 한다.

(3) 물품을 분실한 경우
물품을 분실하는 것은 훼손된 경우와 마찬가지로 그 물품을 다시 구입해야 하므로 경제적인 손실을 가져올 수 있다. 경우에 따라 동일한 물품이 시중에 팔지 않는 경우도 있기 때문에 되도록 분실하는 경우를 막아야 한다.

(4) 분명한 목적 없이 물건을 구입한 경우
업무 수행에 꼭 필요하여 구입한 물품의 경우에는 활용도가 높아서 관리에 좀 더 신경을 쓰게 되지만, 그렇지 않은 물품의 경우에는 관리에 소홀해질 수 있다.

워크북 자료로 알아보기

Q 다음 사례에서 나타난 물적자원 활용의 방해요인을 확인하고, 이로 인한 문제점을 생각해보시오.

급성심정지 환자의 생명을 구하기 위해 공공장소에 설치된 자동심장충격기(AED) 3대 중 1대가 고장이 난 채 방치된 것으로 확인됐다. AED는 심정지 증상 발생 초기에 환자의 생존율을 50%까지 끌어올려, 공공장소 설치가 의무화되어 있다.
경기도는 시민감사관 29명과 함께 지난달 1~19일 도내 AED 의무설치 기관 479곳(2,142대)을 감사한 결과, 155곳(32.4%)에서 761대가 작동 불량으로 나타났다고 밝혔다. 특히 적발된 155곳에 설치된 AED는 모두 1,020대로 보유기기의 74.6%가 고장난 상태였다.

A 사례에서 나타난 물적자원 활용의 방해요인은 물품이 훼손된 경우이다. 이러한 경우, 정작 필요한 생명을 구해야 할 위급상황에서 활용할 수 없을 뿐만 아니라 물품이 훼손돼 소중한 자원이 낭비된다. 따라서 물적자원을 지속적으로 적절히 관리하는 일은 자원이 필요할 때 목적에 맞게 제때에 활용하고, 낭비를 막기 위해서 중요하다.

3 효과적인 물적자원관리의 과정

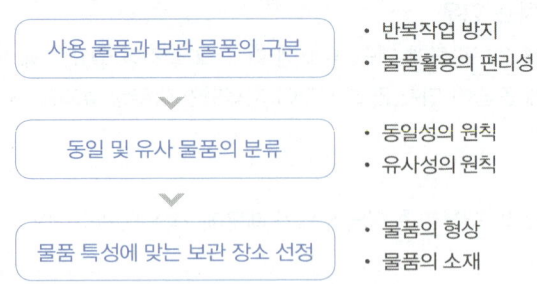

(1) 사용 물품과 보관 물품의 구분
물품을 정리하고 보관하고자 할 때, 물품의 지속적인 사용 여부에 따라 사용 물품과 보관 물품의 구분이 이루어져야 한다. 그렇지 않을 경우, 물품을 보관 장소에서 다시 꺼내야 하는 반복 작업이 생기게 된다.

(2) 동일 및 유사 물품의 분류
동일 및 유사 물품의 분류는 보관의 원칙 중 동일성의 원칙과 유사성의 원칙에 따른 것으로, 물품을 찾는 시간을 단축할 수 있다.

구분	내용
동일성의 원칙	같은 물품은 같은 장소에 보관
유사성의 원칙	유사 물품은 인접한 장소에 보관

(3) 물품 특성에 맞는 보관 장소 선정
물품 분류가 완료되었다면 그 다음에는 해당 물품을 적절하게 보관할 수 있는 장소를 선정하여야 한다. 물품 보관 시 일괄적으로 같은 장소에 보관하는 것이 아니라, 개별 물품의 특성(재질의 차이, 물품의 무게와 부피의 차이 등)을 고려하여 보관 장소를 선정하는 것이 중요하다.
① 종이류와 유리, 플라스틱 등은 그 재질의 차이로 인해서 보관 장소를 다르게 해야 한다.
② 유리의 경우 쉽게 파손될 우려가 있으므로 따로 보관해야 한다.
③ 물품의 무게와 부피에 따라서도 차이를 두어야 한다.

4 물적자원관리 기법 서울교통공사

(1) 바코드(Bar code)
컴퓨터가 쉽게 판독하고 데이터를 빠르게 입력하기 위하여 굵기가 다른 검은 막대와 하얀 막대를 조합시켜 문자나 숫자를 코드화한 것이다. 바코드는 단방향이라 컴퓨터가 판독하기 쉽고, 데이터를 빠르게 입력하기 위해 쓰이지만, 용량 제한에 따라 가격과 상품명 등 한정된 정보만 담는 단점이 있다. 도서 분류, 신분증명서 등에 이용된다.

(2) QR코드(Quick Response Code)
QR코드는 흑백 격자무늬 패턴으로 기존 바코드가 용량 제한에 따라 가격과 상품명 등 한정된 정보만을 담는 데 비해 QR코드는 넉넉한 용량을 강점으로 다양한 정보를 담을 수 있다. 최근 유통업계는 스마트폰 보급 확산에 따라 마케팅 도구로 활용하기 위해 QR코드 도입에 앞장서고 있다.

참고 바코드와 QR코드

〈바코드〉 〈QR코드〉

참고 바코드 원리 – 물품의 기호화

바코드 원리는 자신의 물품을 기호화하여 관리하는 것을 의미한다. 이는 다양한 형태로 기호화가 가능한데 한 예로 다음과 같이 기호화를 할 수 있다. 대분류, 중분류, 소분류는 앞서 살펴본 동일성의 원칙과 유사성의 원칙을 기반으로 분류하여 기호를 부여하는 것을 뜻한다.

대분류	중분류	소분류	비고
책(A)	소설책(A-1)	A-1-1. 가시고기	• 2000년에 구입 • 책의 일부분이 파손됨
	전공책(A-2)	A-1-2. 남장 소매치기 소녀	
	만화책(A-3)	A-1-3. 태백산맥	
	잡지책(A-4)		

1. 장점
    - 자신이 현재 보유하고 있는 물품의 종류를 파악할 수 있다.
    - 기호를 통해 물품의 위치를 쉽게 파악할 수 있다.
    - 물품의 구입 및 상태를 정리해 둠으로써 물품을 관리하는 데 관심을 기울일 수 있다.
2. 단점
    - 목록을 작성하는 등 번거로움이 있다.
    - 물품에 대한 지속적인 확인을 통한 개정이 필요하다.

> **참고 서류상자로 정리하기**
>
> 서류 정리를 구체적으로 하기 위해서 '서류상자'를 활용하는 방법이 있다. 서류상자는 정보가 모이는 순서대로 넣을 수 있고, 표제용 라벨에 제목을 붙여서 내용에 맞는 정보를 계속 넣을 수도 있다. 서류상자를 정리하는 방법은 다음과 같다.
> - 서류상자를 4~5개 준비해서 책상 아래쪽 큰 서랍에 세로로 세운다.
> - 서류상자가 잘 보이는 곳에 분류해서 표제용 라벨을 붙인다. 제목은 '긴급', '현안·검토요망', '보관·보존용' 등 대략적으로 정해도 된다.
> - 입수한 정보를 대강 검토해서 즉시 넣는다.
> - 넣을 때 투명 표지에 끼워 두면, 볼 때 더욱 편리하고, 정리에도 도움이 된다.
> - 넣어둔 서류나 자료는 생각났을 때 점검한다. 적어도 한 달에 한 번은 점검하도록 하고 1년에 한 번은 철저하게 점검해야 한다.

(3) 물품관리 프로그램

물품관리를 보다 쉽고 체계적으로 수행할 수 있도록 각종 물품관리 프로그램이 많이 개발되고 있다. 개인보다는 기업이나 조직 차원에서 활용하는 경우가 많으며, 이를 통해 다량의 물품들을 효과적으로 관리할 수 있다.

개/념/체/크

01 다음 효과적인 물적자원관리 과정과 그 특징을 서로 관련된 것끼리 연결해보시오.

① 사용 물품과 보관 물품의 구분   •   • ㉠ 동일성의 원칙, 유사성의 원칙

② 동일 및 유사 물품의 분류   •   • ㉡ 반복작업 방지, 물품활용의 편리성

③ 물품 특성에 맞는 보관 장소 선정 •   • ㉢ 물품의 형상, 물품의 소재

02 다음 글의 빈칸에 들어갈 적절한 용어를 적어보시오.

> (   )은/는 입·출하의 빈도가 높은 품목은 출입구 가까운 곳에 보관하는 것으로, 물품의 활용 빈도가 상대적으로 높은 것은 가져다 쓰기 쉬운 위치에 먼저 보관하는 것을 말한다.

03 다음 글의 빈칸에 들어갈 적절한 용어를 적어보시오.

> (   )(이)란 굵기가 다른 검은 막대와 하얀 막대를 조합시켜 문자나 숫자를 코드화한 것으로, 컴퓨터가 판독하기 쉽고 데이터를 빠르게 입력하기 위하여 쓰인다.

✔ **정답**

01 ① ㉡, ② ㉠, ③ ㉢ | ① 물품 정리 및 보관 시 해당 물품을 계속 사용할 것인지, 사용하지 않을 것인지 구분하여 반복 작업을 방지하고 물품활용의 편리성을 높이도록 한다. ② 동일 및 유사 물품 분류 시에는 같은 물품은 같은 장소에 보관하는 동일성의 원칙과, 유사 물품은 인접한 장소에 보관하는 유사성의 원칙을 따른다. ③ 물품을 적절하게 보관할 수 있는 장소를 선정할 때는 물품의 형상, 소재, 무게, 부피 등의 개별 특성을 고려하여 보관 장소를 선정해야 한다.

02 회전대응 보관의 원칙

03 바코드(Bar code)

하위능력 4 | CHAPTER 05 자원관리능력
인적자원관리능력

1 인적자원관리능력의 개념과 특징

(1) 인적자원관리능력의 개념
인적자원관리능력은 직업생활에서 필요한 인적자원(근로자의 기술, 능력, 업무 등)을 파악하고, 동원할 수 있는 인적자원을 최대한 확보하여 실제 업무에 어떻게 배치할 것인지에 대한 예산계획을 수립하며, 이에 따라 인적자원을 효율적으로 배치하여 관리하는 능력을 의미한다.

(2) 인적자원관리능력의 특징
무형의 자산이라고 할 수 있는 인적자원에 대한 관리는 기업 및 개인적 차원에서도 경쟁력을 갖추는 데 결정적인 역할을 한다.

2 인적자원관리의 중요성 기출 서울교통공사

(1) 개인적 차원: 인맥관리
① 인맥의 정의
　개인적 차원에서 인적자원관리는 인맥관리를 의미한다. 인맥은 자신이 알고 있거나 관계를 형성하고 있는 사람들, 일반적으로 가족이나 친구, 직장동료, 선후배, 동호회 등 다양한 사람들을 포함하며, 핵심인맥과 파생인맥이 존재한다.

> 참고 | **핵심인맥과 파생인맥**
> - **핵심인맥**: 자신과 직접적인 관계에 있는 사람들
> - **파생인맥**: 핵심인맥으로부터 알게 된 사람 그리고 우연한 자리에서 서로 알게 된 사람으로, 계속해서 파생되어 한 사람의 인맥은 수없이 넓어지게 됨.

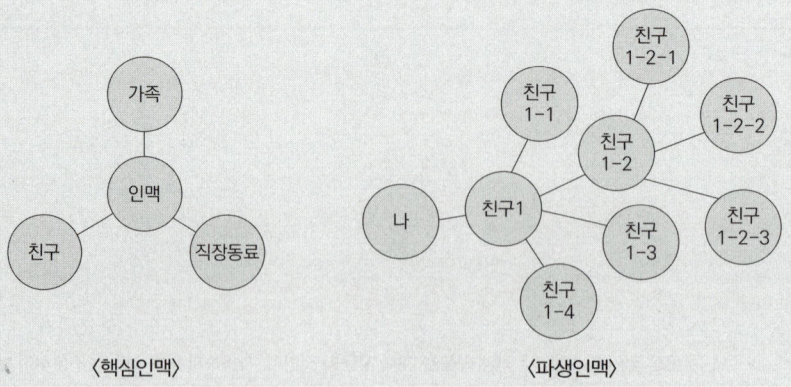

〈핵심인맥〉　　〈파생인맥〉

② 인맥관리의 장점
- 각종 정보와 정보의 소스를 획득하고, 참신한 아이디어와 해결책을 도출하며, 유사시 필요한 도움을 받을 수 있다.
- 본인 스스로를 알게 되는 계기가 되며 자신의 삶이 탄력적으로 변한다.
- 일과 관련하여 취업, 승진, 창업, 고객 확보 차원에서 많은 도움을 준다.

취업	• 인맥을 통해 채용정보 획득 • 인턴근무를 통해 알게 된 인맥을 통해 취업
승진	• 원만한 인간관계에서 오는 인맥을 통해 승진기회 확대 • 승진의 경우 인맥은 성공의 네트워크
창업	• 인맥을 통해 창업 아이템, 장소 등의 정보 획득 • 창업의 경우 인맥은 핵심 조력자의 역할
고객	• 인맥을 통해 충실한 고객 확보 및 사업 확대 • 고객 확보의 경우 인맥은 사업의 발전 원동력

(2) 조직적 차원
기업체의 경우 인적자원에 대한 관리가 조직의 성과에 큰 영향을 미친다. 이는 기업의 인적자원이 가지는 특성에서 비롯된다.

인적자원의 특성	내용
능동성	인적자원에서 나타나는 성과는 인적자원의 욕구와 동기, 태도와 행동, 그리고 만족감 여하에 따라 결정되며, 인적자원의 행동동기와 만족감은 경영관리에 의해 조건화된다. 따라서 인적자원은 능동적이고 반응적인 성격이며, 이를 잘 관리할 때 기업의 성과가 높아진다.
개발가능성	인적자원은 자연적 성장 및 성숙은 물론 오랜 기간 동안 개발될 수 있는 잠재능력과 자질을 보유하고 있다. 환경변화와 이에 따른 조직변화가 심할수록 개발가능성의 중요성이 더욱 강조된다.
전략적 자원	조직의 성과는 인적자원, 물적자원 등을 효과적이고 능률적으로 활용하는 데 달려 있다. 이때 자원을 활용하는 것이 사람, 즉 인적자원이기 때문에 다른 어느 자원보다도 전략적으로 매우 중요하다.

3 개인적 차원에서의 인맥관리

(1) 명함관리
많은 사람들이 명함의 중요성을 잘 알지 못하며, 명함을 잘 관리함으로써 자신의 인맥을 관리할 수 있다는 사실을 인식하지 못하고 있다. 명함은 단지 받아서 보관하는 것이 목적이 아니며, 적극적인 의사소통을 통해 인맥을 만들기 위한 도구로 활용해야 한다.

최근에는 스마트폰이나 태블릿 PC의 명함 관련 앱을 통해 효과적인 명함관리를 할 수 있다. QR코드를 이용해 정보를 읽는 방식이나 NFC 태그를 이용하는 앱, 스마트폰에서 바로 스마트(전자) 명함을 작성하여 MMS나 SNS를 이용하여 공유하고 관리할 수 있는 앱도 활용할 수 있다.

> **참고** 명함의 가치
> - 자신의 신분을 증명한다.
> - 자신을 PR하는 도구로 사용할 수 있다.
> - 개인의 정보를 전달한다.
> - 개인의 정보를 얻을 수 있다.
> - 대화의 실마리를 제공할 수 있다.
> - 후속 교류를 위한 도구로 사용할 수 있다.

> **참고** 명함과 함께 메모해 두기 좋은 정보
> - 언제, 어디서, 무슨 일로 만났는지에 관한 내용
> - 소개자의 이름
> - 학력이나 경력
> - 상대의 업무내용이나 취미, 기타 독특한 점
> - 전근, 전직 등의 변동 사항
> - 가족사항
> - 거주지와 기타 연락처
> - 대화를 나누고 나서의 느낀 점이나 성향

(2) 인맥관리카드

자신의 주변에 있는 인맥에 대해 관리카드를 작성하여 관리하는 것을 말한다. 인맥관리카드에 기입되는 정보로는 이름, 관계, 직장 및 부서, 학력, 출신지, 연락처, 친한 정도 등이 있다. 또한 인맥관리카드는 핵심인맥과 파생인맥을 구분하여 작성하는 것이 필요하며, 파생인맥카드에는 어떤 관계에 의해 파생되었는지를 기록한다.

(3) 소셜 네트워크 서비스(SNS)

현대사회는 초연결사회로, 직접 대면하지 않고 시간과 공간을 초월하여 네트워크상에서 인맥을 형성 및 관리한다. 특히 많이 활용되고 있는 기존의 소셜 네트워크 서비스(SNS; Social Network Service)와 더불어 인맥 구축과 채용에 도움이 되는 비즈니스 특화 인맥관리 서비스(BNS; Business social Network Service)로 관심이 증대되고 있다.

> **워크북 자료로 알아보기**
>
> **Q** 다음 사례에서 나타난 개인적 차원의 인맥관리 방법을 확인하고, 그 특징을 생각해보시오.
>
> K씨는 어떠한 상황이 발생해 도움과 정보가 필요할 때면 컴퓨터의 명함관리 프로그램을 열어보곤 한다. 그때마다 역시 사람 안에 답이 있다는 것을 새삼 느끼며 감사한 마음을 갖는다. 전문성을 함께 할 조언자이자 파트너, 산업분야 정보를 공유할 수 있는 동료, 경쟁력을 쌓기 위해 지름길을 같이 찾아 나설 수 있는 커리어의 동반자 등. 이들과 함께 신뢰를 공유하고 서로에게 힘이 돼 줄 수 있다.
>
> **A** 위 사례는 개인적 차원의 인맥관리 방법 중 명함관리에 대한 사항으로, 명함관리를 통해 자신의 인맥을 효과적으로 관리할 수 있다. 명함은 개인의 정보를 나타내는 역할을 하므로 다른 사람의 명함을 잘 관리하고 있다면 어떤 유형의 사람들이 내 주위에 있는지 파악할 수 있다.

4 팀 작업에서의 인적자원관리 기출 한국조폐공사

(1) 인력배치의 원칙
팀 작업에서 인적자원관리를 할 때 중요한 것은 인력배치이다. 효과적인 인력배치의 3원칙은 다음과 같다.

원칙	특징
적재적소주의	• 팀의 효율성을 높이기 위해 팀원의 능력이나 성격 등과 가장 잘 맞는 위치에 그 팀원을 배치하고, 이를 통해 팀원 개개인이 능력을 최대로 발휘해 줄 것을 기대하는 것이다. • 배치는 작업이나 직무가 요구하는 요건, 개인이 보유하고 있는 조건이 서로 균형 있고, 적합하게 대응되어야 성공할 수 있다.
능력주의	• 개인에게 능력을 발휘할 수 있는 기회와 장소를 부여하고, 그 성과를 바르게 평가하며, 평가된 능력과 실적에 대해 그에 상응하는 보상을 주는 원칙이다. • 정확하게 말하면 능력주의는 적재적소주의 원칙의 상위개념이라고 할 수 있다.
균형주의	• 모든 팀원에 대한 평등한 적재적소, 즉 팀 전체의 적재적소를 고려할 필요가 있다는 것이다. 팀은 사람과 사람이 모여 이룬 작은 사회이기 때문이다. • 팀 전체의 능력 향상, 의식개혁, 사기양양 등을 도모하는 의미에서 전체와 개체가 균형을 이루어야 한다.

> **참고** 효율적이고 합리적인 인사관리 원칙

원칙	특징
적재적소 배치의 원리	해당 직무 수행에 가장 적합한 인재를 배치해야 한다.
공정 보상의 원칙	근로자의 인권을 존중하고, 공헌도에 따라 노동의 대가를 공정하게 지급해야 한다.
공정 인사의 원칙	직무 배당, 승진, 상벌, 근무 성적의 평가, 임금 등을 공정하게 처리해야 한다.
종업원 안정의 원칙	직장에서 신분이 보장되고 계속해서 근무할 수 있다는 믿음을 갖게 하여 근로자가 안정된 회사 생활을 할 수 있도록 해야 한다.
창의력 계발의 원칙	근로자가 창의력을 발휘할 수 있도록 새로운 제안, 건의 등의 기회를 마련하고, 적절한 보상을 하여 인센티브를 제공해야 한다.
단결의 원칙	직장 내에서 구성원들이 소외감을 갖지 않도록 배려하고, 서로 유대감을 가지고 협동, 단결하는 체제를 이루도록 한다.

(2) 인력배치의 유형
양적·질적·적성 배치의 모든 원칙들이 적절히 조화하여 운영되어야 한다. 양적 배치를 하지만 팀원의 능력이나 적성 등에 맞게 조율하는 것이 가장 효과적이라고 할 수 있다.

① 양적 배치
　부문의 작업량과 조업도, 여유 또는 부족 인원을 감안하여 소요인원을 결정 및 배치하는 것이다.
② 질적 배치
　위에서 제시한 적재적소의 배치를 의미한다.
③ 적성 배치
　팀원의 적성 및 흥미에 따라 배치하는 것을 의미한다. 이는 적성에 맞고 흥미를 가질 때 성과가 높아진다는 것을 가정한다.

(3) 과업세부도

인력이 배치된 후 팀원들에게 할당된 일을 적절히 관리하기 위해서는 과업세부도를 활용하는 것이 효과적이다. 할당된 과업에 따른 책임자와 참여자를 명시하여 관리함으로써 업무 추진에 차질이 생기는 것을 막을 수 있다.

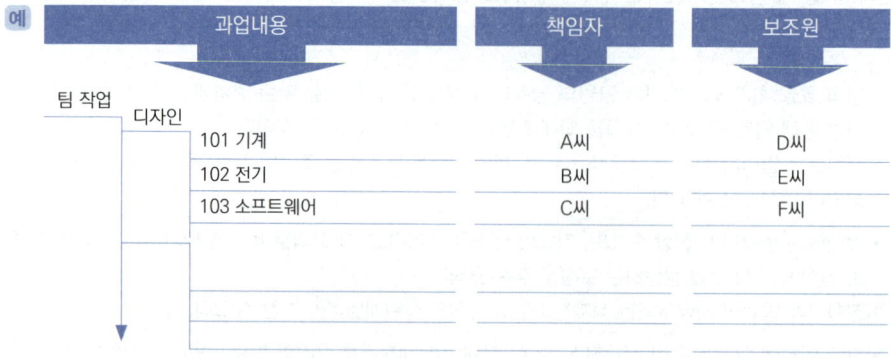

개/념/체/크

01 다음은 인맥관리카드에 대한 설명이다. 이와 관련하여 맞으면 ○, 틀리면 ×를 표시해보시오.

① 인맥관리카드에는 이름, 관계, 직장 및 부서, 학력 등의 내용이 포함된다. (○, ×)
② 인맥관리카드는 핵심인맥과 파생인맥을 나란히 작성하는 것이 필요하다. (○, ×)
③ 핵심인맥카드에는 어떤 관계에 의해 생겨났는지를 기록하는 것이 필요하다. (○, ×)

02 다음 글의 빈칸에 들어갈 적절한 용어를 〈보기〉에서 찾아 적어보시오.

( )는 팀이 사람과 사람이 모여 이룬 작은 사회이기 때문에, 모든 팀원에 대한 평등한 적재적소, 즉 팀 전체의 적재적소를 고려할 필요가 있다는 원칙이다. 팀 전체의 능력 향상, 의식 개혁, 사기양양 등을 도모하는 의미에서 전체와 개체가 균형을 이루어야 한다.

/ 보기 /

적재적소주의, 능력주의, 균형주의

03 다음 인력배치의 유형과 그 설명을 서로 관련된 것끼리 연결해보시오.

① 적성 배치 •   • ㉠ 소요인원을 결정하여 배치

② 양적 배치 •   • ㉡ 적재적소의 배치

③ 질적 배치 •   • ㉢ 팀원의 적성 및 흥미에 따른 배치

✓ **정답**

01 ① ○, ② ×, ③ × | ② 인맥관리카드는 핵심인맥과 파생인맥을 구분하여 작성하는 것이 필요하다. ③ 어떤 관계에 의해 파생되었는지를 기록하는 것은 파생인맥카드이다.

02 균형주의

03 ① ㉢, ② ㉠, ③ ㉡ | 인력배치의 유형에는 소요인원을 결정하여 배치하는 양적 배치, 업무의 적재적소에 배치하는 것을 뜻하는 질적 배치, 팀원의 적성 및 흥미를 고려하여 배치하는 적성 배치가 있다.

워크북에는 없지만 시험에는 나오는
플러스 알파 이론

☑ 최신 워크북에서는 삭제되었지만 출제 가능성 높은 이론

1 일 중독자의 특성

① 생산성이 낮은 일을 가장 오래하는 경향이 있다.
② 최우선 업무보다는 가시적인 업무에 전력을 다하는 경향이 있다.
③ 모든 일을 자신이 하려는 경향이 있다.
④ 위기 상황에 과잉 대처하면서 작은 일을 크게 만드는 경향이 있다.
⑤ 일을 못하게 하면 스트레스를 받는다.
⑥ 처음 생각한 것보다 더 많이 일한다.
⑦ 일을 하느라 취미, 여가, 운동 등이 뒷전이 된다.

2 시간관리의 유형 및 특징

유형	특징
시간 창조형(24시간형 인간)	긍정적이며 에너지가 넘치고 빈틈없는 시간계획으로, 비전과 목표 및 행동을 실천하는 사람
시간 절약형(16시간형 인간)	• 8시간의 회사 업무 이외에도 8시간을 효율적으로 활용하고, 8시간을 자는 사람 • 정신없이 바쁘게 살아가는 사람
시간 소비형(8시간형 인간)	• 8시간 일하고 16시간을 제대로 활용하지 못하며 빈둥대면서 살아가는 사람 • 시간이 많은데도 불구하고 마음은 쫓겨 바쁜 척하고 허둥대는 사람
시간 파괴형(0시간형 인간)	주어진 시간을 제대로 활용하기는커녕 시간관념 없이 자신의 시간은 물론 남의 시간마저 죽이는 사람

3 전사적 자원관리(기업자원관리; ERP)

① 기업활동을 위해 사용되는 기업 내의 모든 인적·물적자원을 효율적으로 관리하여 궁극적으로 경쟁력을 강화시켜 주는 역할을 하는 통합정보시스템이다.
② 인사·재무·생산 등 기업의 전 부문에 걸쳐 독립적으로 운영되던 인사정보시스템·재무정보시스템·생산관리시스템 등을 하나로 통합하여 기업 내의 인적·물적자원의 활용도를 극대화하고자 하는 경영 혁신기법이다.

✅ 워크북에 수록되지 않았지만 **출제 가능성 높은 이론**

1 회계장부 `기출` 대한지방행정공제회

① 기업활동에서 회계상 발생한 거래를 기록 및 정리한 문서로, 재무제표의 기초가 되는 회계 자료이다.
② 날짜별로 관, 항, 목의 내용을 입력하고 수입 및 지출 내역으로 잔액을 계산한 뒤 결과를 기록해야 하며, 검토 및 확인하는 부서의 결재란을 따로 두어야 한다.

2 지출·구매 관련 문서 `기출` 군포도시공사

구매품의서	• 물품, 상품 등 필요한 물건을 구매하기 위해 상급자에게 품의하는 문서 • 물품명, 사용용도, 수량, 단가, 구매일자 등을 기재
지출품의서	• 임금이나 대금 등 회사 비용의 지출과 관련하여 결재를 받기 위한 문서 • 지불금액, 사용목적, 지불처 등을 기재
구매계획서	• 구매할 계획이 있는 물건에 대한 관리와 자금집행을 위해 작성하는 문서 • 물품명, 사용용도, 예산금액 등을 기재

3 포괄손익계산서의 구성 요소 `기출` 군포도시공사

수익	• 일정기간 동안 기업의 경영활동으로 인한 자본의 증가(단, 소유주에 의한 투자 제외) • 매출, 기타 이자수익, 배당수익 등 • 수익 = 비용 + 이익
비용	• 일정기간 동안 기업의 경영활동으로 인한 자본의 감소(단, 소유주에 의한 배분 제외) • 매출원가, 기타 이자비용, 감가상각비 등 • 비용 = 수익 − 이익
이익	• 일정기간의 총수익에서 총비용을 차감한 금액 • 이익 = 수익 − 비용

4 예산과 결산 `기출` 군포도시공사

예산	사전적 의미는 '필요한 비용을 미리 헤아려 계산함. 또는 그 비용'이며, 넓은 범위에서는 민간기업·공공단체 및 기타 조직체는 물론이고 개인의 수입·지출에 관한 것도 포함함.
결산	재산 상태를 파악하기 위해 일정 기간 동안의 수입과 지출을 계산하여 손익을 산정하고 재정 상태를 명확하게 하는 회계적 절차

5 물품 보관의 원칙 `기출` 아동권리보장원, 경기테크노파크, 경기도경제과학진흥원

원칙	내용
동일성의 원칙	동일 품종은 동일한 위치에 보관하는 원칙
유사성의 원칙	유사 물품은 인접한 장소에 보관하는 원칙
회전대응 보관의 원칙	입출고 빈도가 높은 제품은 출입구에서 가까운 장소에 보관하고, 입출고 빈도가 낮은 제품은 출입구에서 먼 장소에 보관하는 원칙
통로대면 보관의 원칙	입출고를 용이하게 하고 창고 내의 원활한 흐름과 활성화를 위해 제품을 통로에 면하여(직각으로 대면) 보관하는 원칙
높이 쌓기의 원칙	제품 보관 시 용적 효율을 높일 수 있도록 제품을 높게 보관하는 원칙
선입선출의 원칙	먼저 입고된 제품을 먼저 출고하는 원칙
중량특성의 원칙	제품의 중량에 따라 출입구로부터의 거리, 높이를 결정하는 원칙
형상특성의 원칙	제품 형상에 따라 보관 방법을 결정하는 원칙
위치표시의 원칙	입출고를 용이하게 하기 위해 제품 보관 위치를 표시하는 원칙
명료성의 원칙	제품을 용이하게 인식할 수 있도록 보관하는 원칙
네트워크 보관의 원칙	관련 제품은 한 장소에 보관하는 원칙

6 재고 관련 비용

재고유지비	• 재고 보유 시에 발생하는 비용 　예 재고투자로 인한 자본비용, 보험료, 저장비, 파손 등에 따르는 손실, 냉동비 등 • 단위당 재고유지비용 또는 재고유지비율이 높은 경우 → 자주 재고를 주문하여 재고수준을 낮추어야 함. • 단위당 재고유지비용 또는 재고유비지율이 높지 않은 경우 → 상대적으로 주기재고가 높아짐.
재고주문비	• 재고보충을 하거나 신규 주문 시에 소요되는 비용 　예 재고입고비용, 입하품 검사비용, 거래선 및 가격조사비용 등 • 재고 1회 주문 시 발생하는 재고주문비용은 재고주문량과 상관없이 일정한 고정비적 성격의 비용으로 인식됨. • 1회당 재고주문비용이 큰 경우 → 1회 주문량을 크게 하여 재고주문횟수를 줄여야 함. • 1회당 재고주문비용이 작은 경우 → 상대적으로 1회 주문량을 적게 할 수 있음.
생산준비비	• 재고 자체제작 시 생산 공장에서 제품 제조를 위하여 생산라인을 준비하는 데 소용되는 비용 　예 설비 및 장치 변경 비용, 준비 시 유휴시간비용, 준비 시 노무비용, 인원 재배치 비용 등 • 1회 SET UP에 투입되는 생산준비비용은 생산량과 관계없이 일정하게 발생하는 고정비적 성격의 비용으로 인식됨. • 회당 생산준비비용이 큰 경우 → 1번 생산해야 하는 제품 수를 증가시켜 생산준비횟수를 줄임. • 회당 생산준비비용이 작은 경우 → 1번에 생산해야 하는 제품 수를 적게 할 수 있음.
재고부족비	• 재고가 부족하여 고객 주문에 응할 수 없는 경우에 발생하는 비용 　예 판매기회 상실에 대한 비용, 고객 신뢰도 하락으로 발생한 비용 등 • 현재 발생하는 기회손실은 물론 고객 이탈로 인해 미래에 발생할 수 있는 비용까지 포함함. • 객관적 측정이 어려워 주관적 평가 방법이 활용됨.

STEP 02 기본문제

CHAPTER 05 자원관리능력

01 난이도 상 중 하

다음은 자원관리의 기본 과정에 관한 자료이다. 밑줄 친 ㉠~㉤ 중 적절하지 않은 것은?

| 한국원자력환경공단 |

필요한 자원의 종류와 양 확인	업무를 추진하는 데 있어서 어떤 자원이 필요하며, 또 얼마만큼 필요한지를 파악하는 단계이다. 자원의 종류는 크게 시간, 예산, 물적자원, 인적자원으로 분류되지만 ㉠실제 업무 수행에서는 이보다 더 구체적으로 나눌 필요가 있다.
↓	
㉡이용 가능한 자원 수집하기	필요한 자원의 종류와 양을 파악하였다면, 실제 상황에서 그 자원을 확보해야 한다. ㉢수집 시 가능하다면 필요한 양을 정확하게 준비해야 한다.
↓	
자원 활용 계획 세우기	필요한 자원을 확보하였다면 그 자원을 실제 필요한 업무에 할당하여 계획을 세워야 한다. ㉣여기에서 중요한 것은 업무나 활동의 우선순위를 고려하는 것이다.
↓	
㉤계획대로 수행하기	업무 추진의 단계로서 계획에 맞게 업무를 수행해야 하는 단계이다.

① ㉠ ② ㉡ ③ ㉢ ④ ㉣ ⑤ ㉤

02 난이도 상중하

다음 〈보기〉 중 자원을 낭비하는 요인이 동일한 것만을 모두 고르면? | 한국가스기술공사 |

— / 보기 /
- ㉠ A사원은 식당이 아무리 가까운 거리에 있더라도 배달 음식을 먹는다. 배달 요금이 추가로 들지만 집에서 밥을 편하게 먹을 수 있기 때문이다.
- ㉡ B사원은 입사 후 처음으로 마케팅 업무를 수행하게 되었다. 나름대로 철저한 시간계획을 세워 이를 실행에 옮겼으나, 생각하지 못했던 변수가 발생하여 계획에 차질이 생겼고 결국 불만족스러운 결과를 얻게 되었다.
- ㉢ C사원은 길을 걷다가 새로 나온 휴대폰을 발견하였다. 너무 마음에 든 나머지 바로 그 가게에 들어가 휴대폰을 구매하였다. 집에 돌아온 C사원은 자신이 현재 휴대폰 시세보다 5%나 비싸게 구매했다는 사실을 알게 되었다.
- ㉣ 15년 차인 D과장은 본인이 가지고 있는 물적자원을 고려했을 때 충분히 기간 내 수행할 수 있는 일이라고 판단하여 계약을 체결하였다. 그러나 시작일을 착각하여 약속한 마감일에 업무를 끝낼 수 없다는 것을 깨달았고, 결국 위약금을 지불하고 계약을 취소하였다.
- ㉤ E사원은 인쇄용지를 구매하는 업무를 수행하고 있다. (가)업체는 가격이 저렴하지만 회사에서 멀고, (나)업체는 회사에서 가깝지만 가격이 비싸다. E사원은 시간적 여유가 있는 경우에도 항상 회사에서 가까운 (나)업체에서 인쇄용지를 구매한다.

① ㉠, ㉡   ② ㉠, ㉤   ③ ㉡, ㉢
④ ㉡, ㉤   ⑤ ㉣, ㉤

03 난이도 상중하

다음 중 시간관리에 대한 오해로 적절하지 않은 것은?

① 시간관리는 상식에 불과하다.
② 시간에 쫓기면 일을 더 잘한다.
③ 시간관리는 할 일에 대한 목록만으로 충분하다.
④ 창의적인 일을 하는 사람에게는 시간관리가 맞지 않는다.
⑤ 결과물이 완벽하지 않더라도 기한 내에 일을 끝내는 것이 더 중요하다.

04 난이도 상중하

다음 중 시간계획을 할 때 명심해야 할 사항으로 적절하지 않은 것은?

① 발생한 시간 손실은 미루지 않고 가능한 한 즉시 보상해야 한다.
② 무리한 계획을 세우지 않고, 실현 가능한 것만을 계획해야 한다.
③ 꼭 해야만 할 일을 끝내지 못했을 경우, 차기 계획에 반영해야 한다.
④ 기대되는 성과나 행동의 목표보다는 예정 행동을 우선으로 계획해야 한다.
⑤ 예상 못한 방문객 접대, 전화 등으로 예정된 시간이 부족할 경우를 대비하여 여유 시간을 확보해야 한다.

05 난이도 상중하

A사의 황사원은 개발에 필요한 예산을 책정하고 실제 개발 비용을 처리하는 일을 담당하고 있다. 최근 황사원은 계획과 실제 비용이 일치하지 않는 경우가 많아 어려움을 겪고 있다고 한다. 다음 중 개발 책정 비용과 개발 실제 비용의 가장 이상적인 상태로 볼 수 있는 것은?

① 실제 비용을 최소한으로 적게 들이는 것
② 개발 책정 비용을 실제 비용보다 낮게 책정하는 것
③ 개발 책정 비용을 실제 비용보다 높게 책정하는 것
④ 개발 책정 비용을 최소한으로 낮게 책정하는 것
⑤ 개발 책정 비용과 실제 비용의 차가 적은 것

06 난이도 상중하

다음 사례에서 발생한 문제의 원인으로 적절한 것만을 〈보기〉에서 모두 고르면?

> S기업에 근무하는 P팀장은 팀원들 간의 관계를 가장 중요하게 생각하여 단합을 도모할 수 있는 회식 자리를 많이 만들었다. 회의가 있는 날에는 대부분 회식을 하였으며, 회식 자리에서 팀원들과 다양한 주제에 대해 많은 대화를 나누었다. 프로젝트 예산에 회식비가 별도로 마련되어 있었기 때문에 회식이 있을 때마다 P팀장이 우선 그 비용을 지불하였다.
>
> 시간이 흘러 프로젝트가 마감되었고, P팀장이 회식비를 정산하려고 보니 예산서에 책정되어 있는 회식비보다 실제 사용한 금액이 너무 많아 문제가 발생했다. 회사 규정에 예산항목 간 20%를 조정할 수 있다는 내용이 있었지만 사용한 금액이 너무 많아 그를 초과했다. 뒤늦게 이 사실을 알게 된 P팀장은 방법이 없는지 알아보았지만 별 도리가 없었다. 결국 P팀장은 자신이 지불한 회식비의 일부를 회수하지 못하였으며, 미리 확인해보지 않은 것을 후회하였다.

/ 보기 /

㉠ 예산 집행 실적을 작성하지 않았다.
㉡ 회사 내 개발 비용과 실제 비용 간의 차이가 적었다.
㉢ 간접비용을 제외한 직접비용만을 고려하여 예산을 책정하였다.
㉣ 예산 집행 내역과 계획을 지속적으로 비교 및 검토하지 않았다.

① ㉠, ㉡
② ㉠, ㉢
③ ㉠, ㉣
④ ㉡, ㉢
⑤ ㉢, ㉣

07 난이도 상 중 하

다음 중 보관의 원칙에 대한 설명으로 적절하지 않은 것은? | 경기테크노파크 |

① 통로대면 보관의 원칙: 제품의 입고와 출고를 용이하게 하고 보관을 효율적으로 하기 위해 창고의 통로면에 보관하는 것으로, 창고 레이아웃 설계의 기본이다.
② 동일성 및 유사성의 원칙: 동일 품종은 동일한 장소에 보관하고, 유사품은 근처 가까운 장소에 보관해야 한다.
③ 높이 쌓기의 원칙: 제품을 높게 쌓는 것으로, 창고의 용적 효율을 높일 수 있으며, 재고 관리상 제약 조건이 많은 경우에는 각각의 용도에 맞는 랙(Rack) 등 보관 설비의 설치를 고려해야 한다.
④ 회전대응 보관의 원칙: 먼저 입고된 제품을 먼저 출고하는 것으로, 일반적으로 제품의 재고회전율이 낮은 경우에 많이 적용한다.
⑤ 위치표시의 원칙: 상황에 맞는 특정한 기호를 사용하여 제품이 보관 및 적재되어 있는 위치나 랙의 번호 등을 표시하는 것으로, 입출고 작업의 단순화를 통해 업무 효율화를 증대한다.

08 난이도 상 중 하

U사에 근무하는 조대리는 3분기 프로젝트를 맡게 되어 예산을 책정받아 프로젝트에 필요한 물품을 구매·관리하려고 한다. 이때 조대리가 고려해야 할 사항으로 적절하지 않은 것은?

① 구매하려고 하는 물품의 활용 및 구입 목적을 명확하게 한다.
② 구매한 물품의 분실 및 훼손을 방지하기 위해 관리자를 지정한다.
③ 구매한 물품은 물품 보관의 원칙을 이용하여 보관 장소를 선정한다.
④ 책정받은 예산을 모두 소진하기 위해 필요할 것으로 예상되는 기자재를 미리 구입한다.
⑤ 구매한 물품은 적절한 장소에 보관하여 물품이 필요할 때 적재적소에 활용될 수 있도록 한다.

09 난이도 상중하

다음 중 인적자원관리의 중요성으로 적절하지 않은 것은?

① 주변 인맥을 통해 나 자신의 생활에 대해 알 수 있다.
② 한 사람의 인맥이 확장될 수 있는 범위는 제한적이다.
③ 기업의 경우 인적자원관리가 조직의 성과에 큰 영향을 미친다.
④ 인적자원은 활용에 따라 개인의 능력 이상의 성과를 창출할 수 있다.
⑤ 주변 인맥을 통해 자신의 인생에 탄력을 부여하고, 각종 정보를 획득할 수 있다.

10 난이도 상중하

다음 글에서 설명하는 A에 메모하면 좋은 정보로 적절하지 않은 것은?

(A)은/는 개인적인 차원에서 자신의 인맥을 관리할 때 사용하는 수단 중 하나이다. 대부분의 직장인은 (A)을/를 가지고 있으며, 서로 인사할 때 (A)을/를 교환한다. (A)은/는 자신의 신분을 증명하며, 자신을 PR하거나 개인의 정보를 전달하는 도구로 사용된다.

① 언제, 어디서, 무슨 일로 만났는지에 관한 내용
② 대화를 나누고 나서의 느낀 점이나 성향
③ 상대의 업무내용이나 취미, 기타 독특한 점
④ 거주지와 기타 연락처
⑤ 만나서 먹었던 음식

정답 및 해설 54p

STEP 03

CHAPTER 05 자원관리능력

심화문제

01 난이도 상중하

다음은 A사에서 실시한 캠페인에 관한 신문기사이다. 이를 토대로 세 명의 신입사원이 〈보기〉와 같이 대화를 나누었을 때, 적절하지 않은 발언을 한 사람만을 모두 고르면?

임직원 1,400명에 텀블러 제공… 일회용품 사용 줄이기 앞장서

일회용품 사용 줄이기에 앞장서 온 A사는 전 직원이 동참하는 '그린플러스 캠페인'을 시작했다. 그린플러스 캠페인은 환경의 날을 맞이하여 일회용품의 사용을 줄이자는 취지의 운동이다.

A사는 이를 위해 본사 임직원 1,400명에게 개인용 텀블러를 제작하여 제공했다. 텀블러에 회사 로고와 직원들의 이름을 새겨 넣어 개인이 책임감을 갖고 일회용품 줄이기에 동참할 수 있도록 하였다. 또한 7월부터는 본사 카페에서도 일회용 컵이 사라져 카페 이용 시 직원들은 개인 텀블러를, 방문객들은 카페에 비치된 머그잔을 써야 한다. A사 관계자는 "우리나라 연간 종이컵 사용량이 약 116억 개에 달하고, 플라스틱 컵 1개가 분해되기까지 500년이 걸린다. 임직원부터 친환경 문화 확산을 위한 작은 실천에 동참하고자 이번 캠페인을 마련하게 됐다."라고 하였다. A사는 자사 매장에서도 적극적인 친환경 캠페인을 벌이고 있다. 2010년부터 일회용 비닐 쇼핑백 판매를 중단했고, 2017년 11월부터는 일회용 종이 쇼핑백까지 없앴다. 대신 재활용할 수 있는 장바구니를 판매하기 시작했다. 장바구니를 쓰고 돌려주면, 장바구니 구매 시 지불했던 보증금 3,000원을 돌려받을 수 있다. 2019년 자원재활용법 시행 후 4~5월 2개월 동안에만 122만 5,000여 개의 장바구니가 팔려, 연 약 12억 원의 종이 비용을 절감할 수 있게 되었다.

/ 보기 /

이사원: "자원이 제한적이기 때문에 어떻게 활용하는지가 중요해. 이는 자원의 상대성과 밀접한 연관이 있어."
박사원: "일회용품은 사용이 편리하지만, 다시 사용할 수 없기 때문에 자원 낭비를 초래하고 있어."
최사원: "그린플러스 캠페인은 연 12억 원의 종이 비용을 줄이고자 한 것이 주목적이었어."

① 이사원 ② 박사원 ③ 이사원, 최사원
④ 박사원, 최사원 ⑤ 이사원, 박사원, 최사원

02 난이도 상 중 하

다음 사례의 임대리가 거점 오피스를 30일 동안 사용하였다고 할 때, 거점 오피스 사용으로 생긴 효과로 적절하지 않은 것은?

> 임대리는 집에서 45분 거리에 있는 사무실까지 편도 1,500원의 지하철 요금을 내고 출근했으나, 이번 달부터 집에서 도보 5분 거리에 있는 거점 오피스를 이용하였다. 거점 오피스에서는 전자업무시스템을 사용할 수 있어 출장 횟수가 줄고 담당 업무에 집중할 수 있었으며, A4용지도 매일 20장씩 절약할 수 있었다. 출퇴근 시간이 짧아진 A는 그동안 하지 못했던 취미생활을 할 수 있었고, 자기계발 시간도 늘어나 현재의 직업 생활에 만족하고 있다.

① 생산성 향상
② 삶의 질 향상
③ 한 달에 A4용지 600장 절약
④ 한 달에 출퇴근 시 45시간 절약
⑤ 한 달에 출퇴근 시 지하철 요금 90,000원 절약

03 난이도 상 중 하

다음 글의 빈칸에 공통으로 들어갈 용어로 가장 적절한 것은?

> - ( )은 향후 1년에 걸친 계획 대상 기간 동안 변화하는 수요를 가장 경제적으로 충족시키기 위하여 수립하는 중기계획이다.
> - ( )에서 평준화 전략은 고용 수준을 연중 일정하게 유지하고자 하는 전략이다.
> - ( )에서 추종 전략은 고객 주문의 변화에 따라 고용 수준을 기간별로 조정하고자 하는 전략이다.

① 자재소요계획
② 총괄생산계획
③ 주일정계획
④ 전사적 자원계획
⑤ 주생산계획

04 난이도 상 중 하

다음은 자원을 네 가지 유형으로 구분한 것이다. 이에 대한 설명으로 적절하지 않은 것은?

> 시간, 예산, 물적자원, 인적자원

① 기업 활동을 위해 사용된다.
② 무한성 때문에 효과적인 관리가 필요하다.
③ 한 유형의 자원이 없을 경우 다른 유형의 자원을 확보하지 못할 수 있다.
④ 무한 경쟁 시대에 돌입함에 따라 시간과 예산이 중요하게 인식되고 있다.
⑤ 낭비요인들의 공통점으로 비계획적 행동, 편리성 추구, 노하우 부족 등이 있다.

05 난이도 상 중 하

기획팀에 근무하는 원사원은 매일 정시에 퇴근하면서도 맡은 업무를 모두 깔끔하게 처리하는 상사에게 업무 노하우에 대한 조언을 구하였고, 상사는 시간관리를 통해 가능할 수 있었다고 하였다. 다음 중 상사가 말한 시간관리의 이점으로 적절하지 않은 것은?

① 시간을 제대로 활용할 수 있으므로 일의 효율성이 높아져 스트레스가 줄어든다.
② 직장인 이외의 다양한 역할을 수행하며 여러 여가를 즐길 수 있다.
③ 정해진 근무시간 내에 일을 끝내게 되어 균형적인 삶을 살 수 있다.
④ 일을 최대한 많이 할 수 있고 생산성을 높일 수 있다.
⑤ 바라던 목표를 달성할 수 있다.

06 난이도 상 중 하

○○공사에 근무하는 박사원은 이번 월말 평가에서 업무 성과가 지난달 대비 감소했다는 평가를 받았다. 이에 박사원은 업무 성과의 감소 요인을 분석하기 위해 다음과 같이 시간 관리 체크리스트를 작성하여 자신의 행동을 점검하였다. 밑줄 친 ㉠~㉤ 중 시간 낭비요인으로 적절하지 않은 것은? | 한전KPS |

항목	체크리스트
㉠회의 준비 미흡으로 인해 상사에게 혼난 경험이 있나요?	☑
㉡업무를 끝낼 수 있었지만 끝내지 않고 남겨뒀던 경험이 있나요?	☑
㉢연관 부서와의 커뮤니케이션 부족으로 오해가 생겼던 경험이 있나요?	☑
㉣급한 성격으로 인해 마감기한이 다가오면 초조해 했던 경험이 있나요?	☑
㉤업무에 걸리는 시간보다 여유 있게 시간계획을 세웠던 경험이 있나요?	☑

① ㉠   ② ㉡   ③ ㉢   ④ ㉣   ⑤ ㉤

07

○○공사에서 신입사원을 대상으로 '효율적인 시간계획 방법'에 대한 교육을 진행하였다. 강연이 끝난 후, 다음과 같이 강연자가 질문하였을 때, 〈보기〉의 A~E사원 중 적절하지 않은 답변을 한 사람을 모두 고르면?

강연자: 시간계획에 관한 강의의 도움이 되셨나요? 그렇다면 강의에 대한 내용을 질문하도록 하겠습니다. 시간계획 시에 명심해야 할 사항에 대해 각자 말씀해주세요.

/ 보기 /

A사원: 시간계획을 수립하는 데에서 그치는 것이 아니라 이를 정기적·체계적으로 체크해야 합니다.

B사원: 목표 달성 여부와 상관없이 시간계획 그 자체가 중요하므로, 시간계획은 고정적이어야 합니다.

C사원: 효율적인 시간관리를 위해 이동시간, 대기시간 등의 자유로운 시간은 시간계획에서 제외해야 합니다.

D사원: 중요도가 높은 일에는 많은 시간을 할애하고, 중요도가 낮은 일에는 시간을 단축시켜 전체적인 시간계획을 정리해야 합니다.

E사원: 적절한 시간 프레임을 설정하고, 특정 일을 하는 데 소요되는 꼭 필요한 시간만을 계획에 삽입해야 합니다.

① A사원, B사원 ② A사원, C사원 ③ B사원, C사원
④ C사원, D사원 ⑤ D사원, E사원

08 난이도 상 중 하

○○공사 개발팀은 A~C업무를 최단 기간에 모두 완료하고자 한다. 업무별 참여 인원 및 소요 기간과 업무 진행 조건이 다음과 같을 때, A~C업무가 완료되는 데 소요되는 기간은 총 며칠인가?

〈표〉 업무별 참여 인원 및 소요 기간

구분	A업무	B업무	C업무
참여 인원	4명	2명	5명
소요 기간	3일	4일	1일

- 3개 업무에 참여할 수 있는 직원은 총 6명이다.
- 직원은 모든 업무에 참여할 수 있지만, 한 번에 한 개의 업무에만 참여할 수 있다.
- 직원은 참여한 업무가 완료된 날의 바로 다음 날부터 다른 업무에 참여할 수 있다.
- 한 개의 업무에 함께 참여하는 직원들은 업무 참여 시작 시점이 모두 동일해야 한다.
- 모든 직원의 생산성은 동일하다.

① 4일 ② 5일 ③ 6일 ④ 7일 ⑤ 8일

09 난이도 상 중 하

다음 중 시간계획에 대한 설명으로 적절하지 않은 것은?

① 최단시간에 최선의 목표를 달성해야 한다.
② 가장 많이 반복되는 일에 가장 많은 시간을 분배해야 한다.
③ 효과적으로 시간계획을 하기 위해서는 우선순위를 정해야 한다.
④ 시간계획을 철저히 세우기 위해서는 60 : 40 법칙을 지켜야 한다.
⑤ 모든 일마다 정확한 소요 시간을 계산하여 결정하는 것이 효과적이다.

10

다음 중 SMART 법칙에 따른 효과적인 시간계획 사례로 적절하지 않은 것은?

| 대한적십자사, 한국수자원공사 |

① S: 바리스타 자격증을 취득하여 커피 전문점을 운영할 것이다.
② M: 근육량을 2kg 증량시킬 것이다.
③ A: 매일 아침마다 오메가3를 먹겠다.
④ R: 토익 성적을 750점까지 향상시킬 것이다.
⑤ T: 컴퓨터활용능력 1급 자격증을 취득할 것이다.

11

다음은 효과적인 시간계획의 단계를 나타낸 자료이다. 이에 대한 설명으로 적절하지 않은 것은?

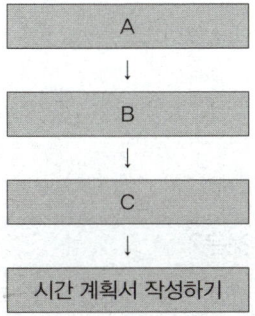

① A단계는 '명확한 목표 설정하기'이다.
② A단계가 중요한 이유는 한정된 시간을 효율적으로 활용하는 데 있다.
③ B단계에서는 보통 일의 구체성과 중요성을 기준으로 일의 우선순위를 정한다.
④ C단계에서는 각각의 할 일에 소요되는 예상 시간을 결정하는 것이 필요하다.
⑤ '시간 계획서 작성하기' 단계에서 다이어리, 일정관리 소프트웨어 등을 활용할 수 있다.

12 난이도 상 중 하

다음 글의 밑줄 친 문장이 시사하는 바로 적절하지 않은 것은?

> 세계보건기구(WHO)는 '번아웃(Burn-out)'을 '직장인에게 만성적으로 나타나는, 체계적으로 관리하지 못한 직장 스트레스 증후군'으로 정의했다. 이와 함께 번아웃의 대표적 증상으로 힘 빠짐, 일(직장)에 대한 거부감, 일(직장)에 대한 냉소적인 감정 증가 등을 제시했다.
>
> '직무스트레스 측정 도구(MBI)'를 개발한 크리스티나 마슬라흐 교수는 번아웃을 극복하는 방법 중 하나로 '개인의 시간과 기업의 시간 사이에 균형을 잡을 것'을 제시했다. 마슬라흐 교수는 시간에는 두 가지 측면이 있다고 하였는데, 이는 개인 삶에서 바라보는 시간과 조직에서 바라보는 시간이다. 개인 삶에서의 시간은 개인에게 행복을 주는 시간이며, 조직에서의 시간은 성과를 만들어내는 시간이다. 따라서 개인의 시간과 조직의 시간 간의 균형을 융통적으로 관리할 수 있을 때 번아웃 현상을 극복할 수 있다고 하였다.

① 개인의 업무와 사생활 간의 균형을 잡을 수 있을 때 번아웃 증상을 극복할 수 있다.
② 시간의 경제적 가치를 고려하면서 개인적인 행복도 추구할 수 있는 시간관리 방안을 고민한다.
③ 다른 동료가 업무에 집중하고 있는 시간에는 방해하지 않고, 자신이 해야 할 일에 집중한다.
④ 매일 아침 해야 할 일(To-do-list)을 정리한 뒤, 무조건 시간계획대로 행동하고자 노력한다.
⑤ 휴식과 취미 활동을 통해 업무로부터 잠시 떨어져 지내며 자신에게 시간을 제공하는 것도 중요하다.

13 난이도 상 중 하

다음 중 시간의 특성으로 적절하지 않은 것은?

① 시간은 그 흐름을 멈출 수 없으며, 융통성이 적용되지 않는다.
② 시간은 끊임없이 주어지며, 미리 시간을 사용하는 것도 가능하다.
③ 시간은 그때그때마다 체감 속도가 다르지만, 사실 일정한 속도로 흐른다.
④ 시간을 관리해야 하는 진정한 이유는 시간을 관리하여 삶의 문제를 개선하는 데 있다.
⑤ 인생의 황금기, 하루 중 황금 시간대 등을 통해 시간은 시절에 따라 밀도와 가치가 다름을 알 수 있다.

14 난이도 상 중 하

다음은 D사에서 근무하는 최사원이 공채 필기시험에 필요한 마스크와 일회용 장갑을 구매하기 위해 A~E업체별 마스크 및 일회용 장갑의 1박스당 가격과 할인 정보를 정리한 자료이다. 이를 토대로 마스크 500장과 일회용 장갑 1,000장을 구매할 때, 다섯 업체 중 가장 저렴한 업체는 어디인가?

| 정보통신산업진흥원 |

〈표〉 마스크 및 일회용 장갑의 가격

업체	마스크 가격(박스당)	일회용 장갑 가격(박스당)	할인 정보
A업체	20,000원	2,000원	마스크 5박스 이상 구매 시 마스크 전체 금액 1,000원 할인
B업체	9,000원	2,500원	없음
C업체	18,500원	2,300원	마스크 10박스 이상 구매 시 박스당 10% 할인
D업체	10,500원	1,900원	마스크 10박스 이상 구매 시 마스크 전체 금액 5,000원 할인
E업체	9,300원	2,400원	전체 금액이 120,000원 이상일 경우 5,000원 할인

※ A업체, C업체는 마스크 1박스당 100장, B업체, D업체, E업체는 1박스당 50장이 들어있으며, 일회용 장갑은 업체 모두 1박스당 100장이 들어있음.

① A업체   ② B업체   ③ C업체   ④ D업체   ⑤ E업체

15 난이도 상 중 하

다음 글에서 설명하는 시스템에 대한 설명으로 적절하지 않은 것은?

> 이 시스템은 세입, 예산 편성, 집행·결산·평가 등 일련의 재정 활동의 모든 정보를 실시간으로 분석하여 제공하는 통합재정정보 시스템으로 2007년부터 도입되었다. 기존의 회계·기금 중심의 재정통계로는 국가 전체의 재정규모 파악이 어려웠을 뿐만 아니라, 재정정책의 수립, 재정위험요인의 관리, 국가 간 통계 비교 등에 한계가 있었다. 이에 따라 기존의 '장·관·항·세항·목'의 예산구조를 '분야·부문·프로그램·단위사업·목' 체계로 개편하였다. 동시에 중앙재정과 지방재정 간의 평가기준 등 차이점을 최소화하고, 예산과 회계 간 연계를 강화하는 방향으로 복식부기·발생주의 회계제도 도입을 추진하였다.

① 재정자금출납의 전 과정을 전자화하여 재정운영 현황 파악이 가능하다.
② 기금·회계 간 유사·중복 사업의 파악이 가능해져 예산 낭비를 제거할 수 있다.
③ 국제기준에 의한 재정정보의 비교는 물론 재정통계에 의한 합리적 정책결정을 가능케 한다.
④ 정책결정자는 필요한 정보를 실시간으로 제공받을 수 있지만 일반 국민은 제공받을 수 없다.
⑤ 회계처리의 투명성 및 정확성이 제고되고 향후 재정소요 파악이 가능해져 재정 건전성을 확보할 수 있다.

16 난이도 상 중 하

○○사에 근무하는 정팀장은 신규 프로젝트에 필요한 예산을 수립하였다. 그러나 다른 업무로 인하여 예산 집행 과정에서 관리를 소홀하게 하였고 현재 예산 부족으로 어려움이 있다고 한다. 다음 중 수립된 예산을 효과적으로 집행하기 위한 방법으로 적절하지 않은 것은?

① 예산 집행 내역과 계획을 지속적으로 비교 검토한다.
② 예산을 얼마만큼 사용했는지 알아볼 수 있도록 쉽게 정리한다.
③ 평소 가계부를 작성하는 습관을 길러 자신만의 예산관리 노하우를 개발한다.
④ 월 단위로 실행예산 대비 사용실적에 대한 워크시트를 작성하여 예산을 관리한다.
⑤ 예산을 철저하게 수립한다면 예산을 효과적으로 집행할 수 있으므로 예산계획을 철저하게 수립한다.

17 난이도 상 중 하

다음 글의 빈칸 A~C에 들어갈 용어를 각각 바르게 짝지은 것은? | 군포도시공사 |

(A)의 사전적 의미는 '필요한 비용을 미리 헤아려 계산함. 또는 그 비용'이다. 넓은 범위에서 민간기업·공공단체 및 기타 조직체는 물론이고 개인의 수입·지출에 관한 것도 포함된다. (B)은/는 일정한 기간의 수입과 지출을 마감하여 계산하는 것이다. 회사에서 사용한 (A)을 (B)하여 한눈에 파악하고자 상세 내역을 기록하는 문서를 (C)라고 한다. (C)를 작성함으로써 추후에 불필요한 낭비를 예방할 수 있으며 효율적인 자금 운용을 통해 통제할 수 있다.

	A	B	C
①	예산	회계	예산결산서
②	예산	결산	예산결의서
③	예산	결산	예산결산서
④	지출	회계	예산결의서
⑤	지출	결산	예산결산서

18 난이도 상중하

다음 〈보기〉 중 비유동자산이 아닌 것만을 모두 고르면?

― / 보기 / ―
㉠ 당좌자산   ㉡ 투자자산   ㉢ 유형자산   ㉣ 재고자산   ㉤ 무형자산

① ㉠, ㉡
② ㉠, ㉣
③ ㉡, ㉢
④ ㉢, ㉣
⑤ ㉣, ㉤

19 난이도 상중하

다음 글의 빈칸 A에 대한 효과적인 관리 방법으로 적절하지 않은 것은?

> 예산계획을 제대로 세웠음에도 집행하는 과정에서 이를 적절히 관리하지 못하면 곤란을 겪을 수 있다. 이를 방지하려면 예산 관리 과정에서 예산을 얼마나 사용했는지 수시로 점검해야 한다. 이는 사업체에만 해당하는 것이 아니라 월급이나 용돈 등 개인적인 단위에서도 마찬가지이다. 생활비를 관리할 수 있는 수단인 (A)은/는 수기로 작성하거나 컴퓨터 또는 스마트기기의 앱으로 이용할 수 있다. (A)에 정해진 한 달 생활비에서 자신이 지출하는 항목과, 얼마만큼의 금액을 지출하는지를 매일 기록함으로써 자신의 생활비 지출을 적절하게 관리할 수 있다.

① 하루도 빠짐없이 매일 작성한다.
② 단돈 10원이라도 정확하게 기록한다.
③ 후회되는 지출항목은 내역에서 제외한다.
④ 지출하기 전에 먼저 예정 지출액을 계산한다.
⑤ 지출액을 예산과 비교한 후 차액을 파악하여 차후의 예산 설정에 참고한다.

20

회계팀에 근무하는 전사원은 신규 프로젝트에 사용된 예산현황을 정리하기 위하여 다음과 같이 예산 집행 실적을 작성 중이다. 이때 사용률을 구하기 위한 공식은 무엇인가?

예산 집행 실적						
항목	배정액	당월 지출액	누적 지출액	잔액	사용률(%)	비고
합계						

① 당월 지출액 / 배정액 × 100
② 누적 지출액 / 배정액 × 100
③ 당월 지출액 / 잔액 × 100
④ 누적 지출액 / 잔액 × 100
⑤ 잔액 / 배정액 × 100

21 난이도 상 중 하

다음 예산관리 절차를 보고 네 명의 사원이 〈보기〉와 같이 대화를 나누었을 때, 각 절차에서 수행해야 하는 활동에 대해 적절하지 않은 발언을 한 사람만을 모두 고르면? | 한국원자력환경공단 |

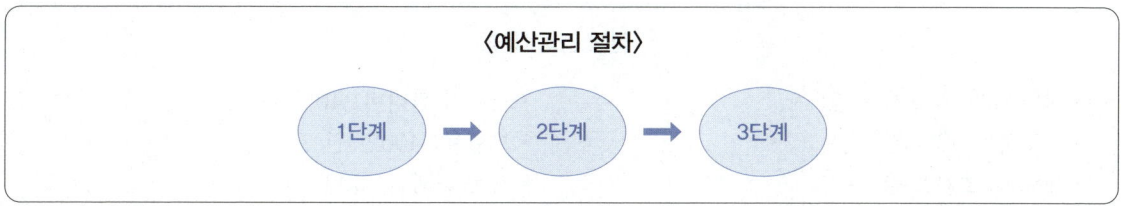

/ 보기 /

김사원: "1단계에서는 예산을 수립할 때 계속해서 추가되는 항목으로 어려움을 겪을 수 있으므로 예산이 필요한 모든 활동을 도출해야 합니다."
추대리: "과제 및 활동 계획을 수립할 때 가장 기본적인 수단으로 활용되는 그래프인 과업세부도는 1단계에만 사용됩니다."
장사원: "2단계는 우선순위를 배정하여 예산이 우선적으로 들어가야 할 활동을 도출하는 단계입니다."
차사원: "2단계에서 과업세부도와 예산을 매치시킨 후에 3단계에서 예산을 배정해야 합니다."

① 김사원, 추대리   ② 김사원, 장사원   ③ 추대리, 장사원
④ 추대리, 차사원   ⑤ 장사원, 차사원

22 난이도 상 중 하

다음은 ○○사에서 지난달에 집행한 경비 내역이다. 이에 대한 설명으로 적절하지 않은 것은?

| 부산교통공사, 울산항만공사 |

〈집행 경비 내역〉

- 직원 급여: 5,500만 원
- 광고비: 750만 원
- 재료비: 200만 원
- 원료비: 300만 원
- 공작기계 구입비용(1대): 1,500만 원
- 사무실 관리비: 40만 원
- 보험료: 400만 원
- 각종 공과금: 50만 원
- 임직원 통신비: 60만 원

① 사무실 관리비는 간접비용에 해당한다.
② 직접비용의 총액은 간접비용 총액의 4배 이상이다.
③ 9가지 항목 중에서 간접비용에 해당하는 항목은 4개이다.
④ 사무비품비 30만 원이 추가된다면 간접비용은 증가할 것이다.
⑤ 임직원 출장비 100만 원이 추가된다면 직접비용은 증가할 것이다.

23 난이도 상 중 하

다음 중 효율적인 운송경로를 선정하기 위한 고려 사항으로 적절하지 않은 것은?

① 운송 수단의 유형
② 운송 화물의 특성
③ 고객서비스 수준
④ 운송 차량의 적재율
⑤ 운송경로 이용 경험

24 난이도 상중하

다음의 사례 A~C는 효과적인 물적자원관리에 대한 내용이다. 세 사례를 효과적인 물적자원관리 과정의 순서대로 바르게 나열한 것은?

| 서울경제진흥원 |

- 사례 A: 자재팀에서 근무하는 갑은 팀장의 요청으로 동료들과 자재 창고 정리를 하였다. 갑과 동료들은 동일한 종류의 자재는 동일한 위치에, 유사한 종류의 자재는 인접한 위치에 정리하였다.
- 사례 B: 편의점에서 아르바이트를 하는 을은 창고에서 상품을 정리하던 중 깨지기 쉬운 병음료가 높은 곳에 정리되어 있는 것을 발견하였다. 이에 을은 파손에 유의해야 하는 상품은 따로 정리를 해두었고, 편의점에서 판매량이 가장 높은 상품을 창고 입구에 정리해두었다.
- 사례 C: 최근에 이사를 한 병은 이삿짐을 풀면서 사용 빈도에 따라 물건을 분류하였다. 이때 자주 사용하지 않는 물건은 박스에 넣어 박스 표면에 물품의 종류를 적어두었다.

① 사례 A → 사례 B → 사례 C
② 사례 A → 사례 C → 사례 B
③ 사례 B → 사례 A → 사례 C
④ 사례 C → 사례 A → 사례 B
⑤ 사례 C → 사례 B → 사례 A

25 난이도 상중하

다음 중 재고의 유형으로 볼 수 없는 것은?

① 안전재고　　② 주기재고　　③ 예상재고　　④ 운송재고　　⑤ 기본재고

26

다음 글의 빈칸 ㉠, ㉡에 들어갈 물품 구매 방식을 각각 바르게 짝지은 것은?

- (㉠)이/가 유리한 품목은 대량구매 품목, 공통 또는 표준 품목 등이다.
- (㉡)이/가 유리한 품목은 지역성 품목, 소량구매 품목 등이다.

	㉠	㉡
①	집중구매	분산구매
②	집중구매	외주생산
③	분산구매	집중구매
④	분산구매	자체생산
⑤	외주생산	위탁구매

27

다음 중 물적자원에 대한 설명으로 적절하지 않은 것은?

① 크게 자연자원과 인공자원으로 분류할 수 있다.
② 관리 부족일 경우 과제 및 사업의 실패를 부를 수 있다.
③ 인간의 약한 신체적 특성을 보완하기 위해 인간 활동에 많이 수반된다.
④ 훼손된 경우와 달리 분실된 경우에는 경제적 손실이 발생하지 않는다.
⑤ 보관 장소가 파악되지 않는 경우더라도 향후 다시 활용될 여지가 있다.

28 난이도 상 중 하

다음 (가), (나)는 물적자원을 효과적으로 정리하고 관리하는 데 사용되는 코드이다. (가), (나)의 특징을 〈보기〉에서 골라 각각 바르게 짝지은 것은?

| 한국산업안전보건공단 |

(가)    (나)

—— / 보기 / ——
㉠ 코드화하는 방법은 세계상품코드(UPC) 체계가 가장 널리 사용되고 있다.
㉡ 인식 속도와 인식률, 복원력이 상대적으로 더 뛰어나다.
㉢ 숫자와 문자 이외의 많은 정보를 담을 수 있다.
㉣ 문자나 숫자를 흑과 백의 막대 모양 기호로 조합한 것이다.
㉤ 가로와 세로 두 방향으로 정보를 저장할 수 있다.

	(가)	(나)
①	㉠, ㉡	㉢, ㉣, ㉤
②	㉠, ㉢	㉡, ㉣, ㉤
③	㉠, ㉣	㉡, ㉢, ㉤
④	㉡, ㉢	㉠, ㉣, ㉤
⑤	㉡, ㉣	㉠, ㉢, ㉤

29 난이도 상 중 하

U사에 근무하는 고대리는 임직원에게 전달할 선물세트를 구입하기 위해 A~E업체로부터 견적을 받았다. 〈보기〉의 김팀장 지시를 토대로 선물세트를 주문하고자 할 때, 고대리가 주문할 업체는 어디인가?

〈선물세트 1개당 단가〉

구분	A업체	B업체	C업체	D업체	E업체
1호	25,000원	23,500원	25,500원	24,800원	25,200원
2호	36,000원	34,500원	35,800원	36,200원	36,400원

〈업체별 할인 행사〉

구분	내용
A업체	선물세트를 500개 이상 주문 시 총금액의 7% 할인
B업체	-
C업체	2천만 원 이상 주문 시 총금액에서 200만 원 할인
D업체	선물세트 1호를 400개 이상 주문 시 선물세트 1호 50개 증정
E업체	선물세트 2호를 300개 주문 시 선물세트 2호에 한하여 15% 할인

/ 보기 /

김팀장

고대리, 임직원 450명과 거래처 30곳에 전달할 선물세트의 주문이 필요합니다. 임직원에게는 1호 선물세트를 각각 1개씩, 거래처 30곳에는 2호 선물세트를 각각 10개씩 보낼 수 있도록 주문해 주세요. 예산 내에서 주문해야 하니 가장 저렴한 업체를 선정해 주세요.

① A업체　　② B업체　　③ C업체　　④ D업체　　⑤ E업체

30 난이도 상 중 하

○○공사 총무팀에 근무하는 윤사원은 물품 및 재고 현황을 관리하는 업무를 담당하고 있다. 이를 위해 다음과 같은 목록을 작성할 경우의 장점으로 적절하지 않은 것은?

대분류	중분류	소분류	비고
책(A)	소설책(A-1)	A-1-1. 가시고기	• 2010년에 구입 • 책의 일부분이 파손됨.
	전공책(A-2)	A-1-2. 남장소매치기 소녀	
	만화책(A-3)	A-1-3. 태백산맥	
	잡지책(A-4)		

① 기호를 통해 물품의 위치를 쉽게 파악할 수 있다.
② 한 번 작성하는 것으로 관리의 효율을 높일 수 있다.
③ 자신이 현재 보유하고 있는 물품의 종류를 파악할 수 있다.
④ 보유하고 있는 물품에 대한 관리와 새로운 물품 구입에 대한 정보를 한 번에 쉽게 확인할 수 있다.
⑤ 물품의 구입 및 상태를 정리해둠으로써 물품을 관리하는 데 관심을 기울이는 역할을 수행할 수 있다.

31 난이도 상 중 하

다음 중 서류 정리를 위해 서류상자를 활용하는 방법으로 적절하지 않은 것은?

① 넣어둔 서류나 자료는 생각났을 때 점검한다.
② 입수한 정보는 일정 양만큼 모아 꼼꼼하게 검토한 후 넣는다.
③ 필요한 정리용품은 서류상자 4~5개와 여러 개의 투명 폴더 정도가 있다.
④ 넣을 때 투명 표지에 끼워 두면 볼 때 더욱 편리하고, 정리에도 도움이 된다.
⑤ 표제용 라벨의 제목은 '긴급', '현안·검토 요망' '보관·보존용' 등 대략적으로 정해도 좋다.

32

다음 글에서 설명하는 자원을 활용할 경우의 장점으로 적절하지 않은 것은?

> 우리나라 대학생들은 '인맥 활용'에 대해 긍정적으로 보고 있으며, 앞으로 인생을 살아가는 데 '인맥'이 매우 중요하게 작용할 것으로 판단했다. 최근 대학생 432명을 대상으로 '대학생 인맥 인식'에 대해 설문 조사를 한 결과, 인생 성공 전략으로 'NQ(공존·인맥지수)'를 가장 중요하게 여기는 것으로 나타났다.
> 실제로 대학생들은 인생에서 인맥의 중요성을 묻는 질문에 '매우 중요' 68.5%, '중요한 편' 27.3% 등으로 답해, 인맥을 중요하게 생각하는 것으로 나타났다. 또한 인맥을 적극적으로 활용하는 이들에 대한 질문에서 '별로 좋아 보이지 않는다'(7.4%)와 '매우 나쁜 일을 저지르는 사람 같다'(2.5%)에 비해 '매우 능력 있게 보인다'(41.2%)와 '능력 있어 보이는 편'(48.8%)이라고 답한 비율이 높아 '인맥 활용'에 대해 긍정적으로 바라보고 있는 것으로 드러났다.

① 유사시 필요한 도움을 받을 수 있다.
② 새로운 아이디어를 얻을 수 있다.
③ 자신의 인생에 탄력을 불어넣을 수 있다.
④ 각종 정보와 정보의 소스를 획득할 수 있다.
⑤ 타인의 인간관계와 생활에 대해 알 수 있다.

33 난이도 상 중 하

○○공사 임직원 교육을 담당하는 김대리는 '인맥의 유형'에 관한 교육을 진행하기 위해 〈자료 1〉의 PPT 자료와 〈자료 2〉의 OX 퀴즈를 준비하였다. 〈자료 1〉을 토대로 할 때 〈자료 2〉의 문항 중 응답이 옳지 않은 것은?

| 한전 KPS |

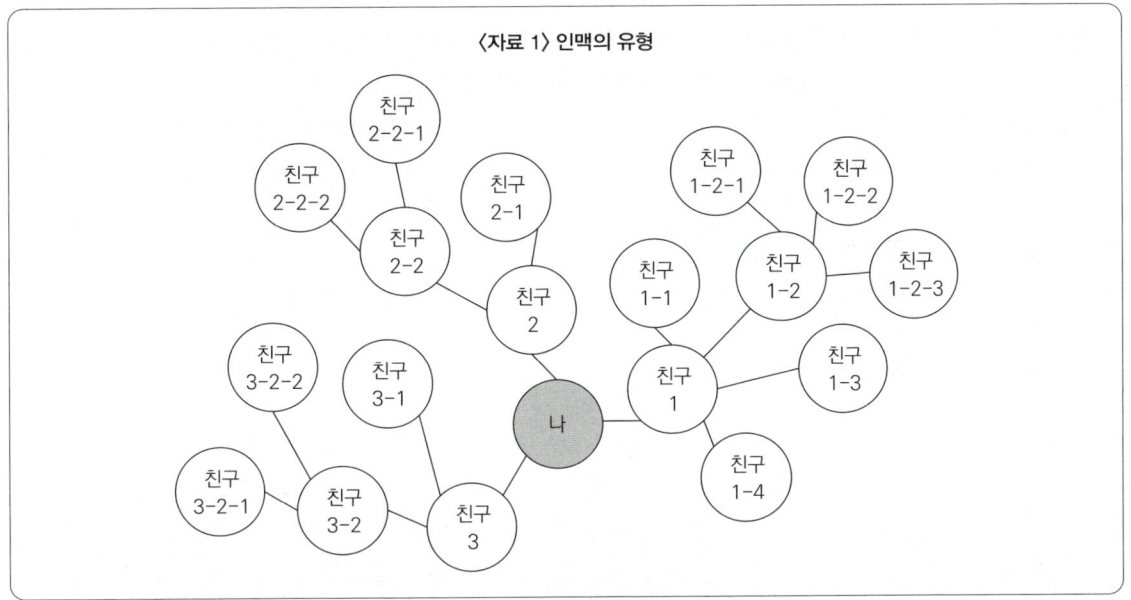

〈자료 2〉 OX 퀴즈

번호	문항	응답
Q1	우연한 자리에서 서로 알게 된 사람은 파생인맥으로 구분하지 않는다.	(O)
Q2	핵심인맥과 파생인맥에 대한 관리는 개인적인 차원의 인적자원관리라고 할 수 있다.	(O)
Q3	핵심인맥을 통해 알게 된 사람은 파생인맥이라고 한다.	(O)
Q4	인맥관리를 위해 인맥관리카드를 작성할 때는 누구에 의해 파생된 인맥인지 작성해야 한다.	(O)
Q5	핵심인맥은 나와 직접적인 관계에 있는 사람이므로 〈자료 1〉의 경우 4명이다.	(X)

① Q1　　② Q2　　③ Q3　　④ Q4　　⑤ Q5

34 난이도 상 중 하

다음 (가), (나)에 해당하는 인적자원관리의 특성을 각각 바르게 짝지은 것은?

> (가) 조직체의 자원 중 인적자원은 자금, 물질적 자원보다 조직체의 성과와 가장 밀접한 관계를 맺고 있다.
> (나) 인적자원관리는 조직구성원을 단순한 기계나 대가를 치르고 구입할 수 있는 상품으로 생각하지 않고, 조직구성원이 하나의 인격체라는 인식에서 출발한다.

	(가)	(나)
①	능동성	소진성
②	능동성	존엄성
③	전략성	개발성
④	전략성	존엄성
⑤	개발성	소진성

35 난이도 상 중 하

다음 중 외부모집의 장점으로 적절하지 않은 것은?

① 조직의 유연성이 증대된다.
② 교육·훈련의 비용이 절감된다.
③ 모집 실패의 위험 부담이 줄어든다.
④ 다양한 인력 선택의 기회가 증가된다.
⑤ 외부 인력의 새로운 관점 및 지식 활용이 가능하다.

36 난이도 상 중 하

다음 자료와 가장 관련이 깊은 인적자원관리의 기능적 차원을 고르면?

> 'QWL(Quality of Working Life)'은 '근로 생활의 질', '직장 생활의 보람', '노동의 인간화'로 번역된다. 이는 경제적 효율을 추구하는 고도 산업사회에서 잃어버린 인간성을 회복하기 위하여 근로자가 일을 통해 만족과 보람을 추구하는 운동으로 시작되었다. 인적자원관리에서도 QWL은 매우 중요한 부분 중 하나이다. QWL의 주요 목적은 높은 생산성과 능률을 유지하면서도 근로자가 환경적으로 더욱 풍부하고 넉넉한 인간적인 삶을 살아가도록 함에 있다. 이러한 운동은 노동의 인간화와 노동 생활의 질적 향상이라는 두 가지의 목표를 지니고 있다.

① 확보   ② 개발   ③ 평가   ④ 보상   ⑤ 유지 및 방출

37 난이도 상 중 하

다음 (가), (나)에 해당하는 인적자원 수요예측 방법을 각각 바르게 짝지은 것은?

> (가) 인적자원의 수요와 밀접한 관계를 가진 변수 하나를 선정하여 그 변수와 인적자원 수요 간의 관계가 어떠한 흐름인지 분석하는 미래 수요예측 방법
> (나) 인적자원 수요 결정의 다양한 요인들의 영향력을 계산하는 미래 수요예측 방법

	(가)	(나)
①	델파이 기법	추세분석법
②	델파이 기법	회귀분석
③	회귀분석	추세분석법
④	추세분석법	델파이 기법
⑤	추세분석법	회귀분석

38

다음 중 직무분석의 절차를 순서대로 바르게 나열한 것은?

> ㉠ 직무기술서 및 직무명세서의 작성
> ㉡ 배경정보의 수집
> ㉢ 직무정보의 검토
> ㉣ 직무분석의 목적 결정
> ㉤ 직무정보의 수집

① ㉡ − ㉣ − ㉤ − ㉢ − ㉠
② ㉡ − ㉤ − ㉣ − ㉢ − ㉠
③ ㉣ − ㉡ − ㉤ − ㉠ − ㉢
④ ㉣ − ㉡ − ㉤ − ㉢ − ㉠
⑤ ㉣ − ㉤ − ㉡ − ㉢ − ㉠

39

다음 중 효율적이고 합리적인 인사관리 원칙에 대한 설명으로 적절하지 않은 것은?

| 창원문화재단, 경기도경제과학진흥원 |

① '적재적소 배치의 원칙'은 해당 직무 수행에 가장 적합한 인재를 배치하는 원칙이다.
② '공정 인사의 원칙'은 근로자의 인권을 존중하고 공헌도에 따라 노동의 대가를 공정하게 지급하는 원칙이다.
③ '종업원 안정의 원칙'은 직장에서 신분이 보장되고 계속해서 근무할 수 있다는 믿음을 갖게 하여 근로자가 안정된 회사 생활을 할 수 있도록 해야 한다는 원칙이다.
④ '단결의 원칙'은 직장 내에서 구성원들이 소외감을 갖지 않도록 배려하고, 서로 유대감을 가지고 협동하고 단결하는 체제를 이루도록 하는 원칙이다.
⑤ '창의력 계발의 원칙'은 근로자가 창의력을 발휘할 수 있도록 새로운 기회를 마련하고, 적절한 보상을 하여 인센티브를 제공해야 한다는 원칙이다.

40 난이도 상 중 하

다음은 L사 신입사원 필기시험 합격기준 및 필기시험 결과이다. 이를 토대로 지원자 A~E 중 필기시험 합격자를 모두 고르면?

| 서울교통공사 9호선 |

〈L사 신입사원 필기시험 합격기준〉

- 필기시험은 의사소통능력, 수리능력, 문제해결능력, 자원관리능력, 기술능력 총 5개 과목을 진행한다.
- 과목별 문항 수는 10개로 총 50문항이며, 문항당 점수는 1점이다.
- 과목당 점수가 5점 미만인 경우 과락이며, 1개 과목 이상에서 과락이 있는 경우 필기시험에서 불합격한다.
- 필기시험 총점은 과목별 점수에 의사소통능력 20%, 수리능력 30%, 문제해결능력 20%, 자원관리능력 15%, 기술능력 15%의 가중치를 계산한 총점이다.
- 합격자는 3명이며, 동점자가 있는 경우 자원관리능력 필기시험 점수가 더 높은 지원자를 선정한다.

〈A~E의 필기시험 결과〉

구분	의사소통능력	수리능력	문제해결능력	자원관리능력	기술능력
A	5	8	6	6	8
B	6	6	7	6	6
C	6	6	4	8	7
D	7	7	5	8	6
E	8	5	5	8	6

① A, B, C
② A, B, D
③ A, D, E
④ B, D, E
⑤ C, D, E

STEP 04 응용문제

CHAPTER 05 자원관리능력

01

다음 글에서 설명하는 자재의 중요성 분류 방법의 특징으로 적절하지 않은 것은?

> 중요한 자재와 덜 중요한 자재를 구분하여 분류된 자재의 등급과 이에 따른 관리의 수준을 결정하는 기법으로, 소량의 몇 개의 자재가 매우 큰 가치를 가지고 있다는 것이 기본적인 개념이다. 파레토 법칙을 응용한 것으로 우선순위가 높은 품목을 선정하여 중점 관리하여 경제적·효율적인 장점을 갖는다.

① 중요도에 따른 차별적 관리가 이루어진다.
② 재고품의 과부족을 균형화시켜주는 수단으로 이용하기 위한 분석기법이다.
③ 자재관리를 위한 인적·물적 자원의 잘못된 분배를 방지하기 위해 활용한다.
④ 관리효율을 높이기 위해 소수의 중요 품목보다는 다수의 경미 품목을 중점 관리하는 방식이다.
⑤ 모든 부품 및 자재를 ABC 세 집군으로 분류하여 각각 다른 재고관리 방식을 적용한다.

02

다음은 자재의 중요성 분류 방법에 대한 설명이다. 빈칸 ㉠~㉢에 들어갈 용어를 각각 바르게 짝지은 것은?

― / 보기 / ―

○ 재고의 종류
  1) (㉠)
     일정한 주기로 주문하여 보유하는 재고로 주문한 품목이 입고와 수요에 따라 재고 수준이 증가·감소하게 된다.
  2) (㉡)
     수요의 불확실성으로부터 발생하는 재고로 예상 이상으로 재고를 보유하여 수요의 불확실성에 대응할 수 있다.
  3) (㉢)
     불규칙한 수요와 공급에 대응하기 위한 재고로 예측을 기반으로 예상한 수요에 맞춰 재고를 보유한다.

	㉠	㉡	㉢
①	주기 재고	예상 재고	예측 재고
②	주기 재고	안전 재고	예상 재고
③	주기 재고	이상 재고	수요 재고
④	상시 재고	예상 재고	예측 재고
⑤	상시 재고	이상 재고	안전 재고

03

다음은 인사 전략 수립 및 목표 달성에 관한 의사결정을 내릴 때 직접적으로 영향을 미치는 요인들이다. 외부 환경 요인에 해당하는 것을 〈보기〉에서 모두 고르면?

/ 보기 /
㉠ 정치 경제적 요인
㉡ 조직의 비전과 전략
㉢ 최고 경영자의 리더십
㉣ 기술적 요인
㉤ 인사정책에 대한 직원의 의식
㉥ 노동계 및 노사 관계
㉦ 경쟁사
㉧ 조직의 지배 구조

① ㉠, ㉣, ㉥
② ㉢, ㉥, ㉦, ㉧
③ ㉠, ㉣, ㉥, ㉦
④ ㉡, ㉣, ㉤, ㉧
⑤ ㉡, ㉢, ㉤, ㉦

04

다음 거래비용 중 거래 상대자와 거래를 시작하고 유지하기 위해 납기, 상품과 서비스의 질, 가격 조건, 비밀 등을 유지하는 데 소요되는 비용에 해당하는 것은?

① 준비비용
② 통제비용
③ 합의비용
④ 변경비용
⑤ 적응비용

05

다음 글의 빈칸 ㉠에 들어갈 내용으로 옳은 것은?

> 재고회전율은 현재의 재고에서 그 효율성을 판단하는 척도로 사용되며, (㉠)을 나타낸다. 재고회전율은 운전재고와 필요재고의 구성 비율에 따라 변화하며 운전재고가 많을수록 재고회전율이 높아지고, 불필요재고가 늘어날수록 재고회전율은 저하된다.

① 재고량 중 출고량의 비율
② 출고량의 증가율
③ 재고량의 감소율
④ 출고량 중 재고량의 비율
⑤ 생산량 중 재고량의 비율

06

다음 중 물류 시스템 설계 5S 목표에 대한 설명으로 적절하지 않은 것은?

① 상품 품절이나 손상 등의 사고가 없는 안전성이 요구된다.
② 고객이 필요로 하는 시간과 장소에 정확히 전달하는 신속성이 요구된다.
③ 효과적으로 공간을 활용할 수 있는 입체화 시설이나 시스템화 기기의 도입이 이루어져야 한다.
④ 선진화된 기술을 도입하여 공급망 관리를 해야 한다.
⑤ 수급 조절, 경제적 발주 등으로 적정 재고가 유지될 수 있도록 해야 한다.

07

다음은 손익계산서, 현금흐름표, 자금수지표와 특징을 정리한 자료이다. ㉠~㉤ 중 적절하지 않은 것만을 모두 고르면?

구분	손익계산서	현금흐름표	자금수지표
목적	일정기간에 대한 손익의 분석 및 계획 수립	㉠과거 일정기간에 대한 자금 흐름 실적을 회계 계정과목과 연관시켜 분석	일정기간에 대한 자금수지의 실적분석 및 계획 수립
발생주의/현금주의 구분	발생주의	현금주의	㉡발생주의
작성 기초자료	회계 데이터	㉢회계 데이터	자금입출금실적
대외 공시 여부	㉣비공시	공시	비공시
작성부서	회계팀	회계팀	㉤자금팀

① ㉠, ㉡　　② ㉡, ㉣　　③ ㉢, ㉣
④ ㉢, ㉤　　⑤ ㉣, ㉤

08

다음 중 인사평가의 기준과 이에 대한 설명이 바르게 짝지어진 것은?

① 대조표법 – 평가를 전문으로 하는 평가센터에서 다양한 자료를 활용하여 평가하는 방법
② 평정척도법 – 업무수행 과정상의 수많은 중요 사실을 추출하여 몇 개의 범주 또는 차원으로 나눈 다음 각 범주의 중요한 사실을 척도에 의해 평가하는 방법
③ 목표관리제도 – 상사와 협의하여 자신이 수행하여야 할 업무의 목표를 미리 설정하고 이에 관한 성과를 부하와 상사가 같이 측정하고 평가하는 방법으로 가장 보편적으로 활용되고 있는 방법
④ 인적평가센터법 – 피평가자의 자질을 직무수행 달성 정도에 따라 미리 정해진 척도를 근거로 평가하는 방법
⑤ 행동기준척도법 – 미리 정해놓은 비율에 맞추어 피평가자를 강제로 할당하는 방법

09

다음 〈보기〉 중 인력투입계획 수립에 관한 설명으로 적절하지 않은 것만을 모두 고르면?

─ / 보기 / ─
㉠ 인력투입계획을 수립하는 방법은 회귀분석법, 스태핑 비율법, 스태핑 프로파일법이 있다.
㉡ 회귀분석법은 과거의 데이터로부터 미래의 상황을 예측하는 방법이다.
㉢ 스태핑 비율법은 표준화된 조직의 크기, 형태에 따라 필요 인력을 예측하는 방법이다.
㉣ 스태핑 프로파일법은 업무량과 업무를 수행하는 인력 사이에 정량적인 관계를 도출하여 인력 규모를 예측하는 방법이다.
㉤ 스태핑 프로파일법은 주로 유통업체 점포 혹은 건설프로젝트에서 많이 이용된다.

① ㉠, ㉣   ② ㉠, ㉤   ③ ㉡, ㉢   ④ ㉢, ㉣   ⑤ ㉣, ㉤

PART 1 직업기초능력평가

CHAPTER 06

대인관계능력

STEP 01 개념정리
- 개념체크
- 플러스 알파 이론

STEP 02 기본문제

STEP 03 심화문제

STEP 04 응용문제

● 영역 소개

업무를 수행하는 과정에서 접촉하게 되는 사람들과 문제를 일으키지 않고 원만하게 지내는 능력이다. 하위능력은 팀워크능력, 리더십능력, 갈등관리능력, 협상능력, 고객서비스능력으로 구분된다.

● 출제 유형

구분	의미	학습 포인트
팀워크능력	다른 구성원들과 목표를 공유하고 원만한 관계를 유지하며, 책임감 있게 업무를 수행하는 능력	▸ 팀워크의 개념 및 강화·저해요소 ▸ 효과적인 팀의 특성 ▸ 리더십과 팔로워십의 개념 및 유형 ▸ 팀워크 촉진 방법
리더십능력	조직구성원들의 업무 향상에 도움을 주며 동기화시킬 수 있고, 조직의 목표 및 비전을 제시할 수 있는 능력	▸ 리더십의 개념 및 유형 ▸ 조직구성원의 동기부여 방법 ▸ 임파워먼트의 개념 및 여건, 장애요인 ▸ 변화관리의 개념 및 단계
갈등관리능력	조직구성원 사이에 갈등이 발생하였을 경우 이를 원만히 조절하는 능력	▸ 갈등의 의미와 원인 ▸ 갈등의 쟁점과 유형 ▸ 갈등의 과정과 해결방법의 모색 ▸ 윈-윈 관리법의 과정
협상능력	협상 가능한 목표를 세우고 상황에 맞는 협상전략을 선택하여 다른 사람과 협상하는 능력	▸ 협상의 의미와 과정 ▸ 협상에서 주로 나타나는 7가지 실수 ▸ 협상전략의 형태 ▸ 설득의 방법
고객서비스능력	실제 현장에서 다양한 고객에 대처할 수 있으며, 고객만족을 이끌어 낼 수 있는 능력	▸ 고객서비스의 개념 및 중요성 ▸ 고객 불만 유형 및 대처 방법 ▸ 고객 불만처리 프로세스 ▸ 고객만족 조사의 목적 및 절차

● 기출 키워드

- ▸ 감정은행계좌
- ▸ 대인관계 양식(지배형, 실리형, 냉담형 등)
- ▸ 팀워크와 응집력의 차이
- ▸ 팀워크 촉진 방법
- ▸ 효과적인 팀
- ▸ 리더십과 팔로워십
- ▸ 리더와 관리자의 차이
- ▸ 리더십 유형(독재자 유형, 민주주의에 근접한 유형, 파트너십 유형 등)
- ▸ 임파워먼트(장애요인 등)
- ▸ 효과적인 변화관리 3단계
- ▸ 갈등의 과정
- ▸ 갈등해결 방법의 유형(회피형, 경쟁형, 수용형 등)
- ▸ 윈-윈 관리법
- ▸ 협상의 의미(의사소통 차원, 갈등해결 차원, 지식과 노력 차원 등)
- ▸ 협상과정 5단계
- ▸ 협상전략의 형태(협력전략, 유화전략, 회피전략 등)
- ▸ 설득의 방법(호혜관계 형성 전략 등)
- ▸ 고객 불만 유형과 대처 방법(거만형, 의심형, 트집형 등)
- ▸ 고객 불만처리 프로세스 8단계
- ▸ 고객만족조사
- ▸ 효과적인 팀의 발전 과정
- ▸ 코칭

STEP 01 개념정리

CHAPTER 06 대인관계능력

1 대인관계능력의 의미

대인관계능력이란 직업생활에서 협조적인 관계를 유지하고, 조직구성원들에게 도움을 줄 수 있으며, 조직 내부 및 외부의 갈등을 원만히 해결하고, 상대방의 요구를 파악·충족시켜줄 수 있는 능력이다. 수평적 네트워크 체제가 보편화된 현대사회의 직업인에게 대인관계능력은 매우 중요한 요소이다.

2 인간관계에서 신뢰를 저축하는 방법(감정은행계좌) 서울교통공사

(1) 감정은행계좌

감정은행계좌란 인간관계에서 구축하는 신뢰의 정도를 은유적으로 표현한 것이다. 사람들은 같은 행동을 하더라도 누가 했느냐에 따라 그 행동 원인을 다르게 판단하는 귀인편향을 가지고 있는데 평소 잘 알고 지내는 사람에게는 내부귀인보다는 외부귀인을 한다. 예를 들어 회사에 지각한 경우 본인이 지각을 했다면 그 늦은 이유에 대해 외부(차 막힘 등)에 귀인을 하는 반면, 동료가 지각을 한다면 그 사람을 불성실하게 인식한다. 따라서 평소 감정은행계좌를 통해 서로 신뢰를 구축한다면 불필요한 오해와 편견을 예방할 수 있다.

> **참고** 내부귀인과 외부귀인
> - 내부귀인: 행동의 원인을 그 사람의 내부에서 찾는 것
>   예 시험을 망친 원인을 자신(학습 부족, 실력 부족 등)에게서 찾는 것
> - 외부귀인: 행동의 원인을 그 사람의 외부에서 찾는 것
>   예 시험을 망친 원인을 외부(시험의 난이도, 범위 등)에서 찾는 것

(2) 감정은행계좌의 저축 방법

① 상대방에 대한 이해와 배려
   상대방의 입장에서 양보하고 배려하는 노력은 타인의 마음속에 신뢰를 저축하는 가장 중요한 방법이 된다.
② 사소한 일에 대한 관심
   인간관계에서의 커다란 손실은 사소한 것으로부터 비롯되므로, 약간의 친절과 공손함은 매우 중요하다.
③ 약속 이행 및 언행일치
   책임을 지고 약속을 지키는 것은 중요한 신뢰 예입 행위이며 약속을 어기는 것은 중대한 인출 행위이다. 언행일치는 신뢰를 가져오고 감정은행계좌에 많은 종류의 예입을 가능케 하는 기초가 된다.
④ 칭찬하고 감사하는 마음
   상대방에 대한 칭찬과 감사의 표시는 상호 신뢰관계를 형성하고 사람의 마음을 움직이게 하는 중요한 신뢰 예입 행위이다.

⑤ 진정성 있는 태도

진정성 있는 태도를 보여줄 수 있는 한 가지 예는 바로 진지한 사과이다. 진지한 사과는 감정은행계좌에 신뢰를 예입하는 것이다. 그러나 반복되는 사과는 불성실한 사과와 마찬가지로 받아들여져 신뢰에 대한 인출이 된다.

> **워크북 자료로 알아보기**
>
> **Q** 다음 사례에서 나타난 감정은행계좌 저축 방법이 무엇인지 생각해보시오.
>
> 축산가공업 공장에 출근하게 된 신입사원 A는 얼마 전, 평소 무뚝뚝하고 표현을 잘 하지 않는 선배 B에게 따뜻한 감정을 느끼게 되었다. 아직 업무가 익숙하지 않아 작업 속도가 더뎠던 A는 다른 사람들보다 작업 시간이 더 길어지곤 했다. 장시간 작업으로 인해 어깨와 허리가 아팠던 A는 힘들게 작업을 이어가고 있었다. 선배 B는 평소보다 몸이 불편해 보이던 A에게 파스를 건네주며 익숙해지기 위해서는 시간이 필요하니 몸을 너무 혹사하지 말라고 조언해 주었다.
>
> **A** 위 사례에 나타난 감정은행계좌 저축 방법은 '사소한 일에 대한 관심'이다. 평소에 사소하다고 생각했던 것들이 대인관계능력 향상에 있어서 매우 중요하다.

3 다양한 대인관계 양식 〔기출〕 서울교통공사

사람마다 관계에 대한 욕구가 다르기 때문에 관계를 맺는 양식 또한 다르며, 일반적으로 사람은 일관성 있는 독특한 대인관계 양식을 지닌다.

다양한 대인관계 양식은 지배성(Dominance) 차원과 친화성(Affiliation) 차원으로 분류되며, 2가지 차원에 의해 8가지 대인관계 양식 유형으로 구분된다.

① 지배성(Dominance) 차원

다른 사람의 행동을 자신의 뜻대로 통제하려 하는 정도를 의미하며, 지배-복종의 연속선상에서 대인행동을 평가한다.

② 친화성(Affiliation) 차원

다른 사람을 호의적으로 대하는 정도를 뜻하며, 사랑-미움의 연속선상에서 대인행동을 평가한다.

구분	특징	보완점
지배형	• 대인관계에 자신이 있으며, 자기주장이 강하고, 타인에 대해 주도권을 행사함. • 지도력과 추진력이 있으며, 집단적인 일을 잘 지휘함. • 강압적이고 독단적·논쟁적이며, 타인과 마찰이 잦음. • 윗사람의 지시에 순종적이지 못하고, 거만하게 보일 수 있음.	• 타인의 의견을 잘 경청하고 수용하는 자세를 길러야 함. • 타인에 대해 자신의 지배적 욕구를 깊이 살펴보는 시간이 필요함.

실리형	• 이해관계에 예민하고 치밀하며, 성취 지향적임. • 자기중심적이고 경쟁적이며, 자신의 이익을 우선적으로 생각하기 때문에 타인에 대한 관심과 배려가 부족함. • 타인을 신뢰하지 못하고, 불공평한 대우에 예민하며, 자신에게 피해를 입힌 사람에게는 보복하는 경향이 있음.	• 타인의 이익을 배려하는 노력이 필요함. • 타인과의 신뢰를 형성하는 일에 깊은 관심을 갖는 것이 바람직함.
냉담형	• 이성적이고 냉철하며, 의지력이 강하고 타인과 거리를 두며 대인관계를 맺는 경향이 있음. • 타인의 감정에 무관심하고, 타인에게 상처 주기 쉬움. • 따뜻하고 긍정적인 감정을 표현하기 어렵고, 오랜 기간 깊게 사귀지 못함.	• 타인의 감정 상태에 깊은 관심을 지니고, 긍정적인 감정을 부드럽게 표현하는 기술을 습득하는 것이 필요함.
고립형	• 혼자 있거나 일하는 것을 좋아하며, 감정을 잘 드러내지 않음. • 타인을 두려워하고, 사회적 상황을 회피하며, 자신의 감정을 지나치게 억제함. • 침울한 기분이 지속되고, 우유부단하며, 사회적으로 고립될 가능성이 있음.	• 대인관계의 중요성을 인식하고, 좀 더 적극적인 노력을 해야 함. • 타인에 대한 불편함과 두려움에 대해 깊이 생각해 보는 것이 바람직함.
복종형	• 수동적이고 의존적이며, 주어진 일을 순종적으로 잘함. • 자신감이 없고, 타인의 주목을 받는 일을 피함. • 자신이 원하는 바를 타인에게 잘 전달하지 못함. • 상급자의 위치에서 일하는 것을 매우 부담스러워 함.	• 자기표현, 자기주장이 필요함. • 대인관계에서 독립성을 키우는 것이 바람직함.
순박형	• 단순하고 솔직하며, 너그럽고 겸손한 경향이 있음. • 주관 없이 타인에게 너무 끌려다닐 수 있으며, 잘 속거나 이용당할 가능성이 높음. • 원치 않는 타인의 의견에 반대하지 못하며, 화가 나도 타인에게 알리기 어려움.	• 타인의 의도를 좀 더 깊게 들여다보고 행동하는 신중함이 필요함. • 자신의 의견을 표현하고 주장하는 노력을 해야 함.
친화형	• 따뜻하고 인정이 많으며, 자기희생적인 태도를 취함. • 타인의 고통과 불행을 보면 도와주려고 과도하게 나서는 경향이 있음. • 타인의 요구를 잘 거절하지 못하고, 타인의 필요를 자신의 것보다 앞세움.	• 타인과의 정서적 거리를 유지하는 노력이 필요함. • 타인의 이익만큼 자신의 이익도 중요함을 인식해야 함.
사교형	• 외향적이고 쾌활하며, 타인으로부터 인정받고자 하는 욕구가 강함. • 혼자 시간 보내는 것을 어려워하며, 타인의 활동에 간섭하며 나서는 경향이 있음. • 잘 흥분하고 충동적인 성향으로, 타인의 시선을 끄는 행동을 많이 하거나 개인적인 일을 너무 많이 이야기하는 경향이 있음.	• 타인에 대한 관심보다 자신의 내면적 생활에 좀 더 깊은 관심을 지니고, 타인으로부터 인정 받으려는 자신의 욕구에 대해 깊이 생각해 볼 필요가 있음.

개/념/체/크

01 다음은 대인관계능력에 대한 설명이다. ①, ②에 들어갈 적절한 용어를 〈보기〉에서 찾아 적어보시오.

> 대인관계능력이란 직업생활에서 협조적인 관계를 유지하고, 조직 구성원들에게 도움을 줄 수 있으며, 조직 내·외부의 ① (　　　)을/를 원만히 해결하고, 고객의 ② (　　　)을/를 파악하여 충족시켜 줄 수 있는 능력이다.

/ 보기 /

갈등, 목표, 요구, 과제

02 다음 특징에 해당하는 대인관계 양식 유형을 적어보시오.

- 단순하고 솔직하며 대인관계에서 너그럽고 겸손한 경향을 보인다.
- 타인에게 잘 설득당하여 주관 없이 타인에게 너무 끌려다닐 수 있다.
- 원치 않는 타인의 의견에 반대하지 못하며, 화가 나도 타인에게 알리기 어렵다.

✓ 정답

01 ① 갈등, ② 요구

02 순박형 | 순박형은 대인관계에서 타인의 의도를 좀 더 깊게 생각하고 신중하게 행동할 필요가 있다. 또한 자신의 의견을 좀 더 강하게 표현하고 주장하는 것이 바람직하다.

하위능력 1 | CHAPTER 06 대인관계능력
팀워크능력

1 팀워크

(1) 팀워크의 개념 『기출』 한국보훈복지의료공단

팀 구성원이 공동의 목적을 달성하기 위하여 상호 관계성을 가지고 협력하여 업무를 수행하는 것을 말한다.

$$\text{팀워크(Teamwork)} = \text{팀(Team)} + \text{일(Work)}$$

> **참고** 팀워크와 응집력의 차이
>
> 팀이 성과를 내지 못하고 분위기만 좋은 것은 응집력이지 팀워크가 아니다. 단순히 모이는 것을 중요시하는 것이 아니라 목표 달성의 의지를 가지고 성과를 내는 것이 바로 팀워크이다.

팀워크	응집력
팀 구성원이 공동의 목적을 달성하기 위해 상호 관계성을 가지고 서로 협력하여 일을 해 나가는 것	사람들로 하여금 집단에 머물도록 만들고, 그 집단의 멤버로서 계속 남아 있기를 원하게 만드는 힘

(2) 팀워크의 강화요소와 저해요소

강화요소	저해요소
• 팀원 간 공동의 목표의식과 강한 도전의식 함양 • 팀원 간 상호 신뢰와 존중 • 상호 협력과 각자의 역할 및 책임 수행 • 솔직한 대화를 통한 상호 이해 • 강한 자신감으로 상대방의 사기를 북돋움.	• 조직에 대한 이해 부족 • 자기중심적인 이기주의 • '내가'라는 자아의식의 과잉 • 질투나 시기로 인한 파벌주의 • 그릇된 우정과 인정 • 사고방식의 차이에 대한 무시

2 효과적인 팀 `기출` 한전KDN

(1) 효과적인 팀의 의미
팀 에너지를 최대로 활용하는 고성과 팀을 의미하며, 팀원들의 강점을 잘 인식하고 활용하여 팀 목표를 달성하는 자신감에 찬 팀이다. 효과적인 팀은 업무 지원과 피드백, 그리고 동기부여를 위해 구성원들이 서로 의존한다.

(2) 효과적인 팀의 특성
① 팀의 사명과 목표를 명확하게 기술한다.
② 창조적으로 운영된다.
③ 결과에 초점을 맞춘다.
④ 역할과 책임을 명료화시킨다.
⑤ 조직화가 잘 되어 있다.
⑥ 리더십 역량을 공유하며 구성원 상호 간에 지원을 아끼지 않는다.
⑦ 개인의 강점을 활용한다.
⑧ 팀 풍토를 발전시킨다.
⑨ 개방적으로 의사소통한다.
⑩ 의견 불일치를 건설적으로 해결한다.
⑪ 객관적인 결정을 내린다.
⑫ 팀 자체의 효과성을 평가한다.

워크북 자료로 알아보기

Q 다음은 사례를 통해 효과적인 팀으로서 '자율지도 팀(Self-directing team)' 또는 '자율설계 팀(Self-disigning team)'의 특징을 알아보시오.

> 1972년 첼리스트 줄리안 파이퍼(Julian Fifer)가 창립한 오르페우스 악단은 구성원 모두에게 음악을 지휘할 권한을 준다. 오르페우스 악단은 지휘자의 단일 지도력에 의존하기보다 구성원의 기술, 능력, 정열적인 신뢰에 의존하도록 만들어졌다. 음악을 연주하는 사람에게 권한을 주려는 결정은 위계질서를 기본으로 하는 전통적인 오케스트라와는 근본적으로 다른 구조를 필요로 했다. 창립 멤버는 민주적 가치를 기반으로 하는 실내악에서 영감을 찾았는데, 작은 앙상블(10명 이내)은 자율지도 팀처럼 움직이면서 권한, 책임, 리더십, 그리고 동기부여를 함께 한다.

A 오르페우스 악단은 자율지도 팀 또는 자율설계 팀으로, 혁신 잠재력이 크며, 목표 수행을 위한 동기를 부여하고 조직에 학습과 변화의 기회를 제공한다. 따라서 이러한 팀은 복잡하고 모호한 문제 또는 차세대 계획 수립 등의 업무에 이상적이다.

3 리더십과 팔로워십 ✓기출 서울교통공사, 인천교통공사, 코레일테크

(1) 개념

리더십과 팔로워십은 서로 다른 개념이며 각각의 역할을 가지고 있다. 그러나 두 개념은 독립적인 관계가 아니라 상호 보완적이며 필수적인 존재이다. 조직이 성공을 거두려면 양자가 최고의 기량을 발휘해야만 한다. 즉, 리더십을 잘 발휘하는 탁월한 리더와 팔로워십을 잘 발휘하는 탁월한 팔로워, 둘 다 있어야만 한다.

팔로워십은 리더십과 비교 개념으로 사용되며, 부하로서 바람직한 특성과 행동을 의미한다. 건강한 부하는 상사가 바람직한 리더십을 발휘하도록 유도 및 지원해야 하며, 상사에 대해 동의뿐만 아니라 건전한 비판도 할 수 있어야 한다. 따라서 팔로워들은 헌신, 전문성, 용기, 정직하고 현명한 평가 능력, 융화력, 겸손함, 리더의 결점을 덮어 주는 아량 등이 필요하다.

(2) 팔로워십의 유형

팔로워십의 유형은 마인드를 나타내는 '독립적 사고'와 행동을 나타내는 '적극적 실천'의 두 가지 기준에 따라 소외형, 순응형, 실무형, 수동형으로 나뉜다.

구분	소외형	순응형	실무형	수동형
자아상	• 자립적인 사람 • 일부러 반대의견 제시 • 조직의 양심	• 기쁜 마음으로 과업 수행 • 팀플레이 • 리더나 조직을 믿고 헌신	• 조직의 운영 방침에 민감 • 사건을 균형 잡힌 시각으로 봄. • 규정과 규칙에 따라 행동함.	• 판단, 사고를 리더에 의존 • 지시가 있어야 행동
동료와 리더의 시각	• 냉소적 • 부정적 • 고집이 셈.	• 아이디어가 없음. • 인기가 없는 일은 하지 않음. • 조직을 위해 자신과 가족의 요구를 양보함.	• 개인의 이익을 극대화하기 위한 흥정에 능함. • 적당한 열의와 평범한 수완으로 업무 수행	• 하는 일이 없음. • 제 몫을 하지 못함. • 업무 수행에는 감독이 반드시 필요
조직에 대한 자신의 느낌	• 자신을 인정해주지 않음. • 적절한 보상이 없음. • 불공정하고 문제가 있음.	• 기존 질서를 따르는 것이 중요 • 리더의 의견을 거스르는 것은 어려움. • 획일적인 태도와 행동에 익숙함.	• 규정 준수를 강조 • 명령과 계획의 빈번한 변경 • 리더와 부하 간의 비인간적 풍토	• 조직이 나의 아이디어를 원치 않음. • 노력과 공헌을 해도 아무 소용이 없음. • 리더는 항상 자기 마음대로 함.

> **참고** 주도형(모범형)
>
> 팔로워십의 4가지 유형 이외에 별도로 주도형(모범형)이 가장 이상적인 유형이라고 할 수 있다. 주도형 팔로워는 조직과 팀의 목적 달성을 위해 독립적·혁신적으로 사고하고, 역할을 적극적으로 실천하는 사람이다. 주도형 팔로워의 두 가지 기본 특성은 다음과 같다.
> - 독립적·혁신적 사고: 스스로 생각하고 건설적 비판을 하며, 자기 나름의 개성이 있고 혁신적이며 창조적인 특성이 있다.
> - 적극적 참여와 실천: 솔선수범하고 주인의식을 가지고 있고, 적극적으로 참여하고 자발적이며, 기대 이상의 성과를 내려고 노력하는 특성이 있다.

(3) 팀이 비효율적이고 문제가 있을 때 나타나는 징후

- 생산성 하락
- 팀원들 간의 적대감이나 갈등
- 결정에 대한 오해나 결정 불이행
- 제안과 혁신 또는 효율적인 문제해결의 부재
- 리더에 대한 높은 의존도
- 불평, 불만 증가
- 할당된 임무와 관계에 대한 혼동
- 냉담과 전반적인 관심 부족
- 비효율적인 회의

> **참고** 썩은 사과의 법칙
>
> 만일 자신이 팀 리더이고 팀 내에 팀워크를 무너뜨리는 썩은 사과가 있다고 생각된다면, 먼저 그 팀원과 대화를 나누는 것이 좋다. 그런 후에 그 팀원에게 문제가 있는 것으로 판명되면, 그에게 기대하는 것을 분명히 전하고 스스로 변화할 수 있는 기회를 주어 그로 하여금 책임감을 갖게 한다. 만약 그가 변한다면 그것은 팀을 위해 긍정적이나 그가 끝내 변하지 않는다면 그를 팀에서 내보내야 한다. 한 사람의 썩은 사과가 팀 전체를 망칠 수 있기 때문이다.

(4) 팀에서 발생하는 갈등 유형

팀 리더와의 갈등	팀원들 사이의 갈등
• 과잉동조 • 리더에 대한 저항 • 독재적인 리더십 스타일 • 신뢰의 결여	• 언쟁 • 신뢰의 결여 • 성격적 갈등 • 의견 불일치 • 파벌 • 과업 미완성

4 팀워크 촉진 방법 [기출] 주택도시보증공사

(1) 동료 피드백 장려하기

팀원이 팀 목표를 달성하도록 고무하는 환경을 조성하기 위해, 동료의 피드백이 필요하다. 긍정이든 부정이든, 피드백이 없다면 팀원들은 개선을 이루거나 탁월한 성과를 내고자 하는 노력을 게을리하게 된다.

> **참고** 피드백을 장려하는 데 도움이 되는 4단계 과정
>
> - 1단계: 간단하고 분명한 목표와 우선순위를 설정하라.
> - 2단계: 행동과 수행을 관찰하라.
> - 3단계: 즉각적인 피드백을 제공하라.
> - 4단계: 뛰어난 수행성과에 대해 인정해 줘라.

(2) 갈등을 해결하기

성공적으로 운영되는 팀은 갈등 해결에 능숙해서, 혼란과 내분을 방지하고 팀 진전 과정에서의 방해요소를 미리 없앤다. 그렇지 않으면 시간이 지남에 따라 갈등은 커지고, 팀 분위기가 저하된다. 팀원 사이의 갈등을 발견하면, 갈등을 일으키고 있는 각 구성원에게 다음과 같은 질문을 하여 재빨리 중재해야 한다.

> **참고** 갈등해결에 도움이 되는 질문
> - 내가 보기에 상대방이 꼭 해야 하는 행동은 무엇인가?
> - 상대방이 보기에 내가 꼭 해야 하는 행동은 무엇인가?
> - 내가 보기에 내가 꼭 해야 하는 행동은 무엇인가?
> - 상대방이 보기에 스스로 꼭 해야 하는 행동은 무엇인가?

(3) 창의력 조성을 위해 협력하기

아이디어에 대해 아무런 제약을 가하지 않는 환경을 조성할 때 협력적인 분위기를 조성할 수 있다. 이러한 분위기에서는 다른 관점을 가진 다양한 아이디어들이 자유롭게 제시되고, 어느 누구도 이의를 제기하지 않으며 팀원 모두가 적극적이고 활기찬 모습을 갖게 된다.

> **참고** 협력을 장려하는 환경 조성을 위한 방법
> - 팀원의 말에 흥미를 가지고 대하라.
> - 상식에서 벗어난 아이디어에 대해 비판하지 말라.
> - 모든 아이디어를 기록하라.
> - 아이디어를 개발하도록 팀원을 고무하라.
> - 많은 양의 아이디어를 요구하라.
> - 침묵을 지키는 것을 존중하라.
> - 관점을 바꿔 보라.
> - 일상적인 일에서 벗어나 보라.

(4) 참여적으로 의사결정하기

의사결정을 내릴 수 있다는 것은 임파워먼트(Empowerment, 권한위임)를 발휘한다는 것을 의미한다. 훌륭한 의사결정을 내리기 위해서는 의사결정의 질과 구성원의 동참이라는 두 가지 측면을 고려해야 한다.

> **참고** 의사결정 시 고려 사항
>
> 1. 의사결정의 질
>   양질의 의사결정은 올바른 추론에 의해 뒷받침되며, 논리적이다. 양질의 의사결정을 내리기 위해 다음의 질문을 고려한다.
>   - 쟁점의 모든 측면을 다루었는가?
>   - 모든 팀원과 협의하였는가?
>   - 추가 정보나 조언을 얻기 위해 팀 외부와 협의할 필요가 있는가?
>
> 2. 구성원의 동참
>   모든 팀원의 지지를 받는 결정은 팀원의 동참을 이끌어낼 수 있다. 의사결정에 대해 팀원들의 동참을 얻기 위해 다음의 질문을 고려한다.
>   - 모든 팀원이 의사결정에 동의하는가?
>   - 팀원들은 의사결정을 실행함에 있어서 각자의 역할을 이해하고 있는가?
>   - 팀원들은 의사결정을 열정적으로 실행하고자 하는가?

개/념/체/크

01 다음 글의 ①, ②에 들어갈 적절한 단어를 적어보시오.

> 팀이 성과를 내지 못하면서 분위기만 좋은 것은 ① (   )이/가 좋은 것이 아니라 ② (   )이/가 좋은 것이다. ② (   )은/는 사람들로 하여금 집단에 머물도록 만들고, 그 집단의 멤버로서 계속 남아 있기를 원하게 만드는 힘이다. 반면 ① (   )은/는 팀 구성원이 공동의 목적을 달성하기 위해 상호 관계성을 가지고 서로 협력하여 일을 해나가는 것이다.

02 다음 팔로워십 유형과 그 특징을 서로 관련된 것끼리 연결해보시오.

① 소외형 •   • ㉠ 자립적인 사람, 일부러 반대의견 제시

② 순응형 •   • ㉡ 조직의 운영 방침에 민감, 사건을 균형 잡힌 시각으로 봄

③ 실무형 •   • ㉢ 가장 이상적인 팔로워십 유형

④ 수동형 •   • ㉣ 판단과 사고를 리더에 의존, 지시가 있어야 행동

⑤ 주도형 •   • ㉤ 팀플레이를 함, 리더나 조직을 믿고 헌신

03 다음 중 효과적인 팀의 특성이 아닌 것만을 모두 고르시오.

> ㉠ 창조적으로 운영된다.
> ㉡ 동기에 초점을 맞춘다.
> ㉢ 리더십 역량을 공유한다.
> ㉣ 동일한 역할과 책임을 부여한다.
> ㉤ 개방적으로 의사소통한다.

✓ 정답

01 ① 팀워크, ② 응집력

02 ① ㉠, ② ㉤, ③ ㉡, ④ ㉣, ⑤ ㉢

03 ㉡, ㉣ | ㉡ 효과적인 팀은 개별 팀원의 노력을 합친 것 이상의 결과를 성취하는 능력을 가지고 있으며, 결과에 초점을 맞춘다. ㉣ 효과적인 팀은 모든 팀원의 역할과 책임을 명확하게 규정하며, 이를 통해 팀원 각자는 자신에게 기대되는 바가 무엇인지, 동료 팀원의 역할이 무엇인지 잘 이해하고 있다.

하위능력 2 | CHAPTER 06 대인관계능력
리더십능력

1 리더십의 개념과 유형 서울교통공사, 한국도로공사, 한전KDN, 국민연금공단, 코레일테크, 한국가스안전공사

(1) 리더십의 개념
리더십이란 조직의 공통된 목표 달성을 위하여 개인이 조직원들에게 영향을 미치는 과정이다. 즉, 리더는 미래 통찰력을 가지고 조직의 성장에 영향력을 미치는 공통된 목표를 제시하여야 하고, 그 목표를 달성할 수 있도록 조직원과 팀워크를 이루어 성과를 내는 과정을 주도하는 사람이라고 볼 수 있다.

(2) 리더십 의미의 변화
리더십의 발휘 구도는 산업사회에서 정보사회로 바뀌면서 수직적 구조에서 전방위적 구조의 형태로 바뀌게 되었다. 과거에는 상사가 하급자에게 리더십을 발휘하는 형태였지만, 현재는 상사가 하급자에게 발휘하는 형태뿐만 아니라 조직원이 동료나 상사에게까지 발휘하는 형태이다.

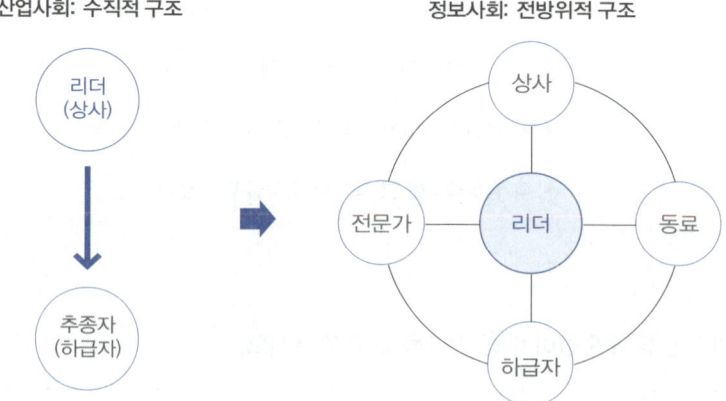

(3) 리더와 관리자의 차이
리더와 관리자의 가장 큰 차이점은 비전이 있고 없음에 있다. 관리자의 역할이 자원을 관리·분배하고 당면한 문제를 해결하는 것이라면, 리더는 비전을 선명하게 구축하고 그 비전이 팀 구성원의 협력 아래 실현되도록 환경을 만들어 주는 것이다.

리더(Leader)	관리자(Manager)
• 새로운 상황 창조자	• 상황에 수동적
• 혁신 지향적	• 유지 지향적
• 내일에 초점	• 오늘에 초점
• 사람의 마음을 중시하고 동기를 부여	• 사람을 관리하는 것을 중시
• 사람을 중시	• 체제나 기구를 중시
• 정신적	• 기계적
• 계산된 위험(Risk) 수용	• 위험(Risk) 회피
• '무엇을 할까?'를 생각	• '어떻게 할까?'를 생각

(4) 리더십 유형 `기출` 서울교통공사, 한전KDN, 주택도시보증공사

유형	특징	효과적인 활용 상황
독재자 유형	• 질문 금지 • 정보 독점 • 실수를 용납하지 않음.	통제 없이 방만한 상태이거나 가시적인 성과물이 보이지 않을 때
민주주의에 근접한 유형	• 팀원의 참여도가 높음. • 토론을 장려 • 최종결정권(거부권)은 리더에게만 허용	혁신적이고 탁월한 직원을 거느리고 있을 때
파트너십 유형	• 조직구성원 간 평등 • 조직구성원 간 책임 공유 • 집단의 비전 공유	소규모 조직이나 성숙한 조직에서 풍부한 경험, 재능을 소유한 조직원이 있을 때
변혁적 유형	• 카리스마 • 자기 확신 • 존경심과 충성심 • 팀원을 향한 풍부한 칭찬 • 감화(좋은 영향을 주어 생각·감정이 바람직하게 변화하도록 함)	조직에 있어서 현상을 뛰어넘어 획기적인 변화가 요구될 때

워크북 자료로 알아보기

Q 제시된 각 사례의 리더십 유형을 구분해보시오.

- 사례 A: 기획부장 K씨는 부하직원들의 생각을 듣기보다는 자신의 생각에 도전이나 반항 없이 순응하도록 요구한다. 이에 따라 부하직원들은 자신에게 주어진 업무만을 묵묵히 수행하며, 조직에 대한 정보를 잘 알지 못하고 있다.
- 사례 B: 팀장 L씨는 아침마다 정규 회의를 개최한다. 직원 회의에서 그 날의 협의내용에 대한 개요 자료를 부하직원들에게 나누어 주면 팀원들은 자신의 의견을 제시하거나 완전히 새로운 안을 제시한다. L씨는 이러한 팀원들의 생각에 동의하거나 거부할 권한을 가진다.
- 사례 C: 팀장 J씨는 자신이 팀원 중 한 명일 뿐이라는 생각을 가지고 있다. 따라서 자신이 다른 팀원들보다 더 비중 있다고 생각하지 않으며, 모든 팀원들과 팀의 성과 및 결과에 대한 책임을 공유하고 있다.
- 사례 D: 팀장 P씨는 그동안 자신의 팀이 유지해 온 업무수행 상태에 문제가 있다고 생각하고 있었다. 이를 개선하기 위해 그는 팀에 명확한 비전을 제시하고, 팀원들로 하여금 업무에 몰두할 수 있도록 격려하였다.

A 각 사례에 따라 리더십 유형은 다음과 같다.

사례 A	사례 B
'독재자 유형'의 리더십	'민주주의에 근접한 유형'의 리더십
사례 C	사례 D
'파트너십 유형'의 리더십	'변혁적 유형'의 리더십

워크북 자료로 알아보기

Q 제시된 사례의 각 ㉠~㉢에 들어갈 리더십 유형을 구분해보시오.

철수는 스포츠용품 제작/판매부서의 새로운 관리자로 승진했다. 그 부서는 과거 가시적인 성공을 거두었으나, 최근 구조조정으로 인해 직원 수가 줄어들면서 판매실적이 평균 이하로 떨어진 상태였다. 부서에는 훌륭한 직원들이 많았고, 철수는 새로운 관리자로서 비교적 젊은 나이였기 때문에, 처음에는 ㉠_____ 유형을 적용하여 그 상황에 대처하였다. 그는 직원들에게 현재 업무 수행 능력이 급격히 떨어지고 있는 상태라는 것을 각인시키고, 결과에 대한 책임을 공유하였다.

하지만 철수는 그들이 전성기에 대해 자랑하려고만 하고 성공을 향한 노력을 기울이지 않는다는 것을 발견하였다. 그리곤 이내 ㉡_____ 유형의 리더가 되어 직원들의 신뢰와 충성심을 새롭게 형성하였다. 그는 직원들로 하여금 집단의 성공과 실패에 직접적인 책임이 있음을 깨닫게 하여 그들 스스로 열심히 일하도록 하였다. 이러한 철수의 리더십에 계속적으로 저항하고, 업무 수행의 적극성을 보이지 않는 직원은 해고하였다. 그러자 철수의 팀은 평균 이상의 수준이 되었다. 이에 철수는 ㉢_____ 유형의 리더가 되었다. 그는 노련한 선임직원에게도 새로운 판매방법을 종용하여, 6개월 이내에 75%의 판매실력을 더 올리자는 비전을 제시하였다. 이러한 방법으로 직원들을 고무시키고 격려함으로써 철수의 부서는 회사 전체에서 판매실적 선두권을 달리게 되었다.

A ㉠: 철수가 부하직원들과 성과 및 결과에 대한 책임을 공유한다는 측면에서 '파트너십' 유형이 적절하다.
㉡: 부하직원들에게 신뢰와 충성을 강조하고, 저항하는 직원을 과감하게 해고하고 있다는 측면에서 '독재자' 유형이 적합하다.
㉢: 변화를 위해 새로운 비전을 조직구성원들에게 제시하고 있다는 측면에서 '변혁적' 유형이 가장 적합하다.

2 리더십의 핵심: 동기부여

(1) 동기부여의 중요성

팀의 구성원으로서 자기 자신에게 동기를 부여해야만 일을 성공적으로 처리할 수 있다. 더군다나 팀의 리더라면 구성원들이 좋은 성과를 내도록 동기부여할 수 있는 능력을 반드시 갖추어야 할 뿐만 아니라, 자기 자신에게도 동기를 부여할 수 있어야 한다.

(2) 내적인 동기부여의 방법

조직원들이 지속적으로 자신의 잠재력을 발휘하도록 만들기 위해서는 다음과 같은 방법으로 내적인 동기를 유발해야 한다.

① 긍정적 강화법을 활용
 높은 성과를 달성한 조직원에게는 곧바로 따뜻한 말이나 칭찬으로 보상해주는 것이 필요하다.
② 새로운 도전의 기회를 부여
 환경 변화에 따라 조직구성원들에게 새로운 업무를 맡을 기회를 준다면, 발전과 창조성을 고무하는 팀 분위기가 자연스럽게 조성된다.
③ 창의적인 문제해결법 모색
 창의적인 문제해결법은 조직원들이 자신의 실수나 잘못에 대해 스스로 책임지도록 동기를 부여한다. 리더는 실질적인 해결책만큼은 조직원 스스로 찾도록 분위기를 조성해 주는 것이 바람직하다.
④ 자신의 역할과 행동에 책임감 부여
 자신의 업무에 책임을 지도록 하는 환경의 직원들은 오히려 자신의 위치에서 안정감을 느낄 뿐 아니라, 자신이 의미 있는 일을 하고 있다는 긍지를 갖는다.

⑤ 코칭

코칭을 통해 직원 자신이 권한과 목적의식을 가지고 있는 중요한 사람이라는 사실을 느낄 수 있도록 이끌어주어야 한다.

⑥ 변화를 두려워하지 않는 것

직원들이 안전지대에서 벗어나 더욱 높은 목표를 향해 나아가도록 격려해야 한다.

⑦ 지속적인 교육

직원들에게 지속적인 교육과 성장의 기회를 제공함으로써 자신이 충분히 인정받고 있으며, 일부 권한을 위임받았다고 느낄 수 있도록 동기를 부여해야 한다.

> **참고** 처벌을 기반으로 한 동기부여
>
> 처벌을 기반으로 한 동기부여는 여러 가지 문제를 낳을 수 있다. 예컨대, 회사가 제시한 목표를 달성하지 않으면 감봉, 강등, 해고 등의 불이익을 주겠다고 하면, 직원들이 단기적으로는 그 일에 주의를 기울일 것이다. 그러나 처벌을 기반으로 한 동기부여를 받은 사람은 장기적으로는 심각한 한계상황을 초래하게 된다. 때로는 공포 분위기가 동기유발제의 역할을 할 수도 있지만 공포의 리더십은 결국 실패하고 만다.

3 임파워먼트 기출 서울교통공사, 인천교통공사

(1) 임파워먼트의 개념

리더십의 핵심 개념 중 하나는 '임파워먼트(Empowerment)', 즉 '권한위임'이라고 할 수 있다. 임파워먼트란 '조직 구성원들을 신뢰하고 그들의 잠재력을 믿으며, 그 잠재력의 개발을 통해 고성과(High performance) 조직이 되도록 하는 일련의 행위'로 정의할 수 있다.

(2) 임파워먼트의 이점

임파워먼트가 일어날 수 있는 문화가 조성되면, 임파워먼트는 조직의 모든 사람들로부터 창조적인 에너지를 끌어낸다. 임파워먼트를 하면 생산성이 향상되고, 사람들은 좋은 기회에 대한 큰 기대를 하게 되어 진보적이고 성공적인 조직을 만들 수 있다.

> **참고** 임파워먼트를 통해 갖게 되는 개인의 긍정적인 인식
>
> - 나는 매우 중요한 일을 하고 있으며, 이 일은 다른 사람이 하는 일보다 훨씬 중요한 일이다.
> - 일의 과정과 결과에 나의 영향력이 크게 작용했다.
> - 나는 정말로 도전하고 있고 계속 성장하고 있다.
> - 우리 조직에서는 아이디어가 존중되고 있다.
> - 내가 하는 일은 항상 재미가 있다.
> - 우리 조직의 구성원들은 모두 대단한 사람들이며, 다 같이 협력해서 승리하고 있다.

(3) 임파워먼트의 충족 기준
진정한 임파워먼트를 위해서는 다음의 3가지 기준이 반드시 충족되어야 한다.

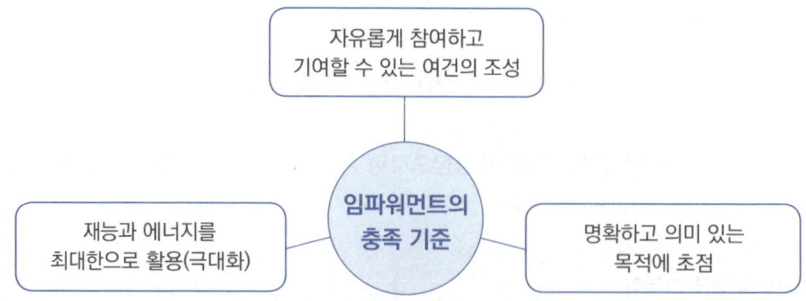

(4) 임파워먼트의 여건
임파워먼트 환경에서는 사람들의 에너지, 창의성, 동기 및 잠재능력이 최대한 발휘되는 경향이 있다. 그러나 반(反)임파워먼트 환경은 사람들이 현상을 유지하고 순응하게 만드는 경향이 있다. 높은 성과를 내는 임파워먼트 환경의 특징을 살펴보면 다음과 같다.
① 도전적이고 흥미 있는 일
② 학습과 성장의 기회
③ 높은 성과와 지속적인 개선을 가져오는 요인에 대한 통제
④ 성과에 대한 지식
⑤ 긍정적인 인간관계
⑥ 개인들이 공헌하며, 만족한다는 느낌
⑦ 상부로부터의 지원

(5) 임파워먼트의 장애요인

개인 차원	대인 차원	관리 차원	조직 차원
• 역량의 결여 • 대응성, 동기의 결여 • 결의의 부족 • 책임감 부족 • 성숙 수준의 전반적인 의존성 • 빈곤의 정신	• 다른 사람과의 성실성 결여 • 약속 불이행 • 승패를 대하는 태도 • 갈등처리 능력 부족 • 성과를 제한하는 조직 규범	• 통제적 리더십 • 경험 부족 • 효과적 리더십 발휘 능력 결여 • 정책 및 기획의 실행 능력 결여 • 비전의 효과적 전달 능력 결여	• 공감대 형성이 없는 구조와 시스템 • 제한된 정책과 절차

4 변화관리 〔기출〕 서울교통공사

(1) 변화관리의 개념
현대 비즈니스는 끊임없이 변하고 유동적이므로, 리더에게 변화관리가 매우 중요한 자질로 부각되었다.

(2) 효과적인 변화관리의 단계

절차	내용
1단계 변화 이해하기	리더는 변화에 대처하려는 직원들을 어떻게 도울 것인가를 고민하기에 앞서, 변화와 관련한 몇 가지 공통 기반을 마련하고 변화 과정에 어떤 것들이 있는지를 파악해야 한다. • 변화가 왜 필요한가? • 무엇이 변화를 일으키는가? • 변화는 모두 좋은 것인가?
2단계 변화 인식하기	불확실한 분위기는 직원들을 두려움과 스트레스에 시달리게 하므로, 직원들에게 변화와 관련된 상세한 정보를 제공하여 직원들 자신이 변화를 직접 주도하고 있다는 마음이 들도록 해야 한다. 변화에 저항하는 직원들을 성공적으로 이끌기 위해서는 다음과 같은 방법이 필요하다. • 개방적인 분위기 조성 • 객관적인 자세 유지 • 직원들의 감정에 세심한 관심 • 변화의 긍정적인 면 강조 • 변화에 적응할 시간 부여
3단계 변화 수용하기	직원들이 변화를 받아들이도록 이끄는 단계로, 왜 변화가 일어나야 하는지를 직원들에게 상세하게 설명하고, 변화를 위한 직원들의 노력에 아낌없이 지원해야 한다. • 정기적인 회의를 통해 변화에 대한 직원들의 반응 주지 • 직원들이 자신의 생각이나 제안을 직접 말할 수 있는 분위기 조성

> **참고** 변화 상황에 효과적으로 대처하기 위한 전략
>
> 1. 우리의 생각을 명확히 할 '5가지 행동의 선택'에 관한 질문을 활용하라.
>   - 우리가 이 변화를 활용해야 할 이유는 무엇인가?
>   - 이 변화는 언제 일어날 것인가?
>   - 어떻게 이 변화를 다룰 것인가?
>   - 다른 사람에게 이 변화는 무엇을 의미하는가?
>   - 이 변화는 어떤 사람에게 영향을 미치는가?
>
> 2. 변화에 대처하는 속도를 높여라.
> 3. 신속히 의사결정을 하라.
> 4. 업무를 혁신해라.
> 5. 자기 자신을 책임져라.
> 6. 상황을 올바로 파악해 제어할 수 있고 타협할 수 있는 부분을 정하라.
> 7. 가치를 추구해라.
> 8. 고객 서비스 기법을 연마해라.
> 9. 빠른 변화 속에서 자신을 재충전할 시간과 장소를 마련해라.
> 10. 스트레스를 해소하라.
> 11. 의사소통을 통해 목표와 역할, 직원에 대한 기대를 명확히 해라.
> 12. 주변 환경의 변화에 주목하라.

(3) 변화관리의 이점

① 직업 안정

융통성 있고 변화에 잘 대처하는 회사가 번창하며, 일반적으로 기업이 번창할수록 직업은 더 안정적이 된다. 또한 개인이 변화에 능통하면, 회사에서 생각하는 자신의 이미지가 개선되어 유용한 도움이 된다.

② 커리어 발전

커리어 발전을 위해서 프로젝트를 잘 운영하고, 커뮤니케이션을 잘하는 것 외에 변화에 잘 대처하는 능력도 필수적이다.

③ 개인의 가치 향상

자신의 이미지가 융통성 있고, 새로운 것을 시도하려는 성향이 강하다고 비춰지면, 회사에서 막강한 입지를 다질 수 있다. 따라서 융통성은 고집스러운 성향보다 훨씬 시장성이 높다.

④ 직업만족도 향상

효과적으로 변화에 대처하는 법을 배운다면, 직업과 관련된 스트레스가 감소하고, 자신감을 키우며, 자기 발전을 위한 기회를 늘리는 데 도움이 되어 직업만족도를 향상시킬 수 있다.

개/념/체/크

01 다음 리더십 유형과 활용할 수 있는 예를 서로 관련된 것끼리 연결해보시오.

① 독재자 유형 • • ㉠ 조직에서 현상을 뛰어넘어 획기적인 변화가 요구될 때

② 민주주의에 근접한 유형 • • ㉡ 소규모 조직에서 경험, 재능을 소유한 구성원들이 있을 때

③ 파트너십 유형 • • ㉢ 통제 없이 방만한 상태, 가시적인 성과물이 보이지 않을 때

④ 변혁적 유형 • • ㉣ 혁신적이고 탁월한 직원들을 거느리고 있을 때

02 다음은 리더가 효과적인 변화관리를 하기 위한 과정을 나타낸 것이다. ㉠~㉢에 들어갈 적절한 말을 적어보시오.

변화관리 1단계		변화관리 2단계		변화관리 3단계
변화 (㉠)하기	▶	변화 (㉡)하기	▶	변화 (㉢)하기

✓ **정답**

01 ① ㉢, ② ㉣, ③ ㉡, ④ ㉠

02 ㉠ 이해, ㉡ 인식, ㉢ 수용 | 리더가 효과적인 변화관리를 하기 위한 과정은 변화 이해하기, 변화 인식하기, 변화 수용하기의 3단계로 나눌 수 있다.

갈등관리능력

하위능력 3 / CHAPTER 06 대인관계능력

1 갈등

(1) 갈등의 의미

갈등은 상호 간 의견 차이 때문에 발생한다. 목표를 달성하기 위해 노력하는 팀이라면 갈등은 항상 일어나기 마련이며, 이러한 의견 차이가 항상 부정적인 것만은 아니다.

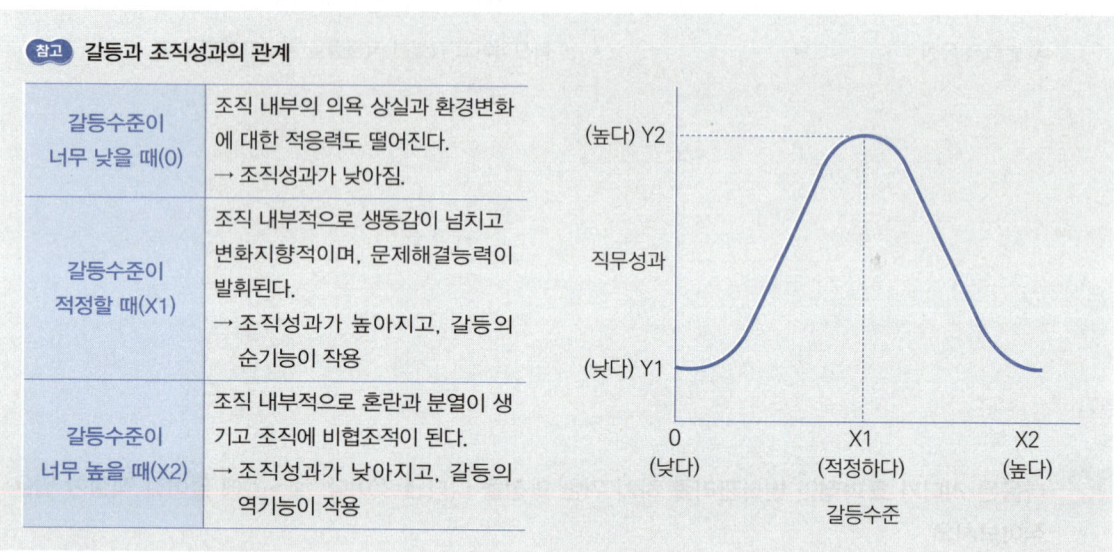

참고 갈등과 조직성과의 관계

갈등수준	설명
갈등수준이 너무 낮을 때(0)	조직 내부의 의욕 상실과 환경변화에 대한 적응력도 떨어진다. → 조직성과가 낮아짐.
갈등수준이 적정할 때(X1)	조직 내부적으로 생동감이 넘치고 변화지향적이며, 문제해결능력이 발휘된다. → 조직성과가 높아지고, 갈등의 순기능이 작용
갈등수준이 너무 높을 때(X2)	조직 내부적으로 혼란과 분열이 생기고 조직에 비협조적이 된다. → 조직성과가 낮아지고, 갈등의 역기능이 작용

(2) 갈등을 확인할 수 있는 단서

① 지나치게 감정적인 논평과 제안
② 타인의 의견 발표가 끝나기도 전에 타인의 의견에 대한 공격
③ 핵심을 이해하지 못한 것에 대해 서로 비난
④ 편을 가르고 타협하기를 거부
⑤ 개인적인 수준에서 미묘한 방식으로 서로를 공격

(3) 갈등을 증폭시키는 원인

적대적 행동	입장 고수	감정적 관여
팀원들이 '승·패의 경기'를 시작하여, 문제를 해결하기보다는 '승리하기'를 원한다.	• 팀원들은 공동의 목표를 달성할 필요성을 느끼지 않는다. • 팀원들은 각자의 입장만을 고수하고, 의사소통의 폭을 줄이며, 서로 접촉하는 것을 꺼린다.	팀원들은 자신의 입장에 감정적으로 묶인다.

2 갈등의 쟁점과 유형

(1) 갈등의 쟁점

모든 갈등에는 두 가지 쟁점들이 서로 중복되거나 교차한다. 주된 갈등이 핵심 문제에서 기인한 것일지라도, 감정적인 문제들로 갈등의 강도를 높일 수 있다. 즉, 핵심 문제(예 업무과제에 대한 불일치)가 대부분 갈등의 밑바닥에 깔려 있는 반면, 감정적인 문제들은 갈등을 복잡하게 만든다. 따라서 갈등을 해결하기 위해서는 핵심적인 문제부터 해결해야 한다.

핵심 문제	감정적 문제
• 역할 모호성 • 방법에 대한 불일치 • 목표에 대한 불일치 • 절차에 대한 불일치 • 책임에 대한 불일치 • 가치에 대한 불일치 • 사실에 대한 불일치	• 공존할 수 없는 개인적 스타일 • 통제나 권력 확보를 위한 싸움 • 자존심에 대한 위협 • 질투 • 분노

워크북 자료로 알아보기

Q 다음 사례 속 두 사람의 대화를 통해 갈등이 두 가지 쟁점 중 무엇인지를 확인하고, 갈등의 증폭을 방지할 방법은 무엇인지 생각해보시오.

가구제조회사 K는 자금 부족에 직면한 상태로 회사는 효율적인 자금운영을 위해 부서 통합 및 원가 절감 방안을 찾고자 특별대책반을 만들고, 모든 팀원에게 원가절감 방안에 대해 브레인스토밍을 하도록 하였다.
- 경리담당 R: "제가 생각하기에 비용을 절감하기 위해서는 재고를 처리하여 보관료를 절약하는 게 좋을 것 같습니다."
- 구매담당 I: "잠깐만요, 재고를 줄일 수는 없습니다. 그건 말도 안 되는 소리예요."
- 경리담당 R: "흠, 우리는 이 문제에 대하여 의견이 다른 것 같은데, 그 이유를 찾아보는 게 좋겠어요."

A R과 I의 대화를 통해 R이 재고를 줄이기를 원하고 I가 반대함으로써 둘 사이의 갈등이 명확해졌다. R은 자신의 제안이 회사에 도움을 줄 것이라고 생각한 반면, I는 그렇지 않다고 생각했다. 만약 R이 갈등을 인정하지 않은 상태에서 갈등을 파악했더라면, 갈등은 더 커졌을 것이다. 즉, 이 사례는 갈등을 해결하는 데 있어서 핵심 문제를 파악하는 것의 중요성을 보여주고 있고, R과 I가 갈등의 원인이 되는 핵심 문제를 파악하고 있었기 때문에 갈등이 증폭되는 것을 방지할 수 있다.

(2) 갈등의 유형

유형	내용
불필요한 갈등	개인의 문제 인식 차이와 정보 부족, 편견으로 인해 발생한 의견 불일치로, 적대적 감정이 생기는 경우 발생 • 근심 걱정, 스트레스, 분노 등의 부정적인 감정 • 잘못 이해하거나 부족한 정보 등 전달이 불분명한 커뮤니케이션 • 편견, 변화에 대한 저항, 항상 해 오던 방식에 대한 거부감 등에서 나오는 의견 불일치
해결할 수 있는 갈등	목표와 욕망, 가치, 문제를 바라보는 시각과 이해하는 시각이 다를 경우 발생 예 같은 팀이지만 다른 부서 출신인 두 직원이 문제의 원인에 대해 서로 다른 견해를 가지고 있는 경우

3 갈등의 과정

갈등은 한 순간에 발생하여 끝나는 것이 아니며, 다음과 같은 다섯 단계를 거치면서 진행된다.

1단계 의견 불일치	· 문제에 대한 생각, 신념, 성격이 다르다는 점에서 출발하며, 사소한 오해로 인한 갈등이라도 내버려 두면 심각한 갈등으로 발전하게 됨.
2단계 대결 국면	· 서로의 입장을 고수하려는 강도가 높아지면서 감정적인 대응이 격화됨.
3단계 격화 국면	· 상대방에 대해 더욱 적대적 현상으로 발전하며, 설득보다는 강압적, 위협적인 방법을 쓰려고 함.
4단계 진정 국면	· 시간이 지나면서 흥분과 불안이 가라앉고, 점차 갈등이 감소함. · 협상단계 시 중재자, 조정자 등 제삼자 개입이 문제해결에 도움이 됨.
5단계 갈등의 해소	· 목표 달성을 위해 의견을 일치시키려고 함.

4 갈등해결 방법의 모색 〔기출〕 한전KDN, 서울교통공사, 한국가스안전공사

(1) 갈등해결 방법의 유형

유형	내용
회피형 (Avoiding)	• 자신과 상대방에 대한 관심이 모두 낮은 경우로서, 갈등 상황에 대하여 상황이 나아질 때까지 문제를 덮어두거나 피하려고 하는 경우이다. • 나도 지고 너도 지는 방법(I Lose-You Lose)
경쟁형 (Competing)	• 자신에 대한 관심은 높고 상대방에 대한 관심은 낮은 경우로서, 상대방의 목표 달성은 희생시키면서 자신의 목표를 위해 전력을 다하는 제로섬(Zero sum) 개념이다. • 나는 이기고 너는 지는 방법(I Win-You Lose)
수용형 (Accomodating)	• 자신에 대한 관심은 낮고 상대방에 대한 관심은 높은 경우로서, 상대방의 목표 달성을 위해 자신을 희생하고 상대방의 의지에 따르는 경향을 보인다. 상대방이 거친 요구를 해오는 경우 전형적으로 일어나는 반응이다. • 나는 지고 너는 이기는 방법(I Lose-You Win)
타협형 (Compromising)	• 자신에 대한 관심과 상대방에 대한 관심이 중간 정도인 경우로서, 갈등 당사자들이 반대의 끝에서 시작하여 중간 정도 지점에서 타협하여 해결점을 찾는 것이다. 갈등 당사자 간에 불신이 클 때는 실패하는 유형이다. • 서로 주고받는 방식(Give and take)
통합형 (Integrating)	• 협력형(Collaborating)이라고도 하고, 자신은 물론 상대방에 대한 관심이 모두 높은 경우로서, 문제해결을 위해 서로 정보를 교환하며 모두의 목표를 달성하려는 경우이다. 가장 바람직한 갈등해결 유형이라 할 수 있다. • 나도 이기고 너도 이기는 방법(I Win-You Win)

워크북 자료로 알아보기

Q 제시된 상황에서 각 사례의 갈등해결 방법 유형을 구분해보시오.

S병원에서 외과 전문의로 일하고 있는 K박사는 권위 있는 전문의사로서 정평이 나 있다. 최근 많은 환자들이 몰려들어 입원실은 물론, 수술에 필요한 각종 수술용 재료와 의료기구도 부족한 상황이다. 열흘 전에 해당 물품들을 주문해 놓았지만 아직 입고되지 않아 두 차례나 자재과에 독촉한 상태이고, 이에 자재를 책임지고 있는 L과장은 난감해 하고 있다. 이러한 상황에서 L과장이 회의를 마치고 병원 로비로 걸어 나오는데, 오른쪽 복도 끝에서 K박사가 걸어오고 있다.
- 사례 A: 병원 로비로 걸어 나오던 L과장은 멈칫하여, 오른쪽 복도로 가지 않고 K박사를 피해 다른 복도를 이용하여 자재과로 갔다.
- 사례 B: L과장은 평소 K박사를 '성격이 불같고, 자신을 귀찮게 하는 사람에게 수단방법을 가리지 않고 응징하는 조폭 같은 위인'이라고 생각하였고, '규정을 위반해서라도 이번 외과 자재주문을 내일 당장 처리해주겠으니, 하루만 더 기다려 달라'며 K박사를 달랬다.
- 사례 C: K박사가 난리법석을 떨며 L과장을 협박까지 하였지만 L과장도 호락호락하지 않았다. 30분간 두 사람이 옥신각신 하다가 K박사는 '다른 건 다 양보할 테니 모르핀만은 내일까지 좀 구매해달라'고 부탁하였고, L과장은 '병원규정을 어길 순 없지만 모르핀만은 직권으로 구매해주겠다'고 마지못해 응답했다.

A 각 사례에 따라 갈등해결 방법 유형은 다음과 같다.

사례 A	사례 B	사례 C
회피형	수용형	타협형

(2) 갈등의 성공적인 해결을 위해 명심해야 할 사항
① 쟁점의 양 측면을 모두 이해해야 한다.
- 내성적이거나 자신을 표현하는 데 서투른 팀원은 격려한다.
- 이해된 부분을 검토하고 누가 옳고 그른지에 대해 논쟁하는 일은 피한다.

② 갈등이 사람들의 수행에 어떻게 영향을 미치는지 토의한다.
- 느낌이나 성격이 아닌 사실이나 행동에 초점을 둔다.

③ 비난을 피하기 위해 조직원들이 차이점보다 유사점을 파악하도록 돕는다.
- 유사점이 강조된 경우 갈등의 당사자들이 공통의 토대에서 만날 수 있게 된다.
- 차이점이 있는 경우 차이의 본질에 대해 이해하도록 노력한다.

> **참고** 조직원들과 갈등해결 방법 모색 시 주의 사항
> - 다른 사람들의 입장을 이해하며, 당황하는 모습을 자세하게 살피기
> - 어려운 문제는 피하지 말고 맞서기
> - 자신의 의견을 명확하게 밝히고 지속적으로 강화하기
> - 사람들과 눈을 자주 마주치기
> - 마음을 열고 적극적으로 경청하기
> - 타협하려 애쓰기
> - 어느 한쪽으로 치우치지 않기
> - 논쟁하고 싶은 유혹을 떨쳐내기
> - 존중하는 자세로 사람들을 대하기

5 윈-윈(Win-Win) 관리법 ✓기출 대구도시철도공사

윈-윈 관리법은 갈등과 관련된 모든 사람들에게 의견을 받아 문제의 본질적인 해결책을 구하는 것을 말한다. 윈-윈 해결책에 도움이 되는 갈등해결방식에는 몇 가지 모델이 있으므로, 미리 결정하는 것보다 팀 내에서 대립이 있을 때마다 적절한 모델을 적용하는 것이 더 중요하다. 다음은 여러 모델 중 한 가지 모델에 대한 개요이다.

1단계	**충실한 사전 준비** · 비판적인 패러다임 전환하기 · 자신의 위치와 관심사 확인하기 · 상대방의 입장과 드러내지 않은 관심사 연구하기
2단계	**긍정적인 접근 방식** · 상대방이 필요로 하는 것에 대해 생각해 보았다는 점을 인정하기 · 자신의 '윈-윈 의도' 명시하기 · 윈-윈 절차, 즉 협동적인 절차에 임할 자세가 되어 있는지 알아보기
3단계	**두 사람의 입장을 명확히 하기** · 동의하는 부분 인정하기 · 기본적으로 다른 부분 인정하기 · 자신이 이해한 바를 점검하기
4단계	**윈-윈에 기초한 기준에 동의하기** · 상대방에게 중요한 기준을 명확히 하기 · 자신에게 어떠한 기준이 중요한지 말하기
5단계	몇 가지 해결책 생각해내기
6단계	몇 가지 해결책 평가하기
7단계	최종 해결책을 선택하고 실행에 동의하기

개/념/체/크

01 다음은 갈등의 유형에 대한 설명이다. ①, ②에 들어갈 적절한 용어를 각각 적어보시오.

> 갈등에는 두 가지 유형이 있다. 첫 번째 유형은 ① (　　　　　)(이)다. 개개인이 저마다 문제를 다르게 인식하거나 정보가 부족한 경우, 편견 때문에 발생한 의견 불일치로 적대적 감정이 생길 때 발생한다. 두 번째 유형은 ② (　　　　　)(이)다. 목표와 욕망, 가치, 문제를 바라보는 시각과 이해하는 시각이 다를 경우에 일어날 수 있는 갈등이다.

02 다음 갈등해결 방법의 유형과 그 특징을 서로 관련된 것끼리 연결해보시오.

① 회피형 •　　　　• ㉠ 나도 지고 너도 지는 방법(I lose–You lose)

② 경쟁형 •　　　　• ㉡ 서로 주고받는 방식(Give and take)

③ 수용형 •　　　　• ㉢ 나도 이기고 너도 이기는 방법(I win–You win)

④ 타협형 •　　　　• ㉣ 나는 지고 너는 이기는 방법(I lose–You win)

⑤ 통합형 •　　　　• ㉤ 나는 이기고 너는 지는 방법(I win–You lose)

✓ **정답**

01 ① 불필요한 갈등, ② 해결할 수 있는 갈등

02 ① ㉠, ② ㉤, ③ ㉣, ④ ㉡, ⑤ ㉢ | ① 회피형은 갈등 상황이 나아질 때까지 문제를 덮어두거나 위협적인 상황에서 피하려고 하는 유형이다. ② 경쟁형은 상대방의 목표 달성을 희생시키면서 자신의 목표를 위해 전력을 다하는 제로섬(Zero sum) 개념의 유형이다. ③ 수용형은 상대방의 관심을 충족하기 위하여 자신의 관심이나 요구는 희생하고, 상대방의 의지에 따르는 유형이다. ④ 타협형은 갈등 당사자들이 반대의 끝에서 시작하여 중간 정도 지점에서 타협하여 해결점을 찾는 유형이다. ⑤ 통합형은 문제해결을 위해 서로 정보를 교환하고 모두의 목표를 달성할 수 있는 윈–윈 개념의 유형이다.

하위능력 4 | CHAPTER 06 대인관계능력
협상능력

1 협상의 의미 [기출] 서울교통공사

협상(Negotiation)이란 갈등상태에 있는 이해 당사자들이 대화와 논쟁을 통해서 서로를 설득하여 문제를 해결하려는 정보전달과정이자 의사결정과정이다. 협상의 개념은 크게 의사소통 차원, 갈등해결 차원, 지식과 노력 차원, 의사결정 차원, 교섭 차원에서 살펴볼 수 있다.

구분	협상의 의미
의사소통 차원	이해 당사자들이 자신들의 욕구를 충족시키는 것을 목적으로, 상대방으로부터 최선의 것을 얻어내기 위해 상대방을 설득하는 커뮤니케이션 과정
갈등해결 차원	갈등관계에 있는 이해 당사자들이 대화를 통하여 갈등을 해결하고자 하는 상호작용 과정
지식과 노력 차원	우리가 얻고자 하는 것을 가진 사람의 호의를 쟁취하기 위한 것에 관한 지식이며, 이를 위해 노력하는 과정
의사결정 차원	둘 이상의 이해 당사자들이 여러 대안들 가운데서 이해 당사자들 모두가 수용 가능한 대안을 찾기 위한 의사결정과정
교섭 차원	선호가 다른 협상 당사자들이 합의에 도달하기 위해 공동으로 의사결정하는 과정

> **참고** 나 자신과의 협상에서 성공하는 법 6단계
>
> ① 1단계: 자신의 입장에서 생각하기
> 이 단계에서는 자신을 마치 거래의 중요한 고객을 대하듯 내재된 요구사항들을 공감하며 들어본다.
> ② 2단계: 자신의 내적 배트나(BATNA) 개발하기
> 내적 배트나(Best Alternative To a Negotiated Agreement), 즉 '협상이 어려울 시 선택할 수 있는 최상의 대안'을 찾는다.
> ③ 3단계: 자신의 시각을 재설정하기
> 인간은 누구나 결핍에서 생기는 두려움을 가지고 있다. 이때 자신의 인생을 바라보는 시각을 바꿔보자.
> ④ 4단계: 현재에 머무르기
> 대립관계에 있을 때, 지나간 일에 대해 부정적인 감정을 갖거나 미래에 대해서 불안하며 걱정하기보다는 그 반대로 행동하여 힘든 상황을 더 잘 해결할 수 있도록 한다.
> ⑤ 5단계: 그대로 그들을 존중하기
> 거절당할 때 우리는 거절은 거절로, 개인적 비난은 비난으로, 또 따돌림은 따돌림으로 대응하기 쉽다. 그러나 이를 있는 그대로 수용해 보자.
> ⑥ 6단계: 베풀기와 되돌려 받기
> 물량이 한정적일 때는 오직 자신이 원하는 것에만 집중하기 쉽지만 받기보다 먼저 베풀어본다.

2 협상과정 5단계

협상과정은 연구관점에 따라 다양한 형태로 언급될 수 있다. 일반적으로는 5단계와 3단계로 구분된다. 협상과정의 3단계는 협상 전 단계, 협상 진행 단계, 협상 후 단계의 순서로 이루어지며, 협상과정의 5단계는 다음과 같이 협상 시작, 상호 이해, 실질 이해, 해결 대안, 합의 문서 등의 절차에 따라 진행된다.

3 협상에서 주로 나타나는 7가지 실수와 대처 방안

(1) 준비되기도 전에 협상을 시작하는 것
상대방이 먼저 협상을 요구하거나 재촉하면 아직 준비가 덜 되었다고 솔직히 말한다. 그리고 그런 때를 상대방의 입장을 묻는 기회로 삼는다. 협상 준비가 되지 않았을 때는 듣기만 한다.

(2) 잘못된 사람과의 협상
협상 상대가 협상에 대하여 책임을 질 수 있고 타결권한을 가지고 있는 사람인지 확인한 후 협상을 시작한다. 상급자는 협상의 세부사항을 잘 모르기 때문에 협상의 올바른 상대가 아니다.

(3) 특정 입장만 고집하는 것(입장협상)
상대방이 특정 입장만 내세우는 입장협상을 할 경우에는 조용히 그들의 준비를 도와주고 서로 의견을 교환하면서 상대의 마음을 열게 한다.

(4) 협상의 통제권을 잃을까 두려워하는 것
협상의 통제권을 잃을까 염려되면 그 사람과의 협상 자체를 고려해본다. 자신의 한계를 설정하고 그것을 고수하면 그런 염려를 하지 않게 된다.

(5) 설정한 목표와 한계에서 벗어나는 것
한계와 목표를 잃지 않도록 기록하고, 기록된 노트를 협상의 길잡이로 삼는다. 그러나 더 많은 것을 얻기 위해 한계와 목표를 바꾸기도 한다.

(6) 상대방에 대해서 너무 많은 염려를 하는 것
상대방이 원하는 것을 얻을까 너무 염려하지 말고, 협상을 타결 짓기 전에 자신과 상대방이 각기 만족할 만한 결과를 얻었는지, 협상 결과가 현실적으로 효력이 있었는지, 모두 만족할 만한 상황이 되었는지 확인한다.

(7) 협상 타결에 초점을 맞추지 못하는 것
협상의 모든 단계에서 협상의 종결에 초점을 맞추고, 항상 종결을 염두에 둔다. 특정한 목적을 위해 협상을 하고 있기 때문에 목표가 가까이 왔을 때 쟁취하게 되는 것이다.

4 협상전략의 형태 `기출` 서울교통공사

협상 당사자는 자신의 목적과 상대방의 목적 그리고 상황적 요인에 따라서 다양하게 협상전략을 구사할 수 있다. 협상 전략의 형태로는 협력전략(문제해결전략), 유화전략(양보전략), 회피전략(무행동전략), 강압전략(경쟁전략) 등으로 구분할 수 있다.

구분	특징
협력전략 (Cooperative strategy) = 문제해결전략	• 문제를 해결하는 합의에 이르기 위해서 협상 당사자들이 서로 협력하는 전략 • 협상 당사자들이 서로에 대한 정보를 많이 공유하고 있을 경우, 협상 당사자 간에 신뢰가 쌓여 있는 경우, 우호적 인간관계의 유지가 중요한 경우에 유용 • 'Win-Win' 전략, 'I Win, You Win, We Win' 전략 • 협상전술: 협동적 원인탐색, 정보수집과 제공, 쟁점의 구체화, 대안 개발, 개발된 대안들에 대한 공동평가, 협동하여 최종안 선택 등
유화전략 (Smoothing strategy) = 양보전략	• 상대방이 제시하는 것을 일방적으로 수용하여 협상의 가능성을 높이려는 전략 • 결과보다는 상대방과의 인간관계 유지를 선호하는 경우, 단기적으로는 손해를 보더라도 장기적 관점에서 이익이 되는 경우에 유용 • 'Lose-Win' 전략, 'I Lose, You Win' 전략 • 협상전술: 유화, 양보, 순응, 수용, 굴복, 요구사항의 철회 등
회피전략 (Avoiding strategy) = 무행동전략	• 협상을 피하거나 잠정적으로 중단·철수하는 전략 • 협상의 가치가 매우 낮은 경우, 상대방에게 심리적 압박감을 주어 필요한 것을 얻어내려 하는 경우, 협상 이외의 방법으로 쟁점 해결이 가능한 경우에 유용 • 'Lose-Lose' 전략, 'I Lose, You Lose, We Lose' 전략 • 협상전술: 협상을 회피, 무시, 상대방의 도전에 대한 무반응, 협상안건을 타인에게 넘겨주기, 협상으로부터 철수 등
강압전략 (Forcing strategy) = 경쟁전략	• 상대방보다 우위에 있을 때 자신의 이익을 극대화하기 위한 공격적 전략 • 인간관계를 중요하게 여기지 않는 경우, 자신의 이익만 극대화해야 하는 경우에 유용 • 'Win-Lose' 전략, 'I Win, You Lose' 전략 • 협상전술: 위압적인 입장 천명, 협박과 위협, 협박적 회유와 설득, 확고한 입장에 대한 논쟁, 상대방 입장에 대한 강압적 설명 요청 등

워크북 자료로 알아보기

Q 제시된 각 사례의 협상전략 유형을 구분해보시오.
- 사례 A: 대기업 영업부장인 L씨는 신제품 출시 가격에 대해서 도매업체 T와 가격협상을 하고 있었다. 그런데 T업체는 새로 출시된 신제품에 별반 관심을 보이지 않았고, 적극적이지 않았다. 또한 L씨는 시간과 노력을 투자하여 T업체와 협상할 가치도 낮다고 느끼는 중이었다. 따라서 L씨는 과감하게 협상을 포기하였다.
- 사례 B: 대기업 영업부장인 K씨는 기존의 재고를 처리할 목적으로 M업체와 협상 중이며, M업체는 자금부족을 이유로 이를 거절하였다. 그러나 K씨는 자신의 회사에서 물품을 제공하지 않으면 M업체가 매우 곤란한 지경에 빠진다는 사실을 알고 있었기에, 앞으로 M업체와 거래하지 않을 것이라는 엄포를 놓았다. 이에 따라 K씨는 성공적으로 협상을 이끌어낼 수 있었다.

A 각 사례에 따라 협상전략 유형은 다음과 같다.

사례 A	사례 B
회피전략	강압전략

5 설득의 방법

협상에 있어 상대방을 설득하는 일은 필수적이다. 상대방을 설득시키는 방법은 상대방 또는 상황에 따라 매우 다양하며, 활용할 수 있는 전략은 다음과 같다.

(1) See-Feel-Change 전략

시각화하여 직접 보게하여 이해시키고(See), 스스로가 느끼게하여 감동시키며(Feel), 변화시켜 설득에 성공한다(Change)는 전략이다.

(2) 상대방 이해 전략

협상과정상의 갈등 해결을 위해서 상대방에 대한 이해가 선행되어 있으면 갈등 해결이 용이하다는 것이다.

(3) 호혜관계 형성 전략

협상 당사자 간에 어떤 혜택을 주고받은 관계가 형성되어 있으면 협상과정상에서 갈등 해결을 쉽게 할 수 있는 전략이다.

(4) 헌신과 일관성 전략

협상 당사자 간 기대하는 바에 일관성 있게 헌신적으로 부응하고 행동하여 원하는 목적을 이루는 협상전략이다.

(5) 사회적 입증 전략

어떤 과학적인 논리보다 동료 또는 사람들과의 말과 행동에 의해 상대를 설득하는 전략이다. 그 예로 소위 '입소문'을 통해서 설득하는 것이 광고를 통해 설득하는 것보다 더 효과적일 수 있다.

(6) 연결 전략

갈등문제와 갈등관리자를 연결하는 것이 아닌 갈등을 야기한 사람과 관리자를 연결하여 갈등을 해결하는 전략이다. 예를 들어 정부정책(제품)과 자신을 연결하는 것이 아니라 그 정부정책을 집행하는 사람(판매자)과 자신을 연결하는 방법이다.

(7) 권위 전략

직위나 전문성, 외모 등 권위를 이용하여 협상과정의 갈등 해결을 쉽게 하는 전략이다. 사람들은 자신보다 더 높은 직위, 더 많은 지식을 가지고 있다고 느끼는 사람으로부터 설득을 당하기 쉽다.

(8) 희소성 해결 전략

인적·물적자원 등의 희소성을 해결함으로써 협상과정상 갈등 해결을 쉽게 하는 전략이다. 사람들은 시간적으로 희소하고 사회·경제적으로 희소한 것 등에 대해서 더 강력한 소유 욕구가 있을 때 설득을 당하기 쉽다.

(9) 반항심 극복 전략

상대방을 설득할 때 억압을 하면 할수록 더욱 반항하게 될 가능성이 높아지므로, 이를 피함으로써 협상을 쉽게 하는 전략이다.

개념체크

01 다음 협상과정의 단계와 그 내용을 서로 관련된 것끼리 연결해보시오.

① 협상 시작 •   • ㉠ 겉으로 주장하는 것과 실제로 원하는 것을 구분하여 실제로 원하는 것을 찾아냄.

② 상호 이해 •   • ㉡ 합의문을 작성하고 서명함.

③ 실질 이해 •   • ㉢ 협상 당사자들 사이에 상호 친근감을 쌓고, 협상진행을 위한 체제를 짬.

④ 해결 대안 •   • ㉣ 갈등문제의 진행상황과 현재의 상황을 점검함.

⑤ 합의 문서 •   • ㉤ 협상 안건마다 대안들을 평가함.

02 다음 특징에 해당하는 협상전략의 형태를 적어보시오.

- 양보전략, 순응전략, 화해전략, 수용전략, 굴복전략이라 할 수 있다.
- 상대방이 제시하는 것을 일방적으로 수용하여 협상 가능성을 높이는 전략이다.
- 상대방과의 우호관계를 중시하고, 그 우호관계를 지속하기 위해 자신보다는 상대방의 이익 및 입장을 고려하는 전략이다.

03 다음 설명에 해당하는 설득의 방법을 적어보시오.

협상 당사자 간에 어떤 혜택들을 주고받은 관계가 형성되어 있으면 그 협상과정상의 갈등 해결에 용이하다는 것을 이용하는 전략이다. 이 전략은 '빚은 갚아야 한다', '약속은 지켜야 한다' 등과 같은 사회적 의무에 관한 교육과 학습에 바탕을 둔다. 특히나 평소 혜택을 주고받은 관계를 잘 형성해 놓으면 차후에 더 큰 협조를 얻어내기가 쉬워진다고 본다.

✓ **정답**

01 ① ㉢, ② ㉣, ③ ㉠, ④ ㉤, ⑤ ㉡

02 **유화전략** | 유화전략은 'I Lose, You Win' 전략으로, 협상으로 인해 돌아올 결과보다는 상대방과의 인간관계 유지를 선호하여 상대방과의 충돌을 피하고자 할 때 사용할 수 있다. 상대방에게 돌아갈 결과에 더 큰 관심을 가지고 상대방의 주장에 순순히 따르는 전략이다.

03 호혜관계 형성 전략

CHAPTER 06 대인관계능력
하위능력 5 고객서비스능력

1 고객서비스

(1) 고객서비스의 개념

고객서비스란 다양한 고객 요구를 파악하고, 대응법을 마련하여 고객에게 양질의 서비스를 제공하는 것이다.

(2) 고객서비스의 중요성

고객서비스를 통해 기업은 성장을 이루게 되는데, 먼저 고품위의 고객서비스를 제공하여 고객이 감동을 받으면 회사에 대한 충성도가 증가하게 된다. 이로 인해 고객들 사이에 기업에 대한 선호도가 높아져 성장과 이익을 달성할 수 있다.

2 고객만족조사 `기출` 서울교통공사

(1) 고객만족조사의 목적

고객의 주요 요구를 파악하여 가장 중요한 고객요구를 도출하고, 자사가 가지고 있는 자원을 토대로 경영 프로세스의 개선에 활용함으로써 경쟁력을 증대시키는 것이 목적이다. 결국 기업은 수익 증대와 품질 향상으로 이어져 유형 및 무형의 가치를 창출하게 된다.

> **참고** 고객만족 측정 시 범하는 오류
> - 고객이 원하는 것을 알고 있다고 생각한다.
> - 적절한 측정 프로세스 없이 조사를 시작한다.
> - 비전문가로부터 도움을 얻는다.
> - 포괄적인 가치만을 질문한다.
> - 중요도 척도를 오용한다.
> - 모든 고객들이 동일한 수준의 서비스를 원하고 필요로 한다고 가정한다.

(2) 고객만족조사 계획 수립의 절차

3 고객 불만 유형과 대처 방법 기출 서울교통공사

고객을 다루기 위해서는 고객의 유형을 알아야 한다. 회사의 제품이나 서비스에 만족하는 고객이 있는가 하면, 만족하지 못하는 고객도 있다. 고객서비스 능력을 향상시키기 위해서는 불만족한 고객을 다룰 줄 아는 것이 매우 중요하다.

유형	특징	대처 방법
거만형	타인보다 우월하다 생각하며 과시적으로 자신이 가진 지식이나 능력, 소유를 드러내고 싶어하는 유형으로, 보통 제품을 폄하하는 사람이 많다.	• 정중하게 대하는 것이 좋다. • 과시욕이 충족될 수 있도록 언행을 제지하지 않고 인정해 준다. • 의외로 단순한 면이 있으므로 일단 호감을 얻게 되면 여러 면으로 득이 될 경우가 많다.
의심형	직원의 설명이나 제품의 품질에 대해 의심이 많으며, 확신 있는 말이 아니면 잘 믿지 않는 유형이다.	• 분명한 증거나 근거를 제시하여 스스로 확신을 갖도록 유도한다. • 때로는 책임자가 응대하는 것도 좋다.
트집형	사소한 것으로 트집을 잡는 까다로운 유형이다.	• 이야기를 경청하여 맞장구치고, 추켜세우며 설득해 가는 방법이 효과적이다. • 고객의 의견을 경청하고, 사과를 하는 응대가 바람직하다.
빨리빨리형	매사에 성격이 급하며, 일처리가 늦어지는 것에 대해 불만을 갖는 유형이다.	• 여러가지 일을 신속하게 처리하는 모습을 보이면 응대하기 쉽다. • 애매한 화법을 사용하면 고객은 신경이 더욱 날카롭게 곤두서게 되므로, 주의한다.

워크북 자료로 알아보기

Q 제시된 각 사례에서 고객의 불만 유형을 구분해보시오.
- 사례 A: 더운 여름날 한 고객이 에어컨을 구입하려고 가전제품 매장을 찾았다. 하지만 그 매장을 찾은 고객이 많아서 상담이 조금 지체되자 자신에게 상담을 빨리 해주지 않는다고 거칠게 불만을 터뜨렸다.
- 사례 B: 레스토랑을 찾은 한 손님이 레스토랑의 서비스가 마음에 들지 않는다고 불만을 토로했다. 매니저가 시정해 주었지만, 그 손님은 이것저것 트집을 또 잡으면서 계속 불평을 했다.
- 사례 C: 한 손님이 옷을 사기 위해 백화점 의류매장에 들렸다. 그는 매장에 진열된 옷들이 너무 싸구려 같다고 불평하면서 고급스러운 옷을 보여달라고 하였다.
- 사례 D: 한 학생이 노트북을 사기 위해 전자제품 매장을 찾았다. 이 학생에게 상담원이 친절하게 설명을 해주었지만, 이 학생은 그의 말을 믿지 않고 계속 의심을 품었다.

A 각 사례에 따라 구분해보면 다음과 같다.

사례 A	사례 B	사례 C	사례 D
빨리빨리형	트집형	거만형	의심형

4 고객 불만 처리 프로세스   기출   서울교통공사, 한국보훈복지의료공단

고객 불만은 서비스 제공자의 불친절한 태도, 고객에 대한 무관심(Apathy), 고객 요구의 외면 또는 무시(Brush-Off), 건방떨기 및 생색내기(Condescension), 무표정과 기계적 서비스(Robotism), 규정 핑계(Rule book), 담당 소관이 아니라는 식의 고객 뺑뺑이 돌리기(Run around) 등 여러 가지 원인에 의해 발생한다. 그러나 이러한 상황은 오히려 차별화되고 특별한 서비스를 제공하는 성공 기회가 될 수도 있으므로 평소 고객의 불만을 다루는 프로세스를 몸에 체득하여 해결하도록 해야 한다.

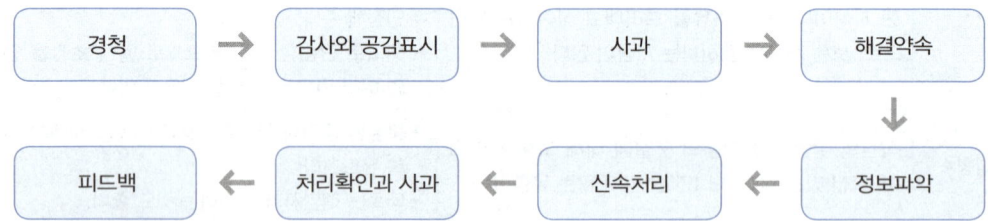

(1) 경청
① 고객의 항의에 경청하고 끝까지 듣는다.
② 선입견을 버리고 문제를 파악한다.

(2) 감사와 공감표시
① 일부러 시간을 내서 해결의 기회를 준 것에 감사를 표시한다.
② 고객의 항의에 공감을 표시한다.

(3) 사과
고객의 이야기를 듣고 문제점에 대한 인정과 잘못된 부분에 대해 사과한다.

(4) 해결약속
고객이 불만을 느낀 상황에 대해 관심과 공감을 보이며, 문제의 빠른 해결을 약속한다.

(5) 정보파악
① 문제해결을 위해 꼭 필요한 질문만 하여 정보를 얻는다.
② 최선의 해결방법을 찾기 어렵다면 고객에게 어떻게 해주는 것이 만족스러운지 묻는다.

(6) 신속처리
잘못된 부분을 신속하게 시정한다.

(7) 처리확인과 사과
불만 처리 후 고객에게 처리 결과에 만족하는지를 물어본다.

(8) 피드백
고객 불만 사례를 회사 및 전 직원에게 일러 다시는 동일한 문제가 발생하지 않도록 한다.

개/념/체/크

01 다음 고객 불만의 표현 유형과 그에 따른 대처 방법을 서로 관련된 것끼리 연결해보시오.

① 거만형 • • ㉠ 이야기를 경청하고 맞장구치며 추켜세워준다.

② 의심형 • • ㉡ 정중하게 대하며, 과시욕이 채워지도록 인정해 준다.

③ 트집형 • • ㉢ 명확한 화법으로, 만사를 신속하게 처리한다.

④ 빨리빨리형 • • ㉣ 분명한 증거나 근거를 제시하고, 책임자가 응대하게 한다.

02 다음은 고객 불만 처리 프로세스를 나타낸 것이다. ㉠, ㉡에 들어갈 적절한 내용을 적어보시오.

경청 ▶ 감사와 공감표시 ▶ 사과 ▶ ㉠
▼
㉡ ◀ 처리확인과 사과 ◀ 신속처리 ◀ 정보파악

✓ **정답**

01 ① ㉡, ② ㉣, ③ ㉠, ④ ㉢ | ① 거만형은 과시적으로 자신이 가진 지식이나 능력, 소유를 드러내고 싶어하는 유형이다. ② 의심형은 직원의 설명이나 제품의 품질에 대해 의심이 많은 유형이다. ③ 트집형은 사소한 것에 대해 트집을 잡는 까다로운 유형이다. ④ 빨리빨리형은 매사에 성격이 급하고, 일처리가 늦어지는 것에 대해 불만을 가지는 유형이다.

02 ㉠ **해결약속**, ㉡ **피드백** | ㉠ 사과 단계 다음은 해결약속 단계이다. 이 단계에서는 고객이 불만을 느낀 상황에 대해 관심과 공감을 보이며, 문제의 빠른 해결을 약속한다. ㉡ 처리확인과 사과 단계 다음은 피드백 단계이다. 이 단계에서는 고객 불만 사례를 회사 및 전 직원에게 알려 다시는 동일 문제가 발생하지 않도록 한다.

워크북에는 없지만 시험에는 나오는
플러스 알파 이론

✓ 최신 워크북에서는 삭제되었지만 출제 가능성 높은 이론

1. 효과적인 팀의 발전 과정

높은 성과를 이루는 팀은 그것을 갑자기 이룬 것이 아니다. 모든 팀원들이 소속감을 느낄 수 있는 효율적인 팀으로 발전하기 위해서는 시간과 단계가 필요하다.

1단계	형성기	• 팀원들은 안전하고 예측할 수 있는 행동에 대한 안내와 지침이 필요하기 때문에 리더에게 상당히 의지한다. • 팀원들은 다음 단계로 성장하기 위해 비위협적인 주제에 안주할 생각을 접고 마찰의 가능성을 각오해야 한다.

▼

2단계	격동기	• 팀원들이 과제를 수행하기 위해 체계를 갖추게 되면서 필연적으로 의견 불일치 및 마찰이 일어난다. • 개인은 그룹의 기준과 기대에 맞추기 위해 고집을 꺾고, 그들의 아이디어, 태도, 감정, 믿음이 어우러지게 해야 한다.

▼

3단계	규범기	• 이 단계에 이르면 인간관계에 더욱 응집력이 생긴다. • 팀원 전체의 기여에 대해 더 잘 이해하고 인정하며, 공동체 형성과 팀의 문제해결에 더욱 집중한다.

▼

4단계	성취기	• 팀원들이 과제지향적이자 인간지향적으로 되는 단계이며, 조화를 이루고 사기충천하여 팀으로서의 충성심을 보여준다. • 이 단계에서 전체적인 목표는 문제해결과 일을 통한 생산성이며, 이는 팀이 이룰 수 있는 최적의 단계이다.

2 코칭 `기출` 대구도시철도공사, 한국건강가정진흥원

리더십 역량강화 방법으로 코칭은 조직의 지속적인 성장과 성공을 만들어내는 리더의 능력이라고 말할 수 있다. 조직원들에게 도움을 주고 업무에 대한 만족도를 높이기 위해서는 코칭기술을 잘 활용하여야 하고, 코칭은 커뮤니케이션 과정의 모든 단계에서 활용할 수 있다.

(1) 코칭과 관리의 차이
코칭과 관리는 대표적인 커뮤니케이션 도구이나, 둘은 전혀 다른 접근법을 특징으로 한다.

코칭	관리
지침보다는 질문과 논의를, 통제보다는 경청과 지원을 통해 상황의 발전과 좋은 결과를 도출하는 접근법	리더가 지식이나 정보를 하달하며, 의사결정의 권한을 가지고 있는 전통적인 커뮤니케이션 접근법

(2) 코칭이 개인과 조직에 주는 혜택

개인에게 주는 혜택	조직에게 주는 혜택
• 기업에 값진 기여를 하는 파트너로서 인식됨. • 문제 해결 과정에 적극적으로 노력	• 동기를 부여받은 자신감 넘치는 노동력 • 높은 품질의 제품 • 철저한 책임감을 갖춘 직원들 • 전반적으로 상승된 효율성 및 생산성

✅ 워크북에 수록되지 않았지만 **출제 가능성 높은 이론**

1 직원의 역량을 이끄는 리더 대화법

(1) PCS 대화법

P	Positivity (장점)	예 A씨의 의견대로 하면 일정이 단축되는 장점이 있어요.
C	Concern (염려)	예 그러나 우리에게 할당된 비용보다 더 많은 비용이 듭니다.
S	Suggestion (제안)	예 우선 비용감축을 목표로 진행하고 추후 A씨의 의견을 검토하는 게 어떨까요?

(2) POBS 칭찬기법

P	Process	과정 칭찬하기
O	Only	타인과 비교하지 않기
B	Behavior	행동 중심으로 칭찬하기
S	Small	작은 것을 칭찬하기

(3) ABCD 질책기법

A	Action	상대의 문제점을 행동 중심으로 짚어주기
B	Bring	상대의 문제 행동이 초래한 애로 사항을 설명하기
C	Change	문제해결에 필요한 변화 요청하기
D	Discover	상대 입장을 묻는 질문하기

2 타인의 행동 원인을 추리하는 방법 – 내적귀인과 외적귀인

타인의 행동에 대한 원인을 규명함	내적귀인	• 상대방 자체에 원인이 있다고 봄. • 일반적으로 기질, 능력, 의도 등을 원인으로 인식함.
	외적귀인	• 상대방의 통제 밖에 원인이 있다고 봄. • 일반적으로 외부환경, 운 등을 원인으로 인식함.

STEP 02 기본문제

CHAPTER 06 대인관계능력

01 난이도 상 중 하

다음 중 감정은행계좌에 신뢰를 저축하기 위한 방법으로 적절하지 않은 것은?

① 상대방에 대한 이해와 배려
② 사소한 일에 대한 관심
③ 약속 이행 및 언행일치
④ 신속하고 정확한 일처리
⑤ 칭찬하고 감사하는 마음

02 난이도 상 중 하

다음 중 팀워크와 응집력에 대한 설명으로 가장 적절한 것은? | 공무원연금공단, 서울교통공사 |

① 팀워크는 사람들로 하여금 집단에 머물도록 만들고 그 집단의 멤버로 계속 남아 있기를 원하게 만드는 힘이다.
② 성과를 내지 못하더라도 팀의 분위기가 좋다면 팀워크가 좋은 것이 아니다.
③ 목표달성의 의지를 가지고 성과를 내는 것은 응집력이다.
④ 팀워크는 단순히 사람들이 모여 있는 것을 중요시하는 것이다.
⑤ 팀 구성원이 공동의 목적을 달성하기 위해 상호 관계성을 가지고 협력하여 일을 해 나가는 것은 응집력이다.

03

다음 〈보기〉 중 리더십과 팔로워십에 대한 설명으로 적절하지 않은 것만을 모두 고르면?

/ 보기 /

㉠ 팔로워는 리더의 결점을 덮어 주어서는 안 된다.
㉡ 팔로워십의 유형을 나누는 두 가지 축은 독립적 사고와 적극적 실천이다.
㉢ 리더십과 팔로워십은 서로 독립적인 관계가 아니라 상호 보완적이다.
㉣ 리더에게 필요한 덕목은 성실, 협동심이며, 팔로워에게 필요한 덕목은 정직, 비전, 추진력이다.

① ㉠, ㉡
② ㉠, ㉣
③ ㉡, ㉢
④ ㉡, ㉣
⑤ ㉢, ㉣

04

다음 사례에서 리더인 김과장이 변화에 저항하는 직원들을 성공적으로 이끌기 위해 사용한 방법으로 가장 적절한 것은?

김과장: "이번에 저희는 고객서비스 전화 업무와 관련하여 자동으로 응답해주는 '챗봇' 시스템을 도입할 예정입니다."
박사원: "저는 이해가 되질 않습니다. 지금 직원들의 고객 응대 서비스는 업계에서 인정하는 수준입니다. 왜 갑자기 그런 시스템을 도입한다는 건가요?"
김과장: "결론부터 말씀드리면 새로 도입하는 챗봇 시스템이 더 효율적이기 때문입니다. 현재 저희의 전화 응대 응답률은 70%에 달합니다. 업계 수준으로 보았을 때, 높은 수준이긴 합니다. 그러나 응대하지 못하는 고객들의 불만 접수 역시 많아지고 있습니다. 다른 계열사에서는 이미 시행하고 있으며, 시스템 도입으로 인해 응답률이 90%까지 오른다고 합니다."
최사원: "직원이 직접 전화 응대를 하는 것의 큰 강점은 바로 친절도와 편의성에 있습니다. 그런 부분들을 포기하고 응답률만을 좇는 것은 위험하지 않을까요?"
김과장: "그렇지 않습니다. 이미 시행하고 있는 기업에서 응답자 1,000명을 대상으로 설문조사를 진행한 결과, 850명 이상이 더 편리한 것 같다고 답했습니다. 또한 이들은 친절보다 일 처리가 정확한 것을 더 선호한다고 답변했습니다."

① 개방적인 분위기를 조성한다.
② 객관적인 자세를 유지한다.
③ 구성원의 감정을 세심하게 살핀다.
④ 변화의 긍정적인 면을 강조한다.
⑤ 변화에 적응할 시간을 준다.

05

다음 중 변혁적 유형의 리더십에 대한 설명으로 적절하지 않은 것은?

| 인천교통공사 |

① 구성원이나 팀이 직무를 완벽히 수행했을 때 칭찬을 아끼지 않는다.
② 구성원 개개인에게 시간을 할애하여 그들 스스로가 중요한 존재임을 깨닫게 한다.
③ 팀원들을 팀의 목표 방향 설정에 참여하게 하지만, 최종 결정권은 리더에게만 있다.
④ 조직에 명확한 비전을 제시하고, 집단 구성원들에게 그 비전을 쉽게 전달할 수 있다.
⑤ 어떠한 의사결정이 조직에 긍정적으로 영향을 미치는지 예견할 수 있는 능력이 있다.

06

다음은 자신에 대한 관심과 상대방에 대한 관심에 따른 갈등 해결 방법의 유형을 그래프로 나타낸 자료이다. A~E에 해당하는 갈등 해결 방법의 유형을 순서대로 바르게 나열한 것은?

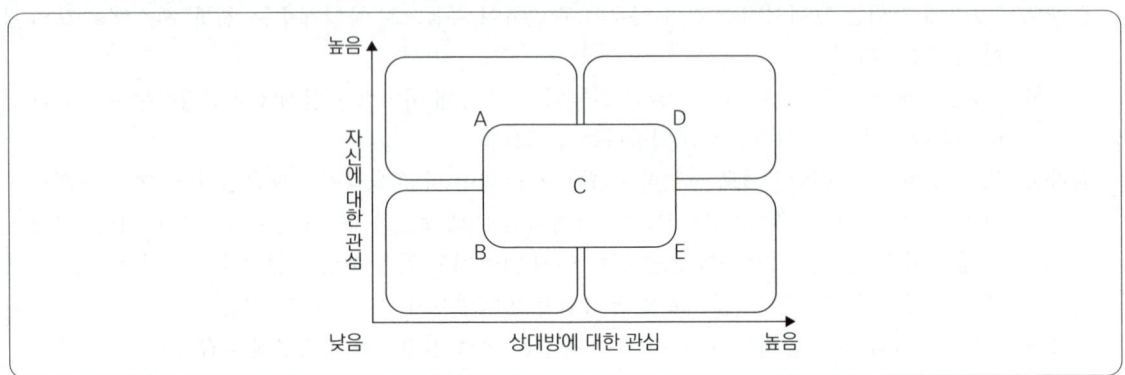

① 수용형, 통합형, 타협형, 회피형, 경쟁형
② 수용형, 통합형, 회피형, 타협형, 경쟁형
③ 수용형, 타협형, 통합형, 회피형, 경쟁형
④ 경쟁형, 회피형, 통합형, 타협형, 수용형
⑤ 경쟁형, 회피형, 타협형, 통합형, 수용형

07 난이도 상 중 하

○○사에 근무하는 김사원과 최사원은 프로젝트를 진행하면서 갈등이 생겼다. 갈등으로 인해 팀의 분위기가 어색해진 것을 감지한 상사 윤대리는 이를 해결하기 위해 다른 팀원들과 함께 갈등 해결 방법을 모색하고 있다. 다음 중 팀원들과 갈등 해결 방법 모색 시 주의해야 할 사항으로 적절하지 않은 것은?

| 서울교통공사 |

① 어느 한쪽으로 치우치지 않기
② 다른 사람들의 입장을 이해하기
③ 마음을 열고 적극적으로 경청하기
④ 팀장에게 갈등 해결 방안을 지시받기
⑤ 자신의 의견을 명확하게 밝히고 지속적으로 강화하기

08 난이도 상 중 하

다음 중 협상에 대한 설명으로 적절하지 않은 것은?

① 협상에 임할 때는 상대방의 이익도 고려하는 협력적인 자세를 가져야 쌍방의 가치 창출이 가능하다.
② 협상에 실패할 경우를 가정하여 항상 차선책을 마련해야 하며, 차선책이 마련되어 있을 경우 협상력이 더욱 증대된다.
③ 복잡하게 얽힌 거래상의 이해관계를 따지며 조율하거나, 노사관계자들의 파업을 막기 위해 머리를 맞대고 의논하는 것도 협상에 포함된다.
④ 협상은 갈등 상태에 있는 이해 당사자들이 대화와 논쟁을 통해서 서로를 설득하여 문제를 해결하려는 정보전달 과정이자 의사결정 과정을 의미한다.
⑤ 이해 당사자들 간 자신들의 욕구를 충족시키는 것을 목적으로 상대방을 설득하는 커뮤니케이션은 갈등해결 차원의 협상이다.

09 난이도 상 중 하

○○공사에서 신입사원을 대상으로 '협력능력'에 대한 교육을 진행하였다. 강연이 끝난 후, 다음과 같이 강연자가 질문하였을 때, 〈보기〉의 A~E사원 중 적절하지 않은 발언을 한 사람은?

| 한국중소벤처기업유통원 |

강연자: 협상과정에 대한 강연을 마치겠습니다. 다음 챕터로 넘어가기 전, 협상과정에 대해 기억나는 내용을 한 가지씩 이야기해보세요.

/ 보기 /

A사원: 협상과정은 '협상 시작 → 상호 이해 → 실질 이해 → 해결 대안 → 합의문서'의 다섯 단계로 진행됩니다.

B사원: 협상과정은 연구관점에 따라 다양한 형태로 언급될 수 있습니다.

C사원: 협상과정은 '협상 전 단계 → 협상 진행 단계 → 협상 후 단계'의 순서로 진행되기도 합니다.

D사원: 5단계의 협상과정 중 상호 이해 단계에서는 갈등문제의 진행상황과 현재의 상황을 점검해야 하며, 적극적으로 경청하고 자기주장을 제시해야 합니다.

E사원: 겉으로 주장하는 것과 실제로 원하는 것을 구분하여 실제로 원하는 것을 찾아내는 단계는 5단계의 협상과정 중 해결 대안 단계입니다.

① A사원　　② B사원　　③ C사원　　④ D사원　　⑤ E사원

10 난이도 상 중 하

다음 중 고객중심 기업의 일반적인 특성으로 적절하지 않은 것은?

① 고객 만족에 중점을 둔다.
② 내부 고객, 외부 고객 모두를 중요시한다.
③ 고객이 정보, 제품, 서비스 등에 쉽게 접근할 수 있도록 한다.
④ 기업정책과 무관하게 고객에게 양질의 서비스를 제공할 수 있도록 한다.
⑤ 실행한 서비스에 대한 재평가를 실시함으로써 서비스 자체를 끊임없이 변화시킨다.

STEP 03 심화문제

CHAPTER 06 대인관계능력

01 난이도 상중하

입사 6개월 차인 김사원은 직장생활 중 고민이 많다. 업무적으로 성실한 모습을 보이는 것에는 문제가 없으나 내향적인 성격으로 선임들에게 친화력 있게 다가가지 못해 스스로 인맥을 넓히지 못하고 있다는 자책감도 든다. 업무적인 것보다 다른 사람의 비위를 맞추는 것에 감정소모가 커 스트레스를 받고 있는 김사원에게 귀하가 해줄 수 있는 조언으로 가장 적절한 것은?

① "다른 팀 신입사원들을 찾아가서 친화력 있게 선임을 대하는 방식을 배워보세요."
② "본인의 업무에 좀 더 집중해서 성과를 만들고 다른 팀 신입사원들에게 귀감이 될 수 있도록 하세요."
③ "주변 사람들과 똑같은 사람이 되려고 하기보다는 본인만의 색깔을 만들어서 회사 내에서 다른 특별함을 가지려고 노력해보세요."
④ "회사 내에서 선임들과의 인간관계는 중요한 것이고 직장 생활에서 좋아하는 일만 할 순 없기 때문에 힘들고 본인의 성향과 맞지 않더라도 참고 견뎌보세요."
⑤ "회사는 사적인 관계보다는 공적인 관계가 더 많고 더 중요한 공간이므로 이를 잘 분리하려고 노력한다면 업무적인 문제가 생기지 않을 거예요."

02 난이도 상중하

다음은 대인관계 양식을 평가할 때 사용하는 자료의 일부이다. 밑줄 친 ㉠~㉥ 중 '지배형'을 파악할 수 있는 문항만을 모두 고르면?

문항	전혀 그렇지 않다	약간 그렇다	상당히 그렇다	매우 그렇다
㉠자신감이 있다.	1	2	3	4
㉡꾀가 많다.	1	2	3	4
㉢명랑하다.	1	2	3	4
㉣추진력이 있다.	1	2	3	4
㉤열성적이다.	1	2	3	4
㉥고집이 세다.	1	2	3	4

① ㉠, ㉣, ㉥
② ㉡, ㉢, ㉤
③ ㉢, ㉣, ㉥
④ ㉠, ㉣, ㉤, ㉥
⑤ ㉡, ㉢, ㉤, ㉥

03 난이도 상 중 하

정대리는 사원들에게 대인관계능력의 중요성에 대해 설명해주기 위해 다음과 같이 참고 자료를 준비하였는데, 실수로 자료의 일부가 삭제되었다. 자료의 앞뒤 내용을 고려할 때, 빈칸 ㉠에 들어갈 내용으로 가장 적절한 것은?

> 일반적으로 사람들은 경쟁이 치열한 현대사회에서 이타적인 사람보다는 이기적인 사람이 성공하리라 생각한다. 제한된 자원에서 더 많은 자원을 차지하기 위한 경쟁 사회에서 타인을 위해 베풀고, 양보하고, 헌신하는 행동은 경쟁에서 도태되고 손해를 본다고 생각하기 때문이다. 그러나 한 연구에서 이타적인 사람들이 이기적인 사람들보다 성공의 사다리에서 최상위층을 차지하며, 사회적으로 더 성공한다는 것이 밝혀졌다. 그렇다면 어떻게 경쟁 사회에서 이타적인 사람이 사회적으로 성공할 수 있는 것일까? (㉠) 누군가에게 더 많이 베푸는 행동은 지금 당장 나에게 이득이 되지 않지만 멀리 보면 사회적으로 좋은 평판을 만들어 낸다. 특히 SNS 및 통신 기술의 발달로 어느 시대보다 빠르게 정보가 공유되고 확산되는 오늘날, 이러한 사회적 평판은 성공에 매우 중요한 발판이 된다.

① 사람은 이타적인 본성과 이기적인 본성을 모두 가지고 있기 때문이다.
② 사회의 모든 조직은 이타적인 사람이 있어야 제 기능을 할 수 있기 때문이다.
③ 청소년기에는 직업인 준비 과정으로서 삶에 대한 가치관을 재정립해야 하기 때문이다.
④ 이타적인 사람이 성공을 하는 이유는 삶이 단거리 경주가 아닌 마라톤이기 때문이다.
⑤ 업무의 규모가 점점 커지는 현대 사회에서 혼자서는 업무를 수행하기 어렵기 때문이다.

04 난이도 상 중 하

인재채용팀에 근무하는 공차장과 성대리는 신입사원 채용을 위한 자기소개서 항목에 대인관계능력 평가 항목을 포함시키려고 논의 중이다. 두 사람이 다음과 같이 대화를 나누었을 때, 빈칸에 들어갈 평가 항목으로 적절한 것을 〈보기〉에서 고르면?

> 공차장: "성대리. 이번 신입사원 채용을 위한 자기소개서 항목은 다 정해졌나요?"
> 성대리: "네, 이번에는 자기소개서 항목을 좀 바꿔보자고 말씀하셔서 초안 잡고 있는 중입니다."
> 공차장: "신입사원을 받는 부서들 사이에서 대인관계능력에 대해 체크할 수 있는 항목이 있으면 좋겠다는 의견이 나오더라고요."
> 성대리: "네, 전에도 그 부분에 대해 말씀해주셔서 대인관계능력을 평가할 수 있는 항목을 추가해보려고 다음과 같이 다섯 항목으로 준비해보았습니다. 해당 항목 중 하나를 자기소개서 항목으로 수록해도 괜찮을까요?"
> 공차장: "그중 적절하지 않은 항목이 하나 있네요. '(   )'는 자기소개서 항목에서 제외하는 것이 좋겠어요."

/ 보기 /
- ㉠ 소속 조직의 공동 과업을 달성하는 과정에서 발생된 어려움을 극복하기 위해 구성원들과 적극적으로 협력했던 경험에 대해 구체적으로 기술해 주십시오.
- ㉡ 우리 회사의 고객은 누구이고, 고객을 만족시키기 위해서 가장 중요한 요소는 무엇이라고 생각하는지 기술해 주십시오.
- ㉢ 자신과 이견을 가진 상대방과 협상하여 모두에게 유리한 최종안을 도출했던 경험에 대해 기술해 주십시오.
- ㉣ 소속 조직에서 내부 고객이나 외부 고객의 불만 사항을 사전에 차단시켰던 경험에 대해 기술해 주십시오.
- ㉤ 소속 조직의 이익을 위해 개인적으로 중요한 것을 양보했던 경험에 대해 기술해 주십시오.

① ㉠ ② ㉡ ③ ㉢ ④ ㉣ ⑤ ㉤

05 난이도 상 중 하

다음 글을 읽고 추론한 내용으로 적절한 것만을 〈보기〉에서 모두 고르면?

　　대인관계에서 상대방의 행동 원인을 추론하는 것은 매우 중요하기 때문에 사회심리학에서는 추론 과정에 관한 많은 연구가 진행되고 있다. 대표적인 것이 '귀인(歸因)'에 관한 연구로, 이는 주어진 상황에서 다른 사람의 행동 원인에 대한 추론에 관여하는 요인과 다양한 과정을 연구 대상으로 삼는다. 보다 자세히 말하면, 귀인에 관한 연구는 행동의 정확한 원인이 아니라 상대방의 행동의 원인을 어떻게 추론하는가에 관한 연구이다.

　　연구에 따르면 귀인은 크게 내부귀인과 외부귀인으로 나뉜다. 먼저 내부귀인은 우리가 상대방의 행동의 원인을 추론하는 과정에서 그 원인이 행위자의 내적 요인들, 즉 태도, 성격, 동기 혹은 감정 등에 있다고 지각하는 것이다. 반면 행동의 원인이 상황적 압력이나 강요, 사고, 날씨 등 행위자로서도 어쩔 수 없는 외적 요인에 있다고 지각하는 것을 외부귀인이라 한다. 일반적으로 타인의 행동은 내부귀인하는 반면, 자신의 행동은 외부귀인하는 경향을 보인다.

── / 보기 / ──

㉠ 귀인에 관한 연구에 따르면 상대방의 행동에 대한 나의 반응은 그 행동의 의도가 무엇인지에 대한 나의 주관적 해석에 달려 있다.
㉡ 사람들은 늦잠을 자서 약속 시간에 늦은 상대방에 대해 우연이나 실수보다는 상대방의 성격 등에 원인이 있다고 추론하는 경향을 보일 것이다.
㉢ 붐비는 지하철 안에서 상대방의 손이 자신의 몸에 닿았을 때, 상대방의 행동에 대해 비좁은 환경에서 비롯된 행동이라고 생각하는 것은 내부귀인에 해당한다.

① ㉠
② ㉠, ㉡
③ ㉠, ㉢
④ ㉡, ㉢
⑤ ㉠, ㉡, ㉢

06 난이도 상 중 하

다음 두 사례에서 이용한 팀워크를 촉진시키는 방법을 각각 바르게 짝지은 것은? | 서울교통공사 |

> - 사례 1: 이팀장은 팀원들에게 주기적으로 업무 진행 상황을 물어보며 팀원들의 행동을 주의 깊게 관찰하곤 한다. 같은 팀인 김대리와 조사원이 물품 분류와 목록을 금액 순으로 작성하는 업무 과제를 기대 이상으로 잘 하고 있는 것에 기쁨을 감추지 못하였고, 두 사람에게 감사 인사를 전했다.
> - 사례 2: 장팀장은 팀원들의 장단점을 정리할 필요가 있다고 판단하였고, 한 영역의 장점을 가진 팀원과 해당 영역의 단점을 가진 팀원을 2인 1조로 짝을 이루게 했다. 이때 짝을 주기적으로 바꿈으로써 팀원들은 교차훈련을 주고받을 수 있었다. 결과적으로 팀원들 모두에게 이익을 줄 수 있었고, 모든 팀원은 결정을 실행하는 데 적극적으로 동참하게 되었다.

	사례 1	사례 2
①	동료 피드백 장려하기	창의력 조성을 위해 협력하기
②	동료 피드백 장려하기	참여적으로 의사결정하기
③	참여적으로 의사결정하기	갈등 해결하기
④	갈등 해결하기	참여적으로 의사결정하기
⑤	창의력 조성을 위해 협력하기	동료 피드백 장려하기

07 난이도 상 중 하

다음 중 효과적인 팀워크에 대한 설명으로 적절하지 않은 것은?

① 결과에 초점을 맞춘다.
② 리더십 역할은 리더만 가질 수 있다.
③ 모든 팀원의 역할과 책임을 명확하게 규정한다.
④ 팀원들끼리 서로 직접적이고 솔직하게 대화한다.
⑤ 갈등의 존재를 인정하며 이를 개방적으로 다룬다.

08 난이도 상중하

다음 사례의 A~C사원에 해당하는 팔로워십 유형을 각각 바르게 짝지은 것은?

| 창원문화재단, 한국보훈복지의료공단 |

- A사원은 리더와 조직을 믿으며 조직의 질서를 따르는 것이 중요하다고 생각하며, 획일적인 태도나 행동을 보이는 것에 익숙하다.
- B사원은 조직에 대해 어떤 노력을 해도 소용이 없다고 느끼며, 리더는 항상 자기 마음대로 한다고 생각한다.
- C사원은 자신을 자립적인 사람이라 생각하지만, 동료들은 그를 냉소적이고 부정적이라고 생각한다.

	A사원	B사원	C사원
①	수동형	순응형	소외형
②	소외형	순응형	수동형
③	소외형	수동형	순응형
④	순응형	소외형	수동형
⑤	순응형	수동형	소외형

09 난이도 상중하

다음 중 팀워크의 유형을 구분하는 세 가지 기제는 무엇인가?

| 한국보훈복지의료공단 |

① 협력, 자율, 통제
② 협력, 신뢰, 통제
③ 협력, 자율, 신뢰
④ 능력, 자율, 신뢰
⑤ 유연, 신뢰, 통제

10

다음은 김대리와 박사원의 팔로워십 진단 결과 그래프이다. 두 사람의 팔로워십 유형을 각각 바르게 짝지은 것은?

| 영등포구시설관리공단 |

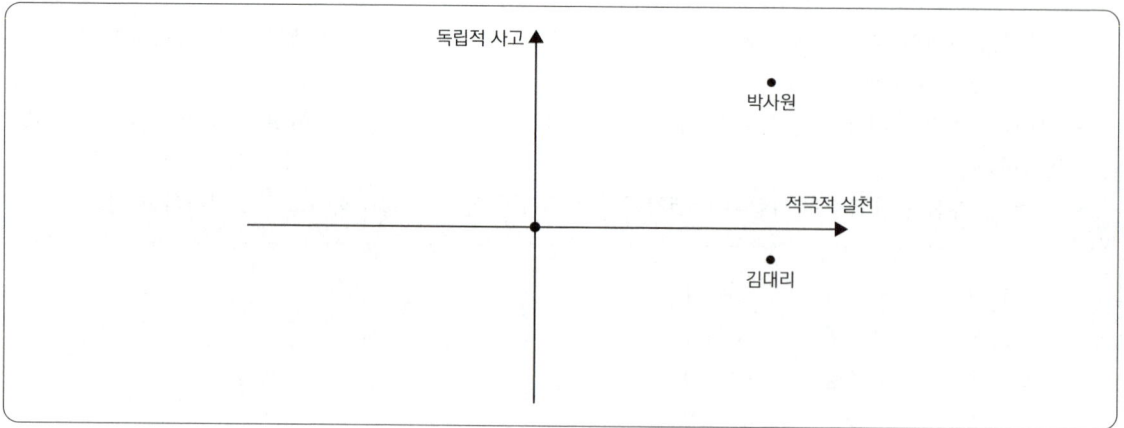

	김대리	박사원
①	순응형	모범형
②	순응형	소외형
③	소외형	순응형
④	소외형	실무형
⑤	수동형	소외형

11 난이도 상 중 하

다음 사례에서 알 수 있는 팀워크의 특징으로 가장 적절한 것은?

> 일반적으로 오케스트라는 지휘자와 악단이 균형과 조화를 이룰 때 최고의 선율이 흘러나온다. 오케스트라가 팀이라면 지휘자는 리더이다. 통일성 속에서 개성이 살아나고 전체 선율 속에서 각 악기가 가진 고유한 소리를 낼 때 가장 빛난다. 최고의 팀워크가 만들어 내는 산물이다. 그런데 여기 다른 유형의 오케스트라가 있다. 이 오케스트라는 다른 오케스트라와 다른 점이 있다. 바로 지휘자가 없다는 점이다. 1972년 첼리스트 줄리안 파이퍼(Julian Fifer)가 창립한 오르페우스 악단은 구성원 모두에게 음악을 지휘할 권한을 준다. 지휘자의 단일 지도력에 의존하기보다 구성원의 기술과 능력, 정열적인 신뢰에 의존하는 것이다.

① 팀원 개개인의 능력이 좋으면 팀워크도 좋다.
② 좋은 팀워크에는 헌신적인 팔로워십이 필요하다.
③ 특출난 리더 없이 좋은 팀워크만으로도 팀을 이끌 수 있다.
④ 팀원이 자신의 역할을 게을리하는 순간 팀워크는 무너질 수 있다.
⑤ 단순히 많은 사람이 모여 있는 것만으로는 팀워크라고 할 수 없다.

12 난이도 상 중 하

다음은 '조직 활성화를 위한 팀워크 향상 교육'에 참여했던 직원들의 대화 내용이다. '팀워크'에 대해 바르게 이해하고 있는 사람은?

> 진행자: "팀워크는 팀을 성공으로 이끄는 핵심 요소이지만, 잘못된 시각으로 바라볼 경우 오히려 조직의 성과를 가로막는 함정이 될 수도 있습니다. 그래서 이번 교육을 통해 알게 된 '팀워크'에 대해 한마디씩 이야기하면서 교육 내용을 점검해 보는 시간을 가졌으면 합니다."
> 유사원: "저는 교육을 듣고 나니 고민이 좀 생겼어요. 현재 우리나라는 성과주의가 심화되고 있는 상황인데, 이게 오히려 팀워크 형성에 장애물이 될 것 같아요. 팀워크를 위해서는 개인의 성과에 상관없이 좋은 평가나 보상은 공평하게 팀에 골고루 나눠주는 방식이 매우 중요하다는 생각이 들더라고요."
> 선사원: "맞아요, 어차피 팀워크가 좋은 팀은 항상 탁월한 성과를 낼 수 있을 테니, 그 보상을 팀에 골고루 나눠주는 방식이 또다시 팀워크 향상에 도움이 되는 식으로 선순환을 이루지 않을까 싶어요."
> 심사원: "네, 그렇게 개별 팀들의 팀워크가 좋아지면 그건 곧바로 조직 전체의 성과로 이어질 테니까요. 회사 차원에서도 팀워크를 강조해서 팀 전체의 성과가 조직 전체의 성과로 연결되도록 하는 게 필요하겠네요."
> 하사원: "제가 있는 팀은 관계 지향적인 분위기가 아니어서 팀워크가 좋지 않은데, 우선 팀워크가 좋으려면 사적으로 친해지는 것도 필요하겠어요. 팀원들이 사적으로 친하면 친할수록 좋은 팀워크로 이어지겠죠."
> 전사원: "제 생각에는 팀워크가 좋은 팀에도 갈등이 없을 수는 없는 것 같아요. 다양한 사람이 모이면 크고 작은 갈등들이 있기 마련이니까요. 오히려 그 과정에서 다양한 의견이 교환되고 다듬어지면서 더 좋은 결론이 나오지 않을까 해요."

① 유사원 ② 선사원 ③ 심사원 ④ 하사원 ⑤ 전사원

13 난이도 상 중 하

다음 〈보기〉 중 리더십의 특징으로 적절한 것만을 모두 고르면?

— / 보기 /
㉠ 조직구성원들로 하여금 조직목표를 위해 자발적으로 노력하도록 영향을 주는 행위
㉡ 목표를 달성하기 위해 어떤 사람이 다른 사람에게 영향을 주는 행위
㉢ 자신의 주장을 소신 있게 나타내고 다른 사람들을 격려하는 힘

① ㉠
② ㉡
③ ㉠, ㉢
④ ㉡, ㉢
⑤ ㉠, ㉡, ㉢

14 난이도 상 중 하

다음은 리더십의 핵심 개념에 대한 설명이다. 빈칸 ㉠에 들어갈 용어로 가장 적절한 것은?

팀의 구성원으로서 일하는 사람이나, 다른 사람의 지도를 받지 않고 소신껏 일하는 사람 모두 일을 자발적으로 나서서 훌륭하게 완수하려면 (㉠)이/가 필요하다.

① 배려
② 신중함
③ 신뢰
④ 동기부여
⑤ 권한위임

15

다음은 리더십능력과 관련하여 김팀장과 최팀장이 나눈 대화 내용이다. 빈칸에 들어갈 내용으로 적절하지 않은 것은?

| 한국건강가정진흥원, 한국산업안전보건공단 |

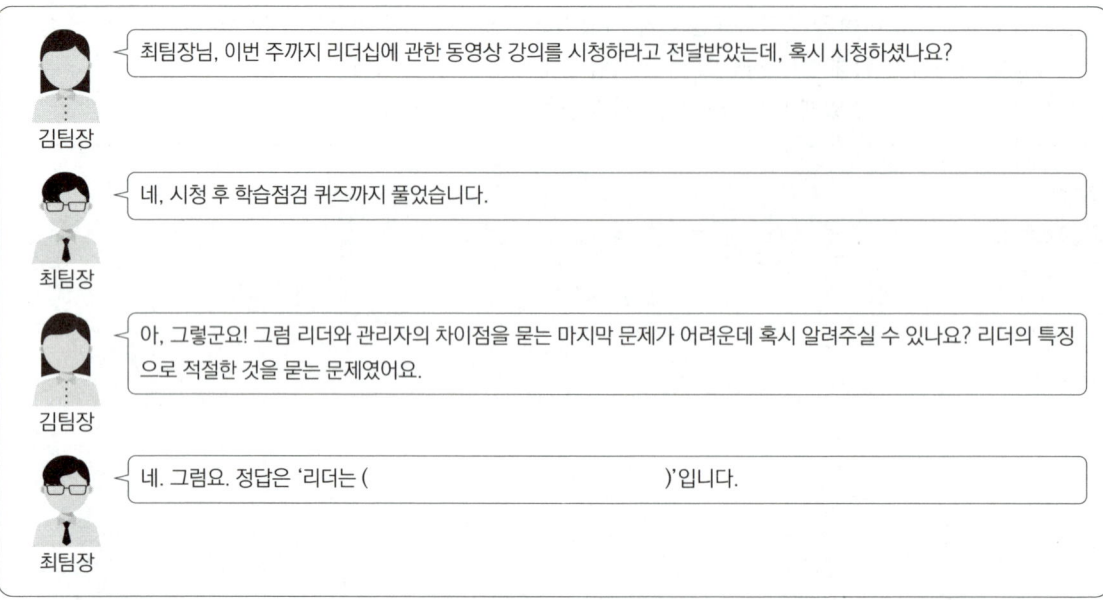

① 새로운 상황을 창조하려고 하며, 혁신 지향적이다.
② 오늘에 초점을 맞추기보다는 내일에 초점을 맞춘다.
③ '어떻게 할까'를 생각하며, 계산된 위험을 취한다.
④ 사람의 마음을 중시하고 동기를 부여하는 데 관심이 있다.
⑤ 비전을 선명하게 구축하고 비전이 실현될 수 있도록 환경을 만들어 준다.

16

다음 중 민주주의에 근접한 리더십에 대한 설명으로 적절하지 않은 것은?

① 리더는 구성원들에게 경쟁과 토론의 가치를 인식시킨다.
② 민주적인 참여를 권장하지만 최종결정권은 리더에게만 있다.
③ 리더는 그룹의 구성원 모두를 목표 방향 설정에 참여하게 한다.
④ 리더가 구성원들의 사범이 되어 구성원들에게 할 수 있다는 자극을 준다.
⑤ 구성원들은 자신의 의견을 제시하거나 완전히 새로운 안을 제시할 수 있다.

17 난이도 상 중 하

다음은 대인관계능력을 함양하고자 하는 임직원들을 대상으로 한 특강에서 제시된 강의 자료의 일부이다. 이때 강의 자료의 핵심 메시지로 가장 적절한 것은?

> 미국에서 최고의 백화점으로 꼽히는 노드스트롬(Nordstrom)은 뛰어난 고객서비스로 유명하다. 어느 날 한 고객이 다른 곳에서 구매한 자동차 타이어의 환불을 요청한 사례가 있었다. 노드스트롬 매장에서 타이어를 판매하지 않음에도 불구하고 종업원은 고객에게 가격만 물어보고 환불해주었다. 추후 자신의 실수를 알게 된 그 고객이 감사의 글을 신문에 기고하면서, 노드스트롬의 고객서비스가 널리 알려졌다. 이 외에도 다른 백화점에서 산 선물을 기꺼이 포장해준 종업원, 한겨울에 고객이 쇼핑하는 동안 자동차의 히터를 틀어 놓고 기다린 종업원 등 노드스트롬의 고객서비스 사례는 다양하다. 노도스트롬의 이러한 고객서비스는 이를 받쳐주는 기업문화와 최고 경영자가 있었기에 가능하다고 평가된다. 이는 노드스트롬의 회사 사규 및 지침에서 파악할 수 있는 부분이기도 하다. 노드스트롬 종업원 핸드북 첫 장에 나오는 사규는 '어떤 상황에서도 자신이 판단하여 고객에게 좋다고 생각되는 것을 실행할 것'이며 그 외의 규칙은 없다.

① 직원들의 의견을 적극적으로 경청하고 필요한 지원을 아끼지 않은 리더의 능력이 노드스트롬 백화점의 명성을 유지하는 기반이 되고 있다.
② 리더를 따라 상황을 올바르게 파악하고, 제어 및 타협할 수 있는 부분을 판단하는 직원들의 팔로워십이 노드스트롬 백화점의 명성을 유지하는 기반이 되고 있다.
③ 고객이 원하는 대로 타협하여 고객과 직원, 더 나아가 고객과 기업의 갈등을 예방하고자 하는 경영 방침이 노드스트롬 백화점의 명성을 유지하는 기반이 되고 있다.
④ 책임과 권한을 넘겨받은 직원들이 주인의식을 가지고 적극적으로 책임을 수행하려는 심리적 믿음, 즉 임파워먼트가 노드스트롬 백화점의 명성을 유지하는 기반이 되고 있다.
⑤ 뒤늦은 반응은 기업과 개인의 경력에 도움이 되지 않는다는 생각을 가지고 변화에 대처하는 속도를 높인 리더의 판단이 노드스트롬 백화점의 명성을 유지하는 기반이 되고 있다.

18 난이도 상중하

홍주임은 이번에 입사한 신입사원들에게 리더십에 관하여 강의를 하려고 한다. 홍주임이 강의를 위해 다음과 같이 대본을 준비했다고 할 때, 강연을 통해 전달하고자 하는 사항으로 가장 적절한 것은?

> 안녕하세요. 홍△△ 주임입니다.
> 제가 이번에 리더십에 관하여 강의를 하게 되었습니다. 본격적으로 강의를 시작하기 전에 제가 한 가지 이야기를 해드리겠습니다.
> A패스트푸드점에 입사한 신입사원 이야기입니다. 그는 유명 검색 사이트에서 A패스트푸드점을 검색하다가 A패스트푸드 영업점에 대한 정보가 체계적으로 정리되지 않았다는 것을 발견했습니다. 그는 바로 본인의 상사와 홍보팀에 이와 같은 상황을 얘기했습니다. 자신이 주도적으로 말이죠. 홍보팀은 이야기를 들은 즉시 검색 사이트에서 A패스트푸드 영업점에 대한 정보들이 체계적으로 검색될 수 있도록 조치했다고 합니다. 그 결과 더 많은 고객들이 검색 사이트를 통해 패스드푸드점의 여러 정보를 얻을 수 있었고, 그 덕에 매출도 많이 올랐다고 합니다.
> 혹시 여러분 중 제가 리더십 강의에서 이런 이야기를 서두에 한 이유를 아시는 분 있나요?

① 리더십은 팀원들에게 명확한 비전을 제시할 수 있어야 하고 팀원들이 리더를 따를 수 있도록 카리스마를 겸비해야 한다.
② 누구라도 리더십을 쉽게 발휘할 수 있도록 개방적이고 자유분방한 조직 문화가 우선적으로 만들어져야 한다.
③ 리더십은 직위에 수반되는 것이 아니고 모든 직원은 각자의 위치에서 리더십 역량을 발휘할 수 있어야 한다.
④ 리더는 팀원들의 말을 경청하고 그들의 의견을 존중하며 팀을 이끌어 갈 때 모두 한 팀이라는 소속감을 줄 수 있어야 한다.
⑤ 리더는 항상 팀의 상황을 살피고 개선할 부분이 없는지 살핀 후 주도적으로 이를 개선해 나가도록 애써야 한다.

19 난이도 상중하

다음 중 독재자 유형 리더십의 특징으로 가장 적절한 것은?

① 모든 구성원을 목표 방향 설정에 참여하게 하여 구성원들에게 확신을 심어준다.
② 동료들에게 최고의 질적 수준을 요구하며 실수를 용납하지 않는다.
③ 동료들에게 그들 스스로가 중요한 존재임을 깨닫게 한다.
④ 모든 구성원은 집단의 행동에 따른 결과에 대해 책임을 공유한다.
⑤ 조직에 명확한 비전을 제시하고 구성원들에게 비전을 쉽게 전달할 수 있다.

20 난이도 상중하

다음 사례의 A와 B가 〈보기〉와 같이 갈등을 해결했다고 할 때, A, B에 해당하는 갈등 해결 방법의 유형을 각각 바르게 짝지은 것은?

| 대구철도공사, 공무원연금공단 |

> 총무팀에 근무하는 A는 영업팀에 근무하는 C로부터 '급하게 필요한 비품이 있으니 이번 주 내로 구매해달라'는 요청을 받았다. 총무팀은 규정상 1달의 기간 동안 비품 구매 요청을 받은 후 월말에 일괄 구매하여 각 팀에 비품을 전달하고 있다. A는 규정에 따라 어쩔 수 없이 월말까지 대기한 후에 구매하여 전달할 계획이었지만, C는 하루에도 몇 번씩 전화로 독촉하는 중이며, 참다못한 A는 팀장인 B에게 이러한 상황을 전달하였다.

/ 보기 /

- A: C에게서 걸려온 전화를 일부러 받지 않고, 회사에서 C를 피해 다니는 중이다.
- B: 평소에 구매 규정의 예외는 없다는 부서장의 지시에도 불구하고, C에게서 걸려온 전화를 받은 후 요청한 물품 중 더 급한 물건만 팀장 권한으로 구매해주겠다고 어쩔 수 없이 전달했다.

	A	B
①	회피형	수용형
②	회피형	타협형
③	수용형	통합형
④	경쟁형	수용형
⑤	경쟁형	타협형

21 난이도 상 중 하

다음 (가), (나)에 해당하는 갈등 증폭 원인을 각각 바르게 짝지은 것은?

(가) 팀원들이 의사소통의 폭을 줄이거나 서로 접촉하는 것을 꺼리고, 각자의 생각을 고집하며, 공동의 목표를 달성할 필요성을 느끼지 않는다.
(나) 팀원들이 문제를 해결하는 것보다는 이기고 지는 것에 초점을 맞춘다.

	(가)	(나)
①	적대적 행동	감정적 관여
②	적대적 행동	입장 고수
③	입장 고수	감정적 관여
④	입장 고수	적대적 행동
⑤	감정적 관여	적대적 행동

22 난이도 상 중 하

다음 글에서 설명하는 갈등 해결 방법 유형으로 가장 적절한 것은?

자신에 대한 관심은 낮고 상대방에 대한 관심은 높은 경우, '나는 지고 너는 이기는 방법'을 말하며, 상대방의 관심을 충족하기 위하여 자신의 관심이나 요구를 희생한다.

① 회피형   ② 경쟁형   ③ 수용형   ④ 타협형   ⑤ 통합형

23 난이도 상중하

다음 사례의 장사원과 박사원의 갈등 과정에 해당하는 단계로 가장 적절한 것은? | 한국산업안전보건공단 |

> 장사원과 박사원은 입사 동기로 매일 출퇴근도 같이 하는 사이다. 하지만 최근 서로에 대한 오해로 갈등이 생기게 되어 매일 같이 하던 출퇴근도 따로 하고 서로 모르는 사람인 척 행동하고 있다. 주변 사람들은 두 사람을 화해시키려 했지만, 두 사람은 그럴듯한 변명으로 자신의 입장을 옹호하면서 양보하기를 완강히 거부했다. 결국 서로에 대한 오해는 더 심해져 긴장감이 높아졌고, 장사원은 박사원에 대한 불신과 부정적인 인식으로 박사원에게 언어폭력을 일삼았다. 이에 박사원은 장사원에게 신체적인 폭력을 취하였다. 박사원과 장사원의 갈등은 더욱 심화되었고, 오히려 박사원은 자신이 행한 신체적인 폭력을 정당하게 생각하고 있는 상황이다.

① 의견 불일치   ② 대결 국면   ③ 격화 국면   ④ 진정 국면   ⑤ 갈등의 해소

24 난이도 상중하

갈등은 해결할 수 있는 갈등과 불필요한 갈등으로 구분할 수 있다. 다음 중 해결할 수 있는 갈등에 해당하는 것은?

① 근심 걱정, 스트레스, 분노 등의 부정적인 감정이 있는 경우
② 목표와 욕망, 가치, 문제를 바라보는 시각과 이해하는 시각이 다를 경우
③ 잘못 이해하거나 부족한 정보 등 전달이 불분명한 커뮤니케이션이 이루어진 경우
④ 가장 중요하다고 여기는 문제가 다른 사람 때문에 해결되지 못한다고 느끼는 경우
⑤ 편견, 변화에 대한 저항, 항상 해 오던 방식에 대한 거부감 등으로 의견이 불일치할 경우

25 난이도 상중하

마케팅팀에 근무하는 서팀장은 최근 영업팀의 야근이 잦다는 소문을 들었고, 어제 영업팀에 있는 같은 학교 후배인 정사원으로부터 다음 메시지를 받았다. 이때 서팀장이 갈등을 해결하기 위해 할 수 있는 행동으로 적절하지 않은 것은?

> 서팀장님, 안녕하세요.
> 요즘 저희 팀에 야근이 많다는 건 알고 계시죠? 그거 때문에 제가 홍팀장님과 마찰이 잦습니다. 홍팀장님은 거래처와의 미팅을 계속 업무 시간이 끝난 이후에 잡고, 저희에게 희생을 요구합니다. 그렇게 요구하면서 양해를 구한다고는 말씀하시는데, 그게 양해를 구하는 건가라는 생각도 들고요.
> 그래서 제가 홍팀장님께 초과 근무에 대한 보상으로 대체휴무 제도를 건의드렸는데 엄청 화를 내셨습니다. 회의에 참석하는 게 그렇게 싫으냐고, 회사를 위해 희생하는 게 그렇게 시간이 아까운 거냐고 하시며 제 의도를 오해하시더라고요. 저는 그런 게 싫다는 게 아니고 회사의 미래를 위해서 필요한 제도라고 생각해서 제안했던 건데 말이죠.
> 한번은 팀원들을 갑자기 회의실로 부르더니 "너희들도 뭔가 불만 같은 거 있으면 말해봐."라고 하시는데, 그런 상황에서 누가 말할 수 있겠어요? 이 글을 쓰면서도 한숨만 나오는데 어떻게 해야 할까요?

① 홍팀장을 만나 현재 영업팀 팀원들이 어떤 생각을 가지고 있는지 같이 이야기한다.
② 홍팀장과 정사원을 모두 불러 서로 최대한 오해가 없는 대화를 할 수 있도록 주선한다.
③ 홍팀장과의 정식 상담을 통해 좀 더 차분한 대화를 나누어 보라고 정사원에게 조언한다.
④ 온건한 사회생활을 이끄는 힘은 인내에 있고 홍팀장이 상사이니 정사원에게 일단은 참고 견뎌보라고 조언한다.
⑤ 부서장을 찾아가 영업팀에 발생한 갈등 상황을 설명하고 서로의 오해를 풀고 의견을 조율할 수 있도록 조정을 부탁한다.

26 난이도 상중하

다음 사례의 양대리가 겪은 갈등의 종류로 가장 적절한 것은?

최근 프로젝트를 진행하면서 심과장으로부터 많은 질책을 받았던 양대리는 심과장과 함께 모임을 갖는 것이 불편하여 프로젝트 마감 기념 회식에 참석하고 싶지 않았다. 하지만 개인적인 사유로 참석하지 않는다고 말하면, 심과장이 앞으로 자신을 더 못마땅하게 볼까봐 걱정이 되었다. 그래서 고민 끝에 팀 동료가 진행하고 있는 업무를 자신이 분담하여 맡겠다고 하였다. 그리고 프로젝트를 함께한 동료들에게는 팀 업무로 인해서 야근을 해야 하기 때문에 회식에 참여하지 못할 것 같다고 말하였다.

① 접근 – 접근 갈등
② 접근 – 회피 갈등
③ 회피 – 회피 갈등
④ 다중 접근 – 회피 갈등
⑤ 개인 – 역할 갈등

27 난이도 상중하

다음 사례의 A씨가 활용한 설득 방법으로 가장 적절한 것은?　　|한국산업안전보건공단|

평소 영업사원 A씨는 자신에게서 물건을 구매했던 고객에게 수시로 안부 연락을 하고, 신제품이 출시되면 증정품 또는 다른 상품의 할인 쿠폰을 제공하는 등의 방식으로 고객을 관리하고 있다. A씨에게 고마움을 느낀 고객 중 일부는 지인에게 A씨를 소개하여 영업실적에 도움을 주었다. A씨는 고객들에게 혜택을 안내하고 그들이 많은 상품 정보와 서비스를 받을 수 있도록 지속적인 관계를 형성하고 있다.

① 권위 전략
② 연결 전략
③ 사회적 입증 전략
④ 희소성 해결 전략
⑤ 호혜관계 형성 전략

28 난이도 상 중 하

다음은 협상과정 5단계 중 일부 단계를 순서와 상관없이 정리하여 나타낸 것이다. 이에 대한 설명으로 적절하지 않은 것은?

(㉠)	• 협상 안건마다 대안들을 평가함. • 개발한 대안들을 평가함. • 최선의 대안에 대해서 합의하고 선택함. • ㉡분할과 통합 기법을 활용하여 이해관계를 분석함.
㉢협상 시작	• 협상 당사자들 사이에 상호 친근감을 쌓음. • (㉣) • 상대방의 협상 의지를 확인함. • 협상 진행을 위한 체제를 구축함.

① ㉠에는 '해결 대안'이 들어가야 한다.
② ㉠은 협상과정 5단계 중 4단계에 해당한다.
③ ㉡은 '실질 이해' 단계에서 해야 하는 행동이므로 삭제해야 한다.
④ ㉢은 협상과정 5단계 중 1단계에 해당한다.
⑤ ㉣에는 '직접적인 방법으로 협상의사를 전달함.'이 들어가야 한다.

29 난이도 상 중 하

다음은 A~E 다섯 명의 질문에 대해 협상 전문가인 X가 답변한 내용이다. (가)~(마) 중 X의 답변으로 적절하지 않은 것은?

| 서울교통공사 |

저는 협상을 할 때마다 협상의 통제권을 잃을까 너무 두렵습니다. 좋은 방법이 없을까요?
작성자: A

↳ (가) 협상은 통제권을 확보하는 것이 아니라 함께 의견 차이를 조정하면서 최선의 해결책을 찾는 것입니다. 통제권을 잃을까 두려우시다면 상대방과의 협상 자체를 고려해보는 것이 좋습니다.
작성자: X

안녕하세요. 저는 협상 준비가 되기 전이었음에도 연봉 협상을 진행했어요. 준비되기도 전에 협상해야 할 때는 어떻게 해야 할까요?
작성자: B

↳ (나) 협상 준비가 되지 않았을 때는 솔직하게 상대방에게 준비가 되지 않았다고 이야기 하는 것이 좋습니다. 또한 이런 경우를 상대방의 입장을 묻는 기회로 삼으세요. 저 같은 경우에는 주로 듣기만 합니다.
작성자: X

X님 안녕하세요. 저는 협상 과정 중에 상대방에 대해 너무 많은 염려를 하는 경향이 있습니다. 효과적인 대처방법이 없을까요?
작성자: C

↳ (다) 상대방이 원하는 것을 얻을지 염려하기보다는 협상을 타결 짓기 전에 자신과 상대방이 각자 만족할 만한 결과를 얻었는지, 협상 결과가 현실적으로 효력이 있었는지, 모두 만족할 만한 상황이 되었는지 등을 확인해보세요.
작성자: X

안녕하세요. 저는 최근 거래처 직원들과 협상을 진행하던 중에 거래처 직원이 계속 특정 입장만을 고집해서 협상을 마무리하지 못했습니다. 이런 경우에는 어떻게 해야 할까요?
작성자: D

↳ (라) 상대방이 특정 입장만 내세우는 입장협상의 경우에는 조용히 그들의 준비를 도와주고 서로 의견을 교환하면서 상대방의 마음을 열게 하여 협상을 진행해야 합니다.
작성자: X

지난 주 상대 회사 쪽에서 협상과 관련 없는 사람을 협상자로 내보내 문제가 발생했습니다. 이 때문에 내일 다시 협상이 진행될 예정입니다. 이번에는 협상 상대를 어떤 사람으로 해야 할까요?
작성자: E

↳ (마) 협상 상대는 협상에 대하여 책임을 질 수 있고 타결권한을 가지고 있는 사람이어야 합니다. 저 같은 경우 주로 상급자 또는 최고책임자와 협상을 진행합니다.
작성자: X

① (가) ② (나) ③ (다) ④ (라) ⑤ (마)

30 난이도 상중하

다음 글의 빈칸 ㉠에 들어갈 협상 차원으로 가장 적절한 것은?

임금 상승을 요구하는 근로자와 이를 반대하는 사업주는 문제를 해결하기 위한 커뮤니케이션 과정을 거친다. 만약 원활한 커뮤니케이션으로 상대방을 설득한 경우, 임금 협상도 원활히 진행되어 긍정적인 결과를 산출할 수 있다. 반면 상대를 적으로 단정하고 의사소통 과정을 차단하면 임금 협상은 더 진전될 수 없다. 이처럼 (㉠)의 협상이란 이해 당사자들이 자신의 욕구를 충족하기 위해 상대를 설득하여 최선의 것을 얻어내는 커뮤니케이션 과정을 말한다. 즉, 자신이 얻고자 하는 것 때문에 상대와 갈등 상황에 있을 때, 상대를 설득하여 자신이 원하는 것을 쟁취하는 커뮤니케이션 과정이다.

① 교섭 차원
② 의사소통 차원
③ 갈등해결 차원
④ 의사결정 차원
⑤ 지식과 노력 차원

31 난이도 상중하

다음 글에서 설명하는 심리현상과 가장 관련이 깊은 설득 방법을 고르면?

셰익스피어의 희곡 〈로미오와 줄리엣〉에서 두 명의 주인공은 집안의 격렬한 반대를 마주하지만, 이에 대한 저항으로 사랑이 더욱 절실해지고 깊어진다. 여기에서 유래한 로미오와 줄리엣 효과는 연애하는 남녀가 부모의 반대 등의 장애 요건이 있을 경우 유대관계가 더욱 강해지는 심리현상을 가리킨다. 로미오와 줄리엣 효과는 비단 연애하는 남녀에게만 적용되는 것은 아니며, 자신의 자유에 대해 위협받거나 자신의 생각과 정반대의 반응을 마주할 경우 더욱 강력하게 반발하는 심리현상을 이르는 포괄적인 용어로 사용된다. 이러한 로미오와 줄리엣 효과는 협상 전략을 전개하는 데에 있어서도 의미가 크다. 특히나 상대방을 설득하여 문제를 해결해야 할 경우 로미오와 줄리엣 심리현상을 역으로 노린다면 설득의 성공 확률을 높일 수 있다.

① See-Feel-Change 전략
② 헌신과 일관성 전략
③ 상대방 이해 전략
④ 반항심 극복 전략
⑤ 권위 전략

32 난이도 상 중 하

다음 사례의 A가 사용하고 있는 협상전략이 유용한 경우가 아닌 것은?

| 한국원자력환경공단, 광주광역시북구시설관리공단 |

> 도매상인 A는 물건을 구매하여 소매상인 B에게 납품을 하고 있다. 소매상인 B는 A에게 최근 물건의 상태가 좋지 못하다는 불만을 말하면서, 좋지 못한 물건으로 인하여 줄어든 매출액에 대한 책임을 지라고 이야기하였다. 그러곤 A에게 3개월 동안만 물건 가격을 개당 500원씩 낮게 판매하라고 이야기하며, 금액 조정을 해주지 않으면 거래처를 바꾸겠다고 엄포를 놓았다. A는 3개월 동안 자신이 약간 손해보더라도 물건을 가장 많이 납품하는 B와의 거래를 유지하는 것이 훨씬 이익이라고 생각하였다.

① 단기적으로 손해를 보더라도 장기적 관점에서 이익이 되는 경우
② 서로에 대한 정보를 많이 공유하고 있는 경우
③ 결과보다는 상대방과의 인간관계 유지를 선호하는 경우
④ 상대방과의 충돌을 피하고자 하는 경우
⑤ 자신의 이익보다는 상대방의 이익을 고려해야 하는 경우

33 난이도 상 중 하

다음 중 협상력을 결정하는 4가지 요소와 그 특징으로 적절하지 않은 것은?

① 최초 요구: 대부분의 거래 관계에서 먼저 크게 요구할수록 크게 얻을 수 있다.
② 시간: 시간에 쫓길수록 서둘러 협상을 마무리해야 하기 때문에 협상 결과가 좋을 수 없다.
③ 정보: 다양한 정보를 파악한다면 협상 때 가격을 포함한 여러 대안이나 옵션 카드를 가지고 최적의 협상안을 제시할 수 있다.
④ 의지: '이번엔 꼭 협상을 성공해야 한다'는 의지는 상대에게 협상에 대한 열의로 비춰지기 때문에 협상을 성공적으로 이끌어갈 수 있다.
⑤ 힘: 논리적·합리적 대안을 제시하고, 상황에 따라 최적의 구매 결정을 하도록 권유하고 설득하는 힘은 개인의 지적 수준과 역량에 좌우된다.

34 난이도 상 중 하

최근 ○○공사는 대국민 서비스 만족도 향상을 위해 신재생에너지 고객지원센터를 본격적으로 운영하기 시작하였다. 다음 중 ○○공사가 신재생에너지 고객지원센터 운영을 통해 기대한 바로 보기 어려운 것은?

> ○○공사가 매년 늘어나는 신재생에너지 공급인증서(REC; Renewable Energy Credit) 계약 관련 고객지원센터를 운영한다. ○○공사는 RPS(Renewable Portfolio Standards) 공급의무자 최초로, 노사 합동으로 신재생에너지 고객지원센터 개소식을 열고 본격 운영에 들어갔다고 밝혔다.
> 그동안은 REC 거래와 관련해 사외 홈페이지 및 계약서류상 전화번호를 일일이 확인하는 번거로움이 있었다. 또 실무 부서와 통화가 이뤄져도 담당자 부재 등의 이유로 업무 처리에 불편이 발생하고, 이로 인한 감사 부서 및 신문고 등을 통한 강성 민원도 빈번했다. 현업 부서에서도 매년 증가하는 REC 계약에 따라 폭증하는 전화 문의로 업무 효율이 떨어졌으며, 업무 강도도 지속적으로 가중되는 어려움이 있었다.
> 이에 ○○공사는 지난해부터 고객 니즈를 분석하고 프로세스 체계화, 시스템 구축, 핵심 역량 강화, 접근성·만족도 제고의 4대 분야 12개 과제를 도출해 개선함으로써 고객지원센터 개소 준비를 마쳤다.
> 고객지원센터는 대표전화(1600-××××)를 통해 연결 가능하며, 오전 9시부터 오후 6시까지 운영된다. REC 계약 방법, 회원가입, 발전 설비 등록, 대금 지급 및 소유권 이전 관련 정보 등 단순 문의에 대해서는 신속한 답변이 가능하다. 상담원이 해결할 수 없는 전문분야의 민원 또한 재통화 없이 원스톱(One Stop)으로 현업 부서 연결을 통해 조치된다.
> 모든 상담원이 통화 중일 때는 고객의 콜백(Call Back) 요청에 대하여 1시간 이내 콜백 처리를 완료하고, 담당자 부재나 통화 중일 때는 반드시 당일 내 아웃바운드(☎ 센터 → 고객) 또는 문자로 상담을 완료하고 있다.
> 지난 10월 한 달간 고객지원센터를 시범운영한 결과 4명의 상담원으로 인바운드(☎ 고객 → 센터) 1,477건과 아웃바운드(☎ 센터 → 고객) 774건 총 2,251건의 전화 민원이 처리됐으며, 센터 구축 이전 46%에 불과하던 응대율은 87.6%까지 향상돼 만족도 제고에 기여했다는 평이다.

① 신재생에너지 고객지원센터를 운영함으로써 REC 거래와 관련해 사외 홈페이지 및 계약서류상 전화번호를 일일이 확인하는 번거로움을 해소하여 내부 고객의 만족도를 향상시키고자 하였다.
② 고객지원센터 대표전화를 통해 REC 계약 방법, 회원가입, 발전 설비 등록, 대금 지급 및 소유권 이전 관련 정보 등 단순 문의에 대한 신속 답변을 가능하게 함으로써 고객의 정보 접근성을 높이고자 하였다.
③ 신재생에너지 공급인증서 계약 관련 고객지원센터를 운영함으로써 국민들이 신재생에너지 사업을 편리하고 효율적으로 할 수 있는 환경 조성에 기여하고, 기업이 실행하는 서비스 자체를 발전시키고자 하였다.
④ 감사 부서 및 신문고 등을 통해 접수된 고객 니즈를 체계적으로 분석함으로써 REC 계약을 담당하는 실무 부서의 전문성을 높이고 기업의 전반적인 관리 시스템이 고객서비스 업무를 지원하게 하고자 하였다.
⑤ 담당자 부재나 통화 중일 때는 고객지원센터를 통해 당일 내 아웃바운드 또는 문자로 상담을 완료하게 함으로써 실무 부서와 통화가 이뤄져도 담당자 부재 등의 이유로 업무 처리에 불편이 발생하던 문제를 해소하고자 하였다.

35 난이도 상중하

P공사 영업팀에 근무하는 사원 5명은 고객 불만 처리 프로세스에 관한 다음 자료를 보고 〈보기〉와 같이 대화를 나누었다. 이들 중 적절하지 않은 발언을 한 사람만을 모두 고르면?

| 공무원연금공단, 광주광역시북구시설관리공단 |

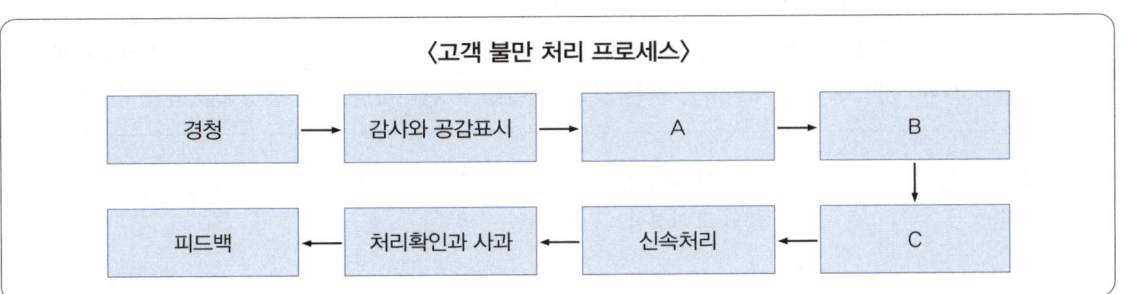

/ 보기 /

김사원: A단계는 해결약속, B단계는 사과, C단계는 정보파악입니다.

장대리: 감사와 공감표시 단계에서는 해결의 기회를 준 것에 감사를 표시하고, 고객의 항의에 공감을 표시해야 합니다.

정사원: C단계에서는 문제해결을 위해 꼭 필요한 질문만 해서 정보를 얻어야 합니다.

이대리: 최선의 해결방법을 찾기 어려운 경우 해결약속 단계에서 고객에게 최선의 방법을 물어봐야 합니다.

고사원: 피드백 단계에서는 고객에게 처리 결과에 만족하는지 물어봐야 합니다.

① 김사원, 이대리
② 장대리, 고사원
③ 정사원, 이대리
④ 김사원, 이대리, 고사원
⑤ 장대리, 정사원, 고사원

36 난이도 상 중 하

다음 글의 빈칸 ㉠에 들어갈 고객서비스 관련 용어로 가장 적절한 것은?

> "세계적인 기업이 되기 위해서는 고객서비스가 탁월해야 한다."라는 말이 소비재뿐만 아니라 품질력이 최우선시되는 반도체 부문에서도 중요하게 여겨지고 있다. e-커머스 기업의 회장인 A씨는 (㉠)을 중시하는 것이 성공의 비결이라고 말한 바 있다. (㉠)은 고객과 기업이 관계를 이어가면서 고객이 기업에 대해 체험하는 모든 것으로, 이를 잘 관리하면 고객 충성도를 높일 수 있다.

① 고객충성   ② 고객사랑   ③ 고객실천
④ 고객연결   ⑤ 고객경험

37 난이도 상 중 하

다음 중 고객만족을 측정할 때 많은 사람이 범하는 오류의 유형으로 적절하지 않은 것은?

① 적절한 측정 프로세스 없이 조사를 시작한다.
② 전문가로부터 도움을 얻는다.
③ 고객이 원하는 것을 알고 있다고 생각한다.
④ 중요도 척도를 오용한다.
⑤ 포괄적인 가치만을 질문한다.

38 난이도 상중하

다음 자료의 빈칸 ㉠에 들어갈 단어와 그 단어의 의미로 가장 적절한 것은?

국정감사 자료에 따르면 열차가 제때 도착하지 않아 현금 보상이나 할인증 발급 대상이 됐음에도 10명 중 4명은 지연 배상 혜택을 받지 않은 것으로 나타났다.

열차가 천재지변 이외에 회사의 책임으로 20분 이상 지연되는 경우 소비자 분쟁해결기준에 따라 승객은 현금, 할인권, 마일리지 중 하나를 선택해 일정 금액을 배상받을 수 있다. 현금과 마일리지 배상 기준은 20~40분 미만 12.5%, 40~60분 미만 25%, 60분 이상 50%다. 할인권은 현금보다 2배가량의 혜택을 주고 있다.

이러한 배상 기준이 분명히 존재함에도 불구하고 혜택을 받지 않은 대상자가 많은 이유는 열차 지연으로 인해 (㉠)을 하여 배상 제도를 안내받았거나 이러한 제도가 있음을 인지하고 있었던 승객을 제외하고는 상당수의 승객이 배상 제도를 모르고 있기 때문으로 추정된다. 지연 배상금은 열차 지연이 발생한 날로부터 1년 내에 신청하면 받을 수 있다. 예를 들어 작년 12월에 지연이 발생했으면 올해 12월까지 신청이 가능한 것이다.

① 클레임(Claim): 직원에게 언어폭력을 지속하거나 공개적인 모욕 및 명예훼손을 하며 불만 사항을 제기하는 행위
② 클레임(Claim): 상대방이 계약을 어겨 발생한 것으로, 객관적인 사실에 바탕을 두고 불만 사항에 대하여 이의 및 손해 배상을 제기하는 행위
③ 클레임(Claim): 계약이나 서비스와 관련하여 객관적인 사실이 아니라 불만족스러운 고객서비스, 직원의 무성의한 태도 등 주관적인 문제에 대하여 불만을 제기하는 행위
④ 컴플레인(Complain): 구매한 상품이나 제공받은 서비스의 하자를 문제 삼아 기업을 상대로 과도한 피해 보상금을 요구하는 행위
⑤ 컴플레인(Complain): 이용한 상품이나 서비스에 대하여 한 차례 불만을 제기하고 이에 대한 사과 및 보상을 받았으나 그 보상에 대하여 다시금 불만을 제기하는 행위

39 난이도 상 중 하

전자제품을 판매하는 매장의 매니저로 있는 W씨가 다음과 같은 상황에서 고객에게 취할 행동으로 가장 적절한 것은?

> 한 고객이 전에 구매했던 전자제품의 성능과 홈페이지에서 설명하고 있는 내용이 다르다는 이유로 고래고래 소리를 지르며 매장 문을 박차고 들어왔다. 해당 고객을 처음 응대하던 부하 직원은 안절부절못하고 있다가 연신 죄송하다는 말만 되풀이했고, 매장 주변까지 분위기가 점점 험악해지는 것이 느껴졌다.

① 과시욕이 충족될 수 있도록 고객의 언행을 제지하지 않고 인정해준다.
② 분명한 증거나 근거를 제시하여 고객 스스로 확신을 갖도록 유도한다.
③ 고객의 이야기를 경청하고, 맞장구치고, 추켜세우고 설득한다.
④ 차분한 목소리로 고객의 감정이 가라앉도록 유도하고, 문제해결에 적극적으로 대응하고 있다는 인식을 심어준다.
⑤ "글쎄요?", "저…"와 같은 애매한 화법을 피하고 여러 가지 일을 신속하게 처리하는 모습을 고객에게 보여준다.

40 난이도 상 중 하

○○공사의 고객상담사로 근무하는 L씨는 평소 불만고객 응답 프로세스에 따라 불만고객을 응대하고 있다. 다음 상황에서 L씨가 해당 고객에 대해 대처한 방안으로 가장 적절한 것은?

> L씨: "안녕하세요. ○○공사 상담사 □□□입니다."
> 고객: "안녕하세요. 전기요금 부과에 대해서 문의할 게 있어서요."
> L씨: "네, 고객님, 어떤 내용인지 말씀해주시면 제가 도움을 드리도록 하겠습니다."
> 고객: "이번에 소상공인 대상으로 4월부터 9월까지 6개월간의 전기요금을 50% 감면해준다고 알고 있는데, 이번 4월 전기요금에 반영되지 않은 것 같아서요."
> L씨: "해당 전기요금 할인은 대구와 경산, 봉화, 청도 지역에 한하여만 적용되고 있습니다. 고객님의 지역은 해당되지 않는 것으로 확인됩니다."
> 고객: "경산시 바로 옆인 영천시인데 할인 적용이 되지 않는 거 확실한가요? 영천시도 적용된다고 들었는데…"

① 빠르고 정확하게 문제를 처리하는 모습을 보인다.
② 이야기를 경청하여 맞장구치고, 추켜세우며 설득한다.
③ 고객의 의견을 경청하고, 잘못된 부분이 있다면 사과한다.
④ 분명한 증거나 근거를 제시하여 스스로 확신을 갖도록 유도한다.
⑤ 고객의 과시욕이 스스로 채워지도록, 뽐내는 행동을 내버려 둔다.

정답 및 해설 70p

STEP 04 응용문제

CHAPTER 06 대인관계능력

01

갈등 해결 방안 중 윈-윈(Win-Win) 전략이 성공할 수 있도록 필요한 전제 조건으로 옳지 않은 것은?

① 협상 당사자는 상대방의 진정한 욕구와 목적을 이해할 수 있어야 한다.
② 협상 당사자는 유사점보다는 입장 간의 차이점에 초점을 맞춰야 한다.
③ 협상 과정에서 관련 정보 공유와 의사소통을 원활하게 해야 한다.
④ 협상 당사자는 상호 신뢰 형성을 위해 노력해야 한다.
⑤ 협상 당사자는 자유로운 정보의 흐름으로 창의적 대안을 도출할 수 있도록 해야 한다.

02

다음 〈보기〉 중 고객 관계 관리를 위한 고객 정보 중 기술적 데이터에 해당하는 것만을 모두 고르면?

/ 보기 /

㉠ 고객의 이름
㉡ 가격 변화
㉢ 유통 채널의 변화
㉣ 고객의 구매품목
㉤ 고객의 주소
㉥ 구매 지점
㉦ 구매 빈도
㉧ 반품 현황
㉨ 고객의 소득

① ㉠, ㉤, ㉨　　② ㉡, ㉦, ㉨　　③ ㉢, ㉤, ㉧
④ ㉣, ㉥, ㉦　　⑤ ㉥, ㉧, ㉨

03

다음 글에서 설명하고 있는 용어로 옳은 것은?

> 협상 시 처음 주어진 조건에서 크게 벗어나지 못하고 처음 조건이 협상의 기준이 되어 협상을 진행하게 하는 효과를 말하며, 이 효과를 이용하여 협상 시 적정 가격보다 높게 가격을 제시하여 비싸게 물건을 판매하거나, 처음 금액을 제시하고 할인율을 강조하여 판매를 이끌어 낸다.

① 앵커링 ② 아젠다 ③ 휴리스틱
④ 니블링 ⑤ 프레이밍 효과

04

다음은 카노 모델의 고객 만족 이론 모형을 나타내는 그래프이다. 이 중 A에 대한 설명으로 옳은 것은?

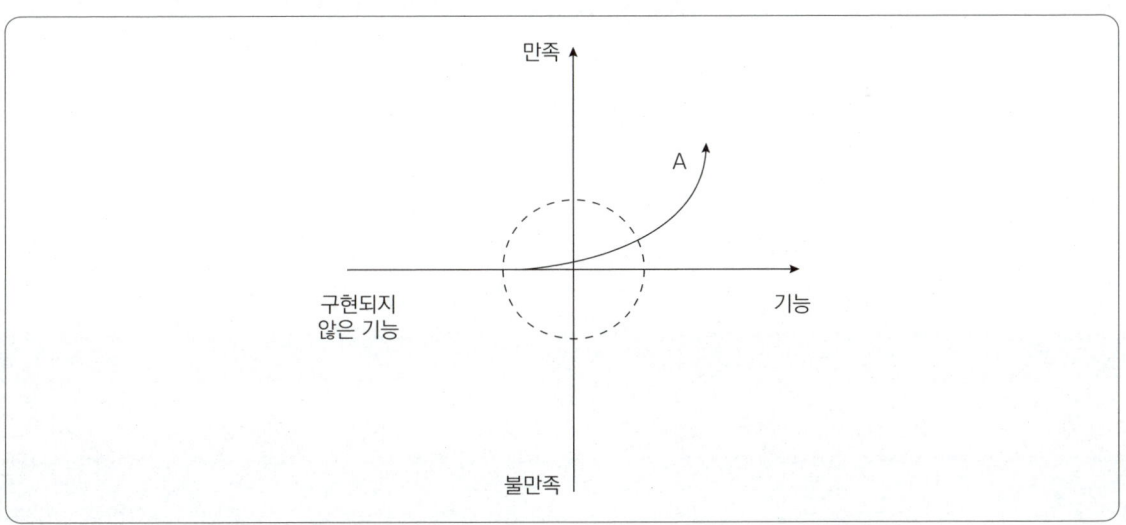

① 품질에 따라 만족도가 결정된다.
② 기능적 요소들이 충족될수록 사용자의 만족도가 지수적으로 증가하는 것을 말한다.
③ 해당 기능이 있거나 없어도 특별히 불만을 나타내지 않는 요소들을 의미한다.
④ 해당 기능을 제공하면 할수록 불만족이 커지는 요소들을 갖는다.
⑤ 당연 품질 속성이다.

05

다음은 협상 방법에 관한 자료이다. 밑줄 친 ㉠~㉢에 대한 설명으로 적절하지 않은 것은?

협상을 할 때는 협상 상대 또는 협상 상황에 따라 협상 방법을 선택할 수 있다. 협상에는 입장 중심 협상과 상호 만족 협상 방법이 있다. 입장 중심 협상 방법은 자신과 상대방이 처해 있는 상황에 따른 협상 방법이다. 객관적 기준보다는 힘을 사용해 압력을 행사하며, 다시 ㉠유연한 입장 중심 협상 방법과 ㉡강경한 입장 중심 협상 방법으로 나눌 수 있다. 반면, ㉢상호 만족 협상 방법은 서로가 처해 있는 입장이 아닌 마음 속에 있는 이해(Interest)에 초점을 맞추어 협상을 진행하는 협상 방법으로, 압력이 아닌 원칙에 근거해 Win-win을 추구한다.

① ㉠을 사용하면 시간과 비용이 많이 들고 불확실성이 높아진다.
② ㉠을 사용하는 사람들은 상대방의 무리한 요구를 받아들이지 못하고 자신의 요구도 주장하지 못한다.
③ ㉡을 사용하면 서로의 입장을 명확히 알 수 있지만 협상이 결렬되거나 사람을 잃게 될 수 있다.
④ ㉡을 사용하는 사람들은 다양한 대안을 찾지 않고 자신이 받아들일 수 있는 답만 제시한다.
⑤ 각자의 입장을 벗어나 서로가 만족할 수 있는 제3의 대안이 존재한다는 사실을 인정하는 것은 ㉢의 전제 조건 중 하나이다.

06

다음은 구성원의 능력과 의지를 기준으로 해당 상황에 적합한 리더십을 구분할 수 있는 허쉬와 브랜차드의 부하성숙도이론을 나타내는 그래프이다. 이 중 A 상황에 적합한 리더십에 대한 설명으로 옳은 것은?

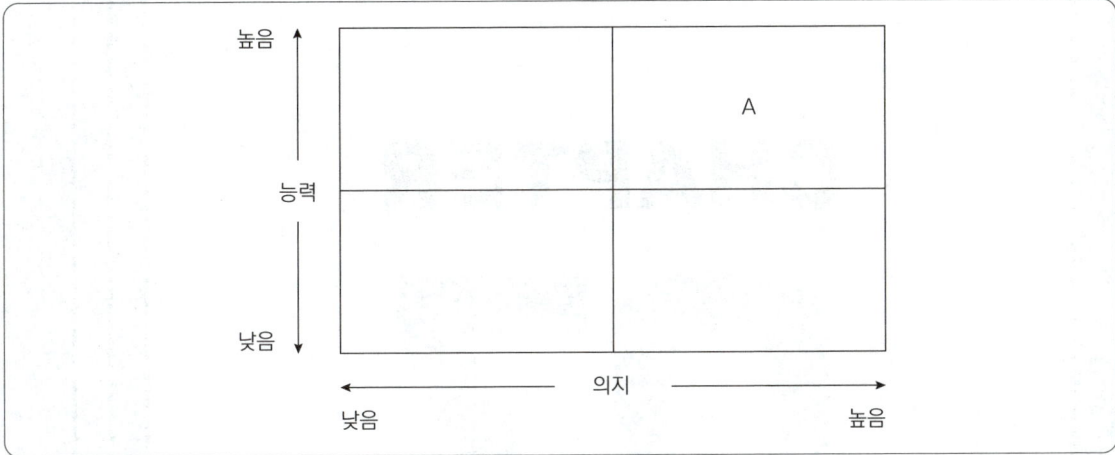

① 설득형 리더십이다.
② 업무 지향적 행동 중심으로 명확한 목표와 과업 내용을 구체적으로 지시한다.
③ 업무 수행과정을 감독하며 의사결정 사항을 설명해주며 구성원의 의견을 수용한다.
④ 구성원이 주도적으로 의사결정과 문제해결을 할 수 있도록 권한과 책임을 위임한다.
⑤ 구성원의 동기를 유발하여 성과를 달성할 수 있도록 지원한다.

정답 및 해설 78p

PART 1 직업기초능력평가

CHAPTER 07

정보능력

STEP 01 개념정리
- 개념체크
- 플러스 알파 이론

STEP 02 기본문제

STEP 03 심화문제

STEP 04 응용문제

● 영역 소개

업무와 관련된 정보를 수집하고, 이를 분석하여 의미 있는 정보를 찾아내며, 의미 있는 정보를 업무 수행에 적절하도록 조직하고, 조직된 정보를 관리하며, 업무 수행에 이러한 정보를 활용하고, 이러한 과정에 컴퓨터를 사용하는 능력이다. 하위능력은 컴퓨터활용능력, 정보처리능력으로 구분된다.

● 출제 유형

구분	의미	학습 포인트
컴퓨터활용능력	필요한 컴퓨터 관련 이론을 이해하고, 업무 수행을 위한 인터넷과 소프트웨어를 활용하는 능력	▶ 다양한 인터넷 서비스의 종류 ▶ 정보검색의 단계 및 유의 사항 ▶ 소프트웨어의 종류 및 활용 ▶ 데이터베이스의 의미와 필요성
정보처리능력	필요한 정보를 수집하고 분석하여 의미 있는 정보를 찾아내며, 찾아낸 정보를 업무 수행에 적절하도록 조직·관리하고 활용하는 능력	▶ 효과적인 정보수집 방법 ▶ 정보 분석 및 가공의 중요성 ▶ 정보 관리 및 활용 ▶ 사이버 공간에서의 예절

● 기출 키워드

- ▶ 자료, 정보, 지식의 차이점
- ▶ 정보처리 과정 4단계
- ▶ 정보검색 4단계
- ▶ 정보검색 연산자
- ▶ 데이터베이스의 필요성(무결성 등)
- ▶ 정보원의 종류(1차 자료, 2차 자료)
- ▶ 사이버 공간에서의 예절
- ▶ 개인정보의 종류
- ▶ Windows 주요 단축키
- ▶ Windows 휴지통
- ▶ Windows 명령 프롬프트
- ▶ 컴퓨터 시스템 활용을 위한 진법 변환(10진수의 2진수 변환)
- ▶ 기타 기억장치
- ▶ 입·출력 장치
- ▶ 디스크 부팅 실패 오류의 해결 방법
- ▶ 프로그래밍 언어
- ▶ 파일 형식에 따른 데이터 특성(문서 파일, 이미지 파일, 소리 파일 등)
- ▶ 한글 문서가 변환 가능한 주요 파일 형식
- ▶ 한글 문서 주요 단축키
- ▶ 파워포인트 주요 단축키
- ▶ 엑셀 주요 단축키
- ▶ 엑셀 주요 함수(VLOOKUP, HLOOKUP, MID 등)
- ▶ 엑셀 주요 오류
- ▶ 웹 브라우저
- ▶ 사물 인터넷(IoT)
- ▶ 메타버스 핵심 기술(VR, AR, MR)
- ▶ 컴퓨터 범죄 유형(디도스, 스니핑, 스푸핑, 크립토재킹 등)

STEP 01 개념정리

CHAPTER 07 정보능력

1. 자료, 정보, 지식 [기출] 한전KPS, 한국자산관리공사, 해양환경공단

(1) 자료, 정보, 지식의 차이점

자료는 가공하기 전 순수한 상태의 수치를 말하며, 정보는 유의미하게 가공한 2차 자료를 가리킨다. 지식은 정보들 간의 관계를 통해 얻은 가치 있는 정보이며, 지식 다음 단계로 지혜를 언급하기도 하는데, 이는 지식을 활용하는 창의적 아이디어를 의미한다.

자료 (Data)	정보 작성을 위하여 필요한 데이터를 말하는 것으로, 이는 '아직 특정의 목적에 대하여 평가되지 않은 상태의 숫자나 문자들의 단순한 나열'을 뜻한다. 예 고객의 주소와 성별, 이름, 나이, 전화번호, 보유 스마트폰 기종, 스마트폰 활용 횟수 등
정보 (Information)	자료를 일정한 프로그램에 따라 컴퓨터가 처리·가공함으로써 '특정한 목적을 달성하는 데 필요하거나, 특정한 의미를 가진 것으로 다시 생산된 것'을 뜻한다. 예 중년층의 평균 스마트폰 활용 횟수, 중년층의 보유 스마트폰 기종, 중년층의 성별에 따른 선호 디자인 등
지식 (Knowledge)	'어떤 특정의 목적을 달성하기 위해 과학적 또는 이론적으로 추상화되거나 정립되어 있는 일반화된 정보'를 뜻하는 것으로, 어떤 대상에 대하여 원리적·통일적으로 조직되어 객관적 타당성을 요구할 수 있는 판단의 체계를 제시한다. 예 휴대폰 디자인에 대한 중년층의 취향, 중년층을 주요 타깃으로 신종 휴대폰 개발
정보처리 (Information processing)	자료를 가공하여 이용 가능한 정보로 만드는 과정으로, 자료처리(Data processing)라고도 하며 일반적으로 컴퓨터가 담당한다.

> **참고** 자료(데이터), 정보, 지식의 관계
>
> **1. Mcdonough의 고전적 구분**
>
> | 자료 | 단순한 사실의 나열 |
> |---|---|
> | 정보 | 의미 있는 자료 |
> | 지식 | 가치 있는 정보 |
>
> **2. 엘렌 켄트로의 지식삼각형**
> 정보와 지식을 교환 가능한 용어로 사용하고 있지만 일반적으로 자료와 정보, 지식과의 관계는 '자료 ⊇ 지식 ⊇ 정보'와 같은 포함관계로 나타낼 수 있다. 엘렌 켄트로의 지식삼각형은 가장 기본적인 하단부터 자료, 정보, 지식의 순으로 삼각형을 구성하였으며, 지식 위에 특별히 지혜를 포함시켰다.

(2) 정보의 가치

우리가 필요로 하는 정보의 가치는 여러 가지 상황에 따라서 달라질 수 있다. 즉, 정보의 가치는 우리의 요구, 사용 목적, 정보가 활용되는 시기와 장소에 따라서 다르게 평가된다.

① 적시성과 독점성 측면의 가치

정보의 핵심적인 특성으로, 정보는 우리가 원하는 시간에 제공되어야 하며, 원하는 시간에 제공되지 못하는 정보는 정보로서의 가치가 없다.

② 공개 정보, 반공개 정보, 비공개 정보의 가치

정보는 아무리 중요한 내용이라도 공개되고 나면 그 가치가 급격하게 떨어지는 것이 보통이다. 공개 정보보다는 반공개 정보가, 반공개 정보보다는 비공개 정보가 더 큰 가치가 있다.

단, 비공개 정보는 정보의 활용이라는 면에서 경제성이 떨어지고, 공개 정보는 경쟁성이 떨어진다. 따라서 공개 정보와 비공개 정보를 적절히 구성함으로써 경제성과 경쟁성을 동시에 추구해야 한다.

2 정보화 사회

(1) 정보화 사회의 의미

정보화 사회란 세상에서 필요로 하는 정보가 사회의 중심이 되는 사회로서, 컴퓨터 기술과 정보통신 기술을 활용하여 사회 각 분야에서 필요로 하는 가치 있는 정보를 창출하고, 보다 유익하고 윤택한 생활을 영위하도록 발전시켜나가는 사회를 말한다.

(2) 미래사회

① 부가가치 창출 요인의 전환

정보기술(IT) 이후 차세대 대표 주력 산업은 다음과 같이 6T로 나타낼 수 있다. 이상의 6T는 미래를 이끌어갈 주요 산업으로 토지, 노동, 자본보다는 새로운 지식과 기술을 개발·활용·공유·저장할 수 있는 지식근로자를 요구하고 있다.

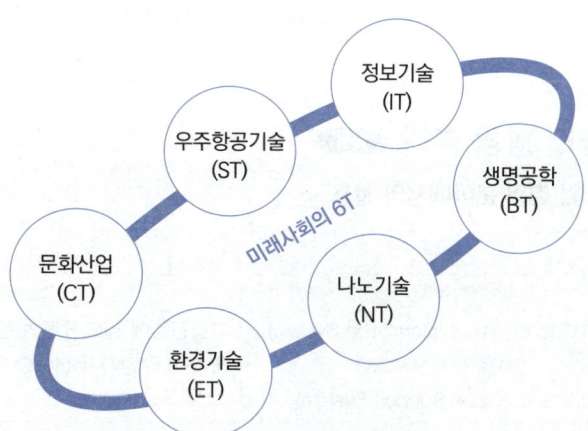

② 세계화의 진전

세계화는 모든 국가의 시장이 국경 없는 하나의 세계 시장으로 통합되는 것으로, 세계 시장에는 실물 상품뿐만 아니라 노동, 자본, 기술 등의 생산 요소와 교육과 같은 서비스의 국제 교류도 모두 포함된다.

> **참고** 세계화 예시
>
> - 가상은행
> - 사이버 백화점
> - 외국 대학 및 학원의 국내 설치
> - 한국 기업의 외국 공장 설립
> - WTO, FTA 등에 의한 무역 개방화
> - 국가 간의 전자 상거래(EC; Electronic Commerce)
> - 사이버 대학교
> - 다국적 기업의 국내 설치 및 산업 연수생들의 국내산업체 근무

③ 지식의 폭발적 증가

미래사회에서는 지식, 특히 과학적 지식이 폭발적으로 증가하여 2050년경이 되면 지식이 급증하여 지금의 지식은 1%밖에 사용할 수 없게 될 것이라고 전망하는 미래학자도 있다.

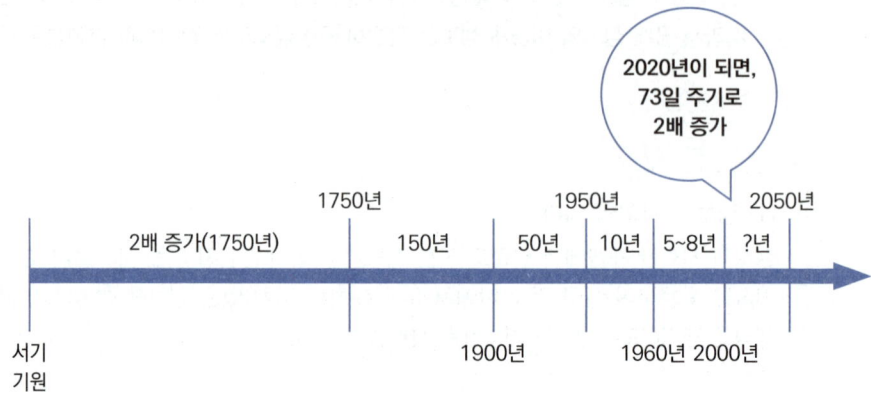

(3) 정보화 사회에서 필수적으로 해야 할 일

① 정보검색: 내가 원하는 정보를 찾는 것
② 정보관리: 검색한 내용을 파일이나 인쇄물로 보관하는 것
③ 정보전파: 전자우편 등을 활용하여 정보를 전파하는 것

3 컴퓨터 활용 분야 [기출] 한국가스안전공사, 한국데이터산업진흥원

(1) 기업 경영 분야에서의 활용

구분	내용
경영정보시스템 (MIS; Management Information System), 의사결정지원시스템 (DSS; Decision Support System)	기업경영에 필요한 정보를 효과적으로 활용할 수 있도록 지원해 주어 경영자가 신속한 의사결정을 할 수 있도록 해 준다.
사무 자동화 (OA; Office Automation)	문서 작성과 보관은 물론, 컴퓨터로 업무를 결재하는 전자 결재 시스템이 도입되어 업무 처리의 효율을 높이고 있다.
B2B(기업 간 거래), B2C(인터넷소매업), B2G(기업과 정부 간 전자상거래)	최근 인터넷과 모바일 기술이 발달하고 글로벌 시장이 성장함에 따라 국가와 지역, 고객 등의 경계를 넘어서 플랫폼을 활용한 B2B, B2C, B2G 등이 활발하게 이루어지고 있다.

(2) 행정 분야에서의 활용

구분	내용
사무 자동화 (OA; Office Automation)	모든 민원서류를 원격지에서 정보 통신망을 이용해 발급받을 수 있을 뿐만 아니라 가까운 은행에서도 세금과 공과금을 납부할 수 있게 되었다.

(3) 산업 분야에서의 활용

구분	내용
공장 자동화 (FA; Factory Automation)	공업 분야에서는 제품 수주에서부터 설계, 제조, 검사, 출하에 이르기까지 제품 공정의 모든 과정을 컴퓨터로 자동화하여 생산성을 높이고 원가를 절감하며 불량품을 줄이는 등 제품의 경쟁력을 높이고 있다. 예 컴퓨터 이용 설계(CAD; Computer Aided Design), 컴퓨터 이용 생산(CAM; Computer Aided Manufacturing)
산업용 로봇	산업 현장에서 사람이 하기 힘든 위험한 일, 비위생적인 작업, 정교한 일에 활용되고 있다.
판매 시점관리 시스템 (POS; Point Of Sales)	편의점이나 백화점 등에서 매출액 계산, 원가 및 재고 관리를 위해 사용되며, 신속하고 정확하게 계산 가능하고, 능률적으로 관리할 수 있을 뿐만 아니라 판매 자료를 분석하여 의사결정에 활용할 수 있다.

> **참고** CAD와 CAM
>
> 1. CAD(Computer Aided Design)
>   컴퓨터를 이용한 설계 기술 및 제반 내용을 의미하는 것으로 개념 설계에서부터 최종 제품 설계에 이르기까지 일련의 과정을 처리하며, 네 가지의 중요한 기능을 가지고 있다.
>   - 컴퓨터 디자인 자체
>   - 컴퓨터 보조 엔지니어링 기능 포함
>   - 가공 공정에 관련된 모든 기능을 제공하여 생산의 질 향상
>   - 설계와 조립에 있어 복잡성을 한층 감소
> 2. CAM(Computer Aided Manufacturing)
>   CAD로 설계된 것을 다시 컴퓨터를 이용하여 제조하는 방법을 말한다. 즉, 공장 기계의 제어를 위한 수치 제어 데이터 작성, 시험 데이터 작성, 공정 설계 데이터 작성 등으로 생산 공정을 자동화시켜 준다.

(4) 기타

구분	내용
디지털 교과서	기존 교과 내용에 다양한 참고자료와 학습지원 기능이 부가되며 PC, 스마트 패드, 스마트 TV 등 모든 단말기에서 사용할 수 있다. 디지털 교과서를 통해 자기주도학습을 실현할 수 있다.
연구개발	복잡한 계산이나 정밀한 분석 및 실험 등의 연구 분야에서 여러 가지 형태로 컴퓨터를 이용하여 정확도와 정밀도를 높이고 있다.
재택근무	정보 통신의 발달로 집에서 컴퓨터를 이용해서 업무를 보는 경우가 점차 일반화되고 있다.

4 IT기기를 활용한 정보처리 과정 기출 한국가스안전공사

절차	내용
정보의 기획	정보활동의 첫 단계로서 정보관리의 가장 중요한 단계이며, 보통 5W2H를 활용하여 기획한다. • What(무엇을): 정보의 입수대상을 명확히 한다. • Where(어디에서): 정보의 소스(정보원)를 파악한다. • When(언제까지): 정보의 요구(수집) 시점을 고려한다. • Why(왜): 정보의 필요 목적을 염두에 둔다. • Who(누가): 정보활동의 주체를 확정한다. • How(어떻게): 정보의 수집방법을 검토한다. • How much(얼마나): 정보수집의 비용성(효용성)을 중시한다.
정보의 수집	다양한 정보원으로부터 목적에 적합한 정보를 입수하는 단계이다. 정보수집의 최종 목적은 '예측'을 잘하는 것이다. 과거의 정보를 모아 연구하는 것도 결국 미래를 예측하기 위해서이다. 정보수집을 잘하기 위해서는 정보를 접하는 기회를 꾸준히 많이 가져야 한다.
정보의 관리	수집된 다양한 형태의 정보를 어떤 문제해결이나 결론 도출에 사용하기 쉬운 형태로 바꾸는 단계이다. 정보를 관리할 때는 다음의 3원칙을 따른다. • 목적성: 사용 목적을 명확히 설명해야 한다. • 용이성: 쉽게 작업할 수 있어야 한다. • 유용성: 즉시 사용할 수 있어야 한다.
정보의 활용	정보를 활용하고 문제해결에 적용하는 단계이다. 정보 활용 시 문제 상황을 인지할 수 있는 능력, 문제해결에 적합한 정보를 찾고 선택할 수 있는 능력, 찾은 정보를 문제해결에 적용할 수 있는 능력, 그리고 윤리의식을 가지고 합법적으로 정보를 활용할 수 있는 능력 등 다양한 능력이 수반되어야 한다.

워크북 자료로 알아보기

Q 다음 사례는 정보처리 과정 중 어느 단계에 해당하는지 확인하고, 그 근거를 생각해보시오.

OK전자 K씨는 상사로부터 세탁기 신상품에 대한 기획안을 제출하라는 업무를 받았다. K씨는 먼저 기획안을 작성하기 위해 어떠한 정보가 필요한지를 생각하고 신상품의 콘셉트가 중년층을 대상으로 한 제품이기 때문에 30~40대의 취향을 먼저 파악하고자 했다. 이에 따라 해당 연령층이 현재 사용하고 있는 세탁기 기종, 선호하는 디자인, 장단점, 부담 가능한 지불 액수 등의 정보가 필요함을 확인하였다.
K씨는 이러한 정보를 기존의 고객 DB에서 얻을 수 있다고 판단하였다. 고객 DB에서 필요한 정보를 얻을 경우 별도의 비용이 들지 않는다는 것도 큰 장점이었다. 우선 기획안 제출 기한에 따라 이번 주까지 관련 정보를 수집하기 위한 계획을 수립한 후 K씨가 중요하게 원하는 정보는 중년층의 세탁기 선호 취향이기 때문에 고객 DB로부터 중년층의 것만을 선별할 필요가 있음을 숙지하였다.

A 위 사례는 '정보의 기획' 단계에 해당한다. 사례에 따르면 K씨는 정보수집에 앞서 어떠한 정보를 수집할지 대상을 명확히 하였고, 어디에서 정보를 얻을 수 있는지 정보원을 파악하였으며, 언제까지 수집해야 하는지를 확인하였다. 또한 자신이 왜 이러한 정보를 수집해야 하는지를 인지하였고, 누가 정보를 수집할 것인지와 함께 정보수집의 비용성까지도 고려하였다.

개/념/체/크

01 다음 글의 빈칸에 들어갈 용어를 〈보기〉에서 찾아 적어보시오.

① (　　　　)(이)란 정보 작성을 위하여 필요한 데이터를 말하는 것으로, 이는 '아직 특정의 목적에 대하여 평가되지 않은 상태의 숫자나 문자들의 단순한 나열'을 뜻한다.

② (　　　　)(이)란 자료를 일정한 프로그램에 따라 컴퓨터가 처리·가공함으로써 '특정한 목적을 달성하는 데 필요하거나 특정한 의미를 가진 것으로 다시 생산된 것'을 뜻한다.

③ (　　　　)(이)란 '어떤 특정의 목적을 달성하기 위해 과학적 또는 이론적으로 추상화되거나 정립되어 있는 일반화된 정보'를 뜻하는 것으로, 어떤 대상에 대하여 원리적·통일적으로 조직되어 객관적 타당성을 요구할 수 있는 판단의 체계를 제시한다.

/ 보기 /

자료, 지식, 정보

02 다음은 정보처리 과정을 4단계로 나타낸 것이다. 빈칸에 들어갈 적절한 단어를 적어보시오.

기획 ▶ (　　) ▶ 관리 ▶ 활용

03 다음 글의 ㉠~㉢에 들어갈 적절한 용어를 적어보시오.

정보처리 과정 중 정보의 관리 단계는 수집된 다양한 형태의 정보를 어떤 문제해결이나 결론 도출에 사용하기 쉬운 형태로 바꾸는 단계이다. 정보를 관리할 때는 다음 세 가지를 고려해야 한다.
- (㉠): 사용 목적을 명확히 설명해야 한다.
- (㉡): 쉽게 작업할 수 있어야 한다.
- (㉢): 즉시 사용할 수 있어야 한다.

✓ **정답**

01 ① 자료, ② 정보, ③ 지식

02 수집 | 정보는 기획, 수집, 관리, 활용의 절차에 따라 처리된다. 수집 단계에서는 다양한 정보원으로부터 목적에 적합한 정보를 입수한다.

03 ㉠ 목적성, ㉡ 용이성, ㉢ 유용성

하위능력 1 | CHAPTER 07 정보능력
컴퓨터활용능력

1 인터넷 서비스의 종류 및 특징

(1) 이메일
인터넷을 통해 편지나 여러 정보를 주고받는 서비스로, 일반우편은 사람에 의해 전달되지만, 이메일은 정보 통신망을 통하여 전달되므로 빠르고 정확하게 전달될 수 있다.

(2) 메신저
① 인터넷에서 실시간으로 메시지와 데이터를 주고받을 수 있는 소프트웨어이다.
② 상대방의 접속 여부를 확인할 수 있어 응답이 즉시 이루어지며, 전자우편보다 속도가 빠르다.
③ 여러 사람과 채팅이 가능하며, 대용량의 동영상 파일은 물론, 이동전화에 문자 메시지도 발송할 수 있다.
④ 뉴스나 증권, 음악 정보 등의 서비스도 제공받을 수 있다.
⑤ 컴퓨터 작업과 동시에 메시지 전달이 가능하다.

(3) 인터넷 디스크/웹하드
① 웹 서버에 대용량의 저장 기능을 갖추고 사용자가 개인용 컴퓨터(PC)의 하드디스크와 같은 기능을 인터넷을 통하여 이용할 수 있게 한 서비스이다.
② 파일 업로드 및 다운로드, 파일 및 폴더의 생성·변경·이동·삭제·복사, 메모장 작성, 간편한 자동 백업 등이 가능하다.
③ 공동 연구 및 부서 간의 공동 업무 수행, 안전한 데이터 백업 및 복구, 저렴한 비용과 인터넷 연결만으로 즉시 제공되는 서비스, 각종 보안장치를 통한 외부의 불법 접근 차단, 대용량 자료의 빠르고 정확한 전달 등이 가능하다.
> 예 인터넷 디스크(Internet harddisk), 웹 디스크(Web-disk), 웹하드(Web hard), 파일 박스, 피디 박스 등

(4) 클라우드(Cloud)
① 사용자들이 복잡한 정보를 보관하기 위해 별도의 데이터 센터를 구축하지 않고도, 인터넷을 통해 제공되는 서버를 활용해 정보를 보관하고, 필요할 때 꺼내 쓰는 기술이다.
② 데이터의 저장·처리·네트워킹 및 다양한 애플리케이션 사용 등 IT 관련 서비스를 인터넷과 같은 네트워크를 기반으로 제공한다.
③ 장소와 시간에 관계없이 다양한 단말기를 통해 주소록, 동영상, 음원, 오피스 문서, 게임, 메일 등을 이용 가능하다.

(5) SNS(Social Networking Service)
① 온라인 인맥 구축을 목적으로 개설된 커뮤니티형 웹사이트로, 1인 미디어와 정보 공유 등을 포괄하는 개념이다.
② 1990년대 이후 월드와이드웹(www)의 발전에 기인한 것으로, 국가·지역·연령·성별의 경계 없이 모두가 SNS를 이용하여 소통할 수 있다.
> 예 페이스북, 트위터, 인스타그램 등

(6) 전자 상거래(인터넷을 통한 물건 사고팔기)
① 좁은 의미에서 인터넷이라는 전자 매체를 통하여 상품을 사고팔거나, 재화나 용역을 거래하는 사이버 비즈니스이다.
② 넓은 의미에서 소비자와의 거래뿐만 아니라 거래와 관련된 공급자, 금융기관, 정부기관, 운송기관 등과 같이 거래에 관련되는 모든 기관과의 관련 행위를 포함한다.

워크북 자료로 알아보기

Q 다음 사례를 통해 SNS의 영향력이 막대해짐에 따른 장단점을 생각해보시오.

개인적인 차원에서 자신의 삶과 생각을 공유하는 소통 채널로 시작했던 SNS는 이제 기업과 경영자들에게도 중요한 커뮤니케이션 채널이 됐다. 경영자가 SNS에서 편하게 던진 말 한마디로 수십억에 달하는 시가총액이 순식간에 증발하기도 하고, 기업 총수가 인플루언서 역할을 하면서 대중과 소통하여 자신의 영향력을 발휘하고, 호감 이미지를 형성하여 결국 제품과 기업을 홍보하는 결과를 얻기도 한다.

흔히 정보화 시대를 거대 권력기관의 감시자 역할에 빗대 '빅 브라더'라고 표현한다. 그러나 현재는 빅 브라더보다는 '스몰 브라더'가 감시하는 세상에 살고 있다고 볼 수 있다. 즉, 수많은 SNS의 활성화로 하나의 강력한 감시자가 아닌 수없이 많은 사람이 서로를 감시하고 통제한다는 의미다.

A 위 사례에서는 SNS가 활성화된 현재를 '스몰 브라더 시대'라고 하였다. 결국 과거처럼 권력이나 하나의 강력한 감시자가 아닌 수없이 많은 사람이 서로를 감시하고 통제하게 되는 단점이 있는 반면, 영향력 발휘를 통한 이미지 형성과 제품 홍보와 같은 긍정적인 부분도 있다고 볼 수 있다.

2 정보검색 [기출] 한국전력공사

정보검색이란 여러 곳에 분산되어 있는 수많은 정보 중에서 특정 목적에 적합한 정보만을 신속하고 정확하게 찾아내어 수집, 분류, 축적하는 과정을 뜻한다.

(1) 정보검색의 단계

검색주제 선정 → 정보원 검색 → 검색식 작성 → 결과 출력

(2) 검색엔진의 유형

유형	내용
키워드 검색 방식	찾고자 하는 정보와 관련된 핵심적인 언어인 키워드를 직접 입력하여 이를 검색엔진에 보내어 검색엔진이 키워드와 관련된 정보를 찾는 방식 • 장점: 키워드만을 입력하여 정보 검색을 간단히 할 수 있음. • 단점: 키워드가 불명확하게 입력된 경우에는 검색 결과가 너무 많음.
주제별 검색 방식	인터넷상에 존재하는 웹 문서들을 주제별·계층별로 정리하여 데이터베이스를 구축한 후 이용하는 방식
자연어 검색 방식	검색엔진에서 문장 형태의 질의어를 언제(When), 어디서(Where), 누가(Who), 무엇을(What), 왜(Why), 어떻게(How), 얼마나(How much)에 해당하는 5W2H에 따라 분석한 후, 각 질문에 대한 답이 들어있는 사이트를 연결하는 방식
통합형 검색 방식	사용자가 입력하는 검색어들이 연계된 다른 검색 엔진에 보내지고, 이를 통하여 얻어진 검색 결과를 사용자에게 보여주는 방식

(3) 인터넷 정보검색 시 유의 사항

① 키워드는 구체적이고 자세하게 만드는 것이 좋다. 특정 키워드에 대하여 검색 결과가 너무 많을 때는 검색엔진의 결과 내 재검색 기능을 이용하여 시간을 단축한다.
② 웹 검색이 정보검색의 최선은 아니라는 사실에 주의한다. 웹 검색 외에 각종 전자 게시판(BBS), 뉴스 그룹, 메일링 리스트 등의 다양한 매체를 적극적으로 활용한다.
③ 웹 검색 결과로 검색엔진이 제시하는 결과물의 가중치를 너무 신뢰하지 않는다. 검색엔진이 정확성이 높다고 판단되는 데이터를 화면 상단에 표시하지만 그렇지 않은 경우도 많다. 사용자가 직접 검색한 자료가 원하는 자료가 맞는지 판단해야 한다.

3 업무상 활용하는 소프트웨어 기출 서울교통공사, 한국전력공사, 한국공항공사, 인천국제공항공사

(1) 워드프로세서

여러 형태의 문서를 작성, 편집, 저장, 인쇄할 수 있는 프로그램을 말한다.
예 한컴오피스 한글, 워드 등

참고 워드프로세서의 주요 기능

입력기능	키보드나 마우스를 통하여 한글, 영문, 한자 등 각국의 언어, 숫자, 특수문자, 그림, 사진, 도형 등을 입력할 수 있는 기능
표시기능	입력한 내용을 표시 장치를 통해 화면에 나타내주는 기능
저장기능	입력된 내용을 저장하여 필요할 때 사용할 수 있는 기능
편집기능	문서의 내용이나 형태 등을 변경해 새롭게 문서를 꾸미는 기능
인쇄기능	작성된 문서를 프린터로 출력하는 기능

(2) 스프레드시트(Spread sheet)

전자 계산표 또는 표 계산 프로그램으로, 워드프로세서와 같이 문서를 작성하고 편집 외 수치나 공식을 입력하여 그 값을 계산해 내며, 계산 결과를 차트로 표시하는 프로그램이다. 스프레드시트의 구성 단위는 셀, 열, 행, 영역 등 4가지다. 파일을 서로 연결시켜 각 내용의 복사, 이동, 연산을 할 수 있으며, 파일을 동시에 불러들여 한꺼번에 볼 수도 있다. 또한 2차원, 3차원 그래프 등 다양한 형태의 그래프를 작성할 수 있다. 주요 기능에는 계산, 수식, 차트, 저장, 편집, 인쇄기능 등이 있다.
예 엑셀 등

(3) 프레젠테이션(Presentation)

프레젠테이션은 컴퓨터나 기타 멀티미디어를 이용하여 그 속에 담겨 있는 각종 정보를 사용자 또는 대상자에게 전달하는 행위를 의미한다. 프레젠테이션 프로그램은 보고, 회의, 상담, 교육 등에서 정보를 전달하는 데 널리 활용된다.
예 파워포인트, 프리랜스 그래픽스 등

(4) 데이터베이스(Database)
대량의 자료를 관리하고 내용을 구조화하여 검색이나 자료 관리 작업을 효과적으로 실행하는 프로그램으로, 테이블, 질의, 폼, 보고서 등을 작성할 수 있는 기능이 있다.
예 오라클, 엑세스 등

(5) 그래픽 소프트웨어
새로운 그림을 그리거나 그림 또는 사진 파일을 불러와 편집하는 프로그램으로, 그림 확대, 그림 축소, 필터 기능을 가지고 있다.
예 포토샵, 3DS MAX, 코렐드로 등

(6) 유틸리티 프로그램
사용자가 컴퓨터를 좀 더 쉽게 사용할 수 있도록 도와주는 소프트웨어(프로그램)로 통상 줄여서 '유틸리티'라고 한다. 본격적인 응용 소프트웨어라고 하기에는 크기가 작고 기능이 단순하다는 특징을 가지고 있으며, 사용자가 컴퓨터를 사용하면서 처리하게 되는 압축 해제, 바이러스 치료, 텍스트 편집, 이미지 편집 등과 같은 작업을 편리하게 할 수 있도록 도와주는 소프트웨어를 의미한다.

파일 압축 유틸리티	파일의 크기를 압축하거나 줄여, 디스크의 저장 공간을 넓히고 파일 전송 시간을 단축하는 유틸리티 예 Alzip, 밤톨이, Winzip 등
바이러스 백신 프로그램	컴퓨터 바이러스를 찾아내어 기능을 정지시키거나 제거하여 손상된 파일을 치료하는 소프트웨어(프로그램의 바이러스 감염을 사전에 방지는 하지 못함) 예 V3, V3+Neo, 다잡아, 터보백신, 바이로봇, 안티 바이러스 등
화면 캡처 프로그램	모니터 화면에 나타나는 영상을 사용자가 원하는 크기, 모양 등을 선택하여 이미지 파일로 만들어주는 프로그램 예 스내그잇, 캡순이, 안카메라 등
이미지 뷰어 프로그램	bmp, jpg, tif, gif, wmf 등의 확장자를 가진 파일을 볼 수 있도록 도와주는 유틸리티
동영상 재생 프로그램	각종 영화나 애니메이션 또는 음악을 감상할 수 있는 유틸리티

4 데이터베이스의 구축

(1) 데이터베이스의 의미
일반적으로 데이터베이스는 서로 연관된 여러 개의 파일을 의미하며, 여러 개의 파일이 서로 연관되어 있으므로 사용자는 정보를 한 번에 검색해 볼 수 있다.

> 참고 데이터베이스 관리시스템과 파일 관리시스템
>
> | | |
> |---|---|
> | 데이터베이스 관리시스템 | 데이터와 파일, 그들의 관계 등을 생성하고, 유지·검색할 수 있게 해주는 소프트웨어 |
> | 파일 관리시스템 | 한 번에 한 개의 파일에 대해서 생성·유지·검색할 수 있는 소프트웨어 |

(2) 데이터베이스의 필요성

① 데이터 중복을 줄일 수 있다.
   여러 곳에서 이용되는 데이터를 한 곳에서만 가지고 있으므로 데이터 중복이 줄고, 유지비용을 줄일 수 있다.
② 데이터의 무결성을 높인다.
   데이터 변경 시 한 곳에서만 수정하면 되므로, 모든 애플리케이션은 즉시 최신의 데이터를 이용할 수 있다.
③ 데이터 검색을 쉽게 할 수 있다.
   한 번에 여러 파일에서 데이터를 찾을 수 있다.
④ 데이터의 안정성을 높인다.
   대부분의 데이터베이스 관리시스템은 사용자가 정보에 대한 보안등급을 정할 수 있으므로, 안정성을 높일 수 있다.
⑤ 프로그램의 개발 기간을 단축한다.
   데이터가 조직적으로 저장되어, 프로그램의 개발이 훨씬 쉬워지고 기간도 단축된다.

(3) 데이터베이스의 기능

입력 기능	데이터 검색 기능	데이터 일괄 관리 기능	보고서 기능
형식화된 폼을 사용하여 내용을 편리하게 입력할 수 있다.	필터나 쿼리 기능을 이용하여 데이터를 빠르게 검색하고 추출할 수 있다.	테이블을 사용하여 많은 데이터를 종류별로 분류하여 일괄적으로 관리할 수 있다.	데이터베이스에 있는 데이터로 청구서나 명세서 등의 서류를 손쉽게 만들 수 있다.

(4) 데이터베이스의 작업 순서

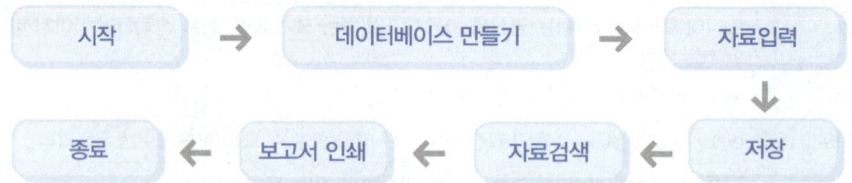

(5) 데이터베이스 관리시스템의 구성 요소

데이터베이스 시스템을 구성하고 있는 요소로는 데이터베이스, 사용자, 데이터베이스 관리시스템(DBMS)이 있다. 이 중 데이터베이스 관리시스템(DBMS)은 데이터베이스와 사용자 사이를 연결해 주는 프로그램으로, 데이터를 저장하고 그 데이터에서 사용자들이 필요로 하는 자료를 찾을 수 있도록 해 준다. 이때 데이터베이스에 자료를 요청하는 것을 '쿼리' 또는 '질의'라고 한다. 데이터베이스 관리시스템은 자료를 서로 공유하기 때문에 자료가 중복되지 않는 장점이 있다.

> **참고** **데이터 3법**
> 데이터 거래 활성화를 위한 것으로 개인정보보호법·신용정보법·정보통신망법을 일컫는다. 데이터 3법은 개인정보보호에 관한 법이 부처별로 나눠져 있어 불필요한 중복 규제를 없애고 4차 산업혁명에 맞춰 개인과 기업이 정보를 활용할 수 있는 폭을 넓히기 위해 마련되었다.

개/념/체/크

01 다음 업무상 활용하는 소프트웨어와 그 설명을 서로 관련된 것끼리 연결해보시오.

① 스프레드시트 ・　　　　　・ ㉠ 전자 계산표 또는 표 계산 프로그램

② 데이터베이스 ・　　　　　・ ㉡ 여러 형태의 문서를 편집하고 인쇄할 수 있는 프로그램

③ 워드프로세서 ・　　　　　・ ㉢ 대량의 자료를 관리하고 내용을 구조화하는 프로그램

④ 그래픽 소프트웨어 ・　　　　　・ ㉣ 그림을 그리거나 사진 파일을 불러와 편집하는 프로그램

02 다음 글의 빈칸에 들어갈 적절한 용어를 적어보시오.

> 일반적으로 (　　　)은/는 서로 연관된 여러 개의 파일을 의미한다. 여러 개의 파일이 서로 연관되어 있으므로 사용자는 정보를 한 번에 검색해 볼 수 있다. 이를 활용할 경우 데이터 중복 감소, 데이터 무결성 증가, 검색 용이, 데이터 안정성 증가, 프로그램 개발 기간 단축 등의 장점을 취할 수 있다.

✓ 정답

01 ① ㉠, ② ㉢, ③ ㉡, ④ ㉣

02 **데이터베이스** | 데이터베이스를 이용할 경우 정보를 효과적으로 조작하고 효율적인 검색이 가능해진다. 데이터베이스의 기능에는 입력 기능, 데이터 검색 기능, 데이터 일괄 관리 기능, 보고서 기능 등이 있다.

하위능력 2 | 정보처리능력
CHAPTER 07 정보능력

1 정보의 수집 [기출] 서울교통공사, 부산교통공사

(1) 정보의 필요성
정보는 의사결정을 하거나 문제의 답을 알아내고자 할 때 '가지고 있는 정보가 부족하여 새로운 정보가 필요함'을 인식하는 순간부터 필요해진다. 필요한 정보가 무엇인지 구체적으로 인식하게 되면 찾고자 하는 정보를 어디서 수집할 수 있을지를 탐색할 수 있다.

(2) 정보원의 종류
필요한 정보를 수집할 수 있는 원천을 정보원(Sources)이라 부른다. 정보원은 공개된 것은 물론이고 비공개된 것도 포함되며 크게 1차 자료와 2차 자료로 구분할 수 있다.

1차 자료	원래의 연구 성과가 기록된 자료 예 단행본, 학술지와 학술지 논문, 학술회의자료, 연구보고서, 학위논문, 특허정보, 표준 및 규격자료, 레터, 출판 전 배포자료, 신문, 잡지, 웹 정보자원 등
2차 자료	1차 자료를 효과적으로 찾아보기 위한 자료 혹은 1차 자료에 포함되어 있는 정보를 압축·정리해서 읽기 쉬운 형태로 제공하는 자료 예 사전, 백과사전, 편람, 연감, 서지 데이터베이스 등

(3) 효과적인 정보수집 방법
① 선수필승: 때로는 질이나 내용보다는 정보를 남보다 빠르게 얻는 것이 중요할 수 있다.
② 머릿속에 서랍을 만드는 것처럼, 수집한 정보를 자기 나름대로 정리한다.
③ 중요하고 큼직한 정보만 머릿속에 정리하고, 세세한 정보들은 컴퓨터 파일 폴더, 정리 박스나 스크랩 등 정보수집용 하드웨어를 활용하여 수집한다.
④ 단순한 인포메이션을 수집할 것이 아니라 직접적으로 도움을 줄 수 있는 인텔리전스를 수집할 필요가 있다.

> **참고** 인포메이션(Information)과 인텔리전스(Intelligence)
>
> 우리에게는 정보라는 단어가 하나밖에 없지만, 영어에는 정보에 해당하는 단어가 2개나 있다. 하나는 일반적으로 정보라고 번역되는 '인포메이션(Information)'이고, 다른 하나는 '인텔리전스(Intelligence)'이다.

구분	내용
인포메이션	하나의 개별적인 정보 예 일본경제 주가가 16,500엔이라는 정보
인텔리전스	무수히 많은 인포메이션 중에 선별된 정보들을 연결하여, 판단하기 쉽게 도와주는 하나의 정보 덩어리 예 일본경제 주가가 16,500엔이라는 정보를 통해 앞으로 주가가 오를지 내릴지를 예측하는 것

2 정보의 분석 및 가공

정보 분석이란 여러 정보를 상호 관련지어 새로운 정보를 생성해내는 활동이다. 정보를 분석함으로써 한 개의 정보만으로는 불분명한 사항을 다른 정보로 명백히 할 수 있으며, 서로 상반되거나 큰 차이가 있는 정보의 내용을 판단해서 새로운 해석을 할 수도 있다.

(1) 정보 분석의 절차

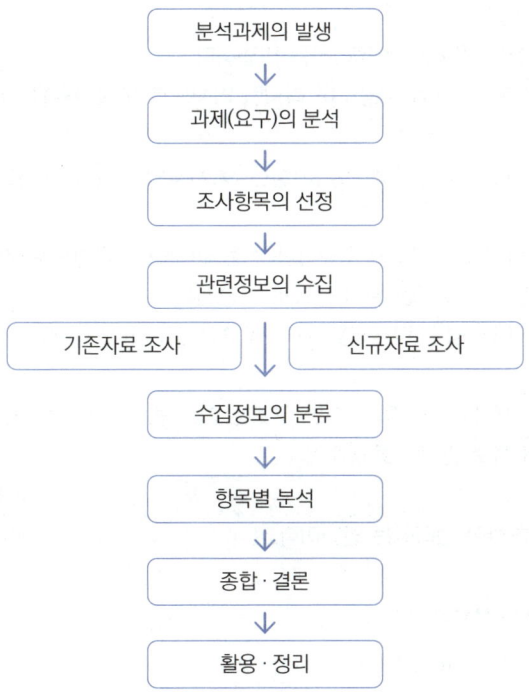

(2) 정보 분석의 중요성

좋은 정보의 수집과 훌륭한 분석은 업무 수행에 있어 매우 중요하다. 훌륭한 분석이란 하나의 메커니즘을 그려낼 수 있고, 동향과 미래를 예측할 수 있는 것이어야 한다.

(3) 정보 가공

1차 정보를 분석하고 압축·가공하여 2차 정보를 작성하게 되는데, 1차 정보가 포함하는 내용을 몇 개의 설정된 카테고리로 분석하여 각 카테고리의 상관관계를 확정한다. 그 이후 1차 정보가 포함하는 주요 개념을 대표하는 용어(Key word)를 추출하며, 이를 간결하게 서열화하고, 구조화하여야 한다.

3 정보의 관리와 활용

(1) 정보 관리의 중요성
직업인처럼 특정 업무 분야가 정해져 있다면 특정 주제 분야의 정보를 지속적으로 이용하게 될 것이다. 따라서 한 번 이용했던 정보를 버리지 않고 정보 관리를 잘하는 것은 정보 활용의 중요한 과정에 속한다.

(2) 정보 관리의 방법
① 목록을 이용한 정보 관리
- 정보에서 중요한 항목을 찾아 기술한 후 정리하는 방법이다.
- 워드프로세서, 엑셀 같은 프로그램을 이용하여 디지털 방식으로 목록파일을 저장해 두면, 검색 기능을 이용한 빠른 검색이 가능하다.

  예 책에 대한 저자, 출판일, 제목, 출판사 순으로 기술한 후 저자의 가나다순으로 배열

② 색인을 이용한 정보 관리
- 주요 키워드나 주제어를 가지고 소장하고 있는 정보원을 관리하는 방법으로, 색인은 정보를 찾을 때 쓸 수 있는 키워드인 색인어와 색인어의 출처인 위치 정보로 구성된다.
- 카드를 이용해서 색인을 만들 경우 컴퓨터를 켜지 않고도 간단하게 내용을 기록하기 편리하며, 휴대가 용이하다.
- 디지털 파일에 색인을 저장하는 방법 역시 기본 구조는 카드 방식과 동일하고, 색인을 저장할 경우 추가와 삭제, 변경이 쉽다는 점에서 정보 관리에 효율적이다.

③ 분류를 이용한 정보 관리
유사한 정보끼리 모아 체계화하여 정리하는 방법이다.

> **참고** 분류를 이용한 정보 관리의 분류 기준
>
> 정보를 분류할 때는 나름대로 기준을 가지고 체계적으로 정리하는 것이 좋다.
>
> | 기준 | 내용 | 예 |
> |---|---|---|
> | 시간적 기준 | 정보의 발생 시간별로 분류 | 2012년 봄, 7월 등 |
> | 주제적 기준 | 정보의 내용에 따라 분류 | 정보사회, 서울대학교 등 |
> | 기능적·용도별 기준 | 정보가 이용되는 기능이나 용도에 따라 분류 | 참고자료용, 강의용, 보고서 작성용 등 |
> | 유형적 기준 | 정보의 유형에 따라 분류 | 도서, 비디오, CD, 한글파일, 파워포인트 파일 등 |

(3) 정보 활용
수집된 정보는 목적에 맞게 관리하고, 활용을 하게 된다. 정보는 크게 동적정보와 정적정보로 구분할 수 있다. 이 중 쌓이기만 하는 정보의 대부분은 동적정보이며, 이는 미련 없이 버려야 한다. 동적정보는 변화하는 정보이기 때문에 유통기한이 있기 마련이다. 시의적절하게 동적정보를 수집·관리하고 활용하는 것이 더욱 중요하다.

기준	내용	예
동적정보	시시각각으로 변하는 정보	신문이나 텔레비전의 뉴스 등
정적정보 (저장정보)	보존되어 멈추어 있는 정보	잡지나 책에 있는 정보, CD-ROM이나 USB 등에 수록된 영상정보 등

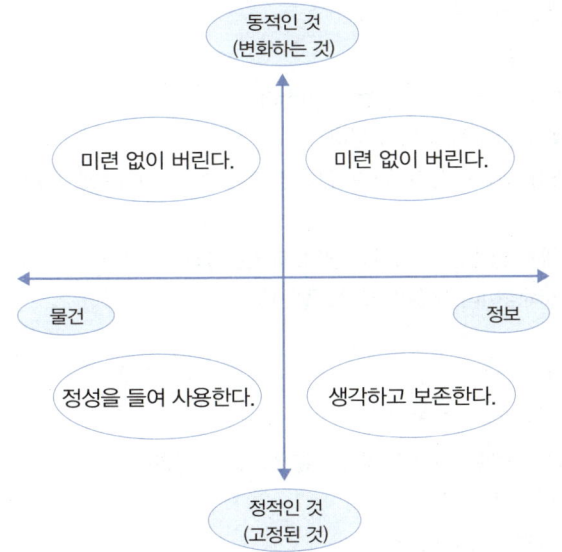

> **참고** 정보 활용의 형태
> - 수집한 정보를 그대로 활용한다.
> - 수집한 정보를 그대로 활용하되 일정한 형태로 표현하여 활용한다.
> - 수집한 정보를 정리·분석·가공하여 활용한다.
> - 수집한 정보를 정리·가공하여 활용하되 일정한 형태로 표현하여 활용한다.
> - 생산된 정보를 일정한 형태로 재표현하여 활용한다.
> - 일정한 형태로 표현한 정보, 한 번 이용한 정보를 보존·정리하여 장래에 활용한다.

4 사이버 공간에서의 예절 기출 한국지역난방공사, 서울교통공사

네티켓은 사이버 공간에서 지켜야 할 예절을 뜻하는 것으로, 네티즌이 사이버 공간에서 지켜야 할 비공식적인 규약이다. 네티켓은 법적인 제재에 의존하는 타율적 해결보다는 네티즌이 자율적으로 사이버 공간에서의 문제를 미리 방지하고 이성적으로 해결해 나가자는 적극적 의미를 가지고 있다.

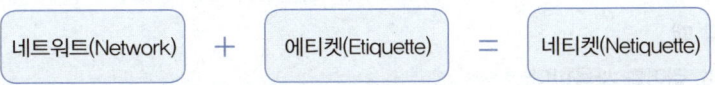

(1) 전자우편(E-mail)을 사용할 때
① 메시지는 가능한 한 짧게 요점만 작성한다.
② 메일을 보내기 전에 주소가 올바른지 다시 한번 확인한다.
③ 제목은 메시지 내용을 함축해 간략하게 써야 한다.
④ 가능한 메시지 끝에 서명(Signature: 성명, 직위, 단체명, 메일주소, 전화번호 등)을 포함시키되, 너무 길지 않도록 한다.
⑤ 메일로 타인에 대해 말할 때는 정중함을 지켜야 한다. 메일은 쉽게 전파될 수 있기 때문이다.
⑥ 타인에게 피해를 주는 언어(비방이나 욕설)는 쓰지 않는다.

(2) 온라인 대화(채팅)를 할 때
① 마주 보고 이야기하는 마음가짐으로 임한다.
② 대화방에 들어가면 지금까지 진행된 대화의 내용과 분위기를 경청한다.
③ 엔터키를 치기 전에 한 번 더 생각한다.
④ 광고, 홍보 등을 목적으로 악용하지 않는다.
⑤ 유언비어와 속어, 욕설은 삼가고, 상호비방의 내용은 금한다.

(3) 게시판을 사용할 때
① 글의 내용은 간결하게 요점만 작성한다.
② 제목에는 글의 내용을 파악할 수 있는 함축된 단어를 쓴다.
③ 글의 내용 중에 잘못된 점이 있으면 빨리 수정하거나 삭제한다.
④ 타인의 의견에 대한 무조건적인 비판 및 비방, 유언비어를 남기지 않는다.
⑤ 게시판의 주제와 관련 없는 내용은 올리지 않는다.

(4) 공개 자료실을 사용할 때
① 음란물을 올리지 않는다.
② 상업용 소프트웨어를 올리지 않는다.
③ 공개 자료실에 등록한 자료는 가급적 압축한다.
④ 프로그램을 올릴 때에는 사전에 바이러스 감염 여부를 점검한다.
⑤ 유익한 자료를 받았을 때에는 올린 사람에게 감사의 편지를 보낸다.

(5) 인터넷 게임을 할 때
① 상대방을 존중하며, 경어를 사용한다.
② 인터넷 게임에 너무 집착하지 않는다.
③ 온라인 게임은 온라인상의 오락으로 끝나야 한다.
④ 게임 중에 일방적으로 퇴장하는 것은 무례한 일이다.
⑤ 게이머도 일종의 스포츠맨이므로 스포츠맨십을 가져야 한다.
⑥ 이겼을 때는 상대를 위로하고 졌을 때는 깨끗하게 물러서야 한다.

5 인터넷의 역기능

(1) 불건전 정보의 유통
음란 사이트, 엽기 사이트, 도박 사이트, 폭력 사이트, 반사회적 사이트 등 유해한 불건전 정보가 유통될 수 있다.

(2) 컴퓨터 바이러스
컴퓨터 내부에 침투하여 자료를 손상시키거나 다른 프로그램들을 파괴시키는 컴퓨터 프로그램의 일종이다. 컴퓨터 바이러스는 호기심이나 악의를 가진 프로그래머에 의해 제작되어 사용자 몰래 유포된다.

> **참고 컴퓨터 바이러스의 예방법**
> - 출처가 불분명한 전자 우편의 첨부파일은 백신 프로그램으로 바이러스 검사 후 사용한다.
> - 실시간 감시 기능이 있는 백신 프로그램을 설치하고 정기적으로 업데이트한다.
> - 바이러스가 활동하는 날에는 시스템을 사전에 미리 검사한다.
> - 정품 소프트웨어를 구입하여 사용하는 습관을 가진다.
> - 중요한 파일은 습관적으로 별도의 보조 기억 장치에 미리 백업을 해놓는다.
> - 프로그램을 복사할 때는 바이러스 감염 여부를 확인한다.

(3) 사이버 언어폭력과 성폭력
인터넷 공간에서는 서로 얼굴을 볼 수 없기 때문에 언어폭력이 많이 일어나고 있다. 사이버 언어폭력의 유형으로는 욕설, 비방(명예 훼손), 도배, 성적 욕설(음담패설), 유언비어, 악성 댓글 등이 있다. 또한 인터넷 채팅이나 게시판, SNS 등을 통해 성적으로 수치심을 주는 사이버 성폭력이 일어나고 있으며, 실제 성폭력으로 이어지는 경우도 있다.

(4) 인터넷 중독
인터넷 이용이 보편화되면서 인터넷에 지나치게 빠져 생활의 곤란을 겪게 되는 경우도 많이 생기고 있다. 특히 청소년은 온라인 게임이나 음란물에 지나치게 몰입하여 중독이 되는 경우가 많다.

(5) 저작권 침해
불법으로 복제된 소프트웨어 파일 등을 배포하거나 저작권자의 동의 없이 공개하기도 한다.

(6) 해킹
해킹(Hacking)은 다른 시스템에 불법으로 침입하여 시스템에 저장된 정보를 임의로 변경, 삭제 또는 절취하는 행위를 말한다. 원래 해킹은 자신의 실력을 자랑하기 위해 다른 시스템에 접근하는 행위로 네트워크의 보안을 지키는 역할을 하였으나, 점차 해킹의 기술이 발전하면서 크래킹(Cracking)과 동일한 의미로 사용되고 있다.

(7) 개인정보 유출
해킹이나 바이러스 감염 등으로 개인정보가 누출되어 사생활에 침해를 받을 수 있다. 인터넷 환경에서 개인정보란 생존하는 개인에 관한 정보로서, 개인을 식별할 수 있는 이름과 주민등록번호 등의 정보를 말한다. 또한 해당 정보만으로는 특정 개인을 식별할 수 없더라도 다른 정보와 용이하게 결합하여 식별할 수 있는 것들도 모두 포함하여 개인정보라고 한다.

6 개인정보 | 기출 | 서울교통공사

(1) 개인정보의 종류

최근에는 여러 가지 방법을 동원하여 개인정보를 수집하고 분석하는 마케팅 기술이 개발되고 있다. 이에 개인정보 침해를 프라이버시 침해라는 관점보다는 일종의 재산보호 차원에서 다루고 있는 추세이다. 다양한 분야에서 사용할 수 있는 개인정보는 다음과 같다.

분류	내용
일반 정보	이름, 주민등록번호, 운전면허번호, 주소, 전화번호, 생년월일, 성별, 국적 등
가족 정보	가족의 이름, 직업, 생년월일, 주민등록번호, 출생지 등
교육 및 훈련 정보	최종학력, 성적, 기술자격증/전문면허증, 이수훈련 프로그램, 상벌사항 등
병역 정보	군번 및 계급, 제대 유형, 주특기, 근무부대 등
부동산 및 동산 정보	소유주택 및 토지, 자동차, 저축 현황, 현금카드, 주식 및 채권, 수집품 등
소득 정보	연봉, 소득의 원천, 소득세 지불 현황 등
기타 수익 정보	보험가입 현황, 수익자, 회사의 판공비 등
신용 정보	대부상황, 저당, 신용카드, 담보설정 여부 등
고용 정보	고용주, 회사 주소, 상관의 이름, 직무수행 평가기록, 훈련기록, 상벌기록 등
법적 정보	전과기록, 구속기록, 이혼기록 등
의료 정보	가족병력기록, 과거 의료기록, 신체장애, 혈액형 등
조직 정보	노조가입, 정당가입, 클럽회원, 종교단체 활동 등

(2) 개인정보 유출 방지 방법

① 회원 가입 시 이용 약관을 확인한다.
② 이용 목적에 부합하는 정보를 요구하는지 확인한다.
③ 비밀번호는 정기적으로 교체한다.
④ 정체가 불분명한 사이트는 멀리한다.
⑤ 가입 해지 시 정보 파기 여부를 확인한다.
⑥ 남들이 쉽게 유추할 수 있는 비밀번호는 자제한다.

개/념/체/크

01 다음 글의 빈칸에 공통으로 들어갈 적절한 용어를 적어보시오.

> 우리는 흔히 필요한 정보를 수집할 수 있는 원천을 (　　　)(이)라고 부른다. (　　　)은/는 공개된 것은 물론이고 비공개된 것도 포함한다. 이는 크게 1차 자료와 2차 자료로 구분할 수 있다.

02 다음 〈보기〉의 자료들을 1차 자료와 2차 자료로 구분하시오.

> /보기/
>
> 단행본, 백과사전, 논문, 편람, 신문, 연감

① 1차 자료: (　　　　　　　　　)
② 2차 자료: (　　　　　　　　　)

✓ **정답**

01 정보원

02 ① 단행본, 논문, 신문 ② 백과사전, 편람, 연감 | ① 1차 자료는 원래의 연구 성과가 기록된 자료이다. ② 2차 자료는 1차 자료를 효과적으로 찾아보기 위한 자료 혹은 1차 자료에 포함되어 있는 정보를 압축 및 정리하여 읽기 쉬운 형태로 제공하는 자료이다.

워크북에는 없지만 시험에는 나오는
플러스 알파 이론

☑ **최신 워크북에서는 삭제되었지만 출제 가능성 높은 이론**

1 교육 분야에서의 컴퓨터 활용

구분	설명
컴퓨터 보조 교육 (CAI; Computer Assisted Instruction)	강의나 학습에 컴퓨터를 이용하는 것으로, 학습자가 프로그램을 이용하여 개인차에 따라 학습 속도와 학습 시간을 조절하여 학습하는 방식
컴퓨터 관리 교육 (CMI; Computer Managed Instruction)	학습 지도 자료의 정리, 성적 관리, 진로 지도, 교육 계획 등에 컴퓨터를 활용하는 것
사이버 교육	컴퓨터 네트워크상에서 만들어진 새로운 정보 공간에서 이루어지는 교육
	개인적 측면의 특징 • 현장 및 실용교육 중심으로 변화 • 양방향 멀티미디어 교육으로 변화 • 책상과 칠판을 인터넷, PC통신으로 대체 / **기업적 측면의 특징** • 외국어 학습과 직무 교육 등에 활용 • 해외에서 근무하는 직원들과 내용 공유 • 비용 절감
E-learning(이러닝)	정보통신 기술을 활용하여 시간과 장소에 제약 없이 수준별 학습이 가능한 교육
	장점 • 독립적인 시공간 학습 가능 • 정보의 탄력성과 이용 효율성 향상 • 창조적인 학습 방법 및 학습 개선 효과 / **단점** • 인간 접촉의 기회 축소 • 장비 조작 등의 기술적 요구 충족 필요

2 정보 검색 연산자 〔기출〕 한전KPS

① 검색과 관련 있는 2개 이상의 단어를 연산자로 조합하여 키워드로 사용하는 것이 가장 일반적인 검색 방법이다.
② 연산자는 대/소문자의 구분이 없으며, 앞뒤로 반드시 공백(Space)를 넣어주어야 한다.

기호	연산자	검색조건
*, &	AND	두 단어가 모두 포함된 문서를 검색 예) 인공위성 and 자동차, 인공위성 * 자동차
|	OR	두 단어가 모두 포함되거나, 두 단어 중에서 하나만 포함된 문서를 검색 예) 인공위성 or 자동차, 인공위성 | 자동차
-, !	NOT	'-' 기호나 '!' 기호 뒤에 오는 단어는 포함하지 않는 문서를 검색 예) 인공위성 not 자동차, 인공위성 ! 자동차
~, near	인접검색	앞·뒤에 단어가 가깝게 인접해 있는 문서를 검색 예) 인공위성 near 자동차

✅ 워크북에 수록되지 않았지만 출제 가능성 높은 이론

1 Windows 활용

(1) Windows 주요 단축키 〈기출〉 한국산업단지공단, 서울교통공사 9호선

단축키	기능	단축키	기능
Windows	시작 메뉴를 표시하거나 숨김	Windows + U	유틸리티 관리자 열기
Windows + D	바탕 화면 표시	Windows + F1	Windows 도움말 표시
Windows + E	파일 탐색기 열기	Windows + ↑	현재 활성 창 최대화
Windows + L	잠금 화면 또는 사용자 전환	Windows + ↓	현재 활성 창 최소화
Windows + M	모든 창을 최소화	Windows + Home	현재 활성 창을 제외한 모든 창 최소화
Windows + R	실행 대화 상자	Windows + Shift + M	최소화된 창을 원래 크기로 복원
Windows + T	작업표시줄의 프로그램을 차례대로 선택 및 미리보기 활성화		

(2) Windows 명령 프롬프트 〈기출〉 서울교통공사 9호선

① Windows의 기본 제공 프로그램으로 Windows에서 명령어를 입력하여 작업을 수행할 수 있게 한다.
② [시작]-[Windows 시스템]-[명령 프롬프트] 선택 또는 [실행] 창에 'cmd'를 입력하여 실행한다.
③ 주요 명령어는 다음과 같다.

cmd	윈도우 명령 프롬프트 실행	del	파일 삭제
call	프로그램에서 다른 프로그램 호출	exit	명령 프롬프트 창 종료
chdir	현재 디렉터리 이름 표시 또는 현재 디렉터리 변경	format	디스크 포맷
chkdsk	디스크 검사 및 상태 보고서 표시	ipconfig	내 PC IP 주소 확인
cls	화면에 표시된 내용 삭제	rmdir	디렉터리 삭제
control	제어판 실행	ver	윈도우 버전 확인

(3) Windows 휴지통 기출   공무원연금공단

① 기억 장치에서 어떤 파일이나 폴더를 영구적으로 삭제하기 전에 잠시 보관하고 있는 공간이다.
② Windows 95 운영체제에 처음으로 도입되었다.
③ 의도성 유무에 관계없이 지워진 파일을 보유하고 있다.
④ 사용자는 어떤 파일이나 폴더를 영구적으로 지우기 전에는 휴지통에 보관된 파일이나 폴더를 볼 수 있으며, 해당 파일이나 폴더의 원래 위치로 복원할 수도 있다.
⑤ 지워진 파일뿐 아니라 해당 파일이 지워진 시간, 날짜, 파일의 원래 위치까지 저장하고 있다.
⑥ 휴지통에 들어 있는 파일은 명령을 통해 되살리거나 영구적으로 삭제할 수 있다.

2 컴퓨터 시스템 활용을 위한 진법 변환 기출   한국표준협회

① 진법은 크게 2진수, 8진수, 10진수, 16진수로 나눌 수 있다.

2진수	0과 1 두 개의 숫자로 표현
8진수	0~7까지 8개의 숫자로 표현(한 자리 표현에 3비트 필요)
10진수	0~9까지 10개의 숫자로 표현
16진수	0~9까지 10개의 숫자와 A~F까지 6개의 알파벳 대문자로 표현(한 자리 표현에 4비트 필요)

② 진법 변환 방법은 다음과 같다.

예 2진수를 10진수로 변환

$1111_{(2)} = 1 \times 2^3 + 1 \times 2^2 + 1 \times 2^1 + 1 \times 2^0 = 8 + 4 + 2 + 1 = 15$

예 10진수를 8진수로 변환

$$
\begin{array}{r}
8)\underline{461} \\
8)\underline{57} \cdots 5 \uparrow \\
7 \cdots 1 \\
461 = 715_{(8)}
\end{array}
$$

3 컴퓨터 하드웨어의 이해 및 활용

(1) 메인보드

① 컴퓨터 내에서 기본회로와 부품들을 포함하는 가장 기본적이고 물리적인 하드웨어이다.
② 컴퓨터의 모든 구성품을 장착하는 모체라고 하여 '마더보드(Mother board)'로 불린다.
③ 메인보드에 포함되는 부품으로는 CPU(중앙처리장치), 마이크로프로세서, 메모리, 바이오스, 확장슬롯, 접속회로 등이 있다.

(2) CPU(중앙처리장치)

① 명령어를 해석하며, 프로그램의 연산을 수행하는 컴퓨터 시스템의 핵심적 장치이다.
② 레지스터(기억장치), 연산장치(산술논리장치), 제어장치로 구성된다.

레지스터 (기억장치)	• CPU 내부의 임시 기억장치(속도가 가장 빠르고, 크기가 작은 메모리) • 운영체제 시스템 정보는 매우 커서 레지스터에 들어갈 수 없음.
연산장치 (산술논리장치) ALU	제어장치(CU)로부터 명령을 받아 산술 연산과 논리 연산을 수행하는 장치로, 다음과 같은 요소가 있음. • 가산기: 두 개 이상의 2진수의 덧셈을 수행하는 논리회로 • 보수기: 2진수의 뺄셈을 수행할 때 사용하는 보수를 만들어주는 논리회로 • 누산기: 연산 결괏값을 일시적으로 기억하는 레지스터 • 데이터 레지스터: 연산을 위한 데이터를 기억하는 레지스터 • 상태 레지스터: 산술과 논리 연산의 결과로 나오는 캐리, 부호, 오버플로우 등의 상태를 기억하는 레지스터 • 인덱스 레지스터: 주소를 변경할 때 사용하는 레지스터
제어장치 CU	컴퓨터의 모든 동작을 지시하고 제어하는 장치로, 다음과 같은 요소가 있음. • 프로그램 카운터: 다음에 수행할 명령어의 주소를 기억하는 레지스터 • 명령어 해독기: 수행해야 할 명령어를 해석하여 부호기로 전달하는 회로 • 명령어 레지스터: 현재 수행 중인 명령어를 기억하는 레지스터 • 부호기: 명령 해독기에서 전송된 명령어를 필요한 신호로 변환하여 각 장치로 보내는 회로 • 번지 해독기: 명령어 레지스터로부터 받은 주소를 해석한 후 저장되어 있던 데이터를 메모리로 보내는 레지스터 • 메모리 주소 레지스터: 기억장치에 입·출력되는 데이터의 주소 번지를 기억하는 레지스터 • 메모리 버퍼 레지스터: 메모리 주소 레지스터의 내용을 기억하는 레지스터

(3) 주기억장치

ROM	• 전원이 공급되지 않아도 기억된 내용이 지워지지 않는 비휘발성 메모리 • 기본적인 입·출력 프로그램, 자가진단 프로그램 등의 펌웨어가 저장되어 있어 부팅 시 실행됨. • ROM의 종류와 특징		
	Mask ROM	제조 과정에서 내용을 미리 기록한 ROM으로, 수정 불가능함.	
	PROM	사용자가 한 번만 기록 가능함.	
	EPROM	자외선을 이용하여 기록된 내용을 변경 또는 새로 기록 가능함.	
	EEPROM	전기적 방법으로 기록된 내용을 변경 또는 새로 기록 가능함.	
RAM	• 전원이 공급되지 않으면 기억된 내용이 지워지는 휘발성 메모리 • 현재 사용 중인 응용 프로그램이나 데이터가 저장됨. • 재충전 필요 여부에 따라 SRAM과 DRAM으로 분류 가능함.		
	구분	SRAM	DRAM
	재충전	필요하지 않음.	필요함.
	접근 속도	빠름.	느림.
	전력 소모	많음.	적음.
	집적도	낮음.	높음.

(4) 보조기억장치

SSD		• 반도체에 있는 셀을 이용하여 데이터를 저장함. • HDD 대비 작고, 가볍고, 속도가 빠르며 비쌈.
HDD		• 자기디스크의 트랙과 섹터를 이용하여 데이터를 저장함. • 디스크가 회전해야 하므로 소음이 크고 충격에 약함. • 논리적 영역 확보를 위하여 디스크 내부를 분할하여 사용할 수 있는데, 이를 파티션이라 함. • 연결 방식에는 IDE, EIDE, SCSI, RAID 등이 있음.
광디스크	CD-ROM	• 콤팩트 디스크(CD)에 기록되어 있는 데이터를 읽고, 이들 데이터를 컴퓨터로 전송할 수 있도록 설계된 읽기 전용 디스크 드라이브 • 650MB 이상의 데이터를 저장할 수 있는 멀티미디어 저장 매체
	CD-R	• 데이터를 한 번 기록할 수 있으며, 많은 양의 데이터를 백업할 때 사용함. • WORM CD라고도 함.
	CD-RW	• 여러 번에 걸쳐 기록과 삭제를 할 수 있음. • 데이터를 담기 위해서는 CD-R/W 드라이브가 필요함.
	DVD	• 기존 다른 매체와는 달리 4.7GB의 기본 용량(최대 17GB)을 가짐. • 1배속은 초당 1,200KB의 전송 속도임.
	블루레이 디스크	• HD급 고화질 비디오를 저장 가능함. • CD, DVD와 같은 크기로 짧은 파장을 갖는 레이저를 사용하며, 트랙의 폭이 가장 좁음. • 일반적으로 단층 구조는 25GB, 듀얼 레이어는 50GB까지 데이터 저장이 가능함. • 최근에는 한 장의 블루레이 디스크에 3층, 4층으로 데이터 기록이 가능하여 100GB에서 128GB 까지의 용량을 저장할 수 있음.

(5) 기타 기억장치 `기출` 대전테크노파크

캐시 메모리	• CPU와 주기억장치 사이에 존재하는 고속 메모리로, 메모리 참조의 국한성에 기반을 둠. • 처리 속도가 빠른 CPU와 상대적으로 느린 주기억 장치 사이의 병목 현상을 해결함.
버퍼 메모리	동작 속도, 접근 속도 등에서 차이가 나는 두 장치 사이에 위치하여 두 장치 간의 속도 차이를 줄일 때 사용하는 임시 기억장치
가상 메모리	보조기억장치를 주기억장치처럼 사용하여 주기억장치 용량의 기억 용량을 확대하여 사용하는 방법
플래시 메모리	• 전기적 성질을 이용하여 데이터의 기록 및 삭제를 수행할 수 있는 비휘발성 메모리(블록 단위로 기록) • 디지털 카메라, MP3 Player 등 디지털 기기에서 널리 사용함. • 플래시 메모리를 보다 발전시킨 기억 장치로는 스마트 미디어 카드, 멀티미디어 카드, 메모리 스틱 등이 있음.
연관 메모리	• 데이터를 가져올 때 주소 참조가 아닌 내용의 일부를 이용하여 데이터를 읽어오는 메모리 • 캐시 메모리에서 특정 내용을 찾는 방식 중 매핑 방식에 주로 사용됨.

(6) 입·출력 장치 `기출` 대전테크노파크

입력장치	데이터를 컴퓨터에 입력하기 위해 필요한 장치로, 키보드, 마우스, 스캐너, 조이스틱, 터치스크린 등이 있음.
출력장치	데이터 입력 이후의 처리 결과를 사용자에게 반환하는 장치로, 모니터, 프린터, 이어폰, 스피커 등이 있음.

4 디스크 부팅 실패 오류의 해결 방법 `기출` 한국임업진흥원

BIOS 부팅 순서 변경	• USB와 같은 다른 장치가 시스템 디스크보다 우선순위가 높은 상황에서, 부팅 가능한 USB가 아닌 다른 USB가 연결되었을 경우 해당 USB를 제거한 후 시스템 디스크를 부팅함. • 다른 장치의 문제가 아니라면 BIOS에서 부팅 순서를 시스템 디스크가 첫 번째 옵션이 되도록 변경함.
손상된 운영체제 복구	부팅 순서를 올바르게 설정했음에도 부팅 디스크 오류가 계속된다면 운영체제가 손상되었거나 시스템 디스크가 손상되었을 가능성이 있으므로, 운영체제 복구가 필요함.
'chkdsk'를 실행하여 손상된 시스템 디스크 수정	운영체제 또는 시스템 디스크 손상으로 디스크 부팅 실패 오류가 나타날 경우, 컴퓨터의 하드 디스크에 특정 문제가 있는지 감지할 수 있는 'chkdsk' 명령을 실행하여 문제를 해결할 수 있음.
새로 설치된 하드웨어 제거	새로 설치된 하드 드라이브의 구성이 잘못되어 문제가 발생한 경우, 새로 설치된 하드 드라이브를 제거한 후 컴퓨터를 재시작해보면서 오류가 계속 나타나는지 확인함.

5 컴퓨터 소프트웨어의 이해 및 활용

(1) 시스템 소프트웨어와 응용 소프트웨어

시스템 소프트웨어	• 컴퓨터(하드웨어)를 구동하기 위해 필요한 프로그램 • 컴퓨터 시스템의 모든 부분을 제어 및 관리하고 하드웨어와 사용자 사이에서 중간 역할을 함. • 유틸리티 프로그램과 언어 처리 프로그램을 포함하며, 일반적으로 운영체제(OS)라 부름.
응용 소프트웨어	• 사용자가 편리하게 프로그램을 이용할 수 있도록, 각종 업무에 직접 이용하는 소프트웨어 • 넓은 의미에서는 운영체제에서 실행되는 모든 소프트웨어를 뜻하지만, 일반적으로 특정한 업무 처리를 목적으로 작성된 프로그램을 말함.

(2) 소프트웨어의 구분과 특징

애드웨어	광고를 보는 것을 전제로 무료로 사용이 허용되는 소프트웨어
프리웨어	별도 제한 없이 개인 사용자라면 누구나 무료로 사용이 허용되는 소프트웨어
셰어웨어	정식 소프트웨어 구매 전에 먼저 체험할 수 있도록 사용 기간, 특정 기능에 제한을 두는 소프트웨어
데모 버전 소프트웨어	홍보를 위하여 일부 기능만 사용 가능하게 제한한 소프트웨어
트라이얼 버전 소프트웨어	개발자가 사용자로 하여금 제품 구매 전에 미리 사용해볼 수 있도록 제작 및 배포하는 체험판 소프트웨어
알파 버전 소프트웨어	개발자가 성능이나 평가를 위하여 제작하는 소프트웨어
베타 버전 소프트웨어	공식 소프트웨어 출시 전 테스트와 오류 수정을 목적으로 사용자에게 무료로 배포되는 소프트웨어
패치 버전 소프트웨어	이미 배포된 소프트웨어 가운데 일부 오류가 있던 부분의 모듈만 수정한 소프트웨어

(3) 프로그래밍 언어 ✅기출 서울교통공사 9호선

① 컴퓨터의 구동 또는 컴퓨터에서 동작하는 소프트웨어의 작성을 위한 언어이며, 크게 저급언어, 고급언어로 분류된다.

② 저급언어는 컴퓨터 중심으로 고안된 언어로, 기계어와 어셈블리어가 있다.

기계어	컴퓨터가 바로 이해할 수 있는 0 또는 1의 2진수로 이루어진 언어
어셈블리어	기계어와 일대일 매핑구조를 가지며, 사람이 사용하는 문자로 기호화된 언어

③ 고급언어는 인간 중심으로 고안된 언어로, 컴파일 언어와 인터프리터 언어가 있다.

컴파일 언어	기계가 바로 이해할 수 있는 언어로 한 번에 전체를 번역하여 실행하는 언어 예 C, C++, JAVA 등
인터프리터 언어	기계가 이해할 수 있도록 문장 단위로 해석하면서 실행하는 언어 예 JavaScript, Python, Ruby, PHP 등

6 파일 형식

(1) 파일 형식에 따른 데이터 특성 ✅기출 대한적십자사

파일 형식을 통해 파일이 어떤 데이터를 다루고 있는지 알 수 있다.

문서 파일	• 엑셀: xls, xlsx • 파워포인트: ppt, pptx • 워드: doc, docx • 메모장: txt • 한글 문서: hwp
이미지 파일	• 포토샵: psd • 일러스트레이터: ai, eps • 기타: jpg, jpeg, bmp, png, gif 등
소리 파일	wav, wma, mp3, mp4, wmv 등
영상 파일	avi, mp4, mpeg, mov, asf, mkv, wmv, flv 등

(2) 한글 문서(.hwp, .hwpx)가 변환 가능한 주요 파일 형식 ✅기출 수원문화재단

- 워드 문서(.doc, .docx)
- 인터넷 문서(.html)
- XML 문서(.xml)
- 서식있는 문서(.rtf)
- 텍스트 문서(.txt)
- CSV 문서(.csv)
- ODF 문서(.odt)
- PDF 문서(.pdf)
- 비트맵 이미지(.bmp)
- JPG 이미지(.jpg)
- GIF 파일(.gif)
- PNG 파일(.png)

7 업무용 소프트웨어 - 한글, 파워포인트의 활용

(1) 한글 문서 주요 단축키 〔기출〕 해양환경공단, 한국표준협회, 남양주도시공사, 안산도시공사

단축키	기능	단축키	기능
Ctrl + S	저장하기	Alt + V	다른 이름으로 저장하기
Ctrl + Z	실행 취소하기	Alt + N	새 문서 열기
Ctrl + A	전체 선택하기	Alt + C	모양 복사하기
Ctrl + P	인쇄하기	Alt + Shift + A	행간 좁히기
Ctrl + Enter	페이지 나누기	Alt + Shift + Z	행간 넓히기
Ctrl + B	글자 진하게 하기	Alt + Shift + N	자간 좁히기
Ctrl + I	글자 기울이기	Alt + Shift + W	자간 넓히기
Ctrl + U	밑줄 표시하기	셀 선택 후 W	셀 너비 같게 하기
Ctrl + F	찾기	셀 선택 후 H	셀 높이 같게 하기
Ctrl + H	찾아 바꾸기	셀 선택 후 S	셀 분할하기
Ctrl + F10	문자표 열기	셀 선택 후 M	셀 병합하기
Ctrl + N + T	표 만들기	셀 선택 후 B	셀 테두리 창 열기
Ctrl + C	복사하기	Ctrl + Shift + ↑	문단 처음부터 해당 지점까지 블록 지정하기
Ctrl + V	붙여넣기	Ctrl + Shift + ↓	해당 지점부터 문단 끝까지 블록 지정하기
Ctrl + X	잘라내기		

(2) 파워포인트 주요 단축키 〔기출〕 국민연금공단

단축키	기능	단축키	기능
Ctrl + S	저장하기	Ctrl + F	찾기
Ctrl + Z	실행 취소하기	Ctrl + E	가운데 정렬하기
Ctrl + X	잘라내기	Ctrl + J	양쪽 정렬하기
Ctrl + A	전체 선택하기	Ctrl + L	왼쪽 정렬하기
Ctrl + C	복사하기	Ctrl + R	오른쪽 정렬하기
Ctrl + V	붙여넣기	Ctrl + G	그룹화 하기
Ctrl + D	동일 간격 개체 복사하기	Ctrl + Shift + G	그룹 해제하기
Ctrl + Y	재실행하기	Ctrl + M	새 슬라이드 추가하기
Ctrl + B	글자 진하게 하기	Ctrl + N	새 프레젠테이션 열기
Ctrl + I	글자 기울이기	Ctrl + Q	전체 창 닫기
Ctrl + U	밑줄 표시하기	Ctrl + W	현재 창 닫기

8 업무용 소프트웨어 – 엑셀의 활용

(1) 주요 단축키 기출 한전KPS, 한국마사회

① F와 Shift 단축키

단축키	기능	단축키	기능
F2	셀을 입력 모드로 설정하기	Shift + F3	함수 마법사 창 열기
F5	이동 창 열기	Shift + F4	다음 빈 셀로 넘어가기
F7	시트 전체 맞춤법 검사하기	Shift + F5	찾기 및 바꾸기
F11	선택한 범위에 대해 차트 곧바로 삽입하기	Shift + F10	선택한 셀 편집하기(마우스 우측 버튼)
F12	다른 이름으로 저장하기	Shift + F11	워크시트 삽입하기
Shift + F2	메모 삽입하기	Shift + Space Bar	선택한 셀의 가로행 전체 선택하기

② Ctrl 단축키

단축키	기능	단축키	기능
Ctrl + A	전체 선택하기	Ctrl + O	파일 열기
Ctrl + B	글자 진하게 하기	Ctrl + P	파일 인쇄 창 열기
Ctrl + C	선택한 셀 범위에 대해 복사하기	Ctrl + S	파일 저장하기
Ctrl + D	바로 위의 셀 내용을 복사하기	Ctrl + U	선택한 셀에 밑줄 삽입하기
Ctrl + F	찾기 및 바꾸기 중 '찾기' 열기	Ctrl + X	잘라내기
Ctrl + G	이동 창 열기	Ctrl + Z	실행 취소하기
Ctrl + H	찾기 및 바꾸기 중 '바꾸기' 열기	Ctrl + Home	현재 시트의 A1셀로 이동하기
Ctrl + I	글자 기울이기	Ctrl + Page Down	오른쪽 시트로 이동하기
Ctrl + N	파일 새로 만들기	Ctrl + Space Bar	선택한 셀의 세로열 전체 선택하기

③ Alt 단축키

단축키	기능	단축키	기능
Alt + F2, Alt + F + A	다른 이름으로 저장하기	Alt + I + R	행 삽입하기
Alt + F + C	파일 닫기	Alt + I + W	워크시트 삽입하기
Alt + I + C	열 삽입하기	Alt + F1	선택한 범위에 대해 차트 삽입하기
Alt + I + E	셀 삽입하기	Alt + F3	이름 정의하기
Alt + I + M	선택한 셀에 메모 삽입하기	Alt + F4	창 닫기
Alt + H - A - L	왼쪽 정렬하기	Alt + Enter	선택한 셀의 텍스트 줄바꿈하기
Alt + H - A - C	가운데 정렬하기	Alt + H - A - T	셀 맨 위로 정렬하기
Alt + H - A - M	셀 중간 높이로 정렬하기	Alt + H - A - R	오른쪽 정렬하기
Alt + H - A - B	셀 맨 아래로 정렬하기	Alt + H - M - C	셀 통합하고 가운데 정렬하기

(2) 주요 함수 기출

인천국제공항공사, 한국공항공사, 건강보험심사평가원, 한국수력원자력, 서울교통공사 9호선, 해양환경공단, 한국마사회, 한국표준협회, 한국산업단지공단, 코레일테크, 재외동포협력센터, 한국항공우주연구원, 공무원연금공단, 대전테크노파크

① 논리 함수

함수	입력방법 및 기능
AND	= AND(논리값1, 논리값2, …) ▶ 논리값이 모두 TRUE이면 TRUE를 표시
IF	= IF(조건, 인수1, 인수2) ▶ 조건을 비교하여 참이면 인수1, 거짓이면 인수2를 표시
OR	= OR(논리값1, 논리값2, …) ▶ 논리값 중 하나라도 TRUE이면 TRUE를 표시

② 데이터베이스 함수

함수	입력방법 및 기능
DMAX	= DMAX(목록범위, 열 번호, 조건범위) ▶ 지정한 조건에 맞는 데이터베이스의 필드값 중 가장 큰 값 구하기
DMIN	= DMIN(목록범위, 열 번호, 조건범위) ▶ 지정한 조건에 맞는 데이터 베이스의 필드값 중 가장 작은 값 구하기

③ 수학/삼각 함수

함수	입력방법 및 기능
SUM	= SUM(인수1, 인수2, …) ▶ 인수들의 합을 출력
SUMIF	= SUMIF(조건범위, 조건, 합계 범위) ▶ 입력한 조건에 맞는 셀의 합을 출력
INT	= INT(인수) ▶ 인수보다 크지 않은 정수를 출력
ROUND	= ROUND(인수, 소수점 아래 자릿수) ▶ 인수를 지정한 자릿수로 반올림하기
ROUNDDOWN	= ROUNDDOWN(인수, 소수점 아래 자릿수) ▶ 인수를 지정한 자릿수로 0에 가까워지도록 내림하기
ROUNDUP	= ROUNDUP(인수, 소수점 아래 자릿수) ▶ 인수를 지정한 자릿수로 0에서 멀어지도록 올림하기
QUOTIENT	= QUOTIENT(인수1, 인수2) ▶ 인수1을 인수2로 나눈 몫을 출력
MOD	= MOD(인수1, 인수2) ▶ 인수1을 인수2로 나눈 나머지를 출력

④ 통계 함수

함수	입력방법 및 기능
AVERAGE	= AVERAGE(인수1, 인수2, …) ▶ 인수들의 평균을 출력
COUNT	= COUNT(인수1, 인수2, …) ▶ 인수 목록에서 숫자가 있는 셀의 개수 출력
COUNTA	= COUNTA(인수1, 인수2, …) ▶ 인수 목록에서 비어 있지 않은 셀의 개수 출력
COUNTBLANK	= COUNTBLANK(범위) ▶ 범위에서 비어 있는 셀의 개수 출력
COUNTIF	= COUNTIF(범위, 조건) ▶ 범위에서 조건에 맞는 셀의 개수 출력
LARGE	= LARGE(데이터 집합, 서수) ▶ 데이터 집합에서 '서수'번째로 큰 값 표시
SMALL	= SMALL(데이터 집합, 서수) ▶ 데이터 집합에서 '서수'번째로 작은 값 표시
MAXA	= MAXA(인수1, 인수2, …) ▶ 숫자, 빈 셀, 논리값, 숫자로 작성된 텍스트 등을 모두 포함한 인수 목록에서 가장 큰 값을 표시
MINA	= MINA(인수1, 인수2, …) ▶ 숫자, 빈 셀, 논리값, 숫자로 작성된 텍스트 등을 모두 포함한 인수 목록에서 가장 작은 값을 표시
RANK	= RANK(인수, 범위, 논리값) ▶ 범위에서 지정한 수의 순위를 출력하며, 동일한 값들의 경우에는 값들이 동일하지 않을 경우에 나올 수 있는 순위의 범위 중 가장 높은 순위를 동일하게 출력 ▶ 논리값이 생략되었거나 0인 경우에는 내림차순으로, 그 외의 값인 경우에는 오름차순으로 표시
FREQUENCY	= FREQUENCY(배열1, 배열2) ▶ 배열2에 해당하는 배열1 요소의 빈도수를 출력

⑤ 찾기/참조 함수

함수	입력방법 및 기능
VLOOKUP	= VLOOKUP(특정 값, 범위, 열 위치, 조건) ▶ 범위에서 특정 값이 있는 행을 기준으로 지정한 열의 위치에 있는 열의 값을 출력
HLOOKUP	= HLOOKUP(특정 값, 범위, 행 위치, 조건) ▶ 범위에서 특정 값이 있는 열을 기준으로 지정한 행의 위치에 있는 행의 값을 출력
INDEX	= INDEX(범위, 행, 열) ▶ 범위 내에서 특정 값의 위치를 출력
MATCH	= MATCH(특정 값, 범위, 조건) ▶ 범위 내에서 조건에 따라 특정 값과 일치 또는 근접한 값을 찾아 해당 위치를 출력 ▶ 범위가 오름차순으로 정렬되어 있고 조건이 1인 경우 특정 값보다 작거나 같은 값 중 근접한 값을 출력 ▶ 조건이 0인 경우 특정 값과 일치하는 값을 출력 ▶ 범위가 내림차순으로 정렬되어 있고 조건이 −1인 경우 특정 값보다 크거나 같은 값 중 근접한 값을 출력

⑥ 텍스트 함수

함수	입력방법 및 기능
CONCATENATE	= CONCATENATE(문자열1, 문자열2) ▶ 문자열1과 문자열2를 연결한 문자열을 출력
TEXT	= TEXT(인수, 서식) ▶ 인수를 서식에 맞는 문자열로 출력
LEFT	= LEFT(문자열, 문자 수) ▶ 문자열의 가장 왼쪽 문자부터 시작하여 지정한 수만큼 문자를 출력
RIGHT	= RIGHT(문자열, 문자 수) ▶ 문자열의 가장 오른쪽 문자부터 시작하여 지정한 수만큼 문자를 출력
REPLACE	= REPLACE(문자열1, 지정 위치, 문자 수, 문자열2) ▶ 문자열1의 지정 위치에서 변경할 문자 수만큼 문자열2로 변경하여 출력
SUBSTITUTE	= SUBSTITUTE(문자열, 문자1, 문자2, 지정 위치) ▶ 문자열의 지정 위치에 있는 문자1을 문자2로 변경하여 출력
LEN	= LEN(문자열) ▶ 문자의 개수를 출력
MID	= MID(문자열, 지정 위치, 문자 수) ▶ 문자열에서 지정 위치로부터 지정된 문자 수만큼 문자를 출력

(3) 주요 오류 기출 국민연금공단, 공무원연금공단, 중소벤처기업진흥공단

오류	발생 이유	해결 방법
#VALUE!	수식 입력에 오류가 있는 경우 또는 값이 잘못된 경우	수식 또는 값이 올바른지 확인
#N/A	VLOOKUP, HLOOKUP과 같은 함수에서 찾는 값이 범위에 없는 경우	찾는 값 또는 범위를 바꿈.
#REF!	참조된 셀 주소가 존재하지 않는 경우	참조된 셀 주소가 정확한지 확인
#NAME?	함수명을 잘못 입력한 경우 또는 인수를 잘못 사용한 경우	함수명 또는 인수를 적절하게 수정
#####	셀의 결괏값보다 셀의 너비가 좁은 경우 또는 날짜가 맞지 않은 경우	셀의 너비를 늘려줌.
#DIV/0!	어떤 숫자를 0 또는 빈 셀로 나누는 경우	나누는 값을 0이 아닌 수 또는 빈 셀이 아닌 셀로 바꿈.
#NULL!	공백 참조 연산자 사용 시 지정한 두 범위에 교차하는 부분이 없는 경우	지정한 범위에 교차하는 셀이 있는지 확인
#NUM!	함수의 인수나 수식이 잘못된 형식인 경우	인수나 수식이 올바른지 확인

9 인터넷 활용

(1) 정보통신망의 종류와 특징

LAN	• 근거리 통신망 • 비교적 한정된 구역 내에서 정보나 프로그램을 공유할 수 있도록 사용되는 네트워크
WAN	• 원거리 통신망 • 지역과 지역, 국가와 국가 간을 서로 연결하는 네트워크
MAN	• 도시권 정보 통신망 • LAN과 WAN의 중간 형태로, 대도시 같은 지역에 데이터를 전송할 수 있는 네트워크
VAN	• 부가가치 통신망 • 통신 회선을 임대하여 기존의 정보에 새로운 가치를 더해 다수 이용자에게 판매하는 네트워크
PAN	• 개인 통신망 • 개인이 가진 고유한 네트워크
B-ISDN	• 광대역 종합정보통신망 • 고도의 광범위한 서비스를 제공하는 디지털 공중 통신망, 비동기식 전달 방식을 이용함.

(2) URL

① 웹상에 존재하고 있는 정보들의 위치를 알려주는 주소체계이다.
② 각종 서비스를 제공하는 서버의 위치와 함께 파일의 위치까지 포함한다.
③ 형식은 다음과 같다.

> 프로토콜://호스트(서버) 주소[:포트 번호][/파일 경로]

(3) 프로토콜

① 컴퓨터와 컴퓨터, 장치와 장치 사이에서 데이터를 원활히 주고받기 위하여 약속한 규약이다.
② 신호 송신의 순서, 데이터 표현법, 오류 검출법 등이 포함된다.
③ 프로토콜이 같아야만 통신이 가능하다.

TCP/IP	• 인터넷에서 사용하는 대표적인 표준 프로토콜 • 서로 다른 운영체제를 쓰는 컴퓨터끼리도 인터넷에 연결되어 있을 때 정보 전송이 가능하도록 해주는 규약 • TCP는 정보의 분실 및 파손을 막아 에러 없이 순서대로 정보가 전달되게 하고, IP는 인터넷을 통해 정보를 목적지까지 전달함.
HTTP	• 인터넷에서 하이퍼텍스트* 방식의 정보를 교환하기 위하여 사용되는 프로토콜 　* 하이퍼텍스트: 마우스 클릭으로 문자나 그림 등 다른 정보에 접근할 수 있는 방식 • 모든 정보들이 다른 정보에 접근할 수 있도록 참조 링크를 가진다는 것이 특징이며, 그 링크를 선택하면 추가적인 정보가 또 전달되는 식으로 구성됨.

(4) 웹 브라우저 기출 대구도시철도공사
① 인터넷망에서 검색한 정보를 볼 수 있게 해주는 프로그램으로 문자, 이미지, 사운드 파일, 동영상 등 다양한 형식을 지원한다.
② 대표적인 웹 브라우저로는 엣지(Edge), 크롬(Chrome), 파이어폭스(Firefox), 사파리(Safari), 오페라(Opera), 넷스케이프(Netscape) 등이 있다.

(5) 인터넷 서비스의 종류와 특징

인트라넷 (Intranet)	• 자사의 각종 정보를 상호 전달·공유하는 기업 통신망 • 인터넷 기술을 기업, 공공기관 등 조직에 적용해 통합된 네트워크 안에서 모든 업무를 수행할 수 있게 하는 그룹웨어 환경
엑스트라넷 (Extranet)	• 인트라넷의 확장 개념 • 인트라넷을 부분적으로 외부 거래 업체들에게 개방하여 협력을 도모하려는 통신망
VoIP	• '인터넷 전화'로 불림. • IP 주소를 사용하는 네트워크를 통해 음성을 디지털 패킷으로 변환하고 전송하는 기술 • 최근 모바일 기술의 발전으로 카카오톡의 보이스톡과 같은 m-VoIP도 빠른 속도로 발전하고 있음.
IPTV	초고속 인터넷을 이용하여 기본 텔레비전 기능에 인터넷 검색 기능을 결합한 서비스
OTT	• 전파나 케이블이 아닌 범용 인터넷망으로 영상 콘텐츠를 볼 수 있는 TV 서비스 • 넷플릭스, 구글의 크롬캐스트가 대표적인 사례 • IPTV와 OTT 모두 인터넷으로 Video Streaming을 받는다는 점은 동일하지만, IPTV는 자사 망을 사용하는 반면 OTT는 범용 인터넷 망을 사용함.
이커머스 (E-Commerce)	온라인에서 네크워크를 이용해 상품 및 서비스를 사고팔 수 있는 서비스

10 IT 신기술 관련 용어

(1) 웨어러블 컴퓨터(Wearable computer)
사용자가 거부감 없이 신체의 일부처럼 착용 가능한 작고 가벼운 컴퓨터로, 최근 활용 범위가 넓어져 옷이나 시계·안경 등 자주 쓰는 도구에 사용되거나 컴퓨터에도 결합되고 있다.

(2) 사물 인터넷(Internet of Thing, IoT) 기출 대전테크노파크
① 인터넷을 기반으로 모든 사물을 연결하여 사람과 사물, 사물과 사물 간의 정보를 상호 소통하는 지능형 기술 및 서비스이다.
② 사물에 주입시키기 위한 센서 및 소프트웨어, 이를 바탕으로 사물끼리 상호작용하기 위한 네트워크, 사용자의 데이터베이스를 저장하기 위한 클라우드 서버 등의 기술을 접목하여 인터넷에 연결된 사물들이 사람의 개입 없이 정보를 주고받는다.
③ 의료, 생활, 농업, 운송 및 수송, 에너지 등 다방면에서 활용 가능한 반면, 개인 및 기업의 정보 보안 등의 문제점이 있다.
예 스마트폰으로 집안의 가전제품을 제어하는 스마트홈

(3) 와이파이(Wireless Fidelity, Wi-Fi)
무선 접속 장치(AP)가 설치된 곳으로부터 일정 거리 안에서 전파나 적외선 전송 방식을 이용하여 인터넷을 할 수 있는 근거리 통신망으로, '무선 랜(Wireless LAN)'으로도 불린다.

(4) 블루투스(Bluetooth)
주로 10m 안팎의 거리에서 휴대폰, 노트북, 이어폰, 헤드폰 등의 각종 디지털 기기를 서로 연결하여 정보를 교환하는 근거리 무선 통신 기술이며, 사용을 위해서는 기기 간 설정이 필요하다. 현재는 블루투스 5.0까지 발전하였다.

(5) RFID(Radio Frequency Identification)
① 무선 주파수를 사용하여 물체를 식별하는 장치로, 다양한 개체 정보를 초소형 칩(IC칩)에 내장하여 무선을 통해 정보를 관리할 수 있는 차세대 인식 기술이다.
② '전자태그', '무선태그', '스마트 태그', '전자 라벨' 등으로도 불린다.
예 도로 통행료 징수 시스템, 소고기 원산지 추적 서비스 등

(6) NFC(Near Field Communication)
① RFID의 일종으로 비접촉식 근거리 무선 통신 기술이며, 10cm 정도의 짧은 거리에서 단말기 간 데이터 전송이 가능하다.
② 결제뿐만 아니라 교통카드, 잠금장치 등에 광범위하게 활용된다.

(7) 비콘(Beacon)
① 저전력 블루투스 기술을 적용하여 반경 50~70m 안에 있는 사용자의 위치를 찾아 서비스를 제공해주는 스마트폰 근거리 통신 기술이다.
② 가용거리가 NFC보다 길어 O2O 서비스에 적합하며, 사물 인터넷을 위한 핵심 기술로 대표된다.
③ 사용자의 위치가 노출되어 개인정보 수집에 활용될 수 있으며, 사용자의 동의가 필요 없어 스팸이 전송될 우려가 있다.

(8) 메타버스 핵심 기술 기출 서울경제진흥원

구분	VR(가상현실)	AR(증강현실)	MR(혼합현실)
특징	현실 세계를 차단하고 디지털 환경만 구축함.	현실 정보에 가상의 정보를 결합시켜 보여줌.	현실 정보에 기반을 두고 가상의 정보를 융합함.
장점	• CG를 통해 입체감 있는 영상 구현 • 몰입감이 뛰어남.	• 현실 세계 위에 그래픽을 구현하여 필요한 정보를 즉각적으로 제공 • 현실과 상호작용 가능	• 현실과 상호작용 우수함. • 사실감과 몰입감이 뛰어남.
단점	• 현실 세계와 차단되어 있어 현실과 상호작용 좋지 않음. • 별도 CG 구현이 필요함.	• 시야와 정보가 분리 • 몰입감 약함.	• 처리할 데이터 용량이 큼. • 장비 등의 기술적 제약이 많음.

11 컴퓨터 범죄와 개인정보 보호

(1) 컴퓨터 범죄 유형 [기출] 공무원연금공단, 남양주도시공사, 해양환경공단

웜 (Worm)	다른 프로그램을 감염시키지 않으면서 자기 자신을 복제하고 네트워크를 통해 전파하는 악성 프로그램으로, 사용자가 직접 실행하지 않더라도 스스로 전파되며, 정상적으로 프로그램이 실행되고 있지 않더라도 전파됨.
트로이 목마 (Trojan horse)	유용한 프로그램으로 위장하여 사용자들에게 설치를 유도해 사용자 몰래 컴퓨터에 설치되는 소프트웨어로, 주로 웹 페이지나 이메일의 첨부파일 등으로 전파됨.
디도스 (DDos)	• 분산 서비스 거부(Distribute Denial of Service)의 약자로, 크래킹의 일종이며, 수많은 PC를 원격 조종해 특정 웹 사이트에 동시 접속하여 단시간 내에 과부하를 일으킴. • 공격자는 몰래 다른 사람들의 PC에 악성코드를 설치해 여러 PC를 한 번에 제어할 수 있도록 만들어 놓음.
사이버 스쿼팅 (Cyber squatting)	주로 유명 기업이나 단체 등의 이름과 상표와 같은 인터넷 주소를 영리 목적으로 선점하는 행위를 의미함.
피싱 (Phishing)	개인 정보(Priavate data)와 낚시(Fishing)의 합성어로, 금융기관 또는 공공기관을 사칭해 이메일을 발송하고, 이용자가 이메일에 포함된 인터넷주소를 클릭할 때 피싱(가짜) 사이트로 유도되게 함.
파밍 (Pharming)	악성 코드에 감염된 PC를 조작해 이용자가 금융회사 등의 정상적인 홈페이지 주소를 입력하여도 피싱(가짜) 사이트로 접속하게 하여 개인정보를 도용함.
메모리해킹 (Memory hacking)	컴퓨터 메모리에 상주한 데이터를 위·변조하는 해킹 수법으로, 백도어 같은 프로그램을 설치하여 컴퓨터 메모리에 있는 비밀번호를 빼내고, 데이터를 조작하여 받는 계좌와 금액까지 변경할 수 있음.
스니핑 (Sniffing)	네트워크 주변을 지나다니는 패킷을 엿보며 계정과 패스워드를 알아내는 해킹 수법
스푸핑 (Spoofing)	외부에서 네트워크 침입자가 임의로 네트워크 시스템의 IP 주소, DNS 등을 위·변조하여 일반 사용자들의 방문을 유도한 후, 사용자의 시스템 권한을 획득하여 정보를 빼가는 해킹 수법
스미싱 (Smishing)	문자메시지(SMS)와 피싱(Phishing)의 합성어로, 사용자의 관심을 유도하기 위해 문자메시지를 보내 피싱사이트에 접속하게 한 뒤, 악성 앱 다운 등을 유도하고 사용자의 중요 정보를 탈취하는 해킹 수법
키로거 공격 (Keylogger)	이용자의 컴퓨터 키보드 움직임을 포착해 계정, 패스워드, 계좌번호 등 개인정보를 몰래 빼내는 해킹 수법
크립토재킹 (Cryptojacking)	해커가 몰래 일반인의 PC에 채굴 프로그램 악성 코드를 심어 놓고, 일반인의 PC를 암호화폐 채굴에 이용하여, 채굴한 암호화폐를 해커의 전자지갑으로 전송하는 수법
랜섬웨어 (Ransomware)	컴퓨터 시스템을 감염시켜 접근을 제한하고 비트코인이나 금품을 요구하는 악성 소프트웨어
스파이웨어 (Spyware)	사용자 몰래 PC에 설치되어 정보를 수집하는 악성 코드

(2) 본인 인증 수단

OTP	• 무작위로 생성되는 일회용 비밀번호를 이용하여 사용자를 인증하는 방식으로, OTP 생성기의 버튼을 누르면 6자리의 패스워드가 나타남. • 주로 금융권에서 전자 금융 거래를 할 때 사용됨.
아이핀(I-PIN)	• 주민등록번호의 대체 수단으로서 온라인상의 본인 인증 수단 • 민간 본인 확인 기관과 공공 아이핀 센터에서 발급 가능하며, 유출 시 변경 혹은 삭제 가능함.
마이핀(My-PIN)	• 온라인에 사용하던 아이핀을 오프라인의 일상생활에까지 사용할 수 있도록 확대한 본인 인증 수단으로, 개인정보를 포함하지 않는 13자리의 무작위 번호 • 주민센터나 본인 확인 서비스 홈페이지를 통해 발급 가능하며, 아이핀을 발급받은 사람만이 발급받을 수 있음.

STEP 02 기본문제
CHAPTER 07 정보능력

01 난이도 상 중 하

○○공단에 근무하는 A~E사원이 정보화 사회 관련한 세미나에서 다음과 같이 대화를 나누었을 때, 적절하지 않은 발언을 한 사람은?

> A사원: "현재 많은 미래학자들은 공통적으로 미래에는 지식 또는 정보가 개인과 사회, 더불어 국가 경쟁력의 핵심적인 요소가 될 것이라고 보고 있습니다."
> B사원: "점차 정보의 사회적 중요성이 요구될 것입니다. A사원이 말했듯 모든 분야에서 정보가 가지는 권력이 커질 것이고 많은 것들이 정보에 의존하게 될 것입니다."
> C사원: "정보화 사회가 빠르게 도래하는 이유는 기술이 발전하고 있기 때문입니다. 컴퓨터, 네트워크, 위성 통신 기술, 데이터 관리 기술 등이 정보통신 기술로 인해 통합되고 있습니다."
> D사원: "그래서 정보를 검색하고 관리하는 능력을 길러야 합니다. 타인의 힘을 빌리지 않은 채 자신이 원하는 정보를 검색할 수 있어야 하고, 이를 정리한 후 정보에 대한 보안을 철저히 유지하여 다른 사람이 접근하지 못하도록 하는 것이 가장 중요합니다."
> E사원: "많은 정보들 중 의미 있는 정보를 걸러 내는 것이 중요하지만 무분별하게 정보가 공유되고 있다는 점은 문제로 보아야 합니다. 정보화 때문에 기업의 중요한 정보, 저작권이 있는 정보 등이 불법적으로 복제되고 유통되는 것은 큰 문제입니다."

① A사원 ② B사원 ③ C사원 ④ D사원 ⑤ E사원

02 난이도 상 중 하

다음 중 정보 처리 과정을 순서대로 바르게 나열한 것은?

① 정보의 기획 – 정보의 관리 – 정보의 수집 – 정보의 활용
② 정보의 기획 – 정보의 관리 – 정보의 활용 – 정보의 수집
③ 정보의 기획 – 정보의 수집 – 정보의 관리 – 정보의 활용
④ 정보의 수집 – 정보의 기획 – 정보의 관리 – 정보의 활용
⑤ 정보의 수집 – 정보의 기획 – 정보의 활용 – 정보의 관리

03 난이도 상 중 하

다음 중 플래시 메모리에 대한 설명으로 가장 적절한 것은?

① 중앙처리장치와 주기억장치 사이에 위치하여 컴퓨터의 처리 속도를 향상시키는 역할을 한다.
② 주기억장치에 저장된 정보에 접근할 때 주소 대신 기억된 정보의 내용 일부를 이용하여 직접 접근하는 장치이다.
③ 전기적인 방법으로 수정이 가능한 EEPROM을 개선한 메모리 칩으로 MP3 플레이어, 휴대전화, 디지털 카메라 등에 널리 사용된다.
④ 보조기억장치의 일부를 주기억장치처럼 사용하는 메모리 관리 기법으로 주기억장치보다 큰 프로그램을 불러와 실행해야 할 때 유용하다.
⑤ 데이터의 처리 속도나 처리 단위, 데이터 사용 시간이 서로 다른 두 장치나 프로그램 사이에서 데이터를 임시 저장해두는 장치이다.

04 난이도 상 중 하

다음 중 이미지 뷰어 프로그램만을 바르게 나열한 것은?

① 알씨, Imagine, Windows Media Center
② 알FTP, 파일질라, Winscp
③ 반디집, 알집, WinZip
④ 네이버백신, V3 Lite, 알약
⑤ 네이버클리너, 고클린, CCleaner

05

다음은 I사의 사무용품 가격표를 정리한 엑셀시트이다. 이에 대한 설명으로 옳은 것만을 <보기>에서 모두 고르면?

	A	B	C	D	E	F	G	H	I
1	상품코드	상품명	가격						
2	sm101	사인펜	400						
3	sm102	네임펜	600		구분	가격	상품코드 문자 두자리	상품코드 숫자 첫자리	
4	sm103	수정테이프	2,000		형광펜				
5	sm104	수정액	800						
6	sm105	볼펜	300						
7	sm106	형광펜	550						
8	sm107	샤프	1,000						
9	sm108	연필	200						
10	tm201	지우개	500						
11	tm202	노트	1,500						
12	tm203	포스트잇	1,200						
13	tm204	가위	2,500						
14	tm205	커터칼	1,400						
15	tm206	풀	1,100						
16	tm207	자	1,300						

/ 보기 /

㉠ [F4] 셀에 '=VLOOKUP(E4, $B$2:$C$16, 2, 0)'을 입력하면 550이 도출된다.
㉡ [G4] 셀에 '=LEFT(A7, 2)'을 입력하면 sm이 도출된다.
㉢ [H4] 셀에 '=MID(A7, 3, 3)'을 입력하면 1이 도출된다.

① ㉠
② ㉡
③ ㉢
④ ㉠, ㉡
⑤ ㉡, ㉢

06 난이도 상중하

다음은 워드프로세서의 기능 중 일부를 정리한 자료이다. 빈칸 ㉠~㉢에 들어갈 용어를 각각 바르게 짝지은 것은?

> 워드프로세서는 글이나 그림을 입력하여 편집하고, 작업한 문서를 저장하고 인쇄할 수 있다. (㉠)은 입력한 내용을 표시 장치를 통해 화면에 나타내주는 기능이며, (㉡)은 키보드나 마우스를 통하여 한글·영문·한자 등 각국의 언어, 숫자, 특수문자, 그림, 사진, 도형 등을 입력하는 기능을 나타낸다. 마지막으로 (㉢)은 문서의 내용이나 형태 등을 변경해 새롭게 문서를 꾸미는 기능이다. 그 외에도 워드프로세스에는 다양한 기능들이 있다.

	㉠	㉡	㉢
①	표시기능	입력기능	편집기능
②	표시기능	입력기능	인쇄기능
③	표시기능	편집기능	입력기능
④	입력기능	표시기능	편집기능
⑤	입력기능	편집기능	표시기능

07 난이도 상중하

다음은 정보 분석 과정을 정리한 자료이다. 빈칸 ㉠에 들어갈 용어로 가장 적절한 것은?

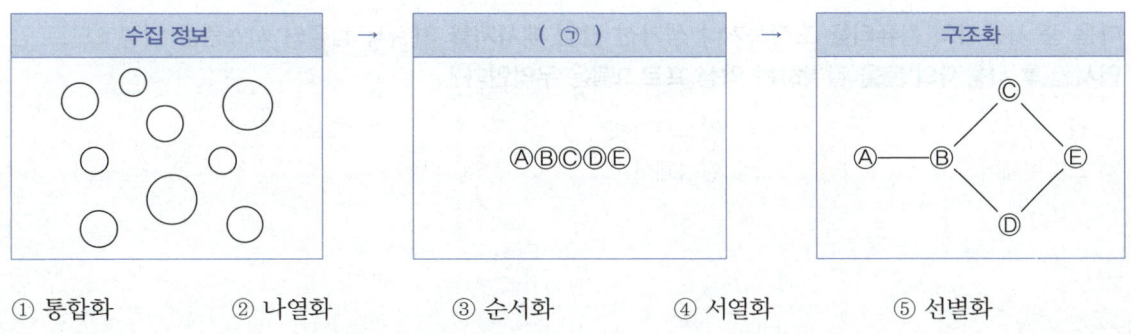

① 통합화 ② 나열화 ③ 순서화 ④ 서열화 ⑤ 선별화

08 난이도 상 중 하

교육회사인 A사에 근무하는 용사원은 홈페이지의 교육 콘텐츠를 관리하는 업무를 담당하고 있다. 용사원이 홈페이지의 교육 콘텐츠를 다음과 같이 분류했을 때, 용사원의 분류 기준으로 가장 적절한 것은?

인문과학	· 문학 · 언어 · 종교	사회과학	· 경제·경영 · 사회·복지 · 교육
기술·공학	· 질병·의학 · 건축·건설·토목 · 기계·자동차·금속	자연과학	· 생명·영양·식품 · 화학 · 수학
문화예술	· 미술 · 영화·연극·드라마	생활·취미·스포츠	· 음식·요리 · 패션·미용
역사·문화	· 한국 역사·문화 · 유럽 역사·문화	지역·국가	· 아시아 · 북아메리카

① 시간적 기준　　　　② 주제적 기준　　　　③ 기능적 기준
④ 용도별 기준　　　　⑤ 유형적 기준

09 난이도 상 중 하

다음 중 사용자의 컴퓨터를 조정하거나 성가신 팝업 메시지를 띄워서 컴퓨터 시스템을 악성코드로 감염시킨 후 사용자의 돈을 갈취하는 악성 프로그램은 무엇인가?

① 웜　　　　② 엑스트라넷　　　　③ 트로이 목마
④ 스파이웨어　　　　⑤ 랜섬웨어

10 난이도 상 중 하

다음 자료의 ㉠~㉣에 해당하는 요소를 〈보기〉에서 골라 각각 바르게 짝지은 것은?

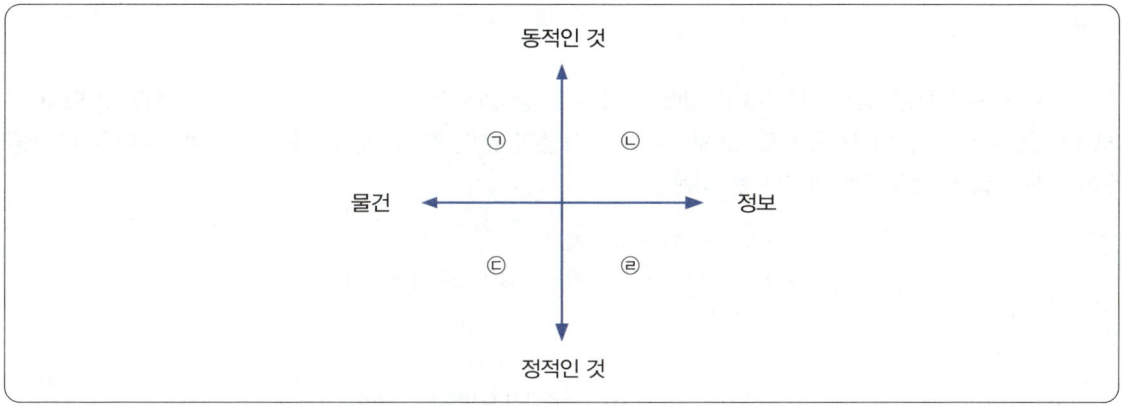

/ 보기 /
- ⓐ 유통기한이 지난 식료품
- ⓑ 잡지
- ⓒ 구멍 난 옷
- ⓓ 집
- ⓔ 책
- ⓕ 뉴스 프로그램
- ⓖ 업무 관련 이메일
- ⓗ 컴퓨터

	㉠	㉡	㉢	㉣
①	ⓐ, ⓒ	ⓕ, ⓖ	ⓓ, ⓗ	ⓑ, ⓔ
②	ⓐ, ⓒ	ⓑ, ⓔ, ⓓ	ⓕ, ⓖ	ⓗ
③	ⓑ, ⓔ	ⓒ, ⓕ, ⓖ	ⓓ, ⓗ	ⓐ
④	ⓒ, ⓕ	ⓓ, ⓗ	ⓐ, ⓑ	ⓔ, ⓖ
⑤	ⓓ, ⓗ	ⓑ, ⓔ	ⓐ, ⓒ	ⓕ, ⓖ

정답 및 해설 82p

STEP 03 심화문제

CHAPTER 07 정보능력

01 난이도 상 중 하

○○공사에 근무하는 이주임은 50·60대를 타깃으로 한 효도폰을 기획하고 있다. 본격적인 기획에 앞서 신상품 기획에 관한 모든 자료, 정보, 지식을 다음과 같이 정리하였을 때, ㉠~㉢에 들어갈 내용을 〈보기〉에서 골라 각각 바르게 짝지은 것은?

| 한전KPS, 해양환경공단 |

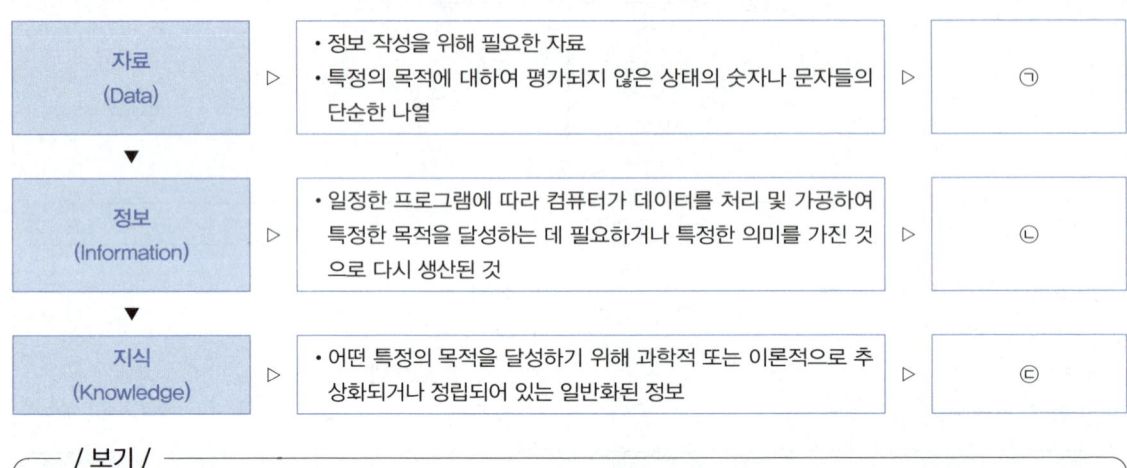

/ 보기 /
- ⓐ 50·60대의 휴대폰 기종, 50·60대의 휴대폰 활용 횟수
- ⓑ 50·60대의 휴대폰 디자인 취향, 50·60대를 주요 타깃으로 한 효도폰 개발
- ⓒ 고객의 주소, 성별, 이름, 휴대폰 기종, 휴대폰 활용 횟수 등

	㉠	㉡	㉢
①	ⓐ	ⓑ	ⓒ
②	ⓐ	ⓒ	ⓑ
③	ⓑ	ⓐ	ⓒ
④	ⓒ	ⓐ	ⓑ
⑤	ⓒ	ⓑ	ⓐ

02 난이도 상 중 하

다음은 ○○공단에 근무하는 홍주임이 상사인 엄과장에게 본인의 업무 진행상 정보처리 과정을 정리해 보고한 자료이다. (가)~(마) 중 〈보기〉의 설명에 해당하는 과정은 무엇인가?

> 새로운 제품을 출시하기에 앞서, 현재 시장의 제품 방향성 및 경쟁력을 확고히 하고자 다음과 같이 정보처리 과정을 거쳤습니다.
> (가) 어떤 정보를 어떤 목적으로, 언제·어디서·어떻게·왜, 얼마의 비용을 들여서 수집할 것인지 계획을 세웠습니다.
> (나) 온·오프라인 설문조사 및 거리 인터뷰 등을 통해 소비자 선호도 및 기존 제품에 관한 문제점 등을 확인하였습니다.
> (다) 내부 관련자 회의 또는 외부 관계자와의 간담회 등을 통해 새 제품에 요구되는 기능을 수집하였습니다.
> (라) 확인된 문제점과 요구되는 기능이 새 제품에 모두 반영할 수 있도록 자료화 작업을 하였고, 이를 개발팀에 공유하였습니다.
> (마) 자료화 작업 결과를 토대로 최근 타 업체 제품의 장단점 및 트렌드가 무엇인지 결론을 내렸고, 이를 바탕으로 다음에 출시될 새 제품의 계획을 수립하였습니다.

/ 보기 /

정보처리 과정의 가장 중요한 단계로, 일반적으로 5W2H에 의해 기획한다.

① (가) ② (나) ③ (다) ④ (라) ⑤ (마)

03 난이도 상중하

다음 〈보기〉 중 컴퓨터를 활용하여 정보를 처리하는 과정에 관한 예로 적절하지 않은 것만을 모두 고르면?

/ 보기 /
- ㉠ 전화 한 통이면 홈쇼핑을 통해 필요한 물건을 실시간으로 구매할 수 있다.
- ㉡ FA를 통해 제품 공정의 모든 과정을 자동화하고 이를 통해 제품 경쟁력을 높일 수 있다.
- ㉢ 편의점에서 POS 시스템을 도입하여 판매자료 분석에 활용할 수 있다.
- ㉣ CAM은 공장 기계의 제어를 위한 수치 제어 데이터, 시험 데이터, 공정 설계 데이터 등을 작성해 생산 공정을 자동화한다.

① ㉠
② ㉠, ㉣
③ ㉡, ㉢
④ ㉠, ㉢, ㉣
⑤ ㉡, ㉢, ㉣

04 난이도 상중하

다음 글의 밑줄 친 ㉠에 해당하는 용어로 가장 적절한 것은?

| 대구도시철도공사 |

사무 작업을 보다 일관성 있고 효율적으로 수행하며, 경영관리에 필요한 보고서를 자동으로 만들어내기 위해 기업들은 데이터 처리 시스템을 구축하였다. 이러한 시스템은 일상적인 거래 업무를 자동화하고 통제하는 데에는 성공적이었으나, 경영관리자의 의사결정을 지원하는 데에는 실패하였다. 그 이유는 경영관리자가 의사결정 시 고려해야 하는 문제의 유형과 상황이 매우 다양하고 예측 불가능했기 때문이었다. 이와 같은 문제점을 극복하기 위해 만들어진 ㉠이 시스템은 기업 경영에서 기업이 당면하는 여러 가지 의사결정 문제를 해결하기 위해 복수의 대안을 개발하고, 비교 및 평가하여 최적안을 선택하는 정보 시스템이다.

① DSS　　② MIS　　③ EC　　④ OA　　⑤ CMI

05 난이도 상중하

다음 글에서 시사하는 정보화 사회의 특징으로 가장 적절한 것은?

> 스마트폰의 보급으로 지금은 누구나 언제 어디서든 원하는 지식과 정보를 손안에서 즉시 찾아볼 수 있는 시대를 맞았다. 바야흐로 지식과 정보의 평준화가 이뤄진 것이다. 하지만 이와 같은 평준화는 통찰력으로 축적되어 지혜의 결실까지 맺어지는 것과는 결을 달리한다. 오히려 지금은 지식과 정보가 범람하지 않았던 때보다 더욱 혼탁하고, 가짜뉴스가 판을 치는 세상으로 변해 버렸다.
> 문명의 이기라고 불리는 스마트폰의 출현으로 많은 것이 변했지만, 특히 지식과 정보의 검색은 단연 인류사에 큰 사건이라 볼 수 있다. 하지만 앞서 언급한 바와 같이 진정한 지혜의 바다로 나아가려면 기본적으로 쌓아 온 지식과 정보의 축적 위에 자신만의 고유한 경험과 통찰력이 가미되어야 한다. 자신만의 스토리텔링이 그 속에 녹아내릴 때 진정한 지혜의 바다까지 이르게 되는 것이다.

① 정보가 누구에게나 항상 가치 있는 것은 아니다.
② 정보의 핵심적인 특성은 적시성과 독점성에 있다.
③ 스마트폰 사용을 줄이고 자신의 지혜를 믿어야 한다.
④ 지식의 바다인 인터넷을 통해 아무나 정보를 쉽게 얻을 수 있다.
⑤ 정확하지 않은 정보에 노출될 우려가 있으므로 정보를 선택하여 받아들여야 한다.

06 난이도 상중하

다음 중 공급사슬관리(SCM)의 필요성이 증대되고 있는 이유로 볼 수 없는 것은?

① 기업 기능의 독립적 수행 필요 증대
② 아웃소싱 증대
③ 고객화 요구 증대
④ 기업 간의 경쟁 치열
⑤ 글로벌화 증대

07 난이도 상 중 하

다음 중 네티켓에 대한 설명으로 적절하지 않은 것은?

| 서울교통공사 |

① 가상공간은 현실공간에 비해 오히려 더욱 더 예절이 필요하다.
② 게시판 사용 시 주제와 관련 없는 내용은 올리지 않는다.
③ 네티켓은 통신망을 뜻하는 '네트워크'와 예절을 뜻하는 '에티켓'의 합성어이다.
④ 온라인 대화 시 대화방에 들어가면 지금까지 진행된 대화의 내용과 분위기를 경청한다.
⑤ 전자우편 사용 시 제목은 메시지를 함축해 간략히 작성하고, 메시지는 최대한 구체적으로 작성한다.

08 난이도 상 중 하

다음 중 인터넷 정보 검색을 할 때의 주의 사항으로 적절하지 않은 것은?

① 검색 키워드가 짧을수록 검색 결과를 쉽고 빠르게 찾을 수 있다.
② 웹 검색 결과로 검색 엔진이 제시하는 결과물의 가중치를 너무 신뢰해서는 안 된다.
③ 웹 검색이 정보 검색의 최선이 아니라는 사실에 주의해야 한다.
④ 검색한 자료가 자신이 원하는 자료인지 직접 살펴보며 판단해야 한다.
⑤ 특정 키워드에 대한 검색 결과가 많은 경우 검색엔진의 결과 내 재검색 기능을 이용한다.

09

다음 중 인트라넷(Intranet)에 대한 설명으로 가장 적절한 것은?

① 납품업체나 고객업체 등 관련 있는 기업들 간의 원활한 통신을 위한 시스템이다.
② 핸드폰, 노트북 등과 같은 단말장치의 근거리 무선접속을 지원하기 위한 통신 기술이다.
③ 인터넷을 통하여 원격지의 호스트 컴퓨터에 접속할 때 지원되는 인터넷 표준 프로토콜이다.
④ 인터넷 기술과 통신 규약을 기업 내의 전자우편, 전자결재 등과 같은 정보 시스템에 적용한 것이다.
⑤ 분야별 공통의 관심사를 가진 인터넷 사용자들이 서로 의견을 주고받을 수 있게 하는 서비스이다.

10

다음은 엑셀 프로그램과 관련하여 김사원과 이사원이 나눈 대화 내용이다. 빈칸 ㉠에 들어갈 내용으로 적절하지 않은 것은?

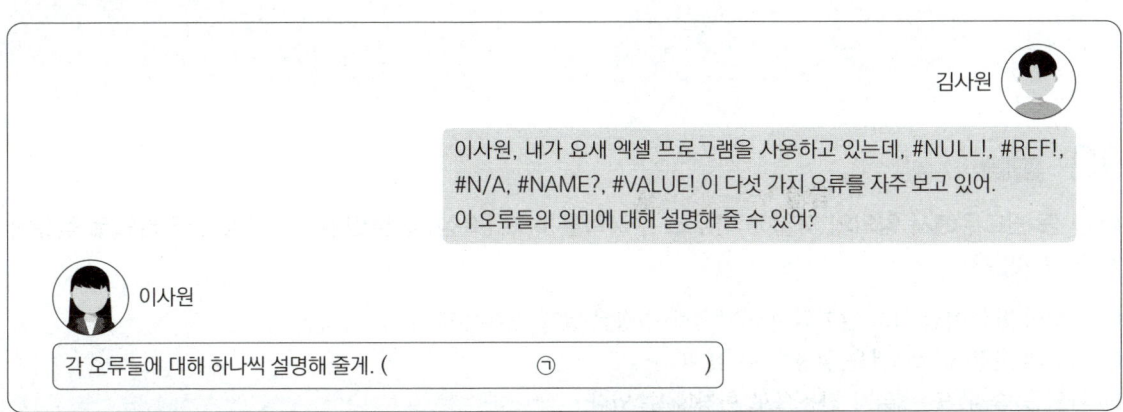

① #NULL!은 범위 연산자를 잘못 사용했거나 교차하지 않는 영역을 참조할 때 발생하는 오류야.
② #REF!은 참조된 셀 주소가 잘못되었거나 삭제되었을 때 발생하는 오류야.
③ #N/A은 숫자를 0으로 나누었을 때 발생하는 오류야.
④ #NAME?은 함수명을 잘못 입력하거나 잘못된 인수를 사용했을 때 발생하는 오류야.
⑤ #VALUE!은 논리값 또는 숫자가 필요한 수식에 텍스트를 입력했거나 배열 수식을 입력한 후 입력 단축키를 바르게 누르지 않았을 때 발생하는 오류야.

11 난이도 상중하

다음 중 인터넷 서비스의 종류와 특징에 대한 설명으로 적절하지 않은 것은?

① 메신저란 인터넷에서 실시간으로 메시지와 데이터를 주고받을 수 있는 소프트웨어로서, 전자우편보다 속도가 빠르다.
② SNS(Social Network Service)는 온라인 인맥 구축을 목적으로 개설된 커뮤니티형 웹사이트를 의미한다.
③ 전자상거래란 좁은 의미로 전자 매체를 통하여 상품을 사고팔거나, 재화나 용역을 거래하는 사이버 비즈니스를 뜻한다.
④ 데이터베이스(Database)는 대량의 자료를 관리하고 내용을 구조화하여 검색이나 자료 관리 작업을 효과적으로 실행하는 프로그램을 말한다.
⑤ 클라우드는 사용자들이 복잡한 정보를 보관하기 위해 별도의 데이터 센터를 구축하지 않고도, 인터넷을 통해 제공되는 서버를 활용하여 정보를 보관하고 꺼내 쓰는 기술을 말한다.

12 난이도 상중하

다음 중 윈도우에서 임의의 파일에 마우스 우클릭을 하고 [속성]을 눌렀을 때, 가능한 작업으로 적절하지 않은 것은?

① 파일이 만들어진 최초 날짜와 마지막으로 수정된 날짜를 확인할 수 있다.
② 파일의 연결 프로그램을 설정할 수 있다.
③ 파일을 '숨김' 또는 '읽기 전용'으로 변경할 수 있다.
④ 파일을 새로운 사용자에게 공유할 수 있다.
⑤ 파일의 확장자를 변경할 수 있다.

13 난이도 상 중 하

○○공단에 근무하는 두 명의 신입사원이 유틸리티 프로그램과 관련하여 다음과 같이 대화를 나누었을 때, 밑줄 친 ㉠~㉣ 중 적절하지 않은 것만을 모두 고르면?

> 정사원: "앞으로 여러 개의 파일을 보낼 때는 압축을 하는 게 좋겠어요."
> 박사원: "㉠맞아요. 여러 파일을 하나의 파일로 압축하면 1개의 파일만 주고받아도 되니까요."
> 정사원: "㉡여러 파일을 압축하면 전체 용량이 줄어들기도 하더라고요."
> 박사원: "㉢압축된 여러 파일을 다시 압축하면 용량을 더 큰 폭으로 감소시킬 수 있다던데요."
> 정사원: "㉣그래서 저는 파일 압축 프로그램인 WINZIP과 ALZIP 중에 1개를 설치하려고요."

① ㉠　　　　　　　② ㉢　　　　　　　③ ㉡, ㉣
④ ㉢, ㉣　　　　　⑤ 없음

14 난이도 상 중 하

다음 중 엑셀 프로그램의 [선택하여 붙여넣기] 기능에 대한 설명으로 적절하지 않은 것은?

① 선택하여 붙여넣기 단축키는 'Ctrl + Alt + V'이다.
② 함수식만 붙여넣거나 함수식의 결괏값만 붙여넣는 것이 가능하다.
③ 열 너비는 붙여넣을 수 있으나 행 높이는 붙여넣을 수 없다.
④ 행과 열의 위치를 서로 바꾸어 붙여넣을 수 있다.
⑤ 잘라내기를 한 경우에도 사용할 수 있다.

15

다음은 신입사원 5명의 교육 출석 일수와 평가 점수를 정리한 엑셀시트이다. 〈보기〉의 엑셀 함수식을 엑셀시트의 [F2] 셀에 입력하고 6행까지 수식 복사를 했을 때, 평가 결과가 잘못된 사람은?

	A	B	C	D	E	F
1	이름	출석(일)	결석(일)	필기점수(점)	과제점수(점)	평가 결과
2	김사원	21	4	45	35	재수강
3	임사원	21	4	40	45	통과
4	윤사원	19	6	40	50	통과
5	유사원	22	3	35	35	재수강
6	박사원	24	1	50	45	통과

/ 보기 /

=IF(AND(B2>20, SUM(D2:E2)>=85), "통과", "재수강")

① 김사원　② 임사원　③ 윤사원　④ 유사원　⑤ 박사원

16

다음은 M사 웹사이트에 인입된 문의 내용을 추출한 엑셀시트이며, 1행에 [필터]가 적용되어 있는 상태이다. 다음 중 [필터]의 기능으로 적절하지 않은 것은?

	A	B	C	D	E	F	G
1	번호	이름	가입일	등급		문의 내용	
2	1214	정진우	2012-05-12	S		홈페이지에 로그인이 안 되염.	
3	5484	편진우	2011-12-25	A		결제했는데 언제 상품 받을 수 있나요?	
4	2325	황진우	2019-08-22	D		로그인 비밀번호를 까먹었어요.	
5	1215	김진우	2017-01-03	B		로그인 아이디를 까먹었어요.	
6	5264	이진우	2024-11-08	A		결제가 안 되는데, 전화도 안 받고.	
7	9951	배진우	2019-06-26	S		적립금이 안 쌓이는 거 같은데, 확인 좀	

① 텍스트를 오름차순 또는 내림차순으로 정렬하기
② 일부 텍스트를 포함한 것만 정렬하기
③ 텍스트의 시작 문자가 동일한 것만 정렬하기
④ 텍스트의 길이가 긴 순서대로 정렬하기
⑤ 셀 색상이 동일한 것만 정렬하기

17 난이도 상 중 하

다음 글의 밑줄 친 ㉠에 해당하는 프로그램의 예로 적절하지 않은 것은?

| 공무원연금공단 |

> 사용자가 컴퓨터를 조금 더 쉽게 사용할 수 있도록 도와주는 소프트웨어를 ㉠유틸리티 프로그램이라고 한다. 즉, 사용자가 컴퓨터를 사용하면서 처리하게 되는 여러 가지 작업, 예를 들면 압축 해제, 바이러스 치료, 텍스트 편집, 이미지 편집 등의 일을 편리하게 할 수 있도록 도와주는 소프트웨어이다. 유틸리티 프로그램은 본격적인 응용 소프트웨어라고 하기에는 크기가 작고 기능이 단순하다는 특징이 있다.

① V3   ② 스내그잇   ③ 오라클   ④ 밤톨이   ⑤ 바이로봇

18 난이도 상 중 하

다음은 ○○공사에서 업무 진행과 관련한 아이디어를 많이 제안한 직원 순으로 정리한 엑셀시트의 일부이다. 아이디어 제안 건수를 부서별로 정리한다고 할 때 〈보기〉에서 적절한 것만을 모두 고르면?

| 해양환경공단 |

	A	B	C	D	E	F	G
1	부서명	이름	건수				
2	기획팀	박성규	15				
3	제작팀	채수경	12		부서명	합계	
4	총무팀	이미경	9		기획팀		
5	총무팀	연주희	7		제작팀		
6	제작팀	김보경	6		총무팀		
7	제작팀	박호진	6		전체		
8	기획팀	강성미	4				
9	총무팀	주선영	2				
10							

/ 보기 /

㉠ F4 셀에 들어갈 함수는 '=sumif(C2:C9,"기획팀")'이다.
㉡ sum 함수만을 사용하여 F4 셀에 알맞은 값을 넣을 수 없다.
㉢ F5 셀에 들어갈 함수는 '=sumif(A2:A9,"제작팀",C2:C9)'이다.
㉣ F6 셀에 들어갈 함수는 '=dsum(A2:A9,"총무팀",C2:C9)'이다.
㉤ F7 셀에 들어갈 함수는 '=dsum(A1:C9,C1,E3:E6)'이다.

① ㉠, ㉣   ② ㉢, ㉣   ③ ㉢, ㉤
④ ㉠, ㉢, ㉤   ⑤ ㉡, ㉣, ㉤

19 난이도 상 중 하

다음 (가), (나)를 읽고, 데이터베이스의 필요성에 대한 내용으로 적절한 것만을 〈보기〉에서 모두 고르면?

| 한국남동발전 |

(가) 1994년 ○○시 가스폭발 및 2003년 □□시 지하철 화재 사고는 잊지 못할 대형 재난사고이다. 이 사건들은 상하수도와 전기, 가스, 통신, 난방 등 이른바 7대 주요 지하 시설물의 위치정보를 체계적으로 관리해야 한다는 필요성을 절감케 해 주었다.

(나) 전문가와 더불어 △△시를 비롯한 유관기관 관계자들이 한자리에 모여 고독사 문제를 놓고 긴급 토론회를 개최한 것은 뜻깊은 일이다. 이번에 열린 토론회에서는 '△△시 고독사'에 대한 개념 정리에서부터 맞춤형 대책의 필요성에 이르기까지 다채로운 의견이 나왔고, 고독사와 관련한 자료를 취합하고, 이를 토대로 예방대책을 시급히 마련해야 한다고 결론지었다. 지역사회가 고독사에 대해 본격적인 논의의 장을 마련했다는 평가가 나오는 이유다.

─ / 보기 / ─

㉠ 데이터의 결함 없이 유지하기가 쉬워진다.
㉡ 관련 프로그램 개발 기간을 충분히 확보할 수 있다.
㉢ 7대 주요 지하 시설물의 위치정보에 대한 중복성을 줄일 수 있다.
㉣ △△시에서 고독사가 발생한 지역에 관한 정보검색을 쉽게 해 준다.

① ㉠, ㉡　　　② ㉠, ㉢　　　③ ㉡, ㉣
④ ㉠, ㉢, ㉣　　　⑤ ㉡, ㉢, ㉣

20 난이도 상중하

다음 〈보기〉의 파일 확장자를 파일 유형에 맞게 바르게 짝지은 것은?

/ 보기 /
- ㉠ AVI
- ㉡ MOV
- ㉢ MKV
- ㉣ DOC
- ㉤ GIF
- ㉥ NTSC
- ㉦ PPT
- ㉧ PNG

	문서 파일	이미지 파일	소리·영상 파일
①	㉣, ㉥	㉤, ㉧	㉠, ㉡, ㉢
②	㉣, ㉦	㉤, ㉧	㉠, ㉡, ㉢
③	㉣, ㉦	㉤, ㉢, ㉧	㉠, ㉡
④	㉥, ㉦	㉤, ㉧	㉡, ㉢, ㉣
⑤	㉦, ㉧	㉠, ㉡, ㉢	㉣, ㉤, ㉥

21 난이도 상중하

다음 중 웹하드(Web hard)의 특징에 관한 설명으로 적절하지 않은 것은?

① 웹 서버에 대용량의 저장 기능을 갖추고 사용자가 인터넷을 통하여 이용하는 서비스이다.
② 누적된 정보를 빠르게 비교 분석하여 필요한 정보만 쉽게 뽑아낼 수 있다.
③ 각종 보안장치를 도입하여 외부의 불법적인 접근을 차단할 수 있다.
④ 일반 저장 매체의 파손 및 손실을 대비하여 백업을 할 수 있다.
⑤ 인터넷이 된다면 어디에서나 이용 가능한 서비스이다.

22 난이도 상 중 하

파이썬(Python)에서 코드를 작성할 때, 코드에 대해 자세히 설명하거나 특정 코드를 잠시 사용하지 않도록 하기 위해 주석을 사용할 수 있다. 다음 중 설명이나 코드 내용을 주석으로 처리하기 위해 사용해야 하는 특수문자는 무엇인가?

① $ ② # ③ * ④ ! ⑤ \

23 난이도 상 중 하

다음 중 방화벽(Firewall)에 대한 설명으로 적절하지 않은 것은? | 해양환경공단 |

① 보안이 필요한 네트워크의 통로를 단일화하여 관리한다.
② 역추적 기능을 이용해 외부 침입자의 흔적을 찾을 수 있다.
③ 방화벽은 외부 네트워크와 내부 네트워크 사이에 위치한다.
④ 내부 네트워크에서 외부로 나가는 패킷을 체크하여 인증된 패킷만 통과시킨다.
⑤ 방화벽 시스템을 이용하더라도 보안이 완벽한 것은 아니며, 특히 내부로부터의 불법적인 해킹은 막지 못한다.

24 난이도 상 중 하

○○공단의 보안팀에서 근무하는 안주임은 악성코드에 관한 자료를 작성하였다. 다음 중 안주임이 작성한 내용으로 적절하지 않은 것은?

① 바이러스(Virus)는 악성코드 중 하나로, 사용자의 프로그램 중 실행 가능한 부분을 변형하여 자신 또는 자신의 변형을 복사하는 프로그램이다.
② 바이러스(Virus)는 사용자가 실행해야만 복사가 되며, 다른 네트워크의 컴퓨터로 스스로 전파되지 않는다.
③ 스파이웨어(Spyware)는 개인이나 조직의 정보를 몰래 수집하는 악성코드로, 사용자가 컴퓨터에 입력하는 정보를 기록한다.
④ 웜(Worm)은 인터넷 또는 네트워크를 통해 컴퓨터에서 컴퓨터로 전파되며, 정상적으로 프로그램이 실행되고 있는 상태에서만 활동하여 제거가 어렵다.
⑤ 랜섬웨어(Ransomware)는 하드 드라이브의 파일을 암호화하고 해독 키의 대가로 금전을 요구하는 데 사용되는 악성코드이다.

25 난이도 상 중 하

다음 글에서 설명하는 기술의 사례로 적절하지 않은 것은?

| 대한적십자사 |

> 이것은 각종 대상에 센서와 통신 기능을 내장하여 인터넷에 연결하는 기술을 말한다. 무선 통신을 이용하여 사물과 사물을 연결하며, 연결된 사물들이 데이터를 주고받아 스스로 분석하고 학습한 정보를 사용자에게 제공하거나 사용자가 이를 원격 조정할 수 있는 인공지능이다.

① 아침에 해가 뜨면 빛을 감지하는 센서가 스마트폰에 신호를 보내 경쾌한 음악이 재생된다.
② 사용자가 집에 도착할 시간 정보를 입력하면 스마트홈 프로그램이 그 시간에 맞춰 자동으로 보일러를 작동시킨다.
③ 스마트 칫솔이 사용자의 양치 습관을 분석하고 양치가 잘 되지 않은 부분을 스마트폰에 3D 이미지로 전송하여 보여준다.
④ 피아노가 스스로 사용자의 연주 빈도수를 계산하여, 지난 1년간 피아노 연주 빈도수가 매우 낮은 경우 사용자에게 온라인 중고 마켓에 자신을 팔아볼 것을 권한다.
⑤ CCTV에 있는 오디오 센서가 비명 소리 등 급박한 소리에 반응하여 소리의 근원이 되는 장면을 관련 치안 담당 부서에 전송한다.

26 난이도 상 중 하

다음 중 컴퓨터 바이러스 감염 예방법으로 적절하지 않은 것은?

① 정품 소프트웨어를 구입하여 사용한다.
② 프로그램을 복사할 때는 바이러스 감염 여부를 확인한다.
③ 실시간 감시 기능이 있는 백신을 사용하여 정기적으로 업데이트한다.
④ 감염에 대비하여 중요 자료는 주기적으로 백업한다.
⑤ 불분명한 전자우편의 첨부파일은 받는 즉시 확인하고 삭제한다.

27

다음 사례의 강주임은 정보 분석의 절차에 따라 업무를 진행하고 있다. 이때 바로 다음 단계에 이어질 정보 분석의 절차로 가장 적절한 것은?

> ○○연구원에서 근무하는 강주임은 최근 주요 도시들의 구도심에 위치한 철도역이 신도심 형성이나 교외 개발로 인해 그 기능을 상실하고 구도심의 쇠퇴가 가속화되고 있어, 이에 대해 분석하여 연구보고서를 작성하는 업무를 담당하게 되었다. 이를 위해 강주임은 역세권을 중심으로 하는 도시재생 계획과 사업, 역세권의 공간 구조·토지 이용 및 밀도·용도·기능적 변화, 교통체계와 통행행태적 현황 및 변화 양상을 연구의 주요 조사 항목으로 설정했다. 조사 항목 설정 후, 강주임은 관련 통계 및 문헌 등의 기존 자료와 전문가 인터뷰, 자문회의 등을 통한 신규 자료를 수집하였다.

① 분석 과제의 발생
② 관련 정보의 수집
③ 활용·정리
④ 수집 정보의 분류
⑤ 과제(요구)의 분석

28

다음 글의 밑줄 친 '이것'에 해당하는 용어는 무엇인가?

> '이것'은 공개된 것과 함께 비공개된 것도 포함하며, 1차 자료와 2차 자료로 구분된다. 1차 자료는 연구 성과가 기록된 자료로, 단행본, 학술지, 학술회의자료, 연구보고서, 학위논문, 특허정보, 신문, 잡지 등이 있다. 2차 자료는 1차 자료를 효과적으로 찾아보기 위한 자료 또는 1차 자료에 포함된 정보를 압축·정리해서 읽기 쉬운 형태로 제공하는 자료로, 사전, 백과사전, 편람, 연감, 서지데이터베이스 등이 있다.

① 정보검색
② 정보원
③ 인포메이션
④ 인텔리전스
⑤ 정보관리

29 난이도 상중하

다음은 ○○공사의 R페이 서비스를 위한 개인정보 위탁사항에 관한 자료이다. 밑줄 친 ㉠에 해당하는 개인정보로 적절하지 않은 것은?

| 서울경제진흥원 |

〈개인정보 위탁사항 알림〉

「개인정보보호법」 제26조 제2항 및 동법 시행령 제28조 제2항에 의거하여 개인정보의 위탁사항을 아래와 같이 게재합니다.

○ 수탁자: R페이
○ 위탁 목적: R페이 인증서비스를 이용한 고지서 제공
○ 위탁하는 정보 항목: ㉠일반 정보
○ 수탁자의 정보 보유기간: 위탁계약 종료 시까지

① 이름　　② 주소　　③ 연봉　　④ 생년월일　　⑤ 전화번호

30 난이도 상 중 하

다음은 '이메일을 사용할 때의 네티켓'에 대한 강의에 사용된 예시 메일이다. 해당 메일은 반송된 상태이며, 강의를 수강한 직원들이 〈보기〉와 같이 대화를 나누었을 때, 적절한 발언을 한 사람은 모두 몇 명인가?

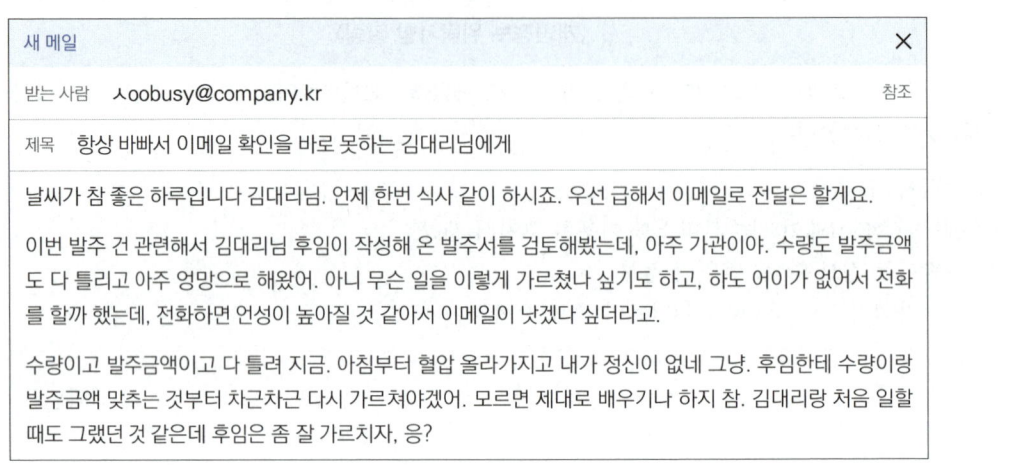

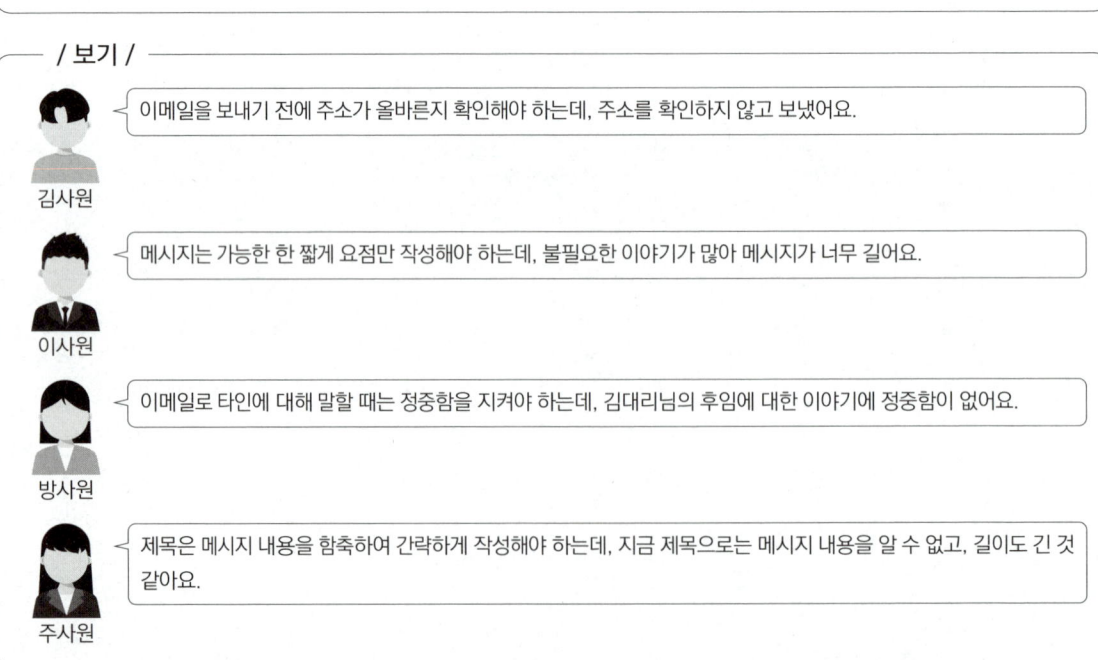

① 0명　　② 1명　　③ 2명　　④ 3명　　⑤ 4명

31

다음은 S사이트 회원 가입 시 지켜야 할 비밀번호 생성 규칙을 나타낸 자료이다. 이 자료와 〈보기〉의 키보드 판 그림을 바탕으로 할 때, 다음 중 회원 가입이 가능한 비밀번호는 무엇인가? (단, 해당 사이트 가입 아이디를 'kiwiboy'로 정하였고, 문자의 종류는 알파벳 대문자·소문자, 특수기호, 숫자 네 가지이다.)

〈비밀번호 생성 규칙〉

회피 규칙	권장 규칙

1) 2가지 종류 이하의 문자 구성
2) 문자 구성과 관계없이 7자리 이하 길이로 구성
3) 한글, 영어 등을 포함한 사전적인 단어로 구성
  ※ 스펠링을 거꾸로 구성하거나 모드를 바꾸어 타이핑한 것도 포함
4) 널리 알려진 단어로 구성
  ※ 컴퓨터 용어, 사이트, 기업 등의 특정 명칭으로 구성된 것도 포함
5) 사용자 ID를 이용한 패스워드
  ※ 사용자 ID 혹은 그것을 거꾸로 한 것도 포함
6) 제삼자가 쉽게 알 수 있는 개인정보를 바탕으로 구성
  ※ 가족, 생일, 주소, 휴대전화번호 등을 포함하는 패스워드
7) 하나의 문자가 세 번 이상 연속하여 등장하거나 일정한 규칙성이 보이는 구성
  ※ 키보드에서 연속하는 위치에 있는 문자들의 배열을 포함
	1) 3가지 종류 이상의 문자 구성으로 8자리 이상의 길이로 구성
	2) 한글, 영어 등의 사전적 단어를 포함하지 않은 패스워드
	3) 널리 알려진 단어를 포함하지 않거나 예측이 어렵게 가공한 패스워드
	4) 사용자 ID와 연관성이 있는 단어 구성을 포함하지 않은 패스워드
	5) 제삼자가 쉽게 알 수 있는 개인정보를 포함하지 않은 패스워드
	  ※ 개인정보는 가족, 생일, 주소, 휴대전화번호 등을 말함.

/ 보기 /

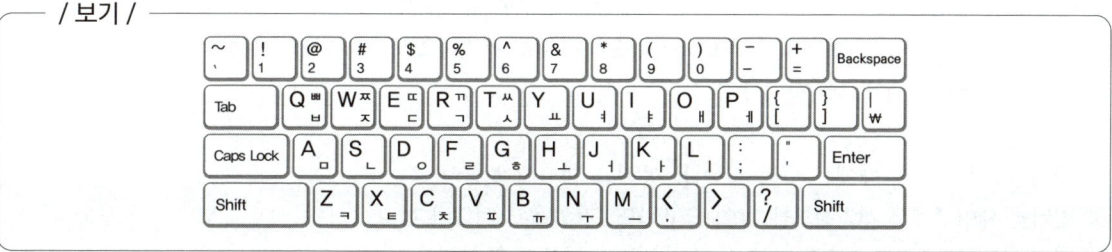

① tjsvndrl45!
② 03dlsnfofxe98
③ 0@1y2o3b+
④ wi-60+#
⑤ 1@9m2ge!8

32 난이도 상 중 하

○○공단에 근무하는 A사원은 사수인 B대리로부터 정보를 수집하는 효과적인 방법에 대해 조언을 받았다. 다음 중 B대리의 조언으로 적절하지 않은 것은?

① "인포메이션과 인텔리전스를 구분해서 인텔리전스를 수집해야 할 필요가 있습니다."
② "머릿속에 서랍을 여러 개 만든다는 생각으로 수집된 정보를 잘 정리해야 합니다."
③ "향후 유용할 수 있더라도 지금 당장 유용하지 않은 정보라면 수집을 보류하세요."
④ "사람의 기억력에는 한계가 있으므로 세세한 정보들은 컴퓨터 파일 폴더, 스크랩 등을 활용하여 수집하세요."
⑤ "정보 수집에 있어서 쉽게 얻어지는 것은 없으니 자신에게 맞는 방법을 찾아 꾸준히 노력해야 해요."

33 난이도 상 중 하

다음 사례를 읽고 개인정보와 관련하여 주의해야 할 점으로 적절하지 않은 것은?

> N사는 자사 회원인 G씨의 개인정보를 G씨의 동의 없이 유관회사인 S사에 제공하였으며, S사는 G씨에게 광고성 이메일을 수차례 발송하였다. G씨는 S사에 개인정보를 얻은 경위를 확인한 결과 N사로부터 유출된 것임을 알게 되었고 법원에 손해배상을 청구했다. 법원은 G씨의 사생활 비밀과 자유를 침해했고 정신적 고통을 주었다며 N사와 S사에 손해배상을 판결하였으며 과학기술정보통신부는 N사를 고발하고, S사에는 과태료를 부과했다.

① 개인정보를 수집할 때에는 수집 및 이용 목적을 제시해야 한다.
② 인터넷 사이트에서 개인정보를 많이 요구하면, 가입을 고려해야 한다.
③ 회원 탈퇴 시 개인정보도 탈퇴 즉시 해지하는지 여부를 확인해야 한다.
④ 출처가 불분명한 전자우편의 첨부 문서는 백신 프로그램으로 바이러스 검사 후 사용한다.
⑤ 회원 가입 시 이용 약관에 기재된 항목 중 개인정보보호와 이용자 권리에 관한 조항은 유심히 읽어야 한다.

34   난이도 상 중 하

정보는 크게 동적정보와 정적정보로 구분할 수 있다. 다음 중 정보의 성격이 나머지와 다른 하나는?

① 사용자가 콘텐츠를 검색하는 시점을 기준으로 콘텐츠에 관한 정보를 사용자에게 제공한다.
② 정밀전자지도를 기반으로 도로의 상황(사고, 정체 등)에 관한 정보를 차량에 제공한다.
③ ○○사에서는 업데이트된 ○○사 주가에 관한 정보를 사용자에게 실시간으로 제공한다.
④ 위치정보장치를 통해 실시간으로 화물선의 위치에 관한 정보를 제공한다.
⑤ 오늘 공개된 논문은 새로운 암 치료방법에 관한 정보를 제공한다.

35   난이도 상 중 하

○○공사에 근무하고 있는 A~E사원이 정보를 관리하는 방법에 관해 다음과 같이 대화를 나누었을 때, 적절하지 않은 발언을 한 사람은?

① A사원: "정보 목록을 디지털 파일로 저장한 경우 소프트웨어의 검색 기능을 이용하면 특정 용어를 이용한 검색이 가능해요."
② B사원: "색인을 이용한 정보관리는 주요 키워드나 주제어를 가지고 소장한 정보원을 관리하는 방식입니다."
③ C사원: "컴퓨터 폴더를 생성하여 디렉터리를 만드는 경우나 웹 브라우저에서 즐겨찾기를 만드는 경우는 분류를 이용한 정보관리의 대표적인 사례예요."
④ D사원: "정보 내에 포함되어 있는 세부적인 요소를 찾고자 할 때 목록만으로 찾을 수 있어요."
⑤ E사원: "색인은 정보를 찾을 때 쓸 수 있는 키워드인 색인어와 색인어의 출처인 위치정보로 구성됩니다."

36 난이도 상 중 하

다음 글의 밑줄 친 ㉠에 대한 설명으로 적절하지 않은 것은?

> ㉠디지털 트랜스포메이션은 디지털을 이용해 더 나은 프로세스를 만들고, 나아가 이를 통해 문제를 해결하는 것이다. 정부나 기업뿐만 아니라 일반인 모두가 디지털 트랜스포메이션의 대상이며, 아날로그 프로세스의 디지털화 및 낙후된 디지털 솔루션 개선 등이 그 목적이다. 대표적인 디지털 트랜스포메이션에는 빅데이터, 블록체인, 사물인터넷, 클라우딩 서비스 등이 있으며, 4차 산업혁명보다는 인공지능에 보다 집중한다.
>
> 이처럼 인공지능을 기반으로 하는 디지털 트랜스포메이션은 디지털 기술을 산업 분야에 접목하여 산업 경쟁력을 높인다. 대표적으로 국내에서는 '카풀 서비스', '에어비앤비 숙박 서비스', '원격의료 서비스' 등에 디지털 트랜스포메이션이 접목되어 있다. 특히 디지털 트랜스포메이션은 단순히 기술 발달을 언급하는 것이 아닌, 인간에게 실질적이고 새로운 복지와 번영을 가져다준다는 점에 주목해야 한다. 이에 따라 디지털 트랜스포메이션 시기의 산업 구조는 정보가 생산에 관여하는 형태로 바뀌게 될 것이다.
>
> 디지털 트랜스포메이션의 가장 큰 특징은 초연결성, 초지능성, 예측가능성이다. 이를 통해 사람과 사물, 사물과 사물이 네트워크에 연결되어 막대한 데이터를 형성하고, 이를 분석하여 인간 행동의 패턴을 파악하고 예측한다. 또한 디지털 트랜스포메이션은 고효율을 지향하고 형태적으로 지능화 및 자동화를 촉진하며, 행태적으로는 공유와 개인화를 제공한다. 사회적 문제를 해결하기 위해 상호작용하며 새로운 부가가치 산업 생태계를 생성하기도 한다. 따라서 개인의 자유는 극대화되고, 지능화된 인프라로 업무의 혼잡은 줄이며, 공유플랫폼을 통해 한정된 자원의 효율을 높인다.
>
> 앞으로 디지털 트랜스포메이션에서 인공지능은 스스로 정보를 입력하고 사고할 것이며, 이러한 인공지능의 발달은 인간과 비인간의 이분법적인 구분을 모호하게 할 것이다. 자연과 사회는 인간 행위자들과 비인간 행위자들의 집합적 행위의 결과일 뿐이며, 마음이나 의식이 없는 인공물에도 행위능력을 부여할 수밖에 없을 것이다. 나아가 디지털 트랜스포메이션이 진행된다면 사회적 윤리에 대한 새로운 고찰도 필요해질 것이다.

① 초연결성, 초지능성, 예측가능성은 대표적인 특징이다.
② 인간에게 실질적이고 새로운 복지와 번영을 가져다준다.
③ 고효율을 지향하고 행태적으로 공유 및 개인화를 제공한다.
④ 현재 인공지능은 스스로 정보를 입력하고 사고할 수 있다.
⑤ 정부나 기업뿐만 아니라 일반인 모두가 대상이 될 수 있다.

37 난이도 상 중 하

○○공사에 근무하는 장사원은 컴퓨터에 있는 자료들을 정리하고자 한다. 이를 위해 폴더를 만들어 자료를 분류하려고 할 때, 다음 중 자료의 분류 방법으로 적절하지 않은 것은?

① 자료의 발생 시간에 따라 분류한다.
② 자료의 용량에 따라 분류한다.
③ 자료의 용도에 따라 분류한다.
④ 자료의 유형에 따라 분류한다.
⑤ 자료의 내용에 따라 분류한다.

38 난이도 상 중 하

다음 글에서 설명하는 용어로 가장 적절한 것은?

> 특정 웹사이트에 수십 대에서 많게는 수백만 대의 PC를 동시에 접속시킴으로써 단시간 내에 과부하를 일으키는 행위이다.

① 트로이 목마 ② 디도스(DDoS) ③ 스푸핑(Spoofing)
④ 스니핑(Sniffing) ⑤ 백 도어(Back door)

39

다음은 시스템 오류 모니터링 항목 및 세부사항에 관한 자료이다. 〈보기〉와 같이 시스템 화면에 오류가 업데이트 되었을 때, 입력해야 할 Input Code를 고르면?

항목	세부 사항
File System Type	• COP: Error Value들 중 가장 큰 값을 FEV로 지정 • ATO: 모든 Error Value들의 합을 FEV로 지정 • B5R: Error Value 중 가장 큰 값과 가장 작은 값의 차이를 FEV로 지정
Label Backup	• D: 기존 Correcting Value의 2배에 해당하는 값을 Correcting Value로 사용 • Q: Correcting Value를 그대로 사용(단, 문자는 없는 것으로 취급) • G: Correcting Value를 그대로 사용(문자 포함)
Index $#$ for Factor ###	• 오류 발생 위치: $와 $ 사이에 나타나는 수(#이 숫자) • 오류 유형: Factor 뒤에 나타나는 수(#이 숫자)
Error Value	• 오류 발생 위치가 오류 유형 숫자에 포함: 해당 숫자 • 오류 발생 위치가 오류 유형 숫자에 미포함: 1 • 오류 유형 뒤에 Code needed라는 문구가 등장할 경우: 해당 열에서는 Error value를 산출하지 않음.
Correcting Value	• FEV와의 대조를 통하여 시스템 상태 판단 (단, FEV는 세 자릿수)

시스템 상태	판단 기준	입력 코드
안전	FEV를 구성하는 숫자가 Correcting Value를 구성하는 숫자에 모두 포함되어 있는 경우	• Correcting Value에 문자 포함: resrv17/c • Correcting Value에 문자 미포함: resrv17
경계	FEV를 구성하는 숫자가 Correcting Value를 구성하는 숫자에 일부만 포함되어 있는 경우	• Correcting Value에 문자 포함: cldn35/c • Correcting Value에 문자 미포함: cldn35
위험	FEV를 구성하는 숫자가 Correcting Value를 구성하는 숫자에 전혀 포함되어 있지 않은 경우	• shdnsys

/ 보기 /

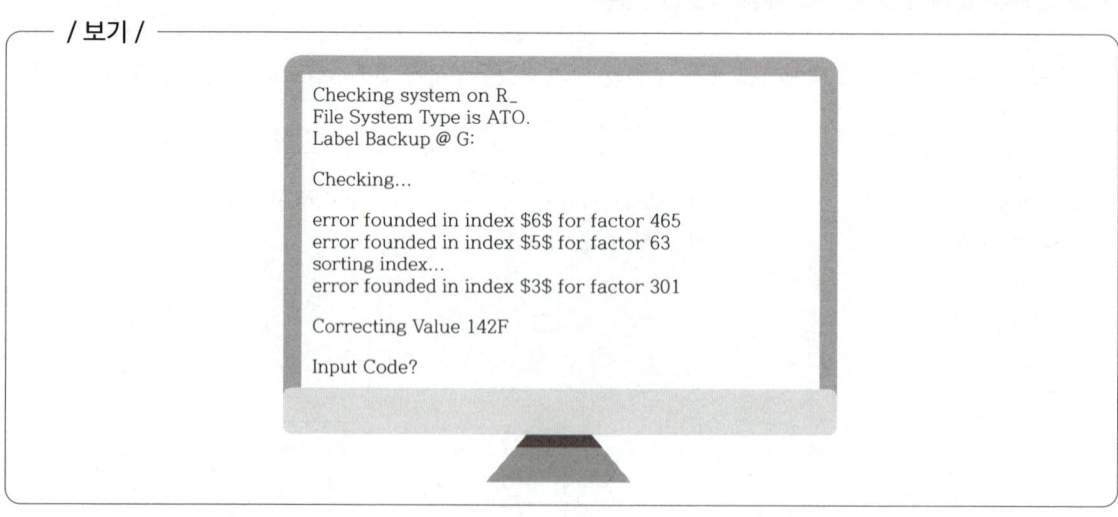

```
Checking system on R_
File System Type is ATO.
Label Backup @ G:

Checking...

error founded in index $6$ for factor 465
error founded in index $5$ for factor 63
sorting index...
error founded in index $3$ for factor 301

Correcting Value 142F

Input Code?
```

① resrv17/c ② resrv17 ③ cldn35/c ④ cldn35 ⑤ shdnsys

40 난이도 상중하

다음 글의 내용과 일치하는 것만을 〈보기〉에서 모두 고르면?

　스누핑이란 해커가 개인 PC에서 사용자 정보를 담고 있는 쿠키를 해킹한 후 이를 통해 사용자 권한을 획득해 내는 소극적인 해킹 기술로, 다른 사람이 특정 사람의 인터넷 기기를 해킹한 후, 카드 정보나 계좌 정보를 불법으로 도용할 수 있다는 점에서 경제적 피해가 발생할 수 있다. 해커들은 원격으로 다른 컴퓨터의 정보를 엿볼 때 스누퍼라는 소프트웨어 프로그램을 이용하기 때문에 스누핑이라는 이름이 붙었으며, 스누핑은 경제적인 정보뿐만 아니라 개인적인 메신저 내용, 로그인 정보, 전자 우편, 사진 및 영상 등의 정보까지 포함하기 때문에 개인 사생활 침해를 일으켜 큰 문제가 되고 있다.

　스누핑과 유사한 용어로는 스니핑과 스푸핑이 있다. 스니핑은 네트워크의 중간에서 남의 패킷 정보를 도청하는 해킹 유형의 하나로, 소극적인 해킹 기술에 해당하며, 도청할 수 있도록 설치하는 도구를 스니퍼(Sniffer)라고 한다. 다른 사람의 네트워크 패킷에 몰래 접근한다는 점에서는 스누핑과 같지만, 스누핑은 패킷을 획득까지 하는 반면 스니핑은 단순히 접근만 한다는 점에서 차이점을 보인다. 네트워크 내의 패킷들은 대부분 암호화되어 있지 않아 스니핑 해킹에 이용당하기 쉽기 때문에 이를 보완하기 위해서 SSL 데이터 암호화 기법이 이용된다. SSL 데이터 암호화 기법은 데이터를 도둑맞아도 내용을 볼 수 없게 만드는 기술이다.

　스푸핑은 통신에서 사용되는 데이터 패킷을 위조 또는 변조하는 행위로, 승인받은 사용자인 것처럼 IP를 속여서 시스템에 접근하거나 네트워크상에서 허가된 주소로 가장하여 접근 제어를 우회하는 적극적인 해킹 기술이다. 악의적 네트워크 침입자가 웹 사이트를 구성해 사용자들의 방문을 유도하여 사용자의 시스템 권한을 획득해 정보를 빼가는 방식이다. 흔히 유명업체의 명의로 스팸 메일을 발송하거나 위조 사이트, 즉 피싱사이트로 접속을 유도하는 경우이다.

　스누핑 기술을 활용하면 스니핑이나 스푸핑을 방어할 수 있다. 대표적인 방법으로 DHCP 스누핑이 있다. DHCP(Dynamic Host Configuration Protocol)는 서버에서 보유하고 있는 IP를 유동적으로 관리하는 프로토콜인데, DHCP 스누핑은 DHCP 패킷의 내용을 해킹하는 사용자가 있으면 DHCP 응답을 차단시키는 기술이다. DHCP 서버가 보내는 메시지는 가짜 DHCP 서버 역할 방지를 위해 비신뢰 포트에서 가짜로 판단해 차단하는 것이다. DHCP 스누핑은 클라이언트가 보내는 메시지를 검사하여 기준 주소와 다르면 공격 메시지로 판단해 차단하기도 한다.

/ 보기 /

㉠ 스누핑과 스니핑은 다른 사람의 네트워크 패킷에 몰래 접근한다는 공통점이 있다.
㉡ 스누핑은 네트워크 내의 패킷들이 대부분 암호화되어 있지 않다는 점을 이용한 기술이다.
㉢ 스누핑은 특정 프로그램을 활용해 사용자 정보가 담긴 쿠키를 해킹한 후 사용자 권한을 얻어내는 기술이다.
㉣ 스누핑은 IP를 속여서 공격하는 기술로, 이를 해결하기 위한 대표적인 방법으로 DHCP 스누핑이 있다.

① ㉠, ㉢
② ㉡, ㉢
③ ㉡, ㉣
④ ㉢, ㉣
⑤ ㉠, ㉡, ㉣

STEP 04 응용문제

CHAPTER 07 정보능력

01

다음 〈보기〉 중 파워포인트의 단축키에 대한 설명으로 옳지 않은 것은 모두 몇 개인가?

/ 보기 /

㉠ 전체선택을 하는 단축키는 'Ctrl + A'이다.
㉡ 슬라이드 열기를 하는 단축키는 'Ctrl + K'이다.
㉢ 다른 이름으로 저장을 하는 단축키는 'Ctrl + S'이다.
㉣ 그룹해제를 하는 단축키는 'Ctrl + G'이다.
㉤ 글자 기울이기를 하는 단축키는 'Ctrl + Shift + F'이다.

① 1개 ② 2개 ③ 3개 ④ 4개 ⑤ 5개

02

다음 〈보기〉의 프로그램들을 통칭하는 용어로 적절한 것은?

/ 보기 /

Premiere   Final cut pro   Media composer

① 웹 브라우저 ② 보안 프로그램 ③ 동영상 편집 프로그램
④ 문서 작성 프로그램 ⑤ 파일 압축 프로그램

03

다음은 한컴오피스 한글과 MS 워드의 일부 단축키에 대한 〈표〉이다. ㉠~㉣에 들어갈 내용을 바르게 짝지은 것은?

구분	한글 단축키	워드 단축키
새 문서(새 파일) 만들기	㉠	㉡
다른 이름으로 저장	㉢	㉣

	㉠	㉡	㉢	㉣
①	Alt + N	Ctrl + N	Alt + V	F12
②	Alt + N	Ctrl + Shift + N	Alt + V	F12
③	Ctrl + N	Alt + N	F12	Alt + V
④	Ctrl + N	Ctrl + Shift + N	Alt + V	F12
⑤	Ctrl + Shift + N	Ctrl + N	F12	Alt + V

04

다음 〈보기〉 중 AR(증강현실), MR(융합현실)에 대한 설명으로 옳지 않은 것은 모두 몇 개인가?

— / 보기 / —
㉠ 가상의 범위는 AR이 MR보다 넓다.
㉡ MR은 현실과 단절된다는 단점이 있고, AR은 몰입감이 부족하다는 단점이 있다.
㉢ AR은 현실 세계의 사물 등에 이미지·텍스트 등 가상 정보를 입혀서 보여준다.
㉣ MR의 경우 사용자의 행동에 가상이 반응하므로 AR에 비해 몰입감이 높다.

① 없음　　② 1개　　③ 2개　　④ 3개　　⑤ 4개

05

다음 중 ICBMA 기술에 해당하지 않는 것은?

① 사물인터넷(Internet of Things) 기술
② 클라우드(Cloud) 기술
③ 빅데이터(Big Data) 기술
④ 모바일(Mobile) 기술
⑤ 자율주행(Autonomous Driving) 기술

06

다음 중 2차 자료에 대한 설명으로 적절하지 않은 것은?

① 기사, 보고서 등 다양한 형태로 존재한다.
② 자료를 수집하는 데에 시·공간의 제약이 없다.
③ 조사 목적에 맞게 직접적인 통제가 가능하다.
④ 이미 만들어진 자료로 1차 자료를 제외한 모든 자료를 의미한다.
⑤ 2차 자료의 유무를 1차 자료 수집 전에 먼저 확인하는 것이 효율적이다.

07

다음 〈보기〉 중 네트워크 보안 시스템이 아닌 것만을 모두 고르면?

/ 보기 /

㉠ Anti-DDos(Distributed Denial of service)
㉡ NTP(Network Time Protocol)
㉢ UTM(Unified Threat Management)
㉣ DNS(Domain Name System)
㉤ IPS(Intrusion Prevention System)

① ㉠, ㉢   ② ㉡, ㉢   ③ ㉡, ㉣   ④ ㉢, ㉤   ⑤ ㉣, ㉤

08

다음 중 기억 용량이 큰 순서대로 바르게 나열된 것은?

① 1PB, 1EB, 1TB, 1GB, 1MB, 1KB
② 1PB, 1EB, 1GB, 1TB, 1MB, 1KB
③ 1EB, 1PB, 1TB, 1GB, 1MB, 1KB
④ 1EB, 1PB, 1GB, 1TB, 1MB, 1KB
⑤ 1EB, 1PB, 1TB, 1GB, 1KB, 1MB

09

다음은 OSI 7계층 참조 모델 중 일부 계층의 내용을 정리한 자료이다. ㉠~㉢에 들어갈 계층을 각각 바르게 짝지은 것은?

계층	내용
(㉠)	최상위 계층으로 사용자와의 인터페이스 역할을 함.
(㉡)	접속 유지 기능을 수행하는 계층으로 전송 계층에서 생성된 연결에서 오류가 발생할 경우 네트워크 오류를 찾은 후 정해진 절차를 통해 접속을 유지하는 역할을 함.
(㉢)	네트워크 상태를 고려하여 패킷의 이동 경로를 결정하는 계층으로 논리 주소를 기반으로 네트워크 경로를 선택하고 라우팅을 함.

	㉠	㉡	㉢
①	표현 계층	데이터 링크 계층	물리 계층
②	표현 계층	물리 계층	네트워크 계층
③	응용 계층	물리 계층	전송 계층
④	응용 계층	세션 계층	데이터 링크 계층
⑤	응용 계층	세션 계층	네트워크 계층

정답 및 해설 91p

PART 1 직업기초능력평가

CHAPTER 08

기술능력

STEP 01	개념정리
	• 개념체크
	• 플러스 알파 이론

STEP 02 기본문제

STEP 03 심화문제

STEP 04 응용문제

● 영역 소개

업무를 수행하는 데 도구, 장치 등을 포함하여 필요한 기술에는 어떠한 것들이 있는지 이해하고, 실제로 업무를 수행함에 있어 적절한 기술을 선택하여 적용하는 능력이다. 하위능력은 기술이해능력, 기술선택능력, 기술적용능력으로 구분된다.

● 출제 유형

구분	의미	학습 포인트
기술이해능력	기본적인 직업 생활에 필요한 기술의 원리 및 절차를 이해하는 능력	▶ 기술 시스템과 기술혁신의 특성 ▶ 기술의 실패 ▶ 미래의 유망 기술
기술선택능력	기본적인 직업 생활에 필요한 기술을 선택하는 능력	▶ 기술선택의 개념 및 절차 ▶ 벤치마킹의 개념과 종류 ▶ 매뉴얼의 종류와 작성 방법 ▶ 지식재산권의 개념과 특징
기술적용능력	기본적인 직업 생활에 필요한 기술을 적용할 수 있는 능력	▶ 기술적용의 형태 ▶ 기술적용 시 고려 사항 ▶ 기술 경영자와 기술 관리자의 역할 ▶ 네트워크 혁명과 융합기술

● 기출 키워드

- ▶ 기술의 구분(노하우, 노와이)
- ▶ 기술의 특징
- ▶ 기술교양
- ▶ 지속가능한 발전과 기술
- ▶ 기술능력의 향상 방법(전문연수원, E-learning 등)
- ▶ 산업재해(원인 등)
- ▶ 기술 시스템
- ▶ 기술혁신의 과정(아이디어 창안, 챔피언, 정보 수문장 등)
- ▶ 기술선택을 위한 절차
- ▶ 벤치마킹
- ▶ 매뉴얼
- ▶ 지식재산권(특허권, 실용신안권, 상표권 등)
- ▶ 기술 경영자와 기술 관리자
- ▶ 네트워크 혁명의 3가지 법칙(무어의 법칙, 메트칼프의 법칙, 카오의 법칙 등)
- ▶ 4차 산업혁명

STEP 01 개념정리

CHAPTER 08 기술능력

1 기술의 개념과 특징 〈기출〉 서울교통공사, 한전KPS

(1) 기술의 개념
일부 학자들은 기술을 '물리적인 것뿐만 아니라 사회적인 것으로서 지적인 도구를 특정한 목적에 사용하는 지식체계', '인간이 주위환경에 대한 통제를 확대시키는 데 필요한 지식의 적용' 등으로 정의하고, 더 구체적인 기술의 개념으로 '제품이나 용역을 생산하는 원료, 생산공정, 생산방법, 자본재 등에 관한 지식의 집합체'라고도 한다.

(2) 기술의 구분
기술은 원래 노하우(Know-how)의 개념이 강하였으나 시대가 지남에 따라 노하우(Know-how)와 노와이(Know-why)가 결합하게 되었으며, 현대적 기술은 주로 과학을 기반으로 하는 기술(Science-based technology)이 되었다.

구분	내용	획득 방법
노하우 (Know-how)	특허권을 수반하지 않는 과학자, 엔지니어 등이 가지고 있는 체화된 기술	경험적이고 반복적인 행위에 의해 얻어지며, 이러한 성격의 지식을 흔히 Technique 혹은 Art라고 함.
노와이 (Know-why)	어떻게 기술이 성립하고 작용하는가에 관한 원리적 측면에 중심을 둔 개념	이론적인 지식으로서 과학적인 탐구에 의해 얻어짐.

(3) 기술의 특징
① 하드웨어나 인간에 의해 만들어진 비자연적인 대상, 혹은 그 이상을 의미한다.
② '노하우(Know-how)'를 포함한다. 즉, 기술을 설계하고, 생산하고, 사용하기 위해 필요한 정보, 기술, 절차를 갖는 데 노하우(Know-how)가 필요하다.
③ 하드웨어를 생산하는 과정이다.
④ 인간의 능력을 확장시키기 위한 하드웨어와 그것의 활용을 뜻한다.
⑤ 정의 가능한 문제를 해결하기 위해 순서화되고, 이해 가능한 노력이다.

(4) 기술이 중요한 이유
① 글로벌 경쟁시대에서는 우수한 기술의 확보 및 활용이 기업의 경쟁력을 결정한다. 특히 기술 이전이 빠른 산업 분야에서는 더더욱 기술의 변화 및 동향에 뒤처지지 않아야 한다.
② 4차 산업혁명을 이끄는 사물인터넷(IoT), 클라우드, 빅데이터, 인공지능(AI) 기술 등이 생산과 비즈니스 모델의 혁신을 견인하고 있으며, 기업 경쟁력 강화의 중요한 요소가 되고 있다. 따라서 이러한 기술의 습득과 활용이 가능한 구성원의 확보가 중요해지고 있다.

2. 지속가능한 발전과 기술 〔기출〕 서울교통공사, 한전KPS

(1) 지속가능한 발전(Sustainable development)
지금 우리의 현재 욕구를 충족시키지만, 동시에 후속 세대의 욕구 충족을 침해하지 않는 발전을 의미한다. 즉, 지속가능한 발전은 경제적 활력, 사회적 평등, 환경의 보존을 동시에 충족시키는 발전이고, 현재와 미래 세대의 발전과 환경적 요구를 충족하는 방향으로 이루어져야 한다.

(2) 지속가능한 기술(Sustainable technology)
지속가능한 발전을 가능케 하는 기술이며, 이용 가능한 자원과 에너지를 고려하고, 자원이 사용되고 그것이 재생산되는 비율의 조화를 추구하며, 이러한 자원의 질을 생각하고, 자원이 생산적인 방식으로 사용되는가에 주의를 기울이는 기술을 의미한다. 즉, 지속가능한 기술은 태양 에너지와 같이 고갈되지 않는 자연 에너지를 활용하며, 낭비적인 소비 형태를 지양하고, 기술적 효용만이 아닌 환경효용(Eco-Efficiency)을 추구한다.

3. 기술능력의 개념과 특징 〔기출〕 서울교통공사

(1) 기술능력의 개념
① 기술능력이 반드시 기술직 종사자에게만 해당되는 것은 아니며, 직업에 종사하는 모든 사람에게 필요한 능력이다.
② 기술능력은 넓은 의미로 기술교양(Technological literacy)이라는 개념으로 사용될 수 있고, 기술교양의 개념을 보다 구체화시킨 개념이다.

(2) 기술능력이 뛰어난 사람의 특징
① 실질적 해결을 필요로 하는 문제를 인식한다.
② 인식된 문제를 위해 다양한 해결책을 개발하고 평가한다.
③ 실제적 문제를 해결하기 위해 지식이나 기타 자원을 선택, 최적화하여 적용한다.
④ 주어진 한계 속에서 제한된 자원을 가지고 일한다.
⑤ 기술적 해결에 대한 효용성을 평가한다.
⑥ 여러 상황 속에서 기술의 체계와 도구를 사용하고 배울 수 있다.

(3) 기술교양의 개념
① 기술교양은 기술을 사용하고 운영하고 이해하는 능력으로, 모든 사람들이 광범위한 관점에서 기술의 특성과 기술적 행동, 기술의 힘, 기술의 결과에 대해 어느 정도의 지식을 가지는 것을 의미한다.
② 실천적 문제(Practical problem)를 해결할 수 있는 생산력, 체계, 환경을 설계하고 개발해야 할 때, 비판적 사고를 가지는 것을 포함한다.

> **참고 기술교양을 지닌 사람들의 특성**
> - 기술학의 특성과 역할을 이해한다.
> - 기술 체계가 설계되고, 사용되고, 통제되는 방법을 이해한다.
> - 기술과 관련된 이익을 가치화하고 위험을 평가할 수 있다.
> - 기술에 의한 윤리적 딜레마에 대해 합리적으로 반응할 수 있다.

4 기술능력의 향상 방법 `기출` 부산교통공사

구분		내용
전문 연수원을 통한 기술과정 연수	장점	• 연수 시설이 없는 회사도 전문적인 교육을 통한 양질의 인재양성 가능 • 각 분야의 전문가가 진행하는, 이론을 겸한 실무중심의 교육 실시 • 체계적이고 현장과 밀착된 교육 가능 • 최신 실습장비, 시청각 시설, 전산시설 등 각종 부대시설을 활용 • 산학협력연수 및 국내외 우수연수기관과 협력한 연수 가능 • 자체적으로 교육하는 것보다 연수비가 저렴하며, 고용보험환급을 받을 수 있어 교육비 부담이 적음.
E-learning을 활용한 기술교육	장점	• 컴퓨터만 인터넷에 연결되어 있다면 언제 어디서든 학습 가능(시간·공간적으로 독립적) • 원하는 내용을 원하는 순서에 맞게 원하는 시간만큼 학습 가능 • 사진, 텍스트, 소리, 동영상 등 멀티미디어를 이용한 학습 가능 • 이메일, 토론방, 자료실 등을 통해 의사교환과 상호작용이 자유로움. • 업데이트를 통해 새로운 내용을 신속하게 반영할 수 있어 비용 절감 가능
	단점	• 실제적인 접촉이 적어서 중도탈락률이 높음. • 현장 중심의 실무 교육이 힘듦.
상급학교 진학을 통한 기술교육	장점	• 최신 기술의 흐름을 반영한 기술교육 가능 • 관련 산업체와의 프로젝트 활동이 가능하기 때문에 실무 중심의 교육 가능 • 관련 분야 종사자들과 인적 네트워크 형성 가능 • 경쟁을 통한 학습효과 향상 가능
	단점	• 원하는 시간에 학습 불가 • 학습자 스스로 학습 조절·통제 불가
OJT(On the Job Training)를 활용한 기술교육	장점	• 조직 안에서 피교육자인 종업원이 직무에 종사하면서 받게 되는 교육 방법으로 직장훈련·직장지도·직무상 지도라고도 함. • 모든 관리·감독자는 업무 수행상의 지휘감독자이자 업무 수행 과정에서 부하직원의 능력향상을 책임지는 교육자이므로 교육자와 피교육자 사이에 친밀감 조성 • 시간 낭비가 적음. • 조직의 필요에 합치되는 교육훈련 가능
	단점	• 지도자의 높은 자질이 요구됨. • 교육훈련 내용의 체계화가 어려움.

워크북 자료로 알아보기

Q 다음 사례에서 기술능력 개발을 위해 필요한 것이 무엇인지 생각해보시오.

K씨는 업무에 시달리다 보니 새로 들어오는 신입사원이 기술능력을 더 많이 알고 있는 것을 알게 되어 자신의 능력이 뒤떨어지는 것을 느끼게 되었다. 자신이 부족한 기술이 무엇인지 파악한 K씨는 기술을 습득할 수 있는 방법을 알아보았고, 먼저 중소기업연수원에서 제공하고 있는 기술과정 연수, 회사 내 E-Learning을 활용한 연수, 대학원 진학 등이 새 기술을 습득할 수 있는 방법이라고 생각하였다.

A 자신의 업무에 필요한 새로운 기술을 습득하는 방법에 대한 사례이다. K씨는 새로운 기술 습득의 필요성과 자신의 부족한 능력을 인식하고 새로운 기술 습득을 위한 방법을 찾아보고 있다. 이 사례를 통해 기술능력을 개발하기 위해서는 자신에 대한 성찰이 필요하다는 것을 알 수 있다.

5 산업재해 　기출　 서울교통공사, 부산교통공사

(1) 산업재해의 개념
산업 활동 중의 사고로 인해 사망하거나 부상을 당하고, 또는 유해 물질에 의한 중독 등으로 직업성 질환에 걸리거나 신체적 장애를 갖게 되는 것을 말한다.
산업안전보건법에서는 근로자가 업무에 관계되는 건설물, 설비, 원재료, 가스, 증기, 분진 등에 의하거나, 직업과 관련된 기타 업무에 의하여 사망 또는 부상하거나 질병에 걸리게 되는 것을 산업재해로 본다.

(2) 산업재해의 원인

구분		내용
기본적 원인	교육적 원인	• 안전 지식의 불충분 • 안전 수칙의 오해 • 경험이나 훈련의 불충분 • 작업관리자의 작업 방법의 교육 불충분 • 유해 위험 작업 교육 불충분 등
	기술적 원인	• 건물·기계 장치의 설계 불량 • 구조물의 불안정 • 재료의 부적합 • 생산 공정의 부적당 • 점검·정비·보존의 불량 등
	작업 관리상 원인	• 안전 관리 조직의 결함 • 안전 수칙 미제정 • 작업 준비 불충분 • 인원 배치 및 작업 지시 부적당 등
직접적 원인	불안전한 행동	위험 장소 접근, 안전 장치 기능 제거, 보호 장비의 미착용 및 잘못된 사용, 운전 중인 기계의 속도 조작, 기계·기구의 잘못된 사용, 위험물 취급 부주의, 불안전한 상태 방치, 불안전한 자세와 동작, 감독 및 연락 잘못 등
	불안전한 상태	시설물 자체 결함, 전기 시설물의 누전, 구조물의 불안정, 소방기구의 미확보, 안전 보호 장치 결함, 복장·보호구의 결함, 시설물의 배치 및 장소 불량, 작업 환경 결함, 생산 공정의 결함, 경계 표시 설비의 결함 등

(3) 산업재해의 영향

구분	영향
개인	• 재해를 당한 본인 및 가족의 정신적·육체적 고통 • 일시적 또는 영구적인 노동력 상실 • 본인과 가족의 생계에 대한 막대한 손실
기업	• 재해를 당한 근로자의 보상 부담 • 재해를 당한 노동 인력 결손으로 인한 작업 지연 • 재해로 인한 건물, 기계, 기구 등의 파손 • 재해로 인한 근로 의욕 침체와 생산성 저하

(4) 산업재해의 예방과 대책

| 안전 관리 조직 | 경영자는 안전 목표를 설정하고, 안전 관리 책임자를 선정하며, 안전 계획을 수립하고, 이를 시행·감독해야 한다. |

| 사실의 발견 | 사고 조사, 안전 점검, 현장 분석, 작업자의 제안 및 여론 조사, 관찰 및 보고서 연구 등을 통하여 사실을 발견한다. |

| 원인 분석 | 재해의 발생 장소, 재해 형태, 재해 정도, 관련 인원, 직원 감독의 적절성, 공구 및 장비의 상태 등을 정확히 분석한다. |

| 기술 공고화 | 원인 분석을 토대로 적절한 시정책, 즉 기술적 개선, 인사 조정 및 교체, 교육, 설득, 공학적 조치 등을 선정한다. |

| 시정책 적용 및 뒤처리 | 안전에 대한 교육 및 훈련 실시, 안전 시설과 장비의 결함 개선, 안전 감독 실시 등 선정된 시정책을 적용한다. |

(5) 불안전한 행동 방지 및 불안전한 상태 제거 방법

불안전한 행동 방지 방법	불안전한 상태 제거 방법
• 안전 규칙 및 안전 수칙 제정 • 근로자 상호 간에 불안전한 행동을 지적하여 안전에 대한 이해 증진 • 정리·정돈, 조명, 환기 등을 잘 수행하여 쾌적한 작업 환경 조성	• 기계·설비 등을 안전성이 보장되도록 제작 • 항시 양호한 상태로 작동되도록 유지 및 관리 • 기후, 조명, 소음, 환기, 진동 등의 환경 요인을 관리하여 사고요인을 사전에 제거

개/념/체/크

01 다음은 기술의 개념에 대한 설명이다. ①, ②에 들어갈 적절한 용어를 적어보시오.

> 기술은 ① (　　　)와/과 ② (　　　)(으)로 나눌 수 있으며, ① (　　　)(이)란 흔히 특허권을 수반하지 않는 과학자, 엔지니어 등이 가지고 있는 체화된 기술이다. ② (　　　)은/는 어떻게 기술이 성립하고 작용하는가에 관한 원리적 측면에 중심을 둔 개념이다.

02 다음 글에서 설명하는 기술이 무엇인지 적어보시오.

> - 이용 가능한 자원과 에너지를 고려한다.
> - 자원이 사용되고 그것이 재생산되는 비율의 조화를 추구한다.
> - 자원의 질을 생각한다.
> - 자원이 생산적인 방식으로 사용되는가에 주의를 기울인다.

03 다음 글의 빈칸에 공통으로 들어갈 적절한 용어를 적어보시오.

> (　　　)은/는 모든 사람들이 광범위한 관점에서 기술의 특성, 기술적 행동, 기술의 힘, 기술의 결과에 대해 어느 정도의 지식을 가지는 것을 의미한다. 본질적으로 그것은 실천적 문제(Practical problem)를 해결할 수 있는 생산력, 체계, 환경을 설계하고 개발해야 할 때, 비판적 사고를 갖게 되는 것을 포함한다. 즉 (　　　)은/는 기술을 사용하고 운영하고 이해하는 능력이다.

✓ 정답

01 ① 노하우(Know-how), ② 노와이(Know-why)

02 지속가능한 기술 | 지속가능한 기술은 고갈되지 않는 자연 에너지를 활용하며, 낭비적인 소비 형태를 지양하고, 기술적 효용만이 아닌 환경효용을 추구한다.

03 기술교양

CHAPTER 08 기술능력
하위능력 1 기술이해능력

1 기술 시스템(Technological system) `기출` 서울교통공사

(1) 기술 시스템의 특성

기술 시스템은 인공물의 집합체만이 아니라 회사, 투자회사, 법적 제도, 정치, 과학, 자연자원을 모두 포함하는 것이기 때문에, 기술 시스템에는 기술적인 것(The technical)과 사회적인 것(The social)이 결합해서 공존한다는 개념으로 미국의 기술사학자 휴즈가 주장했다. 이러한 의미에서 기술 시스템은 사회기술 시스템(Sociotechnical system)이라고 불리기도 한다.

(2) 기술 시스템의 발전 단계

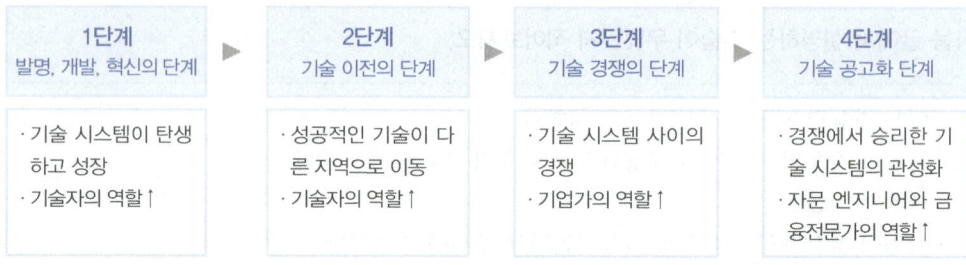

2 기술혁신 `기출` 서울교통공사

(1) 기술혁신의 특성

① 과정 자체가 매우 불확실하고 장기간의 시간을 필요로 한다.
　새로운 기술을 개발하기 위한 아이디어의 원천이나 신제품에 대한 소비자의 수요, 기술개발의 결과 등은 예측하기가 어렵다. 또한 기술개발에 대한 기업의 투자가 가시적인 성과로 나타나기까지는 비교적 장시간을 필요로 한다.
② 지식 집약적인 활동이다.
　기술개발에 참가한 엔지니어의 지식은 문서화되기 어렵기 때문에 다른 사람들에게 쉽게 전파될 수 없다.
③ 혁신 과정의 불확실성과 모호함은 기업 내에서 많은 논쟁과 갈등을 유발할 수 있다.
　기술혁신은 기업의 기존 조직 운영 절차나 제품구성, 생산방식 등에 새로운 변화를 야기함으로써 조직의 이해관계자 간의 갈등이 구조적으로 존재하게 된다. 이 과정에서 조직 내에서 이익을 보는 집단과 손해를 보는 집단이 생길 수 있으며, 이들 간에 기술개발의 대안을 놓고 상호대립하고 충돌하여 갈등을 일으킬 수 있다.
④ 조직의 경계를 넘나드는 특성을 갖고 있다.
　기술혁신은 연구개발 부서 단독으로 수행될 수 없으며, 상호의존성을 가지고 있어 하나의 기술이 개발되면 그 기술이 다른 기술개발에 영향을 미칠 수 있다.

(2) 기술혁신의 과정과 역할

아이디어 단계에서부터 시작하여 상업화 단계에 이르기까지 기술혁신의 전 과정이 성공적으로 수행되기 위해서는 다음과 같은 다섯 가지 핵심적인 역할이 혁신에 참여하는 핵심 인력들에 의해 수행되어야 한다.

기술혁신 과정	혁신 활동	필요한 자질과 능력
아이디어 창안 (Idea generation)	• 아이디어를 창출하고 가능성을 검증 • 일을 수행하는 새로운 방법 고안 • 혁신적인 진보를 위한 탐색	• 각 분야의 전문지식 • 추상화와 개념화 능력 • 새로운 분야의 일을 즐김.
챔피언 (Entrepreneuring or Championing)	• 아이디어의 전파 • 혁신을 위한 자원 확보 • 아이디어 실현을 위한 헌신	• 정력적이고 위험을 감수함. • 아이디어의 응용에 관심
프로젝트 관리 (Project leading)	• 리더십 발휘 • 프로젝트의 기획 및 조직 • 프로젝트의 효과적인 진행 및 감독	• 의사결정 능력 • 업무 수행 방법에 대한 지식
정보 수문장 (Gate keeping)	• 조직 외부의 정보를 내부 구성원들에게 전달 • 조직 내 정보원 기능	• 높은 수준의 기술적 역량 • 원만한 대인관계능력
후원 (Sponsoring or Coaching)	• 혁신에 대한 격려와 안내 • 불필요한 제약에서 프로젝트 보호 • 혁신에 대한 자원 획득을 지원	• 조직의 주요 의사결정에 대한 영향력

3 기술의 실패

(1) 실패의 원인 10가지

- 무지
- 부주의
- 차례 미준수
- 오만
- 조사, 검토 부족
- 조건의 변화
- 기획 불량
- 가치관 불량
- 조직운영 불량
- 미지

> **참고** 실패 관련 교훈
> - 성공은 99%의 실패로 얻은 교훈과 1%의 영감으로 구성된다.
> - 실패는 어떻게든 감추려는 속성이 있다.
> - 방치해 놓은 실패는 성장한다.
> - 실패의 하인리히 법칙: 엄청난 실패는 29건의 작은 실패와 300건의 실수를 저지른 뒤에 발생한다.
> - 실패는 전달되는 중에 항상 축소된다.
> - 실패는 비난할수록 더 큰 실패를 낳는다.
> - 실패 정보는 모으는 것보다 고르는 것이 더 중요하다.
> - 실패에는 필요한 실패와 일어나서는 안 될 실패가 있다.
> - 실패는 숨길수록 병이 되고 드러낼수록 성공한다.
> - 좁게 보면 성공인 것이 전체를 보면 실패일 수 있다.

(2) 기술적 실패의 특징

① 기술적 실패에는 다양한 유형이 있고, 기술이 실패하는 데에는 다양한 이유가 있다.
② 혁신적인 기술능력을 가진 사람들은 성공과 실패의 경계를 유동적인 것으로 만들어, 실패의 영역에서 성공의 영역으로 자신의 기술을 이동시킬 줄 안다.
③ 실패 중에는 기술자들이 반드시 겪어야 하는 '에디슨식의 실패'가 있고 아무런 보탬이 되지 않는 실패도 존재한다.
④ 우리의 기술 문화는 모든 실패를 다 나쁜 것으로 보는데, 이것은 올바른 태도가 아니다.
⑤ 개개인은 연구 개발과 같이 지식을 획득하는 과정에서 항상 실패를 겪는다. 이러한 실패는 용서받을 수 있고, 오히려 바람직한 실패이다.
⑥ 실패를 은폐하거나 과거의 실패를 반복하는 것은 어떤 의미에서도 바람직하지 않다.

4 미래의 유망기술

분야	내용
전기전자정보공학	• 전기전자정보공학분야에서 유망한 기술은 지능형 로봇으로, 타 분야에 대한 기술적 파급 효과가 큰 첨단 기술의 복합체 • 지능형 로봇은 IT기술의 융복합화와 지능화 추세에 따라 네트워크를 통한 로봇의 기능 분산, 가상 공간 내에서의 동작 등 IT와 융합한 '네트워크 기반 로봇'의 개념을 포함 예) 지능형 로봇
기계공학	• 기계공학분야에서는 CO_2로 인한 환경오염을 방지하고, 화석연료의 고갈에 대비하여 대체에너지원을 찾고자 하는 기술인 친환경 자동차 기술이 유망할 것으로 전망됨. • 하이브리드 자동차는 대표적인 친환경 자동차 기술로, 가솔린 엔진 차량에 비해 50~80% 연비 향상, 오염물질 감소의 장점이 있으나 수소탱크의 폭발 위험, 대량 생산의 제한성이 있음. 예) 친환경 자동차 기술(하이브리드 자동차)
건설환경공학	• CO_2 배출량의 36%를 차지하는 건축 산업은 지속 가능한 건축 시스템을 활용하면 CO_2 배출량 감소 가능 • CO_2 배출량 저감 방안에는 에너지 소비와 폐기물 물량이 적은 재료 및 공법의 사용, 건축물의 수명을 장수화하는 내구성 설계, 철거 건축물의 재사용이 가능한 모듈화 및 유닛화 설계 등이 있음. 예) 지속 가능한 건축 시스템
화학생명공학	• 혈관 청소용 나노로봇으로 사람의 몸속 혈관을 깨끗이 하고, 손상된 부위를 수리하며, 개인의 유전적 특징을 고려한 약의 개발로 질병 치료 가능 • 스마트 약인 '나노 캡슐'을 통해 항암치료 시 부작용을 최소화함은 물론 효능과 효과를 극대화할 수 있고, 알약 형태의 '바이오칩'은 건강 상태를 체크해 무선으로 병원에 검사 결과를 전송하게 되어 가정에서도 손쉽게 의료 서비스를 받을 수 있음. • 노화된 장기는 줄기세포를 가지고 배양한 새 장기로 대체 가능 예) 혈관 청소용 나노로봇, 나노캡슐, 바이오칩 맞춤 의학 및 신약 개발

개념체크

01 다음은 기술 시스템의 발전 단계를 나타낸 것이다. ①, ②에 들어갈 적절한 용어를 적어보시오.

| 1단계
발명, 개발, 혁신의 단계 | ▶ | 2단계
기술 ①( )의 단계 | ▶ | 3단계
기술 경쟁의 단계 | ▶ | 4단계
기술 ②( )의 단계 |

02 기술 시스템의 발전 단계와 그 단계에서 핵심적인 역할을 하는 사람을 서로 관련된 것끼리 연결해보시오.

① 1단계, 2단계 •　　　　• ㉠ 기업가

② 3단계 •　　　　• ㉡ 자문 엔지니어, 금융전문가

③ 4단계 •　　　　• ㉢ 기술자

03 다음은 기술혁신의 과정과 역할을 나타낸 표이다. ①~③에 들어갈 적절한 용어를 적어보시오.

기술혁신 과정	혁신 활동	필요한 자질과 능력
①( )	• 아이디어를 창출하고 가능성을 검증 • 일을 수행하는 새로운 방법 고안 • 혁신적인 진보를 위한 탐색	• 각 분야의 전문지식 • 추상화와 개념화 능력 • 새로운 분야의 일을 즐김.
챔피언	• 아이디어의 전파와 실현을 위한 헌신 • 혁신을 위한 자원 확보 • 아이디어 실현을 위한 헌신	• 정력적이고 위험을 감수함. • 아이디어의 응용에 관심
②( )	• 리더십 발휘 • 프로젝트의 기획 및 조직 • 프로젝트의 효과적인 진행 감독	• 의사결정 능력 • 업무 수행 방법에 대한 지식
③( )	• 조직 외부의 정보를 내부 구성원들에게 전달 • 조직 내 정보원 기능	• 높은 수준의 기술적 역량 • 원만한 대인관계능력
후원	• 혁신에 대한 격려와 안내 • 불필요한 제약에서 프로젝트 보호 • 혁신에 대한 자원 획득을 지원	• 조직의 주요 의사결정에 대한 영향력

✓ 정답

01 ① 이전, ② 공고화 | ① 기술 이전의 단계는 성공적인 기술이 다른 지역으로 이동하는 단계이다. ② 기술 공고화 단계는 경쟁에서 승리한 기술 시스템이 관성화되는 단계이다.

02 ① ㉢, ② ㉠, ③ ㉡

03 ① 아이디어 창안, ② 프로젝트 관리, ③ 정보 수문장

하위능력 2 | CHAPTER 08 기술능력
기술선택능력

1 기술선택 〔기출〕 한전KPS

(1) 기술선택의 개념

기업이 어떤 기술을 외부로부터 도입할 것인가, 자체 개발하여 활용할 것인가를 결정하는 것을 말한다. 기술을 선택할 경우에는 주어진 시간과 자원의 제약하에 선택 가능한 대안들 중에서 최적이 아닌 최선의 대안을 선택하는 합리적 의사결정을 추구해야 한다.

(2) 기술선택을 위한 의사결정

구분		내용
상향식 기술선택 (Bottom-up approach)		기업 전체 차원에서 필요한 기술에 대한 체계적인 분석이나 검토 없이 연구자나 엔지니어들이 자율적으로 기술을 선택하는 것
	장점	기술자들의 흥미를 유발하고, 창의적인 아이디어를 활용할 수 있음.
	단점	기술자들이 지식과 흥미만을 고려하여 기술을 선택할 경우 고객수요 및 서비스 개발에 부적합하거나, 기업 간 경쟁에서 승리할 수 없는 기술이 선택될 수 있음.
하향식 기술선택 (Top-down approach)		기술경영진과 기술기획 담당자들에 의한 체계적인 분석을 통해 기업이 획득해야 하는 대상기술과 목표 기술수준을 결정하는 것

(3) 기술선택을 위해 우선적으로 고려할 요소

① 제품의 성능이나 원가에 미치는 영향력이 큰 기술
② 기술을 활용한 제품의 매출과 이익 창출 잠재력이 큰 기술
③ 쉽게 구할 수 없는 기술
④ 기업 간에 모방이 어려운 기술
⑤ 기업이 생산하는 제품 및 서비스에 보다 광범위하게 활용할 수 있는 기술
⑥ 최신 기술로 진부화될 가능성이 적은 기술

(4) 기술선택을 위한 절차

기술선택을 위해서는 우선 기업이 직면한 외부 환경과 보유 자원의 분석을 통해 중장기적인 목표를 설정하고, 이를 달성하기 위해 필요한 핵심고객층과 그들에게 제공하는 제품 및 서비스를 결정하여야 한다. 그다음으로는 사업전략의 성공적인 수행을 위해 필요한 기술들을 열거하고, 각각의 기술에 대한 획득의 우선순위를 결정한다.

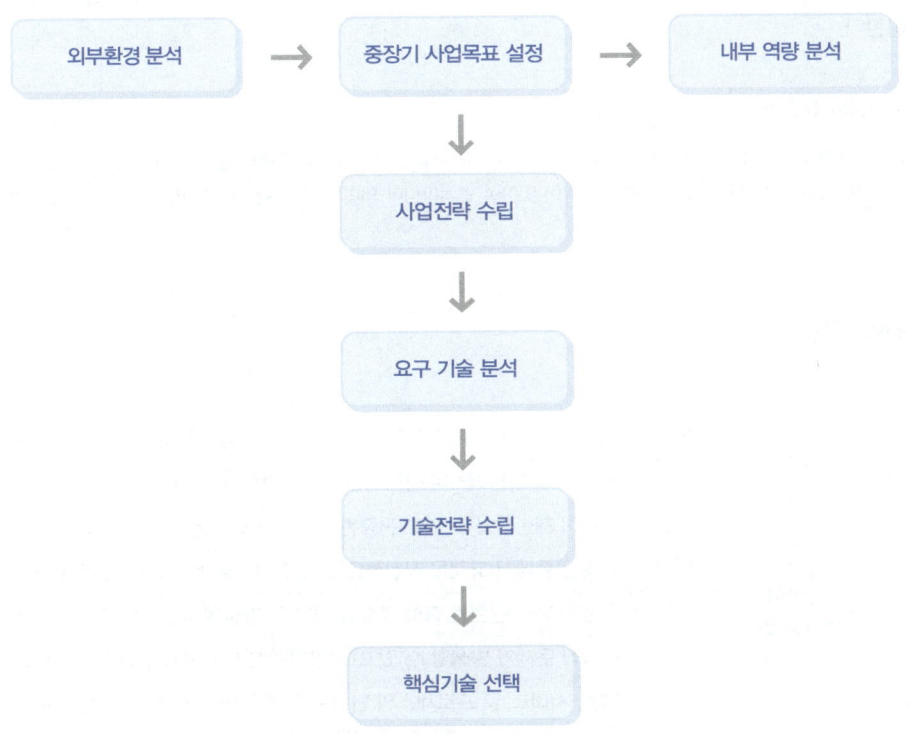

기술선택의 절차별 행동은 다음과 같다.
① 외부환경 분석: 수요 변화 및 경쟁자 변화, 기술 변화 등 분석
② 중장기 사업목표 설정: 기업의 장기비전, 중장기 매출목표 및 이익목표 설정
③ 내부 역량 분석: 기술능력, 생산능력, 마케팅/영업능력, 재무능력 등 분석
④ 사업 전략 수립: 사업 영역 결정, 경쟁 우위 확보 방안 수립
⑤ 요구 기술 분석: 제품 설계/디자인 기술, 제품 생산공정, 원재료/부품 제조기술 분석
⑥ 기술전략 수립: 기술획득 방법 결정
⑦ 핵심기술 선택

2 벤치마킹 *기출* 서울교통공사, 한전KPS

(1) 벤치마킹의 개념

특정 분야에서 뛰어난 업체나 상품, 기술, 경영 방식 등을 배워 합법적으로 응용하는 것으로, 단순한 모방과는 달리 우수한 기업이나 성공한 상품, 기술, 경영 방식 등의 장점을 충분히 배우고 익힌 후 자사의 환경에 맞추어 재창조하는 것을 의미한다.

> **참고** 벤치마킹의 성공 요건
>
> 단순히 관찰하고 모방하는 것만으로는 목표를 달성하기 힘들다. 벤치마킹이 성공하기 위해서는 실행과 자발적인 위기의식이 우선되어야 한다. 즉, '위기감'에 기반한 스스로의 혁신 노력이 있어야 벤치마킹이 의미 있는 실행으로 이어질 수 있고, 목표 달성으로 이어질 수 있다.

(2) 벤치마킹의 종류

분류			내용
비교대상에 따른 분류	내부 벤치마킹	의미	같은 기업 내의 타 지역, 타 부서, 국가 간의 유사한 활용을 비교 대상으로 함.
		장점	자료 수집이 용이하며 다각화된 우량기업의 경우 효과가 큼.
		단점	관점이 제한적일 수 있고 편중된 내부 시각에 대한 우려가 있음.
	경쟁적 벤치마킹	의미	동일 업종에서 고객을 직접적으로 공유하는 경쟁기업을 대상으로 함.
		장점	경영 성과와 관련된 정보 입수와 업무 및 기술에 대한 비교 가능
		단점	윤리적 문제가 발생할 수 있고, 대상의 적대적 태도로 인해 자료 수집이 어려움.
	비경쟁적 벤치마킹	의미	제품, 서비스 및 프로세스의 단위 분야에 있어 가장 우수한 실무를 보이는 비경쟁적 기업 내의 유사 분야를 대상으로 함.
		장점	혁신적인 아이디어의 창출 가능성이 높음.
		단점	다른 환경의 사례를 가공하지 않고 적용할 경우, 그 효과가 크지 않을 수 있음.
	글로벌 벤치마킹	의미	프로세스에 있어 최고로 우수한 성과를 보유한 동일 업종의 비경쟁적 기업을 대상으로 함.
		장점	접근 및 자료 수집이 용이하고, 비교 가능한 업무 및 기술 습득이 상대적으로 용이함.
		단점	문화 및 제도적인 차이로 발생되는 효과에 대한 검토가 없을 경우, 잘못된 분석결과를 얻을 수 있음.
수행방식에 따른 분류	직접적 벤치마킹	의미	벤치마킹 대상을 직접 방문하여 수행하는 방법
		장점	정확한 자료의 입수 및 지속적 조사 가능
		단점	관련 비용 및 시간이 많이 소요되며, 대상 선정이 어려움.
	간접적 벤치마킹	의미	인터넷 및 문서형태의 자료를 통해서 수행하는 방법
		장점	벤치마킹 대상의 수에 제한이 없고, 비용 및 시간이 상대적으로 많이 절감됨.
		단점	정확한 자료 확보가 어렵고, 특히 핵심자료의 수집이 상대적으로 어려움.

3 매뉴얼(Manual) 〔기출〕 서울교통공사, 한국서부발전

(1) 매뉴얼의 의미
매뉴얼은 사전적인 의미로 어떤 기계의 조작 방법을 설명해 놓은 사용 지침서, 즉 '사용서', '설명서', '편람', '안내서'를 의미한다.

(2) 매뉴얼의 종류

종류	내용
제품 매뉴얼	• 사용자를 위해 제품의 특징이나 기능 설명, 사용 방법과 고장 조치 방법, 유지 보수 및 A/S, 폐기까지 제품에 관련된 모든 서비스에 대해 소비자가 알아야 할 모든 정보를 제공 • 제품 사용자의 유형과 사용 능력을 파악하고 혹시 모를 사용자의 오작동까지 고려하여 만들어야 함. • 제품의 의도된 안전한 사용과 사용 중 해야 할 일 또는 하지 말아야 할 일까지 정의해야 함.
업무 매뉴얼	• 어떤 일의 진행 방식, 지켜야 할 규칙, 관리상의 절차 등을 일관성 있게 여러 사람이 보고 따라 할 수 있도록 표준화하여 설명하는 지침서 예 프랜차이즈 점포: '편의점 운영 매뉴얼', '제품 진열 매뉴얼' 등 　기업: '부서 운영 매뉴얼', '품질 경영 매뉴얼' 등 　올림픽이나 스포츠: '올림픽 운영 매뉴얼', '경기 운영 매뉴얼' 등 　재난 대비: '재난 대비 국민행동 매뉴얼' 등

(3) 매뉴얼의 작성 방법
① 내용의 정확성
　단순하고 간결하여 비전문가도 이해할 수 있어야 한다. 추측성의 내용 서술이나 애매모호한 단어 사용은 금지해야 한다.
② 사용자가 알기 쉽게 단순하고 쉬운 문장으로 작성
　보통 하나의 명령 혹은 밀접하게 관련된 몇 가지 명령만으로 단정적으로 표현하고, 수동태보다는 능동태의 동사, 추상적 명사보다는 행위 동사를 사용하는 것이 바람직하다.
③ 사용자에 대한 심리적 배려
　사용자의 질문들을 예상하여 답을 제공하여야 하고, 사용자가 한 번 본 후 빨리 외울 수 있도록 배려한다.
④ 사용자가 정보를 쉽게 찾을 수 있도록 작성
　사용자가 필요한 정보를 빨리 찾기 쉽도록 구성해야 한다. 짧고 의미 있는 제목과 비고(Note)는 사용자가 원하는 정보의 위치를 파악하는 데 도움이 될 수 있다.
⑤ 사용이 용이하도록 제작
　사용자가 보기 불편하게 크거나 작은 경우, 구조가 복잡하여 접근하기 힘든 경우 매뉴얼로의 역할이 떨어진다.

> **참고** 매뉴얼 활용의 장단점
>
> | 장점 | 단점 |
> | --- | --- |
> | • 새로운 일인 경우, 초래할 수 있는 혼란 방지
• 일의 순서 및 자신이 하고 있는 일의 진행과정 파악
• 시간 및 예산 절약
• 계획적이고 합리적인 일처리 가능 | • 지루한 형식으로 제시되어 있는 경우, 매뉴얼 숙지가 어려움.
• 매뉴얼이 숙지되지 않은 경우 작업 시간이 오래 걸림. |

4 지식재산권(Intellectual property) 서울교통공사, 한국중부발전, 한전KPS, 대구도시철도공사

(1) 지식재산권의 개념

인간의 창조적 활동 또는 경험 등을 통해 창출하거나 발견한 지식·정보·기술이나 표현, 표시 그 밖에 무형적인 것으로서 재산적 가치가 실현될 수 있는 지적 창작물에 부여된 권리이다. 지적 소유권이라고도 한다.

(2) 지식재산권의 특징

특징	내용
국가 산업발전 및 경쟁력을 결정짓는 '산업자본'	산업이 발전한 선진국은 지식재산권, 특히 산업재산권을 많이 확보하여 타인에게 실시 사용권을 설정하거나 권리 자체를 양도하여 판매수입이나 로열티를 받을 수 있게 하고 있다.
눈에 보이지 않는 무형의 재산	지식재산권은 실체가 없는 기술상품으로서 상품과 같이 물체가 아니라 수출입이 자유로워 국경 이동을 통한 세계적인 상품으로 전파될 수 있다.
지식재산권을 활용한 다국적 기업화	다국적 기업화는 각국 경제의 상호관계를 긴밀하게 하여 기술 제휴 등의 협력을 기반으로 국가 간의 장벽을 허물어 세계화를 촉진시키고 있다.
연쇄적인 기술개발을 촉진하는 계기 마련	기술개발 결과에 대해 독점적 권리를 보장해 주고, 특허를 통한 기술개발의 성과가 알려지면서 더 나은 기술개발을 촉진하는 계기를 만들어 주고 있다.

(3) 지식재산권의 분류

구분		내용
산업재산권		• 산업 활동과 관련된 사람의 정신적 창작물(연구결과)이나 창작된 방법에 대해 인정하는 독점적 권리 • 새로운 발명과 고안에 대하여 그 창작자에게 일정 기간 동안 독점 배타적인 권리를 부여
	특허권	• 자연법칙을 이용한 기술적 사상(Idea)의 창작으로서 기술 수준이 높은 것에 대한 독점적 권리 • 설정등록일 후 출원일로부터 20년간 권리 인정
	실용신안권	• 기술적 창작 수준이 소발명 정도인 실용적인 창작(고안)을 보호하기 위한 것 • 등록일로부터 출원 후 10년간 권리 인정
	의장권	• 심미성을 가진 고안으로서 물품의 외관에 미적인 감각을 느낄 수 있게 하는 것 • 의장의 보호기간은 설정등록일로부터 15년
	상표권	• 타 상품과 식별할 수 있는 기호, 문자, 도형으로 주로 제조회사가 자사 제품의 신용을 유지하기 위해 제품이나 포장 등에 표시하는 표장으로서의 상호나 마크 • 상표의 배타적 권리보장 기간은 등록 후 10년
저작권		문화예술분야의 창작물과 관련된 저작권
	협의저작권	문학, 예술분야 창작물
	저작인접권	실연, 음반제작자, 방송사업자 권리
신지식재산권		반도체 배치설계나 온라인 디지털 콘텐츠와 같이 경제, 사회·문화의 변화나 과학기술의 발전에 따라 새로운 분야에서 출현하는 신지식재산권
	첨단산업저작권	반도체집적회로배치설계, 생명공학, 식물신품종
	산업저작권	컴퓨터프로그램, 인공지능, 데이터베이스
	정보재산권	영업비밀, 멀티미디어, 뉴미디어 등

개/념/체/크

01 다음은 기술선택을 위한 의사결정에 관한 내용이다. 이와 관련하여 맞으면 ○, 틀리면 ×를 표시해보시오.

① 상향식 기술선택은 기업 전체 차원에서 필요한 기술에 대한 체계적인 분석이나 검토 없이 연구자나 엔지니어들이 자율적으로 기술을 선택하는 것을 말한다. (○, ×)

② 하향식 기술선택은 기술경영진과 기술기획 담당자들에 의한 체계적인 분석을 통해 기업이 획득해야 하는 대상기술과 목표 기술수준을 결정하는 것을 말한다. (○, ×)

02 다음은 기술선택의 한 방법에 대한 설명이다. 빈칸에 들어갈 적절한 용어를 적어보시오.

> (   )은/는 특정 분야에서 뛰어난 업체나 상품, 기술, 경영 방식 등을 배워 합법적으로 응용하는 것을 뜻하는 말로 단순한 모방과는 달리 우수한 기업이나 성공한 상품, 기술, 경영 방식 등의 장점을 충분히 배우고 익힌 후 자사의 환경에 맞추어 재창조하는 것이다.

03 다음 산업재산권의 종류와 그 특징을 서로 관련된 것끼리 연결해보시오.

① 특허권 • • ㉠ 기술적 사상(idea)의 창작으로서 기술 수준이 높은 것에 대한 독점적 권리

② 실용신안권 • • ㉡ 기술적 창작 수준이 소발명 정도인 실용적인 창작(고안)을 보호하기 위한 것

③ 의장권 • • ㉢ 심미성을 가진 고안으로서 물품의 외관에 미적인 감각을 느낄 수 있게 하는 것

④ 상표권 • • ㉣ 자사 제품의 신용을 유지하기 위해 제품이나 포장 등에 표시하는 상호나 마크

✓ **정답**

01 ① ○, ② ○

02 벤치마킹

03 ① ㉠, ② ㉡, ③ ㉢, ④ ㉣ | 산업재산권이란 특허권, 실용신안권, 의장권 및 상표권을 총칭하며 산업활동과 관련된 사람의 정신적 창작물(연구결과)이나 창작된 방법에 대해 인정하는 독점적 권리이다.

하위능력 3 | CHAPTER 08 기술능력
기술적용능력

1 기술적용

(1) 기술적용의 형태
기술을 이해하고 선택하였다고 하여 모두 적용할 수 있는 것은 아니며, 모두 자신의 직장에 필요한 것은 아니다. 기술적용은 다음과 같이 그 활용 형태가 다양하다.

① 선택한 기술을 그대로 적용

장점	시간 및 비용을 절약할 수 있고 쉽게 받아들여 적용할 수 있음.
단점	선택한 기술이 적합하지 않은 경우 실패의 위험부담이 큼.

② 선택한 기술을 그대로 적용하되, 불필요한 기술은 과감히 버리고 적용

장점	시간 및 비용 절감, 프로세스의 효율성이 높음.
단점	선택한 기술이 적합하지 않은 경우 실패의 위험부담이 크고, 과감하게 버린 기술이 과연 불필요한가에 대한 문제점이 있을 수 있음.

③ 선택한 기술을 분석하고, 가공하여 활용

장점	자신의 직장에 대한 여건과 환경 분석 그리고 업무 프로세스의 효율성을 최대화할 수 있음.
단점	다른 활용 형태의 경우보다 시간적인 부담이 있음.

(2) 기술적용 시 고려 사항
① 기술적용에 따른 비용
  좋은 기술이란 자신의 직업생활에서 반드시 요구됨과 동시에 업무 프로세스의 효율성과 성과를 향상시키면서 기술을 적용하는 데 요구되는 비용이 합리적이어야 한다.
② 기술의 수명 주기
  지금 현재 요구되는 기술이라 할지라도 단기간에 기술이 진보하거나 변화할 것이라고 예상되는 기술을 적용하는 것은 바람직하지 못하다. 따라서 적용하고자 하는 기술의 수명 주기를 고려하는 것은 매우 중요하다.
③ 기술의 전략적 중요도
  새로운 기술의 도입은 대개의 경우 환경의 변화를 시도하거나 경영혁신을 꾀하기 위해 이루어지는 경우가 많기 때문에 회사의 전략과 얼마나 조합을 이루느냐를 판단하는 것은 매우 중요하다.
④ 잠재적인 응용 가능성
  기술이라는 것은 보다 발전된 방향으로 변화하고자 하는 특성이 있기 때문에 끊임없이 연구하고 개발해야 한다. 따라서 현재 받아들이고자 하는 기술이 자신의 직장에 대한 특성과 회사의 비전과 전략에 맞추어 응용 가능한가를 고려해 보는 것은 매우 중요하다.

2 기술 경영자와 기술 관리자 `기출` 서울교통공사

구분	기술 경영자(CTO; Chief Technology Officer)	기술 관리자
정의	기술개발이 결과 지향적으로 수행되도록 유도하고, 기술개발 과제의 세부 사항까지 치밀하게 파악하며, 기술개발 과제의 전 과정을 전체적으로 조망할 수 있는 사람	중간급 매니저로서, 기술 경영자와는 조금 다른 능력을 가진 사람
필요 능력	• 기술을 기업의 전반적인 전략 목표에 통합시키는 능력 • 빠르고 효과적으로 새로운 기술을 습득하고 기존의 기술에서 탈피하는 능력 • 기술을 효과적으로 평가할 수 있는 능력 • 기술 이전을 효과적으로 할 수 있는 능력 • 새로운 제품개발 시간을 단축할 수 있는 능력 • 복잡하고 서로 다른 분야에 걸쳐 있는 프로젝트를 수행할 수 있는 능력 • 조직 내의 기술 이용을 수행할 수 있는 능력 • 기술 전문 인력을 운용할 수 있는 능력	• 기술을 운용하거나 문제 해결을 할 수 있는 능력 • 기술직과 의사소통을 할 수 있는 능력 • 혁신적인 환경을 조성할 수 있는 능력 • 기술적·사업적·인간적인 능력을 통합할 수 있는 능력 • 시스템적인 관점에서 인식하는 능력 • 공학적 도구나 지원방식에 대한 이해 능력 • 기술이나 추세에 대한 이해 능력 • 기술팀을 통합할 수 있는 능력 [추가로 요구되는 행정능력] • 다기능적인 프로그램을 계획하고 조직할 수 있는 능력 • 우수한 인력을 유인하고 확보할 수 있는 능력 • 자원을 측정하거나 협상할 수 있는 능력 • 타 조직과 협력할 수 있는 능력 • 업무의 상태, 진행 및 실적을 측정할 수 있는 능력 • 다양한 분야에 걸쳐 있는 업무를 계획할 수 있는 능력 • 정책이나 운영 절차를 이해할 수 있는 능력 • 권한위임을 효과적으로 할 수 있는 능력 • 의사소통을 효과적으로 할 수 있는 능력

3 네트워크 혁명 `기출` 한전KPS

(1) 네트워크 혁명의 특징
① 전 세계의 사람들과 이들의 지식과 활동이 연결되면서 나의 지식과 활동이 지구 반대편에 있는 사람에게 미치는 영향의 범위와 정도가 증대되었다.
② 지구 반대편에서 내려진 결정이 내게 영향을 미칠 수 있는 가능성도 커졌으며, 이 중에는 본인이 예측할 수 있고 도움이 되는 것도 있지만, 그렇지 못한 것도 많다. 따라서 사회의 위험과 개인의 불안이 증가한다고 볼 수 있다.

(2) 네트워크 혁명의 세 가지 법칙

무어의 법칙	컴퓨터의 반도체 성능이 18개월마다 2배씩 증가한다는 법칙으로, 인텔의 설립자 고든 무어(Gordon Moore)가 처음으로 주장했다.
메트칼프의 법칙	네트워크의 가치는 사용자 수의 제곱에 비례한다는 법칙으로, 근거리 통신망 이더넷(Ethernet)의 창시자 로버트 메트칼프(Robert Metcalfe)가 주장했다.
카오의 법칙	창조성은 네트워크에 접속되어 있는 다양성에 지수함수로 비례한다는 법칙으로, 경영 컨설턴트 존 카오(John Kao)가 주장한 법칙이다.

(3) 네트워크 혁명의 역기능과 대응방안

① 역기능

역기능의 발생 요인은 네트워크가 원격으로 온라인 침투가 용이하고 누구나 접근 가능한 개방시스템이기 때문이다. 네트워크 혁명으로 새롭게 생긴 문제는 아니지만 인터넷의 역기능이 증폭된다는 것이 문제점이다. 또한 이러한 역기능은 네트워크의 순기능과도 잘 분리가 되지 않기 때문에 해결책을 찾기가 더욱 어렵다.

- 디지털 격차(Digital divide)
- 정보화에 따른 실업의 문제
- 인터넷 게임과 채팅 중독
- 범죄 및 반사회적인 사이트의 활성화
- 정보기술을 이용한 감시

② 대응방안
- 법적·제도적 기반을 구축
- 사회 전반에 걸친 정보화 윤리의식을 강화
- 암호화 제품과 시스템 보완관리 제품의 개발 및 관련 산업 육성

> **참고** 나이스(NEIS; National Education Information System)
> 나이스는 2000년 전자정부 구현의 일환으로 대한민국의 초·중등학교와 교육지원청, 교육부를 인터넷으로 연결하여 교육행정업무를 전자적으로 연계 처리할 수 있도록 한 교육행정정보시스템이다. 교육행정의 효율성과 대국민 서비스를 향상시키고 중앙집권과 이를 통한 통제와 감시를 용이하게 하지만, 정보독점과 개인정보침해 등의 문제점도 상존한다.

4 융합기술

(1) 융합기술의 의미

4대 핵심기술, 곧 나노기술(NT), 생명공학기술(BT), 정보기술(IT), 인지과학(Cognitivescience)이 상호 의존적으로 결합되는 것(NBIC)을 융합기술(CT)이라 한다.

(2) 4대 핵심 기술의 융합

① 제조, 건설, 교통, 의학, 과학기술 연구에서 사용되는 새로운 범주의 물질, 장치, 시스템

이를 위해서는 나노기술이 무엇보다 중요하며, 정보기술 역시 그 역할이 막중하다. 미래의 산업은 생물학적 과정을 활용하여 신소재를 생산한다. 따라서 재료과학 연구가 수학, 물리학, 화학, 생물학에서 핵심이 된다.

② 나노 규모의 부품과 공정의 시스템을 가진 물질 중에서 가장 복잡한 생물 세포

나노기술, 생명공학기술, 정보기술의 융합연구가 중요하다. 정보기술 중에서 가상현실(VR)과 증강현실(AR) 기법은 세포 연구에 큰 도움이 된다.

③ 유비쿼터스 및 글로벌 네트워크 요소를 통합하는 컴퓨터 및 통신시스템의 기본 원리

나노 기술이 컴퓨터 하드웨어의 신속한 향상을 위해 필요하다. 인지과학은 인간에게 가장 효과적으로 정보를 제시하는 방법을 제공한다.

④ 사람의 뇌와 마음의 구조와 기능

생명공학기술, 나노기술, 정보기술과 인지과학이 뇌와 마음의 연구에 새로운 기법을 제공한다.

개/념/체/크

01 다음 네트워크 혁명의 3가지 법칙과 그 내용을 서로 관련된 것끼리 연결해보시오.

① 무어의 법칙 • • ㉠ 창조성은 네트워크에 접속되어 있는 다양성에 지수함수로 비례한다는 법칙

② 메트칼프의 법칙 • • ㉡ 네트워크의 가치는 사용자 수의 제곱에 비례한다는 법칙

③ 카오의 법칙 • • ㉢ 컴퓨터의 반도체 성능이 18개월마다 2배씩 증가한다는 법칙

02 다음 〈보기〉를 기술 경영자에게 필요한 능력과 기술 관리자에게 필요한 능력으로 구분해보시오.

— / 보기 / —
㉠ 혁신적인 환경을 조성할 수 있는 능력
㉡ 기술적, 사업적, 인간적인 능력을 통합할 수 있는 능력
㉢ 시스템적인 관점에서 인식하는 능력
㉣ 공학적 도구나 지원방식을 이해할 수 있는 능력
㉤ 기술 이전을 효과적으로 할 수 있는 능력
㉥ 새로운 제품개발 시간을 단축할 수 있는 능력
㉦ 복잡하고 서로 다른 분야에 걸쳐 있는 프로젝트를 수행할 수 있는 능력
㉧ 조직 내의 기술 이용을 수행할 수 있는 능력

① 기술 경영자에게 필요한 능력: (   )
② 기술 관리자에게 필요한 능력: (   )

✓ **정답**

01 ① ㉢, ② ㉡, ③ ㉠
02 ① ㉤, ㉥, ㉦, ㉧, ② ㉠, ㉡, ㉢, ㉣

워크북에는 없지만 시험에는 나오는
플러스 알파 이론

✅ **최신 워크북에서는 삭제되었지만 출제 가능성 높은 이론**

1 벤치마킹 단계

2 기술과 과학의 관계

① 20세기 중엽 이후 1970년대까지 '기술은 과학의 응용'이라는 인식이 지배적으로 작용하였다.

② 1970년대 이후 '기술도 과학과 마찬가지로 지식'이라는 인식으로 변화하였다.
  → 기술은 추상적 이론보다는 실용성, 효용성, 디자인을 강조한다.
  → 과학은 추상적 이론, 지식을 위한 지식, 본질에 대한 이해를 강조한다.

✅ 워크북에 수록되지 않았지만 출제 가능성 높은 이론

1 4차 산업혁명 `기출` 한국공항공사

① 4차 산업혁명은 인공지능, 사물 인터넷, 빅데이터, 가상현실 등의 정보통신기술과의 융합으로 인해 경제·사회 전반에 혁신적인 변화가 나타나는 산업시대를 의미한다.
② 4차 산업혁명의 주요 기술은 다음과 같다.

빅데이터	규모가 크고, 생성 주기가 짧으며, 수치 데이터뿐만 아니라 문자와 영상데이터를 포함하는 대규모의 데이터
클라우드	인터넷에 연결된 중앙컴퓨터에 데이터를 저장하여, 장소와 시간에 제약 없이 데이터를 저장 및 다운로드할 수 있는 기술
인공지능	인간의 학습, 추론, 지각능력 등을 컴퓨터 프로그램으로 실현한 기술
3D 프린팅	플라스틱과 같은 경화성 소재를 이용하여 3차원 모델링 파일을 출력할 수 있는 기술
블록체인	사슬 형태로 무수히 연결된 분산 데이터 저장 환경에 데이터를 저장하여 열람 및 수정에 제한을 걸 수 있는 기술
스마트 모빌리티	• IT 기술과 결합한 모빌리티 　예 개인형 이동장치, 자율주행 자동차 등 • IT 기술을 이용하여 기존 교통수단을 스마트화하는 서비스 　예 주차공유 서비스, 교통정보 서비스 등

2 적정기술

① 사회 공동체의 정치적·문화적·환경적 조건을 고려하여, 특정 지역에서 지속적인 생산 및 소비가 가능하도록 개발된 기술이다.
② 궁극적으로 인간의 삶의 질을 향상시키며, 이로 인해 '따뜻한 기술', '착한 기술' 등으로 불린다.
③ 과거 '첨단기술'과 '하위기술'의 중간 정도의 기술로서 '대안기술'의 의미로, '중간기술'이라는 용어가 사용되었다.
　→ 기술적으로 미완성의 단계로 이해되거나 첨단기술보다 열등한 기술로 보인다고 하여 '적정기술'이라는 이름으로 대체되었다.
④ 적정기술의 5가지 조건은 다음과 같다.

저렴한 비용	사용자 대다수가 개발도상국이라는 점에서 적은 자원을 소모하며, 저가이거나 어디서든 쉽게 확보할 수 있는 자원을 사용해야 함.
적당한 크기, 간단한 사용	• 별도 교육이나 훈련 없이 직관적으로 사용할 수 있어야 함. • 제품이 너무 크면 유지 및 보수가 어려우므로 지양해야 함.
현지 환경 최우선 고려	현지 환경과 너무 동떨어지거나, 현지 환경에서 효용성이 없는 제품은 피해야 함.
현지 기술 및 노동력 활용	적정기술의 목표에는 개인과 지역 공동체의 역량을 강화하는 것도 포함되므로 현지 기술 및 노동력 활용을 통하여 일자리를 창출하고, 지역 사회의 발전에 이바지해야 함.
친환경	신재생 에너지원을 활용하거나 화석 연료의 사용을 줄이는 방법을 지향해야 함.

STEP 02

CHAPTER 08 기술능력

기본문제

01 난이도 상 중 하

다음 중 기술능력과 기술교양에 대한 설명으로 적절하지 않은 것은? | 한국서부발전 |

① 기술능력은 기술교양의 개념을 보다 구체화시킨 개념이다.
② 기술능력은 직업에 종사하기 위해 모든 사람들이 필요로 하는 능력이다.
③ 기술능력을 기르는 것은 기술적 지식, 기술적 과정, 기술적 조건에 대한 이해를 포함한다.
④ 기술능력이 뛰어난 사람이 되기 위한 궁극적인 목표는 구체화된 기술을 소유하고 있는 사람이 되는 데 있다.
⑤ 기술교양은 모든 사람들이 광범위한 관점에서 기술의 특성, 기술적 행동, 기술의 힘, 기술의 결과에 대해 어느 정도의 지식을 가지는 것을 의미한다.

02 난이도 상 중 하

다음 글에서 설명하는 법칙으로 가장 적절한 것은? | 대구도시철도공사 |

> 산업재해가 발생하여 중상자가 1명이 나오면 그 전에 같은 원인으로 발생한 경상자가 29명, 같은 원인으로 부상을 당할 뻔한 잠재적 부상자가 300명이 있었다는 통계적 법칙으로 1 : 29 : 300법칙이라고도 부른다. 이 법칙은 사소한 문제가 발생했을 당시에 원인을 파악하고 문제를 해결하면 대형사고나 실패를 방지할 수 있으며, 문제가 발생했음에도 이를 무시한다면 돌이킬 수 없는 대형사고가 발생할 수 있다는 것을 경고한다.

① 깨진 유리창 법칙　　　② 하인리히 법칙　　　③ 무어의 법칙
④ 메트칼프의 법칙　　　⑤ 황의 법칙

03 난이도 상중하

다음 〈보기〉 중 기술혁신의 특성에 대한 설명으로 적절한 것만을 고르면 모두 몇 개인가?

/ 보기 /
- ㉠ 기술혁신은 연구개발 부서 단독으로 수행될 수 없다.
- ㉡ 기술혁신으로 인하여 조직의 권력구조 자체가 변하기도 한다.
- ㉢ 기술개발의 목표, 일정, 수익 등에 대한 사전계획을 세우기 어렵다.
- ㉣ 연구개발에 참가한 연구원이 기업을 떠나는 경우, 기술개발을 지속할 수 없는 경우가 종종 발생한다.

① 없다.   ② 1개   ③ 2개   ④ 3개   ⑤ 4개

04 난이도 상중하

다음 글에서 설명하는 용어로 가장 적절한 것은?

빵이 생산되려면 먼저 농부가 밀을 재배하고 수확해야 한다. 이렇게 생산된 밀은 보관업자, 유통업자, 제분 회사, 제빵 공장을 거쳐 시장으로 판매된다. 이 과정에서 밀의 생산량을 늘리기 위해 화학비료가 연구되었고, 공장을 효율적으로 가동하기 위한 공작기계들이 개발되었으며, 전기가 생산되었다. 또한 생산물 운송을 위한 교통수단도 보다 빠르게 변화하였고, 농기계를 운용하기 위한 에너지원이 석탄에서 석유로 변화하였다. 즉, 우리의 식탁에 올라오는 빵은 여러 기술이 결합하여 만들어낸 결과물로, 이 기술들은 서로 영향을 주고받으며 끊임없이 발전해 왔다.

① 기술 시스템   ② 기술혁신   ③ 기술경영
④ 기술이전   ⑤ 기술경쟁

05 난이도 상 중 하

다음은 기술선택을 위한 절차를 나타낸 자료이다. 빈칸 ㉠에 들어갈 단계에서 수행해야 하는 업무로 가장 적절한 것은?

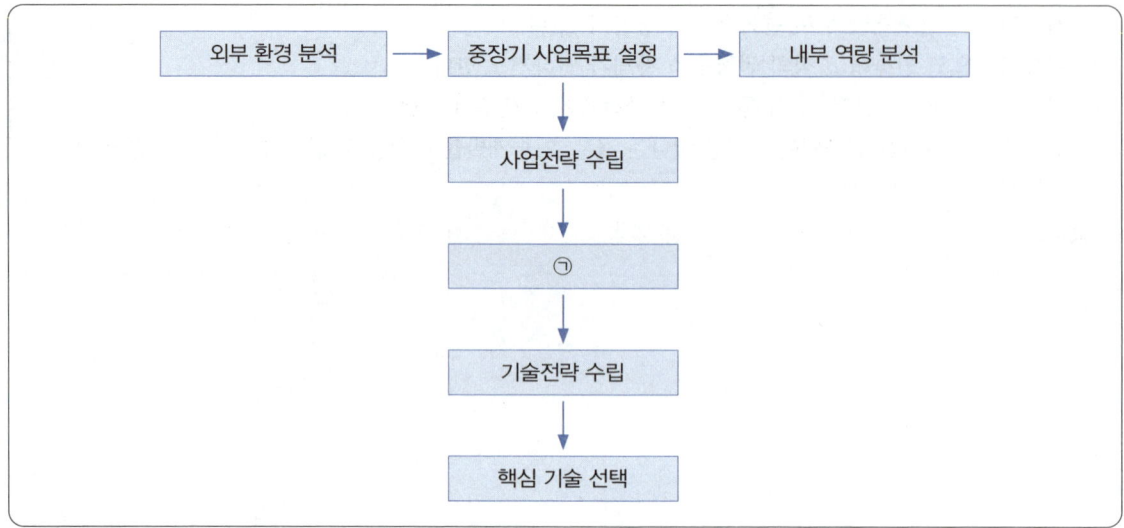

① 제품 설계·디자인 기술, 제품 생산 공정, 원재료·부품 제조기술 분석
② 기술능력, 생산능력, 마케팅·영업능력, 재무능력 등 분석
③ 기업의 장기 비전, 중장기 매출목표 및 이익목표 설정
④ 수요 변화 및 경쟁자 변화, 기술 변화 등 분석
⑤ 사업 영역 결정, 경쟁 우위 확보 방안 수립

06 난이도 상 중 하

다음 중 간접적 벤치마킹에 대한 설명으로 가장 적절한 것은?

① 벤치마킹 결과가 피상적이며 정확한 자료의 확보가 어렵다.
② 자료 수집이 용이하며 다각화된 우량기업의 경우 효과가 크다.
③ 다른 환경의 사례를 가공하지 않고 적용할 경우 효과를 보지 못할 가능성이 높다.
④ 접근 및 자료 수집이 용이하고 비교 가능한 업무·기술 습득이 상대적으로 용이하다.
⑤ 윤리적인 문제가 발생할 소지가 있으며, 대상의 적대적 태도로 인해 자료 수집이 어렵다는 단점이 있다.

07 난이도 상중하

다음 (가)~(다)에 해당하는 지식재산권 관련 용어를 〈보기〉에서 골라 바르게 연결한 것은?

(가) 반도체 배치 설계나 온라인 디지털 콘텐츠 등과 같이 경제·사회문화의 변화나 과학 기술의 발전에 따라 새로운 분야에서 출현하는 재산권
(나) 문화예술 분야에서 인간의 사상 또는 감정을 표현한 창작물인 저작물에 대한 배타적·독점적 권리
(다) 산업 분야의 창작물과 관련된 산업재산권 중 하나로, Life-Cycle이 짧고 실용적인 주변 개량 기술

/ 보기 /
ⓐ 특허   ⓑ 의장   ⓒ 실용신안
ⓓ 저작권   ⓔ 신지식 재산권

① (가) - ⓐ
② (가) - ⓓ
③ (나) - ⓑ
④ (나) - ⓔ
⑤ (다) - ⓒ

08 난이도 상중하

다음은 기술 적용 형태의 특징을 정리한 자료이다. 밑줄 친 ㉠~㉤ 중 적절하지 않은 것만을 모두 고르면?

구분	특징
선택한 기술을 그대로 적용	• 시간 및 비용을 절약할 수 있음. • 선택한 기술을 그대로 적용하는 경우 쉽게 받아들여 적용할 수 있음. • ㉠선택한 기술이 적합하지 않더라도 실패의 위험부담이 적음.
선택한 기술을 그대로 적용하되, 불필요한 기술은 과감히 버리고 적용	• ㉡시간 및 비용이 절감되고, 프로세스의 효율성이 높음. • ㉢'과감하게 버린 기술이 불필요한가'에 대한 문제점이 있을 수 있음. • 선택한 기술이 적합하지 않은 경우 실패의 위험부담이 큼.
선택한 기술을 분석하고, 가공하여 활용	• ㉣소속된 직장에 대한 여건과 환경 분석, 업무 프로세스의 효율성을 최대화할 수 있음. • ㉤다른 경우보다 시간적 부담이 있음.

① ㉠
② ㉢
③ ㉠, ㉢
④ ㉡, ㉣
⑤ ㉢, ㉤

09

P공사에 근무하는 A~E사원은 '네트워크 혁명의 역기능'이라는 주제의 다음 PPT를 보고 〈보기〉와 같이 대화를 나누었다. 이들 중 적절하지 않은 발언을 한 사람은?

네트워크 혁명의 역기능

- 디지털 격차
- 정보화에 따른 실업
- 인터넷 게임, 채팅 중독
- 범죄 및 반사회적 사이트의 활성화
- 정보기술을 이용한 감시

/ 보기 /

A사원 — 네트워크 혁명의 역기능이 발생한 이유는 원격으로 온라인 침투가 쉬우며, 누구나 접근 가능한 네트워크의 특성 때문입니다.

B사원 — 정보 격차, 기술로 인한 실업 문제 등이 이전에도 있었기 때문에 네트워크 혁명의 역기능이 반드시 인터넷 때문이라고 볼 수는 없어요.

C사원 — 인터넷은 정보를 유통하기 쉽고 사람들을 연결하기 때문에 네트워크 혁명의 역기능을 쉽게 결합시키고 증폭시킵니다.

D사원 — 네트워크 혁명의 역기능과 순기능은 서로 잘 분리가 되어 해결책을 찾기 쉽습니다.

E사원 — 최근에는 네트워크의 역기능에 대한 대응으로 법적·제도적 기반을 구축하고 있습니다.

① A사원　② B사원　③ C사원　④ D사원　⑤ E사원

10 난이도 상 중 하

다음 〈보기〉 중 기술관리자에게 필요한 능력으로 적절한 것만을 모두 고르면? | 한국가스기술공사 |

/ 보기 /
㉠ 효과적으로 평가할 수 있는 능력
㉡ 기술직과 의사소통할 수 있는 능력
㉢ 제품 개발 시간을 단축할 수 있는 능력
㉣ 기술을 운용하거나 문제를 해결할 수 있는 능력
㉤ 공학적 도구나 지원 방식을 이해할 수 있는 능력
㉥ 복잡하고 서로 다른 분야에 걸쳐 있는 프로젝트를 수행할 수 있는 능력

① ㉠, ㉡, ㉤
② ㉠, ㉢, ㉥
③ ㉡, ㉣, ㉤
④ ㉠, ㉡, ㉣, ㉥
⑤ ㉢, ㉣, ㉤, ㉥

STEP 03 심화문제

CHAPTER 08 기술능력

01 난이도 상 중 하

다음 글에 해당하는 산업재해 예방 대책의 단계로 가장 적절한 것은?

> 안전에 대한 교육 및 훈련 실시, 안전시설과 장비의 결함 개선, 안전 감독 실시 등의 선정된 시정책을 적용한다.

① 안전 관리 조직
② 사실의 발견
③ 원인 분석
④ 기술 공고화
⑤ 시정책 적용 및 뒤처리

02 난이도 상 중 하

다음은 A가 기술의 특징에 대해 메모한 내용이다. 밑줄 친 ㉠~㉤ 중 적절하지 않은 것을 고르면?

| 광주광역시북구시설관리공단 |

〈기술의 특징〉
㉠ 사회적 변화의 요인인 동시에 사회로부터 영향을 받는다.
㉡ 인간의 능력을 확장하기 위한 하드웨어와 그것의 활용이다.
㉢ 구체적 직무 수행 능력 형태를 의미하는 것은 협의의 개념이다.
㉣ 정의 불가능한 문제를 해결하기 위해 순서화되고 이해 가능한 노력이다.
㉤ 설계·생산·사용에 있어 필요한 정보·기술·절차를 갖는 데 노하우가 필요하다.

① ㉠   ② ㉡   ③ ㉢   ④ ㉣   ⑤ ㉤

03 난이도 상 중 하

다음 사례에 나타난 산업재해의 원인으로 가장 적절한 것은?

2016년에 P사는 정화 설비에 설치된 맹판을 전환하는 작업을 진행하였다. 맹판은 배관에 의해서 위험성이 초래될 우려가 있을 때에 배관에서 위험물이 누출되거나 분출하지 않도록 하는 덮개이다. 당시 해당 작업은 허가가 승인된 상태에서 진행되었는데, 먼저 4명의 직원이 송기마스크를 착용한 상태로 작업을 개시하였다. 19시 40분경부터는 직원 중 1명이 챔버 입구에 설치된 출입문의 창을 통해 챔버 안 상황을 감시하였고, 또 다른 직원 1명은 챔버 내부에서 작업을 지시하였다. 또한 2명의 직원은 4층 챔버 건물 중 3.5층에 설치된 맹판의 전환 작업을 진행하였다.

이후 19시 44분경에 작업자 2명은 전환 작업을 위해 맹판을 체결한 볼트를 풀고 스패너를 이용하여 플랜지의 틈을 벌렸고, 그 순간에 배관 내의 가압된 가스가 누출되어 분산되었다. 이 사고로 작업자 2명이 가스 중독 증세로 입원하였고, 1명은 경미한 부상을 입었다. 사고 분석 결과, 사고의 원인은 맹판 조립 불량으로 인한 가스관 팽창으로 밝혀졌다.

① 교육적 원인 ② 기술적 원인 ③ 작업 관리상 원인
④ 불안전한 행동 ⑤ 불안전한 상태

04 난이도 상 중 하

다음 사례에서 발생한 재해를 예방하기 위한 대책으로 적절한 것만을 〈보기〉에서 모두 고르면?

1. 재해 발생
    ○○중공업(주) 석탄취급설비 설치공사 현장의 석탄 이송설비인 벨트 컨베이어 갤러리 구간에서 콘크리트 타설 작업 중 데크플레이트가 상부하중을 지지하지 못하고 아래로 무너져 콘크리트 타설 작업을 하던 작업자 9명 중 2명이 60m 아래 지상 바닥으로 떨어져 사망함.

2. 재해 발생 원인
    당초 시공상세도에는 철골 보 걸침길이 50mm인 상태에서 무근콘크리트 t = 12.5cm를 타설하는 것으로 계획되어 있었으나, 실제 시공은 철골 보 걸침길이가 12~20mm로 부족한 상태에서 무근콘크리트 t ≒ 21cm로 과하게 타설함으로써 데크플레이트에 과도한 변형이 발생하여 철골 보에서 탈락 및 붕괴함.

/ 보기 /
㉠ 변형이 쉬운 데크플레이트 사용
㉡ 콘크리트 타설 두께 준수
㉢ 콘크리트 타설 전 시공상세도 준수 여부 확인
㉣ 주변 환경 개선

① ㉠, ㉡ ② ㉠, ㉣ ③ ㉡, ㉢
④ ㉢, ㉣ ⑤ ㉠, ㉡, ㉢

05 난이도 상 중 하

다음 글의 빈칸 ㉠, ㉡에 들어갈 재해 원인 분석 방법을 각각 바르게 짝지은 것은?

(㉠)은/는 품질 특성치가 어떤 요인에 의해 영향을 받고 있는가를 조사하여 이것을 하나의 도형으로 묶어 특성과 원인과의 관계를 나타낸 기법이다. 이 기법은 계통적으로 계획 및 검토할 수 있어 원인을 탐구하는 방법으로 널리 활용되고 있다.
(㉡)은/는 불량, 결점, 고장 등의 발생 건수 또는 손실 금액을 항목별로 나누어 발생 빈도 순으로 나열하여 누적 합을 표시한 기법이다. 이 기법은 불량의 주된 원인을 찾는 방법으로 널리 활용되고 있다.

	㉠	㉡
①	특성요인도(C&E Diagram)	파레토도(Pareto Diagram)
②	특성요인도(C&E Diagram)	클로즈 분석(Close Diagram)
③	파레토도(Pareto Diagram)	특성요인도(C&E Diagram)
④	클로즈 분석(Close Diagram)	특성요인도(C&E Diagram)
⑤	클로즈 분석(Close Diagram)	파레토도(Pareto Diagram)

06 난이도 상 중 하

다음 (가), (나)에 해당하는 산업재해의 기본적 원인을 각각 바르게 짝지은 것은?

| 서울교통공사 |

(가) 어젯밤 P화학의 약품 생산 공장에서 발생한 대형 화재로 수십 명의 사상자가 발생하였으며, 화재의 원인은 노후화된 전기 설비로 인한 누전으로 추정되었다.
(나) 최근 H자동차 생산업체가 사전 안전 교육 없이 신규 입사자를 작업 현장에 투입하여 안전사고가 발생한 사실이 뒤늦게 알려져 많은 비난을 받았다.

	(가)	(나)
①	교육적 원인	기술적 원인
②	기술적 원인	작업 관리상 원인
③	기술적 원인	교육적 원인
④	작업 관리상 원인	기술적 원인
⑤	작업 관리상 원인	교육적 원인

07 난이도 상 중 하

홍보팀에 근무하는 네 명의 직원은 업무와 관련하여 각자 선택한 기술 습득 방법에 대해 다음과 같이 대화하였다. 이때 네 사람이 선택한 기술 습득 방법을 각각 바르게 짝지은 것은? | 대구도시철도공사 |

> 최사원: "입사 후 한 달 동안 서차장님께 직무에 필요한 지식과 기술, 능력, 태도 등을 교육받았습니다. 단순한 정보 전달이 아니라 지도와 조언을 받는 형태로 훈련이 행해져서 매우 유용했습니다."
>
> 권주임: "저는 정해진 시간에 정해진 곳에서 학습하는 것이 부담스러웠는데, 현재 학습하고 있는 방식은 정말 만족스럽습니다. 제가 원하는 시간과 장소에서 온라인으로 수업을 듣고, 수업 내용도 제가 원하는 내용을 선별하여 학습할 수 있어서 좋습니다."
>
> 김대리: "회사에 연수 시설이 없어 별도로 올해 초부터 기술과정 연수를 시작하였는데, 교육과정이 체계적이며, 현장과 밀착되어 있습니다. 특히 연수비가 저렴하고, 고용보험 환급을 받을 수 있어 교육비 부담이 적다는 점이 마음에 듭니다."
>
> 박과장: "저는 지난 봄부터 실무 관련 대학원을 다니고 있습니다. 대학원은 수업도 수업이지만, 관련 분야에 종사하고 있는 사람들을 만나 인적 네트워크를 형성할 수 있다는 점이 가장 큰 장점인 것 같습니다."

	최사원	권주임	김대리	박과장
①	OJT 활용	E-learning 활용	상급학교 진학	전문 연수원 활용
②	OJT 활용	E-learning 활용	전문 연수원 활용	상급학교 진학
③	상급학교 진학	전문 연수원 활용	E-learning 활용	OJT 활용
④	E-learning 활용	OJT 활용	전문 연수원 활용	상급학교 진학
⑤	전문 연수원 활용	상급학교 진학	OJT 활용	E-learning 활용

08 난이도 상중하

다음 글을 토대로 〈보기〉에서 지속가능한 기술을 적용한 사례로 볼 수 없는 것만을 모두 고르면?

지속가능한 기술은 이용 가능한 자원과 에너지를 고려하고, 자원이 사용되고 그것이 재생산되는 비율의 조화를 추구하며, 자원이 생산적인 방식으로 사용되는가에 주의를 기울이는 기술이라고 할 수 있다. 즉, 지속가능한 기술은 되도록 고갈되지 않는 자연에너지를 활용하며, 낭비적인 소비 형태를 지양하고, 기술적 효용만이 아닌 환경 효용을 추구한다.

/ 보기 /
㉠ 합성세제 제조업체인 S사는 천연 코코넛 추출물이 포함되어 세정력이 높아진 주방세제를 출시하였다.
㉡ J시에 조성된 친환경 에너지타운은 신재생에너지 시스템을 구축하여 지역 내 공공건물의 난방과 온수를 100% 충당하고 있다.
㉢ T사의 하이브리드형 엔진, G사의 수소 연료전지, V사의 수소연료 전지차 등과 같이 최근 자동차 제조업체에서 수소를 연료로 한 다양한 연구가 진행되고 있다.
㉣ 화학업체 H사는 잉크, 도료, 코팅에 쓰이던 유기 용제를 물로 대체한 수용성 수지를 개발하여 대기오염 물질의 배출을 줄였다.

① ㉠
② ㉢
③ ㉠, ㉡
④ ㉡, ㉢
⑤ ㉡, ㉣

09 난이도 상 중 하

다음 사례에서 설명하는 기술 향상을 위한 방법의 장점으로 적절하지 않은 것은?

한대리는 △△중소기업에 입사한 지 3년 차인 직원이다. 신입사원으로 들어왔을 때는 고등학교와 대학교에서 배운 전공 지식과 기술력, 그리고 기사 자격증을 토대로 하여 나름대로 주목받는 인재였다. 하지만 3년이 지난 지금은 새로 들어오는 신입사원이 최신의 기술능력을 더 많이 알고 있고, 자신의 능력이 조금씩 뒤떨어진다는 것을 느끼게 되었다. 그래서 자신의 기술능력을 신장시키고 다른 사람과의 차별성을 꾸준히 유지할 수 있는 일을 배우기로 하였다.

먼저, 업무에 중요하다고 판단되는 기술이 무엇인지 파악한 한대리는 자신에게 부족한 기술을 습득하는 방법에 대해 알아보기 시작하였다. 그 결과 그는 기술능력 향상을 위해 기술과정 연수를 진행하는 전문 연수원을 통해 교육을 받기로 하였다.

① 현장과 밀착된 교육이 가능하다.
② 새로운 교육에 대한 요구나 내용을 신속하게 반영할 수 있다.
③ 각 분야의 전문가가 진행하는, 이론을 겸한 실무중심의 교육을 받을 수 있다.
④ 최신 실습 장비, 시청각 시설 등 교육에 필요한 각종 부대시설을 활용할 수 있다.
⑤ 한대리가 재직 중인 회사에 연수 시설 및 환경이 조성되지 않은 경우, 전문적인 교육을 통해 양질의 인재 양성 기회를 제공한다.

10 난이도 상중하

포드(Ford)의 대량생산 방식을 일본에 적용할 수 없다고 생각한 도요타는 자신들만의 생산 방식을 새롭게 정립하였다. 이렇게 정립된 도요타의 생산 방식은 생산 현장에서 낭비를 제거하고 다품종 소량생산 체제를 지향한다. 다음 중 도요타의 생산 방식에서 본질적으로 제거하고자 하는 7가지 낭비가 아닌 것은?

① 불량의 낭비　　　　② 과잉생산의 낭비　　　　③ 동작의 낭비
④ 예산의 낭비　　　　⑤ 운반의 낭비

11 난이도 상중하

다음은 기술시스템의 발전 단계를 나타낸 것이다. 이에 대한 설명으로 적절하지 않은 것은?

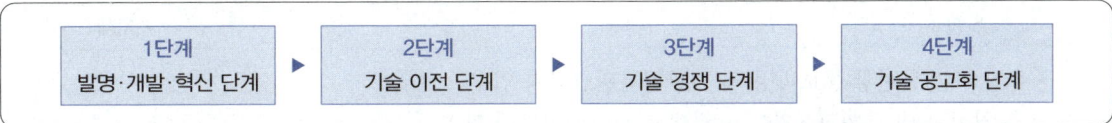

① 1단계에서는 자문 엔지니어의 역할이 중요하다.
② 2단계는 성공적인 기술이 다른 지역으로 이동하는 것을 의미한다.
③ 2단계에서는 기술자의 역할이 중요하다
④ 3단계에서는 기업가들의 역할이 중요하다.
⑤ 4단계에서는 금융 전문가의 역할이 중요하다.

12 난이도 상중하

다음은 기록물의 생산현황 통보에 관한 자료이다. 이에 대한 설명으로 적절하지 않은 것은?

기록물의 생산현황 통보

- **생산현황 통보기간**
  - 처리과 → 기록관: 5월 31일까지
  - 기록관 → 영구기록물관리기관: 8월 31일까지

- **생산현황 통보대상**: 전년도에 생산·접수 완료한 기록물
  - 일반기록물(비전자·전자) 생산현황
  - 조사·연구·검토보고서 생산현황[시행령 제17조 관련]
    ※ 시행령 제17조 개정(2020.6.3. 시행)으로 2021년부터 생산현황 대상에서 제외
  - 회의록 생산현황[시행령 제18조 관련]
  - 시청각기록물 생산현황[시행령 제19조 관련]
  - 비밀기록물 생산현황[시행령 제71조 관련]
  - 행정박물 보유목록[법률 제24조 관련]

- **기록관리시스템 유형별 생산현황 통보**

구분	전자기록생산시스템		기록관리시스템	해당 기관
	업무관리시스템	전자문서시스템		
유형 I	○		○	중앙부처, 교육청
유형 II		○	○	지자체

  - 유형 I: 생산현황 통보과정 및 기관기록관담당자 업무
    - ㉠ 처리과 내 단위과제카드가 제대로 정리되었는지 확인
    - ㉡ 이관실시
    - ㉢ 기관기록관담당자의 업무: 이관이 기록관리시스템으로 제대로 전송되고 있는지 부서별 상태 점검
  - 유형 II: 생산현황 통보과정 및 기록물관리책임자 업무
    - ㉠ 처리과 기록물관리책임자의 확인
    - ㉡ 기록물관리책임자의 업무: 해당 처리과의 생산현황 통계 및 전산파일을 전자문서시스템을 활용하여 기록관에 통보

※ 통보내용: 기록물등록대장, 기록물철등록부, 기록물등록대장변경이력, 특수목록정보 등 정보가 수록된 전산파일

① 전자 일반기록물도 생산현황 통보에 포함해야 한다.
② 지자체는 처리과의 기록물관리책임자가 기록관에게 생산현황을 통보해야 한다.
③ 기관기록관담당자는 이관이 기록관리시스템으로 제대로 전송되고 있는지 점검하는 업무를 수행해야 한다.
④ 전년도에 생산 및 접수가 완료된 기록물에 한하여 올해 처리과는 기록관에 5월 31일까지 이관하여야 한다.
⑤ 2021년에 생산·접수된 조사·연구·검토보고서 생산현황은 2022년 8월 31일까지 영구기록물관리기관에 이관된다.

13 난이도 상 중 하

기획팀에 근무하는 원사원은 신제품 개발을 위한 기술혁신 과정에 참여하는 핵심 인력으로 선발되었다. 프로젝트 총괄 담당자인 최팀장과 원사원이 다음과 같이 대화를 나누었을 때, '핵심 인력'인 원사원이 맡게 될 핵심 역할로 가장 적절한 것은? | 광주광역시북구시설관리공단, 안산도시공사, 대구도시철도공사 |

최팀장: "이번 프로젝트에 핵심 인력으로 선발된 거 축하합니다."
원사원: "감사합니다. 혹시 프로젝트에서 제가 맡게 될 역할은 무엇인가요?"
최팀장: "평소에 제가 원사원을 지켜본 결과, 원사원은 새로운 분야의 일을 즐기는 것 같아 보였어요. 그리고 대인관계가 원만하며, 기술적 역량이 높은 수준인 것 같습니다."
원사원: "좋게 봐주셔서 감사합니다. 하지만 저는 새로운 분야의 일을 즐기는 편은 아닙니다."
최팀장: "그렇군요. 그렇다면 아이디어 전파와 혁신을 위한 자원을 확보하는 업무와 조직 외부의 정보를 내부 구성원들에게 전달하는 업무 중 선택하면 좋을 것 같습니다."
원사원: "그럼 저는 아이디어 전파와 혁신을 위해 자원을 확보하는 업무를 맡고 싶습니다."
최팀장: "아… 원사원 미안합니다. 확인해보니 해당 업무는 김대리가 맡기로 결정이 났네요."
원사원: "어쩔 수 없죠. 조직 외부의 정보를 내부 구성원들에게 전달하는 업무도 자신 있습니다."

① 정보 수문장
② 후원
③ 프로젝트 관리
④ 챔피언
⑤ 아이디어 창안

14 난이도 상 중 하

○○공사의 사원들이 다음의 오븐 매뉴얼 일부를 보고 〈보기〉와 같이 대화를 나누었을 때, 이들 중 적절하지 않은 발언을 한 사람은?

| 한국공항공사 |

■ 사용 가능한 용기

구분	오븐 모드, 그릴 모드	전자레인지 모드	구분	오븐 모드, 그릴 모드	전자레인지 모드
도자기류	○	○	나무·종이 그릇	×	△
내열 유리 그릇	○	○	금선·은선 무늬 그릇	×	×
내열 플라스틱 그릇	×	○	비닐봉지	×	○
일반 유리 그릇	×	△	랩	×	○
일반 플라스틱 그릇	×	△	호일	△	×

※ ○: 사용 가능, ×: 사용 불가(용기 변형이나 화재 위험성 있음), △: 주의 요망(사용 중 수시로 확인 필요)

■ 오류 코드별 해결 방법

오류 코드	해결 방법
C-20	1. 종료 버튼을 누르고 제품을 다시 시작합니다. 2. 문제가 지속되면 30초 이상 전원을 분리한 다음 제품을 충분히 식힌 뒤 재동작하세요. 3. 조치 후에도 이 문제가 해결되지 않으면 서비스센터에 연락하세요.
C-21	1. 전원을 분리한 다음 제품을 충분히 식힌 뒤 재동작하세요. 2. 조치 후에도 이 문제가 해결되지 않으면 서비스센터에 연락하세요.
C-F0	1. 종료 버튼을 누르고 제품을 다시 시작합니다. 2. 문제가 지속되면 30초 이상 전원을 분리한 다음 제품을 충분히 식힌 뒤 재동작하세요. 3. 조치 후에도 이 문제가 해결되지 않으면 서비스센터에 연락하세요.
C-F1	1. 종료 버튼을 누르고 제품을 다시 시작합니다. 2. 조치 후에도 이 문제가 해결되지 않으면 서비스센터에 연락하세요.
C-F2	1. 종료 버튼을 누르고 제품을 다시 시작합니다. 2. 조치 후에도 이 문제가 해결되지 않으면 서비스센터에 연락하세요.
C-d0	1. 조작 버튼 주변을 이물질이 없이 깨끗하게 닦고, 전원 코드를 30초간 뽑았다가 다시 꽂은 후 동작해보세요. 2. 조치 후에도 조치 후에도 동일한 현상이 지속되면 서비스센터에 연락하세요.
C-A1	1. 종료 버튼을 누르고 제품을 다시 시작합니다. 2. 조치 후에도 이 문제가 해결되지 않으면 서비스센터에 연락하세요.

/ 보기 /

A사원

은선 무늬가 있는 그릇은 오븐, 그릴, 전자레인지 모드 모두 사용할 수 없어요.

B사원

제품 표시부에 C-d0라고 표시되면 조작 버튼 주변을 청소하고, 전원 코드를 30초간 뽑았다가 꽂으면 해결될 수 있어. 만약 해결되지 않는 경우 서비스센터에 연락해야 해요.

C사원

오븐 모드 사용을 권장하지 않는 용기는 총 8개예요.

D사원

종료 버튼을 눌러서 해결할 수 있는 오류 코드는 5개 이상이네요.

E사원

제품 표시부에 C-21이라고 표시된 경우 전원을 분리한 다음 제품을 충분히 식혀 사용하면 해결될 수 있어요.

① A사원　　② B사원　　③ C사원　　④ D사원　　⑤ E사원

15 난이도 상 중 하

다음 (가), (나)를 종합한 내용으로 가장 적절한 것은?

> (가) S기업은 끊임없는 연구개발을 통한 기술혁신으로 업계 최고의 위치에 올라선 대표적인 기업이다. 우리는 현재 S기업에서 개발한 스마트폰을 통해 언제 어디서나 인터넷을 활용할 수 있다.
> (나) 전자우편을 통해 우리는 멀리 있는 사람들과도 필요한 문서를 주고받으며 다양하게 소통할 수 있게 되었다. 하지만 전자우편은 사이버 범죄에 대한 노출 횟수가 증가하고 있고, 이를 통해 막대한 피해를 입은 사람들이 계속해서 발생하고 있다.

① 기술력이 각종 범죄의 도구로 활용될 수 있다.
② 기술의 실패는 전달되는 중에 항상 축소되기 마련이다.
③ 기술은 새로운 발명과 혁신을 통해 우리의 삶을 윤택하게 바꿔준다.
④ 기술혁신을 통해 우리는 다양한 사람들과 소통하며 문서를 주고받을 수 있다.
⑤ 신기술은 문명의 이기를 만들어내기도 하지만, 사회의 위험성을 증대시키기도 한다.

16 난이도 상 중 하

정보보안팀에 근무하는 귀하는 팀원인 P사원이 업무와 관련한 프로그램이 새로 도입되거나 업데이트될 때마다 모든 매뉴얼을 숙지하고 공부한다는 것을 알게 되었다. 업무와 관련하여 공부를 한다는 것은 매우 고무적인 일이라 생각하였으나, 얼마 전 P사원이 모든 프로그램을 배우는 데 시간이 너무 많이 들어 실제 업무에 집중하기 어렵다고 말하였다. 이때 귀하가 P사원에게 해줄 수 있는 조언으로 가장 적절한 것은?

① "기술을 미리 익혀두면 나중에 잊어버릴 가능성이 있기 때문에 기술이 필요해지는 순간에 배우는 것이 기술의 적시성을 높일 수 있는 방법이에요."
② "기술의 세세한 부분들을 알고 있으면 나중에 업무 효율을 높이는 데 도움이 될 수 있으므로 지금 업무를 할 수 없더라도 익히는 것을 멈추어서는 안 돼요."
③ "지금 쓰이는 기술을 배우는 것보다 앞으로 필요해질 기술을 미리 예측하고 배울 수 있는 능력이 필요해요."
④ "지금 우리가 쓰는 기술의 80%는 10년 후에 다 없어질 가능성이 높기 때문에 사라질 것으로 예상되는 기술은 배울 필요가 없어요."
⑤ "기술은 빠르게 변화하기 때문에 모든 것을 익히려고 하기보다는 뼈대가 되는 원리와 절차 위주로만 익히는 게 중요해요."

17 난이도 상 중 하

다음 사례에 나타난 기술 실패의 원인으로 가장 적절한 것은?

A화학의 생산 공장에 근무하고 있는 L대리는 퇴근 후 가족과 뉴스를 보다가 자신이 근무하고 있는 공장에서 대형 화재가 발생했다는 소식을 접하였다. 수십 명의 사상자를 발생시킨 이 화재의 원인은 노후화된 전기 설비로 인한 누전으로 추정된다고 하였다. 불과 몇 시간 전까지 같이 근무했던 동료들의 사망 소식에 L대리는 어찌할 바를 몰랐다. 그렇지 않아도 공장장에게 노후 전기 설비를 교체하지 않으면 큰일이 날지도 모른다고 늘 강조해왔는데, 결국에는 돌이킬 수 없는 대형사고가 발생하고 만 것이다.

"사전에 조금만 주의를 기울였다면 이러한 대형 사고는 충분히 막을 수 있었을 텐데…. 제가 더 적극적으로 공장장을 설득하여 전기 설비를 교체했더라면 오늘 사고처럼 동료들을 잃는 일은 없었을 겁니다."라며 L대리는 자책했다.

① 조직운영 불량　　　　② 가치관 불량　　　　③ 차례 미준수
④ 조건의 변화　　　　　⑤ 무관심

18 난이도 상 중 하

다음은 N사 식기세척기의 고장 신고 전 확인사항에 관한 자료이다. 자료를 잘못 이해한 사람만을 〈보기〉에서 모두 고르면?

증상	원인 및 해결책
1. 제품이 작동하지 않아요.	제품 문을 완전히 닫지 않은 경우, '딸깍' 소리가 날 때까지 제품 문을 완전히 닫으세요.
	전원 플러그가 빠져 있는 경우 전원 플러그를 콘센트에 바르게 끼우세요.
	누전 차단기가 'OFF'로 되어 있는 경우 누전 차단기를 'ON'으로 바꾸세요.
	제품 작동 시 [시작] 버튼을 3초간 누르면 세척이 취소되어 제품이 작동하지 않으므로, [시작] 버튼을 1회 짧게 누르세요.
2. 필터 아래에 물이 남아 있어요.	세척이 끝난 후 제품 구조상 100ml 이하의 잔수가 남을 수 있으며, 잔수는 배수관을 통해 역류하는 냄새를 막아 주는 역할을 합니다. 세척을 시작하면 잔수를 배수한 후 급수하므로 잔수로 인한 오염은 걱정하지 않아도 됩니다.
	필터의 배수 구멍 근처에 잔수가 있는 경우 이물질이 필터의 배수 구멍을 막을 수 있으므로 필터의 이물질을 제거하세요.
	배수 호스가 구부러져 있거나 제품에 끼어 있는 경우 배수 호스를 곧게 펴주세요.
3. 세제통에 세제가 남아 있어요.	상단 식기 바구니의 좌우 높이가 동일하지 않은 경우 상단 식기 바구니 높이를 조절하세요.
	세제 투입구 덮개가 닫혀 있는 경우 식기가 세제 투입구 덮개가 열리는 것을 방해할 수 있으므로 상단 식기 바구니의 식기를 재배열하세요.
4. 제품 문 아래에서 물이 흘러 나와요.	제품이 기울어져 있는 경우 제품 하단의 높이 조절기를 조절하여 수평을 맞추세요.
	배수 호스와 배수구가 연결되어 있지 않은 경우 배수 호스 연결 부분을 확인하세요.
	급수 호스가 수도꼭지와 연결되지 않은 경우 급수 호스와 수도꼭지 연결부를 제대로 조이세요.
5. 버튼이 작동하지 않아요.	버튼 잠금 기능을 설정한 후 작동이 완료되면 제품 전원이 꺼져도 버튼 잠금 기능이 설정되어 있습니다. 버튼 잠금 기능을 해제한 후 사용하세요.

― / 보기 / ―

A: "제품이 기울어져 있는 경우 제품 문 아래에서 물이 흘러나올 수 있으므로 제품 하단의 높이 조절기를 이용하여 수평을 맞춰야 합니다."
B: "버튼 잠금 기능을 설정한 경우 제품 전원이 꺼지면 버튼 잠금 기능이 해제됩니다."
C: "제품을 작동 시킬 때는 [시작] 버튼을 1회 짧게 눌러야 합니다."
D: "세척이 끝난 후에 약 120ml의 잔수가 남을 수 있으며, 잔수는 배수관을 통해 역류하는 냄새를 막아주는 역할을 하므로 걱정하지 않아도 됩니다."

① A, B ② A, C ③ B, C ④ B, D ⑤ C, D

19 난이도 상 중 하

다음 사례의 기술혁신 과정에서 J씨가 수행하는 핵심 역할에 대한 설명으로 가장 적절한 것은?

평소 창업에 관심이 많았던 J씨는 주변의 친구들과 함께 기술혁신 과정에 따라 창업을 준비하고 있다. 주변의 친구들을 대표해 J씨는 창업 전 관련 전문가들을 수시로 만나고, 그들에게 조언을 구하였다. 또한 본인이 고안한 프로젝트를 구현하기 위해 새로운 아이디어를 창출하고, 이를 다양한 방법으로 검증하여 가능성을 인정받았다. 현재 J씨는 앞으로 어떤 방향으로 사업을 전개해야 하는지에 대해서 열심히 탐색 중이다.

① 혁신에 대해 격려를 아끼지 않는다.
② 높은 수준의 기술적 역량을 필요로 한다.
③ 아이디어 실현을 위해 헌신하는 역할이다.
④ 추상화 능력과 개념화 능력을 필요로 한다.
⑤ 프로젝트를 기획 및 조직하고 효과적인 진행을 감독한다.

20~22 다음은 기어의 종류에 대한 자료이다. 이어지는 물음에 답하시오.

〈기어 종류별 특징〉

구분	특징
평기어	• 평행축 기어에 속하며, 축과 평행하게 치형이 가공되어 있는 원통형 기어이다. 축 방향의 하중이 걸리지 않는 것이 특징이다. 주로 세탁기, 태엽시계, 선반, 내연기관 등에 사용된다.
헬리컬기어	• 평기어와 같이 평행축으로 사용되며 비틀어진 잇줄을 가진 원통형 기어이다. 물림률이 우수하고 소음이 적으며 더 큰 동력을 전달할 수 있다. 일반적인 전달장치, 감속 장치에 적합하며, 주로 공작 기계, 내연기관 등에 사용된다. • 헬리컬기어는 비틀림 방향에 주의해야 한다. 기어를 축방향에서 봤을 때, 톱니 줄기가 우측이면 우비틀림, 좌측이면 좌비틀림이라고 한다.
베벨기어	• 서로 교차하는 두 축에서 동력을 전달할 때 사용하는 원추형 기어이다. 직선 베벨기어는 베벨기어 중 가장 가공이 쉽고 저렴하다. 하지만 스파이럴 베벨기어보다 이용도가 떨어진다. 주로 핸드 드릴, 자동차의 구동 장치에 사용된다. • 베벨기어에는 직선 베벨기어, 헬리컬 베벨기어, 스파이럴 베벨기어, 마이터 기어, 앵귤러 베벨기어, 크라운기어, 제롤 베벨기어, 하이포이드기어가 있다.
스파이럴 베벨기어	• 물림률이 높으므로 직선 베벨기어보다 효율, 강도, 진동, 소음이 우수하지만, 생산이 어렵다. 주로 전동 그라인더, 공작 기계, 예초기 등에 사용된다.
마이터 기어	• 베벨기어에서 감속비가 1 : 1인 기어로 속도 변경 없이 동력전달의 방향을 바꾸는 데 사용된다. 마이터 기어의 축각이 90°인 반면, 축각을 90°가 아닌 임의로 설정한 앵귤러 베벨기어가 있다.
나사기어	• 비틀림각이 45°이면서 같은 비틀림 방향을 가진 평행축도 교차축도 아닌 한 쌍의 기어이다. 점 접촉으로 인한 동력전달 효율이 낮다. 치면이 미끄러지면서 동력을 전달하므로 윤활에 주의를 기울여야 한다. 주로 자동차의 구동 장치, 자동 기계 등 복잡한 회전 운동을 하는 곳에 사용된다.
웜기어	• 축을 나사 모양으로 절삭한 것을 웜, 상대기어를 웜휠이라고 한다. 교차하지 않는 축으로 사용할 때 함께 웜기어라고 한다. 기어 표면이 미끄러지면서 접촉하므로 마찰을 줄여야 하며, 이로 인하여 웜은 더 단단한 재질을 사용해야 하고 웜휠은 부드러운 재질을 사용한다. 주로 감속 장치, 체인 블록, 공작기계 등에 사용된다.

20 난이도 상중하

위의 자료에 대한 설명으로 적절하지 않은 것은? | 한국우편사업진흥원 |

① 웜기어는 웜과 웜휠로 구성된다.
② 베벨기어의 종류는 6개 이상이다.
③ 평기어와 헬리컬기어는 원통형 기어이다.
④ 나사기어는 점접촉으로 인한 동력전달 효율이 낮다.
⑤ 앵귤러 베벨기어의 축각은 90° 이상이다.

21 난이도 상중하

다음 〈보기〉 중 기어의 두 축이 서로 평행인 기어만을 모두 고르면? | 한국우편사업진흥원 |

/ 보기 /
㉠ 헬리컬 베벨기어   ㉡ 제롤 베벨기어   ㉢ 마이터 기어
㉣ 평기어   ㉤ 스파이럴 베벨기어   ㉥ 나사기어
㉦ 웜기어   ㉧ 헬리컬기어   ㉨ 하이포이드기어

① ㉠, ㉢
② ㉣, ㉧
③ ㉠, ㉡, ㉣
④ ㉢, ㉦, ㉨
⑤ ㉤, ㉥, ㉧

22 난이도 상중하

다음 A와 B의 대화를 토대로 할 때, B가 사용할 기어로 가장 적절한 것은? | 한국우편사업진흥원 |

A: "이번 수리에 사용될 제품은 모두 구매하셨나요?"
B: "아직 수리 의뢰서를 읽지 않아서 구매하지 못했습니다."
A: "간략하게 설명하자면 제품의 감속 장치 이상으로 해당 부분에 있는 기어를 교체해야 할 것 같습니다."
B: "그렇군요. 해당 감속 장치의 특징이 있나요?"
A: "큰 동력이 전달되는 장치로 물림률이 우수한 기어를 사용해야 합니다."
B: "네, 알겠습니다."

① 평기어
② 나사기어
③ 헬리컬기어
④ 헬리컬 베벨기어
⑤ 웜기어

23

다음은 기술선택을 위한 절차를 나타낸 자료이다. 자료의 빈칸 ㉠, ㉡에 해당하는 절차에서 요구되는 내용을 각각 바르게 짝지은 것은?

| 서울교통공사 9호선 |

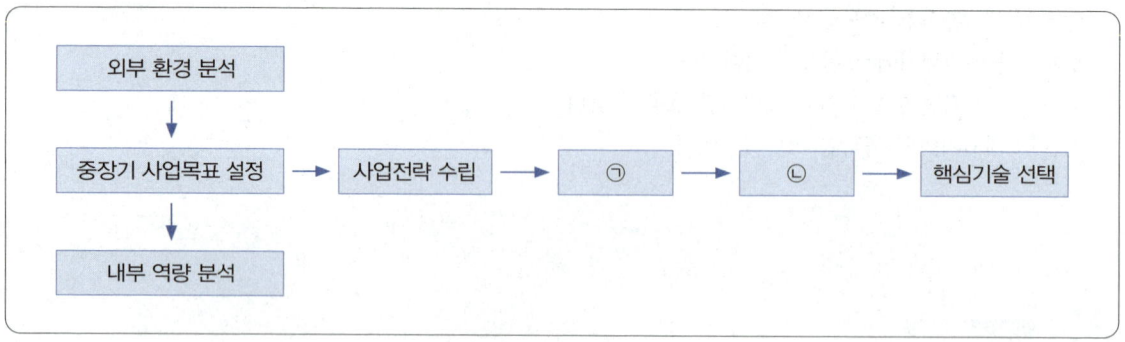

	㉠	㉡
①	제품 설계·디자인 기술	기술 획득 방법 결정
②	원재료 제조기술 분석	마케팅 능력
③	수요 변화 분석	기술 변화 분석
④	기업의 장기 비전 설정	사업 영역 결정
⑤	경쟁 우위 확보 방안 수립	생산·재무 능력

24

다음 〈보기〉 중 산업재산권의 존속기간에 대한 설명으로 적절한 것만을 모두 고르면?

/ 보기 /

㉠ 특허권의 존속기간은 특허권을 설정등록한 날부터 특허출원일 후 20년이 되는 날까지이다.
㉡ 실용신안권의 존속기간은 실용신안권을 설정등록한 날부터 실용신안등록출원일 후 15년이 되는 날까지이다.
㉢ 디자인권의 존속기간은 디자인권을 설정등록한 날부터 발생하여 출원일부터 20년이 되는 날까지이다.
㉣ 상표권의 존속기간은 상표권의 설정등록이 있는 날부터 10년이며, 상표권의 존속기간 갱신등록출원에 의하여 최대 20년까지 갱신 가능하다.

① ㉠, ㉡   ② ㉠, ㉢   ③ ㉡, ㉢
④ ㉡, ㉣   ⑤ ㉢, ㉣

25 난이도 상중하

다음 사례에 나타난 벤치마킹의 특징으로 가장 적절한 것은?

> A씨는 특유의 매운 양념치킨으로 인기를 얻어 전국에 수십 개의 치킨 가맹점을 냈다. 그 과정에서 직원들이 회사를 그만둔 뒤, 매운 양념치킨 레시피를 모방한 회사를 창업하여 경쟁사가 되는 일이 비일비재했다. 그러나 그렇게 나간 직원들이 선보인 치킨은 기존 A씨의 매운 양념치킨과 맛이 비슷하다는 비판만 받은 채 실패를 겪었다. 유일하게 성공을 거둔 B씨는 A씨의 매운 양념치킨 레시피에 자신만의 노하우를 더하여 '더핫치즈 양념치킨'을 개발하였다. B씨의 '더핫치즈 양념치킨'은 치킨업계에서 성공적인 벤치마킹 사례로 꼽힌다.

① 여러 사람들이 성공한 모방만이 벤치마킹의 기본적인 조건이다.
② 창조자의 가치와 철학까지도 완벽하게 배우는 것이 벤치마킹이다.
③ 벤치마킹은 자신의 방법으로 큰 골자를 구성하고, 부수적인 요인들만 모방하는 것을 의미한다.
④ 성공한 상품을 충분히 배우고 익힌 후 자신에게 맞는 상품으로 재창조하는 것이 벤치마킹이다.
⑤ 모방은 윤리적으로 문제가 될 수 있지만 벤치마킹은 내부 변형으로 인하여 윤리적 문제가 발생하지 않는다.

26 난이도 상중하

○○공사의 사원들이 다음의 홈페이지 제작 및 운영 프로그램 매뉴얼 목차를 보고 〈보기〉와 같이 대화를 나누었을 때, 이들 중 적절하지 않은 발언을 한 사람만을 모두 고르면? | 광주광역시북구시설관리공단 |

1. 업체 소개
2. 홈페이지 개설 절차
    1) 회원가입 및 로그인
    2) 홈페이지 개설 신청
    3) 홈페이지 생성마법사
3. 홈페이지 관리
    1) 홈페이지 화면구성
    2) 메뉴 관리
    3) 파일 관리
    4) 기능 관리
    5) 위젯 관리
    6) 레이아웃 관리
    7) 환경설정
8) 홈페이지 통계
9) 간편 기능 생성
10) 홈페이지 배경 설정
11) 홈페이지 스킨 변경
12) 템플릿 등록 신청
4. 모바일 홈페이지 관리
    1) 모바일 홈페이지 화면구성
    2) 메뉴 관리
    3) 환경설정
    4) 모바일 홈페이지 스킨 변경
5. FAQ
6. A/S
7. 제품정보

/ 보기 /

임사원: "제품의 특징이나 기능, 사용 방법, A/S 등 제품에 관련된 모든 서비스에 대한 정보를 제공하기 위해 작성한 매뉴얼이군요."
강사원: "이와 같은 매뉴얼을 작성할 때에는 제품 사용자의 유형과 사용 능력을 파악하고, 혹시 모를 오작동까지 고려해야 해요."
서사원: "보다 구체적인 정보를 전달할 수 있도록, 밀접하게 관련된 명령들이 한 문장에 최대한 많이 포함되도록 작성하는 것이 좋아요."
백사원: "사용자가 원하는 정보의 위치를 빠른 시간 내에 파악할 수 있도록 짧고 의미 있는 제목을 작성하는 것도 중요해요."

① 임사원
② 서사원
③ 임사원, 강사원
④ 강사원, 서사원
⑤ 서사원, 백사원

27 난이도 상 중 하

다음은 기술선택을 위한 의사결정의 특징에 관한 자료이다. 밑줄 친 ㉠~㉤ 중 적절하지 않은 것은?

상향식 기술선택	하향식 기술선택
• 기업 전체 차원에서 필요한 기술에 대한 체계적인 분석이나 검토 없이 연구자나 엔지니어들이 자율적으로 기술을 선택한다. • ㉠기술개발자들의 흥미를 유발할 수 있다. • ㉡기술자들이 지식과 흥미만을 고려하여 기술을 선택할 경우 고객수요 및 서비스 개발에 부적합한 기술이 선택될 수 있다. • 기업 간 경쟁에서 승리할 수 없는 기술이 선택될 수 있다.	• ㉢기술경영진과 기술기획 담당자들에 의한 체계적인 분석을 통해 기업이 획득해야 하는 대상기술과 목표기술 수준을 결정한다. • ㉣창의적인 아이디어를 활용할 수 있다. • ㉤'중장기적인 사업목표 설정, 핵심고객층과 제품·서비스의 결정, 필요한 기술의 열거, 우선순위 결정'의 순으로 이루어진다.

① ㉠ ② ㉡ ③ ㉢ ④ ㉣ ⑤ ㉤

28 난이도 상 중 하

다음 (가)~(마)는 비교대상에 따라 분류된 벤치마킹별 특징이다. (가)~(마)에 해당하는 벤치마킹 유형을 〈보기〉에서 찾아 바르게 연결한 것은?

(가) 접근 및 자료 수집이 쉽고 비교 가능한 업무 및 기술 습득이 상대적으로 쉽다.
(나) 자료 수집이 쉬우며 다각화된 우량기업의 경우 효과가 큰 반면, 관점이 제한적일 수 있고 편중된 내부 시각에 대한 우려가 있다.
(다) 문화적 또는 제도적 차이로 발생되는 효과에 대해 검토하지 않을 경우 잘못된 분석 결과가 발생할 수 있다.
(라) 동일업종에서 고객을 직접적으로 공유하는 경쟁기업을 대상으로 한다.
(마) 혁신적인 아이디어의 창출 가능성은 높은 반면, 다른 환경의 사례를 가공하지 않고 적용하면 효과를 보지 못할 가능성이 높다.

/ 보기 /
ⓐ 경쟁적 벤치마킹 ⓑ 글로벌 벤치마킹
ⓒ 내부 벤치마킹 ⓓ 비경쟁적 벤치마킹

① (가) – ⓓ
② (나) – ⓐ
③ (다) – ⓑ
④ (라) – ⓒ
⑤ (마) – ⓒ

29

다음은 ○○통신사의 ARS 서비스 기능을 정리한 자료이다. 이를 토대로 〈보기〉의 김사원이 누른 ARS 코드에 해당하지 않는 것은?

코드	서비스 기능
1	사용 요금, 소액 결제, 잔여 데이터 확인
2	로밍 서비스
3	휴대폰 정지, 분실 및 통화 품질
4	요금제 변경 및 요금 납부
5	기기 변경 및 가입 서비스
6	데이터 리필, 부가 서비스 신청 및 취소
7	서비스 코드 다시 듣기
0	상담사 연결

／ 보기 ／

김사원은 이번 달 잔여 데이터를 확인하기 위해 ARS 서비스를 이용하였다. 확인 결과, 잔여 데이터가 없어 데이터 리필도 신청하였다. 지난달에도 데이터가 부족하여 데이터를 리필했던 기억이 난 김사원은 서비스 코드를 다시 들은 후 상담사와 통화하여 요금제 변경을 직접 요청하였다.

① 0　　　② 1　　　③ 4　　　④ 6　　　⑤ 7

30 난이도 상중하

다음 사례의 B과장이 A대리와의 문제를 해결하기 위해 보완해야 하는 역량으로 가장 적절한 것은?

개발자인 A대리는 보안 시스템을 강화하는 프로그램을 개발하는 프로젝트 팀의 일원이며, 최근 프로젝트 팀에는 B과장이 새로 영입되었다. B과장은 A대리와 보안 프로그램 설계에 대해 이야기를 나누던 중, A대리가 설명하는 내용을 이해하기가 어려웠다. 이에 B과장은 자신이 이해하지 못한 부분에 대해 A대리에게 새롭게 제안하였다. 그러자 프로젝트를 진행해왔던 A대리는 B과장이 개발 소프트웨어에 대한 이해가 부족하므로, B과장이 요구하는 내용을 수용할 수 없다고 하였다. 그러나 B과장은 자신이 제안한 부분이 보안 프로그램 설계 시 꼭 포함되어야 하는 기능임에도 불구하고, A대리가 단순히 힘들고 시간이 오래 걸리기 때문에 자신의 의견을 수렴하지 않는 것이라 생각했다.

① 기술학의 특성과 역할을 이해하는 역량을 키워야 한다.
② 조직 내의 기술을 이용할 수 있는 역량을 키워야 한다.
③ 기술과 관련된 이익을 가치화하고 위험을 평가할 수 있는 역량을 키워야 한다.
④ 기술 설계에 대한 이해를 기반으로 기술직과 의사소통할 수 있는 역량을 키워야 한다.
⑤ 기술에 의한 윤리적 딜레마에 대해 합리적으로 반응할 수 있는 역량을 키워야 한다.

31 난이도 상중하

다음은 진공청소기 사용 매뉴얼의 일부이다. 이를 바탕으로 할 때, 다음 중 고객의 문의사항에 대한 안내원의 응대가 적절하지 않은 것은?

■ 경고 및 주의 사항
1. 수리 기술자 이외에는 절대로 제품을 분해하거나 개조하지 마세요. 고장 또는 화재, 감전의 원인이 됩니다.
2. 흡입구 및 배기구를 막은 채 장시간 사용하지 마세요. 과열에 의한 고장 또는 발화의 원인이 됩니다.
3. 제품에 물 등의 액체가 들어가거나 젖지 않도록 하고, 청소 시 액체, 칼날, 불씨 등을 흡입하지 마세요. 고장 또는 화재, 감전의 원인이 됩니다.
4. 청소 중 연장관이나 본체에 정전기가 발생할 수 있습니다.

■ 증상별 조치 사항

증상	조치 사항
청소기가 전혀 작동하지 않습니다.	1. 콘센트에 전선이 꽂혀 있는지 확인하세요. 2. 콘센트에 다른 제품(드라이어/선풍기 등)을 꽂아 전기가 들어오는지 확인하세요. 3. 본체와 호스를 분리한 후 다시 결합해 주세요.
코드가 끝까지 안 감기거나 완전히 안 나옵니다.	1. 코드를 꺼낸 후 다시 감아주세요. 2. 코드가 안 빠질 경우 코드를 세게 당겨 빼내 주세요.
뜨거운 바람이 나오고 본체가 뜨겁습니다.	배기구에서 나오는 바람은 모터열을 냉각시킨 후의 바람이므로 안심하세요.
청소기 뒤쪽에서 냄새가 납니다.	1. 정상적으로 작동된다면 고장이 아닙니다. 2. 구입 초기 3개월가량은 새 제품이므로 고무류 냄새가 날 수 있습니다(새 가구 냄새와 같은 원리입니다). 3. 장기간 사용 시에는 먼지통 내의 먼지로 인한 냄새가 발생하오니 먼지통 및 필터를 세척하여 사용하세요.
청소기에서 시끄러운 소리가 납니다.	청소기의 흡입력이 높아 모터가 고속으로 회전할 때 발생하는 소리입니다. 고장이 아니므로 우려 마시고 사용하십시오. 그러나 정상적인 회전 소리가 아니고 이상한 소리가 난다고 느껴지면 가까운 AS 센터로 전화해 주세요.

① Q: 안녕하세요. 진공청소기를 물티슈로 청소하였는데, 그다음부터 작동하지 않습니다. 무엇이 문제인가요?
　A: 안녕하세요, 고객님. 해당 제품을 물티슈로 청소하게 되면 제품에 물이 들어가서 고장의 원인이 될 수 있습니다. 이에 유의하여 다시 한번 제품 상태 확인해 주시기 바랍니다.
② Q: 배기구에서 발열이 꽤 있고, 뜨거운 바람이 나옵니다. 구입한 지 일주일도 채 되지 않는 제품인데, 이럴 수가 있나요?
　A: 안녕하세요, 고객님. 배기구에서 나오는 뜨거운 바람은 모터열을 냉각시킨 후의 바람이므로 정상입니다.
③ Q: 안녕하세요. 청소기를 사용 중인데 소음이 너무 심합니다. 무엇이 문제인가요?
　A: 안녕하세요, 고객님. 청소기의 흡입력이 높아 모터가 고속으로 회전 시 시끄러운 소리가 발생할 수 있습니다. 만약 정상적인 회전 소리가 아닌 경우 가까운 AS 센터로 전화 문의주시기 바랍니다.
④ Q: 제품을 사용하다가 청소기 연장관 쪽에서 정전기가 느껴졌습니다. 제품에 문제가 있는 걸까요?
　A: 제품의 본체 또는 연장관에서 정전기가 발생할 수 있습니다. 제품은 정상입니다.
⑤ Q: 이 제품을 6개월 전에 구입하였습니다. 그런데 이 제품이 아직까지 작동은 잘 되는데, 작동할 때마다 청소기 뒤쪽에서 조금 역한 냄새가 나네요. 무슨 문제가 있는 걸까요?
　A: 안녕하세요, 고객님. 구입한 지 6개월이 지났는데도 계속 냄새가 나는 상황이라면 제품 내부의 모터에 문제가 있을 수 있으니 가까운 AS 센터를 방문해 주시기 바랍니다.

32 난이도 상 중 하

다음 (가), (나)에서 공통적으로 도출할 수 있는 기술적용 시의 고려 사항으로 가장 적절한 것은?

> (가) 세계 최초로 필름 카메라를 발명한 A사는 급속한 디지털 환경으로의 변화에도 불구하고 필름 카메라 사업의 안정적인 수익 확보에만 주력하였다. 그 결과 최신 디지털 카메라 기술을 확보하지 못하였고, 현재 세계 지역별로 판매 축소 및 중단을 계획하고 있다.
> (나) 디지털 제품 제조업체인 B사는 당시 유행하던 CD 플레이어의 제조 시장에 뒤늦게 뛰어들었다. 그러나 시장은 이미 디지털 복합화 추세에 맞춰 CD 플레이어에서 MP3 파일을 이용한 휴대형 오디오 기기로 요구 기술이 변화하였고, 결국 B사는 오디오 기기 제조 시장 진출에 실패하였다.

① 기술적용에 따른 비용
② 기술의 전략적 중요도
③ 기술의 수명 주기
④ 잠재적인 응용 가능성
⑤ 기술과 회사 전략의 조합

33 난이도 상 중 하

다음 글에서 설명하는 용어로 가장 적절한 것은?

> 금융과 기술의 융합을 통한 금융 서비스 및 산업의 변화를 통칭하는 것으로, ○○페이 등과 같은 모바일, SNS, 빅데이터 등 새로운 IT 기술 등을 활용하여 기존 금융 기법과 차별화된 금융 서비스를 제공한다.

① 릴레이션십 뱅킹(Relationship banking)
② 스마트뱅킹(Smart banking)
③ 오픈뱅킹(Open banking)
④ 펌뱅킹(Firm banking)
⑤ 핀테크(FinTech)

34 난이도 상중하

다음은 IT 업계를 중심으로 한 유능한 CTO 영입에 관한 자료이다. 이를 토대로 기업들이 유능한 CTO를 영입하고자 하는 이유에 해당하는 것만을 〈보기〉에서 모두 고르면 몇 개인가?

| 광주광역시북구시설관리공단 |

IT 벤처업계의 'CTO(최고기술책임자)' 영입 경쟁이 뜨겁다. 대기업 임원급 연봉에 스톡옵션까지 내걸며 'CTO 모시기'에 경쟁이 불붙었다. 스타트업의 경쟁력이 '마케팅'에서 '기술력'으로 넘어가면서 CTO의 역할은 날로 중요해지고 있다. 하지만 수요에 비해 공급은 턱없이 부족하다. 스타트업이 CTO 영입에 사활을 거는 이유다.

헤드헌팅업계 관계자는 "최근 IT 스타트업계에서 CTO를 영입하기 위해서는 회사 대표가 3번을 찾아가야 한다는 말이 있다."라며 "연봉 3억 원 이상에, 스톡옵션도 두둑이 챙겨 주는 등 파격적인 조건을 내걸어도 CTO 찾기가 쉽지 않다."고 전했다. 이에 CTO를 뺏고 뺏기는 전쟁 같은 상황이 벌어지기도 한다.

배달 플랫폼 A사는 최근 숙박 플랫폼 B사의 송□□ CTO를 자사 CTO로 영입했다. 송□□ CTO를 영입한 A사는 핵심 프로젝트인 배달로봇 개발과 인공지능(AI)을 활용한 플랫폼 고도화에 집중하고 있다. 한편 송□□ CTO를 빼앗긴 숙박 플랫폼 B사는 최근 여러 유명 포털사이트에서 경력을 다진 엄△△를 CTO로 영입했다. 엄△△ CTO는 B사의 플랫폼 고도화는 물론 AI 기술을 활용해 숙소 예약부터 객실 서비스, 체크아웃 등 모든 과정을 앱 하나로 처리하는 B사의 최대 프로젝트 개발에 힘을 보탤 예정이다.

─ / 보기 / ─
㉠ 기술팀을 통합할 수 있어서
㉡ 혁신적인 환경을 조성할 수 있어서
㉢ 시스템적인 관점에서 인식할 수 있어서
㉣ 사업적·인간적인 능력을 통합할 수 있어서
㉤ 빠르고 효과적으로 새로운 기술을 습득하고 기존의 기술에서 탈피할 수 있어서

① 1개   ② 2개   ③ 3개   ④ 4개   ⑤ 5개

35

다음은 □□회사에서 새로운 기술을 도입하여 적용하는 과정에 관한 자료이다. 다음 중 해당 기술을 적용할 때, 고려해야 할 사항으로 가장 거리가 먼 것은?

> 최근 인공지능 기술을 이용하여 성조숙증, 폐암, 폐질환, 유방암, 치매, 물리치료 등 질환을 정확하고 빠르게 진단하거나 효과적으로 치료가 가능한 보조 소프트웨어들이 속속 등장하고 있다. 이를 확인한 □□회사에서는 최신 논문, 과거 진료정보, 학술지 등의 정보를 스스로 학습하여 의사가 최적의 처방을 내리도록 보조하는 역할을 수행할 수 있는 기술을 도입하여 적용하고자 한다. 이러한 인공지능 소프트웨어를 사용하면 정확도는 높이면서 진단하는 데 들어가는 시간과 비용은 현저히 줄일 수 있고, 개인에 최적화된 맞춤형 케어를 받을 수 있을 것으로 예상된다.

① 응용 가능성
② 기술의 수명 주기
③ 기술 융합의 활용성
④ 기술을 적용할 때 투입되는 비용
⑤ 사업 전략에 따른 기술의 중요도

36

다음 중 2001년 12월 미국과학재단과 상무부가 발표한 보고서 〈인간 활동의 향상을 위한 기술의 융합(Converging Technologies for Improving Human Performance)〉에서 언급한 4대 핵심 융합 기술에 대한 내용으로 적절하지 않은 것은?

① 사람의 뇌와 마음의 구조와 기능에 관련한 생명공학기술
② 제조, 건설, 교통 등의 연구에서 사용되는 새로운 범주의 시스템
③ 나노 규모에서 동작하는 부품과 공정의 시스템 및 복잡한 생물 세포의 연구
④ 특정 분야의 상품, 기술, 경영 방식 등을 응용하거나 새롭게 재창조하는 기술
⑤ 글로벌 네트워크로 다양한 요소를 통합하는 컴퓨터 및 통신시스템의 기본 원리

37 난이도 상중하

다음 글에서 설명하는 법칙에 해당하는 것은?

| 안산도시공사 |

> 네트워크 혁명의 3가지 법칙 중 창조성은 네트워크에 접속되어 있는 다양성에 지수함수로 비례한다는 법칙으로, 다양한 사고를 가진 사람이 네트워크로 연결되면 그만큼 정보교환이 활발해져 창조성이 증가한다는 법칙이다.

① 메트칼프의 법칙 ② 황의 법칙 ③ 리드의 법칙
④ 무어의 법칙 ⑤ 카오의 법칙

38 난이도 상중하

다음 글에서 설명하는 기술 용어로 가장 적절한 것은?

> 컴퓨터 학습 이론의 연구와 패턴 인식으로부터 발전한 분야로, 경험적 데이터를 통해 학습 및 예측하고 스스로 성능을 향상시키는 시스템과 이를 위한 알고리즘을 구축하는 기술이다.

① 빅데이터 ② 머신러닝 ③ 블록체인
④ 클라우드 ⑤ 데이터마이닝

39

다음은 ○○연구원에서 '네트워크 혁명 실태 조사'를 위해 작성한 글이다. 밑줄 친 '정보격차'에 대한 설명으로 적절한 것만을 〈보기〉에서 모두 고르면?

H은행 조사에 따르면, 60세 이상 노년층 가운데 스마트폰과 같은 기기를 활용하는 모바일뱅킹 이용률은 5.5%에 불과했다. 스마트폰의 모바일뱅킹을 통해 보다 쉽게 거래하고, 더 많은 혜택을 받을 수 있지만, 노년층은 여전히 은행을 찾아가 줄을 서서 직접 거래한다는 얘기다. 노년층의 낮은 정보 활용률은 ○○연구원이 매년 실시하는 정보격차 실태조사에서도 나타난다. 조사 발표 때마다 주요 인터넷 활용 항목 6가지에서 모두 60대 이상의 이용률이 가장 낮게 집계되기 때문이다.

/ 보기 /
㉠ 인터넷이 생겨나면서 처음 등장한 사회적 문제이다.
㉡ 정보소유계층과 정보비소유계층 간의 격차에서 비롯된 현상이다.
㉢ 인터넷의 순기능과 분리하기 어려워 해결책을 찾기 쉽지 않다.
㉣ 연령뿐만 아니라 소득 수준이나 지역에 따라서도 나타날 수 있다.

① ㉠, ㉡
② ㉠, ㉣
③ ㉡, ㉢
④ ㉢, ㉣
⑤ ㉡, ㉢, ㉣

40 난이도 상 중 하

다음 중 6대 첨단산업 기술에 대한 설명으로 적절하지 않은 것은?

① ET는 'Environmental Technology'의 약자로, 위성기술 등을 포함한다.
② IT, BT, NT, ET, ST, CT로 구성되어 있는 6가지 첨단산업 기술을 의미한다.
③ BT 기반 융합기술에는 바이오 인포메틱스, 생체정보 인터페이스, 바이오 정보보호 등이 있다.
④ IT는 NT, BT 등 이종기술 간 융합을 통하여 신제품 및 서비스를 창출하거나 기존 제품의 성능을 향상시킨다.
⑤ NT 기반의 융합기술은 물질을 나노미터 크기의 범주에서 조작 및 분석하고 이를 제어함으로써 새롭거나 개선된 물리적·화학적·생물학적 소재·소자 또는 시스템을 창출한다.

정답 및 해설 98p

STEP 04 응용문제

CHAPTER 08 기술능력

01

다음 〈보기〉 중 블록체인 기술의 특징으로 적절하지 않은 것만을 모두 고르면?

/ 보기 /
㉠ 전체 시스템을 제어하는 단일 노드가 있음.
㉡ 모든 노드가 공동으로 시스템의 유지 관리를 수행함.
㉢ 전체 시스템의 모든 노드는 완전한 최신 사본을 저장함.
㉣ 전체 시스템의 데이터베이스는 투명하게 공개되어 있기 때문에 모두를 속일 방법은 없음.
㉤ 일정한 시간이 지난 거래 기록은 모든 노드에 동일하게 저장됨.
㉥ 단일 노드의 데이터베이스를 고치는 것으로도 영향을 줌.
㉦ 일부 노드가 악의를 가져도 전체 시스템은 신뢰성 있는 거래를 진행할 수 있음.
㉧ 모든 노드의 권리와 의무는 동일하며, 일부 노드에 장애가 있어도 전체 시스템에 영향을 줌.

① ㉠, ㉥, ㉧
② ㉠, ㉦, ㉧
③ ㉡, ㉣, ㉥
④ ㉢, ㉤, ㉧
⑤ ㉣, ㉥, ㉦

02

다음 글에서 설명하고 있는 용어로 옳은 것은?

클라우드 컴퓨팅 모델 중 하나로, 애플리케이션 개발에 필요한 플랫폼을 사용자에게 제공한다. 사용자는 기본적인 소프트웨어 개발 인프라 구축 또는 관리 부담 없이 애플리케이션을 개발 및 관리를 할 수 있다. 이것은 자동화 증가, 확장성 향상, IT가 비즈니스 기회에 좀 더 신속하게 대응할 수 있도록 하여 매출과 수익을 창출하고 보안을 강화 및 단순화를 하며 이기종 IT 구성 요소에 대한 진화하는 위험에 빠르게 대응한다는 제공한다.

① PaaS
② ASP
③ ODBC
④ JDBC
⑤ API

03

다음 중 DBMS의 특징으로 적절하지 않은 것은?

① 데이터의 추가, 갱신, 삭제 등을 위한 인터페이스를 제공한다.
② 사용자에 따라 접근 권한을 지정하여 최소한의 시스템만 접근할 수 있도록 설정할 수 있다.
③ 데이터의 중복 현상을 제어할 수 없는 단점이 있다.
④ 데이터를 백업하고 언제든지 복원할 수 있다.
⑤ 특정 조건을 통과하는 경우에 한하여 데이터를 저장한다.

04

다음 글에서 설명하고 있는 용어로 옳은 것은?

> 작업 현장에서 작업 일정, 작업 지시, 품질 관리, 작업 실적 집계 등 제반 활동을 지원하기 위한 관리 시스템이다. 생산 계획과 실행의 차이를 줄이기 위한 시스템으로, 현장 상태와 실시간 정보 제공을 통하여 관리자와 작업자의 의사 결정을 지원하는 기능을 수행한다.

① ERP ② FMS ③ CPS
④ MES ⑤ SCM

05

다음 중 특허 심사 절차 중 산업상 이용 가능성, 신규성 및 진보성 판단 심사를 진행하는 단계 직후의 단계에 대한 설명으로 가장 적절한 것은?

① 일반인이 쉽게 실시할 수 있도록 기재하고 있는지 심사한다.
② 특허 요건을 충족하는 경우 심사관이 특허를 부여한다.
③ 특허 결정이 되면 출원인은 등록료를 납부하여 특허권 설정을 등록해야 한다.
④ 출원 공개가 없는 경우 출원 기술은 설정 등록 후 특허 공보로서 공개한다.
⑤ 절차상의 흠결을 점검한다.

06

다음 중 산업안전계획 수립의 5가지 요소(SMART)에 해당하지 않는 것은?

① 구체성이 있는 목표를 설정할 것
② 성과측정이 가능할 것
③ 목표달성이 가능할 것
④ 현실적으로 가능할 것
⑤ 상시 실행 가능한 계획일 것

07

다음 중 응급조치 시행자의 행동 수칙으로 적절하지 않은 것은?

① 응급조치 시행자에 의한 1차 처치는 4분 이내에 이루어져야 한다.
② 재해자가 의식이 있을 경우 응급조치를 해도 좋다는 허락을 받아야 한다.
③ 경추 손상이 의심되는 재해자의 추가 손상을 방지하기 위해 경추보호대 등을 고정하여 보호한다.
④ 응급조치 기구가 없으면 주변의 물건을 이용하 응급조치를 시행한다.
⑤ 전문가에 의한 처치가 10분 이내에 이루지도록 의료기관이나 119 구조대에 연락하고 신속하게 처치해야 한다.

08

다음 자료의 빈칸 A에 들어갈 용어로 옳은 것은?

(A)은/는 현실 세계의 문제 해결, 변경 또는 개선 등을 위해 현실 세계의 물리 대상을 디지털 세계로 복사하는 기술로 디지털 세계에서 실행하여 최상의 정답을 찾아 현실 세계에 활용 가능한 플랫폼 기술이다.

(A)의 개념 구성도

① 텍스트 마이닝　　　② 디지털전환　　　③ 디지털트윈
④ 데이터 웨어하우스　　⑤ 데이터 마이닝

정답 및 해설 106p

PART 1 직업기초능력평가

CHAPTER 09
조직이해능력

STEP 01 개념정리
- 개념체크
- 플러스 알파 이론

STEP 02 기본문제

STEP 03 심화문제

STEP 04 응용문제

● 영역 소개

업무를 원활하게 수행하기 위해 국제적인 추세를 포함하여 조직의 체제와 경영에 대해 이해하는 능력이다. 하위능력은 경영이해능력, 체제이해능력, 업무이해능력, 국제감각으로 구분된다.

● 출제 유형

구분	의미	학습 포인트
경영이해능력	자신이 속한 조직의 경영목표와 경영방법, 의사결정 과정을 이해하고, 조직의 경영전략이 다른 조직의 경영전략과 어떻게 다른지 구분할 수 있는 능력	▶ 경영의 개념 및 과정, 유형 ▶ 조직의 의사결정 과정 및 특징 ▶ 조직의 경영전략 추진과정 및 유형
체제이해능력	자신이 속한 조직의 목표와 구조, 특징을 설명할 수 있는 능력	▶ 조직목표의 기능과 특징 ▶ 조직구조의 구분 및 형태 ▶ 조직 내 집단 유형 ▶ 팀의 역할과 성공 조건
업무이해능력	자신에게 주어진 업무의 성격과 내용을 알고 업무처리절차에 따라 효과적으로 업무를 수행할 수 있는 능력	▶ 업무의 의미와 특성 ▶ 업무수행 계획의 절차 ▶ 업무의 방해요인과 해결 방법
국제감각	다른 나라의 문화를 이해하고 국제적인 동향을 파악하는 능력	▶ 글로벌화의 개념과 국제동향 파악 방법 ▶ 문화충격의 의미와 대비 방법 ▶ 이문화 커뮤니케이션의 방식 ▶ 나라별 비즈니스 매너

● 기출 키워드

- 조직의 유형(공식조직, 비공식조직, 영리조직, 비영리조직 등)
- 경영(구성 요소, 과정)
- 조직의 의사결정 과정(확인 단계, 개발 단계, 선택 단계)
- 경영전략의 유형(원가우위 전략, 차별화 전략, 집중화 전략)
- 사명과 조직목표의 특징
- OKR
- 조직구조의 구분(기계적 조직, 유기적 조직)
- 조직구조의 결정요인(전략, 규모, 기술, 환경)
- 조직구조의 형태(기능별 조직구조, 사업별 조직구조)
- 업무수행 계획 3단계
- 업무수행 시트 작성(간트 차트, 체크리스트, 워크 플로 시트)
- 업무 방해요인과 해결 방법
- 국제 매너
- 수직적 체계에 따른 경영자 역할(중간경영자 등)
- 조직문화 유형(집단문화, 개발문화, 합리문화 등)
- 조직문화 구성 요소 7S(공유가치, 리더십 스타일, 구성원 등)
- 조직의 인재 육성 방법으로서 멘토링
- 조직 내 의사소통(수직적 의사소통, 수평적 의사소통)
- 권력의 유형
- 개인의사결정
- 인간 행동에 영향을 미치는 심리 효과 및 이론(플라세보 효과, 깨진 유리창 이론 등)
- 행동변화 전략(적극적 강화, 부정적 강화, 소거, 벌)
- 기업 활동에서의 경쟁
- 경영자의 분류(소유 경영자, 전문 경영자)
- 하우스의 경로-목표이론에서의 리더십 유형
- 페이욜의 14가지 일반적 관리 원칙(집권화, 분권화 등)
- 기업의 다양한 형태(합명회사, 합자회사 등)
- 산업구조 분석모형(5 forces model)
- BCG 매트릭스
- 기업 경영전략
- 기업전략 유형(시장침투전략, 시장개발전략, 다각화 등)
- 기업 품질관리(TQM, 식스시그마)
- 영업이익과 순이익
- 법인세
- 기업 임금 제도 – 통상임금
- 재화의 유형(기펜재, 사치채, 열등재, 정상재 등)
- 직무 기술서와 직무 명세서

STEP 01 개념정리

CHAPTER 09 조직이해능력

1 조직 및 기업

(1) 조직의 의미
① 두 사람 이상이 공동의 목표를 달성하기 위해 의식적으로 구성된 상호작용과 조정을 행하는 행동의 집합체이다.
② 목적을 가지고 있고, 구조가 있으며, 목적을 달성하기 위해 구성원들이 서로 협동을 하고, 외부 환경과 긴밀한 관계를 가지고 있다.
③ 재화나 서비스의 생산이라는 경제적 기능과 조직구성원들에게 만족감을 주고 협동을 지속시키는 사회적 기능을 갖는다.
④ 사람들은 조직에 속하거나 다른 조직에서 생산한 상품이나 서비스를 이용하고, 다른 조직과 함께 일을 하면서 관계를 맺는다.

(2) 기업의 의미
① 일 경험을 하는 대표적인 조직으로, 노동과 자본, 물자, 기술 등을 투입하여 제품이나 서비스를 산출하는 기관이다.
② 전통적으로 기업의 존재목적은 최소 비용으로 최대 효과를 얻음으로써 차액인 이윤을 극대화하는 것이었다. 그러나 최근에는 기업의 지속가능성(Sustainability)을 위해 이윤 창출만큼이나 고객에 대한 가치 전달이나 직원에 대한 투자, 공급자와의 윤리적인 거래, 지역사회에 대한 책임, 장기적 관점의 주주가치 창출 등이 강조되고 있다.
③ 고객에게 보다 좋은 상품과 서비스를 제공하고 잠재적 고객에게 마케팅을 하는, 고객을 만족시키는 주체로 이해되고 있다.
④ 구성원들을 경쟁력의 원천으로 바라보며, 그들의 능력개발을 위해 노력하고 있다.

(3) 조직이해능력의 필요성
조직의 구성원이 개인의 업무성과를 높이고 나아가 조직 전체의 경영 효과를 높이기 위해서는 개개인과 긍정적인 인간관계를 갖는 것뿐 아니라 조직의 체제와 경영원리를 이해하는 것이 중요하다.

2 조직의 유형 및 발달 기출 서울교통공사, 주택도시보증공사, 한국산업인력공단

(1) 조직의 유형
① 조직은 공식화 정도에 따라 공식조직과 비공식조직으로 구분할 수 있다. 비공식조직으로부터 공식화가 진행되어 공식조직으로 발전하였다. 그러나 공식조직 내에서 비공식조직이 새롭게 생성되기도 한다.
② 조직은 영리성을 기준으로 영리조직과 비영리조직으로 구분할 수 있다.
③ 조직은 규모에 따라 소규모 조직과 대규모 조직으로 나누는데, 다수의 국가에서 활동하는 글로벌 기업도 증가하고 있다. 글로벌기업이란 동시에 둘 이상의 국가에서 법인을 등록하고 경영활동을 벌이는 기업이다.

> **참고** 공동체와 기능체
>
> 조직은 공동체(Gemeinschaft)와 기능체(Gesellschaft)로 구분할 수 있다. 공동체와 기능체는 구조, 기능, 목적이 다르므로 조직을 관리하고 운영할 때 구별을 명확히 할 필요가 있다.
>
> | 구분 | 공동체 | 기능체 |
> | --- | --- | --- |
> | 전형 | 가족, 지역사회, 취미모임, 사교클럽 | 기업, 관공서, 군대 |
> | 목적 | 내적 목적의 달성(구성원의 만족) | 외적 목적의 달성(이윤, 행정 서비스, 방위) |
> | 좋은 조직의 추구도 | 견고성(결속력, 동아리 의식) | 강성(목적 달성력) |
> | 이상적 상태 | 공평과 안주감(편안함) | 최소 비용으로 최대 달성(효율, 기타) |
> | 인재 평가의 척도 | 내적 평가에 따른 인격 | 최적 평가에 따른 능력과 실적 |

(2) 조직체제의 구성 요소

조직의 체제는 조직목표와 조직구조, 업무 프로세스, 조직문화, 규칙과 규정 등으로 이루어진다. 각각을 살펴보면 다음과 같다.

조직목표	• 조직이 달성하려는 장래의 상태로 조직이 존재하는 정당성과 합법성을 제공한다. • 전체 조직의 성과와 자원, 시장, 역량개발, 혁신과 변화, 생산성에 대한 목표가 포함된다.
조직구조	• 조직 내의 부문 사이에 형성된 관계로 조직목표를 달성하기 위한 조직구성원들의 상호작용을 보여준다. • 의사결정권의 집중정도, 명령계통, 최고경영자의 통제, 규칙과 규제의 정도에 따라 달라진다. • 기계적 조직과 유기적 조직으로 구분이 가능하다. 　- 기계적 조직: 구성원들의 업무나 권한이 분명하게 정의된 조직 　- 유기적 조직: 의사결정권이 하부 구성원들에게 많이 위임되고 업무가 고정적이지 않은 조직 • 조직구조는 조직도를 통해 쉽게 파악할 수 있다.

업무 프로세스	• 조직에 유입된 인풋 요소들이 최종 산출물로 만들어지기까지 구성원 간의 업무 흐름이 어떻게 연결되는지를 보여 준다. • 개발 프로세스, 오더처리 프로세스, 고객관리 프로세스 등 다양한 업무 프로세스가 존재한다.
조직문화	• 조직이 지속되면서 조직구성원들이 공유하는 생활양식이나 가치를 의미한다. • 조직구성원들의 사고와 행동에 영향을 미치며, 일체감과 정체성을 부여하고, 조직이 안정적으로 유지되게 한다. • 최근 조직문화에 대한 중요성이 부각되면서 이를 긍정적인 방향으로 조성되기 위한 경영층의 노력이 강조되고 있다.
규칙과 규정	• 조직의 목표나 전략에 따라 수립되며, 조직구성원들의 활동 범위를 제약하고 일관성을 부여하는 기능을 한다. • 인사규정, 총무규정, 회계규정, 윤리규정, 안전규정 등이 있다. • 조직이 규칙, 절차 등에 의존하고 있는 공식화 정도에 따라 조직의 구조가 결정되기도 한다.

3 조직변화

(1) 조직변화의 개념

오늘날 조직을 둘러싼 환경은 급변하고 있으며, 조직은 생존하기 위하여 환경의 변화를 읽고 적응해 나가야 한다. 이처럼 조직이 새로운 아이디어나 행동을 받아들이는 것을 조직변화 혹은 조직혁신이라고 한다.

(2) 조직변화의 과정

조직의 변화는 환경의 변화를 인지하는 데에서 시작된다. 환경의 변화가 인지되면 이에 적응하기 위한 조직변화 방향을 수립하는데, 조직의 세부목표나 경영방식을 수정하거나 규칙이나 규정 등을 새로 제정하기도 한다. 이에 따라 조직변화를 실행하며, 마지막으로 조직개혁의 진행사항과 성과를 평가한다.

(3) 조직변화의 유형

구분	내용
제품과 서비스의 변화	기존 제품이나 서비스의 문제점을 인식하고 고객의 요구에 부응하기 위한 것으로, 고객을 늘리거나 새로운 시장을 확대하기 위한 것
전략·구조의 변화	조직의 경영과 관계된 것으로, 조직의 목적을 달성하고 효율성을 높이기 위해 조직구조, 경영방식, 각종 시스템 등을 개선하는 것
기술변화	신기술이 발명되었을 때나 생산성을 높이기 위해 새로운 기술을 도입하는 것
문화변화	구성원들의 사고방식이나 가치체계를 변화시키는 것으로, 조직의 목적과 일치시키기 위해 유도하기도 함

개/념/체/크

01 다음은 조직의 유형에 대한 설명이다. 이와 관련하여 맞으면 ○, 틀리면 ×를 표시해보시오.

① 조직이 발달해 온 역사를 보면 공식조직에서 자유로운 비공식조직으로 발전해왔다. (○, ×)
② 공식조직 내에서 비공식조직이 새롭게 생성되기도 한다. (○, ×)
③ 기업은 대표적인 영리조직이다. (○, ×)
④ 병원, 대학은 비영리조직에 해당한다. (○, ×)

02 다음은 조직변화의 유형에 대한 설명이다. 이와 관련하여 맞으면 ○, 틀리면 ×를 표시해보시오.

① 조직변화는 환경변화에 따른 것으로 어떤 환경변화가 있느냐는 어떻게 조직을 변화시킬 것인가에 지대한 영향을 미친다. (○, ×)
② 제품이나 서비스에 대한 변화는 기존 제품이나 서비스의 문제점이 발생할 때뿐만 아니라 새로운 시장을 확대하기 위해서도 이루어진다. (○, ×)
③ 조직변화는 기존의 조직구조나 경영방식하에서 환경변화에 따라 제품이나 기술을 변화시키는 것이다. (○, ×)
④ 조직의 목적과 일치시키기 위해 문화를 변화시키기도 한다. (○, ×)

03 다음 글은 조직변화의 유형에 대한 설명이다. ①, ②에 들어갈 적절한 용어를 적어보시오.

> 조직변화 중 ① ( )은/는 새로운 기술이 도입되는 것으로 신기술이 발명되었을 때나 생산성을 높이기 위해 이루어진다. ② ( )은/는 구성원들의 사고방식이나 가치체계를 변화시키는 것이다.

✓ 정답

01 ① ×, ② ○, ③ ○, ④ ○ | ① 비공식조직으로부터 공식화가 진행되어 공식조직으로 발전하였다.
02 ① ○, ② ○, ③ ×, ④ ○ | ③ 조직변화 중 전략이나 구조의 변화는 조직의 조직구조나 경영방식 및 각종 시스템을 개선하는 것이다.
03 ① 기술변화, ② 문화변화

하위능력 1 — CHAPTER 09 조직이해능력
경영이해능력

1 직업생활에서의 경영이해능력

조직은 목적을 달성하기 위하여 지속적으로 관리 및 운영된다. 따라서 경영자뿐 아니라 조직의 구성원들 역시 자신에게 주어진 업무를 효과적으로 수행하기 위해 조직의 경영원리와 방법을 이해해야 한다. 그렇지 않으면 업무 능률이 떨어지고 조직의 효과성을 높일 수 없다.

2 경영 〔기출〕 서울교통공사

(1) 경영의 개념

경영이란 조직이 수립한 목적을 달성하기 위하여 계획을 세우고, 실행하고, 그 결과를 평가하는 과정이다. 과거에는 경영을 단순히 관리라고 생각하였으나, 경영은 관리 이외에도 조직의 목적을 설정하고, 이를 달성하기 위하여 전략을 수립하는 활동을 포함한다.

(2) 경영의 구성 요소

경영목적	• 조직의 목적을 어떤 과정과 방법을 택하여 수행할 것인가를 구체적으로 제시해 준다. • 조직을 이끌어 나가는 경영자는 조직의 목적이 얼마나 효과적으로, 그리고 얼마나 효율적으로 달성되었는지에 대해 평가를 받게 된다.
조직구성원 (인적자원)	• 조직에서 일하고 있는 임직원들로서, 이들의 역량과 직무 수행 방법에 따라 경영성과가 달라진다. • 경영자는 조직의 목적과 필요에 부합하는 구성원을 채용하고 이를 적재적소에 배치, 활용할 수 있어야 한다.
자금	경영활동에 사용할 수 있는 금전을 의미한다.
전략	기업 내 모든 역량과 자원을 경영목적을 달성하기 위해 조직화하고, 이를 실행에 옮겨 경쟁우위를 달성하는 일련의 방침 및 활동이다.

(3) 경영의 과정

경영은 경영자가 경영목표를 설정하고, 경영에 필요한 인재와 자원을 확보·배분하여 경영활동을 실행하며, 이를 평가하는 일련의 과정이다.

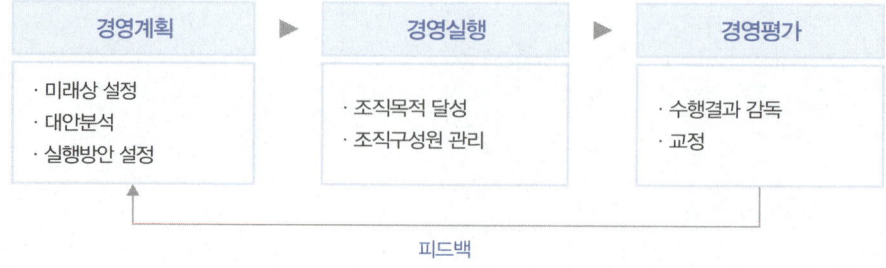

(4) 경영활동의 유형
경영활동은 고객가치를 높이고 비용과 원가를 낮추는 활동으로, 외부 경영활동과 내부 경영활동으로 구분된다.

유형	특징
외부 경영활동	• 조직 외부에서 조직의 효과성을 높이기 위해 이루어지는 활동으로, 주로 시장에서 이루어진다. • 자사의 차별적 가치를 고객들에게 효과적으로 알려서 새로운 고객을 창출하고 기존 고객을 유지하는 것으로, 마케팅 활동이 대표적이다.
내부 경영활동	• 조직 내부에서 인적·물적자원 및 생산기술을 효율적으로 관리하는 활동이다. • 인사관리, 재무관리, 생산관리 등이 있다.

(5) 경영참가제도
① 경영참가제도의 의미
　산업민주주의의 발달과 함께 근로자 또는 노동조합을 경영의 파트너로 인정하는 협력적 노사관계가 중시됨에 따라 이들을 조직의 경영의사결정 과정에 참여시키는 제도이다.
② 경영참가제도의 목적
　• 경영의 민주성 제고: 근로자 또는 노동조합이 경영과정에 참여하여 자신의 의사를 반영함으로써 공동으로 문제를 해결하고, 노사 간의 세력 균형을 이룰 수 있다.
　• 경영의 효율성 향상: 근로자나 노동조합이 새로운 아이디어를 제시하거나 현장에 적합한 개선방안을 마련함으로써 경영의 효율성을 높일 수 있다.
　• 상호 신뢰 증진: 노사 간 대화의 장을 마련하여 상호 신뢰를 증진시킬 수 있다.
③ 경영참가제도의 예

유형	대표 제도
경영참가	공동의사결정제도, 노사협의회제도
이윤참가	이윤분배제도
자본참가	종업원지주제도, 노동주제도

3 조직의 의사결정 기출 한국국토정보공사

(1) 특징
조직에서 의사결정은 개인의 의사결정에 비해 복잡하며, 신속하게 이루어져야 할 때가 많고, 확실하지 못한 환경에서 이루어지기도 한다. 또한 한 사람의 관리자에 의해 결정되는 것이 아니라 많은 구성원들의 참여와 협력이 요구된다. 문제를 해결하기 위해 여러 부서가 관여하고, 다양한 견해를 내기도 하며, 외부 조직이 개입되기도 한다.

(2) 의사결정의 과정
• 조직에서 의사결정을 내릴 때 문제가 분석 가능하고 해결방안이 확실한 경우도 있지만, 대부분 정보가 제한되어 있고 여러 견해들이 공존하게 된다. 또한 혁신적인 결정뿐만 아니라 현재의 체제 내에서 기존의 결정을 지속적으로 개선하는 방식이 자주 활용된다.
• 의사결정에 대한 여러 모형들이 있지만 문제 발견에서 해결안 제시까지 구조화된 행동 순서를 나타내고 있는 점진적 의사결정 모형을 활용하는 것이 일반적이다.

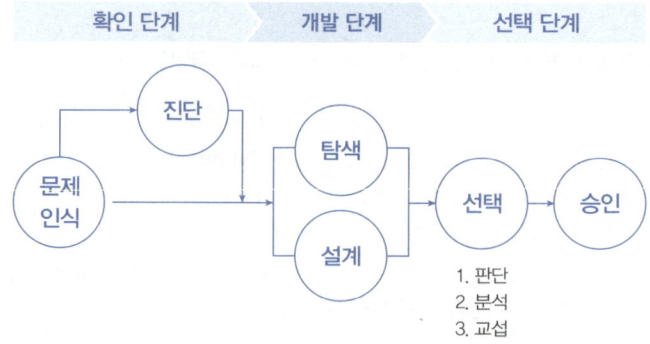

① 확인 단계
- 의사결정이 필요한 문제를 인식하고, 이를 진단하는 단계이다.
- 진단 단계는 문제의 중요도나 긴급도에 따라 체계적으로 이루어지기도 하며, 비공식적으로 이루어지기도 한다.
- 문제를 신속히 해결할 필요가 있는 경우에는 진단시간을 줄이고 즉각적인 대응이 필요하다.

② 개발 단계
- 확인된 주요 문제나 근본 원인에 대하여 해결방안을 모색하는 단계이다.
- 개발 단계는 2가지 방식으로 이루어질 수 있다. 먼저 조직 내의 기존 해결 방법 중에서 새로운 문제의 해결 방법을 찾는 탐색방식과 이전에 없었던 새로운 문제의 경우에 대해 해결안을 설계하는 설계방식이다.

③ 선택 단계
- 해결방안을 마련하면 실행 가능한 해결안을 선택한다.
- 선택을 위한 방법에는 한 사람의 의사결정권자의 판단에 의한 선택, 경영과학 기법과 같은 분석에 의한 선택, 이해관계집단의 토의와 교섭에 의한 선택의 3가지가 있다.
- 해결 방안이 선택되면 마지막으로 조직 내에서 공식적인 승인 절차를 거친 후 실행된다.

(3) 집단의사결정의 특징

장점	단점
• 의사소통의 기회 향상 • 집단의 지식과 정보를 이용해 효과적인 의사결정 가능 • 각자 다른 시각으로, 다양한 견해를 가지고 접근 • 의사결정에 참여한 사람들의 결정 사항에 대한 수용력을 높임.	• 특정 구성원이 의사결정을 독점할 가능성이 있음. • 의견이 불일치하는 경우 의사결정을 내리는 데 많은 시간 소요

(4) 브레인스토밍

집단의사결정의 대표적인 방법은 브레인스토밍이다. 브레인스토밍은 여러 명이 한 가지의 문제를 놓고 아이디어를 비판 없이 제시하여 그중에서 최선책을 찾아내는 방법으로, 다음과 같은 규칙을 준수한다.
① 다른 사람이 아이디어를 제시할 때에는 비판하지 않는다.
② 문제에 대한 제안은 자유롭게 이루어질 수 있다.
③ 아이디어는 많이 나올수록 좋다.
④ 모든 아이디어들이 제안되고 나면 이를 결합하여 해결책을 마련한다.

> **참고** 집단의사결정의 종류

델파이 기법(Delphi technique)	다수의 전문가에게 질문지를 주고 익명으로 답변을 받은 다음, 정리 및 취합한 후 이러한 과정을 몇 번 더 반복하는 집단의사결정방법
예측 시장(Prediction market) 기법	미래에 일어날 사건에 대한 예측을 내걸고, 실제 결과에 따라서 금전적인 이익이나 손실을 보는 시장으로, 집단지성을 활용해 비교적 저렴한 비용으로 미래를 예측하는 방법

(5) 의사결정의 방해요인

기업들의 의사결정 이면에는 '조직 편향'이 스며들어 있다. 개인적 편향과 집단적 편향은 기업 내 회의실에서 '심리적 덫'으로 동시 작용하여, 회의 중 자신의 의사가 다르게 받아들여지기도 하고, 의도치 않은 방향대로 흘러가기도 한다. 대표적으로, 리더의 첫 한 마디에 조직 구성원들 의견이 리더의 의견으로 동시에 모아지는 폭포효과(Cascade effect) 때문에 조직 구성원들이 리더와 다른 의견이 있더라도 말하지 못하는 자기 검열 현상에 이르는 경우가 발생한다.

① 개인적 편향

후광효과(Halo effect)	평가 대상의 부분적 특성에 주목하여 그 대상의 전반적 평가에 영향을 주는 경향
확증편향(Confirmation bias)	자신의 사고 틀에서 벗어나기보다 오히려 자신의 생각을 더 뒷받침해 주는 말 또는 증거만 확인하려는 경향
앵커링(Anchoring)	초기 정보에 사고가 얽매여 그 사고의 틀에서 벗어나지 못하는 경향

② 집단적 편향

집단과 상호 작용하면서 개인의 사고와 행동에 미치는 편향으로, 응집력이 강한 집단의 구성원들이 의사결정을 내릴 때 조직 구성원들의 갈등을 최소화하며, 만장일치를 이루려는 '집단사고(Groupthink)'가 대표적이다.

③ 의사결정의 편향 해소 방법

기업에서는 의사결정 시 편향을 해소하고자 다양한 기법을 활용한다. 특히 하버드 로스쿨 교수인 캐스 선스타인(Cass Sunstein)은 회의의 초반부에 리더의 자발적 침묵, 역할 지정, 그리고 레드팀(Red team) 도입이 중요함을 언급하였다.

> **참고** 레드팀(Red team)
>
> 미국이 모의 군사훈련 때 아군을 블루팀, 적군을 레드팀으로 이름 붙여온 데서 비롯되었다. 레드팀의 구체적인 기능은 크게 시뮬레이션, 취약점 발견, 대체 분석 세 가지로, 조직 내부의 전략 수립에 개입되지 않은 독립적인 팀이 경쟁자들처럼 생각하고 시뮬레이션하여 기존에 세워진 가설을 검증하고, 취약점을 살피고, 나아가 대체 방안을 분석하는 과정을 거쳐 복잡하게 얽힌 문제에 대해 새로운 시각으로 해결책을 제시하는 것이다.
> 레드팀을 도입할 경우 레드팀의 독립성 확보, 조직 내부의 인력으로 내부 운영 방식에 정통한 인력, 해당 인력이 고정관념에 빠지지 않도록 주기적인 팀원 교체, 레드팀의 역량 발휘를 수용할 수 있는 분위기 등이 수반되어야 한다.

4 조직의 경영전략 ✓기출 서울교통공사, 부산교통공사, 한국환경공단, 한국산업인력공단, 한국전력거래소, 국민연금공단

(1) 경영전략의 의미
조직의 경영전략은 조직이 변화하는 환경에 적응하기 위하여 경영활동을 체계화하는 것으로, 전략은 목표 달성을 위한 수단이 된다. 경영전략은 조직의 경영자가 수립하지만, 조직의 구성원은 자신이 속한 조직의 경영전략을 이해해야 조직목표를 달성하는 데 기여할 수 있다.

(2) 경영전략의 추진과정

전략목표 설정	환경 분석	경영전략 도출	경영전략 실행	평가 및 피드백
· 비전 설정 · 미션 설정	· 내부환경 분석 · 외부환경 분석 (SWOT 분석기법)	· 조직전략 · 사업전략 · 부문전략	· 경영목적 달성	· 경영전략 결과 평가 · 전략목표 및 경영전략 재조정

① 전략목표 설정
   비전을 규명하고, 전략목표를 설정한다.
② 환경 분석
   전략대안을 수립하고 실행 및 통제하는 관리과정을 거치며 최적의 대안을 수립하기 위하여 조직의 내·외부 환경을 분석한다(SWOT 분석).
③ 경영전략 도출
   위계적 순서에 따라 조직전략(조직의 사명을 정의), 사업전략(각 사업의 경쟁적 우위를 점하기 위한 방향과 방법), 부문전략(기능부서별로 사업전략을 구체화하여 세부적인 수행방법) 등 경영전략을 도출한다.
④ 경영전략 실행
   원가우위전략, 차별화전략 등의 경영전략을 실행한다.
⑤ 평가 및 피드백
   경영전략이 수립되면 이를 실행하여 경영목적을 달성하고 결과를 평가하여 피드백한다.

> **참고** SWOT 분석
>
> 기업 내부의 강점, 약점과 외부환경의 기회, 위협요인을 분석·평가하고, 이들을 서로 연관 지어 전략을 개발하여 문제해결 방안을 제시하는 방법이다.

		내부환경요인	
		강점(Strength)	약점(Weakness)
외부환경요인	기회(Opportunity)	**SO** 내부강점과 외부기회 요인을 극대화	**WO** 외부기회를 이용하여 내부약점을 강점으로 전환
	위협(Threat)	**ST** 외부위협을 최소화하기 위해 내부강점을 극대화	**WT** 내부약점과 외부위협을 최소화

- SWOT 전략 수립 방법

전략	내용
SO전략	외부 환경의 기회를 활용하기 위해 강점을 사용하는 전략
ST전략	외부 환경의 위협을 회피하기 위해 강점을 사용하는 전략
WO전략	자신의 약점을 극복함으로써 외부 환경의 기회를 활용하는 전략
WT전략	외부 환경의 위협을 회피하고 자신의 약점을 최소화하는 전략

(3) 경영전략의 유형

대표적인 경영전략인 마이클 포터(Michael E. Porter)의 본원적 경쟁전략은 해당 사업에서 경쟁우위를 확보하기 위한 전략으로, 원가우위 전략, 차별화 전략, 집중화 전략으로 구분된다.

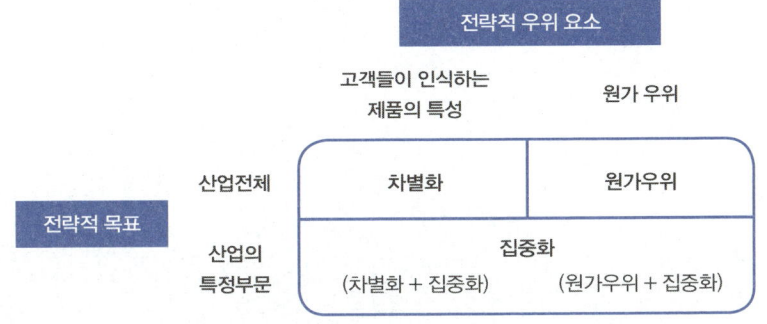

① 원가우위 전략

원가절감을 통해 해당 산업에서 우위를 점하는 전략으로, 이를 위해서는 대량생산을 통해 단위 원가를 낮추거나 새로운 생산기술을 개발할 필요가 있다.

예 온라인 소매업체가 오프라인에 비해서 저렴한 가격과 구매의 편의성을 내세우는 사례

② 차별화 전략

조직이 생산품이나 서비스를 차별화하여 고객에게 가치가 있고 독특하게 인식되도록 하는 전략으로, 이를 위해서는 연구개발이나 광고를 통하여 기술, 품질, 서비스 등을 개선할 필요가 있다.

예 국내 주요 가전업체들이 경쟁업체의 저가 전략에 맞서 고급 기술을 적용한 고품질의 제품으로 차별화하는 사례

③ 집중화 전략

특정 시장이나 고객에게 한정된 전략으로, 원가우위나 차별화 전략이 산업 전체를 대상으로 하는 것과 달리 특정 산업을 대상으로 경쟁조직들이 소홀히 하고 있는 한정된 시장을 원가우위나 차별화 전략으로 집중 공략하는 방법이다.

예 저가 항공사

워크북 자료로 알아보기

Q 다음 사례 속 A사의 경영전략이 무엇인지 생각해보시오.

A사는 미국 시애틀에 본사를 두고 있는 세계 최대의 온라인 기반 업체로, 온라인 서점으로 시작하였지만 점차 제품 라인을 소매품, 가전제품 등으로 다양화하면서 온라인 유통기업으로 성장하였고, 현재는 클라우드 컴퓨팅 서비스와 인공지능 서비스 분야에서 탁월한 경쟁우위를 구축해 나가고 있다. A사는 창업 이후 지속적으로 낮은 이익률을 기반으로 당장의 이익보다는 고객 점유율을 높이는 전략을 유지하고 있다. 즉, 낮은 가격을 이용해 고객 만족도를 높여서, 점차 시장 점유율을 높이는 것이 최선의 전략이라고 판단한 것이다. 그뿐만 아니라 A사는 자사와 시너지를 낼 수 있는 다양한 분야의 마켓 리딩 업체를 인수하여 온라인의 강점에 오프라인과의 시너지를 모색함으로써, 확고한 경쟁우위를 구축해 나가고 있다.

A 사례 속의 A사는 낮은 이익률을 기반으로 고객 점유율을 높이는 전략을 유지하면서 서비스 영역을 차별화하여 확대해 나가는 전략을 취하고 있다.

개/념/체/크

01 경영의 구성 요소 네 가지를 적어보시오.

02 다음은 조직의 경영전략을 무작위로 배열해 놓은 것이다. 위계적 수준에 알맞게 용어를 순서대로 나열해보시오.

> ㉠ 부문전략　　　㉡ 사업전략　　　㉢ 조직전략

03 다음 경영전략의 유형과 그 설명을 서로 관련된 것끼리 연결해보시오.

① 차별화 전략　　•　　　•　㉠ 대량생산, 새로운 생산기술 개발

② 원가우위 전략　•　　　•　㉡ 생산품이나 서비스 차별화

③ 집중화 전략　　•　　　•　㉢ 산업의 특정부문 대상

✓ 정답

01 경영목적, 조직구성원, 자금, 전략

02 ㉢-㉡-㉠ | 조직의 경영전략은 조직전략, 사업전략, 부문전략으로 구분할 수 있으며 이들은 위계적 수준을 가지고 있다. 조직전략은 가장 상위단계의 전략으로, 조직의 사명을 정의한다. 사업전략은 사업수준에서 각 사업의 경쟁적 우위를 점하기 위해 방향과 방법을 다룬다. 부문전략은 기능부서별로 사업전략을 구체화하여 세부적인 수행방법을 결정한다.

03 ① ㉡, ② ㉠, ③ ㉢

하위능력 2 | CHAPTER 09 조직이해능력
체제이해능력

1 직업생활에서의 체제이해능력

체제이해능력은 조직의 목표와 구조, 집단 특성 등을 이해하는 능력이다. 조직이 사회적·조직적·기술적으로 어떻게 작용하고 작동하는지를 이해할 때에 조직의 요구에 효과적으로 부응할 수 있다. 따라서 조직체제의 다양한 요소의 작용원리를 이해하고 문제점을 개선할 수 있는 체제이해능력의 함양이 요구된다.

2 조직목표 〔기출〕 서울교통공사

(1) 조직목표의 구분
조직목표는 조직이 달성하려는 미래의 상태이며, 장기적 방향성과 단기적 목표로 구분할 수 있다. 이는 조직이 존재하는 이유와 관련된 장기적 관점의 조직 사명과 사명을 달성하기 위한 단기적 관점의 세부목표를 가리킨다.

① 조직의 사명
- 조직의 비전, 가치와 신념, 조직의 존재 이유 등을 공식적인 목표로 실현한 것이다.
- 조직이 존재하는 정당성과 합법성을 제공한다.

② 세부목표(운영목표)
- 조직이 실제 활동을 통해 달성하고자 하는 것이다.
- 조직이 나아갈 방향을 제시하고 조직구성원들이 여러 가지 행동 대안 중 적합한 것을 선택하고 의사를 결정할 수 있는 기준을 제시한다.

(2) 조직목표의 기능과 특징

기능	특징
• 조직이 존재하는 정당성과 합법성 제공 • 조직이 나아갈 방향 제시 • 조직구성원 의사결정의 기준 • 조직구성원 행동수행의 동기유발 • 수행을 평가하는 기준 • 조직설계의 기준	• 공식적 목표와 실제적 목표가 다를 수 있음. • 다수의 조직목표 추구 가능 • 조직목표 간 위계적 관계가 있음. • 가변적 속성 • 조직의 구성요소와 상호관계를 가짐.

> **참고** OKR(Objective Key Results)
>
> **1. 개념**
> 주간에서 분기 단위로 성과를 관리하는 성과관리체계로, 목표(Objective)와 핵심 결과(Key result)의 합성어이다. 보통 분기 단위로 팀원이 경영목표에 맞춰 구체적인 목표를 세우기 때문에, 유연성이 높고 직원들의 자발적인 참여가 이루어질 수 있다.
> - 종전 MBO와의 차이점
>   MBO는 좀 더 높은 목표치를 내걸면 여기에 부합하기 위해 노력하는 과정에서 생산성 향상을 막연히 기대하며, 측정 단위도 연간 1회가 정석이다. 반면 OKR은 단기간에 구체적인 수준의 목표를 달성하도록 요구하고, 이를 확인하는 성과관리 시스템에 가깝다. 또한 MBO 관점에서는 목표를 달성하지 못하면 '실패'한 결과지만, OKR 관점에서는 목표를 달성하지 못하더라도 과정 활동의 성과가 인정된다면 그 자체도 의미 있는 '성과'로 인정한다.
>
> **2. OKR 실행 방안**
> 목표 설정부터 핵심 결과까지 직원들이 주도적으로 협력해 설정하고, 일하는 방식도 그에 맞춰 바꿀 수 있도록 해야 한다. 목표 설정은 구체적이고 행동 지향적이어야 한다. 또한 핵심 결과도 측정과 검증이 가능해야 한다.

(3) 조직목표의 분류

조직설계 학자인 리처드(Richard L. Daft)는 조직이 일차적으로 수행해야 할 과업인 운영목표에는 조직 전체의 성과, 자원, 시장, 인력개발, 혁신과 변화, 생산성에 관한 목표가 포함된다고 하였다.

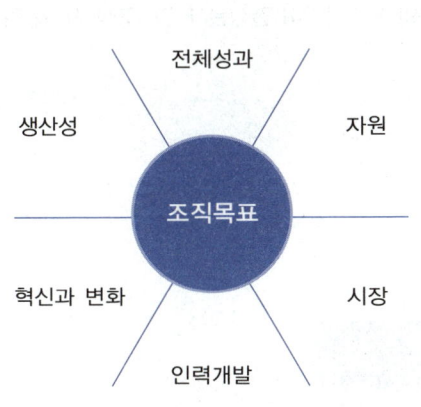

분류	내용
전체성과	영리조직의 수익성, 사회복지기관의 서비스 제공 등과 같은 조직의 목표
자원	조직에 필요한 재료와 재무자원을 획득하는 것
시장	시장점유율이나 시장에서의 지위 향상
인력개발	조직구성원에 대한 교육훈련, 승진, 성장 등과 관련된 목표
혁신과 변화	불확실한 환경변화에 대한 적응가능성을 높이고, 내부의 유연성 향상을 위하여 수립
생산성	투입된 자원에 대비한 산출량을 높이기 위한 목표로, 단위생산비용이나 조직구성원 1인당 생산량 및 투입비용 등으로 산출 가능

3 조직구조 `기출` 한국산업인력공단, 한국환경공단, 주택도시보증공사, 국민연금공단

(1) 조직구조의 의미

조직은 일정한 양식과 관계과 확립되어 있으며, 조직구성원들은 조직의 유형화된 형태에 따라 상호작용을 한다. 조직구조는 조직 내의 부문 사이에 형성된 관계로, 조직목표를 달성하기 위한 조직구성원들의 유형화된 상호작용과 이에 영향을 미치는 매개체이다.

(2) 조직구조의 구분

조직구조는 의사결정 권한의 집중정도, 명령계통, 최고경영자의 통제, 규칙과 규제의 정도 등에 따라 기계적 조직과 유기적 조직으로 구분할 수 있다.

구분	특징
기계적 조직	• 구성원들의 업무가 분명하고, 많은 규칙과 규제 존재 • 상하 간 의사소통이 공식적인 경로를 통해 이루어짐. • 엄격한 위계질서 존재 예 군대, 정부, 공공기관 등
유기적 조직	• 의사결정권한이 조직의 하부구성원들에게 많이 위임 • 업무 또한 고정되지 않고 공유 가능 • 비공식적인 상호의사소통이 원활히 이루어짐. • 규제나 통제의 정도가 낮아 변화에 쉽게 적응할 수 있음. 예 권한위임을 받아 독자적으로 활동하는 사내 벤처팀, 특정한 과제 수행을 위해 조직된 프로젝트팀 등

(3) 조직구조의 결정요인

조직구조에 영향을 미치는 요인으로는 조직의 전략, 규모, 기술, 환경 등이 있으며, 이에 따라 기계적 조직 혹은 유기적 조직으로 설계되고, 조직 활동의 결과로서 조직의 성과와 구성원들의 조직만족이 결정된다. 단, 조직성과와 만족은 조직구성원들의 개인적 성향과 조직문화의 차이에 따라 달라진다.

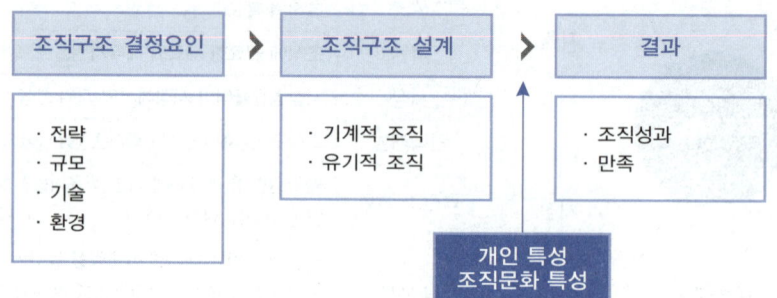

① 전략

조직의 목적을 달성하기 위하여 수립한 계획으로, 조직이 자원을 배분하고 경쟁적 우위를 달성하기 위한 주요 방침이다. 따라서 조직의 전략이 바뀌게 되면 구조도 바뀌게 된다.

② 규모

규모의 크기에 따라 조직구조가 달라진다. 대규모조직은 소규모조직에 비해 업무가 전문화, 분화되어 있고 많은 규칙과 규정이 존재한다.

③ 기술

기술은 조직이 투입요소를 산출물로 전환시키는 지식, 기계, 절차 등을 의미하며, 소량생산기술을 가진 조직은 유기적 조직구조를, 대량생산기술을 가진 조직은 기계적 조직구조를 가진다.

④ 환경

조직은 환경의 변화에 적절하게 대응해야 하므로 환경에 따라 조직의 구조가 달라진다. 안정적이고 확실한 환경에서는 기계적 조직이 적합하고, 급변하는 환경에서는 유기적 조직이 적합하다.

(4) 조직구조의 형태

조직도는 구성원들의 임무와 수행하는 과업, 일하는 장소를 알려 주기에, 한 조직을 이해하는 데 유용하다. 조직도를 통해 조직 내적인 구조는 볼 수 없지만 조직이 어떻게 구성되어 있는지, 조직에서 하는 일은 무엇인지, 조직구성원들이 어떻게 상호작용하는지를 파악할 수 있다.

① 기능별 조직구조

    관련 있는 업무를 결합한 형태를 이룬다. 환경이 안정적이거나 조직의 내부 효율성을 중요시하는 경우, 기업의 규모가 작은 경우 등에 적합하다.

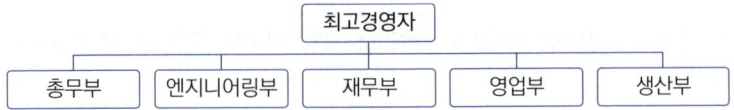

② 사업별 조직구조

    개별 제품, 서비스, 제품그룹, 주요 프로젝트나 프로그램 등에 따라 조직화되고, 각 사업별 구조 아래에 생산, 판매, 회계 등의 역할이 이루어진다. 급변하는 환경변화에 효과적으로 대응해야 하는 경우, 분권화된 의사결정을 해야 하는 경우 등에 적합하다.

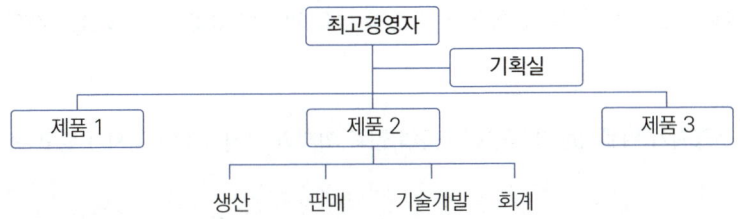

> **참고 애자일(Agile) 조직**
>
> 애자일(Agile) 경영은 급변하는 시장 환경 속에서 다양한 수요에 유연하고 민첩하게 대응하기 위한 경영방식으로, 부서 간 경계를 허물고 필요에 맞게 소규모 팀을 구성해 업무를 수행하는 조직문화를 뜻한다.
> - ACT(Agile Core Team): 프로젝트 단위 사업을 실행하는 애자일 조직으로, 필요할 경우 수시로 설립돼 경영진으로부터 부여받은 미션을 수행하게 된다.

4 조직 내 집단

(1) 집단의 유형

조직 내 집단은 공식적인 집단과 비공식적인 집단으로 구분할 수 있다.

분류	내용
공식적인 집단	• 조직의 공식적인 목표를 추구하기 위해 조직에서 의도적으로 만든 집단 • 조직의 목표나 임무가 비교적 명확하게 규정됨. • 참여 구성원들이 인위적으로 결정되는 경우가 많음. 예 상설 혹은 임시위원회, 임무수행을 위한 작업팀 등
비공식적인 집단	• 조직구성원들의 요구에 따라 자발적으로 형성된 집단 • 공식적인 업무 수행 이외에 다양한 요구들에 의해 이루어짐. 예 업무 수행능력 향상을 위해 자발적으로 형성된 스터디모임, 봉사활동 동아리, 각종 친목회 등

(2) 집단 간 관계(경쟁)

① 원인
조직 내에는 다양한 집단이 존재하기 때문에 집단 간 경쟁이 일어나기도 하는데, 그 원인은 조직 내의 한정된 자원을 더 많이 가지려고 하거나 서로 상반되는 목표를 추구하기 때문이다.

② 영향
집단 간 경쟁이 일어나면 집단 내부에서는 응집성이 강화되고 집단의 활동이 더욱 조직화되기도 하지만, 경쟁이 과열되면 공통된 목적을 추구하는 조직 내에서 자원의 낭비, 업무 방해, 비능률 등의 문제를 초래하게 된다.

③ 해결책
집단 간 경쟁이 심화되어 조직 전체의 효율성을 저해하는 일이 없도록 관련 집단과 원활한 상호작용을 위해 노력해야 한다.

(3) 팀의 역할과 성공 조건

① 역할
구성원들이 공동의 목표를 성취하기 위하여 서로 기술을 공유하고 공동으로 책임을 지는 집단이다. 타 집단에 비해 구성원들의 개인적 기여를 강조하며, 개인적 책임뿐만 아니라 상호 공동책임을 중요하게 여기므로 공동목표 추구를 위해 헌신해야 한다는 의식을 공유한다. 또한 타 집단과 비교했을 때 자율성을 가지고 스스로 관리하려는 경향이 있다.

② 성공 조건
팀이 성공적으로 운영되기 위해서는 조직구성원들의 협력 의지와 관리자층의 지지가 요구된다.

참고 팀(Team)제

1. 직무그룹(Work group)과 직무팀(Work team)

직무그룹	단순히 정보 공유를 위해 모임.
직무팀	시너지 창출을 위해 구성됨.

2. 팀의 종류

문제해결팀 (Problem-solving team)	특별한 문제해결을 위해 같은 부서 멤버 몇 명을 모아 구성 예 현장직원 5~10명이 모여서 매주 몇 시간씩 품질관리 문제에 관해 의견을 나누고 개선책을 모색하며 의사결정을 하는 품질분임조(Quality circle)
자율적 작업팀 (Self-managed work team)	관리자 역할을 팀 단위에 맡기는 것으로, 직무 관련 의사결정을 포함하여 예산집행, 인사권까지 부여됨.
복합기능팀 (Cross-functional team)	태스크포스(Task force)나 위원회처럼 특별한 직무를 완수하기 위해서 다양한 부서에서 멤버를 차출해서 구성

3. 팀제의 문제점과 구성 방법

문제점	구성 방법
• 홀로 일할 때 훨씬 더 큰 성과를 내는 주도적이고 큰 능력을 갖고 있는 멤버에게는 부적절(멤버 개인이 갖는 거부감) • 자신은 노력하지 않으면서 다른 팀원에게 기대어 가려는 무임승차자로 인해 팀 내에 감정적인 균열 발생	• 팀 플레이에 익숙하고 여러 사람과 일을 할 때 더 높은 성과를 내는 사람 위주로 구성 • 트레이닝을 통해 여러 사람과 함께 성과를 만들어 내는 것의 즐거움과 효과를 느낄 수 있는 기회 제공 • 개인적 보상뿐만 아니라 팀 차원에서도 보상이 될 수 있는 시스템 구성

개/념/체/크

01 다음은 조직목표에 대한 설명이다. 이와 관련하여 맞으면 ○, 틀리면 ×를 표시해보시오.

① 조직목표는 조직이 달성하려는 현재의 상태이다. (○, ×)
② 조직목표는 조직구성원들의 수행을 평가하는 기준이 된다. (○, ×)
③ 조직은 다수의 조직목표를 추구할 수 없다. (○, ×)

02 다음 글에서 설명하는 것이 무엇인지 적어보시오.

> '목표'와 '핵심 결과'의 합성어로 주간 또는 분기 단위로 성과를 관리하는 새로운 성과관리체계이다. 이는 단기간에 구체적인 수준의 목표를 달성할 것을 요구하고, 이를 확인하는 성과관리 시스템에 가깝다. 목표를 달성하지 못하더라도 과정 활동의 성과가 인정된다면 그 자체도 의미 있는 성과로 인정한다.

03 다음 글의 빈칸에 공통으로 들어갈 적절한 용어를 적어보시오.

> (   )은/는 직무그룹과 다른 개념이다. 직무그룹은 단순히 정보 공유를 위해 모인 것이지만, (   )은/는 시너지 창출을 위해 구성한 것이다. 멤버가 서로 부족한 점을 보완해 주면서 상승작용을 일으킬 수 있도록 구성한 것이 (   )(이)며, 이는 특별한 목표를 갖고 있는 경우가 많다.

✓ **정답**

01 ① ×, ② ○, ③ × | ① 조직목표는 조직이 달성하려는 미래의 상태이다. ③ 조직은 다수의 조직목표를 추구할 수 있다.
02 **OKR** | OKR은 주간에서 분기 단위로 성과를 관리하는 새로운 성과관리체계로, MBO와 대비되는 개념이다.
03 **직무팀** | 직무팀은 시너지 창출을 위해 구성하는 것으로, 멤버가 서로 부족한 점을 보완해 주며 특별한 목표를 갖고 있다는 특징이 있다.

하위능력 3 | 업무이해능력

CHAPTER 09 조직이해능력

1 직업생활에서의 업무이해능력

업무이해능력은 자신에게 주어진 업무의 성격과 내용을 알고 그에 필요한 지식, 기술, 행동을 확인하는 능력이다. 자신에게 주어진 업무의 특성을 파악하고 조직 내에서 업무처리 절차를 이해하는 업무이해능력은 업무를 효과적으로 수행하는 데 기초가 된다.

2 업무 기출 서울교통공사, 한국산업안전보건공단, 고양도시관리공사

(1) 업무의 의미

조직 전체를 운영하는 것이 경영이라면, 조직구성원들은 조직의 목적을 달성하기 위해서 주어진 업무를 수행한다. 업무는 조직 전체의 목적을 달성하기 위해 조직이 개인에게 부여한 의무이자 책임이다.

(2) 업무의 종류

조직의 업무는 조직 전체의 목적을 달성하기 위해 배분되는 것으로, 목적 달성을 위해 효과적으로 분배되고, 원활하게 처리되는 구조가 되어야 한다. 이는 조직을 세로로 분할하는 것으로 업무의 종류, 성격, 범위를 명확하게 하고 구분하는 기준에 따라 나누어진다. 조직의 목적이나 규모에 따라 업무는 다양하게 구성될 수 있다. 각 부서별 업무의 예시를 제시하면 다음과 같다.

부서	업무(예)
총무부	주주총회 및 이사회 개최 관련 업무, 의전 및 비서업무, 집기비품 및 소모품의 구입과 관리, 사무실 임차 및 관리, 차량 및 통신시설의 운영, 국내외 출장 업무 협조, 복리후생 업무, 법률자문과 소송관리, 사내외 홍보 광고업무 등
인사부	조직기구의 개편 및 조정, 업무분장 및 조정, 인력수급계획 및 관리, 직무 및 정원의 조정 종합, 노사관리, 평가관리, 상벌관리, 인사발령, 교육체계 수립 및 관리, 임금제도, 복리후생제도 및 지원업무, 복무관리, 퇴직관리 등
기획부	경영계획 및 전략 수립, 전사기획업무 종합 및 조정, 중장기 사업계획의 종합 및 조정, 경영정보 조사 및 기획보고, 경영진단업무, 종합예산수립 및 실적관리, 단기사업계획 종합 및 조정, 사업계획, 손익추정, 실적관리 및 분석 등
회계부	회계제도의 유지 및 관리, 재무상태 및 경영실적 보고, 결산 관련 업무, 재무제표 분석 및 보고, 법인세, 부가가치세, 국세·지방세 업무자문 및 지원, 보험가입 및 보상업무, 고정자산 관련 업무 등
영업부	판매 계획, 판매예산의 편성, 시장조사, 광고 선전, 견적 및 계약, 제조지시서의 발행, 외상매출금의 청구 및 회수, 제품의 재고 조절, 거래처로부터의 불만처리, 제품의 애프터서비스, 판매원가 및 판매가격의 조사 검토 등

(3) 업무의 특성
① 공통된 조직의 목적을 지향한다.
② 개인이 선호하는 업무를 임의로 선택할 수 있는 재량권이 적다.
③ 조직 내 다른 업무와 밀접한 관련성이 있다.
④ 업무들은 요구되는 지식, 기술, 도구의 종류가 다르고 자율성이나 재량권도 다르다.
⑤ 어떤 업무는 구매에서 출고와 같이 일련의 과정을 거치는 반면, 어떤 업무는 상대적으로 독립되어 이루어지기도 한다.
⑥ 조직의 구성원들이 업무를 공적으로 수행할 수 있는 힘을 업무 권한이라고 하며, 이는 자신의 결정에 다른 사람들이 따르게 할 수 있는 힘이기도 하다.
⑦ 조직구성원들은 업무 권한에 따라 자신이 수행한 일에 대한 책임도 부여받는다.

3 업무수행 계획 〔기출〕 서울교통공사, 경기교통공사, 국민건강보험공단, 한국건강가정진흥원

업무를 효과적으로 수행하기 위해서는 조직문화에 대한 이해를 바탕으로 자신에게 주어진 자원과 제약요건을 확인하고, 이에 따라 구체적인 계획을 수립할 필요가 있다.

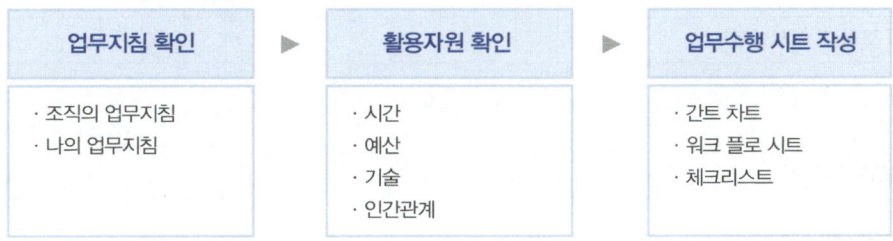

(1) 업무지침 확인
① 조직의 업무지침은 개인이 임의로 업무를 수행하지 않고 조직의 목적에 부합할 수 있도록 안내한다.
② 조직의 업무지침을 토대로 개인의 업무지침을 작성할 수 있으며, 이는 업무 수행의 준거가 되고 시간을 절약하는 데 도움이 된다.
③ 개인의 업무지침을 작성할 때에는 조직의 업무지침, 장단기 목표, 경영전략, 조직구조, 규칙 및 규정 등을 고려해야 하며, 지속적인 개정이 필요하다.

(2) 활용자원 확인
① 자신에게 주어진 자원을 확인하는 단계이다.
② 업무와 관련된 자원으로는 시간, 예산 기술 등의 물적자원과 조직 내·외부에서 공동으로 일을 수행하는 구성원이 있다.
③ 조직 내에서 자원과 구성원들은 무한정 주어지는 것이 아니므로 제한된 조건하에서 효과적으로 활용해야 한다.

(3) 업무수행 시트 작성

- 활용자원과 구성원을 확인한 다음 구체적인 업무 수행 계획을 수립하는 단계이다.
- 업무수행 시트를 작성할 경우 주어진 시간 내에 일을 끝마칠 수 있으며, 세부적인 단계로 일을 구분하여 단계별로 협조를 구해야 할 사항과 처리해야 할 사항을 체계적으로 알 수 있다.
- 업무수행 시트를 작성하면 문제 발생 시 그 발생 지점을 정확히 파악하여 시간과 비용을 절약할 수 있다.
- 이때 간트 차트, 체크리스트, 워크 플로 시트 등을 활용할 수 있으며 개인의 경험에 따라 자유롭게 작성할 수 있다.

① 간트 차트(Gantt chart)

미국의 간트(Henry Laurence Gantt)가 1919년에 창안한 작업진도 도표로, 단계별로 업무를 시작해서 끝나는 데 걸리는 시간을 바(Bar) 형식으로 표시한 것이다. 간트 차트는 다음과 같은 특징을 갖는다.

- 전체 일정을 한눈에 볼 수 있다.
- 단계별로 소요되는 시간과 각 업무활동 사이의 관계를 볼 수 있다.

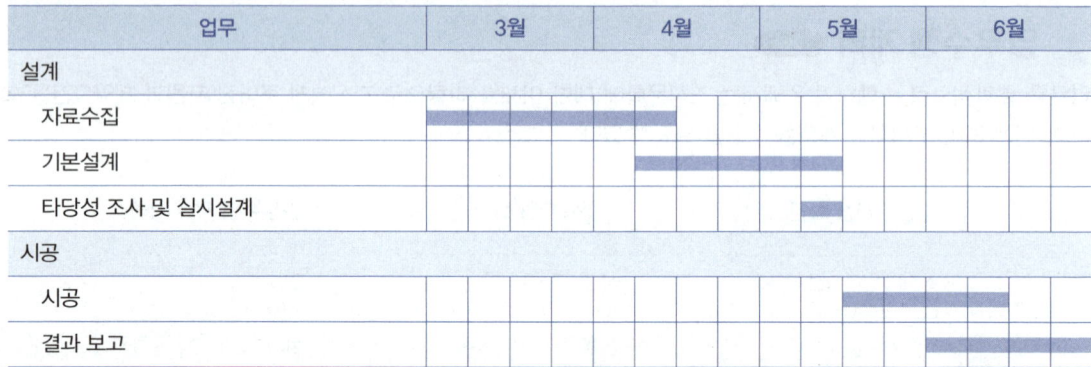

② 체크리스트(Checklist)

업무의 각 단계를 효과적으로 수행했는지를 스스로 점검해 볼 수 있는 도구이다. 체크리스트는 다음과 같은 특징을 갖는다.

- 시간의 흐름을 표현하는 데 한계가 있다.
- 각 세부 활동별로 수행수준 달성 여부를 확인하는 데 효과적이다.

업무		체크	
		YES	NO
고객관리	고객대장을 정비하였는가?		
	3개월에 한 번씩 고객 구매 데이터를 분석하였는가?		
	고객의 청구 내용 문의에 정확하게 응대하였는가?		
	고객 데이터를 분석하여 판매 촉진 기획에 활용하였는가?		

③ 워크 플로 시트(Work flow sheet)
일의 흐름을 동적으로 보여주는 데 효과적인 도구이며, 다음과 같은 특징을 갖는다.
- 사용하는 도형을 다르게 표현하여 주된 작업과 부차적인 작업, 혼자 처리할 수 있는 일과 다른 사람의 협조를 필요로 하는 일, 주의해야 할 일, 컴퓨터와 같은 도구를 사용해서 할 일 등을 구분해서 표현할 수 있다.
- 각 활동별로 소요시간을 표기하면 더욱 효과적이다.

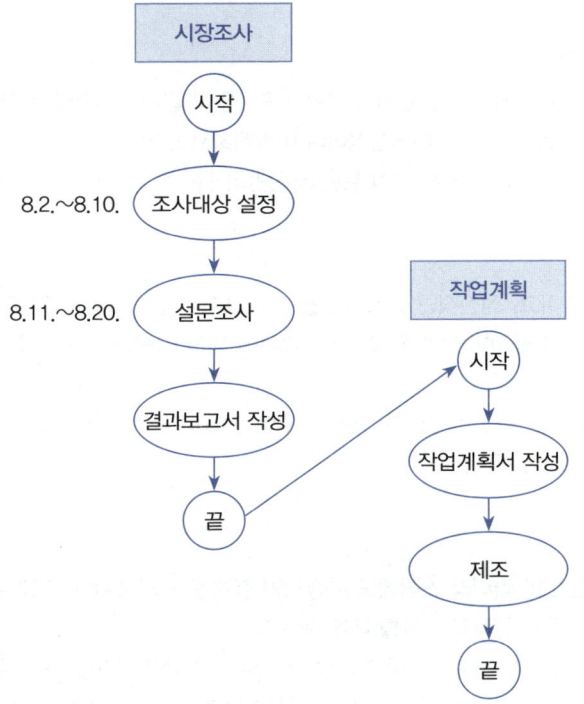

> **참고 업무효율화 도구**
>
> 1. 세부업무추진구조도(WBS; Work Breakdown Structure)
>   목표를 이루는 데 필요한 업무를 경정할 때 이용하는 도구이다.
>
> 2. 책임분석표
>   업무책임을 명확히 할 때 이용하는 도구로, 세부업무추진구조도(WBS)를 바탕으로 작성한다.
>
> 3. PERT/Critical Path
>   일의 순서와 소요기간을 결정할 때 이용하는 도구로, 업무를 달성하는 데 필요한 전 작업을 작업 내용과 순서를 기초로 하여 네트워크상으로 표시한다.
>
> 4. SWOT 분석표
>   SWOT란 Strength(강점), Weakness(약점), Opportunity(기회), Threat(위협)의 합성어로, 강점과 약점은 주로 내부환경을 분석하는 요소로 경쟁자와 비교하여 자사의 강점·약점을 분석할 때 쓰이며, 기회와 위협은 외부환경을 분석하는 요소로 자사를 제외한 모든 것을 기술한다.

4 업무의 방해요인과 해결 방법 기출 서울교통공사

업무를 수행하다 보면 아무리 계획을 체계적으로 세웠다고 하더라도 여러 가지 방해요인에 의해 좌절감을 경험하는 경우가 있다. 이러한 방해요인들은 사소해 보이지만 생산성을 방해하는 가장 큰 주범이다. 따라서 업무를 효과적으로 수행하기 위해서는 이러한 방해요인에는 어떤 것이 있는지 알아야 한다. 특히, 방해요인들을 잘 활용하면 오히려 도움이 되는 경우도 있으므로 이를 효과적으로 통제하고 관리할 필요가 있다.

(1) 방문, 인터넷, 전화, 메신저
다른 사람들의 방문, 인터넷, 전화, 메신저 등은 업무계획과 관계없이 갑자기 찾아오는 경우가 많다. 그러나 무조건적으로 다른 사람들과 대화를 단절하는 것은 비현실적이며 바람직하지도 않다.
- 해결책: 시간을 정해 놓는 등 방해를 받지 않기 위한 자신만의 원칙을 설정한다.

(2) 갈등관리
갈등은 업무시간을 지체하게 하고, 정신적인 스트레스를 가져오지만 항상 부정적인 결과만을 초래하는 것은 아니다. 갈등은 새로운 시각에서 문제를 바라보게 하고, 다른 업무에 대한 이해를 증진시켜주며, 조직의 침체를 예방해주기도 한다.
- 해결책: 대화와 협상을 통해 갈등을 해결한다. 어떤 경우에는 회피전략이 더욱 효과적일 수 있으므로, 충분한 해결시간을 가지고 서서히 접근하도록 한다.

(3) 스트레스
과중한 업무 스트레스는 개인뿐만 아니라 조직에도 부정적인 결과를 가져오지만, 적정 수준의 스트레스는 사람들을 자극하여 개인의 능력을 개선하고 최적의 성과를 내게 해준다.
- 해결책: 시간 관리를 통해 업무과중을 극복하고 명상 등으로 긍정적인 사고를 하며 운동을 하거나 전문가의 도움을 받는다. 조직차원에서는 직무 및 역할을 재설정하고 심리적으로 안정을 찾을 수 있도록 학습동아리 활동과 같은 사회적 관계 형성을 장려한다.

개/념/체/크

01 다음 글의 빈칸에 공통으로 들어갈 적절한 용어를 적어보시오.

> 조직 전체를 운영하는 것이 경영이라면, 조직구성원들은 조직의 목적을 달성하기 위해서 주어진 (   )을/를 수행한다. 조직의 목적이나 규모에 따라 (   )은/는 다양하게 구성될 수 있다.

02 다음은 조직에서 업무수행을 계획하는 과정을 나타낸 것이다. 빈칸에 들어갈 적절한 용어를 적어보시오.

> 업무지침 확인 → (   ) → 업무수행 시트 작성

03 다음 업무수행 시트의 종류와 그 내용을 서로 관련된 것끼리 연결해보시오.

① 간트 차트 • • ㉠ 단계별로 업무의 시작과 끝 시간을 바 형식으로 표현하는 데 유용

② 워크 플로 시트 • • ㉡ 수행수준 달성 여부를 자가점검할 경우 유용

③ 체크리스트 • • ㉢ 일의 흐름을 동적으로 보여주는 데 유용

✓ **정답**

01 업무

02 활용자원 확인 | 조직에서의 업무수행 과정은 업무지침 확인, 활용자원 확인, 업무수행 시트 작성의 순서로 이루어진다.

03 ① ㉠, ② ㉢, ③ ㉡

하위능력 4 | CHAPTER 09 조직이해능력
국제감각

1 직업생활에서의 국제감각

국제감각은 단순히 영어만을 잘하는 것을 의미하지 않는다. 다른 나라의 문화를 이해하는 이문화 이해와 국제적 동향을 자신의 업무에 적용하는 능력을 모두 포함하는 개념이다. 즉, 세계를 하나의 공동체로 인식하고, 각 국가의 문화적 특징과 의식, 예절 등 세계 각국의 시장과 다양성에 적응할 수 있는 능력을 말하며, 자신의 업무와 관련하여 국제적인 동향을 파악하고 이를 적용할 수 있는 능력을 의미한다.

2 글로벌화와 국제동향 파악

(1) 글로벌화의 개념
글로벌화란 활동범위가 세계로 확대되는 것을 의미한다. 개인은 글로벌화에 따라 자유롭게 다른 나라로 이동을 하고, 다른 나라에서 생산된 상품이나 서비스를 이용한다. 조직은 세계시장에서 경쟁하고 살아남아야 하는 역량을 가져야 한다. 최근에는 다국적 내지 초국적 기업이 등장하여 범지구적 시스템과 네트워크 안에서 기업 활동이 이루어지는 국제경영이 중요시되고 있다.

(2) 국제적 식견과 능력의 필요성
글로벌화가 이루어지면 조직은 해외에 직접 투자할 수 있으며, 원자재를 보다 싼 가격에 수입할 수 있고, 수송비가 절감되며, 무역장벽이 낮아져 시장이 확대되는 경제적인 이익을 얻을 수 있다. 반면에 그만큼 경쟁이 세계적인 수준에서 치열해지기 때문에 국제적인 감각을 가지고 세계화 대응 전략을 마련해야 한다.

(3) 국제동향 파악 방법
국제감각은 하루아침에 길러지는 것이 아니므로, 매일 규칙적으로 실행해서 축적해나가는 것이 중요하다.
① 관련 분야의 해외사이트를 방문하여 최신 이슈를 확인한다.
② 매일 신문의 국제면을 읽는다.
③ 업무와 관련된 국제잡지를 정기 구독한다.
④ 고용노동부, 한국산업인력공단, 산업통상자원부, 중소벤처기업부, 대한상공회의소, 산업별 인적자원개발협의체 등의 사이트를 방문해 국제동향을 확인한다.
⑤ 국제학술대회에 참석한다.
⑥ 업무와 관련된 주요 외국어 용어를 알아둔다.
⑦ 해외 서점 사이트를 방문해 최신 서적 목록과 주요 내용을 파악한다.
⑧ 외국인 친구를 사귀고 대화를 자주 나눈다.

3 문화충격의 의미와 대비 방법

(1) 문화충격의 의미
문화충격(Culture shock)은 한 문화권에 속한 사람이 다른 문화를 접하게 되었을 때 체험하는 충격을 의미한다. 각 개인이 자란 문화에서 체험된 방식이 아닌 다른 방식을 느끼게 되면 의식적 혹은 무의식적으로 상대 문화를 이질감 있게 대하게 되고 불일치, 위화감, 심리적 부적응 상태를 경험하게 된다.

(2) 문화충격의 대비 방법
① 다른 문화에 대해 개방적인 태도를 갖는다.
② 자신이 속한 문화의 기준으로 다른 문화를 평가하지 않는다.
③ 자신의 정체성은 유지하되, 새롭고 다른 것을 경험하는 데 즐거움을 느끼도록 적극적인 자세를 취한다.

4 이문화 커뮤니케이션

(1) 이문화 커뮤니케이션의 의미
서로 상이한 문화간 커뮤니케이션을 이문화 커뮤니케이션(Intercultural communication)이라고 한다. 국제 커뮤니케이션(International communication)은 국가 간의 커뮤니케이션인 반면, 이문화 커뮤니케이션은 직업인이 자신의 일을 수행하는 가운데 문화배경을 달리하는 사람과 하는 커뮤니케이션이다.

(2) 이문화 커뮤니케이션의 방식

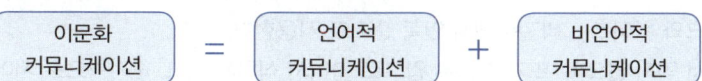

이문화 커뮤니케이션 = 언어적 커뮤니케이션 + 비언어적 커뮤니케이션

이문화 커뮤니케이션은 언어적 커뮤니케이션과 비언어적 커뮤니케이션으로 구분된다. 특히 국제관계에서는 언어적 커뮤니케이션보다 비언어적 커뮤니케이션 때문에 여러 가지 문제를 겪는 경우가 많다.

구분	내용
언어적 커뮤니케이션	의사를 전달할 때 직접적으로 이용되는 것으로, 외국어 사용능력과 직결된다.
비언어적 커뮤니케이션	국제 사회에서 성공적인 업무 성과를 내기 위해서는 외국어 활용능력을 키워야 할 뿐만 아니라 상대국의 문화적 배경에 입각한 생활양식, 행동규범, 가치관 등을 사전에 이해하기 위해 지속적으로 노력해야 한다.

5 국제 매너 〔기출〕 한국산업인력공단, 건강보험심사평가원, 한국서부발전, 한국환경공단, 한국중부발전, 강남문화재단

(1) 인사 예절
① 미국에서는 악수할 때 손끝만 잡는 것을 예의에 어긋나는 것으로 생각한다. 영미권에서 악수는 일어서서, 상대방의 눈이나 얼굴을 보면서, 오른손으로 상대방의 오른손을 잠시 힘주어서 잡았다가 놓아야 한다. 또한 미국에서는 이름이나 호칭을 자신의 마음대로 부르지 않고 어떻게 부를지 먼저 물어보는 것이 예의이며, 인사를 하거나 이야기할 때 너무 다가가서 말하지 않고 상대방의 개인공간(Personal space)을 지켜줘야 한다.
② 아프리카의 경우는 오히려 상대방과 시선을 마주보며 대화하면 실례이므로 코 끝 정도를 보면서 대화해야 한다.
③ 러시아와 라틴아메리카에서는 포옹을 주로 하는데, 이는 친밀함의 표현이므로 자연스럽게 받아주는 것이 좋다.

(2) 명함 교환 예절
영미권에서 업무용 명함 교환 시에는 악수를 한 이후에 교환하며, 아랫사람이나 손님이 먼저 명함을 꺼내 오른손으로 상대방에게 주고, 받는 사람은 두 손으로 받는 것이 예의이다. 받은 명함은 한 번 보고 나서 탁자 위에 보이게 놓은 채로 대화를 하거나, 명함지갑에 넣는 것이 좋다.

(3) 시간약속
① 미국인은 시간을 돈과 같이 생각해서 시간엄수를 매우 중요하게 생각한다.
② 라틴아메리카나 동부 유럽, 아랍지역에서는 시간 약속은 형식적일 뿐이며, 상대방이 당연히 기다려줄 것으로 생각한다. 따라서 이 지역 사람들과 일을 할 때는 인내를 가지고 예의 바르게 기다려주는 것이 필요하다.

(4) 식사 예절
① 서양 요리에서 포크와 나이프는 바깥쪽에서 안쪽 순으로 사용한다.
② 수프는 소리 내면서 먹지 않으며, 뜨거울 경우 입으로 불어서 식히지 않고, 숟가락으로 저어서 식혀야 한다.
③ 빵은 수프를 먹은 후부터 디저트 직전 식사가 끝날 때까지 먹을 수 있다. 이때 칼이나 치아로 자르지 않고 손으로 떼어 먹는다.
④ 생선 요리는 뒤집어 먹지 않고, 스테이크는 처음에 다 잘라놓지 않고 잘라가면서 먹는 것이 좋다.

6 나라별 비즈니스 매너

(1) 중국
① 사기업에서도 여전히 집단적인 분위기와 체면을 중시하는 문화가 있다.
② 비즈니스 상담 시 통역을 대동하는 것이 좋으며, 속어나 어려운 낱말은 피해야 한다.
③ 명함을 교환하는 것을 좋아하므로 반드시 충분한 양을 준비하도록 하며, 명함의 한쪽은 영어로, 다른 한쪽은 가능하면 중국어로 표기하는 것이 좋다(중국에서는 황금색이 위상과 번영을 나타내므로 명함을 금색으로 인쇄하는 것이 좋다).
④ 첫 인사 때 악수나 목례를 하거나 허리를 약간 굽힌다.
⑤ 결혼 후에도 남편의 성을 택하지 않고 본래의 성을 그대로 갖는데, 많은 중국인들이 서구인들의 편의를 위해 서양식 이름을 같이 쓰고 있다.
⑥ 겸허함이 미덕이라고 여기기 때문에 중국인과의 비즈니스 협상이나 교제 시 뻣뻣한 태도는 좋지 않다.

(2) 일본
① 일본기업은 신뢰관계를 매우 중요시한다.
② 품질요구 수준이 높고 납기가 엄격하므로 일본시장에 뿌리를 내리기 위해서는 장기적인 안목에서 사업을 진행해야 한다.
③ 인맥을 통하지 않고는 비즈니스를 하기가 어려우므로, 일본기업과 새로운 거래를 하고자 할 때는 반드시 양측을 잘 아는 사람의 소개가 필요하다.
④ 호칭
호칭은 보통 성 뒤에 '~상'을 붙이고 아주 친한 사이가 아니면 이름을 불러서는 안 된다.
⑤ 접대 매너
공식적으로 손님을 집으로 초청하는 일이 드물기 때문에, 일본인이 자기 집을 개방한다는 것은 곧 자기의 마음을 연다는 의미이다. 술을 따를 때도 한 손으로 하고 받을 때도 한 손으로 받는데, 이는 전혀 실례가 되지 않는다.
⑥ 에티켓
일본인들은 관습적으로 사소한 일에도 '감사합니다', '미안합니다'라는 말을 입버릇처럼 한다. 일본인과 대화할 때는 인내심을 가지고 상대의 의견을 끝까지 들으며 의견이 다소 다르더라도 의견에 반박하거나 틀린 곳을 지적하지 않고, 상대방의 말에 수긍하는 의미로 맞장구를 치는 것도 좋은 매너에 속한다.

(3) 미국
① 상대방에게 추후 연락할 필요가 있을 때만 명함을 주고받는다.
② 명함을 받은 후 바로 지갑에 넣는 행위는 형식을 따지지 않는 미국인들의 편의주의 사고방식을 이해했을 때 무례한 행동이 아니다.
③ 접대문화
조찬모임은 흔한 일이며, 보통 아침 7시나 7시 반에 약속을 한다. 식사를 하게 되면 미국인들의 식성에 맞게 전체 요리부터 와인까지 주문하는 것이 좋다. 식사시간은 최소한 한 시간 이상이 소요되므로 두 시간 정도의 충분한 시간을 생각하고 약속을 정하도록 해야 한다.
④ 시간과 약속
업무시간과 시간 약속에 있어서 정확성을 가져야 한다. 미국은 약속사회라고 불릴 만큼 많은 약속 속에 하루하루를 쪼개어 살며, 약속은 점심이든 저녁이든 적어도 1주일 전에 해야 한다.

(4) 독일
① 질서와 원칙과 완벽주의를 추구한다.
② '브레인스토밍', '리스크테이킹(Risk-taking)' 또는 원칙과 권위에 대한 도전과 같은 관념들을 좋아하지 않는다.
③ 협상 시 독일인이 어떤 식으로든 실망했다면 즉석에서 사과하고, 보상도 해야 한다.
④ 상담의 매너
　독일인은 허세나 과장을 싫어하고 상담 시에도 거래에 있어서 상품에 대한 자세한 정보를 알기를 원한다. 또한 회의 도중 다른 사람의 말을 자르지 않도록 유의하며 각각 자신의 의견을 말할 수 있도록 한다. 사업상 신의를 중요하게 여기기 때문에 비즈니스 파트너가 곤경에 처하더라도 계약기간 동안 다른 파트너와 계약하는 일은 없다.
⑤ 시간과 약속
　독일 비즈니스 문화에서 약속시간에 2~3분 늦게 도착하는 것도 결례이며, 금요일 2시나 3시에 업무를 종료하는 회사도 많으므로 금요일 오후에는 약속을 잡지 않아야 한다.
⑥ 에티켓
　도착이나 출발을 할 때는 일반적으로 악수를 하며, 얼굴을 맞대고 눈을 보며 말하는 것이 신뢰감을 준다. 아주 친한 사이가 아니면 결혼 여부, 나이와 같은 개인적 사항은 묻지 않는 것이 좋다.

개/념/체/크

01 다음 글의 빈칸에 들어갈 적절한 용어를 적어보시오.

> (   )이/가 이루어지면 조직은 해외에 직접 투자할 수 있으며, 원자재를 보다 싼 가격에 수입할 수 있고, 수송비가 절감되며, 무역장벽이 낮아져 시장이 확대되는 경제적인 이익을 얻을 수 있다.

02 다음은 국제감각에 대한 설명이다. 이와 관련하여 맞으면 ○, 틀리면 ×를 표시해보시오.

① 국제감각은 영어만을 잘하는 것을 의미한다. (○, ×)
② 국제감각은 자신의 업무와 관련하여 국제적인 동향을 파악하고 적용할 수 있는 능력이다. (○, ×)
③ 국제감각은 일시적인 노력으로도 기를 수 있다. (○, ×)

03 다음 글의 빈칸에 들어갈 적절한 용어를 적어보시오.

> 주로 외국인과 함께 일하는 국제 비즈니스에서는 커뮤니케이션이 매우 중요하며, 자신이 속한 조직의 목적을 달성하기 위해서는 외국인을 설득하거나 이해시켜야 한다. 이와 같이 서로 상이한 문화 간 커뮤니케이션을 (   )(이)라고 한다. 이는 자신의 일을 수행하는 가운데 문화배경을 달리하는 사람들과 소통하는 것을 의미한다.

04 다음은 나라별 비즈니스 매너에 대한 설명이다. 이와 관련하여 맞으면 ○, 틀리면 ×를 표시해보시오.

① 중국에서는 황금색이 위상과 번영을 나타내므로, 중국에서 사용하는 명함은 금색으로 인쇄하는 것이 좋다. (○, ×)
② 일본에서는 한 손으로 술을 따르거나 받아도 실례가 아니다. (○, ×)
③ 미국인들에게 조찬모임은 흔하지 않으므로, 아침 8시 이전의 약속은 피한다. (○, ×)
④ 독일에서는 얼굴을 맞대고 눈을 보며 말하는 것이 매우 큰 실례이다. (○, ×)

✓ **정답**

01 글로벌화

02 ① ×, ② ○, ③ × | ① 국제감각은 단순히 영어만을 잘하는 것을 의미하지 않으며, 다른 나라의 문화를 이해하는 이문화 이해와 국제적 동향을 자신의 업무에 적용하는 능력을 모두 포함하는 개념이다. ③ 국제감각은 하루아침에 길러지는 것이 아니므로, 매일 규칙적으로 실행해서 축적해 나가는 것이 중요하다.

03 이문화 커뮤니케이션

04 ① ○, ② ○, ③ ×, ④ × | ③ 미국인들에게 조찬모임은 흔한 일이며, 보통 아침 7시나 7시 반에 약속을 한다. ④ 독일에서는 얼굴을 맞대고 눈을 보며 말하는 것이 신뢰감을 준다.

플러스 알파 이론

워크북에는 없지만 **시험에는 나오는**

☑ 최신 워크북에서는 삭제되었지만 **출제 가능성 높은 이론**

1 조직과 개인의 관계

① 개인과 조직은 유기적인 관계를 맺고 있다.
② 개인은 조직에 필요한 지식, 기술, 경험 등 개인이 가진 여러 가지 자원을 제공하고, 조직은 구성원들이 해야 할 일을 정해주며, 개인은 조직이 정해준 범위 내에서 업무를 수행한다.
③ 개인의 역량은 조직의 목표달성에 필요한 업무 성취에 가장 중요하며, 이러한 개인별 역량의 결과가 조직의 성과로 이어진다.

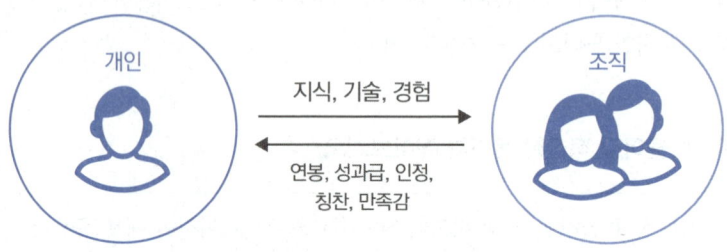

2 수직적 체계에 따른 경영자의 역할 〔기출〕 수원문화재단

최고경영자	조직의 최상위층으로 조직의 혁신기능과 의사결정기능을 조직 전체의 수준에서 담당함.
중간경영자	재무관리, 생산관리, 인사관리 등 경영부문별로 최고경영층이 설정한 경영목표, 전략, 정책을 집행하기 위한 제반활동을 수행함.
하위경영자	현장에서 실제로 작업하는 근로자를 직접 지휘 및 감독함.

3 조직문화의 구성 요소 〔기출〕 인천문화재단, 경기도경제과학진흥원, 광주광역시북구시설관리공단

공유가치(Shared value)	조직구성원의 행동이나 사고를 특정 방향으로 이끌어가는 원칙이나 기준
리더십 스타일(Style)	구성원을 이끌어나가는 전반적인 조직관리 스타일
구성원(Staff)	조직의 인력 구성과 구성원들의 능력과 전문성, 가치관과 신념, 욕구와 동기, 지각과 태도, 행동 패턴
제도·절차(System)	조직 운영의 의사결정과 일상 운영의 틀이 되는 각종 시스템
구조(Structure)	조직의 전략을 수행하는 데 필요한 틀로, 구성원의 역할과 그들 간의 상호 관계를 지배하는 공식 요소
전략(Strategy)	조직의 장기적인 목적과 계획, 이를 달성하기 위한 장기적인 행동지침
기술(Skill)	하드웨어 및 소프트웨어 기술

4 조직문화 유형 〔기출〕 인천도시공사

```
                    유연성&자율성
                  (Flexibility&Discretion)
                           │
                  집단문화   │   개발문화
  내부지향&통합              │              외부지향&차별
(Internal focus&   ────────┼────────   (External focus&
   Integration)             │              Differentiation)
                  계층문화   │   합리문화
                           │
                     안정&통제
                  (Stability&Control)
```

집단문화	• 관계지향적인 문화로, 조직구성원 간 인간애 또는 인간미를 중시함. • 조직 내부의 통합과 유연한 인간관계를 강조하기 때문에 조직구성원 간 단결, 협동, 팀워크, 공유가치, 사기, 의사결정과정에의 참여 등을 중요시함. • 개인의 능력개발에 대한 관심이 높고 조직구성원에 대한 인간적 배려와 가족적인 분위기를 만들어 냄.
개발문화	• 높은 유연성과 개성, 외부환경에 대한 변화지향성, 신축적 대응성을 기반으로 하는 문화 • 조직구성원의 도전의식, 모험성, 창의성, 혁신성, 자원획득 등을 중시하고, 조직의 성장과 발전에 관심이 높으며, 조직구성원의 업무수행에 대한 자율성과 자유재량권 부여 여부가 핵심요인으로 작용함.
합리문화	• 과업지향적인 문화로, 업무의 완수를 강조함. • 조직의 목표를 명확하게 설정하여 합리적으로 달성하고, 주어진 과업을 효과적이고 효율적으로 수행하기 위하여 실적을 중요하게 생각함. • 직무에 몰입하며, 미래를 위한 계획을 수립하는 것을 강조함. • 조직구성원의 경쟁을 유도하는 문화로, 때로는 지나친 성과를 강조하여 조직에 대한 조직구성원들의 방어적인 태도와 개인주의적인 성향을 드러내기도 함.
계층문화	• 조직 내부의 통합과 안정성을 확보하고 현상을 유지하는 차원에서 계층화되고 서열화된 조직구조를 중요하게 생각함. • 위계질서에 의한 명령과 통제, 업무 처리 시의 규칙과 법을 준수하고, 관행과 안정, 문서와 형식, 보고와 정보관리, 명확한 책임소재 등을 강조하는 관리적 문화의 특징을 보임.

☑ 워크북에 수록되지 않았지만 출제 가능성 높은 이론

1 조직의 유형별 특징

매트릭스 조직	• 프로젝트별로 필요한 인력을 기능별 조직으로부터 배정하는 형태로, 하나 또는 다수의 프로젝트를 할 수 있도록 전문가들을 할당하는 조직구조 • 인적자원을 효율적으로 사용할 수 있고, 새로운 변화에 융통성있게 대응할 수 있는 반면, 한 종업원이 두 명의 상사를 두게 되어 상이한 지시를 받을 경우 혼란이 유발됨.
네트워크 조직	• 재화의 생산과 판매에 이르는 과정을 네트워크를 이용하여 운영하는 조직 • 여러 기업이 각기의 장점들을 서로 연결하여 업무의 효율성을 높이고, 이윤을 극대화하는 방향으로 운영함. • 막대한 투자 없이 사업이 가능하고 관리 비용을 절감할 수 있으며 새로운 변화에 융통성 있게 대응할 수 있는 반면, 협력업체와의 관계 유지 및 갈등 해결에 많은 시간이 소요되고, 종업원의 충성심과 기업문화가 약함.

2 조직화와 조직변화

(1) 조직화 과정

① 선택한 자극을 인간에게 의미 있는 정보로 조직하는 작용으로, 지각대상이 하나의 완전한 그림으로 조직화되는 과정을 '게쉬탈트 과정'이라고 한다.
② 게쉬탈트 과정은 사람이 사물이나 현상을 지각할 때 개별적으로 인지하지 않고, 집단화, 폐쇄화, 단순화 등을 사용하여 의미 있는 전체로 지각하는 경향을 말한다.

(2) 레윈(Lewin)의 조직변화 과정 3단계

해빙단계	조직변화의 첫 단계로, 변화의 동기를 유발시키고 개인 및 집단이 변화를 받아들일 수 있도록 준비를 갖춤.
변화단계	• 새로운 관점과 가치관을 습득하는 단계로, 새로운 행동의 유형을 받아들이는 실질적인 변화가 발생하는 단계 • 순응화 단계, 동일화 단계, 내면화 단계로 구분할 수 있음.
재동결단계	• 조직구성원들의 태도, 가치관, 행동 등이 지속적으로 유지되도록 하는 단계 • 새로운 행동이나 태도에 대한 강화작용이 없으면 새로운 행동과 태도가 소멸되어 예전의 행동과 태도로 되돌아갈 수도 있음.

(3) 조직변화의 저항에 대한 관리

교육과 의사소통	조직구성원들이 변화에 대한 부정확한 정보를 갖고 있거나 저항자들의 협조가 필요할 때, 교육을 통해 변화의 필요성을 인식시켜 줌.
참여와 몰입	변화에 대한 필요한 정보를 갖고 있지 못하거나 상당한 저항이 예상될 경우 변화의 설계와 시행을 돕도록 하는 방법으로, 아이디어 요청, 변화 TF팀 참여 등을 이용함.
촉진과 지원	피변화자가 두려움이나 의구심으로 저항하면 문제와 불평에 대해 경청하고, 변화에 대해 느끼는 어려운 상황들을 극복할 수 있도록 지원함.
협상과 동의	유인을 제공하는 방법으로, 다른 방법보다 비용은 많이 들지만, 저항을 회피하는 데 있어서 유용함.
조작과 호선*	변화에 반발하는 구성원에게 은밀한 영향력을 행사하는 것으로, 빠르고 저렴하게 저항을 해결할 수 있지만 추후 문제가 발생할 수도 있음.
명시적·묵시적 강압	명시적·묵시적으로 위협하거나 실제로 해고하는 등의 방법을 사용하는 것으로, 변화가 급하고 담당자에게 힘이 있을 때 사용할 수 있지만 조직 전체에 큰 위험이 될 수도 있음.

* 호선: 어떤 조직의 구성원들이 서로 투표하여 그 조직구성원 가운데서 어떠한 사람을 뽑음. 또는 그런 선거.

3 조직의 인재 육성 방법으로서 멘토링 `기출` 인천도시공사

① 멘토링이란 조직 생활에서 경험과 업무 노하우가 풍부한 선배 직원이 직접 후배 직원을 지도하고 조언해주는 활동으로, 전략적 차원에서 핵심인재로 성장할 수 있는 구성원을 집중적으로 관리·지도·조언하여 실적향상을 유도하는 인재 육성 방법이다.
② 일상 업무현장에서 구성원 간 상호작용을 통해 학습이 이루어지므로 교육효과가 우수하다.

멘토	멘티
• 주로 경험이 많은 존경받는 관리자나 임직원들이 수행 • 젊고 경험이 부족한 사람들에게 본보기를 보이고 지도·상담 • 조언가 및 옹호자의 역할을 담당	멘토에게 지도나 조언을 구하여 도움을 받는 사람

4 권력의 유형 `기출` 한국가스기술공사

조직중심적 권력	보상적 권력	어떤 일을 한 것에 대한 대가로 보상이 주어지는 경우 발생함.
	강압적 권력	권력 행사자에게 복종하지 않으면 처벌이 가해질 수 있다고 인식하여 발생함.
	합법적 권력	권력 수용자가 권력 행사자의 영향력 행사권을 인정하고, 복종하는 것이 마땅하다고 스스로 인정하여 발생함.
개인중심적 권력	준거적 권력	어떤 사람의 특질을 닮아가고 싶어서 발생함.
	전문적 권력	특정 분야에 대한 전문적인 지식으로 발생함.

5 조직 내 의사소통 ✓기출 한국가스기술공사

(1) 공식적 의사소통

수직적 의사소통	하향식 의사소통	조직의 미션, 목표, 전략 등 상급자의 의견이 하급자에게 전달됨.
	상향식 의사소통	성과보고, 품의, 제한사항, 불만사항 등 하급자의 생각이 상급자에게 전달됨.
수평적 의사소통		• 동일 계층에 있는 동료들 사이에서 이루어지는 의사소통 • 정보 공유를 하거나 부서 간 조정하고 연합된 문제들을 해결하기 위해 사용함.

(2) 비공식적 의사소통(그레이프 바인)
① 조직 내에서 자생적으로 생겨난 비공식적 조직을 통해 이루어지는 의사소통이다.
② 구성원들은 비공식적 의사소통을 통해 정보를 공유하며 소속감 및 안정감을 느낀다.
③ 의사소통 과정에서 왜곡이 발생할 위험이 있다.

6 의사결정의 종류 및 특징

(1) 개인의사결정 ✓기출 인천문화재단

합리적 의사결정 모형	• 개인은 모든 면에서 합리적이고 완벽한 의사결정을 한다고 가정함. • 개인은 자신의 목적 달성을 위해 의사결정과 관련한 모든 정보를 획득하며, 대안을 찾아 그것을 평가하고, 대안 중 효용값을 가장 극대화 할 수 있는 최선의 대안을 선택함.
제한된 합리성 모형	• 개인은 최적안은 아니지만, 만족스러울 만한 수준의 대안을 선택한다고 가정함. • 개인의사결정 시 정보를 처리하는 과정에서 '인지적 오류'나, 실패할 것이 뻔한 행동을 지속하고자 자원을 계속 공급하는 '몰입의 상승효과'와 같은 장애요인이 발생할 수 있음.

(2) 집단의사결정기법 – 명목집단법
① 문제해결을 위한 아이디어를 도출할 때 구성원 간 상호작용을 제한하여 구성원이 독자적으로 자신의 의사를 개진할 수 있게 만드는 것을 목적으로 한다.
② 리더는 구성원들에게 문제를 제시하고, 구성원들은 자신의 생각을 정리하여 기록한 후 리더는 모든 아이디어를 취합하고, 각 아이디어의 장단점을 파악하며, 구성원들의 투표를 통해 지지를 가장 많이 받은 아이디어를 선택한다.
③ 서면으로 진행되기 때문에 다른 사람의 눈치를 보지 않아도 되며, 명목집단법을 위해서는 리더가 명확한 지식을 가지고 있어야 한다.
④ 최근에는 컴퓨터를 이용하여 전자회의 방식으로 진행하기도 한다.

(3) 쓰레기통 모형
① 의사결정이 일정 규칙에 의해 발생하는 것이 아닌 쓰레기통처럼 뒤죽박죽 움직인다는 것을 의미한다.
② 매우 높은 불확실한 상태에서는 합리적인 시각으로 문제를 해결할 수 없으며, 문제, 해결책, 참가자, 선택기회가 모두 한데 섞여 무원칙적으로 결정된다는 이론이다.

7 조직 내 갈등 발생 원인

전문화	직무가 고도로 전문화될 경우 다른 사람의 직무에 대해서 알 수 없기 때문에 서로 간 갈등이 발생함.
상호의존성	목표 달성을 위해 서로 의존관계에 있으면 갈등이 발생함.
공동자원	한정된 자원의 확보를 위해 갈등이 발생함.
역할기대의 차이	역할기대와 역할지각이 서로 다르면 역할 모호성이 발생하여 갈등으로 연결됨.
의사소통의 왜곡	수평적·수직적 의사소통 과정 가운데 잡음이 들어오면 의사소통 왜곡이 발생하고 이는 갈등으로 연결됨.
지위 불일치	구성원들 간 지위나 신분의 지각에 불일치 현상이 발생하면 업무처리에 장애요인이 발생하고, 궁극적으로 갈등으로 연결됨.
지각 불일치, 가치관이나 윤리의 불일치	지각의 차이, 가치관의 차이, 윤리의 차이가 의견 불일치를 초래하여 갈등으로 연결됨.

8 인간 행동에 영향을 미치는 심리 효과 및 이론 기출 서울교통공사 9호선

플라세보 효과	• 독도 약도 아닌 약리학적으로 비활성인 약품을 약으로 속여 환자에게 주었을 때, 환자의 약에 대한 긍정적인 믿음으로 인해 실제로 유익한 작용이 나타나는 현상을 말함. • 플라세보 효과와는 반대로 어떤 것이 해롭다는 암시나 믿음이 약의 효과를 떨어뜨리는 현상은 '노세보 효과'라고 함.
피그말리온 효과	• 긍정적인 기대나 관심이 좋은 영향을 미치는 현상으로, 타인의 기대나 관심으로 인해 능률이 오르거나 결과가 좋아지는 현상을 말함. • 갈라테이아 효과, 로젠탈 효과, 자성적 예언 또는 자기충족적 예언이라고도 함.
스티그마 효과	• 피그말리온 효과와 반대되는 효과로, 다른 사람에게 무시당하고 부정적인 낙인이 찍히면 행태가 나쁜 쪽으로 변해가는 현상을 말함. • 사회심리학에서는 일탈 행동을 설명하는 방법이며, '낙인 효과'라고도 함. 낙인 효과는 범죄학뿐 아니라 사회학, 심리학, 정치학, 경제학 등에서도 다양하게 사용됨.
깨진 유리창 이론	• 1982년에 제임스 윌슨과 조지 켈링이 명명한 범죄학 이론으로, 깨진 유리창처럼 사소한 것을 방치해 두면 나중에는 큰 범죄로 이어진다는 범죄 심리학 이론 • 일반 사회 현상뿐만 아니라 기업의 마케팅, 홍보, 고객 서비스, 기업 이미지, 조직관리 등 여러 비즈니스 분야에 적용 가능함. • 일반 소비자가 상품과 기업에 대해 어떻게 인지하는지는 경영 차원에서 중요하며, 조직 위기는 조그만 실수와 방치에서 비롯된다고 이해할 수 있음.

9 허츠버그 2요인

사람에게 만족과 관련된 요인을 '동기요인(만족요인)'으로, 불만족과 관련된 요인을 '위생요인(불만족요인)'으로 구분한다.

동기요인	직무의 내용과 관련된 것으로, 성취감, 인정, 책임감, 승진 등 개인으로 하여금 열심히 일하게 하고 개인의 성과도 높여주는 요인
위생요인	개인의 불만족을 방지하는 효과를 가져오는 요인으로, 임금, 안정된 직업, 작업조건 등 직무의 환경과 관계있음.

10 행동변화 전략 기출 한국과학기술연구원

긍정적(적극적) 강화	이전의 행동이나 바람직한 행동에 대해 강화물을 제공하여 증가시키려는 행동변화전략
부정적(소극적) 강화	• 이전의 행동이나 바람직한 행동에 대해 강화물을 제거하여 증가시키려는 행동유도전략 • 대표적으로 기존에 존재하던 불편을 제거하는 '도피학습'과 잠재적 불편을 제거하는 '회피학습'으로 구분함.
소거	• 강화물을 제거하여 대상자의 행동을 중단시키거나 감소시키려는 행동변화전략 • 대상자가 원하는 강화물을 제거하여 특정 행동을 중단시킴.
벌	• 강화물을 부여하여 대상자의 행동을 중단시키거나 감소시키려는 행동변화전략 • 대상자가 원하지 않는 강화물을 부여하여 바람직하지 못한 행동을 그만하게 만듦.

11 기업 활동에서의 경쟁 기출 한국산업안전보건공단

① 경쟁은 시장에서 고객을 확보하고자 노력하는 기업 간에 발생하는 것으로, 기업의 숙명이자 과제이다.
② 기업에게 경쟁은 부담스럽고 극복해야 하는 과제이지만, 경쟁을 통해 기업은 발전한다.
③ 경쟁을 통해 기존 시장 구조가 개선될 수 있으며, 자사의 경쟁력도 강화된다.
④ 특정 산업에서 치열한 경쟁이 되고 있다는 사실이 알려지면 해당 산업에 진입하려는 기업들의 의지가 약해지고, 이는 궁극적으로 잠재적 진입자의 진입을 방해한다.

12 기업 경영자

(1) 경영자의 분류 기출 인천도시공사

소유 경영자	• 소유와 경영이 분리되지 않은 상태에서 자본가가 직접 경영하는 경우로, 기업을 운영하는 자본의 투자자인 동시에 직접 경영을 관장하는 경영자 • 강력한 리더십을 바탕으로 조직을 장기적으로 끌고 갈 수는 있지만, 세대가 바뀌게 되면 능력과 무관한 사람이 회사를 이끈다는 단점이 있음.
전문 경영자	• 기업의 경영활동을 효율적이고 책임감 있게 수행할 수 있는 전문지식과 능력을 갖춘 사람이 고용되어 기업을 경영하는 경우로, 이들을 일컬어 전문 경영자라고 함. • 전문 경영자는 전문적인 경영수업을 받았기 때문에 경영능력은 있으나, 회사의 단기적 이익에만 집착하고 대리인 문제가 발생할 위험이 있다는 단점이 있음.

(2) 경영자의 역할
① 경영자는 계획화, 조직화, 지휘, 통제 등의 활동을 하며 여러 가지 다양한 역할을 수행한다.
② 대표적으로 민츠버그는 경영자의 역할을 크게 대인적 역할, 정보적 역할, 의사결정적 역할의 세 가지로 구분한다.

대인적 역할	대표자, 리더, 연락자 역할
정보적 역할	청취자, 전파자, 대변인 역할
의사결정적 역할	기업가, 문제 해결자, 자원배분자, 협상가 역할

13 하우스의 경로-목표이론에서의 리더십 유형 기출 한국가스기술공사

지시적 리더십	도구적 리더십으로, 계획, 조직, 통제 등의 공식적 활동을 강조하며 구체적 지침 및 작업 스케줄을 제공하고 규정을 마련하여 하급자들에게 공지함.
지원적 리더십	하급자의 복지 및 안락에 관심이 있으며, 지원적 분위기 조성에 노력하여 구성원 간 인간관계의 발전을 강조함.
참여적 리더십	의사결정 시 하급자의 의견을 많이 반영시키고, 하급자들과 정보를 공유함.
성취지향적 리더십	높은 수준의 목표를 설정하고 성과 개선을 강조하여 부하들의 능력발휘에 높은 기대를 함.

14 페이욜의 관리일반이론

(1) 관리일반이론의 특징
기업의 각 전문적인 기능을 기업 목적으로 통합해가는 것을 의미하며, 계획, 조직, 지휘, 조정, 통제의 활동으로 구분한다.

(2) 페이욜의 14가지 일반적 관리 원칙

- 분업화
- 권한과 책임의 일치
- 규율
- 명령 일원화
- 지휘 통일
- 전체 이익 우선
- 보상의 공정성
- 집권화
- 수직계층화
- 질서
- 공정성
- 고용의 안정성
- 자발성의 원칙
- 협동심

15 기업의 다양한 형태 `기출` 한국중부발전, 한국우편사업진흥원, 신용보증기금

주식회사	• 정관에 표시된 사업목적을 위해 설립 및 운영되는 법인체로, 1인 이상의 유한책임사원으로 구성된 회사 • 자본의 증권화 제도 및 출자지분의 양도가 가능하며, 주주 개인의 재산과 회사의 재산은 유한책임제도로 명백히 구분됨. • 소유와 경영이 분리됨.
합명회사	2인 이상의 사원이 공동으로 출자하여 각 사원이 회사의 채무에 대해 연대 무한책임을 지는 인적기업
합자회사	무한책임사원과 유한책임사원으로 구성되며, 유한책임사원은 자신의 출자액을 한도로 책임을 지고, 무한책임사원은 회사의 채권자에게 연대 무한책임을 짐.
유한회사	• 주식회사와 합명회사나 합자회사의 중간적 특징이 있는 회사로, 사원 전원이 그들의 출자액을 한도로 하여 책임을 지는 유한책임사원으로만 구성됨. • 모든 사원이 유한책임을 지는 점에서 주식회사와 유사하지만, 주식회사와 달리 지분의 자유로운 양도 및 증권화가 불가능함. • 주식회사가 필요로 하는 회사공시 등 번잡한 형태의 업무를 하지 않아도 됨.
유한책임회사	기업 내부에서는 합명회사와 유사하게 운영되지만, 회사 채무에 대해서는 유한책임을 지는 유한회사와 유사하게 운영되는 특수한 형태의 회사

16 기업 경영전략 `기출` 한국부동산원

(1) 기업 경영전략 체계

기업전략	• '어느 사업 분야에 참여할까?'를 고민하는 것 • 기업의 전략적 영역을 명확히 하고, 전략적으로 나아갈 방향을 제시하는 전략으로, 가장 상위단계의 전략에 해당하며, 성장전략, 안정전략, 축소전략 등으로 구분할 수 있음. <table><tr><td>성장전략</td><td>집약성장, 통합성장, 다각성장 등</td></tr><tr><td>안정전략</td><td>사업구조조정 등</td></tr><tr><td>축소전략</td><td>기업매각, 회수전략 등의 퇴출전략</td></tr></table>
사업부전략	• '이 사업에서 어떻게 경쟁할까?'를 고민하는 것 • 특정 산업에서 어떻게 경쟁하여 우위를 확보할지 전략을 수립하는 것으로, 경쟁전략이라고도 함. • 사업부전략은 차별화 전략, 원가우위 전략, 집중화 전략으로 구분할 수 있음.
기능별 전략	• '생산성과 비용 절감을 위해 어떻게 자원을 효율적으로 사용할 수 있을까?'를 고민하는 것 • 기업전략, 사업부전략 등 상위전략을 효과적으로 뒷받침할 수 있도록 개별사업부 내의 기능별 조직의 인사, 재무, 생산, R&D, 관리 등에서의 기능별 전략을 말함.

(2) 마일즈&스노우의 사업전략 수립 유형

혁신형	새로운 고객의 욕구를 파악하여 신속하게 충족시키는 전략
방어형	효율적인 제조 활동을 통해 기존의 제품을 높은 품질이나 낮은 가격으로 제공하는 전략
분석형	혁신형을 관찰한 후, 성공가능성이 보이면 신속하게 진입하여 경쟁우위를 확보하려는 전략
반응형	환경변화에 적응하지 못하고 뒤처지는 것

17 기업 경영전략 수립

(1) 산업구조 분석모형(5 forces model) 기출 정보통신산업진흥원

① 기업의 경영전략 수립에 활용하는 분석기법으로, 1979년 미국 하버드대 경영대학 교수인 마이클 포터가 발표한 산업구조 분석 기법이다.
② '기존 기업 간의 경쟁 정도', '신규 기업의 진입 위협', '대체재의 위협', '구매자의 협상력', '공급자의 협상력'의 다섯 가지 경쟁 요인을 통해 산업 분야의 현황과 미래를 분석한다.
③ 분석을 토대로 자사의 수익에 위협이 되는 요인을 파악하여 스스로 위협으로부터 방어하는 경우, 요인을 자사에 유리한 상태로 변환시킬 수 있는 경영전략을 수립하는 경우, 특정 산업 분야에 신규로 진출하려는 기업이 산업의 전망을 파악하는 경우 등에 활용한다.

(2) BCG 매트릭스 기출 한국자산관리공사, 울산항만공사, 경기환경에너지진흥원, 주택도시보증공사, 한국중소벤처기업유통원, 전북개발공사

① 보스팅 컨설팅 그룹에 의해 개발된 효율적 자원 배부 도구로 '성장–점유 매트릭스'라고도 불린다.
② 시장성장률의 높고 낮음과 상대적 시장점유율의 높고 낮음에 따라 '스타 사업, 캐시카우 사업, 물음표 사업, 도그 사업'으로 구분한다.

스타 사업	수익과 성장성이 커 지속적인 투자가 필요한 사업	물음표 사업	상대적으로 낮은 시장점유율과 높은 시장성장률을 가진 일종의 신규사업으로, 기업의 행동에 따라 스타 사업이 되거나 도그 사업이 됨.
캐시카우 사업	자금의 원천사업으로, 시장성장률이 낮아 자금 투입보다 자금 산출이 더 많은 사업	도그 사업	성장성과 수익성이 없는 사업으로 철수해야 하는 사양 사업

18 기업전략의 유형 및 특징

(1) 시장침투전략 기출 경기테크노파크

① 기존 고객이 기존 제품을 더 많이 사용하도록 하거나 경쟁기업의 고객에게 자사의 제품을 사용하도록 유도하는 전략이다.
② 기존 시장에서 기존 제품으로 매출액을 올리고자 하는 가장 보수적인 전략으로, 가격인하, 광고확대, 소매상 수의 증가, 판매촉진의 증진 등이 있다.

(2) 시장개발전략 `기출` 경기테크노파크
① 기존 시장이 포화상태이거나 자사의 시장점유율을 더 이상 올리기 어렵다고 판단될 때, 기존 제품으로 새로운 시장을 창출하려는 전략이다.
② 대표적으로 해외 시장의 접근이 쉬워지면서 해외 시장으로 진출하는 기업이 많은 것도 시장개발전략의 일종으로 볼 수 있다.

(3) 수직적 통합 `기출` 경기테크노파크
① 기업의 활동범위를 공급 원천으로 확장하거나 구매자 쪽으로 확장하는 것으로, 전자를 '후방 통합', 후자를 '전방 통합'이라고 한다.
② 수직적 통합으로 기업은 시장조사비용, 협상비용, 원재료 조달 비용 등의 거래비용을 절감할 수 있다.

(4) 다각화 `기출` 경기테크노파크
① 새로운 제품으로 현재의 시장과 완전히 다른 시장에 진출하려는 기업전략이다.
② 기업은 성장추구, 위험분산, 범위의 경제효과, 내부시장 활용, 시장지배력 강화 등의 이유로 다각화를 추구한다.

관련 다각화	전략적 적합성을 가진 사업으로 확대
비관련 다각화	전혀 관련 없는 방향으로 사업을 확대

19 기업 품질관리

(1) TQM `기출` 서울교통공사 9호선
① 전사적 품질관리(TQC; Total Quality Control)에서 발전한 개념으로, 전사적 품질경영 또는 종합적 품질경영이라고 한다.
② 제품이나 서비스의 품질뿐만 아니라 경영과 업무, 직장환경, 조직구성원의 자질도 품질개념에 넣어 관리해야 한다고 보는 입장이다.
③ 고객지향 품질관리 활동을 품질관리 책임자뿐 아니라 기업의 모든 분야에 확대하여 기업의 조직 및 구성원 모두가 품질관리의 실천자가 되어야 한다고 본다.

(2) 식스시그마 `기출` 한국가스기술공사
① 1987년에 미국의 마이클 해리가 창안한 품질경영 혁신 기법으로, 통계척도인 6시그마를 사용하여 품질혁신과 고객만족을 달성하고자 하는 업무 프로세스 혁신 전략이다.
② 시그마란 통계학자들이 표준편차를 내기 위해 사용한 개념으로, 6시그마는 쉽게 말해 정규 분포에서 평균을 중심으로 질이 좋은 물품의 수를 6배의 표준편차 이내에서 생산할 수 있는 공정 능력을 정량화한 것이다.
③ 6시그마는 제품 100만 개당 2개 이하의 결함을 목표로 하며, 거의 무결점 수준의 품질을 추구한다.

20 기업 생산관리

(1) 분업 `기출` 한국가스기술공사
① 각 노동자가 일정한 작업에 종사하여 해당 노동에만 종사하는 일로, 생산 과정을 여러 사람이 분담하여 일을 완성하는 것을 말한다.
② 분업은 크게 생산부분이 개인 또는 개인집단에 의해 전담되는 '사회적 분업'과 일생산을 여러 과정으로 분할하여 각 과정을 별개인 또는 별개인의 집단이 분담하는 '기술적 분업'으로 구분한다.

(2) MPS(기준생산계획)
① 품목별 생산량을 생산일정에 맞춰 월별 또는 주별로 계획하는 기준생산계획으로, 총괄생산계획을 실행계획으로 구체화하는 데 목적이 있다.
② 총괄생산계획은 전반적인 계획이므로 최종품목별로 언제 얼마나 생산할지를 다시 결정해야 하는데, 기준생산계획이 그것의 기준이 된다.
③ 생산량과 우선순위를 일정에 잘 맞추어 배정하여 수요와 생산능력 간의 균형을 유지하는 것으로, '능력계획'과 '우선순위계획'이 핵심이다.

21 기업 실적 관련 개념

(1) 영업이익과 순이익 `기출` 한국부동산원

영업이익	순이익
기업의 주된 영업활동으로 발생한 이익으로, 매출총이익에서 판매액과 일반관리비를 차감하고 남은 금액	일정 기간에 벌어들인 총수익에서 모든 비용을 빼고 순수하게 남은 이익

(2) 법인세 `기출` 한국부동산원
① 법인의 소득을 과세대상으로 하여 부과하는 조세로, 국세·직접세·보통세에 속한다.
② 일정한 소득을 과세대상으로 하기 때문에 소득세의 성격도 가진다.
③ 법인에는 주식회사·합자회사·유한회사·사단법인·재단법인 등이 있으며, 본점이 외국에 있더라도 사업장이 국내에 있는 외국법인도 법인세 부과 대상에 들어간다.
④ 법인세는 매 사업연도 결산 확정일로부터 15일 이내(세무사 등의 외부조정신고법인은 30일 이내)에 관할 세무서에 신고 및 자진 납부해야 하며, 6개월이 지난 후 중간예납절차를 밟도록 규정되어 있다.

22 기업 임금 제도 – 통상임금 [기출] 한국과학기술연구원

① 근로자에게 정기적이고 일률적으로 지급하기로 정한 시급, 일급, 주급, 월급, 또는 도급 금액을 말한다.
② 통상임금에 포함되기 위해서는 '노사계약에 명시된 근로에 대한 대가로 받는 돈', '정기적 지급(정기적)', '모든 근로자에게 일률 지급(일률성)', '사전에 확정한 금액(고정성)'의 요건을 갖춰야 한다.
③ 연장·야간·휴일 근로에 대한 임금, 성과급 등 실제 근로에 따라 변동되는 임금은 통상임금에서 제외된다.

23 집단성과급 제도

(1) 스캔론 플랜
① 1930년대 대공황 시절에 미국에서 고안된 제도로, 생산물의 판매가치를 기준으로 계산된 노무비 절감분을 배분하는 제도이다.
② 상여금제도와 제안제도를 중심으로 한 경영참가제도를 골자로 한다.

(2) 럭커 플랜
① 부가가치와 종업원의 노무비 사이에 일정한 관계가 있다고 간주하여 노무비를 부가가치로 나눈 표준 생산성 비율을 기준으로, 이를 초과하는 부가가치 생산액을 노사 간에 일정한 비율로 배분하는 제도이다.
② 생산의 판매 가치를 기준으로 노무비 절감분을 계산한 스캔론 플랜과는 달리, 럭커 플랜은 부가가치분배율을 기준으로 노무비 절감분을 계산한다.

24 재화의 유형 및 특징

(1) 기펜재 [기출] 경기연구원
① 소득이 증가함에 따라 재화가 감소하는 '열등재' 중 소득효과가 대체효과보다 커, 가격 하락에도 불구하고 수요가 감소하는 재화를 말한다.
② 기펜재는 가격이 하락할 때 오히려 수요량이 감소하는 특수한 열등재이므로, 기펜재가 되기 위해서 그 재화는 반드시 열등재여야 한다(단, 열등재가 모두 기펜재가 되는 것은 아님에 주의해야 한다).
  예 가격이 상승하고 있는 '주식'

(2) 사치재 [기출] 경기연구원
① 생활을 영위하는 데 필요한 기능 이상의 수준을 가진 고급 상품을 말한다.
② 사치품이라고도 하며, 생활필수품과 달리 비싼 원료를 가지고 전문가가 소량으로 생산한다.
③ 높은 가격 때문에 아무나 구매할 수 없어 일부 사람은 자신의 지위나 우월감을 과시하거나 만족을 위해 사치재를 구매하기도 한다.
④ 경제학적 관점에서는 소득탄력성의 값이 1보다 큰 재화로, 소득탄력성이 1보다 크다는 것은 소득이 증가하는 크기보다 더 많이 소비량을 늘리는 경우를 말한다.

(3) 열등재와 정상재 기출 경기연구원
① 열등재는 소득이 증가하면 오히려 수요가 감소하는 재화로, 수요의 소득탄력성이 0보다 작은 재화이다.
② 반대로 정상재는 소득이 증가할수록 수요가 증가하는 재화나 서비스이다.
③ 예를 들어 소비자들의 소득이 증가할 때 소주의 수요는 늘고 맥주의 수요가 줄었다면 소주는 정상재, 맥주는 열등재에 해당한다.

25 직무 관련 문서

(1) 직무 기술서 기출 재외동포협력센터
① 직무분석의 결과로 얻어진 직무정보를 일정한 양식으로 정리한 문서로, 직무담당자가 직무상 무엇을 어떻게 하며, 어떤 조건에서 직무를 수행하는지를 기록한 문서이다.
② 일반적으로 직무의 명칭, 직무의 내용, 직무수행방법과 절차, 직무수행에 필요한 원재료, 작업조건 등을 기록한다.

(2) 직무 명세서 기출 재외동포협력센터
① 특정 직무를 수행하기 위해 갖추어야 할 직무담당자의 자격요건을 작성한 것이다.
② 쉽게 말해, 인적특성을 밝힌 것으로, 성별, 나이, 교육수준, 지식, 기술, 능력 등 직무담당자의 인적요건을 중심으로 작성한다.

26 PDCA 사이클

'Plan, Do, Check, Act'의 머리 글자를 딴 것으로, 4단계의 활동을 통해 기업은 문제를 파악하고 해결하여 개선해나갈 수 있다.

P	Plan(계획)	고객의 요구와 공정성 사이에 차이가 있음을 파악한 후, 현재의 차이가 어느 정도이고 어떻게 개선할 수 있을지 계획을 수립함.
D	Do(실행)	계획단계에서 수립된 방안을 실제 테스트를 통해 실행에 옮김.
C	Check(검토)	계획을 수립하고 소규모로 실행한 결과를 분석함.
A	Act(조치)	검토 결과 긍정적이면 계획안을 받아들이며, 검토 결과 부정적이면 애초 계획을 포기하고 다른 계획을 수립하여 사이클을 계속 진행함.

STEP 02 기본문제

CHAPTER 09 조직이해능력

01 난이도 상 중 하

다음 조직들을 영리성을 기준으로 구분할 때, 그 유형이 나머지와 다른 하나는?

| 주택도시보증공사, 한국산업인력공단 |

① 정부조직　　② 병원　　③ 대학　　④ 시민단체　　⑤ 사기업

02 난이도 상 중 하

다음은 경영의 구성 요소에 관한 설명이다. 빈칸 ㉠~㉣에 들어갈 내용을 각각 바르게 짝지은 것은?

| 광주경제진흥상생일자리재단 |

(㉠)은 조직의 목적을 어떤 과정과 방법을 택하여 수행할 것인가를 구체적으로 제시해 준다. (㉡)은 조직에서 일하고 있는 임직원들로서, 이들이 어떠한 역량을 가지고 어떻게 직무를 수행하는지에 따라 경영성과가 달라진다. (㉢)은 경영활동에 사용할 수 있는 금전으로, 사기업에서 조직의 지속가능성(Sustainability)을 유지하기 위한 재무적 기초가 된다. (㉣)은 기업 내 모든 역량과 자원을 조직의 목적을 달성하기 위해 조직화하고, 이를 실행에 옮겨 경쟁우위를 달성하는 일련의 방침 및 활동이다.

	㉠	㉡	㉢	㉣
①	경영목적	전략	자금	조직구성원
②	경영목적	조직구성원	자금	전략
③	조직구성원	전략	자금	경영목적
④	조직구성원	경영목적	전략	자금
⑤	전략	자금	조직구성원	경영목적

03 난이도 상 중 하

A사는 자사의 경영전략을 통해 도달하고자 하는 미래의 모습인 비전을 규명하고, 전략목표를 설정하였다. 경영전략의 추진 과정에 따른다고 할 때, A사에 근무하는 귀하가 바로 다음 단계에서 수행해야 하는 활동으로 가장 적절한 것은?

① 전략목표 및 경영전략을 재조정한다.
② 조직전략, 사업전략, 부문전략을 도출한다.
③ 경영전략을 실행하여 경영목적을 달성한다.
④ SWOT 분석기법을 통해 A사의 내·외부 환경을 분석한다.
⑤ 사업수준에서 각 사업의 경쟁적 우위를 점하기 위한 방향과 방법을 다룬다.

04 난이도 상 중 하

L사 마케팅팀에 근무하는 지사원은 사수의 지시로 보고서를 작성하기 위해 다음과 같이 L사의 환경 분석을 시행하였다. 이에 대한 설명으로 적절하지 않은 것은? | 주택도시보증공사, 부산교통공사 |

외적 요소 \ 내적 요소	강점(Strength)	약점(Weakness)
기회(Opportunity)	SO전략	WO전략
위협(Threat)	ST전략	WT전략

① '저가 전략을 표방한 신생 유통회사의 시장 진출 활성화'는 L사의 위협 요인이다.
② 기업 자체보다 기업을 둘러싸고 있는 외부 환경을 강조한다는 점에서 TOWS라고도 불린다.
③ WT전략보다 SO전략을 사용하면 경쟁자가 많은 시장에서 경쟁 우위를 쉽게 확보할 수 있다.
④ L사가 '안정적인 온라인 전용 물류 센터'라는 요소로 SO전략이나 ST전략을 수립할 수 있다.
⑤ 기업의 내·외부 환경 분석을 통해 규정한 강점과 약점, 기회와 위협 요인을 바탕으로 경영전략을 수립하는 기법이다.

05 난이도 상중하

다음 (가), (나)의 A사와 B사에 해당하는 조직구조에 대한 설명으로 가장 적절한 것은?

| 해양환경공단, 부산항보안공사 |

(가) 국내 자동차 부품 생산 업계 1위를 고수하고 있는 A사는 회사 내 위계질서가 엄격하기로 유명하다. 임직원의 업무가 분명하게 규정되어 있으며, 임직원 행동 강령, 사내 규정 등이 매우 체계적으로 정리되어 있다. A사는 직급이 높아질수록 통제의 폭이 줄어들기 때문에 주로 의사소통은 공식적인 경로를 통해 수직적으로 이루어진다. A사는 정해진 절차에 따라 표준화된 부품을 생산하는 데 탁월하다는 평가를 받는다.

(나) IT 업계의 신생 회사인 B사는 상사에 대한 충성심보다는 회사 전체의 발전 및 성장에 더 높은 가치를 부여한다. 하부 구성원에게도 의사결정 권한이 많이 위임되어 있어 B사 임직원들은 회사에 대한 만족도가 높다. B사에서는 임직원 사이에 비공식적인 의사소통이 원활하게 이루어지며, 개인의 업무가 고정되어 있지 않고 상호 공유가 가능하다. 또한 다른 조직구성원과의 상호작용을 통해 개개인의 직무가 조정될 수 있다.

① 회사 내에서 독자적으로 조직되어 활동하는 벤처팀, 프로젝트팀의 조직구조는 A사의 조직구조와 유사하다고 볼 수 있다.
② 소량 생산 기술을 가진 조직은 A사의 조직구조를, 대량 생산 기술을 가진 조직은 B사의 조직구조를 따르는 것이 적합하다.
③ B사의 조직구조에 비해 A사의 조직구조에서 임직원 개개인의 전문적 지식과 경험을 중요하게 여긴다.
④ 안정적이고 확실한 환경에서는 A사의 조직구조가, 급변하는 환경에서는 B사의 조직구조가 적합하다.
⑤ A사와 B사가 조직의 목적을 달성하기 위해 수립한 조직전략이 변경되더라도 조직구조는 고정적이다.

06 난이도 상 중 하

다음과 같은 형태의 조직구조를 갖춘 기업에 대한 설명으로 적절한 것만을 〈보기〉에서 모두 고르면?

| 부산시설공단 |

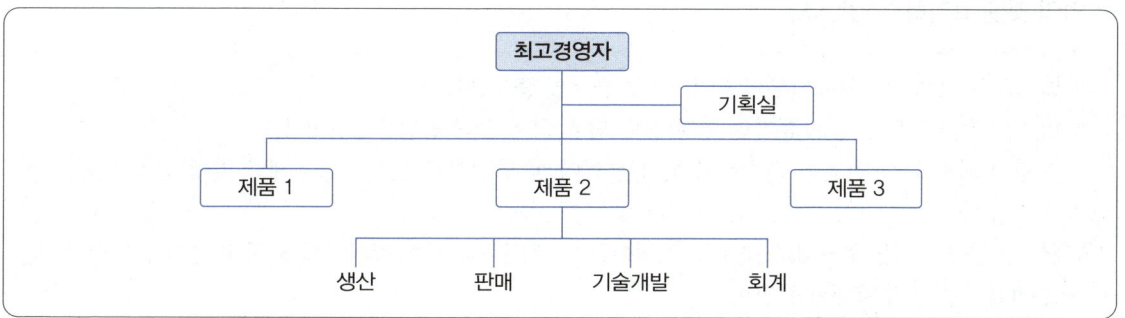

─ / 보기 / ─
㉠ 조직구성원들이 특정 기능 부서 내에서 지속적으로 업무를 수행하여 기능별 목표 달성이 용이하다.
㉡ 급변하는 환경 변화에 효과적으로 대응할 수 있으며 분권화된 의사결정이 가능하다.
㉢ 기능이 부서별로 분산되어 기술 발전과 전문 지식의 함양에 불리하다.
㉣ 환경이 안정적이거나 일상적인 기술과 조직의 내부 효율성을 중요하게 생각한다.

① ㉠, ㉡　　② ㉠, ㉣　　③ ㉡, ㉢
④ ㉡, ㉣　　⑤ ㉢, ㉣

07

영업부 부서장인 하과장이 부서 워크숍을 기획하고 있다. 다음 자료를 토대로 워크숍 일정을 수립하고자 할 때, 영업부가 워크숍을 갈 수 없는 날짜는 언제인가? (단, 일정 수립 시 영업부 팀별 일정 특이 사항 외의 것은 고려하지 않는다.)

○ 워크숍은 11월 7일 월요일부터 11월 11일 금요일 중 1일이다.
○ 워크숍 불참 사유는 경조 휴가만 인정하며, 팀별 최소 참석 인원은 2명이다.
　- 팀별 최소 참석 인원을 만족하지 못하는 팀이 한 팀이라도 있을 경우, 해당 일에는 워크숍을 갈 수 없다.
○ 워크숍 출발은 선·후발대로 구분할 예정이므로, 팀별 필수 업무로 인해 오전 출발이 불가한 사람은 점심시간 후 후발대로 출발한다.
○ 영업부 조직구성원
　- 구매팀 3명(영업부 부서장 포함), 마케팅팀 3명, 홍보팀 3명, 기획팀 3명
○ 영업부 팀별 일정 특이사항

구분	일정 특이 사항
구매팀	• 11월 7일 박사원 경조 휴가(형제·자매 결혼) • 11월 7일 하과장 경조 휴가(자녀 결혼)
마케팅팀	• 11월 9일 최사원 사내 마케팅 직무 교육 참석(오전) • 11월 11일~11월 17일 이대리 경조 휴가(본인 결혼)
홍보팀	• 11월 10일 정과장 거래처 미팅(오전) • 11월 10일 박대리 거래처 미팅(오전)
기획팀	• 11월 8일 이사원 경조 휴가(배우자 부모 칠순) • 11월 8일 김사원 신입사원 교육 참석(오전)

① 11월 7일　　② 11월 8일　　③ 11월 9일
④ 11월 10일　 ⑤ 11월 11일

08 난이도 상 중 하

◇◇공사에 근무하는 정사원은 효율적이고 구체적인 업무수행 계획을 수립하기 위해 업무수행 시트를 작성하려고 한다. 다음 (가), (나)를 비교한 후 보다 적절한 업무수행 시트를 선택하려고 할 때, 이에 대한 설명으로 적절하지 않은 것은?

| 주택도시보증공사 |

(가)

세부 사항	3월	4월	5월	6월
자료 수집	■■■■			
기본 설계		■■■		
타당성 조사 및 실시 설계			■■■	
시공			■■■■	
결과 보고				■■■

(나)

항목	세부 사항	체크 YES	체크 NO
	3개월에 한 번씩 고객 구매 데이터를 분석하였는가?		
	고객 문의에 정확하게 응대하였는가?		
	고객 데이터를 분석하여 판매 촉진 기획에 활용하였는가?		

① (가)는 간트 차트(Gantt chart), (나)는 체크리스트(Checklist)이다.
② (나)는 일의 흐름을 동적으로 보여주는 데 효과적인 업무수행 시트이다.
③ (가)는 엑셀시트에 단계별 시작일과 종료일만 기입하면 쉽게 만들 수 있다.
④ (가)는 단계별로 업무를 시작해서 끝나는 데 걸리는 시간을 표시하는 데 유용하다.
⑤ (나)는 업무를 세부적인 활동으로 나누고 활동별 수행 수준을 확인하는 데 효과적이다.

09 난이도 상 중 하

다음은 국제 비즈니스 강의를 듣는 귀하가 '이문화 커뮤니케이션과 문화충격'이라는 주제로 작성하여 제출한 과제의 일부이다. 과제를 확인한 교수님은 일부 내용이 올바르지 않다며, 수정 사항을 정리해주었다. 귀하가 받은 피드백으로 적절하지 않은 것은?

> 외국인과 함께 업무하는 국제 비즈니스 상황에서 커뮤니케이션은 굉장히 중요하다. 개인이 속한 조직의 목적을 달성하기 위해서는 이해 당사자인 외국인을 설득하거나 이해시켜야 한다. 이처럼 서로 다른 문화 간에 일어나는 커뮤니케이션을 '이문화 커뮤니케이션'이라고 하며, 국가 간의 커뮤니케이션을 뜻하는 국제 커뮤니케이션으로도 불린다.
>
> 이문화 커뮤니케이션은 크게 언어적 커뮤니케이션과 비언어적 커뮤니케이션으로 구분된다. 언어적 커뮤니케이션은 의사 전달 시 직접적으로 이용되는 능력으로, 외국어 사용 능력과 직결된다. 하지만 국제 관계에서는 언어적 커뮤니케이션뿐만 아니라 비언어적 커뮤니케이션으로 인해 여러 문제가 발생하는 경우가 많다. 외국어를 유창하게 하는 사람이라도 그 문화적 배경을 잘 모르면 언어에 내포된 의미를 잘못 해석하여 문제가 생길 수 있기 때문이다. 일례로 사우디아라비아에서는 커피를 권하는 것을 모욕으로 생각하기 때문에 아랍어를 유창하게 하더라도 사우디아라비아인에게 커피를 권할 경우 대화 자체가 단절되어 버린다.
>
> 글로벌시대에 도래하면서 다른 나라 사람과 함께 일할 기회가 많아졌지만, 다른 나라의 문화를 잘 이해하지 못하면 종종 심각한 결과에 이르기도 한다. 실수를 막기 위해서는 먼저 다양한 문화에 호의적인 태도를 가져야 한다. 또한 다른 나라에서 해야 할 일과 하지 말아야 할 일, 해도 되는 일과 해서는 안 되는 일, 모든 나라의 문화에 공통으로 적용되는 기준 등을 이해하기 위해 노력해야 한다. 그러나 문화란 글로써 설명할 수 없는 부분도 많이 있기 때문에 외국 문화를 완벽하게 이해하기란 어려운 일이다. 따라서 오랜 시간 동안 많은 분야에 걸친 폭넓은 지식이 필요하다.
>
> 이러한 노력에도 불구하고 한 문화권에 속한 사람이 다른 문화를 접하게 되었을 때 충격을 경험할 수 있는데, 이를 '문화충격(culture shock)'이라고 한다. 우리가 실제 눈으로 볼 수 있는 음악, 음식, 예술, 의복, 건축 등과 같은 문화는 10%밖에 해당되지 않는다. 개인이 자란 문화에서 체험된 방식이 아닌 다른 방식을 경험하면 의식적 혹은 무의식적으로 상대 문화를 이질적으로 대하게 되고, 불일치, 위화감, 심리적 부적응 상태를 경험하게 된다. 문화충격에 대비하기 위해서 가장 중요한 것은 다른 문화에 대한 개방적인 태도이다. 즉, 본인이 속한 문화를 기준으로 다른 문화를 평가하고, 새롭고 다른 것을 경험하는 데 즐거움을 느끼도록 적극적 자세를 취한다.

① 모든 나라의 문화에 공통적으로 적용되는 기준은 없습니다.
② 본인이 속한 문화를 기준으로 다른 문화를 평가해서는 안 됩니다.
③ 우리가 눈으로 볼 수 있는 문화는 전체 문화의 10%가 아닌 약 90%에 해당합니다.
④ 사우디아라비아에서는 커피를 권하는 것이 아닌 거절하는 것을 모욕으로 생각합니다.
⑤ 이문화 커뮤니케이션은 국제 커뮤니케이션과 같은 말로 사용될 수 없으므로 수정해야 합니다.

10 난이도 상 중 하

○○공단에 근무하는 다섯 명의 사원이 '해외 출장 시 숙지해야 할 국제매너'에 대해 〈보기〉와 같이 대화를 나누었다. 이들 중 적절하지 않은 발언을 한 사원만을 모두 고르면?

/ 보기 /

임사원: "미국에서는 상대방의 동의 없이 신체 부위를 만지는 것이 실례이기 때문에, 악수할 때 손끝만 살짝 잡는 것이 중요해요."
박사원: "라틴아메리카나 동부 유럽, 아랍 지역에서는 약속된 시간 정각에 나오는 법이 없으므로 미팅 시 인내를 가지고 기다려 주어야 하죠."
최사원: "반면, 미국에서는 시간 엄수를 매우 중요하게 생각하여 시간을 지키지 않는 사람과는 같이 일을 하려고 하지 않아요."
장사원: "영미권에서 악수를 할 때는 왼손잡이가 많은 것을 감안하여, 왼손으로 상대방의 왼손을 잠시 힘주어서 잡았다가 놓으면 돼요."
김사원: "아프리카에서는 상대방과 시선을 맞추지 않고 대화하면 실례이므로 눈을 바라보고 대화해야 해요."

① 임사원, 최사원
② 장사원, 김사원
③ 임사원, 장사원, 김사원
④ 박사원, 최사원, 장사원
⑤ 박사원, 최사원, 김사원

정답 및 해설 110p

STEP 03 심화문제

CHAPTER 09 조직이해능력

01 난이도 상중하

다음 사례에 나타난 조직과 개인의 관계를 이해한 내용으로 적절하지 않은 것은?

> 자동차 제조업체에 근무하는 A사원은 조립된 자동차의 안전점검을 담당하고 있으며, 아침 9시부터 오후 6시간까지 점심시간 1시간을 제외하고 하루에 8시간을 근무한다. A사원은 본인의 담당 업무를 보다 잘 수행하기 위해 자투리 시간에는 업무 관련 매뉴얼을 분석하고 암기하며, 사내 동호회에 가입하여 선배들에게 노하우를 공유받기도 한다. 매달 25일에는 한 달 동안 근무한 것에 대한 월급을 받으며, 1년에 2번씩 성과 정도에 따라 성과급도 수령한다. A사원은 전체 조직에서 보았을 때 본인이 담당한 업무가 아주 작지만 의미 있는 일이라고 생각하고, 이를 성실하게 수행함으로써 스스로 만족감을 느낀다. 최근에는 회사로부터 좋은 평가를 받아 '성실직원상'을 받기도 하였다.

① 조직은 조직에 공헌한 개인의 역량에 대한 보상을 제공한다.
② 개인은 조직에 필요한 지식, 기술, 경험 등의 자원을 제공한다.
③ 개인은 조직의 목표 달성에 필요한 업무의 성취를 위해 노력해야 한다.
④ 개인에 대한 조직의 보상은 물질적 보상과 비물질적 보상으로 나뉜다.
⑤ 조직에 속한 개인은 자신이 정한 범위 내에서 업무를 수행한다.

02 난이도 상중하

다음 중 조직에 대한 설명으로 적절하지 않은 것은?

① 조직체제의 구성 요소 중 조직문화는 조직이 존재하는 정당성과 합법성을 제공한다.
② 특정한 목적을 달성하려는 조직은 구성원들이 상호 협동하고 외부 환경과 밀접한 관계를 맺는다.
③ 일 경험에서 조직을 뜻하는 직장은 사람들이 일하는 데 필요한 물리적 장소이자 심리적 공간을 말한다.
④ 조직은 일반적으로 재화나 서비스를 생산하는 경제적 기능과 구성원들에게 만족감을 주는 사회적 기능을 갖는다.
⑤ 두 명 이상의 사람이 의식적으로 구성하여 상호작용하는 집합체라도 공동의 목표가 없다면 조직이라고 보기 어렵다.

03 난이도 상중하

갑~정 네 사람은 본인이 현재 속한 조직에 대해 다음과 같이 대화하였다. 다음 중 이들이 속한 조직을 공식 조직과 비공식 조직으로 구분할 때, 각각 바르게 짝지은 것은?

| 고양도시관리공사 |

> 갑: "나는 □□대학교 경영학과에 재학 중이야. 작년에 A기업에서 인턴 생활을 하느라 1년 휴학해서 지금 2학년이야. 인턴 기간이 끝나서 복학했고, 마케팅 업무에 관심이 많아."
> 을: "나는 재작년에 ○○대학교를 졸업하고 교수님의 추천으로 의료 기기를 개발하는 △△연구소에 입사하여 연구원으로 재직하고 있어."
> 병: "나는 축구를 좋아해서 친구들과 축구 동호회를 만들어서 활동하고 있어. 작년부터 동호회 회장을 맡게 돼서 매주 모임 장소와 시간을 동호회원들에게 공지하고 있어."
> 정: "나는 환경 문제에 관심이 많아서 ◇◇시민단체에 가입했어. 가입한 지 얼마 되지 않았지만 다른 사람들과 환경 문제 해결 방안에 대해 적극적으로 논의할 수 있어서 좋아."

	공식 조직	비공식 조직
①	갑	을, 병, 정
②	갑, 을	병, 정
③	갑, 을, 정	병
④	갑, 정	을, 병
⑤	갑, 병, 정	을

04 난이도 상 중 하

다음 중 조직에 대한 설명으로 적절하지 않은 것은?

① 조직에서 제공하는 보상은 연봉과 같은 물질적 보상 외 칭찬과 같은 비물질적 보상도 포함한다.
② 조직은 집단 간 협력은 물론 집단 간 경쟁이 과열되어 비능률 등의 문제가 발생한다.
③ 기업이란 조직은 재화나 서비스의 생산이라는 경제적 기능을 가지고 있다.
④ 조직을 구성하는 개개인의 특성을 알면, 그 조직의 특성을 파악할 수 있다.
⑤ 조직목표는 다수일 수 있으며, 위계적 상호관계가 존재한다.

05 난이도 상 중 하

다음 중 조직의 체제를 구성하는 요소에 대한 설명으로 가장 적절한 것은?

① 조직목표는 조직이 달성하려는 현재의 상태이다.
② 조직의 규칙과 규정은 조직구성원들의 활동 범위를 정하고 일관성을 부여하는 역할을 한다.
③ 조직문화는 조직구성원들의 사고에 영향을 주지만, 행동에는 영향을 주지 않는다.
④ 조직의 구조는 조직 내의 부문 사이에 형성된 관계로, 조직구성원들이 공유하는 생활양식이나 가치이다.
⑤ 조직도는 조직의 내적인 구조뿐만 아니라 구성원들의 임무, 수행 과업, 업무 장소를 알아보는 데 유용하다.

06 난이도 상 중 하

다음은 ○○공사 윤리 규정의 일부이다. 이를 근거로 판단할 때, 적절하지 않은 것은?

제4조(공정한 직무수행을 해치는 지시 등에 대한 처리) ① 임직원은 하급자에게 자기 또는 타인의 이익을 위하여 법령이나 규정에 위반하여 공정한 직무수행을 현저하게 해치는 지시를 하여서는 아니 된다.
② 상급자로부터 제1항을 위반하는 지시를 받은 임직원은 별지 제1호 서식 또는 전자우편 등의 방법으로 그 사유를 그 상급자에게 소명하고 지시에 따르지 아니하거나, 별지 제2호 서식 또는 전자우편 등의 방법으로 행동강령책임관과 상담할 수 있다.
③ 제2항에 따라 지시를 이행하지 아니하였는데도 같은 지시가 반복될 때에는 즉시 별지 제2호 서식 또는 전자우편 등의 방법으로 행동강령책임관과 상담하여야 한다.
④ 제2항이나 제3항에 따라 상담 요청을 받은 행동강령책임관은 지시 내용을 확인하여 지시를 취소하거나 변경할 필요가 있다고 인정되면 이를 사장에게 보고하여야 한다. 다만, 지시 내용을 확인하는 과정에서 부당한 지시를 한 상급자가 스스로 그 지시를 취소하거나 변경하였을 때에는 사장에게 보고하지 아니할 수 있다.
⑤ 제4항에 따른 보고를 받은 사장은 필요하다고 인정되면 지시를 취소·변경하는 등 적절한 조치를 하여야 한다. 이 경우 공정한 직무수행을 해하는 지시를 제2항에 따라 이행하지 아니하였는데도 같은 지시를 반복한 상급자에게는 징계 등 필요한 조치를 할 수 있다.
⑥ 제1항에 따른 공정한 직무수행을 현저하게 해하는 지시의 판단 기준은 〈별표 1〉과 같다.
⑦ 임직원은 제2항 내지 제3항에 따른 지시 불이행 및 상담을 이유로 어떠한 차별이나 불이익을 받지 아니 한다.

〈별표 1〉 공정한 직무수행을 해하는 지시 판단기준
1. 법령, 행정규칙(훈령·예규·고시·지침 등), 공사 사규 및 내부 방침에 위반되는 지시인지 여부
2. 업무의 본래 취지에 맞지 않는 지시인지 여부
3. 공사에 재산상 손해를 입힐 수 있는 지시인지 여부
4. 공적이익이 아닌 지시자의 사적이익을 추구하는 지시인지 여부
5. 지위 또는 권한을 남용하는 지시인지 여부
6. 그 밖에 현저히 불합리한 행위를 강제하는 지시인지 여부

① 갑이 을에게 업무의 본래 취지에 맞지 않는 지시를 받았다면 갑은 전자우편을 이용하여 행동강령책임관과 상담할 수 있다.
② 행동강령책임관에게 공정한 직무수행을 해치는 지시에 관해 보고받은 사장은 지시를 취소하거나 변경하는 등 적절한 조치를 취해야 한다.
③ 공사에 재산상의 손해를 줄 수 있는 지시를 하였다면 이는 공정한 직무수행을 해하는 지시에 해당한다.
④ 병에게 지위를 남용하는 지시를 받아 사유 소명 후 지시에 따르지 않은 정에게 같은 지시가 반복되면 행동강령책임관에게 상담을 요청해야 한다.
⑤ 상급자로부터 공정한 직무수행을 해치는 지시를 받았다는 무의 상담 요청을 받은 행동강령책임관은 지시 내용을 사장에게 반드시 보고해야 한다.

07 난이도 상중하

다음은 ○○공사가 추진하려는 경영전략별 추진과제를 정리한 자료이다. 이를 토대로 빈칸 ㉠~㉢에 들어갈 경영전략 유형을 각각 바르게 짝지은 것은?

1. (㉠)
   - 부정청탁 및 부패비리 예방 활동 강화
     - 감찰전담반 규정위반 행위 집중관리 및 부정청탁·직무관련 영리 행위 금지 등을 반영한 '임직원행동강령' 개정
     - 청탁금지법 및 개정 행동강령 교육 및 홍보물 제작
   - 친환경·중소기업 및 사회적 약자 기업 제품 우선 구매 활성화
     - 친환경·중소기업 등 사회적 약자 기업 생산품 구매 관련 부서별 실적관리 등을 통한 참여

2. (㉡)
   - 상생의 노사관계 구축을 위한 '노사협력회의' 운영
     - 관련 법상 노사협의회의 참여가 제한된 소수 노조와의 소통 증진
     - 일반 노사협의회와 병행 개최 및 고충 처리 등 소수 노조 조합 활동의 애로 사항에 대한 해소 방안 검토
   - 시민안전 최우선 대책을 위한 시민안전 모니터링
     - 열차시설, 역사 시설물, 역사 설비, 승강 편의시설 등을 대상으로 시민 모니터링 실시
     - 시민 모니터링 요원을 선발하여 인센티브 부여 등 활성화를 통한 시민안전 체감도 향상 효과

3. (㉢)
   - 선도 테마역사·테마계단 조성
     - 지역 특성 등을 고려한 스토리형 테마역사 조성
     - △△역 테마계단 추진 시 지역주민 재능기부 등 주민참여 공공 프로젝트 추진
     - 지역주민 문화 향유 기회 확대 및 문화 사업을 통한 지역경제 활성화 효과
   - 중소기업 협력 사업을 통한 상생 기술혁신
     - 혁신 스타트업 기업과 상생 업무협력 실시로 공익·수익형 혁신사업 지역사회 연계 개발
     - 혁신기업의 사업기회 제공을 통한 사회적 책임 충실 및 4차 산업 혁신기술 및 아이디어 확보

	㉠	㉡	㉢
①	사회적 책임 경영	참여와 협력 경영	지역경제 선도 경영
②	사회적 책임 경영	지역경제 선도 경영	참여와 협력 경영
③	참여와 협력 경영	사회적 책임 경영	지역경제 선도 경영
④	참여와 협력 경영	지역경제 선도 경영	사회적 책임 경영
⑤	지역경제 선도 경영	참여와 협력 경영	사회적 책임 경영

08 난이도 상중하

다음 중 SWOT 분석 중 WT전략에 대한 설명으로 적절하지 않은 것은?

① W는 약점(Weakness)이다.
② T는 위협(Threat)이다.
③ 방어적 전략이 필요하다.
④ 다양화 전략이 필요하다.
⑤ 시장에서 철수하는 것이 바람직하다.

09 난이도 상중하

다음 중 경영의 의미와 과정에 대한 설명으로 적절하지 않은 것은?

① 경영계획 단계에서는 대안분석 및 목표를 설정한다.
② 경영은 조직의 목적을 달성하기 위한 전략, 관리, 운영 활동이다.
③ 특수경영과 달리 일반경영은 조직의 특성에 적합한 경영원리가 필요하다.
④ 경영실행에 대한 평가는 수행 결과를 감독하고 교정하여 피드백하는 단계로 이루어진다.
⑤ 경영의 과정은 경영목표를 설정하고, 경영에 필요한 인재와 자원을 확보·배분하여 경영활동을 실행하는 단계로 이루어진다.

10 난이도 상중하

다음 사례의 G기업은 조직의 의사결정 과정 3단계에 따라 업무를 진행하고 있다. 이때 바로 다음 단계에서 이어질 활동으로 가장 적절한 것은?

| 군포도시공사 |

> 현재 저희 G기업의 막강한 경쟁 기업으로 떠오르고 있는 T기업의 할인 이벤트를 분석한 결과, 소비자들은 할인 이벤트 자체에는 반감을 가지고 있지 않으나 할인 이벤트를 홍보하는 과정에서 다소 구매를 강요하는 듯한 주입식 홍보 방법에 대해 불만을 보였던 것으로 파악되었습니다. 저희 기업도 할인 이벤트 시즌이 다가오고 있으므로 경쟁 기업의 사례에서 참고 가능한 소비자 니즈를 반영하고자 하였고, 지난 회의에서 이미 좋은 안건들이 많이 나왔습니다.

① 문제를 신속히 해결할 필요가 있는지 확인하고 그럴 경우에는 즉각적인 대응을 준비한다.
② 의사결정권자가 결정할 건지, 분석을 통해 결정할 건지 해결 방안 선택 방법을 결정한다.
③ 인식한 문제를 해결할 방법으로 기존의 해결 방법 중 적합한 게 없는지 확인한다.
④ 선택된 해결 방안을 실행하기 위해 예산과 인력을 확인한다.
⑤ 문제를 인식하고 이를 구체화하여 필요한 정보를 수집한다.

11 난이도 상 중 하

다음 제시된 용어를 통해 공통으로 연상할 수 있는 개념에 대한 설명으로 적절하지 않은 것은?

> 이윤분배제도, 노동주제도, 공동의사결정제도, 노사협의회제도, 종업원지주제도

① 새로운 아이디어나 현장에 적합한 개선 방안을 마련하여 경영의 효율성을 높일 수 있다.
② 국제경쟁의 가속화와 급격한 기술 발전 등의 환경변화로 인해 중요성이 커지고 있다.
③ 노사관계 개선에 도움을 주어 궁극적으로 경영자 고유의 권한인 경영권을 강화할 수 있다.
④ 근로자 또는 노동조합을 경영의 파트너로 인정하고 의사결정 과정에 참여시키는 제도이다.
⑤ 경영의 민주성을 제고하기 위한 목적으로 시행되며 노사 간의 세력 균형을 이룰 수 있다.

12 난이도 상 중 하

다음 중 경영참가제도에 대한 설명으로 적절하지 않은 것은?

① 경영참가제도의 목적은 경영의 민주성을 제고하는 것이다.
② 자본참가는 근로자가 조직 재산의 소유에 참여하는 것이다.
③ 이윤참가는 조직의 경영성과를 근로자에게 배분하는 것이다.
④ 경영참가제도는 모든 조직에 반드시 확대되어야 하는 것이다.
⑤ 경영참가는 근로자 또는 노동조합이 의사결정 과정에 참여하는 것이다.

13 난이도 상 중 하

다음은 ○○공사의 임직원 겸직금지 및 겸직허가 원칙에 관한 자료이다. 자료를 이해한 내용으로 적절한 것만을 〈보기〉에서 모두 고르면?

제11조(기본방침) 직무와 관련된 개인방송 활동은 소속 부서장에게 사전보고를 하고 홍보부서와 협의를 거쳐 시행해야 한다.

제12조(준수사항) 인터넷 개인방송 활동 시 보안 및 직원 품위유지를 위해 아래 행위는 엄격히 금지한다.
1. 직무상 알게 된 비밀 누설 및 직무 관련 여부 불문 공기업 직원으로서 품위를 해할 수 있는 타인의 명예나 권리 침해, 비속어 사용 및 허위사실 유포, 폭력적·선정적 콘텐츠를 제작·공유하는 행위
2. 업체 등으로부터 협찬을 받아 특정 물품을 홍보함으로써 금전 또는 물품을 얻는 행위(직·간접광고 포함)
3. 인터넷 개인방송을 통해 직접 후원 수익을 취득하거나 유료 콘텐츠를 제작하는 행위
4. 직무 능률을 떨어뜨리거나, 공무에 부당한 영향을 끼치거나, 국가의 이익과 상반되는 이익을 취득하거나, 회사에 불명예스러운 영향을 끼칠 우려가 있는 행위 등

제13조(겸직허가) ① 인터넷 플랫폼에서 정하는 수익 창출 요건(유튜브의 경우 구독자 1,000명, 연간 누적 재생 시간 4,000시간 이상)을 충족하고, 이후에도 개인방송 활동을 계속하고자 하는 경우 반드시 겸직허가 신청을 해야 한다.
② 겸직허가 신청 시기는 제1항에서 정하는 겸직허가 신청 대상에 해당된 후 새로운 콘텐츠 공유 전에 신청해야 하며, 회사에 입사 전 겸직허가 신청 대상에 해당하고 임용 후에도 그 활동을 계속하고자 하는 자는 임용된 날로부터 1개월 이내에 겸직허가 신청을 해야 한다.
③ 인터넷 개인방송 활동에 대한 겸직허가 기간은 최대 6개월이며, 겸직 연장의 경우 겸직허가 종료일 1개월 이전까지 신청해야 한다.

제14조(겸직허가 기준) ① 인터넷 개인방송 콘텐츠의 내용과 성격, 콘텐츠의 제작 및 운영·관리에 소요되는 시간과 노력 등을 검토하여 제12조의 준수할 사항을 위반하지 않고, 담당 직무수행에 지장이 없는 경우에 한하여 겸직을 허가한다.
② 인터넷 개인방송 활동이 직원으로서 준수할 사항을 위반한 경우, 그 내용 및 정도 등을 고려하여 허가 불허, 콘텐츠 삭제 요청, 활동 금지, 징계 요구 등의 조치를 취할 수 있다.

제15조(실태조사) 인터넷 담당부서는 매년 연초(전년도 12월 말 기준)에 인터넷 개인방송 활동에 대한 겸직허가를 받은 직원의 인터넷 개인방송 활동 실태를 조사 및 점검해야 한다.

── / 보기 / ──
⊙ 인터넷 개인방송에서 후원 수익을 취득하는 행위는 직원으로서의 품위유지를 취하지 않는 것으로 본다.
ⓒ 인터넷 개인방송 활동에 대한 겸직허가는 최대 1년이며, 겸직 연장은 겸직허가 종료일 한 달 전까지 신청해야 한다.
ⓒ 유튜브에 업로드한 영상이 직원으로서 준수할 사항을 위반했다고 판단되면 활동 금지 조치가 취해질 수 있다.
ⓔ 입사 전부터 구독자 900명, 연간 누적 재생 시간 3,000시간의 채널을 운영하고 있으며, 입사 후에도 해당 채널을 운영하고자 할 경우, 임용된 날로부터 한 달 이내에 겸직허가 신청을 해야 한다.

① ㉠, ㉡ ② ㉠, ㉢ ③ ㉡, ㉢
④ ㉡, ㉣ ⑤ ㉠, ㉢, ㉣

14 난이도 상중하

다음 〈보기〉 중 내부경영활동에 대한 사례로 적절한 것만을 모두 고르면?

／보기／

㉠ A항공사는 회계처리 기준에 따라 재무제표를 신뢰성 있게 작성 및 공시하기 위해 내부회계 관리 제도를 운영한다고 밝혔다.
㉡ 건강용품 제조회사인 B사는 새로운 공법을 개발하고 기존 생산라인을 전환하여 생산성 향상의 효과를 보았다.
㉢ 자동차회사인 C사는 새롭게 출시한 자동차의 고객 인도를 앞두고 전시 및 시승 이벤트, TV광고, 온라인 고객 이벤트 등 마케팅 활동을 대폭 강화하였다.
㉣ 최근 D사는 채용 가능한 지원자 범위를 해외 및 지역 우수인재로 확대하고, 전형 과정이 신속하게 진행될 수 있도록 화상면접을 도입하였다.

① ㉠, ㉡
② ㉠, ㉢
③ ㉡, ㉣
④ ㉢, ㉣
⑤ ㉠, ㉡, ㉣

15 난이도 상중하

다음은 □□공사의 안전시스템에 관한 SWOT 분석 내용이다. 'S'에 해당하는 것만을 〈보기〉에서 모두 고르면?

/ 보기 /
㉠ 시설장비의 노후화
㉡ 2년 연속 안전시스템 평가 대상 수상
㉢ 시민 안전의식 미흡
㉣ 재난 안전시스템 미비
㉤ 안전하고 편리한 환승 시스템
㉥ 노조 파업에 따른 고객 불만 증가
㉦ 시민들의 교통안전시스템에 관한 신뢰도 저하
㉧ 4차 산업혁명에 따른 국가적인 IoT 기술 안전 시스템 투자 예정

① ㉠, ㉧
② ㉡, ㉤
③ ㉡, ㉥
④ ㉢, ㉦
⑤ ㉣, ㉤

16 난이도 상중하

다음 중 집단의사결정의 특징으로 적절하지 않은 것은?

| 인천문화재단 |

① 구성원의 의사소통 기회가 향상된다는 장점이 있다.
② 브레인스토밍은 집단에서 의사결정을 하는 대표적인 방법 중 하나이다.
③ 집단은 개인보다 지식과 정보량이 많으므로 효과적인 결정을 할 수 있다.
④ 의사결정에 참여한 구성원은 결정된 사항에 대한 해결책을 쉽게 수용할 수 있다.
⑤ 브레인스토밍은 메모지에 의견을 적은 후 그 내용을 차례대로 공유하는 방법이다.

17 난이도 상 중 하

다음은 P관광공사의 신입사원 채용 관련 자료이다. 이를 토대로 할 때, 갑~무 중 총 가산점이 가장 높은 사람은?

○ 평가 전형은 서류 전형과 필기 전형으로 구분한다.
○ 서류 전형의 평가 기준은 '자기소개서', '중국어 성적'이며, 필기 전형은 '필기시험'으로 진행된다.
○ 서류 전형 관련 세부 사항은 다음과 같다.
  1) '자기소개서'와 '중국어 성적'은 5점 만점으로 환산하여 평가 점수를 부여한다.
  2) '자격증 가산점'은 동일 분야 내 중복 자격증이 있으면 1개만 인정한다.

분야	배점	종류
한국사	5점	한국사능력검정시험 3급 이상
국어	5점	국어능력인증 3급 이상, KBS 한국어능력 3+급 이상
IT	5점	정보처리기사, 정보처리산업기사
외국어	5점	TOEIC Speaking IH 이상, OPIc IH 이상

※ TOEIC Speaking과 OPIc 등급 체계

TOEIC Speaking		OPIc
AH	높음 ▲	–
AM		–
AL		AL
IH		IH
IM3		IM3
IM2		IM2
IM1		IM1
IL		IL
NH	낮음	NH
NM/NL	▼	NL

○ 필기 전형 관련 세부 사항은 다음과 같다.
  1) 필기시험은 총 5과목으로, 과목별 20문항이다.
  2) 모든 문항의 배점은 1점이며, 과목별 15점 미만은 과락으로 간주한다.
  3) 과락 과목은 점수 상관없이 0점으로 부여하고, 과락 과목이 한 과목이라도 있을 경우 무조건 탈락이다.
  4) 필기 전형 점수가 가장 높은 사람 1명에게만 추가 가산점 5점을 부여한다.
○ 가산점은 전형별로 부여하며, 총점은 '서류 전형 점수(가산점 포함)'와 '필기 전형 점수(가산점 포함)'를 합산하여 부여한다.
○ 총점이 같으면 서류 전형의 자기소개서 점수가 높은 사람을 우선한다.

○ 갑~무의 평가점수는 다음과 같다.

〈표 1〉 갑~무 서류 전형 점수

구분	자기소개서	중국어 성적	자격증
갑	3점	5점	국어능력인증 3급, KBS 한국어능력 2급
을	4점	3점	정보처리기사, TOEIC Speaking IM3
병	5점	2점	한국사능력검정시험 2급, 정보처리기사
정	3점	3점	컴퓨터활용능력 2급
무	4점	1점	한국사능력검정시험 1급, KBS 한국어능력 2급

〈표 2〉 갑~무 필기 전형 점수

구분	1과목	2과목	3과목	4과목	5과목
갑	18점	16점	15점	15점	15점
을	15점	16점	17점	16점	18점
병	13점	12점	16점	15점	16점
정	16점	16점	15점	16점	16점
무	18점	18점	19점	17점	18점

① 갑　　　　② 을　　　　③ 병　　　　④ 정　　　　⑤ 무

18 난이도 상중하

다음은 조직 내 집단의 유형에 대한 자료이다. 이와 관련하여 조직 내 집단에 대해 이해한 내용으로 적절하지 않은 것은?

구분	공식적 집단	비공식적 집단
발생	조직의 공식적인 목표를 추구하기 위해 의도적으로 형성됨.	조직구성원의 요구에 따라 자발적으로 형성됨.
특징	목표나 임무가 비교적 명확하게 규정되어 있음.	공식적인 업무 수행 외에 다양한 요구에 의해 이루어짐.
예시	(㉠)	(㉡)

① ㉠에는 상설위원회, 임시위원회, TF팀 등이, ㉡에는 친목회, 스터디 모임, 동아리 등이 해당한다.
② 조직 내 집단 간에 경쟁이 발생하면 집단 내부의 응집성이 약화된다.
③ 공식적 집단의 구성원은 비공식적 집단의 구성원에 비해 인위적으로 결정되는 경우가 많다.
④ 조직구성원은 본인이 속한 집단에서 필요한 정보를 획득하고 소속감을 느끼며 인간관계를 확장할 수 있다.
⑤ 조직 내 집단들이 상반되는 목표를 추구하거나 한정된 자원을 더 많이 가지려고 하는 경우에 집단 간 경쟁이 발생하기도 한다.

19 난이도 상중하

다음 중 조직구조의 결정요인에 대한 설명으로 적절하지 않은 것은? | 한국산업안전보건공단 |

① 조직구조는 조직마다 다양하게 이루어지며 조직목표의 효과적인 달성에 영향을 미친다.
② 조직구조에 영향을 미치는 요인에는 전략, 규모, 기술, 환경 등이 있다.
③ 조직전략은 조직의 목적 달성을 위해 수립한 계획으로, 조직전략이 바뀌면 조직구조도 바뀐다.
④ 소규모조직은 대규모조직보다 업무가 전문화 및 분화되어 있고, 많은 규칙이 존재한다.
⑤ 안정적이고 확실한 환경에는 기계적 조직이, 급변하는 환경에는 유기적 조직이 적합하다.

20 난이도 상중하

다음 〈보기〉 중 조직목표에 대한 설명으로 적절한 것만을 모두 고르면? | 한국과학기술연구원 |

/ 보기 /
㉠ 조직목표는 한번 수립되면 변동되거나 없어지지 않고 달성될 때까지 지속된다.
㉡ 조직목표는 크게 장기적 관점의 사명과 단기적 관점의 세부목표로 구분된다.
㉢ 공식적 조직목표와 실제적 조직목표가 다르게 설정되는 경우도 있다.
㉣ 조직목표 중 운영목표는 조직이 존재하는 정당성과 합법성을 제공한다.
㉤ 조직목표는 조직체제를 구체화할 수 있는 기준이 되기도 한다.

① ㉠, ㉡, ㉣　　② ㉠, ㉢, ㉤　　③ ㉠, ㉣, ㉤
④ ㉡, ㉢, ㉣　　⑤ ㉡, ㉢, ㉤

21 난이도 상중하

○○공사 인사팀에 근무하는 A~E사원이 신입사원 직무교육에서 학습한 직무그룹(Work group)과 직무팀(Work team)의 특징에 대해 다음과 같이 대화를 나누었다. 이때 적절하지 않은 발언을 한 사람은?

① A사원: "관리자 역할을 팀 단위에 맡긴 경우를 일컬어 자기경영 직무팀(Self-managed work team)이라고 해. 자기경영 직무팀은 직무 관련 의사결정, 예산집행, 인사권 등을 부여 받아."
② B사원: "직무그룹과 직무팀 모두 멤버가 서로 부족한 점을 보완해 주면서 상승작용을 일으키도록 구성된 집단인데, 두 집단 모두 특별한 목표를 공유하는 경우가 많아."
③ C사원: "이번에 VIP 대상 이벤트 기획을 위해 마케팅팀, 홍보팀, 전략기획팀에서 몇 명을 차출해서 새로운 팀을 구성했어. 이렇게 구성된 팀을 가리켜 다기능팀(Cross-functional team)이라고 해."
④ D사원: "우리 회사 생산팀은 현장에서 업무를 시작하기 전에 팀장급 직원 5~6명이 모여 품질관리에 관한 회의를 매주 진행해. 이러한 팀을 가리켜 문제해결팀(Problem-solving team)이라고 해."
⑤ E사원: "조직 환경의 급변으로 업무의 성격이 복잡해지고 유연한 조직의 필요성이 커짐에 따라, 직무팀의 형태가 크게 유행하고 있어."

22

○○은행의 자금결제실에서 근무하는 이사원은 최근에 넘어온 결제 건에서 금액 계산이 잘못된 것을 발견하였다. 해당 결제 건은 새롭게 시행되는 개인고객 및 기업고객의 정보보호 강화 시스템 구축에 대한 건이었다. ○○은행의 조직도가 다음과 같을 때, 해당 결제 건과 관련하여 이사원이 연락할 부서로 가장 적절한 것은?

| 한국산업인력공단 |

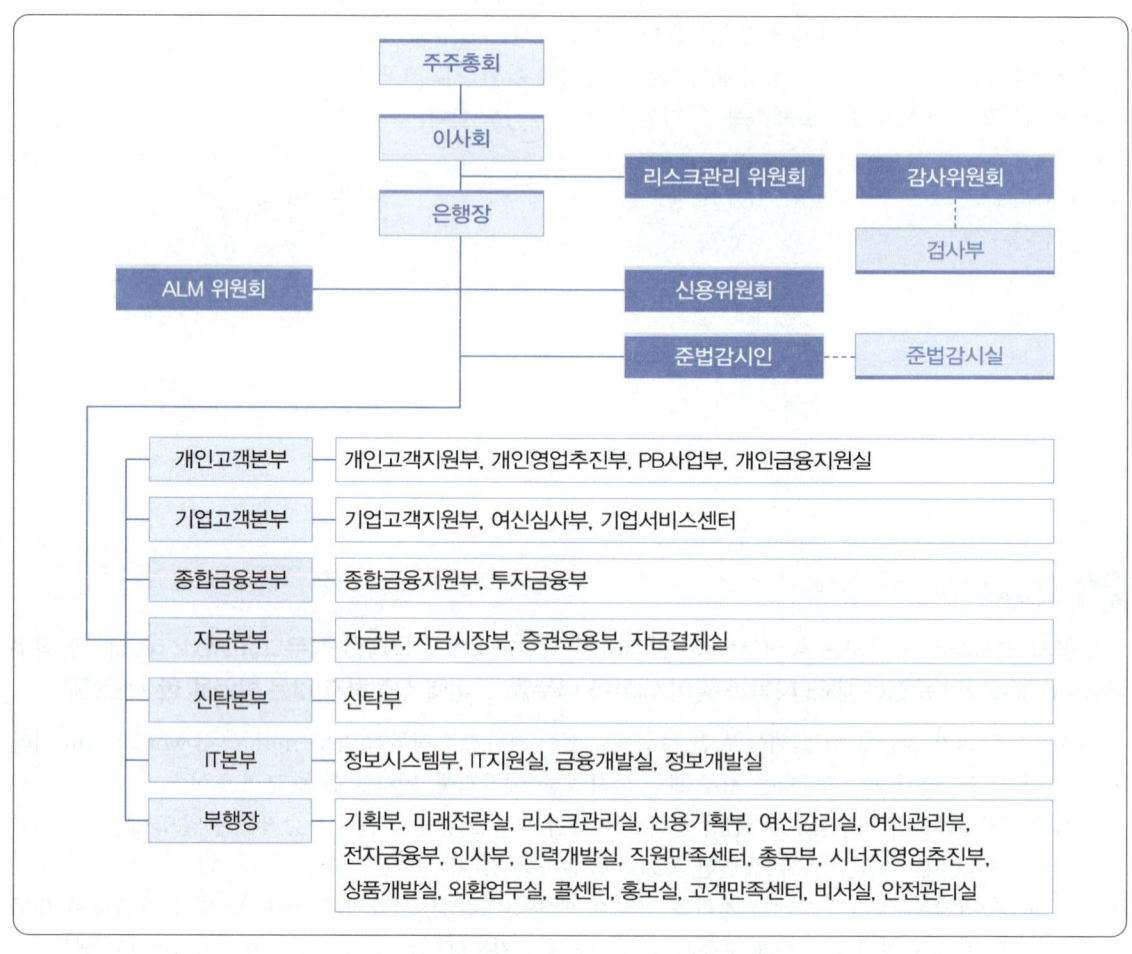

① 미래전략실　　② 기업서비스센터　　③ 정보시스템부
④ 개인영업추진부　　⑤ 종합금융지원부

23 난이도 상중하

다음 〈보기〉 중 OKR의 특징에 대한 설명으로 적절한 것만을 모두 고르면? | 부산교통공사 |

─ / 보기 / ─
㉠ 주간에서 분기 단위로 성과를 관리하는 성과관리 체계이다.
㉡ 유연성이 높고 직원들의 자발적인 참여가 활발한 편이다.
㉢ 단기 목표와 성장 비전을 동시에 달성할 수 있다.
㉣ 환경변화가 있을 때 목표 수정이 어려운 편이다.

① ㉠, ㉡
② ㉠, ㉢
③ ㉡, ㉣
④ ㉢, ㉣
⑤ ㉠, ㉡, ㉢

24 난이도 상중하

다음은 잰슨(Janson)이 제안한 조직 내 하위문화를 정리한 것이다. 이에 대한 설명으로 적절하지 않은 것은?

구분	내용
엘리트 문화(기업 문화)	'오직 당신만을 위하여' 혹은 '공익을 위하여'
부서 문화	수평적 단위 조직 (예 판매부)
사업부 문화	수직적 단위 조직 (예 사업 부문)
지역 문화	지역적 위치 내에서 혹은 단위 조직 내에서
문화와 관련된 문화	은유적, 조직 전체에서 중요한 문화 관련 (예 안전 문화, 품질 문화)
전문가 문화	전문가로서 배경과 훈련에 기반을 둔 문화

① 문화와 관련된 문화는 조직이 직면한 문제로 인해 생기는 문화를 의미한다.
② 지역 문화는 특정 단위 조직이 활동하는 지역의 관습과 규범에 의해 주로 형성된다.
③ 엘리트 문화가 나타나는 집단의 직원은 다른 직원보다 조직 전체에 정보를 퍼뜨릴 수 있는 강력한 통제력을 지닌다.
④ 의사들이 자신이 고용된 병원보다 의사들끼리 더 강한 소속감을 느끼는 것은 부서 문화의 사례로 볼 수 있다.
⑤ 사업부 문화는 같은 사업부에서 일하는 사람들이 같은 정책을 적용받고, 같은 과제들에 직면함으로써 형성될 수 있다.

25 난이도 상 중 하

조직구조는 기계적 조직과 유기적 조직으로 구분할 수 있다. 각 조직구조의 특징을 짝지은 것으로 적절하지 않은 것은?

		기계적 조직	유기적 조직
①	업무 자율성	업무가 분명함	업무가 고정되지 않고 공유 가능
②	명령계통	상하 간 공식적인 경로	비공식적인 상호 의사소통
③	통솔 범위	넓음	좁음
④	최고 경영자 통제	엄격한 위계질서	하부 구성원에게 위임
⑤	규칙과 규제의 정도	많음	적음

26 난이도 상 중 하

귀하는 최근 입사동기인 박사원과 함께 프로젝트를 진행하는 과정에서 자주 의견 충돌이 발생하여 주변 사람들이 불편해 하는 것을 느꼈다. 다음 중 이와 같은 상황을 해결하기 위해 귀하가 선택할 갈등관리 방법으로 적절하지 않은 것은?

① 갈등 유발의 원인과 해결책을 고민한다.
② 대화와 협상을 통해 의견 일치에 초점을 맞춘다.
③ 양측에 도움이 될 수 있는 해결 방법을 모색한다.
④ 갈등 상황을 받아들이고 이를 객관적으로 평가한다.
⑤ 항상 직접적인 해결을 통해 최대한 빠르게 갈등을 해결한다.

27 난이도 상 중 하

인사팀에서 근무하는 박사원은 10월 업무를 우선순위대로 처리하고자 한다. 다음 자료를 토대로 할 때, 박사원이 처리해야 할 업무를 순서대로 바르게 나열한 것은?

| 한국농업기술진흥원 |

- 2개 이상의 업무를 동시에 처리할 수 없다.
- 하나의 업무를 완전히 끝낸 후에 다른 업무에 착수할 수 있다.
- 주말·공휴일·휴무일에는 업무를 수행하지 않는다.
- 마감일 당일까지는 반드시 업무를 마무리해야 한다.
- 다른 팀과의 협업 업무를 가장 우선하여 수행해야 한다.
- 10월 1일은 토요일이며, 10월 3일과 10월 10일은 공휴일이다.
- 10월 11일과 10월 21일은 연차 휴무이다.
- 10월 4일부터 업무를 처리할 수 있다.

〈10월 업무〉

구분	소요기간	마감일	특이 사항
㉠인사팀 면접 준비	3일	10월 26일	신입사원 교육 강사 선발 업무 처리 후 착수 가능
㉡이사 업체 선정	2일	10월 13일	
㉢신입사원 교육 강사 선발	5일	10월 24일	
㉣서류심사 및 결과 전달	4일	10월 17일	영업팀 협업 업무
㉤워크숍 준비 최종 확인	1일	10월 31일	

① ㉡ – ㉣ – ㉤ – ㉠ – ㉢
② ㉡ – ㉤ – ㉣ – ㉢ – ㉠
③ ㉣ – ㉡ – ㉢ – ㉠ – ㉤
④ ㉣ – ㉡ – ㉢ – ㉤ – ㉠
⑤ ㉣ – ㉡ – ㉤ – ㉢ – ㉠

28 난이도 상중하

다음은 ○○공단에 재직 중인 박과장과 최대리가 나눈 대화이다. 이를 통해 두 사람이 소속되어 있는 부서와 그 부서의 일반적인 업무를 바르게 짝지은 것은?

| 군포도시공사, 킨텍스 |

> 박과장: "최대리님, 안녕하세요. 퇴근하시는 길인가요?"
> 최대리: "박과장님, 안녕하세요. 저는 오늘 야근해야 해서 저녁 식사하러 나가는 길이에요. 지난주에 출시된 신제품의 판매 원가와 판매 가격을 검토해야 하는데, 생각보다 시간이 오래 걸리네요. 오후에 거래처로부터 불만이 접수되어서 해당 건도 처리하고 퇴근해야 할 것 같아요."
> 박과장: "정말 힘드시겠어요. 얼마 전에도 재무상태와 경영실적 보고 건으로 늦게까지 일하지 않으셨나요?"
> 최대리: "아니요. 말씀하신 업무는 저희 부서에서 담당하고 있지 않아요. 아마 제가 말씀드렸던 견적 및 계약 보고 건과 헷갈리신 것 같아요."
> 박과장: "아, 맞아요. 견적 및 계약 보고로 늦게 퇴근하셨다고 했던 기억이 나네요. 저는 오늘 온종일 중장기 사업계획을 종합하고 조정하느라 진이 다 빠졌어요. 어제 종합예산을 수립하고 실적을 관리하느라 야근해서 오늘은 이만 퇴근하려고요. 최대리님 조금만 더 고생하시고, 내일 뵙겠습니다."
> 최대리: "박과장님, 오늘 정말 고생 많으셨습니다. 조심히 들어가시고 내일 뵙겠습니다."

	박과장	최대리
①	총무부 – 의전 및 비서 업무	인사부 – 업무분장 및 조정
②	총무부 – 사내외 홍보 광고	인사부 – 복무 및 퇴직 관리
③	인사부 – 교육체계 수립	회계부 – 보험 가입 및 보상 업무
④	기획부 – 제조지시서의 발행	영업부 – 제품의 재고 조절
⑤	기획부 – 경영계획 및 전략 수립	영업부 – 외상매출금의 청구

29 난이도 상중하

다음 〈보기〉 중 업무의 특성에 대한 설명으로 적절한 것만을 모두 고르면?

/ 보기 /
- ㉠ 조직 내 업무는 우선순위에 따라 순차적으로 진행될 수 있다.
- ㉡ 조직 내에서 세분화된 업무는 궁극적으로 같은 목적을 지향한다.
- ㉢ 일반적으로 연구 업무는 생산 업무보다 주어진 절차가 중요시된다.
- ㉣ 개별 업무들에 요구되는 지식, 기술, 도구의 종류는 서로 다르다.

① ㉠, ㉢
② ㉡, ㉣
③ ㉢, ㉣
④ ㉠, ㉡, ㉢
⑤ ㉠, ㉡, ㉣

30 난이도 상중하

다음은 ◇◇공사에서 경영지원팀 인력 채용을 위해 작성한 직무 기술서 중 '주요 업무 수행 내용'이다. 이때 직무 기술서에 포함되지 않은 직무 세분류 항목을 고르면?

〈주요 업무 수행 내용〉
- ㉠ 경영 목표를 효과적으로 달성하기 위한 전략을 수립하고 최적의 자원을 효율적으로 배분하도록 경영진의 의사결정을 체계적으로 지원하는 업무를 수행함.
- ㉡ 조직이 목표로 하는 경영 성과를 효과적으로 달성하기 위한 미래의 경영 활동을 계량화하는 것으로, 일정 기간 예상되는 수익과 비용을 편성하고 집행하며 통제하는 업무를 수행함.
- ㉢ 예산 계획에 따라 기관의 투자, 재무 활동을 수행할 수 있도록 필요 자금의 계획 수립, 조달, 운용을 하고 발생 가능한 위험 관리 및 성과 평가 업무를 수행함.
- ㉣ 조직 내·외부에 있는 의사결정자들이 효율적인 의사결정을 할 수 있도록 유용한 정보를 제공하며, 제공된 회계 정보의 적정성을 파악하는 업무를 수행함.

① 인사
② 회계·감사
③ 자금
④ 경영기획
⑤ 예산

31

다음은 의류 회사에서 근무하는 A가 프로젝트 일정을 정리하기 위해 작성한 업무 수행 시트이다. 이에 대한 설명으로 가장 적절한 것은?

구분	6월 1주	6월 2주	6월 3주	6월 4주	6월 5주	7월 1주	7월 2주	7월 3주	7월 4주	7월 5주	8월 1주	8월 2주	8월 3주	8월 4주
국내외 시장조사	■	■	■											
S/S 시즌 리뷰	■													
F/W 시즌 기획			■	■	■	■								
디자인 시안 작업							■	■	■	■	■			
CEO 보고 및 수정												■	■	■

① F/W 시즌 기획 업무가 종료되는 주에 디자인 시안 작업 업무가 시작된다.
② 세부적인 활동별로 기대되는 수행 수준을 달성했는지 확인하는 데 도움이 된다.
③ 업무 단계별로 소요되는 대략적인 시간과 업무 활동 간의 관계를 쉽게 파악할 수 있다.
④ 국내외 시장조사 업무와 S/S 시즌 리뷰 업무는 동시에 시작하여 동시에 종료된다.
⑤ 주된 작업과 부차적인 작업, 개인 업무와 협업해야 하는 업무 등을 구분하여 표현할 수 있다.

32 난이도 상중하

다음은 ○○공사의 부서별 주요 분장 업무이다. ○○공사의 경영혁신실에 근무하는 정주임이 일정표에 따라 업무를 진행할 때, 정주임이 협조받아야 할 부서를 순서대로 바르게 나열한 것은? | 국토안전관리원 |

〈○○공사 부서별 주요 분장 업무〉

부서	주요 분장 업무
기획조정실	중장기 경영계획 수립·조정, 조직 및 정원 관리, 이사회 운영, 임원추천위원회에 관한 업무, 예산 편성 및 집행·조정·통제
정보화추진처	정보화 계획 수립, 정보 시스템 관리, 정보 시스템 통합체계 구축, 정보자원 관리, 정보화 관련 사업 추진 및 규정·제도 개선, 정보 보안
환경사업처	환경·생태사업 계획 수립 및 관리, 환경영향평가, 수질 환경 및 농업용수 수질 관리·조사·개선, 폐기물 매립시설 검사 및 토양 조사
경영지원처	행사, 문서, 일반보안, 당직 관리, 비상근무, 회계, 자금 관리, 결산, 출납, 세무, 자산 및 물품 관리, 계약·구매 및 조달, 민원 업무
인사복지처	인사, 복무, 보수, 재해 보상, 노사관계, 복지후생, 직원고충 처리 총괄, 직무 관리
홍보실	공사 홍보에 관한 계획 수립·시행, 대외 문화활동 총괄
인재개발원	중장기 인력개발 계획, 교육기본 계획 및 교육시행 계획 수립, 교육대상자 선발·관리, 사이버교육센터 운영, 국내외 위탁교육

〈정주임 일정표〉

구분	업무 시간	업무 내용
1	09:00~11:00	고객만족 향상 캠페인 홍보 진행 피드백 회의 참석
2	11:00~12:00	주말 당직 일정 변경 문의
3	13:00~16:00	경영혁신을 위한 정보 시스템 구축 관련 자료 요청 및 검토
4	16:00~18:00	사회적 가치 실현 관련 위탁교육 진행 상황 점검

① 기획조정실 - 인사복지처 - 환경사업처 - 인재개발원
② 기획조정실 - 인사복지처 - 홍보실 - 환경사업처
③ 홍보실 - 기획조정실 - 정보화추진처 - 인사복지처
④ 홍보실 - 경영지원처 - 정보화추진처 - 인재개발원
⑤ 홍보실 - 경영지원처 - 환경사업처 - 기획조정실

33 다음 글을 읽고 이해한 내용으로 적절하지 않은 것은?

| 울산항만공사 |

> 업무 방해요인이란 업무를 수행할 때 업무 진척에 걸림돌이 되거나 업무 수행을 좌절시키는 여러 가지 요소들을 말한다. 졸음, 이메일, 메신저, 지인의 방문, 잦은 회의, 인터넷 등은 대표적인 업무 방해요인으로, 이는 공적인 이유인지 사적인 이유인지를 불문한다. 업무 방해요인으로 인해 업무의 집중력은 분산되고, 다시 집중하기 위해 소요되는 시간도 모두 낭비된다.
> 업무 방해요인을 제거하고 업무 집중력을 향상시키기 위해서는 다음과 같은 조치가 필요하다. 먼저 지나친 멀티태스킹은 오히려 생산성을 저해할 수 있으므로 지양해야 한다. 또한 업무 중 잠시 이메일을 확인하거나 대화를 나누는 것은 업무에 방해가 되지 않는다는 생각을 버려야 한다. 그렇다고 대화를 전혀 안 하거나 메일 확인을 전혀 안 할 수는 없으므로 일정한 시간을 정해두는 것이 좋다.

① 여러 가지 작업을 동시에 하는 것은 업무 효율성을 떨어뜨릴 수 있다.
② 업무 중 마주칠 수 있는 사적인 요인을 모두 차단하면 업무 방해요인을 모두 제거할 수 있다.
③ 업무를 아예 못하게 하는 것뿐만 아니라 업무의 진행을 더디게 하는 것도 방해요인이 될 수 있다.
④ 이메일을 확인하는 등의 업무 방해요인은 차단하기보다는 일정한 시간을 정하여 처리하는 것이 좋다.
⑤ 분산된 집중력을 다시 발휘하기 위해 들이는 시간도 업무 방해요인에 의한 낭비 시간에 포함된다.

34 난이도 상 중 하

다음은 ○○기관의 NCS 기반 채용 직무설명 자료이다. 이에 대해 바르게 이해한 사람만을 〈보기〉에서 모두 고르면?

채용 분야	영업·무역 0명			
NCS 분류 체계	대분류	중분류	소분류	세분류
	02. 경영·회계·사무	04. 생산·품질관리	03. 무역·유통관리	03. 유통관리
	10. 영업판매	01. 영업	01. 일반·해외영업	01. 일반영업 02. 해외영업
주요 사업	○ 쌀 소비 촉진 및 쌀 가공식품 소비 활성화를 위한 사업 ○ 쌀 가공식품 소비 촉진 홍보 등 정부 시책의 효율적인 추진을 위하여 협회에 지정한 사무 대행 ○ 쌀 가공식품 수출 및 해외지사 운영 ○ 기타 협회의 목적 달성을 위하여 필요한 사업			
직무 수행 내용	○ (유통관리) 도·소매업의 효율적 운영을 위한 구매, 판매, 마케팅, 물류, 채널 융·복합, 정보기술과 관련된 업무를 수행하는 직무 ○ (영업전략 수립) 내·외부 환경 분석을 통해 목표를 설정하고, 성공적 사업 수행을 위한 전략을 제시하는 업무 ○ (일반영업) 수립된 목표 달성을 위하여 영업 환경을 분석하고 상품을 판매하는 업무로서, 고객 발굴·고객 유지·고객불만 처리 등 고객을 관리하는 업무, 정부 및 유관기관·회원 등 고객 성향을 파악하고 관리하는 업무 ○ (해외영업) 해외시장 조사, 상품 분석, 해외 마케팅 전략을 수립하고, 잠재 고객을 발굴하여 협상 및 계약체결을 하는 업무, 고객과의 계약 이행, 클레임 처리 및 고객을 관리하는 업무			
능력 단위	○ (유통관리) 상품기획 및 매입, 매장 관리, 판매촉진 관리, 고객 관리, 상권 관리, 유통물류 관리, 유통채널 관리, 유통정보 운영관리, 유통정보 분석, 성과 관리 ○ (영업전략 수립) 영업 환경 분석, 영업 전략 수립, 영업 성과 관리 ○ (일반영업) 내·외부 영업 환경 분석, 영업 전략 수립, 고객 상담, 영업제안 준비, 영업 계약 체결 및 이행 관리, 영업 성과 관리, 고객 불만 및 유지 관리 ○ (해외영업) 해외시장 조사, 해외영업 상품 분석, 해외마케팅 전략 수립, 해외 잠재고객 발굴, 해외거래 제안 및 협상, 해외고객 클레임 처리 및 관리			

/ 보기 /

A: "NCS 대분류에 따라 지원자는 회계 관련 자격증이 필수여야 해."
B: "채용 분야에 지원하고자 한다면 영업판매뿐만 아니라 효율적인 유통을 위해 이와 관련된 업무를 수행하는 능력도 갖추어야 해."
C: "이번에 채용하는 직무는 영업·무역 분야로 NCS 세분류는 유통관리, 일반영업, 해외영업과 관련이 있네."
D: "채용 직무는 영업·무역이지만, 직무 수행 내용은 해외영업에 치우쳐져 있어."

① A, B ② A, D ③ B, C
④ B, D ⑤ C, D

35

해외영업팀에 근무하는 최주임은 해외 바이어 A~C와의 미팅을 잡기 위해 일정을 수립하고 있다. 다음 자료를 토대로 할 때, 회의를 진행할 수 있는 요일은 언제인가?

○ 모든 사람이 참석 가능한 요일에 회의를 진행하며, 총 2시간 연속으로 진행한다.
○ 회의는 현지시각을 기준으로 모든 사람의 근무시간에 진행하며, 네 사람의 근무시간(현지 기준)은 다음과 같다.

최주임	A	B	C
10:00~19:00 (12:00~13:00 휴게)	08:00~17:00 (12:00~13:00 휴게)	09:30~18:30 (12:30~13:30 휴게)	09:00~18:00 (12:00~13:00 휴게)

○ 회의 참여 가능 시각(현지 기준)은 다음과 같다.

구분	월	화	수	목	금
최주임(서울)	×	13:00~17:00	×	14:00~17:00	14:00~18:00
A(상하이)	13:00~16:00	10:00~11:00	13:00~18:00	15:00~17:00	13:00~16:00
B(하노이)	11:00~18:00*	10:00~12:00	×	14:00~18:00	13:00~15:00
C(쿠칭)	10:00~17:00*	13:00~15:00	14:00~18:00	15:00~18:00	14:00~16:00

* 휴게 시간 제외

○ 상하이와 쿠칭은 서울보다 1시간, 하노이는 서울보다 2시간 느리다.

① 월요일 ② 화요일 ③ 수요일 ④ 목요일 ⑤ 금요일

36

○○공단의 홍보팀에서 근무하는 귀하는 사보에 들어갈 국가별 비즈니스 매너에 대한 기사를 작성하기 위해 해외 지사의 직원들을 인터뷰하였다. 다음 중 인터뷰 내용이 적절하지 않은 사람은? | 서울교통공사 |

미국 지사 A직원 — 악수는 전 세계에서 통용되는 인사법이라 비즈니스 상황에서 자주 사용됩니다. 친밀감을 나타내기 위해 손을 꽉 잡는 경우도 있고, 예의를 나타내기 위해 손끝만 살짝 잡는 경우도 있죠. 그러나 미국에서는 악수할 때 손끝만 잡으면 예의에 어긋난다고 생각하니 주의해야 합니다.

아프리카 지사 B직원 — 일반적으로 한국에서는 눈을 바라보면서 대화하는데, 아프리카에서는 상대방과 시선을 마주보면서 대화하는 것은 실례입니다. 눈 대신 코끝 정도를 보면서 대화해야 합니다.

러시아 지사 C직원 — 한국 사람들은 포옹에 익숙하지 않죠? 그러나 러시아에서는 인사할 때 주로 포옹을 합니다. 러시아 사람들에게 있어 포옹은 친밀함의 표현이므로 자연스럽게 받아주는 것이 좋습니다.

일본 지사 D직원 — 일본은 인맥을 통하지 않고는 비즈니스를 시작하기 어려우므로 일본 기업과 새로운 거래를 하려면 양측을 잘 아는 사람의 소개가 필요합니다. 술자리를 갖게 된다면 우리나라와 마찬가지로 술을 따를 때와 받을 때 모두 반드시 양손을 사용해야 합니다.

독일 지사 E직원 — 독일인과 비즈니스를 할 때 2~3분 늦게 도착하는 것도 결례이므로 약속 시간에 늦어서는 안 됩니다. 그리고 독일은 금요일 오후 2시나 3시에 업무를 종료하는 회사가 많기 때문에 금요일 오후에는 비즈니스 관련 약속을 잡지 않아야 합니다.

① A직원　② B직원　③ C직원　④ D직원　⑤ E직원

37 난이도 상중하

다음 글에서 설명하는 기업 형태의 특징으로 적절하지 않은 것은?

> 17세기 네덜란드인이 세운 동인도회사에서 유래한 기업 형태로, 모회사와 자회사로 구성되어 국제적으로 생산 및 판매 활동을 수행한다. 이는 자국에 기업을 설립하여 전국으로 사업을 확장한 후 생산비 절감, 원료 및 해외 시장 확보, 무역 마찰 감소 등을 위해 판매 지사를 여러 국가로 분산하는 과정에서 나타난다. 일반적으로 해외 국가에 판매 대리점을 설치한 후 해외 자회사를 설립하고, 나아가 법인 공장을 세우는 단계를 거친다.

① 자회사는 모회사의 지시에 의해 운영된다.
② 국제적으로 직접 투자를 하는 특수한 형태이다.
③ 자본의 독점으로 현지 국가의 경제 성장을 저해할 수 있다.
④ 해외시장 진출 방식에는 수출, 전략적 제휴, 자회사 설립 등이 있다.
⑤ 생산 공장은 전문기술 인력이 풍부한 대도시에 주로 입지한다.

38 난이도 상중하

패션회사에 근무하는 박사원은 최근 인사팀에서 해외마케팅팀으로 이동하게 되었다. 본격적인 업무 진행에 앞서 국제감각을 길러야겠다고 판단한 박사원은 국제적인 동향을 파악하기 위한 방법을 조사하였다. 박사원이 조사한 방법이 〈보기〉와 같을 때, 적절하지 않은 것은?

> /보기/
> ㉠ 관련 분야의 국제학술대회에 참석한다.
> ㉡ 외국인 친구를 사귀고 대화를 자주 나눈다.
> ㉢ 업무와 관련된 주요 용어의 외국어를 알아둔다.
> ㉣ 토익 학원에 등록하여 부족한 영역의 점수를 높인다.
> ㉤ 관련 분야의 해외사이트를 방문해 최신 이슈를 확인한다.

① ㉠ ② ㉡ ③ ㉢ ④ ㉣ ⑤ ㉤

39 난이도 상중하

다음은 영업팀 강과장이 중국 바이어와의 미팅에 앞서 팀원들에게 중국의 비즈니스 문화에 대해 설명한 내용이다. 밑줄 친 ㉠~㉤ 중 적절하지 않은 것은?

다음 주에 있을 중국 바이어와의 미팅에 앞서 중국의 비즈니스 문화에 대해 여러분께 설명하려고 해요. ㉠먼저 중국은 집단적인 분위기와 체면을 중시하는 분위기가 농후합니다. 비즈니스 상담 시 가능하면 통역을 대동하는 것이 좋으며, 속어나 어려운 낱말은 피하는 것이 좋습니다. ㉡또한 중국인들은 명함을 교환하는 것을 좋아하므로, 반드시 충분한 양의 명함을 준비해 주세요. 명함의 한쪽은 영어로, 다른 한쪽은 가능하면 중국어로 표기하는 것이 좋습니다. ㉢특히 중국에서는 붉은색이 위상과 번영을 나타내므로, 명함은 붉은색으로 인쇄하는 것이 좋습니다. 명함 준비는 인사팀에 별도로 요청했으니, 참고 부탁드립니다. ㉣첫인사 때는 악수나 목례를 하거나 허리를 약간 굽히는 것이 좋습니다. 처음이신 분이 많으니, 중국인 파트너가 하는 방법을 관찰한 후 이를 따르도록 하죠. 또한 많은 중국인이 서양식 이름을 같이 쓰고 있으니, 이 점도 기억해두면 좋겠네요. ㉤마지막으로 중국인은 겸손을 미덕이라고 여기므로, 비즈니스 협상이나 교제 시 뻣뻣한 태도는 지양해주세요.

① ㉠ ② ㉡ ③ ㉢ ④ ㉣ ⑤ ㉤

40 난이도 상중하

다음 이문화 커뮤니케이션 방식 중 그 성격이 나머지와 다른 하나는?

① 가치관
② 생활양식
③ 외국어
④ 행동규범
⑤ 식사예절

STEP 04 응용문제

CHAPTER 09 조직이해능력

01

다음 〈그림〉은 신입사원 K가 조직의 전략 수립을 위해 공부하고 있는 7S 모형이다. 이를 참고하여 신입사원 K가 7S 모형의 분석 요소를 〈보기〉와 같이 정리했을 때, 7S 모형의 각 구성 요소에 해당하는 것을 〈보기〉에서 골라 바르게 짝지은 것은?

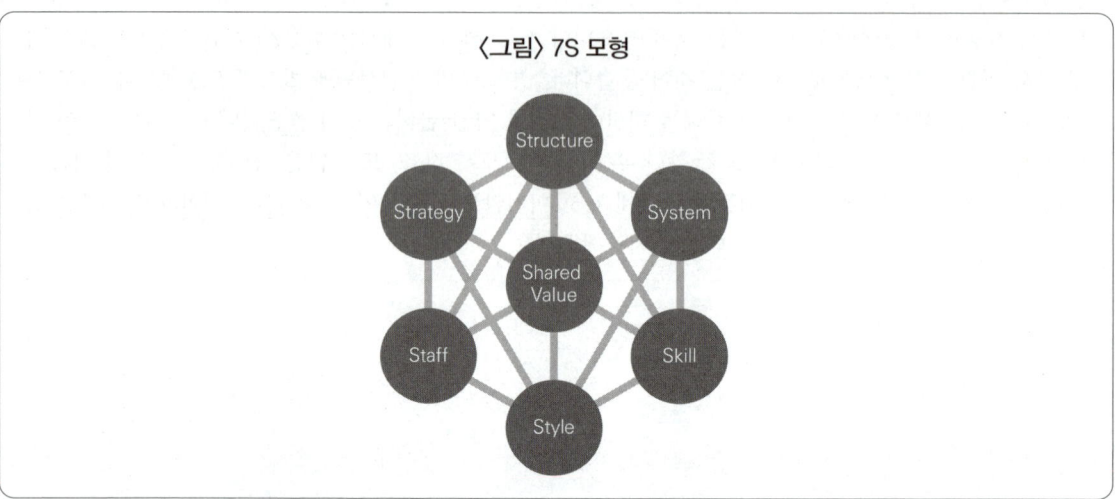

〈그림〉 7S 모형

/ 보기 /
㉠ 신기술에 대하여 능동적으로 적용이 가능한 구조인가?
㉡ 동기 부여가 되어 있는 구성원들로 팀이 구성되어 있는가?
㉢ 조직의 환경에 적합하며 조직원들과 합의된 전략인가?
㉣ 도전적인 사업을 피하고 있지는 않은가?
㉤ 역할별 책임 소재가 명확하고 의사소통이 신속하게 진행되는가?
㉥ 팀원들의 의견에 대한 수렴이 잘 이루어지는가?
㉦ 신기술과 관련된 교육을 하고 있는가?

	Strategy	Structure	System	Skill	Style	Staff	Shared Value
①	㉡	㉣	㉠	㉥	㉤	㉦	㉢
②	㉡	㉦	㉢	㉤	㉣	㉠	㉥
③	㉢	㉠	㉤	㉦	㉥	㉡	㉣
④	㉢	㉡	㉣	㉠	㉦	㉤	㉥
⑤	㉢	㉤	㉦	㉠	㉡	㉥	㉣

02

신입사원 K는 A 공단에 입사하여 조직의 전략 수립을 돕기 위해 BCG 매트릭스를 공부하면서 기업의 각 사업부를 시장 성장률과 시장 점유율에 따라 다음과 같이 정리하였다. 밑줄 친 ㉠~㉾ 중 적절하지 않은 것을 모두 고르면?

> BCG 매트릭스에서 세로축은 시장 성장률인 시장의 매력도를 나타내고, 가로축은 상대적 시장 점유율을 나타낸다. BCG 매트릭스는 별(Star), 현금 젖소(Cash Cow), 물음표(Question Mark), 개(Dog)와 같이 4가지로 분류할 수 있다. 우선, 별은 ㉠시장 성장의 부진함으로 인해 낮은 투자를 요구한다는 특징이 있으며, ㉡낮은 성장 가능성 및 높은 시장 점유율을 가진 사업이나 제품을 의미한다. ㉢성공적으로 자리 잡게 될 경우, 이후에 성장이 점차 줄어들게 되면서 현금 젖소로 이동할 가능성이 높다. 한편, 현금 젖소는 ㉣현재의 낮은 시장 점유율을 높이기 위해 높은 투자를 요구한다는 특징이 있으며, ㉤높은 시장 성장률 및 낮은 시장 점유율을 가진 사업이나 제품을 의미한다. 또한 물음표는 ㉥현재의 시장 점유율을 유지하거나 증가시키기 위해 많은 자금을 요구한다는 특징이 있으며, ㉦높은 시장 성장률 및 높은 시장 점유율을 가진 사업 단위를 의미한다. 마지막으로 개는 ㉧현재 상태를 유지하기 위해 자금을 충분히 확보해야 한다는 특징이 있으며, ㉾낮은 시장 성장률과 낮은 시장 점유율을 가진 사업이나 제품을 의미한다.

① ㉠, ㉡, ㉤
② ㉡, ㉢, ㉤, ㉧
③ ㉡, ㉣, ㉦, ㉾
④ ㉠, ㉡, ㉣, ㉤, ㉦
⑤ ㉡, ㉢, ㉥, ㉧, ㉾

03

품질관리 담당자 S는 객관성 있는 품질관리를 위해 다음과 같이 통계적 품질관리에 관한 내용을 정리하였다. <보기>의 밑줄 친 ㉠~㉤에 대한 설명으로 적절하지 않은 것은?

통계적 품질관리(SQC; Statistical Quality Control)란 통계적인 원리와 기법을 응용한 것으로 품질관리 활동 중 하나이다. 통계적 품질관리의 단계 중 가장 중요한 단계는 시료 분석을 통해 확보된 정보를 가공 처리하는 단계이며, 이 단계에서 품질관리 도구인 QC 7(7 Tool of Quality Control)이 사용된다.

<그림> 통계적 품질관리의 단계

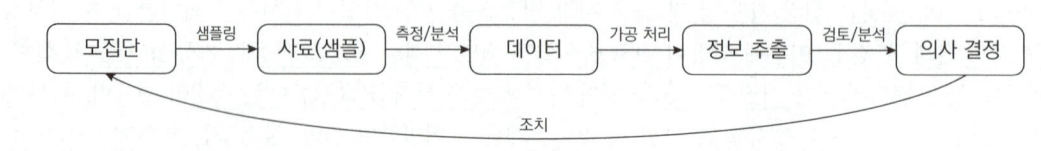

/ 보기 /

QC 7은 7가지의 품질관리 도구로 품질관리 활동을 하는 데 있어서 기본적인 방법이다. 효율적으로 품질관리를 수행하기 위해서는 도구를 상황에 따라 적합한지를 따지면서도 한 가지 도구보다는 여러 도구를 조합하여 이용해야 한다. 품질관리 도구를 특성에 따라 분류하면 다음과 같다.

- 데이터 수집 및 정리: ㉠체크시트, 그래프, ㉡층별
- 문제 파악: ㉢파레토그림
- 원인과 결과의 관계 정립: ㉣특성요인도, 산점도
- 산포 파악: ㉤히스토그램

① ㉠: 확인 단계에서 간단한 체크를 통해 결과를 쉽게 알 수 있는 도표로 나타낸 것이다.
② ㉡: 결과에 영향을 미칠 것으로 예상되는 이질적 항목이 있을 때 데이터를 몇 개의 부분 집단으로 나누는 것이다.
③ ㉢: 불량이나 고장의 발생 건수를 크기가 큰 분류 항목부터 순서대로 나열해 놓은 그림이다.
④ ㉣: 서로 대응되는 두 변수로 이루어진 데이터를 그래프에 점으로 나타낸 것이다.
⑤ ㉤: 공정상에서 도출된 측정값이 어떠한 분포를 하고 있는지 확인할 수 있는 도표로 나타낸 것이다.

04

다음은 제품 품질 불량의 원인 분석에 관한 자료이다. 밑줄 친 ㉠에 관한 설명으로 적절하지 않은 것은?

> 원인 분석은 품질 불량이 언제(when), 어디서(where), 어떻게(how), 왜(why) 발생하였는지 불량에 대한 원인을 밝혀내는 것이라고 할 수 있다. 문제의 원인을 정확히 규명하기 위해서는 우선 문제가 되는 품질 특성에 영향을 주는 모든 변동 요인을 분석 및 추출해야 하며, 이들로부터 영향력이 큰 핵심 요인을 찾아내야 한다. 변동 요인을 추출하기 위한 기법으로는 ㉠<u>연관도법</u>, 5Whys 기법(5W1H), <u>FMEA(Failure Mode and Effect Analysis)</u>, <u>브레인스토밍(Brain Storming)</u>, <u>QC 공정도(Q-map)</u> 등이 있다.

① 특성요인도나 연관도 작성 시 효과적인 기법으로 주어진 주제와 관련된 사람들이 아이디어를 자유롭게 내도록 하는 것이다.
② 공정을 관리하기 위한 일종의 표준인 기법으로 공정을 관리할 때 누가, 무엇을, 어떻게 관리하면 되는가를 구체적으로 정하고 이에 관한 요점을 공정의 흐름에 따라 정리해 도표로 나타낸 것이다.
③ 문제의 원인을 규명하고자 할 때 활용되는 기법으로 품질 특성 또는 어떤 결과에 영향을 미치는 크고 작은 요인들을 인과관계에 따라 그림으로 나타낸 것이다.
④ 고장모드 영향분석이라고도 불리는 기법으로 잠재 문제의 규명을 통하여 문제 발생을 미연에 방지할 수 있다.
⑤ 발견된 문제점의 근본적인 원인을 해결하기 위해 사용되는 기법으로 마지막 Why 단계에서 개선 방법을 검토하게 된다.

05

다음은 국제기구 및 각 국제기구의 목적을 정리한 표이다. 밑줄 친 ㉠~㉧ 중 국제기구의 목적으로 적절한 것은 모두 몇 개인가?

〈표〉 국제기구 및 각 국제기구의 목적

국제기구	목적
World Bank	㉠최빈국의 빈곤 퇴치 ㉡개발도상국의 경제 발전
ASEAN	㉢동남아시아 국가들의 자원 개발 ㉣기술·과학 발전의 공동 협력 및 통합 협조를 통한 지역 경제 활성화
APEC	㉤아시아·태평양 지역의 지속 가능한 성장 및 번영 도모
ILO	㉥노동자의 노동조건 개선 및 지위 향상
IDB	㉦미주지역 개발도상국의 경제 발전과 사회 개발 지원 ㉧미주지역의 경제통합

① 1개　　　　　② 2개　　　　　③ 4개
④ 6개　　　　　⑤ 8개

06

다음은 A사원이 H기업의 강점, 약점, 기회, 위협에 관한 내용을 메모한 것이다. A사원의 메모를 참고하여 〈보기〉와 같은 전략을 수립되었을 때, 〈보기〉와 관련 있는 SWOT 분석의 요소를 모두 나열한 것은?

- 온라인 시장의 급성장
- 치열한 가격 경쟁
- 높은 생산 비용
- 상대적으로 낮은 브랜드 충성도
- 국제 무역 규제 완화
- 전 세계적인 유통망
- 혁신적인 연구개발팀
- 강력한 특허 포트폴리오
- 친환경 제품에 대한 소비자의 관심 증가

/ 보기 /

H기업은 친환경 제품에 대한 소비자의 관심이 증가함에 따라 친환경 제품 개발에 집중할 것이며, 연구개발팀을 통해 기술 혁신을 추진하면서도 친환경 제품에 드는 높은 생산 비용을 줄이기 위하여 생산 공정의 개선을 동시에 진행할 예정이다.

① 강점, 약점
② 약점, 위협
③ 약점, 기회, 위협
④ 강점, 약점, 기회
⑤ 강점, 약점, 기회, 위협

07

다음은 직원 K가 속한 조직 구조에 관한 자료이다. 이 자료를 참고하여 직원 K가 자신이 속한 조직 구조의 장점 및 단점을 〈보기〉와 같이 정리했을 때, 빈칸 ㉠에 들어갈 말로 가장 적절한 것은?

(㉠) 조직은 전통적인 수직 구조의 형태를 보이며, 한 직원당 한 명의 직속상관이 배정되는 형태의 구조로 되어 있다. 이 조직에서 프로젝트를 진행하게 될 경우, 부서별로 부서장의 책임하에 프로젝트를 수행하게 된다. 또한 부서장을 통해서 업무가 진행되므로, 프로젝트 수행 중 타 부서와 협의할 사항이 생기더라도 담당 직원과 직접 협의하지 않는다.

/ 보기 /

1. 장점
   - 부서 내 책임과 역할이 명확하다.
   - 의사소통의 체계가 단순하며, 전문가의 활용성이 높다.
   - 조직 체계의 변동이 없어 작업 환경이 안정적이다.

2. 단점
   - 부서 간 책임이 분산되어 있어 책임 소재가 불명확해질 수 있다.
   - 부서 간 조정 기능의 부재로 부서 간 갈등이 발생할 수 있다.
   - 부서 관점에만 집중하여 한쪽으로 치우친 의사결정을 할 수 있다.

① 매트릭스   ② 기능   ③ 사업부제   ④ 네트워크   ⑤ 프로젝트

08

다음은 H기업의 상품개발팀이 신제품을 런칭하기에 앞서 진행한 아이디어 창출 기법의 진행 절차이다. 〈보기〉의 ㉠~㉥ 중 H기업의 상품개발팀이 사용한 아이디어 창출 기법에 해당하는 내용으로 적절한 것만을 모두 고르면?

〈진행 절차〉

1단계: 신제품 관련 분야의 전문가 30명에게 광범위한 성격의 질문을 담은 설문지를 배포한 후, 답변 결과를 정리하여 기록하였다.
2단계: 1단계에서 도출한 답변을 요약한 결과를 토대로 다시 동일한 전문가들에게 설문지를 배포하였다.
3단계: 2단계에서 도출한 답변 결과를 토대로 수정·보완된 질문으로 설문지를 구성하여 다시 동일한 전문가들에게 설문지를 배포하였다.
4단계: 3단계에서 도출된 답변 결과를 토대로 다수 의견과 소수 의견을 취합하여 요약하였으며, 요약 결과를 반영한 설문을 반복하여 합의점에 도달하였다.
5단계: 최종 결과를 반영한 내용을 요약 및 정리하였다.

/ 보기 /

㉠ 타인에게 의지하여 아이디어를 제시하는 팀원이 나올 수 있다.
㉡ 리더에 따라 성과가 좌우될 수 있다.
㉢ 많은 기간이 소요되어 설문 응답자에 대한 통제가 어렵다.
㉣ 전문가들이 모두 같은 장소에 모일 필요가 없다.
㉤ 발표 능력이 부족한 사람은 자신이 가진 능력 발휘가 어렵다.
㉥ 의사결정과정에서 타인의 영향력을 배제할 수 있다.

① ㉠, ㉡, ㉤ ② ㉡, ㉢, ㉥ ③ ㉡, ㉣, ㉤
④ ㉢, ㉣, ㉥ ⑤ ㉣, ㉤, ㉥

09

다음은 신입사원 K가 속한 조직 구조의 형태를 나타낸 그림이다. 〈보기〉에서 신입사원 K가 속한 조직 구조의 형태에 관한 설명으로 적절한 것만을 모두 고르면?

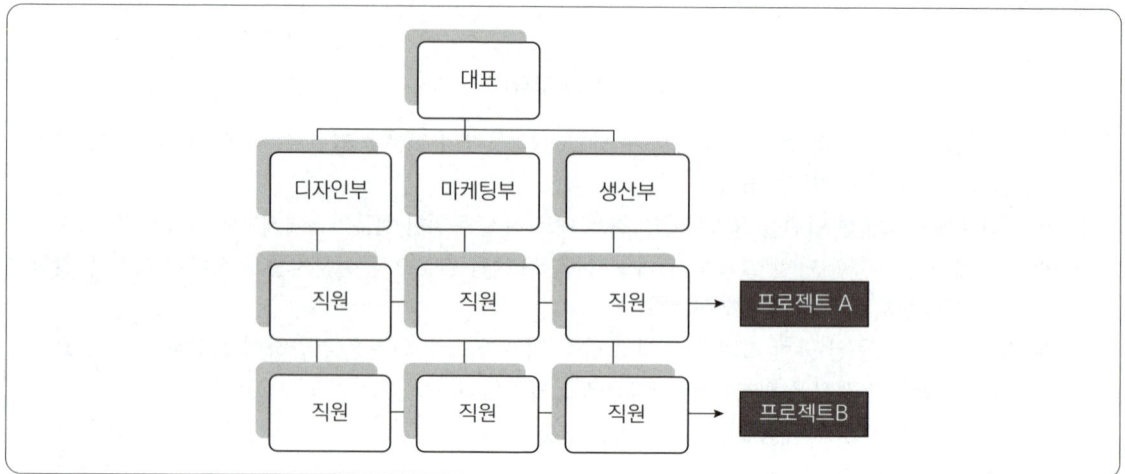

/ 보기 /

㉠ 대표로부터 말단 직원에 이르기까지 명령이 수직적으로 전달된다.
㉡ 기능식 조직과 프로젝트 조직의 장점을 결합한 조직 구조의 형태이다.
㉢ 기업의 규모가 증대되고 제품과 시장이 복잡하게 되면서 제품이나 시장 또는 지역을 기초로 부문화하여 만들어진다.
㉣ 상호 협조를 통해 시너지 효과를 얻기 위한 수평적인 조직 구조의 형태이다.
㉤ 직원 한 사람이 서로 다른 조직 두 군데에 소속되어 두 명의 상급자의 지시를 받는다.

① ㉠, ㉢　　② ㉡, ㉤　　③ ㉠, ㉢, ㉤
④ ㉡, ㉢, ㉣　　⑤ ㉠, ㉡, ㉣, ㉤

10

신입사원 K는 A 공단에 입사하여 직무 분석에 필요한 직무 관련 용어를 다음과 같이 정리하였다. 빈칸 ㉠~㉤에 들어갈 말을 바르게 짝지은 것은?

- (㉠): 작업의 목적이나 수준이 유사한 직위들의 집단을 의미하며, 직원 한 사람 혹은 한 사람 이상이 수행한다.
- (㉡): 한 사람에게 부과된 여러 과업의 집단을 의미하며 수행하는 직원의 수와 그 수가 일치하게 된다.
- (㉢): 직무의 성질이 동일하거나 유사한 직무들의 집단을 의미한다.
- (㉣): 직원에게 부여된 업무의 한 단위로서, 특정한 목적을 달성하기 위해 수행되는 하나의 구체적이고 명확한 작업 활동을 의미한다.
- (㉤): 어떤 직무와 관련된 구체적인 행동을 의미한다.

	㉠	㉡	㉢	㉣	㉤
①	직위	직무	과업	요소	직군
②	직위	직군	직무	요소	과업
③	과업	직위	직군	직무	요소
④	직무	과업	요소	직군	직위
⑤	직무	직위	직군	과업	요소

11

다음은 퀸과 킴벌리(Quinn & Kimberly)가 제시한 조직 문화의 경쟁가치모형이다. 〈그림〉의 ㉠~㉣에 들어갈 말을 바르게 짝지은 것은?

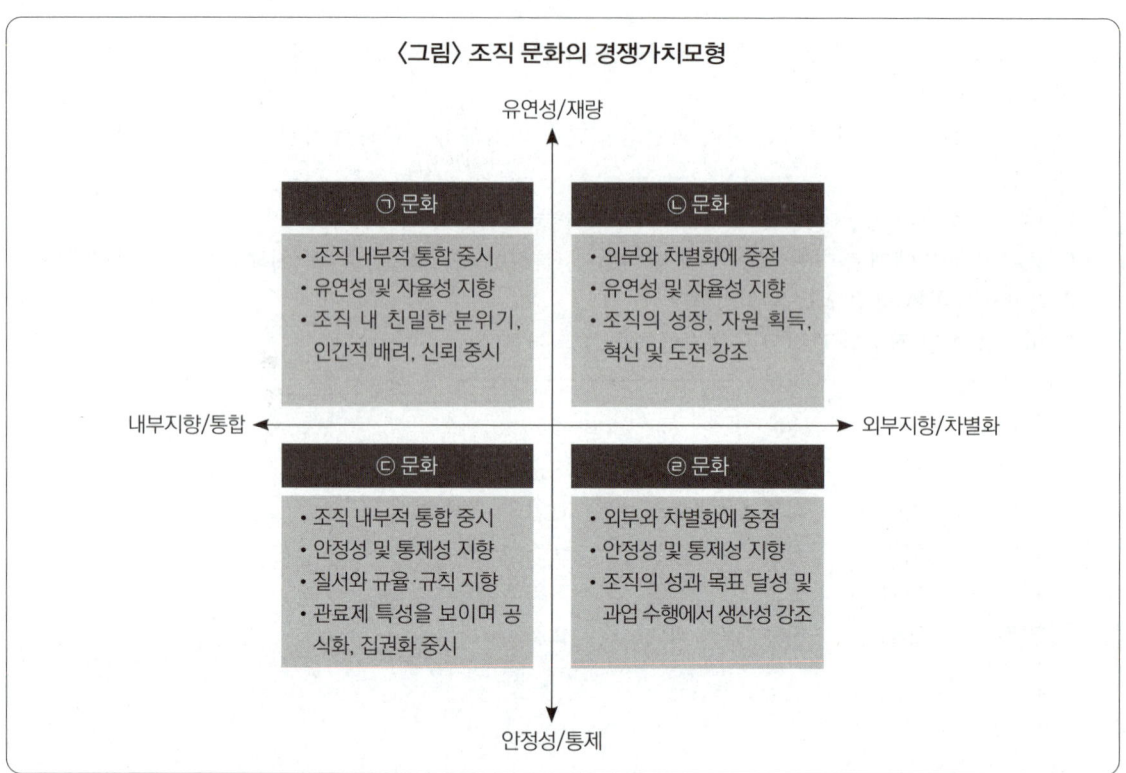

	㉠	㉡	㉢	㉣
①	변화지향	관계지향	위계지향	과업지향
②	변화지향	과업지향	관계지향	위계지향
③	관계지향	위계지향	과업지향	변화지향
④	관계지향	변화지향	위계지향	과업지향
⑤	관계지향	과업지향	변화지향	위계지향

응용문제

12

다음은 마이클 포터가 발표한 산업 구조 분석 기법인 5가지 경쟁요인 모델(Five Forces Model)에 관한 자료이다. 제시된 모델의 각 요소에 영향을 주는 요인들을 〈보기〉의 ㉠~㉤에서 골라 바르게 짝지은 것은?

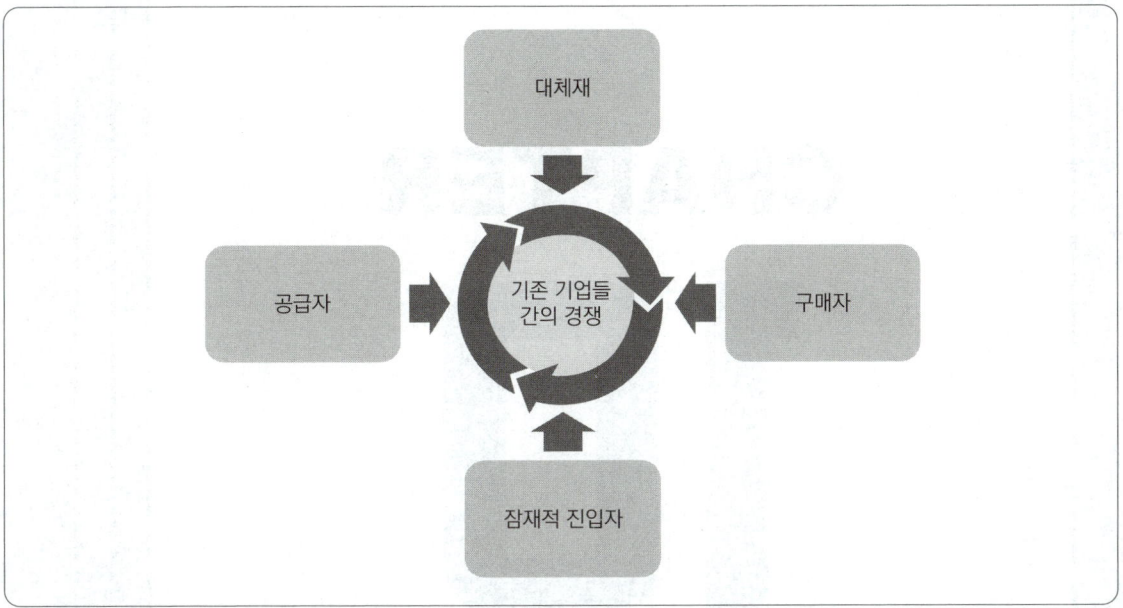

/ 보기 /
㉠ 산업의 성장률이 저하되었다.
㉡ 공급하는 제품에 대한 대체재가 적다.
㉢ 대체재로의 전환 비용이 감소하였다.
㉣ 높은 정부 규제 및 자본투자 요구 수준이 높다.
㉤ 공급자 교체 비용 감소하였다.

	공급자	대체재	구매자	잠재적 진입자	기존 기업들 간의 경쟁
①	㉠	㉡	㉢	㉣	㉤
②	㉠	㉢	㉣	㉡	㉤
③	㉡	㉢	㉤	㉣	㉠
④	㉡	㉣	㉤	㉢	㉠
⑤	㉢	㉤	㉠	㉣	㉡

정답 및 해설 120p

PART 1 직업기초능력평가

CHAPTER 10
직업윤리

STEP 01 개념정리
- 개념체크
- 플러스 알파 이론

STEP 02 기본문제

STEP 03 심화문제

STEP 04 응용문제

● 영역 소개

업무를 수행하는 동안 원만한 직업 생활을 위해 필요한 태도, 매너, 올바른 직업관이다. 하위능력은 근로윤리, 공동체윤리로 구분된다.

● 출제 유형

구분	의미	학습 포인트
근로윤리	근면하고 정직하며 성실하게 업무에 임하는 자세	▸ 근면의 의미와 종류 ▸ 정직의 의미 ▸ 성실의 의미
공동체윤리	봉사하며, 책임감 있게 규칙을 준수하고, 예의 바른 태도로 업무에 임하는 자세	▸ 봉사와 책임의식의 의미와 중요성 ▸ 준법의 의미 ▸ 예절의 의미

● 기출 키워드

- 윤리, 직업윤리의 정의
- 비윤리적 행위의 유형(도덕적 태만, 도덕적 타성, 거짓말 등)
- 직업윤리의 종류(소명의식, 직분의식 등)
- 근면
- 정직
- 성실
- 봉사와 책임의식
- 준법
- 예절
- 부정청탁 및 금품 등 수수의 금지에 관한 법률
- 직장 내 괴롭힘
- 직장 내 성희롱(해당 요건 등)
- 직장에서의 인사 예절(악수, 명함 교환 등)
- 직장에서의 전화 예절
- 직장에서의 성 예절
- 직장에서의 자동차 예절
- 직장에서의 호칭 예절
- SERVICE의 7가지 의미

STEP 01 개념정리

CHAPTER 10 직업윤리

1 윤리 서울교통공사

(1) 윤리의 의미

① 윤리의 '윤(倫)'은 동료와 친구, 무리, 또래 등의 인간 집단을 뜻하기도 하고 길, 도리, 질서, 차례, 법(法) 등을 뜻하기도 한다. 또 '리(理)'는 다스린다(治), 바르다(正), 원리(原理), 이치(理致), 가리다[판단 (判斷)], 밝히다[해명 (解明)], 명백(明白)하다 등의 여러 가지 뜻을 가지고 있다.

② 윤리는 '인간과 인간 사이에서 지켜져야 할 도리를 바르게 하는 것' 또는 '인간 사회에 필요한 올바른 질서'라고 해석할 수 있을 것이다. 다시 말해 살아가는 동안 해야 할 것과 하지 말아야 할 것, 삶의 목적과 방법, 책임과 의무 등과 관련된다.

③ 동양적 사고에서는 전적으로 인륜(人倫)과 같은 의미이며, 엄격한 규율이나 규범의 의미가 배어 있다.

워크북 자료로 알아보기

Q 다음은 이기심에 바탕을 둔 인간의 의사결정이 어떻게 이루어지며 그 결과가 어떠한가를 이해하는 데 도움이 되는 '죄수의 딜레마 게임'이다. 각 범인이 어떤 행동을 취할지 생각해보시오.

범죄를 저지른 두 명의 용의자가 경찰에 잡혔다. 이들은 구속되기 전에 서로 범행에 대해 침묵하기로 합의했다. 증거가 없기 때문에 서로 범행에 대해 자백하지 않으면 둘 다 무죄 석방될 수밖에 없다는 것을 알고 있었다. 경찰은 이들이 의사소통을 못하도록 각각 다른 방에 가두고 심문을 하였다. 경찰은 자백을 유도하기 위하여 두 용의자에게 각각 "네가 범행을 고백하고 네 동료가 고백하지 않으면 너는 무죄 방면되고 네 동료는 무거운 형을 받는다. 그러나 네 동료가 고백하고 너는 침묵한다면 네 동료는 무죄 방면되고 너는 중형에 처해진다."라고 하였다.

A
- 지배전략균형: 상대방이 어떠한 방법을 선택하든 내게 유리한 방법이 있으면 그것을 선택하는 것으로, 여기서 만약 범인 B가 고백하면 범인 A도 고백하는 것이 유리하고, 범인 B가 침묵해도 범인 A는 고백하는 것이 유리하다. 결과적으로 상대방이 어떻게 나오든 범인 A는 고백하는 것이 유리하다. 결국 둘 다 고백하는 것으로 결론지어진다.
- 내시균형: 상대방이 선택한 전략에 대해 자신에게 최선의 결과를 가져다주는 선택을 하고 상대방이 전략을 수정하지 않는다면 자신의 전략을 수정할 필요가 없는 균형을 이루는 상태를 말한다. 여기서는 만약 범인 A가 고백하고 범인 B는 침묵하는 조합은 B가 고백으로 행동을 바꿀 것이므로, 둘 다 고백하는 것이 되어 첫 번째 방법과 같은 결과가 된다.

(2) 윤리적 인간의 성립

윤리적인 인간은 '공동의 이익 추구'와 '도덕적 가치 신념'을 기반으로 형성된다.

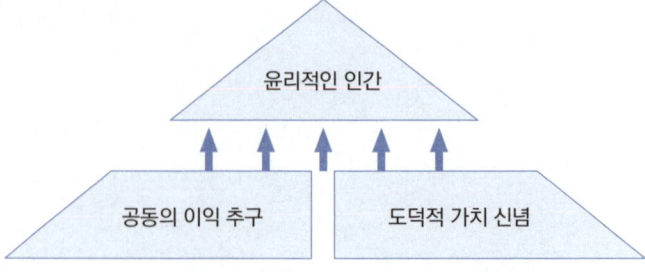

(3) 윤리규범의 형성

윤리규범은 '공동생활'과 '협력'이 필요한 인간생활에서 형성되는 '공동 행동의 룰'을 기반으로 형성된다. 이러한 측면에서 볼 때, 모든 윤리적 가치는 만고불변의 진리가 아니라 시대와 사회 상황에 따라 조금씩 다르게 변화된다.

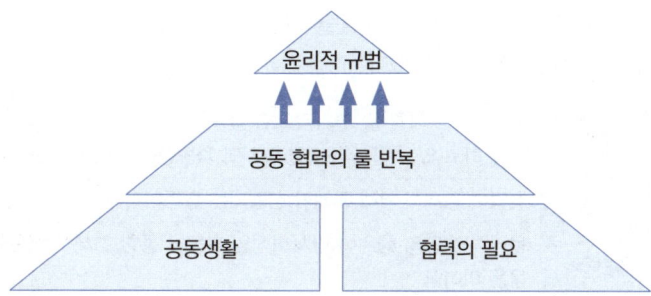

> **참고** 비윤리적 행위의 원인과 유형
>
> - 비윤리적 행위의 원인
>
> | | |
> |---|---|
> | 무지 | 사람들은 무엇이 옳고, 무엇이 그른지 모르기 때문에 비윤리적 행위를 저지르는 것이다. 즉, 어떤 사람이 선이라고 생각하고 노력하는 대상이 실제로는 악이라는 사실을 모르거나 그것을 달성하기 위한 수단적 덕목들을 제대로 알지 못하는 경우이다. |
> | 무관심 | 자신의 행위가 비윤리적이라는 것은 알고 있지만, 윤리적인 기준에 따라 행동하는 것을 중요하게 여기지 않는 것이다. |
> | 무절제 | 자신의 행위가 잘못이라는 것을 알고 그러한 행위를 하지 않으려고 하지만, 자신의 통제를 벗어나는 어떤 요인으로 인하여 비윤리적 행위를 저지르는 것이다. |
>
> - 비윤리적 행위의 유형
>
> | | |
> |---|---|
> | 도덕적 타성 | 바람직한 행동이 무엇인지 알고 있으면서 취해야 할 행동을 취하지 않는 무기력한 모습으로, 윤리적 문제에 대하여 무감각하거나 행동하지 않는 것을 말한다. 도덕적 타성은 윤리적인 문제에 대하여 제대로 인식하지 못하거나 비윤리적인 행동이 미치는 영향에 대하여 별거 아니라고 생각하는 성향에서 기인한다. 또한 일상생활에서 윤리적인 배려가 선택의 우선순위에서 밀려나는 것에도 원인이 있다. |
> | 도덕적 태만 | 비윤리적인 결과를 피하기 위하여 일반적으로 필요한 주의나 관심을 기울이지 않는 것이다. |
> | 거짓말 | '상대를 속이려는 의도로 표현되는 메시지'로, 주로 말이나 글로 표현되는 것에 한정하며, 상대를 속이려는 의도가 있는 것을 말한다. 우리 사회에서 주로 나타나는 거짓말 유형은 보호적 거짓말(본인 혹은 본인과 우회관계에 있는 제삼자의 입장과 처지를 보호하기 위한 것), 타성적 거짓말(거짓말에 대하여 심각하게 생각하거나 별반 잘못된 것이 아니라는 인식을 갖는 경향) 등이 있다. |

(4) 윤리의 중요성

① 모든 사람이 윤리적 가치보다 자기이익을 우선하여 행동한다면 사회질서가 붕괴되기 때문이다.
② 윤리적 규범을 지켜야 하는 이유는 어떻게 살 것인가 하는 가치관의 문제와 관련이 있다. 인간은 눈에 보이는 경제적 이득과 육신의 안락만을 추구하는 것이 아니라, 삶의 본질적 가치와 도덕적 신념을 존중하기 때문에 윤리적으로 행동해야 한다.

2 직업

(1) 직업의 의미

직업(職業)에서 '직(職)'은 사회적 역할의 분배인 직분(職分)을, '업(業)'은 일 또는 행위, 더 나아가서는 불교에서 말하는 전생 및 현생의 인연을 말하는 것이다. 이런 의미에서 직업은 사회적으로 맡은 역할과 하늘이 맡긴 소명, 전생의 허물을 벗기 위한 과제 등으로 볼 수 있다. 직업이 갖추어야 할 속성은 다음의 5가지로 설명할 수 있다.

계속성	매일·매주·매월 등 주기적으로 일을 하거나, 계절 또는 명확한 주기가 없어도 계속 행해지며, 현재 하고 있는 일을 계속할 의지와 가능성이 있어야 함을 의미함.
경제성	직업이 경제적 거래 관계가 성립되는 활동이어야 함을 의미함.
윤리성	윤리적인 영리 행위나 반사회적인 활동을 통한 경제적 이윤추구는 직업 활동으로 인정되지 않음을 의미함.
사회성	모든 직업 활동이 사회 공동체적 맥락에서 의미 있는 활동이어야 함을 의미함.
자발성	속박된 상태에서의 제반 활동은 경제성이나 계속성의 여부와 상관없이 직업으로 보지 않음을 의미함.

(2) 우리 사회의 직업의식

① 직업의식은 '개인이 직업 활동을 통하여 얻고자 하는 내재적·외재적 목적을 달성하기 위하여 개인이 직업이나 일에 대하여 가지는 관념, 가치, 습관, 인식 등을 포괄적으로 이르는 가치의 체계'로 정의할 수 있으며, 시대의 흐름에 따라 변화되어 왔다.
② 현대 사회에서는 개인이 자기 능력을 자유롭게 표출하고, 이를 통해 공동체의 일원으로서 사회적 임무를 수행하며, 나아가 자아실현을 이루는 도구로 직업을 선택한다.

> **참고** 직업인에게 요구되는 기본자세
> - 소명의식과 천직의식
> - 책임의식과 전문의식
> - 봉사정신과 협동정신
> - 공평무사한 자세

워크북 자료로 알아보기

Q 다음 사례의 선장과 선원에게서 나타나는 직업윤리에 대해 생각해보시오.

1912년 4월 15일, 영국의 초호화 유람선 타이타닉호가 빙산과 충돌하여 배에 물이 차기 시작했다. 에드워드 선장은 배에 이상을 느끼자 어린이와 여성을 먼저 구출할 것을 승무원들에게 명령하였고 선장 자신은 조타실에서 마지막 순간까지 키를 놓지 않고 배와 운명을 같이했다. 선교에까지 물이 차오르자, 선장은 선원들에게 이렇게 말했다. "제군들, 수고했다. 자네들은 임무에 최선을 다했네. 나는 자네들에게 더 이상의 것을 요구할 수 없다. 자네들의 임무는 이제 끝났다. 바다가 얼마나 험한 곳인지 이제 잘 알 것이다. 이제 자네들의 살길을 찾아라. 신의 가호가 있기를."

A 선원과 선장을 통해 책임감과 희생정신을 엿볼 수 있다. 목숨을 잃어 가면서도 책임을 다한 것은 명성과 신분, 직위에 걸맞은 행동을 해야 한다는 노블레스 오블리주(높은 사회적 신분에 상응하는 도덕적 의무)의 도덕의식과 직업윤리 의식을 잘 보여준다.

3 직업윤리 〔기출〕 서울교통공사, 한국남부발전, 한전KDN

(1) 직업윤리의 의미

① 직업 활동을 하는 개인이 자신의 직무를 잘 수행하고 자신의 직업과 관련된 직업과 사회에서 요구하는 규범에 부응하여 개인이 갖추고 발달시키는 직업에 대한 신념, 태도, 행위로 정의할 수 있다.
② 직업윤리는 개인윤리를 바탕으로 각자가 직업에 종사하는 과정에서 요구되는 특수한 윤리규범이다.
③ 기본적으로 직업윤리도 개인윤리의 연장선이라 할 수 있으므로, 개인윤리의 기본 덕목인 사랑, 자비 등과 방법론상의 이념인 공동발전의 추구, 장기적 상호이익 등의 기본은 직업윤리에서도 동일하다. 그러나 직업윤리는 사람 사이의 윤리관계에 비하여 좀 더 전문화된 분업체계로서의 직업이라는 특수상황에서 요구되는 별도의 덕목과 규범이 있다.
④ 모든 사람은 직업의 성격에 따라 각각 다른 직업윤리를 가진다. 고도화된 현대 사회에서 직업인으로서 지켜야 할 윤리에는 '공통보편적 윤리'와 '특수윤리'가 있다.

공통보편적 윤리	사회 시스템 전체의 관계를 규정하고, 질서를 유지하는 윤리
특수윤리	사회를 구성하는 개체로서 각자의 목적 달성을 위해 노력하는 기업, 단체 등 특정 조직체 내부 구성원 간의 관계를 규정하고 효율을 도모하는 윤리

(2) 일반적인 직업윤리의 종류

일반적인 직업윤리는 다음 6가지를 말한다. 다만, 한국인들은 우리 사회에서 직업인이 갖추어야 할 중요한 직업윤리 덕목으로 책임감, 성실함, 정직함, 신뢰성, 창의성, 협조성, 청렴함 순으로 강조하고 있다.

소명의식	자신이 맡은 일은 하늘에 의해 맡겨진 것이라 생각하는 태도
천직의식	자신의 일이 자신의 능력과 적성에 꼭 맞는다 여기고 그 일에 열성을 가지고 성실히 임하는 태도
직분의식	자신의 일이 사회나 기업을 위해 중요한 역할을 하고 있다고 믿고 자신의 활동을 수행하는 태도
책임의식	직업에 대한 사회적 역할과 책무를 충실히 수행하고 책임을 다하는 태도
전문가의식	자신의 일이 누구나 할 수 있는 것이 아니라 해당 분야의 지식과 교육을 바탕으로 성실히 수행해야만 가능한 것이라 믿고 수행하는 태도
봉사의식	직업 활동을 통해 다른 사람과 공동체에 대해 봉사하는 정신을 갖추고 실천하는 태도

> 참고 윤리적 사고와 판단을 가능하게 하는 6가지 가치판단
>
> - 상호성: 만일 당신이라면 어떻게 하겠는가?
> - 일관성: 다른 상황에서도 그렇게 하겠는가?
> - 일치성: 이 판단이 주위 사람들에게 도움이 되겠는가?
> - 통합성: 만일 모든 다른 사람들이 이렇게 행동한다면 어떻게 되겠는가?
> - 적절성: 혹시 이 판단이 다른 결과를 만들지는 않겠는가?
> - 지속성: 10년이나 20년 후의 결과는 어떻게 되겠는가?

(3) 개인윤리와 직업윤리의 조화

① 직업윤리는 개인윤리에 비해 특수성을 갖고 있다.

> 예 개인윤리의 덕목에는 타인에 대한 물리적 행사(폭력)가 절대 금지되어 있지만, 경찰관이나 군인 등의 경우 필요한 상황에서 그것이 허용된다.

② 직업윤리와 개인윤리는 다음과 같이 조화를 이룬다.
- 업무상 개인의 판단과 행동이 사회적 영향력이 큰 기업시스템을 통하여 다수의 이해관계자와 관련되게 된다.
- 수많은 사람이 관련되어 고도화된 공동의 협력을 요구하므로 맡은 역할에 대한 책임완수가 필요하며, 정확하고 투명하게 일을 처리해야 한다.
- 규모가 큰 공동의 재산, 정보 등을 개인의 권한하에 위임 또는 관리하므로 높은 윤리의식이 요구된다.
- 직장이라는 특수상황에서 갖는 집단적 인간관계는 가족관계나 개인적 선호에 의한 친분 관계와는 다른 측면의 배려가 요구된다.
- 기업은 경쟁을 통하여 사회적 책임을 다하고, 보다 강한 경쟁력을 키우기 위하여 조직원 개개인의 역할과 능력이 경쟁상황에서 적절하게 꾸준히 향상되어야 한다.
- 특수한 직무 상황에서는 개인적 덕목 차원의 일반적인 상식과 기준으로는 규제할 수 없는 경우가 많다.

③ 직업윤리는 개인윤리를 바탕으로 성립되는 규범이지만, 두 윤리가 충돌하거나 배치하기도 한다.

④ 업무 수행상 직업윤리와 개인윤리가 충돌할 경우 둘의 균형이 중요하다. 행동기준으로는 직업윤리가 우선되지만 다른 한편으로는 기본적 윤리기준에 입각한 개인윤리를 준수하고 공인으로서의 직분을 수행하려는 지혜와 노력이 필요하다.

> **참고 직업윤리의 기본 원칙**
>
> 다양한 직업환경의 특성상 모든 직업에 공통적으로 요구되는 윤리원칙을 직업윤리의 5대 원칙이라고 한다.
>
> | | |
> |---|---|
> | 객관성의 원칙 | 업무의 공공성을 바탕으로 공사 구분을 명확히 하고, 모든 것을 숨김없이 투명하게 처리하는 것 |
> | 고객중심의 원칙 | 고객에 대한 봉사를 최우선으로 생각하고 현장중심, 실천중심으로 일하는 것 |
> | 전문성의 원칙 | 자기업무에 전문가로서의 능력과 의식을 가지고 책임을 다하며, 능력을 연마하는 것 |
> | 정직과 신용의 원칙 | 업무와 관련된 모든 것을 숨김없이 정직하게 수행하고, 본분과 약속을 지켜 신뢰를 유지하는 것 |
> | 공정경쟁의 원칙 | 법규를 준수하고, 경쟁원리에 따라 공정하게 행동하는 것 |

개/념/체/크

01 다음 글이 설명하는 비윤리적 행위의 원인은 무엇인지 적어보시오.

> 자신의 행위가 잘못이라는 것을 알고 그러한 행위를 하지 않으려고 하지만, 자신의 통제를 벗어나는 어떤 요인으로 인하여 비윤리적 행위를 저지르는 것이다.

02 다음 중 비윤리적 행위의 유형이 아닌 것을 고르시오.

> ㉠ 도덕적 타성　　㉡ 무관심　　㉢ 도덕적 태만　　㉣ 거짓말

03 다음 글의 빈칸에 공통으로 들어갈 윤리의 종류를 적어보시오.

> (　　　)은/는 개인윤리를 바탕으로 성립되는 규범이지만, 두 윤리는 상황에 따라 충돌하거나 배치한다. 개인윤리가 보통 상황에서의 일반적 원리규범이라고 한다면 (　　　)은/는 좀 더 구체적 상황에서의 실천규범으로 이해해야 한다. 업무 수행상 두 윤리가 충돌한다면 이에 대한 균형을 잡는 것이 중요하다.

04 다음은 일반적인 직업윤리에 대한 설명이다. 이와 관련하여 맞으면 ○, 틀리면 ×를 표시해보시오.

① 소명의식은 자신이 맡은 일이 하늘에 의해 맡겨진 일이라고 생각하는 태도이다. (○, ×)
② 직분의식은 자신의 일이 자신의 능력과 적성에 꼭 맞는다 여기고 그 일에 열성을 가지고 성실히 임하는 태도이다. (○, ×)
③ 전문가의식은 자신의 일이 누구나 할 수 있는 것이 아니라 해당 분야의 지식과 교육을 바탕으로 성실히 수행해야만 가능한 것이라 믿고 수행하는 태도이다. (○, ×)

✓ 정답

01 **무절제** | 비윤리적 행위의 원인에는 무지, 무관심, 무절제가 있다.
02 **㉡** | 비윤리적 행위의 유형에는 도덕적 타성, 도덕적 태만, 거짓말이 있으며, 무관심은 비윤리적 행위의 원인이다.
03 **직업윤리**
04 **① ○, ② ×, ③ ○** | ② 직분의식은 자신의 일이 사회나 기업을 위해 중요한 역할을 하고 있다고 믿고 자신의 활동을 수행하는 태도이다.

하위능력 1 | CHAPTER 10 직업윤리
근로윤리

1 직장생활에서의 근로윤리

원만한 직업생활을 위해 직업인이 갖추어야 할 직업윤리 중에서, 일에 대한 존중을 바탕으로 근면하고 성실하며, 정직하게 업무에 임하는 자세인 근로윤리가 매우 중요하다.

2 근면 ✅기출 서울교통공사

(1) 근면의 의미
사전에서 근면(勤勉)은 '부지런히 일하며 힘씀'으로 풀이된다. 근면한 것만으로 성공할 수 있는 것은 아니지만, 근면은 성공을 이루게 하는 기본 조건이다. 근면의 개념적 특성은 다음과 같다.
① 근면은 고난의 극복이라는 의미를 갖는다.
  근면은 행위자가 환경과의 대립을 극복해 나가는 과정에서 발현된다. 근면은 과거의 고난을 극복한 경험을 통해 형성되고, 현재의 고난을 극복할 수 있는 자원이 된다.
② 근면은 비선호의 수용 차원에서 개인의 절제나 금욕을 반영한다.
  과거에는 사치와 향락, 소비를 거부하고 이윤 축적의 직업윤리를 수행해 왔다. 즉, 근면은 고난을 극복하기 위해서 금전과 시간, 에너지를 사용할 수 있도록 준비하는 것이다.
③ 근면은 장기적이고 지속적인 행위 과정으로 인내를 요구한다.
  근면이란 끊임없이 달성이 유예되는 가치지향적인 목표 속에서 재생산된다고 볼 수 있다.

(2) 근면의 종류

종류	특징
외부로부터 강요당한 근면	생계유지 혹은 타의에 의해 이루어지는 근면을 의미한다. 이 형태의 근면을 통해서 생활은 향상되지 않으며, 외부로부터의 압력이 사라지면 아무것도 남지 않게 된다.
자진해서 하는 근면	자신의 것을 창조하며 조금씩 자신을 발전시켜 나가기 위한 근면으로, 시간의 흐름에 따라 자아를 확립시켜 가게 된다. 외부 조건으로부터 강요에 의해서가 아닌 자진해서 하는 근면에는 능동적이며 적극적인 태도가 바탕이 된다.

(3) 우리 사회의 근면성
① 근면은 해방 후 한국사회의 근대화와 경제개발을 이끈 주요한 동력으로 인식되었다. 그러나 국가와 공동체의 번영이 개인보다 중시되면서 노동의 극대화와 과도한 자기계발, 노동 중독 등의 현상은 개인의 삶의 질을 저해하는 원인으로 지목되기도 한다.
② 농업 기반의 사회에서 남보다 부지런하면 일을 잘하는 것이라는 '농업적 근면성'이 우리의 일상생활과 일을 지배하였으나, 미래 사회에서는 단순히 열심히 오래 일하는 것이 아니라 창의성이 중요하다. 일하는 양보다 일의 질이 중요한 시대에 '농업적 근면성'에서 비롯한 양 중심 사고는 지식사회의 적응을 어렵게 할 수 있다.
③ 앞으로의 근면은 조직이나 타인 등 외부로부터 요구되는 일과 노동을 수행하기 위한 근면보다는 개인의 성장과 자아의 확립, 나아가 행복하고 자유로운 삶을 살기 위한 근면으로 구현될 필요가 있다.

3 정직 `기출` 한국산업인력공단

(1) 정직의 의미
사전에서 정직은 '마음에 거짓이나 꾸밈이 없이 바르고 곧음'으로 풀이된다. 사회시스템은 구성원 간 신뢰가 있어야 운영이 가능하며, 그 신뢰를 형성 및 유지하는 데 필요한 가장 기본적이고 필수적인 규범이 정직이다. 정직이 신뢰를 형성하는 충분한 조건은 아니지만, 정직이 신뢰를 형성하는 데 빠질 수 없는 요소인 것만은 틀림없다.

(2) 우리 사회의 정직성
① 우리 사회에서는 개인의 행위가 도덕적으로 옳은지 그른지를 판단할 때, 유교의 영향으로 집단의 조화를 위한 판단을 우선시하는 경향을 보인다.
② 유교의 전통적 가치는 우리 사회에 덕행을 실천할 수 있는 규범적 틀을 마련했다는 점에서 긍정적 영향을 지니지만, 관계에 기초한 가치를 강조함에 따라 가족주의와 연고주의, 집단주의의 배타적 이익 추구 행태, 더 나아가 부정부패와 비리 행위로까지 연결되기도 한다.
③ 관계 지향적인 유교의 전통 가치는 근본적으로는 사적 윤리이다. 이에 따라 친밀 관계에 있는 사람의 위법이나 부정을 용인 또는 묵인하는 행위를 부도덕하다고 인식하지 않으며, 이에 대한 죄책감을 둔화시킬 수 있다.
④ 유교의 전통적 가치는 '정직'이라는 규범적 의미를 이해하는 행위와 '정직 행동'을 선택하는 행위 사이에서 괴리를 발생하게 하는 요소로 작용할 수 있다.

참고 부정청탁 및 금품 등 수수의 금지에 관한 법률과 저작권법

1. 부정청탁 및 금품 등 수수의 금지에 관한 법률
   부정청탁 및 금품 등 수수의 금지에 관한 법률은 공직자 등에 대한 부정청탁 및 공직자 등의 금품 등의 수수를 금지함으로써 공직자 등의 공정한 직무수행을 보장하고 공공기관에 대한 국민의 신뢰를 확보하는 것을 목적으로 하는 법률이다.
   국가는 공직자가 공정하고 청렴하게 직무를 수행할 수 있는 근무 여건을 조성하기 위하여 노력하여야 한다. 공공기관은 공정하고 청렴한 직무수행을 보장하기 위하여 부정청탁 및 금품 등의 수수를 용인하지 아니하는 공직문화 형성에 노력하여야 하며 공공기관은 공직자 등이 위반행위 신고 등 이 법에 따른 조치를 함으로써 불이익을 당하지 아니하도록 적절한 보호조치를 해야 한다.
   국가나 공공기관의 책무도 있지만, 공직자 등도 부정청탁과 관련한 의무가 존재한다. 공직자 등은 사적 이해관계에 영향을 받지 아니하고 직무를 공정하고 청렴하게 수행하여야 하며 직무수행과 관련하여 공평무사하게 처신하고 직무관련자를 우대하거나 차별해서는 아니 된다. 당연히 부정청탁을 받은 내용에 따라 직무를 수행해서도 아니 되며 이와 관련하여 공직자 등은 직무 관련 여부 및 기부·후원·증여 등 그 명목에 관계없이 법률로 정하는 범위 외의 금품 등을 받거나 요구 또는 약속해서는 아니 된다.

2. 저작권법
   저작권법은 저작자의 권리와 이에 인접하는 권리를 보호하고 저작물의 공정한 이용을 도모함으로써 문화 및 관련 산업의 향상발전에 이바지함을 목적으로 하는 법률이다.
   컴퓨터와 인터넷, 스마트폰의 대중화가 이루어지면서 디지털 저작물의 유통이 급속히 늘어나게 되었는데, 저작물의 불법 복제는 사회적으로 큰 문제를 낳는다. 막대한 비용을 들여 저작물을 제작하는 사람들에게 큰 피해를 입히고, 창작자들의 창작 의욕을 크게 저하시킬 수 있으며, 정당한 비용을 지불하는 이용자의 권리 또한 침해할 수 있다.
   그러나 저작권이 계속 강화되면서 여러 부작용도 발생하고 있다. 개인의 자유로운 저작물 이용이 크게 제약받는 것은 물론이고 표현의 자유라는 자유민주주의의 근원조차 심각한 위협을 받게 된 것이다. 저작권은 저작권에만 그치는 문제가 아니라, 우리의 모든 생각과 표현이 저작권의 대상이 되기 때문이다.

4 성실 기출 서울교통공사

(1) 성실의 의미
① 사전에서 성실은 '정성스럽고 참됨'으로 풀이되며, 성(誠)은 정성스럽고 순수하고 참된 것을, 실(實)은 알차고 진실된 것을 의미한다. 따라서 성실은 그 단어의 본질을 살펴보았을 때, 그 의미가 근면함보다는 충(忠) 혹은 신(信)의 의미와 더 가깝다.
② 심리학자들은 성실성(Conscientiousness)을 '책임감이 강하고 목표한 바를 이루기 위해 목표 지향적 행동을 촉진하며 행동의 지속성을 갖게 하는 성취 지향적인 성질'로 설명한다. 이러한 개인의 성향은 사회규범이나 법을 존중하고 충동을 통제하며 목표 지향적 행동을 조직하고 유지하며 목표를 추구하도록 동기를 부여한다.
③ 성실은 기본이기도 하지만 세상을 살아가는 데 있어 가장 큰 무기이기도 하다. 아무리 뛰어나더라도 성실이 뒷받침되지 못하면 그 관계는 오래갈 수 없고 신뢰는 깨어진다.

(2) 우리 사회의 성실성
① 창조, 변혁, 개혁, 혁신 등의 가치가 강조되는 현대 사회에서 성실의 덕목은 자칫 시대정신에 뒤지는 개인의 낡은 생활방식으로 여겨지고, 도덕적 영역으로 그 범위가 위축되는 경향을 보인다.
② 최근 들어 일각에서는 현대 사회의 주요한 사회적 자본으로 성실의 중요성을 부각시키고 있다. 신뢰를 포괄하는 성실은 사회 구성원들이 힘을 합쳐 공동 목표를 효율적으로 추구할 수 있게 하는 가장 확실한 사회적 자본이 될 수 있기 때문이다. 또한, 성실은 일 하나하나 또는 사람 하나하나에 정성을 다하도록 만드는 항상성이 있기 때문에 다른 덕목들의 모태가 된다.
③ 성실이 항상 긍정적인 측면만 지니는 것은 아니다. 성실은 시대 개념적 차원에서 볼 때 현대 사회와 어울리지 않는 한계성 또한 지니고 있다. 따라서 이러한 한계성을 명확히 인식하고 현대 사회의 성격에 부합하도록 성실의 전환을 시도해야 한다.

개/념/체/크

01 다음 글이 설명하는 근면의 종류를 적어보시오.

> - 자신의 것을 창조하며 조금씩 자신을 발전시키고 시간의 흐름에 따라 자아를 확립시켜 나가는 것이다.
> - 아침에 하는 외국어 공부 또는 운동처럼 자기개발을 위한 활동이 대표적이다.
> - 능동적이며 적극적인 태도가 바탕이 된다.

02 다음 글의 빈칸에 공통으로 들어갈 윤리적 가치규범을 적어보시오.

> 사회시스템은 구성원 간 신뢰가 있어야 운영 가능하다. 그 신뢰를 형성하고 유지하는 데 필요한 가장 기본적이고 필수적인 규범이 바로 (   )(이)다. 물론 (   )이/가 신뢰를 형성하는 충분한 조건은 아니다. 그러나 (   )이/가 신뢰를 형성하는 데 빠질 수 없는 요소인 것만은 틀림없다.

03 다음은 성실에 대한 설명이다. 이와 관련하여 맞으면 ○, 틀리면 ×를 표시해보시오.

① 창조, 변혁, 개혁, 혁신 등의 가치가 강조되는 현대 사회에서 성실은 다분히 도덕적 영역으로 그 범위가 위축되는 경향을 보인다. (○, ×)
② 성실은 사회 구성원들이 힘을 합쳐 공동 목표를 효율적으로 추구할 수 있게 하는 가장 확실한 사회적 자본으로 인식되고 있다. (○, ×)
③ 성실은 그 단어의 본질을 살펴보았을 때, 그 의미가 충(忠)이나 신(信)보다는 근면함에 더 가깝다. (○, ×)

✓ 정답

01 자진해서 하는 근면 | 근면의 종류에는 외부로부터 강요당한 근면, 자진해서 하는 근면이 있다.
02 정직
03 ① ○, ② ○, ③ × | ③ 성실은 그 단어의 본질을 살펴보았을 때, 그 의미가 근면함보다는 충(忠) 혹은 신(信)의 의미와 더 가깝다.

하위능력 2 | CHAPTER 10 직업윤리
공동체윤리

1 직장생활에서의 공동체윤리

원만한 일 경험을 위해 직업인이 갖추어야 할 직업윤리 중에서 인간존중을 바탕으로 봉사하며, 책임감 있게 규칙을 준수하고, 예의 바른 태도로 업무에 임하는 자세인 공동체윤리는 매우 중요하다. 공동체윤리를 실천하기 위해서는 봉사와 책임의식, 준법성, 예절 등의 자세가 중요한 역할을 한다.

2 봉사와 책임의식 기출 서울교통공사

(1) 봉사의 의미
① 사전에서 봉사는 '국가나 사회 또는 남을 위하여 자신을 돌보지 아니하고 힘을 바쳐 애씀'으로 풀이된다.
② 봉사는 원래 상대방을 위해 도움이나 물건을 제공해 주는 일을 통틀어 부르는 말이었다. 그런데 시대가 점점 지나면서 뜻이 자원봉사에 가깝게 한정되어 사용되고 있다.
③ 현대 사회의 직업인에게 봉사란 일 경험을 통해 다른 사람과 공동체에 대하여 봉사하는 정신을 갖추고 실천하는 태도를 의미하며, 나아가 고객의 가치를 최우선으로 하는 고객 서비스 개념으로 설명할 수 있다.

(2) 책임의식의 의미
책임의식은 직업에 대한 사회적 역할과 책무를 충실히 수행하고 책임지려는 태도이며, 맡은 업무를 어떠한 일이 있어도 수행해 내는 태도이다.

(3) 봉사와 책임의식의 중요성
사회를 구성하는 각각의 개인들이 자신의 직업적 역할을 어떻게 수행하느냐에 따라 그 사회는 발전할 수도 있고, 오히려 퇴보할 수도 있다. 따라서 모든 직업인은 생계를 위해서뿐만 아니라 자신이 속한 조직의 번영을 위해서, 나아가 자신이 살고 있는 사회 전체의 발전을 위해서 봉사정신과 강한 책임의식을 갖고 직업 활동에 임해야 한다.

(4) 기업의 사회적 책임
최근 기업도 단순히 이윤 추구를 하는 집단의 형태를 벗어나 자신들이 벌어들인 이익의 일부분을 사회로 환원하는 개념인 '기업의 사회적 책임(CSR; Corporate Social Responsibility)'을 강조하는 형태로 변화하고 있다.

> 참고 **기업의 사회적 책임(CSR)**

- 기업 활동에 영향을 주고받는 직·간접적 이해관계자들이 기업에 대해 기대·요구하는 사회적 의무들을 충족시키기 위해 수행하는 기업의 활동으로, 이윤 추구를 위한 생산 및 영업 활동 뿐 아니라 환경 경영, 윤리 경영, 사회 공헌 등과 같이 사회 전체에 이익을 줄 수 있는 활동을 병행하는 것을 말한다.
- 기업의 사회적 책임 범위는 다음과 같이 구분한다.

사회적 책임 (적극적 책임)	자선적 책임	인류애, 문화지원
	윤리적 책임	사회지원 활동, 공공질서 준수
성과적 책임 (소극적 책임)	법률적 책임	법규범 준수, 종업원 도덕성 제고
	경제적 책임	이윤창출, 이해관계자의 이익 존중, 기업 존속

> 참고 **제조물책임(PL; Product Liability)**

제조물의 결함으로 인하여 소비자 또는 제삼자에게 생명, 신체, 재산상의 손해가 발생했을 경우 해당 제조물의 제조업자나 판매업자에게 손해배상책임을 지게 하는 것을 말한다.

1. 주요 내용
   - 법의 적용대상인 제조물은 제조 가공된 동산이며, 다른 동산이나 부동산의 일부를 구성하는 경우를 포함한다.
   - 손해배상책임의 주체는 제조 가공 또는 수입을 업으로 하는 자, 제조업자로 표시하거나 오인시킬 수 있는 표시를 한 자로 하되, 제조업자를 알 수 없는 경우에는 공급업자로 한다.
   - 제조물책임의 내용은 제조물의 결함으로 인한 생명, 신체 또는 재산상의 손해를 입은 자에 대한 손해배상이다.
   - 제조업자 또는 공급업자가 당해 제조물을 공급하지 않았거나, 제조물을 공급한 때의 과학기술 수준으로는 결함의 존재를 알 수 없었던 경우 등을 입증한 때에는 손해배상책임을 면할 수 있다.
   - 동일한 손해에 대하여 배상할 책임이 있는 자가 2인 이상인 경우에는 「민법」상 불법 행위와 같이 연대책임을 진다.
   - 제조업자의 배상책임을 배제하거나 제한하는 특별한 약정은 무효로 한다.
   - 손해발생 및 제조업자를 안 때부터 3년, 제조물을 유통시킨 때로부터 10년 내에만 손해배상 청구가 가능하다.

2. 긍정적 측면 및 부정적 측면

긍정적 측면	부정적 측면
• 제조물의 안정성 강화 • 소비자 보호 • 기업의 경쟁력 강화	• 제조원가 상승 • 클레임 증가 • 인력자원 낭비 • 신제품 개발 지연 • 기업 이미지 손상 위험성 증가

3 준법 [기출] 서울교통공사

(1) 준법의 의미
민주 시민으로서 기본적으로 지켜야 하는 의무이며 생활 자세이다. 민주 사회의 법과 규칙을 준수하는 것은 시민으로서의 자신의 권리를 보장받고, 다른 사람의 권리를 보호해 주며, 사회 질서를 유지하는 역할을 한다.

(2) 우리 사회의 준법의식
우리 사회는 민주주의와 시장경제를 지향하지만 그것이 제대로 정착될 만한 사회적, 정신적 토대를 갖추지 못하고 있다. 민주주의와 시장경제는 구성원들에게 많은 자유와 권리를 부여하지만, 동시에 규율의 준수와 그에 따르는 책임을 요구한다. 규칙이 없는 경기는 참가자 모두에게 혼란과 고통을 주고, 다른 사람에게도 재미있는 볼거리를 제공하지 못한다. 따라서 선진국들과 경쟁하기 위해서는 개개인의 의식변화와 함께 체계적 접근과 단계별 실행을 통한 제도 및 시스템의 확립이 필요하다.

4 예절 [기출] 서울교통공사, 인천교통공사, 한국건강가정진흥원

(1) 예절의 의미
① 일정한 생활문화권에서 오랜 생활습관을 통해 하나의 공통된 생활방법으로 정립되어 관습적으로 행해지는 사회계약적인 생활규범이다. 추상적·주관적인 도덕적 이념을 상황에 따른 구체적 형식에 담아 일상적 삶을 가능하게 한다.
② 예절은 언어문화권과 밀접한 관계를 갖는다. 민족과 나라에 따라 언어가 다르듯이 예절도 국가와 겨레에 따라 달라진다.
③ 예절은 형식적으로 다양하게 나타나는 '예절의 다양성'을 가지지만, '인간에 대한 존중'이라는 근본정신을 바탕으로 한다.

(2) 일터에서의 예절
서양에서는 예절은 에티켓과 매너로 표현한다. 직장예절은 에티켓과 매너의 차이점을 일반화한 비즈니스의 에티켓과 매너를 총칭하는 것이다.

구분	에티켓	매너
특징	• 사람과 사람 사이에 마땅히 지켜야 할 규범 • 형식적 측면이 강함. • '있다', '없다'로 표현	• 사람과 사람 사이에 마땅히 지켜야 할 규범의 형식을 나타내는 방식 • 방법적 성격이 강함. • '좋다', '나쁘다'로 표현
예	다른 사람의 방에 들어갈 때 노크를 해야 하는 것 등	다른 사람의 방에 들어갈 때 문을 한 번 두드릴 것인가, 세 번 두드릴 것인가 등

(3) 상호존중의 문화

① '예절'의 핵심은 상대를 존중하는 마음이다. 존중이란 우리 자신과 다른 사람을 소중히 여기고 그 권리를 배려해주는 자세이며, 우리가 말하고 행동하고 서로를 대하는 태도 속에 반영되어 있다.
② 개인의 다양성을 인정하지 못하는 조직은 업무 효율이 떨어지는 것을 넘어 더 큰 문제를 마주할 수 있다.

> **참고** 직장 내 성희롱
>
> 직장 내 성희롱의 성립 요건은 다음과 같다.
> ① 다음과 같은 성희롱의 당사자 요건을 충족한다.
>
> | 성희롱의 당사자 요건 | 내용 |
> |---|---|
> | 가해자 | • 「남녀고용평등법」상 가해자는 고용 및 근로조건에 관한 결정권한을 가진 사업주 또는 직장 상사를 비롯하여 동료 근로자, 부하직원까지 포함된다. 그러나 거래처 관계자, 고객 등 제삼자는 가해자 범위에서 제외된다.
• 「남녀차별금지 및 구제에 관한 법률」은 성희롱의 가해자 범위에 대하여 공공기관 종사자뿐만 아니라 「남녀고용평등법」상 가해자 범위에 포함되지 않는 거래처 관계자, 고객도 성희롱의 가해자가 될 수 있다. 또한 가해자 성별은 대부분 남성이지만, 여성도 가해자가 될 수 있다. |
> | 피해자 | • 모든 남녀 근로자는 직장 내 성희롱의 피해자가 될 수 있다. 협력업체 및 파견근로자를 포함하여 남녀근로자 모두 피해자에 해당된다.
• 현재 고용관계가 이루어지지 않았더라도 장래 고용관계가 예정된 모집, 채용과정의 채용 희망자(구직자)도 성희롱 피해자 범위에 포함한다. 그러나 고객과 거래처 직원은 직장 내 성희롱 피해자 범위에서 제외한다. |
>
> ② 지위를 이용하거나 업무와의 관련성*이 있다.
> ③ 성적인 언어나 행동, 또는 이를 조건으로 하는 행위이다.
> ④ 고용상의 불이익을 초래하거나 성적 굴욕감을 유발하여 고용환경을 악화시킨다.
>
> * 업무와의 관련성: '지위를 이용하거나 업무와 관련성이 있다'라는 요건 때문에 성희롱 또는 직장 내 성희롱이 단지 '직장 내'라는 장소에서 일어나야 한다는 것을 의미하는 것은 아니다. 예를 들어 업무와 관련한 출장으로 차 안에 있을 때, 전체 회식 장소 등에서 발생하는 성희롱도 업무 관련성이 있다고 할 수 있다. 심지어 사적인 만남일지라도 업무를 빙자하여 상대방을 불러내는 등 업무와 관련성이 있다고 판단할 만한 요소가 있으면 직장 내 성희롱 또는 성희롱으로 볼 수 있다.

> **참고** 직장 내 괴롭힘

직장 내 괴롭힘은 '업무와 관련된 상황에서 피해자에게 괴로움을 주는 모든 언행'이다. 직장 내 괴롭힘 행위 유형에는 폭력, 폭언과 같이 명백한 괴롭힘 행위뿐 아니라 사적 업무의 지시, 회식 참여나 음주·흡연 등의 강요, 능력 이하의 업무 또는 매우 적은 업무만을 주는 경우, 지나친 업무 감시, 실적을 뺏거나 적절하게 인정해 주지 않는 경우 등 다양한 행위가 있다.

직장 내 괴롭힘을 판단하는 요소	내용
행위자	• 「근로기준법」 제2조 제1항 제2호에 따른 사용자가 행위자에 해당한다. • 파견 근로의 경우, 파견사업주와 사용사업주 모두 해당 가능하다. • 근로자도 행위자가 될 수 있으며, 이때 피해자와 같은 사용자와 근로관계를 맺고 있는 근로자여야 한다.
피해자	사업장 내의 모든 근로자가 해당된다.
행위장소	사내는 물론 외근 출장지, 회식, 기업행사, 사적공간, 사내 메신저, SNS 등 온라인 공간의 경우에도 해당될 수 있다.

행위요건	① 직장에서의 지위 또는 관계 등의 우위를 이용할 것
	  • 피해자가 저항 또는 거절하기 어려울 개연성이 높은 상태를 의미한다.
	  • 직급상 지위의 우위뿐만 아니라, 사실상 우위를 점하고 있는 모든 관계가 포함될 수 있다(개인 대 집단, 다수 대 소수, 연령, 학벌, 성별, 출신지역의 우위 등).
	  • 직장에서의 지위나 관계 등의 우위를 이용하여 행위한 것이 아니면 직장 내 괴롭힘에 해당하지 않는다.
	② 업무상 적정 범위를 넘는 행위일 것
	  • 지시나 주의, 명령행위의 모습이 폭행이나 과도한 폭언을 수반하는 등 사회 통념상 상당성을 결여하였다면 업무상 적정범위를 넘었다고 볼 수 있으므로 직장 내 괴롭힘에 해당한다.
	  • 문제되는 행위 자체가 업무상 필요하다고 볼 여지가 있더라도, 사업장 내 동종 또는 유사업무를 수행하는 근로자에 비하여 합리적 이유 없이 대상 근로자에게 이루어진 것이라면, 사회통념적으로 상당하지 않은 행위라고 볼 수 있다.
	③ 신체적·정신적 고통을 주거나 근무환경을 악화시키는 행위일 것
	  • 그 행위로 인하여 피해자가 능력을 발휘하는 데 간과할 수 없을 정도의 지장이 발생하는 경우를 의미한다.
	  • 행위자의 의도가 없었더라도 그 행위로 신체적·정신적 고통을 받았거나 근무환경이 악화되었다면 인정될 수 있다.

개/념/체/크

01 다음 글의 빈칸에 들어갈 적절한 용어를 적어보시오.

> 최근 기업은 단순히 이윤 추구를 하는 집단의 형태를 벗어나 자신들이 벌어들인 이익의 일부분을 사회로 환원하는 개념인 (　　　)을/를 강조하는 형태로 변화하고 있다.

02 다음 글이 설명하는 적절한 용어를 적어보시오.

> 제조물의 결함으로 인하여 소비자 또는 제삼자에게 생명, 신체, 재산상 손해가 발생할 경우 해당 제조물의 제조업자나 판매업자에게 손해배상책임을 지게 하는 것이다. 단순히 제조물에 '결함이 있다'는 객관적인 사실만을 입증하면 되므로 소비자가 입은 피해에 대한 손해배상 청구가 수월해지며, 배상 가능한 범위가 넓어지게 된다.

03 다음은 예절에 대한 설명이다. 이와 관련하여 맞으면 ○, 틀리면 ×를 표시해보시오.

① 예절은 다소 실제적이고 객관적인 도덕적 이념을 상황에 따른 구체적 형식에 담아 일상적 삶을 가능하게 하는 관습적 규범이다. (○, ×)
② 동일한 언어문화권이라도 지방에 따라 예절이 약간씩 다를 수 있다. (○, ×)
③ 예절이 형식적으로 다양하게 나타나더라도 '인간에 대한 존중'이라는 근본정신은 변하지 않는다.
(○, ×)

✓ 정답

01 기업의 사회적 책임(CRS)

02 제조물책임(PL)

03 ① ×, ② ○, ③ ○ | ① 예절은 다소 추상적이고 주관적인 도덕적 이념을 상황에 따른 구체적 형식에 담아 일상적 삶을 가능하게 하는 관습적 규범이다.

워크북에는 없지만 시험에는 나오는
플러스 알파 이론

> ✅ 최신 워크북에서는 삭제되었지만 **출제 가능성 높은 이론**

1 정직과 신용의 구축방법
① 정직과 신뢰를 매일 조금씩 쌓는다.
② 잘못을 정직하게 밝힌다.
③ 적당한 타협, 부정직함을 묵인하지 않는다.
④ 부정직한 관행을 묵인하지 않는다.

2 성실한 사람과 성실하지 못한 사람의 차이
① 어떠한 종류의 직업에 종사하는 경우든, 정직하고 성실한 태도로 일하는 사람들이 국가와 사회에 이바지하는 바가 크다.
② 직장 생활을 통해서 얻을 수 있는 또 하나의 소득은 '자아의 성장'으로, 정직하고 성실한 태도가 바탕이 되어야 좋은 결과를 가져올 확률이 높다.
③ 불성실한 사람은 직업을 단순히 돈벌이 수단으로 여기며 사명의식이 없다.
④ 결국 장기적으로 성공하는 사람은 성실한 사람이다.

3 직장에서의 예절

(1) 직장에서의 전화 예절 기출 한국중소벤처기업유통원

전화 걸기	• 상대방의 전화번호, 소속, 직급, 성명 등을 확인하고 용건과 통화에 필요한 서류 등은 미리 준비해 둔다. • 전화가 연결되면 담당자 확인 후 자신을 소개하고 간결하고 정확하게 용건을 전달한다. • 전화를 끊기 전 내용을 다시 한번 정리해 확인하고 담당자가 없을 땐 전화번호를 남긴다. • 정상적인 업무가 이루어지고 있는 근무 시간에 걸도록 한다.
전화 받기	• 전화벨이 3~4번 울리기 전에 받는다. • 회사명과 부서명, 이름을 밝힌 뒤 상대방의 용건을 정확하게 확인한다. • 용건에 즉답하기 어려우면 양해를 구한 뒤 회신 가능한 시간을 약속한다. • 통화 담당자가 없으면 자리를 비운 이유를 간단히 설명한 후 통화가 가능한 시간을 알려주고, 용건을 물어본 후 대신 처리할 수 있으면 처리한다. • 전화를 끊으면 담당자에게 정확한 메모를 전달한다. • 긍정적인 말로 전화 통화를 마치고 전화를 건 상대방에게 감사의 표시를 한다.

(2) 직장에서의 인사 예절 서울주택도시공사, 한국중소벤처기업유통원, 국토안전관리원, 경기문화재단, 대구도시철도공사, 수원문화재단, 부산시설공단

첫인사	• 명랑하고 활기차게 인사한다. • 사람 또는 기분에 따라 인사의 자세가 다르면 안 된다.
악수	• 오른손을 사용하고, 손을 잡을 때 너무 쥐어짜듯이 잡지 않는다. • 우리나라에서는 악수할 때 가볍게 목례를 한 후 악수를 한다. • 서양에서는 허리를 세운 채 악수를 한다. • 서로의 이름을 말하고 간단한 인사 몇 마디를 주고받을 정도의 시간 안에 끝낸다. • 상대의 눈을 보며 밝은 표정을 짓는다. • 손끝만 잡는 행위는 금한다. • 주머니에 손을 넣고 악수를 하지 않는다. • 윗사람이 아랫사람에게, 여성이 남성에게, 선배가 후배에게, 상급자가 하급자에게 청한다.
소개	• 소개는 보통 타당성이 있는 순서에 의하며, 직장 내에서는 서열과 직위를 고려한다. • 나이 어린 사람을 연장자에게, 신참자를 고참자에게, 비임원을 임원에게, 동료나 임원을 고객, 손님에게 먼저 소개한다. • 소개받는 사람의 별칭은 그 이름이 비즈니스에서 사용되는 것이 아니라면 사용하지 않는다. • 성과 이름을 함께 말한다. • 상대방이 항상 사용하는 경우라면 Dr. 또는 Ph. D. 등의 칭호를 함께 언급한다. • 정부 고관의 직급명은 퇴직한 경우에도 사용한다. • 관심사와 최근의 성과에 대해 간단한 언급을 한다.
명함 교환	• 명함을 건넬 때는 일어서서 정중하게 인사한 뒤 회사명과 이름을 밝힌다. • 명함은 왼손으로 받치고 오른손으로 건네며, 자신의 이름이 상대방을 향하도록 한다. • 하위에 있는 사람이 먼저 건네며, 쌍방이 동시에 명함을 꺼낼 때에는 왼손으로 서로 교환하고 오른손으로 옮긴다. • 받은 명함은 바로 명함 지갑에 넣지 말고, 테이블 위나 명함 지갑 위에 올려둔 뒤 대화 도중 상대방의 이름을 잊었을 때 참고하는 것도 좋다. • 손아랫사람이 손윗사람에게 먼저 건네고 상사와 함께라면 상사가 먼저 건넨 뒤 건넨다. • 상대방과의 만남이 끝난 후 명함에 추가적인 정보를 적는다.

(3) 직장에서의 E-mail 예절

E-mail 보내기	• 서두에 소속과 이름을 밝힌다. • 업무 성격에 맞는 형식을 갖추고, 간결하면서도 명확하게 쓴다. • 메일 제목은 반드시 써야 하며, 간결하면서도 핵심을 알 수 있게 작성한다. • 메시지 또한 가능한 한 간결하게 작성하여 수신자가 빨리 읽고 제대로 응답할 수 있도록 한다. • 올바른 철자와 문법을 사용한다.
E-mail 답하기	• 내용과 관련된 일관성 있는 답을 하도록 한다. • 다른 비즈니스 서신에서와 마찬가지로 화가 난 감정의 표현은 보내지 않는다. • 어디로, 누구에게 보내는지에 주의한다. 특히, 자동답신으로 회신하는 것은 원래 메일을 보낸 사람에게 도착하지 않을 수 있으므로 주의한다.

4 직장에서의 성 예절 ✓기출 한국중소벤처기업유통원

① 성을 매개로 한 상대방의 의사에 반해 이루어지는 모든 가해 행위를 말한다.
② 성희롱이나 성추행, 성폭력 등은 모두 성폭력의 개념에 포함되며, 인터넷을 통한 사이버 성폭력과 스토킹 등도 넓은 의미의 성폭력에 포함된다.

성추행	• 폭행이나 협박을 수단으로 추행하는 것으로, 강제추행이라고도 함. • 폭행 협박은 대법원에 의해 '상대방의 의사에 반하는 물리력의 행사인 한, 그 힘의 대소강약을 불문한다'로 정의됨.
사이버 성폭력	전화, 우편, 컴퓨터, 기타 통신매체를 통해 성적 수치심이나 혐오감을 일으키는 말과 음향, 글, 그림, 영상 등을 보내는 행위
성희롱	업무와 관련한 성적 언행 등으로 굴욕감을 느끼게 하거나 성적 언동 등을 조건으로 고용상 불이익을 주는 행위

(1) 성 예절을 지키기 위한 자세
① 바람직한 남녀공존 직장 문화를 정착한다.
② 성폭력을 사전에 예방하고 효과적으로 처리하는 방안을 마련한다.
③ 여성과 남성의 동등한 지위를 보장하기 위해 각자의 역할과 책임을 다하고, 조직은 그 상황에 맞는 여건을 조성한다.

(2) 어긋난 성 예절에 대한 대응 방안

개인적 대응	• 직접적으로 거부 의사를 밝히고 중지할 것을 요청 • 증거자료를 수집하고 공식적 처리를 준비 • 상사나 노동조합 등의 내부기관에 도움 요청 • 외부단체 및 성폭력 상담기관 등에 도움 요청
직장의 대응	• 회사 내부의 관련 직원이나 외부의 전문가를 초빙하여 공정하게 처리 • 사안에 대해 신속하게 조사하여 처리 • 개인정보의 유출을 철저히 방지 • 가해자에 대해 납득할 정도의 조치를 취하고 결과를 피해자에게 통지

5 SERVICE의 7가지 의미 ✓기출 인천도시공사

① S(Smile&Speed): 서비스는 미소와 함께 신속하게 하는 것이다.
② E(Emotion): 서비스는 감동을 주는 것이다.
③ R(Respect): 서비스는 고객을 존중하는 것이다.
④ V(Value): 서비스는 고객에게 가치를 제공하는 것이다.
⑤ I(Image): 서비스는 고객에게 좋은 이미지를 심어 주는 것이다.
⑥ C(Courtesy): 서비스는 예의를 갖추고 정중하게 하는 것이다.
⑦ E(Excellence): 서비스는 고객에게 탁월하게 제공되어져야 하는 것이다.

6 책임에 필요한 자세

① 어떤 일에 있어서 책임의식을 가지는 태도는 인생을 지배하는 능력을 최대화하는 데 긍정적인 역할을 한다.
② 인생에서 겪을 수 있는 사건이나 상황에 대해서 "어떤 일이 나에게 일어났어."라는 피해의식을 가질 수도 있고, "이것은 내가 선택한 행동의 결과야."라고 그 일에 대해서 책임을 가질 수도 있다.
③ 일반적으로 책임감이 없는 사람은 회사에게 불필요한 사람으로 인식받기 쉽고, 반대로 자기 일에 대한 사명감과 책임감이 투철한 사람은 여러 사람에게 도움을 많이 주므로 조직에서 꼭 필요한 사람으로 인식하는 경우가 많다.
④ 자신의 직분과 역할에 최선을 다하고 자기가 맡은 책임을 완수할 줄 아는 사람이 되어야 한다.

7 고객접점서비스 기출 한국건강가정진흥원

① 고객과 서비스 요원 사이에서 15초 동안의 짧은 순간에 이루어지는 서비스로서, '진실의 순간' 또는 '결정적 순간'이라 한다.
② 15초 동안에 고객접점에 있는 최일선 서비스 요원은 책임과 권한을 가지고 우리 회사를 선택한 것이 가장 좋은 선택이었다는 사실을 고객에게 입증시켜야 한다.
③ 결국 '진실의 순간' 또는 '결정적 순간'은 고객이 기업조직의 어떤 한 측면과 접촉하는 사건이자, 그 서비스의 품질에 관하여 무언가 인상을 얻을 수 있는 사건으로 본다.

✅ 워크북에 수록되지 않았지만 출제 가능성 높은 이론

1 조직시민행동(OCB; Organizational Citizenship Behavior)

(1) 조직시민행동의 의미와 특징
① 조직의 원활한 운영과 발전을 위해 조직에 속한 구성원들이 자발적으로 수행하는, 강제성 없는 부차적인 행동을 의미한다.
② 자신의 직무에 만족할수록, 조직에 정서적으로 몰입할수록, 공정성이 높을수록, 상사와의 관계가 좋을수록, 조직시민행동을 보이는 구성원이 많은 조직에 속해 있을수록 조직시민행동의 가능성이 높아진다.

(2) 조직시민행동의 구성 요소

구분	내용
이타주의	보상을 바라지 않고 다른 구성원을 도와주려는 친사회적인 행동 예 결근한 동료의 빈자리를 대신하는 행동
예의	자기로 인해 다른 조직구성원이 피해보지 않게 하는 사려깊은 행동 예 업무를 방해하지 않는 행동
성실함	조직이 요구하는 수준 이상의 역할을 수행하는 행동 예 부지런하고 시간을 낭비하지 않는 행동
시민의식	조직의 이익을 위해서 책임의식을 갖고 솔선수범하는 행동 예 조직 변화활동에 자발적으로 참여하는 행동
스포츠맨십	조직에 대한 비난을 삼가고 조직 차원의 의사결정이나 정책을 받아들이는 행동 예 상사에 대해 불평하거나 욕을 하지 않는 행동

(3) 조직시민행동의 효과
① 조직 내 생산성을 향상시킨다.
② 갈등을 감소시키고, 단합력을 제고한다.
③ 일하기 좋은 조직을 만드는 데 기여한다.

2 직장에서의 예절

(1) 직장에서의 자동차 예절 기출 인천도시공사, 경기문화재단
① 운전기사가 있는 경우 '보조석 뒷자리 – 운전석 뒷자리 – 조수석 – 뒷자리 가운데 좌석' 순으로 상석이 정해진다.
② 상급자가 운전자일 경우 조수석이 가장 상석이다.
③ 두 사람만 탑승할 경우 조수석에 앉는 것이 예의이며, 운전자가 하급자일 경우에도 상급자는 가급적 조수석에 앉는 것이 좋다.

(2) 직장에서의 호칭 예절 `기출` 서울교통공사, 김포골드라인

상급자의 경우		성 + 직위 + 존칭 예 ○ 과장님
동급자의 경우	일반적인 경우	성 + 직위 예 ○ 대리
	직위가 같아도 입사가 빠르거나 나이가 많은 경우	성 + 직위 + 존칭 예 ○ 대리님
하급자의 경우	일반적인 경우	성 + 직위 예 ○ 대리
	직위가 없는 사원 또는 인턴의 경우	이름 + 씨 등 예 ○○ 씨

3 직장에서의 문제 상황

(1) 직장 내 괴롭힘 행위로 인정되는 경우 `기출` 인천도시공사, 경기문화재단

① 신체에 유형력을 행사하는 폭행 행위나 협박하는 행위는 사실관계만 인정되면 업무상 적정범위를 넘어선 행위로 인정할 수 있다.
② 폭언, 욕설, 험담 등 언어적 행위는 공개된 장소에서 이루어지는 등 제삼자에게 전파되어 피해자의 명예를 훼손할 정도라 판단되면 업무상 적정범위를 넘어선 행위로 인정 가능하며, 그렇지 않더라도 지속·반복적인 폭언·욕설은 피해자의 인격권을 심각하게 해치며 정신적 고통을 유발할 수 있으므로 업무상 적정범위를 넘어선 행위로 인정할 수 있다.
③ 반복적으로 개인적인 심부름을 시키는 등 인간관계에서 용인될 수 있는 부탁의 수준을 넘어 행해지는 사적 용무 지시는 업무상 필요성이 없는 행위이므로 업무상 적정범위를 넘어선 행위로 인정할 수 있다.
④ 집단 따돌림, 업무수행과정에서의 의도적 무시·배제 등의 행위는 사회 통념상 상당하지 않은 행위로서 업무상 적정범위를 넘어선 행위로 인정할 수 있다.
⑤ 근로계약 체결 시 명시했던 업무와 무관한 일을 근로자의 의사에 반하여 지시하는 행위가 상당 기간 반복되고 그 지시에 정당한 이유가 인정되지 않는다면 업무상 필요성이 없는 행위로서 업무상 적정범위를 넘어선 행위로 인정할 수 있다.
⑥ 업무를 과도하게 부여하는 행위는 그렇게 하도록 지시하지 않으면 안 되는 업무상 불가피한 사정이 없음에도 불구하고 해당 업무에 대하여 물리적으로 필요한 최소한의 시간마저도 허락하지 않는 등 상당성이 없다고 인정되면 업무상 적정범위를 넘어선 행위로 인정할 수 있다.
⑦ 업무에 필요한 주요 비품(컴퓨터, 전화 등)을 제공하지 않거나, 인터넷·사내 인트라넷 접속을 차단하는 등 원활한 업무 수행을 방해하는 행위는 사회 통념상 상당성이 없는 행위로서 업무상 적정범위를 넘어선 행위로 인정할 수 있다. 다만 모든 근로자에게 비품 제공을 하지 못하고 있는 사정이 있거나 일시적인 경영 악화 등으로 인하여 발생한 상황이라면 업무상 적정 범위를 넘어선 행위로 보기 어렵다.

(2) 직장 내 성희롱 행위 예시

육체적 성희롱	• 입맞춤, 포옹 등의 신체적 접촉 행위 • 특정 신체 부위를 만지는 행위 • 안마 등을 강요하는 행위
언어적 행위	• 음란한 농담을 하거나, 상스러운 이야기를 하는 행위(전화통화 포함) • 외모에 대한 성적인 비유나 평가를 하는 행위 • 성적인 사실 관계를 묻거나 성적인 내용의 정보를 의도적으로 전파하는 행위 • 성적인 관계를 강요 및 회유하는 행위 • 회식 등에서 무리하게 옆에 앉혀 술을 따르도록 강요하는 행위
시각적 행위	• 음란한 사진, 그림, 낙서, 출판물 등을 게시하거나 보여주는 행위(컴퓨터통신, 팩시밀리 등을 이용하는 경우 포함) • 자신의 신체부위를 고의적으로 노출하는 행위
그 외 사회통념상 성적 굴욕감 또는 혐오감을 느끼게 하는 것으로 인정되는 언어나 행동	

(3) 직장 내 성희롱 발생 시 개인 차원의 대응

① 이메일, 문자메시지 등으로 거부의사를 명확하게 표현한다.
② 성희롱 발생 시간 및 장소 기록, 문자메시지 등의 증거자료를 수집한다.
③ 직장 내 해결절차를 거쳐 해결한다.

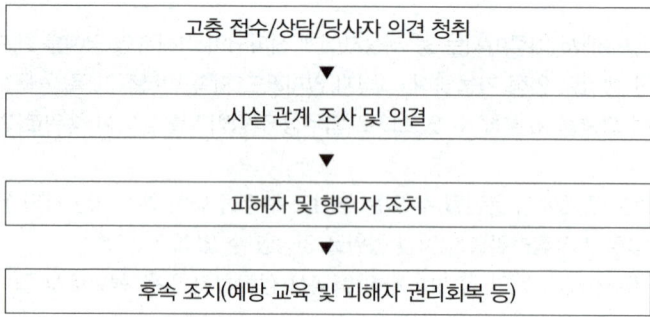

④ 외부 기관을 통해 해결한다.

- 지방고용노동관서에 신고
- 국가인권위원회에 구제신청
- 수사기관(검찰, 경찰)에 신고
- 법원에 민사소송

(4) 직장 내 성희롱 예방을 위한 사업주의 의무

① 다음의 내용을 포함한 직장 내 성희롱 예방 교육을 연 1회 이상 실시한다.

> • 직장 내 성희롱에 관한 법령
> • 해당 사업장의 직장 내 성희롱 발생 시 처리 절차와 조치 기준
> • 해당 사업장의 직장 내 성희롱 피해 근로자의 고충 상담 및 구제 절차
> • 그 밖에 직장 내 성희롱 예방에 필요한 사항

② 성희롱 예방지침을 열람 가능한 장소에 비치한다.

STEP 02 기본문제

CHAPTER 10 직업윤리

01 난이도 상 중 하

다음 사례의 유과장이 가진 직업인의 기본 자세로 가장 거리가 먼 것은?

| 서울교통공사 |

> 영업마케팅부에 근무하는 유과장은 입사 15년 차의 베테랑이다. 그는 자신이 맡은 일은 하늘에 의해 맡겨진 일이라고 생각한다. 때문에 자신의 일이 능력과 적성에 맞다고 여기고 늘 일에 열성을 가지고 성실히 임하여, 후배들이 존경하는 선배 1위로 꼽힌다. 특히 자신이 하는 일이 사회와 기업 모두를 위해 중요한 역할을 하고 있다고 믿기 때문에, 작은 일도 허투루 하지 않는다. 그뿐만 아니라 자신이 맡은 일은 누구나 할 수 있는 것이 아니라 해당 분야의 지식과 교육을 밑바탕으로 성실히 수행해야만 할 수 있는 일이라고 생각하여, 주말에는 직무와 관련된 교육을 수강하는 등 지속적인 자기계발을 해나가고 있다.

① 천직의식
② 직분의식
③ 소명의식
④ 봉사의식
⑤ 전문가의식

02 난이도 상 중 하

다음 〈보기〉 중 개인윤리와 직업윤리의 조화에 대한 설명으로 적절한 것만을 모두 고르면?

/ 보기 /
㉠ 각각의 직무에서 오는 특수한 상황은 개인적 덕목 차원의 일반적인 상식과 기준으로 규제할 수 있다.
㉡ 수많은 사람이 관련되어 공동의 협력을 요구하므로, 맡은 역할에 대한 책임 완수와 정확하고 투명한 일 처리가 필요하다.
㉢ 규모가 큰 공동의 재산, 정보 등을 개인의 권한하에 위임 및 관리하므로 높은 윤리 의식이 요구된다.
㉣ 직장이라는 특수한 상황이지만 집단적 인간관계는 가족관계, 개인적 선호에 의한 친분과 같은 측면의 배려가 요구된다.
㉤ 기업은 경쟁을 통해 사회적 책임을 다하고, 더욱 강한 경쟁력을 키우기 위해 조직원 개개인의 역할과 능력이 경쟁상황에서 적절하게 꾸준히 향상되도록 해야 한다.

① ㉠, ㉢
② ㉣, ㉤
③ ㉠, ㉡, ㉣
④ ㉡, ㉢, ㉤
⑤ ㉡, ㉢, ㉣, ㉤

03 난이도 상 중 하

다음 중 근면의 종류가 다른 하나를 고르면?

| 서울교통공사 |

① 상사의 눈치를 보며 야근하는 경우
② 근무 시간 변경으로 아침 일찍 출근하는 경우
③ 열악한 근무 조건에서 기계적으로 일하는 경우
④ 승진을 위해 퇴근 시간 이후 자격증 공부를 하는 경우
⑤ 몸이 불편한 부모를 대신해 생계를 위해 일하는 경우

04 난이도 상 중 하

다음 중 근면의 태도로 적절하지 않은 것은?

① 일이 남았으면 퇴근 후에도 일을 한다.
② 항상 일을 배우는 자세로 임하여 열심히 한다.
③ 시간 관리 계획을 통해 오늘 할 일을 내일로 미루지 않는다.
④ 타인을 배려하고 자신을 희생하여 조직과 사회에 기여해야 한다.
⑤ 술자리를 적당히 절제하여 일상생활에 지장이 없도록 한다.

05 난이도 상 중 하

다음 중 현대사회에서 성실이 가지는 의미로 가장 적절한 것은?

① 오늘날에 있어서 진부하고 낡은 개념이다.
② 현대사회와 어울리지 않는 한계성을 가진다.
③ 말과 행동의 불일치를 낳으며 사회적 병폐를 일으킨다.
④ 그저 묵묵히 부지런하게 자신의 일만을 열심히 하면 되는 것이다.
⑤ 다른 덕목의 모태가 되며 현대생활을 영위할 때 필수적인 요소로 작용한다.

06

다음 중 근면에 대한 설명으로 적절하지 않은 것은?

① 인생의 성공과는 표리 관계에 있다.
② 고난을 극복하기 위해 일련의 준비를 하는 것이다.
③ 비선호의 수용 차원에서 개인의 절제나 금욕을 반영한다.
④ 행위자가 환경과의 대립을 극복해 나가는 과정에서 발현된다.
⑤ 달성이 즉각적으로 완료되는 가치지향적 목표 속에서 재생산된다.

07

다음 중 제조물책임의 부정적 영향으로 적절하지 않은 것은? | 부산시설공단 |

① 제조물책임 관련 클레임 또는 소송사건의 복잡화, 장기화로 인력자원이 낭비된다.
② 제조물책임 관련 대응을 소홀히 할 경우 손해배상금 지급으로 인한 기업 손실이 가장 큰 문제가 된다.
③ 매스컴 등의 빈번한 보도로 제품안전에 대한 소비자의 문제의식이 높아지므로 제품과 관련한 클레임이 증가한다.
④ 제조물책임과 관련하여 엄격한 안전기준을 채택하고 제품안전에 대한 추가적인 대책을 강구해야 하므로 신제품의 개발이 지연된다.
⑤ 기업이 제품의 안정성 확보를 위한 자원 투입과 보험 가입비용, 리콜비용 등을 부담해야 하므로 제조원가가 상승한다.

08 난이도 상 중 하

다음 중 봉사와 책임의식에 대한 설명으로 적절하지 않은 것은?

① 사회의 발전과 퇴보는 구성원들의 직업적 역할에 따라 달라질 수 있다.
② 직업을 가진 모든 개인은 그 사회의 기능을 일부 나누어 맡아 수행함으로써 사회 참여를 한다.
③ 현대사회의 직업인에게 봉사란 고객의 가치를 최우선으로 하는 고객 서비스 개념으로도 설명할 수 있다.
④ 기업은 단순히 이윤 추구를 하는 집단의 형태에서 벗어나 자신들이 벌어들인 이익의 일부분을 사회로 환원하는 것이 중요하다.
⑤ 직업세계에서 다른 직종과 비교하여 더 많은 이익을 얻는 집단이더라도 그들의 이익 분배에 대해 특별히 다르게 생각할 필요는 없다.

09 난이도 상 중 하

다음 〈보기〉 중 직장 내 괴롭힘에 해당하는 경우만을 모두 고르면? | 서울교통공사 |

/ 보기 /
㉠ 같은 부서에서 한 사람만 뺀 단체 대화방을 만들어 업무에 활용한 경우
㉡ 직장에서 승승장구하는 후배가 특정 상사의 지시만 무시하고 반발한 경우
㉢ 상습적으로 지각하는 후배의 출근 시간을 한 달 동안 기록하여 지적한 경우
㉣ 팀장이 팀원에게 보완이 필요한 부분을 수차례 반복적으로 "다시 해오라."라고 지시한 경우
㉤ 팀장이 단체 대화방에서 특정인에게 "똑바로 하라."면서 업무 실수를 공개적으로 지적한 경우

① ㉠, ㉡
② ㉠, ㉢
③ ㉡, ㉤
④ ㉢, ㉣
⑤ ㉢, ㉤

10 난이도 상 중 하

다음 중 에티켓과 매너에 대한 설명으로 적절하지 않은 것은? | 서울교통공사 |

① 서양에서는 예절을 에티켓과 매너로 표현한다.
② 에티켓은 '좋다, 나쁘다'로, 매너는 '있다, 없다'로 표현한다.
③ 다른 사람의 방에 들어가기 전 노크해야 하는 것은 에티켓이다.
④ 에티켓은 형식적 측면이 강하고, 매너는 이를 나타내는 방식인 방법적 성격이 강하다.
⑤ 직장예절은 에티켓과 매너의 차이점을 일반화한 비즈니스의 에티켓과 매너를 총칭한다.

정답 및 해설 126p

STEP 03 심화문제

CHAPTER 10 직업윤리

01 난이도 상중하

다음 중 일반적인 직업윤리와 그에 대한 설명을 짝지은 것으로 적절하지 않은 것은? | 강원랜드 |

직업윤리	내용
㉠직분의식	자신이 하고 있는 일이 사회나 기업을 위해 중요한 역할을 하고 있다고 믿고 자신의 활동을 수행하는 태도
㉡전문가의식	자신의 일이 누구나 할 수 있는 것이 아니라 해당 분야의 지식과 교육을 밑바탕으로 성실히 수행해야만 가능한 것이라 믿고 수행하는 태도
㉢봉사의식	직업 활동을 통해 다른 사람과 공동체에 대하여 봉사하는 정신을 갖추고 실천하는 태도
㉣천직의식	자신이 맡은 일이 하늘에 의해 맡겨진 일이라고 생각하는 태도
㉤책임의식	직업에 대한 사회적 역할과 책무를 충실히 수행하고 책임을 다하는 태도

① ㉠　　② ㉡　　③ ㉢　　④ ㉣　　⑤ ㉤

02 난이도 상중하

다음 중 직업에 대한 설명으로 적절하지 않은 것은?

① 직업은 사회적으로 맡은 역할과 하늘이 맡긴 소명, 전생의 허물을 벗기 위한 과제 등으로 볼 수 있다.
② 직업이 갖추어야 할 속성은 계속성, 경제성, 윤리성, 사회성, 자발성 등으로 구분할 수 있다.
③ 무급 자원봉사, 전업 학생, 노력이 전제되지 않은 자연 발생적인 이득의 수취는 직업으로 볼 수 없다.
④ 취미활동이나 아르바이트는 직업의 속성을 갖추더라도 체계적이고 전문화된 일의 영역으로 볼 수 없다.
⑤ 비윤리적인 영리 행위나 반사회적인 활동을 통한 경제적 이윤추구는 직업의 윤리성에 어긋난다.

03 난이도 상중하

다음 사례의 박주임이 실천하는 직업윤리의 기본원칙으로 가장 적절한 것은? | 한전KDN |

> 영업팀에 근무하는 박주임은 업무의 공공성을 바탕으로 공사 구분을 명확히 하고, 업무할 때 모든 것을 숨김없이 투명하게 처리하는 것을 원칙으로 삼는다.

① 객관성의 원칙 ② 고객중심의 원칙 ③ 전문성의 원칙
④ 정직과 신용의 원칙 ⑤ 공정경쟁의 원칙

04 난이도 상중하

다음 글의 빈칸 ㉠에 들어갈 직업윤리 개념으로 가장 적절한 것은?

> ○○시 해양경찰서가 지난달 발생한 급유선과 낚싯배의 전복사고 원인이 쌍방과실 때문이라고 밝혔다. 이에 따르면 낚싯배와 충돌한 급유선 선장은 사고 전 낚싯배를 발견하고도 주의 의무를 소홀히 하여 두 배 간의 거리가 좁혀졌음에도 불구하고 속도를 줄이거나 항로를 바꾸지 않았다는 것이다. 급유선 선장은 사고 후 조사에서 "낚싯배가 알아서 피해갈 줄 알았다."고 진술했다. 낚싯배 또한 문제가 있었다. 해사안전법상 야간항해 시 1인 당직이 금지됨에도 불구하고 사건 당시 해당 낚싯배의 갑판원은 조타실을 비운 상태로 안전 수칙을 위반하였다. 이 점들을 제외하고 두 배의 선장 모두 배를 몰기에 적합한 면허를 보유한 상태였으며, 선박 개조나 과적 등의 불법 사항은 없었다. 즉, 이번 사건의 발생 원인은 선박의 결함이나 기계적 문제가 아닌, (㉠)의 부재였다.

① 연대의식 ② 책임감 ③ 인간애
④ 봉사정신 ⑤ 전문성

05

다음 중 윤리에 대한 설명으로 적절하지 않은 것은?

① 윤리의 '윤'은 인간관계에 필요한 길이나 도리, 질서를 의미한다.
② 윤리의 '리'는 원리, 이치, 판단 등의 뜻을 가지고 있다.
③ 윤리는 '인간사회에 필요한 올바른 질서'라고 해석할 수 있다.
④ 동양적 사고에서 윤리는 전적으로 인륜과 같은 의미이다.
⑤ 윤리는 '도를 실천해야 할 주체적 태도'를 의미하기도 한다.

06

다음 글을 읽고 이해한 내용으로 적절하지 않은 것은?

> 한국리서치가 2019년에 Z세대를 대상으로 설문조사를 실시한 결과 응답자의 다수가 결혼 및 출산에 부정적인 인식을 보였다. 이는 밀레니얼 세대가 추구하던 '워라밸(Work-life balance)'의 개념 변화에도 영향을 미쳤다. 밀레니얼 세대가 '9 to 6'를 보장받고 일과 생활을 분리하여 조화로운 삶을 추구하는 워라밸을 추구했다면, Z세대는 조화로운 삶을 추구하되 일과 생활이 통합된 '워라블(Work-life blending)'을 추구한다. 쉽게 말해 밀레니얼 세대는 회사보다 자신의 미래에 초점을 맞추고 있다. 이에 따라 회사 생활과 일상을 분리하고 업무는 단순히 경제활동 수단으로 여긴다. 반면, Z세대는 회사 안에서의 성장을 중요하게 생각하여 업무를 통한 자아실현과 지적 성장을 추구한다. 이 때문에 자신이 직접 선택한 일을 위해 일과 삶의 경계를 기꺼이 없앤다. 은행에 근무하고, 퇴근 후에는 재테크 관련 콘텐츠를 제작하는 P씨가 워라블을 추구하는 대표적인 예이다. 또한 디자인 기획 업무를 담당하는 L씨가 퇴근 후나 주말에 전시회를 몰아서 관람하는 행동도 워라블을 추구하는 사례로 볼 수 있다.

① 워라밸과 워라블 모두 일과 삶의 조화로움을 추구한다.
② 밀레니얼 세대는 Z세대보다 일과 삶을 명확하게 구분한다.
③ 정시 퇴근을 가장 중요하게 생각하는 A씨는 워라블을 추구할 것이다.
④ 워라밸과 워라블은 업무를 통해 추구하는 가치에서 차이를 보인다.
⑤ 일상생활에서 일과 관련한 새로운 아이디어를 떠올리는 것은 워라블을 추구하는 태도이다.

07 난이도 상중하

다음 글의 밑줄 친 개념에 대한 사례로 적절하지 않은 것은?

> <u>도덕적 해이</u>란 불완전하게 감시를 받고 있는 사람이 부정직하거나 바람직하지 못한 행위를 하는 것으로, 주로 사용자가 자신의 업무를 수행하기 위해 대리인을 고용한 상황에서 발생한다. 사용자는 대리인이 업무 수행을 위해 의무와 책임을 다할 것이라 생각하지만, 대리인은 사용자가 자신을 항상 감시할 수 없다는 것을 알기 때문에 사용자가 생각하는 수준의 의무와 책임을 다하지 않으려는 유혹에 빠지게 된다. 이처럼 도덕적 해이가 발생하는 이유는 감시의 한계 때문이다. 이에 따라 고용주는 도덕적 해이를 막기 위해 감시 자체를 강화하거나 성과급을 지급하기도 한다.

① 자동차 보험에 가입한 운전자가 사고 발생 시 보험금이 발생할 것을 알고 있어 조심스럽게 운전을 하지 않는 경우
② 보험 가입 후 12개월 이내의 자살에 관하여 보험금을 지급하지 않는다는 규정이 있는 생명보험의 가입자 자살률이 12개월 이내에 가장 낮고 12개월 이후에는 높아지는 경우
③ 중고차 시장에서 구매자가 자신이 구매하려고 하는 차량의 고장 횟수, 사고 횟수 등 정확한 정보를 알 수 없이 원하지 않는 차량을 선택하게 되는 경우
④ 아이를 맡아 놀아주고 일정 금액을 받는 서비스 직원이 서비스 시간에 아이가 텔레비전만 보도록 내버려 두는 경우
⑤ 세금으로 운영되는 공공기관이 특수 집단의 이익만을 추구하거나 일부 개인의 편익을 위해 행동하여 장기적인 손실을 초래하는 경우

08

다음 (가), (나)에서 공통으로 알 수 있는 윤리의 일반적인 특징으로 가장 적절한 것은?

> (가) 내세의 행복을 믿는 호텐토트족은 병들고 늙은 부모를 살해하는 것이 효도라고 생각했다. 현실에서 고통 받으며 사는 것보다, 하루 빨리 행복한 세상에서 살게 하고 싶다는 마음인 것이다. 하지만 대부분의 사회에서는 어떤 이유이든 자식이 부모를 살해하는 것은 금지되고 윤리적으로도 옳지 않다고 본다.
>
> (나) 노예 제도는 고대 그리스 사회에서 당연하고 평범한 일이었다. 노예는 사람이 아니라 물건이었기 때문에 돈으로 쉽게 사고팔리고, 함부로 다뤄졌다. 그리고 사회는 그러한 행위를 전혀 비윤리적이거나 악으로 판단하지 않았다. 하지만 지금의 우리는 노예 제도가 비인도적이라고 여긴다.

① 사회의 윤리보다 개인의 윤리가 중요하다.
② 모든 개인이 윤리적이라면 그 사회도 윤리적이다.
③ 모든 윤리적 가치는 시대와 사회상황에 따라 변화한다.
④ 부모와 자식 간의 윤리는 사회에서 요구하는 윤리와는 차이가 있다.
⑤ 인간과 동물의 가장 큰 차이점은 인간이 윤리를 가지고 있다는 점이다.

09 난이도 상 중 하

다음은 공무원의 의무에 관한 내용이다. 이에 대한 설명으로 적절하지 않은 것만을 〈보기〉에서 모두 고르면?

- 공무원은 국민 전체에 대한 봉사자로서 주어진 직무와 관련하여 국민 전체의 이익을 도모하는 법적 의무를 지며, 이는 공무원에게 부과된 가장 기본적인 중대한 의무로서 최대한으로 공공의 이익을 도모하고 그 불이익을 방지하기 위하여 전 인격과 양심을 바쳐서 성실히 직무를 수행하여야 하는 것을 내용으로 함.
- 각종 개별적인 직무상의 의무는 물론이고 신분상의 의무 등 직무 외의 의무도 이 의무에서 나오는 것으로 함.
- 직무는 법령에 규정된 의무, 상관으로부터 지시받은 업무 내용, 사무분장 규정상의 소관 업무 등을 말하며, 감독자의 경우 부하직원에 대한 상사로서의 감독 의무를 게을리 하지 않음으로써 부하직원의 비위행위를 사전에 방지하는 노력도 이 의무에 포함되는 것으로 함.
- 국가공무원법상 공무원의 이 의무는 경우에 따라 근무시간 외에 근무지 밖에까지 미칠 수도 있음.

／ 보기 ／
㉠ 직업윤리 중 근면과 관련된 내용이다.
㉡ 해당 의무는 장소와 관계없이 근무시간 내에서만 적용된다.
㉢ 직무와 관련하여 공공의 이익을 도모하는 것을 목표로 한다.
㉣ 개별적인 업무뿐만 아니라 다른 직원을 관리하는 업무도 의무에 포함된다.

① ㉠ ② ㉢ ③ ㉠, ㉡
④ ㉡, ㉣ ⑤ ㉢, ㉣

10 난이도 상중하

다음은 부정청탁 및 금품 등 수수의 금지와 관련한 법령에 관한 자료이다. 이를 토대로 〈상황〉에 대해 A공사 직원들이 〈보기〉와 같이 대화를 나누었을 때, 적절하지 않은 발언을 한 사람만을 모두 고르면?

제○○조 ① 공직자 등은 부정청탁을 받았을 때에는 부정청탁을 한 자에게 부정청탁임을 알리고 이를 거절하는 의사를 명확히 표시하여야 한다.
② 공직자 등은 제1항에 따른 조치를 하였음에도 불구하고 동일한 부정청탁을 다시 받은 경우에는 이를 소속기관장에게 서면(전자문서를 포함한다. 이하 같다)으로 신고하여야 한다.
제□□조 제○○조 제2항에 따라 부정청탁을 받은 사실을 신고하려는 경우에는 다음 각 호의 사항을 적은 서면(전자문서를 포함한다. 이하 같다)을 소속기관장에게 제출하여야 한다.
1. 신고자의 인적사항
    가. 성명, 주민등록번호, 주소, 소속 부서 및 연락처
    나. 그 밖에 신고자를 확인할 수 있는 인적사항
2. 부정청탁을 한 자의 인적사항
    가. 개인인 경우: 성명, 연락처, 직업 등 부정청탁을 한 자를 확인할 수 있는 인적사항
    나. 법인 또는 단체의 대표자인 경우: 가목의 사항 및 법인 또는 단체의 명칭·소재지
    다. 법인·단체 또는 개인의 대리인, 사용인, 그 밖의 종업원인 경우: 가목의 사항, 법인·단체 또는 개인의 명칭·소재지 및 대표자의 성명
3. 신고의 경위 및 이유
4. 부정청탁의 일시, 장소 및 내용
5. 부정청탁의 내용을 입증할 수 있는 증거자료(증거자료를 확보한 경우만 해당한다)
제△△조 제○○조 제2항에 따라 신고를 받은 소속기관장은 다음 각 호의 사항을 확인할 수 있다.
1. 제□□조 각 호의 사항 등 신고 내용을 특정하는 데 필요한 사항
2. 신고 내용을 입증할 수 있는 참고인, 증거자료 등의 확보 여부
3. 다른 기관에 동일한 내용으로 신고를 하였는지 여부
제◉◉조 제○○조 제2항에 따라 신고를 받은 소속기관장은 신고의 내용에 관하여 필요한 조사를 하고, 다음 각 호의 구분에 따라 조사 결과에 대한 조치를 하여야 한다.
1. 범죄의 혐의가 있거나 수사의 필요성이 있다고 인정되는 경우: 수사기관에 통보
2. 과태료 부과 대상인 경우: 과태료 관할 법원에 통보
3. 징계 대상인 경우: 징계절차의 진행

── / 상황 / ──
공직자 A~D는 모두 부정청탁을 한 자로부터 각각 부정청탁을 한 번씩 받았으나, 부정청탁임을 알리고 거절하였다.

/ 보기 /

김사원: "A가 재차 동일한 부정청탁을 받았을 경우, 부정청탁을 한 자에게 부정청탁임을 알리고 이를 거절하는 의사를 명확히 표시해야 해."
박사원: "B로부터 부정청탁에 관한 신고를 받고 조사를 진행한 소속기관장이 수사의 필요성이 있다고 인정할 경우에는 수사기관에 통보해야 해."
고사원: "재차 동일한 부정청탁을 받은 C가 소속기관장에 제출한 전자문서에는 반드시 부정청탁의 내용을 입증할 수 있는 증거자료가 포함되어야 해."
주사원: "D로부터 부정청탁에 관한 신고를 받은 소속기관장은 신고 내용을 입증할 수 있는 참고인이 있는지 확인해야 해."

① 김사원, 박사원   ② 김사원, 주사원   ③ 박사원, 고사원
④ 김사원, 고사원, 주사원   ⑤ 박사원, 고사원, 주사원

11~12 다음은 근로윤리와 관련한 자료이다. 이어지는 물음에 답하시오.

사람은 혼자서는 살아갈 수 없으므로 다른 사람과 협력해야 하며, 협력이 확대된 사회시스템 전체가 유기적으로 움직여야 한다. 사회시스템은 구성원 간 신뢰가 있어야 운영 가능한데, 그러한 신뢰를 형성 및 유지하는 데 필요한 가장 기본적이고 필수적인 규범이 (㉠)이다.

창조, 변혁, 개혁, 혁신 등의 가치가 강조되는 현대사회에서 (㉡)은 자칫 시대정신에 뒤지는 개인의 낡은 생활방식으로, 다분히 도덕적 영역으로 그 범위가 위축되는 경향을 보인다. 현대사회에서 (㉡)한 사람은 도덕적 차원에서는 바람직한 면이 있을 수 있지만, 사회적으로는 진취성이 부족하거나 창조성이 결여된 사람으로, 심지어는 변화하는 시대에 요령 없이 기존의 방식을 반복적으로 되풀이하는 사람으로 치부되기도 한다.

(㉢)은 해방 후 한국사회의 근대화와 경제개발을 이끈 주요한 동력으로 인식된다. 가난과 전근대의 이중적 굴레 속에서 한국사회는 (㉢)만이 가난을 이기는 유일한 수단이라고 이해하였다. 그러나 국가와 공동체의 번영이 개인보다 중시되면서 노동이 극대화된 점과 과도한 자기계발과 노동 중독 등의 현상은 개인의 삶의 질을 저해하는 원인으로 지목되기도 한다.

11

위의 자료의 빈칸 ㉠~㉢에 들어갈 덕목을 각각 바르게 짝지은 것은?

	㉠	㉡	㉢
①	정직	근면	성실
②	정직	성실	근면
③	성실	정직	근면
④	성실	근면	정직
⑤	근면	성실	정직

12

위의 자료의 빈칸 ㉠~㉢에 들어갈 덕목에 대한 설명으로 적절하지 않은 것은?

① ㉠은 부정부패의 문제나 우리나라의 부패인식지수 순위와 관련 있다.
② ㉡은 행위자가 환경과의 대립을 극복해 나가는 과정에서 발현된다.
③ ㉡의 결핍은 일상에서 위선과 거짓, 사기, 아첨, 음모 등의 행위로 나타난다.
④ ㉢은 외부로부터 강요당하는 형태와 자진해서 하는 형태의 두 종류로 구분된다.
⑤ ㉢은 일중독과 함께 한국인의 대표적인 생활양식과 노동양식의 이미지로 나타난다.

13 난이도 상 중 하

귀하는 R기업의 총무팀 팀장으로, 최근 인사팀 팀장인 갑이 대표와 개인적으로 친분이 있는 몇몇 사람들의 인사평가 과정을 생략하는 것을 목격하였다. 평소 갑과 친하게 지내던 귀하가 이에 대한 문제를 제기하자 갑은 자신도 정직하게 업무하고 싶지만 이미 관행이 그렇게 정해져 있고, 이렇게 하지 않으면 업무가 진행되지 않는다고 하였다. 때문에 본인 책임이 아니며 자신도 어쩔 수 없다고 하소연하였다. 이때, 귀하가 갑에게 해줄 수 있는 말로 가장 적절한 것은?

① "모든 행동은 자신의 선택으로 진행되는 겁니다. 누가 강요했든, 관행이 어찌되었든 그 행위의 책임은 전적으로 갑팀장에게 있습니다."
② "다른 사람의 부정한 행동에 침묵하는 것은 그 행동에 동조하는 것과 같습니다. 어떤 부정한 행동을 목격했다면 이미 갑팀장에겐 책임이 생기는 겁니다."
③ "지금 갑팀장의 정직한 행동을 남들이 알아주지 않는다고 해서 좌절할 필요는 없습니다. 정직이란 한 번에 만들어지는 게 아니라 차곡차곡 쌓이는 겁니다."
④ "모든 일에 정직하게 행동할 순 없습니다. 정직은 단단하지만 대부분의 사람들은 둥글게 살고 있죠. 너무 정직만 강조하다보면 갑팀장의 단단함이 다른 사람들을 짓누르게 될 겁니다"
⑤ "무조건 원칙을 지키고 규칙을 준수하는 것만을 정직이라고 부르진 않습니다. 정직은 때때로 유연함을 지녀야 하고 그 유연함은 시기에 맞게 발현될 수 있어야 합니다."

14 다음 자료와 관련한 근로윤리의 개념으로 가장 적절한 것은?

| 한국중소벤처기업유통원 |

한국, 노동시간은 길고 시간당 노동생산성 낮아

입력 2024.01.02. 오전 9:04
○○○ 기자

한국의 연간 노동시간은 경제협력개발기구(OECD) 회원국 중 3위를 기록할 만큼 길지만, 이와는 반대로 시간당 노동생산성은 20위권 밖에 머물고 있는 것으로 조사되었다.

2018년 기준 OECD 회원국의 임금근로자 연간 근로시간을 보면 한국은 1,967시간으로 당해 통계가 작성된 국가 중 멕시코와 코스타리카에 이어 세 번째로 길었다. 이는 독일과 일본, 미국 같은 주요국의 연간 근로시간이 각각 1,305시간, 1,706시간, 1,792시간이라는 점을 고려하면 근로시간이 매우 긴 편이다.

반면, 한국의 시간당 노동생산성은 39.6달러로, OECD 36개 회원국 중 28위로 하위권에 머물렀다. 1위인 아일랜드가 99.7달러, 7위인 미국이 70.8달러인 데 반해 한국은 OECD 상위 50% 국가 노동생산성의 절반 수준에 머물러 있는 것이다.

이는 농업 기반의 사회에서 남보다 부지런하면 일을 잘하는 것이고, 남들이 일할 때 가만히 있는 것 자체를 악덕이라고 여기던 인식이 한국인의 일상생활과 일을 지배해 온 결과로 볼 수 있다. 그러나 미래 사회에서는 단순히 열심히 오래 일하는 것이 아니라 창의성이 중요하다.

⋮
(후략)

① 행복 ② 열정 ③ 협동 ④ 근면 ⑤ 정직

15 난이도 상 중 하

다음은 H사의 임직원 윤리실천 강령의 일부이다. 밑줄 친 ㉠~㉤ 중 잘못 배치된 것을 고르면?

| 대구도시철도공사 |

제5조. 자기개발
㉠바람직한 인재상을 스스로 정립하고, 끊임없는 자기개발을 통해 인재상에 부합되도록 노력한다.

제6조. 공정한 직무 수행
1. 모든 직무와 관련하여 공정한 직무 수행에 지장을 줄 수 있는 어떠한 형태의 금전적 이익도 이해관계자에게 요구 또는 수수하거나 제공하지 않는다.
2. ㉡금전적 이익의 수수와 관계없이 친분관계 및 기타 사유를 이유로 이해관계자로부터 회사 규정에 위배되거나 회사 이익에 반하는 부정한 청탁을 들어주어서는 아니 된다.
3. ㉢모든 직무를 정직하고 공정하게 수행하며 상급자는 직무 수행의 공정성을 저해하는 부당한 지시나 압력을 가해서는 아니 된다.
4. ㉣부서 간 우월주의를 배격하고 상호 간 책임과 역할을 인정하며 대등한 관계로서 신뢰를 바탕으로 화합한다.

제7조. 임직원 상호관계
1. 임직원 및 부서 상호 간에 존중하고 기본 예의를 지키며 파벌 조성 또는 차별적 행위를 하지 않는다.
2. ㉤시각적, 언어적, 육체적으로 상대방에게 불쾌감이나 굴욕감을 유발시킬 수 있는 일체의 성희롱 행위를 금한다.

---

① ㉠   ② ㉡   ③ ㉢   ④ ㉣   ⑤ ㉤

16 난이도 상중하

다음 사례에서 나타나는 덕목의 특징으로 적절하지 않은 것은?

　　1983년부터 시작된 리비아 대수로 공사에서 우리나라 D건설의 기술자들은 1단계 공사를 마무리하고 사막에 물을 흐르게 하는 기적의 강을 만들어 냈다. 이후 1990년에 다시 시작된 2단계 공사는 5%의 공정을 남겨두고 통수식을 앞두고 있었다. 그러나 회사의 최종 부도소식으로 리비아 정부는 더 이상 D건설에 공사를 맡길 수 없다고 판단하였고, 한국 정부에 위약금 총 13억 달러를 청구했다. 문제는 2단계 공사를 다른 업체로 교체할 경우 공사기간이 1년 정도 길어지며, 이미 완공한 1단계 공사의 하자보수 처리에도 문제가 생길 수 있다는 것이었다. 결국 고민 끝에 리비아 정부는 2단계 공사의 일부 구간인 24km에 119만 톤의 물을 긴급 공급할 것을 제안했지만, 파산한 회사가 단 10개월 만에 24km의 수로 공사를 한다는 것 자체가 무리였다. 그러나 리비아에 있던 우리나라 현지 기술팀은 해당 프로젝트는 마지막 기회라는 생각으로 반드시 마무리할 것을 약속했다. 해당 공사 구간은 리비아 현지인들도 두려워하는 사막의 험난한 산악지대였고, 공사 기간도 우기에 모래바람이 몰아치는 최악의 상황이었다. 여기에 사용한 지 20여 년이 지난 고장이 잦은 중장비 등으로 공사 기간을 맞춘다는 것은 불가능한 일이었다. 그러나 우리 기술진들은 밤낮을 가리지 않고 50도를 넘는 더위와 싸우며 노력한 끝에 목표했던 구간에 119만 톤의 물을 공급하는 데 성공했다.

① 성공을 이루게 하는 기본 조건이다.
② 현재의 고난을 극복할 수 있는 자원이 된다.
③ 과거의 고난을 극복한 경험을 통해 형성된다.
④ '최고보다 최선을 꿈꾸어라'라는 격언이 대표적이다.
⑤ 장기적이고 지속적인 행위 과정으로 인내를 요구한다.

17 난이도 상 중 하

다음은 정직과 관련한 조사의 결과 자료이다. 이를 토대로 교육을 위한 PPT 자료를 만들었다고 할 때, 다음 중 조사 결과 자료와 일치하지 않는 것은?

〈표〉 2024년 성인(직장인) 및 청소년 정직지수 결과

(단위: 점)

부문	청소년 정직지수				성인(직장인) 정직지수					GAP = (A) − (B)
	청소년 전체(A)	초등 학생	중학생	고등 학생	성인 전체(B)	19~ 29세	30대	40대	50대 이상	
정직지수	77.3	87.8	76.9	72.2	60.2	51.8	55.6	58.7	66.3	17.1
직장(학교)	73.7	88.2	73.5	66.0	54.7	45.1	50.1	52.4	61.4	19.0
사회	77.2	87.5	76.8	72.1	56.2	48.2	51.6	54.2	62.3	21.0
가정	75.2	87.6	74.9	68.6	49.5	46.0	49.7	46.4	52.5	25.7
친구	74.8	81.4	73.7	72.4	65.3	53.1	59.3	64.2	73.0	9.5
인터넷	85.8	94.1	85.4	81.6	75.6	66.4	67.4	76.4	82.3	10.2

※ 조사대상자는 전국의 성인 1,000명, 청소년 4,073명임.

① 2024년 대한민국 청소년 및 성인 정직지수
- 전국의 성인 직장인 1,000명 및 청소년 4,073명을 대상으로 조사 후 분석함.
- 조사 결과, 청소년보다 성인 정직지수가 상대적으로 낮게 나타남.
⇒ 청소년의 거울이라는 어른이 정작 윤리적인 측면에서 긍정적인 역할을 수행하지 못하고 오히려 부정적인 영향을 미치고 있음을 시사함.

② 2024년 대한민국 청소년 및 성인 정직지수
- 세부 부문별 정직지수 또한 청소년보다 성인이 모두 낮은 것으로 나타남.
- 친구 관계에서의 정직지수는 청소년보다 성인이 9.5점 낮고, 가정에서의 정직지수는 청소년보다 성인이 25.7점 낮은 것으로 나타남.

③ 2024년 대한민국 청소년 및 성인 정직지수
- 청소년의 경우 학력이 높아질수록 정직지수가 낮으며, 이는 각 세부 부문에서도 동일하게 나타남.
- 성인의 경우 연령대가 높아질수록 정직지수가 높으며, 이는 각 세부 부문에서도 동일하게 나타남.

④ 2024년 대한민국 청소년 및 성인 정직지수
- 청소년 중 초등학생의 경우에는 친구 관계에서의 정직지수가 가장 낮지만, 중학생과 고등학생의 경우에는 학교에서의 정직지수가 가장 낮은 것으로 나타남.
- 성인 중 19~29세의 경우에는 직장에서의 정직지수가 가장 낮지만, 나머지 연령대의 경우에는 가정에서의 정직지수가 가장 낮은 것으로 나타남.

⑤ 2024년 대한민국 청소년 및 성인 정직지수
- 청소년의 전 학력대와, 성인의 전 연령대 모두에서 인터넷에서의 정직지수가 가장 높은 것으로 나타남.
- 세부 부문별로 가장 높은 정직지수는 94.1점(초등학생, 인터넷), 가장 낮은 정직지수는 45.1점(19~29세, 직장)으로 나타남.

18 난이도 상 중 하

다음 글을 읽고 이해한 내용으로 가장 적절한 것은?

부패의 원인은 다양하나 그 원인을 크게 미시적인 분석과 거시적인 분석을 통해 파악할 수 있다. 미시적인 분석은 부패의 원인을 개인에게 귀속시킨다. 개인의 행동적 요인, 권위주의적 가치관에 의한 권력의 남용·악용 등으로 인해 부패가 발생한다고 본다. 이에 비해 거시적인 분석은 제도나 구조적 요인에서 부패의 원인을 찾는다. 제도가 마련되어 있지 않거나 결함이 있는 경우가 이에 해당한다. 이외에도 사회·문화적 특성까지 고려하면 부패의 원인은 매우 다양하다.

하지만 부패의 원인보다 더욱 문제 삼아야 할 것은 부패의 결과이다. 부패로 인해 사회적인 비용이 발생하기 때문이다. 예를 들어, A가 부패 행위를 했는데 그 행위를 B가 목격했다. B는 A에게 접근해 눈감아 주는 대신 대가를 지불하라고 요구했고, A는 이를 받아들여 결과적으로 A와 B 중 아무도 피해를 보지 않았다. 하지만 정말 그럴까? A와 B는 각자 어느 가족에 속해 있고, 어느 조직에 속해 있으며, 어느 사회에 속해 있기도 하다. A와 B가 부패 행위를 하면 A와 B가 속한 조직의 다른 구성원이 부패 행위에 대한 비용을 감당해야 한다. 따라서 사례의 A가 공무원이라면 그 비용을 국민이 세금으로 감당한 셈이 되는 것이다.

① 모든 부패가 반드시 제거되어야 할 대상은 아니다.
② 개인적이든, 조직적이든 부패는 사회 전체에 영향을 미친다.
③ 명백한 부패에 해당한다고 판단할 수 있는 명확한 기준이 필요하다.
④ 통제되지 않는 절대권력, 합리적이지 않은 제도적 장치가 부패를 유발한다.
⑤ 개인의 사리사욕을 충족시키기 위해 저지르는 부패 행위는 제도적으로 제한하는 게 쉽지 않다.

19 난이도 상 중 하

다음 중 성실에 대한 설명으로 적절하지 않은 것은?

| 서울교통공사 9호선 |

① 사전에서는 '정성스럽고 참됨'으로 풀이하고 있다.
② '최고보다 최선을 꿈꾸어라'라는 말로 그 중요성이 강조된다.
③ 정성스러움의 특징으로 인하여 다른 덕목들의 모태가 된다.
④ 사회구성원들이 힘을 합쳐 공동목표를 효율적으로 추구할 수 있게 하는 자본 중 하나로 부각되기도 한다.
⑤ 성실을 통해 갖추게 되는 항상성으로 인해 개인은 어떤 일을 할 때 자신의 정성을 다하게 된다.

20 난이도 상 중 하

다음 사례의 워너메이커가 중요하게 생각한 덕목으로 가장 적절한 것은?

> 가난한 가정에서 태어나 초등학교도 졸업하지 못했던 워너메이커는 어려서부터 가게 점원으로 일하며 돈을 벌었다. 그는 옷을 팔 때 손님에게 옷의 장단점을 사실대로 설명하였는데, 어느 날 우연히 이 모습을 보게 된 가게 주인은 워너메이커를 나무라며 그렇게 장사하면 많은 돈을 벌 수 없다고 충고하였다. 그러나 워너메이커는 자신의 방식대로 판매하면 손님들이 가게를 다시 찾게될 것이라고 주인을 설득하였다. 주인은 워너메이커의 말을 믿기로 하고 그의 행동에 더 이상 간섭하지 않았다. 워너메이커의 말처럼 가게는 점점 손님들로 붐볐고, 훗날 가게 주인은 세상을 떠나면서 워너메이커에게 가게를 물려주었다. 워너메이커는 물려받은 의류점을 운영할 때도 상품에 가격을 표시하는 '정가 판매제'를 도입하고 품질표시를 하였으며, 소비자가 원하면 언제든 반품과 교환을 가능하게 하는 파격적인 서비스를 시행했다. 그 결과 워너메이커가 운영했던 가게는 점점 번창했고, 그는 미국 최초로 뉴욕에 백화점을 세우며 미국 10대 재벌에 이름을 올렸다.

① 근면 ② 정직 ③ 성실
④ 책임감 ⑤ 봉사정신

21 난이도 상중하

다음 개인정보보호법에 관한 자료를 보고 A공사 직원들이 다음 〈보기〉와 같이 대화를 나누었다. 이들 중 적절하지 않은 발언을 한 사람은?

> 제00조(의견제시 및 개선권고) ① 개인정보보호위원회(이하 "보호위원회"라 한다)는 개인정보보호에 영향을 미치는 내용이 포함된 법령이나 조례에 대하여 필요하다고 인정하면 심의·의결을 거쳐 관계 기관에 의견을 제시할 수 있다.
> ② 보호위원회는 개인정보보호를 위하여 필요하다고 인정하면 개인정보처리자에게 개인정보처리 실태의 개선을 권고할 수 있다. 이 경우 권고를 받은 개인정보처리자는 이를 이행하기 위하여 성실하게 노력하여야 하며, 그 조치 결과를 보호위원회에 알려야 한다.
> ③ 관계 중앙행정기관의 장은 개인정보보호를 위하여 필요하다고 인정하면 소관 법률에 따라 개인정보처리자에게 개인정보처리 실태의 개선을 권고할 수 있다. 이 경우 권고를 받은 개인정보처리자는 이를 이행하기 위하여 성실하게 노력하여야 하며, 그 조치 결과를 관계 중앙행정기관의 장에게 알려야 한다.
> ④ 중앙행정기관, 지방자치단체, 국회, 법원, 헌법재판소, 중앙선거관리위원회는 그 소속 기관 및 소관 공공기관에 대하여 개인정보보호에 관한 의견을 제시하거나 지도·점검을 할 수 있다.
> 제00조(침해 사실의 신고 등) ① 개인정보처리자가 개인정보를 처리할 때 개인정보에 관한 권리 또는 이익을 침해받은 사람은 보호위원회에 그 침해 사실을 신고할 수 있다.
> ② 보호위원회는 제1항에 따른 신고의 접수·처리 등에 관한 업무를 효율적으로 수행하기 위하여 전문기관을 지정할 수 있다. 이 경우 전문기관은 개인정보침해 신고센터(이하 "신고센터"라 한다)를 설치·운영하여야 한다.
> ③ 신고센터는 다음 각 호의 업무를 수행한다.
>   1. 개인정보처리와 관련한 신고의 접수·상담
>   2. 사실의 조사·확인 및 관계자의 의견 청취
>   3. 제1호 및 제2호에 따른 업무에 딸린 업무
> ④ 보호위원회는 제3항 제2호의 사실 조사·확인 등의 업무를 효율적으로 하기 위하여 필요하면 소속 공무원을 제2항에 따른 전문기관에 파견할 수 있다.

/ 보기 /

길사원
> 법원은 소관 공공기관에 대하여 개인정보보호에 관한 의견을 제시할 수 있어요.

조사원
> 보호위원회로부터 개인정보처리 실태의 개선 권고를 받은 개인정보처리자는 그 조치 결과를 보호위원회에 알려야 합니다.

황사원
> 보호위원회는 개인정보보호에 영향을 미치는 조례에 대해 필요할 경우 심의·의결을 거쳐 관계 기관에 의견을 제시할 수 있어요.

송사원
> 보호위원회는 신고센터에서 수행하는 사실 조사 업무를 효율적으로 하기 위해 필요할 경우 소속 공무원을 전문기관에 파견할 수 있어요.

채사원
> 보호위원회는 개인정보에 관한 권리를 침해받은 사람의 신고 접수 및 처리 업무를 효율적으로 수행하기 위해 신고센터를 설치해야 해요.

① 길사원 ② 조사원 ③ 황사원 ④ 송사원 ⑤ 채사원

22 난이도 상 중 하

다음 글에서 설명하는 경영 방법을 실천하는 기업의 사례로 적절한 것만을 〈보기〉에서 모두 고르면?

> 윤리경영이란 회사 경영 및 기업 활동에서 기업윤리를 최우선 가치로 생각하며, 투명하고 공정하며 합리적인 업무 수행을 추구하는 경영 정신을 말한다. 즉, 경영과 관련된 결정을 내릴 때 높은 이윤의 추구와 윤리를 지켜야 하는 경우가 상충할 경우, 이윤을 포기하더라도 윤리를 지키는 경영 방식이다. 이는 기업의 목적은 이익의 극대화이지만, 기업의 사회적 책임도 이윤 추구 못지않게 중요하다는 의식과, 기업의 경영 성과가 좋더라도 기업윤리 의식에 대한 사회적 신뢰를 잃으면 장기적으로 기업에 막대한 손해가 될 수밖에 없다는 현실적인 요구를 바탕으로 한다. 우리나라에서는 1997년 외환위기를 거치면서 윤리경영이 기업과 경영학자들 사이에서 본격적으로 강조되었다. 국제적으로는 국제표준화기구(ISO) 산하 소비자정책위원회가 '기업의 사회적 책임(CSR, Corporate Social Responsibility)'에 관한 표준안 작업을 승인하여 윤리경영을 품질 인증 및 환경보호 인증과 같은 범주에 포함하려 하고 있다.

/ 보기 /

㉠ A기업은 매년 기업 매출의 일부를 불우 이웃 돕기 성금으로 기부하고 있다.
㉡ B기업의 임직원들은 분기마다 중국, 베트남, 인도 등지에서 해외 교육 봉사 활동을 하고 있다.
㉢ C기업은 기업의 사회적 책임을 강조하는 '유앤 글로벌 콤팩트'의 인정을 받아 이사회 멤버로 활동하고 있다.
㉣ D기업은 회계정보의 작성과 공시를 위한 회계통제 시스템을 구축하고 있다.

① ㉠, ㉡
② ㉢, ㉣
③ ㉠, ㉢, ㉣
④ ㉡, ㉢, ㉣
⑤ ㉠, ㉡, ㉢, ㉣

23 난이도 상중하

다음은 근로윤리와 관련한 어떤 덕목을 확인할 수 있는 자료이다. 이 덕목에 대한 설명으로 적절한 것만을 〈보기〉에서 모두 고르면?

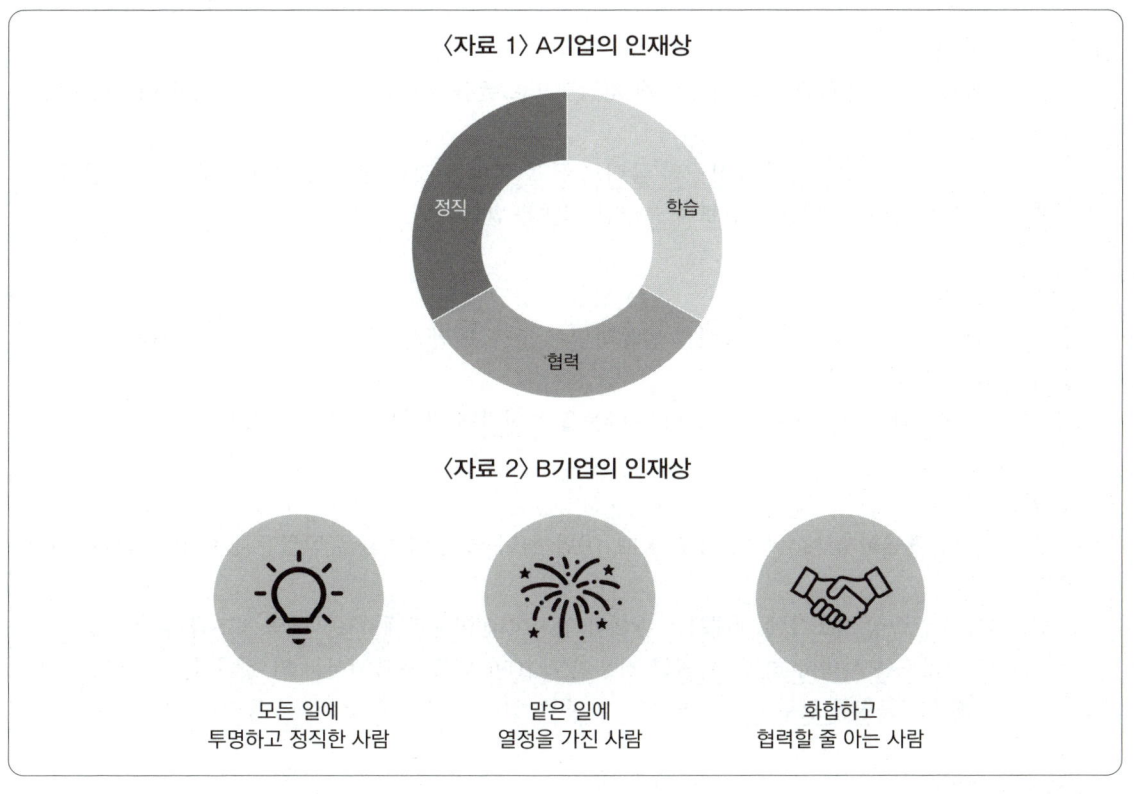

/ 보기 /
㉠ 유교의 전통적 가치는 이 덕목의 의미 이해와 이 덕목에 따른 행동 선택 사이의 괴리감을 완화시킨다.
㉡ 최근 우리 사회에서 흔히 일어나고 있는 부정부패의 문제는 곧 이 덕목의 문제라고 볼 수 있다.
㉢ 사회시스템 운영에 필요한 요소를 형성 및 유지하는 데 필요한 기본적이고 필수적인 규범이다.
㉣ 이 덕목은 개인이 자신의 생각이 진리와 부합하도록 노력하게 만들고, 자신의 생각을 그대로 말로 표현하며, 이를 일상생활에서 행동으로 실천하도록 이끈다.

① ㉠, ㉡ ② ㉠, ㉢ ③ ㉡, ㉢
④ ㉡, ㉣ ⑤ ㉢, ㉣

24 난이도 상중하

○○공사 윤리경영팀에 근무하는 귀하는 임직원 윤리강령과 관련된 직원들의 질문에 대해 다음과 같이 답변을 작성하였다. 밑줄 친 ㉠~㉤ 중 답변 내용으로 적절하지 않은 것은?

[이해관계 상충]
- 질문: 거래회사를 운영하고 있는 친구에게 개인적으로 돈을 빌리는 경우도 윤리강령에 어긋나는 것인가요?
- 답변: ㉠개인적으로 친구에게 정상적인 금리로 돈을 빌리는 것은 상관없습니다. 또한 친구 관계가 문제 되는 것이 아니라, '다른 사람보다 특별한 혜택을 받느냐'가 문제입니다.

[선물]
- 질문: 해외 담당 거래처 직원이 당사를 방문하면서 한화 12만 원 상당의 양주 1병을 선물로 가져왔습니다. 받아도 되는지요?
- 답변: ㉡담당 거래처의 선물이므로 고마운 마음을 표현하면 받아도 상관없습니다.

[경조금]
- 질문: 직무와 관련한 업체로부터 경조사 때 10만 원이 넘는 경조금을 받았는데 어떻게 해야 하나요?
- 답변: ㉢사회 관습상 경조사에 대해서는 관대한 입장이나 이해관계자로부터의 경조금 수수는 5만 원을 초과하지 않도록 하여야 하며, 특별한 경우라도 10만 원을 초과해서는 안 됩니다. 10만 원을 초과하는 경조금은 공정한 업무 수행에 영향을 미칠 수 있다고 판단되므로 즉시 돌려주어야 합니다.

[이해관계 상충]
- 질문: 거래처 직원들과 골프를 치고 비용은 각자가 부담한 경우 윤리강령에 위반되는지요?
- 답변: ㉣각자 부담으로 거래처 직원과 골프를 치는 것은 무방하다고 할 수 있으나, 향후 업무 수행에 영향을 받을 수도 있으므로 자제하는 것이 바람직합니다.

[건전한 사회생활]
- 질문: 회사 동료가 부업으로 외판 사업을 하는 저의 처가 동료들을 소개해 달라고 하는데 어떻게 할까요?
- 답변: ㉤일과 후에는 부부가 함께 회사 동료든 누구든 소개하고 만날 수 있겠지만, 회사 내에서는 가입 권유, 상품 소개 등 부업 활동을 해서는 안 됩니다.

① ㉠   ② ㉡   ③ ㉢   ④ ㉣   ⑤ ㉤

25 난이도 상 중 하

다음 중 제조물책임(Product Liability)에 대한 설명으로 적절하지 않은 것은?

① 제조업자의 배상책임을 배제하거나 제한하는 특별한 약정은 무효로 한다.
② 제조물책임법에 따르면 동일한 손해에 대하여 배상할 책임이 있는 자가 두 명 이상일 경우, 민법상 불법행위와 같이 연대 책임을 진다.
③ 제조물을 유통시킨 때로부터 10년 내에만 손해 배상 청구가 가능하다.
④ 제조물책임으로 기업은 더욱 엄격한 안전기준을 채택하고, 발생 가능한 모든 가능성을 점검해야 하므로 신제품의 개발도 빠르게 진행될 수 있다.
⑤ 제조물책임법의 시행으로 인해 늘어난 소비자 클레임에 대한 대응이 소홀할 경우, 소비자를 제대로 보호하지 않는 기업으로 기업 이미지가 손상될 수 있다.

26 난이도 상 중 하

다음 중 직장에서 명함을 주고받을 때의 예절로 적절하지 않은 것은? | 한국중소벤처기업유통원 |

① 명함을 건넬 때는 일어서서 정중하게 인사한 뒤 회사명과 이름을 밝힌다.
② 명함을 건넬 때는 오른손으로 받치고 왼손으로 건네면서 자신의 이름이 상대방을 향하도록 한다.
③ 받은 명함은 바로 명함지갑에 집어넣지 말고 테이블 또는 명함지갑 위에 올려둔 뒤 대화 시에 참고한다.
④ 손아랫사람이 손윗사람에게 명함을 먼저 건넨다.
⑤ 상사와 함께하는 자리에서는 상사가 상대방에게 명함을 먼저 건넨 뒤에 건넨다.

27 난이도 상 중 하

○○공사의 직원들이 직장예절에 대해 다음 〈보기〉와 같이 대화를 나누었을 때, 이들 중 적절하지 않은 발언을 한 사람은?

| 광주광역시북구시설관리공단 |

/ 보기 /

임사원: 인사는 가장 기본이 되는 예절이므로, 인사를 할 때는 정성과 감사하는 마음을 지니고, 예의 바르고 정중한 태도를 갖추어야 하며, 진실을 담은 자세를 보여야 해요.

전사원: 서양인 바이어를 만나서 악수를 할 때는 오른손으로 해야 하며, 우리나라 바이어를 만날 때와 다르게 허리를 세우고 해야 해요.

조사원: 출근해서 퇴근할 때까지 직장에서의 상황에서 요구되는 모든 기본 직장예절은 개인에 대한 호감은 물론, 성과에까지 영향을 미치고 있어요.

하사원: 비즈니스 도구로 활용되는 이메일이나 SNS는 사람의 표정이나 음성이 빠져있으므로 읽는 사람이 모두 동일한 해석을 하게 된다는 장점이 있어요.

길사원: 에티켓은 형식적 측면, 매너는 방법적 성격이 강하므로, 에티켓은 '있다, 없다'로 표현하고, 매너는 '좋다, 나쁘다'로 표현하게 돼요.

① 임사원　　② 전사원　　③ 조사원　　④ 하사원　　⑤ 길사원

28 난이도 상 중 하

다음은 공동체윤리의 어떤 개념과 관련한 설문조사 결과이다. 이 개념에 대한 설명으로 적절하지 않은 것은?

〈자료 1〉 근로기준법이 잘 지켜지고 있다고 생각하십니까?

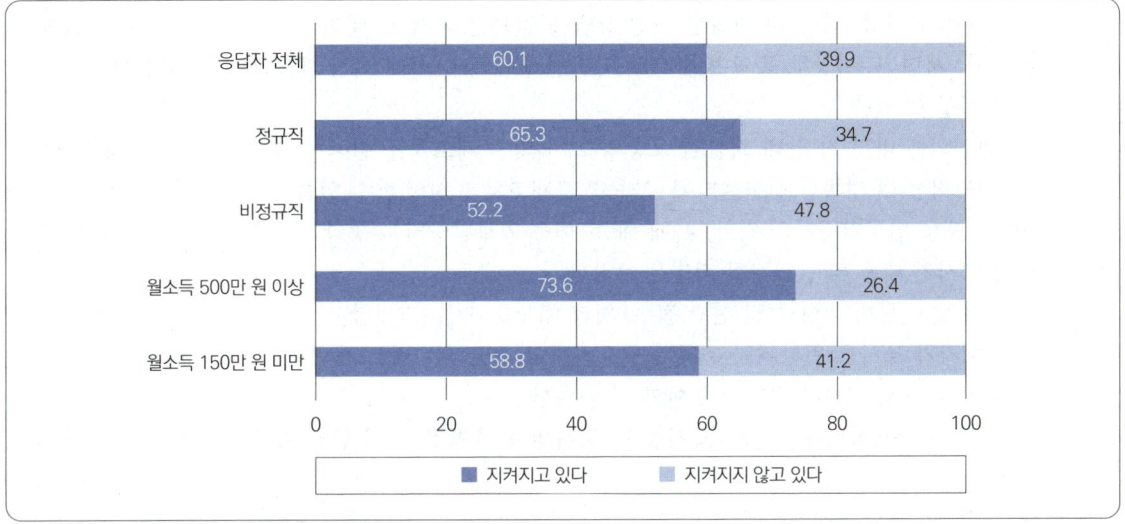

〈자료 2〉 청탁금지법이 잘 지켜지고 있다고 생각하십니까?

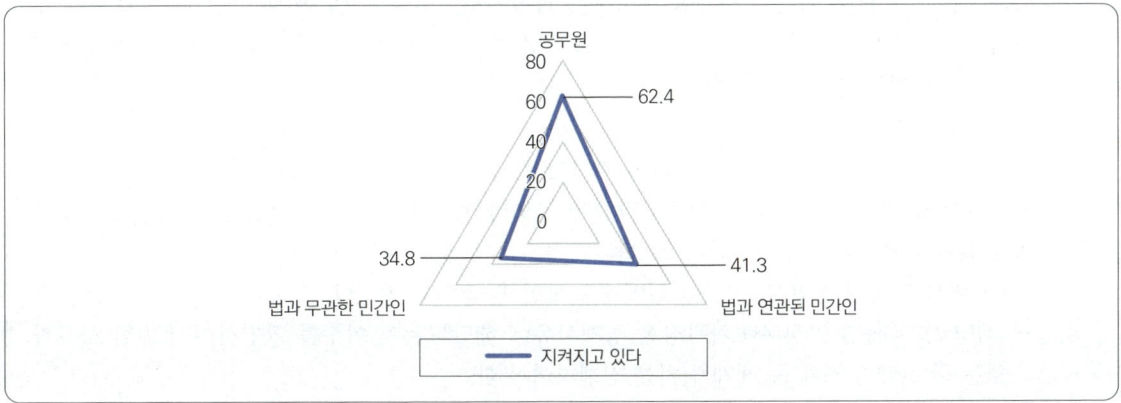

① 민주 시민으로서 지켜야 하는 기본 의무이며 생활 자세를 의미한다.
② 일반적으로 이 개념에 대한 타인의 수준이 본인보다 낮다고 생각한다.
③ 시민으로서의 권리를 보장받고, 다른 사람의 권리를 보호해주며 사회 질서를 유지하는 역할을 한다.
④ 이 개념과 관련한 조사연구에 따르면 이 개념에 대한 우리 사회의 정도는 시간이 지남에 따라 지속적으로 감소하는 경향을 보인다.
⑤ 이 개념과 관련하여 선진국들과 경쟁하려면 개개인의 의식 변화와 함께 체계적 접근과 단계별 실행을 통한 제도 및 시스템 확립이 필요하다.

29 난이도 상 중 하

다음은 ○○공사의 직장 내 괴롭힘 사건처리 매뉴얼에 관한 자료이다. 이를 토대로 할 때, 〈상황〉의 각 사례에 맞는 담당자의 대응으로 적절한 것만을 〈보기〉에서 모두 고르면?

| 경기문화재단 |

- □ 상담 및 신고 처리 신청
  - ○ (상담·조사 신청) 직장 내 괴롭힘 관련 상담을 원하는 피해자, 대리인, 목격자 등 누구나 전화, 온라인, 서면 또는 방문 등의 방법으로 시민인권보호관, 사내 직장 내 괴롭힘 신고센터에 상담을 신청할 수 있음.
    - 상담 외에 바로 직장 내 괴롭힘 고충의 조사 및 구제조치를 원하는 피해자 또는 그 대리인은 사내 직장 내 괴롭힘 신고센터에 조사 및 구제조치를 신청할 수 있음.
  - ○ (예방·대응 업무담당자의 역할) 사내 예방·대응 업무담당자는 상담 신청자의 의사를 최대한 존중하고 사건 내용 및 인적사항 비밀을 보장함.
    - 직장 내 괴롭힘의 상담 및 신고 접수·처리 대장을 작성·관리함.
    - 피해자가 조사를 원하거나 조사가 필요하다고 판단되는 경우 시민인권보호관에 조사를 의뢰하여야 하며, 그 사실을 신청인에게 알려야 함.
  - ○ (조례에 따른 처리) 조사 기간, 조사중단, 조사의 종결 등은 「A시 인권 기본 조례 및 시행규칙」에 따름.
- □ 조사 및 결과보고서 작성
  - ○ (조사 개시) 직장 내 괴롭힘 사건 조사는 인권담당관에 접수된 날부터 시민인권보호관이 조사함.
  - ○ (조사 중지) 직장 내 괴롭힘 사건을 조사하는 과정에서 ⅰ) 피신고인에 대한 징계(감찰) 또는 수사절차가 개시된 경우, ⅱ) 신고인이 신고를 취소하거나 더 이상 조사절차의 진행을 원하지 아니하는 경우에는 조사를 중지함.
- □ 사건종결 및 사후 조치
  - ○ (결과 보고 및 종결) 시민인권보호관이 조사한 결과를 토대로 시민인권구제위원회가 결정하며 권고사항 등 결정문을 작성 후 인권담당관에 통보하면, 인권담당관이 사건당사자 및 각 조치부서에 결과를 통지함으로써 사건은 종결됨.
    - (직장 내 괴롭힘 불인정 시) 신고인에게 통보한 후 조사를 종결함.
    - (직장 내 괴롭힘 인정 시) 기관장은 징계사유에 해당되는지 여부를 확인하여 특별한 사유가 없는 한 가해자 징계 등 제재 절차를 진행하여야 함.
  - ○ (기관장의 사후 조치)
    - 직장 내 괴롭힘의 재발 방지를 위하여 필요한 경우 당사자의 부서전환 등의 조치를 하여야 함.
    - 피해자가 원할 경우 원하는 시점에 심리치유 및 상담을 제공해야 함.
    - 피해자 대상 2차 가해 등을 6개월마다 최소 2년(필요 시 연장) 관리하여야 함.
    - 피해자가 2차 피해 발생 및 불공정 처리 호소 시 피해자의 의사를 물어 법률지원(변호사에 의한 소송대리 등)을 제공하여야 함.
  - ○ (가해자에 대한 조치)
    - 직장 내 괴롭힘에 해당 시 가해자는 의무교육을 이수하여야 함.
    - 기관장은 직장 내 괴롭힘 가해자에게 징계, 교육 등 시정지시를 하였음에도 불구하고 가해자가 이를 불이행하였을 때에는 다시 징계할 수 있음.

/ 상황 /
- 사례 1: 직장 상사로부터 지속적으로 폭언, 욕설 등을 들어온 A씨는 사내 직장 내 괴롭힘 신고센터를 방문하여 상담 없이 조사 및 구제조치를 신청하였다.
- 사례 2: 지나친 회식 강요를 받아 직장 내 괴롭힘 신고를 한 B씨의 사건 조사를 맡은 시민인권보호관은 조사 도중 B씨의 직장에서 피신고인에 대해 징계를 내렸다는 사실을 알게 되었다.
- 사례 3: 사내 메신저를 통한 협박, 지나친 업무 감시 등으로 직장 내 괴롭힘 신고를 한 C씨의 사건 조사 결과, 해당 사건은 직장 내 괴롭힘으로 인정되었다.

/ 보기 /
㉠ 사례 1: 예방·대응 업무담당자 – 시민인권구제위원회에 조사 의뢰
㉡ 사례 1: 시민인권보호관 – 인권담당관에 접수된 날부터 직장 내 괴롭힘 사건 조사 개시
㉢ 사례 2: 시민인권보호관 – 직장 내 괴롭힘 사건 조사 중지
㉣ 사례 2: 시민인권구제위원회 – 사건당사자 및 각 조치부서에 결과 통지
㉤ 사례 3: ○○공사 사장 – 징계사유에 해당 시 가해자 징계 절차 진행
㉥ 사례 3: ○○공사 사장 – 직장 내 괴롭힘으로 인정된 즉시 피해자에게 심리치유 및 상담 제공

① ㉠, ㉡, ㉤　　② ㉠, ㉣, ㉥　　③ ㉡, ㉢, ㉤
④ ㉡, ㉢, ㉥　　⑤ ㉢, ㉣, ㉤

30

귀하는 신입사원 교육에서 직장 내 인사와 소개 예절에 대한 교육을 담당하고 있다. 교육 중 귀하의 질문에 대한 신입사원들의 답변이 다음과 같을 때, ㉠~㉦ 중 답변 내용이 적절하지 않은 것만을 모두 고르면?

| 수원문화재단 |

- 질문: "인사와 소개 예절에 대해 아는 대로 말해보세요."
- 답변
  ㉠ "악수는 오른손으로 합니다."
  ㉡ "자신을 소개할 때는 반드시 성과 이름을 함께 소개해야 합니다."
  ㉢ "악수는 손을 살살 잡고 해야 합니다."
  ㉣ "손님이 왔을 때 먼저 일어나서 악수를 청합니다."
  ㉤ "악수는 손을 잡았다가 바로 떼는 것이 좋습니다."
  ㉥ "연장자를 나이가 어린 사람에게 먼저 소개해야 합니다."
  ㉦ "소개할 때 각자의 관심사와 최근 성과에 대해 간단히 언급하는 것도 좋습니다."

① ㉠, ㉡
② ㉠, ㉢, ㉣
③ ㉡, ㉣, ㉤
④ ㉢, ㉤, ㉥
⑤ ㉢, ㉥, ㉦

31

다음은 직장 내 전화예절에 대한 교육을 들은 신입사원이 정리한 내용이다. ㉠~㉤ 중 적절하지 않은 것만을 모두 고르면?

| 한국중소벤처기업유통원 |

〈직장 내 전화예절〉

㉠ 전화를 걸기 전 상대방의 전화번호, 소속, 직급, 성명 등을 확인한다.
㉡ 전화를 받을 때는 전화벨이 5~6번 울리기 전에 받는다.
㉢ 전화를 걸었으나 담당자가 없을 땐 전화번호를 남긴다.
㉣ 전화를 받았으나 용건에 즉답하기 어려우면 양해를 구한 뒤 회신 가능한 시간을 약속한다.
㉤ 전화를 받았으나 통화 담당자가 없으면 자리를 비운 이유를 간단히 설명하고 통화 가능할 때까지 대기를 요청한다.

① ㉠, ㉣
② ㉡, ㉤
③ ㉢, ㉣
④ ㉢, ㉤
⑤ ㉡, ㉢, ㉣

32 난이도 상 중 하

다음은 A사 사내 익명 게시판에 올라온 게시글일 때, 빈칸 A에 들어갈 내용으로 적절한 것만을 〈보기〉에서 모두 고르면?

| 영등포구시설관리공단 |

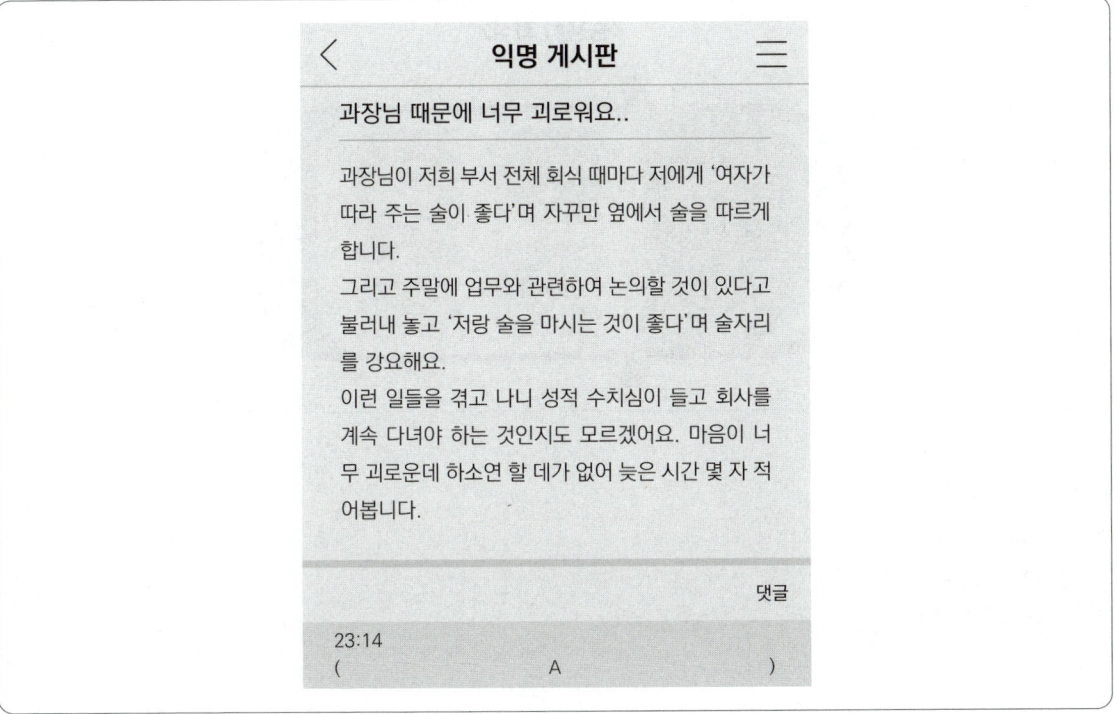

/ 보기 /
㉠ 과장님의 행위들 모두 직장 내 성희롱에 해당합니다.
㉡ 과장님을 상대로 민사상 손해배상 청구를 해야 합니다.
㉢ 과장님의 행위들에 대해 회사는 인사조치나 징계조치를 해야 합니다.
㉣ 법률에서는 가해자가 의도적으로 성희롱을 했는가를 중요하게 생각합니다.

① ㉠, ㉢　　　　　② ㉠, ㉣　　　　　③ ㉡, ㉣
④ ㉠, ㉡, ㉢　　　⑤ ㉡, ㉢, ㉣

33

다음 승용차 좌석에서 운전기사가 있는 경우의 상석 순위를 순서대로 바르게 나열한 것은?

| 경기문화재단, 인천도시공사 |

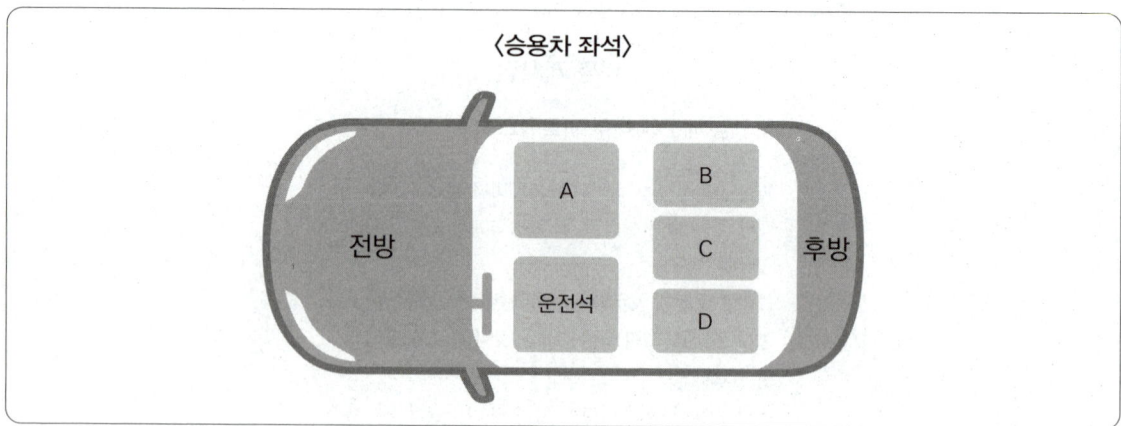

① A – B – C – D
② A – B – D – C
③ B – A – D – C
④ B – D – A – C
⑤ B – D – C – A

34 난이도 상중하

다음 뉴스 인터뷰를 통해 알 수 있는 공동체윤리의 덕목에 대한 설명으로 적절한 것만을 〈보기〉에서 모두 고르면?

| 인천도시공사 |

> A앵커: "나날이 기온이 떨어지고 있는 요즘, 추운 겨울을 어떻게 나야 하나 걱정하는 분들이 많은데요. 연탄으로 난방을 하고 있는 이웃들이 따뜻한 겨울나기를 할 수 있도록 온정을 나누는 사람들이 있습니다. 사랑의 연탄 나눔 현장을 B기자가 다녀왔습니다."
>
> B기자: "○○시의 마지막 달동네 △△마을에 사람들의 온정 가득한 발길이 모였습니다. 사람들은 연탄 지게를 지고 골목길을 오르기 시작합니다. 각자의 얼굴에는 땀방울이 맺히고, 오르막길을 오르는 일도 쉽지 않지만, 주변 이웃들에게 따뜻한 겨울을 선사한다는 생각에 모두의 얼굴에는 웃음기가 가득합니다."
>
> C(학생) 인터뷰: "어르신들께 조금이나마 따뜻함을 선물할 수 있어서 기쁜 마음으로 이번 행사에 참여하게 되었습니다. 땀도 많이 나고 힘도 들지만, 기쁜 마음으로 연탄을 나르고 있어요. 어르신들께서 이번 겨울을 따뜻하게 나시면 좋을 것 같습니다."
>
> D(직장인) 인터뷰: "제 작은 힘을 보태는 것이 누군가에게 따뜻한 겨울을 선사할 수 있다는 것은 참 보람된 일인 것 같습니다. 작년부터 참여하고 있는데, 내년에도 참여할 생각입니다."
>
> E(마을 주민) 인터뷰: "이렇게 많은 분들이 우리 마을 사람들을 위해 십시일반 도움을 주니 감사할 따름입니다."
>
> B기자: "오늘 연탄 나눔에 참여한 사람들은 150여 명, 이들은 6,000장의 연탄을 가구당 200장씩 30가구에 전달했습니다."
>
> F(학생) 인터뷰: "이번에 처음 참여를 해봤는데, 좋은 경험이 된 것 같아요. 앞으로도 계속 할 것 같습니다."
>
> B기자: "사람들의 온기를 담은 연탄들이 △△마을 사람들의 따뜻한 겨울나기에 도움이 되기를 기대합니다. □□ 뉴스 B기자입니다."

/ 보기 /

㉠ 일 경험을 통해 타인과 공동체에 대해 봉사하는 정신을 갖추고 실천하는 태도이다.
㉡ 시대가 지남에 따라 이 덕목의 의미는 점점 더 확장되었다.
㉢ 사회나 남을 위해 자신을 돌보지 않고 힘을 바쳐 애쓴다는 사전적 의미를 가지고 있다.
㉣ 고객의 가치를 최우선으로 하는 고객 서비스 개념으로도 이 덕목을 설명할 수 있다.

① ㉠, ㉡　　② ㉠, ㉢　　③ ㉡, ㉢
④ ㉡, ㉣　　⑤ ㉠, ㉢, ㉣

35 난이도 상 중 하

다음 중 준법과 준법의식에 대한 설명으로 적절하지 않은 것은?

① 우리나라는 민주주의와 시장경제를 지향하고 있으며, 그것이 정착될 사회적, 정신적 토대도 충분히 구축되어 있다.
② 준법이란 민주 시민이 지켜야 하는 기본 의무이며 생활 자세이나, 경우에 따라서 준법이 어려울 때도 있다.
③ 선진국들과의 경쟁을 위해서는 개개인의 준법의식 변화는 물론 제도 및 시스템 확립이 필요하다.
④ 민주 사회에서 준법은 시민으로서의 나의 권리를 보장받고, 또 다른 사람의 권리도 보호해 주는 수단이다.
⑤ 민주주의와 시장경제는 시민들에게 많은 자유와 권리를 부여하는 동시에 규율의 준수와 그에 따른 책임도 요구한다.

36 난이도 상 중 하

다음 글에 제시된 소개 예절과 부합하는 사례만을 〈보기〉에서 모두 고르면? | 경기문화재단 |

> 소개를 할 때는 직장 내에서의 서열과 나이를 고려해야 한다. 소개는 보통 타당성 있는 순서에 의하며, 직장 내에서의 서열과 직위를 고려한 소개의 순서는 나이 어린 사람을 연장자에게, 내가 속해 있는 회사의 관계자를 타 회사의 관계자에게, 동료를 고객에게 먼저 소개한다.

/ 보기 /
㉠ A사에 근무하는 김주임(31세)이 옆 부서 박과장(46세)에게 자기 부서의 고사원(29세)을 먼저 소개하는 경우
㉡ B사에 근무하는 장과장(34세)이 신과장(34세)에게 양과장(45세)을 먼저 소개하는 경우
㉢ C사에 근무하는 윤대리(36세)가 후임 권주임(35세)에게 거래처 안과장(35세)을 먼저 소개하는 경우
㉣ D사에 근무하는 송주임(29세)이 같은 부서 조대리(31세)에게 고객(31세)을 먼저 소개하는 경우
㉤ E사에 근무하는 남차장(40세)이 후임 주대리(31세)를 거래처 진사원(33세)에게 먼저 소개하는 경우
㉥ F사에 근무하는 나주임(30세)이 동료 엄주임(31세)을 고객(35세)에게 먼저 소개하는 경우
㉦ G사에 근무하는 방부장(52세)이 갑 부서 오부장(52세)을 을 부서 석부장(53세)에게 먼저 소개하는 경우

① ㉠, ㉡, ㉤, ㉥
② ㉠, ㉢, ㉣, ㉦
③ ㉠, ㉤, ㉥, ㉦
④ ㉡, ㉢, ㉣, ㉤
⑤ ㉡, ㉣, ㉥, ㉦

37 난이도 상 중 하

다음 중 직장 내 이메일 예절로 적절하지 않은 것은?

① 서두에 소속과 이름을 밝혀야 한다.
② 메시지는 구체적으로 작성해야 한다.
③ 업무 성격에 맞는 형식을 갖춰서 작성해야 한다.
④ 메일 제목은 간결하면서 핵심을 알 수 있도록 작성한다.
⑤ 수신자가 메일을 빨리 읽고 제대로 응답할 수 있도록 작성해야 한다.

38 난이도 상 중 하

다음은 근로기준법의 '직장 내 괴롭힘 금지'에 대한 조문 일부이다. 빈칸에 공통으로 들어갈 용어로 가장 적절한 것은?

> 제76조의3(직장 내 괴롭힘 발생 시 조치) ① 누구든지 직장 내 괴롭힘 발생 사실을 알게 된 경우 그 사실을 (　　　)에게 신고할 수 있다.
> ② (　　　)은/는 제1항에 따른 신고를 접수하거나 직장 내 괴롭힘 발생 사실을 인지한 경우에는 지체 없이 당사자 등을 대상으로 그 사실 확인을 위하여 객관적으로 조사를 실시하여야 한다.
> ③ (　　　)은/는 제2항에 따른 조사 기간 동안 직장 내 괴롭힘과 관련하여 피해를 입은 근로자 또는 피해를 입었다고 주장하는 근로자(이하 "피해근로자 등"이라 한다)를 보호하기 위하여 필요한 경우 해당 피해근로자 등에 대하여 근무 장소의 변경, 유급휴가 명령 등 적절한 조치를 하여야 한다. 이 경우 (　　　)은/는 피해근로자 등의 의사에 반하는 조치를 하여서는 아니 된다.
> ④ (　　　)은/는 제2항에 따른 조사 결과 직장 내 괴롭힘 발생 사실이 확인된 때에는 피해근로자가 요청하면 근무 장소의 변경, 배치 전환, 유급휴가 명령 등 적절한 조치를 하여야 한다.

① 고용노동부　　② 중앙노동위원회　　③ 사용자
④ 노동조합　　　⑤ 국가인권위원회

39

다음 글을 읽고 밑줄 친 ㉠을 이해한 내용으로 적절하지 않은 것은?

> 조직행위론 분야의 대가인 D. Katz는 '공식적으로 주어진 업무에만 충실한 구성원들로 이루어진 조직은 쉽게 붕괴될 것'이라고 말한 바 있다. 이는 구성원들이 비록 자신의 명시화된 업무가 아니라 할지라도, 필요시 조직에 도움이 되는 행동을 적극 수행할 수 있어야 한다는 뜻이다.
>
> 즉, 각 구성원들이 '내게 맡겨진 일만 하면 될 뿐'이라는 인식을 넘어 한 조직의 구성원으로서 강력한 주인의식과 사명감을 바탕으로 조직 발전을 위해 보다 다양한 노력을 기울일 수 있어야 하는 것이다. 이렇듯 ㉠구성원들에게는 공식적인 담당 업무도 아니고 적절한 보상도 없지만, 자신이 속한 조직의 발전을 위해 자발적으로 수행하는 행동이 요구된다.

① "업무 처리가 늦어지는 동료의 일을 함께 처리하거나, 새로 입사한 사원이 조직에 빨리 적응할 수 있도록 도와주는 행동을 말하는 것 같아!"

② "나는 업무 중 필요 이상의 휴식 시간을 취하지 않는 것과 회사의 비품을 개인 소유처럼 아껴 쓰는 것도 이러한 행동에 포함된다고 생각해!"

③ "자신의 업무나 개인적 사정과 관련하여 다른 구성원들에게 갑작스럽게 당황스러운 일이 발생하지 않도록 미리 조치를 취하는 것도 중요한 것 같아!"

④ "나는 조직 발전에 도움이 될 만한 내용들은 항상 메모해 두고, 필요할 때마다 개선안을 제안하고 있었어. 이와 같은 변화 주도적 활동도 제시된 행동에 포함되는 것 같아!"

⑤ "나는 동료들과 일할 때 불만 사항이 생기면 참지 않고 당사자에게 직접 가서 어떤 부분이 문제인지 이야기하고 어떤 부분을 고쳐야 하는지 지적하곤 해!"

40 난이도 상 중 하

다음 〈보기〉 중 직장 내 성희롱에 해당하는 것만을 모두 고르면? | 한국건강가정진흥원 |

/ 보기 /
- ㉠ 매일 아침에 남자 부장이 특정 여사원에게 반말로 커피 심부름을 시킨 경우
- ㉡ 거부 의사를 밝혔음에도 거래처 관계자가 연락처를 알아내 지속적으로 음란 문자를 보내는 경우
- ㉢ 상사가 친밀감을 나타내려는 의도로 말한 야한 농담에 불쾌함을 느낀 경우
- ㉣ 옆자리에 앉은 동료가 음란한 사진을 게시하여 이에 대한 혐오감으로 업무에 집중할 수 없는 경우
- ㉤ 출장 중 차 안에서 남자 후배의 신체적인 접촉 행위로 불쾌감을 느낀 경우

① ㉠, ㉤
② ㉠, ㉡, ㉢
③ ㉠, ㉡, ㉣
④ ㉡, ㉢, ㉣
⑤ ㉢, ㉣, ㉤

01

다음 중 윤리적 리더의 역할로 적절하지 않은 것은?

① 윤리적인 행동을 통해 구성원에게 긍정적인 모델이 되어야 한다.
② 윤리 기준을 만들고 구성원에게 널리 알려 윤리적 모호성을 최소화해야 한다.
③ 구성원에게 어떤 행동·관행의 용납 여부를 명확히 알려주어 윤리적 모호성을 해소하고 자발적 실천을 이끌어가야 한다.
④ 비윤리적 행동을 하는 구성원을 처벌하기보다 온화한 태도로 교화해야 한다.
⑤ 구성원이 처한 윤리적 딜레마에 대한 상담을 해줄 수 있는 상담 센터 등을 제공해야 한다.

02

다음 중 국제표준화기구(ISO)가 개발한 기업의 사회적 책임(CSR)에 관한 국제표준을 의미하는 것으로 적절한 것은?

① ISO 14001
② ISO 22000
③ ISO 26000
④ ISO 45001
⑤ ISO 55001

03

다음 글의 빈칸 ㉠~㉢에 들어갈 용어를 각각 바르게 짝지은 것은?

> 기업 윤리란 경영 활동의 옳고 그름을 구분해 주는 규범적 기준으로 통념상 사회 윤리적 가치 체계에 초점을 맞추는 경영 방식을 의미한다. 기업 윤리는 윤리 경영이라고도 불리고 있는데, 윤리 경영의 형태는 관점에 따라 다양하게 표현할 수 있다.
> (㉠)이란 이윤 추구를 최우선으로 하여 기업 윤리뿐만 아니라 법이나 제도까지도 방해물로 간주하는 경영 방식을 의미한다. 전근대적인 경영 방식으로, 최근에는 거의 발견되지 않는 형태이다.
> (㉡)이란 윤리를 경영과 분리하여 합법적이라면 어떠한 행동을 하더라도 문제 될 것이 없다는 경영 방식을 의미한다. 윤리를 경영의 외적 요인으로 생각하여 기업 윤리의 문제를 리스크 관리 차원에서 접근한다.
> (㉢)이란 법령의 입법 취지뿐 아니라 사회 통념과 같은 부분까지 고려하면서 기업 윤리를 추구하는 경영 방식을 의미한다. 법적 책임이 없더라도 사회의 윤리 기준과 충돌할 경우 그 사회가 요구하는 윤리 기준을 선택하며, 수익 창출과 마찬가지로 기업 윤리 또한 기업이 추구해야 할 목적 중 하나로 여긴다.

	㉠	㉡	㉢
①	초윤리 경영	비윤리 경영	윤리 경영
②	초윤리 경영	윤리 경영	비윤리 경영
③	비윤리 경영	초윤리 경영	윤리 경영
④	비윤리 경영	윤리 경영	초윤리 경영
⑤	윤리 경영	비윤리 경영	초윤리 경영

04

저작재산권의 제한에 대해 <보기>와 같이 대화를 나누었을 때 적절하지 않은 발언을 한 사람은 모두 몇 명인가?

갑: 공표된 저작물을 시각장애인을 위해 점자로 변환하여 복제 및 배포할 수 있는 사람은 시각장애인의 보호자로 한정되어 있어.

을: 저작재산권자의 이익을 부당하게 해치는 경우가 아니더라도 인물이 주된 대상인 사진의 배경에 해당 저작재산권자의 저작물이 부수적으로 포함될 경우에는 그 사진을 전시할 수 없어.

병: 저작물을 방송할 권한을 가지는 방송사업자는 자신의 방송을 위해 자체의 수단으로 저작물을 일시적으로 녹화할 수 있지만, 그 녹화물이 기록의 자료로서 대통령령으로 정하는 장소에 보존되는 경우가 아니라면 보존 기간은 6개월을 초과할 수 없어.

정: 저작재산권자의 이익을 부당하게 침해하는 경우가 아니라면 수사를 위해 필요한 한도 내에서 해당 저작재산권자의 저작물을 복제할 수 있어.

무: 신문에 게재된 정치에 관한 시사적인 기사는 이용을 금지하는 표시가 있는 경우가 아닌 한 다른 언론기관이 복제·배포할 수 있어.

① 1명   ② 2명   ③ 3명   ④ 4명   ⑤ 5명

05

다음은 갑국과 을국 양국 대표들이 회의를 진행하게 될 회의 장소의 좌석 배치도이다. 각국 대표들의 국내 서열 순위는 각각 대통령, 국무총리, X부장관, Y부장관, Z부장관 순이고, 이들은 모두 이번 회에 참석을 한다. 갑국과 을국이 모두 좌석 A~J에 대한 좌석 배치를 서열에 의한 배치로 하며, 갑국 측과 을국 측이 서로 마주 보고 앉는다고 할 때, 적절하지 않은 것은?

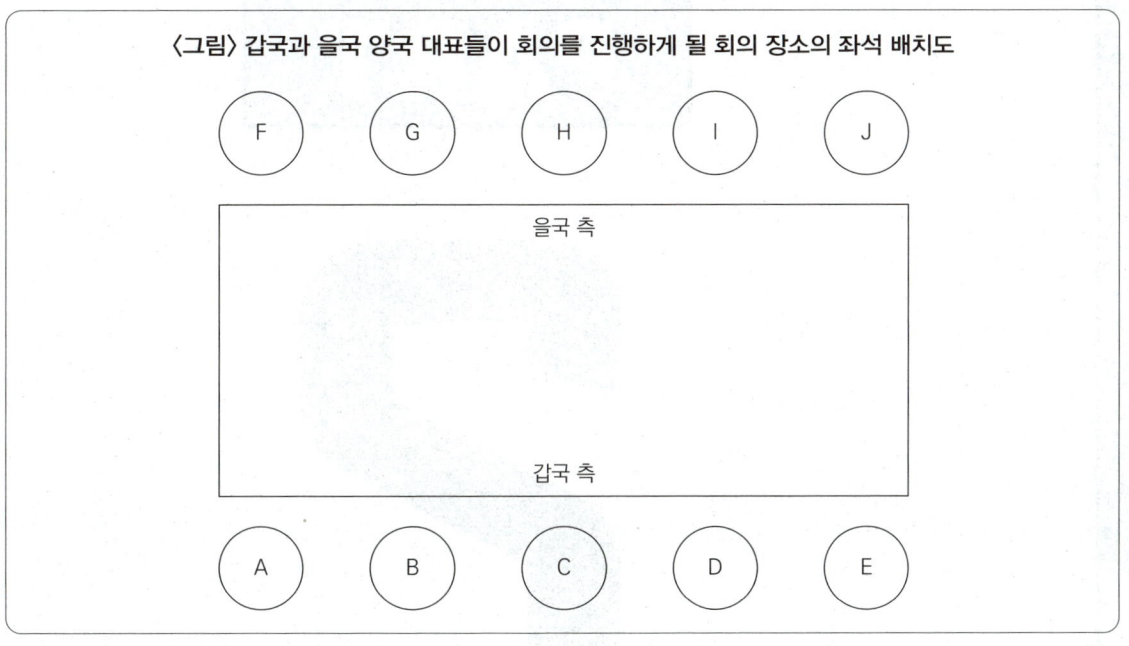

〈그림〉 갑국과 을국 양국 대표들이 회의를 진행하게 될 회의 장소의 좌석 배치도

① 갑국 대통령은 좌석 C에 앉는다.
② 을국 Z부장관은 좌석 J에 앉는다.
③ 갑국 X부장관은 을국 X부장관과 마주 보고 앉는다.
④ 을국 국무총리는 을국 대통령의 바로 오른쪽 좌석에 앉는다.
⑤ 갑국 X부장관은 갑국 Z부장관의 바로 오른쪽 좌석에 앉는다.

정답 및 해설 136p

PART 2

실/전
모/의/고/사

| CHAPTER 01 | 실전 모의고사 1회(영역형) |
| CHAPTER 02 | 실전 모의고사 2회(통합형) |

활용방법

실전 모의고사 1회분 문제 풀이 후 '위포트 실력점검 + 합격예측 서비스'에 답안을 기입하여 본인의 현재 실력을 점검할 수 있습니다(도서 앞부분 'NCS 모듈형 실력점검 + 합격예측 서비스' 페이지 참고).

PART 2 실전 모의고사

CHAPTER 01

실전 모의고사 1회

영역형

맞힌 문항		40문항
풀이 시간		50분

유의사항

- NCS 10개 영역이 모두 수록되어 있으며, 각각 4문항씩 영역별 순서대로 수록되어 있습니다.

- 총 40문항으로 구성되어 있으며, 영역에 상관없이 풀이할 수 있습니다.

01

A씨는 다음과 같은 항목의 문서를 작성하고 있다. 다음 중 A씨가 작성하고 있는 문서에 대한 설명으로 적절하지 않은 것은?

구분	내용
성장환경	
성격의 장단점	
경력사항	
지원동기 및 각오	

① 기본 항목은 기관 및 기업에 따라 달라질 수 있다.
② 허위 내용을 기재할 경우 불이익이 따를 수 있다.
③ 본인을 소개하기 위한 목적으로 타인에게 상세한 정보를 제공하고자 작성한다.
④ 흥미로운 내용보다는 일반적인 성장환경이나 본인의 장점에 대해 보다 자세히 기록한다.
⑤ 지원하는 기관 및 기업의 기본 정보를 사전에 파악하여 연관 있는 내용을 함께 작성하는 것이 좋다.

02

다음 사례에서 말하고자 하는 문서 작성법으로 가장 적절한 것은?

> 경영학을 전공하는 A는 전공수업시간에 발표 과제를 하게 되었다. 과제는 가상의 회사를 선정해서 마케팅 구성 계획안을 작성하고 프레젠테이션을 발표하는 것이었다. A는 자신이 할 수 있는 문장 실력을 총동원해 작성한 마케팅 계획안을 읽고 준비한 PPT를 넘기며 발표를 시작했다. 중간 정도 발표하고 있는데 갑자기 한 학생이 손을 들어 질문했다. "그래서 핵심 내용이 무엇인가요?" 질문에 당황한 A는 얼버무리며 발표를 대충 끝마쳤다. 반면, 과에서 성적이 가장 우수한 B는 아주 짧은 구성 계획안을 작성해와서는 프레젠테이션 역시 핵심적인 내용만 짧게 발표하고 들어갔다. 발표가 끝난 후, 담당 교수는 A의 발표에 대해 "열심히 준비했지만, 무슨 말을 하려고 하는지 이해가 잘 안 되었어요."라고 평가했다.

① 문서를 작성하는 이유가 명확하게 드러나야 한다.
② 문서 작성자의 종합적인 판단을 토대로 작성해야 한다.
③ 일정한 형식 안에서 일목요연하게 내용을 전개해야 한다.
④ 문서를 작성하는 목표를 명확하게 한 이후 작성해야 한다.
⑤ 내용을 체계적이고 시각적으로 알아보기 쉽게 작성해야 한다.

03

다음 중 경청을 위한 기본적 태도로 적절하지 않은 것은?

① 대화 시 흥분하지 않는다.
② 상대방이 말하는 의미를 이해한다.
③ 단어 이외의 보여지는 표현에도 신경을 쓴다.
④ 상대방이 말하는 동안 경청하고 있음을 표현한다.
⑤ 건설적인 조언을 할 수 있도록 비판적 태도를 견지한다.

04

다음 중 효과적인 의사표현 방법으로 적절하지 않은 것은?

① 말하는 이는 자신이 전달하고자 하는 내용을 분명하게 인식해야 한다.
② 전달하고자 하는 내용을 명료하고 적절한 메시지로 바꾸어야 한다.
③ 가능한 한 다양한 매체를 통해 메시지를 전달해야 한다.
④ 듣는 이가 어떻게 자신의 메시지를 받아들였는지 피드백을 받아야 한다.
⑤ 표정, 몸짓 등 비언어적 요소를 활용하여 의사표현의 메시지를 강조한다.

05

A사에 근무하는 김사원은 자회사인 S사로 출장을 가려고 한다. 김사원이 A사에서 10시에 출발하여 다음 〈조건〉에 따라 S사에 도착하였을 때, 도착 시각은 언제인가?

/ 조건 /
- A사와 S사 사이의 거리는 200km이다.
- 김사원은 출발 후 10분 동안 차가 밀려 30km/h의 속력으로 일정하게 달렸으며, 이후에 A사와 S사의 중간 지점까지 95km/h의 속력으로 일정하게 달렸다.
- A사와 S사의 중간 지점부터 30분 동안 120km/h의 속력으로 일정하게 달렸으며, 남은 거리는 60km/h의 속력으로 일정하게 달렸다.

① 12시 ② 12시 10분 ③ 12시 20분
④ 12시 30분 ⑤ 12시 40분

06

다음은 영업팀 팀원들의 신장을 나타낸 자료이다. 이를 토대로 A~E사원이 〈보기〉와 같이 대화하였을 때, 적절하지 않은 발언을 한 사람은?

(단위: cm)

| 158 | 160 | 162 | 162 | 164 | 164 | 166 | 168 | 170 | 172 |
| 172 | 174 | 174 | 176 | 176 | 178 | 180 | 180 | 182 | 182 |

/ 보기 /
A사원: "자료의 범위는 24cm야."
B사원: "평균은 총사례 수를 수치의 합으로 나눈 값을 의미해."
C사원: "영업팀 팀원들의 평균 신장은 171cm야."
D사원: "제시된 자료의 평균편차는 6.5cm야."
E사원: "평균편차와 표준편차는 평균으로부터 얼마나 떨어져 있는가를 볼 때 유용한 지표이겠구나."

① A사원 ② B사원 ③ C사원 ④ D사원 ⑤ E사원

[07~08] 다음은 65세 이상 인구와 연금수급자 현황에 관한 자료이다. 이어지는 물음에 답하시오.

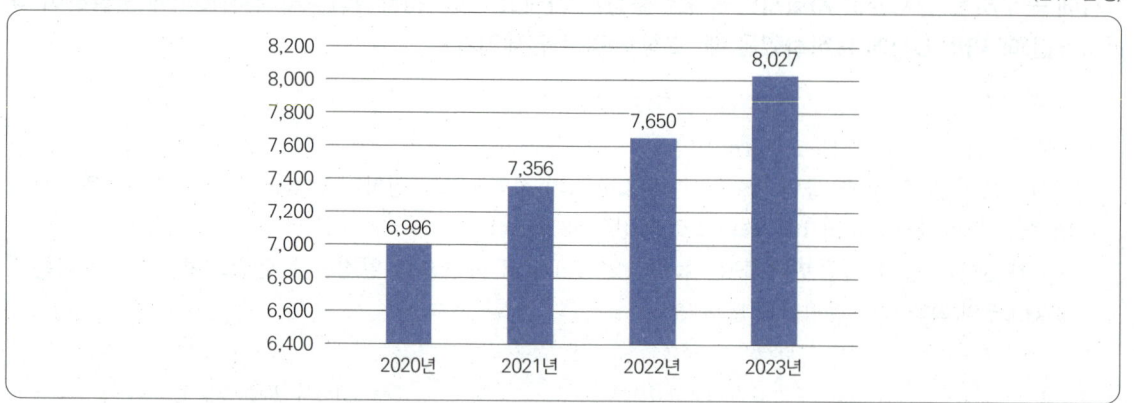

〈그래프〉 65세 이상 인구 (단위: 천 명)

〈표〉 65세 이상 연금수급자 현황 (단위: 백 명)

구분		2020년	2021년	2022년	2023년
전체 연금수급자		26,650	29,315	31,770	34,715
	노령연금수급자	22,930	25,190	27,180	29,640
	장애연금수급자	155	165	170	175
	유족연금수급자	3,565	3,960	4,420	4,900

07

위의 자료에 대한 설명으로 옳지 않은 것은?

① 전년 대비 2021년에 장애연금수급자 증가율은 5% 이상이다.
② 전년 대비 2022년에 유족연금수급자는 4만 6천 명 증가하였다.
③ 조사기간 내내 유족연금수급자는 장애연금수급자의 25배 이상이다.
④ 조사기간 내내 65세 이상 인구에서 가장 큰 비중을 차지하는 연금수급자는 노령연금수급자이다.
⑤ 2021~2023년 내내 전체 연금수급자의 전년 대비 증감 추이는 3개 분류 연금수급자의 전년 대비 증감 추이와 동일하다.

08

위의 자료를 바탕으로 작성한 그래프로 옳지 않은 것은?

① 2020~2023년 전체 연금수급자 중 노령연금수급자 비중

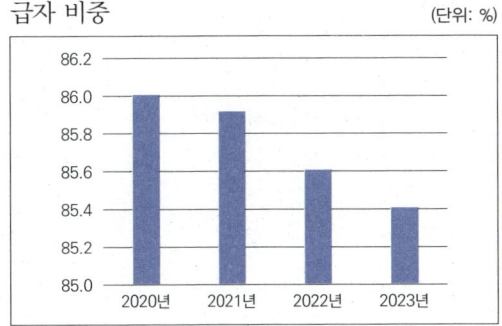

② 2020~2023년 유족연금수급자

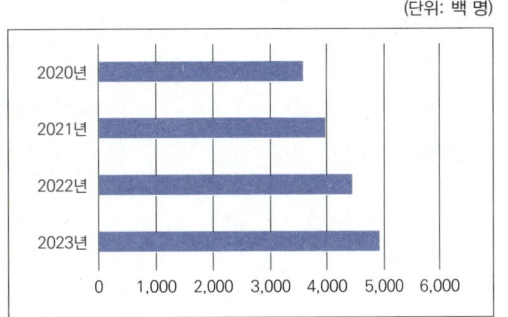

③ 2022년 전체 연금수급자 구성비

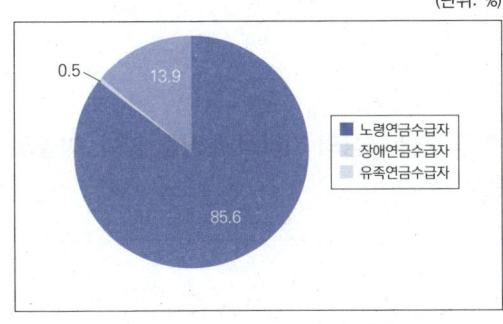

④ 2021~2023년 전체 연금수급자의 전년 대비 증가량

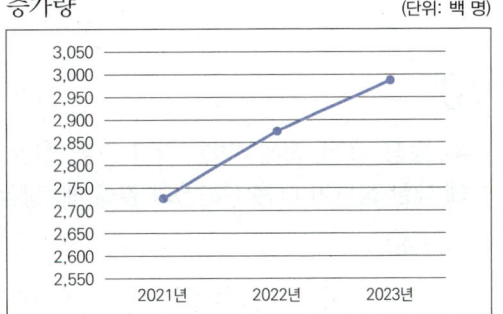

⑤ 2020~2023년 65세 이상 인구 중 전체 연금수급자 비중

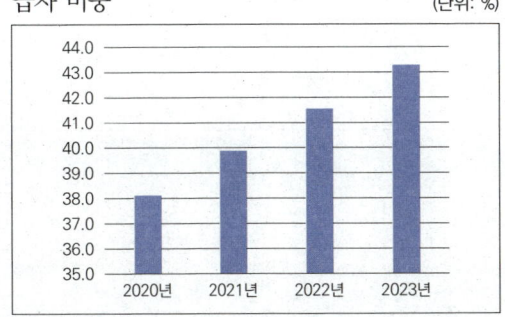

09

다음 글에서 설명하는 문제해결 방법으로 가장 적절한 것은?

> 의견을 중재하는 제삼자는 결론을 미리 머릿속에 그려가면서 의견을 중재하고 타협과 조정을 통하여 문제해결을 도모한다.

① 소프트 어프로치
② 하드 어프로치
③ 퍼실리테이션
④ 브레인스토밍
⑤ 시네틱스 발상법

10

진우, 호정, 유진, 정래 4명은 각각 원주, 천안, 울산, 나주 중 2개 이상의 지역에 출장을 간다. 이들의 출장에 대한 정보가 다음 〈조건〉과 같을 때, 항상 참인 것은?

/ 조건 /
㉠ 유진보다 정래가 출장 가는 지역이 더 많다.
㉡ 진우는 나주로 출장을 가지 않고, 호정은 원주로 출장을 가지 않는다.
㉢ 나주와 원주로 출장을 가는 사람은 각각 2명이다.
㉣ 4개 지역 모두에 출장을 가는 사람이 있다.
㉤ 호정이 출장 가는 지역에 유진도 출장을 간다.
㉥ 진우와 호정이 출장 가는 지역은 1개만 겹친다.

① 천안으로 출장 가는 사람은 모두 4명이다.
② 울산으로 출장 가는 사람은 모두 3명이다.
③ 진우는 원주로 출장을 간다.
④ 유진은 나주로 출장을 가지 않는다.
⑤ 4개 지역 모두에 출장을 가는 사람은 2명이다.

11

다음 중 맥킨지식 문제 분석법에 대한 설명으로 적절하지 않은 것은?

① Framing은 초기가설을 도출해 내는 단계이다.
② Gathering은 분석에 필요한 데이터를 모으는 단계이다.
③ 문제 분석은 Framing, Designing, Gathering, Interpreting의 순서로 이뤄진다.
④ Designing은 문제의 범위를 파악하고, 문제를 쉽게 다룰 수 있는 작은 단위로 나누는 단계이다.
⑤ Interpreting은 데이터를 바탕으로 초기가설의 유효성을 판단하고 결과를 해석해서 앞으로 어떤 액션을 취해야 할지 결정하는 단계이다.

12

다음 중 심층면접법을 활용한 고객요구 조사의 장점으로 적절하지 않은 것은?

① 독특하고 색다른 정보를 얻을 수 있다.
② 성과와 관련된 실제적이고 구체적인 것을 얻을 수 있다.
③ 수집된 자료를 사례, 평가, 매뉴얼, 자기진단 등으로 활용할 수 있다.
④ 다른 방법을 통해 포착할 수 없는 심층적인 정보를 경험적으로 얻을 수 있다.
⑤ 대면접촉으로 이루어지기 때문에 인터뷰 결과를 사실과 다르게 해석할 여지가 없다.

13

K씨는 직장인을 대상으로 자기개발능력 향상을 위한 강의를 진행하고 있다. K씨가 '자기개발 설계 전략'이라는 주제로 강의를 진행하기 위해 작성한 대본의 일부가 다음과 같을 때, 밑줄 친 ㉠~㉤ 중 적절하지 않은 것만을 모두 고르면?

> 자기개발에 대한 계획을 수립한다고 모든 목표를 달성할 수 있는 것은 아닙니다. 그러므로 여러분이 자기개발 목표를 성취하기 위해서는 전략을 고려하여 목표를 수립하고 방법을 선정해야 합니다. 우선 장단기 목표를 수립해봅시다. 일반적으로 장기목표는 5~20년, 단기목표는 1~3년 안에 이루고자 하는 목표를 의미합니다. ㉠장기목표는 본인의 욕구, 가치, 흥미, 적성 등을 고려하여 수립하되, 직장인이라면 직장에서의 일과 관련하여 직무의 특성, 타인과의 관계까지도 고려해야 합니다. 단기목표는 장기목표를 실현하기 위한 기본 단계로, 이를 위해 필요한 직무관련 경험, 개발해야 될 능력과 자격증 등을 고려하여 수립합니다. 이때 인간관계를 고려하는 것도 하나의 전략입니다.
>
> 우리는 가족, 친구, 직장동료 등 수많은 인간관계를 맺으며 살아가고 있습니다. 따라서 ㉡인간관계를 고려하지 않고 자기개발 계획을 수립한다면 계획을 실행하는 데 어려움을 겪게 됩니다. ㉢다른 사람과의 관계를 발전시키는 것이 하나의 자기개발 목표가 되기는 어렵지만, 자기개발 목표를 이루려면 반드시 고려해야 하는 부분인 점을 꼭 기억해야 합니다.
>
> 또한 현재의 직무도 고려해야 합니다. 직업인이라면 현재 직무 상황과 이에 대한 만족도가 자기개발 계획을 수립하는 데 중요한 역할을 합니다. 즉, 현재 직무를 담당하는 데 필요한 능력과 이에 대한 본인의 수준, 개발해야 할 능력, 관련된 적성 등을 고려해야 합니다. ㉣물론 현재 직무와 관계없는 전혀 새로운 일을 할 예정이라면 해당 부분은 고려하지 않아도 무관합니다.
>
> 마지막으로 자신을 브랜드화해야 합니다. 자신을 브랜드화하라는 것은 단순히 자신을 알리는 것을 넘어서, 본인을 타인과 차별화할 수 있는 특징을 찾고 이를 부각시키기 위해 지속적인 자기개발을 하며 알리는 것을 말합니다. 쉽게 말해 PR(Public Relations)이라고 합니다. ㉤PR의 구체적인 방법에는 소셜네트워크와 인적네트워크의 활용, 경력 포트폴리오 구성 등이 있습니다.

① ㉠, ㉡ ② ㉠, ㉣ ③ ㉡, ㉤
④ ㉢, ㉣ ⑤ ㉢, ㉤

14

다음은 직업선호도검사(L형) 상담자 매뉴얼 내용 중 일부이다. 밑줄 친 ㉠~㉤ 중 적절하지 않은 것은?

한국고용정보원 직업선호도검사는 홀랜드의 이론에 근거하여 직업흥미를 측정하고 있습니다. ㉠홀랜드는 개인의 흥미특성과 직업 환경의 흥미특성을 R(현실형), I(탐구형), A(예술형), S(사회형), E(진취형), C(관습형)의 6가지의 유형으로 구분할 수 있다고 하였습니다. 또한 개인의 흥미유형과 개인이 속한 직업 환경의 흥미유형이 서로 일치할 때 직업에 대한 만족과 적응이 높아질 것이라고 설명하였습니다.

…(중략)…

자, 점수를 살펴보셨는데요, 이 점수를 가지고 여러분은 흥미코드를 제공받으시게 됩니다. 흥미코드는 흥미유형별 원점수가 높은 순서에 따라 두 자리 코드로 제시되며 흥미코드에 따라 적합한 직업과 훈련 직종을 안내받게 됩니다. 다만, 각 유형 간의 점수 차이가 거의 없이 비슷한 점수를 보일 경우에는 제시된 유형만을 자신의 흥미유형으로 단정지어 해석해서는 안 되며, 다른 유형도 함께 고려해 보아야 합니다.

여러분의 흥미유형은 육각형 그래프를 통해서도 확인하실 수 있습니다. 홀랜드의 흥미육각형은 앞에서 말씀드린 6가지 흥미유형을 각각의 꼭지점으로 하여 그린 육각모형으로, 육각형 안쪽에는 여러분들의 흥미유형별 점수에 따른 육각형 그래프가 제공됩니다. ㉡이 육각형 모형에서 6가지 유형들은 유사성이 높을수록 인접하여 배치되므로, 각 유형들 사이의 거리가 이론적인 관계에 비례하게 배치됩니다. ㉢육각형 안쪽에서 꼭지점으로 갈수록 점수가 높아지는 것을 의미하며, 해당 유형별 점수를 표시하고 이를 연결하면 육각형의 모양이 되는 것입니다. 사람들에 따라서 이 육각형의 모양과 크기는 모두 다를 수 있습니다.

그럼, 이 육각형 그래프는 어떻게 살펴보면 될까요? 육각형의 모양과 크기를 기준으로 해석할 수 있습니다. ㉣제시된 육각형의 모양이 한쪽으로 튀어나와서 찌그러져있는 모양을 보인다면 이것은 튀어나오거나 찌그러진 쪽의 흥미가 다른 흥미유형에 비해 두드러지게 잘 발달되어 있음을 의미합니다. 그에 반해 육각형의 모양이 정육각형에 가깝다면 모든 유형의 흥미가 비슷한 수준임을 의미하며, 이는 어느 특정 흥미유형으로 분류하는 것이 바람직하지 않을 수 있음을 말해줍니다.

㉤육각형의 크기는 여러분의 흥미의 크기를 나타내주는 것으로, 육각형의 크기가 크다면 그것은 흥미가 크고 다양한 것이라 생각할 수 있겠고, 반대로 크기가 작다면 모든 분야에 흥미가 적은 수준이거나 모든 것에 의욕이 별로 없다고 생각할 수 있습니다.

① ㉠ ② ㉡ ③ ㉢ ④ ㉣ ⑤ ㉤

15

다음은 자기관리 단계를 정리한 것이다. 밑줄 친 ㉠~㉤ 중 각 단계에서 계획 수립 시 스스로에게 할 질문으로 적절하지 않은 것은?

1단계 비전 및 목적 정립	→	• 자신에게 가장 중요한 것 파악 • 가치관, 원칙, 삶의 목적 정립 • 삶의 의미 파악	→	• 나에게 가장 중요한 것은 무엇인가? • 나의 가치관은 무엇인가? • 내가 생각하는 의미 있는 삶은 무엇인가?
2단계 과제 발견	→	• 현재 주어진 역할 및 능력 • 역할에 따른 활동목표 • 우선순위 설정	→	• 내가 현재 수행하고 있는 역할과 능력은 무엇인가? • ㉠현재 변화되어야 할 것은 없는가?
3단계 일정 수립	→	• 월간, 주간, 하루 계획 수립	→	• 일정을 월간계획 → 주간계획 → 하루계획 순으로 작성하였는가? • ㉡하루 계획은 자세하게 시간 단위로 작성하였는가? • ㉢월간 계획은 우선순위가 높은 일을 먼저 하도록 계획을 세웠는가?
4단계 수행	→	• 수행과 관련된 요소 분석 • 수행 방법 찾기	→	• ㉣이 일에 영향을 미치는 요소는 무엇인가? • 일을 수행하기 위한 방법은 무엇인가?
5단계 반성 및 피드백	→	• 수행 결과 분석 • 피드백	→	• 어떤 목표를 성취하였는가? • ㉤일을 수행하는 동안에 직면했던 문제는 무엇인가?

① ㉠ ② ㉡ ③ ㉢ ④ ㉣ ⑤ ㉤

16

다음 중 개인 요구에 따라 경력을 개발하는 요인으로 가장 적절한 것은?

① 개인의 고용시장 가치 증대
② 직무환경 변화
③ 삶의 질 추구
④ 인력난 심화
⑤ 승진 적체

17

S사에 근무하는 김사원이 업무를 처리하기 전 일의 우선순위 판단을 위해 다음과 같이 시간 관리 매트릭스를 작성했다. 김사원이 작성한 시간 관리 매트릭스 중 A영역에 해당하는 일로 적절하지 않은 것은?

	긴급함	긴급하지 않음
중요함		A
중요하지 않음		

① 중장기 계획
② 인간관계 구축
③ 인기 있는 활동
④ 새로운 기회 발굴
⑤ 예방 생산 능력 활동

18

○○공단의 임주임은 예산을 효과적으로 수립하고자 과업세부도를 이용하려고 한다. 업무를 진행하기 전 다음과 같이 과업세부도의 특징에 대해 정리했다고 할 때, 적절하지 않은 것만을 모두 고르면?

> ㉠ 구체성에 따라 2단계, 3단계, 4단계 등으로 구분할 수 있다.
> ㉡ 과업세부도를 통해 항목에 소요되는 비용을 정확하게 파악하기는 어렵다.
> ㉢ 필요한 모든 일들을 중요한 범주에 따라 체계화시켜 구분해 놓은 그래프이다.
> ㉣ 과업세부도는 과제 및 활동의 계획을 수립하는 데 있어서 가장 기본적인 수단으로 활용된다.

① ㉡
② ㉢
③ ㉠, ㉢
④ ㉠, ㉣
⑤ ㉡, ㉢

19

다음 중 구매가 일회성이고 재고 기간이 짧은 경우에 적용되며, 신문이나 호텔의 객실, 비행기 좌석 등에 사용되는 재고관리 시스템은 무엇인가?

① 단일상자 시스템 ② 단일기간 시스템 ③ 이중상자 시스템
④ 기본재고 시스템 ⑤ 조건부 보충 시스템

20

다음은 사람 중심 인력 운영과 직무 중심 인력 운영에 대한 설명이다. 밑줄 친 ㉠~㉤ 중 적절하지 않은 것은?

> 4차 산업혁명과 구조적 불황의 경영환경은 극한 환경이다. 이러한 극한 환경에서 기업은 기존의 사람 중심 인력 운영에서 직무 중심 인력 운영으로 인사 시스템을 변화시키고 있다.
> ㉠사람 중심 인력 운영은 사람에 일을 맞추었던 반면, ㉡직무 중심 인력 운영은 직무 내용이 표준화되어 일에 사람을 맞춘다. 또한 ㉢사람 중심 인력 운영은 유연하게 인력 운영을 할 수 있으며 인력관리가 용이하고, 인건비 부담이 감소한다는 특징이 있다. 이에 반해 ㉣직무 중심 인력 운영은 성과 중심의 조직문화를 조성하며 공정한 평가를 통해 임금을 합리적으로 차별화한다는 장점이 있으나, ㉤지나치게 경직된 직무관리로 인해 인력 운영의 유연성이 저하될 가능성이 있다. 또한 변화하는 직무를 끊임없이 관리해야한다.

① ㉠   ② ㉡   ③ ㉢   ④ ㉣   ⑤ ㉤

21

다음 사례의 권사원이 해당하는 팔로워십 유형은?

> 권사원은 회의에서 자신이 의견이나 기획안이 항상 채택되지 않는다며 불만이 많다. 권사원은 자신이 노력해도 아무 소용이 없으며, 팀장은 항상 자기 마음대로라며 불평불만을 자주 한다. 하지만 권사원에 대한 팀원들의 평가는, 권사원은 평소에 지켜보면 일을 하지 않는 시간이 잦으며, 자신의 몫을 하지 못한다는 의견이 대부분이다.

① 수동형 ② 순응형 ③ 주도형 ④ 소외형 ⑤ 실무형

22

다음 중 변화관리에 대한 설명으로 적절하지 않은 것은?

① 조직에서 일어나는 변화는 모두 바람직하다.
② 리더는 직원들에게 변화와 관련된 상세한 정보를 제공해야 한다.
③ 일반적인 변화관리 3단계는 '변화 이해하기 – 변화 인식하기 – 변화 수용하기'이다.
④ 조직 내부에서 변화는 위에서 아래로 이루어지며, 지위 고하를 막론하고 모두에게 영향을 미친다.
⑤ 변화에 저항하는 직원들을 성공적으로 이끄는 데 개방적인 분위기를 조성하는 것이 도움이 된다.

23

다음은 기획팀에 근무하는 최대리와 한팀장의 업무 관련 면담 내용이다. 팀 내에서 한팀장과의 갈등을 원만하게 해소하기 위해 최대리가 취해야 하는 행동으로 가장 적절한 것은?

> 최대리: "팀장님, 저를 포함한 팀원들이 피드백을 받고 업무를 진행하는 데 있어 사기가 많이 저하되고 있는 상황입니다. 이에 대해 말씀을 드리고 조언을 구하고자 합니다."
> 한팀장: "그래요, 한번 얘기해봐요."
> 최대리: "네, 저희가 아직 많이 부족해서 팀장님이 원하시는 수준으로 기획 보고를 드리지 못하고 있는 점은 잘 알고 있습니다. 그래서 매번 만족스러워 하시지 않고, 못마땅해 하신다는 것도 압니다. 하지만 반복해서 지적만 받고 보고서를 처음부터 다시 써야 하는 경우도 있다 보니 팀원들 사기도 많이 저하되어 있고, 업무량 자체도 지나치게 늘어나는 상황입니다. 저희가 어떻게 해야 이 상황을 잘 돌파해 나갈 수 있을까요?"
> 한팀장: "내가 그렇게 피드백을 많이 줬는데, 아직까지도 기획 보고서에 대해 처음부터 다시 써야 할 정도의 지적을 받고 있는 건 문제가 있다고 생각하지 않나요? 내가 늘 강조하는 건 시장 조사를 비롯해, 그것을 토대로 한 기획 방향 수립인데, 그 앞단부터 제대로 하지 못하고 헤매고 있으니 서로 힘들 수밖에요. 왜 시장 조사를 더 철저하게 하지 못하는 거예요? 리서치부터가 그러니까 기획 방향이 잘 나올 수가 없죠."
> 최대리: "네, 저희도 팀장님이 주시는 피드백 참고해서 시장 조사를 더 철저히 하기 위해 항상 노력하고 있습니다."
> 한팀장: "노력하고 있다는 근거가 뭐죠? 내가 받아보는 보고서에서의 시장 조사 내용은 점차 나아지는 점이 없던데요. 확실한 근거 데이터를 가져와서 얘기했으면 합니다."
> 최대리: "이전 보고서와 어떤 점에서 시장 조사를 다르게 했는지를 요약 정리해서 말씀 드리는데, 그 부분을 잘 봐주시지 않은 듯합니다."
> 한팀장: "내가 잘 안 봐서 모르는 거다? 지금 나한테 대드는 건가요?"
> 최대리: "아, 아닙니다. 아직 저희가 시장 조사를 제대로 하지 못하고 있는 것 같습니다. 그동안 피드백 주셨던 내용을 다시 살펴보고 저희가 놓친 부분이 어떤 점인지 확인해 보겠습니다."

① 한팀장이 생각하고 있는 바를 제대로 파악하기 위하여 처음 업무 계획 단계부터 한팀장을 동참시켜 아이디어를 내고 생각을 공유할 수 있게 한다.
② 한팀장의 동의를 이끌어내는 것이 중요하므로, 그동안 받은 피드백과 우수 보고서 사례를 통해 확실한 근거와 실행 방안을 준비하여 제출한다.
③ 한팀장이 피드백을 제시할 때 구체적인 대안을 요구함으로써 한팀장 스스로 심도 있는 고민을 해볼 수 있게 한다.
④ 팀원들의 의견을 끝까지 들어주고 한팀장이 생각하는 업무의 핵심을 정확히 이해시켜 스스로 계획을 세울 수 있게 한다.
⑤ 한팀장과 팀원들 사이에 감정적인 벽이 생긴 상태이므로 가벼운 대화를 통해 감정적 교류를 시도해 볼 수 있게 한다.

24

○○공사 임직원 교육을 담당하는 문대리는 협상전략에 관한 교육을 진행하기 위해 다음의 PPT 자료를 준비하였다. 빈칸에 들어갈 용어로 가장 적절한 것은?

> ( ) 전략
>
> - 상대방에 비해 자신의 힘이 강할 때, 상대방과의 인간관계가 나쁠 때, 상대방에 대한 신뢰가 전혀 없을 때, 자신의 실질적 결과를 극대화하고자 할 때 사용함.
>
> - 합의도출이 어려우며, 제로섬(Zero-sum)의 결과가 산출될 수 있음.
>
> - 위압적인 입장 천명, 협박과 위협, 협박적 설득, 상대방 입장에 대한 강압적 설명 요청 등의 협상전술을 사용함.

① See-Feel-Change ② Lose-Lose ③ Lose-Win
④ Win-Lose ⑤ Win-Win

25

다음 중 정보화 사회에서 요구되는 내용으로 적절하지 않은 것은?

① 검색한 내용을 파일로 만들어 보관해야 한다.
② 정보관리를 못하는 사람은 정보전파가 어려울 수 있다.
③ 인터넷보다 구두로 정보를 전파하는 것이 더 쉽고 효율적이다.
④ 인터넷을 이용할 줄 안다면 전자우편을 통해 정보를 얼마든지 전파할 수 있다.
⑤ 수많은 정보검색 사이트를 통해 원하는 정보는 무엇이든지 다 찾을 수 있어야 한다.

26

다음 엑셀시트에서 함수식을 실행했을 때 표시되는 결괏값으로 옳지 않은 것은?

	A	B	C	D	E
1	구분	수리능력	정보능력	기술능력	평균
2	A사원	80	85	90	85
3	B사원	90	90	75	85
4	C사원	85	75	80	80
5	D사원	85	70	85	80
6	평균	85	80	82.5	82.5

① =TRUNC(SUM(B6:D6), 0) → 247.5
② =AVERAGE(MAX(B2:D2), MIN(B5:D5)) → 80
③ =SUM(COUNTA(C2:C5), MAXA(B2:D5)) → 94
④ =SUM(COUNTA(B2:E6), LARGE(C2:C5,2)) → 105
⑤ =AVERAGE(SMALL(B2:B5,4), LARGE(D2:D5,2)) → 87.5

27

다음 〈보기〉 중 개인정보 유출 방지책으로 적절한 것만을 모두 고르면?

— / 보기 / —

ⓘ 기억하기 쉬운 비밀번호를 사용하여 사용자가 비밀번호를 쉽게 관리할 수 있도록 해야 한다.
ⓛ 회원 가입 시 개인정보 보호와 이용자 권리에 대한 조항을 유심히 살펴야 한다.
ⓒ 사이트 탈퇴 시 개인정보가 탈퇴 즉시 파기되는지 확인해야 한다.
ⓔ 경품 이벤트 참여를 위해 정체가 불분명한 사이트에 지나친 개인정보를 기입하는 것을 지양해야 한다.
ⓜ 이용 목적에 부합하는 정보를 요구하는지 확인해야 한다.

① ㉠, ㉣
② ㉡, ㉤
③ ㉢, ㉣
④ ㉠, ㉡, ㉢, ㉤
⑤ ㉡, ㉢, ㉣, ㉤

28

다음 모스부호 체계에 관한 자료를 읽고 이해한 내용으로 적절하지 않은 것은?

> 1832년에 미국의 새뮤얼 모스가 개발한 모스부호는 점과 선으로 문자를 나타낸 것이다. 로마자와 한글의 모스부호 코드표는 다음과 같다.

❶ 로마자 모스부호 코드표

문자	부호	문자	부호
A	·—	N	—·
B	—···	O	———
C	—·—·	P	·——·
D	—··	Q	——·—
E	·	R	·—·
F	··—·	S	···
G	——·	T	—
H	····	U	··—
I	··	V	···—
J	·———	W	·——
K	—·—	X	—··—
L	·—··	Y	—·——
M	——	Z	——··

❷ 한글 모스부호 코드표

문자	부호	문자	부호
ㄱ	·—··	ㅎ	·———
ㄴ	··—·	ㅏ	·
ㄷ	—···	ㅑ	··
ㄹ	···—	ㅓ	—
ㅁ	——	ㅕ	···
ㅂ	·——	ㅗ	·—
ㅅ	——·	ㅛ	—·
ㅇ	—·—	ㅜ	····
ㅈ	·——·	ㅠ	·—·
ㅊ	—·—·	ㅡ	—
ㅋ	—··—	ㅣ	··—
ㅌ	··——	ㅐ	——··
ㅍ	———	ㅔ	·———

※ 한글 모스부호에서 쌍자음과 이중모음은 다음과 같다.
  예 'ㄲ'은 'ㄱ'에 해당하는 부호 '·—··'를 두 번 친다.
  예 'ㅐ'은 'ㅑ'에 해당하는 부호 '··'와 'ㅣ'에 해당하는 부호 '··—'를 친다.

① 'VIP'를 모스부호로 나타내면 '···— / ·· / ·——·'이다.
② 모스부호 '··—· / ·· / —— / ····'을 한글로 변환하면 '나무'이다.
③ 'ㄸ'을 모스부호로 나타내면 '—··· / —···'이다.
④ 'TREE'를 모스부호로 나타내면 '— / ·—· / · / ·'이다.
⑤ '기차'를 모스부호로 나타내면 '·—·· / ··— / —·—· / ·'이다.

29

다음 중 기술능력에 대한 설명으로 적절하지 않은 것은?

① 기술능력은 직업에 종사하는 모든 사람에게 필요하다.
② 기술능력이 뛰어난 사람은 주어진 한계 속에서 제한된 자원을 가지고 일한다.
③ 기술능력은 직무의 구체화 기술을 위한 훈련 프로그램을 통해서 학습해야 한다.
④ 기술교양을 지닌 사람은 기술에 의한 윤리적 딜레마에 대해 합리적으로 반응할 수 있다.
⑤ 각 개인은 구체적인 일련의 장비 중 하나를 '수리하는 사람'으로서 전문가가 될 필요는 없다.

30

다음 글의 빈칸 ㉠~㉢에 들어갈 내용을 각각 바르게 짝지은 것은?

> 기술 시스템은 (㉠)의 집합체만이 아니라 회사, 투자회사, 법적 제도, 정치, 과학, 자연자원을 모두 포함하는 것이기 때문에, 기술 시스템에는 (㉡)과 (㉢)이 결합해서 공존하고 있다.

	㉠	㉡	㉢
①	가공품	기술적인 것	사회적인 것
②	인공물	복잡한 것	사회적인 것
③	인공물	기술적인 것	사회적인 것
④	기술품	위계적인 것	창의적인 것
⑤	기술품	복잡한 것	창의적인 것

31

다음에서 설명하는 지식재산권의 특징으로 가장 적절한 것은?

> L회사는 몇 해 전 의류관리기를 개발하였다. 이때, L회사는 이 제품을 통해 180여 개에 해당하는 특허를 취득하였고, 기존 제품에 새로운 기술을 덧붙여 신제품을 개발하면서 추가로 더 많은 특허를 취득하기도 하였다.
>
> 이에 S회사 또한 의류관리기를 개발하였는데, 먼저 개발한 L회사의 의류관리기 특허를 피하기 위해 부단히 애를 쓸 수밖에 없었다. 그러나 다행히도 L회사가 취득한 특허를 피하여 개발하는 과정에서 독자적으로 또 다른 특허를 취득하기도 하였다.

① 눈에 보이지 않는 무형 재산이다.
② 시장경제의 원리를 확인시켜 준다.
③ 연쇄적인 기술개발을 촉진하는 계기를 마련한다.
④ 지식재산권을 활용한 다국적 기업화가 이루어지고 있다.
⑤ 국가 산업발전 및 경쟁력을 결정짓는 산업자본에 해당한다.

32

다음 자료의 빈칸 ㉠과 밑줄 친 ㉡~㉤에 대한 설명으로 적절하지 않은 것은?

> (㉠)이 사회 전반의 관심사로 확산되고 있다. 이러한 분위기를 촉발시키는 데 가장 중요한 역할을 한 것은 2001년에 발표된 한 보고서이다. 이 보고서에서는 4대 핵심기술, 즉 ㉡나노기술, ㉢생명공학기술, ㉣정보기술, ㉤인지과학이 상호 의존적으로 결합되는 것을 (㉠)으로 보았으며, 이를 통해 르네상스 정신에 다시 불을 붙일 때가 되었다고 천명하였다.

① ㉠에는 들어갈 단어는 '기술융합'이다.
② ㉣의 가상현실과 증강현실 기법은 세포 연구에 큰 도움을 준다.
③ 사람의 뇌, 마음의 구조 및 기능을 연구하는 새로운 기법을 제공하는 것은 ㉡, ㉢, ㉣, ㉤ 모두이다.
④ 컴퓨터 및 통신 시스템이 인간에게 가장 효과적으로 정보를 제공할 수 있도록 그 방법을 제공하는 것은 ㉤이다.
⑤ 제조, 건설, 교통, 의학, 과학기술 연구에서 사용되는 새로운 범주의 시스템을 생산하는 데 특히 중요한 것은 ㉡과 ㉣이다.

33

○○공사의 최종 면접을 준비하던 귀하는 SWOT 분석을 위해 ○○공사의 내적 요소와 외적 요소를 분석하여 다음과 같이 정리하였다. 제시된 자료를 토대로 수립할 수 있는 경영전략으로 가장 적절한 것은?

내적 요소	강점(Strength)	• 농어촌 활성화와 관련하여 축적된 다양한 경험 • ICT 기술을 이용한 농어업 관련 생산 기술의 발전
	약점(Weakness)	• 공공기관 경영평가 윤리경영 부문 평가 최하점 • 경영실적 조작으로 인한 공사에 대한 국민의 신뢰도 하락
외적 요소	기회(Opportunity)	• 다양한 품종의 농수산물에 대한 수요 증대 • 신성장 동력인 다양한 해외 기술 용역 사업에 대한 긍정적 전망 • 영농의 현대화를 위한 정책적 지원의 지속
	위협(Threat)	• 이상기후로 인한 농수산물의 생산량 및 품질 저하 • 농어촌 인구의 급속한 노령화와 청장년층 인구의 유의미한 감소 • 농업 협정을 통한 영농 개방 가능성 심화

① 해외 기술 용역 사업을 지속적으로 추구하여 새로운 성장 동력을 마련한다.
② 농어촌으로의 청장년층 인구 유입을 위해 청년농업인 육성을 위한 정책을 추진한다.
③ 다수의 취향을 충족할 수 있는 단일 품종의 농수산물을 선별하여 생산량을 증가시킨다.
④ ICT 기술을 집약한 스마트팜의 보급을 확산하여 농수산물의 생산량과 품질을 향상시킨다.
⑤ 농어촌 활성화를 위한 프로그램을 범국민적으로 추진하여 공사에 대한 국민의 신뢰를 회복한다.

34

다음 중 조직구조의 결정 요인으로 적절하지 않은 것은?

① 전략　　② 규모　　③ 예산　　④ 기술　　⑤ 환경

35

귀하는 3개의 공공기관 6급 행정직을 목표로 하고 있으며, 취업을 위해 다음과 같이 기업별 지원 자격과 가산점 및 우대 사항을 정리하였다. 다음 자료를 토대로 귀하가 서류 전형을 통과하기 위해 준비해야 할 사항으로 적절하지 않은 것은?

구분	□□전력공사	○○보험공단	△△공항공사
지원 자격	• 토익 700점 • 텝스 555점 • 오픽 IM2 이상	• 토익 700점 • 텝스 555점 • 토스 120점 • 오픽 IM2 이상	• 토익 800점 • 토플 91점 • 텝스 637점
가산점 및 우대 사항	(공통) • 한국사 2급 이상 • 국어능력인증 3급 • 한국실용글쓰기 준2급 이상 • 정보처리기사, 정보처리산업기사, 사무자동화산업기사, 컴퓨터활용능력 1급 • 토스 7등급/오픽 IH 등급/FLEX(말하기) 1C등급 이상 (계열별) • 기사 • 산업기사	(공통) • 컴퓨터활용능력 1급 • 한국사 3급 이상 • 정보처리기사 • 원가분석사 • 사회조사분석사 2급 ※ 상위 등급 1개만 인정 (우대 사항) • 공단/공공기관 청년인턴 4개월 이상	(공통) • 한국사 2급 이상 • 토스 7, 오픽 IH/토스&오픽 AL • △△공항공사 인턴: 서류 면제 (사무·행정) • 컴퓨터활용능력 2급, 1급 • 국어능력인증 3급 • 전산회계 2급 이상 • 전산세무 2급 이상 • 정보처리기사 (외) • 전문자격증 • 기사 일부

① 토익 800점을 목표로 준비한다.
② 한국사 2급 자격증을 취득한다.
③ 정보처리기사 자격증 공부를 한다.
④ 재무회계분석사 자격증을 취득한다.
⑤ 컴퓨터활용능력 1급 자격증을 취득한다.

36

다음은 국제감각에 관한 어느 강연자의 강연 내용이다. 다음 중 강연을 듣고 보일 수 있는 반응으로 적절하지 않은 것은?

> '국제감각이란 무엇입니까?'
> 제가 요즘 많은 학생들에게 듣는 질문입니다. 국제감각은 일반적으로 글로벌한 의사소통능력을 보유하고, 글로벌한 시민 의식과 공동체 의식을 갖는 것을 말합니다. 다만, 이렇게 한 문장으로 설명하기에는 너무 많은 중요한 설명들이 제외됩니다. 그래서 제가 오늘은 저 한 문장을 보다 자세하게 풀어 말씀드리려 합니다.
> 세계화에 따른 원가 절감, 기술 개발 등의 이유로 국제적인 시야를 갖는 것이 매우 중요한 시대입니다. 자신이 모르는 언어를 쓰는 나라에서 새로운 기술이 개발되고 경쟁자가 생기므로, 이를 알지 못하면 경쟁에서 도태될 수 있습니다. 따라서 우리가 기본적으로 길러야 하는 의사소통능력은 단순히 토익, 토플 등과 같은 어학시험 성적을 넘어서야 합니다. 다른 언어로 실제로 의사소통이 가능해야 하며, 업계와 관련한 전문적인 용어와 흐름을 이해할 수 있어야 합니다.
> 또한 세계는 다양한 언어를 구사하는 다양한 민족으로 구성되어 있습니다. 따라서 관용의 자세를 가진 글로벌한 시민 의식도 필요합니다. 세계화가 진행되고 있지만, 여전히 많은 사람은 인종차별, 민족주의, 이기주의, 종교, 문화우월주의 등에 크게 영향받고 있습니다. 만약 자신이 특정한 민족, 인종, 종교 등에 대해 선입견을 가지고 있다면, 국제감각을 키우는 데 한계가 있을 것입니다. 다양성을 인정하고 받아들이며 애정을 가지고 상대를 대해야 올바른 국제감각을 키울 수 있습니다.

① "우리가 국제감각을 키워야 하는 이유는 바로 세계화 때문이야."
② "출장을 갈 때는 상대국의 기본적인 문화를 미리 학습하는 것이 좋을 거 같아."
③ "해당 국가의 언어를 배우고 문화를 받아들이는 자세가 모두 병행되어야 해."
④ "우리 민족이 단일 민족으로서 단일 문화를 가지고 있는 것에 우월적 자부심을 가져야겠어."
⑤ "일상 대화뿐만 아니라 전문적인 대화도 가능하도록 언어를 공부하면 더 도움이 될 것 같아."

37

다음 글에서 설명하는 비윤리적 행위로 가장 적절한 것은?

- 윤리적인 문제에 대해 제대로 인식하지 못한다. 또한 낙관적인 성향, 즉 비윤리적인 행동이 미치는 영향에 대하여 별거 아니라고 생각하며, 시간이 지나면 저절로 다시 좋아질 것이라고 여긴다.
- 일상생활에서 윤리적인 배려가 선택의 우선순위에서 밀려난다. 사람들은 어떤 행위가 윤리적인 행위라는 것을 알고 있다. 그러나 만약 윤리적 행위와 서로 충돌하는 다른 가치가 있을 경우, 다른 가치를 선택한다.

① 거짓말 ② 도덕적 태만 ③ 무지
④ 도덕적 타성 ⑤ 도덕적 해이

38

다음 중 정직에 대한 설명으로 적절하지 않은 것은?

① 사전적 의미의 정직은 '마음에 거짓이나 꾸밈이 없이 바르고 곧음'이다.
② 정직은 사회 구성원이 신뢰를 형성하고 유지하는 데 필요한 가장 기본적이고 필수적인 규범이자 신뢰를 형성하는 충분한 조건이다.
③ 유교의 전통 가치는 '정직'이라는 규범적 의미를 이해하는 행위와 '정직 행동'을 선택하는 행위 사이에서 괴리를 발생하게 하는 요소로 작용할 수 있다.
④ 국가별 부패인식지수는 한국 사회의 도덕적 위기 문제를 보여주고, 이는 근본적으로 정직성 문제를 의미하는 것으로도 볼 수 있다.
⑤ 한국 사회는 현대 사회에 필요한 도덕성을 육성하지 못한 채 근대적 가치 속에서 도덕적 위기에 직면했다는 평가를 받는다.

39

다음 중 직장 내 괴롭힘을 판단하는 요소에 대한 설명으로 적절하지 않은 것은?

① 직장 내 괴롭힘을 판단하는 요소는 행위자, 피해자, 행위 장소, 행위 요건의 네 가지로 구분한다.
② 외근 출장지, 회식, 사내 메신저 등의 경우도 직장 내 괴롭힘을 판단하는 행위 장소로 인정될 수 있다.
③ 신체적 고통을 주거나 근무환경을 악화시키는 행위일 경우, 그 행위로 인해 피해자가 능력을 발휘하는 데 간과할 수 없을 정도의 지장이 발생하는 경우여야 한다.
④ 직장에서의 우위를 이용한 직장 내 괴롭힘일 경우, 개인 대 집단, 다수 대 소수 등의 사실상 우위를 점하고 있는 관계는 직장 내 괴롭힘의 행위 요건으로 인정되지 않는다.
⑤ 문제되는 행위가 업무상 필요하더라도 사업장 내 유사 업무를 수행하는 다른 근로자보다 합리적 이유 없이 대상 근로자에게 이루어졌다면 직장 내 괴롭힘 행위로 인정된다.

40

○○공사의 직원들이 전화를 걸고 받는 각자의 방식에 대해 다음과 같이 대화를 나누었을 때, 이들 중 전화예절을 지키지 않은 사람은?

김사원
> 저는 항상 전화를 걸기 전에 상대방의 번호, 소속, 직급, 성명 등을 확인하고 용건과 필요 서류를 미리 준비해 두고 있어요.

황사원
> 저는 담당자 부재 시 전화를 대신 받을 때, 상대방의 용건이 내가 처리 가능한 업무이더라도 담당자가 원칙적으로 처리할 수 있도록 보류해두고 항상 메모를 남겨두고 있어요.

한사원
> 저는 담당자에게 전화를 걸어 통화할 경우, 정확하게 용건을 전달한 후 전화를 끊기 전에 항상 해당 내용을 다시 한 번 확인하고 있어요.

송사원
> 저는 항상 전화벨이 세 번 울리기 전에 전화를 받고, 회사명과 부서명, 그리고 내가 누구인지 밝히고 있어요.

차사원
> 저는 통화를 하다가 상대방의 용건에 즉답하기 어려울 때, 항상 먼저 양해를 구하고 언제까지 회신해 주겠다고 시간을 알려주고 있어요.

① 김사원 ② 황사원 ③ 한사원 ④ 송사원 ⑤ 차사원

자가 학습 점검표

실전 모의고사 1회 **(영역형)**

/ 배열표 /

번호	능력 단위	하위능력	정오	학습 횟수	번호	능력 단위	하위능력	정오	학습 횟수
01	의사소통능력	문서이해능력		☐ 1회 ☐ 2회	21	대인관계능력	팀워크능력		☐ 1회 ☐ 2회
02	의사소통능력	문서작성능력		☐ 1회 ☐ 2회	22	대인관계능력	리더십능력		☐ 1회 ☐ 2회
03	의사소통능력	경청능력		☐ 1회 ☐ 2회	23	대인관계능력	갈등관리능력		☐ 1회 ☐ 2회
04	의사소통능력	의사표현능력		☐ 1회 ☐ 2회	24	대인관계능력	협상능력		☐ 1회 ☐ 2회
05	수리능력	기초연산능력		☐ 1회 ☐ 2회	25	정보능력	정보능력		☐ 1회 ☐ 2회
06	수리능력	기초통계능력		☐ 1회 ☐ 2회	26	정보능력	컴퓨터활용능력		☐ 1회 ☐ 2회
07	수리능력	도표분석능력		☐ 1회 ☐ 2회	27	정보능력	정보처리능력		☐ 1회 ☐ 2회
08	수리능력	도표작성능력		☐ 1회 ☐ 2회	28	정보능력	정보처리능력		☐ 1회 ☐ 2회
09	문제해결능력	문제해결능력		☐ 1회 ☐ 2회	29	기술능력	기술능력		☐ 1회 ☐ 2회
10	문제해결능력	사고력		☐ 1회 ☐ 2회	30	기술능력	기술이해능력		☐ 1회 ☐ 2회
11	문제해결능력	문제처리능력		☐ 1회 ☐ 2회	31	기술능력	기술선택능력		☐ 1회 ☐ 2회
12	문제해결능력	문제처리능력		☐ 1회 ☐ 2회	32	기술능력	기술적용능력		☐ 1회 ☐ 2회
13	자기개발능력	자기개발능력		☐ 1회 ☐ 2회	33	조직이해능력	경영이해능력		☐ 1회 ☐ 2회
14	자기개발능력	자아인식능력		☐ 1회 ☐ 2회	34	조직이해능력	체제이해능력		☐ 1회 ☐ 2회
15	자기개발능력	자기관리능력		☐ 1회 ☐ 2회	35	조직이해능력	업무이해능력		☐ 1회 ☐ 2회
16	자기개발능력	경력개발능력		☐ 1회 ☐ 2회	36	조직이해능력	국제감각		☐ 1회 ☐ 2회
17	자원관리능력	시간관리능력		☐ 1회 ☐ 2회	37	직업윤리	직업윤리		☐ 1회 ☐ 2회
18	자원관리능력	예산관리능력		☐ 1회 ☐ 2회	38	직업윤리	근로윤리		☐ 1회 ☐ 2회
19	자원관리능력	물적자원관리능력		☐ 1회 ☐ 2회	39	직업윤리	공동체윤리		☐ 1회 ☐ 2회
20	자원관리능력	인적자원관리능력		☐ 1회 ☐ 2회	40	직업윤리	공동체윤리		☐ 1회 ☐ 2회

※ 정오란에는 맞은 문제는 O, 틀린 문제는 X로 표시하고, 헷갈리거나 찍은 문제일 경우 △로 표시하세요. △ 또는 X로 표시된 문제는 여러 번 학습하여 틀린 이유를 명확히 파악하도록 합니다.

/ 실전 모의고사 결과 분석 /

풀이 시간	초과 풀이 시간

틀린 문항 수	약점 유형 진단

※ 전체 풀이시간 및 초과된 풀이시간을 기록하여 풀이시간 대비 맞은 문항 수를 확인합니다. 또한 채점 결과를 통해 본인의 취약 유형을 확인하여 학습에 활용하도록 합니다.

NCS 모듈형 실력점검 + 합격예측 서비스 이용 안내

- **문제 풀이 후 NCS 모듈형 실력점검 + 합격예측 서비스에 답안을 입력하세요.**
  - 전국 NCS 모듈형 준비생 중 영역별 상위 준비생과 자신의 점수 비교 분석 자료 제공
  - NCS 모듈형 실제 경쟁자들과의 영역별 정답률 비교를 통한 자신의 취약 유형 파악 가능
  - NCS 모듈형 합격자들과의 성적 비교를 통해 나의 합격 가능성 예측

- **서비스 이용방법**
  - 방법 ①: PC, 모바일 주소창에 직접 입력 https://next.weport.co.kr/pass-check
  - 방법 ②: 우측에 위치한 QR코드를 휴대폰으로 스캔하여 접속
  - 방법 ③: 위포트 사이트 내 NCS/인적성 실력점검 메뉴 클릭

PART 2 실전 모의고사

CHAPTER 02

실전 모의고사 2회

통합형

맞힌 문항		40문항
풀이 시간		50분

유의사항

- NCS 10개 영역이 수록되어 있습니다.
- 총 40문항으로 구성되어 있으며, 영역에 상관없이 풀이할 수 있습니다.

01

다음은 문제해결에 관해 A, B가 나눈 대화이다. 빈칸에 들어갈 A의 말로 가장 적절한 것은?

A: "요즘 문제가 생겨도 제대로 해결되지 않고 있다는 생각이 들어."
B: "무슨 일인데?"
A: "어떤 문제가 생겨서 급하게 해결책을 마련하면 일단 문제가 해결된 것처럼 보이지만 어느새 다른 문제가 또 생겨. 그래서 그 문제를 해결하려고 하면 또 다른 문제가 생기고."
B: "내 개인적인 이야기가 너에게 조언이 될 거 같네. 예전에 내 자동차가 시동을 걸려고 하면 두세 번 정도 시도를 해야만 시동이 걸렸었어. 그래서 내가 문제를 해결해 달라고 카센터에 맡겼지. 그랬더니 카센터 엔지니어가 어떤 조치를 해줬는지 알아? 내가 한 번 시동을 걸면 시동이 걸릴 때까지 자동적으로 시동 거는 시도가 반복되도록 해둔 거야. 웃기지 않아? 시동이 왜 바로 안 걸리는지 봐줘야 하는 거 아냐?"
A: "아, 그러니까 _____"

① 표면적인 문제를 해결하지 말고 문제의 근본 원인을 파악하라는 얘기구나.
② 최대한 많은 사람들의 의견을 취합해서 문제의 대안을 마련하라는 얘기구나.
③ 문제가 발생하기 전에 미리 발생할 문제에 대비할 수 있어야 한다는 거구나.
④ 문제가 생겼을 경우 지체 없이 빨리 해결하는 게 좋다는 얘기구나.
⑤ 실행할 대안을 결정하기 전에 숙고의 과정을 최대한 많이 거치는 게 좋다는 얘기구나.

02

다음은 인도의 베다 수학에 대한 자료일 때, 베다 수학을 이용한 계산식으로 옳지 않은 것은?

> 힌두교 경전인 베다(Veda)에서 유래한 베다 수학은 현대 수학의 기원으로 인식된다. 베다에 나오는 계산법과 수학 지식들이 발전해 현대 수학에 기원이 됐다는 분석인데, 무엇보다 베다 수학은 특유의 사칙연산법으로 유명하다. 두 자릿수의 덧셈의 경우 십의 자리와 일의 자리로 수를 각각 분리하여 십의 자리끼리 더하고, 일의 자리끼리 더한다. 이때 일의 자리의 합이 10 이상인 경우 다시 십의 자리와 일의 자리로 분리하여 모두 더한다. A − B와 같은 뺄셈의 경우, B에 일정한 수를 더하여 10의 배수가 되도록 한다. 이후 A에서 10의 배수가 된 B를 뺀 후, B가 10의 배수가 되도록 더해준 수를 계산 값에 더한다. 두 자릿수의 곱셈의 경우 십의 자리와 일의 자리로 수를 각각 분리한 후, 분배법칙을 이용하여 두 수를 곱한다.

① $25 + 47 = 20 + 5 + 40 + 7 = 20 + 40 + 5 + 7 = 20 + 40 + 10 + 2 = 72$

② $15 \times 23 = (10 + 5) \times (20 + 3) = 10 \times 20 + 10 \times 3 + 5 \times 20 + 5 \times 3$
  $= 200 + 30 + 100 + 15 = 200 + 30 + 100 + 10 + 5 = 345$

③ $67 − 34 = 67 − (34 + 6) + 6 = 67 − 40 + 6 = 27 + 6 = 20 + 7 + 6 = 20 + 10 + 3 = 33$

④ $24 \times 12 = (20 + 4) \times (10 + 2) = 20 \times 10 + 20 \times 2 + 4 \times 10 + 4 \times 2$
  $= 200 + 40 + 40 + 8 = 288$

⑤ $55 − 35 = (50 + 5) − (30 + 5) = 50 − 30 + 5 − 5 = 20$

03

다음 〈보기〉 중 비즈니스 레터에 대한 설명으로 적절한 것만을 모두 고르면?

/ 보기 /
- ㉠ 직장 업무나 개인 간의 연락 목적으로 사용할 수 있다.
- ㉡ 기업체 등이 자신들의 정보를 기사화하는 것을 그 목적으로 한다.
- ㉢ 비공식적 문서이므로 공식적인 문서를 전달하는 데는 사용되지 않는다.
- ㉣ 사업상의 이유로 고객이나 단체에 편지 형태로 보내는 문서이다.

① ㉠, ㉡   ② ㉠, ㉣   ③ ㉡, ㉢
④ ㉡, ㉣   ⑤ ㉢, ㉣

04

다음 〈보기〉 중 시간낭비의 외적 요인으로 적절하지 않은 것만을 모두 고르면?

/ 보기 /
- ㉠ 동료직원이 부탁한 일을 거절하지 못하는 우유부단함
- ㉡ 담당 고객으로부터 걸려오는 잦은 전화
- ㉢ 일과 관련이 없는 개인적인 고민에 대한 걱정과 혼란한 생각
- ㉣ 출장을 가는 동안 도로에서 일어난 교통사고로 인한 교통 혼잡
- ㉤ 담당 업무와 관련하여 지나치게 잦고 긴 시간 동안 이루어지는 회의

① ㉠   ② ㉢   ③ ㉠, ㉢
④ ㉡, ㉣   ⑤ ㉠, ㉢, ㉤

05

인사팀에 근무하는 한대리는 OJT 교육에서 '직업에 의미'를 주제로 강의를 진행하고자 한다. 한대리가 제작한 강의 자료가 다음과 같을 때, 적절하지 않은 내용을 포함한 것은?

①
직업의 의미

1. 직업(職業)이란?
1) 직(職): 사회적 역할의 분배 = 직분(職分)
2) 업(業): 일 또는 행위, 나아가 불교에서 말하는 전생 및 현생의 인연
⇒ 직업은 사회적으로 맡은 역할과 하늘이 맡긴 소명, 전생의 허물을 벗기 위한 과제

②
직업의 의미

2. 직업이 갖추어야 할 속성
1) 계속성
- 매일, 매주, 매월 등 주기적으로 일을 하거나, 계절 또는 명확한 주기가 없어도 계속 행해지며, 현재 하고 있는 일을 계속할 의지와 가능성이 있어야 함을 의미함.

③
직업의 의미

2) 경제성
- 직업이 경제적 거래 관계가 성립되는 활동이어야 함을 의미함.
- 노력이 전제되지 않는 자연 발생적인 이득의 수취나 우연하게 발생하는 경제적 과실에 전적으로 의존하는 활동도 직업 O
- 무급 자원봉사나 전업 학생은 직업 X

④
직업의 의미

3) 윤리성
- 비윤리적인 영리 행위나 반사회적인 활동을 통한 경제적 이윤 추구는 직업 활동으로 인정되지 않음을 의미함.
4) 사회성
- 모든 직업 활동이 사회 공동체적 맥락에서 의미 있는 활동이어야 함을 의미함.

⑤
직업의 의미

5) 자발성
- 속박된 상태에서의 제반 활동은 경제성이나 계속성의 여부와 상관없이 직업으로 보지 않는다는 것을 의미함.
∴ 취미활동이나 아르바이트, 강제노동 등: 체계적이고 전문화된 일의 영역으로 볼 수 있지만, 이러한 속성을 갖추지 않은 경우 직업으로 포함하지 않음.

06

다음 산업재해의 예방 대책 5단계 중 가장 먼저 이루어져야 하는 단계는 무엇인가?

① 원인 분석　　　　　② 기술 공고화　　　　　③ 사실의 발견
④ 시정책 적용 및 뒤처리　　⑤ 안전 관리 조직

07

다음 중 저작권자가 저작물에 자발적으로 공유 방식을 표시하여 사용자가 저작권자에게 따로 허락을 구하지 않아도 저작권자가 표시한 방식 안에서 저작물을 사용할 수 있도록 하는 제도는 무엇인가?

① CRM　　　② CCL　　　③ DRM　　　④ URL　　　⑤ CAD

08

다음 중 자기개발의 특징에 대한 설명으로 가장 적절한 것은?

① 자기개발 전략과 방법은 누구에게나 공통적으로 적용될 수 있다.
② 자기개발은 학교를 다니거나 직장생활을 하는 시기에만 이루어진다.
③ 자기개발에서의 첫걸음은 자신에게 닥칠 환경 변화를 예측하는 것이다.
④ 교육훈련기관에서의 교육프로그램 이수는 자기개발을 위한 방법으로 볼 수 없다.
⑤ 특별한 사람만 자기개발을 하는 것이라는 편견과 달리 자기개발은 모든 사람이 해야 한다.

09

홍보팀에 근무하는 박사원은 영업팀에 업무 요청을 하기 위한 메일을 작성한 후, 김대리의 피드백 사항에 따라 메일을 수정하였다. 박사원이 처음 작성한 문서가 [A], 김대리의 피드백을 반영하여 수정한 문서가 [B]일 때, 김대리가 전달한 피드백 사항으로 적절하지 않은 것은?

[A]			
제목	재택근무 확대	작성일	20○○.9.6.(월)

안녕하세요. 재택근무 확대 방안을 위한 회의 참석 가능 날짜 요청드립니다. 회의는 다음 주 9/7(화) 또는 9/8(수)에 진행하고자 합니다. 참석 가능 날짜 확인 부탁드립니다. 감사합니다.

첨부 파일 재택근무 가이드.ppt

[B]			
제목	재택근무 확대 방안 회의 참석 일정 확인	작성일	20○○.9.6.(월)

안녕하세요. 홍보팀 박○○입니다.
아래와 같이 재택근무 확대 방안 회의 일정을 확인하신 후, 참석 가능하신 날짜의 회신
요청 드립니다.

1) 요청사항: 9/14(화), 9/15(수) 중 회의 참석 가능 요일
2) 기한: 금일 퇴근 전(7시)까지

그럼 회신 부탁드립니다. 감사합니다.

① "문서의 내용을 파악할 수 있는 제목을 붙여 주세요."
② "행과 단락을 적절하게 배분하여 작성해 주세요."
③ "금액, 수량, 일자 등은 정확하게 기재해 주세요."
④ "첨부자료는 필요한 자료만 첨부해 주세요."
⑤ "불필요한 한자 사용은 배제해 주세요."

10

다음 사례를 통해 알 수 있는 리더십의 특징으로 가장 적절한 것은?

> 미국 36대 대통령 린든 존슨(Lyndon Johnson)이 NASA(미항공우주국)를 방문했을 때의 일이다. 정문을 들어서는데 구석에서 땀을 흘리며 지저분한 바닥을 닦고 있는 청소부를 발견하였다. 그는 얼굴에 환한 미소를 띠고 콧노래를 부르며 신나게 일하고 있었다. 그 모습이 매우 즐거워 보여서 대통령은 부러운 생각까지 들었다. 그래서 그 청소부에게 다가가 물었다.
> "청소하는 일이 그렇게 즐겁습니까? 비법을 듣고 싶네요."
> 그러자 청소부는 이렇게 대답했다.
> "각하, 저는 일개 청소부가 아닙니다. 저는 지금 인간을 달나라로 보내는 일을 하고 있습니다."

① 직위나 직급에 따라 요구되는 리더십 역량이 다르다.
② 리더가 될 자질이 있는 특정 사람만 리더십을 보인다.
③ 모든 조직구성원은 각자의 위치에서 리더십을 가져야 한다.
④ 개인의 리더십 발휘를 통해 목표 달성을 위한 팀워크가 형성된다.
⑤ 훌륭한 리더는 타인이 하기 싫어하는 일을 스스로 맡아 하는 리더십을 보인다.

11

다음 자료와 관련된 기업 용어에 대한 설명으로 적절하지 않은 것은?

> ○○기업의 임직원은 기업의 일원으로서 임직원 상호 간 관계를 비롯해 고객, 협력사, 정부 등 이해관계자에 대해 지켜야 할 예의를 지킬 것입니다.
> 우리는 ○○기업을 위해 정직하게 행동할 것입니다. 건강함과 아름다움을 추구하는 ○○기업의 일원으로서 법과 직무 윤리지침을 준수하며 옳은 의사결정을 할 것입니다. 또한 우리의 행동과 결정에 성실하게 책임질 것입니다.
> ○○기업의 임직원은 건강한 윤리의식을 강화하기 위해 윤리강령을 바탕으로 매년 윤리서약을 실시하고 있습니다.

① 기업의 사회적 책임이 중요하다는 현실적인 요구를 바탕으로 한다.
② 경영자가 제시된 자료와 같은 강령을 작성하고 발표하면 이를 강화할 수 있다.
③ 임직원들에게 기업의 구체적인 전략 방향성과 함께 행동지침을 제공한다.
④ 기업의 특성과 환경을 분석하여 기업에 맞는 윤리를 도출할 수 있어야 한다.
⑤ 막연한 도덕적 개념이 아닌 기업의 경쟁력을 극대화하는 것이 궁극적인 목적이다.

12

다음은 공무원 행동강령 중 일부이다. 이를 토대로 신입 공무원 연수 책자를 제작하려고 할 때, 책자에 포함될 내용으로 적절하지 않은 것은?

> **제14조(금품 등의 수수 금지)** ① 공무원은 직무 관련 여부 및 기부·후원·증여 등 그 명목과 관계없이 동일인으로부터 1회에 100만 원 또는 매 회계 연도에 30만 원을 초과하는 금품 등을 받거나 요구 또는 약속해서는 아니 된다.
> ② 공무원은 직무와 관련하여 대가성 여부를 불문하고 제1항에서 정한 금액 이하의 금품 등을 받거나 요구 또는 약속해서는 아니 된다.
> ③ 제15조의 외부강의 등에 대한 사례금 또는 다음 각 호의 어느 하나에 해당하는 금품 등은 제1항 또는 제2항에서 수수(收受)를 금지하는 금품 등에 해당하지 아니한다.
> 1. 중앙행정기관장 등이 소속 공무원이나 파견 공무원에게 지급하거나 상급자가 위로·격려·포상 등의 목적으로 하급자에게 제공하는 금품 등
> 2. 원활한 직무 수행 또는 사교·의례 또는 부조의 목적으로 제공되는 음식물·경조사비·선물 등으로서 중앙행정기관의 장 등이 정하는 가액 범위 안의 금품 등
> 3. 사적 거래(증여는 제외)로 인한 채무의 이행 등 정당한 권원(權原)에 의하여 제공되는 금품 등
> 4. 공무원의 친족이 제공하는 금품 등
> 5. 공무원과 관련된 직원상조회·동호인회·동창회·향우회·친목회·종교단체·사회단체 등이 정하는 기준에 따라 구성원에게 제공하는 금품 등 및 그 소속 구성원 등 공무원과 특별히 장기적·지속적인 친분을 맺고 있는 자가 질병·재난 등으로 어려운 처지에 있는 공무원에게 제공하는 금품 등
> 6. 공무원의 직무와 관련된 공식적인 행사에서 주최자가 참석자에게 통상적인 범위에서 일률적으로 제공하는 교통, 숙박, 음식물 등의 금품 등
> 7. 불특정 다수인에게 배포하기 위한 기념품 또는 홍보용품 등이나 경연·추첨을 통하여 받는 보상 또는 상품 등
> 8. 그 밖에 사회상규(社會常規)에 따라 허용되는 금품 등
>
> ④ 공무원은 제3항 제5호에도 불구하고 같은 호에 따라 특별히 장기적·지속적 친분관계를 맺고 있는 자가 직무 관련자 또는 직무 관련 공무원으로서 금품 등을 제공한 경우에는 그 수수 사실을 소속 기관의 장에게 신고하여야 한다.
> ⑤ 공무원은 자신의 배우자나 직계 존속·비속이 자신의 직무와 관련하여 제1항 또는 제2항에 따라 공무원이 받는 것이 금지되는 금품 등(이하 "수수 금지 금품 등"이라 한다)을 받거나 요구하거나 받기로 약속하지 아니하도록 하여야 한다.
> ⑥ 공무원은 다른 공무원에게 또는 그 공무원의 배우자나 직계 존속·비속에게 수수 금지 금품 등을 제공하거나 그 제공의 약속 또는 의사 표시를 해서는 아니 된다.

① 공무원 A는 기부 명목이더라도 같은 사람으로부터 1회에 100만 원을 초과하는 금품을 받을 수 없다.
② 공무원 B의 외숙부가 제공하는 금품은 수수를 금지하는 금품에 해당하지 않는다.
③ 공무원 C는 같은 부서에서 일하는 공무원 L에게 수수 금지 금품의 제공을 약속할 수 없다.
④ 중앙행정기관장인 D는 포상의 목적이라도 파견 공무원인 P에게 어떠한 금품도 제공할 수 없다.
⑤ 공무원 E는 자신의 배우자에게 직무와 관련하여 대가성 여부를 불문하고 수수 금지 금품을 제공해서는 안 됨을 강조해야 한다.

13

다음 중 Windows 10에서 현재 화면으로 보고 있는 윈도우 창 1개를 최소화하는 단축키로 옳은 것은?

① Alt + Shift + N
② 윈도우키 + Shift + S
③ Alt + Space + N
④ Alt + Space + X
⑤ 윈도우키 + D

14

인사팀에 근무하는 이사원은 반복적인 업무 실수로 상사에게 꾸지람을 들었다. 이사원이 반복되는 실수를 고치기 위해 스스로 성찰하고자 할 때, 스스로에게 던질 수 있는 질문으로 적절한 것만을 〈보기〉에서 모두 고르면?

— / 보기 / —
㉠ 지금 일이 잘 진행되거나, 그렇지 않은 이유는 무엇인가?
㉡ 이 상태를 변화시키거나 혹은 유지하기 위하여 해야 하는 일은 무엇인가?
㉢ 이번 일 중 평소와 다르게 수행했다면, 더 좋은 성과를 냈을 방법은 무엇인가?

① ㉠
② ㉡
③ ㉠, ㉢
④ ㉡, ㉢
⑤ ㉠, ㉡, ㉢

15

○○공사에 근무하는 김사원은 같은 팀의 최사원과 업무 방식으로 인한 갈등으로 어려움을 겪고 있다. 이에 다음 윈-윈(Win-Win) 관리법을 기반으로 갈등을 해결하려고 할 때, 각 단계에서 김사원이 할 수 있는 말로 적절하지 않은 것은?

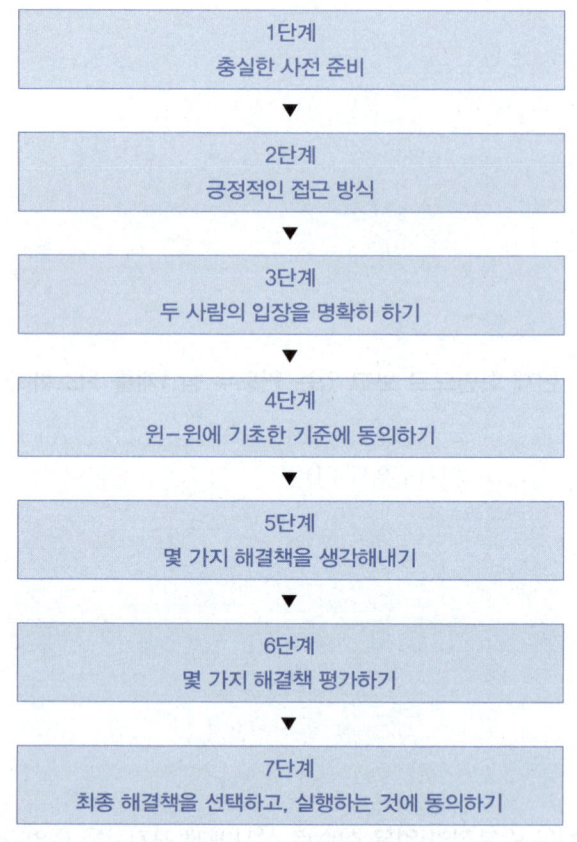

① 1단계: "최사원은 왜 자신의 업무 방식만 고집할까요?"
② 2단계: "우리 두 사람 모두에게 만족스러운 해결 방안을 찾고 싶어요."
③ 3단계: "만족스러운 해결 방안을 찾기 위해 나와 노력할 의사가 있나요?"
④ 4단계: "제가 중요시하는 것은 우리가 동의한 방법으로 빨리 실행하는 것이에요."
⑤ 5단계: "브레인스토밍을 통해서 우리 모두가 만족할 만한 해결 방안을 찾아봐요."

16

다음은 미래 사회가 다가옴에 따라 특정 분야에서 유망한 기술 및 그와 관련한 내용을 설명하고 있다. 밑줄 친 (가), (나)분야에 해당하는 분야를 각각 바르게 짝지은 것은?

- (가)분야에서 유망한 기술로 전망되는 것은 지능형 로봇 분야이다. 지능형 로봇의 장점은 인간과 로봇이 자연스럽게 서로를 인지하고 정서적으로 공감하며 상호 작용할 수 있다는 것이다. 타 분야에 대한 기술적 파급 효과가 큰 첨단 기술의 복합체인 지능형 로봇은, 소득 2만 달러 시대를 선도할 미래 유망산업으로 발전할 것이다.
- (나)분야에서는 친환경 자동차 기술이 유망할 것으로 전망된다. 친환경 자동차 기술은 CO_2로 인한 환경오염을 방지하고, 화석연료의 고갈에 대비하여 새로운 대체에너지원을 찾고자 하는 기술이다. 2030년경에는 점차 하이브리드나 연료전지 자동차가 전체 시장의 주류를 이루게 될 것이다.

	(가)분야	(나)분야
①	기계공학분야	건설환경공학분야
②	화학생명공학분야	전기전자정보공학분야
③	화학생명공학분야	기계공학분야
④	전기전자정보공학분야	건설환경공학분야
⑤	전기전자정보공학분야	기계공학분야

17

다음 중 성실성을 반영한 사례로 적절하지 않은 것은?

① 판소리 인간 문화재 A
② 반복 업무에도 항상 최선을 다하는 인턴사원 B
③ 독거노인에게 도시락을 무상으로 제공하는 C
④ 세계적 명성의 클래식 악기 연주가 D
⑤ 올림픽에서 금메달을 딴 국가대표 선수 E

18

박과장은 영업팀 소속의 10년 차 과장으로, 하주임과 함께 신규 프로젝트를 진행하고 있다. 그런데 프로젝트 담당자인 하주임의 잦은 실수로 영업팀은 물론 다른 팀까지 피해를 보게 되자, 박과장은 하주임과 개인 면담을 진행하였다. 박과장과 하주임이 나눈 대화가 다음과 같을 때, 빈칸에 들어갈 내용으로 적절하지 않은 것은?

> 박과장: "하주임, 요즘 같은 실수를 반복해서 하는 것 같아요. 본인의 행동을 스스로 돌아봤을 때 무엇이 문제라고 생각해요?"
> 하주임: "과장님, 저는 억울해요. 저는 다른 사람들보다 일도 많이 하는 편이고, 업무시간에 딴짓도 하지 않아요. 심지어 신규 프로젝트 진행으로 휴가도 못 써서 지금 쌓인 연차만 10개가 넘어요. 남들보다 열심히 하는데 왜 이렇게 실수를 하는지 모르겠어요."
> 박과장: "하주임의 잘잘못을 따지려는 게 아니에요. 업무 시 실수를 줄일 방법을 같이 논의해 보기 위해 이 자리를 마련한 거예요. 혹시 업무수행 성과를 높이기 위한 행동전략으로 하주임이 실천한 것으로는 무엇이 있나요?"
> 하주임: "저는 그냥 열정을 가지고 열심히만 하면 된다고 생각했는데, 업무수행 성과를 높이기 위한 행동전략이 있나요? 어떻게 하면 제가 업무수행 성과를 높일 수 있나요?"
> 박과장: "업무수행 성과를 높이기 위해서는 (   )"

① 일을 미루지 않고 그때그때 해야 해요.
② 회사와 팀의 업무 지침을 따라야 해요.
③ 하주임만의 역할 모델을 설정해 보세요.
④ 업무는 묶어서 처리하지 않는 것이 좋아요.
⑤ 다른 사람과는 다른 창의적인 방식으로 일해 보세요.

19

다음 두 사례에서 강조하고 있는 의사소통 기술의 특징으로 적절하지 않은 것은?

- 사례 1: "성공하는 사람과 그렇지 못한 사람의 대화 습관에는 뚜렷한 차이가 있다. 그 차이점이 무엇인지 단 하나만 꼽으라고 한다면 나는 주저 없이 '경청하는 습관'을 들 것이다. 우리는 지금껏 말하기, 읽기, 쓰기에만 골몰해왔다. 하지만 정작 우리의 감성을 지배하는 것은 '귀'다. 경청이 얼마나 주요한 능력인지, 그리고 우리가 어떻게 경청의 힘을 획득할 수 있는지 알아야 한다."
- 사례 2: "나는 아침마다 스스로에게 상기시킨다. 오늘 내가 말하는 것 중 나를 가르쳐주는 것은 아무 것도 없다고. 그래서 만약 내가 배우고자 한다면 나는 반드시 경청을 통해 배운다고."

① 상대를 배려하여 부정적인 감정은 드러내지 않는 태도이다.
② 대화의 과정에서 신뢰를 쌓을 최고의 방법 중 하나다.
③ 선입견과 편견으로 상대를 이해하려 하지 않는 태도이다.
④ 상대방을 한 개인으로 존중하는 태도이다.
⑤ 의사소통을 위한 기본적인 자세이다.

20

다음은 ○○공사의 지하철을 이용한 물류운송에 관한 자료이다. 이를 토대로 〈보기〉와 같이 전략적 분석 방법을 실시할 때, 빈칸 ㉠에 들어갈 내용으로 적절하지 않은 것은?

○○공사	보도자료		
배포일	202X.X.X.	보도일시	배포 즉시

서울 지하철, 이제 물건도 실어 나른다… 물류비용 절감
- 역사 유휴 공간·차량기지·화물열차 등을 활용한 '서울형 도심 물류체계' 준비 중
- 202X 한국교통정책경제학회 학술대회서 최우수상 수상 등 성과 인정받아
- 물류비용 줄이고 시민 편익 끌어올리는 새로운 개념의 물류서비스가 될 것으로 기대

▫ ○○공사는 현재 운영 중인 지하철 기반시설을 활용하여 물건을 실어 나르거나 보관하는 '서울형 도심 물류체계'를 준비 중이라고 밝혔다.

▫ '서울형 도심 물류체계'는 도시철도 인프라(지하철역, 차량기지, 폐차 예정인 여객열차)를 활용해 친환경 물류체계를 구축하여, 도심 내 물류활동을 지원하는 일종의 도심 생활 물류체계이다.
  ○ 최근 택배 물동량이 늘어나고 수도권 지역 집중이 심화되면서, 물류업계는 교통 혼잡과 미세먼지 증가, 근로환경 악화 등 어려움을 겪고 있다. 국내 택배 물동량이 지속적으로 증가하는 가운데, 도로운송 의존도가 심화되고 있어 이를 위한 해법이 필요한 상황이다.

/ 보기 /

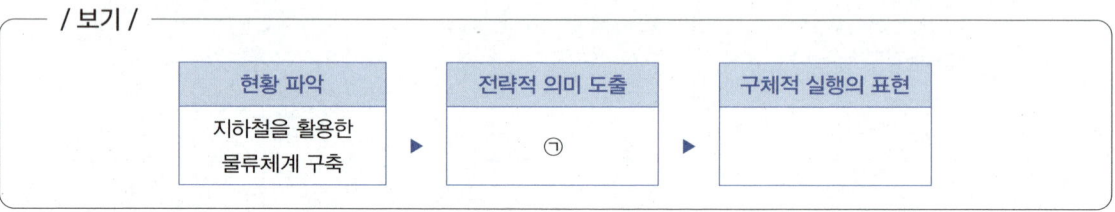

① 환경오염이 줄어든다.
② 근로환경이 개선된다.
③ 물류비용이 절감된다.
④ 도로운송 의존도가 개선된다.
⑤ 폐차 예정인 여객열차를 이용한다.

21

P대리가 근무하고 있는 회사가 올해부터 성과제를 도입하겠다는 정책을 발표했다. P대리는 "성과제를 도입한다고 해서 직원들이 열심히 한다든가 회사의 매출이 좋아진다든가 하는 확실한 증거가 없어. 따라서 성과제 도입은 잘못된 거야."라며 성과제 도입에 반대하고 있다. 다음 중 P대리가 범한 논리적 오류와 성격이 다른 것은?

① "1970년대에 미국이 달 착륙에 성공했다는 명확한 증거가 부족해. 아마 달 착륙은 날조였거나 연출이었을 거야."
② "커피가 암을 예방한다는 연구 결과는 아직도 논란이 많아. 그러므로 커피는 절대 마시면 안 돼."
③ "과학은 신이 존재하지 않는다는 것을 전혀 증명하지 못했어. 그러므로 신은 반드시 존재할 거야."
④ "그는 이전에 사생활이 문란했고 마약을 복용한 전력도 있습니다. 따라서 살인 혐의로 반드시 기소돼야 합니다."
⑤ "아인슈타인의 상대성이론이 현재의 시공간 현상을 제대로 설명하고 있다는 사실은 증명할 수 없어. 그러므로 아인슈타인의 상대성이론은 아직 논란의 여지가 있어."

22

협상전략은 크게 협력전략, 유화전략, 회피전략, 강압전략으로 구분할 수 있다. 다음 〈보기〉의 협상별 특징을 각 협상전략과 바르게 짝지은 것은?

/ 보기 /

㉠ 시간과 노력을 투자할 필요가 없을 정도로 협상의 가치가 낮거나, 협상을 중단하고자 하여 상대방에게 심리적 압박감을 줄 때 사용할 수 있다.
㉡ 자신이 상대방보다 힘에서 우위를 점유하고 있을 때 자신의 이익을 극대화 할 수 있는 전략이다.
㉢ 협상으로 인해 돌아올 결과보다는 상대방과의 인간관계 유지를 선호하여 상대방과의 충돌을 피하고자 할 때 사용할 수 있다.
㉣ 자신의 주장을 확실하게 상대방에게 제시하고 상대방이 이를 수용하지 않으면 불이익이 있을 것이며 협상이 결렬될 것이라고 위협을 가할 수 있다.
㉤ 협상을 계속 진행하는 것이 자신에게 불리하게 될 가능성이 있을 때 사용할 수 있으며, 주요 전술에는 무시, 무반응, 철수 등이 있다.
㉥ 협상 당사자들이 서로에 대한 정보를 많이 공유하고 있을 때나 우호적 인간관계의 유지가 중요한 경우에 유효하다.
㉦ 주요 전술에는 협동적 원인 탐색, 정보 수집과 제공, 쟁점의 구체화, 개발된 대안들의 공동평가 등이 있다.
㉧ 자신의 입장이나 이익보다는 상대방의 이익과 입장을 고려하여 상대방의 주장에 순순히 따르는 전략이다.

	협력전략	유화전략	회피전략	강압전략
①	㉠, ㉣	㉡, ㉤	㉥, ㉦	㉧, ㉢
②	㉠, ㉥	㉣, ㉦	㉢, ㉤	㉡, ㉧
③	㉢, ㉦	㉥, ㉧	㉠, ㉤	㉡, ㉣
④	㉥, ㉦	㉢, ㉧	㉠, ㉤	㉡, ㉣
⑤	㉥, ㉦	㉡, ㉤	㉠, ㉧	㉢, ㉣

23

○○공사 임직원 교육을 담당하는 K과장은 상사에게 다음 기사를 전달받았다. 이를 토대로 K과장이 임직원 교육에 추가할 교육 프로그램으로 적절하지 않은 것은?

> 미투(METOO)운동이 문화계, 종교계, 정치계 등 사회 전반으로 확산되었다. 그동안 우리 사회가 외면해 왔던 잘못된 성 인식에 따른 성희롱 및 성폭력, 양성불평등, 권력형 억압에 대한 강력한 반발은 물론, 개혁에 대한 뜨거운 의지가 관찰되고 있다. 특히, 개인의 치부로 덮었던 과거와 달리 미투운동은 제도적인 대책과 사회 전반적인 인식의 전환을 강력하게 요구하는 양상을 띠고 있다.
> 이미 여러 여론조사를 통해서 성폭력 문제에 대한 인식 변화 기류는 명확하게 드러나고 있다. 최근 ○○언론진흥재단 미디어연구센터가 일반인 1,063명을 대상으로 설문조사한 결과에서 10명 중 9명, 즉 응답자의 88.6%가 '미투운동을 지지한다'는 의사를 밝혔다. 또한 동참 의사가 있다는 응답도 74.4%에 달할 정도로 높은 편이었다. 이어 피해자를 격려한다는 응답은 73.1%를 기록했으며, 성폭력 문제의 심각성을 묻는 질문에 대해서는 사실상 '모든 응답자'라고 해도 될 수치인 93.7%가 '매우 심각하다'고 답한 것으로 조사되었다. 이에 따라 정부, 지방자치단체, 기업도 대책 마련을 서두르는 한편, 근절을 위한 제도적 뒷받침의 중요성을 실감하고 있다.

① 타인을 존중하고 배려하는 직장문화 만들기 교육
② 성에 대한 건전한 가치관 함양 및 성희롱 예방 교육
③ 가정 내 학대 방지 및 가정폭력에 대한 인식 개선 교육
④ 성에 대한 올바른 인식 강화 및 성폭력 예방 교육
⑤ 직장 내 성희롱, 성폭력 사례 이해 및 양성평등 문화 교육

24

○○공사에 근무하는 다섯 명의 사원은 의사표현에 영향을 미치는 비언어적 요소에 대해 다음과 같이 대화를 나누었다. 이들 중 적절하지 않은 발언을 한 사람은?

> 서사원: "정확하게 의사를 전달하기 위해 발음을 바르게 내는 기본 요령에는 호흡을 충분히 하기, 목에 힘주지 않기, 입술과 혀와 턱을 빨리 움직이기의 세 가지가 있어."
> 민사원: "발표할 때 기본적인 말의 보통 속도는 10분에 200자 원고지 15장 정도로, 이 기준보다 빠르게 말하면 듣는 사람은 내용 중 놓친 메시지가 있다고 느낄 수 있어."
> 석사원: "쉼은 의도적인 경우와 비의도적인 경우로 구분할 수 있고, 의도적으로 쉼을 잘 활용하면 논리성, 감정 제고, 동질감 등을 확보할 수 있어."
> 주사원: "의사표현은 기본적으로 말하기이기 때문에 말, 몸짓, 유머 등 비언어적인 요소보다는 화자가 전달하려는 메시지의 내용이 더 중요해."
> 윤사원: "손과 팔의 움직임인 몸짓은 중요한 비언어적 요소 중 하나로, 몸짓의 가장 흔한 유형은 몸동작으로 화자가 말을 하면서 자연스럽게 동반하는 움직임이야."

① 서사원 ② 민사원 ③ 석사원 ④ 주사원 ⑤ 윤사원

25

다음 글에서 설명하는 문서로 가장 적절한 것은?

> 예산의 편성 및 운용, 통제 등에 관한 규칙을 명확히 정하여 경영관리의 효율성을 기하기 위해 작성하는 문서로, 규정의 목적과 적용 범위, 예산 기간, 예산 과목 등의 사항과 예산관리조직에 관한 사항을 명시하도록 한다.

① 예산계획서 ② 예산보고서 ③ 예산내역서
④ 예산관리대장 ⑤ 예산관리규정

26

다음은 물류팀에 근무하는 강사원이 작성한 물품 보관 방법이다. A~E제품 중 보관 방법이 적절하지 않은 제품은 무엇인가?

> 판매량이 가장 높은 A제품은 입출고가 쉬운 출입구 가까운 곳에 보관하였고, A제품 다음으로 판매량이 높으며, 부피가 작고 가벼운 B제품은 출입구 주변 선반 맨 아래 칸에 보관하였다. 유리 제품으로 파손 위험이 큰 C제품은 C제품끼리 따로 보관하였으며, C제품과 동일하지만 재질은 플라스틱으로 된 D제품은 C제품 옆 선반에 보관하였다. 마지막으로 판매량이 제일 낮은 E제품은 출입구에서 가장 먼 곳에 보관하였다.

① A제품 ② B제품 ③ C제품 ④ D제품 ⑤ E제품

27

다음 상황에서 8명의 지원자가 앉을 수 있는 경우의 수는 총 몇 가지인가?

> ○○공사의 토론면접은 지원자 8명이 원탁에 둘러 앉아 한 가지 주제에 대해 토론을 진행하는 형식이다. 지원자는 A부서 2명, B부서 4명, C부서 2명으로 이루어져 있다. 이때, A부서 지원자들은 서로 마주보고 앉도록 한다.

① 24가지
② 120가지
③ 240가지
④ 720가지
⑤ 1,440가지

28

다음은 A~C업체의 2020년 매출액과 2021~2024년 매출액의 전년 대비 증가율에 관한 자료일 때, 2020년 대비 2024년에 A~C 세 업체의 매출액 증가량의 합은 총 얼마인가?

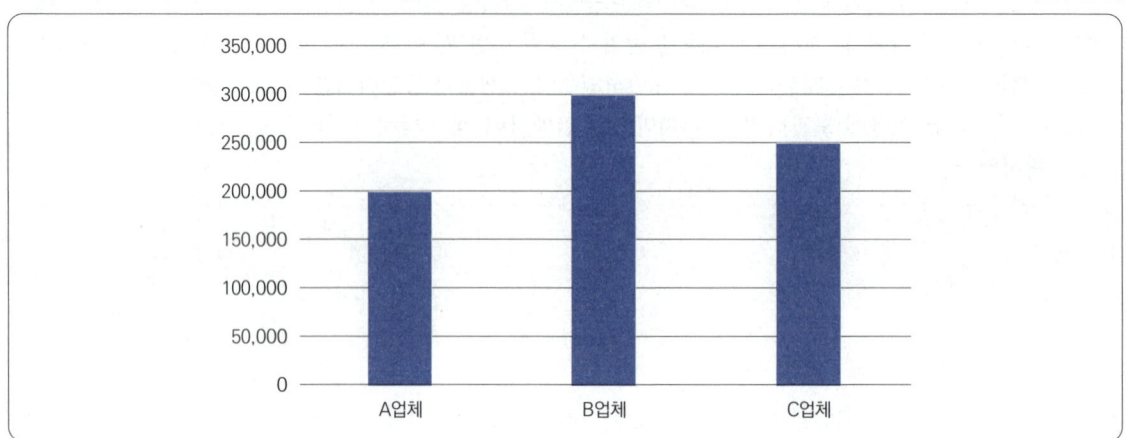

〈그래프 1〉 A~C업체 2020년 매출액 (단위: 만 원)

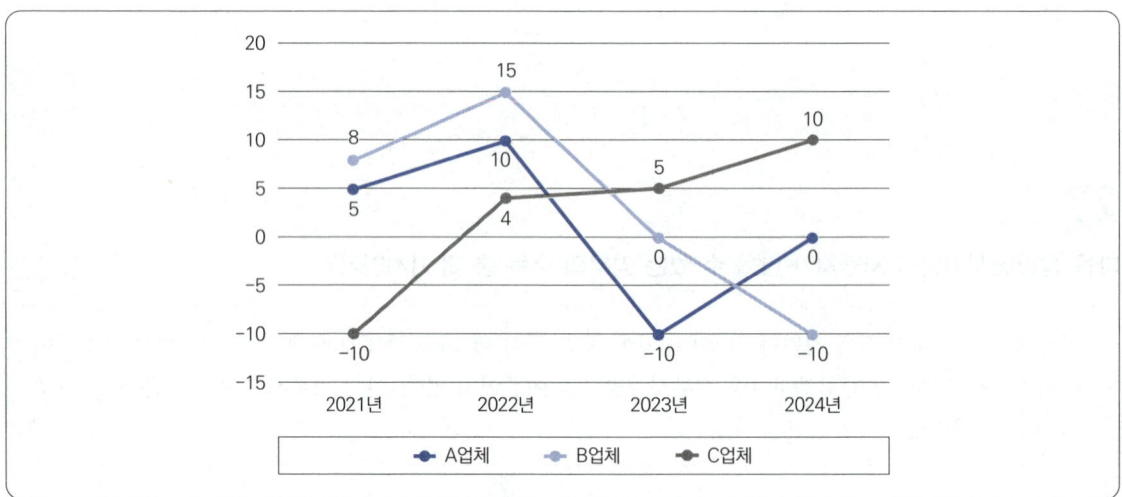

〈그래프 2〉 2021~2024년 A~C업체 매출액의 전년 대비 증가율 (단위: %)

① 62,770만 원 ② 63,140만 원 ③ 63,510만 원
④ 63,880만 원 ⑤ 64,250만 원

29

다음 글의 밑줄 친 ㉠~㉤에 대한 설명으로 적절하지 않은 것은?

> 조직목표는 미래지향적임과 동시에 현재 조직 행동의 방향을 결정해 주는 역할을 한다. 미국의 조직설계 이론가인 리처드 L. 다프트에 따르면 조직이 일차적으로 수행해야 하는 과업인 운영목표에는 ㉠전체성과, ㉡자원, ㉢인력개발, ㉣혁신과 변화, ㉤생산성 등에 관한 목표가 포함되어야 한다.

① ㉠은 영리 조직의 수익성, 사회복지기관의 서비스 제공과 같은 조직의 목표이다.
② ㉡은 조직에 필요한 재료와 재무 자원을 획득하는 것을 일컫는다.
③ ㉢은 조직구성원에 대한 교육훈련, 승진, 성장 등과 관련된 목표이다.
④ ㉣은 불확실한 환경 변화에 대한 적응 가능성을 높이기 위해 수립한다.
⑤ ㉤은 시장점유율이나 시장에서의 지위 향상과 같은 목표를 말한다.

30

다음 정적 정보와 동적 정보의 특징에 관한 글을 읽고 동적 정보에 해당하는 것만을 〈보기〉에서 모두 고르면?

> 동적 정보는 시시각각으로 변하는 정보를 의미한다. 이는 변화하는 정보이므로 유통기한이 있다고 할 수 있다. 하지만 정적 정보는 그 반대이다. 보존되어 멈추어 있는 정보이며, 저장 정보라고도 한다.

/ 보기 /
㉠ BTS의 음악 10여 곡을 USB에 저장하였다.
㉡ 어느 잡지에서는 BTS에 관한 정보를 핫이슈로 꼽았다.
㉢ 인터넷에서 BTS에 관한 뉴스 기사를 일면으로 다루었다.
㉣ 빌보드 공식 유튜브 채널에 BTS의 새로운 뮤직비디오 영상이 업로드되었다.

① ㉠, ㉡
② ㉡, ㉢
③ ㉢, ㉣
④ ㉠, ㉡, ㉣
⑤ ㉠, ㉢, ㉣

31

다음 사례에서 문제처리 과정 5단계 중 A사와 B사가 속한 단계를 각각 바르게 짝지은 것은?

> A사: A사에서 생산하는 냉장고의 페인트 작업 일정이 지연되는 원인이 조립 공정에 있다는 것을 알았지만 처음에는 대수롭지 않게 여겼다. 하지만 이로 인해 막대한 비용과 시간이 드는 상황이 반복되자 결국 조립 공정을 문제 상황으로 삼았으며, 이를 해결하기 위해 목표를 명확히 수립하고 문제처리팀도 구성하였다.
>
> B사: B사의 신제품 청소기의 홍보 효과가 낮아 판매량이 좋지 않다는 문제점을 해결하기 위해 오프라인 홍보뿐만 아니라 블로그, SNS 등 온라인 홍보를 활성화하는 방안을 수립하였다.

	A사	B사
①	문제 인식	해결안 개발
②	문제 인식	실행 및 평가
③	실행 및 평가	문제 도출
④	문제 도출	원인 분석
⑤	원인 분석	해결안 개발

32

다음은 창의적인 아이디어를 이끌어내는 강제연상법 중 하나인 스캠퍼(SCAMPER)에 관한 설명이다. 이를 토대로 할 때, 〈상황〉에 나타난 사고법으로 가장 적절한 것은?

스캠퍼(SCAMPER)는 일종의 브레인스토밍 기법으로, 사고의 영역을 7개로 정해 놓고 이에 맞는 새로운 아이디어를 생성한 뒤, 실행 가능한 최적의 대안을 골라내기 때문에 브레인스토밍보다 구체적인 대안을 도출하기 유용하다.

1. S(Substitute): 대체하기
 기존의 것을 다른 것으로 대체함으로써 고정적인 시각을 새롭게 바꿔보는 사고법
2. C(Combine): 결합하기
 두 가지 이상의 것을 결합하여 새로운 것을 도출하는 사고법
3. A(Adapt): 응용하기
 어떤 것을 다른 목적과 조건에 맞게 응용하는 사고법
4. M(Modify, Magnify, Minify): 변형하기, 확대하기, 축소하기
 어떤 것의 특성 및 모양을 변형하거나, 확대 또는 축소하여 새로운 것을 생각해내는 사고법
5. P(Put to other use): 다른 용도로 사용하기
 어떤 것을 전혀 다른 용도로 사용하여 새로운 것을 생각해내는 사고법
6. E(Eliminate): 제거하기
 제거가 가능한 부분 또는 기능을 찾아보는 사고법
7. R(Reverse, Rearrange): 반전하기, 재정렬하기
 어떤 순서, 위치, 기능 등을 뒤집거나 재정렬하여 새로운 것을 생각해내는 사고법

/ 상황 /

P기업의 기획팀에 근무하는 S대리는 여러 명의 상사에게 프로젝트의 진행 사항을 보고하는 일이 잦다. 특히나 과장, 차장, 부장에게 보고하는 경우 이들이 자리를 비우는 일이 많다보니 S대리는 항상 이들에게 틈틈이 보고할 수 있는 시간을 물어야 했다. 시간 약속을 잡는 게 S대리의 주 업무가 아닌데 시간 약속을 잡는 것에 많은 신경을 쏟아야 해서 S대리는 스트레스를 받고 있었다. 그러던 중 회사에서 업무를 보고하는 과정상 발생하는 낭비를 줄이겠다는 방침을 내세웠다. 그 결과 S대리가 상사에게 보고 가능 시간을 물어보는 것이 아니라, 상사가 자신이 보고받을 수 있는 시간을 미리 게시하여 S대리가 그 시간에 맞춰 보고하게 되었다. 덕분에 S대리는 시간 약속을 잡는 데 스트레스를 받지 않고 자신의 주 업무에 집중할 수 있었다.

① 대체하기 ② 결합하기 ③ 변형하기
④ 다른 용도로 사용하기 ⑤ 반전하기

33

○○공사에 근무하는 박대리는 신규입사자를 위해 업무 매뉴얼을 작성하려고 한다. 다음 중 박대리가 업무 매뉴얼 작성 시 주의해야 할 사항으로 적절하지 않은 것은?

① 한 문장에는 하나의 명령 또는 밀접하게 관련된 몇 가지 명령만을 포함한다.
② 명확한 의미 전달을 위해서 능동태보다 수동태의 동사를 사용한다.
③ 빨리 외울 수 있도록 배려하여 작성하는 것도 필요하다.
④ 쉽게 이해할 수 있도록 단순하고 간결하게 서술한다.
⑤ 필요한 정보를 빨리 찾기 쉽도록 구성한다.

34

다음 〈보기〉 중 경력에 대한 설명으로 적절한 것만을 모두 고르면?

― / 보기 / ―
㉠ 전문적인 일이나 특정 직업에 한정된 개념이다.
㉡ 직위, 직무와 관련된 역할 및 활동뿐만 아니라 환경적 요소도 포함된다.
㉢ 과거와 달리 평생직장의 개념이 중요시되면서 지속적인 경력관리가 요구된다.
㉣ 개인이 경력목표와 전략을 수립하고 실행하며 피드백하는 과정에서 개발된다.

① ㉣
② ㉠, ㉢
③ ㉡, ㉣
④ ㉠, ㉡, ㉢
⑤ ㉡, ㉢, ㉣

35

○○공사 총무팀에 근무하는 이사원은 복사기 사용 중 문제가 발생하였다는 김대리의 연락을 받고 다음 복사기 설명서를 찾아보았다. 이때, 설명서를 통해 알 수 있는 복사기의 증상 및 원인과 그 조치 사항으로 적절하지 않은 것은?

증상	원인	조치 사항
디스플레이에 '원고 크기를 감지할 수 없습니다'라는 메시지가 나타남.	설정된 원고 크기를 감지하기가 어렵습니다.	원고 글래스에 원고를 설정하십시오.
		크기를 수동으로 설정하십시오.
		자동 용지 지정 변배 모드를 해제하십시오.
디스플레이에 '원고 방향을 확인하십시오'라는 메시지가 나타남.	원고와 동일한 방향을 가진 복사 용지가 없습니다.	원고를 복사지와 동일한 방향으로 설정하십시오.
디스플레이에 '양면 복사를 이용할 수 없습니다'라는 메시지가 나타남.	양면 복사 모드에서 이용할 수 없는 용지 크기를 설정하였습니다.	적합한 용지 크기를 설정하십시오.
복사가 지저분하게 나옴.	화상 농도가 너무 진합니다.	복사 농도를 조정하십시오.
	자동 화상 농도를 설정하지 않았습니다.	자동 농도를 조정하십시오.
복사할 때마다 동일한 영역이 지저분함.	원고 글래스나 자동 원고이송 장치가 지저분합니다.	원고 글래스나 자동 원고이송 장치를 청소하십시오.
복사가 너무 흐림.	화상 농도가 너무 흐립니다.	복사 농도를 조정하십시오.
	용지 크기가 부적합합니다.	적합한 용지를 사용하십시오.
	토너 카트리지를 거의 다 사용하였습니다.	토너를 보충하십시오.
용지 걸림이 자주 발생함.	용지 크기가 부정확합니다.	정확한 용지 크기를 설정하십시오.
테두리 삭제 모드에서 일부 원고 화상이 복사되지 않음.	삭제되는 여백을 넓게 설정하였습니다.	여백 폭을 좁게 하십시오. 2~99mm 사이로 조정할 수 있습니다.
	원고가 정확하게 스캔되지 않습니다.	원고를 정확하게 설정하십시오.

① 용지 크기가 부적합하여 복사가 흐린 경우 적합한 용지를 사용해야 한다.
② 화상 농도가 너무 진해서 복사가 지저분하게 나올 때는 복사 농도를 조정해야 한다.
③ 용지가 자주 걸리는 것은 용지 크기가 부정확하기 때문이며, 이 경우 정확한 용지 크기를 설정해야 한다.
④ 테두리 삭제 모드에서 일부 원고 화상이 복사되지 않을 때, 그 원인이 원고가 정확하게 스캔되지 않아서라면 원고를 정확하게 설정해야 한다.
⑤ 디스플레이에 양면 복사를 이용할 수 없다는 메시지가 나타날 경우 원고를 복사지와 동일한 방향으로 설정해야 한다.

36

다음 글의 빈칸 ㉠~㉢에 들어갈 인력 배치 관련 용어를 각각 바르게 짝지은 것은?

> 팀장은 팀 작업을 훌륭하게 수행하기 위해, 팀원들을 적절한 위치에 배치하고 관리해야 한다. 이때 효과적인 인력 배치를 위해서는 다음과 같이 3가지 원칙을 지켜야 한다.
> - (㉠): 개인에게 능력을 발휘할 수 있는 기회와 장소를 부여한 후, 성과를 평가하고 평가된 능력과 실적에 대해 상응하는 보상을 주는 원칙이다.
> - (㉡): 팀 전체의 적재적소를 고려하는 것으로, 팀 전체의 능력 향상, 의식 개혁, 사기 양양 등을 도모하기 위해 전체와 개체가 균형을 이루는 것에 중점을 둔다.
> - (㉢): 팀의 효율성을 높이기 위해 팀원을 그의 능력이나 성격 등이 가장 잘 맞는 위치에 배치하여 팀원 개개인의 능력을 최대로 발휘해 줄 것을 기대하는 원칙이다.

	㉠	㉡	㉢
①	적재적소주의	능력주의	균형주의
②	적재적소주의	균형주의	능력주의
③	능력주의	적재적소주의	균형주의
④	능력주의	균형주의	적재적소주의
⑤	균형주의	능력주의	적재적소주의

37

다음은 CS팀에 근무하는 김사원이 최근 불만고객을 응대한 사례이다. 다음 사례의 고객A에 해당하는 불만 표현 유형은?

> 김사원: "안녕하세요. 고객님. CS팀 김사원입니다. 무엇을 도와드릴까요?"
> 고객A: "내가 지난주에 백화점에 갔어요. 내가 VIP회원인데 점원들 응대도 불만족스러웠고 물건들도 싸구려 제품 같아서 전화했어요."
> 김사원: "VIP회원 고객님 불편을 드려서 죄송합니다. VIP회원에 맞는 응대와 제품 추천을 해드려야 하는 부분인데 제가 해당 부서에 잘 전달하겠습니다."
> 고객A: "내가 그 백화점에 쓴 돈이 얼만데… 그 부분은 꼭 좀 전달해주세요."
> 김사원: "네. 고객님 전산상으로 확인해보니 정말 많은 금액을 저희 백화점에서 사용해주셨네요. 다시 한번 감사말씀 드리겠습니다. 저희 백화점 이번 달 행사로 VIP회원에게 제공되는 할인 쿠폰과 백화점 내에 있는 커피숍에서 이용할 수 있는 쿠폰을 2장씩 추가로 제공해드리겠습니다."
> 고객A: "이제야 VIP회원 대접을 해주네요. 감사합니다. 상담사님 성함이 뭐라고 하셨죠?"
> 김사원: "네. 저는 CS팀 김사원입니다."
> 고객A: "김사원님 응대가 아주 친절하고 확실하다고 백화점 점장한테 전달해야겠어요."
> 김사원: "네 감사합니다."

① 의심형   ② 트집형   ③ 거만형
④ 빨리빨리형   ⑤ 침묵형

38

다음 사례들이 공통적으로 시사하는 바로 가장 적절한 것은?

- □□물산 김사장은 브루나이를 방문해 놓고서 회사 공식 웹사이트에는 대만 사진을 올리는가 하면, 국왕이 주재한 만찬에서는 공공장소 음주와 주류 판매 등이 금지된 나라인데도 건배 제의를 해서 '외교 결례' 논란이 제기되었다.
- ○○건설 박사장은 국제 비즈니스 포럼에서 만난 인도네시아 IT 기업 회장에게 말레이시아어로 인사한 것도 모자라 상황에 맞지 않는 말을 계속하여 국제적인 망신을 당하였다.
- ◇◇상사 신사장은 기간산업 투자를 위해 방문한 체코에서 거의 30년 전 소련의 붕괴와 함께 지도에서 사라진 나라의 이름을 언급하며 "멋진 체코슬로바키아에 초대해 주셔서 감사합니다."라고 인사하는 실수를 범하였다.
- ▲▲공사 이부장은 스페인의 외교부 차관과 회담하는 자리에 구겨진 스페인 국기를 게양하여 참석자들을 경악하게 만들었다.

① 지도자는 국제적인 매너와 국제문화 이해 능력을 함양해야 한다.
② 지도자는 기본적으로 다양한 외국어 의사소통 능력을 개발해야 한다.
③ 지도자는 조직구성원들에게 문화적 민감성과 국제감각에 관한 교육을 실시해야 한다.
④ 지도자는 여러 나라 문화에서 나타나는 문화적 차이점과 유사성을 인식할 수 있어야 한다.
⑤ 세계 각국 지도자들은 자국의 제도나 문화의 이해를 바탕으로 도덕적 가치를 함양해야 한다.

39

다음 글에서 설명하는 업무효율화 도구는 무엇인가?

> 프로젝트를 단계별로 계층적이고 점진적으로 분해하는 방법으로 '세부업무추진구조도'라고도 한다. 이를 통해 업무를 달성하기 전 전체 할 일을 세부적으로 나누고, 그 일을 누가, 언제까지 수행하여 마무리할지 등 역할 분담을 철저히 하여 구체화한다.

① WBS
② 간트 차트
③ 워크 플로 시트
④ 체크리스트
⑤ PERT

40

다음 중 도표의 작성 절차에 대한 설명으로 적절하지 않은 것은?

① 도표를 작성한 후에 도표의 상단 혹은 하단에 제목과 함께 단위를 표기한다.
② 한 눈금의 크기를 최대한 작게 하여 자료를 자세하게 표현하는 것이 중요하다.
③ 도표를 작성하기 전 어떠한 도표를 활용할 것인지 결정하는 일이 선행되어야 한다.
④ 가로축과 세로축이 만나는 곳에 정확히 점을 표시하여야 정확한 그래프를 작성할 수 있다.
⑤ 선 그래프는 표시된 점을 선분으로, 막대 그래프는 점을 막대로 그려 도표를 작성한다.

자가 학습 점검표

실전 모의고사 2회 **(통합형)**

| 배열표 |

번호	능력 단위	하위능력	정오	학습 횟수	번호	능력 단위	하위능력	정오	학습 횟수
01	문제해결능력	문제해결능력		☐ 1회 ☐ 2회	21	문제해결능력	사고력		☐ 1회 ☐ 2회
02	수리능력	기초연산능력		☐ 1회 ☐ 2회	22	대인관계능력	협상능력		☐ 1회 ☐ 2회
03	의사소통능력	문서이해능력		☐ 1회 ☐ 2회	23	직업윤리	공동체윤리		☐ 1회 ☐ 2회
04	자원관리능력	시간관리능력		☐ 1회 ☐ 2회	24	의사소통능력	의사표현능력		☐ 1회 ☐ 2회
05	직업윤리	직업윤리		☐ 1회 ☐ 2회	25	자원관리능력	예산관리능력		☐ 1회 ☐ 2회
06	기술능력	기술능력		☐ 1회 ☐ 2회	26	자원관리능력	물적자원관리능력		☐ 1회 ☐ 2회
07	정보능력	정보능력		☐ 1회 ☐ 2회	27	수리능력	기초통계능력		☐ 1회 ☐ 2회
08	자기개발능력	자기개발능력		☐ 1회 ☐ 2회	28	수리능력	도표분석능력		☐ 1회 ☐ 2회
09	의사소통능력	문서작성능력		☐ 1회 ☐ 2회	29	조직이해능력	체제이해능력		☐ 1회 ☐ 2회
10	대인관계능력	리더십능력		☐ 1회 ☐ 2회	30	정보능력	정보처리능력		☐ 1회 ☐ 2회
11	조직이해능력	경영이해능력		☐ 1회 ☐ 2회	31	문제해결능력	문제처리능력		☐ 1회 ☐ 2회
12	직업윤리	근로윤리		☐ 1회 ☐ 2회	32	문제해결능력	문제처리능력		☐ 1회 ☐ 2회
13	정보능력	컴퓨터활용능력		☐ 1회 ☐ 2회	33	기술능력	기술선택능력		☐ 1회 ☐ 2회
14	자기개발능력	자아인식능력		☐ 1회 ☐ 2회	34	자기개발능력	경력개발능력		☐ 1회 ☐ 2회
15	대인관계능력	갈등관리능력		☐ 1회 ☐ 2회	35	기술능력	기술적용능력		☐ 1회 ☐ 2회
16	기술능력	기술이해능력		☐ 1회 ☐ 2회	36	자원관리능력	인적자원관리능력		☐ 1회 ☐ 2회
17	직업윤리	근로윤리		☐ 1회 ☐ 2회	37	대인관계능력	고객서비스능력		☐ 1회 ☐ 2회
18	자기개발능력	자기관리능력		☐ 1회 ☐ 2회	38	조직이해능력	국제감각		☐ 1회 ☐ 2회
19	의사소통능력	경청능력		☐ 1회 ☐ 2회	39	조직이해능력	업무이해능력		☐ 1회 ☐ 2회
20	정보능력	정보처리능력		☐ 1회 ☐ 2회	40	수리능력	도표작성능력		☐ 1회 ☐ 2회

※ 정오란에는 맞은 문제는 O, 틀린 문제는 X로 표시하고, 헷갈리거나 찍은 문제일 경우 △로 표시하세요. △ 또는 X로 표시된 문제는 여러 번 학습하여 틀린 이유를 명확히 파악하도록 합니다.

/ 실전 모의고사 결과 분석 /

풀이 시간	초과 풀이 시간

틀린 문항 수	약점 유형 진단

※ 전체 풀이시간 및 초과된 풀이시간을 기록하여 풀이시간 대비 맞은 문항 수를 확인합니다. 또한 채점 결과를 통해 본인의 취약 유형을 확인하여 학습에 활용하도록 합니다.

NCS 모듈형 실력점검 + 합격예측 서비스 이용 안내

- **문제 풀이 후 NCS 모듈형 실력점검 + 합격예측 서비스에 답안을 입력하세요.**
  - 전국 NCS 모듈형 준비생 중 영역별 상위 준비생과 자신의 점수 비교 분석 자료 제공
  - NCS 모듈형 실제 경쟁자들과의 영역별 정답률 비교를 통한 자신의 취약 유형 파악 가능
  - NCS 모듈형 합격자들과의 성적 비교를 통해 나의 합격 가능성 예측

- **서비스 이용방법**
  - 방법 ①: PC, 모바일 주소창에 직접 입력 https://next.weport.co.kr/pass-check
  - 방법 ②: 우측에 위치한 QR코드를 휴대폰으로 스캔하여 접속
  - 방법 ③: 위포트 사이트 내 NCS/인적성 실력점검 메뉴 클릭

Weport

방대한 분량의 모듈형 NCS 완벽 대비, 모듈형 NCS 신흥강자의 학습 전략
10가지 모듈형 핵심 이론 & 문제 풀이 스킬 완.벽.정.리!

2025 윤진원의 한방에 끝내는
모듈형 NCS 직업기초능력평가

모듈형 NCS 신흥강자 윤진원의 NCS 필기 대비법!

모듈형 NCS 신흥강자
윤진원 선생님

모듈형 핵심 이론	출제 유형 파악
무조건 암기해야 하는 **10가지 모듈형 핵심 이론** 완벽 정리	방대한 출제 범위 중 **출제 빈도 높은 이론** 완벽 정리

단계별 집중 학습	실전 감각 향상
이론·연습·응용 **단계별 문제 풀이** 및 학습 가능	실전 감각을 높여줄 **모듈형 맞춤 실전 모의고사**

응용 모듈 대비	산인공 핵심 예제
응용모듈형 문항 중 **출제 고빈도 문항** 해설 및 이론 학습	산인공 필기평가 예시 3,450문항 중 **핵심 300제 풀이**

지금 바로 검색창에 '**위포트**'를 검색하세요.

<한방에 끝내는 모듈형 NCS 직업기초능력평가> 동영상 강의는 위포트 웹사이트(www.weport.co.kr)에서 만나보실 수 있습니다.

위포트 대·공기업 도서 라인업

NCS 통합 기본

기업별 기본

NCS 심화 기본

NCS 심화 실전

PSAT 기출

PSAT 실전

이공계 면접

※ 개정판 출간 여부는 변경될 수 있으며, 개정판 출간 시 상기 이미지 및 표지는 일부 상이할 수 있습니다.
위포트 도서에 대한 자세한 정보는 위포트 홈페이지(www.weport.co.kr)에서 확인할 수 있습니다.

2025 최신판
위포트 공기업 NCS 모듈형 통합 기본서

핵심 모듈이론 + 실전 모의고사

정답 및 해설

2025 최신판

위포트 공기업 NCS 모듈형 통합기본서

핵심 모듈이론 + 실전 모의고사

정답 및 해설

PART 1

직/업/기/초 능/력/평/가

정답 및 해설

National Competency Standards

01 의사소통능력

기본문제

✓ 빠른 정답표

| 01 | ④ | 02 | ④ | 03 | ⑤ | 04 | ⑤ | 05 | ① |
| 06 | ① | 07 | ② | 08 | ① | 09 | ② | 10 | ① |

01 의사소통능력

출제 포인트 의사소통 유형에 관한 문제

정답 ④

해설
키슬러의 대인관계 의사소통 유형은 지배형, 실리형, 냉담형, 고립형, 복종형, 순박형, 친화형, 사교형 총 8가지이다. 따라서 적절하지 않은 것만을 모두 고르면 'ㄹ, ㅁ'이므로 정답은 ④이다.

개념 보충

키슬러의 대인관계 의사소통 유형
- 지배형: 자신감이 있고, 지도력이 있으나 논쟁적이고 독단이 강하여 대인 갈등을 겪을 수 있으므로 타인의 의견을 경청하고 수용하는 자세가 필요한 유형
- 실리형: 이해관계에 예민하고 성취지향적으로 경쟁적인 데다 자기중심적이어서 타인의 입장을 배려하고 관심을 갖는 자세가 필요한 유형
- 냉담형: 이성적인 의지력이 강하고 타인의 감정에 무관심하며 피상적인 대인관계를 유지하므로 타인의 감정상태에 관심을 가지고 긍정적 감정을 표현하는 것이 필요한 유형
- 고립형: 혼자 있는 것을 선호하고 사회적 상황을 회피하며 지나치게 자신의 감정을 억제하므로 대인관계의 중요성을 인식하고 타인에 대한 비현실적인 두려움의 근원을 성찰해 볼 필요가 있는 유형
- 복종형: 수동적이고 의존적이며 자신감이 없으므로 적극적인 자기표현과 주장이 필요한 유형
- 순박형: 단순하고 솔직하며 자기주관이 부족하므로 자기주장을 하는 노력이 필요한 유형
- 친화형: 따뜻하고 인정이 많으며 자기희생적이나 타인의 요구를 거절하지 못하므로 타인과의 정서적인 거리를 유지하는 노력이 필요한 유형
- 사교형: 외향적이고 인정하는 욕구가 강하며, 타인에 대한 관심이 많아서 간섭하는 경향이 있고 흥분을 잘하므로 심리적 안정과 지나친 인정 욕구에 대한 성찰이 필요한 유형

02 문서이해능력

출제 포인트 문서이해능력의 특징에 관한 문제

정답 ④

해설
박주임은 자신에게 주어진 각종 문서를 읽고 적절하게 이해하고, 각종 문서나 자료에 수록된 정보를 확인하여 유용한 정보를 구분하고 비교하여 통합할 수 있다. 또한 상대의 의견을 이해하여 요약하고 정리할 수 있으므로, 박주임의 업무 역량은 작업 현장에서 자신의 업무와 관련해 필요한 문서를 확인하고, 내용을 이해하며 요점을 파악하는 능력인 '문서이해능력'이다. 따라서 정답은 ④이다.

오답분석
① 문서작성능력에 대한 설명이다.
② 기초외국어능력에 대한 설명이다.
③ 수리능력에 대한 설명이다.
⑤ 자기개발능력에 대한 설명이다.

03 문서이해능력

출제 포인트 문서의 종류와 특징에 관한 문제

정답 ⑤

해설
정부 기관이나 기업체, 각종 단체 등이 언론을 상대로 자신들의 정보가 기사로 보도되도록 하기 위해 보내는 자료는 보도자료이다. 보고서는 특정 일에 관한 현황이나 그 진행 상황 또는 연구, 검토 결과 등을 보고하고자 할 때 작성하는 문서이다. 따라서 정답은 ⑤이다.

04 문서작성능력

출제 포인트 공문서 작성법에 관한 문제

정답 ⑤

해설
공문서를 작성할 때 날짜 다음에 괄호를 사용한 경우에는 마침표를 찍지 않아야 한다. 따라서 정답은 ⑤이다.

개념 보충

공문서
회사 외부로 전달되는 문서로, 육하원칙이 정확하게 드러나도록 작성해야 한다.
1. 날짜 작성 시 유의 사항
   - 연도와 월일을 반드시 함께 작성한다.
   - 날짜 다음에 괄호를 사용할 때는 마침표를 찍지 않는다.
2. 내용 작성 시 유의 사항
   - 한 장에 담아내는 것이 원칙이다.
   - 마지막엔 반드시 '끝.' 자로 마무리한다.
   - 복잡한 내용은 항목별로 구분한다. ('-다음-' 또는 '-아래-')
   - 대외 문서이며 장기간 보관되는 문서이므로 정확하게 기술한다.

05 문서작성능력

출제 포인트 문서를 작성해야 하는 상황에 관한 문제

정답 ①

해설
업무를 추진하다 보면 타 부서, 외부기관 및 단체 등에 업무 내용에 대한 확인이나 요청을 요구해야 하는 경우가 발생하는데, 이 경우에는 공문서를 활용한다. 공문서는 공식적인 문서를 의미하는 만큼 일정한 양식과 격식을 갖추어 작성해야 한다. 따라서 정답은 ①이다.

오답분석
② 정보 제공을 위해 문서를 작성하는 경우로, 회사 차원이나 대외적으로 추진하는 사업 등과 같은 정보를 제공하기 위한 경우 그 목적에 따라 보도자료, 홍보물 등을 작성한다.
③ 명령이나 지시를 내리기 위해 문서를 작성하는 경우로, 업무 추진 시 관련 부서 및 외부기관, 단체에 명령이나 지시를 내려야 하는 경우 업무 지시서 등을 작성한다.
④ 약속이나 추천을 위해 문서를 작성하는 경우로, 개인이 다른 회사에 지원하거나 이직을 하고자 하는 경우와 같이 추천을 위한 경우에도 문서를 작성한다.
⑤ 제안이나 기획을 위해 문서를 작성하는 경우로, 직업생활에서 회사의 중요한 행사나 업무를 추진할 경우에는 대부분 제안서나 기획서를 작성한다.

06 경청능력

출제 포인트 경청의 방해 요인에 관한 문제

정답 ①

해설
은아는 기념일을 기억하지 못한 지석에게 서운한 상태이지만, 지석은 은아가 회사일로 피곤한 것이라고 지레짐작하고 있다. 이는 상대방의 말을 듣고 받아들이기보다는 자신의 생각에 들어맞는 단서들을 찾아 자신의 생각을 확인하려는 태도로, 경청의 방해 요인 중 '짐작하기'에 해당한다. 따라서 정답은 ①이다.

오답분석
② 걸러내기: 상대의 말을 듣기는 하지만 상대방의 메시지를 온전하게 받아들이는 것이 아니라 듣고 싶지 않은 메시지는 회피하는 것이다.
③ 판단하기: 상대방에 대한 부정적인 선입견 또는 상대방을 비판하기 위해 상대방의 말을 듣지 않는 것이다.
④ 조언하기: 지나치게 상대방의 문제를 본인이 해결해 주고자 하는 것이다.
⑤ 언쟁하기: 단지 논쟁을 위해서 상대방의 말에 귀를 기울이는 것이다.

07 경청능력

출제 포인트 경청의 중요성에 관한 문제

정답 ②

해설
의사소통을 하기 위한 기본적인 자세는 경청이다. 경청을 통해 상대방을 한 개인으로 존중하고, 성실한 마음으로 대하게 된다. 또한 상대방의 입장에 공감하며 이해하게 된다. 따라서 빈칸 ㉠~㉢에 들어갈 용어는 각각 차례로 '존중, 성실, 공감'이므로 정답은 ②이다.

08 의사표현능력

출제 포인트 상황과 대상에 따른 의사표현법에 관한 문제

정답 ①

해설
충고는 주로 예를 들거나 비유법을 사용하는 것이 효과적일 수 있다. 사람들은 자신을 인정해 주고 칭찬해 주는 사람에게 우호적이지, 자신에게 부정적인 반응을 보이는 사람에게 타협적이거나 우호적일 수 없기 때문이다. 때문에 충고는 최후의 수단으로 은유적으로 접근하는 것이 더 효과적일 수 있다. 따라서 정답은 ①이다.

오답분석
② 상대방의 요구를 거절해야 할 때는 요구를 거절하는 것에 대한 사과를 한 다음, 응해줄 수 없는 이유를 설명한다. 이때 모호한 태도보다는 단호하게 거절하되 정색할 경우 인간관계가 나빠질 수 있으므로 주의해야 한다.
③ 업무 지시와 같은 명령을 해야 할 때는 '○○을 이렇게 해라!' 식의 강압적 표현보다는 '○○을 이렇게 해주는 것이 어떻겠습니까?'와 같은 청유식 표현이 효과적이다.
④ 설득은 상대방에게 나의 태도와 의견을 받아들이고 그의 태도와 의견을 바꾸도록 하는 과정으로, 절충을 통해 자신이 원하는 도움을 효과적으로 얻는 방법에는 '문 안에 한 발 들여놓기 기법'과, '얼굴 부딪히기 기법'이 있다.
⑤ 칭찬은 상대방을 기분 좋게 만들지만, 빈말이나 아부로 여겨질 수 있다. 따라서 정말 칭찬해 주고 싶은 중요한 내용을 칭찬하거나 대화 서두에 분위기 전환 용도로 간단한 칭찬을 사용하는 것이 좋다.

09 의사표현능력

출제 포인트 의사표현의 종류에 관한 문제

정답 ②

해설
의사표현의 종류는 상황에 따라 공식적 말하기, 의례적 말하기, 친교적 말하기로 구분한다.
㉠ 연설, 토의, 토론 등 사전에 준비된 내용을 대중을 상대로 말하는 것은 '공식적 말하기'이다.
㉡ 식사, 주례, 회의 등과 같이 정치적·문화적 행사에서 의례 절차에 따라 말하는 것은 '의례적 말하기'이다.
㉢ 매우 친근한 사람들 사이에서 가장 자연스러운 상태에 떠오르는 대로 주고받으며 말하는 것은 '친교적 말하기'이다.
따라서 빈칸 ㉠~㉢에 들어갈 용어는 각각 차례로 '공식적 말하기, 의례적 말하기, 친교적 말하기'이므로 정답은 ②이다.

10 기초외국어능력

출제 포인트 외국인과의 의사소통에 관한 문제

정답 ①

해설
ⓒ 외국인과 대화할 때 그들의 감정이나 생각을 가장 쉽게 알 수 있는 비언어적 의사소통 수단은 '표정'이다.
따라서 적절하지 않은 것만을 모두 고르면 'ⓒ'이므로 정답은 ①이다.

오답분석
㉠ 외국인과의 의사소통에서는 문화적인 차이가 사소한 오해를 가져올 수 있으므로, 반드시 피해야 할 행동은 숙지하는 것이 좋다.
ⓒ 일 경험 중 외국인과 협력이 필요한 상황이 발생할 경우, 성공적인 협력을 위해서는 기초외국어능력을 키우는 것뿐만 아니라 보디랭귀지를 포함한 그들만의 표현방식을 이해하는 능력을 키우는 것도 중요하다.
㉣ 외국인과의 언어적 의사소통은 외국어 사용능력에 따라 의사소통의 편의성이 크게 좌우되지만, 반드시 상급의 외국어 능력을 갖춰야만 의사소통이 가능한 것은 아니다. 기초외국어능력이 부족하더라도 비언어적 의사소통의 특징을 충분히 알고 있다면 도움이 된다.

심화문제

빠른 정답표

01	①	02	①	03	②	04	⑤	05	②
06	④	07	①	08	①	09	④	10	②
11	②	12	③	13	②	14	③	15	⑤
16	②	17	①	18	②	19	②	20	①
21	④	22	③	23	④	24	④	25	①
26	①	27	⑤	28	⑤	29	③	30	⑤
31	④	32	⑤	33	②	34	②	35	⑤
36	③	37	③	38	④	39	⑤	40	⑤

01 의사소통능력

출제 포인트 의사소통능력의 개발에 관한 문제

정답 ①

해설
피드백은 상대방에게 행동을 개선할 기회를 제공해 줄 수 있으며, 피드백을 줄 때는 상대방의 긍정적인 면과 부정적인 면을 균형 있게 전달해야 한다. 따라서 정답은 ①이다.

02 의사소통능력

출제 포인트 언어적인 측면의 의사소통능력에 관한 문제

정답 ①

해설
경청능력, 의사표현능력과 같은 언어적인 의사소통능력은 말 그대로 언어를 통해 의사소통을 하는 방법으로, 사람은 공식적이든 비공식적이든 자신의 일생에서 75%의 시간을 사용한다. 언어적인 의사소통능력은 다른 의사소통보다 정확성을 기하기는 힘들지만 대화를 통해 상대방의 반응이나 감정을 살필 수 있으며, 그때그때 상대방을 설득시킬 수 있어 유동성이 있다. 한편 전달성이 높고 보존성이 큰 의사소통능력은 문서적인 측면에서의 의사소통능력으로, 언어적인 의사소통능력보다 권위감이 있고 정확하다. 따라서 정답은 ①이다.

03 의사소통능력

출제 포인트 의사소통 행위에 관한 문제

정답 ②

해설
상품을 팔기 위해 선전하는 행위는 어떤 특정한 목적의 실현을 목표로 삼고 있는 '목적론적 행위'에 해당하며, 이와 같은 언어 행위는 사람들 사이의 직접적인 상호 이해가 부차적이라고 하였다. 따라서 정답은 ②이다.

오답분석
① 목적론적 행위, 규범적 행위, 연출적 행위 등의 언어 행위는 언어가 사용된다는 점에서 의사소통 행위와 같다고 하였다.
③ 의사소통 행위는 말을 하는 사람과 마찬가지로 말을 듣는 사람도 상대방의 주장에 대해 의문을 제기하거나, 추가적인 설명을 요구할 수 있는 것과 같이 상호 동의를 전제로 이루어진다고 하였다.
④ 진정한 의사소통 행위란 그저 말을 하고 듣는 단순한 행위가 아니라 사람들 사이의 직접적인 상호 이해가 그 목적이라고 하였다.
⑤ 의사소통 행위에서 언어적 상호 이해가 이루어지기 위해서는 자신이 말하고자 하는 것이 상대방이 생각하는 규범과 어긋나지 않도록 해야 한다고 하였다.

04 의사소통능력
출제 포인트 의사소통의 의미에 관한 문제
정답 ⑤
해설
의사소통이란 두 사람 또는 그 이상의 사람들 사이에서 의사의 전달과 상호교류가 이루어진다는 의미이다. 따라서 빈칸 ㉠, ㉡에 들어갈 용어는 각각 차례로 '전달, 상호교류'이므로 정답은 ⑤이다.

05 의사소통능력
출제 포인트 의사소통의 저해 요인에 관한 문제
정답 ②
해설
제시된 글은 눈치를 중요하게 여기는 것이 의사소통의 미덕이라고 잘못 생각하여 '말하지 않아도 아는 문화'에 안주하는 마음에 대해 설명하였다. 이는 의사소통을 저해하는 요인 중 '의사소통에 대한 잘못된 선입견'에 해당한다. 따라서 정답은 ②이다.

06 의사소통능력
출제 포인트 일 경험에서 의사소통의 목적에 관한 문제
정답 ④
해설
일 경험에서 의사소통의 목적에는 크게 네 가지가 있다. 첫 번째, 원활한 의사소통을 통해 조직의 생산성을 높인다. 두 번째, 조직구성원들의 사기를 진작시킨다. 세 번째, 조직 생활을 위해 필요한 정보를 전달한다. 네 번째, 조직구성원 간 의견이 다르면 설득한다. 즉, 일 경험에서 의사소통은 조직과 팀의 생산성 증진을 목적으로 하며, 구성원 간 정보와 지식을 전달하는 과정이다. 따라서 정답은 ④이다.

07 문서이해능력
출제 포인트 문서이해의 구체적인 절차에 관한 문제
정답 ①
해설
제시된 사례의 박사원은 1단계에 따라 경영지원팀으로부터 받은 메일의 목적이 업무 협조 요청임을 파악하였다. 2단계에 따라 메일을 통해 세미나의 진행 인력이 부족하다는 사실을 인지하고, 3단계에 따라 영업팀 내 인력 지원 요청의 내용을 파악하였다. 4단계에 따라 경영지원팀의 구체적인 요청 사항과 영업팀에 요구되는 행동을 분석하였다. 그러므로 바로 다음 단계는 문서이해의 구체적인 절차 5단계인 '문서를 이해한 목적을 달성하기 위한 행동의 생각 및 결정'이므로, 박사원은 지원 인력 선별을 위해 취해야 할 행동을 결정해야 한다. 따라서 정답은 ①이다.

개념 보충
문서이해의 구체적인 절차
- 1단계: 문서의 목적 이해
- 2단계: 문서 작성 배경 및 내용, 주제 파악
- 3단계: 문서에 쓰인 정보 파악 및 문서가 제시한 현안 문제 파악
- 4단계: 문서를 통한 상대방의 욕구와 의도 분석 및 나에게 요구되는 행동 분석
- 5단계: 문서를 이해한 목적을 달성하기 위한 행동의 생각 및 결정
- 6단계: 상대방의 의도를 도표, 그림 등으로 메모하여 요약 및 정리

08 문서이해능력
출제 포인트 보도자료의 특징에 관한 문제
정답 ①
해설
제시된 문서는 정부 기관이나 기업체, 각종 단체 등이 언론을 상대로 자신들의 정보가 기사로 보도되도록 하기 위해 보내는 보도자료이다. 따라서 정답은 ①이다.

오답분석
② 비즈니스 메모에 대한 설명이다.
③ 공문서에 대한 설명이다.
④ 기안서에 대한 설명이다.
⑤ 영업보고서에 대한 설명이다.

09 문서이해능력
출제 포인트 문서에 제시된 정보 파악에 관한 문제
정답 ④
해설
요약문에서 고령화사회로 진입하면서 일반 장애인뿐만 아니라 65세 이상 노인층의 장애 발생률 증가로, 사회적 이동성이 취약한 계층의 지도 활용 수요가 크게 증가할 것으로 전망된다고 하였다. 그러나 이를 통해 일반 장애인과 노인층 중 어느 쪽의 지도 활용 수요가 더 크게 증가할지는 알 수 없다. 따라서 정답은 ④이다.

10 문서이해능력

출제 포인트 문서이해능력에 관한 문제

정답 ②

해설
문서에서 주어진 정보를 이해한 후, 모든 내용이 아닌 핵심 내용을 파악하고 정리할 수 있어야 한다. 따라서 정답은 ②이다.

11 문서이해능력

출제 포인트 보도자료의 이해에 관한 문제

정답 ②

해설
ⓒ 1문단에서 재난대응 상시훈련은 매년 1회 전국 철도운영기관, 지방자치단체, 공공기관 및 일반 국민들이 참여하여 재난 발생에 대비하는 범국가적 재난대응 종합훈련이라고 하였다.
따라서 적절하지 않은 것만을 모두 고르면 'ⓒ'이므로 정답은 ②이다.

오답분석
㉠ 2문단에서 2016년 벨기에 말베크 지하철의 자살폭탄테러와 2019년 홍콩 지하철의 열차 충돌 사고는 재난대응 훈련의 배경이라고 하였다.
ⓒ 1문단에서 재난대응 상시훈련은 재난 및 안전관리 기본법 제35조에 의거한다고 하였다.

12 문서이해능력

출제 포인트 문서이해능력의 특징에 관한 문제

정답 ③

해설
제시된 글은 문서이해능력에 대한 설명이다. 직업현장에서 업무와 관련된 인쇄물이나 기호화된 정보 등 필요한 문서를 확인하여 문서를 읽고, 내용을 이해하며, 요점을 파악하는 능력은 문서이해능력이다. 문서이해능력을 통해 주어진 문서의 문장 및 정보를 읽고 이해하여, 자신에게 필요한 행동이 무엇인지 추론해야 한다. 따라서 빈칸 ㉠~ⓒ에 들어갈 용어는 각각 차례로 '문서이해능력, 요점, 추론'이므로 정답은 ③이다.

13 문서이해능력

출제 포인트 문서의 중심 내용 파악에 관한 문제

정답 ②

해설
제시된 글에서 ○○공사가 제2차 인권경영위원회 회의를 통해 자회사에 대한 인권경영 확산 방안을 논의하는 등 앞으로 협력회사와 자회사에 대한 인권경영 확산을 위해 노력할 것이라고 하였다. 따라서 정답은 ②이다.

14 문서작성능력

출제 포인트 한글 맞춤법에 관한 문제

정답 ③

해설
'5. '웃'과 '윗'의 구분' 항목에서 위와 아래의 대립이 있을 때 '윗'으로 쓴다고 하였다. '웃어른'과 대립되는 '아랫어른'이라는 말이 없으므로, '윗어른'이 아닌 '웃어른'으로 써야 한다. 따라서 정답은 ③이다.

오답분석
① '윗물'과 '아랫물'은 대립되는 말이므로 '윗물'로 써야 한다.
② 상대를 존중하는 방법을 통해 서로 같지 않음을 인정할 수 있다는 의미이므로 '존중함으로써', '다름'으로 써야 한다.
④ 문제의 답이 왜인지 맞지 않는 것 같다는 의미이므로 '왠지', '틀리다'를 써야 한다.
⑤ 디자이너는 새로운 것을 만들어야 하기 때문에 창의성이 뛰어나야 한다는 의미이므로 '하므로'를 써야 한다.

15 문서작성능력

출제 포인트 문서작성의 원칙에 관한 문제

정답 ⑤

해설
수정한 메일을 보면 전달하고자 하는 내용을 알아보기 쉽게 항목으로 정리하여 작성하지 않았다. 따라서 정답은 ⑤이다.

16 문서작성능력

출제 포인트 기획서 작성 방법에 관한 문제

정답 ②

해설
제시된 글은 기획서를 작성할 때 유의해야 할 사항에 대한 내용이다. 기획서를 작성할 때는 기획서의 목적을 달성할 수 있는 핵심 사항이 정확하게 기입되었는지 확인하고, 상대가 요구하는 것이 무엇인지를 고려해야 한다. 또한 내용이 한눈에 파악될 수 있도록 목차를 체계적으로 구성하고, 핵심 내용의 표현에 신경 써야 한다. 이때 표나 그래프 등을 활용하여 내용을 시각화하면 보다 효과적으로 내용을 전달할 수 있다. 따라서 정답은 ②이다.

17 문서작성능력

출제 포인트 문서작성의 원칙에 관한 문제

정답 ①

해설
㉠ 첨부 자료는 꼭 필요한 자료 외에는 첨부하지 않는다.
ⓒ 업무와 관련된 문서 작성의 핵심은 결론을 먼저 제시하는 것으로, 문서의 주요 내용을 먼저 써야 한다.
따라서 적절하지 않은 것만을 모두 고르면 '㉠, ⓒ'이므로 정답은 ①이다.

오답분석
ⓒ 내용을 바로 파악할 수 있는 간단한 표제는 문서 내용을 이해하는 데 도움이 된다.
ⓔ 공문서에서는 부정문이나 의문문을 지양하고 긍정문으로 작성한다.
ⓕ 문서 내용의 이해를 돕기 위해 문장은 육하원칙에 맞춰 짧고 간결하게 작성하고, 행과 단락을 적절하게 배분하여 문서가 체계적으로 되도록 한다.

18 문서작성능력

출제 포인트 상황에 따른 문서작성법에 관한 문제

정답 ②

해설
ⓐ 업무 내용과 관련한 요청 사항 및 확인 절차를 요구할 때는 일반적으로 공문서를 활용하며, 보도자료, 설명서, 홍보물 등은 정보를 제공하기 위해 작성하는 문서이다.
ⓔ 제안이나 기획을 위한 문서를 작성할 때는 관련 내용을 깊이 있게 담을 수 있는 작성자의 종합적인 판단이 요구된다.
따라서 적절하지 않은 것만을 모두 고르면 'ⓐ, ⓔ'이므로 정답은 ②이다.

오답분석
ⓒ 업무 지시서는 명령이나 지시가 필요한 경우에 작성하는 문서로, 상황에 적합하고 명확한 내용을 작성해야 하며, 단순한 요청 및 자발적인 협조를 구하기 위한 문서가 아니므로 즉각적인 업무 추진이 실행될 수 있도록 작성해야 한다.
ⓓ 약속을 위한 문서는 고객이나 소비자에게 제품 이용에 관한 정보를 제공하고자 할 때 작성한다.

19 문서작성능력

출제 포인트 문서표현의 시각화에 관한 문제

정답 ②

해설
문서를 시각화하여 구성하는 방법에는 차트 시각화, 다이어그램 시각화, 이미지 시각화가 있다.
ⓐ 데이터 정보를 쉽게 이해할 수 있도록 시각적으로 표현하는 방법으로, 주로 통계 수치 등을 도표나 차트를 통해 명확하고 효과적으로 전달하는 방법은 '차트 시각화'이다.
ⓑ 개념, 주제 등 중요한 정보를 도형, 선, 화살표 등 여러 상징을 사용하여 시각적으로 표현하는 방법은 '다이어그램 시각화'이다.
ⓒ 전달하고자 하는 내용을 관련 그림이나 사진 등으로 나타내는 방법은 '이미지 시각화'이다.
따라서 빈칸 ⓐ~ⓒ에 들어갈 용어는 각각 차례로 '차트 시각화, 다이어그램 시각화, 이미지 시각화'이므로 정답은 ②이다.

20 문서작성능력

출제 포인트 보도자료의 작성에 관한 문제

정답 ①

해설
ⓐ이 포함된 문장은 국가철도공단이 한국철도공사, 한국철도기술연구원, 현대로템과 함께 차세대 한국형 열차제어시스템 연구 성과 보고회를 주최하여 열었다는 내용이므로, '모임이나 회의 따위를 주최하여 엶'이라는 의미의 단어인 '개최(開催)'를 사용해야 한다. 따라서 이를 '어떤 활동이나 회의 따위를 한동안 중단했다가 다시 시작함'이라는 의미의 '재개(再開)'로 수정하라는 조언은 적절하지 않으므로 정답은 ①이다.

오답분석
② '어떤 동작이나 행동이 다른 동작이나 행동보다 시간·위치상으로 약간의 간격을 두고 일어남'의 의미를 갖는 '한발'은 한 단어이므로 붙여 써야 한다.
③ 제시된 글은 차세대 한국형 열차제어시스템의 연구 성과 보고회에 관한 내용이므로, 한국형 신호시스템의 중장기 전용계획을 수립하고, 2032년까지 모든 국가철도망에 확대 설치한다는 계획의 내용은 흐름상 적절하지 않아 삭제해야 한다.
④ ⓔ이 포함된 문장에서는 KTCS-3가 도입됐을 때의 장점에 대해 설명하고 있고, ⓔ이 포함된 문장 앞에서는 연구 성과 보고회에서 KTCS-3 개발 마스터 플랜 및 실용화 방안에 대해 논의했다고 하였으므로, 앞의 내용과 뒤의 내용이 상반될 때 쓰는 접속 부사인 '그러나'는 삭제해야 한다.
⑤ 피동형은 용언에 '-이다' 또는 '어지다'를 붙여 만들 수 있으며, '보여지다'는 기본형 '보다'에 '-이다'와 '-어지다'가 붙어 이중 피동이 되었으므로, '보다'에 피동의 뜻을 더하고자 한다면 '-이다'를 붙여 '보이다'로 수정해야 한다.

21 경청능력

출제 포인트 공감에 관한 문제

정답 ④

해설
공감은 상대방의 마음을 깊이 있게 이해하고 느끼는 것으로, 공감적 반응을 위해서는 상대방의 이야기를 상대방의 관점에서 이해하려는 태도, 상대방의 말 속에 담겨 있는 감정과 생각에 민감하게 반응하는 태도, 대화를 통해 자신이 느낀 상대방의 감정을 전달해 주는 태도가 필요하다. 따라서 빈칸에는 '공감'이 들어가야 하므로 정답은 ④이다.

22 경청능력

출제 포인트 공감적 이해의 세 가지 수준에 관한 문제

정답 ③

해설
- 김주임: 지사원의 고민에 대한 반응을 보이기는 하지만, 이를 듣고 난 후 성급하게 판단하여 상투적인 충고를 하고 있으므로, 상대방의 말에 반응은 보이지만 청자가 주로 자신의 생각에 사로잡혀 있어 자기주장만 할 뿐 상대방의 생각이나 느낌과 일치된 의사소통을 하지 못하는 '인습적 수준'에 해당한다.
- 이주임: 지사원의 고민의 내용을 정확하게 파악하고 이에 대해 재언급이나 요약 등을 하면서 반응을 보이고 있으므로, 청자가 상대방의 행동이나 말에 주의를 기울여 상대방의 현재 마음 상태나 전달하려는 내용을 정확하게 파악하고 그에 맞는 반응을 보이는 '기본적 수준'에 해당한다.
- 박주임: 지사원의 고민을 지각한 후 이에 대해 긍정적으로 반응하고 사기를 진작시키고 있으므로, 청자는 언어적으로 명백히 표현되지 않은 상대방의 내면적 감정과 사고를 지각하고 이를 자신의 개념 틀에 의해 왜곡 없이 충분히 표현하여 상대방의 적극적인 성장 동기를 이해하고 표출하는 '심층적 수준'에 해당한다.

따라서 세 사람의 공감적 이해 수준은 각각 차례로 '인습적 수준, 기본적 수준, 심층적 수준'이므로 정답은 ③이다.

23 경청능력

출제 포인트 적극적 경청에 관한 문제

정답 ④

해설
제시된 사례의 A는 경청이 어려우며 비효율적인 것 같다고 생각한다. 경청은 구체적인 실천이 필요한 태도와 행동으로, 적극적 경청과 소극적 경청으로 구분한다. 적극적 경청을 위해서는 상대방의 입장에서 상대방이 무엇을 느끼고 있을지 받아들이는 '공감적 이해', 자신이 가진 고정관념을 버리고 상대방의 태도를 받아들이는 '수용의 정신', 자신의 감정을 솔직하게 전하고 상대방을 속이지 않는 '성실한 태도'가 필수적이다. 또한 상대방이 이야기할 때 주의를 집중하고 있음을 행동을 통해 표현하거나, 이야기를 듣는 중 이해가 되지 않는 부분은 질문하거나 확인하고, 때로는 상대방의 발언에 공감할 수도 있다. 따라서 정답은 ④이다.

🔍 개념 보충

적극적 경청을 위한 태도
- 비판적·충고적인 태도를 버린다.
- 상대방이 말하는 의미를 이해한다.
- 단어 이외의 보여지는 표현에도 신경 쓴다.
- 상대방이 말하는 동안 경청하고 있다는 것을 표현한다.
- 대화 시 흥분하지 않는다.

24 경청능력

출제 포인트 경청훈련에 관한 문제

정답 ④

해설
다른 사람의 메시지를 인정하고 부드러운 지시나 진술, 질문의 형태로 상대에게 요청하는 것은 경청훈련 중 '상대방의 경험을 인정하고 더 많은 정보 요청하기'에 해당한다. 따라서 빈칸에 들어갈 내용으로 가장 적절한 것은 '요청하기'이므로 정답은 ④이다.

🔍 개념 보충

경청훈련
1. 주의 기울이기(바라보기, 듣기, 따라하기)
   자신의 관심을 상대방에게 충분히 보여주어야 하며, 비언어적인 요소뿐만 아니라 상대방이 하는 말의 어조, 억양, 소리 등에도 귀를 기울여야 한다.
2. 상대방의 경험을 인정하고 더 많은 정보 요청하기
   다른 사람의 메시지를 인정하는 것은 언어적·비언어적 표현을 통해 상대방과 함께 하고 있다는 것을 상대방에게 알려주는 반응이다.
3. 정확성을 위해 요약하기
   자신이 정확히 이해하고 있는지 도움이 될 뿐만 아니라, 자신과 상대방의 메시지를 공유할 수 있도록 한다.
4. 개방적인 질문하기
   '누가, 무엇을 어디에서, 언제 또는 어떻게' 등의 질문을 통해 단답형의 대답이나 반응보다는 상대의 다양한 생각을 이해하고, 상대방으로부터 많은 정보를 얻는 방법으로, 서로에 대한 이해를 높일 수 있다.
5. '왜?'라는 말 삼가기
   '왜'라는 질문은 보통 진술을 가장한 부정적·추궁적·강압적인 표현이므로 사용하지 않는 것이 좋다.

25 경청능력

출제 포인트 경청의 특징에 관한 문제

정답 ①

해설
좋은 청자는 다른 사람의 음성만 듣는 것이 아닌, 목소리 톤, 강조, 빠르기, 얼굴 표정, 자세 등 비언어적 단서에까지 주의를 기울인다. 따라서 적절하지 않은 것만을 모두 고르면 'ㄱ'이므로 정답은 ①이다.

26 경청능력

출제 포인트 경청의 올바른 자세에 관한 문제

정답 ①

해설
우호적인 눈의 접촉을 통해 자신이 관심을 가지고 있다는 사실을 상대에게 알릴 수 있다. 따라서 정답은 ①이다.

27 경청능력

출제 포인트 경청훈련에 관한 문제

정답 ⑤

해설
제시된 자료에 따르면 개방적인 질문은 상대방의 다양한 생각을 이해하고, 상대방으로부터 보다 많은 정보를 얻기 위한 질문으로, 단답형 대답을 허용하는 폐쇄적인 질문과 대조된다고 하였다. '직장 생활을 하면서 취미를 가지는 것이 어렵다고 생각하나요?'라는 질문은 '어렵다' 또는 '어렵지 않다'와 같은 단답형 대답을 유도하는 질문이므로 폐쇄적인 질문에 해당한다. 따라서 정답은 ⑤이다.

28 의사표현능력

출제 포인트 성공적인 프레젠테이션 전략에 관한 문제

정답 ⑤

해설
성공적인 프레젠테이션을 위해서는 제한된 시간을 효과적으로 활용하는 기술을 익혀야 한다. 따라서 정답은 ⑤이다.

개념 보충

성공적인 프레젠테이션 전략
- 공포감을 극복해야 한다.
- 내용을 완전히 숙지해야 한다.
- 청중의 니즈를 파악해야 한다.
- 자신감에 찬 프레젠테이션을 해야 한다.
- 프레젠테이션 환경을 미리 조사해야 한다.
- 밝고 긍정적으로 프레젠테이션해야 한다.
- 예행 연습을 철저히 해야 한다.
- 철저한 준비를 해야 한다.
- 설득해야 할 대상에 대하여 철저히 연구해야 한다.
- 여유 있는 마음으로 천천히 프레젠테이션해야 한다.
- 제한된 시간을 효과적으로 활용하는 기술을 익혀야 한다.
- 일관된 흐름을 가지고 요점을 간결하고 명확하게 전달해야 한다.
- 다양한 시청각 기자재를 활용하여 프레젠테이션 효과를 극대화해야 한다.

29 의사표현능력

출제 포인트 연단공포증에 관한 문제

정답 ②

해설
제시된 사례는 면접이나 발표 등 청중 앞에서 이야기할 때, 가슴이 두근거리고 입술이 타며 식은땀이 나고 얼굴이 달아오르는 등의 증상을 느끼는 연단공포증에 관한 사례이다. 연단공포증은 소수가 경험하는 심리상태가 아닌 90% 이상의 사람들이 호소하는 불안증이다. 따라서 정답은 ②이다.

개념 보충

연단공포증

정의	연단에 올라 많은 사람 앞에 서서 말을 할 때 지나치게 긴장하여 두려움과 불안감을 느끼는 증상
원인	가족 배경, 심리적, 환경적, 생물학적 요인 등에 영향을 받으며, 이전에 이와 관련한 부정적인 경험을 한 경우 트라우마로 발현되어 공포심이 극대화됨.
증상	일반적으로 심장이 빠르게 뛰거나 구역질 및 구토가 나고 어지러움을 느끼고, 경우에 따라 근육이 긴장되고 충동을 느끼게 만드는 비행 또는 싸움 등의 증상을 경험함.
치료	불안감의 근본 원인을 파악하는 데 중점을 두는 인지 행동 치료인 심리치료를 하고, 경우에 따라 베타차단제, 항우울제 등의 약물을 활용하는 약물 치료를 함.
극복 방안	미리 준비하기, 반복 연습하기, 연설 자료에 집중하기, 연설 내용을 잊더라도 차분함 유지하기 등의 방법이 있음.

30 의사표현능력

출제 포인트 상황과 대상에 따른 의사표현법에 관한 문제

정답 ⑤

해설
장사원은 이미 본인의 휴가 날짜에 맞춰 여행 준비를 끝내 놓은 상태로, 휴가 일정을 바꿔달라는 김사원의 요구를 거절하고자 한다. 상대방의 요구를 거절할 때는 먼저 거절에 대한 사과를 한 후, 응할 수 없는 이유를 분명하게 설명해야 한다. 따라서 정답은 ⑤이다.

오답분석
① 상대방에게 충고할 경우, 예시를 들거나 비유법을 사용하는 것이 효과적이다.
② 상대방에게 명령할 경우, 강압적 표현보다 청유형의 부드러운 표현을 사용한다.
③ 상대방을 칭찬할 경우, 상황과 상관없이 별 의미 없는 내용을 칭찬하면 빈말이나 아부로 여겨질 수 있으므로 정말 칭찬해 주고 싶은 중요한 내용을 칭찬하거나, 대화 서두에 분위기 전환을 위해 간단한 칭찬을 사용한다.
④ 상대방에게 부탁할 경우, 상대의 상황을 확인한 후 응하기 쉽게 구체적으로 부탁한다.

31 의사표현능력

출제 포인트 샌드위치 화법에 관한 문제

정답 ④

해설
상대방의 잘못을 지적해야 할 때 충고나 질책을 통해 의사표현을 한다. 샌드위치 화법은 상대방이 질책을 부드럽게 받아들일 수 있는 화법으로, '칭찬의 말', '질책의 말', '격려의 말'의 순서대로, 질책을 가운데 두고 칭찬을 먼저 한 다음, 끝에 격려의 말을 하는 것이다. 따라서 빈칸 ㉠~㉢에 들어갈 용어는 각각 차례로 '칭찬, 질책, 격려'이므로 정답은 ④이다.

32 의사표현능력

출제 포인트 의사표현의 비언어적 요소에 관한 문제

정답 ⑤

해설
발음을 정확히 하기 위해서는 천천히 복식호흡을 하여 깊은 소리를 내며 침착하게 이야기하는 습관을 가져야 한다. 이때 발음을 내는 기본 요령은 '1) 충분한 호흡', '2) 목에 힘을 주지 않음', '3) 입술과 혀와 턱을 빨리 움직임'이다. 따라서 정답은 ⑤이다.

오답분석
① 똑같은 발음의 '말'이지만 짧게 발음하면 '말(馬)'이 되고, 길게 발음하면 '말(語)'이 되듯, 표기가 같은 말이라도 소리가 길고 짧음에 따라 전혀 다른 뜻이 된다.
② 쉼은 대화 도중에 잠시 침묵하는 것으로, 의도적으로 쉼을 잘 활용하면 논리성, 감정제고, 동질감 등을 확보할 수 있다. 이때 듣기 좋은 속도의 이야기에서 숨의 총량은 이야기 전체의 35~40%가 적당하다.
③ 발표할 때 기본적인 말의 보통 속도는 10분에 200자 원고지 15장 정도로 하는 것이 적당하며, 이 기준보다 빠르게 말하면 청중이 내용에 대해 생각할 시간이 부족하고 놓친 메시지가 있다고 느낀다. 또한 빨리 말하면 말하는 사람이 바쁘고 성의 없는 느낌을 주고, 반대로 느리게 말하면 분위기가 처지게 되어 청중이 내용에 집중하지 못할 수 있다.
④ 말의 속도는 사람마다 다르지만, 말을 할 때 속도 변화를 통해 화자의 감정을 알 수 있다.

33 의사표현능력

출제 포인트 설득력의 의사표현법에 관한 문제

정답 ②

해설
상대방의 도움을 얻기 위해 절충과 협상을 통해 원하는 도움을 효과적으로 얻는 방법에는 '문 안에 한발 들여놓기 기법'과 '얼굴 부딪히기 기법' 두 가지가 있다.
㉠ 처음에는 상대방이 수락할 수 있도록 50, 60 정도의 부탁을 한 후, 점차 도움의 내용을 늘려 상대방의 허락을 유도하는 방법은 '문 안에 한발 들여놓기 기법'이다.
㉡ 처음에는 말하는 이가 요청하고 싶은 도움의 크기보다 더 큰 도움을 요청하여 상대방의 거절을 유도한 후, 상대방에게 좀 더 작은 도움을 요청하여 승낙을 받는 방법은 '얼굴 부딪히기 기법'이다.
따라서 빈칸 ㉠, ㉡에 들어갈 용어는 각각 차례로 '문 안에 한발 들여놓기 기법, 얼굴 부딪히기 기법'이므로 정답은 ②이다.

오답분석
• 낮은 공 기법: 불완전한 정보를 제시하여 상대방의 동의를 얻은 다음 완전한 정보를 알려주는 기법이다.

34 의사표현능력

출제 포인트 나-전달법(I-Message) 관련 내용 추론에 관한 문제

정답 ②

해설
"그냥 사실대로 말해. 어젯밤 그 일 때문에 화났지?"는 탐색 질문 및 심리분석의 화법으로, 상대의 행동에 초점을 맞추어 그 행동에 대한 비난, 비평, 평가 등의 의미를 전하는 의사소통 방법인 '너-전달법(You-Message)'에 해당한다. 따라서 정답은 ②이다.

오답분석
① 4문단에서 나-전달법은 상대방의 성격을 지적하는 것이 아닌 행동의 변화를 강조하기 때문에 상대방의 감정을 해치지 않는다고 하였다.
③ 1문단에서 상대방, 즉 '너'를 주어로 하는 대화는 상대방의 잘못을 지적하거나 비난하는 말투가 되기 쉽다고 하였다.
④ 2문단에서는 총 4단계로 진행되는 나-전달법이란 상대방의 행동이 나에게 미치는 영향, 그로 인한 나의 감정, 상대방이 나에게 해 주기를 바라는 점에 대해 구체적으로 말하는 의사소통 방법이라고 하였으며, 4문단에서는 나-전달법이 상대방의 행동에서 느낀 점을 말하는 의사소통 방법이라고 하였다.
⑤ "네가 밤늦게 다니면 혹시 너에게 안 좋은 일이 생길까 봐 너무 불안해."라고 말하는 방식은 상대방의 행동에 대해 내가 느끼는 감정을 솔직하게 말하는 나-전달법에 해당한다.

35 기초외국어능력

출제 포인트 기초외국어능력의 특징에 관한 문제

정답 ⑤

해설
기초외국어능력은 외국인과의 업무가 잦은 특정 경우에만 필요한 것은 아니다. 예컨대 컴퓨터 용어, 공장 기계, 외국 제품 등의 사용법 등 기초외국어를 모르면 불편한 경우가 생기므로, 기초외국어능력은 직업군에 상관없이 직업인으로서 가져야 하는 역량이다. 따라서 정답은 ⑤이다.

36 기초외국어능력

출제 포인트 외국인과의 의사소통 방법에 관한 문제

정답 ③

해설
외국인이 의사소통 과정에서 어조를 높인다면 적대감이나 대립감을 나타내는 것이며, 이와 반대로 어조를 낮춘다면 만족감이나 안도감을 나타내는 것이다. 따라서 정답은 ③이다.

37 기초외국어능력

출제 포인트 기초외국어로 의사소통 시 필요역량에 관한 문제

정답 ③

해설
기초외국어로 의사소통을 할 때 가장 중요한 것은 자신이 왜 의사소통을 하려고 하는지 상대방과 목적을 공유하는 것으로, 이를 위해서는 '무엇을 전달할 것인가?'에 해당하는 '사고력'이 필요하고, 생각한 내용을 '어떻게 전달할 것인가?'를 결정하는 '표현력'이 중요하다. 따라서 빈칸 ㉠, ㉡에 들어갈 용어는 각각 차례로 '사고력, 표현력'이므로 정답은 ③이다.

38 기초외국어능력

출제 포인트 각국의 보디랭귀지에 관한 문제

정답 ④

해설
고개를 끄덕이는 행동은 불가리아와 그리스에서는 부정의 의미를, 그 외 국가에서는 긍정의 의미를 내포한다. 따라서 정답은 ④이다.

오답분석
① 손가락을 교차하는 행동은 브라질에서는 '행운'을, 유럽에서는 '경멸'을 의미한다.
② 입을 가리는 행동은 서양에서는 '거짓말'을, 동양에서는 '창피함'을 의미한다.
③ 'V' 모양 손가락은 안쪽을 보이게 하면 '윈스턴 처칠의 승리'를, 바깥쪽을 보이게 하면 '경멸 또는 외설의 의미'를 내포한다.
⑤ 네팔에서 옆으로 고개를 흔드는 행동은 긍정의 의미를, 그 외 기타 국가에서는 부정의 의미를 내포한다.

39 기초외국어능력

출제 포인트 비언어적 의사소통 표현에 관한 문제

정답 ⑤

해설
외국인과의 언어적 의사소통은 외국어 사용능력에 따라 의사소통의 편의성이 크게 좌우되지만, 반드시 외국어능력이 뛰어나야만 의사소통을 할 수 있는 것은 아니다. 기초외국어능력이 부족하더라도 비언어적 의사소통의 특징을 충분히 알고 있으면 원활한 일 경험에 도움이 되며, 반대로 아무리 외국어를 유창하게 하더라도 외국인의 몸짓과 표정 등 무의식적으로 기분을 표현하는 것을 알아채지 못한다면 의사소통이 원만하게 이루어지지 않을 수 있다. H주임은 일본인 담당자가 머리를 긁적이는 행동이 혼란스러운 감정을 숨기려는 일본인들의 비언어적 표현임을 파악하였고, 그의 센스로 사업권을 따낼 수 있었다. 따라서 정답은 ⑤이다.

40 기초외국어능력

출제 포인트 일 경험에서의 기초외국어능력에 관한 문제

정답 ⑤

해설
제시된 사례의 M사원은 평소 열심히 일을 해왔지만, 외국어능력의 부족으로 업무가 변경되었다. 이를 통해 업무 수행을 하는 것도 중요하지만, 자신의 분야에서 기초외국어능력도 필요한 부분임을 알 수 있다. 따라서 정답은 ⑤이다.

응용문제

✓ 빠른 정답표

| 01 | ③ | 02 | ④ | 03 | ① | 04 | ⑤ | 05 | ④ |
| 06 | ③ | 07 | ③ | 08 | ③ | 09 | ⑤ | | |

01 의사소통능력

출제 포인트 의사소통 기본 모델에 관한 문제

정답 ③

해설
ⓒ 송신자가 자신의 생각·아이디어를 상징적인 형태로 표현하는 것이 와야 하므로 '부호화'와 그에 관한 설명이 오는 것이 적절하다.
ⓔ 수신자가 받은 메시지를 자신의 경험을 토대로 이해하여 의미 있는 생각·아이디어로 변환하는 것이 와야 하므로 '복호화'와 그에 관한 설명이 오는 것이 적절하다.
따라서 의사소통의 핵심 구성 요소와 그에 대한 설명이 바르게 연결되지 않은 것만을 모두 고르면 'ⓒ, ⓔ'이므로 정답은 ③이다.

오답분석
㉠ 메시지를 수신하는 객체가 와야 하므로 '수신자'와 그에 관한 설명으로 적절하다.
ⓛ 송신자가 수신자에게 전달하려는 정보가 와야 하므로 '메시지'와 그에 관한 설명으로 적절하다.
ⓜ 메시지의 해석과 이해에 대한 방해물이 와야 하므로 '소음'과 그에 관한 설명으로 적절하다.

개념 보충

의사소통 기본 모델
다음은 의사소통 기본 모델에 관한 그림이며, 의사소통 기본 모델에서 의사소통의 핵심 구성 요소를 정리하면 다음과 같다.

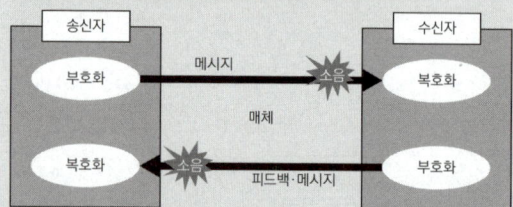

- **부호화(Encoding)**: 송신자가 자신의 생각·아이디어를 상징적인 형태로 표현하는 것을 말한다.
- **메시지(Message)**: 부호화의 결과물로 송신자가 수신자에게 전달하려는 정보를 말한다.
- **매체(Media)**: 메시지를 전달하는 수단을 말한다.
- **소음(Noise)**: 메시지의 해석과 이해에 대한 방해물을 말한다.
- **복호화(Decoding)**: 수신자가 받은 메시지를 자신의 경험을 토대로 이해하여 의미 있는 생각·아이디어로 변환하는 것을 말한다.
- **송신자(Sender)**: 메시지를 생성·전송하는 주체를 말한다.
- **수신자(Receiver)**: 메시지를 수신하는 객체를 말한다.
- **피드백·메시지(Feedback)**: 수신한 메시지를 해독·이해한 이후 수신자가 생각·아이디어를 메시지로 암호화하여 송신자에게 보내는 것을 말한다.

02 의사소통능력

출제 포인트 의사소통 방법에 관한 문제

정답 ④

해설
공식적 문서 의사소통 사례에는 보고서 등이 있으며, 공식적 언어 의사소통 사례에는 스피치, 프레젠테이션 등이 있다. 반면, 비공식적 문서 의사소통 사례에는 전자우편, 노트, 메모, 메신저 등이 있으며, 비공식적 언어 의사소통 사례에는 개인 간 회의, 개인 간 대화 등이 있다. 이에 따라 메모와 노트는 비공식적 문서 의사소통 사례이고, 개인 간 회의는 비공식적 언어 의사소통 사례임을 알 수 있다. 따라서 적절하지 않은 것은 'ⓛ, ⓒ, ⓗ' 3개이므로 정답은 ④이다.

개념 보충

의사소통 방법

구분	의사소통 방법	의사소통 사례
공식	문서	보고서, 이슈, 인도물, 리스크 정보 등 출력해서 제출
	언어	스피치, 프레젠테이션 등
비공식	문서	전자 우편, 노트, 메모, 화상 회의, 메신저 등
	언어	개인 간 회의, 개인 간 대화 등

03 의사소통능력

출제 포인트 공감적 경청에 관한 문제

정답 ①

해설
㉠ 자료에서 공감적 경청은 상대방이 가진 시선으로 세상을 바라봄으로써 상대방의 패러다임과 감정을 이해하는 경청 방법이라고 하였으며, 공감적 경청의 본질은 상대방을 머리로만 이해하는 것이 아니라 감정적으로도 깊게 느끼고 이해하는 것을 의미한다고 하였다. 그러므로 신입사원이 처한 상황을 알고 힘들겠다는 감정을 공감하여 회사의 복지를 알아봐 주겠다고 한 것은 공감적 경청의 사례로 적절하다.
따라서 적절한 것만을 모두 고르면 '㉠'이므로 정답은 ①이다.

오답분석
ⓛ 해외 영업팀의 한팀장은 팀원들의 견해, 의견, 감정에 관한 고려 없이 회식을 하기로 했으므로 상대방을 진정으로 이해한 것이 아님을 알 수 있다. 따라서 공감적 경청의 사례로 적절하지 않다.
ⓒ 박대리는 김사원이 교통사고로 인해 오전 회의를 지각한 것이 그럴 만하다고 속으로 생각했지만, 김사원을 이해하는 말과 행동을 하지 않았으므로 상대방을 진정으로 이해한 것이 아님을 알 수 있다. 따라서 공감적 경청의 사례로 적절하지 않다.
ⓔ 경영지원팀의 최팀장은 새로 들어온 신입사원의 의사를 묻기로 했다고 하였지만, 다른 팀원들의 의사를 고려하지 않았고, 신입사원의 시각으로 신입사원의 견해에 공감하고 있는 것이 아님을 알 수 있다. 따라서 상대방을 진정으로 이해한 것이 아니므로 공감적 경청의 사례로 적절하지 않다.

개념 보충

공감적 경청

다른 사람의 관점에 따라 세상과 사물을 바라보는 것을 말하며, 상대방에 대한 진정한 이해를 추구한다. 공감적 경청의 본질은 어떤 사람을 감정적으로는 물론 지적으로도 완전하고 깊게 이해하는 데 있다. 이러한 공감적 경청은 그 자체만으로도 상대방에게 큰 신뢰감을 줄 수 있다.

04 의사소통능력

출제 포인트 기안문의 구성에 관한 문제

정답 ⑤

해설

「행정업무의 운영 및 혁신에 관한 규정 시행규칙」제4조 제3항에 따라 제1항에 따른 본문은 제목, 내용 및 붙임(문서에 다른 서식 등이 첨부되는 경우에만 해당한다)으로 구성한다고 하였다. 즉, 모든 붙임 문서가 아니라 문서에 다른 서식 등이 첨부되는 경우만 해당함을 알 수 있다. 따라서 정답은 ⑤이다.

오답분석

① 「행정업무의 운영 및 혁신에 관한 규정 시행규칙」제4조 제2항 제1호에 따라 행정기관명에는 그 문서를 기안한 부서가 속하는 행정기관명을 표시하되, 다른 행정기관명과 동일한 경우에는 바로 위 상급기관명을 함께 표시할 수 있다.
② 「행정업무의 운영 및 혁신에 관한 규정 시행규칙」제4조 제4항에 따라 문서에 다른 서식 등이 첨부되는 경우에는 본문의 내용이 끝난 줄 다음에 "붙임" 표시를 하고 첨부물의 명칭과 수량을 적되, 첨부물이 두 가지 이상인 경우에는 제2조 제1항에 따라 항목을 구분하여 표시하여야 한다.
③ 「행정업무의 운영 및 혁신에 관한 규정 시행규칙」제4조 제5항 제1호에 따라 본문의 내용(본문에 붙임이 있는 경우에는 붙임을 말한다)의 마지막 글자에서 한 글자 띄우고 "끝" 표시를 한다. 다만, 본문의 내용이나 붙임에 적은 사항이 오른쪽 한계선에 닿은 경우에는 다음 줄의 왼쪽 기본선에서 한 글자 띄우고 "끝" 표시를 한다.
④ 「행정업무의 운영 및 혁신에 관한 규정 시행규칙」제4조 제2항 제2호 가목에 따라 수신자가 없는 내부결재문서인 경우에는 "내부결재"로 표시한다.

개념 보충

「행정업무의 운영 및 혁신에 관한 규정 시행규칙(약칭: 행정업무규정 시행규칙)」

제4조(기안문의 구성) ② 제1항에 따른 두문(이하 "두문"이라 한다)은 행정기관명과 수신란으로 구성하되, 다음 각 호의 구분에 따라 표시한다. 이 경우 두문의 여백에는 행정기관의 로고·상징·마크·홍보문구 또는 바코드 등을 표시할 수 있다.
1. 행정기관명에는 그 문서를 기안한 부서가 속하는 행정기관명을 표시하되, 다른 행정기관명과 동일한 경우에는 바로 위 상급기관명을 함께 표시할 수 있다.
2. 수신란에는 다음 각 목과 같이 표시한다.
   가. 수신자가 없는 내부결재문서인 경우에는 "내부결재"로 표시한다.
③ 제1항에 따른 본문(이하 "본문"이라 한다)은 제목, 내용 및 붙임(문서에 다른 서식 등이 첨부되는 경우에만 해당한다)으로 구성한다.
④ 문서에 다른 서식 등이 첨부되는 경우에는 본문의 내용이 끝난 줄 다음에 "붙임" 표시를 하고 첨부물의 명칭과 수량을 적되, 첨부물이 두 가지 이상인 경우에는 제2조 제1항에 따라 항목을 구분하여 표시하여야 한다.
⑤ 본문의 마지막에는 다음과 같이 "끝" 표시 등을 한다.
1. 본문의 내용(본문에 붙임이 있는 경우에는 붙임을 말한다)의 마지막 글자에서 한 글자 띄우고 "끝" 표시를 한다. 다만, 본문의 내용이나 붙임에 적은 사항이 오른쪽 한계선에 닿은 경우에는 다음 줄의 왼쪽 기본선에서 한 글자 띄우고 "끝" 표시를 한다.

05 의사소통능력

출제 포인트 혼동하기 쉬운 외래어에 관한 문제

정답 ④

해설

㉠ '카스테라'는 잘못된 외래어 표기이며, 올바른 외래어 표기는 '카스텔라'이다.
㉡ '카운셀러'는 잘못된 외래어 표기이며, 올바른 외래어 표기는 '카운슬러'이다.
㉢ '리모콘'은 잘못된 외래어 표기이며, 올바른 외래어 표기는 '리모컨'이다.
㉣ '로얄티'는 잘못된 외래어 표기이며, 올바른 외래어 표기는 '로열티'이다.
㉤ '팜플렛'은 잘못된 외래어 표기이며, 올바른 외래어 표기는 '팸플릿'이다.
㉥ '플랜카드'는 잘못된 외래어 표기이며, 올바른 외래어 표기는 '플래카드'이다.
㉦ '스케쥴'은 잘못된 외래어 표기이며, 올바른 외래어 표기는 '스케줄'이다.
따라서 외래어 표기가 올바른 것만 골라 순서대로 나열한 것은 '카스텔라, 카운슬러, 리모컨, 로열티, 팸플릿, 플래카드, 스케줄'이므로 정답은 ④번이다.

개념 보충

혼동하기 쉬운 외래어의 올바른 한글 표기

한글 표기	원어 표기
카스텔라	castela
카운슬러	counselor
리모컨	remote control
로열티	royalty
팸플릿	pamphlet
플래카드	placard
스케줄	schedule
비즈니스	business
메뉴	menu
콘텐츠	contents
벤처캐피털	venture capital

06 의사소통능력

출제 포인트 한글 맞춤법에 관한 문제

정답 ③

해설
ⓒ '다섯 권'은 〈한글 맞춤법〉 제42항 의존 명사는 띄어 쓴다는 것에 대한 예시와 제43항 단위를 나타내는 명사에 대한 예시로 적절하다.
ⓒ '5만 5천 원'은 〈한글 맞춤법〉 제43항 단위를 나타내는 명사에 대한 예시와 제44항 수를 적을 적에 '만(萬)' 단위로 띄어 쓴다는 것에 대한 예시로 적절하다.
ⓔ '아는 것'은 〈한글 맞춤법〉 제42항 의존 명사는 띄어 쓴다는 것에 대한 예시로 적절하다.
따라서 적절한 것만을 모두 고르면 'ⓒ, ⓒ, ⓔ'이므로 정답은 ③이다.

오답분석
㉠, ㉤, ㉥은 모두 〈한글 맞춤법〉 제42항~제44항과 관련이 없으므로 신입사원 K가 참고한 〈한글 맞춤법〉 조항과 관련 있는 예시로 적절하지 않다.

개념 보충

한글 맞춤법 제42항~제44항

제42항 의존 명사는 띄어 쓴다.

- 아는 **것**이 힘이다.
- 먹을 **만큼** 먹어라.
- 네가 뜻한 **바**를 알겠다.
- 나도 할 **수** 있다.
- 아는 **이**를 만났다.
- 그가 떠난 **지**가 오래다.

제43항 단위를 나타내는 명사는 띄어 쓴다.

- 한 **개**
- 옷 한 **벌**
- 버선 한 **죽**
- 차 한 **대**
- 열 **살**
- 집 한 **채**
- 금 서 **돈**
- 조기 한 **손**
- 신 두 **켤레**
- 소 한 **마리**
- 연필 한 **자루**
- 북어 한 **쾌**

다만, 순서를 나타내는 경우나 숫자와 어울리어 쓰이는 경우에는 붙여 쓸 수 있다.

- 두시 삼십분 오초
- 육층
- 16동 502호
- 10개
- 제일과
- 1446년 10월 9일
- 제1실습실
- 7미터
- 삼학년
- 2대대
- 80원

제44항 수를 적을 적에는 '만(萬)' 단위로 띄어 쓴다.

- 십이억 삼천사백오십육만 칠천팔백구십팔
- 12억 3456만 7898

07 의사소통능력

출제 포인트 사자성어에 관한 문제

정답 ③

해설
메일에서는 해당 상황이 발생한 근본적인 원인이 제대로 파악되지 않아 해당 문제가 해결되지 못하는 것으로 보인다고 하였으므로, 원인을 제대로 파악하지 못한 채 헛수고만 하며 문제를 해결하지 못하는 것을 의미하는 사자성어인 '격화소양(隔靴搔癢)' 정도가 ㉠과 관련된 사자성어로 가장 적절하다. 따라서 정답은 ③이다.

오답분석
① '과유불급(過猶不及)'은 정도를 지나침은 미치지 못함과 같다는 뜻으로, 중용(中庸)이 중요함을 의미하는 사자성어이다.
② '아전인수(我田引水)'는 자기 논에 물 대기라는 뜻으로, 자기에게만 이롭게 되도록 생각하거나 행동함을 의미하는 사자성어이다.
④ '점입가경(漸入佳境)'은 시간이 지날수록 더욱 재미가 있거나 시간이 지날수록 하는 짓이 더 꼴불견임을 의미하는 사자성어이다.
⑤ '성동격서(聲東擊西)'는 동쪽에서 소리를 내고 서쪽에서 적을 친다는 뜻으로, 적을 유인하여 이쪽을 공격하는 체하다가 그 반대쪽을 치는 전술을 의미하는 사자성어이다.

개념 보충

'격화소양(隔靴搔癢)'이 가진 의미와 유사한 사자성어로는 '노이무공(勞而無功)', '도로무공(徒勞無功)' 등이 있다. 반면, 상반되는 의미를 가진 사자성어로는 본질을 파악하여 단번에 정곡을 찌름을 의미하는 '일침견혈(一針見血)', '단도직입(單刀直入)' 등이 있다.

08 의사소통능력

출제 포인트 출장 보고서 서식에 관한 문제

정답 ③

해설
박대리가 작성 중인 출장 보고서에는 출장자 기본 인적 사항, 출장 관련 기본 정보, 문서 작성 관련 정보, 결과 보고서 본문에 관한 내용이 작성되어 있다. 그러나 결재 정보에 관한 내용은 작성되어 있지 않으므로, 박대리가 출장 보고서를 완성하기 위해서는 출장 보고서 서식에 결재 정보인 결재자, 승인자, 검토자를 추가해야 함을 알 수 있다. 따라서 서식에 추가해야 할 내용으로 적절한 것은 '㉠, ⓒ, ㉥' 3개이므로 정답은 ③이다.

개념 보충

출장 보고서 서식에 포함되어야 할 정보로는 출장자 기본 인적 사항, 출장 관련 기본 정보, 문서 작성 관련 정보, 결과 보고서 본문, 결재 정보가 있다. 이를 정리하면 다음과 같다.

- 출장자 기본 인적 사항: 성명, 소속, 직급
- 출장 관련 기본 정보: 출장 기간, 출장 지역, 출장 목적
- 문서 작성 관련 정보: 문서 작성일, 작성자, 문서 번호 등
- 결과 보고서 본문: 출장업무 내용, 첨부 자료 목록 등
- 결재 정보: 결재자, 검토자, 승인자, 결재일 등

09 의사소통능력

출제 포인트 한글 맞춤법에 관한 문제

정답 ⑤

해설
ⓒ '돋아서 내밀다'는 의미를 가진 단어는 '돋치다'이므로 '돋처'로 적는 것이 적절하다.
ⓒ '뜻밖의 일이나 무서움에 가슴이 두근거리다'는 의미를 가진 단어는 '놀라다'이므로 '놀란'으로 적는 것이 적절하다.
ⓜ '한 개씩 낱으로 셀 수 있는 물건의 수효'라는 의미의 '개수'로 적는 것이 적절하다.

ⓑ '갑절'은 두 배라는 뜻만 가지고 있지만, '곱절'은 세 곱절, 네 곱절 등과 같이 배수를 세는 단위로 사용되므로 '곱절'로 적는 것이 적절하다.

따라서 옳지 않은 것만을 모두 고르면 'ⓒ, ⓒ, ⓓ, ⓑ'이므로, 정답은 ⑤이다.

오답분석

ⓐ '이 주의 바로 앞의 주'라는 의미의 합성어이므로 '지난주'와 같이 붙여 쓰는 것이 적절하다.

ⓓ '시간적인 사이를 두고서 가끔씩'이라는 의미의 '간간이'가 적절하다.

🔍 개념 보충

- 이번 주 vs 지난주: '이번'과 '주'는 각각 다른 의미를 가진 명사이므로 '이번 주'와 같이 띄어 쓰는 것이 올바른 표현이다. 반면, '지난주'는 하나의 명사, 즉 합성어이므로 붙여 쓰는 것이 올바른 표현이다.
- 돋치다 vs 돋히다: '돋치다'는 '돋아서 내밀다'는 의미이므로 '가시가 돋쳐 있다'는 올바른 표현이다. 반면, '돋히다'는 비표준어이다.
- 놀라다 vs 놀랜: '놀라다'는 '뜻밖의 일이나 무서움에 가슴이 두근거리다'는 의미이므로, 과거형은 '놀란'이다. 반면, '놀랜'은 잘못된 표현이다.
- 간간이 vs 간간히: '간간이'는 '시간적인 사이를 두고서 가끔씩'을 의미하는 부사이다. 반면, '간간히'는 '아슬아슬하고 위태롭게', '입맛 당기게 약간 짠 듯이' 등을 의미하는 부사이다.
- 개수 vs 갯수: '개수(個數)'는 '한 개씩 낱으로 셀 수 있는 물건의 수효'라는 의미이므로, 올바른 표현이다. 반면, '갯수'는 잘못된 표현이다.
- 갑절 vs 곱절: '갑절'은 '어떤 수나 양을 두 번 합한 만큼'이라는 의미로 쓰인다. 반면, '곱절'은 '어떤 수나 양을 두 번 합한 만큼'을 뜻하기도 하고, 흔히 고유어 수 뒤에 쓰여 '일정한 수나 양이 그 수만큼 거듭됨'을 뜻하기도 한다. '갑절'은 두 배라는 뜻만 가지고 있지만, '곱절'은 세 곱절, 네 곱절 등과 같이 배수를 세는 단위로 사용된다.

02 수리능력

기본문제

✓ **빠른 정답표**

| 01 | ③ | 02 | ④ | 03 | ⑤ | 04 | ① | 05 | ② |
| 06 | ⑤ | 07 | ⑤ | 08 | ③ | 09 | ④ | 10 | ⑤ |

01 수리능력

출제 포인트 수 규칙에 관한 문제

정답 ③

해설
나열된 숫자들은 $5 - 4 = 1$, $8 - 5 = 3$, $13 - 8 = 5$, $20 - 13 = 7$, $29 - 20 = 9$, $40 - 29 = 11$, $53 - 40 = 13$의 규칙을 가져 계차가 1, 3, 5, 7, 9, 11, 13, …로 등차수열인 계차수열이다. 따라서 빈칸에 들어갈 숫자는 $53 + 15 = 68$이므로 정답은 ③이다.

02 수리능력

출제 포인트 단위 변환에 관한 문제

정답 ④

해설
1인치는 2.54cm이므로 164cm는 164 / 2.54 ≒ 64.6인치, 1피트는 30.48cm이므로 164cm는 164 / 30.48 ≒ 5.4피트, 1야드는 91.44cm이므로 164cm는 164 / 91.44 ≒ 1.8야드이다. 따라서 A + B + C = 64.6 + 5.4 + 1.8 = 71.8이므로 정답은 ④이다.

03 기초연산능력

출제 포인트 사칙연산에 관한 문제

정답 ⑤

해설
곱셈과 나눗셈을 덧셈과 뺄셈보다 먼저 계산해야 하므로 바르게 계산하면 $-\frac{4}{5} - 2 \times -3 + 5 = -\frac{4}{5} + 6 + 5 = 5.2 + 5 = 10.2$이다. 따라서 정답은 ⑤이다.

오답분석

① $3.9 - \frac{3}{5} \times 0.4 = 3.9 - \frac{3}{5} \times \frac{4}{10} = 3.9 - \frac{12}{50} = 3.9 - 0.24 = 3.66$

② $7 + \left(5 - \frac{3}{2}\right) \div 7 = 7 + \frac{7}{2} \div 7 = 7 + \frac{7}{2} \times \frac{1}{7} = 7 + \frac{1}{2} = 7.5$

③ $1 \div 4 \times \frac{3}{2} + 1 = \frac{1}{4} \times \frac{3}{2} + 1 = \frac{3}{8} + 1 = 1.375$

④ $(2 - 5) \times -3 \times \frac{8}{5} = -3 \times -3 \times \frac{8}{5} = 9 \times \frac{8}{5} = \frac{72}{5} = 14.4$

04 기초연산능력

출제 포인트 일의 양에 관한 문제

정답 ①

해설
포장한 선물의 총 개수를 x라고 하면 1시간 동안 A가 혼자서 포장한 선물의 개수는 $\frac{x}{10}$, B가 혼자서 포장한 선물의 개수는 $\frac{x}{8}$, A와 B가 함께 포장한 선물의 개수는 $\frac{x}{10} + \frac{x}{8} + 2$이므로 다음과 같은 식이 성립한다.

$\left(\frac{x}{10} + \frac{x}{8} + 2\right) \times 4 = x$

∴ $x = 80$

따라서 A와 B가 포장한 선물은 총 80개이므로 정답은 ①이다.

> ⏰ **실전용 해설**
>
> 일의 양과 관련된 문제가 나올 경우 전체 일의 양을 x로 놓고 한 사람이 단위 시간 동안 할 수 있는 일의 양을 구하면 된다. 한 사람이 단위 시간 동안 할 수 있는 일의 양을 구하는 식은 다음과 같다.
>
> $\frac{1}{\text{일을 완성하는 데 걸리는 시간}}$

05 기초통계능력

출제 포인트 조건부 확률에 관한 문제

정답 ②

해설
A기업 입사 지원자의 남녀 비율이 4 : 6이므로 남자 지원자는 4a명, 여자 지원자는 6a명이라고 하면 비수도권에 거주하는 남자 지원자는 $4a \times \frac{7}{10} = \frac{28a}{10}$명이고, 비수도권에 거주하는 여자 지원자는 $6a \times \frac{4}{10} = \frac{24a}{10}$명이다. 임의로 선택한 지원자가 비수도권에 거주할 때, 그 지원자가 여자일 확률은 $\frac{\frac{24a}{10}}{\frac{28a}{10} + \frac{24a}{10}} = \frac{6}{13}$이다. 따라서 정답은 ②이다.

06 기초통계능력

출제 포인트 통계의 기능에 관한 문제

정답 ⑤

해설
A는 '통계'이다. 통계를 활용하면 통계의 표본을 통해 연구 대상 집단의 특성을 유추할 수 있고, 관찰 가능한 자료를 통해 논리적으로 어떠한 결론을 추출 및 검증할 수 있다. 또한 통계는 의사결정의 보조 수단이 될 수 있다. 따라서 적절한 것만을 모두 고르면 'ⓒ, ⓒ, ⓔ'이므로 정답은 ⑤이다.

오답분석
㉠ 통계를 활용하면 많은 수량적 자료를 처리할 수 있으며, 이를 쉽게 이해할 수 있는 형태로 축소시킬 수 있다.

07 기초통계능력

출제 포인트 다섯 숫자 요약에 관한 문제

정답 ⑤

해설
중앙값이란 최솟값부터 최댓값까지 크기에 의하여 배열하였을 때 순서상 중앙에 위치하는 값을 의미한다. 따라서 정답은 ⑤이다.

08 도표분석능력

출제 포인트 도표의 특징에 관한 문제

정답 ③

해설
점 그래프는 종축과 횡축에 2개의 요소를 두고, 보고자 하는 것이 어떤 위치에 있는가를 알고자 할 때 사용하는 그래프이다. 따라서 정답은 ③이다.

09 도표작성능력

출제 포인트 도수분포표의 작성 지침과 절차에 관한 문제

정답 ④

해설
계급의 폭(= 범위 / 계급의 수)을 올림으로 하여 소수를 정리한 후 계급의 폭을 조정해야 한다. 따라서 정답은 ④이다.

개념 보충

도수분포표의 일반적인 작성 절차와 작성 지침

1. 작성 절차
   - 자료의 최댓값과 최솟값을 찾아 범위(= 최댓값 - 최솟값)를 구한다.
   - 자료의 수와 범위를 고려하여 계급의 수를 잠정적으로 결정한다.
   - 잠정적으로 계급의 폭(= 범위 / 계급의 수)을 올림으로 하여 소수를 정리한 후 계급의 폭을 조정한다.
   - 첫 계급의 하한과 마지막 계급의 상한을 조정한다(계급의 시작은 0, 1, 5, 10으로, 상한은 0, 5, 9, 10으로 정하는 것이 바람직하다).
   - 각 계급에 속하는 도수 등을 계산한다.

2. 작성 지침
   - 각 구간의 폭은 같은 것이 바람직하다.
   - 계급의 수는 분포의 특성이 나타날 수 있게 6개 이상 15개 미만이 바람직하다.
   - 계급에 속하는 도수가 없거나 너무 적지 않게 구간을 결정한다.
   - 극한값을 반영하기 위하여 제일 아래 계급이나 위 계급을 개방할 수도 있다.

10 도표작성능력

출제 포인트 데이터 시각화에 관한 문제

정답 ⑤

해설
데이터 시각화를 해야 하는 5가지 이유는 다음과 같다.
1. 많은 양의 데이터를 한눈에 볼 수 있다.
2. 데이터 분석에 대한 전문 지식이 없어도 누구나 쉽게 데이터 인사이트를 찾을 수 있다.
3. 요약된 통계치보다 정확한 데이터 분석 결과를 도출할 수 있다.
4. 효과적인 데이터 인사이트 공유로 데이터 기반의 의사결정을 할 수 있다.
5. 데이터 시각화를 활용할 수 있는 분야와 방법이 무궁무진하다.
따라서 정답은 ⑤이다.

심화문제

✓ 빠른 정답표

01	⑤	02	⑤	03	③	04	④	05	⑤
06	③	07	①	08	④	09	④	10	②
11	⑤	12	③	13	①	14	④	15	⑤
16	④	17	②	18	②	19	④	20	⑤
21	②	22	③	23	③	24	③	25	③
26	④	27	⑤	28	①	29	③	30	⑤
31	④	32	⑤	33	⑤	34	④	35	⑤
36	⑤	37	①	38	③	39	③	40	②

01 수리능력

출제 포인트 연산 규칙에 관한 문제

정답 ⑤

해설
제시된 식의 연산 규칙 ◈은 두 수를 곱한 값에서 10을 빼는 것이다.
5 ◈ 8 = 5 × 8 − 10 = 30
2 ◈ 14 = 2 × 14 − 10 = 18
6 ◈ 7 = 6 × 7 − 10 = 32
9 ◈ 13 = 9 × 13 − 10 = 107
따라서 11 ◈ 4 = 11 × 4 − 10 = 34이므로 정답은 ⑤이다.

02 수리능력

출제 포인트 사칙연산에 관한 문제

정답 ⑤

해설
'( )'와 '{ }'가 있을 때에는 ( ) 안의 식을 먼저 계산한 뒤 { } 안의 식을 나중에 계산한다. 따라서 정답은 ⑤이다.

🔍 개념 보충

사칙연산
- 수에 관한 덧셈, 뺄셈, 곱셈, 나눗셈의 네 종류의 계산법을 말한다.
- 소수는 분수로, 대분수는 가분수로 고친다.
- 거듭제곱이 있으면 거듭제곱을 먼저 계산한다.
- 괄호가 있으면 소괄호( ), 중괄호{ }, 대괄호[ ] 순으로 계산한다.
- 곱셈과 나눗셈을 덧셈과 뺄셈보다 먼저 계산한다.

03 수리능력

출제 포인트 식 변형에 관한 문제

정답 ③

해설
수출액 대비 수입액 비율은 '수입액 / 수출액 × 100'을 이용하여 구할 수 있으므로 수출액은 '수입액 / 수출액 대비 수입액 비율 × 100'으로 구할 수 있다. 따라서 정답은 ③이다.

04 수리능력

출제 포인트 비율에 관한 문제

정답 ④

해설
A대리가 처음에 가지고 있었던 노끈의 길이를 x라고 하면 B대리가 절반을 사용했으므로 B대리가 사용한 후 A대리에게 남은 노끈의 길이는 $\frac{1}{2}x$이다. 이후 C대리가 남은 노끈의 절반을 사용했으므로, C대리가 사용한 후 A대리에게 남은 노끈의 길이는 $\frac{1}{2}x \times \frac{1}{2} = \frac{1}{4}x$이다. 마지막으로 D대리가 남은 노끈의 $\frac{2}{5}$ 를 남겨두고 다 사용했으므로 D대리가 사용한 후 A대리에게 남은 노끈의 길이는 $\frac{1}{4}x \times \frac{2}{5} = \frac{1}{10}x$이다.
이를 정리하면 다음과 같은 식이 성립한다.
$60 = \frac{1}{10}x$
$x = 600cm = 6m$
따라서 A대리가 처음에 가지고 있었던 노끈의 길이는 6m이므로 정답은 ④이다.

05 기초연산능력

출제 포인트 일차방정식 활용에 관한 문제

정답 ⑤

해설
올해 신년회와 송년회에 준비된 테이블 수를 x라고 하면 다음과 같은 식이 성립한다.
$4x + 6 = 6(x − 6)$
∴ $x = 21$
총 부서원은 4 × 21 + 6 = 90명이므로 A부서장이 부서원 모두에게 답례품을 주는 데 드는 총비용은 90 × 15,000 = 1,350,000원이다. 따라서 정답은 ⑤이다.

06 기초연산능력

출제 포인트 비중에 관한 문제

정답 ③

해설
A~E지점의 매출액 합계는 50,000 + 28,000 + 37,500 + 64,500 + 70,000 = 250,000만 원이고, 지점별 매출액 비중은 A지점이 50,000 / 250,000 × 100 = 20%, C지점이 37,500 / 250,000 × 100 = 15%이다. 따라서 ㉠ + ㉡ = 20 + 15 = 35이므로 정답은 ③이다.

⏱ 실전용 해설

㉠ + ㉡은 A지점과 C지점의 매출액 비중의 합이므로 ㉠과 ㉡을 각각 구하지 않더라도 A지점과 C지점의 매출액 합의 비중이 (50,000 + 37,500) / 250,000 × 100 = 35%임을 이용하면 더 빠르게 답을 구할 수 있다.

07 기초연산능력

출제 포인트 덧셈과 곱셈의 계산 법칙에 관한 문제

정답 ①

해설

제시된 연산에 사용된 법칙은 다음과 같다.

$\left(\dfrac{1}{6} + \left(-\dfrac{1}{2}\right) + \dfrac{7}{12}\right) \times \dfrac{1}{3} \times \dfrac{4}{15}$

$= \left(\dfrac{1}{6} + \dfrac{7}{12} + \left(-\dfrac{1}{2}\right)\right) \times \dfrac{1}{3} \times \dfrac{4}{15}$ ⟶ 덧셈의 교환법칙

$= \left(\left(\dfrac{1}{6} + \dfrac{7}{12}\right) + \left(-\dfrac{1}{2}\right)\right) \times \dfrac{1}{3} \times \dfrac{4}{15}$ ⟶ 덧셈의 결합법칙

$= \dfrac{1}{4} \times \dfrac{1}{3} \times \dfrac{4}{15}$

$= \dfrac{4}{15} \times \dfrac{1}{4} \times \dfrac{1}{3}$ ⟶ 곱셈의 교환법칙

$= \left(\dfrac{4}{15} \times \dfrac{1}{4}\right) \times \dfrac{1}{3}$ ⟶ 곱셈의 결합법칙

$= \dfrac{1}{15} \times \dfrac{1}{3}$

$= \dfrac{1}{45}$

따라서 제시된 연산에서 사용되지 않은 법칙은 '분배법칙'이므로 정답은 ①이다.

개념 보충

덧셈과 곱셈의 계산 법칙
- 교환법칙: a∘b = b∘a가 만족하면 연산 ∘에 대해 교환법칙이 성립한다.
- 결합법칙: (a∘b)∘c = a∘(b∘c)을 만족하면 연산 ∘에 대해 결합법칙이 성립한다.
- 분배법칙: 두 연산 ∘, •에 대해 a•(b∘c) = (a•b)∘(a•c)이거나 a•(b∘c) = (a•b)∘(a•c)을 만족하면 두 연산 ∘, •에 대해 분배법칙이 성립한다.

08 기초연산능력

출제 포인트 거리, 속력, 시간에 관한 문제

정답 ④

해설

강물의 속력을 x, 배의 속력을 y라고 하면 다음과 같은 식이 성립한다.

$\begin{cases} y = x + 5 \\ \dfrac{15}{y-x} - \dfrac{15}{y+x} = 2 \end{cases}$

$\therefore x = 5, y = 10$

따라서 배의 속력은 10km/h이므로 정답은 ④이다.

실전용 해설

상류에서 하류로 내려가는 경우의 속력은 '배의 속력 + 강의 속력'이고, 하류에서 상류로 올라가는 경우의 속력은 '배의 속력 − 강의 속력'이다.

09 기초연산능력

출제 포인트 구거법에 관한 문제

정답 ④

해설

- B사원: 구거법 중 마지막 방법을 사용할 경우 987,321에서 9가 되는 숫자인 9, 8과 1, 7과 2를 버리면 나머지가 3이 되므로 검산 수는 3이다.
- D사원: 5,049 + 3,047 = 8,096을 구거법 중 마지막 방법으로 계산하면 5,049에서 5와 4, 9가 버려지므로 검산 수는 0이고 3,047은 3 + 4 + 7 = 14 → 1 + 4 = 5가 나오므로 검산 수는 5이며, 8,096에서 9는 버려지므로 8 + 6 = 14 → 1 + 4 = 5, 즉 검산 수는 5이다. 그러므로 0 + 5 = 5로 표현되어야 한다.

따라서 잘못 이해한 사람만을 모두 고르면 'B사원, D사원'이므로 정답은 ④이다.

오답분석
- A사원: 구거법은 덧셈과 뺄셈에는 적용할 수 있지만, 곱셈과 나눗셈에는 적용할 수 없다고 하였다.
- C사원: 구거법 중 두 번째 방법은 9 이하의 숫자가 나올 때까지 각 자릿수를 계속 더하는 방법이다.

10 기초연산능력

출제 포인트 역연산 방법에 관한 문제

정답 ②

해설

역연산 방법은 덧셈은 뺄셈으로, 뺄셈은 덧셈으로, 곱셈은 나눗셈으로, 나눗셈은 곱셈으로 확인하는 방법이다.

이사원이 활용한 총판매금액 공식에 역연산 방법을 활용하면 '총판매금액 ÷ 3,000 = (가 지점의 판매 개수 + 나 지점의 판매 개수 + 다 지점의 판매 개수 + 라 지점의 판매 개수 + 마 지점의 판매 개수)'이다. 이에 따라 A = 675,000이고, '225 − 50 − 35 − 30 − 60 − 마 지점의 판매 개수 = 0'이므로 B = 50이다. 따라서 $\dfrac{A}{B} = \dfrac{675,000}{50} = 13,500$이므로 정답은 ②이다.

11 기초연산능력

출제 포인트 소금물의 농도에 관한 문제

정답 ⑤

해설

농도가 15%인 소금물 400g의 절반을 버렸으므로 농도가 15%인 소금물 200g이 되고, 이 소금물에 들어 있는 소금의 양은 $\dfrac{15}{100} \times 200 = 30$g이다. 추가한 소금의 양을 x라고 하면 농도가 25%인 소금물의 양은 (200 + 70 + x)g이고, 소금물에 들어 있는 소금의 양은 (30 + x)g이며, 다음과 같은 식이 성립한다.

$\dfrac{30 + x}{270 + x} \times 100 = 25$

$\therefore x = 50$

따라서 추가한 소금의 양은 50g이므로 정답은 ⑤이다.

실전용 해설

소금물을 버리더라도 소금물의 농도는 변하지 않는다는 점에 유념한다.

12 기초통계능력

출제 포인트 통계의 함정에 관한 문제

정답 ③

해설
제시된 글은 통계자료를 어떻게 그래프에 나타내는지에 따라 보는 사람이 전혀 다른 느낌을 받을 수 있다는 '시각적 도해를 활용한 왜곡'에 대한 설명이다. 따라서 정답은 ③이다.

오답분석
① 잘못된 인과관계 추론: 무관한 원인과 결과를 인과관계가 있는 것으로 판단할 수 있다는 함정이다.
② 너무 작은 표본에 기초한 결론: 작은 표본으로 인해 옳지 않은 결론을 도출할 수 있다는 함정이다.
④ 잘못된 조사 방법을 활용한 오류: 공개적이거나 외압이 있는 환경과 방식에서 응답자가 거짓말을 할 수밖에 없다는 함정이다.
⑤ 백분율의 배수 차이가 너무 큰 의미를 부여: 실제로 큰 차이가 아니지만, 백분율의 배수 차이가 크게 느껴지도록 확대 해석하는 함정이다.

개념 보충

통계의 함정
- 너무 작은 표본에 기초한 결론
- 무응답 표본
- 작위적인 표본을 통해 내린 결론
- 매우 큰 표본에서 나타난 소수의 사례를 과대평가
- 일회성 조사를 통해 내린 결론
- 잘못된 조사 방법을 활용한 오류
- 잘못된 인과관계 추론
- 집단의 특성을 개인에게 적용
- 의도치 않은 편향
- 의도적 편향
- 통계적으로 의미 있는 모든 분석에 현실적인 의미 부여
- 오차 범위
- 시각적 도해를 활용한 왜곡
- 백분율의 배수 차이에 너무 큰 의미를 부여
- 철저한 검사 및 조사에 의해 통계에 잡히는 사례가 폭증

13 기초통계능력

출제 포인트 통계에 관한 문제

정답 ①

해설
평균과 표준편차만으로는 원자료의 전체적인 형태를 추측하기 어려우므로, 다섯 숫자 요약(최솟값, 중앙값, 최댓값, 하위 25%값, 상위 25%값)을 효과적으로 활용해야 한다. 따라서 정답은 ①이다.

14 기초통계능력

출제 포인트 중앙값, 평균값, 분산에 관한 문제

정답 ④

해설
- A: 합격자의 점수를 순서대로 나열하면 50, 50, 50, 50, 50, 49, 49, 48, 48, 48, 48, 48, 48, 46, 45, 45, 45, 45, 45, 44, 44, 44, 44, 43, 43, 43, 43, 43, 42, 40이고 합격자는 총 30명이므로 중앙값은 15번째와 16번째의 평균값인 (45 + 45) / 2 = 45이다.
- B: (50 × 5 + 49 × 2 + 48 × 6 + 46 × 1 + 45 × 5 + 44 × 4 + 43 × 5 + 42 × 1 + 40 × 1) / 30 = 46이다.
- C: {(50 − 46)^2 × 5 + (49 − 46)^2 × 2 + (48 − 46)^2 × 6 + (46 − 46)^2 × 1 + (45 − 46)^2 × 5 + (44 − 46)^2 × 4 + (43 − 46)^2 × 5 + (42 − 46)^2 × 1 + (40 − 46)^2 × 1} / 30 = 8이다.

따라서 A + B − 5C는 45 + 46 − 5 × 8 = 51이므로 정답은 ④이다.

15 기초통계능력

출제 포인트 다섯 숫자 요약에 관한 문제

정답 ⑤

해설
다섯 숫자 요약은 전체 자료를 '최솟값, 중앙값, 최댓값, 하위 25%값, 상위 25%값'으로 요약하는 것이다. 최솟값(m)은 가장 작은 값, 최댓값(M)은 가장 큰 값, 중앙값(Q_2)은 중간항의 값, 하위 25%의 값(Q_1)은 중앙값보다 아래에 있는 값들의 중간항의 값, 상위 25%의 값(Q_3)은 중앙값보다 위에 있는 값들의 중간항의 값을 의미한다.
제시된 자료의 값을 오름차순으로 나열하면 '100, 110, 120, 140, 150, 170, 180, 190, 200, 220, 240, 250, 260, 270, 290, 300'이므로 최솟값은 100, 최댓값은 300, 중앙값은 (190 + 200) / 2 = 195, 하위 25%의 값은 (140 + 150) / 2 = 145, 상위 25%의 값은 (250 + 260) / 2 = 255이다. 따라서 정답은 ⑤이다.

16 기초통계능력

출제 포인트 표준편차에 관한 문제

정답 ④

해설
표준편차는 분산의 제곱근 값을 의미하며, 개념적으로는 평균으로부터 얼마나 떨어져 있는지를 나타내는 것이다. 표준편차가 0에 가까우면 자료의 값들이 평균 근처에 집중되어 있음을 의미한다. 모든 팀의 평균이 5점이므로 4점 이상 6점 미만의 점수를 받은 직원이 가장 많은 D팀의 표준편차가 가장 작다는 것을 알 수 있다. 따라서 정답은 ④이다.

17 기초통계능력

출제 포인트 확률에 관한 문제

정답 ②

해설
B팀이 결승 7차전에서 최종 우승할 확률은 남은 4경기 중 3경기를 이길 확률에서 4차전, 5차전, 6차전을 연속해서 이기는 확률을 제외하여 구할 수 있다.

$_4C_3\left(\dfrac{1}{2}\right)^3\left(\dfrac{1}{2}\right)^1 - \left(\dfrac{1}{2}\right)^3\left(\dfrac{1}{2}\right)^1 = \dfrac{3}{16}$

따라서 B팀이 결승 7차전에서 최종 우승할 확률은 $\dfrac{3}{16}$이므로 정답은 ②이다.

> **실전용 해설**
> 4차전, 5차전, 6차전을 연속해서 이기는 경우 7차전이 진행되지 않기 때문에 이 경우를 제외해야 한다.

18 기초통계능력

출제 포인트 원순열에 관한 문제

정답 ②

해설
재무팀, 인사팀, 마케팅팀을 각각 하나로 보면 세 팀이 원형 테이블에 앉는 경우의 수는 (3 − 1)! = 2! = 2 × 1 = 2가지이다. 이때 각 팀 직원 간에 자리를 바꾸는 경우의 수는 재무팀은 2! = 2 × 1 = 2가지, 인사팀은 3! = 3 × 2 × 1 = 6가지, 마케팅팀은 4! = 4 × 3 × 2 × 1 = 24가지이다. 따라서 재무팀, 인사팀, 마케팅팀 직원이 같은 팀끼리 이웃하여 앉는 경우의 수는 총 2 × 2 × 6 × 24 = 576가지이므로 정답은 ②이다.

19 기초통계능력

출제 포인트 평균, 분산에 관한 문제

정답 ④

해설
- A: A팀 직원 10명의 평균은 (8 + 10 + 9 + 6 + 7 + 8 + 10 + 8 + 7 + 7) / 10 = 8이다.
- B: A팀 직원 10명의 분산은 {(8 − 8)² + (10 − 8)² + (9 − 8)² + (6 − 8)² + (7 − 8)² + (8 − 8)² + (10 − 8)² + (8 − 8)² + (7 − 8)² + (7 − 8)²} / 10 = 1.6이다.

따라서 A + B = 8 + 1.6 = 9.6이므로 정답은 ④이다.

20 기초통계능력

출제 포인트 통계치에 관한 문제

정답 ⑤

해설
백분율이란 전체의 수량을 100으로 하여, 나타내려는 수량이 그중 몇이 되는가를 가리키는 수이다. 이때 100분의 1은 1%이고, 1%는 0.01에 해당한다. 따라서 정답은 ⑤이다.

21 도표분석능력

출제 포인트 도표 해석상의 유의 사항에 관한 문제

정답 ⑤

해설
도표의 해석은 특별한, 즉 높은 수준의 지식을 요구하지 않는 경우가 대부분이지만, 직업인으로서 자신의 업무와 관련된 기본적인 지식의 습득을 통하여 특별한 지식을 상식화할 필요가 있다. 따라서 정답은 ⑤이다.

22 도표분석능력

출제 포인트 도표분석에 관한 문제

정답 ③

해설
모든 지수는 2021년(= 100)을 기준으로 작성되기 때문에 2024년에 소비자물가지수가 2021년 대비 가장 많이 증가하기 위해서는 매년 증가율이 가장 크면 된다. 조사기간 내내 전기·수도·가스지수의 전년 대비 증가율이 가장 크므로 2021년 대비 2024년에 전기·수도·가스지수가 가장 많이 증가했다고 볼 수 있다. 따라서 정답은 ③이다.

23 도표분석능력

출제 포인트 도표분석에 관한 문제

정답 ③

해설
2021~2023년 동안 특급 관리기술인 1일 노임가격의 전년 대비 증감 추이는 '증가 − 증가 − 감소'이며, 이와 동일한 등급은 초급으로 1개 등급이다. 따라서 정답은 ③이다.

> **오답분석**
> ① 2022년 하반기에 광전자 직종 1일 노임가격의 전반기 대비 증가율은 (305,600 − 282,600) / 282,600 × 100 ≒ 8.1%이다.
> ② 기타를 제외한 4개 직종을 1일 노임가격이 높은 순서대로 나열하면 2022년 상·하반기는 '광전자 − 문화재 − 원자력 − 일반공사' 순으로 동일하다.
> ④ 원자력 직종과 일반공사 직종의 1일 노임가격의 차이는 2022년 상반기에 222,900 − 181,100 = 41,800원, 2022년 하반기에 224,200 − 190,700 = 33,500원, 2023년 상반기에 219,300 − 197,900 = 21,400원, 2023년 하반기에 220,200 − 203,900 = 16,300원이다.
> ⑤ 2020~2023년 중 초급 관리기술인 1일 노임가격이 가장 높은 해는 2022년이며, 이 해에 특급 관리기술인의 1일 노임가격은 초급 관리기술인의 322,740 / 178,000 ≒ 1.8배이다.

24 도표분석능력

출제 포인트 도표분석에 관한 문제

정답 ⑤

해설
㉠ 2023년 하반기에 문화재 직종 1일 노임가격의 전년 동반기 대비 증가량은 252,020 − 237,460 = 14,560원이며, 기타 직종은 242,860 − 224,040 = 18,820원이다.
㉢ 2023년에 1일 노임가격의 전년 대비 감소량은 특급 관리기술인이 |319,180 − 322,740| = 3,560원이며, 초급 관리기술인이 |170,850 − 178,000| = 7,150원이다.
㉣ 2022년 상반기에 일반공사 직종 1일 노임가격 대비 광전자 직종 1일 노임가격의 비율은 282,600 / 181,100 × 100 ≒ 156.0%이다.
따라서 옳은 것만을 모두 고르면 '㉠, ㉢, ㉣'이므로 정답은 ⑤이다.

오답분석
㉡ 2021년에 건설사업 관리기술인 4개 등급의 1일 노임가격 평균은 (311,200 + 261,930 + 213,200 + 169,180) / 4 ≒ 238,878원이므로 고급 관리기술인의 1인 노임가격은 4개 등급의 평균보다 높다.

25 도표분석능력

출제 포인트 도표분석에 관한 문제

정답 ③

해설
인구 10만 명당 교통사고 사망자 수는 '교통사고 사망자 수 / 인구 × 100,000'으로 구할 수 있으므로 인구는 '교통사고 사망자 수 / 인구 10만 명당 교통사고 사망자 수 × 100,000'으로 구할 수 있다. 인구는 2020년에 3,081 / 5.9 × 100,000 ≒ 52,220,339명, 2021년에 2,916 / 5.6 × 100,000 ≒ 52,071,429명이다. 따라서 정답은 ③이다.

오답분석
① 조사기간 중 교통사고 부상자 수가 가장 많은 해와 교통사고 건수가 가장 많은 해는 모두 2019년이다.
② 2017~2021년 내내 자동차 1만 대당 교통사고 건수와 인구 10만 명당 교통사고 사망자 수의 전년 대비 증감 추이는 '감소 − 감소 − 감소 − 감소 − 감소'로 동일하다.
④ 2017~2021년 중 보행자 교통사고 사망자 구성비가 전년 대비 증가한 해는 2017년이고 이 해에 보행자 교통사고 사망자는 4,185 × 0.4 = 1,674명이다.
⑤ 자동차 1만 대당 교통사고 건수는 '교통사고 건수 / 전체 자동차 대수 × 10,000'으로 구할 수 있으므로 전체 자동차 대수는 '교통사고 건수 / 자동차 1만 대당 교통사고 건수 × 10,000'으로 구할 수 있다. 전체 자동차 대수는 2016년에 220,914 / 1.8 × 10,000 = 1,227,300,000대 = 122,730만 대, 2021년에 203,130 / 1.0 × 10,000 = 2,031,300,000대 = 203,130만 대이므로 2016년 대비 2021년에 전체 자동차 대수의 증가량은 203,130 − 122,730 = 80,400만 대이다.

26 도표분석능력

출제 포인트 도표의 종류에 관한 문제

정답 ④

해설
도표의 종류를 형상별로 분류하면 선 그래프, 원 그래프, 점 그래프, 막대 그래프, 레이더 차트 등이 있으며, 비교 그래프는 도표의 종류를 용도별로 분류한 그래프이다. 따라서 정답은 ④이다.

27 도표분석능력

출제 포인트 도표분석에 관한 문제

정답 ⑤

해설
인구 천 명당 자동차 등록 대수는 '전체 자동차 등록 대수 / 인구 × 1,000'으로 구할 수 있으므로 인구는 '전체 자동차 등록 대수 / 인구 천 명당 자동차 등록 대수 × 1,000'으로 구할 수 있다. 이를 토대로 A~E 5개 도시의 인구를 구하면 A도시는 1,281,480 / 362 × 1,000 = 3,540,000명, B도시는 1,494,600 / 564 × 1,000 = 2,650,000명, C도시는 565,950 / 385 × 1,000 = 1,470,000명, D도시는 569,904 / 383 × 1,000 = 1,488,000명, E도시는 1,027,225 / 425 × 1,000 = 2,417,000명이다. 따라서 인구가 세 번째로 많은 도시는 'E도시'이므로 정답은 ⑤이다.

28 도표분석능력

출제 포인트 도표분석에 관한 문제

정답 ①

해설
2024년에 만화 출판업의 매출액은 163,260 + 379,210 = 542,470백만 원 = 54,247,000만 원이다. 따라서 정답은 ①이다.

오답분석
② 만화책 임대업의 사업체 수는 2022년에 821 + 2,131 = 2,952개, 2023년에 744 + 1,865 = 2,609개이다.
③ 2024년에 인터넷·모바일 콘텐츠 제작업체 1개당 매출액은 46,670 / 72 ≒ 648백만 원이다.
④ 2024년에 만화서적 및 잡지류 소매의 종사자 수는 만화 출판사의 2,680 / 780 ≒ 3.4배이다.
⑤ 2022년에 온라인 만화 제작·유통업의 사업체 수에서 인터넷·모바일 콘텐츠 서비스가 차지하는 비중은 35 / (50 + 35) × 100 ≒ 41.2%이다.

29 도표분석능력

출제 포인트 도표분석에 관한 문제

정답 ③

해설
2024년 업종별 종사자 1인당 매출액을 계산하면 다음과 같다.
• 만화 출판업: (163,260 + 379,210) / (780 + 1,820) ≒ 209백만 원

- 온라인 만화 제작·유통업: (46,670 + 219,000) / (300 + 620) ≒ 289백만 원
- 만화책 임대업: (27,260 + 50,620) / (980 + 2,790) ≒ 21백만 원
- 만화 도소매업: (63,730 + 228,870) / (790 + 2,680) ≒ 84백만 원

따라서 2024년에 종사자 1인당 매출액이 가장 큰 업종은 온라인 만화 제작·유통업이며, 이 업종의 2024년 종사자 1인당 매출액은 289백만 원이므로 정답은 ③이다.

실전용 해설

만화책 임대업은 매출액이 다른 업종에 비해 눈에 띄게 적으므로 직접 계산하지 않고도 종사자 1인당 매출액이 다른 업종에 비해 적음을 알 수 있다. 또한 만화 도소매업은 온라인 만화 제작·유통업과 매출액이 유사하지만 종사자 수가 2,000명 이상 많으므로 만화 도소매업의 종사자 1인당 매출액이 온라인 만화 제작·유통업보다 적음을 알 수 있다.

30 도표분석능력

출제 포인트 도표분석에 관한 문제

정답 ⑤

해설

2018~2020년 내내 연유 국내 생산량의 전년 대비 증감 추이는 '감소 – 증가 – 감소'이고, 연유 국내 소비량의 전년 대비 증감 추이는 '증가 – 감소 – 감소'이다. 따라서 정답은 ⑤이다.

오답분석

① 2020년에 국내 생산량이 국내 소비량보다 많은 유제품은 발효유, 연유, 조제분유로 3개이다.
② 조사기간 내내 국내 생산량이 많은 상위 3개 유제품은 백색시유, 발효유, 가공시유로 동일하다.
③ 조사기간 중 가공시유 국내 생산량이 가장 많은 해와 가공시유 국내 소비량이 가장 많은 해는 2019년으로 동일하다.
④ 조사기간 중 버터의 국내 소비량이 가장 많은 해는 2020년이고, 이 해에 버터의 국내 소비량 대비 국내 생산량 비율은 3,574 / 17,870 × 100 = 20%이다.

31 도표분석능력

출제 포인트 도표분석에 관한 문제

정답 ④

해설

2021~2024년 동안 기초생활수급자의 전년 대비 증감 추이는 대구가 '감소 – 감소 – 증가 – 증가'이고, 대전이 '증가 – 감소 – 증가 – 증가'이다. 따라서 정답은 ④이다.

오답분석

① 기초생활수급자는 '일반수급자 + 시설수급자'로 구할 수 있으므로 시설수급자는 '기초생활수급자 – 일반수급자'로 구할 수 있다. 2024년의 시설수급자는 부산이 172,439 – 167,251 = 5,188명, 인천이 122,027 – 117,111 = 4,916명이다.
② 2020년 대비 2024년에 광주의 기초생활수급자 증가량은 76,193 – 71,683 = 4,510명이다.
③ 2024년에 울산의 기초생활수급자 중 일반수급자가 차지하는 비중은 25,545 / 26,594 × 100 ≒ 96.1%이다.
⑤ 2021~2024년 중 서울의 기초생활수급자가 가장 많은 해는 2024년이고, 이 해에 부산의 기초생활수급자는 전년 대비 증가했다.

32 도표분석능력

출제 포인트 도표분석에 관한 문제

정답 ⑤

해설

2021~2024년 중 화학적 요인으로 인한 화재 발생 건수가 전년 대비 감소한 해는 2023년이고, 이 해에 화학적 요인으로 인한 부상자 수의 전년 대비 증가량은 66 – 42 = 24명이다. 따라서 정답은 ⑤이다.

오답분석

① 2022년에 방화로 인한 화재 1건당 부상자 수는 140 / 898 ≒ 0.2명이다.
② 2020년 대비 2024년에 전체 부상자 수의 증가율은 (2,230 – 1,837) / 1,837 × 100 ≒ 21.4%이다.
③ 조사기간 중 부주의로 인한 화재 발생 건수가 가장 많은 해는 2020년이다.
④ 기타를 제외하고 화재 발생 건수가 많은 순으로 발화요인을 나열했을 때 2021년과 2023년은 '부주의 – 전기적 요인 – 기계적 요인 – 방화 – 화학적 요인' 순으로 동일하다.

33 도표작성능력

출제 포인트 도표작성에 관한 문제

정답 ⑤

해설

2021년에 기타를 제외한 5개 발화요인 중 부상자 수가 세 번째로 많은 발화요인은 방화이며, 방화로 인한 부상자 수의 전년 대비 증가량은 2021년에 145 – 190 = –45명, 2022년에 140 – 145 = –5명, 2023년에 210 – 140 = 70명, 2024년에 213 – 210 = 3명이다. 따라서 정답은 ⑤이다.

34 도표작성능력

출제 포인트 도표작성에 관한 문제

정답 ④

해설

2019~2020년 동안 전년 대비 부품 및 소프트웨어 기업 수의 증가량은 2019년에 1,360 – 1,250 = 110개, 2020년에 1,450 – 1,360 = 90개이므로 2019~2020년 동안 전년 대비 부품 및 소프트웨어 기업 수의 증가량이 가장 많은 해는 2019년이다.

2019년에 부문별 기업 1개당 매출액은 제조용은 2,944,282 / 525 ≒ 5,608.2백만 원, 전문서비스용은 319,926 / 244 ≒ 1,311.2백만 원, 개인서비스용은 315,893 / 106 ≒ 2,980.1백만 원, 부품 및 소프트웨어는 1,754,959 / 1,360 ≒ 1,290.4백만 원, 시스템은 1,444,229 / 742 ≒ 1,946.4백만 원이다. 따라서 정답은 ④이다.

35 도표작성능력

출제 포인트 도표작성에 관한 문제

정답 ⑤

해설
2천 m² 이상 6천 m² 미만의 건축물 현황은 제시된 자료를 통해 알 수 없다. 따라서 정답은 ⑤이다.

36 도표작성능력

출제 포인트 도표작성 시 유의 사항에 관한 문제

정답 ⑤

해설
원 그래프 작성 시 정각 12시 선을 기준으로 시계방향으로 항목의 구성 비율이 높은 순서대로 작성하되, 기타 항목은 구성비율에 관계없이 가장 뒤에 그린다. 따라서 정답은 ⑤이다.

오답분석
① 선 그래프 작성 시 선의 높이에 따라 수치를 파악하는 경우가 많으므로 세로축의 눈금을 가로축의 눈금보다 크게 하는 것이 효과적이다.
② 막대 그래프 작성 시 막대의 폭은 모두 같아야 한다.
③ 원 그래프 작성 시 구성비율이 낮고 각도가 작아 명칭을 기록하기 힘든 경우에는 지시선을 사용한다.
④ 선 그래프 작성 시 선이 두 종류 이상인 경우 반드시 선의 명칭을 기입해야 하며, 쉽게 확인할 수 있도록 굵기, 색을 다르게 한다.

37 도표작성능력

출제 포인트 도표작성에 관한 문제

정답 ①

해설
전년 대비 A사 수출액의 증가량은 2018년에 6,738 − 6,415 = 323천만 원, 2019년에 6,897 − 6,738 = 159천만 원, 2020년에 7,125 − 6,897 = 228천만 원이다. 전년 대비 B사 수출액의 증가량은 2018년에 6,487 − 6,680 = −193천만 원, 2019년에 6,845 − 6,487 = 358천만 원, 2020년에 7,215 − 6,845 = 370천만 원이다. 전년 대비 C사 수출액의 증가량은 2018년에 7,239 − 7,025 = 214천만 원, 2019년에 7,498 − 7,239 = 259천만 원, 2020년에 7,295 − 7,498 = −203천만 원이다. 따라서 정답은 ①이다.

38 도표작성능력

출제 포인트 도표작성에 관한 문제

정답 ③

해설
취업률(%)은 '(취업자 / 만 15세 이상 인구) × 100'을 통해 구할 수 있는데, 제시된 자료에서 만 15세 이상 인구에 관한 자료가 없으므로 연도별 남자와 여자의 취업률에 관한 도표를 작성할 수 없다. 따라서 정답은 ③이다.

개념 보충

경제지표 관련 주요 공식

- 실업률(%) = $\dfrac{\text{실업자 수}}{\text{경제활동인구}} \times 100$
- 고용률(%) = $\dfrac{\text{취업자 수}}{\text{생산가능인구}} \times 100$
- 경제활동참가율(%) = $\dfrac{\text{경제활동인구}}{\text{생산가능인구}} \times 100$
- 경제활동인구 = 취업자 수 + 실업자 수

39 도표작성능력

출제 포인트 도표작성 절차에 관한 문제

정답 ③

해설
도표작성 절차는 '어떠한 도표로 작성할 것인지 결정 – 가로축과 세로축에 나타낼 것을 결정 – 한 눈금의 크기를 결정 – 자료를 가로축과 세로축이 만나는 곳에 표시 – 표시된 점을 선분으로 연결 – 도표의 제목 표기' 순이다. 따라서 도표작성 절차에 따라 바르게 나열하면 'ⓐ – ⓒ – ⓑ – ⓔ – ⓓ – ⓛ'이므로 정답은 ③이다.

40 도표작성능력

출제 포인트 도표작성에 관한 문제

정답 ②

해설
2016년 대비 2020년에 경찰공무원 1명당 담당 인구의 감소량은 서울이 |327 − 368.6| = 41.6명, 부산이 |368.6 − 399.3| = 30.7명, 대구가 |418 − 458.4| = 40.4명, 인천이 |449.2 − 512.1| = 62.9명, 광주가 |419 − 454.6| = 35.6명, 대전이 |450.4 − 512.3| = 61.9명, 울산이 |425.8 − 489.4| = 63.6명으로 울산이 가장 크다.
경찰공무원 1명당 담당 인구는 '인구 / 경찰공무원 수'로 구할 수 있으므로 경찰공무원 수는 '인구 / 경찰공무원 1명당 담당 인구'로 구할 수 있다. 2016~2020년 동안 울산의 경찰공무원 수는 2016년에 1,169,666 / 489.4 = 2,390명, 2017년에 1,164,732 / 480.5 = 2,424명, 2018년에 1,155,548 / 470.5 = 2,456명, 2019년에 1,147,936 / 464 = 2,474명, 2020년에 1,134,757 / 425.8 = 2,665명이다. 따라서 정답은 ②이다.

03 문제해결능력

기본문제

✓ 빠른 정답표

| 01 | ④ | 02 | ④ | 03 | ⑤ | 04 | ⑤ | 05 | ④ |
| 06 | ⑤ | 07 | ③ | 08 | ④ | 09 | ④ | 10 | ④ |

01 문제해결능력

출제 포인트 탐색형 문제에 관한 문제

정답 ④

해설
탐색형 문제는 현재의 상황을 개선하거나 효율을 높이기 위한 문제이다. 탐색형 문제는 눈에 보이지 않는 문제로, 이를 방치하면 뒤에 큰 손실이 따르거나 결국 해결할 수 없는 문제로 나타나게 된다. 이러한 탐색형 문제는 크게 잠재 문제, 예측 문제, 발견 문제의 세 가지 형태로 구분된다. 잠재 문제는 문제가 잠재되어 있어 인식하지 못하다가 결국은 문제가 확대되어 해결이 어려운 문제이다. 예측 문제는 지금 현재로는 문제가 없으나 앞으로 일어날 수 있는 문제이다. 발견 문제는 현재로서는 담당 업무에 아무런 문제가 없으나 유사 타 기업의 업무 방식이나 선진 기업의 업무 방법 등의 정보를 얻음으로써 보다 좋은 제도나 기법, 기술을 발견하여 개선, 향상시킬 수 있는 문제이다. 따라서 탐색형 문제에 대한 설명으로 적절한 것만을 모두 고르면 'ㄴ, ㄹ, ㅁ'이므로 정답은 ④이다.

오답분석
ㄱ 설정형 문제에 대한 설명이다.
ㄷ 발생형 문제에 대한 설명이다.

02 문제해결능력

출제 포인트 문제의 의미에 관한 문제

정답 ④

해설
문제란 업무를 수행함에 있어서 답을 요구하는 질문이나 의논을 통해 해결되어야 하는 사항을 의미한다. 즉, 해결하기를 원하지만 실제로 해결해야 하는 방법을 모르고 있는 상태, 얻고자 하는 해답이 있지만 그 해답을 얻는 데 필요한 일련의 행동을 알지 못하는 상태 등을 말한다. 이러한 문제는 흔히 문제점과 구분되지 않고 사용되는데, 사실 이 둘은 구분되어야 한다. 문제점이란 문제의 원인이 되는 사항으로 문제해결을 위해 손을 써야 할 대상을 말한다. 따라서 정답은 ④이다.

03 사고력

출제 포인트 참·거짓에 관한 문제

정답 ⑤

해설
진숙과 명진의 진술이 모순관계에 있으므로 진숙의 진술이 참인 경우와 거짓인 경우로 나누어 검토할 수 있다.
1) 진숙의 진술이 참인 경우
영훈이 진급했으므로 영훈의 진술은 거짓이다. 영훈의 진술이 거짓이므로 진숙과 명진 중 한 사람은 진급했고 다른 한 사람은 진급하지 못했다. 이 경우 명진의 진술이 거짓이므로 명진은 진급했고 진숙은 진급하지 못했다. 이를 정리하면 다음과 같다.

구분	진술의 진위 여부	진급 여부
진숙	참	×
영훈	거짓	○
명진	거짓	○

2) 진숙의 진술이 거짓인 경우
영훈은 진급하지 못했으므로 영훈의 진술은 참이고 명진의 진술도 참이다. 이때 명진의 진술이 참(명진의 진급 ×)이고 진숙의 진술이 거짓(진숙의 진급 ○)이므로 영훈의 진술은 참이 될 수 없다. 따라서 조건에 위배된다.
따라서 진급한 사람은 '영훈, 명진'이므로 정답은 ⑤이다.

04 사고력

출제 포인트 시네틱스의 개념에 관한 문제

정답 ⑤

해설
아이디어 발상법 중 하나인 시네틱스는 서로 관련 없는 요소들 간의 결합을 의미하는 희랍어 'Synecticos'에서 유래한 단어이다. 이는 어느 한 요소가 가지고 있는 고정관념에서 벗어나기 위해 서로 전혀 관련이 없는 요소들을 비교하여 좀 더 자유분방한 아이디어를 낼 수 있게 돕는 방법이다. 따라서 정답은 ⑤이다.

05 사고력

출제 포인트 비판적 사고에 관한 문제

정답 ④

해설
제시된 글은 인터넷에 수많은 정보를 그대로 받아들이지 말고, 자신만의 정보를 판단하는 기준을 세워 비판적으로 정보를 받아들여야 한다는 주장을 하고 있다. 따라서 제시된 글에서 강조하고 있는 사고는 비판적 사고이므로 정답은 ④이다.

06 문제처리능력

출제 포인트 SWOT 분석 사례에 관한 문제

정답 ⑤

해설
SWOT 분석은 분석 대상의 내부 환경 요인과 외부 환경 요인을 분석하여 전략을 세우는 분석법이다. 강점, 약점, 기회, 위협으로 분류하며, 이 중 강점과 약점은 내부 환경 요인, 기회와 위협은 외부 환경 요인에 해당한다. 제시된 SWOT 분석에서 '늦은 신사업 전개속도'는 기업 내부의 약점에 해당하므로 위협 요인으로 볼 수 없다. 따라서 정답은 ⑤이다.

07 문제처리능력

출제 포인트 BCG 매트릭스에 관한 문제

정답 ③

해설
미국의 보스턴 컨설팅 그룹(Boston Consulting Group)이 개발한 BCG 매트릭스는 사업점유율과 시장성장률을 기준으로 사업을 '스타(Star), 현금젖소(Cash cow), 물음표(Question mark), 개(Dog)' 사업으로 분류한다. 따라서 정답은 ③이다.

개념 보충

BCG 매트릭스
- 스타(Star) 사업: 시장성장률과 사업점유율이 모두 높은 사업으로, 지속적인 투자가 필요한 유망사업이다.
- 현금젖소(Cash cow) 사업: 시장성장률은 낮지만 사업점유율이 높은 사업으로, 현금흐름이 양호하여 이윤이 나지만 이후에 성장이 쉽지 않다.
- 물음표(Question mark) 사업: 사업점유율이 낮지만 시장성장률이 높은 신규 사업으로, 사업점유율을 높이기 위해 많은 투자가 필요하다. 사업의 성패에 따라 스타 또는 개 사업이 될 수 있다.
- 개(Dog) 사업: 시장성장률과 사업점유율이 모두 낮은 사업으로, 더 이상의 성장이 어렵고 현금흐름도 좋지 않은 사업이므로 철수를 고려해야 한다.

08 문제처리능력

출제 포인트 맥킨지식 문제 분석 기법에 관한 문제

정답 ④

해설
㉠ 로직트리를 활용 툴로 자주 사용한다.
㉡ 막연한 문제점이 구체적인 이슈로 정리되고 분류된다.
㉢ 문제의 범위를 결정하고 초기가설을 세우는 단계이다.
따라서 적절한 것만을 모두 고르면 '㉠, ㉡, ㉢'이므로 정답은 ④이다.

오답분석
㉣ 초기가설이 옳은지 아닌지를 증명하기 위해서 어떤 분석이 필요한지를 규정하는 단계는 Designing 단계이다.

개념 보충

맥킨지식 문제 분석의 4단계
- Framing(1단계): 문제의 범위가 어디까지인지 파악하고 문제를 쉽게 다룰 수 있는 작은 단위로 나누는 단계로 초기가설을 도출해 냄. 이 단계를 통해 막연한 문제점이 구체적인 이슈로 정리 및 분류되며, 자주 활용되는 툴에는 로직트리가 있음.
- Designing(2단계): 초기가설이 옳은지 아닌지를 증명하기 위해서 어떤 분석이 필요한지를 규정하는 단계
- Gathering(3단계): 분석에 필요한 데이터, 즉 팩트를 모으는 단계
- Interpreting(4단계): 데이터를 바탕으로 초기가설의 유효성을 판단하고 결과를 해석해서 앞으로 어떤 액션을 취해야 할지 결정하는 단계

09 문제처리능력

출제 포인트 문제를 정의하는 방식에 관한 문제

정답 ④

해설
제시된 글은 문제를 정의할 때 현재 상태와 목표 상태의 차이를 확인하고, 이를 구체적으로 표기해야 한다고 하였다. 따라서 정답은 ④이다.

10 문제처리능력

출제 포인트 실행 및 사후관리 단계에 관한 문제

정답 ④

해설
실행상의 문제점 및 장애요인을 신속히 해결하기 위해서 감시 체제를 구축하는 것이 바람직한 단계는 '실행 및 사후관리' 단계이다. 해결안별 세부 실행 내용이 구체적으로 수립되었는지 확인하는 것은 실행 계획을 수립할 때 고려해야 할 사항이다. 따라서 정답은 ④이다.

개념 보충

실행 및 사후관리 단계에서 고려해야 할 사항
- 바람직한 상태가 달성되었는가?
- 문제가 재발하지 않을 것을 확신할 수 있는가?
- 사전에 목표한 기간 및 비용은 계획대로 지켜졌는가?
- 혹시 또 다른 문제를 발생시키지 않았는가?
- 해결책이 주는 영향은 무엇인가?

심화문제

✓ 빠른 정답표

01	④	02	①	03	②	04	③	05	①
06	②	07	②	08	①	09	③	10	④
11	②	12	⑤	13	⑤	14	④	15	⑤
16	③	17	①	18	④	19	②	20	②
21	④	22	⑤	23	②	24	②	25	⑤
26	①	27	②	28	④	29	②	30	③
31	④	32	④	33	②	34	④	35	②
36	③	37	⑤	38	⑤	39	③	40	⑤

01 문제해결능력

출제 포인트 소프트 어프로치와 하드 어프로치에 관한 문제

정답 ④

해설
소프트 어프로치는 같은 문화적 토양을 가지고 이심전심으로 서로를 이해하는 상황을 가정한다. 직접적인 표현은 바람직하지 않다고 여기며, 무언가를 시사하거나 암시를 통하여 의사를 전달하려고 한다. 이에 반해 하드 어프로치는 상이한 문화적 토양을 가지고 있다고 가정한다. 서로의 생각을 직설적으로 주장하고 논쟁이나 협상을 통해 의견을 조정하려고 한다. ①, ②, ③, ⑤는 하드 어프로치의 자세를 취하고 있는 반면, ④는 상품을 더 구매해 달라는 말을 직접적으로 하지 않고 예상되는 경제 상황을 제시하고, 구매량을 조정해 보는 게 어떻겠냐는 내용이므로 소프트 어프로치의 자세를 취하고 있다. 따라서 정답은 ④이다.

02 문제해결능력

출제 포인트 창의력과 논리력의 구분에 관한 문제

정답 ①

해설
신입사원의 능력을 크게 두 가지로 보았을 때, 논리적으로 생각하고 올바른 결론을 이끌어낼 수 있는 능력과 창의적인 답변을 구성하고 상대를 설득할 수 있는 능력의 가장 큰 차이는 결론을 평가하는지 그 여부에 달려있다. ②, ③, ④, ⑤는 논리적으로 생각하는 과정도 중요하고 결론 역시 평가의 대상이 된다. 그러나 ①은 창의적인 답변을 구성하며 상대를 설득할 때, 논리적인 사고를 어떻게 활용하는지를 평가의 주 대상으로 삼는 질문이다. 따라서 정답은 ①이다.

03 문제해결능력

출제 포인트 문제해결의 장애 요소에 관한 문제

정답 ②

해설
제시된 글에서 문제를 해결하기 위해서는 직관에 의한 성급한 판단을 지양하고, 문제의 본질을 명확하게 규정하는 작업이 필요하다고 하였

다. 즉, 문제를 철저하게 분석하지 않는 것은 문제해결을 방해하는 요소가 된다. 따라서 정답은 ②이다.

04 문제해결능력

출제 포인트 문제와 문제점의 구분에 관한 문제

정답 ③

해설
문제는 발생한 상황이며, 문제점은 상황이 발생한 원인이다. ③에서 문제(㉠)는 직원들의 휴가 현황을 파악하기 어려운 것이며, 문제점(㉡)은 회사의 출퇴근기록부 보안이 정밀하지 않은 것이다. 따라서 정답은 ③이다.

05 문제해결능력

출제 포인트 문제의 유형에 관한 문제

정답 ①

해설
많은 IT기업이 코로나19 이후 비대면 업무 방식을 도입하고 직원들에게 필요한 지원을 아끼지 않고 있는 상황에서, A기업은 경쟁 기업에 인력이 유출될 것을 우려하고 있다. 즉, 현재 상태로서는 문제가 없으나 이와 같은 상황이 지속될 경우 발생할 문제를 말하는 것이므로 A기업은 예측 문제에 직면해 있음을 알 수 있다. 따라서 정답은 ①이다.

06 문제해결능력

출제 포인트 문제해결능력 향상을 위한 교수 방법에 관한 문제

정답 ②

해설
㉠ 실제 문제를 중심으로 수업 상황을 구조화하는 교수 방법으로, 능동적으로 소그룹 학습에 참여한 학습자들이 협력하여 문제를 자기 주도적으로 해결하고, 이를 통해 문제해결능력을 기르도록 하는 것은 '문제중심 학습'이다.
㉡ 가상의 실제 상황에서 현실적인 해결책을 마련하는 교수 방법으로, 교수자가 관리자 역할을 하며 학습자가 무엇을 배우고 경험하는지를 인식시키고, 학습 내용에 대한 설명, 심판, 코칭, 논의를 하는 것은 '시뮬레이션 학습'이다.
따라서 빈칸 ㉠, ㉡에 들어갈 용어는 각각 차례로 '문제중심 학습, 시뮬레이션 학습'이므로 정답은 ②이다.

> 🔍 **개념 보충**
>
> **문제해결능력 향상을 위한 교수 방법**
> - **프로젝트 학습**: 특정 주제에 대한 심층 연구로서, 소집단 혹은 전체 학습자들이 학습할 가치가 있는 특정 주제에 대해 서로 협력하면서 심층적으로 연구하는 목적 지향적 학습 활동이다.
> - **프로그램 학습**: 복잡한 행동을 학습시키기 위해, 간단한 행동으로 분석하고 그것을 단계적으로 계속하여 목표에 접근할 수 있도록 강화함으로써 목적한 바를 이루는 학습방법이다.
> - **역할극(Role-playing)**: 어떤 가상적인 역할을 수행하게 함으로써 문제시되는 태도나 행동을 변화시키려는 기법의 활동으로, 정서적 역할놀이다.

07 문제해결능력

출제 포인트 문제해결을 위한 다섯 가지 질문에 관한 문제

정답 ②

해설
제시된 답은 문제를 해결하기 위해서 무엇을 할 수 있는지, 어떤 것을 실행에 옮겨야 하는지가 중요하지만, 그 과정에서 자신이 소유하고 있는 것, 또는 소유하려고 했던 것들에 대해서 집착해서는 안 된다는 내용이다. 즉, 문제해결을 위해 포기해야 할 것은 포기해야 함을 말하고 있다. 따라서 정답은 ②이다.

08 문제해결능력

출제 포인트 문제의 유형에 관한 문제

정답 ①

해설
㉠ 우리 눈앞에 발생하여 당장 걱정하고 해결하기 위해 고민하는 문제는 '발생형 문제'이다.
㉡ 현재 상황을 개선하거나 효율을 높이기 위한 문제는 '탐색형 문제'이다.
㉢ 미래 상황에 대응하는 장래 경영전략의 문제로, '앞으로 어떻게 할 것인가'에 대한 문제는 '설정형 문제'이다.
따라서 빈칸 ㉠~㉢에 들어갈 문제의 유형은 각각 차례로 '발생형 문제, 탐색형 문제, 설정형 문제'이므로 정답은 ①이다.

09 문제해결능력

출제 포인트 문제해결의 기본적 사고에 관한 문제

정답 ③

해설
트리즈는 결합, 분리, 추출 등의 방법을 통해 기존 방식의 틀을 벗어나 사고할 수 있도록 발명 원리를 제공하고 문제해결을 위한 발상의 전환을 돕는 역할을 한다. 따라서 정답은 ③이다.

10 문제해결능력

출제 포인트 퍼실리테이션에 관한 문제

정답 ④

해설
㉠ 퍼실리테이션은 '촉진'을 의미하며, 어떤 그룹이나 집단이 의사결정을 잘하도록 도와주는 일을 가리킨다.
㉢ 퍼실리테이션에 의한 방법은 초기에 생각하지 못했던 창조적인 해결 방법을 도출하며, 동시에 구성원의 동기를 강화시키고 팀워크도 한 층 강화시킨다는 특징을 보인다.
따라서 적절한 것만을 모두 고르면 '㉠, ㉢'이므로 정답은 ④이다.

오답분석
㉡ 상이한 문화적 토양을 가지고 있는 구성원을 가정하여 서로의 생각을 직설적으로 주장하고 논쟁이나 협상을 통해 의견을 조정해 가는 방법은 '하드 어프로치'에 의한 문제해결 방법이다.

11 문제해결능력

출제 포인트 문제해결을 위한 기본적 사고에 관한 문제

정답 ②

해설
문제해결을 위한 기본적 사고에는 전략적 사고, 분석적 사고, 발상의 전환, 내·외부자원의 활용이 있다. 이 중 문제 전체를 각각의 요소로 나누어 그 요소의 의미를 도출한 다음 우선순위를 부여하고 구체적인 문제해결 방법을 실행하기 위해 필요한 사고는 분석적 사고이다. 따라서 정답은 ②이다.

오답분석
① 전략적 사고: 현재 당면하고 있는 문제와 그 해결방법에만 집착하지 말고, 그 문제와 해결방안이 상위 시스템 또는 다른 문제와 어떻게 연결되어 있는지 생각하는 사고이다.
③ 발상의 전환: 사물과 세상을 바라보는 인식의 틀을 전환하여 새로운 관점에서 바라보는 사고이다.
④ 고정관념의 타파: 비판적 사고의 개발 방법 중 하나이다.
⑤ 내·외부자원의 활용: 문제해결 시 필요한 기술, 재료, 방법, 사람 등 필요한 자원 확보 계획을 수립하고 내·외부자원을 효과적으로 활용해야 한다.

12 사고력

출제 포인트 진실게임에 관한 문제

정답 ⑤

해설
갑과 병의 진술이 모순이므로 갑과 병 중 1명의 진술은 참, 나머지 1명의 진술은 거짓이다. 또한 을의 진술이 참일 경우, 정과 무의 진술이 모두 거짓이 되는데, 이 경우 3명의 진술이 참이라는 조건에 위배된다. 그러므로 을의 진술은 거짓이고, 정과 무의 진술은 모두 참이다. 갑의 진술이 참인 경우와 병의 진술이 참인 경우로 나누어 검토할 수 있다.

1) 갑의 진술이 참인 경우
정과 무의 진술에 의해 D와 E 중 1명, F와 G 중 1명이 선발된다. 이를 정리하면 다음과 같다.

구분	A	B	C	D	E	F	G	H
경우 1	X	X	X	O	X	O	X	X
경우 2	X	X	X	O	X	X	O	X
경우 3	X	X	X	X	O	O	X	X
경우 4	X	X	X	X	O	X	O	X

2) 병의 진술이 참인 경우
병, 정, 무의 진술이 모두 참이 되는데, 이 경우 3명이 선발되므로 조건에 위배된다.

따라서 어떠한 경우에도 F와 G가 같이 선발되지 않으므로 정답은 ⑤이다.

13 사고력

출제 포인트 논리적 오류 중 복합 질문의 오류에 관한 문제

정답 ⑤

해설
복합 질문의 오류는 질문에 대해 '예', '아니요' 중 어떤 대답을 하더라도 질문이 전제하고 있는 바에 대해서는 반박할 수 없도록 만드는 오류이다. "이제부터는 도둑질을 하지 않을 거지?"라고 질문을 받으면 대답하는 사람은 '예', '아니요' 중 어떤 대답을 하더라도 질문에서 전제하고 있는 '넌 이미 도둑질을 한 번 이상 한 사람이야'에 대해서 반박할 수 없다. 따라서 정답은 ⑤이다.

14 사고력

출제 포인트 조건추리에 관한 문제

정답 ④

해설
㉠을 정리하면 다음과 같다.

왼쪽	1	2	3	4	5	6	7	8	오른쪽
				D			C		

㉡에 의해 왼쪽부터 A > F > G의 순서로 앉아 있는데, ㉣에 의해 A보다 왼쪽에 앉아 있는 사람이 2명 이상이므로 A는 3번 또는 5번에 앉고, ㉢에 의해 E는 1번 또는 3번에 앉는다. 이에 A가 3번에 앉는 경우와 5번에 앉는 경우로 나누어 검토할 수 있다.

1) A가 3번에 앉는 경우
  ㉤에 의해 F는 6번에 앉고 G는 8번에 앉는다. ㉢에 의해 E는 1번에 앉고 나머지 B와 H는 2번과 5번에 각각 앉을 수 있다. 이를 정리하면 다음과 같다.

왼쪽	1	2	3	4	5	6	7	8	오른쪽
	E	B/H	A	D	H/B	F	C	G	

2) A가 5번에 앉는 경우
  ㉤에 의해 F는 6번에 앉고 G는 8번에 앉는다. ㉢에 의해 E는 3번에 앉고 나머지 B와 H는 1번과 2번에 각각 앉을 수 있다. 이를 정리하면 다음과 같다.

왼쪽	1	2	3	4	5	6	7	8	오른쪽
	B/H	H/B	E	D	A	F	C	G	

따라서 어떠한 경우에도 E는 D보다 왼쪽에 앉아 있으므로 정답은 ④이다.

15 사고력

출제 포인트 문제해결을 위한 사고 방법에 관한 문제

정답 ⑤

해설
[A] 사례는 프로그램이 단순히 출연자들의 불행을 이용하는 것이 아니라 실질적인 상담도 한다는 모습을 보임으로써 비난을 이겨낼 수 있었다는 내용이다. [B] 사례는 IMF 외환위기에 맞물려 100만 원이 넘는 고가의 정수기를 팔기 어려웠던 기업이 비용 부담을 낮춰 누구나 정수기를 이용할 수 있도록 렌털 시스템을 생각하였고, 국내 최초로 정수기 렌털시대를 연 기업이 되었다는 내용이다. 제시된 두 사례 모두 위기의 순간에서 발상의 전환을 통해 이를 기회로 삼아 성공을 이룬 사례이다. 따라서 정답은 ⑤이다.

16 사고력

출제 포인트 창의적 사고의 개발 방법에 관한 문제

정답 ③

해설
A, B, C 세 명은 새로운 상품 홍보에 관하여 아이디어를 모으려고 하는데, A는 B와 C에게 아이디어가 필요한 부분을 홍보 방법으로 한정하였다. 다른 직원들에게 강제로 사고의 방향을 제시해주고 있으므로 강제연상법과 관련이 있다. 따라서 정답은 ③이다.

오답분석
① 자유연상법: 어떤 생각에서 다른 생각을 계속해서 떠올리는 작용을 통해 어떤 주제에서 생각나는 것을 계속해서 열거해 나가는 발산적 사고 방법 중 하나이다. 자유연상법 중 가장 대표적인 방법이 브레인스토밍이다.
② 비교발상법: 주제와 본질적으로 닮은 것을 힌트로 하여 새로운 아이디어를 얻는 방법이다. 이때 본질적으로 닮은 것이란 단순히 겉만 닮은 것이 아니라 힌트와 주제가 제시한 개별 아이디어 자체의 의미를 잃지 않는 수준에서 닮았다는 것을 의미한다.
④ 퍼실리테이션: '촉진'을 의미하며, 어떤 그룹이나 집단이 의사결정을 잘하도록 도와주는 일을 의미한다.
⑤ 델파이기법: 어떤 특정 문제에 대해 다수의 전문가가 제시한 의견을 종합하여 문제를 해결하고 미래를 예측하는 기법이다.

17 사고력

출제 포인트 비판적 사고 개발에 필요한 요소에 관한 문제

정답 ①

해설
비판적 사고를 개발하기 위해서는 질문을 제기할 수 있는 '지적 호기심', 편견이나 선입견에 의해 결정을 내리지 않을 수 있는 '개방성', 특정 신념과 독단적 태도를 배격할 수 있는 '융통성', 어떤 신념도 의심할 수 있는 '지적 회의성', 결론에 도달하기 위해 감정적·주관적 요소를 배제할 수 있는 '객관성' 등이 필요하다. 따라서 정답은 ①이다.

18 사고력

출제 포인트 논리적 오류에 관한 문제

정답 ④

해설
강팀장이 팀에 온 이후로 실적이 바닥을 치고 있다는 주장은 사건에 대한 원인을 잘못 짚은 것으로 원인오판의 오류이다. 결합의 오류는 제시된 내용을 서로 결합했을 때 본래 가진 성질을 그대로 가지고 있을 것이라 착각하는 것이다. 따라서 정답은 ④이다.

오답분석
① 분할의 오류: 한 트럭에 실린 모래가 무겁기 때문에 한 알의 모래도

무겁다고 추론하는 것과 같이 전체의 속성을 부분도 가진다고 추론하는 오류이다. 그러므로 미국이 경제 대국이므로 미국 사람들이 전부 부자일 것이라는 주장은 분할의 오류의 사례이다.
② 애매어 사용의 오류: 둘 이상의 의미를 가진 단어를 애매하게 사용함으로써 생기는 오류이다. '죄인'이란 단어는 죄를 지은 사람을 의미하기도 하지만, 종교적으로 하나님의 뜻을 거역하고 명령을 받아들이지 아니한 인간, 즉 원죄로 인한 모든 인류를 의미하기도 한다. 그러므로 모든 사람이 죄인이므로 교도소에 가야 한다는 주장은 애매어 사용의 오류의 사례이다.
③ 인신공격의 오류: 어떤 주장을 하는 사람의 인품, 직업, 과거 정황을 트집 잡아 비판하는 오류이다. 그러므로 이전에 논문을 표절하였으므로 교수의 주장에 설득력이 없다는 주장은 인신공격의 오류의 사례이다.
⑤ 군중에 호소하는 오류: 대중의 편견, 감정, 군중 심리 등에 호소하여 논지를 받아들이게 하는 오류이다. 그러므로 많은 사람들이 이 제품을 사용하고 있는데, 아직도 이 제품이 없느냐는 주장은 군중에 호소하는 오류의 사례이다.

19 사고력

출제 포인트 조건추리에 관한 문제

정답 ②

해설

㉠, ㉢, ㉣, ㉤을 정리하면 다음과 같다.

구분	항공	출장지
치원	~C항공	일본
규보		
시습	~A항공, ~B항공	~독일
선도	~B항공, ~E항공	
제현	D항공	

㉢에 의해 B항공을 이용하여 베트남으로 출장을 가는 사람은 규보이다. 그리고 ㉤에 의해 A항공을 이용하여 독일로 출장을 가는 사람은 선도이다. 이에 따라 시습은 C항공을 이용하며, 치원은 E항공을 이용한다. 그리고 시습과 제현은 미국 또는 프랑스로 각각 출장을 간다. 이를 정리하면 다음과 같다.

구분	항공	출장지
치원	E항공	일본
규보	B항공	베트남
시습	C항공	미국/프랑스
선도	A항공	독일
제현	D항공	프랑스/미국

㉠에 의해 '시습/제현 → 선도 → 제현/시습 → 규보 → 치원'의 순으로 출장을 간다. 따라서 어떠한 경우에도 제현은 규보보다 먼저 출장을 가므로 정답은 ②이다.

20 사고력

출제 포인트 조건추리에 관한 문제

정답 ②

해설

㉠~㉤을 정리하면 다음과 같다.

㉠ D∧F → ~A
㉡ B∨~D
㉢ C∨F
㉣ D
㉤ C → ~B

㉣에 의해 D곡을 공연하므로 ㉡에 의해 B곡을 공연한다. B곡을 공연하므로 ㉤의 대우에 의해 C곡을 공연하지 않는다. C곡을 공연하지 않으므로 ㉢에 의해 F곡을 공연한다. D곡과 F곡을 모두 공연하므로 ㉠에 의해 A곡을 공연하지 않는다. E곡은 공연하거나 하지 않을 수 있다. 따라서 반드시 공연하는 곡만을 모두 고르면 'B곡, D곡, F곡'이므로 정답은 ②이다.

21 사고력

출제 포인트 조건추리에 관한 문제

정답 ④

해설

㉡, ㉤을 정리하면 다음과 같다.

구분	정은	윤호	지민	호열
받은 선물			목도리	
준 사람	호열			~윤호

㉢에 의해 서로 간에 선물을 교환한 사람은 없으므로 호열에게 선물을 준 사람은 정은이 아니다. ㉣에 의해 정은은 화장품을 준비했으므로 정은의 선물을 받는 사람은 윤호이다. ㉤에 의해 윤호는 호열에게 선물을 주지 않았으므로 지민에게 선물을 주었다. ㉣에 의해 호열은 손거울을 받지 않았으므로 손거울을 받은 사람은 정은이며, 다이어리를 받은 사람은 호열이다. 이를 정리하면 다음과 같다.

구분	정은	윤호	지민	호열
받은 선물	손거울	화장품	목도리	다이어리
준 사람	호열	정은	윤호	지민

따라서 지민은 윤호가 준비한 목도리를 받았으므로 정답은 ④이다.

22 사고력

출제 포인트 조건추리에 관한 문제

정답 ⑤

해설

㉣을 정리하면 다음과 같다.

나이순	1	2	3	4	5
이름					
좋아하는 색	초록색				~노란색

←가장 많음　가장 적음→

ⓒ에 의해 서리는 노란색을 좋아하는 사람보다 나이가 많고 안개보다 나이가 적은데, ㉠에 의해 안개는 초록색을 좋아하는 사람이 아니므로 두 번째로 나이가 많은 사람은 안개이고, 세 번째로 나이가 많은 사람은 서리이며, 네 번째로 나이가 많은 사람은 노란색을 좋아한다. ⓒ에 의해 맑음은 구름보다 나이가 적고 노란색을 좋아하지 않으므로 맑음의 나이가 가장 적다. ⓔ에 의해 장마는 네 번째로 나이가 많고, 구름이 가장 나이가 많은 사람이며 맑음은 빨간색을 좋아한다. 나머지 안개와 서리는 검은색과 흰색 중 서로 다른 하나를 좋아한다. 이를 정리하면 다음과 같다.

나이순	1	2	3	4	5
이름	구름	안개	서리	장마	맑음
좋아하는 색	초록색	검은색/흰색	흰색/검은색	노란색	빨간색

(←가장 많음 / 가장 적음→)

따라서 어떠한 경우에도 장마는 흰색을 좋아하는 사람보다 나이가 적으므로 정답은 ⑤이다.

23 사고력

출제 포인트 창의적 사고의 개발 방법에 관한 문제

정답 ②

해설
㉠ 문제의식을 가지고 고정관념에 얽매이지 않는 자세는 비판적 사고의 개발 방법이다.
㉰ So What 방법은 논리적 사고의 개발 방법이다.
따라서 창의적 사고의 개발 방법에 해당하지 않는 것만을 모두 고르면 '㉠, ㉰'이므로 정답은 ②이다.

오답분석
㉡ 자유로운 발상 방법은 브레인스토밍으로, 창의적 사고의 개발 방법에 해당한다.
㉢ 공상이나 꿈을 현실과 결부시켜 생각하는 방법은 비교발상법 중 시네틱스의 환상 유추에 관한 방법으로 창의적 사고의 개발 방법에 해당한다.
㉣ 질문 항목을 표로 만들어 점검하는 방법은 강제연상법 중 체크리스트로, 창의적 사고의 개발 방법에 해당한다.

24 문제처리능력

출제 포인트 문제점의 정의에 관한 문제

정답 ③

해설
제시된 글에서 '문제점'이란 목표와 현실이 어긋나게 된 원인이 무엇인지 묻는 물음에 대한 답변이라고 하였으므로, 문제점에는 그 원인이 포함되어야 한다.
㉠ 휴대폰 판매량의 감소 원인으로 경제 불황을 제시하였다.
㉢ 머신러닝 사업의 진행 부진 원인으로 인력 부족을 제시하였다.
따라서 '문제점'에 대한 사례로 적절한 것만을 모두 고르면 '㉠, ㉢'이므로 정답은 ③이다.

오답분석
㉡ 목표인 매출 300억 원과 현실인 매출 200억 원의 차이만 제시하였으며, 그 원인은 알 수 없다.
㉣ 목표인 진척률 100%와 현실인 진척률 80%의 차이만 제시하였으며, 그 원인은 알 수 없다.

25 문제처리능력

출제 포인트 문제를 파악하는 방법에 관한 문제

정답 ②

해설
강연에서는 복잡하고 명확하지 않은 문제를 단일한 문제로 나누어 명확하게 해야 한다고 하였다. 따라서 문제를 효과적으로 해결하기 위해서는 문제의 구조에 따라 문제를 세분화하는 것이 필요하므로 정답은 ②이다.

26 문제처리능력

출제 포인트 문제처리 5단계에 관한 문제

정답 ①

해설
제시된 사례는 문제처리 5단계 중 문제 인식의 중요성에 대한 사례이다. 노키아는 처음에 문제를 인식하지 못하다가 상황이 점점 악화되자 문제가 있다는 것을 알게 되었다. 만약 노키아가 초기에 문제 상황을 인식하였다면, 이에 적절하게 대처함으로써 비용과 시간의 소비를 최소화할 수 있었을 것이다. 따라서 정답은 ①이다.

개념 보충

문제처리(문제해결 과정) 5단계
- 1단계(문제 인식): 문제해결과정 중 '무엇을(what)'을 결정하는 단계. 해결해야 할 전체 문제를 파악하여 우선순위를 정하고, 선정문제에 대한 목표를 명확히 하는 단계
- 2단계(문제 도출): 선정된 문제를 분석하여 해결해야 할 것이 무엇인지를 명확히 하는 단계. 현상에 대하여 문제를 분해하여 인과관계 및 구조를 파악하는 단계
- 3단계(원인 분석): 파악된 핵심문제에 대한 분석을 통해 근본 원인을 도출해 내는 단계. 쟁점 분석, 데이터 분석, 원인 파악의 절차로 진행됨.
- 4단계(해결안 개발): 문제로부터 도출된 근본 원인을 효과적으로 해결할 수 있는 최적의 해결방안을 수립하는 단계
- 5단계(실행 및 평가): 해결안 개발을 통해 만들어진 실행계획을 실제 상황에 적용하는 활동으로, 당초 장애가 되는 문제의 원인들을 해결안을 사용하여 제거해 나가는 단계

27 문제처리능력

출제 포인트 3C 분석에 관한 문제

정답 ②

해설
3C 분석에서 '3C'는 '자사(Company), 경쟁사(Competitor), 고객(Customer)'이다. 제시된 자료에서 첫 번째 분석 내용은 고객에 관한 분석이며, 두 번째 분석 내용은 경쟁사에 관한 분석이다. 따라서 3C 분석 자료에서 누락된 정보는 자사에 관한 분석이므로 정답은 ②이다.

28 문제처리능력

출제 포인트 고객요구 조사 방법 중 심층면접법에 관한 문제

정답 ④

해설
심층면접법을 통해 조사자는 조사 내용의 성과와 관련한 실제적이고 구체적인 결과를 얻을 수 있다. 따라서 정답은 ④이다.

29 문제처리능력

출제 포인트 표적집단면접에 관한 문제

정답 ②

해설
표적집단면접을 진행할 때에는 가이드라인에 따라 내용을 열거하고, 열거된 내용의 상호 관련을 생각하면서 결론을 얻어 나가야 한다. 따라서 정답은 ②이다.

> **개념 보충**
>
> 표적집단면접을 진행할 때 주의 사항
> - 인터뷰 종료 후 전체 내용에 대한 합의를 한다.
> - 가이드라인에 따라 내용을 열거하고, 열거된 내용의 상호 관련을 생각하면서 결론을 얻어 나간다.
> - 가능한 그룹으로 분석 작업을 진행한다.
> - 동의 또는 반대의 경우 합의 정도와 강도를 중시한다.
> - 조사의 목적에 따라 결론을 이끌 수 있도록 한다.
> - 앞뒤에 흩어져 있는 정보들을 주제에 대한 연관성을 고려하여 수집한다.
> - 확실한 판정이 가능한 것은 판정을 하지만 그렇지 못한 경우는 판정을 내려서는 안 된다.

30 문제처리능력

출제 포인트 문제해결 과정 중 과제 선정 단계에 관한 문제

정답 ③

해설
㉠은 '과제 선정'이다. 과제 선정 단계에서는 효과 및 실행 가능성 측면을 평가하여 과제안에 우선순위를 부여한 후 가장 우선순위가 높은 안을 선정한다. 우선순위 평가 시에는 과제의 목적, 목표, 자원 현황 등을 종합적으로 고려해야 한다. 따라서 정답은 ③이다.

오답분석
① 환경 분석 단계에 대한 설명이다.
②, ⑤ 주요 과제 도출 단계에 대한 설명이다.
④ 과제안의 우선순위를 평가할 때는 과제의 목적, 목표, 자원 현황 등을 종합적으로 고려해야 한다.

31 문제처리능력

출제 포인트 과제안 평가기준에 관한 문제

정답 ④

해설
과제해결의 용이성에 대한 평가기준으로는 실시상의 난이도, 필요 자원 적정성 등이 있다. 따라서 정답은 ④이다.

오답분석
①, ③ 과제해결의 중요성에 대한 평가기준이다.
②, ⑤ 과제착수의 긴급성에 대한 평가기준이다.

32 문제처리능력

출제 포인트 브레인스토밍 진행 방법에 관한 문제

정답 ④

해설
브레인스토밍 시 제시된 아이디어에 대해 비판해서는 안 되며, 다양한 아이디어 중 독자성과 실현가능성을 고려하여 아이디어를 결합한 뒤 최적의 방안을 찾아야 한다. 따라서 정답은 ④이다.

33 문제처리능력

출제 포인트 원인의 패턴에 관한 문제

정답 ②

해설
제시된 사례에서 A제약업체는 바이러스 치료제 개발 기대 심리로 인해 인지도가 향상되었으며, 이로 인해 주가가 상승하였다. 이는 바이러스 치료제의 개발 착수로 이어져 인지도가 더욱 상승하였고, 인지도가 상승함으로써 주가 또한 상승하여 사상 최고가를 기록하였다. 이후 주가 상승은 다시 인지도 상승으로 이어졌다. 따라서 원인과 결과를 구분하기 어려운 '닭과 계란의 인과관계'에 해당하므로 정답은 ②이다.

오답분석
① 단순한 인과관계: 원인과 결과를 분명하게 구분할 수 있는 경우이다.
③ 복잡한 인과관계: 단순한 인과관계와 닭과 계란의 인과관계 두 가지 유형이 복잡하게 서로 얽혀 있는 경우이다.
④ 상당 인과관계: 어떤 원인이 있으면 그러한 결과가 발생하리라고 보통 인정되는 관계이다.
⑤ 상관관계: 두 가지 가운데 한쪽이 변화하면 다른 한쪽도 따라서 변화하는 관계이다.

34 문제처리능력

출제 포인트 실행계획 수립 시 고려 사항에 관한 문제

정답 ③

해설
실행계획 수립 단계는 무엇을, 어떤 목적으로, 언제, 어디서, 누가, 어떤 방법으로의 물음에 대한 답을 가지고 계획하는 단계로, 자원(인적, 물적, 예산, 시간)을 고려하여 수립해야 한다. 실행계획 수립 시에는 세부 실행내용의 난이도를 고려하여 가급적 각 해결안별 실행계획서를 구체적으로 작성함으로써 실행의 목적과 과정별 진행내용을 일목요연하게 파악하도록 하는 것이 필요하다. 감시 체제를 구축하는 것은 실행 및 사후관리 단계에서 고려해야 하는 사항이다. 따라서 정답은 ③이다.

35 문제처리능력

출제 포인트 문제해결 과정에 관한 문제

정답 ②

해설
김사원이 작성한 것은 로직트리로, 구조를 파악하여 문제를 일으키는 매커니즘을 분명하게 파악할 수 있어 문제해결 절차 중 '문제 도출' 단계에서 활용된다. 따라서 정답은 ②이다.

36 문제처리능력

출제 포인트 공고문의 이해에 관한 문제

정답 ③

해설
'사업방식'에서 운영방식은 수익 발생 시까지 부지 무상임대이며, 기존 주유소 운영사 위탁 운영이 가능하다고 하였다. 따라서 정답은 ③이다.

오답분석
① '공모개요'에서 공모기간은 2X21년 10월 15일 금요일부터 2X21년 10월 25일 월요일까지 총 11일임을 알 수 있다.
② '사업방식'에서 B휴게소의 경우 지자체 지원을 받을 수 있다고 하였다.
④ '사업방식'에서 운영기간은 의무운영기간 5년을 포함하여 운영개시일로부터 15년이고, 1회에 한해 5년 연장이 가능하다고 하였으므로, 최대 20년임을 알 수 있다.
⑤ '사업방식'에서 구축기간은 착수일로부터 15개월 이내라고 하였으므로, 선정된 사업시행자가 2X22년 1월에 수소충전소 구축에 착수했다면, 2X23년 3월까지 구축을 완료해야 함을 알 수 있다.

37 문제처리능력

출제 포인트 문제의 원인과 대안을 찾는 기법에 관한 문제

정답 ⑤

해설
문제를 세분화해 가면서 문제의 원인과 대안을 찾는 기법으로, 구조가 생선의 머리와 뼈처럼 보여 Fish bone diagram으로 알려져 있으며, 품질관리 분야에 널리 이용되고 있는 분석기법은 '특성요인도'이다. 따라서 정답은 ⑤이다.

오답분석
① 이슈트리: 초기가설이 옳은지 아닌지를 판별하는 기준이 되는 이슈를 MECE 원칙에 따라 트리 형태로 정리한 것이다.
② 마인드맵: 핵심 단어를 중심으로 거미줄처럼 사고를 확장해 나가는 기법이다.
③ 초기가설: 로직트리 등을 통해 문제의 범위와 얼개를 파악하고 난 상태에서 일단 해결책을 생각해 보는 것이다.
④ 파레토: 발생 빈도를 기준으로 요인들을 가로축을 따라 내림차순으로 표시한 막대 그래프이다.

38 문제처리능력

출제 포인트 문제해결 과정 중 실행 및 사후관리에 관한 문제

정답 ⑤

해설
프로젝트의 문제들에 대한 해결안을 수립하고 그에 대해 각 팀원들의 역할 분배를 한 것은 문제점을 해결하면서 가능한 사항부터 실행한 것이다. 또한 프로젝트를 전면적으로 전개하였으며, 문제점을 발견하고 해결안을 보완하였으므로 이는 '실행 및 사후관리' 단계에 해당한다. 따라서 정답은 ⑤이다.

39 문제처리능력

출제 포인트 문제해결 과정 중 원인 분석 단계에 관한 문제

정답 ③

해설
ⓒ 쟁점(Issue) 분석 단계에서 가설 설정은 관련 자료, 인터뷰 등을 통해 검증할 수 있어야 하며, 간단명료하게 표현해야 하고, 논리적이며 객관적이어야 한다.
ⓒ 데이터 분석 단계에서 데이터 수집 계획은 목적에 따라 수집 범위를 정하고, 전체 자료의 일부인 표본을 추출하는 전통적인 통계학적 접근과 전체 데이터를 활용한 빅데이터 분석을 구분해야 한다. 이때, 객관적인 사실을 수집해야 하며 자료의 출처를 명확히 밝힐 수 있어야 한다.
따라서 적절하지 않은 것만을 모두 고르면 'ⓒ, ⓒ'이므로 정답은 ③이다.

오답분석
㉠ 쟁점(Issue) 분석 단계에서 핵심 이슈 설정은 현재 수행하고 있는 업무에 가장 크게 영향을 미치는 문제로 선정한다.
㉣, ㉤ 원인 파악 단계에서는 이슈와 데이터 분석을 통해서 얻은 결과를 바탕으로 근본 원인을 파악하고 원인과 결과를 도출한다.

40 문제처리능력

출제 포인트 문제처리에 관한 문제

정답 ⑤

해설
고객 A~E 5명의 적립 포인트는 다음과 같다.
- 고객 A: 전월 이용금액이 70만 원 이상이므로 100,000 × 0.05 = 5,000포인트
- 고객 B: 전월 이용금액이 30만 원 미만이므로 80,000 × 0.005 = 400포인트
- 고객 C: 전월 이용금액이 70만 원 이상이므로 350,000 × 0.02 = 7,000포인트
- 고객 D: 전월 이용금액이 30만 원 미만일 때, 그 외 가맹점에서는 포인트가 적립되지 않는다.
- 고객 E: 전월 이용금액이 30만 원 이상 70만 원 미만이므로 250,000 × 0.03 = 7,500포인트

따라서 정답은 ⑤이다.

응용문제

빠른 정답표

| 01 | ④ | 02 | ① | 03 | ② | 04 | ② | 05 | ② |
| 06 | ③ | 07 | ⑤ | 08 | ② | 09 | ⑤ | 10 | ② |

01 문제해결능력

출제 포인트 시네틱스법의 종류에 관한 문제

정답 ④

해설
시네틱스법은 서로 관련이 없어 보이는 요소들을 함께 모아 새로운 아이디어를 창출해내는 집단 아이디어 발상법이다. 이러한 시네틱스법의 종류에는 문제 상황을 개인적인 문제로 가정하고 검토하는 개인유추, 서로 관련이 없는 대상물 간의 유사한 양상과 과정 등을 비교하고 검토하는 직접유추, 대상물 간의 관계를 기술하는 과정에서 상징을 활용하거나 대상물을 압축하여 단순하게 재현하는 상징유추, 현실과 무한한 상상을 결부시켜 문제 상황을 탐구하고 해결하는 환상유추가 있다. 따라서 빈칸 ⑤~㉣에 들어갈 용어는 각각 차례로 '개인유추, 직접유추, 상징유추, 환상유추'이므로 정답은 ④이다.

개념 보충

1. 시네틱스법
   서로 관련이 없어 보이는 요소들을 함께 모아 새로운 아이디어를 창출해내는 발상법
2. 시네틱스법의 종류
   - 개인유추: 문제 상황을 개인적인 문제로 가정하고 검토하는 방법
   - 직접유추: 서로 관련이 없는 대상물 간의 유사한 양상과 과정 등을 비교·검토하는 방법
   - 상징유추: 대상물 간의 관계를 기술하는 과정에서 상징을 활용하거나 대상물을 압축하여 단순하게 재현하는 방법
   - 환상유추: 현실과 무한한 상상을 결부시켜 문제 상황을 탐구하고 해결하는 방법

02 문제해결능력

출제 포인트 PEST 분석에 관한 문제

정답 ①

해설
PEST 분석이란 전체적인 사업 전략, 마케팅 전략, 광고 전략 등의 수립에 대한 의사결정을 할 때 활용되는 외부 환경 분석 기법이다. 여기서 P는 정치적 요소(Political factors), E는 경제적 요소(Economic factors), S는 사회적 요소(Social factors), T는 기술적 요소(Technological factors)를 의미하며, 이 네 가지 요소를 중심으로 하는 PEST 분석은 외부 환경에 대한 포괄적 분석을 가능하게 한다.
⑤ '식자재 원가 상승 및 배달비 추가로 인한 외식 비용 증가'는 경제적 요소와 관련이 있다.
ⓒ '가맹점주에 대한 프랜차이즈 본사의 위법행위 규제 강화'는 정치적 요소와 관련이 있다.

따라서 ⑤~㉣ 중 적절하지 않은 것만을 모두 고르면 '⑤, ⓒ'이므로 정답은 ①이다.

오답분석
ⓒ '건강과 웰빙에 대한 사회적 관심도 증가 및 관련 소비의 증가'는 사회적 요소와 관련이 있다.
㉣ '외식 서비스 프로세스 효율성 제고를 위한 푸드테크 도입 및 디지털 전환 가속화'는 기술적 요소와 관련이 있다.

개념 보충

PEST 분석의 네 가지 요소
1. 정치적 요소(Political factors)
   - 사업에 대한 규제와 소비자의 구매력 등에 막대한 영향력을 미치는 법률, 정책 등의 요소
   - 정부의 활동 및 정책에 관심을 가져야 함.
2. 경제적 요소(Economic factors)
   - 원자재, 에너지 자원, 사회기반시설, 글로벌 경쟁 특성 변화 등의 요소
   - 경제에 대한 종합적인 전망에 관심을 가져야 함.
3. 사회적 요소(Social factors)
   - 개인적인 태도, 가치, 신념 등을 정량화하고 예측하는 요소
   - 인구 변동, 세대별 인구분포도 등의 인구통계학적 요소를 고려해야 함.
4. 기술적 요소(Technological factors)
   - IT·인터넷·모바일 기술의 발전, 연구·개발, 기술 변화의 속도 등의 요소
   - 빠른 기술 변화는 새로운 사업에의 진입·퇴출, 제품·서비스의 비용·질 등에 영향을 미침.

이를 토대로 문제의 표를 다시 정리하면 다음과 같다.

구분	내용
정치적 요소	• 외식 산업의 진흥 및 경쟁력 강화를 위한 정책 수립 및 시행 • 가맹점주에 대한 프랜차이즈 본사의 위법행위 규제 강화
경제적 요소	• 소비자 물가 상승 및 불황으로 인한 외식 지출 감소 • 식자재 원가 상승 및 배달비 추가로 인한 외식 비용 증가
사회적 요소	• 1인 가구 증가와 밀키트 제품 소비 문화의 확산 • 건강과 웰빙에 대한 사회적 관심도 증가 및 관련 소비의 증가
기술적 요소	• SNS, 블로그 등의 온라인 환경을 활용한 외식 마케팅 활성화 • 외식 서비스 프로세스 효율성 제고를 위한 푸드테크 도입 및 디지털 전환 가속화

03 문제해결능력

출제 포인트 가설 지향적 사고에 관한 문제

정답 ②

해설
실제로 정보를 수집하거나 분석 활동을 하기 전에 그 과정 또는 결과를 추측해 보는 사고 방법은 가설 지향적 사고이며, 가설 지향적 사고를 하기 위해서는 경험과 지식을 쌓고 통찰력을 기르는 것이 중요하다. 따라서 빈칸에 공통으로 들어갈 용어는 '가설 지향적 사고'이므로 정답은 ②이다.

개념 보충

가설 지향적 사고

실제로 정보를 수집하거나 분석 활동을 하기 전에 그 과정 또는 결과를 추측해 보는 사고 방법이다. 가설 지향적 사고를 하기 위해서는 경험과 지식을 쌓고 통찰력을 기르는 것이 중요하다. 경험의 경우, 자연 발생적으로 가능한 경험보다는 주도적이고 의식적으로 내면화된 경험이 중요하며, 경험을 할 때에는 사물과 현상을 현실에 기초해 파악하는 것이 중요하다. 또한 지식이 많아야 다양한 관점에서 접근이 가능하므로 새로운 지식이나 정보를 지속적으로 습득해야 한다. 그리고 통찰력은 뉴스나 이슈 등을 통해 가설 지향적 사고를 하는 연습을 함으로써 기를 수 있다.

04 문제해결능력

출제 포인트 3C 분석에 관한 문제

정답 ②

해설

3C 분석은 기업이 이윤 극대화를 하기 위해 자사(Company), 고객(Customer), 경쟁사(Competitor) 3가지 관점에서 시장환경을 분석하여 균형 잡힌 경영전략을 수립할 수 있게 하는 분석 방법이다. 그러므로 (A)에 해당하는 관점은 '자사(Company)'이며, '자사(Company)'의 평가요소는 '기업 목표', '자원', '시너지 효과'이다. 따라서 정답은 ②이다.

개념 보충

3C 분석

기업이 이윤 극대화를 하기 위해 자사(Company), 고객(Customer), 경쟁사(Competitor) 3가지 관점에서 시장환경을 분석하여 균형 잡힌 경영전략을 수립할 수 있게 하는 분석 방법

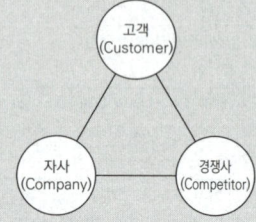

1. 자사(Company) 분석
   1) 평가요소: 기업 목표, 자원, 시너지 효과
   2) 평가기준
      - 기업의 목표와 일치하는가?
      - 인적·물적·기술적 자원을 갖추고 있는가?
      - 기존 브랜드의 마케팅 믹스 요소를 연계하여 시너지 효과를 가져올 수 있는가?
2. 고객(Customer) 분석
   1) 평가요소: 시장규모, 시장 성장률
   2) 평가기준
      - 해당 세분 시장이 적절한 규모인가?
      - 성장 가능성이 높은 시장인가?
      - 각 세분 시장별 잠재수요는 어느 정도인가?
3. 경쟁사(Competitor) 분석
   1) 평가요소: 현재의 경쟁자, 잠재적 경쟁자
   2) 평가기준
      - 현재의 경쟁사들이 공격적이고 강력한가?
      - 새로운 경쟁자의 진입 가능성이 높은가?

05 문제해결능력

출제 포인트 명목집단법에 관한 문제

정답 ②

해설

제시된 문제에 대한 문제해결 아이디어를 각 구성원이 개별적으로 종이에 적은 후 리더에게 익명으로 제출하면 리더가 그 내용을 칠판에 적고, 이후 각 구성원이 집단 논의를 하여 각각의 아이디어에 대하여 평가를 하며, 논의가 끝나면 각 구성원이 각각의 아이디어에 대하여 서열을 매긴 후 리더에게 제출하는 방식으로 종합 순위를 가장 높게 받은 아이디어가 결정되는 집단의사결정 기법을 명목집단법이라 한다. 따라서 정답은 ②이다.

개념 보충

집단의사결정 기법

1. 브레인스토밍
   테이블을 중심으로 사람들을 모으고 리더가 집단이 결정해야 할 문제를 설명하면 비판금지의 원칙, 자유분방의 원칙, 질 보다 양 우선의 원칙, 결합 및 개선의 원칙을 지켜가며 아이디어를 만들어내는 집단의사결정 기법
2. 명목집단법
   제시된 문제에 대한 문제해결 아이디어를 각 구성원이 개별적으로 종이에 적은 후 리더에게 익명으로 제출하면 리더가 그 내용을 칠판에 적고, 이후 각 구성원이 집단 논의를 하여 각각의 아이디어에 대하여 평가를 하며, 논의가 끝나면 각 구성원이 각각의 아이디어에 대하여 서열을 매긴 후 리더에게 제출하는 방식으로 종합 순위를 가장 높게 받은 아이디어가 결정되게 하는 집단의사결정 기법
3. 델파이법
   해결이 필요한 문제에 대하여 우편을 통해 전문가들에게 독립적인 의견을 수집한 후, 수집한 의견들을 요약하여 전문가들에게 배부하고 다시 의견을 수집하는 방식을 합의가 이루어질 때까지 반복하는 집단의사결정 기법
4. 변증법적 토의
   전체를 두 집단으로 나누어 둘 중 한 집단에서 먼저 의견을 제시하면 나머지 한 집단이 반대 의견을 제시한 후, 두 집단이 두 의견에 대한 토론을 진행하여 각 의견의 장점만을 취하는 집단의사결정 기법

06 문제해결능력

출제 포인트 표적집단면접법에 관한 문제

정답 ③

해설

통상 6~10명으로 구성된 면접자들로부터 동시에 정해진 주제에 관한 동기, 태도, 신념 등을 조사하는 조사방법으로, 응답자들의 반응을 객관적으로 관찰할 수 있는 미러룸에서 실시하는 것이 일반적이지만, 특별한 시설이 없더라도 실시 가능한 조사방법은 표적집단면접법이다. 따라서 정답은 ③이다.

오답분석

① 투사법은 면접자가 직접 답변하기 어려울 때 간접적으로 면접조사를 하는 조사방법이다.
② 델파이법은 각 전문가에게 개별 질문을 하고, 수집된 정보를 면접자에게 공유한 후, 다시 질문하여 응답받는 형태로 진행하는 조사방법

이다.
④ 개별 심층면접법은 유연한 대화 형식으로 연구 대상이 부담을 갖지 않고 자신의 의견, 믿음, 태도 등을 답변할 수 있도록 하는 조사방법이다.
⑤ 민족지학적 연구는 연구자가 조사 대상자와 함께 지내면서 그들의 행동, 문화 등을 조사하는 기술적 조사방법이다.

개념 보충

1. **개별 심층면접법(In-depth Interview)**
   유연한 대화 형식으로 연구 대상이 부담을 갖지 않고 자신의 의견, 믿음, 태도 등을 답변할 수 있도록 하는 조사방법으로, 인터뷰 내용은 녹음, 비디오 촬영, 사진, 서면 등으로 남기는 형태로 기록된다. 이렇게 기록된 자료들은 분석 과정을 거친 후 목적에 따라 활용된다.

2. **표적집단면접법(FGI; Focus Group Interview)**
   통상 6~10명으로 구성된 면접자들로부터 동시에 정해진 주제에 관한 동기, 태도, 신념 등을 조사하는 방법으로, 응답자들의 반응을 객관적으로 관찰할 수 있는 미러룸에서 실시하는 것이 일반적이지만, 특별한 시설이 없더라도 실시 가능한 조사방법이다. 표적집단면접법의 장점은 다음과 같다.
   - 조사내용을 융통성 있게 조절할 수 있다.
   - 면접자들과의 직접 접촉을 통해 깊이 있는 자료를 얻을 수 있다.
   - 처음에 의도하지 않았던 정보를 얻을 수도 있다.
   - 계량화되지 않고 추상적이거나 잠재된 니즈를 발견할 수 있다.

3. **표적집단심층좌담회(FGD; Focus Group Discussion)**
   표적집단면접법과 유사하지만, 면접자들의 의견을 활발히 모을 수 있도록 참석자 간 토의를 중심으로 상호작용을 통한 태도의 변화를 파악하는 조사방법으로, 새로운 아이디어를 발굴하는 방법으로 활용된다.

4. **투사법(Projection)**
   면접자가 직접 답변하기 어려울 때 간접적으로 면접조사를 하는 방법으로, 표현법, 연상법, 완성법, 구성법 등이 대표적이다.
   - 표현법: 역할 연기법으로도 알려져 있으며, 제3자에 관한 반응에 면접자의 내면이 투사된다고 분석한다.
   - 연상법: 면접자에게 자극을 제시하고 그로부터 연상되는 생각을 표현하도록 하는 방법으로, 면접자의 내면이 투사된다고 분석한다.
   - 완성법: 면접자에게 불완전한 문장 또는 스토리를 제시한 후 이를 완성하도록 하는 방법으로, 면접자가 완성한 문장 또는 스토리에 면접자의 내면이 투사된다고 분석한다.
   - 구성법: 면접자에게 단어로 된 다양한 자극을 제시한 후, 스토리, 대화 등의 방식으로 구성하게 하는 방법으로, 면접자가 구성한 내용에 면접자의 내면이 투사된다고 분석한다.

5. **민족지학적 연구(Ethnographic Research)**
   연구자가 조사 대상자와 함께 지내면서 그들의 행동, 문화 등을 조사하는 기술적 조사방법으로, 면담자가 표현하기가 어렵거나 밝히기 어려워할 때 활용한다.

6. **MGI(Mini Group Interview)**
   비용이나 희귀성 등의 문제로 면접자를 모으기 어려울 경우에 소그룹으로 실시하는 조사방법이다.

7. **델파이(Delphi)법**
   각 전문가에게 개별 질문을 하고, 수집된 정보를 면접자에게 공유한 후, 다시 질문하여 응답받는 형태로 진행하는 조사방법으로, 장기적 수요나 판매 예측에 사용된다. 탐색적 조사에 적합한 집단 예측기법이다.

8. **관찰조사**
   공개·비공개, 구조화 방법·비구조화 방법, 자연적 방법·인위적 방법, 인적 방법·기계적 방법 등의 다양한 방법으로 관찰을 통해서 조사하는 방법이다.

07 문제해결능력

출제 포인트 퍼실리테이터의 역할에 관한 문제

정답 ⑤

해설
퍼실리테이터는 갈등을 당연한 것으로 긍정적으로 인식하고, 그 갈등을 통해 사고의 외연을 확대하여 건설적인 의사결정을 할 수 있도록 해야 한다. 따라서 정답은 ⑤이다.

오답분석
① 퍼실리테이터는 조직이 당면한 과제를 명확히 이해하고, 회의가 시작되기 전에 회의의 목적과 회의를 통해서 달성해야 할 것들을 구성원들에게 명확히 전달해야 한다.
② 퍼실리테이터는 회의의 목적이 무엇인지, 참가자가 누구인지, 최종적인 결과가 무엇인지를 명확히 인식하고, 회의가 생산적일 수 있도록 진행 과정을 구성해야 한다.
③ 퍼실리테이터는 팀 빌딩을 통해 팀 활동의 기반을 조성하고 토론 방해 요소를 제거하며, 구성원들이 자유롭고 편안한 분위기에서 토론 과제에 집중할 수 있도록 해야 한다.
④ 퍼실리테이터는 구성원들이 문제해결을 위한 창의적인 아이디어를 도출할 수 있도록 도와주고, 실수나 실패가 용납되는 창의적 환경을 조성해야 한다.

개념 보충

1. **퍼실리테이터**
   퍼실리테이션을 하는 사람으로, 중립적인 입장에서 의사결정 및 문제해결 프로세스를 관리하고 팀워크를 이끌어 조직이 최대 성과를 낼 수 있도록 촉진하고 지원하는 사람을 의미함

2. **퍼실리테이터의 역할**
   - 과제 명확화: 조직이 당면한 과제를 명확히 이해하고, 회의가 시작되기 전에 회의의 목적과 회의를 통해서 달성해야 할 것들을 구성원들에게 명확히 전달해야 한다.
   - 디자이너 역할: 회의가 계획된 목적을 달성하고 원활하게 진행되도록 회의의 진행 과정을 설계해야 한다. 즉, 회의의 목적이 무엇인지, 참가자가 누구인지, 최종적인 결과가 무엇인지를 명확히 인식하고, 회의가 생산적일 수 있도록 진행 과정을 구성해야 한다.
   - 질문자 역할: 회의에 참가한 구성원들의 이야기를 적극적으로 경청해야 하며, 그들의 생각이나 그 생각 속에 숨어있는 가정이 효과적이고 상황 적합한 질문을 통해 표출되도록 하여, 구성원들이 상황을 새로운 관점에서 인식하고, 가지고 있는 생각과 가정에 대해 비판적 사고를 할 수 있도록 해야 한다.
   - 창의촉진자 역할: 효과적인 문제해결을 위해서는 기존의 방법과는 차별성이 있는 창의적인 아이디어가 필요하므로, 구성원들이 문제해결을 위한 창의적인 아이디어를 도출할 수 있도록 도와주고, 실수나 실패가 용납되는 창의적 환경을 조성해야 한다.
   - 합의형성자 역할: 회의 시작 전에 충분한 사전 준비 시간을 가지고 생산적인 회의 프로세스를 설계하여 회의가 원활히 운영되도록 하며, 시간 부족으로 인해 합의가 지연되는 것을 막고, 의사결정 방식에 대한 구성원들의 합의를 구하며, 의사결정 합의기법을 활용하여 효과적이고 효율적인 의사결정이 되도록 해야 한다.
   - 갈등관리자 역할: 갈등을 당연한 것으로 긍정적으로 인식하고, 그 갈등을 통해 사고의 외연을 확대하여 건설적인 의사결정을 할 수 있도록 해야 한다.

08 문제해결능력

출제 포인트 스토리 라인에 관한 문제

정답 ②

해설
- 갑: 스토리 라인이란 문제해결을 위해 전달하고 싶은 메시지를 논리적이고 일관적인 스토리 형식으로 설득력 있게 정리한 것을 의미하므로, 갑은 옳게 발언한 사람임을 알 수 있다.
- 병: 스토리 라인을 구성할 때 가장 우선적으로 고려해야 할 사항은 스토리 라인이 보고를 받는 입장에서 구성되어야 한다는 점이므로, 병은 옳게 발언한 사람임을 알 수 있다.

따라서 〈보기〉에서 옳게 발언한 사람만을 모두 고르면 '갑, 병'이므로 정답은 ②이다.

오답분석
- 을: 목차를 먼저 정하고 그에 맞춰 보고서를 작성하다 보면 내용의 앞뒤가 자연스럽게 연결되지 않아 결국 목차 수정 및 보고서 내용 수정을 해야 하는 경우가 많으므로, 보고서를 작성하는 사람은 보고를 받는 입장에서 스토리 라인을 먼저 구성해 보는 것이 좋다. 그러므로 을의 발언은 옳지 않음을 알 수 있다.
- 정: 보고서를 작성하는 사람은 스토리 라인을 구성하고 수정하는 과정을 통해 보고서 내용의 매우 작은 부분까지도 스스로 많은 질문과 그에 대한 해답을 찾는 과정을 거치게 된다. 이 과정을 통해 보고서를 작성하는 사람은 보고 과정에서 나올 수 있는 다양한 질문에 대해 준비할 수 있으며, 미처 확인하지 못했거나 미흡했던 부분도 보다 세밀한 점검과 확인 과정을 거치게 되므로, 보고하는 자리에서 완벽하게 무장된 상태로 보고할 수 있게 된다. 그러므로 스토리 라인의 구성은 전적으로 보고를 받는 입장만을 위한 것이 아니므로 정의 발언은 옳지 않음을 알 수 있다.

개념 보충
- 스토리 라인
  스토리 라인이란 문제해결을 위해 전달하고 싶은 메시지를 논리적이고 일관적인 스토리 형식으로 설득력 있게 정리한 것을 의미한다. 보고서의 스토리 라인은 보고서의 논리와 구조를 지탱하는 기본 프레임이 된다.
- 스토리 라인의 구성
  일반적으로 보고서 등을 작성할 때, 목차를 먼저 작성하는 경우가 많은데, 목차를 먼저 정하고 그에 맞춰 보고서를 작성하다 보면 내용의 앞뒤가 자연스럽게 연결되지 않아 결국 목차 수정 및 보고서 내용 수정을 해야 하는 경우가 많다. 그러므로 보고서를 작성하는 사람은 보고를 받는 입장에서 스토리 라인을 먼저 구성해 보는 것이 좋다. 스토리 라인을 정리하고 스토리 라인에 맞게 내용을 작성한 후 최종적으로 목차를 정리해 보는 것도 좋은 방법이다.

- 스토리 라인 구성 시 고려 사항
  스토리 라인의 구성은 보고서를 작성하는 사람이 보고를 받는 입장에서 내용의 핵심을 쉽고 간결하게 이해할 수 있는가를 시뮬레이션해 보는 과정이므로, 스토리 라인 구성 시 가장 우선적으로 고려해야 할 사항은 스토리 라인이 보고를 받는 입장에서 구성되어야 한다는 것이다. 그러므로 보고서를 작성하는 사람은 효과적인 보고를 위하여 끊임없이 스토리 라인을 고민해야 한다. 그러나 스토리 라인의 구성이 전적으로 보고를 받는 입장만을 위한 것은 아니다. 보고서를 작성하는 사람은 스토리 라인을 구성하고 수정하는 과정을 통해 보고서 내용의 매우 작은 부분까지도 스스로 많은 질문과 그에 대한 해답을 찾는 과정을 거치게 된다. 이 과정을 통해 보고서를 작성하는 사람은 보고 과정에서 나올 수 있는 다양한 질문에 대해 준비할 수 있으며, 미처 확인하지 못했거나 미흡했던 부분도 보다 세밀한 점검과 확인 과정을 거치게 되므로, 보고하는 자리에서 완벽하게 무장된 상태로 보고할 수 있게 된다.

09 문제해결능력

출제 포인트 MECE에 관한 문제

정답 ⑤

해설
㉠은 전체 집합을 중복·누락 없이 완전히 상호 배타적인 부분집합들로 분해 가능한 경우이므로, 중학생이라는 개념을 1학년, 2학년, 3학년이라는 부분집합들로 나누는 경우가 ㉠에 해당하는 사례로 적절하다. 따라서 정답은 ⑤이다.

오답분석
① '포유류'와 '파충류'는 '생물'이라는 개념의 부분집합들이지만, '생물'이라는 개념에는 '양서류', '조류' 등 다른 부분집합들도 있으므로, '포유류'와 '파충류'라는 부분집합들이 '생물'이라는 개념을 중복·누락 없이 완전히 분해할 수 있는 것은 아니다. 그러므로 ㉠에 해당하는 사례로 적절하지 않다.
② '20세 미만'과 '30세 이상'은 '연령'이라는 개념의 부분집합들이지만, '연령'이라는 개념에는 '20세 이상 30세 미만'이라는 부분집합도 있으므로, '20세 미만'과 '30세 이상'이라는 부분집합들이 '연령'이라는 개념을 중복·누락 없이 완전히 분해할 수 있는 것은 아니다. 그러므로 ㉠에 해당하는 사례로 적절하지 않다.
③ '미혼 여성', '기혼 여성', '직장인 여성'은 '여성'이라는 개념의 부분집합들이지만, '미혼 여성' 중에도 '직장인 여성'이 있을 수 있고, '기혼 여성' 중에도 '직장인 여성'이 있을 수 있으므로, 각 부분집합에 중복이 있을 수 있다. 그러므로 ㉠에 해당하는 사례로 적절하지 않다.
④ '경영학과', '경제학과', '회계학과'는 '대학교 학과'라는 개념의 부분집합들이지만, '대학교 학과'라는 개념에는 '통계학과', '수학과' 등 다른 부분집합들도 있으므로, '경영학과', '경제학과', '회계학과'라는 부분집합들이 '대학교 학과'라는 개념을 중복·누락 없이 완전히 분해할 수 있는 것은 아니다. 그러므로 ㉠에 해당하는 사례로 적절하지 않다.

개념 보충

MECE(Mutually Exclusive and Collectively Exhaustive)

어떤 사항이나 개념을 전체 집합으로 할 때, 이를 중복도 없고 누락도 없이 상호 배타적인 부분집합들로 나누어 파악하는 사고 기법을 MECE라고 한다. MECE는 연령이나 성별 등과 같이 전체 집합을 중복·누락 없이 완전히 상호 배타적인 부분집합들로 분해 가능한 경우와 단기·중기·장기 등과 같이 중복·누락이 절대 없다고 볼 수는 없지만 중복·누락이 크게 없다고 볼 수 있는 경우로 나눌 수 있다. 이러한 MECE의 예는 다음과 같다.

MECE의 예	MECE가 아닌 경우
• 사람: 남자, 여자 • 기간: 단기, 중기, 장기 • 시간: 과거, 현재, 미래 • 계절: 봄, 여름, 가을, 겨울 • 연령: 30세 미만, 30대, 40대, 50세 이상	• 생물: 포유류, 어류(각 부분집합이 상호 배타적이지만 총합이 전체를 이루지 못함) • 여성: 미혼 여성, 기혼 여성, 직장인 여성(각 부분집합의 총합이 전체를 이루지만 상호 배타적이지 않음) • 전교생: 수학 잘하는 학생, 영어 잘하는 학생(각 부분집합이 상호 배타적이지도 않고, 총합이 전체를 이루지도 않음)

• 정치적(Political) 환경 요인: 개혁 정책, 규제 기관의 활동, 정치적 의사 결정에 대한 영향력, 정책 결정 구조의 성격, 규제 합리화, 조세, 부패, 정치 리스크, 민영화 등

10 문제해결능력

출제 포인트 STEEP 분석에 관한 문제

정답 ②

해설

STEEP 분석은 기업의 활동에 영향을 주는 외부적 요인을 사회적(Social) 환경 요인, 기술적(Technological) 환경 요인, 경제적(Economic) 환경 요인, 생태학적(Ecological) 환경 요인, 정치적(Political) 환경 요인의 5가지 요인으로 나누어 파악하는 방법이다. 이 중 경제적 환경 요인에 해당하는 것으로는 '인플레이션율', 'GDP 성장률' 등이 있다. 따라서 <보기>에서 경제적 환경 요인에 해당하는 것만을 모두 고르면 '인플레이션율, GDP 성장률' 2개이므로 정답은 ②이다.

개념 보충

1. STEEP 분석
   기업의 활동에 영향을 주는 외부적 요인을 사회적(Social) 환경 요인, 기술적(Technological) 환경 요인, 경제적(Economic) 환경 요인, 생태학적(Ecological) 환경 요인, 정치적(Political) 환경 요인의 5가지 요인으로 나누어 파악하는 방법

2. STEEP 분석의 5가지 요인별 예시
   • 사회적(Social) 환경 요인: 인구 통계, 평균 수명, 출생률, 사망률, 교육 수준, 사회 계층 간 임금 격차, 여성의 사회 진출, 문맹률, 문화적 태도, 라이프 스타일, 트렌드 등
   • 기술적(Technological) 환경 요인: 보유 특허, 특허 보호 제도, R&D 예산, 신기술, 정보 기술, 기술 변화 속도, 기술 혁신 및 확산, 산업 및 경제의 디지털화, 인터넷 기반 기술 등
   • 경제적(Economic) 환경 요인: 인플레이션율, GDP 성장률, 실업률, 환율, 외환 보유고, 금융 정책, 재정 정책, 구조조정, 임금 수준, 시장 경쟁 구조, 소비 성향 등
   • 생태학적(Ecological) 환경 요인: 공기질, 수질, 에너지원, 재활용 시설 규모, 원자재 대체성, 환경 규제 수준 등

04 자기개발능력

기본문제

빠른 정답표

| 01 | ⑤ | 02 | ⑤ | 03 | ② | 04 | ④ | 05 | ① |
| 06 | ② | 07 | ① | 08 | ② | 09 | ① | 10 | ④ |

01 자기개발능력

출제 포인트 자기개발을 하는 이유에 관한 문제

정답 ⑤

해설
자기개발은 변화하는 환경에 적응하기 위해 이루어진다. 우리를 둘러싸고 있는 환경은 끊임없이 변화하고 있으며 그 변화의 속도는 빨라지고 있다. 우리가 가지고 있는 지식이나 기술이 과거의 것이 되지 않도록 환경 변화에 따라 지속적인 자기개발 노력이 요구된다. 따라서 정답은 ⑤이다.

> **개념 보충**
>
> **자기개발을 하는 이유**
> - 변화하는 환경에 적응하기 위해
> - 업무 성과를 향상시키기 위해
> - 주변 사람들과 긍정적인 인간관계를 형성하기 위해
> - 자신이 달성하고자 하는 목표를 성취하기 위해
> - 개인적으로 보람된 삶을 살기 위해

02 자아인식능력

출제 포인트 성찰에 관한 문제

정답 ⑤

해설
김대리의 습관은 자기인식의 과정 중 성찰에 해당한다. 성찰의 사전적 의미는 '자신이 한 일을 깊이 되돌아보는 일'이며, 성찰함으로써 같은 실수를 하지 않게 되어 다른 사람에게 신뢰감을 줄 수 있다. 또한 성찰은 현재의 부족한 부분을 파악하여 보완할 수 있는 기회를 제공하고, 미래의 목표에 따라 실수를 미연에 방지하면서 노력하게 만들어 준다. 이러한 성찰은 자신의 경험과 학습한 내용에 대해 성찰하는 '개인적 성찰'과 특정 팀에 속해 팀원들과 토론 및 논의를 하는 과정에서 협력적으로 이루어지는 성찰인 '사회적 성찰'로 나눌 수 있다. 따라서 정답은 ⑤이다.

03 자아인식능력

출제 포인트 자아인식의 효과에 관한 문제

정답 ②

해설
자아인식은 자신의 능력 및 기술을 이해하여 자신의 가치를 확인함으로써 자신을 존중하고 자신을 가치 있다고 여기는 동시에 자신의 한계를 인식하고 더 성장해야겠다는 욕구를 가질 수 있도록 한다. 이러한 자아인식의 노력은 자아존중감을 확인시켜주며 동시에 자기개발의 토대가 된다. 직업인으로서 자아인식은 직업생활에서 자신의 요구를 파악하고 자신의 능력 및 기술을 이해하여 자신의 가치를 확신하는 것으로 개인과 팀의 성과 모두를 높이는 효과가 있다. 따라서 정답은 ②이다.

04 자아인식능력

출제 포인트 흥미와 적성에 관한 문제

정답 ④

해설
A는 '흥미', B는 '적성'이다. 흥미와 적성은 개인에 따라 다르기 때문에 각자 관심을 가지고 잘할 수 있는 일이나 분야가 다르다. 흥미와 적성은 선천적으로 부여되는 것이기도 하지만 후천적으로 개발되어야 하는 측면도 있으므로, 경험을 통해 적극적으로 개발하려는 노력이 중요하며, 자신이 처한 상황과 업무에 맞춰 개발하는 노력을 강구해야 한다. 흥미와 적성을 개발하기 위해서는 '나는 지금 주어진 일이 적성에 맞다' 등의 지속적인 자기암시를 하는 방법, 일을 할 때 작은 단위로 나누어 수행하여 조금씩 성취감을 느끼는 방법, 조직 문화 및 풍토를 고려하는 방법 등을 활용할 수 있다. 그러나 흥미나 적성 검사를 통해 자신에게 알맞은 직업을 도출했다고 하더라도 이러한 결과가 그 직업에서의 성공을 반드시 보장해 주는 것은 아니다. 따라서 정답은 ④이다.

05 자기관리능력

출제 포인트 자기관리 과정에 관한 문제

정답 ①

해설
"현재 내 삶에서 변화되어야 할 것은 무엇인가?"라는 질문은 비전과 목표가 정립된 후 현재 자신의 역할 및 능력을 검토하고 할 일을 조정하여 자신이 수행해야 될 역할을 도출하는 '과제 발견' 단계에서 할 수 있는 질문이다. "내가 생각하는 의미 있는 삶은 무엇인가?", "내가 살아가는 원칙은 무엇인가?", "내 삶의 목적은 어디에 있는가?", "나의 가치관은 무엇인가?"라는 질문은 어떤 행동을 하거나 일을 수행하기 전 방향성을 수립하는 '비전 및 목적 정립' 단계에서 할 수 있는 질문이다. 따라서 정답은 ①이다.

06 자기관리능력

출제 포인트 거절의 의사결정에 관한 문제

정답 ②

해설
거절의 의사결정이 지체될수록 상대방은 긍정의 대답을 기대하며, 의사결정자는 거절하기 어려워진다. 이에 따라 거절의 의사결정은 빠를수록 좋다. 따라서 정답은 ②이다.

07 자기관리능력

출제 포인트 자기관리 과정 5단계에 관한 문제

정답 ①

해설
자기관리 과정 5단계는 '비전 및 목적 정립 – 과제 발견 – 일정 수립 – 수행 – 반성 및 피드백'이다. 김사원이 IT 관련 국가 자격증을 취득하기 위해 일간 계획을 세운 단계는 3단계인 일정 수립 단계이고, 바로 다음 단계인 4단계는 수행 단계로 수행과 관련된 요소를 분석하고, 수행 방법을 찾는 단계이다. 이 단계에서 김사원은 자격증 취득에 관한 요소를 분석하거나 자격증을 취득하기 위한 방법을 찾아야 한다. 따라서 정답은 ①이다.

08 경력개발능력

출제 포인트 경력개발이 필요한 이유에 관한 문제

정답 ②

해설
ⓒ 경영전략 변화, 승진적체, 직무환경 변화, 능력주의 문화는 '조직요구'에 해당하며, 인력난 심화는 '환경변화'에 해당한다.
따라서 적절하지 않은 것만을 〈보기〉에서 모두 고르면 'ⓒ'이므로 정답은 ②이다.

> **개념 보충**
>
> **경력개발이 필요한 이유**
> - 환경변화: 지식정보의 빠른 변화, 인력난 심화, 삶의 질 추구, 중견사원 이직 증가
> - 조직요구: 경영전략 변화, 승진적체, 직무환경 변화, 능력주의 문화
> - 개인요구: 발달단계에 따른 가치관·신념 변화, 전문성 축적·성장 요구 증가, 개인의 고용시장 가치 증대

09 경력개발능력

출제 포인트 경력개발의 다양한 이슈에 관한 문제

정답 ①

해설
경제적 자립을 기반으로 자발적인 조기 은퇴를 추진하는 사람들을 '파이어족'이라고 부른다. 따라서 정답은 ①이다.

오답분석
② 예티족: 젊고(Young) 기업가적(En-Trepreneurial)이며, 기술에 바탕을 둔(Tech based) 인터넷 엘리트(Internet Elite)의 머리글자를 딴 'YETTIE'에서 나온 용어로, 민첩·유연하고 본인의 상품성을 높이기 위해 일에만 전념하며 지속적으로 자기개발을 한다.
③ 다운시프트족: 비록 저소득일지라도 여유 있는 직장생활을 즐기며 삶의 만족을 찾으려는 사람들을 일컫는 용어로, 금전적 수입과 사회적 지위나 명예보다는 삶의 여유와 개인적인 만족을 더 중요시한다.
④ 여피족: 젊음(Young), 도시형(Urban), 전문직(Professional)의 머리글자를 딴 'YUP'에서 나온 용어로, 젊고 도시 근교에 살며 전문직에 종사하는 사람들을 일컫는다. 무엇보다도 개인의 취향을 우선시하며 매사에 여유 있고 행동에 꾸밈이 없다.
⑤ 프리터족: 일정한 직업 없이 아르바이트로 생계를 유지하는 사람들을 일컫는 용어로, 초기에는 집단에서 명령받으며 일하기를 거부하는 젊은이를 의미했으나 경기 침체로 비자발적 프리터족이 증가하면서 실업자, 시간제 노동자, 비정규직 노동자, 취업준비생 등을 통칭하는 용어로 사용되고 있다.

10 경력개발능력

출제 포인트 평생학습사회에 관한 문제

정답 ④

해설
지식과 정보의 폭발적인 증가로 새로운 기술이 개발되면서 직업에서 요구되는 능력도 변화하고 있으며, 지속적인 능력 개발이 필요한 시대, 즉 평생학습사회가 도래하였다. 따라서 정답은 ④이다.

심화문제

✓ 빠른 정답표

01	⑤	02	②	03	③	04	④	05	③
06	①	07	②	08	⑤	09	②	10	③
11	①	12	④	13	①	14	④	15	③
16	①	17	②	18	②	19	②	20	①
21	②	22	③	23	④	24	⑤	25	②
26	④	27	②	28	⑤	29	④	30	②
31	②	32	③	33	②	34	⑤	35	⑤
36	②	37	③	38	⑤	39	④	40	⑤

01 자기개발능력

출제 포인트 자기개발 계획 수립의 장애 요인에 관한 문제

정답 ⑤

해설
제시된 사례에서 A사원은 자신이 꾸준히 공부를 할 수 있을지, 자신이 생각한 자기개발 항목이 적절한지에 관하여 자신감이 없는 상태이다. 따라서 A사원이 자기개발 계획 수립에 어려움을 느끼는 이유는 '의사결정 시 자신감의 부족' 때문이므로 정답은 ⑤이다.

개념 보충
자기개발 계획 수립의 장애 요인
- 자기 정보의 부족: 자신의 흥미, 장점, 가치, 라이프스타일을 충분히 이해하지 못함.
- 내부 작업 정보 부족: 회사 내의 경력 기회 및 직무 가능성에 대해 충분히 알지 못함.
- 외부 작업 정보 부족: 다른 직업이나 회사 밖의 기회에 대해 충분히 알지 못함.
- 의사결정 시 자신감의 부족: 자기개발과 관련된 결정을 내릴 때 자신감 부족
- 일상생활의 요구 사항: 개인의 자기개발 목표와 일상생활(예 가정) 간 갈등
- 주변 상황의 제약: 재정적 문제, 연령, 시간 등으로 인한 어려움

02 자기개발능력

출제 포인트 자기개발의 실패 원인에 관한 문제

정답 ②

해설
김사원은 자기중심적인 사고로 자신이 한 행동에 대해 자기합리화를 하며 자신의 주장과 반대되는 주장을 배척하고 있다. 이러한 김사원의 제한적인 사고는 자신의 장단점을 객관적으로 파악하는 데 장애 요인으로 작용하여 자기개발의 방향 설정을 방해한다. 따라서 정답은 ②이다.

개념 보충
자기개발의 실패 원인
- 인간의 욕구와 감정의 작용
- 제한적인 사고
- 문화적인 장애
- 자기개발 방법에 대한 무지

03 자기개발능력

출제 포인트 자아인식, 자기관리, 경력개발에 관한 문제

정답 ③

해설
제시된 사례의 K는 자기개발의 필요성을 느낀 후, 자신에 대한 이해를 바탕으로 어떤 능력을 개발해야 하며, 자신의 경력개발은 어떻게 해야 하는지를 고려한다. 이를 통해 자기개발은 '자아인식', '자기관리', '경력개발'로 이루어지는 것을 알 수 있다. 직업인은 직업생활에서 자신의 능력 및 적성을 파악하고, 목표 성취를 위해 자신을 관리하고 통제하며, 경력목표 성취에 필요한 역량을 신장시켜 자신을 개발해야 한다.
- 자아인식: 자신이 누구인지를 아는 방법으로, 크게 내가 아는 나를 확인하는 방법, 다른 사람과의 대화를 통해 알아가는 방법, 표준화된 검사 척도를 이용하는 방법의 세 가지가 있다.
- 자기관리: 목표를 성취하기 위해 자신의 행동 및 업무 수행을 관리하고 조정하는 것으로, 자신에 대한 이해를 바탕으로 비전과 목표 수립, 과제 발견, 일정의 수립 및 조정, 자기관리 수행, 반성 및 피드백으로 이어진다.
- 경력개발: 개인의 경력목표와 전략을 수립하고 실행하며 피드백한다.

따라서 정답은 ③이다.

04 자기개발능력

출제 포인트 자기개발의 특징에 관한 문제

정답 ④

해설
자기개발은 개별적인 과정으로서, 사람마다 자기개발을 통해 지향하는 바와 선호하는 방법 등이 다르다. 여러 목적이 있으나, 그중 하나는 변화하는 환경에 적응하기 위해서이다. 평생에 걸쳐서 이루어지는 과정으로, 모든 사람이 해야 하는 것이며, 자기개발에서 개발의 주체와 객체는 모두 자신이다. 따라서 정답은 ④이다.

05 자기개발능력

출제 포인트 직장인의 자기개발에 관한 문제

정답 ③

해설
직장인은 인간의 욕구와 감정을 통제하여 자기개발에 대한 태도를 잘 형성해야 한다. 또한 제한적인 사고를 벗어나 자신을 객관적으로 파악해야 하며, 익숙한 문화에 안주하지 않으려고 노력해야 한다. 따라서 정답은 ③이다.

> 오답분석

① 자기개발은 모두가 해야 하는 것이며 평생에 걸쳐 이루어지는 과정으로, 직장인도 예외가 아니다.
② 직장인이 직업생활과 관련하여 가치, 신념, 흥미, 적성, 성격 등 본인이 누구인지 파악하는 자아인식은 자기개발의 첫 단계가 된다.
④ 직장인의 현재 직무 상황과 만족도는 자기개발 계획을 수립하는 데 중요한 역할을 한다.
⑤ 직업생활에서의 자기개발은 효과적으로 업무를 처리하기 위해 이루어지므로, 업무의 효율성을 높이고자 컴퓨터 학원에 다니는 것은 직장인이 할 수 있는 자기개발의 일종이다.

06 자기개발능력

출제 포인트 자기개발의 필요성에 관한 문제

정답 ①

해설
자기개발의 필요성에 대해 적절하지 않은 발언을 한 사람은 없다. 따라서 정답은 ①이다.

> 개념 보충

자기개발을 하는 이유
- 변화하는 환경에 적응하기 위해
- 업무 성과를 향상시키기 위해
- 주변 사람들과 긍정적인 인간관계를 형성하기 위해
- 자신이 달성하고자 하는 목표를 성취하기 위해
- 개인적으로 보람된 삶을 살기 위해

07 자기개발능력

출제 포인트 자기개발 계획 수립이 어려운 이유에 관한 문제

정답 ②

해설
김과장이 도자기 공예 관련 업무에 종사하는 동기들보다 외부 작업정보를 제대로 얻지 못하는지(외부 직업정보 부족)는 알 수 없으며, 김과장은 도자기 공예 관련 업무에 종사하는 동기들과 꾸준히 교류하며 최신 기술과 트렌드를 익혀오고 있다고 하였다. 따라서 정답은 ②이다.

> 오답분석

① 김과장은 퇴사 후 도자기 공방을 열겠다는 본인의 자기개발 목표와 가족을 부양해야 하는 일상생활 간의 갈등을 겪고 있다(일상생활의 요구사항).
③ 김과장이 공방을 차리기 위해 큰돈을 투자하는 것이 재정적으로 부담이 된다는 점도 문제라고 하였다(주변상황의 제약).
④ 김과장은 대학교에서 도자기 공예를 전공하였으며, 회사를 다니면서 주말마다 틈틈이 도자기를 만들며 실력을 다지고 있다고 하였다(자기정보의 부족 – 해소).
⑤ 김과장은 본인의 현재 실력으로 공방을 차려서 성공할 수 있을지 자신이 없다고 하였다(의사결정 시 자신감의 부족).

08 자기개발능력

출제 포인트 자기개발 계획의 수립 전략에 관한 문제

정답 ⑤

해설
개인은 가족, 친구, 직장동료, 부하직원, 상사, 고객 등 많은 인간관계를 맺고 살아가고 있으므로, 이를 고려하지 않고 자기개발 계획을 수립한다면 계획을 실행하는 데 어려움을 겪게 된다. 또한 다른 사람과의 관계를 발전시키는 것도 하나의 자기개발 목표가 될 수 있다. 따라서 정답은 ⑤이다.

> 오답분석

①, ③ 단기목표는 장기목표를 수립하기 위한 기본 단계이며, 필요한 직무 관련 경험, 개발해야 될 능력 혹은 자격증, 쌓아두어야 할 인간관계 등을 고려하여 수립한다.
② 장단기 목표 모두 구체적으로 계획하는 것이 바람직하나, 장기목표는 경우에 따라 구체적인 방법을 계획하는 것이 어렵거나 바람직하지 않을 수 있다.
④ 자기개발 계획을 수립할 때는 현재의 직무와 관련하여 계획을 수립해야 한다.

09 자기개발능력

출제 포인트 자기개발의 특징에 관한 문제

정답 ②

해설
사람들은 흔히 자기개발이 학교 단계에서 이루어지거나 어떤 특정한 사건이나 요구가 있을 때에 일시적으로 이뤄지는 과정이라고 생각하지만, 평생에 걸쳐서 이루어지는 과정이다. 학교 교육에서는 원리, 원칙에 대한 교육이 이루어질 뿐이므로, 실생활에 적응하기 위해서는 지속적인 자기개발이 필요하다. 따라서 정답은 ②이다.

> 개념 보충

자기개발의 특징
- 자기개발의 첫걸음은 자신을 이해하는 것이다.
- 자기개발을 통해 지향하는 바와 선호하는 방법은 사람마다 다르다.
- 자기개발은 평생에 걸쳐서 이루어지는 과정이다.
- 자기개발은 일과 관련하여 이루어지는 활동이다.
- 자기개발은 생활 가운데 이루어져야 한다.
- 자기개발은 모든 사람이 해야 한다.

10 자아인식능력

출제 포인트 자아인식의 특징에 관한 문제

정답 ③

해설
㉠ 자아인식, 즉 나를 안다는 것은 자신의 가치, 신념, 태도 등을 아는 것을 넘어 이것들이 자신의 행동에 미칠 영향을 아는 것을 말한다.
㉢ 자기를 지각하고 그 지각된 내용을 체계화시킴으로써, 자신을 존중하고 자신을 가치 있다고 여기는 동시에 자신의 한계를 인식하고 이를 더 보완해야겠다는 욕구를 가질 수 있다.

ⓔ 직업인으로서 자아인식은 직업 생활에서 자신의 요구를 파악하고 자신의 능력 및 기술을 이해하여 자신의 가치를 확인하는 것으로 개인과 팀의 성과를 높이는 데도 필수적으로 요구된다.
따라서 적절한 것만을 〈보기〉에서 모두 고르면 'ⓒ, ⓒ, ⓔ'이므로 정답은 ③이다.

오답분석
ⓒ 한 사람이 직업인으로서 자신이 원하는 직업을 갖고 그 일을 효과적으로 수행하기 위해서는 장기간에 걸친 치밀한 준비와 노력이 필요하며, 자신을 분명하게 아는 것이 선행되어야 준비와 노력이 적절히 이루어질 수 있다.

11 자아인식능력
출제 포인트 성찰에 관한 문제
정답 ①
해설
제시된 사례는 실수를 하고 난 이후에 다른 태도를 보이는 두 명의 신입사원에 대한 내용으로, 한 신입사원은 자신이 잘못한 원인을 생각해보려 하지 않았고, 다른 신입사원은 이러한 일이 일어나게 된 이유를 파악하고 다시는 같은 실수를 반복하지 않도록 노트에 기록해 두었다. 이를 통해 한 사람은 성찰의 태도를 보이며, 다른 한 사람은 성찰의 태도가 보이지 않음을 알 수 있다. 따라서 정답은 ①이다.

12 자아인식능력
출제 포인트 나를 아는 방법에 관한 문제
정답 ④
해설
내가 어떠한 사람인지를 알아내기 위해서는 스스로 질문을 통해서 알아내거나, 다른 사람의 의견 또는 표준화된 검사를 통해서 알 수 있다. "내가 무엇을 하고 있을 때 가장 재미있어 보이는가?"는 다른 사람이 생각하는 나를 확인하기 위해 던질 수 있는 질문이다. 따라서 정답은 ④이다.

개념 보충
다른 사람이 알 수 없는 나를 알기 위한 질문
- 일을 할 때 나의 성격의 장단점은 무엇인가?
- 현재 일과 관련된 나의 부족한 부분은 무엇인가?
- 일과 관련한 나의 목표는 무엇인가?
- 일은 나에게 어떠한 의미가 있는가?
- 지금 현재 하고 있는 일이 내가 정말로 원했던 일인가?

13 자아인식능력
출제 포인트 직장생활에서의 흥미와 적성에 관한 문제
정답 ①
해설
A사원은 본인의 업무에 대해 매우 부정적이며 흥미나 만족감이 전혀 없다. 하지만 본인이 담당하고 있는 업무를 보다 쉽게 잘 할 수 있는 학습능력과 개인이 잠재적으로 가지고 있는 재능인 '적성'이 부족한지는 A의 생각만으로는 알 수 없다. 따라서 정답은 ①이다.

오답분석
② B사원은 본인의 업무에 대해 부정적이지는 않지만 흥미가 없고, 직장을 단순히 돈을 버는 수단으로 생각하고 있다.
③ 적성은 꾸준히 노력하면 어느 정도의 능력 발휘가 가능하다.
④ 일이 본인의 흥미나 적성에 맞지 않더라도 현재까지 해왔던 일을 그만둘 수 없을 때가 많으므로, 자신이 처한 상황과 업무에 맞춰 흥미나 적성을 개발하려는 노력을 강구해야 한다.
⑤ 일을 할 때에는 너무 장기적이거나 추상적인 목표를 세우는 것보다 단기적으로 이룰 수 있는 작은 단위로 시작하는 것이 좋다.

14 자아인식능력
출제 포인트 표준화 검사 도구에 관한 문제
정답 ④
해설
자신을 알아가는 방법 중 하나인 '표준화 검사 도구 활용하기'는 자신을 다른 사람과 객관적으로 비교할 수 있는 척도를 제공하며, 여러 가지 검사 도구를 활용하여 자신의 특성을 객관적으로 파악하면 이후 진로를 계획하거나 직업을 탐색하고 결정하는 데 도움을 받을 수 있다. 따라서 적절한 것만을 모두 고르면 'ⓒ, ⓒ, ⓔ'이므로 정답은 ④이다.

오답분석
ⓒ 커리어넷, 고용24, 등의 인터넷 사이트에서 직업흥미검사, 직업적성검사, 직업가치관검사 등의 여러 표준화 검사 도구를 활용할 수 있다.

15 자아인식능력
출제 포인트 성찰의 필요성에 관한 문제
정답 ③
해설
성찰은 어떠한 문제가 발생했을 때 본인의 행동을 반성하고 살피는 것으로, 문제 상황의 인과관계를 명확히 파악하고 이해 당사자의 잘잘못을 가리는 것은 아니다. 따라서 정답은 ③이다.

오답분석
① 성찰을 통해 현재 저지른 실수에 대하여 원인을 파악하고 이를 수정하게 되어 다시는 같은 실수를 하지 않게 되면 다른 사람에게 신뢰감을 줄 수 있다.
② 어떤 일을 마친 후 본인이 잘한 일은 무엇이고, 개선할 점을 무엇인지 깊이 생각해 보는 것은 앞으로 다른 일을 해결해 나가는 노하우를 축적할 수 있게 해준다.
④ 창의력은 지속적인 반성과 사고를 통해서 신장되는 것으로, 성찰을 지속하다 보면 어느 순간 창의적인 생각이 나오게 된다.
⑤ 성찰은 현재의 부족한 부분을 파악하여 보완할 수 있는 기회를 제공하고, 미래의 목표에 따라 실수를 방지하면서 노력하게 만든다.

개념 보충

성찰의 필요성
- 다른 일을 하는 데 필요한 노하우를 축적한다.
- 지속적인 성장의 기회를 제공한다.
- 신뢰감 형성의 원천을 제공한다.
- 창의적인 사고 능력 개발의 기회를 제공한다.

16 자아인식능력

출제 포인트 자아존중감의 개념에 관한 문제

정답 ①

해설
자신에 대한 인식과 신념의 체계적이고 일관된 집합은 '자아'에 대한 설명이다. 따라서 정답은 ①이다.

17 자아인식능력

출제 포인트 개인의 적성 파악에 관한 문제

정답 ②

해설
제시된 사례의 정사원은 음악특기생으로 입학할 정도로 가창 실력이 뛰어나지만, 현재 직무는 음악과 전혀 관련 없는 일을 하고 있다. 정사원은 업무를 수행함에 있어서 영업 직무가 자신의 성격과 능력에 맞지 않는 것 같아 고민하고 있으며, 실제 업무 성과도 늘 저조한 편이다. 이를 통해 정사원의 문제점은 자신의 적성을 제대로 파악하지 못하여 목표를 달성하지 못하는 것임을 알 수 있다. 따라서 정답은 ②이다.

18 자아인식능력

출제 포인트 홀랜드 직업 흥미 검사에 관한 문제

정답 ②

해설
홀랜드 직업 흥미 검사 결과에 따르면 A는 현실형, B는 탐구형, C는 사회형, D는 예술형, E는 진취형, F는 관습형에 해당한다. 따라서 정답은 ②이다.

개념 보충

홀랜드(John L. Holland) 직업 흥미 검사
진로심리학자 홀랜드의 직업적 성격 이론을 활용한 검사 방법으로, 전 세계적으로 진로의 선택과 상담에 널리 활용되고 있다. 홀랜드는 직업인의 성격과 직업 환경을 다음과 같이 크게 여섯 가지 유형으로 분류하였다.
- R(Realistic)_현실형: 솔직하고 성실하며 검소하고 신체적으로 건강함. 말이 적고 소박하며, 기계 운동 분야에 적성을 갖고 있음.
- I(Investigative)_탐구형: 탐구심이 높고 논리적·분석적이며, 지적 호기심이 많고 학문적임. 수학과 과학 분야에 적성을 갖고 있음.
- A(Artistic)_예술형: 상상력이 풍부하고 감수성이 높으며, 자유분방함. 개방적이며 예술에 소질이 있음. 창의력을 발휘할 수 있는 분야에 적성을 갖고 있음.
- S(Social)_사회형: 친절하고 이해심이 많으며 봉사정신이 뛰어남. 대인관계가 원활하고 사람을 좋아함.
- E(Enterprising)_진취형: 지도력과 설득력이 있고 통솔력이 있으며, 열성적이고 야심이 있음. 언어적 분야에 적성을 갖고 있음.
- C(Conventional)_관습형: 책임감이 강하고 빈틈이 없으며 조심성이 많음. 변화를 좋아하지 않으며 계획적임. 사무능력과 계산능력이 뛰어남.

19 자아인식능력

출제 포인트 성찰을 연습하는 방법에 관한 문제

정답 ②

해설
성찰을 위한 질문을 할 때는 자신의 문제점을 발견하고, 문제가 발생한 이유와 앞으로의 개선점을 생각해 볼 수 있는 질문을 해야 한다. 본인이 직면한 문제 상황과 동일한 문제 상황에서 다른 사람들이 어떤 평가를 받았는지는 성찰을 위한 질문으로 적절하지 않다. 따라서 정답은 ②이다.

개념 보충

성찰을 위한 질문
- 지금 일이 잘 진행되거나 그렇지 않은 이유는 무엇인가?
- 이 상태를 변화시키거나 혹은 유지하기 위해 해야 하는 일은 무엇인가?
- 이번 일 중 다르게 수행했다면 더 좋은 성과를 냈을 방법은 무엇인가?

20 자기관리능력

출제 포인트 자기관리의 단계별 특징에 관한 문제

정답 ①

해설
자기관리는 '비전 및 목적 정립 – 과제 발견 – 일정 수립 – 수행 – 반성 및 피드백'의 5단계에 따라 이루어진다. 제시된 사례의 P사원은 본인이 수행해야 할 역할과 능력을 검토하고, 역할에 상응하는 활동 목표를 설정하였으므로 2단계 과제 발견 단계에 해당한다. 이 단계에서는 수행해야 될 역할이 도출되고 이에 적합한 활동목표가 수립되면, 각 역할 및 활동목표별로 해야 될 과제를 우선순위에 따라 구분한다. 따라서 정답은 ①이다.

오답분석
② 1단계 비전 및 목적 정립 단계에 해당한다.
③ 3단계 일정 수립 단계에 해당한다.
④ 5단계 반성 및 피드백 단계에 해당한다.
⑤ 4단계 수행 단계에 해당한다.

개념 보충

자기관리 5단계

1단계 비전 및 목적 정립	• 자신에게 가장 중요한 것을 파악 • 가치관, 원칙, 삶의 목적을 정립 • 삶의 의미를 파악
2단계 과제 발견	• 현재 주어진 역할과 능력을 검토 • 역할에 따른 활동 목표를 설정 • 우선순위를 결정
3단계 일정 수립	• 하루, 주간, 월간 계획을 수립
4단계 수행	• 수행과 관련된 요소를 분석 • 수행 방법 탐색
5단계 반성 및 피드백	• 수행 결과를 분석 • 피드백을 통해 다음 수행에 반영

21 자아인식능력

출제 포인트 흥미와 적성 개발 전략에 관한 문제

정답 ②

해설
- [슬라이드 2]: 흥미와 적성은 선천적으로 부여되는 것이기도 하지만, 후천적으로 개발되어야 하는 측면도 있다. 또한 적성은 절대적으로 있고 없는 것이 아닌, 상대적으로 더 많이 가지고 태어나는 잠재능력이다.

따라서 적절하지 않은 내용이 포함된 슬라이드는 [슬라이드 2] 1개이므로 정답은 ②이다.

오답분석
- [슬라이드 1]: 흥미는 일에 대한 관심이나 재미를, 적성은 개인이 잠재적으로 가지고 있는 재능으로 개인이 보다 쉽게 잘 할 수 있는 주어진 학습 능력을 말한다.
- [슬라이드 3]: '나는 이 일을 잘 할 수 있다', '지금 주어진 일이 나의 적성에 잘 맞는다' 등과 같은 마인드 컨트롤을 통해 자신을 의식적으로 관리하는 방법을 깨달으면 자신도 모르는 사이 자신감을 얻어 흥미를 높이고 적성을 개발할 수 있다.
- [슬라이드 4]: 장기적인 목표나 추상적인 목표를 세우는 것이 아닌, 단기적으로 이룰 수 있는 작은 단위로 시작하는 것이 좋다. 작은 성공의 경험이 축적되어 성취감을 느끼게 되면 다음에 해야 할 일도 흥미를 갖게 되어 더 잘 할 수 있다.

22 자기관리능력

출제 포인트 업무수행 성과를 높이기 위한 행동전략에 관한 문제

정답 ③

해설
업무수행 성과를 높이기 위해서는 다른 사람과 다른 방식으로 일해야 한다. 다른 사람이 일하는 방식과 다른 방식으로 생각하다 보면, 의외로 다른 사람이 발견하지 못한 더 좋은 해결책을 발견하는 경우가 있다. 예컨대 일하는 순서를 반대로 해보거나, 다른 사람이 생각하는 순서와 거꾸로 생각해보거나, 다른 사람이 하는 일에 '아니요'라고 대답하고 일의 처리 방법을 생각하면 창의적인 방법의 발견은 물론 업무의 성과도 높일 수 있다. 따라서 정답은 ③이다.

개념 보충

업무수행 성과를 높이기 위한 행동전략
- 일을 미루지 않는다.
- 업무를 묶어서 처리한다.
- 다른 사람과 다른 방식으로 일한다.
- 회사와 팀의 업무 지침을 따른다.
- 역할 모델을 설정한다.

23 자기관리능력

출제 포인트 합리적인 의사결정 과정에 관한 문제

정답 ④

해설
합리적인 의사결정 과정에서 의사결정 기준과 가중치를 정하는 단계의 바로 다음 단계에서는 의사결정에 필요한 정보를 수집해야 한다. 의사결정을 하기 위해서는 판단의 자료가 필요하기 때문이다. 이때, 자료를 너무 많이 수집할 경우 시간이나 비용의 소모가 크고, 반대로 너무 적게 수집할 경우 다각도로 검토할 수 없으므로 적절히 수집해야 한다. 따라서 정답은 ④이다.

개념 보충

합리적인 의사결정의 과정
1. 문제의 근원을 파악한다.
2. 의사결정 기준과 가중치를 정한다.
3. 의사결정에 필요한 정보를 수집한다.
4. 가능한 모든 대안을 탐색한다.
5. 각 대안을 분석 및 평가한다.
6. 최적안을 선택한다.
7. 의사결정 결과를 평가하고 피드백한다.

24 자기관리능력

출제 포인트 자기관리 수행 방법에 관한 문제

정답 ⑤

해설
김사원은 단계별로 자기관리를 수행하고 있다. "성실한 사람이 되자. 노력한 만큼 얻는다."와 같은 문구를 통해 자신의 목표를 명확히 하고, 하루 계획, 주간 계획, 월간 계획 등 일정을 단계별로 구체적으로 수립하며, 각 계획에 1, 2, 3, 4와 같은 숫자를 표시하여 우선순위에 따라 수행하고 있다. 그리고 마지막에는 자신이 한 일을 성찰하고 있다. 따라서 정답은 ⑤이다.

25 자기관리능력

출제 포인트 의사결정의 오류에 관한 문제

정답 ②

해설
시식 코너의 직원이 자녀들에게 시식용 음식을 나누어 주었고, 자녀들이 그 음식을 다 먹었기 때문에 A씨는 필요하지 않은 제품임에도 불구하고 그 제품을 구매하였다. 이는 상대의 호의로 인한 부담으로 인해 부당한 요구를 거절하지 못하는 '상호성의 법칙'에 해당한다. 따라서 정답은 ②이다.

오답분석
① 희귀성의 법칙: '얼마 없습니다', '이번이 마지막 기회입니다'와 같은 유혹으로 인해 꼭 필요하지 않은 것임에도 결정하는 오류이다.
③ 사회적 증거의 법칙: 베스트셀러를 사는 것처럼 많은 사람들이 하는 것을 무의식적으로 결정하는 오류이다.
④ 호감의 법칙: 자신에게 호감을 주는 상대의 권유에 무의식적으로 결정하는 오류이다.
⑤ 권위의 법칙: 권위에 맹종하여 결정하는 오류이다.

26 자기관리능력

출제 포인트 거절의 의사결정에 관한 문제

정답 ④

해설
제시된 글은 제안에 대해 각각 수동적인 답변과 능동적인 답변으로 거절하도록 한 실험에서 능동적인 답변을 한 참가자들이 타인의 제안을 거절할 확률이 높았다고 하였다. 따라서 정답은 ④이다.

27 자기관리능력

출제 포인트 자기관리 절차 중 과제 발견 단계에 관한 문제

정답 ②

해설
과제 발견 단계에서 할 수 있는 질문에는 '자신이 현재 수행하고 있는 역할과 능력은 무엇인가?', '역할 간 상충하는 것은 없는가?', '현재 변화되어야 할 것은 없는가?' 등이 있다. '나에게 가장 중요한 것은 무엇인가?'는 비전 및 목적 정립 단계에서 할 수 있는 질문이다. 따라서 정답은 ②이다.

오답분석
① 비전과 목표가 정립되면 현재 자신의 역할 및 능력을 검토하고, 할 일을 조정하여 자신이 수행해야 할 역할들을 도출한다.
③ 활동목표는 너무 크거나 높은 경우 세부목표로 나누고, 실행 가능한 목표로 조정해야 한다.
④ 수행해야 할 역할이 도출되고 활동목표가 수립되면, 역할 및 활동목표별로 해야 할 일을 우선순위에 따라 구분한다.
⑤ 우선순위를 구분하는 방법에는 여러 가지가 있지만, 일반적으로는 가장 중요하고, 가장 긴급한 일일수록 우선순위가 높다고 판단한다.

28 자기관리능력

출제 포인트 거절의 의사표현에 관한 문제

정답 ⑤

해설
K는 의사결정에 필요한 정보를 수집하지 않아 정확한 정보 없이 결정을 내렸으며, 가능한 모든 대안을 탐색하지 않았다. 대안의 장단점을 분석하지 않았으며, 거절의 결정에 따른 결과도 예상하지 않았다. 또한 상대방과의 관계를 생각하여 거절하지 못했다. 따라서 정답은 ⑤이다.

29 자기관리능력

출제 포인트 긍정적인 마음에 관한 문제

정답 ④

해설
제시된 사례에서 강조하고 있는 심리적 태도는 '긍정적인 마음'이다. 긍정적인 마음을 가지기 위해서는 먼저 자신을 긍정해야 하며, 이를 통해 자신의 능력과 가치를 신뢰하고, 있는 그대로의 자신을 받아들여 건강한 자아상을 확립해야 한다. 과거에 받았던 상처나 고민은 털어버리고, 다른 사람을 원망하는 마음을 가지지 않도록 노력해야 한다. 마지막으로 고난이나 역경을 통해 자신이 성장할 수 있다는 가능성을 믿어야 한다. 어려움 속에서 자신을 개발하는 법을 터득해야 하며, 해야 할 일이 많으면 자신의 능력이 뛰어나고 인정받고 있다는 것으로 받아들여야 한다. 따라서 정답은 ④이다.

30 자기관리능력

출제 포인트 합리적 의사결정 과정에 관한 문제

정답 ②

해설
문제의 원인을 파악한 후, 의사결정의 기준과 가중치를 정한다. 이 단계에서는 개인의 관심, 가치, 목표, 선호 등에 따라 의사결정을 할 때 무엇을 중요하게 생각하고, 또 무엇을 우선시하는지 결정된다. 사람에 따라 어떤 사람은 매우 적절하다고 생각하는 기준이나 가치가 다른 사람에게는 그렇지 않을 수 있다. 따라서 정답은 ②이다.

오답분석
① 의사결정에 앞서 발생한 문제의 원인이 무엇인지, 문제의 특성이나 유형은 무엇인지를 파악해야 한다.
③ 의사결정에 필요한 정보를 수집할 때 너무 많이 수집하면 시간이나 비용의 소모가 크고, 너무 적게 수집하면 다각도로 검토할 수 없으므로 적절히 수집해야 한다.
④ 의사결정을 위한 가능한 모든 대안을 찾고, 대안들은 수집한 자료를 토대로 의사결정 기준에 따라 장단점을 분석하고 평가한다.
⑤ 합리적인 의사결정을 하려면 의사결정자는 자기 탐색의 과정을 거쳐 의사결정 기준을 세워야 하며, 가능한 모든 평가기준과 대안을 찾을 수 있어야 한다. 또한 다른 문제 상황을 발생시키지 않는 등 별다른 어려움 없이 정보를 얻을 수 있어야 하며, 대안을 객관적이고 정확하게 평가할 수 있어야 한다.

31 경력개발능력

출제 포인트 투잡스에 관한 문제

정답 ②

해설
제시된 사례는 본업 외에 한 개 이상의 직업을 갖고 있는 사람들을 가리키는 말인 '투잡스(Two jobs)'에 해당한다. 투잡스는 경기 불황과 주 5일제의 확산에 따라 더욱 증가하였으며, 경제적 여유, 목돈 마련, 새로운 커리어 준비, 취미 및 관심 등 다양한 이유에서 비롯되었다. 투잡스에서 부업은 자신의 전문성을 이용한 일뿐만 아니라 전문성이 필요 없는 단순 아르바이트인 경우도 있다. 따라서 정답은 ②이다.

32 경력개발능력

출제 포인트 경력단계별 특징에 관한 문제

정답 ③

해설
경력단계는 '직업선택 – 조직입사 – 경력초기 – 경력중기 – 경력말기' 순으로 이루어진다. 3단계에 해당하는 경력초기에는 본인이 맡은 업무의 내용을 파악하고 조직의 규칙이나 규범, 분위기를 알고 적응하는 것이 중요하며, 궁극적으로는 조직에서 본인의 입지를 확고히 다져나가 승진에 많은 관심을 갖는 시기이다. 따라서 정답은 ③이다.

오답분석
① 4단계 경력중기 단계에서 나타날 수 있는 행동이다.
② 2단계 조직입사 단계에서 나타날 수 있는 행동이다.
④ 1단계 직업선택 단계에서 나타날 수 있는 행동이다.
⑤ 5단계 경력말기 단계에서 나타날 수 있는 행동이다.

33 경력개발능력

출제 포인트 워라밸에 관한 문제

정답 ②

해설
제시된 자료에서 설명하는 경력개발 관련 최근 이슈는 '워라밸(Work-Life Balance)'이다.
- D사원: 일본에서는 2000년대에 들어서 정부 차원의 구체적 가이드라인을 마련 중이며, 저출산·고령화라는 난제에 빠져있는 데다 워라밸을 선호하는 신세대 성향을 감안해 출산율과 경제활동 참가율을 높이는 것이 목표다.
- E사원: 우리나라의 경우 일부 대기업이나 사정이 나은 중소기업 정도가 워라밸 프로그램을 도입했거나 검토 중이다.

따라서 적절하지 않은 발언을 한 사람은 'D사원, E사원'으로 총 2명이므로 정답은 ②이다.

오답분석
- A사원: 일과 생활의 균형(Work-Life Balance)은 직업인이 일과 생활을 모두 잘 해내고 있다고 느끼는 상태이다. 이를 위해 설계된 제도를 WLB 프로그램이라고 하며, 가족친화적 제도(Family-friendly policy)라고도 부른다.
- B사원: 워라밸은 경영적 측면에서 적지 않은 비용이 들어가지만, 긍정적 효과는 가시화되지 않았다. 우리나라에서 일부 대기업이나 사정이 나은 중소기업 정도만 이를 도입했거나 검토 중인 이유도 이 때문이다.
- C사원: 미국에서는 1980년대 초부터 적극 도입했고, 남녀를 가리지 않고 교육, 문화 생활, 경력 계발까지 지원하고 탄력근무제가 늘어나는 식으로 확산됐다.

34 경력개발능력

출제 포인트 경력과 경력개발능력에 관한 문제

정답 ⑤

해설
경력개발능력이 필요한 이유는 환경 변화와 조직의 요구, 개인의 요구 세 가지로 구분하여 설명할 수 있다. 따라서 정답은 ⑤이다.

> **개념 보충**
>
> **경력개발능력이 필요한 이유**
> - 환경 변화: 지식 정보의 빠른 변화, 인력난의 심화, 삶의 질 추구, 중견 사원의 이직 증가
> - 조직의 요구: 경영 전략의 변화, 승진 적체, 직무 환경의 변화, 능력주의 문화의 확산
> - 개인의 요구: 발달 단계에 따른 가치관과 신념의 변화, 전문성 축적 및 성장에 대한 요구 증가, 개인의 고용 시장 가치 증대

35 경력개발능력

출제 포인트 투잡의 이유에 관한 문제

정답 ⑤

해설
[기사 1]은 코로나19로 인한 경기 부진을, [기사 2]는 높은 부동산 가격을, [기사 3]은 자아 실현과 일자리 개념 변경을, [기사 4]는 빨라진 퇴직 연령을 투잡의 이유로 설명하고 있다. 따라서 정답은 ⑤이다.

36 경력개발능력

출제 포인트 경력개발 최근 이슈에 관한 문제

정답 ②

해설
지식과 정보의 폭발적인 증가, 새로운 기술개발, 직업에서 요구되는 능력의 변화 등으로 지속적인 능력개발이 필요한 시대가 되었다. 평생직장이라는 말은 사라졌으며, 생애에 걸쳐 자주적이고 주체적으로 학습을 계속하는 평생학습사회가 도래했다. 이러한 사회에서는 개인이 현재 가지고 있는 능력보다 개인의 학습 능력 및 이에 대한 자기개발 노력이 중요하다. 따라서 내용이 잘못 작성된 항목은 '평생학습사회' 1개이므로 정답은 ②이다.

오답분석
- 청년 실업: 외환위기 이후 우리나라 노동시장에서 매우 큰 문제로 부각되고 있으며, 경기 침체 시 대부분 기업에서 신규채용을 우선 억제하기 때문에 청년 노동시장은 경기변동에 매우 민감하다.

- 창업: 정치 변화, 경제 변화, 회사생활에 대한 불만 등으로 창업이 증가하는 추세이며, 특히 인터넷의 확산으로 공간이나 시간의 제약 없이 손쉽게 창업을 하고 있다. 다만 창업은 업무 환경에 대한 충분한 정보를 얻은 후에 구체적인 목표와 전략을 수립하여 실행해야 한다. 최근에는 청년실업문제와 새로운 일자리 만들기 이슈와 맞물려 창업교육이 활발해졌으며, 청년창업을 지원하는 정부 정책도 다양하다.
- 새로운 노동형태 등장: 긱 경제의 출현으로 근로자는 노동방식과 노동시간에 대한 결정권을 갖게 되었고, 이로 인해 독립근로 형태의 새로운 노동방식이 등장했다. 4차 산업이 발달하면서 점차 인간의 노동력은 기계로 대체되어 일자리가 줄고, 독립근로자가 증가할 것이다.

37 경력개발능력

출제 포인트 경력개발 5단계에 관한 문제

정답 ③

해설
- A: 자신의 역량을 개발하기 위하여 교육 프로그램 참가, 워크숍 참가, 대학이나 대학원 등 상급학교 진학, 학습동아리 활동 등을 계획하는 단계는 '경력개발 전략수립'이다.
- B: 경력목표를 설정하는 데 도움이 될 수 있도록 표준화된 검사 및 전문가와의 상담 등 자기탐색 방법을 사용하여 자신의 능력, 흥미, 적성, 가치관 등을 파악하고, 직무와 관련된 주변 환경의 기회와 장애요인에 대하여 분석하는 단계는 '자신과 환경 이해'이다.
- C: 내가 관심을 가지고 하려는 직무는 어떠한 일을 하는지, 그 직무를 수행하기 위해 필요한 자질은 무엇인지, 그 직무에 종사하는 사람들의 직무만족도는 어느 정도인지 등 해당 직무와 관련된 모든 정보를 알아내는 단계는 '직무정보 탐색'이다.

따라서 경력개발 단계는 A가 '경력개발 전략수립', B가 '자신과 환경 이해', C가 '직무정보 탐색'이므로 정답은 ③이다.

오답분석
- 경력목표 설정: 직무, 자신 및 환경에 대한 정보를 토대로 자신이 하고 싶은 일은 무엇인지, 이를 달성하기 위해서는 능력이나 자질을 어떻게 개발해야 하는지에 대해 단계별 목표를 설정하는 단계이다.
- 실행 및 평가: 수립한 경력개발 전략이 경력목표를 달성하기에 충분한지를 검토하고, 경력목표 자체를 달성할 수 있는지 검토한 후 목표 달성을 위해 행동으로 옮기는 단계이다.

38 경력개발능력

출제 포인트 경력단계에 관한 문제

정답 ⑤

해설
A과장은 수직적인 승진 가능성이 적은 단계인 '경력중기'에 해당한다. 경력중기는 자신이 그동안 성취한 것을 재평가하고, 생산성을 그대로 유지하는 단계이다. 그러나 직업 및 조직에서 어느 정도 입지를 굳히게 되어 더 이상 수직적인 승진 가능성이 적은 경력 정체 시기에 이르게 되며, 새로운 환경의 변화에 직면하게 되어 생산성을 유지하는 데 어려움을 겪기도 한다. 또한 개인적으로 현재 직업이나 생활 스타일에 대한 불만을 느끼며, 매일의 반복적인 일상에 따분함을 느끼기도 한다. 이에 따라 자신의 경력초기의 생각을 재검토하게 되며, 현재의 경력 경로와 관련 없는 다른 직업으로 이동하는 경력 변화가 일어나기도 한다. 조직의 생산적인 기여자로 남고 자신의 가치를 지속적으로 유지하기 위하여 노력하는 경력단계는 '경력말기'이다. 따라서 정답은 ⑤이다.

39 경력개발능력

출제 포인트 경력개발의 요구 측면에 관한 문제

정답 ④

해설
㉠ 개인요구 측면이다.
㉡, ㉣ 조직요구 측면이다.
㉢, ㉤ 환경변화 측면이다.
따라서 경력개발의 요구 측면이 동일한 것끼리 바르게 짝지은 것은 '㉢, ㉤'이므로 정답은 ④이다.

40 경력개발능력

출제 포인트 경력, 경력개발에 관한 문제

정답 ⑤

해설
경력은 일생에 걸쳐 지속적으로 이루어지는 일과 관련한 경험을 말한다. 경력은 전문적인 일이나 특정 직업에만 한정된 개념은 아니며, 승진만을 추구하는 활동도 아니다. 누구든지 일과 관련한 활동을 하고 있으면 경력을 추구하는 것이다. 개인은 한 조직의 구성원으로서 조직과 함께 상호 작용하며 자신의 경력을 개발해나가며, 경력개발은 자신과 상황을 인식하고 경력관련 목표를 설정하여 그 목표를 달성하기 위한 과정인 '경력계획'과 경력계획을 준비하고 실행하며 피드백하는 '경력관리'로 구분한다. 따라서 정답은 ⑤이다.

응용문제

✓ 빠른 정답표

| 01 | ⑤ | 02 | ③ | 03 | ③ | 04 | ② |

01 자기개발능력

출제 포인트 홀의 경력단계 모형에 관한 문제

정답 ⑤

해설
홀(Hall)은 경력단계를 탐색단계(15~25세), 확립단계(25~45세), 유지단계(45~65세), 쇠퇴단계(65세 이후) 총 4개 단계로 구분하였는데, 먼저 탐색단계는 본인에게 적합한 분야를 탐색하여 찾은 직무를 발전시켜 평생의 업으로 삼을 것을 계획하는 시기(ⓑ)이자 고민과 방황이 많으며 이직률이 가장 높은 시기(ⓕ)로 보았다. 또한 확립단계는 특정 직무에 정착하는 시기(ⓐ)이자 본인의 잠재 능력을 평가하고 조직 내 구성원과 정보를 교환하며 성장을 위해 노력하는 시기(ⓓ)로 보았고, 유지단계는 다음 세대에 의미 있는 무언가를 만들어내려고 노력하는 생산의 시기(ⓔ)인 동시에 경력 정체의 위기가 발생하는 시기(ⓖ)로 보았다. 마지막으로 쇠퇴단계는 조직에서의 은퇴를 준비하는 시기(ⓒ)이자 육체적·정신적 능력뿐 아니라 경력을 통한 동기 부여도 감퇴하여 조직 내에서의 역할에 소극적인 시기(ⓒ)로 보았다. 따라서 Hall의 경력단계 모형의 각 단계에 해당하는 설명을 바르게 짝지으면 탐색단계는 'ⓑ, ⓕ', 확립단계는 'ⓐ, ⓓ' 유지단계는 'ⓔ, ⓖ', 쇠퇴단계는 'ⓒ, ⓒ'이므로 정답은 ⑤이다.

개념 보충

홀(Hall)의 경력단계 모형

단계	특징
탐색단계 (15~25세)	• 25세 이하의 시기로, 조직에 들어온 지 얼마 되지 않은(1~2년차) 시기를 포함한 시기 • 본인에게 적합한 분야를 탐색하여 찾은 직무를 발전시켜 평생의 업으로 삼을 것을 계획하는 시기 • 고민과 방황이 많으며 이직률이 가장 높은 시기
확립단계 (25~45세)	• 특정 직무에 정착하는 시기 • 본인의 잠재 능력을 평가하고 조직 내 구성원과 정보를 교환하며 성장을 위해 노력하는 시기
유지단계 (45~65세)	• 다음 세대에 의미 있는 무언가를 만들어내려고 노력하는 생산의 시기인 동시에 경력 정체의 위기가 발생하는 시기 • 개인의 극복 여부에 따라 성장하거나 침체에 빠질 수 있는 시기
쇠퇴단계 (65세 이후)	• 조직에서의 은퇴를 준비하는 시기 • 퇴직 이후를 계획하고 준비하는 시기 • 육체적·정신적 능력뿐 아니라 경력을 통한 동기 부여도 감퇴하여 조직 내에서의 역할에 소극적인 시기

02 자기개발능력

출제 포인트 홀랜드의 개인-환경 일치이론에 관한 문제

정답 ③

해설
홀랜드(Halland)는 개인-환경 일치이론에서 사람들 대부분은 현실형(realistic), 탐구형(investigation), 예술형(artistic), 사회형(social), 기업형(enterprising), 관습형(conventional)의 여섯 가지 직업적 성격을 가지고 있다고 가정하였다. 따라서 ㉠~㉢에 들어갈 용어는 차례로 '탐구형, 사회형, 관습형'이므로 정답은 ③이다.

개념 보충

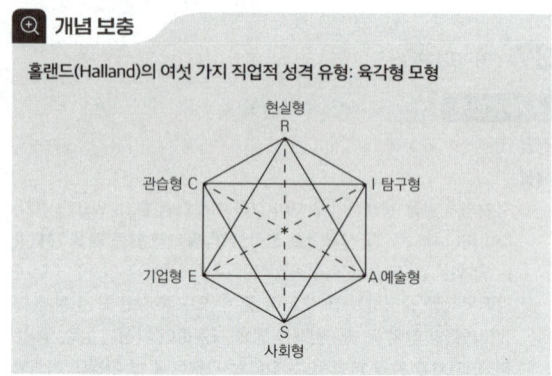

홀랜드(Halland)의 여섯 가지 직업적 성격 유형: 육각형 모형

03 자기개발능력

출제 포인트 진로발달 이론의 종류에 관한 문제

정답 ③

해설
B사원, D사원: 경력 닻 유형론은 개인이 경력에 관한 선택에서 무게중심을 가지는 특성에 관한 내용으로 샤인(Schein)이 개인의 경력 개발 과정을 항해에 비유하여 제시한 이론이다. 경력 닻 유형론의 구성 요소로는 라이프 스타일, 순수한 도전, 서비스·봉사, 기업가적 창의성, 안전·안정, 자율·독립, 일반관리자 역량, 기술적·기능적 역량과 같이 여덟 가지가 있다.
따라서 〈보기〉의 A~E 사원 중 적절한 답변을 사람을 모두 고르면 'B사원, D사원'이므로 정답은 ③이다.

오답분석

A사원: 반두라의 사회인지이론을 중심으로 여러 학자들의 이론을 취합하여 개념화한 이론으로 자아 효능감과 결과 기대에 관한 것은 사회인지 진로 이론이다.
C사원: 개인은 고유한 특성을 가지고 있으며, 직업도 특성에 맞는 사람을 원한다는 내용이며, 가장 기본적인 진로 이론인 것은 특성-요인 이론이다.
E사원: 홀랜드의 이론이 개인과 환경의 상호작용에 의한 직업 선택을 강조하였지만, 입사 후 직업 적응을 더욱 강조한 이론은 직업 적응 이론이다.

개념 보충

진로발달 이론의 종류

- 특성-요인 이론(Trait-Factor theory): 개인은 고유한 특성을 가지고 있으며 직업도 특성에 맞는 사람을 원한다는 가장 기본 진로 이론이다.
- 홀랜드(Halland) 이론: 대부분의 사람들이 현실형, 탐구형, 예술형, 사회형, 기업형, 관습형 등의 6가지 직업적 성격을 가졌으며, 직업 환경도 이 6가지의 환경을 가지고 있다고 가정한다. 또한, 사람들은 자신에게 맞는 직업적 환경을 찾으며, 성격과 직업 환경이 상호작용을 하여 행동으로 연결된다고 보는 이론이다.
- 직업 적응 이론(TWA, theory of work adjustment): 개인의 능력과 직업이 원하는 능력 그리고 개인이 원하는 가치관과 직업이 제공하는 직업가치라는 두 가지 차원의 개인과 직업 환경의 직업 선택을 설명하는 이론이다. 홀랜드 이론은 개인과 환경의 상호작용에 의한 직업 선택에 더 강조하였다면, 직업 적응 이론은 입사 후 직업 적응에 더 강조하였다.
- 슈퍼(Super)의 진로 발달 이론: 진로 발달을 여러 의사결정의 과정이라고 보았으며, 이를 통해 축적된 결과가 자아개념을 형성하고 진로 결정을 한다고 보는 이론이다.
- 사회인지 진로 이론(SCCT, social cognitive career theory): 자아효능감(self-efficacy)과 결과기대가 주된 내용이며, 진로 선택과 발달 과정의 두 관점에서 중요한 영향을 미치고 있는 이론이다.
- 경력 닻(Career Anchor) 유형론: 개인이 경력에 관한 선택에서 무게중심을 가지는 특성을 '경력 닻'이라고 불렀으며, 개인의 경력 개발 과정을 배(ship)의 항해에 비유하여 샤인(Schein)이 제시한 이론이다. 경력 닻에는 개인이 지닌 재능, 기술 혹은 역량, 개인의 동기나 욕구 또는 삶의 목표 그리고 가치관을 포괄하는 자아개념이 있다.

과, 자신에게 가장 적합한 업무를 파악하여 현재 있는 회사와 부서에 자신감이 있는 상태는 자아 정체감 성취에 해당함을 알 수 있다.

E사원: 자아 정체감 유실이란 부모의 역할 모델의 가치나 기대를 비판 없이 그대로 수용하여 비슷한 선택을 하거나 기존 사회적 가치를 그대로 답습하는 경우라고 하였으므로, 부모님이 대기업을 다녀서 자신도 대기업에 입사하는 결정을 내린 상태는 자아 정체감 유실에 해당함을 알 수 있다.

개념 보충

자아 정체감이란 개인이 스스로에게 내리는 '나는 누구인가?'에 대한 해답으로 건강한 성격을 유지, 발전시켜 나가는 데 필요 불가결한 요소이다. 자아 정체감의 상태는 의미 있는 대안 중 어떤 선택을 할지를 고민하는 것을 의미하며, 성취, 유예, 유실, 혼미로 분류할 수 있다. 특히 자아 정체감 유예 상태에서 위기를 해결할 경우, 자아 정체감 성취의 상태가 되지만, 위기 해결에 실패할 경우, 정체감 혼미 상태가 될 수 있다.

04 자기개발능력

출제 포인트 자아 정체감에 관한 문제

정답 ②

해설

C사원: 자아 정체감 유예에서 위기 해결에 실패할 경우, 자아에 대해 통합되고 안정된 견해를 갖는 데 실패했거나 정체감에 대한 탐색도 하지 않는 상태인 자아 정체감 혼미 상태로 빠질 수 있다고 하였다. 그러나 자아 정체감 유실의 상태에서 성취감을 느끼더라도 자아 정체감 혼미 상태가 될 수 있는지는 글을 통해 알 수 없다.

D사원: 자아 정체감이란 '나는 누구인가?'라는 질문에 대하여 개인이 스스로에게 내리는 대답으로, 건강한 성격을 유지하고 발전시켜 나가기 위해 필수적인 요소라고 하였으므로, 기업에서 개인에게 내리는 결정으로 볼 여지가 없음을 알 수 있다.

따라서 〈보기〉와 같이 대화를 나누었을 때, 적절하지 않은 발언을 한 사람은 'C사원, D사원' 2명이므로, 정답은 ②이다.

오답분석

A사원: 자아 정체감 유예란 현재 위기 상태에서 자아 정체감을 형성하기 위한 행동 등을 하고 있음에도 의사 결정을 내리지 못한 상태이므로, 현재 업무에 어려움이 있어 타 부서로 이동하는 것을 생각 중이지만, 부서 이동에 관하여 마음을 정하지 못하는 상태는 자아 정체감 유예에 해당함을 알 수 있다.

B사원: 자아 정체감 성취란 위기를 성공적으로 극복하여 의사 결정 등에서 자기 확신이 있는 상태이므로, 여러 업무를 진행해 본 결

05 자원관리능력

기본문제

✓ 빠른 정답표

01	③	02	②	03	⑤	04	④	05	⑤
06	③	07	④	08	④	09	②	10	⑤

01 자원관리능력

출제 포인트 자원관리의 기본 과정에 관한 문제

정답 ③

해설
자원관리의 기본 과정 중 '이용 가능한 자원 수집하기' 단계에서는 필요한 자원의 종류와 양을 파악하고, 실제 상황에서 그 자원을 확보해야 한다. 수집 시 가능하다면 필요한 양보다 좀 더 여유 있게 확보할 필요가 있다. 실제 준비나 활동을 하는 데 있어서 계획과 차이를 보이는 경우가 빈번하므로 여유 있게 확보하는 것이 안전하기 때문이다. 따라서 정답은 ③이다.

02 자원관리능력

출제 포인트 자원 낭비요인에 관한 문제

정답 ②

해설
㉠ A사원은 자신의 편리함을 최우선으로 추구하여 매번 추가적으로 배달 요금을 지불하므로, 편리성 추구가 자원 낭비의 요인이다.
㉣ E사원은 자신의 편리함을 최우선으로 추구하여 가격은 비싸지만 회사에서 가까운 (나)업체에서 인쇄용지를 구매하고 있으므로, 편리성 추구가 자원 낭비의 요인이다.
따라서 자원을 낭비하는 요인이 동일한 것만을 모두 고르면 '㉠, ㉣'이므로 정답은 ②이다.

오답분석
㉡ B사원은 자원 관리의 중요성을 인식하였으나 처음 수행한 업무이기 때문에 효과적인 방법을 활용하지 못하였으므로, 노하우 부족이 자원 낭비의 요인이다.
㉢ C사원은 계획 없이 충동적으로 휴대폰을 비싼 가격에 구매하였으므로, 비계획적 행동이 자원 낭비의 요인이다.
㉥ D과장은 시간에 관한 자원을 인식하지 못하였으므로, 자원에 대한 인식의 부재가 자원 낭비의 요인이다.

03 시간관리능력

출제 포인트 시간관리에 대한 오해에 관한 문제

정답 ⑤

해설
시간관리에 대해 가장 흔히 오해하는 것은 결과물의 질과 마감 기한 간의 우선순위에 있어 결과물의 질이 마감 기한에 우선한다는 것이다. 하지만 어떤 일이든 기한을 넘기는 것은 인정을 받기 어렵다. 따라서 정답은 ⑤이다.

🔍 개념 보충

시간관리에 대한 오해
- 시간관리는 상식에 불과하다.
- 시간에 쫓기면 일을 더 잘한다.
- 시간관리는 할 일에 대한 목록만으로 충분하다.
- 창의적인 일을 하는 사람에게는 시간관리가 맞지 않는다.

04 시간관리능력

출제 포인트 시간계획 시 유의 사항에 관한 문제

정답 ④

해설
시간계획을 할 때 예정 행동을 계획하는 것뿐만 아니라 기대되는 성과나 행동의 목표도 기록해야 한다. 따라서 정답은 ④이다.

🔍 개념 보충

시간계획을 할 때 명심해야 할 사항
- 행동과 시간/저해요인의 분석: 어디에서 어떻게 시간을 사용하고 있는가를 확인
- 일·행동의 리스트(List)화: 해당 기간에 예정된 행동을 모두 리스트화
- 규칙성-일관성: 시간계획을 정기적·체계적으로 체크하여 일관성 있게 마무리
- 현실적인 계획: 무리한 계획을 세우지 말고, 실현 가능한 것만을 계획
- 유연성: 유연하게 하여야 함. 시간계획이란 자체가 중요한 것이 아니고, 목표달성을 위해 필요
- 시간의 손실: 발생된 시간 손실은 미루지 않고 가능한 한 즉시 보상해야 함
- 기록: 체크리스트나 스케줄표를 사용하여 계획을 반드시 기록하여 전체 상황을 파악
- 미완료의 일: 꼭 해야만 할 일을 끝내지 못했을 경우, 차기 계획에 반영
- 성과: 예정 행동만을 계획하는 것이 아니라 기대되는 성과나 행동의 목표도 기록
- 시간 프레임(Time frame): 적절한 시간 프레임을 설정하고 특정의 일을 하는 데 소요되는 꼭 필요한 시간만을 계획에 삽입
- 우선순위: 여러 일 중에서 어느 일이 가장 우선적으로 처리해야 할 것인가를 결정

- 권한위양(Delegation): 기업의 규모가 커질수록 그 업무활동은 점점 복잡해져서 관리자가 모든 것을 다스리기가 어려움. 그래서 자기의 사무를 분할하여 일부를 부하에게 위임하고 그 수행 책임을 지움. 권한위양은 ① 조직을 탄력성 있게 운용할 수 있고, ② 조직을 구성하는 사람들의 근로의욕을 높여준다는 등의 효과가 있으며, 경영조직 원칙의 하나로 꼽힘.
- 시간의 낭비요인과 여유 시간: 예상 못한 방문객 접대, 전화 등의 사건으로 예정된 시간이 부족할 경우를 대비하여 여유 시간 확보
- 여유 시간: 자유롭게 된 시간(이동시간 또는 기다리는 시간)도 계획에 삽입하여 활용
- 정리할 시간: 중요한 일에는 좀 더 시간을 할애하고 그렇지 않은 일에는 시간을 단축시켜 전체적인 계획을 정리
- 시간계획의 조정: 자기 외 다른 사람(비서, 부하, 상사)의 시간계획을 감안하여 계획수립

05 예산관리능력

출제 포인트 개발 책정 비용과 실제 비용에 관한 문제

정답 ⑤

해설

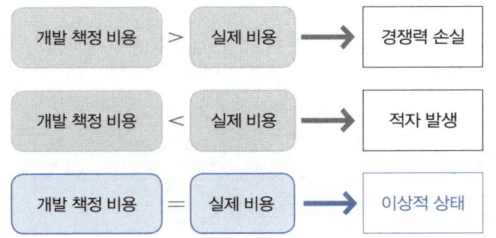

무조건 비용을 적게 들이는 것이 좋은 것은 아니다. 개발 책정 비용을 실제보다 높게 책정하면 경쟁력을 잃어버리게 되고, 낮게 책정하면 프로젝트 자체가 이익을 주는 것이 아니라 오히려 적자가 나는 경우도 발생할 수 있다. 따라서 개발 책정 비용과 실제 비용의 차이를 줄이고, 그 둘을 비슷한 상태로 만드는 것이 가장 이상적이므로 정답은 ⑤이다.

06 예산관리능력

출제 포인트 효과적인 예산 집행에 관한 문제

정답 ③

해설

제시된 사례에서 발생한 문제는 예산 항목의 지출 초과로, 그 원인은 예산 사용 내역을 정리하지 않고 자유롭게 예산을 집행한 것이다. 예산 집행 관리를 위해서는 예산 집행 실적을 작성하여 예산이 어느 정도 남아 있으며 앞으로 얼마나 사용 가능한지 확인해야 하고, 예산 집행 실적과 예산 계획을 지속적으로 비교 및 검토해야 한다. 따라서 사례에서 발생한 문제의 원인으로 적절한 것만을 모두 고르면 '㉠, ㉢'이므로 정답은 ③이다.

오답분석

㉡ 회사 내 개발 비용과 실제 비용 간의 차이가 적은 경우는 이상적인 상태이다.

㉢ 제시된 사례에서 간접비용을 제외한 직접비용만을 고려하여 예산을 책정했다는 사실은 알 수 없다.

07 물적자원관리능력

출제 포인트 보관의 원칙에 관한 문제

정답 ④

해설

먼저 입고된 제품을 먼저 출고하는 것으로, 일반적으로 제품의 재고회전율이 낮은 경우에 많이 적용하는 보관의 원칙은 '선입선출의 원칙'이다. '회전 대응 보관의 원칙'은 보관할 물품의 장소를 회전 정도에 따라 정하는 것으로, 입출고 빈도에 따라 보관 장소를 결정하는 원칙이다. 예를 들어, 출입구가 동일한 창고의 경우 입출고 빈도가 높은 제품은 출입구로부터 가까운 장소에 보관하고, 낮은 제품은 먼 장소에 보관한다. 따라서 정답은 ④이다.

08 물적자원관리능력

출제 포인트 물품 구매 시 고려 사항에 관한 문제

정답 ④

해설

물적자원의 경우 구입 과정에서 활용 및 구입 목적을 명확하게 하지 않을 경우, 물적자원에 대한 관리 소홀이 발생할 수 있다. 업무를 수행하는 데 필요하여 구입한 물품은 활용도가 높아서 관리에 좀 더 신경을 쓰지만, 그렇지 않은 경우에는 관리에 소홀해지기 때문이다. '필요할 것으로 예상되는 기자재'를 미리 구입하는 것은 목적 없이 물건을 구입하는 것으로, 물적자원을 적절하게 이용 및 관리하지 못하는 경우로 볼 수 있다. 따라서 정답은 ④이다.

09 인적자원관리능력

출제 포인트 인적자원관리의 중요성에 관한 문제

정답 ②

해설

인맥은 계속해서 파생되므로 한 사람의 인맥은 계속 확장될 수 있다. 따라서 정답은 ②이다.

10 인적자원관리능력

출제 포인트 명함관리에 관한 문제

정답 ⑤

해설

제시된 글에서 설명하는 A는 '명함'이며, 명함에 메모하면 좋은 정보는 다음과 같다.

- 언제, 어디서, 무슨 일로 만났는지에 관한 내용
- 소개자의 이름
- 학력이나 경력
- 상대의 업무내용이나 취미, 기타 독특한 점
- 전근, 전직 등의 변동 사항
- 가족사항
- 거주지와 기타 연락처
- 대화를 나누고 나서의 느낀 점이나 성향

따라서 정답은 ⑤이다.

심화문제

✓ 빠른 정답표

01	③	02	④	03	②	04	②	05	④
06	⑤	07	③	08	②	09	⑤	10	⑤
11	③	12	④	13	②	14	②	15	④
16	⑤	17	③	18	②	19	③	20	②
21	④	22	③	23	⑤	24	②	25	⑤
26	①	27	④	28	③	29	③	30	②
31	②	32	⑤	33	①	34	④	35	③
36	⑤	37	⑤	38	④	39	②	40	③

01 자원관리능력

출제 포인트 자원관리의 특징에 관한 문제

정답 ③

해설
- 이사원: 자원이 제한적이기 때문에 어떻게 활용하는지가 중요한 것은 자원의 유한성과 관련이 있다. 자원의 상대성은 자원이 공간 또는 장소 등에 따라 다르게 사용될 수 있다는 의미이다.
- 최사원: 그린플러스 캠페인의 취지는 환경의 날을 맞아 임직원들과 함께 일회용품 사용을 줄이는 것이라고 하였다. 이를 통해 물적자원의 낭비를 줄이고자 하는 것이 주목적이며, 연 12억 원의 종이 비용을 절감한 것은 부수적인 이득에 해당한다.

따라서 적절하지 않은 발언을 한 사람만을 모두 고르면 '이사원, 최사원'이므로 정답은 ③이다.

오답분석
- 박사원: 일회용품은 인간의 생활을 편리하게 하지만 다시 사용할 수 없으므로 자원 낭비를 초래한다.

02 자원관리능력

출제 포인트 효율적인 자원관리에 관한 문제

정답 ④

해설
A의 출퇴근 시간은 90분에서 10분으로 감소하여 하루에 80분 절약했으므로, 30일 동안 80 × 30 = 2,400분 = 40시간 절약했다. 따라서 정답은 ④이다.

오답분석
① 전자업무시스템 사용으로 출장 횟수가 줄고 담당 업무에 집중할 수 있으므로 생산성이 향상되었다.
② 취미생활 및 자기계발 시간 확보로 삶의 질이 향상되었다.
③ A4용지를 매일 20장씩 절약했으므로 30일 동안 20 × 30 = 600장 절약하였다.
⑤ 도보로 출퇴근하여 지하철 요금을 하루에 3,000원씩 절약했으므로, 30일 동안 3,000 × 30 = 90,000원 절약하였다.

03 자원관리능력

출제 포인트 총괄생산계획에 관한 문제

정답 ②

해설
'총괄생산계획'이란 향후 1년에 걸친 계획 대상 기간 동안 변화하는 수요를 가장 경제적으로 충족시킬 수 있도록 기업의 전반적인 고용 수준, 산출량, 재고 수준, 하도급 수준 등을 월별로 결정하는 중기계획이다. 총괄생산계획에서 평준화 전략은 고용 수준을 연중 일정하게 유지하는 전략이며, 추종 전략은 수요에 따라 고용 수준을 기간별로 조정하는 전략이다. 따라서 정답은 ②이다.

오답분석
① 자재소요계획: 최종 제품의 생산에 소요되는 필요한 부품의 양을 종합적으로 관리하기 위한 계획이다.
③ 주일정계획: 주별 또는 일별로 생산되어야 할 구체적인 제품 또는 제품군의 양을 명시하는 생산계획이다.
④ 전사적 자원계획: 인사·재무·생산 등 기업의 전 부문에 걸쳐 독립적으로 운영되던 인사정보시스템·재무정보시스템·생산관리시스템 등을 하나로 통합하여 기업 내의 인적·물적자원의 활용도를 극대화하고자 하는 경영 혁신기법이다.
⑤ 주생산계획: 총괄생산계획을 구체적인 생산 실행 계획으로 전환한 계획이다.

04 자원관리능력

출제 포인트 자원의 특징에 관한 문제

정답 ②

해설
시간, 예산, 물적자원, 인적자원이 가지고 있는 공통점은 유한성이며, 유한성 때문에 자원을 효과적으로 확보·유지·활용하는 자원관리가 매우 중요하다. 따라서 정답은 ②이다.

오답분석
① 자원은 기업 활동을 위해 사용되는 기업 내의 모든 시간, 예산, 물적자원, 인적자원을 의미하며, 기업 활동에 있어 자원은 더 높은 성과를 내고 경쟁 우위의 발판이 되는 노동력이나 기술 등을 통틀어 이르는 개념으로 사용되고 있다.
③ 시간, 예산, 물적자원, 인적자원 중 하나라도 확보되지 않는다면 어떤 일도 진행할 수 없을 것이며, 한 가지 유형의 자원이 없음으로 인해 다른 유형의 자원 확보가 어려울 수도 있다.
④ 과거에는 제품 생산에 이용되는 원료로서의 천연자원이 가장 중요한 자원으로 인식되었으나, 최근 무한 경쟁의 시대에는 시간이나 예산이 중요한 자원의 하나로 인식되고 있다.
⑤ 시간, 예산, 물적자원, 인적자원의 낭비요인들은 매우 다양하지만, 비계획적 행동, 편리성 추구, 자원에 대한 인식 부재, 노하우 부족이라는 공통점을 가지고 있다.

05 시간관리능력
출제 포인트 시간관리의 이점에 관한 문제
정답 ④
해설
일을 최대한 많이 하기 위해 시간관리를 하는 것이 아니며, 이는 시간관리의 이점이 아니다. 따라서 정답은 ④이다.

개념 보충
시간관리의 이점
- 스트레스 관리
- 균형적인 삶
- 생산성 향상
- 목표 달성

06 시간관리능력
출제 포인트 직장에서 발생할 수 있는 시간낭비 요인에 관한 문제
정답 ⑤
해설
돌발 상황에 대비하여 업무에 걸리는 시간보다 여유 있게 시간계획을 세우는 것은 시간 낭비요인이 아니다. 따라서 정답은 ⑤이다.

개념 보충
직장생활에서 발생하는 시간낭비 요인
- 초조하고 성질이 급하다.
- 우선순위 없이 일을 한다.
- 일을 끝내지 않고 남겨둔다.
- 회의나 타협에 대한 준비가 불충분하다.
- 게으른 성격이며, 책상 위는 항상 번잡하다.
- 커뮤니케이션이 부족하거나 결여되어 있다.

07 시간관리능력
출제 포인트 시간계획 시 유의 사항에 관한 문제
정답 ③
해설
- B사원: 시간계획이란 자체가 중요한 것이 아니고, 이는 목표달성을 위해 필요한 것이므로 시간계획은 유연하게 해야 한다.
- C사원: 이동시간, 기다리는 시간 등의 자유롭게 된 여유 시간도 시간계획에 삽입하여 활용해야 한다.

따라서 적절하지 않은 발언을 한 사람만을 모두 고르면 'B사원, C사원'이므로 정답은 ③이다.

오답분석
- A사원: 시간계획을 정기적·체계적으로 체크하여 일관성 있게 마무리해야 한다.
- D사원: 중요한 일에는 좀 더 시간을 할애하고, 그렇지 않은 일에는 시간을 단축시켜 전체적인 시간계획을 정리해야 한다.
- E사원: 적절한 시간 프레임을 설정하고, 특정한 일을 하는 데 소요되는 꼭 필요한 시간만을 시간계획에 삽입해야 한다.

08 시간관리능력
출제 포인트 업무 소요 시간에 관한 문제
정답 ②
해설
3개 업무에 참여할 수 있는 직원은 6명이며, A업무에 4명이 3일간 참여하는 동안 나머지 2명이 4일간 B업무에 참여할 수 있다. A업무가 B업무보다 먼저 완료되지만, B업무까지 모두 완료된 후에 5명이 동시에 C업무에 참여 가능하므로 A, B업무가 모두 완료된 후 5명이 1일간 C업무에 참여하여 업무를 모두 완료할 수 있다. 따라서 3개 업무가 완료되는 데 소요되는 기간은 총 4일 + 1일 = 5일이므로 정답은 ②이다.

09 시간관리능력
출제 포인트 시간계획에 관한 문제
정답 ⑤
해설
시간계획 시 모든 일마다 자세한 계산을 할 필요는 없지만 규모가 크거나 힘든 일을 해야 할 때는 정확한 소요 시간을 계산하여 결정하는 것이 효과적이다. 따라서 정답은 ⑤이다.

10 시간관리능력
출제 포인트 SMART 법칙에 따른 목표 설정에 관한 문제
정답 ⑤
해설
SMART 법칙의 T는 시간적 제약이 있게 목표를 설정하는 것이다. '컴퓨터활용능력 1급 자격증을 취득할 것이다'는 시간적 제약이 없으므로, '두 달 안에 컴퓨터활용능력 1급 자격증을 취득할 것이다'와 같이 시간적 제약을 추가하여 수정해야 한다. 따라서 정답은 ⑤이다.

개념 보충
SMART 법칙
SMART 법칙은 목표를 어떻게 설정하고 그 목표를 성공적으로 달성하기 위해 꼭 필요한 필수 요건들을 S, M, A, R, T란 5개 절차에 따라 제시한 것이다. 다섯 개의 요건들을 충족하여 목표를 제시해야 한다.
- S: Specific(구체적으로)
- M: Measurable(측정 가능하도록)
- A: Action-Oriented(행동 지향적으로)
- R: Realistic(현실성 있게)
- T: Time limited(시간적 제약이 있게)

11 시간관리능력
출제 포인트 효과적인 시간계획의 단계에 관한 문제
정답 ③
해설
B단계는 '일의 우선순위 정하기'로, 일반적으로 일이 가진 중요성과 긴급성을 바탕으로 시간관리 매트릭스를 만들어 일의 우선순위를 정한다. 따라서 정답은 ③이다.

오답분석
① A단계는 효과적인 시간계획의 단계 중 '명확한 목표 설정하기'이다.
② 한정된 시간을 효율적으로 활용하기 위해서는 분명한 목표가 필요하며, 목표를 명확히 설정하는 것은 시간 관리의 첫걸음이다.
④ C단계는 '예상 소요시간 결정하기'로, 각각의 할 일에 소요되는 예상 시간을 결정한다.
⑤ '시간 계획서 작성하기' 단계는 앞서 도출한 해야 할 일의 우선순위와 소요 시간을 바탕으로 시간 계획서를 작성하며, 이때 달력이나 다이어리, 일정관리 소프트웨어, 개인 휴대 단말기 등 다양한 도구를 활용할 수 있다.

12 시간관리능력

출제 포인트 번아웃 증상에 관한 문제

정답 ④

해설
마슬라흐 교수는 번아웃 증상을 극복하는 방법으로 '개인의 시간과 기업의 시간 사이에 균형을 잡을 것'을 제시하였다. 내가 할 일을 나열해 놓고 하나를 끝낼 때마다 체크하는 방식의 To-do-list는 초반에는 유용하지만, 해야 하는 업무가 쌓이거나 미뤄지면, 갈수록 업무에 짓눌릴 수 있다. 이는 곧 조직의 시간이 개인의 시간보다 비중이 커짐을 의미하며, 결국 개인의 시간과 조직의 시간 간의 균형이 깨지는 것이다. 따라서 융통성 있게 내가 진행하고 있는 업무를 어디까지 진행했는지, 다음에 해야 할 행동은 무엇인지, 그 다음은 무엇으로 연결되는지를 생각하면서 일을 하는 것이 좋다. 따라서 정답은 ④이다.

13 시간관리능력

출제 포인트 시간의 특성에 관한 문제

정답 ②

해설
시간은 매일 주어지는 기적으로, 우리에게는 매일 24시간이라는 선물이 주어진다. 미리 시간을 사용할 수는 없지만, 다음 시간, 내주, 내일, 내년 등의 시간은 우리를 기다리고 있으며, 끊임없이 주어진다. 따라서 정답은 ②이다.

오답분석
① 시간의 흐름을 멈추게 할 수 없으므로 시간은 무지막지한 힘을 가지고 있으며, 전혀 융통성이 없다.
③ 어떤 때는 시간이 빠르게 가는 것 같고, 어떤 때는 시간이 느리게 가는 것 같지만 사실 시간은 일정한 속도로 진행한다.
④ 시간관리를 해야 하는 진정한 이유는 시간을 효과적으로 관리함으로써 삶의 여러 가지 문제를 개선하는 데 있다.
⑤ 인생에 황금기가 있고, 하루에 황금 시간대가 있는 것처럼 시간은 시절에 따라 밀도도 다르고 가치도 다르다.

14 예산관리능력

출제 포인트 최저 비용 선정에 관한 문제

정답 ②

해설
업체별 마스크 500장 및 일회용 장갑 1,000장의 구매 가격은 다음과 같다.
- A업체: 마스크 1박스당 100장이므로 5박스, 일회용 장갑 1박스당 100장이므로 10박스가 필요하다. 마스크 5박스 이상 구매 시 마스크 전체 금액을 1,000원 할인받을 수 있으므로 금액은 20,000 × 5 - 1,000 + 2,000 × 10 = 119,000원이다.
- B업체: 마스크 1박스당 50장이므로 10박스, 일회용 장갑 1박스당 100장이므로 10박스가 필요하다. 금액은 9,000 × 10 + 2,500 × 10 = 115,000원이다.
- C업체: 마스크 1박스당 100장이므로 5박스, 일회용 장갑 1박스당 100장이므로 10박스가 필요하다. 금액은 18,500 × 5 + 2,300 × 10 = 115,500원이다.
- D업체: 마스크 1박스당 50장이므로 10박스, 일회용 장갑 1박스당 100장이므로 10박스가 필요하다. 마스크 10박스 이상 구매 시 마스크 전체 금액을 5,000원 할인받을 수 있으므로 금액은 10,500 × 10 - 5,000 + 1,900 × 10 = 119,000원이다.
- E업체: 마스크 1박스당 50장이므로 10박스, 일회용 장갑 1박스당 100장이므로 10박스가 필요하다. 금액은 9,300 × 10 + 2,400 × 10 = 117,000원이다.

따라서 가장 저렴한 업체는 'B업체'이므로 정답은 ②이다.

15 예산관리능력

출제 포인트 디지털예산회계 시스템에 관한 문제

정답 ④

해설
제시된 글에서 설명하는 시스템은 '디지털예산회계 시스템'으로, 그 기능에는 재정 활동 전반을 지원, 재정혁신 뒷받침, 재정의 실시간 관리, 재정통계 분석정보 산출이 있다. 디지털예산회계 시스템을 통해 국제기준에 의한 재정정보의 비교는 물론 재정통계에 의한 합리적 정책결정이 가능하다. 일반 국민도 예산사업을 쉽게 알 수 있게 되고, 기금·회계 간 유사·중복 사업의 파악이 가능해져 예산 낭비를 제거할 수 있다. 또한 회계처리의 투명성 및 정확성이 제고되고 향후 재정소요 파악이 가능해져 재정 건전성을 확보할 수 있으며, 일반 국민부터 정책결정자까지 필요한 재정정보를 실시간으로 제공받을 수 있다. 따라서 정답은 ④이다.

16 예산관리능력

출제 포인트 수립된 예산을 효과적으로 집행하는 방법에 관한 문제

정답 ⑤

해설
예산을 잘 수립했다고 해서 예산을 잘 관리하는 것은 아니며, 아무리 계획이 좋다고 하더라도 수행 과정에서 계획을 지키지 않는다면 예산을 효과적으로 집행할 수 없다. 따라서 정답은 ⑤이다.

17 예산관리능력

출제 포인트 예산, 결산, 예산결산서에 관한 문제

정답 ③

해설
- A: '필요한 비용을 미리 헤아려 계산함. 또는 그 비용'은 '예산'의 사전적 의미이다.
- B: 일정한 기간의 수입과 지출을 마감하여 계산하는 것은 '결산'이다.
- C: 예산을 결산하여 한눈에 파악하고자 상세 내역을 기록하는 문서는 '예산결산서'이다.

따라서 빈칸 A~C에 들어갈 용어는 각각 차례로 '예산, 결산, 예산결산서' 이므로 정답은 ③이다.

18 예산관리능력

출제 포인트 유동자산과 비유동자산에 관한 문제

정답 ②

해설
자산은 유동자산과 비유동자산으로 분류할 수 있으며, 다시 유동자산은 당좌자산, 재고자산으로, 비유동자산은 투자자산, 유형자산, 무형자산, 기타 비유동자산으로 분류할 수 있다. 따라서 비유동자산이 아닌 것만을 모두 고르면 'ㄱ, ㄹ'이므로 정답은 ②이다.

19 예산관리능력

출제 포인트 가계부 작성에 관한 문제

정답 ③

해설
제시된 글의 빈칸 A에 들어갈 용어는 '가계부'로, 가계부의 효과적인 관리 방법은 다음과 같다.
- 하루도 빠짐없이 매일 작성한다.
- 단돈 10원이라도 정확하게 기록한다.
- 지출하기 전에 먼저 예정 지출액을 계산한다.
- 후회되는 지출항목은 실수를 반복하지 않도록 눈에 잘 띄게 표시한다.
- 지출액을 예산과 비교한 후에 차액을 파악하여 차후의 예산 설정에 참고한다.

따라서 정답은 ③이다.

20 예산관리능력

출제 포인트 예산 집행 실적 작성에 관한 문제

정답 ②

해설
예산 집행 실적 작성 시 사용률을 구하기 위한 공식은 '누적 지출액 / 배정액 × 100'이다. 따라서 정답은 ②이다.

개념 보충

예산 집행 실적
직장에서의 과제 및 프로젝트 수행 시 필요한 예산을 관리하기 위해 작성하는 시트로, 항목, 항목별 배정액, 당월 지출액, 누적 지출액, 잔액, 사용률(%), 비고 등을 작성한다. 이 중 잔액은 '배정액 - 누적 지출액'을 구한 값이며, 사용률은 '누적 지출액 / 배정액 × 100'을, 비고에는 어떠한 목적으로 예산을 사용했는지에 대한 정보를 기입한다.

21 예산관리능력

출제 포인트 예산관리 절차에 관한 문제

정답 ④

해설
단계별 예산관리 절차를 정리하면 다음과 같다.

- 추대리: 과업세부도는 과제 및 활동 계획을 수립할 때, 가장 기본적인 수단으로 활용되는 그래프로, 예산관리 절차의 모든 단계에서 사용된다.
- 차사원: 3단계인 예산 배정 단계에서 과업세부도와 예산을 매치시킨다.

따라서 적절하지 않은 발언을 한 사람만을 모두 고르면 '추대리, 차사원'이므로 정답은 ④이다.

오답분석
- 김사원: 1단계인 필요한 과업 및 활동 구명 단계에서 예산을 배정하기 전 예산 범위 내에서 수행해야 하는 활동과 소요될 것으로 예상되는 예산을 정리한다.
- 장사원: 2단계인 우선순위 결정 단계에서 활동별로 예산 지출 규모를 확인하고 우선적으로 추진해야 하는 활동을 선정한다.

22 예산관리능력

출제 포인트 직접비용과 간접비용에 관한 문제

정답 ③

해설
제시된 9개 항목 중에서 직접비용은 직원 급여, 재료비, 원료비, 공작기계 구입비용으로 총 4개 항목이며, 간접비용은 광고비, 사무실 관리비, 보험료, 각종 공과금, 임직원 통신비로 총 6개 항목이다. 따라서 정답은 ③이다.

오답분석
① 사무실 관리비는 간접비용에 해당한다.
② 직접비용의 총액은 5,500 + 200 + 300 + 1,500 = 7,500만 원, 간접비용의 총액은 750 + 40 + 400 + 50 + 60 = 1,300만 원이므로, 직접비용의 총액은 간접비용 총액의 7,500 / 1,300 ≒ 5.8배이다.
④ 사무비품비는 간접비용에 해당하므로 사무비품비 30만 원이 추가된다면 간접비용은 증가한다.
⑤ 임직원 출장비는 직접비용에 해당하므로 임직원 출장비 100만 원이 추가된다면 직접비용은 증가한다.

개념 보충

직접비용과 간접비용
- 직접비용: 제품 또는 서비스를 창출하기 위해 직접 소비된 것으로 여겨지는 비용으로 재료비, 원료비와 장비비, 시설비, 인건비, 여행(출장) 및 잡비 등이 포함된다.
- 간접비용: 과제를 수행하기 위해 소비된 비용 중에서 직접비용을 제외한 비용으로, 생산에 직접 관련되지 않은 비용이다. 보험료, 건물관리비, 광고비, 통신비, 사무비품비, 각종 공과금 등이 포함된다.

23 물적자원관리능력

출제 포인트 효율적인 운송경로 선정을 위한 고려 사항에 관한 문제

정답 ⑤

해설
운송경로 이용 경험은 효율적인 운송경로 선정을 위한 고려 사항에 해당하지 않는다. 따라서 정답은 ⑤이다.

개념 보충

효율적인 운송경로 선정을 위한 고려 사항
- 수·배송의 비율
- 운송 수단의 유형
- 운송 화물의 특성
- 운송료 산정 기준
- 고객서비스 수준
- 운송 차량의 적재율
- 수·배송 범위와 운송 경로
- 운송 물동량 파악을 통한 차량 수단과 필요 대수
- 리드타임(수주부터 납품까지의 기간, 당해 수주부터 다음 수주까지의 소요 기간)

24 물적자원관리능력

출제 포인트 효과적인 물적자원관리 과정에 관한 문제

정답 ④

해설
효과적인 물적자원관리는 '사용 물품과 보관 물품의 구분 → 동일 및 유사 물품으로의 분류 → 물품 특성에 맞는 보관 장소 선정' 순으로 이루어진다.
- 사례 A: 갑은 동일성의 원칙과 유사성의 원칙에 따라 물건을 정리하였으므로 '동일 및 유사 물품으로의 분류'에 해당한다.
- 사례 B: 을은 개별 물품의 특성을 고려하여 보관 장소를 선정여 정리하였으므로 '물품 특성에 맞는 보관 장소 선정'에 해당한다.
- 사례 C: 병은 사용 빈도에 따라 사용 물품과 보관 물품으로 분류하여 정리하였으므로 '사용 물품과 보관 물품의 구분'에 해당한다.

따라서 세 사례를 효과적인 물적자원관리 과정의 순서대로 바르게 나열하면 '사례 C → 사례 A → 사례 B'이므로 정답은 ④이다.

25 물적자원관리능력

출제 포인트 재고의 유형에 관한 문제

정답 ⑤

해설
재고는 그 목적에 따라 불확실성에 대처하기 위한 '안전재고', 경제적 생산과 구매를 위한 '주기재고', 예상되는 수요나 공급의 변화에 대처하기 위한 '예상재고', 운송을 위한 '운송재고' 4가지로 분류할 수 있다. 따라서 정답은 ⑤이다.

26 물적자원관리능력

출제 포인트 집중구매와 분산구매에 관한 문제

정답 ①

해설
㉠ 각 부서에서 필요로 하는 자재의 주문을 한 군데에 집중시켜 대량으로 구매하는 방식은 '집중구매'이다.
㉡ 각 부서에서 소요되는 자재를 각기 독립적으로 분산시켜서 구매하는 방식은 '분산구매'이다.

따라서 빈칸 ㉠, ㉡에 들어갈 물품 구매 방식은 각각 차례로 '집중구매, 분산구매'이므로 정답은 ①이다.

개념 보충

집중구매와 분산구매

구분	집중구매	분산구매
장점	• 대량구매로 가격과 거래조건이 유리함. • 여러 가지 구매 관련 조사를 효과적으로 할 수 있음.	• 긴급 수요의 경우 유리함. • 구매 수속의 신속한 처리가 가능함.
단점	• 각 사업장의 재고 상황을 알기 어렵고, 수속이 복잡함. • 자재의 긴급 조달이 곤란함.	• 집중구매에 비하여 경비가 많이 들고, 단가가 비쌈.

27 물적자원관리능력

출제 포인트 물적자원의 특성과 활용 방해 요인에 관한 문제

정답 ④

해설
보유하고 있던 물적자원이 분실된 경우는 훼손된 경우와 마찬가지로 다시 같은 물적자원을 구입해야 하므로 경제적인 손실이 발생한다. 따라서 정답은 ④이다.

오답분석

① 물적자원은 자연 상태에 있는 그대로의 자원을 의미하는 자연자원과 사람들이 인위적으로 가공하여 만든 자원을 의미하는 인공자원으로 나눌 수 있다.
② 관리 부족으로 분실 및 훼손되었을 경우 같은 물건을 다시 구입해야 하기 때문에 경제적 손실뿐 아니라 과제나 사업의 실패를 부를 수 있다.
③ 인간은 약한 신체적 특성을 보완하기 위해 자연에 존재하는 자원들을 활용하므로 인간 활동에는 많은 물적자원이 수반된다.

⑤ 보유하고 있던 물적자원의 보관 장소가 파악되지 않는 경우더라도 물적자원의 위치만 파악된다면 향후 물적자원은 다시 활용될 수 있다.

28 물적자원관리능력

출제 포인트 물적자원을 관리하는 코드에 관한 문제

정답 ③

해설

(가) 흑과 백의 막대 모양 기호를 조합하여 문자나 숫자를 코드화한 바코드이다. 컴퓨터가 판독하기 쉽고 데이터를 빠르게 입력할 수 있다. 세계상품코드(UPC: Universal Product Code)의 체계가 가장 널리 사용된다.

(나) 사각형의 가로세로 격자무늬에 다양한 정보를 담을 수 있는 2차원(매트릭스) 형식의 QR코드이다. 기존의 1차원 바코드가 20자 내외의 숫자 정보만 저장할 수 있는 반면 QR코드는 숫자 최대 7,089자, 문자(ASCII) 최대 4,296자, 이진(8비트) 최대 2,953바이트, 한자 최대 1,817자를 저장할 수 있으며, 바코드보다 인식 속도와 인식률, 복원력이 뛰어나다. 바코드가 주로 계산이나 재고 관리, 상품 확인 등을 위해 사용된다면 QR코드는 마케팅이나 홍보, PR 수단으로 많이 사용된다.

따라서 (가)의 특징은 'ㄱ, ㄹ', (나)의 특징은 'ㄴ, ㄷ, ㅁ'이므로 정답은 ③이다.

29 물적자원관리능력

출제 포인트 최저 비용 선정에 관한 문제

정답 ③

해설

업체별 주문 비용을 정리하면 다음과 같다.

• A업체: 선물세트를 총 450 + 300 = 750개 주문하였으므로 총금액의 7%가 할인되어 주문 비용은 (25,000 × 450 + 36,000 × 300) × 0.93 = 20,506,500원이다.
• B업체: 23,500 × 450 + 34,500 × 300 = 20,925,000원이다.
• C업체: 25,500 × 450 + 35,800 × 300 = 22,215,000원이지만 2천만 원 이상 주문했으므로, 총금액에서 200만 원 할인되어 주문 비용은 22,215,000 − 2,000,000 = 20,215,000원이다.
• D업체: 선물세트 1호를 400개 이상 주문 시 50개를 증정하므로 선물세트 1호는 400개만 주문하며 주문 비용은 24,800 × 400 + 36,200 × 300 = 20,780,000원이다.
• E업체: 선물세트 2호를 300개 주문 시 선물세트 2호에 한하여 15%가 할인되므로 주문 비용은 25,200 × 450 + 36,400 × 0.85 × 300 = 20,622,000원이다.

따라서 고대리가 주문할 업체는 비용이 가장 저렴한 'C업체'이므로 정답은 ③이다.

30 물적자원관리능력

출제 포인트 기호화된 물품 목록에 관한 문제

정답 ②

해설

제시된 목록은 '기호화된 물품 목록'이다. 이를 작성함으로써 자신이 현재 보유하고 있는 물품의 종류를 파악할 수 있으며, 기호를 통해 물품의 위치를 쉽게 파악할 수 있다. 물품의 구입 및 상태를 정리해 둠으로써 물품을 관리하는 데 관심을 기울이는 역할도 수행할 수 있다. 그러나 이 관리 방법은 목록을 작성해야 하는 등 번거로움이 있으며, 물품에 대해 지속적으로 확인하여 개정해야 한다는 단점이 있다. 하지만 이러한 분류를 통해 자신이 보유하고 있는 물품에 대한 관리와 새로운 물품 구입에 대한 정보를 한 번에 쉽게 확인할 수 있으므로 효과적인 물품관리 방법이 될 수 있다. 따라서 정답은 ②이다.

31 물적자원관리능력

출제 포인트 서류상자 정리에 관한 문제

정답 ②

해설

서류 정리를 구체적으로 하기 위해 '서류상자'를 활용하는 방법이 있다. 서류상자를 활용할 때에는 입수한 정보를 대강 검토해서 즉시 넣어야 한다. 따라서 정답은 ②이다.

개념 보충

서류상자로 정리하기

• 서류상자를 4~5개 준비해서 책상 아래쪽 큰 서랍에 세로로 세운다.
• 서류상자가 잘 보이는 곳에 분류해서 표제용 라벨을 붙인다. 제목은 '긴급', '현안·검토 요망', '보관·보존용' 등 대략적으로 정해도 좋다.
• 입수한 정보를 대강 검토해서 즉시 넣는다.
• 넣을 때 투명 표지에 끼워 두면 볼 때 더욱 편리하고, 정리에도 도움이 된다.
• 넣어둔 서류나 자료는 생각났을 때 점검한다. 적어도 한 달에 한 번은 점검하도록 하고 1년에 한 번은 철저하게 점검해야 한다. 이때 필요한 정리용품은 서류상자 4~5개와 여러 개의 투명 폴더 정도이다.

32 인적자원관리능력

출제 포인트 개인적인 차원의 인적자원관리에 관한 문제

정답 ⑤

해설

제시된 글에서 설명하는 자원은 개인적인 차원의 인적자원인 '인맥'으로, 개인이 인맥을 활용할 경우 각종 정보와 정보의 소스를 획득하고 참신한 아이디어와 해결책을 얻을 수 있다. 또한 유사시 필요한 도움을 받을 수 있으며, 관계를 통해 스스로를 알게 되는 계기가 되어 삶이 탄력적으로 변하게 된다. 따라서 정답은 ⑤이다.

33 인적자원관리능력

출제 포인트 인맥의 유형에 관한 문제

정답 ①

해설
파생인맥은 핵심인맥으로부터 알게 된 사람, 우연한 자리에서 서로 알게 된 사람 등 다양한 종류의 인맥을 말한다. 따라서 정답은 ①이다.

오답분석
② 핵심인맥과 파생인맥에 대한 관리는 개인적인 차원의 인적자원관리라고 할 수 있다.
③ 파생인맥은 핵심인맥으로부터 알게 된 사람, 우연한 자리에서 서로 알게 된 사람 등 다양한 종류의 인맥을 말한다.
④ 인맥관리카드 작성 시 파생인맥카드에는 어떤 관계에 의해 파생되었는지를 기록하는 것이 필요하다.
⑤ 핵심인맥은 자신과 직접적인 관계에 있는 인맥으로 〈자료 1〉의 친구 1, 친구2, 친구3이 이에 해당한다.

34 인적자원관리능력

출제 포인트 인적자원관리의 특성에 관한 문제

정답 ④

해설
(가) 인적자원이 다른 자원보다 조직체의 성과와 가장 밀접한 관계를 맺고 있다고 하였으므로 인적자원의 특성 중 '전략성'에 해당한다.
(나) 인적자원관리는 조직구성원은 하나의 인격체라는 인식에서 출발한다고 하였으므로 인적자원의 특성 중 '존엄성'에 해당한다.
따라서 (가), (나)에 해당하는 인적자원관리의 특성은 각각 차례로 '전략성, 존엄성'이므로 정답은 ④이다.

개념 보충

인적자원관리의 특성
- 존엄성: 인적자원관리는 조직구성원을 단순한 기계나 대가를 치르고 구입할 수 있는 상품으로 생각하지 않고, 조직구성원이 하나의 인격체라는 인식에서 출발한다.
- 능동성: 인적자원은 능동적·자율적인 성격을 지니며, 인적자원 성과는 구성원의 욕구, 동기, 태도, 행동, 만족감에 따라 달라질 수 있다.
- 개발성: 인적자원은 성장과 성숙은 물론 장기간에 걸쳐 개발할 수 있다.
- 전략성: 자금, 물질적 자원보다 조직체의 성과와 가장 밀접한 관계를 맺고 있다.
- 소진성: 자금이나 물질적 자원처럼 비축해 둘 수 없어 각별한 관리와 배려가 필요하다.

35 인적자원관리능력

출제 포인트 내부모집과 외부모집에 관한 문제

정답 ③

해설
외부모집을 하는 경우 해당 종업원이 보유하고 있는 기술, 능력, 지식 등을 정확하게 파악할 수 없기 때문에 모집 실패의 위험 부담이 가중된다. 따라서 정답은 ③이다.

개념 보충

내부모집과 외부모집의 장단점

구분	내부모집	외부모집
장점	• 모집 비용과 시간 절약 • 내부 인력의 경험과 지식 활용 • 내부 인력의 동기부여 • 모집 실패의 위험 부담 최소화 • 조직 안정감	• 다양한 인력 선택 기회 증가 • 인력 수요에 대한 양적 충원 가능 • 외부 인력의 새로운 관점 및 지식 활용 • 교육·훈련 비용 절감 • 조직 유연성 증대 • 인력개발 비용 절감
단점	• 내부 인력만으로 수요 충족 불가능 • 내부 인력 인사이동의 연쇄적 발생 • 조직의 유연성 저하 • 인사이동 인력에 대한 교육·훈련 비용 발생 • 추가적인 인력개발 비용 소요	• 모집 비용과 시간 소요 • 내부 인력의 능력 개발, 승진 기회 감소 • 내부 인력의 동기 부여 감소 • 경력자 채용 시 인건비 증가 • 모집 실패의 위험 부담 가중

36 인적자원관리능력

출제 포인트 인적자원관리의 기능적 차원에 관한 문제

정답 ⑤

해설
제시된 자료는 QWL(Quality of Working Life)에 대한 설명이다. QWL은 노동의 인간화와 노동 생활의 질적 향상을 목표로 하며, 인적자원관리의 기능적 차원 중 노동 질서의 유지 발전, 근로 조건 개선에 해당하는 '유지 및 방출'과 가장 관련이 깊다. 따라서 정답은 ⑤이다.

개념 보충

인적자원관리의 기능적 차원
- 확보: 기업 경영에 필요한 유능한 인재의 모집·선발·채용·배치
- 개발: 교육·훈련 등을 통한 역량 개발
- 평가: 능력과 업적의 평가를 통한 잠재적 유용성 향상 과정
- 보상: 공정한 처우 보장을 위한 임금이나 복지후생 등 제고
- 유지 및 방출: 노동 질서의 유지 발전 및 근로 생활의 질(QWL) 향상, 근로 조건의 개선, 내부적 방출 활용

37 인적자원관리능력

출제 포인트 인적자원 수요예측 방법에 관한 문제

정답 ⑤

해설
(가) 인적자원의 수요와 밀접한 관계를 가진 변수 하나를 선정하여 그 변수와 인적자원 수요 간의 관계가 어떠한 흐름인지 분석하는 미래 수요예측 방법은 '추세분석법'이다.
(나) 인적자원 수요 결정의 다양한 요인들의 영향력을 계산하는 미래 수요예측 방법은 '회귀분석'이다.

따라서 (가), (나)에 해당하는 인적자원 수요예측 방법은 각각 차례로 '추세분석법, 회귀분석'이므로 정답은 ⑤이다.

> 오답분석

- 델파이 기법: 여러 전문가의 의견을 되풀이해 모으고, 교환하고, 발전시켜 미래 수요를 예측하는 방법이다.

38 인적자원관리능력

출제 포인트 직무분석 절차에 관한 문제

정답 ④

해설
직무분석의 절차는 '직무분석의 목적 결정 – 배경정보의 수집 – 직무정보의 수집 – 직무정보의 검토 – 직무기술서 및 직무명세서의 작성' 순으로 이루어진다. 따라서 순서대로 바르게 나열하면 'ⓔ – ⓛ – ⓓ – ⓒ – ⓙ'이므로 정답은 ④이다.

> 개념 보충

직무분석 절차
직무분석이란 특정 직무에 대한 정보를 수집·분석·종합하는 절차이며, 다음 순서에 따라 이루어진다.
1) 직무분석의 목적 결정: 직무분석 결과를 어디에 활용할 것인지를 결정한다.
2) 배경정보의 수집: 조직도, 업무흐름도 등을 파악한다.
3) 직무정보의 수집: 직무분석 목적에 따라 다양한 방법을 활용한다.
4) 직무정보의 검토: 수집된 정보를 직무담당자와 함께 검토한다.
5) 직무기술서 및 직무명세서의 작성: 일정한 양식에 따라 직무기술서와 직무명세서를 작성한다.

39 인적자원관리능력

출제 포인트 효율적이고 합리적인 인사관리 원칙에 관한 문제

정답 ②

해설
'공정 인사의 원칙'은 직무 배당, 승진, 상벌, 근무 성적의 평가, 임금 등을 공정하게 처리해야 한다는 원칙이다. 근로자의 인권을 존중하고 공헌도에 따라 노동의 대가를 공정하게 지급하는 원칙은 '공정 보상의 원칙'이다. 따라서 정답은 ②이다.

40 인적자원관리능력

출제 포인트 합격자 선정에 관한 문제

정답 ③

해설
C는 문제해결능력 과목의 점수가 4점이므로 과락이다. C를 제외한 A, B, D, E의 필기시험 점수는 다음과 같다.

구분	의사소통	수리	문제해결	자원관리	기술	총점
A	5 × 0.2 = 1.0	8 × 0.3 = 2.4	6 × 0.2 = 1.2	6 × 0.15 = 0.9	8 × 0.15 = 1.2	1.0 + 2.4 + 1.2 + 0.9 + 1.2 = 6.7
B	6 × 0.2 = 1.2	6 × 0.3 = 1.8	7 × 0.2 = 1.4	6 × 0.15 = 0.9	6 × 0.15 = 0.9	1.2 + 1.8 + 1.4 + 0.9 + 0.9 = 6.2
D	7 × 0.2 = 1.4	7 × 0.3 = 2.1	5 × 0.2 = 1.0	8 × 0.15 = 1.2	6 × 0.15 = 0.9	1.4 + 2.1 + 1.0 + 1.2 + 0.9 = 6.6
E	8 × 0.2 = 1.6	5 × 0.3 = 1.5	5 × 0.2 = 1.0	8 × 0.15 = 1.2	6 × 0.15 = 0.9	1.6 + 1.5 + 1.0 + 1.2 + 0.9 = 6.2

B와 E의 총점이 6.2점으로 동일하며, 동점자가 있는 경우 자원관리능력 필기시험 점수가 더 높은 지원자를 선정한다고 하였으므로, B와 E 중 자원관리능력 필기시험 점수가 더 높은 E가 선정된다. 따라서 합격자는 'A, D, E'이므로 정답은 ③이다.

> 실전용 해설

C는 과락이므로 정답은 ②, ③, ④ 중에 있으며, 가중치가 각각 동일한 의사소통능력과 문제해결능력, 자원관리능력과 기술능력의 점수를 각각 더한 후 가중치를 적용하면 더 빠르게 계산할 수 있다.

응용문제

빠른 정답표

| 01 | ④ | 02 | ② | 03 | ③ | 04 | ② | 05 | ① |
| 06 | ④ | 07 | ② | 08 | ③ | 09 | ④ | | |

01 자원관리능력

출제 포인트 ABC분석에 관한 문제

정답 ④

해설
제시된 글에서 설명하고 있는 분류 방법은 'ABC분석'이다. ABC분석은 관리효율을 높이기 위해 다수의 경미 품목보다는 소수의 중요 품목을 중점 관리하는 방식이다. 따라서 정답은 ④이다.

개념 보충

ABC분석 절차
1) 개개 품목별 연간(또는 지정된 기간) 사용량을 계산한다.
2) 연간 구매 사용 금액을 결정하기 위하여 연간 사용량에 단위 원가(unit cost)를 곱한다.
3) 품목을 연간 구매 사용 금액이 높은 것부터 낮은 순으로 정렬한다.
4) 분류 기준에 따라 ABC 등급을 부여한다.
5) 예외 사항을 고려하여 필요할 때 ABC 등급을 조정한다.

분류된 ABC 등급에 따른 발주 및 재고 관리 기법

구분	A급	B급	C급
발주 및 재고 관리 원칙	필요할 때 필요 수량만 보충 또는 발주	공통적으로 사용하는 품목이므로 일정량의 재고 수준을 유지	사용량은 많고 자재금액이 낮으므로 비교적 많은 수량을 보유해도 무방
발주 기법	MRP, JIT, 간반, VMI	정량 발주 모형	정기 발주 모형 눈으로 보는 관리
재고 유지 방안	소량	보통	구매 경제성을 고려하여 재고 유지

02 자원관리능력

출제 포인트 재고의 종류에 관한 문제

정답 ②

해설
㉠ 일정한 주기로 주문하여 보유하는 재고는 주기 재고이다.
㉡ 수요의 불확실성으로부터 발생하는 재고는 안전 재고이다.
㉢ 불규칙한 수요와 공급에 대응하기 위한 재고는 예상 재고이다.
따라서 빈칸 ㉠~㉢에 들어갈 용어를 각각 바르게 짝지은 것은 '주기 재고, 안전 재고, 예상 재고'이므로 정답은 ②이다.

개념 보충

재고의 종류
- 주기 재고: 일정한 주기로 주문하여 보유하는 재고로, 주문한 품목이 입고와 수요에 따라 재고 수준이 증가·감소하게 된다.
- 안전 재고: 수요의 불확실성으로부터 발생하는 재고로, 예상 이상으로 재고를 보유하여 수요의 불확실성에 대응할 수 있다.
- 예상 재고: 불규칙한 수요와 공급에 대응하기 위한 재고로, 예측을 기반으로 예상한 수요에 맞춰 재고를 보유한다.

03 자원관리능력

출제 포인트 의사결정 시 영향을 미치는 환경 요인에 관한 문제

정답 ③

해설
인사 전략 수립 및 목표 달성에 관한 의사결정 시 외부 환경 요인에는 정치 및 경제적 요인, 정부 정책 요인, 노동계 및 노사 관계, 사회·문화적 요인, 기술적 요인, 경쟁사, 주주, 기타 지역 사회, 인사 트렌드 등이 있다. 따라서 외부 환경 요인에 해당하는 것을 모두 고르면 '㉠, ㉣, ㉥, ㉧'이므로 정답은 ③이다.

개념 보충

인사 전략 수립 및 목표 달성에 관한 의사결정을 내릴 때 직접적으로 영향을 미치는 요인은 다음과 같다.

외부 환경 요인	내부 환경 요인
• 정치 및 경제적 요인 • 정부 정책 요인 • 노동계 및 노사 관계 • 사회·문화적 요인 • 기술적 요인 • 경쟁사 • 주주 • 기타 지역 사회 • 인사 트렌드	• 조직의 비전과 전략 • 조직 규모 및 조직의 수명 주기 • 조직의 지배 구조 • 조직 문화 • 최고 경영자의 리더십 • 노사 관계 • 인사 정책에 대한 직원의 의식

04 자원관리능력

출제 포인트 거래비용의 유형에 관한 문제

정답 ②

해설
거래 비용 중 거래 상대자와 거래를 시작하고 유지하기 위해 납기, 상품과 서비스의 질, 가격 조건, 비밀 등을 유지하는 데 소요되는 비용은 통제비용이다. 따라서 정답은 ②이다.

> 🔍 **개념 보충**
>
> **거래비용의 유형**
> - 준비비용: 사업을 성사시키기 위해 잠재적 거래 상대지인지 파악하는 데 드는 비용
> - 합의비용: 거래 상대자와 협상을 진행하고 합의하여 계약서를 작성하는 과정에서 걸리는 시간과 비용, 노력 등을 고려한 비용
> - 통제비용: 거래 상대자와 거래를 시작하고 유지하기 위해 납기, 상품 및 서비스의 질, 가격 조건, 비밀 등을 유지하는 데 소요되는 비용
> - 적응비용: 거래 계약의 유효 기간 중 발생하는 계약 조건의 변경으로 인해 발생하는 비용

05 자원관리능력

출제 포인트 재고회전율에 관한 문제

정답 ①

해설
현재의 재고에서 그 효율성을 판단하는 척도로 사용되는 재고회전율은 '재고량 중 출고량의 비율'을 말한다. 따라서 정답은 ①이다.

> 🔍 **개념 보충**
>
> 적정재고의 산출에는 현재의 재고에서 그 효율성이 어느 정도인가를 판단하는 척도로 재고회전율이라는 지표를 사용한다. 재고회전율은 재고량에서 출고량의 비율을 말한다. 재고회전율은 운전재고와 필요재고의 구성 비율에 따라 변화하며, 운전재고가 많을수록 재고회전율이 높아지고 불필요재고가 늘어날수록 재고회전율은 저하된다. 따라서 높은 재고회전율을 유지하면서 불필요 재고가 나오지 않도록 하며 보관된 물품을 운전재고로 만들면 낭비 없는 적정재고를 확보하게 된다.

06 자원관리능력

출제 포인트 물류 시스템 설계 5S 목표에 관한 문제

정답 ④

해설
물류 시스템 설계 5S 목표는 다음과 같다.
- 서비스(Service): 상품 품절이나 손상 등의 사고가 없는 안전성이 요구된다.
- 신속성(Speed): 고객이 필요로 하는 시간과 장소에 정확히 전달하는 신속성이 요구된다.
- 공간의 효과적 이용(Space Saving): 효과적으로 공간을 활용할 수 있는 입체화 시설 또는 시스템화 기기의 도입이 이루어져야 한다.
- 규모의 적정화(Scale Optimization): 물류 시설의 적합성 검토 및 컴퓨터 이용 등의 적용 규모를 검토해야 한다.
- 재고 관리(Stock Control): 수급 조절, 경제적 발주, 계획화 등으로 적정 재고가 유지될 수 있도록 해야 한다.

따라서 정답은 ④이다.

> 🔍 **개념 보충**
>
> **물류 시스템 설계 5S 목표**
> - 서비스(Service): 상품 품절이나 손상 등의 사고가 없는 안전성이 요구된다.
> - 신속성(Speed): 고객이 필요로 하는 시간과 장소에 정확히 전달하는 신속성이 요구된다.
> - 공간의 효과적 이용(Space Saving): 효과적으로 공간을 활용할 수 있는 입체화 시설 또는 시스템화 기기의 도입이 이루어져야 한다.
> - 규모의 적정화(Scale Optimization): 물류 시설의 적합성 검토 및 컴퓨터 이용 등의 적용 규모를 검토해야 한다.
> - 재고 관리(Stock Control): 수급 조절, 경제적 발주, 계획화 등으로 적정 재고가 유지될 수 있도록 해야 한다.

07 자원관리능력

출제 포인트 손익계산서, 현금흐름표, 자금수지표에 관한 문제

정답 ②

해설
자금수지표는 현금주의이며, 손익계산서는 대외 공시 자료이다. 따라서 ㉠~㉣ 중 옳지 않은 것만을 모두 고르면 'ㄴ, ㄹ'이므로 정답은 ②이다.

> 🔍 **개념 보충**
>
> **손익계산서, 현금흐름표, 자금수지표 비교**
>
> | 구분 | 손익계산서 | 현금흐름표 | 자금수지표 |
> |---|---|---|---|
> | 목적 | 일정기간에 대한 손익의 분석 및 계획 수립 | 과거 일정기간에 대한 자금 흐름 실적을 회계 계정과목과 연관시켜 분석 | 일정기간에 대한 자금수지의 실적분석 및 계획 수립 |
> | 발생주의/현금주의 구분 | 발생주의 | 현금주의 | 현금주의 |
> | 작성 기초자료 | 회계 데이터 | 회계 데이터 | 자금입출금실적 |
> | 대외 공시 여부 | 공시 | 공시 | 비공시 |
> | 작성부서 | 회계팀 | 회계팀 | 자금팀 |

08 자원관리능력

출제 포인트 인사평가의 기준에 관한 문제

정답 ③

해설
목표관리제도는 상사와 협의하여 자신이 수행하여야 할 업무의 목표를 미리 설정하고 이에 관한 성과를 부하와 상사가 같이 측정하고 평가하는 방법으로 가장 보편적으로 활용되고 있는 방법이다. 따라서 정답은 ③이다.

오답분석
① 인적 평가센터법에 대한 설명이다.
② 행동기준척도법에 대한 설명이다.
④ 평정척도법에 대한 설명이다.
⑤ 강제 할당법에 대한 설명이다.

개념 보충

인사평가의 기준과 내용

- 서열법: 순위를 서열로 제시하는 방법
- 강제 할당법: 미리 정해놓은 비율에 맞추어 피평가자를 강제로 할당하는 방법
- 평정척도법: 피평가자의 자질을 직무수행 달성 정도에 따라 미리 정해진 척도를 근거로 평가하는 방법
- 대조표법: 업적 또는 특성을 특징지을 수 있는 서술문을 배열하고 평가자가 해당 서술문을 체크하면서 평가하는 방법
- 목표관리 제도: 상사와 협의하여 자신이 수행하여야 할 업무의 목표를 미리 설정하고 이에 관한 성과를 부하와 상사가 같이 측정하고 평가하는 방법으로, 가장 보편적으로 활용되고 있는 방법
- 행동 기준 척도법: 업무수행 과정상의 수많은 중요 사실을 추출하여 몇 개의 범주 또는 차원으로 나눈 다음 각 범주의 중요한 사실을 척도에 의해 평가하는 방법
- 인적 평가센터법: 평가를 전문으로 하는 평가센터에서 다양한 자료를 활용하여 평가하는 방법

09 자원관리능력

출제 포인트 인력투입계획을 수립하는 방법에 관한 문제

정답 ④

해설

스태핑 비율법은 업무량과 업무를 수행하는 인력 사이에 정량적인 관계를 도출하여 인력 규모를 예측하는 방법이다. 스태핑 프로파일법은 표준화된 조직의 크기, 형태에 따라 필요 인력을 예측하는 방법이다.

따라서 옳지 않은 것만을 모두 고르면 'ⓒ, ⓔ'이므로 정답은 ④이다.

개념 보충

인력투입계획 수립 방법

- 회귀분석법: 과거의 데이터로부터 미래의 상황을 예측하는 방법으로 과거의 경향이 미래에도 유지된다는 전제하에 예측한다.
- 스태핑 비율법: 업무량 또는 성과물과 업무를 수행하는 인력사이에 정략적 관계를 토대로 필요 인력을 예측하는 방법이다.
- 스태핑 프로파일법: 조직의 크기, 형태를 토대로 필요 인력을 표준화하여 표준화된 자료를 토대로 필요 인력을 예측하는 방법으로 유통업체의 점포 또는 건설프로젝트에서 많이 이용한다.

06 대인관계능력

기본문제

✓ 빠른 정답표

01	④	02	②	03	②	04	②	05	③
06	⑤	07	④	08	⑤	09	⑤	10	④

01 대인관계능력
출제 포인트 감정은행계좌에 관한 문제
정답 ④
해설
감정은행계좌란 인간관계에서 구축하는 신뢰의 정도를 은유적으로 표현한 것이다. 평소 감정은행계좌를 통해 서로 신뢰를 구축한다면 불필요한 오해와 편견을 예방할 수 있다. 감정은행계좌 저축을 위한 다섯 가지 주요 방법으로는 '상대방에 대한 이해와 배려', '사소한 일에 대한 관심', '약속 이행 및 언행일치', '칭찬하고 감사하는 마음', '진정성 있는 태도'가 있다. 따라서 정답은 ④이다.

02 팀워크능력
출제 포인트 팀워크와 응집력에 관한 문제
정답 ②
해설
팀워크는 팀 구성원이 공동의 목적을 달성하기 위해 상호 관계성을 가지고 서로 협력하여 일을 해 나가는 것이며, 단순히 사람들이 모여 있는 것을 중요하게 여기는 것이 아닌, 목표달성의 의지를 가지고 성과를 내는 것을 중요하게 여긴다. 반면 응집력은 사람들로 하여금 집단에 머물도록 만들고, 그 집단의 멤버로서 계속 남아 있기를 원하게 만드는 힘이다. 팀워크와 응집력은 팀 성과의 유무에 차이가 있다. 성과를 내지 못하더라도 팀의 분위기가 좋다면 팀워크가 좋은 것이 아닌 응집력이 좋은 것이다. 따라서 정답은 ②이다.

03 팀워크능력
출제 포인트 리더십과 팔로워십에 관한 문제
정답 ②
해설
㉠ 팔로워는 융화력이 있어야 하고 겸손함이 있어야 하며, 리더의 결점이 보일 때도 덮어 주는 아량이 있어야 한다.
㉢ 리더에게 필요한 덕목은 정직, 비전, 강화력, 추진력이며, 팔로워에게 필요한 덕목은 정직, 포용력, 성실, 협동심이다.
따라서 적절하지 않은 것만을 모두 고르면 '㉠, ㉢'이므로 정답은 ②이다.

오답분석
㉡ 팔로워십을 수동형, 실무형, 소외형, 순응형으로 나누는 두 가지 축은 독립적 사고와 적극적 실천이다.
㉣ 리더십과 팔로워십은 독립적인 관계가 아니라 상호 보완적이며 필수적이다.

04 리더십능력
출제 포인트 리더의 변화관리에 관한 문제
정답 ②
해설
김과장은 직원들을 성공적으로 이끌기 위해 변화가 필요한 이유를 설명하고 변화의 유익성을 밝힐 수 있는 객관적인 수치 및 사례를 제시하고 있다. 이는 리더가 변화에 저항하는 직원들을 성공적으로 이끄는 방법 중 하나인 객관적인 자세를 유지하는 태도이다. 따라서 정답은 ②이다.

> **개념 보충**
>
> **리더가 변화에 저항하는 직원들을 성공적으로 이끄는 데 도움이 되는 방법**
> 1. 개방적인 분위기를 조성한다.
>   직원들에게 되도록 많은 사실을 알려주고, 직원들이 거리낌 없이 질문하게 하고, 이에 솔직하게 답변한다.
> 2. 객관적인 자세를 유지한다.
>   변화를 수행하는 것이 힘들더라도 변화가 필요한 이유를 직원들이 명확히 알도록 한다. 변화의 유익성을 밝힐 수 있는 객관적인 수치 및 사례를 직원들에게 확인시켜준다.
> 3. 구성원의 감정을 세심하게 살핀다.
>   변화가 이루어지면 자신에게 도움이 될 만한 이익이 생기는 한편, 자신이 중요하게 여기는 것을 포기해야 할 수도 있다는 점을 알린다.
> 4. 변화의 긍정적인 면을 강조한다.
>   변화의 잠재적인 문제점을 최소화하고 긍정적인 면을 최대한 드러낸다.
> 5. 변화에 적응할 시간을 준다.
>   기존의 방식에 새로운 것을 접목함으로써 구성원에게 적응하는 시간을 충분히 준다.

05 리더십능력
출제 포인트 변혁적 유형의 리더십에 관한 문제
정답 ③
해설
팀의 목표 방향 설정에 팀원들을 참여하게 하지만, 최종 결정권이 리더에게만 있는 리더십은 민주주의에 근접한 유형의 리더십이다. 따라서 정답은 ③이다.

개념 보충

리더십 유형
- **독재자 유형**: 정책 의사결정과 대부분의 핵심 정보를 그들 스스로에게만 국한하여 소유하고 고수하려는 경향으로, 집단 내에서 질문은 금지되며 실수를 용납하지 않으려 한다.
- **민주주의에 근접한 유형**: 독재자 유형의 리더십보다 관대한 편이며, 리더는 소속 집단에 정보를 잘 전달하려고 노력하고, 구성원 모두를 목표 방향 설정에 참여하게 함으로써 확신을 심어주려고 노력하는 등 민주주의적이긴 하지만 최종 결정권은 리더에게만 있다.
- **파트너십 유형**: 리더와 집단 구성원 사이의 구분이 희미하고, 리더가 조직에서 한 구성원이 되기도 하는 등 리더는 본인 스스로가 조직 구성원들 중 한 명일 뿐이라고 생각한다.
- **변혁적 유형**: 조직에 명확한 비전을 제시하고 뛰어난 사업수완과 예견 능력을 지니고 있으며, 구성원 개개인에게 시간을 할애하여 풍부한 칭찬과 동기부여를 아끼지 않는다.

06 갈등관리능력

출제 포인트 갈등 해결 방법의 유형에 관한 문제

정답 ⑤

해설
- A: 자신에 대한 관심은 높고 상대방에 대한 관심은 낮은 경우이므로 '경쟁형'에 해당한다.
- B: 자신에 대한 관심과 상대방에 대한 관심 모두 낮은 경우로 '회피형'에 해당한다.
- C: 자신에 대한 관심과 상대방에 대한 관심이 중간 정도인 경우이므로 '타협형'에 해당한다.
- D: 자신에 대한 관심과 상대방에 대한 관심이 모두 높은 경우로 '통합형'에 해당한다.
- E: 자신에 대한 관심은 낮고 상대방에 대한 관심은 높은 경우로 '수용형'에 해당한다.

따라서 A~E에 해당하는 갈등 해결 방법의 유형을 순서대로 바르게 나열하면 '경쟁형, 회피형, 타협형, 통합형, 수용형'이므로 정답은 ⑤이다.

07 갈등관리능력

출제 포인트 갈등 해결 방법 모색 시 주의 사항에 관한 문제

정답 ④

해설
팀원들과 함께 갈등 해결 방법을 모색할 때는 다음 사항을 명심해야 한다.
- 다른 사람들의 입장을 이해한다. 사람들이 당황하는 모습을 자세하게 살핀다.
- 어려운 문제는 피하지 말고 맞선다.
- 자신의 의견을 명확하게 밝히고 지속적으로 강화한다.
- 사람들과 눈을 자주 마주친다.
- 마음을 열어놓고 적극적으로 경청한다.
- 타협하려 애쓴다.
- 어느 한쪽으로 치우치지 않는다.
- 논쟁하고 싶은 유혹을 떨쳐낸다.
- 존중하는 자세로 사람들을 대한다.

따라서 정답은 ④이다.

08 협상능력

출제 포인트 협상의 개념과 특징에 관한 문제

정답 ⑤

해설
협상은 그 특징에 따라 의사소통 차원, 갈등해결 차원, 지식과 노력 차원, 의사결정 차원, 교섭 차원에서 살펴볼 수 있다. 이해 당사자들이 자신들의 욕구를 충족시키는 것을 목적으로 상대방으로부터 최선의 것을 얻어내기 위해 상대방을 설득하는 커뮤니케이션 과정은 의사소통 차원의 협상이다. 따라서 정답은 ⑤이다.

09 협상능력

출제 포인트 협상과정에 관한 문제

정답 ⑤

해설
5단계의 협상과정 중에서 겉으로 주장하는 것과 실제로 원하는 것을 구분하여 실제로 원하는 것을 찾아내는 단계는 '실질 이해' 단계이다. 따라서 정답은 ⑤이다.

오답분석
① 협상과정은 '협상 시작 → 상호 이해 → 실질 이해 → 해결 대안 → 합의문서'의 다섯 단계로 진행된다.
② 협상과정은 연구관점에 따라 다양한 형태로 언급될 수 있으며, 협상 전 단계, 협상 개시 단계, 정보 공유 단계, 문제해결 단계, 합의 단계로 설명할 수도 있다. 또한 준비단계, 협상단계, 합의 후 평가단계의 순서로 설명하거나 노사협상의 경우처럼 협상기획, 협상준비, 협상진행, 협상종료, 비준 및 집행의 순서로 협상이 진행된다고도 볼 수 있다.
③ 협상과정은 '협상 전 단계 → 협상 진행 단계 → 협상 후 단계'의 세 단계로도 진행된다.
④ 5단계의 협상과정 중 상호 이해 단계에서는 갈등문제의 진행상황과 현재의 상황을 점검해야 하며, 적극적으로 경청하고 자기주장을 제시하고 협상을 위한 협상대상 안건을 결정해야 한다.

10 고객서비스능력

출제 포인트 고객중심 기업에 관한 문제

정답 ④

해설
고객중심 기업은 보다 나은 서비스를 제공할 수 있도록 하는 기업정책을 수립하므로, 기업정책과 무관하게 서비스를 제공한다고 볼 수 없다. 따라서 정답은 ④이다.

심화문제

빠른 정답표

01	③	02	①	03	④	04	④	05	②
06	②	07	②	08	⑤	09	①	10	①
11	③	12	⑤	13	⑤	14	④	15	③
16	④	17	④	18	③	19	②	20	②
21	④	22	③	23	③	24	②	25	④
26	③	27	③	28	⑤	29	⑤	30	②
31	④	32	②	33	④	34	④	35	④
36	⑤	37	②	38	②	39	④	40	④

개념 보충

대인관계 유형

대인관계 유형에는 지배형, 실리형, 냉담형, 고립형, 복종형, 사교형, 친화형, 순박형의 여덟 가지 유형이 있으며, 각 유형에 해당하는 문항은 다음과 같다.

- 지배형: 자신감이 있다, 추진력이 있다, 고집이 세다, 지배적이다 등
- 실리형: 꾀가 많다, 자기자랑을 잘한다, 자존심이 강하다, 치밀하다 등
- 냉담형: 강인하다, 냉철하다, 독하다, 무뚝뚝하다 등
- 고립형: 쾌활하지 않다, 붙임성이 없다, 고립되어 있다 등
- 복종형: 마음이 약하다, 수줍음이 있다, 온순하다, 추진력이 부족하다 등
- 사교형: 명랑하다, 열성적이다, 사교적이다, 활달하다 등
- 친화형: 인정이 많다, 다정다감하다, 관대하다, 부드럽다 등
- 순박형: 다툼을 피한다, 고분고분하다, 단순하다 등

01 대인관계능력

출제 포인트 대인관계에 관한 문제

정답 ③

해설

김사원의 고민은 다른 팀 신입사원들처럼 친화력 있게 행동하지 못한다는 것과 다른 사람의 비위를 맞추는 것에 감정소모가 크다는 것이다. 이때 김사원에게 해줄 수 있는 조언은 다른 사람들과 똑같은 사람이 되려고 하기보다는 본인만의 색깔을 만들어 회사 내에서 다른 특별함을 가지려고 노력하라는 조언 정도가 적절하다. 따라서 정답은 ③이다.

오답분석

① 다른 사람의 비위를 맞추는 것에 감정소모가 커서 스트레스를 받는다고 하였으므로 적절한 조언으로 볼 수 없다.
②, ⑤ 김사원은 직장생활에서의 업무가 아닌 인간관계를 고민하고 있으므로 적절한 조언으로 볼 수 없다.
④ 김사원이 스트레스를 받고 있는 상황에서 참고 견디라는 말은 적절한 조언으로 볼 수 없다.

02 대인관계능력

출제 포인트 대인관계 유형에 관한 문제

정답 ①

해설

대인관계 유형 중 지배형을 파악할 수 있는 문항에는 '자신감이 있다', '추진력이 있다', '고집이 세다', '지배적이다', '자기주장이 강하다' 등이 있다. 따라서 '지배형'을 파악할 수 있는 문항만을 모두 고르면 '㉠, ㉣, ㉺'이므로 정답은 ①이다.

오답분석

㉡ '실리형'을 파악할 수 있는 문항이다.
㉢, ㉤ '사교형'을 파악할 수 있는 문항이다.

03 대인관계능력

출제 포인트 대인관계능력의 중요성에 관한 문제

정답 ④

해설

주어진 자료는 사람들의 통념과 다르게 이타적인 사람이 이기적인 사람보다 더 성공한다는 내용을 담고 있다. 앞에서는 경쟁 사회에서 이타적인 사람이 어떻게 성공할 수 있는지 물었고, 뒤에서는 이타적인 행동이 지금 당장 이득이 되지 않더라도 멀리 보면 이득이 된다는 내용이 이어지고 있다. 즉, 이타적인 사람이 성공하는 이유는 삶이 단거리 경주가 아니라 장거리를 비유하고 있는 마라톤이라는 것이다. 따라서 정답은 ④이다.

04 대인관계능력

출제 포인트 대인관계능력의 특징에 관한 문제

정답 ④

해설

대인관계능력은 직장생활에서 협조적인 관계를 유지하고, 조직 구성원들에게 업무상의 도움을 줄 수 있으며, 조직 내부 및 외부의 갈등을 해결하고, 고객의 요구를 파악·충족시켜줄 수 있는 능력을 포괄하는 개념이다. 이러한 대인관계능력은 팀워크능력, 리더십능력, 갈등관리능력, 협상능력, 고객서비스능력으로 구분할 수 있다. 이때 고객서비스란 다양한 고객의 요구를 파악하고, 대응법을 마련하여 고객에게 양질의 서비스를 제공하는 것을 말한다. 따라서 고객의 불만 사항을 사전에 차단시켰던 경험에 대해 기술하게 하는 것은 자기소개서 항목으로 적절하지 않으므로 정답은 ④이다.

오답분석

① 갈등을 잘 관리하여 조직원들과 함께 문제를 능동적으로 해결하고 합리적인 의사결정을 이끌어 내는 '갈등관리능력'을 평가하고자 한 항목이다.
② 다양한 고객의 요구를 파악하고, 대응법을 마련하여 고객에게 양질의 서비스를 제공하는 '고객서비스능력'을 평가하고자 한 항목이다.
③ 직장생활에서 협상 가능한 목표를 세우고 상황에 맞는 협상 전략을 선택하여 다른 사람과 협상을 하는 '협상능력'을 평가하고자 한 항목이다.

⑤ 조직원들이 높은 참여도와 집단 에너지를 갖고서 열정적으로 함께 일하며 조직에 헌신하게 되는 '팀워크능력'을 평가하고자 한 항목이다.

05 대인관계능력

출제 포인트 내부귀인과 외부귀인에 관한 문제

정답 ②

해설
㉠ 귀인에 관한 연구는 행동의 정확한 원인이 아니라 상대방의 행동의 원인을 어떻게 추론하는가에 대한 연구라고 하였다.
㉡ 일반적으로 타인의 행동에 대해서는 내부귀인하는 반면, 자신의 행동은 외부귀인하는 경향을 보인다고 하였다.
따라서 적절한 것만을 모두 고르면 '㉠, ㉡'이므로 정답은 ②이다.

오답분석
㉢ 상대방의 행동의 원인이 상황적 압력이나 강요, 사고, 날씨 등 행위자로서도 어쩔 수 없는 외적 요인에 있다고 지각하는 것은 외부귀인에 해당한다.

06 팀워크능력

출제 포인트 팀워크를 촉진시키는 방법에 관한 문제

정답 ②

해설
두 사례는 팀워크 촉진 방법에 대한 사례이다.
• 사례 1: 이팀장은 팀원들의 행동과 수행을 관찰하여 즉각적인 피드백을 제공하고, 뛰어난 수행성과에 대해서 인정해주어 팀워크를 촉진시키고 있으므로, 팀워크 촉진 방법 중 '동료 피드백 장려하기'와 관련있다.
• 사례 2: 장팀장은 팀원의 동참을 이끌어 내어 의사결정을 할 수 있도록 하고 있으므로, 팀워크 촉진 방법 중 '참여적으로 의사결정하기'와 관련있다.
따라서 각 사례에서 이용한 팀워크를 촉진시키는 방법은 각각 차례로 '동료 피드백 장려하기, 참여적으로 의사결정하기'이므로 정답은 ②이다.

07 팀워크능력

출제 포인트 효과적인 팀워크에 관한 문제

정답 ②

해설
효과적인 팀은 팀원 간에 리더십 역할을 공유한다. 즉, 팀원 모두에게 리더로서 능력을 발휘할 기회를 제공하여 팀원과 리더 간 개인의 특성을 서로 존중할 수 있도록 한다. 따라서 정답은 ②이다.

개념 보충

효과적인 팀의 특징
• 팀의 사명과 목표를 명확하게 기술한다.
• 창조적으로 운영한다.
• 결과에 초점을 맞춘다.
• 역할과 책임을 명료화시킨다.
• 조직화가 잘 되어 있다.
• 개인의 강점을 활용한다.
• 리더십 역량을 공유하며 구성원 상호 간에 지원을 아끼지 않는다.
• 팀 풍토를 발전시킨다.
• 의견의 불일치를 건설적으로 해결한다.
• 개방적으로 의사소통한다.
• 객관적인 결정을 내린다.
• 팀 자체의 효과성을 평가한다.

08 팀워크능력

출제 포인트 팔로워십 유형에 관한 문제

정답 ⑤

해설
• A사원: 리더와 조직을 믿으며 조직의 질서를 따르는 것을 중요하게 생각하고 획일적인 성향을 보이므로, '순응형'에 해당한다.
• B사원: 조직에 대해 회의적인 성향을 보이며 리더가 항상 자기 마음대로 한다고 생각하므로 '수동형'에 해당한다.
• C사원: 스스로를 자립적인 사람이라 생각하지만 동료들은 그를 냉소적이고 부정적인 사람으로 평가하므로 '소외형'에 해당한다.
따라서 A~C사원에 해당하는 팔로워십 유형은 각각 차례로 '순응형, 수동형, 소외형'이므로 정답은 ⑤이다.

09 팀워크능력

출제 포인트 팀워크의 유형을 구분하는 세 가지 기제에 관한 문제

정답 ①

해설
팀워크의 유형은 보통 협력, 자율, 통제의 세 가지로 구분한다. 따라서 정답은 ①이다.

10 팀워크능력

출제 포인트 팔로워십 유형에 관한 문제

정답 ①

해설
팔로워십 유형은 다음 그래프와 같이 마인드를 나타내는 독립적 사고(y축)와 행동을 나타내는 적극적 실천(x축)에 의해 수동형, 실무형, 소외형, 순응형, 모범형으로 나눌 수 있다. 김대리와 박사원이 위치한 팔로워십 유형은 다음과 같다.

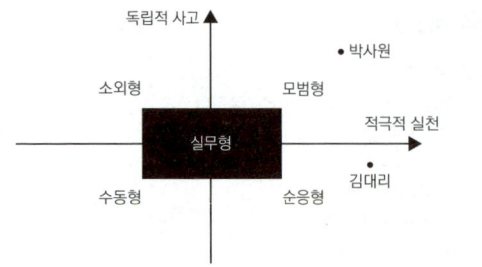

따라서 김대리와 박사원의 팔로워십 유형은 각각 차례로 '순응형, 모범형'이므로 정답은 ①이다.

11 팀워크능력

출제 포인트 팀워크의 특징에 관한 문제

정답 ③

해설
일반적으로 오케스트라는 지휘자와 악단이 균형과 조화를 이룰 때 최고의 선율이 나온다고 하였으나 지휘자가 없는 오케스트라에서도 단일 지도력에 의지하지 않고 모두에게 음악을 지휘할 권한을 줌으로써 팀워크를 보여줄 수 있다고 하였다. 따라서 정답은 ③이다.

12 팀워크능력

출제 포인트 팀워크에 대한 이해에 관한 문제

정답 ⑤

해설
팀워크는 구성원이 공동의 목적을 달성하기 위하여 상호관계성을 갖고 서로 협력하여 업무를 수행하는 것을 의미하며, 조직의 목표를 효과적으로 달성하고 경쟁력을 높이는 데 핵심 요소가 될 수 있다. 그러나 만장일치가 이루어지는 조직이라고 하여 반드시 팀워크가 좋다고 말하기 어렵다. 오히려 끊임없는 의견 충돌과 갈등 해소 과정을 겪으면서 다양한 의견이 교환되고 다듬어질 때 더 좋은 선택이 나올 수 있기 때문이다. 즉, 힘들고 어려운 과정을 거쳐 올바른 의사결정을 하는 조직에서 팀워크가 더 잘 형성될 수 있다. 따라서 정답은 ⑤이다.

오답분석
① 성과에 따른 보상을 할 때, 개인의 기여도를 평가하는 기준이 명확하지 않거나 개인 간 보상 수준의 차이가 적절하지 않으면 팀워크 형성이 어렵거나 팀워크가 떨어지는 요인이 될 수 있다.
② 팀워크가 잘 형성된 팀이라고 해서 반드시 탁월한 성과를 낸다고 말하기 어렵다.
③ 팀워크는 조직 전체와 팀 단위의 업무 성과를 높이는 데 초점이 맞춰져 있기 때문에 개별 팀의 팀워크가 좋다고 해서 그것이 반드시 조직 전체의 성과로 이어지는 것은 아니다.
④ 구성원들이 팀 내 관계에 지나치게 얽매이거나 사적으로 친할 경우 서로의 생각을 솔직하게 이야기하기 어렵고, 오히려 의견 충돌을 피하는 데 더 노력하게 될 수 있다.

개념 보충

팀워크에 대한 오해
- 팀워크가 좋은 팀에는 갈등이 없다.
- 팀워크 향상을 위해서는 개인의 희생이 불가피하다.
- 성과주의 심화가 팀워크를 해친다.
- 팀워크가 좋으면 팀의 성과도 좋다.
- 팀워크가 전체 조직의 성과로 직결된다.

13 리더십능력

출제 포인트 리더십의 특징에 관한 문제

정답 ⑤

해설
리더십에 관하여 정확히 규정된 정의는 없지만 다음과 같은 공통적인 특징을 가진다.
- 조직구성원들로 하여금 조직목표를 위해 자발적으로 노력하도록 영향을 주는 행위
- 목표를 달성하기 위해 어떤 사람이 다른 사람에게 영향을 주는 행위
- 자신의 주장을 소신 있게 나타내고 다른 사람들을 격려하는 힘

따라서 적절한 것만을 모두 고르면 '㉠, ㉡, ㉢'이므로 정답은 ⑤이다.

14 리더십능력

출제 포인트 동기부여에 관한 문제

정답 ④

해설
팀의 구성원으로서 일하는 사람 또는 독립적으로 혼자 일하는 사람 모두 자발적으로 업무를 훌륭하게 완수하기 위해서는 동기부여가 필요하다. 따라서 정답은 ④이다.

15 리더십능력

출제 포인트 리더와 관리자의 차이에 관한 문제

정답 ③

해설
리더와 관리자의 가장 큰 차이는 비전의 유무에 있다. 리더의 역할은 비전을 선명하게 구축하고 그 비전이 팀 구성원의 협력 아래 실현되도록 환경을 만들어 주는 것이다. 리더의 관심사는 사람의 마음을 중시하고 동기를 부여하는 데 있다. 리더는 미래를 향한 새로운 상황을 창조하고 혁신 지향적이며, 내일에 초점을 맞춘다. 또한 '무엇을 할까(What to do?)'에 초점을 맞추고, '올바른 일을 하는 것'에 중점을 두며, 계산된 위험을 취한다. '어떻게 할까'를 생각하는 것은 관리자이다. 따라서 정답은 ③이다.

개념 보충

리더와 관리자의 차이

리더	관리자
• 새로운 상황 창조자	• 상황에 수동적
• 혁신 지향적	• 유지 지향적
• 내일에 초점	• 오늘에 초점
• 동기 부여	• 사람을 관리함.
• 사람을 중시	• 체제나 기구를 중시
• 정신적	• 기계적
• 계산된 위험(Risk)을 취함.	• 위험(Risk)을 회피함.
• '무엇을 할까'를 생각함.	• '어떻게 할까'를 생각함.

16 리더십능력

출제 포인트 민주주의에 근접한 리더십에 관한 문제

정답 ④

해설
리더가 구성원들의 사범이 되어 구성원들이 해낼 수 없다고 생각하는 일들을 할 수 있도록 자극을 주는 역할을 하는 리더십은 변혁적 리더십이다. 따라서 정답은 ④이다.

17 리더십능력

출제 포인트 임파워먼트의 효과에 관한 문제

정답 ④

해설
제시된 자료에서 노드스트롬 고객 대응 사례의 공통점은 주어진 상황에서 스스로 판단하여 고객에게 좋다고 생각되는 해결책을 실행한다는 것이다. 또한 노드스트롬 종업원 사규 역시 어떠한 상황에서도 자신이 판단하여 고객에게 좋다고 생각되는 것을 실행하는 것이며, 이외의 규칙은 두지 않고 있다. 이를 통해 노드스트롬 백화점의 명성을 유지하는 기반은 조직구성원을 신뢰하고 그들의 잠재력을 믿으며, 그 잠재력의 개발을 통해 조직의 의욕과 성과를 이끌어내는 임파워먼트임을 알 수 있다. 따라서 정답은 ④이다.

18 리더십능력

출제 포인트 리더십의 의미에 관한 문제

정답 ③

해설
홍주임은 신입사원이 주도적으로 리더십을 발휘한 사례를 준비하였다. 이를 통해 홍주임은 리더십이 직위에 수반되는 것이 아닌, 모든 직원이 각자의 위치에서 발휘할 수 있는 것임을 보여주고자 했음을 알 수 있다. 따라서 정답은 ③이다.

19 리더십능력

출제 포인트 리더십의 유형별 특징에 관한 문제

정답 ②

해설
독재자 유형은 정책 의사 결정과 대부분의 핵심 정보를 자신에게만 국한하여 소유하고자 하며, 다른 구성원들에게는 기본적 수준의 정보만을 제공한다. 동료에게는 그의 권위에 대한 도전이나 반항 없이 순응하도록 요구하며, 개개인들에게는 주어진 업무만을 묵묵히 수행할 것을 기대한다. 또한 언제 어디서나 가장 최고의 질적 수준을 요구하여 결코 실수를 용납하지 않는다. 따라서 정답은 ②이다.

오답분석
① 민주주의에 근접한 유형에 해당한다.
③, ⑤ 변혁적 유형에 해당한다.
④ 파트너십 유형에 해당한다.

20 갈등관리능력

출제 포인트 갈등 해결 방법의 유형에 관한 문제

정답 ②

해설
• A: 갈등 상황이 나아질 때까지 문제를 덮어두거나 위협적인 상황에서 피하고자 하는 경우이므로, '회피형'에 해당한다.
• B: 서로가 받아들일 수 있는 결정을 하기 위하여 타협적으로 주고받는 경우이므로, '타협형'에 해당한다.
따라서 A, B에 해당하는 갈등 해결 방법의 유형은 각각 차례로 '회피형, 타협형'이므로 정답은 ②이다.

21 갈등관리능력

출제 포인트 갈등의 증폭 원인에 관한 문제

정답 ④

해설
갈등을 증폭시키는 일반적인 원인에는 적대적 행동, 입장 고수, 감정적 관여가 있다.
(가) 팀원들이 각자의 입장만을 고수하고, 의사소통의 폭을 줄이거나 서로 접촉하는 것을 꺼리며, 공동의 목표를 달성할 필요성을 느끼지 않는 것은 '입장 고수'이다.
(나) 팀원들이 '승·패의 경기'를 시작하여 문제를 해결하기보다 '승리하기'를 원하는 것은 '적대적 행동'이다.
따라서 (가), (나)에 해당하는 갈등 증폭 원인은 각각 차례로 '입장 고수, 적대적 행동'이므로 정답은 ④이다.

오답분석
• 감정적 관여: 팀원들이 자신의 입장에 감정적으로 묶이는 것이다.

22 갈등관리능력

출제 포인트 갈등 해결 방법의 유형에 관한 문제

정답 ③

해설
갈등 해결 방법 유형 중 자신에 대한 관심은 낮고 상대방에 대한 관심은 높은 유형은 '수용형'이다. 수용형은 상대방의 관심을 충족하기 위해 자신의 관심이나 요구를 희생하고, 상대방이 거친 요구를 할 때 전형적으로 나타나는 반응이다. 따라서 정답은 ③이다.

개념 보충

갈등 해결 방법 유형

회피형	자신과 상대방에 대한 관심이 모두 낮은 경우로, 갈등 상황에 대하여 상황이 나아질 때까지 문제를 덮어두거나 위협적인 상황에서 피하고자 하는 경우를 말한다. 이 방법은 개인의 갈등 상황으로부터 철회 또는 회피하는 것이므로 상대방의 욕구와 본인의 욕구를 모두 만족시킬 수 없다.
경쟁형	지배형(Dominating)이라고도 하는데, 자신에 대한 관심은 높고 상대방에 대한 관심은 낮은 경우이다. 이 방법은 상대방의 목표 달성을 희생시키면서 자신의 목표를 이루기 위해 전력을 다하는 제로섬 개념과 유사하다.
수용형	자신에 대한 관심은 낮고 상대방에 대한 관심은 높은 경우로, 상대방의 관심을 충족하기 위하여 자신의 관심이나 요구를 희생한다. 상대방이 거친 요구를 하는 경우 전형적으로 나타나는 반응이다.
타협형	자신에 대한 관심과 상대방에 대한 관심이 중간 정도인 경우로, 서로가 받아들일 수 있는 결정을 하기 위하여 타협적으로 주고받는 방식이다. 갈등 당사자들이 반대의 끝에서 시작하여 중간 정도 지점에서 타협하여 해결점을 찾지만, 갈등 당사자 간에 불신이 클 때에는 이 방법이 실패할 수 있다.
통합형	협력형(Collaborating)이라고도 하는데, 자신은 물론 상대방에 대한 관심이 모두 높은 경우로, 서로의 차이를 인정하고 배려하는 신뢰감과 공개적인 대화를 필요로 한다. 가장 바람직한 갈등 해결 유형이라 할 수 있다.

23 갈등관리능력

출제 포인트 갈등의 과정에 관한 문제

정답 ③

해설
장사원과 박사원은 의견 일치를 위해 설득을 통해 문제를 해결하기보다는 언어폭력이나 신체폭력 등의 위협적인 방법을 사용하고 있다. 이처럼, 언어폭력이나 신체적인 폭력을 하는 갈등 단계는 '격화 국면'에 해당한다. 격화 국면에서는 상대방에 대한 불신과 좌절, 부정적인 인식이 확산되어 다른 요인들에까지 불을 붙이는 상황에 빠지기도 한다. 또한 이 단계에서는 상대방의 생각이나 의견, 제안을 부정하고, 상대방은 그에 대한 반격으로 대응함으로써 자신들의 반격을 정당하게 생각한다. 따라서 정답은 ③이다.

개념 보충

갈등의 과정

1. 의견 불일치
서로 생각이나 신념, 가치관이 다르고 성격도 다르기 때문에 다른 사람들과 의견의 불일치를 가져온다. 많은 의견 불일치는 상대방의 생각과 동기를 설명하는 기회를 주고 대화를 나누다 보면 오해가 사라지고 더 좋은 관계로 발전할 수 있지만, 사소한 오해로 인한 사소한 갈등이라도 그냥 내버려 두면 심각한 갈등으로 발전하게 된다.

2. 대결 국면
의견 불일치가 해소되지 않으면 대결 국면으로 빠져들게 된다. 대결 국면에서는 단순한 해결방안은 없고 새로운 다른 해결점을 찾아야 한다. 대결국면에 이르게 되면 감정이 개입되어 상대방의 주장에 대한 문제점을 찾기 시작하고, 자신의 입장에 대해서는 그럴듯한 변명으로 옹호하면서 양보를 완강히 거부하는 상태에까지 이르게 된다. 결국 서로 간의 긴장은 더욱 높아지고 감정적인 대응이 더욱 격화되어 간다.

3. 격화 국면
격화 국면에 이르게 되면 상대방에 대하여 더욱 적대적인 현상으로 발전해 나간다. 설득을 통해 문제를 해결하려고 하기보다는 강압적·위협적인 방법을 쓰려고 하며, 극단적인 경우에는 언어폭력이나 신체적인 폭행으로까지 번지기도 한다. 또한 상대방의 생각이나 의견, 제안을 부정하고, 상대방은 그에 대한 반격으로 대응함으로써 자신들의 반격을 정당하게 생각한다.

4. 진정 국면
시간이 지나면서 정점으로 치닫던 갈등이 점차 감소하는 진정 국면에 들어선다. 점차 흥분과 불안이 가라앉고 이성과 이해의 원상태로 돌아가려 하며 협상이 시작된다. 협상과정을 통해 쟁점이 되는 주제를 논의하고 새로운 제안을 하고 대안을 모색하게 된다. 중개자, 조정자 등의 제3자가 개입함으로써 갈등 당사자 간에 신뢰를 쌓고 문제를 해결하는 데 도움이 되기도 한다.

5. 갈등의 해소
진정 국면에 들어서면 갈등 당사자들은 문제를 해결하지 않고는 자신들의 목표를 달성하기 어렵다는 것을 알게 된다. 물론 경우에 따라서는 결과에 다 만족할 수 없는 경우도 있지만 어떻게 해서든지 서로 일치하려고 한다.

24 갈등관리능력

출제 포인트 해결할 수 있는 갈등과 불필요한 갈등에 관한 문제

정답 ②

해설
해결할 수 있는 갈등은 목표와 욕망, 가치, 문제를 바라보는 시각과 이해하는 시각이 다를 경우에 생긴다. 따라서 정답은 ②이다.

오답분석
①, ③, ④, ⑤ 불필요한 갈등에 해당한다.

개념 보충

불필요한 갈등
근심 걱정, 스트레스, 분노 등의 부정적인 감정이 있는 경우, 잘못 이해하거나 부족한 정보 등 전달이 불분명한 커뮤니케이션이 이루어진 경우, 항상 해 오던 방식에 대한 거부감 등으로 의견이 불일치할 경우에 불필요한 갈등이 생길 수 있다.

25 갈등관리능력

출제 포인트 갈등관리법에 관한 문제

정답 ④

해설
갈등 상황은 가급적 발생한 즉시 다루어 해결하는 것이 좋다. 갈등 상황을 인정하고 해결을 위한 조치를 취한다면 갈등은 조직이 더 나은 방향으로 나갈 수 있는 하나의 기회가 된다. 따라서 갈등 상황을 회피하고 참고 견디라는 조언은 적절하지 않으므로 정답은 ④이다.

26 갈등관리능력

출제 포인트 갈등의 종류에 관한 문제

정답 ③

해설
제시된 사례의 양대리는 회식 참여에 고민하고 있는 상황에서 회식에 참여하는 것 대신 추가적인 업무를 스스로 담당하며 야근을 자처하고 있다. 이를 통해 양대리가 겪은 갈등은 바람직하지 못하거나 피하고 싶은 두 가지 대안 가운데 한 가지를 선택해야 하는 상황에서 발생하는 '회피 – 회피 갈등'임을 알 수 있다. 회피 – 회피 갈등에서는 부정적인 갈등이 동시에 나타나 이럴 수도 없고 저럴 수도 없는 경우, 그 상황으로부터 도피하여 다른 행동을 취함으로써 갈등을 해소하려고 한다. 따라서 정답은 ③이다.

오답분석
① 접근 – 접근 갈등: 매력적이고 긍정적인 두 가지 목표나 욕구 중 하나를 선택해야 하는 상황이 개인에게 스트레스와 갈등을 야기하는 경우에 해당한다.
② 접근 – 회피 갈등: 하나의 목표에 대해 접근 경향과 회피 경향을 동시에 가질 때 발생하는 갈등이다.
④ 다중 접근 – 회피 갈등: 가장 흔한 갈등 상황으로, 장단점이 명확한 대상들이 다수 존재하고, 그중 하나를 선택해야 할 때 발생하는 갈등이다.
⑤ 개인 – 역할 갈등: 개인의 가치와 욕구가 역할 담당자와 상충하여 발생하는 갈등이다.

27 협상능력

출제 포인트 설득의 방법에 관한 문제

정답 ⑤

해설
제시된 사례의 A씨는 고객에게 안부 연락을 수시로 하거나 증정품 또는 할인 쿠폰을 제공하는 방식으로 고객을 관리하고 있다. 그 결과 고객으로부터 지인을 소개받아 영업실적에 도움을 받았다. 이는 협상 당사자 간에 어떤 혜택들을 주고받은 관계가 형성되어 있으면 협상과정상의 갈등 해결이 용이하다는 내용의 전략인 '호혜관계 형성 전략'이다. 따라서 정답은 ⑤이다.

오답분석
① 권위 전략: 직위나 전문성 등 권위를 이용하여 협상과정의 갈등 해결을 쉽게 하는 전략이다.
② 연결 전략: 갈등문제와 갈등관리자를 연결하는 것이 아닌 갈등을 야기한 사람과 관리자를 연결하여 갈등을 해결하는 전략이다.
③ 사회적 입증 전략: 어떤 과학적인 논리보다 동료 또는 사람들과의 행동에 의해 상대를 설득하는 전략이다.
④ 희소성 해결 전략: 인적·물적자원 등의 희소성을 해결함으로써 협상과정상 갈등 해결을 쉽게 하는 전략이다.

28 협상능력

출제 포인트 협상과정 5단계에 관한 문제

정답 ⑤

해설
㉣에는 협상 시작 단계에서 해야 하는 행동으로서, '간접적인 방법으로 협상의사를 전달함'이 들어가야 한다. 따라서 정답은 ⑤이다.

오답분석
① 협상 안건마다 대안들 평가하기, 개발한 대안들 평가하기, 최선의 대안에 대해서 합의하고 선택하기는 4단계 '해결 대안' 단계에서 해야 하는 행동이다.
② '해결 대안'은 협상과정 5단계 중 4단계에 해당한다.
③ 분할과 통합 기법을 활용하여 이해관계 분석하기는 3단계 '실질 이해' 단계에서 해야 하는 행동이다.
④ '협상 시작' 단계는 협상과정 5단계 중 1단계에 해당한다.

29 협상능력

출제 포인트 협상에서의 실수와 대처방안에 관한 문제

정답 ⑤

해설
협상 상대가 협상에 대하여 책임을 질 수 있고 타결권한을 가지고 있는 사람인지 확인한 후에 협상을 시작해야 한다. 이때 상급자 또는 최고책임자는 협상의 세부사항을 잘 모르기 때문에 협상의 올바른 상대가 아니다. 따라서 정답은 ⑤이다.

개념 보충

협상에서의 실수 및 대처방안

협상의 실수	대처방안
준비되기도 전에 협상을 시작하는 것	상대방이 먼저 협상을 요구하거나 재촉하면 아직 준비가 덜 되었다고 솔직히 말한다. 그리고 그런 때를 상대방의 입장을 묻는 기회로 삼는다. 협상준비가 되지 않았을 때는 듣기만 한다.
잘못된 사람과의 협상	협상 상대가 협상에 대하여 책임을 질 수 있고 타결권한을 가지고 있는 사람인지 확인한 후에 협상을 시작한다. 상급자 또는 최고책임자는 협상의 세부사항을 잘 모르기 때문에 협상의 올바른 상대가 아니다.

특정 입장만 고집하는 것(입장협상)	협상에서 한계를 설정하고 그 다음 단계를 대안으로 제시한다. 상대방이 특정 입장만 내세우는 입장협상을 할 경우에는 조용히 그들의 준비를 도와주고, 서로 의견을 교환하면서 상대의 마음을 열게 한다.
협상의 통제권을 잃을까 두려워하는 것	협상은 통제권을 확보하는 것이 아니라 함께 의견 차이를 조정하면서 최선의 해결책을 찾는 것이다. 통제권을 잃을까 염려되면 그 사람과의 협상 자체를 고려해본다. 자신의 한계를 설정하고 그것을 고수하여 그런 염려를 하지 않게 된다.
설정한 목표와 한계에서 벗어나는 것	한계와 목표를 잃지 않도록 그것을 기록하고, 기록된 노트를 협상의 길잡이로 삼는다. 그러나 더 많은 것을 얻기 위해 한계와 목표를 바꾸기도 한다.
상대방에 대해서 너무 많은 염려를 하는 것	상대방이 원하는 것을 얻을까 너무 염려하지 말고, 협상을 타결 짓기 전에 자신과 상대방이 각기 만족할 만한 결과를 얻었는지, 협상 결과가 현실적으로 효력이 있었는지, 모두 만족할 만한 상황이 되었는지 확인한다.
협상 타결에 초점을 맞추지 못하는 것	협상의 모든 단계에서 협상의 종결에 초점을 맞추고, 항상 종결을 염두에 둔다. 특정 목적을 위해 협상을 하고 있기 때문에 목표가 가까이 왔을 때 쟁취하게 되는 것이다.

30 협상능력

출제 포인트 다양한 차원에서 협상의 정의에 관한 문제

정답 ②

해설
제시된 글에서 설명하는 협상의 의미는 의사소통 차원에서의 협상이다. 임금 협상을 위해 상대를 설득하는 사례처럼 의사소통 차원에서 볼 때 협상은 갈등 당사자들이 자신의 욕구를 충족시키기 위해 상대방을 설득하여 최선의 것을 얻어내는 커뮤니케이션 과정이다. 따라서 정답은 ②이다.

오답분석
① 교섭 차원: 선호가 서로 다른 협상 당사자들이 합의에 도달하기 위해 공동으로 의사를 결정하는 과정으로, 쉽게 말해 둘 이상의 당사자가 갈등 상태에 있는 쟁점의 합의점을 찾기 위한 과정이다.
③ 갈등해결 차원: 갈등 관계에 있는 이해 당사자들이 대화를 통해서 갈등을 해결하고자 하는 과정으로, 대화를 통해 상반되는 이익은 조정하고 공통되는 이익을 증진하는 상호작용 과정이다.
④ 의사결정 차원: 둘 이상의 이해 당사자들이 여러 대안 중 이해 당사자 모두가 수용할 수 있는 대안을 찾기 위한 의사결정 과정이다.
⑤ 지식과 노력 차원: 승진, 돈, 지위, 명예 등 우리가 얻고자 하는 것을 다른 사람들보다 어떻게 더 우월한 지위를 점유하면서 얻을 수 있는 것인가에 관한 지식이자 노력의 과정이다.

31 협상능력

출제 포인트 설득의 방법에 관한 문제

정답 ④

해설
로미오와 줄리엣 효과는 반대가 강해질 경우 반항심리가 더욱 자극되어 더욱 더 자신의 입장을 완고하게 지키는 심리효과이다. 이와 가장 관련이 깊은 설득 방법은 반항심 극복 전략으로, 상대를 부정하는 말 또는 행동으로 설득할 경우 오히려 반항 심리를 유발시켜 설득에 실패할 확률이 높으므로 이를 피해서 설득하는 방법이다. 따라서 정답은 ④이다.

오답분석
① See-Feel-Change 전략: 시각화로 직접 보게 하여 이해시키고, 스스로 느끼게 하여 감동시키며, 변화시켜 설득에 성공하는 설득 방법이다.
② 헌신과 일관성 전략: 협상 당사자 간 기대하는 바에 일관성 있게 헌신적으로 부응하고 행동하여 원하는 목적을 이루는 설득 방법이다.
③ 상대방 이해 전략: 상대방에 대한 이해를 바탕으로 갈등해결에 장애가 되는 요인을 없애는 설득 방법이다.
⑤ 권위 전략: 직위나 전문성 등 권위를 이용하여 협상과정의 갈등 해결을 쉽게 하는 설득 방법이다.

32 협상능력

출제 포인트 협상전략 중 유화전략에 관한 문제

정답 ②

해설
제시된 사례의 A가 사용하고 있는 협상전략은 '유화전략'이다. 유화전략은 결과보다는 상대방과의 인간관계 유지를 선호하는 경우, 상대방과의 충돌을 피하고자 하는 경우, 자신의 이익보다는 상대방의 이익을 고려해야 하는 경우, 단기적으로는 손해를 보더라도 장기적 관점에서 이익이 되는 경우 등에서 유용하다. 서로에 대한 정보를 많이 공유하고 있는 경우는 '협력전략'이 유용한 경우이다. 따라서 정답은 ②이다.

33 협상능력

출제 포인트 협상력을 결정하는 요소에 관한 문제

정답 ④

해설
협상력을 결정하는 4가지 요소(PIPT)는 최초 요구, 정보, 힘, 시간이다. '의지'는 4가지 요소에 포함되지 않으며, '이번엔 꼭 협상을 성공해야 한다'는 강박 관념은 오히려 협상 성과에 부정적인 영향을 미칠 수 있다. 따라서 정답은 ④이다.

오답분석
① 최초 요구: 상대방과의 협상을 시작할 때, 최초 요구를 어떻게 하느냐가 협상 결과를 크게 좌우하며, 대부분의 거래 관계에서 먼저 크게 요구할수록 크게 얻을 수 있다.
② 시간: 시간은 보이지 않는 가장 큰 협상 카드로, 시간에 쫓길수록 서둘러 협상을 마무리해야 하기 때문에 협상 결과가 좋을 수 없다.

③ 정보: 정보의 양과 질이 협상을 결정할 때 중요한 요소로 작용하므로, 다양한 정보를 파악한다면 협상 때 가격을 포함한 여러 대안이나 옵션 카드를 가지고 최적의 협상안을 제시할 수 있다.
⑤ 힘: 협상 전문가들의 협상 능력은 그 분야의 전문적인 지식과 정보에서 나오는데, 이때 논리적·합리적 대안을 제시하고 상황에 따라 최적의 구매 결정을 하도록 권유하고 설득하는 힘은 개인의 지적 수준과 역량에 좌우된다.

34 고객서비스능력

출제 포인트 고객서비스에 관한 문제

정답 ④

해설
고객지원센터 운영을 통해 고객서비스 업무의 질을 향상시켰다고 할 수 있으나, 기업의 전반적인 관리 시스템이 고객서비스 업무를 지원하게 했다고는 할 수 없다. 따라서 정답은 ④이다.

35 고객서비스능력

출제 포인트 고객 불만 처리 프로세스에 관한 문제

정답 ④

해설
- 김사원: A단계는 사과, B단계는 해결약속, C단계는 정보파악이다.
- 이대리: 최선의 해결방법을 찾기 어려운 경우 고객에게 최선의 방법을 물어보는 단계는 정보파악 단계이다.
- 고사원: 고객에게 처리 결과에 만족하는지 물어보는 단계는 처리확인과 사과 단계이다.

따라서 적절하지 않은 발언을 한 사람만을 모두 고르면 '김사원, 이대리, 고사원'이므로 정답은 ④이다.

오답분석
- 장대리: 감사와 공감표시 단계에서는 일부러 시간을 내서 해결의 기회를 준 것에 감사를 표시하며, 고객의 항의에 공감을 표시해야 한다.
- 정사원: C단계는 정보파악 단계이며, 정보파악 단계에서는 문제해결을 위해 꼭 필요한 질문만 하여 정보를 얻어야 하고, 최선의 해결방법을 찾기 어려운 경우 고객에게 최선의 해결방법을 물어보는 것도 좋다.

36 고객서비스능력

출제 포인트 고객경험에 관한 문제

정답 ⑤

해설
고객경험(CX, Customer Experience)이란 여러 접점을 통해 고객과 기업이 관계를 이어가면서 사용자가 경험하는 기업과 관련된 모든 체험을 말한다. 기업은 단순히 좋은 서비스만 제공하는 것이 아닌, 고객이 매장을 방문하고 나가는 매 순간 무엇을 보고 느끼는지 알아낸 후 이를 토대로 고객의 경험 DB를 구축할 수 있다. 고객경험을 중시하는 기업은 고객을 충성고객으로 만들고 열렬한 전도자로 만들 수 있다. 따라서 정답은 ⑤이다.

37 고객서비스능력

출제 포인트 고객만족 측정 시 범하는 오류에 관한 문제

정답 ②

해설
고객만족을 측정할 때 범하는 오류 유형은 다음과 같다.
- 고객이 원하는 것을 알고 있다고 생각한다.
- 적절한 측정 프로세스 없이 조사를 시작한다.
- 비전문가로부터 도움을 얻는다.
- 포괄적인 가치만을 질문한다.
- 중요도 척도를 오용한다.
- 모든 고객들이 동일한 수준의 서비스를 원하고 필요하다고 가정한다.

따라서 정답은 ②이다.

38 고객서비스능력

출제 포인트 클레임과 컴플레인에 관한 문제

정답 ②

해설
제시된 자료에서 열차 지연으로 인해 회사 측에 불만 사항을 표하여 배상 제도를 안내받는 것은 상대방이 계약을 어겨 발생한 것으로, 객관적인 사실에 바탕을 두고 불만 사항에 대하여 이의 및 손해 배상을 제기하는 행위인 '클레임(Claim)'이다. 따라서 정답은 ②이다.

오답분석
- 컴플레인(Complain): 계약이나 서비스와 관련한 객관적인 사실이 아닌, 불만족스러운 고객서비스나 직원의 무성의한 태도 등 주관적인 문제에 대하여 불만을 제기하는 행위이다.

39 고객서비스능력

출제 포인트 고객의 불만 유형에 따른 대응 방안에 관한 문제

정답 ④

해설
소리를 지르는 고객은 감정적으로 화가 많이 난 고객으로, 이런 고객을 상대할 때는 고객의 말을 최대한 듣고 진정시키는 것이 중요하다. 나아가 차분한 목소리로 응대하여 고객의 감정이 가라앉을 수 있도록 유도하고 적극적으로 불만사항에 대해 대응하고 있다는 인식을 심어주는 것이 좋다. 따라서 정답은 ④이다.

오답분석
① 거만형 고객에 대한 대처 방안이다.
② 의심형 고객에 대한 대처 방안이다.
③ 트집형 고객에 대한 대처 방안이다.
⑤ 빨리빨리형 고객에 대한 대처 방안이다.

40 고객서비스능력

출제 포인트 고객의 불만 유형에 따른 대응 방안에 관한 문제

정답 ④

해설
제시된 상황의 고객은 직원의 설명을 의심하는 의심형에 해당한다. 의심형 고객에게는 분명한 증거나 근거를 제시하여 스스로 확신을 갖도록 유도하거나 때로는 책임자가 응대하여 신뢰성을 주어야 한다. 따라서 정답은 ④이다.

오답분석
① 빨리빨리형 고객에 대한 대처 방안이다.
②, ③ 트집형 고객에 대한 대처 방안이다.
⑤ 거만형 고객에 대한 대처 방안이다.

 응용문제

빠른 정답표

01	②	02	①	03	①	04	②	05	②
06	④								

01 대인관계능력

출제 포인트 윈-윈 전략이 성공할 수 있는 전제 조건에 관한 문제

정답 ②

해설
갈등 해결 방안 중 윈-윈(Win-Win) 전략이 성공할 수 있도록 필요한 전제 조건은 협상 당사자는 입장 간의 차이점보다는 공통된 기반과 유사점에 초점을 맞춰야 한다. 따라서 정답은 ②이다.

개념 보충

윈-윈(Win-Win) 전략이 성공할 수 있도록 필요한 전제 조건
- 협상 당사자는 상대방의 진정한 욕구와 목적을 이해할 수 있어야 한다.
- 협상 당사자는 입장 간의 차이점보다는 공통된 기반과 유사점에 초점을 맞추어야 한다.
- 협상 당사자는 정보의 흐름이 자유로운 상태에서 창의적 대안을 도출할 수 있어야 한다.
- 협상 당사자는 모두의 목적을 실현시킬 수 있는 대안을 찾을 수 있어야 한다.
- 협상 과정에 있어서 관련 정보의 공유와 원활한 의사소통이 가능해야 한다.
- 협상 당사자는 협상 규범의 준수를 통한 상호 신뢰 형성을 위해 노력해야 한다.

02 대인관계능력

출제 포인트 고객 관계 관리를 위한 고객 정보에 관한 문제

정답 ①

해설
고객 관계 관리를 위한 고객 정보 중 기술적 데이터는 고객의 이름, 주소, 나이, 성별, 직업, 자녀, 소득 등이다. 따라서 기술적 데이터에 해당하는 것만을 모두 고르면 'ㄱ, ㄹ, ㅈ'이므로 정답은 ①이다.

개념 보충

고객 관계 관리를 위한 고객 정보
- 기술적 데이터: 고객, 소비자에 관한 데이터를 말하며 이름, 주소, 나이, 성별, 직업, 자녀, 소득 등이 해당한다.
- 마케팅 전략 데이터: 고객에 대해 어떤 행동이 취해졌는지에 대한 데이터로 가격 변화, 판매 촉진, 유통 채널 변화 등이 해당한다.
- 거래 관련 데이터: 소비자와의 상호 작용과 관련된 데이터를 말하며, 구매 품목, 수량, 금액, 빈도, 날짜 지점, 반품, 교환 등 구매 후의 이력도 포함된다.

03 대인관계능력

출제 포인트 앵커링에 관한 문제

정답 ①

해설
앵커링은 인간의 사고는 하나의 이미지가 인식되면 판단에 영향을 받는 현상을 뜻하며, 협상 시 처음 주어진 조건에서 크게 벗어나지 못하고 처음 조건이 협상의 기준이 되어 협상을 진행하게 하는 효과를 말한다. 따라서 정답은 ①이다.

오답분석
② 아젠다: 사회에 만연한 문제들이 정책 문제, 쟁점으로 전환되는 과정이다.
③ 휴리스틱: 합리적인 판단을 할 수 없거나 합리적인 판단이 필요 없을 때 신속하게 판단을 내리는 방법이다.
④ 니블링: 협상의 마무리 단계에서 약간의 양보를 받아 내리는 전략이다.
⑤ 프레이밍 효과: 질문이나 문제 제시 방법에 따라 사람들의 선택이 달라지는 현상이다.

개념 보충

앵커링
협상에서의 심리전술 중 하나이다. 배에서 닻을 내려 그 근처에서 움직이지 못하도록 한다는 의미로, 인간의 사고가 한 이미지로 인식된 후에 판단에 영향을 받는 현상이다. 사람들은 자신이 알지 못하는 것을 판단하거나 협상을 할 때 기준이 필요하다. 무의식적으로 처음 주어진 조건에서 크게 벗어나지 못하고 이를 기준으로 삼는 행태를 말한다. 이 현상으로 먼저 제시한 협상 가격이 기준이 되기 때문에 일부러 더 높은 가격을 불러서 상대방을 자극한다.

04 대인관계능력

출제 포인트 카노 모델에 관한 문제

정답 ②

해설
A에 해당하는 것은 매력 품질 속성으로 기능적 요소들이 충족될수록 사용자의 만족도가 지수적으로 증가한다. 따라서 정답은 ②이다.

개념 보충

카노 모델
고객의 만족을 측정하는 데 활용되고 있는 기법 중 하나이다.

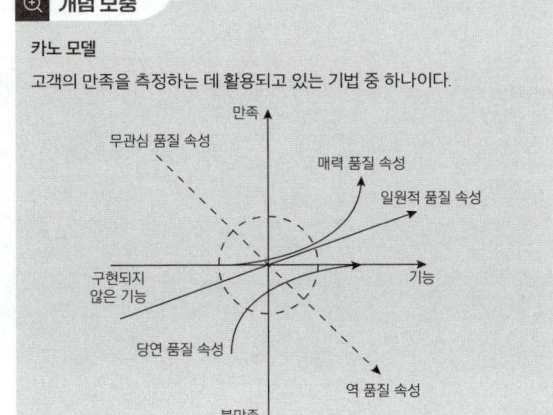

- 매력 품질 속성: 기능적 요소들이 충족될수록 사용자의 만족도가 지수적으로 증가하는 속성이다.
- 일원적 품질 속성: 품질이 좋아질수록 만족도가 높아지고, 품질이 나빠질수록 만족도가 낮아지는 속성이다.
- 당연 품질 속성: 기본적으로 갖추고 있어야 하는 기능을 말하는 속성이다.
- 무관심 품질 속성: 해당 기능이 있거나 없어도 특별히 불만을 나타내지 않는 요소들을 말하는 속성이다.
- 역 품질 속성: 해당 기능을 제공할수록 불만족이 커지는 요소들을 말하는 속성이다.

05 대인관계능력

출제 포인트 협상 방법에 관한 문제

정답 ②

해설
유연한 입장 중심 협상 방법을 사용하는 사람들은 상대방이 무리한 요구를 하면 받아들이고 자신의 요구는 주장하지 못한다. 따라서 정답은 ②이다.

개념 보충

협상 방법

1. 입장 중심 협상
   - 입장 중심 협상은 자신과 상대방이 처해 있는 상황에 따라 협상을 진행하는 것
   - 객관적 기준보다는 힘을 사용해 압력을 행사함.
   - 유연한 입장 중심 협상과 강경한 입장 중심 협상으로 나눌 수 있음.
   (1) 유연한 입장 중심 협상
      ① 유연한 입장 중심 협상의 특징
         - 합의를 중시하는 협상 방법
         - 상대방이 강경하게 나올 경우 양보할 가능성 높아짐.
         - 좋은 관계를 유지해 다른 비즈니스로 발전할 가능성 있음.
         - 시간과 비용이 많이 들고 불확실성이 높음.
      ② 유연한 입장 중심 협상을 하는 사람들의 특징
         - 상대방을 쉽게 믿어 속마음을 털어 놓음.
         - 상대방이 받아들일 만한 답을 찾아 먼저 제시함.
         - 자신이 처음 주장한 입장을 쉽게 바꾸어 양보함.
         - 좋은 인간관계와 합의를 위해 양보를 쉽게 함.
         - 상대방이 무리한 요구를 하면 받아들이고 자신의 요구는 주장하지 못함.
   (2) 강경한 입장 중심 협상
      ① 강경한 입장 중심 협상의 특징
         - 이기는 것을 중시하는 협상 방법
         - 상대방에게 자신이 원하는 것을 강하게 주장해 관철하려고 듦.
         - 단시간에 합의에 이르고 서로의 입장을 명확히 알 수 있지만 협상이 결렬되거나 사람을 잃게 될 수 있음.
      ② 강경한 입장 중심 협상을 하는 사람들의 특징
         - 상대방을 적으로 간주하고 트릭을 잘 사용함.
         - 자신의 주장을 무리하게 관철시킴.
         - 인간관계를 내세우며 상대방에게 양보를 요구함.
         - 다양한 대안을 찾지 않고 자신이 받아들일 수 있는 답만 제시함.
         - 경쟁심이 강하고 이기려는 의지가 높음.

2. 상호 만족 협상
   (1) 상호 만족 협상의 목표
      ① 서로가 만족하는 합의에 이름.
      ② 협상을 효율적으로 진행함.
      ③ 인간관계를 우호적으로 유지함.
   (2) 상호 만족 협상의 전제 조건
      ① 상대방을 인정하고 서로 다른 것을 이해하는 자세
      ② 입장을 벗어나 서로가 만족할 수 있는 제3의 대안이 존재한다는 사실을 인정
      ③ 제로섬게임(Zero-sum game)에서 탈피하고 더 큰 이익을 추구하는 자세

06 대인관계능력

출제 포인트 허쉬, 브랜차드의 부하성숙도이론에 관한 문제

정답 ④

해설
A 상황에 적합한 리더십은 위임형 리더십으로 구성원이 주도적으로 의사결정과 문제해결을 할 수 있도록 권한과 책임을 위임한다. 따라서 정답은 ④이다.

개념 보충

허쉬, 브랜차드의 부하성숙도이론
구성원의 능력과 의지를 토대로 4가지 상황으로 구분하며, 각 상황에 적합한 지시형 리더십, 설득형 리더십, 참여형 리더십, 위임형 리더십으로 구분한다.

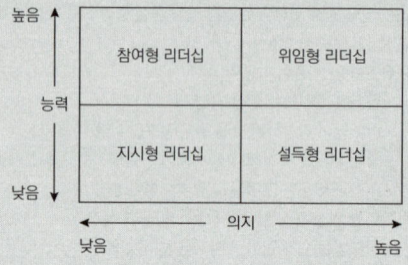

- 지시형 리더십: 업무 지향적 행동 중심으로 명확한 목표와 과업 내용을 구체적으로 지시한다.
- 설득형 리더십: 업무 수행과정을 감독하며 의사결정 사항을 설명하고 구성원의 의견을 수용하여 구성원의 능력을 향상시키기 위해 지원한다.
- 참여형 리더십: 구성원의 동기를 유발시켜 성과 달성을 지원하며 협의를 통해 의사결정과 문제를 해결을 한다.
- 위임형 리더십: 구성원이 주동적으로 의사결정과 문제해결을 할 수 있도록 권한과 책임을 위임하여 구성원의 자율성을 허용한다.

07 정보능력

기본문제

✓ 빠른 정답표

| 01 | ④ | 02 | ③ | 03 | ③ | 04 | ① | 05 | ④ |
| 06 | ① | 07 | ④ | 08 | ② | 09 | ⑤ | 10 | ① |

01 정보능력

출제 포인트 정보화 사회의 특징에 관한 문제

정답 ④

해설
정보화 사회는 정보와 지식이 권력의 중심이 되며, 개인과 사회, 국가 경쟁력의 핵심적인 요소가 된 사회이다. 정보화 사회가 빠르게 도래하는 이유는 컴퓨터, 네트워크, 위성 통신 기술 등 정보통신 관련 기술이 발전하고 있기 때문이다. 정보화 사회에서 개인이나 조직이 필수적으로 해야 할 일은 정보 검색, 정보 관리, 정보 전파이다. 개인이나 조직은 인터넷 등을 통해 정보를 검색할 수 있어야 하고, 이를 관리 및 정리해야 한다. 그리고 정리된 정보를 전파하여 정보가 효율적으로 활용될 수 있도록 해야 한다. 따라서 정답은 ④이다.

02 정보능력

출제 포인트 정보의 처리 과정에 관한 문제

정답 ③

해설
정보는 일반적으로 '정보의 기획 – 정보의 수집 – 정보의 관리 – 정보의 활용'의 과정에 따라 처리된다. 따라서 정답은 ③이다.

개념 보충

정보의 처리 과정
- 정보의 기획: 전략적으로 기획하는 단계이며, 보통 5W2H에 의해 기획한다.
- 정보의 수집: 목적에 적합한 정보를 입수하는 단계이다.
- 정보의 관리: 수집된 다양한 형태의 정보를 어떤 문제해결이나 결론 도출에 사용하기 쉬운 형태로 바꾸는 단계이며, 목적성·용이성·유용성의 3원칙을 따른다.
- 정보의 활용: 정보를 활용하고 문제해결에 적용하는 단계이다.

03 컴퓨터활용능력

출제 포인트 플래시 메모리에 관한 문제

정답 ③

해설
플래시 메모리는 전기적인 방법으로 수정이 가능한 EEPROM을 개선한 메모리 칩으로, 전력 공급이 없어도 저장해 놓았던 데이터를 보존할 수 있기 때문에 MP3 플레이어, 휴대전화, 디지털 카메라 등에 널리 사용된다. 따라서 정답은 ③이다.

오답분석
① 캐시 메모리에 대한 설명이다.
② 연관 메모리에 대한 설명이다.
④ 가상 메모리에 대한 설명이다.
⑤ 버퍼 메모리에 대한 설명이다.

개념 보충

플래시 메모리
지속적으로 전원이 공급되는 비휘발성 메모리로서 블록 단위로 내용을 지울 수도 있고, 다시 프로그램할 수도 있다.
- 장점: 전원이 없어도 데이터는 그대로 보존된다.
- 단점: 생산 단가가 높고, 기술 개발에 드는 비용이 많기 때문에 일반 하드에 비해 가격이 비싸다.

04 컴퓨터활용능력

출제 포인트 유틸리티 프로그램에 관한 문제

정답 ①

해설
알씨, Imagine, Windows Media Center 등은 이미지 뷰어 프로그램이다. 알씨는 디지털카메라로 찍은 사진을 보고 관리하는 데 용이하며, Imagine은 이미지 편집이 가능하고, Windows Media Center는 사진, 비디오 등을 볼 수 있는 프로그램이다. 따라서 정답은 ①이다.

오답분석
② FTP 프로그램이다.
③ 파일 압축 프로그램이다.
④ 바이러스 백신 프로그램이다.
⑤ PC 관리 프로그램이다.

05 컴퓨터활용능력

출제 포인트 엑셀 프로그램 함수에 관한 문제

정답 ④

해설
㉠ VLOOKUP 함수는 범위에서 참조 셀의 데이터가 있는 행을 기준으로 열의 위치를 지정하면 그 열에 있는 값을 출력하는 함수로 '=VLOOKUP([참조 셀], 값을 찾을 범위, 값을 찾을 범위에서 가져올 값이 있는 열의 위치, 조건)'의 형태로 활용한다. 이때 조건은 0, 1의 값을 입력하는데, 0일 경우 정확하게 일치하는 값을, 1일 경우 근사 값이 반환된다. 그러므로 [F4] 셀에 '=VLOOKUP(E4, $B$2:$C$16, 2, 0)'을 입력하면 550이 도출된다.
㉡ LEFT 함수는 텍스트 문자열의 첫 번째 문자부터 시작하여 지정한 문자 수만큼 문자를 반환하는 함수이며, '=LEFT([셀], N)'의 형태로 활용한다. 이때 N은 지정할 문자 수이며, 1일 경우 가장 왼쪽 문자 1

개, 2일 경우 가장 왼쪽 문자 2개가 반환된다. 그러므로 [G4] 셀에 '=LEFT(A7, 2)'을 입력하면 형광펜의 상품코드 sm106 중 가장 왼쪽 문자 2개인 sm이 도출된다.
따라서 옳은 것만을 모두 고르면 '㉠, ㉡'이므로 정답은 ④이다.

오답분석
㉢ MID 함수는 텍스트 문자열에서 지정된 위치로부터 지정된 수만큼 문자를 반환하는 함수이며, '=MID([셀], N, M)'의 형태로 활용한다. 이때 N은 지정할 문자의 시작 위치이고, M은 지정할 문자 수이며, N이 3, M이 3일 경우 왼쪽에서부터 세 번째 문자부터 시작하여 문자 3개가 반환된다. 그러므로 [H4] 셀에 '=MID(A7, 3, 3)'을 입력하면 106이 도출되며, 1이 도출되기 위해서는 [H4] 셀에 '=MID(A7, 3, 1)'을 입력해야 한다.

06 컴퓨터활용능력
출제 포인트 워드프로세서의 기능에 관한 문제
정답 ①
해설
㉠ 입력한 내용을 표시 장치를 통해 화면에 나타내주는 기능은 '표시기능'이다.
㉡ 키보드나 마우스를 통하여 한글·영문·한자 등 각국의 언어, 숫자, 특수문자, 그림, 사진, 도형 등을 입력하는 기능은 '입력기능'이다.
㉢ 문서의 내용이나 형태 등을 변경해 새롭게 문서를 꾸미는 기능은 '편집기능'이다.
따라서 빈칸 ㉠~㉢에 들어갈 용어는 각각 차례로 '표시기능, 입력기능, 편집기능'이므로 정답은 ①이다.

개념 보충
워드프로세서의 주요 기능
- 입력기능: 키보드나 마우스를 통하여 한글, 영문, 한자 등 각국의 언어, 숫자, 특수문자, 그림, 사진, 도형 등을 입력할 수 있는 기능
- 표시기능: 입력한 내용을 표시 장치를 통해 화면에 나타내주는 기능
- 저장기능: 입력된 내용을 저장하여 필요할 때 사용할 수 있는 기능
- 편집기능: 문서의 내용이나 형태 등을 변경해 새롭게 문서를 꾸미는 기능
- 인쇄기능: 작성된 문서를 프린터로 출력하는 기능

07 정보처리능력
출제 포인트 정보의 분석 과정에 관한 문제
정답 ④
해설
1차 정보가 포함하는 주요 개념을 대표하는 용어를 추출하며, 이를 '서열화'하고 구조화하는 작업이 이어져야 한다. 따라서 정답은 ④이다.

08 정보처리능력
출제 포인트 분류를 이용한 정보관리에 관한 문제
정답 ②
해설
용사원은 교육 콘텐츠를 인문과학, 사회과학, 기술·공학 등 그 내용에 따라 분류하였으므로 '주제적 기준'에 따라 분류한 것이다. 따라서 정답은 ②이다.

개념 보충
정보의 분류 기준
- 시간적 기준: 정보의 발생 시간별로 분류
  예 2012년 봄, 7월 등
- 주제적 기준: 정보의 내용에 따라 분류
  예 정보사회, 서울대학교 등
- 기능적/용도별 기준: 정보가 이용되는 기능이나 용도에 따라 분류
  예 참고자료용, 강의용, 보고서 작성용 등
- 유형적 기준: 정보의 유형에 따라 분류
  예 도서, 비디오, CD, 한글 파일, 파워포인트 파일 등

09 정보처리능력
출제 포인트 정보 보안 및 악성 프로그램에 관한 문제
정답 ⑤
해설
사용자의 컴퓨터 시스템에 침투하여 중요 파일에 대한 접근을 차단하고 금품을 요구하는 악성 프로그램은 '랜섬웨어'이다. 따라서 정답은 ⑤이다.

오답분석
① 웜: 네트워크를 통해 자신을 복제하고 전파할 수 있는 악성 프로그램을 의미한다.
② 엑스트라넷: 기업들이 외부 보안을 유지한 채 협력업체들과 서로의 전산망을 이용하고 업무를 처리할 수 있도록 협력업체들의 인트라넷을 인터넷으로 연결한 것을 의미한다.
③ 트로이 목마: 유용한 프로그램인 것처럼 위장하여 사용자들에게 거부감 없이 설치를 유도하는 프로그램이다.
④ 스파이웨어: 사용자 몰래 PC에 설치되어 정보를 수집하는 악성 코드를 의미한다.

10 정보처리능력
출제 포인트 동적정보와 정적정보에 관한 문제
정답 ①
해설
자료의 ㉠~㉣에 해당하는 요소 및 사분면의 특징을 정리하면 다음과 같다.
㉠ 동적인 물건: 유통기한이 지난 식료품, 구멍 난 옷 등이 해당한다.
㉡ 동적인 정보: 시시각각 변화하는 정보로 유효기간이 짧으며, 뉴스 프로그램, 업무 관련 이메일 등이 해당한다.
㉢ 정적인 물건: 집, 컴퓨터 등이 해당한다.
㉣ 정적인 정보: 쉽게 말해 저장정보로 보존되어 멈추어 있는 정보로서 유효기간이 비교적 길고 보존이 가능하며 잡지, 책 등이 해당한다.
따라서 ㉠에는 'ⓐ, ⓒ', ㉡에는 'ⓕ, ⓖ', ㉢에는 'ⓓ, ⓗ', ㉣에는 'ⓑ, ⓔ'가 해당하므로 정답은 ①이다.

심화문제

빠른 정답표

01	④	02	①	03	①	04	①	05	⑤
06	①	07	⑤	08	①	09	④	10	③
11	④	12	④	13	②	14	⑤	15	③
16	④	17	③	18	③	19	④	20	②
21	②	22	②	23	④	24	①	25	②
26	⑤	27	④	28	②	29	③	30	⑤
31	⑤	32	③	33	④	34	⑤	35	④
36	④	37	②	38	②	39	③	40	①

01 정보능력

출제 포인트 자료, 정보, 지식의 구분에 관한 문제

정답 ④

해설
ⓐ 단순한 자료가 50·60대를 타깃으로 한 효도폰 기획이라는 특정한 목적을 달성하기 위해 재생산된 것이므로 '정보'에 해당한다.
ⓑ 50·60대를 타깃으로 한 효도폰 기획이라는 목적을 달성하기 위해 정립되어 있는 일반화된 정보이므로 '지식'에 해당한다.
ⓒ 고객의 주소, 성별, 이름, 휴대폰 기종, 휴대폰 활용 횟수 등은 아직 특정한 목적에 대하여 평가되지 않은 상태로 단순히 나열된 것이므로 '자료'에 해당한다.
따라서 빈칸 ㉠~㉢에 들어갈 내용은 각각 차례로 'ⓒ, ⓐ, ⓑ'이므로 정답은 ④이다.

02 정보능력

출제 포인트 정보처리 과정에 관한 문제

정답 ①

해설
〈보기〉에서 설명하는 정보처리 과정은 '정보의 기획' 단계로, 전략적으로 기획하는 단계이며, 정보를 5W2H(언제, 어디에서, 무엇을, 누가, 어떻게, 얼마나)에 맞춰 기획을 한다. 따라서 정답은 ①이다.

> **개념 보충**
>
> **정보처리 과정 중 정보의 기획 단계**
> 일반적으로 정보처리 과정은 '기획 - 수집 - 관리 - 활용'의 절차를 거친다. 정보의 기획은 정보활동의 첫 단계로서 정보관리의 가장 중요한 단계이며 보통은 5W2H에 맞게 기획을 한다. 이때, 5W2H는 다음과 같다.
> - WHAT(무엇을?): 정보의 입수대상을 명확히 한다.
> - WHERE(어디에서?): 정보의 소스(정보원)를 파악한다.
> - WHEN(언제까지?): 정보의 요구(수집) 시점을 고려한다.
> - WHY(왜?): 정보의 필요 목적을 염두에 둔다.
> - WHO(누가?): 정보활동의 주체를 확정한다.
> - HOW(어떻게?): 정보의 수집 방법을 검토한다.
> - HOW MUCH(얼마나?): 정보 수집의 비용성(효용성)을 중시한다.

03 정보능력

출제 포인트 정보처리 과정을 위한 컴퓨터 활용 분야에 관한 문제

정답 ①

해설
전화를 통해 홈쇼핑으로 물건을 구입하는 것은 컴퓨터를 활용하여 정보를 처리하는 과정이라고 볼 수 없다. 따라서 적절하지 않은 것만을 모두 고르면 'ㄱ'이므로 정답은 ①이다.

04 정보능력

출제 포인트 의사결정지원시스템에 관한 문제

정답 ①

해설
기업 경영에서 기업이 당면하는 여러 가지 의사결정 문제를 해결하기 위해 복수의 대안을 개발하고, 비교 및 평가하여 최적안을 선택하는 정보시스템은 'DSS(의사결정지원시스템, Decision Support System)'이다. 따라서 정답은 ①이다.

> **오답분석**
>
> ② MIS(경영정보시스템): 기업이라는 시스템의 관점에서 경영 시스템의 목표인 이익 창출을 위해 다른 하위 시스템이 효율적으로 작동하도록 지원하는 시스템이다.
> ③ EC(전자상거래): 컴퓨터 등을 이용해 인터넷과 같은 네트워크상에서 이루어지는 거래 행위이다.
> ④ OA(사무 자동화): 컴퓨터를 모체로 새로운 기술과 여러 가지 기기를 활용해 사무의 간략화·효율화·시스템화를 추진함으로써 사무 기능을 자동화하고 사무 처리의 생산성을 높이는 작업이다.
> ⑤ CMI(컴퓨터 관리 교육): 컴퓨터 시스템을 학습자의 학업 성취와 학습지원 가능성에 관한 정보 처리에 활용하여, 개별화 수업을 처방하고 관리하는 체제이다.

05 정보능력

출제 포인트 정보화 사회의 특징에 관한 문제

정답 ⑤

해설
현대 사회에서 변화되는 속도는 점점 더 빨라지고 있다. 제시된 글은 이러한 사회에서 발생할 수 있는 문제점을 시사하고 있다. 지식정보화 사회에서는 인터넷이나 스마트폰 등을 통해 정확하지 않은 정보나 지식에 노출될 우려가 많으므로, 정보 또는 지식을 진정한 지혜로 만들기 위해서는 경험과 통찰력 등이 필요하다고 언급하고 있다. 즉, 정보 또는 지식 등을 선택적으로 받아들여야 한다. 따라서 정답은 ⑤이다.

> **오답분석**
>
> ①, ② 정보의 특성에 관한 내용이지만, 제시된 글이 시사하는 바가 아니다.
> ③ 제시된 글이 시사하는 바가 아니다.
> ④ 제시된 글에서 언급한 내용이지만, 시사하는 바는 아니다.

06 정보능력

출제 포인트 공급사슬관리(SCM)에 관한 문제

정답 ①

해설
SCM(Supply Chain Management)은 배포자, 고객에 이르는 물류의 흐름을 하나의 가치사슬 관점에서 파악하고 필요한 정보가 원활히 흐르도록 지원하는 시스템을 말한다. 이는 생산·유통·소비에 이르는 물류의 흐름을 통합적으로 파악·관리하는 경영전략으로, 공급망의 전체적인 최적화를 달성하기 위해 도입되었다. 따라서 정답은 ①이다.

07 정보능력

출제 포인트 네티켓에 관한 문제

정답 ⑤

해설
전자우편을 사용할 때 제목은 메시지 내용을 함축해 간략하게 쓰고, 메시지는 가급적 짧게 요점만 작성해야 한다. 따라서 정답은 ⑤이다.

08 컴퓨터활용능력

출제 포인트 인터넷 정보 검색 시 주의 사항에 관한 문제

정답 ①

해설
인터넷 정보 검색 시에는 키워드의 선택이 중요하다. 키워드가 너무 짧으면 원하는 결과를 쉽게 찾을 수 없는 경우가 많으므로 키워드는 구체적이고 자세하게 만드는 것이 좋다. 따라서 정답은 ①이다.

09 컴퓨터활용능력

출제 포인트 인트라넷에 관한 문제

정답 ④

해설
인트라넷은 인터넷 기술과 통신 규약을 기업 내의 전자우편, 전자결재 등과 같은 정보 시스템에 적용한 것이다. 따라서 정답은 ④이다.

오답분석
① 엑스트라넷(Extranet)에 관한 설명이다.
② 블루투스(Bluetooth)에 관한 설명이다.
③ 텔넷(Telecommunication network)에 관한 설명이다.
⑤ 유즈넷(Usenet)에 관한 설명이다.

10 컴퓨터활용능력

출제 포인트 엑셀 프로그램 오류에 관한 문제

정답 ③

해설
#N/A은 함수에서 찾을 값이 없거나 배열 함수 등에서 열 또는 행 범위의 인수가 일치하지 않을 경우에 발생하는 오류이다. 숫자를 0으로 나누었을 경우, 즉 분모가 0일 경우에 발생하는 오류는 #DIV/0!이다. 따라서 정답은 ③이다.

개념 보충

엑셀 프로그램 오류의 발생 원인

구분	발생 원인
#NULL!	범위 연산자를 잘못 사용하였거나 교차하지 않는 영역을 참조하였을 경우에 발생
#REF!	참조된 셀 주소가 잘못되었거나 삭제되었을 경우에 발생
#N/A	함수에서 찾을 값이 없거나 배열 함수 등에서 열 또는 행 범위의 인수가 일치하지 않을 경우에 발생
#NAME?	함수명을 잘못 입력하거나 잘못된 인수를 사용한 경우 등에 발생
#VALUE!	논리값 또는 숫자가 필요한 수식에 텍스트를 입력하였거나 배열 수식을 입력한 후 입력 단축키를 바르게 누르지 않았을 경우에 발생
#####	셀 값보다 열 너비가 좁거나 엑셀에서 처리할 수 있는 숫자의 범위를 넘었을 경우에 발생
#NUM!	함수의 인수 또는 수식이 잘못된 형식으로 입력되었을 때 발생
#DIV/0!	숫자를 0으로 나누었을 경우, 즉 분모가 0일 경우에 발생

11 컴퓨터활용능력

출제 포인트 인터넷 서비스의 종류 및 특징에 관한 문제

정답 ④

해설
데이터베이스는 대량의 자료를 관리하고 내용을 구조화하여 검색이나 자료 관리 작업을 효과적으로 실행하는 프로그램으로, 인터넷 서비스와는 거리가 멀다. 따라서 정답은 ④이다.

개념 보충

인터넷 서비스
업무 생활 혹은 일상생활에서 활용하고 있는 인터넷 서비스는 이메일(E-mail), 메신저(messenger), 인터넷 디스크, 웹하드, 클라우드, 전자상거래, SNS 등 매우 다양하다.

12 컴퓨터활용능력

출제 포인트 파일의 [속성] 메뉴에 관한 문제

정답 ④

해설
파일의 공유는 파일에 마우스 우클릭을 하고 [공유]를 눌러서 설정할 수 있다. 따라서 정답은 ④이다.

13 컴퓨터활용능력

출제 포인트 파일 압축 유틸리티 프로그램에 관한 문제

정답 ②

해설
WINZIP, ALZIP 등의 파일 압축 유틸리티 프로그램을 이용하면 파일 전체의 용량을 줄일 수 있고, 여러 파일을 1개의 파일로 주고받을 수 있다. 이 프로그램의 원리는 파일 내의 빈 공간이나 중복된 내용을 통합하여 용량을 줄이는 것으로, 압축 파일은 이미 빈 공간과 중복된 내용이 없으므로 다시 압축하더라도 용량을 거의 감소시킬 수 없다. 따라서 적절하지 않은 것만을 모두 고르면 'ⓒ'이므로 정답은 ②이다.

14 컴퓨터활용능력

출제 포인트 엑셀 프로그램의 기능에 관한 문제

정답 ⑤

해설
[선택하여 붙여넣기] 기능은 잘라내기를 한 경우에는 사용할 수 없다. 따라서 정답은 ⑤이다.

15 컴퓨터활용능력

출제 포인트 엑셀 프로그램의 IF, AND 함수에 관한 문제

정답 ③

해설
AND 함수에 의해 출석 일수가 20일을 넘으며 필기점수와 과제점수의 합이 85점 이상인 경우 참인 결괏값을 출력하고, IF 함수에 의해 참인 경우 '통과', 그렇지 않은 경우 '재수강'을 출력한다. 윤사원은 필기점수와 과제점수의 합이 85점 이상이지만 출석 일수가 20일을 넘지 않으므로 평가 결과는 '재수강'이어야 한다. 따라서 정답은 ③이다.

16 컴퓨터활용능력

출제 포인트 엑셀 프로그램에서 필터의 활용에 관한 문제

정답 ④

해설
[필터]의 기능을 활용해 수행할 수 있는 작업은 다음과 같다.
- 텍스트를 오름차순 또는 내림차순으로 정렬하기
  (기준: 숫자 크기/한글 자모순)
- 셀 색상이 동일한 것만 정렬하기
- 텍스트가 완전히 동일하거나 동일하지 않은 것만 정렬하기
- 일부 텍스트를 포함하거나 포함하지 않은 것만 정렬하기
- 텍스트의 시작 문자 또는 끝 문자가 동일한 것만 정렬하기

따라서 정답은 ④이다.

17 컴퓨터활용능력

출제 포인트 유틸리티 프로그램에 관한 문제

정답 ③

해설
유틸리티 프로그램의 종류에는 파일 압축 유틸리티 프로그램, 바이러스 백신 프로그램, 화면 캡처 프로그램, 이미지 뷰어 프로그램, 동영상 재생 프로그램 등이 있다. 오라클은 대량의 자료를 관리하고 내용을 구조화하여 검색이나 자료 관리 작업을 효과적으로 실행하는 프로그램으로 테이블, 질의, 폼, 보고서 등을 작성할 수 있는 기능을 가진 데이터베이스의 대표적인 프로그램이다. 따라서 정답은 ③이다.

오답분석
①, ⑤ 바이러스 백신 프로그램으로 유틸리티 프로그램의 일종이다.
② 화면 캡처 프로그램으로 유틸리티 프로그램의 일종이다.
④ 파일 압축 유틸리티 프로그램으로 유틸리티 프로그램의 일종이다.

18 컴퓨터활용능력

출제 포인트 엑셀 프로그램 함수에 관한 문제

정답 ③

해설
sumif 함수는 지정한 범위의 셀 값 중에서 조건을 만족하는 셀의 합을 구할 때 사용하는 함수이고, dsum 함수는 데이터베이스의 범위 내에서 특정 조건에 맞는 데이터 값의 합을 구할 때 사용하는 함수이다.
ⓒ F5 셀에 들어갈 함수는 '=sumif(A2:A9,"제작팀",C2:C9)'이다.
ⓓ F7 셀에 들어갈 함수는 '=dsum(A1:C9,C1,E3:E6)'이다.
따라서 적절한 것만을 모두 고르면 'ⓒ, ⓓ'이므로 정답은 ③이다.

오답분석
㉠ F4 셀에 들어갈 함수는 '=sumif(A2:A9,"기획팀",C2:C9)'이다.
㉡ sum 함수만을 사용하려면 F4 셀에 '=sum(C2, C8)'을 입력하면 된다.
㉣ F6 셀에 dsum 함수를 사용하여 알맞은 값을 넣을 수 없다.

개념 보충

sum, sumif, dsum 함수
자료의 합을 구할 때 사용하는 엑셀 프로그램 함수에 대하여 살펴보면 다음과 같다.
- sum 함수: 지정한 범위 또는 자료(수치)의 합계를 사용할 때 사용
  예 =sum(인수1, 인수2, …)
- sumif 함수: 지정한 범위의 자료 중 조건을 만족하는 자료의 합을 구할 때 사용
  예 =sumif(조건의 범위, 조건식, 구할 합의 범위)
- dsum 함수: 데이터베이스의 범위 내에서 특정 조건에 맞는 데이터 값들의 합을 구할 때 사용
  예 =dsum(데이터베이스 범위, 구할 합의 필드 또는 열 번호, 조건)

19 컴퓨터활용능력

출제 포인트 데이터베이스의 필요성에 관한 문제

정답 ④

해설

(가)는 7대 주요 지하 시설물의 위치정보를 관리하는 데 데이터베이스가 필요하다는 것을 보여주며, (나)는 △△시 고독사에 대한 자료를 취합하는 데 데이터베이스가 필요하다는 것을 보여준다.
ⓐ 데이터가 중복되지 않고 한 곳에만 기록되어 있으므로 데이터의 무결성, 즉 결함이 없는 데이터를 유지하는 것이 훨씬 쉬워진다. 데이터가 변경되면 한 곳에서만 수정하면 되므로 해당 데이터를 이용하는 모든 애플리케이션은 즉시 최신의 데이터를 이용할 수 있다.
ⓒ 데이터베이스 시스템을 이용하면 데이터의 중복이 현저하게 줄어들며, 여러 곳에서 이용되는 데이터를 한 곳에서만 가지고 있으므로 데이터 유지비용을 줄일 수 있다.
ⓔ 한 번에 여러 파일에서 데이터를 찾아내는 기능은 원하는 검색이나 보고서 작성 등을 쉽게 할 수 있게 해 준다.
따라서 적절한 것만을 모두 고르면 'ⓐ, ⓒ, ⓔ'이므로 정답은 ④이다.

오답분석

ⓑ 데이터가 훨씬 조직적으로 저장되어 있으므로, 이러한 데이터를 이용하는 프로그램의 개발이 훨씬 쉬워지고 기간도 단축된다.

🔍 개념 보충

데이터베이스의 필요성
- 데이터의 중복을 줄인다.
- 데이터의 무결성을 높인다.
- 검색을 쉽게 해 준다.
- 데이터의 안정성을 높인다.
- 프로그램의 개발 기간을 단축한다.

20 컴퓨터활용능력

출제 포인트 확장자의 분류에 관한 문제

정답 ②

해설

각 확장자를 특성에 맞게 분류하면 다음과 같다.
1. 문서 파일
   - DOC: MS Word로 작성된 파일의 확장자
   - PPT: MS PowerPoint로 작성된 파일의 확장자
2. 이미지 파일
   - GIF: 비손실 압축 방식의 이미지 파일로, 한 파일에 1개 이상의 이미지를 담는 것이 가능하여 움직이는 이미지 제작 가능
   - PNG: GIF와 JPG의 장점을 적절히 섞은 파일 포맷으로, 무손실 압축 방식 중 원본 손상 없이 압축률이 높아 용량이 높지만, 화질이 우수
3. 소리·영상 파일
   - AVI: 마이크로소프트가 만든 영상 규격으로 동영상 파일의 대표적인 형식이며 비디오와 오디오 정보를 압축하고 재생하는 파일 포맷
   - MOV: 애플사에서 만든 동영상 형식으로 Windows의 기본 동영상 포맷인 AVI와 같이 여러 가지 동영상 압축 코덱(Codec)을 담을 수 있는 대표적인 컨테이너 포맷
   - MKV: 영화나 드라마 같은 멀티미디어 파일 등을 위해 개발된 프로그램인 마트로시카 멀티미디어 컨테이너(Matroska Multimedia Container)를 이용하여 저장된 영상의 확장자
4. 기타
   - NTSC: 미국과 일본, 한국에서 사용되는 텔레비전 방송 시스템

따라서 문서 파일의 확장자는 'ⓔ, ⓐ', 이미지 파일의 확장자는 'ⓓ, ⓕ', 소리·영상 파일의 확장자는 'ⓐ, ⓑ, ⓒ'이므로 정답은 ②이다.

21 컴퓨터활용능력

출제 포인트 웹하드의 특징에 관한 문제

정답 ②

해설

웹하드(Web hard)란 웹 서버에 대용량의 저장 기능을 갖추고 인터넷을 통하여 사용자가 개인용 컴퓨터(PC)의 하드디스크와 같은 기능을 이용할 수 있게 하는 서비스를 말한다. 인터넷 서버에 자료들을 저장할 수 있기 때문에 일반 하드디스크 등이 파손될 경우를 대비하여 백업을 할 수 있으며 각종 보안장치를 도입하면 불법적인 외부의 접근도 차단할 수 있다. 누적된 정보를 빠르게 비교 분석하여 필요한 정보만 쉽게 뽑아내는 것은 빅데이터에 관한 설명이다. 따라서 정답은 ②이다.

22 컴퓨터활용능력

출제 포인트 파이썬에 관한 문제

정답 ②

해설

파이썬에서 컴퓨터가 읽을 수 없고 사람만 알아볼 수 있도록 코드 내용을 작성하는 것을 주석이라고 한다. 주석은 코드에 대해 자세히 설명하거나 특정 코드를 잠시 사용하지 않도록 하기 위해 사용하며, 설명이나 코드 내용을 주석으로 처리하기 위해서는 특수문자 '#'을 사용해야 한다. 따라서 정답은 ②이다.

23 컴퓨터활용능력

출제 포인트 방화벽의 특징에 관한 문제

정답 ④

해설

방화벽은 내부 네트워크에서 외부로 나가는 패킷은 그대로 통과시키고, 외부에서 내부 네트워크로 들어오는 패킷을 체크하여 인증된 패킷만 통과시키는 구조이다. 따라서 정답은 ④이다.

🔍 개념 보충

방화벽(Firewall)
외부에서 내부 네트워크로 들어오는 패킷에 대한 침입을 감지하고, 침입을 차단함으로써 정보 및 자원들을 보호한다. 또한 상호 접속된 내·외부 네트워크에 대한 트래픽을 감시하고 기록하며, 기록된 정보를 통해 외부 침입자의 흔적을 역추적할 수 있다.

24 컴퓨터활용능력

출제 포인트 악성코드의 종류에 관한 문제

정답 ④

해설
웜(Worm)은 인터넷 또는 네트워크를 통해 컴퓨터에서 컴퓨터로 전파된다. 이때 사용자가 직접 실행하지 않더라도 스스로 전파되며, 정상적으로 프로그램이 실행되고 있지 않더라도 전파된다. 따라서 정답은 ④이다.

개념 보충

악성코드 종류
- 바이러스(Virus): 악성코드의 종류 중 하나로, 사용자의 프로그램 중 실행 가능한 부분을 변형해 자신 또는 자신의 변형을 복사하는 프로그램이다. 사용자가 실행을 해야만 복사가 되며, 다른 네트워크의 컴퓨터로 스스로 전파되지 않는다. 정상적으로 프로그램이 실행되고 있는 상태에서 활동하므로 치료가 어려우며, 대부분의 경우 백신 프로그램이 단순히 감염된 파일을 격리하거나 삭제한다.
- 스파이웨어(Spyware): 사용자 몰래 컴퓨터에 설치되어 정보를 수집하며, 사용자가 컴퓨터에서 입력하는 정보를 보내고 받는 과정을 염탐한다. 일반적으로 해당 악성 프로그램을 찾아내기만 하면 되므로 제거가 쉽다.
- 랜섬웨어(Ransomware): 하드 드라이브의 파일을 암호화하고 해독키의 대가로 금전을 요구하는 데 사용된다. 피해자는 해독키가 없으면 파일에 접근하는 게 수학적으로 거의 불가능하므로 항상 백업을 생활화하여 예방하는 것이 더 중요하다.

25 컴퓨터활용능력

출제 포인트 사물 인터넷에 관한 문제

정답 ②

해설
제시된 글이 설명하는 기술은 사물 인터넷(IoT)이다. 사물 인터넷은 사물과 사물을 인터넷으로 연결하고 사물이 스스로 정보를 분석하여 사용자에게 데이터를 제공한다. 사용자가 시간을 정하여 정보를 입력하고 스마트홈 프로그램이 사용자가 정한 시간에 자동으로 보일러를 작동시키는 것은 단순한 예약 시스템이다. 따라서 정답은 ②이다.

26 정보처리능력

출제 포인트 컴퓨터 바이러스 감염 예방법에 관한 문제

정답 ⑤

해설
불분명한 전자우편의 첨부파일은 백신 프로그램으로 바이러스 검사 후 확인한다. 따라서 정답은 ⑤이다.

27 정보처리능력

출제 포인트 정보 분석의 절차에 관한 문제

정답 ④

해설
강주임은 구도심에 위치한 철도역이 최근 기능을 상실하고, 구도심의 쇠퇴가 가속화되고 있어 이에 대해 분석하는 업무를 담당(분석 과제의 발생)하였으며, 분석을 위해 이와 관련된 조사 항목을 설정(과제/요구의 분석, 조사 항목의 선정)하였다. 또한 설정된 조사 항목에 대해 기존 자료와 신규 자료를 수집(관련 정보의 수집, 기존 자료 조사, 신규 자료 조사)하였으므로, 바로 다음 단계에 이어질 정보 분석의 절차는 '수집 정보의 분류'이다. 따라서 정답은 ④이다.

28 정보처리능력

출제 포인트 정보원의 의미에 관한 문제

정답 ②

해설
제시된 글의 밑줄 친 '이것'은 '정보원(Source)'을 의미한다. 정보원이란 흔히 필요한 정보를 수집할 수 있는 원천을 말한다. 정보원은 공개된 것은 물론이고 비공개된 것도 포함한다. 따라서 정답은 ②이다.

오답분석
① 정보검색: 여러 곳에 분산되어 있는 수많은 정보 중에서 특정 목적에 적합한 정보만을 신속하고 정확하게 찾아내어 수집·분류·축적하는 과정을 뜻한다.
③ 인포메이션: 하나하나의 개별적인 정보를 나타낸다.
④ 인텔리전스: 정보의 홍수라고 불리는 사회의 무수히 많은 인포메이션 중에 몇 가지를 선별해 그것을 연결시켜 뭔가 판단하기 쉽게 도와주는 하나의 정보 덩어리이다.
⑤ 정보관리: 기관의 업무 수행을 지원하기 위해 효과적으로 정보를 수집·보관·열람 허용·활용·처리하는 것을 의미한다.

29 정보처리능력

출제 포인트 개인정보의 종류에 관한 문제

정답 ③

해설
개인정보 중 이름, 주민등록번호, 운전면허정보, 주소, 전화번호, 생년월일, 성별, 국적 등은 일반 정보에 해당하며, 연봉은 소득 정보에 해당한다. 따라서 정답은 ③이다.

30 정보처리능력

출제 포인트 네티켓에 관한 문제

정답 ⑤

해설
이메일을 사용할 경우, 이메일을 보내기 전에 주소가 올바른지 다시 한번 확인해야 하며, 이메일로 타인에 대해 말할 때는 정중함을 지켜야 한다. 또한 이메일의 제목은 메시지 내용을 함축하여 간략하게 작성해야 하며,

메시지는 가능한 한 짧게 요점만 작성해야 한다. 따라서 적절한 발언을 한 사람은 '김사원, 이사원, 방사원, 주사원' 4명이므로 정답은 ⑤이다.

🔍 개념 보충

전자우편(E-mail)을 사용할 때의 네티켓
- 메시지는 가능한 한 짧게 요점만 작성한다.
- 메일을 보내기 전에 주소가 올바른지 다시 한번 확인한다.
- 제목은 메시지 내용을 함축해 간략하게 써야 한다.
- 가능한 메시지 끝에 서명(Signature: 성명, 직위, 단체명, 메일주소, 전화번호 등)을 포함시키되, 너무 길지 않도록 한다.
- 메일은 쉽게 전파될 수 있으므로, 메일로 타인에 대해 말할 때는 정중함을 지켜야 한다.
- 타인에게 피해를 주는 언어(비방이나 욕설)는 쓰지 않는다.

31 정보처리능력

출제 포인트 비밀번호 설정에 관한 문제

정답 ⑤

해설
'1@9m2ge!8'은 회피 규칙에 있는 어느 내용에도 해당하지 않고, 권장 규칙을 잘 따르고 있어 회원 가입이 가능한 비밀번호이다. 따라서 정답은 ⑤이다.

오답분석
① 'tjsvndrl45!'에서 tjsvndrl을 한글로 타이핑하면 '선풍기'가 되므로 회피 규칙 3)에 의해 회원 가입이 불가능하다.
② 회피 규칙 1)에 의해 회원 가입이 불가능하다.
③ 숫자가 일정한 규칙으로 등장하고, 아이디인 boy를 거꾸로 한 yob가 포함되어 회피 규칙 5), 7)에 의해 회원 가입이 불가능하다.
④ 회피 규칙 2)에 의해 회원 가입이 불가능하다.

32 정보처리능력

출제 포인트 효과적인 정보수집 방법에 관한 문제

정답 ③

해설
지금 당장은 유용하지 않은 정보일지라도 향후 유용한 정보가 될 수 있는 것들은 물리적인 하드웨어를 활용하여 수집해 두는 것이 좋다. 따라서 정답은 ③이다.

오답분석
① 단순한 인포메이션을 수집할 것이 아니라 직접적으로 도움을 줄 수 있는 인텔리전스를 수집할 필요가 있다.
② 머릿속에 서랍을 만드는 것처럼 수집한 정보를 자기 나름대로 정리해야 한다.
④ 사람의 기억력에는 한계가 있으므로 중요한 큰 정보는 머릿속의 서랍에 두고, 세세한 정보들은 컴퓨터 파일 폴더, 정리 박스, 스크랩 등을 활용하여 수집하는 것이 필요하다.
⑤ 정보 수집에 있어서 얼렁뚱땅 쉽게 얻어지는 것은 절대 없으며, 자신에게 맞는 방법을 찾아 꾸준히 노력하다 보면 언젠가는 큰 것을 얻을 수 있다.

33 정보처리능력

출제 포인트 개인정보 유출 방지에 관한 문제

정답 ④

해설
'출처가 불분명한 전자우편의 첨부 문서는 백신 프로그램으로 바이러스 검사 후 사용하는 것'은 컴퓨터 바이러스 예방법에 관한 내용으로 개인정보 보호와는 거리가 멀다. 따라서 정답은 ④이다.

🔍 개념 보충

개인정보 유출 방지를 위한 확인 사항

1. 회원 가입 시 이용 약관을 읽어라!
   이용 약관에 기재된 항목 중 개인정보보호와 이용자 권리에 대한 조항은 유심히 읽어야 하며, 혹 3자에게 정보를 제공할 수 있다고 명시된 부분이 있는지 재확인해야 한다.
2. 이용 목적에 부합하는 정보를 요구하는지 확인하라!
   정보를 수집할 때에는 수집 및 이용 목적을 제시해야 한다. 특별한 설명 없이 학력, 결혼 여부, 월급, 자동차 소유 여부 등을 요구한다면 가입 여부를 재고해 봐야 한다.
3. 비밀번호는 정기적으로 교체하라!
   비밀번호는 주기적으로 바꾸는 것이 좋다. 대부분의 경우 동일한 ID와 비밀번호를 몇 년씩 사용하는 경우가 많은데 이럴수록 비밀번호와 ID가 노출되기 쉽다.
4. 정체불명의 사이트는 멀리하라!
   수많은 사이트에서 경품 이벤트를 통해 회원가입을 권유하고 있다. 정체가 불분명한 사이트에서 지나치게 개인정보를 요구하면 가입 여부를 고려해 보는 것이 좋다.
5. 가입 해지 시 정보 파기 여부를 확인하라!
   가입만 해지해선 소용이 없다. 개인정보도 탈퇴 즉시 해지하는지 여부를 확인하자. 일부 사이트는 해지 후에도 몇 개월간 개인정보를 파기하지 않는다는 조항이 있다.
6. 뻔한 비밀번호를 쓰지 말라!
   생년월일이나 전화번호 등 남들이 쉽게 유추할 수 있는 비밀번호는 자제해야 한다. 또한 동일한 번호를 연속으로 사용하는 것도 바람직하지 않다.

34 정보처리능력

출제 포인트 동적정보와 정적정보에 관한 문제

정답 ⑤

해설
'동적정보'는 시시각각으로 변하는 정보이며, '정적정보'는 보존되어 멈추어 있는 정보이다. 논문에 수록된 암 치료방법은 보존되어 멈추어 있는 정보이므로 정적정보이다. 따라서 정답은 ⑤이다.

오답분석
① 검색하는 시점을 기준으로 한 콘텐츠에 관한 정보는 시시각각 변화하므로 동적정보이다.
② 도로의 상황에 관한 정보는 시시각각 변화하므로 동적정보이다.
③ 주가에 관한 정보는 시시각각 변화하므로 동적정보이다.
④ 위치정보장치를 통한 화물선의 실시간 위치 정보는 시시각각 변화하므로 동적정보이다.

35 정보처리능력

출제 포인트 정보를 관리하는 방법에 관한 문제

정답 ④

해설
정보 내에 포함되어 있는 키워드나 단락과 같은 세부적인 요소나 정보의 주제, 사용했던 용도로 정보를 찾고자 할 때 목록만으로는 찾는 것이 쉽지 않다. 이런 문제를 해결하기 위해 주요 키워드나 주제어를 가지고 소장하고 있는 정보원을 관리하는 방식은 '색인을 이용한 정보관리'이다. 따라서 정답은 ④이다.

36 정보처리능력

출제 포인트 디지털 트랜스포메이션에 관한 문제

정답 ④

해설
4문단에서 앞으로 디지털 트랜스포메이션에서 인공지능은 스스로 정보를 입력하고 사고할 것이라고 하였다. 따라서 정답은 ④이다.

오답분석
① 3문단에서 디지털 트랜스포메이션의 가장 큰 특징은 초연결성, 초지능성, 예측가능성이라고 하였다.
② 2문단에서 디지털 트랜스포메이션은 단순히 기술 발달을 언급하는 것이 아닌, 인간에게 실질적이고 새로운 복지와 번영을 가져다준다는 점에 주목해야 한다고 하였다.
③ 3문단에서 디지털 트랜스포메이션은 고효율을 지향하고 형태적으로 지능화 및 자동화를 촉진하며, 행태적으로는 공유와 개인화를 제공한다고 하였다.
⑤ 1문단에서 정부나 기업뿐만 아니라 일반인 모두가 디지털 트랜스포메이션의 대상이라고 하였다.

37 정보처리능력

출제 포인트 자료의 분류 방법에 관한 문제

정답 ②

해설
정보를 유사한 것끼리 모아 체계화하여 정리를 해두면 나중에 정보를 찾을 때 검색 시간을 단축할 수 있고 관련 정보를 한 번에 찾을 수 있다. 이때 시간적 기준, 주제적 기준, 기능적/용도별 기준, 유형적 기준에 따라 정보를 분류하는 것이 좋다. 따라서 정답은 ②이다.

38 정보처리능력

출제 포인트 디도스에 관한 문제

정답 ②

해설
'디도스(DDoS)'는 특정 웹사이트에 수십 대에서 많게는 수백만 대의 PC를 동시에 접속시킴으로써 단시간 내에 과부하를 일으키는 행위이다. 공격자들은 많은 양의 트래픽을 순간적으로 일으켜 서버나 네트워크 대역이 감당할 수 없도록 서버를 마비시키며, 그에 따라 일반 사용자들의 사이트 접근 및 사용이 차단된다. 따라서 정답은 ②이다.

오답분석
① 트로이 목마: 시스템에서 불법적인 행위를 수행하기 위해 다른 프로그램으로 위장하여 설치를 유도하고 특정 프로그램을 침투시키는 행위이다.
③ 스푸핑(Spoofing): 악의적인 목적으로 웹 사이트를 구축해 일반 사용자의 방문을 유도한 후 시스템 권한을 획득한 뒤 정보를 빼가거나 암호와 기타 정보를 입력하도록 속이는 행위이다.
④ 스니핑(Sniffing): 네트워크 중간에서 패킷을 엿보면서 아이디와 패스워드를 알아내는 행위이다.
⑤ 백 도어(Back door): 시스템 접근에 대한 사용자 인증 등 정상적인 절차를 거치지 않고 응용 프로그램 또는 시스템에 접근할 수 있도록 하는 프로그램이다.

39 정보처리능력

출제 포인트 컴퓨터 에러 코드에 관한 문제

정답 ③

해설
1) Error Value
   - error founded in index \$6\$ for factor 465 → 6 (오류 발생 위치가 오류 유형 숫자에 포함)
   - error founded in index \$5\$ for factor 63 → 1 (오류 발생 위치가 오류 유형 숫자에 미포함)
   - error founded in index \$3\$ for factor 301 → 3 (오류 발생 위치가 오류 유형 숫자에 포함)
2) FEV
   File System Type이 ATO이므로 모든 Error Value들의 합인 6 + 1 + 3 = 10 → 010(FEV는 세 자릿수)이다.
Correcting Value가 142F이고 FEV 값이 010이므로 FEV를 구성하는 숫자가 Correcting Value를 구성하는 숫자의 일부만 포함된 경계 단계이며, Correcting Value에 문자가 포함되어 있으므로 Input Code는 'cldn35/c'이다. 따라서 정답은 ③이다.

40 정보처리능력

출제 포인트 스누핑, 스니핑, 스푸핑에 관한 문제

정답 ①

해설
㉠ 2문단에서 스누핑과 스니핑은 다른 사람의 네트워크 패킷에 몰래 접근한다는 공통점이 있다고 하였다.
㉢ 1문단에서 스누핑이란 해커가 개인 PC에서 사용자 정보를 담고 있는 쿠키를 해킹한 후 이를 통해 사용자 권한을 획득해 내는 소극적인 해킹 기술이라고 하였다.
따라서 글의 내용과 일치하는 것만을 모두 고르면 '㉠, ㉢'이므로 정답은 ①이다.

오답분석
㉡ 2문단에서 네트워크 내의 패킷들은 대부분 암호화되어 있지 않아 스니핑 해킹에 이용당하기 쉽다고 하였다. 따라서 네트워크 내의 패킷

들이 대부분 암호화되어 있지 않다는 점을 이용한 기술은 스니핑에 해당하는 설명이다.
ㄹ 3문단에서 스푸핑은 통신에서 사용되는 데이터 패킷을 위조 또는 변조하는 행위로, 승인받은 사용자인 것처럼 IP를 속여서 시스템에 접근하거나 네트워크상에서 허가된 주소로 가장하여 접근 제어를 우회하는 적극적인 해킹 기술이라고 하였다. 따라서 IP를 속여서 공격하는 기술은 스푸핑에 해당하는 설명이다.

실전용 해설

제시글에서 유사한 개념들이 등장한다면, 그 개념들의 공통점과 차이점을 빠르게 구분하고 이를 선지와 비교하는 것이 중요하다. 제시글에 서술된 유사한 개념들에 대해 정리하면 다음과 같다.

구분	스누핑	스니핑
공통점	다른 사람의 네트워크 패킷에 몰래 접근함.	
	소극적인 해킹 기술	
차이점	패킷 접근 + 획득	패킷 단순 접근

이를 통해 선지를 검토하면 ㉠이 일치하는 내용임을 빠르게 가려낼 수 있다.

응용문제

✔ 빠른 정답표

01	④	02	③	03	①	04	③	05	⑤
06	③	07	③	08	③	09	⑤		

01 정보능력

출제 포인트 파워포인트의 단축키에 관한 문제

정답 ④

해설
ㄴ 슬라이드 열기를 하는 단축키는 'Ctrl + O'이다.
ㄷ 다른 이름으로 저장을 하는 단축키는 'Ctrl + Shift + S'이다.
ㄹ 그룹해제를 하는 단축키는 'Ctrl + Shift + G'이다.
ㅁ 글자 기울이기를 하는 단축키는 'Ctrl + I'이다.
따라서 옳지 않은 것은 'ㄴ, ㄷ, ㄹ, ㅁ' 4개이므로 정답은 ④이다.

오답분석
ㄱ 전체선택을 하는 단축키는 'Ctrl + A'이다.

개념 보충

PPT의 주요 단축키(MS오피스 2016)

Ctrl을 이용한 단축키			
단축키	내용	단축키	내용
Ctrl + A	전체선택	Ctrl + B	굵은 글씨(볼드)
Ctrl + O	슬라이드 열기	Ctrl + P	인쇄
Ctrl + C	복사	Ctrl + V	붙여넣기
Ctrl + K	하이퍼링크 걸기	Ctrl + S	저장
Ctrl + N	새 문서 만들기	Ctrl + X	잘라내기
Ctrl + G	그룹 만들기	Ctrl + Z	실행취소
Ctrl + H	글자 변경	Ctrl +]	글자 확대
Ctrl + I	글자 기울이기	Ctrl + [	글자 축소
Ctrl + Shift를 이용한 단축키			
단축키	내용	단축키	내용
Ctrl + Shift + S	다른 이름으로 저장	Ctrl + Shift + 방향키	크기 미세 조절
Ctrl + Shift + >	글자 확대	Ctrl + Shift + <	글자 축소
Ctrl + Shift + G	그룹해제	Ctrl + Shift + F	글꼴 변형
Ctrl + Shift + C	서식복사	Ctrl + Shift + V	서식 붙여넣기

기타

단축키	내용	단축키	내용
F5	슬라이드 미리 보기 (처음부터)	Shift + F5	슬라이드 미리 보기 (선택한 슬라이드부터)

02 정보능력

출제 포인트 동영상 편집 프로그램에 관한 문제

정답 ③

해설
Premiere, Final cut pro, Media composer는 모두 동영상 편집 프로그램이다. 따라서 정답은 ③이다.

🔍 개념 보충

Adobe사의 Premiere, Apple의 Final cut pro, Avid의 Media composer는 모두 비선형 동영상 편집기이다.

03 정보능력

출제 포인트 한컴오피스 한글과 MS 워드의 단축키에 관한 문제

정답 ①

해설
㉠~㉣에 들어갈 내용을 정리하면 다음과 같다.

구분	한글 단축키	워드 단축키
새 문서(새 파일) 만들기	Alt + N	Ctrl + N
다른 이름으로 저장	Alt + V	F12

따라서 ㉠~㉣에 들어갈 내용은 차례로 'Alt + N, Ctrl + N, Alt + V, F12'이므로 정답은 ①이다.

🔍 개념 보충

1. 한컴오피스 한글 주요 단축키

단축키	내용	단축키	내용
Ctrl + C	복사	Ctrl + S	저장
Ctrl + V	붙여넣기	Ctrl + F4	닫기
Ctrl + N + T	표 만들기	Alt + C	모양 복사
Ctrl + Z	실행취소	Shift + Tab	2줄 이상 문장 줄 맞추기
Ctrl + N + I	그림 넣기	Alt + Space Bar	빈칸 좁게 띄어쓰기
Ctrl + Enter	새 페이지로 시작하기	Ctrl + F10	문자표

단축키	내용	단축키	내용
Alt + Shift + B	굵은 글씨 (볼드)	Alt + N	새 문서 만들기
Ctrl + G + C	조판 부호	Alt + V	다른 이름으로 저장
Ctrl + Y	한 줄 지우기	Alt + P	인쇄

2. MS 워드 주요 단축키

단축키	내용	단축키	내용
Ctrl + C	복사	Alt + F3	상용구 만들기
Ctrl + V	붙여넣기	F9	필드 업데이트 하기
Ctrl + N	새 파일 만들기	Ctrl + Shift + Enter	단 나누기
Ctrl + O	열기	Ctrl + D	글꼴 대화상자
Ctrl + F4	닫기	Ctrl + B	굵은 글씨 (볼드)
Ctrl + S	저장	Ctrl + Shift + L	글 머리꼴 넣기
F12	다른 이름으로 저장	Ctrl + M	들여쓰기
Ctrl + P	인쇄	Ctrl + Shift + M	내어쓰기
Ctrl + F2	인쇄 미리 보기	Ctrl + T	문자 첫 글 들여쓰기
Ctrl + Z	실행취소	Ctrl + Shift + T	문장 첫 글자 내어쓰기
Ctrl + Y	작업 반복	Ctrl + Shift + D	균등분할 맞춤
Ctrl + H	바꾸기	Ctrl + Shift + A	모두 대문자로
F5	이동	Ctrl + Shift + K	소문자를 작은 대문자로
Ctrl + Page Down	다음 페이지로 이동	Ctrl + Shift + N	표준 스타일 적용
Ctrl + Page Up	이전 페이지로 이동	Alt + F8	매크로
Ctrl + Shift + C	서식 복사	Shift + 화살표	셀 블록 설정
Ctrl + Shift + V	서식 붙여넣기	Alt + F5	문서를 전체화면으로 늘리기
Ctrl + Alt + O	개요 모양 보기	Ctrl + Alt + S	창 분할
Ctrl + Alt + P	인쇄 모양 보기	Tab	표 셀 이동

Alt + Ctrl + M	메모 넣기	Shift + F1	서식표시
Ctrl + Enter	새 페이지로 시작하기	한자	도구 한글한자 변환
Alt + Ctrl + D	미주 넣기	F7	맞춤법 검사기
Alt + Ctrl + F	각주 넣기	Ctrl + Shift + F	글꼴 바꾸기

04 정보능력

출제 포인트 AR(증강현실)과 MR(융합현실)에 관한 문제

정답 ③

해설
㉠ AR이 시각 정보 중심인 반면, MR은 가상의 범위를 시각, 청각, 촉각, 후각 등 오감으로 확대할 수 있으므로 가상의 범위는 MR이 AR보다 넓다.
㉡ 몰입감이 부족하다는 단점이 있는 기술은 AR이지만, 현실과 단절된다는 단점이 있는 기술은 VR이다.
따라서 옳지 않은 것은 '㉠, ㉡' 2개이므로 정답은 ③이다.

오답분석
㉢ AR은 현실 세계의 사물이나 인물, 배경 등에 이미지나 텍스트 등과 같은 가상 정보를 겹쳐서 보여주는 기술이다.
㉣ MR은 현실과의 단절이라는 VR의 단점과 부족한 몰입감이라는 AR의 단점을 보완하는 미래형 융합 기술이며, 사용자의 행동에 가상(홀로그램)이 반응하기 때문에 매우 높은 몰입도를 제공하는 동시에 차후 광범위한 영역에서 활용될 가능성이 크다.

개념 보충

VR, AR, MR

1. VR(Virtual Reality, 가상현실)
   - 특정 환경 또는 상황을 컴퓨터를 통해 가상이나 허구로 만들어서 그것을 사용하는 사람이 실제 환경 또는 상황과 상호작용을 하는 것처럼 느끼도록 하는 인간과 컴퓨터 사이의 인터페이스 시스템
   - 컴퓨터로 만들어 낸 가상의 환경 또는 상황을 인간의 감각 기관을 통해 느끼도록 하여 사용자가 몰입감을 느끼고 상호작용할 수 있게 만드는 기술
2. AR(Augmented Reality, 증강현실)
   - 사용자가 눈으로 보는 현실 세계의 사물이나 인물, 배경 등에 이미지나 텍스트 등과 같은 가상 정보를 겹쳐서 보여주어 사용자로 하여금 향상된 현실감을 느끼도록 하는 기술
   - AR 기술은 목표물을 추적하는 트래킹과 가상 정보를 겹쳐서 보여주는 맵핑으로 구분됨.
3. MR(Mixed Reality, 융합현실)
   - 현실과의 단절이라는 VR의 단점과 부족한 몰입감이라는 AR의 단점을 보완하는 미래형 융합 기술이며, 사용자의 행동에 가상(홀로그램)이 반응하기 때문에 매우 높은 몰입도를 제공함.
   - AR이 시각 정보 중심인 반면, MR은 가상의 범위를 시각, 청각, 촉각, 후각 등 오감으로 확대할 수 있음.

4. VR, AR, MR 비교

구분	VR	AR	MR
구현 방식	현실 세계를 차단하고 디지털 환경만 구축함.	현실 정보 위에 가상 정보를 겹쳐서 보여줌.	현실정보 기반에 가상 정보를 활용함.
장점	• 컴퓨터 그래픽으로 입체감 있는 영상을 구현함. • 몰입감이 뛰어남.	• 현실 세계에 그래픽을 구현하여 필요한 정보를 즉각적으로 보여줌. • 현실과 상호작용 가능함.	• 현실과 상호작용 우수함. • 사실감, 몰입감이 매우 뛰어남.
단점	• 현실 세계와 차단되어 있어 현실과의 상호작용이 약함. • 별도로 컴퓨터 그래픽을 구현해야 함.	• 시야와 정보가 분리됨. • 몰입감이 약함.	• 처리할 데이터 용량이 큼. • 장비 등의 기술적 제약 많음.

05 정보능력

출제 포인트 ICBMA 기술에 관한 문제

정답 ⑤

해설
ICBMA 기술이란 사물인터넷(Internet of Things) 기술, 클라우드(Cloud) 기술, 빅데이터(Big Data) 기술, 모바일(Mobile) 기술, 인공지능(Artificial Intelligence) 기술의 5가지 기술을 의미한다. 따라서 정답은 ⑤이다.

개념 보충

ICBMA 기술

1. 사물인터넷(Internet of Things) 기술
   사물에 센서, 네트워크, 클라우드 서버 등의 기술을 접목하여 해당 사물이 인간의 개입 없이 인터넷에 연결되도록 하는 기술
2. 클라우드(Cloud) 기술
   데이터를 자신의 컴퓨터가 아닌 인터넷에 연결된 중앙 컴퓨터에 저장하여 시간 및 장소에 구애받지 않고 이용할 수 있는 기술
3. 빅데이터(Big Data) 기술
   기존의 데이터베이스로는 수집·저장·분석 등을 수행하기 어려울 정도로 방대한 정형 또는 비정형 데이터로부터 가치를 추출하고 결과를 분석하는 기술
4. 모바일(Mobile) 기술
   이동 가능한 모든 스마트기술의 통칭
5. 인공지능(Artificial Intelligence) 기술
   컴퓨터 시스템에 의해 인간의 뇌신경과 학습능력 등을 흉내 낼 수 있는 기술

06 정보능력

출제 포인트 2차 자료에 관한 문제

정답 ③

해설
2차 자료는 이미 만들어진 자료로 1차 자료를 제외한 모든 자료를 의미하며, 자료를 수집하는 데에 시·공간의 제약이 없기 때문에 시간·비용·인력 등의 자원을 절감할 수 있고 직접 사용도 가능하다. 또한 2차 자료는 기사, 보고서 등 다양한 형태로 존재하며, 2차 자료의 유무를 1차 자료 수집 전에 먼저 확인하는 것이 효율적이다. 그러나 조사 목적이 다른 자료의 경우에는 신뢰성·타당성에 있어 문제가 될 수 있으며, 일반화하기가 어렵다는 문제가 있다. 조사 목적에 맞게 직접적인 통제가 가능한 것은 1차 자료이다. 따라서 정답은 ③이다.

개념 보충

1차 자료와 2차 자료

구분	내용
1차 자료	• 조사자가 조사 목적을 위해 조사 설계를 하여 직접 수집한 자료 • 조사 목적에 맞게 직접적인 통제가 가능함. • 조사 목적에 맞는 정확하고 타당성 높은 자료 • 상대적으로 시간·비용·인력 등이 많이 소요되며, 설문지 개발 등이 어려움. • 2차 자료의 유무를 1차 자료 수집 전에 먼저 확인하는 것이 경제적·효율적임.
2차 자료	• 이미 만들어진 자료로 1차 자료를 제외한 모든 자료 • 자료를 수집하는 데에 시·공간의 제약이 없음. • 상대적으로 시간·비용·인력 등이 절감되며, 직접 사용 가능함. • 기사, 보고서 등 다양한 형태로 존재함. • 조사 목적이 다른 자료의 경우 신뢰성·타당성에 있어 문제가 될 수 있음.

07 정보능력

출제 포인트 네트워크 보안 시스템에 관한 문제

정답 ③

해설
ⓒ NTP(Network Time Protocol)는 네트워크를 기반으로 한 시간 동기화 컴퓨터 통신 규약이다.
ⓔ DNS(Domain Name System)는 네트워크에서 Domain Name을 입력하면 DNS Server를 통해 IP 주소로 변환해주는 TCP/IP 네트워크 서비스이다.
따라서 네트워크 보안 시스템이 아닌 것은 'ⓒ, ⓔ'이므로 정답은 ③이다.

오답분석
㉠ Anti-DDos(Distributed Denial of service)는 특정 사이트에 대한 정당한 접근을 방해 또는 차단하기 위해 네트워크에 분산되어 있는 많은 공격자를 이용하여 해당 사이트를 공격하는 DDos 공격을 차단하기 위한 보안 솔루션이다.
ⓒ UTM(Unified Threat Management)은 다중 위협에 대한 보호 기능을 제공하는 포괄적 보안 시스템이다.
ⓓ IPS(Intrusion Prevention System)는 네크워크에서 공격 서명을 찾아낸 후 자동으로 조치를 하여 비정상적인 트래픽을 중단시키는 보안 솔루션이다.

개념 보충

대표적인 네트워크 보안 시스템
1. 방화벽
   인터넷과 내부 네트워크 사이에 전송되는 정보를 선별하여 수용·거부·수정 기능을 수행하는 보안 시스템
2. UTM(Unified Threat Management)
   다중 위협에 대한 보호 기능을 제공하는 포괄적 보안 시스템
3. Anti-DDos(Distributed Denial of service)
   특정 사이트에 대한 정당한 접근을 방해 또는 차단하기 위해 네트워크에 분산되어 있는 많은 공격자를 이용하여 해당 사이트를 공격하는 DDos 공격을 차단하기 위한 보안 솔루션
4. VPN(Virtual Private Network)
   인터넷망에 사설망을 구축하여 사용자가 이를 전용망처럼 사용할 수 있게 해주는 보안 솔루션
5. NAC(Network Access Control)
   사용자의 컴퓨터가 내부 네트워크에 접근하기 전에 보안 정책을 준수했는지 여부를 검사하여 네트워크 접속을 통제하는 기술
6. IDS(Intrusion Detection System)
   네트워크에서 송·수신되는 데이터의 비정상적인 사용이나 오·남용 등을 실시간 탐지하는 보안 솔루션
7. IPS(Intrusion Prevention System)
   네크워크에서 공격 서명을 찾아낸 후 자동으로 조치를 하여 비정상적인 트래픽을 중단시키는 보안 솔루션

08 정보능력

출제 포인트 기억 용량의 크기 순서에 관한 문제

정답 ③

해설
기억 용량 단위를 정리하면 다음과 같다.
- 1KB(킬로바이트, Kilo Byte) = 2^{10} byte
- 1MB(메가바이트, Mega Byte) = 2^{20} byte
- 1GB(기가바이트, Giga Byte) = 2^{30} byte
- 1TB(테라바이트, Tera Byte) = 2^{40} byte
- 1PB(페타바이트, Peta Byte) = 2^{50} byte
- 1EB(엑사바이트, Exa Byte) = 2^{60} byte

따라서 기억 용량이 큰 순서대로 나열하면 '1EB, 1PB, 1TB, 1GB, 1MB, 1KB'이므로 정답은 ③이다.

개념 보충

기억 용량 단위
- 1KB(킬로바이트, Kilo Byte) = 2^{10} byte
- 1MB(메가바이트, Mega Byte) = 2^{20} byte
- 1GB(기가바이트, Giga Byte) = 2^{30} byte
- 1TB(테라바이트, Tera Byte) = 2^{40} byte
- 1PB(페타바이트, Peta Byte) = 2^{50} byte
- 1EB(엑사바이트, Exa Byte) = 2^{60} byte
- 1ZB(제타바이트, Zeta Byte) = 2^{70} byte
- 1YB(요타바이트, Yotta Byte) = 2^{80} byte

09 정보능력

출제 포인트 OSI 7계층 참조 모델에 관한 문제

정답 ⑤

해설
㉠ 최상위 계층으로 사용자와의 인터페이스 역할을 하는 계층은 '응용 계층'이다.
㉡ 접속 유지 기능을 수행하는 계층으로 전송 계층에서 생성된 연결에서 오류가 발생할 경우 네트워크 오류를 찾은 후 정해진 절차를 통해 접속을 유지하는 역할을 하는 계층은 '세션 계층'이다.
㉢ 네트워크 상태를 고려하여 패킷의 이동 경로를 결정하는 계층으로 논리 주소를 기반으로 네트워크 경로를 선택하고 라우팅을 하는 계층은 '네트워크 계층'이다.
따라서 ㉠~㉢에 들어갈 계층을 각각 바르게 짝지은 것은 '응용 계층, 세션 계층, 네트워크 계층'이므로 정답은 ⑤이다.

개념 보충

OSI 7계층 참조 모델

계층	내용
응용 계층 (7계층)	최상위 계층으로 사용자와의 인터페이스 역할을 함.
표현 계층 (6계층)	전송하는 데이터의 표현 방식인 포맷을 결정하는 계층으로 서로 다른 코드 체계를 지닌 시스템 사이에서 압축, 암호화·복호화 기능을 수행함.
세션 계층 (5계층)	접속 유지 기능을 수행하는 계층으로 전송 계층에서 생성된 연결에서 오류가 발생할 경우 네트워크 오류를 찾은 후 정해진 절차를 통해 접속을 유지하는 역할을 함.
전송 계층 (4계층)	신뢰성 있는 데이터 전송을 담당하는 계층으로, 흐름 제어, 오류 제어 등의 기능을 수행함.
네트워크 계층 (3계층)	네트워크 상태를 고려하여 패킷의 이동 경로를 결정하는 계층으로, 논리 주소를 기반으로 네트워크 경로를 선택하고 라우팅을 함.
데이터 링크 계층 (2계층)	물리 계층에서 전송되는 데이터의 신뢰성을 보장하는 계층으로, 물리 주소 지정이나 오류 통지, 프레임의 순차 전송 등의 기능을 함.
물리 계층 (1계층)	상호 간 물리적인 연결을 담당하는 계층으로, 전기적이고 기계적인 기능과 절차 등을 규정함.

08 기술능력

기본문제

✓ 빠른 정답표

01	④	02	②	03	⑤	04	①	05	①
06	①	07	⑤	08	①	09	④	10	③

01 기술능력

출제 포인트 기술능력과 기술교양의 비교에 관한 문제

정답 ④

해설
기술능력이 뛰어나다는 것이 반드시 직무에서 요구되는 구체적인 기능을 소유하고 있다는 것만을 의미하지는 않는다. 기술능력을 기르기 위해서는 직무의 구체화 기술을 위한 훈련 프로그램이 아닌 전반적인 직업적·기술적 프로그램을 통해서 학습해야 한다. 따라서 정답은 ④이다.

> **개념 보충**
>
> **기술교양**
> 기술교양은 모든 사람들이 광범위한 관점에서 기술의 특성, 기술적 행동, 기술의 힘, 기술의 결과에 대해 어느 정도의 지식을 가지는 것을 의미한다. 본질적으로 그것은 실천적 문제를 해결할 수 있는 생산력, 체계, 환경을 설계하고 개발해야 할 때 비판적 사고를 갖게 되는 것을 포함한다.

02 기술이해능력

출제 포인트 하인리히 법칙에 관한 문제

정답 ②

해설
1 : 29 : 300법칙이라고도 부르며, 대형사고가 발생하기 전에는 이와 관련한 경미한 사고와 문제가 반드시 존재한다는 것을 밝힌 법칙은 '하인리히 법칙'이다. 따라서 정답은 ②이다.

오답분석
① 깨진 유리창 법칙: 깨진 유리창처럼 사소한 것을 방치한다면 나중에 큰 범죄로 이어진다는 범죄 심리학 이론이다.
③ 무어의 법칙: 네트워크 혁명의 세 가지 법칙 중 하나로, 컴퓨터의 반도체 성능이 18개월마다 2배씩 증가한다는 법칙이다.
④ 메트칼프의 법칙: 네트워크 혁명의 세 가지 법칙 중 하나로, 통신 네트워크의 가치가 네트워크에 부착된 통신기기 수의 제곱에 비례한다는 법칙이다.
⑤ 황의 법칙: 반도체 메모리의 용량이 1년마다 2배씩 증가한다는 법칙이다.

03 기술이해능력

출제 포인트 기술혁신의 특성에 관한 문제

정답 ⑤

해설
㉠ 새로운 제품에 관한 아이디어는 마케팅 부서를 통해 고객으로부터 수집될 필요가 있고, 구매 부서를 통해 원재료나 설비 공급 업체로부터 얻어질 수도 있다. 또한 기술을 개발하는 과정에서도 생산 부서나 품질관리 담당자 혹은 외부 전문가들의 자문이 필요하기도 하다. 그리고 기술혁신은 상호의존성을 갖고 있어서 하나의 기술이 개발되면 그 기술이 다른 기술개발에 영향을 미칠 수 있다. 즉, 기술혁신은 연구개발 부서 단독으로 수행될 수 없다.
㉡ 기술혁신은 기업의 기존 조직 운영 절차나 제품구성, 생산방식, 나아가 조직의 권력구조 자체에도 새로운 변화를 야기함으로써 조직의 이해관계자 간의 갈등이 구조적으로 존재하게 된다.
㉢ 새로운 기술을 개발하기 위한 아이디어의 원천이나 신제품에 대한 소비자의 수요, 기술개발의 결과 등은 예측하기가 어렵다. 따라서 기술개발의 목표, 일정, 비용 지출, 수익 등에 대한 사전계획을 세우기 어렵다.
㉣ 인간의 개별적인 지능과 창의성, 상호학습을 통해 새로운 지식과 경험은 빠른 속도로 축적되고 학습되지만, 기술개발에 참가한 엔지니어의 지식은 문서화되기 어려우므로 다른 사람들에게 쉽게 전파될 수 없다. 따라서 연구개발에 참여한 연구원과 엔지니어들이 그 기업을 떠나는 경우 기술과 지식의 손실이 크게 발생하여 기술개발을 지속할 수 없는 경우가 종종 발생한다.
따라서 적절한 것만을 모두 고르면 '㉠, ㉡, ㉢, ㉣' 4개이므로 정답은 ⑤이다.

> **개념 보충**
>
> **기술혁신의 특성**
> • 기술혁신은 그 과정 자체가 매우 불확실하고 장기간의 시간을 필요로 한다.
> • 기술혁신은 지식 집약적인 활동이다.
> • 혁신 과정의 불확실성과 모호함은 기업 내에서 많은 논쟁과 갈등을 유발할 수 있다.
> • 기술혁신은 조직의 경계를 넘나드는 특성을 갖고 있다.

04 기술이해능력

출제 포인트 기술 시스템에 관한 문제

정답 ①

해설
'기술 시스템(Technological system)'은 개별 기술이 네트워크로 결합하는 것으로, 기술이 발전하면서 이전에는 없던 연관이 개별 기술들 사이에서 만들어지는 것을 말한다. 제시된 글은 비료, 공작기계, 전기, 교통수단 등이 서로 영향을 주고받으며 발전하고 있는 현상을 소개하였으므로 기술 시스템에 관해 설명하고 있다. 따라서 정답은 ①이다.

05 기술선택능력

출제 포인트 기술선택을 위한 절차에 관한 문제

정답 ①

해설
㉠은 '요구기술 분석' 단계로, 이 단계에서는 제품 설계·디자인 기술, 제품 생산 공정, 원재료·부품 제조기술 분석 업무를 수행해야 한다. 따라서 정답은 ①이다.

오답분석
② '내부 역량 분석' 단계에서 수행해야 하는 업무이다.
③ '중장기 사업목표 설정' 단계에서 수행해야 하는 업무이다.
④ '외부 환경 분석' 단계에서 수행해야 하는 업무이다.
⑤ '사업전략 수립' 단계에서 수행해야 하는 업무이다.

06 기술선택능력

출제 포인트 벤치마킹에 관한 문제

정답 ①

해설
간접적 벤치마킹은 벤치마킹 결과가 피상적이며 정확한 자료의 확보가 어렵고, 특히 핵심자료의 수집이 상대적으로 어렵다는 단점이 있다. 따라서 정답은 ①이다.

오답분석
② '내부 벤치마킹'에 관한 내용이다.
③ '비경쟁적 벤치마킹'에 관한 내용이다.
④ '글로벌 벤치마킹'에 관한 내용이다.
⑤ '경쟁적 벤치마킹'에 관한 내용이다.

07 기술선택능력

출제 포인트 지식재산권에 관한 문제

정답 ⑤

해설
(가) 반도체 배치 설계나 온라인 디지털 콘텐츠와 같이 경제·사회문화의 변화나 과학 기술의 발전에 따라 새로운 분야에서 출현하는 재산권은 'ⓔ 신지식 재산권'이다.
(나) 문화예술 분야에서 인간의 사상 또는 감정을 표현한 창작물인 저작물에 대한 배타적·독점적 권리는 'ⓓ 저작권'이다.
(다) 산업 분야의 창작물과 관련된 산업재산권 중 하나로, Life-Cycle이 짧고 실용적인 주변 개량 기술은 'ⓒ 실용신안'이다.
따라서 바르게 연결한 것은 '(다) – ⓒ'이므로 정답은 ⑤이다.

오답분석
ⓐ 특허: 기술적 창작인 원천 핵심 기술로, 발명한 사람이 자기가 발명한 기술을 독점적으로 사용할 수 있는 권리이다.
ⓑ 의장: 산업재산권법에서 심미성을 가진 고안으로서 물품의 외관에 미적인 감각을 느낄 수 있게 하는 것이다.

08 기술적용능력

출제 포인트 기술 적용 형태의 특징에 관한 문제

정답 ①

해설
선택한 기술을 그대로 적용할 경우 선택한 기술이 적합하지 않으면 실패로 돌아갈 수 있는 위험부담이 크다. 따라서 적절하지 않은 것만을 모두 고르면 '㉠'이므로 정답은 ①이다.

09 기술적용능력

출제 포인트 네트워크 혁명의 역기능에 관한 문제

정답 ④

해설
네트워크 혁명의 역기능과 순기능은 서로 잘 분리가 되지 않아 해결책을 찾기 어려우므로 네트워크 역기능을 없애는 것은 쉬운 일이 아니다. 따라서 정답은 ④이다.

오답분석
① 네트워크 혁명의 역기능의 발생 원인은 원격으로 온라인 침투가 쉽고, 누구나 접근 가능한 네트워크의 특성 때문이다.
② 정보 격차, 기술이 야기하는 실업 문제, TV 중독, 범죄자들 간의 네트워크 악용 등의 문제가 이전에도 있었으므로 네트워크 혁명의 역기능이 반드시 인터넷 때문에 생겼다고 보기는 힘들다.
③ 사람들을 연결하고 정보를 쉽게 유통하는 인터넷으로 인해 네트워크 혁명의 역기능이 쉽게 결합되고 증폭된다.
⑤ 최근 네트워크 혁명의 역기능에 대한 대응으로 법적·제도적 기반을 구축하고 있다.

10 기술적용능력

출제 포인트 기술관리자에게 요구되는 능력에 관한 문제

정답 ③

해설
중간급 매니저에 속하는 기술관리자에게 요구되는 능력은 다음과 같다.
• 기술을 운용하거나 문제를 해결할 수 있는 능력
• 기술직과 의사소통할 수 있는 능력
• 혁신적인 환경을 조성할 수 있는 능력
• 기술적·사업적·인간적인 능력을 통합할 수 있는 능력
• 시스템적인 관점에서 인식하는 능력
• 공학적 도구나 지원 방식을 이해할 수 있는 능력
• 기술이나 추세를 이해할 수 있는 능력
• 기술팀을 통합할 수 있는 능력
따라서 적절한 것만을 모두 고르면 '㉡, ㉣, ㉤'이므로 정답은 ③이다.

오답분석
㉠, ㉢, ㉥ 기술경영자에게 요구되는 능력이다.

심화문제

✓ 빠른 정답표

01	⑤	02	④	03	②	04	③	05	①
06	③	07	②	08	①	09	②	10	④
11	①	12	⑤	13	①	14	⑤	15	⑤
16	⑤	17	⑤	18	④	19	④	20	⑤
21	②	22	③	23	②	24	②	25	④
26	②	27	④	28	③	29	③	30	④
31	⑤	32	③	33	⑤	34	①	35	③
36	④	37	⑤	38	②	39	⑤	40	①

01 기술능력

출제 포인트 산업재해의 예방 대책에 관한 문제

정답 ⑤

해설
안전에 대한 교육 및 훈련 실시, 안전시설과 장비의 결함 개선, 안전 감독 실시 등의 선정된 시정책을 적용하는 단계는 산업재해의 예방 대책의 단계 중 '시정책 적용 및 뒤처리'에 해당한다. 따라서 정답은 ⑤이다.

🔍 개념 보충

산업재해의 예방 대책 5단계

안전 관리 조직	경영자는 안전 목표를 설정하고, 안전 관리 책임자를 선정하며, 안전 계획을 수립하고, 이를 시행·감독해야 한다.
⬇	
사실의 발견	사고 조사, 안전 점검, 현장 분석, 작업자의 제안 및 여론 조사, 관찰 및 보고서 연구 등을 통하여 사실을 발견한다.
⬇	
원인 분석	재해의 발생 장소, 재해 형태, 재해 정도, 관련 인원, 직원 감독의 적절성, 공구 및 장비의 상태 등을 정확히 분석한다.
⬇	
기술 공고화	원인 분석을 토대로 적절한 시정책, 즉 기술적 개선, 인사 조정 및 교체, 교육, 설득, 공학적 조치 등을 선정한다.
⬇	
시정책 적용 및 뒤처리	안전에 대한 교육 및 훈련 실시, 안전시설과 장비의 결함 개선, 안전 감독 실시 등의 선정된 시정책을 적용한다.

02 기술능력

출제 포인트 기술의 특징에 관한 문제

정답 ④

해설
기술은 정의 가능한 문제를 해결하기 위해 순서화되고 이해 가능한 노력이다. 따라서 정답은 ④이다.

오답분석
① 기술은 사회적 변화의 요인으로서 인간의 생활에 영향을 주는 동시에, 사회로부터 영향을 받아 개발된다.
② 기술은 인간의 능력을 확장하기 위한 하드웨어와 그것의 활용을 뜻한다.
③ 기술은 두 개의 개념으로 구분되며, 모든 직업 세계에서 필요로 하는 기술적 요소들로 이루어지는 광의의 개념과, 구체적 직무 수행 능력 형태를 의미하는 협의의 개념이 있다.
⑤ 기술은 노하우를 포함하는데, 이는 기술을 설계하고, 생산하고, 사용하기 위해 필요한 정보, 기술, 절차를 갖는 데 노하우가 필요하기 때문이다.

03 기술능력

출제 포인트 산업재해의 원인에 관한 문제

정답 ②

해설
기술적 원인으로는 건물·기계 장치의 설계 불량, 구조물의 불안정, 재료의 부적합, 생산 공정의 부당당, 점검·정비·보존의 불량 등이 있다. 제시된 사례에서 산업재해가 발생한 원인은 기계 장치의 설계 불량에 해당하므로 기술적 원인에 해당한다. 따라서 정답은 ②이다.

04 기술능력

출제 포인트 산업재해 예방에 관한 문제

정답 ③

해설
ⓒ 무근콘크리트 t = 12.5cm를 타설하는 것으로 계획되어 있었으나 실제 시공에서 t ≒ 21cm로 과하게 타설하여 재해가 발생하였으므로 콘크리트 타설 두께를 준수해야 한다.
ⓒ 당초 시공상세도에는 철골 보 걸침길이 50mm인 상태에서 무근콘크리트 t = 12.5cm로 타설하는 것으로 계획되어 있었으나, 실제 시공은 철골 보 걸침길이가 12~20mm로 부족한 상태에서 무근콘크리트 t ≒ 21cm를 과하게 타설하여 재해가 발생하였으므로 콘크리트 타설 전에 시공상세도 준수 여부를 확인해야 한다.
따라서 적절한 것만을 모두 고르면 'ⓒ, ⓒ'이므로 정답은 ③이다.

오답분석
㉠ 데크플레이트에 과도한 변형이 발생하여 철골 보에서 탈락 및 붕괴한 재해이므로 변형이 쉬운 데크플레이트를 사용하는 것은 적절하지 않다.
㉣ 주변 환경으로 인해 발생한 재해가 아니므로 예방 대책으로 보기 어렵다.

05 기술능력

출제 포인트 재해 원인 분석 방법에 관한 문제

정답 ①

해설
㉠ 품질 특성치가 어떤 요인에 의해 영향을 받고 있는가를 조사하여 이것을 하나의 도형으로 묶어 특성과 원인과의 관계를 나타내는 기법은 '특성요인도(C&E Diagram)'이다.
㉡ 불량, 결점, 고장 등의 발생 건수 또는 손실 금액을 항목별로 나누어 발생 빈도 순으로 나열하고 누적 합을 표시한 기법은 '파레토도(Pareto Diagram)'이다.
따라서 빈칸 ㉠, ㉡에 들어갈 재해 원인 분석 방법은 각각 차례로 '특성요인도(C&E Diagram), 파레토도(Pareto Diagram)'이므로 정답은 ①이다.

> **개념 보충**
>
> **클로즈 분석(Close Diagram)**
> 데이터를 집계하고 표로 표시하여 요인별 결과 내역을 교차한 그림에 작성하여 분석하는 기법이다. 이때 T는 전체 재해 건수, A는 불안전한 상태에 의한 재해 건수, B는 불안전한 행동에 의한 재해 건수, C는 불안전한 상태와 불안전한 행동이 겹쳐서 발생한 재해 건수, D는 불안전한 상태 및 불안전한 행동과 상관없이 발생한 재해 건수를 의미한다.
>
>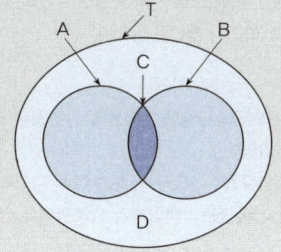

06 기술능력

출제 포인트 산업재해의 기본적 원인에 관한 문제

정답 ③

해설
산업재해의 기본적 원인에는 교육적 원인, 기술적 원인, 작업 관리상 원인이 있다. 교육적 원인에는 안전 지식의 불충분, 안전 수칙의 오해, 경험이나 훈련의 불충분 등이 있으며, 기술적 원인에는 구조물의 불안정, 점검·정비·보존의 불량, 건물·기계 장치의 설계 불량 등이 있다. 작업 관리상 원인에는 안전 관리 조직의 결함, 인원 배치 및 작업 지시 부적당 등이 있다.
(가) 화재의 원인은 노후화된 전기 설비로 인한 누전, 즉 점검·정비·보존의 불량이므로 산업재해의 기본적 원인 중 '기술적 원인'에 해당한다.
(나) 안전 지식이나 훈련이 불충분한 상태에서 작업 현장에 투입하여 사고가 발생하였으므로 산업재해의 기본적 원인 중 '교육적 원인'에 해당한다.
따라서 (가), (나)에 해당하는 산업재해의 기본적 원인은 각각 차례로 '기술적 원인, 교육적 원인'이므로 정답은 ③이다.

07 기술능력

출제 포인트 다양한 기술 습득 방법에 관한 문제

정답 ②

해설
- 최사원: 입사 후 직장 상사에게 기술 교육을 받았다. 이는 조직 안에서 피교육자인 종업원이 직무에 종사하면서 받게 되는 교육 훈련 방법인 'OJT 활용'에 해당한다.
- 권주임: 정해진 시간과 장소에 모여서 학습하는 것이 아닌, 개개인의 요구에 맞게 원하는 시간과 장소에서 원하는 내용을 학습하고 있으므로 'E-learning 활용'에 해당한다.
- 김대리: 회사에 연수 시설이 없어 별도로 기술과정 교육을 시작했다고 하였으며, 교육과정이 체계적이고 현장과 밀착되어 있다고 하였다. 또한 연수비도 저렴하며 고용보험 환급을 받을 수 있다고 하였으므로 '전문 연수원 활용'에 해당한다.
- 박과장: 실무 관련 대학원에 진학했다고 하였으므로, '상급학교 진학'에 해당한다.

따라서 네 사람이 선택한 기술 습득 방법은 각각 차례로 'OJT 활용, E-learning 활용, 전문 연수원 활용, 상급학교 진학'이므로 정답은 ②이다.

08 기술능력

출제 포인트 지속가능한 기술의 사례에 관한 문제

정답 ①

해설
제시된 글은 지속가능한 기술이 되도록 고갈되지 않는 자연 에너지를 활용하며, 낭비적인 소비 형태를 지양하고, 기술적 효용만이 아닌 환경 효용을 추구한다고 하였다.
천연 코코넛 추출물이 포함된 주방세제는 자연에서 추출한 재료로 만든 제품이지만, 기술적 효용만을 추구한 제품이기 때문에 지속가능한 기술을 활용한 사례로 볼 수 없다.
따라서 지속가능한 기술을 적용한 사례로 볼 수 없는 것만을 모두 고르면 '㉠'이므로 정답은 ①이다.

09 기술능력

출제 포인트 전문 연수원을 통한 기술과정 연수에 관한 문제

정답 ②

해설
제시된 사례에서 한대리는 새로운 기술 습득의 필요성과 자신의 부족한 능력을 인식하고, 새로운 기술 습득을 위한 방법으로 전문 연수원을 통한 기술교육을 받기로 하였다.
새로운 교육에 대한 요구나 내용을 신속하게 반영할 수 있는 것은 E-learning을 활용한 기술교육의 장점이다. 따라서 정답은 ②이다.

개념 보충

전문 연수원을 통한 기술과정 연수의 장점

- 연수 시설이 없어 체계적인 교육을 받기 어려운 회사의 경우, 전문적인 교육을 통해 양질의 인재양성 기회를 제공한다.
- 각 분야의 전문가가 진행하는, 이론을 겸한 실무중심의 교육을 받을 수 있다.
- 다년간에 걸친 연수 분야의 노하우를 가지고 체계적이고 현장과 밀착된 교육이 가능하다.
- 최신 실습 장비, 시청각 시설, 전산 시설 등 교육에 필요한 각종 부대시설을 활용할 수 있다.
- 산학협력 연수 및 국내외 우수 연수기관과 협력한 연수도 가능하다.
- 자체적으로 교육을 하는 것보다 연수비가 저렴하며, 고용보험 환급을 받을 수 있어 교육비 부담이 적다.

개념 보충

기술시스템의 발전 단계

1단계: 발명·개발·혁신 단계	· 기술 시스템이 탄생하고 성장 · 기술자의 역할 중요
2단계: 기술 이전 단계	· 성공적인 기술이 다른 지역으로 이동 · 기술자의 역할 중요
3단계: 기술 경쟁 단계	· 기술시스템 사이의 경쟁 · 기업가들의 역할 중요
4단계: 기술 공고화 단계	· 경쟁에서 승리한 기술시스템의 관성화 · 자문 엔지니어와 금융 전문가의 역할 중요

10 기술능력

출제 포인트 도요타의 생산 방식에 관한 문제

정답 ④

해설

도요타의 생산 방식에서 본질적으로 제거하고자 하는 7가지 낭비는 불량의 낭비, 재고의 낭비, 과잉생산의 낭비, 가공의 낭비, 동작의 낭비, 운반의 낭비, 대기의 낭비이다. 7가지 낭비를 제거하면 예산의 낭비 역시 해결되겠지만, 도요타 생산 방식에서 본질적으로 제거하고자 하는 요소로는 볼 수 없다. 따라서 정답은 ④이다.

개념 보충

도요타의 생산 방식

포드(Ford)의 대량생산 방식을 일본에 적용할 수 없다고 생각한 도요타는 자신들만의 생산 방식을 새롭게 정립하였다. 이렇게 정립된 도요타의 생산 방식은 생산 현장에서 낭비를 제거하고 다품종 소량생산 체제를 지향한다. 도요타는 적시생산(JIT)과 자동화라는 개념을 도출하여 생산기술 및 운영체제, 조직을 정비하였다.

1. 7대 낭비
   불량의 낭비, 재고의 낭비, 과잉생산의 낭비, 가공의 낭비, 동작의 낭비, 운반의 낭비, 대기의 낭비
2. 도요타 생산 방식의 기본 원리: JIT와 자동화
   - JIT(Just In Time): 필요한 물품을, 필요한 때, 필요한 만큼만 생산
   - 자동화(Autonomation): 자율적인 품질 관리

11 기술이해능력

출제 포인트 기술시스템의 발전 단계에 관한 문제

정답 ①

해설

1단계와 2단계에서는 주로 시스템을 디자인하거나 초기 발전을 추진하는 기술자들의 역할이 중요하다. 자문 엔지니어의 역할이 중요해지는 것은 4단계이다. 따라서 정답은 ①이다.

12 기술이해능력

출제 포인트 매뉴얼의 이해에 관한 문제

정답 ⑤

해설

'생산현황 통보대상'에서 조사·연구·검토보고서 생산현황은 시행령 제17조 개정(2020.6.3. 시행)으로 인하여 2021년부터 생산현황 대상에서 제외된다고 하였다. 따라서 정답은 ⑤이다.

오답분석

① '생산현황 통보대상'에서 일반기록물 생산현황은 비전자·전자가 모두 포함된다고 하였다.
② '기록관리시스템 유형별 생산현황 통보'에서 지자체는 유형II에 포함되며, 유형II는 기록물관리책임자가 기록관에게 생산현황을 통보한다고 하였다.
③ '기록관리시스템 유형별 생산현황 통보-유형I'에서 기관기록관담당자는 이관이 기록관리시스템으로 제대로 전송되고 있는지 부서별 상태를 점검한다고 하였다.
④ '생산현황 통보기간'에서 처리과는 기록관에게 5월 31일까지 이관해야 한다고 하였다.

13 기술이해능력

출제 포인트 기술혁신의 과정과 역할에 관한 문제

정답 ①

해설

원사원은 대인관계가 원만하며, 높은 수준의 기술적 역량을 갖추고 있다고 하였다. 그에 따라 원사원은 조직 외부의 정보를 내부 구성원들에게 전달하는 업무를 맡게 될 것이라고 하였다. 대인관계가 원만하며, 높은 수준의 기술적 역량을 갖춰야 하고, 조직 외부의 정보를 내부 구성원들에게 전달하는 역할은 '정보 수문장'의 역할이다. 따라서 정답은 ①이다.

오답분석

② 후원: 조직의 주요 의사결정에 대한 영향력이 필요하며, 혁신 활동으로는 혁신에 대한 격려와 안내, 불필요한 제약에서 프로젝트 보호, 혁신에 대한 자원 획득의 지원이 있다.

③ 프로젝트 관리: 의사결정 능력과 업무 수행 방법에 대한 지식이 필요하며, 혁신 활동으로는 리더십 발휘, 프로젝트의 기획 및 조직, 프로젝트의 효과적인 진행 감독이 있다.
④ 챔피언: 정력적이고 위험을 감수하는 능력, 아이디어의 응용에 대한 관심이 필요하며, 혁신 활동으로는 아이디어의 전파, 혁신을 위한 자원 확보, 아이디어 실현을 위한 헌신이 있다.
⑤ 아이디어 창안: 각 분야의 전문지식, 추상화와 개념화 능력, 새로운 분야의 일을 즐기는 자세가 필요하며, 혁신 활동으로는 아이디어를 창출하고 가능성을 검증, 일을 수행하는 새로운 방법 고안, 혁신적인 진보를 위한 탐색이 있다.

14 기술이해능력

출제 포인트 매뉴얼 이해에 관한 문제

정답 ③

해설
오븐 모드 사용을 권장하지 않는 용기는 내열 플라스틱 그릇, 일반 유리 그릇, 일반 플라스틱 그릇, 나무·종이 그릇, 금선·은선 무늬 그릇, 비닐봉지, 랩으로 7개이다. 따라서 정답은 ③이다.

오답분석
① 금선·은선 무늬 그릇은 오븐 모드, 그릴 모드, 전자레인지 모드 모두 사용 불가라고 하였다.
② 제품 표시부에 C-d0 오류 코드가 표시된 경우 조작 버튼 주변을 이물질이 없이 깨끗하게 닦고, 전원 코드를 30초간 뽑았다가 다시 꽂은 후 동작해 보라고 하였다. 또한 조치 후에도 동일한 현상이 지속되면 서비스센터에 연락하라고 하였다.
④ 종료 버튼을 눌러서 해결할 수 있는 오류 코드는 C-20, C-F0, C-F1, C-F2, C-A1으로 5개이다.
⑤ 제품 표시부에 C-21 오류 코드가 표시된 경우 전원을 분리한 다음 제품을 충분히 식힌 뒤 재동작하라고 하였다. 또한 조치 후에도 이 문제가 해결되지 않으면 서비스센터에 연락하라고 하였다.

15 기술이해능력

출제 포인트 기술이 우리 사회에 미치는 영향에 관한 문제

정답 ⑤

해설
(가)에서는 기술혁신을 통해 일상생활이 편해지고, 소통의 범위가 넓어지는 등의 긍정적인 내용을 다루고 있으며, (나)에서는 기술개발로 인한 범죄 피해에 관한 내용을 다루고 있다.
(가), (나)를 통해 기술개발 또는 기술혁신 등이 항상 긍정적인 영향을 미치거나 부정적인 영향을 미치는 것이 아니라는 것을 알 수 있다. 즉, 기술은 새로운 발명과 혁신을 통해서 우리의 삶을 윤택하게 바꾸지만, 그 영향이 항상 긍정적인 방식으로만 나타나지는 않는다는 것을 의미한다. 따라서 정답은 ⑤이다.

오답분석
① (가)를 통해 기술이 항상 부정적인 영향을 미치는 것이 아니라는 것을 알 수 있다.
② (가), (나)와 관계없는 내용이다.
③ (나)를 통해 기술이 항상 긍정적인 영향을 미치는 것이 아니라는 것을 알 수 있다.
④ (나)에 관한 내용만을 언급하고 있다.

16 기술이해능력

출제 포인트 기술의 이해에 관한 문제

정답 ⑤

해설
P사원은 새로운 프로그램이 도입되거나 기존 프로그램이 업데이트될 때마다 모든 매뉴얼을 숙지하느라 업무에 지장이 생기고 있다. 이에 귀하는 변화하는 기술을 모두 익히려고 하기보다는 뼈대가 되는 원리와 절차 위주로만 익히는 게 중요하다는 조언을 해줄 수 있다. 따라서 정답은 ⑤이다.

17 기술이해능력

출제 포인트 기술 실패의 원인에 관한 문제

정답 ⑤

해설
기술 실패의 10가지 원인은 '무지, 부주의, 차례 미준수, 오만, 조사·검토 부족, 조건의 변화, 기획 불량, 가치관 불량, 조직운영 불량, 미지'이다. 제시된 사례는 충분히 예방할 수 있는 사고임에도 불구하고 위험 요소에 대한 무지와 무관심으로 대형 사고가 난 경우이다. 따라서 정답은 ⑤이다.

18 기술이해능력

출제 포인트 기기 매뉴얼 이해에 관한 문제

정답 ④

해설
- B: '5'에서 버튼 잠금 기능을 설정한 후 작동이 완료되면 제품 전원이 꺼져도 버튼 잠금 기능이 설정되어 있으므로 버튼 잠금 기능을 해제한 후 사용하라고 하였다.
- D: '2'에서 세척이 끝난 후 제품 구조상 100ml 이하의 잔수가 남을 수 있다고 하였으며, 잔수는 배수관을 통해 역류하는 냄새를 막아주는 역할을 한다고 하였다.

따라서 자료를 잘못 이해한 사람만을 모두 고르면 'B, D'이므로 정답은 ④이다.

오답분석
- A: '4'에서 제품이 기울어져 있는 경우 제품 문 아래에서 물이 흘러나올 수 있으며, 제품 하단의 높이 조절기를 조절하여 수평을 맞추라고 하였다.
- C: '1'에서 제품 작동 시 [시작] 버튼을 3초간 누르면 세척이 취소되어 제품이 작동하지 않으므로, [시작] 버튼을 1회 짧게 누르라고 하였다.

19 기술이해능력

출제 포인트 기술혁신의 과정과 역할에 관한 문제

정답 ④

해설
제시된 사례에서 J씨는 아이디어 창출 및 가능성 검증, 일을 수행하는 새로운 방법 고안, 혁신적인 진보를 위한 탐색 등의 혁신 활동을 전개하므로 기술혁신 과정에서 J씨가 수행하는 핵심 역할은 '아이디어 창안'이다. 이 경우에 필요한 자질과 능력은 각 분야의 전문지식, 추상화와 개념화 능력, 새로운 분야의 일을 즐기는 성향 등이다. 따라서 정답은 ④이다.

오답분석
① 기술혁신 과정의 다섯 가지 핵심 역할 중 '후원'에 대한 설명이다.
② 기술혁신 과정의 다섯 가지 핵심 역할 중 '정보 수문장'에 대한 설명이다.
③ 기술혁신 과정의 다섯 가지 핵심 역할 중 '챔피언'에 대한 설명이다.
⑤ 기술혁신 과정의 다섯 가지 핵심 역할 중 '프로젝트 관리'에 대한 설명이다.

20 기술이해능력

출제 포인트 기어 종류의 이해에 관한 문제

정답 ⑤

해설
마이터 기어는 축각이 90°이고, 앵귤러 베벨기어는 축각을 90°가 아닌 임의로 설정한 기어라고 하였다. 따라서 앵귤러 베벨기어의 축각은 90° 미만이거나 90° 초과이므로 따라서 정답은 ⑤이다.

오답분석
① 축을 나사 모양으로 절삭한 것을 웜, 상대기어를 웜휠이라고 한다고 하였고, 교차하지 않은 축으로 사용할 때 함께 웜기어라고 한다고 하였다.
② 베벨기어에는 직선 베벨기어, 헬리컬 베벨기어, 스파이럴 베벨기어, 마이터 기어, 앵귤러 베벨기어, 크라운기어, 제롤 베벨기어, 하이포이드기어가 있다고 하였다.
③ 평기어와 헬리컬기어는 원통형 기어라고 하였다.
④ 나사기어는 점접촉으로 인한 동력전달 효율이 낮다고 하였다.

21 기술선택능력

출제 포인트 기어 종류의 이해에 관한 문제

정답 ②

해설
기어의 두 축이 서로 평행인 기어는 평기어, 헬리컬기어이다. 베벨기어는 두 축이 서로 교차하는 기어이고, 나사기어와 웜기어는 두 축이 평행하지도 교차하지도 않는 기어이다. 따라서 기어의 두 축이 평행인 기어만을 모두 고르면 'ⓔ, ⓒ'이므로 정답은 ②이다.

22 기술적용능력

출제 포인트 기어 종류의 이해에 관한 문제

정답 ③

해설
감속 장치에 사용하는 기어는 헬리컬기어와 웜기어가 있으며, 이 중 큰 동력을 전달하고, 장치의 물림률이 우수한 기어는 헬리컬기어이다. 따라서 정답은 ③이다.

23 기술선택능력

출제 포인트 기술선택을 위한 절차에 관한 문제

정답 ①

해설
㉠ 요구기술 분석에 해당한다. 요구기술 분석에서 필요한 것은 제품 설계·디자인 기술, 제품 생산공정, 원재료·부품 제조기술 분석이다.
㉡ 기술전략 수립에 해당한다. 기술전략 수립에서 필요한 것은 핵심기술의 선택, 기술 획득 방법의 결정이 있다.
따라서 빈칸 ㉠, ㉡에 해당하는 절차에서 요구되는 내용은 각각 차례로 '제품 설계·디자인 기술, 기술 획득 방법 결정'이므로 정답은 ①이다.

> **개념 보충**
>
> **기술선택을 위한 절차 및 절차별 요구 내용**
> - 외부 환경 분석: 수요변화 및 경쟁자 변화, 기술변화 등 분석
> - 중장기 사업목표 설정: 기업의 장기비전, 중장기 매출목표 및 이익목표 설정
> - 내부 역량 분석: 기술능력, 생산능력, 마케팅·영업능력, 재무능력 등 분석
> - 사업전략 수립: 사업영역 결정, 경쟁 우위 확보 방안 수립
> - 요구 기술 분석: 제품 설계·디자인 기술, 제품 생산공정, 원재료·부품 제조기술 분석
> - 기술전략 수립: 핵심기술의 선택, 기술 획득 방법 결정

24 기술선택능력

출제 포인트 산업재산권의 존속기간에 관한 문제

정답 ②

해설
㉠ 특허권의 존속기간은 특허권을 설정등록한 날부터 특허출원일 후 20년이 되는 날까지로 한다.
㉢ 디자인권의 존속기간은 설정등록한 날부터 발생하여 디자인등록출원일 후 20년이 되는 날까지 존속한다.
따라서 적절한 것만을 모두 고르면 '㉠, ㉢'이므로 정답은 ②이다.

오답분석
㉡ 실용신안권의 존속기간은 실용신안권을 설정등록한 날부터 실용신안등록출원일 후 10년이 되는 날까지로 한다.
㉣ 상표권의 존속기간은 설정등록이 있는 날부터 10년으로 하며, 존속기간 갱신등록신청에 의하여 10년씩 갱신이 가능하므로, 계속 사용을 하는 한 반영구적인 효력을 갖는다.

개념 보충

산업재산권의 존속기간

- 특허법 제88조【특허권의 존속기간】① 특허권의 존속기간은 제87조 제1항에 따라 특허권을 설정등록한 날부터 특허출원일 후 20년이 되는 날까지로 한다.
- 실용신안법 제22조【실용신안권의 존속기간】① 실용신안권의 존속기간은 제21조 제1항에 따라 실용신안권을 설정등록한 날부터 실용신안등록출원일 후 10년이 되는 날까지로 한다.
- 디자인 보호법 제91조【디자인권의 존속기간】① 디자인권은 제90조 제1항에 따라 설정등록한 날부터 발생하여 디자인등록출원일 후 20년이 되는 날까지 존속한다. 다만, 제35조에 따라 관련 디자인으로 등록된 디자인권의 존속기간 만료일은 그 기본디자인의 디자인권 존속기간 만료일로 한다.
- 상표법 제83조【상표권의 존속기간】① 상표권의 존속기간은 제82조 제1항에 따라 설정등록이 있는 날부터 10년으로 한다.
② 상표권의 존속기간은 존속기간 갱신등록신청에 의하여 10년씩 갱신할 수 있다.

25 기술선택능력

출제 포인트 모방과 벤치마킹의 차이점에 관한 문제

정답 ④

해설
제시된 사례에서 퇴사한 직원들은 대부분 매운 양념치킨 레시피를 모방하여 실패하였으나, B씨는 매운 양념치킨 레시피에 자신만의 노하우를 더해 성공적인 벤치마킹으로 평가받았다. 이를 통하여 단순한 모방과 달리 벤치마킹은 우수한 기업이나 성공한 상품, 기술, 경영 방식 등의 장점을 충분히 배우고 익힌 후 자신에게 맞는 상품으로 재창조하는 것임을 알 수 있다. 따라서 정답은 ④이다.

26 기술선택능력

출제 포인트 매뉴얼 작성 방법에 관한 문제

정답 ②

해설
- 서사원: 매뉴얼을 작성할 때는 한 문장에 하나의 명령, 또는 밀접하게 관련된 몇 가지의 명령만을 포함해야 한다.

따라서 적절하지 않은 발언을 한 사람은 '서사원'이므로 정답은 ②이다.

오답분석
- 임사원: 제시된 매뉴얼은 사용자를 위해 제품의 특징이나 기능, 설명, 사용 방법과 유지 보수 및 AS까지 제품에 관련된 모든 정보를 제공하는 제품 매뉴얼이다.
- 강사원: 제품 매뉴얼은 제품 사용자의 유형과 사용 능력을 파악하고, 오작동까지 고려하여 작성되어야 한다.
- 백사원: 매뉴얼은 사용자가 찾고자 하는 정보를 빠르고 쉽게 찾을 수 있도록 구성해야 하며, 이때 짧고 의미 있는 제목과 비고(Note)는 사용자가 원하는 정보의 위치를 파악하는 데 도움이 된다.

27 기술선택능력

출제 포인트 기술선택을 위한 의사결정에 관한 문제

정답 ④

해설
창의적인 아이디어를 활용할 수 있는 것은 상향식 기술선택의 장점이다. 따라서 정답은 ④이다.

28 기술선택능력

출제 포인트 벤치마킹의 종류 및 특징에 관한 문제

정답 ③

해설
글로벌 벤치마킹은 프로세스에 있어 최고로 우수한 성과를 보유한 동일업종의 비경쟁적 기업을 대상으로 한다. 이는 접근 및 자료 수집이 쉽고 비교 가능한 업무·기술 습득이 상대적으로 쉽지만(가), 문화 및 제도적인 차이로 발생되는 효과에 대한 검토가 없으면 잘못된 분석 결과가 발생할 가능성이 높다(다). 따라서 바르게 연결한 것은 '(다) – ⓑ'이므로 정답은 ③이다.

오답분석
- ⓐ 경쟁적 벤치마킹: 동일업종에서 고객을 직접적으로 공유하는 경쟁기업을 대상으로 한다(라).
- ⓒ 내부 벤치마킹: 자료 수집이 용이하며 다각화된 우량기업의 경우 효과가 큰 반면, 관점이 제한적일 수 있고 편중된 내부 시각에 대한 우려가 있다(나).
- ⓓ 비경쟁적 벤치마킹: 혁신적인 아이디어의 창출 가능성은 높은 반면, 다른 환경의 사례를 가공하지 않고 적용할 경우 효과를 보지 못할 가능성이 높다(마).

29 기술적용능력

출제 포인트 서비스 이용 방법에 관한 문제

정답 ③

해설
김사원은 1번 코드를 눌러 잔여 데이터를 확인한 후 6번 코드를 눌러 데이터 리필을 신청하였다. 이후 7번 코드를 눌러 서비스 코드를 다시 들은 후 0번 코드를 눌러 상담사와 연결하여 요금제 변경을 직접 요청하였다. 따라서 정답은 ③이다.

30 기술적용능력

출제 포인트 기술관리자의 역량에 관한 문제

정답 ④

해설
B과장이 개발자인 A대리에게 자신의 의견을 납득시키기 위해서는 기술 설계에 대한 이해를 기반으로 기술직과 의사소통할 수 있는 역량을 키워야 한다. 따라서 정답은 ④이다.

31 기술적용능력

출제 포인트 매뉴얼 이해에 관한 문제

정답 ⑤

해설
'증상별 조치 사항'에 따르면 구입 초기 3개월가량은 새 제품이므로 고무류 냄새가 날 수 있다고 하였고, 정상적으로 작동한다면 고장이 아니라고 하였다. 단, 구입한 지 6개월이 지난 청소기 뒤쪽에서 냄새가 나는 경우, 장기간 사용 시에 먼지통 내의 먼지로 인한 냄새가 발생하는 것이므로 먼지통 및 필터를 세척하여 사용하라고도 하였다. 따라서 정답은 ⑤이다.

오답분석
① '경고 및 주의 사항'에서 제품에 물 등의 액체가 들어가거나 젖지 않도록 해야 한다고 하였다.
② '증상별 조치 사항'에서 제품의 배기구에서 나오는 바람은 모터열을 냉각시킨 후의 바람이며 고장이 아니라고 하였다.
③ '증상별 조치 사항'에서 청소기에서 나오는 소음은 청소기의 흡입력이 높아 모터가 고속으로 회전할 때 발생하는 소리이며 고장이 아니라고 하였다.
④ '경고 및 주의 사항'에서 청소 중 연장관이나 본체에 정전기가 발생할 수 있다고 하였다.

32 기술적용능력

출제 포인트 기술적용 시 고려 사항에 관한 문제

정답 ③

해설
(가)의 A사는 급속한 디지털 환경의 변화에도 불구하고 기존의 필름 카메라 기술을 고수하여 판매가 축소되거나 중단되었으며, (나)의 B사 역시 디지털 제품 시장에서 요구되는 기술이 변화하였음에도 불구하고 기존의 CD 플레이어 제조 시장에 뛰어들어 실패하였다. 즉, A사와 B사는 공통적으로 현재 요구되는 기술이 단기간에 진보하거나 변화할 수 있다는 점을 간과하고, 기술의 수명 주기를 고려하지 않은 것으로 볼 수 있다. 따라서 정답은 ③이다.

33 기술적용능력

출제 포인트 기술 용어에 관한 문제

정답 ⑤

해설
핀테크(Fintech)는 금융(Financial)과 기술(Technology)의 합성어로 모바일을 통한 결제·송금·대출·자산 관리, 크라우드펀딩 등 각종 금융 서비스와 관련된 기술을 말한다. 핀테크는 전통적 금융 업무보다 비용이 절감되고 개인별 맞춤 업무를 할 수 있는 등 양질의 서비스를 제공한다는 장점이 있다. 주로 지급 결제, 금융 데이터 분석, 금융 소프트웨어, 플랫폼 등으로 구분되며, 점차 지급 결제와 플랫폼을 중심으로 사업 영역이 확장되고 있다. 플랫폼 영역은 금융기관을 거치지 않고 소비자가 자유롭게 금융 업무를 할 수 있는 서비스를 제공하여, 금융과 비금융의 경계가 점차 모호해지고 있다. 따라서 정답은 ⑤이다.

오답분석
① 릴레이션십 뱅킹(Relationship banking): 단골 고객 확보를 위해 고객이 요구하는 핵심 서비스를 파악하고, 이를 중심으로 서비스를 제공하는 기술이다.
② 스마트뱅킹(Smart banking): 스마트폰 등의 모바일 기기를 이용하여 각종 조회, 자금 이체 따위의 은행 업무를 처리하는 기술이다.
③ 오픈뱅킹(Open banking): 은행의 송금·결제망을 표준화 및 개방하여 하나의 애플리케이션으로 모든 은행의 계좌 조회·결제·송금 등을 할 수 있는 금융 서비스이다.
④ 펌뱅킹(Firm banking): 컴퓨터나 전용단말기를 이용해 금융 정보를 이용할 수 있도록 하는 법인용 금융 시스템이다.

34 기술적용능력

출제 포인트 기술경영자의 능력 및 역할에 관한 문제

정답 ①

해설
CTO(최고기술책임자)는 기술경영자에 해당한다. 기술경영자는 일반적으로는 기술개발이 결과 지향적으로 수행되도록 유도하는 능력을 갖추어야 하고, 기술개발 과제의 세부 사항까지 파악할 수 있도록 치밀해야 하며, 기술개발 과제의 전 과정을 전체적으로 조망할 수 있는 능력을 가져야 한다. 기술경영자에게 요구되는 능력은 다음과 같다.

- 기술을 기업의 전반적인 전략 목표에 통합시키는 능력
- 빠르고 효과적으로 새로운 기술을 습득하고 기존의 기술에서 탈피하는 능력
- 기술을 효과적으로 평가할 수 있는 능력
- 기술 이전을 효과적으로 할 수 있는 능력
- 새로운 제품개발의 시간을 단축할 수 있는 능력
- 복잡하고 서로 다른 분야에 걸쳐 있는 프로젝트를 수행할 수 있는 능력
- 조직 내의 기술 이용을 수행할 수 있는 능력
- 기술 전문 인력을 운용할 수 있는 능력

따라서 기업들이 유능한 CTO를 영입하고자 하는 이유에 해당하는 것은 'ⓜ' 1개이므로 정답은 ①이다.

오답분석
㉠, ㉡, ㉢, ㉣ 기술관리자에게 요구되는 능력이다.

35 기술적용능력

출제 포인트 기술적용 시 고려해야 할 사항에 관한 문제

정답 ③

해설
기술을 적용할 때 고려해야 하는 사항은 다음과 같다.
- 기술적용에 따른 비용이 많이 드는가?
- 기술의 수명 주기는 얼마인가?
- 기술의 전략적 중요도는 어느 정도인가?
- 잠재적으로 응용 가능성이 있는가?

따라서 정답은 ③이다.

36 기술적용능력

출제 포인트 인간 활동의 향상을 위한 기술 융합에 관한 문제

정답 ④

해설
보고서 〈인간 활동의 향상을 위한 기술의 융합(Converging Technologies for Improving Human Performance)〉에서는 4대 핵심 융합 기술, 즉 나노기술(NT), 생명공학기술(BT), 정보기술(IT), 인지과학(Cognitive science)이 상호 의존적으로 결합되는 것(NBIC)을 융합기술(CT)이라 정의하였다.
특정 분야에서 뛰어난 업체나 상품, 기술, 경영 방식 등을 응용하거나 새롭게 재창조하는 것은 벤치마킹에 관한 내용이다. 따라서 정답은 ④이다.

37 기술적용능력

출제 포인트 카오의 법칙에 관한 문제

정답 ⑤

해설
네트워크 혁명의 3가지 법칙 중 창조성은 네트워크에 접속되어 있는 다양성에 지수함수로 비례한다는 법칙은 카오의 법칙이다. 따라서 정답은 ⑤이다.

오답분석
① 메트칼프의 법칙: 네트워크 혁명의 3가지 법칙 중 하나로, 네트워크의 가치가 네트워크에 부착된 통신기기 수의 제곱에 비례한다는 법칙이다.
② 황의 법칙: 반도체 메모리의 용량이 1년마다 2배씩 증가한다는 법칙이다.
③ 리드의 법칙: 컴퓨터 네트워크가 사회적 네트워크와 결합될 때 사용자 수를 n이라고 할 경우 네트워크의 가치는 2의 n제곱에 비례한다는 법칙이다.
④ 무어의 법칙: 네트워크 혁명의 3가지 법칙 중 하나로, 컴퓨터의 반도체 성능이 18개월마다 2배씩 증가한다는 법칙이다.

38 기술적용능력

출제 포인트 머신러닝에 관한 문제

정답 ②

해설
컴퓨터 학습 이론의 연구와 패턴 인식으로부터 발전한 분야로, 경험적 데이터를 통해 학습 및 예측하고 스스로 성능을 향상시키는 시스템과 이를 위한 알고리즘을 구축하는 기술은 '머신러닝'이다. 따라서 정답은 ②이다.

오답분석
① 빅데이터: 규모가 크고, 생성 주기가 짧으며, 수치 데이터뿐만 아니라 문자와 영상데이터를 포함하는 대규모의 데이터이다.
③ 블록체인: 누구나 열람할 수 있는 장부에 거래 내역을 투명하게 기록하고, 여러 대의 컴퓨터에 이를 복제하여 저장하는 분산형 데이터 저장 기술이다.
④ 클라우드: 인터넷에 연결된 중앙컴퓨터에 데이터를 저장하여, 장소와 시간에 제약 없이 데이터를 저장 및 다운로드할 수 있는 기술이다.
⑤ 데이터마이닝: 대규모로 저장된 데이터 중에서 유용한 정보를 추출하는 과정이다.

39 기술적용능력

출제 포인트 정보격차에 관한 문제

정답 ⑤

해설
정보격차 문제는 인터넷이 생기기 이전에도 존재했었기 때문에, 인터넷이 생겨나면서 처음 등장한 것으로 보기는 어렵다. 따라서 적절한 것만을 모두 고르면 'ⓒ, ⓒ, ⓔ'이므로 정답은 ⑤이다.

> **개념 보충**
>
> **정보격차**
> OECD에 의하면 정보격차는 정보통신기술에 효과적으로 접근할 수 있는 기회와 정보이용 능력을 기준으로 개인 간, 기업 간, 지역 간, 세대 간 등 다양한 분야에 존재하는 경제·사회적인 격차를 의미한다.

40 기술적용능력

출제 포인트 6대 첨단산업 기술에 관한 문제

정답 ①

해설
ET(Environmental Technology, 환경공학기술)에는 환경기반기술, 에너지, 청정 생산, 해양환경기술 등이 해당하며, 위성기술은 ST(Space Technology, 우주항공기술)에 해당한다. 따라서 정답은 ①이다.

> **개념 보충**
>
> **6대 첨단산업 기술**
> - IT(Information Technology, 정보기술): 광통신 부품, 집적회로기술, 차세대 디스플레이, 차세대 네트워크 등
> - BT(Bio Technology, 생명공학기술): 기초·기반기술, 보건의료, 농업·해양 관련 응용 등
> - NT(Nano Technology, 나노기술): 나노 소자, 나노 소재·나노 바이오, 나노 보건, 나노기반 공정 등
> - ET(Environmental Technology, 환경공학기술): 환경기반기술, 에너지, 청정 생산, 해양환경기술 등
> - ST(Space Technology, 우주항공기술): 위성, 발사체, 항공기 등
> - CT(Culture Technology, 문화콘텐츠기술): 문화 콘텐츠, 생활문화, 문화 유산 등

응용문제

✅ 빠른 정답표

01	①	02	①	03	③	04	④	05	②
06	⑤	07	⑤	08	④				

01 기술능력

출제 포인트 블록체인 기술의 특징에 관한 문제

정답 ①

해설
블록체인 기술은 전체 시스템을 제어하는 단일 노드가 없으며, 단일 노드의 데이터베이스만 고치는 것은 아무런 영향을 주지 않는다. 또한 모든 노드의 권리와 의무는 동일하며, 일부 노드에 장애가 있어도 전체 시스템에는 영향을 주지 않는다는 특징이 있다.
따라서 적절하지 않은 것만을 모두 고르면 'ⓒ, ⓗ, ⓞ'이므로 정답은 ①이다.

🔍 개념 보충

블록체인 기술의 특징
- 전체 시스템을 제어하는 단일 노드가 없음.
- 모든 노드의 권리와 의무는 동일하며, 일부 노드에 장애가 있어도 전체 시스템에는 영향을 주지 않음.
- 전체 시스템의 모든 노드는 완전한 최신 사본을 저장함.
- 단일 노드의 데이터베이스만 고치는 것은 아무런 영향을 주지 않음.
- 일정한 시간이 지난 거래 기록은 모든 노드에 동일하게 저장됨.
- 모든 노드가 공동으로 시스템의 유지 관리를 수행함.
- 일부 노드가 악의를 가져도 전체 시스템은 신뢰성 있는 거래를 진행할 수 있음.
- 전체 시스템의 데이터베이스는 투명하게 공개되어 있기 때문에 모두를 속일 방법은 없음.

02 기술능력

출제 포인트 PaaS에 관한 문제

정답 ①

해설
PaaS는 컴퓨팅 모델 중 하나로, 사용자에게 애플리케이션 개발에 필요한 플랫폼을 제공한다. 이를 통해 소프트웨어 개발 인프라의 구축이나 관리에 드는 부담을 줄일 수 있다. 따라서 정답은 ①이다.

오답분석
② ASP: 인터넷을 이용해 응용프로그램을 임대 또는 관리해주는 사업자이다.
③ ODBC: 데이터베이스를 자유롭게 사용하기 위해 만든 응용프로그램 표준방법이다.
④ JDBC: 자바 프로그램 안에서 SQL을 실행시키기 위해 데이터베이스를 연결해주는 응용프로그램 인터페이스이다.
⑤ API: 운영체제와 응용프로그램 사이의 통신에 사용되는 언어이다.

🔍 개념 보충

PaaS
클라우드 컴퓨팅의 서비스 모델 중 하나로 사용자에게 개발, 실행, 관리를 위한 플랫폼과 환경을 제공하여 사용자는 애플리케이션과 데이터만 관리하게 하는 모델이다. PaaS의 장점은 다음과 같다.
- IT 효과성: 프로비저닝 가속화, 자동화 증가, 확장성 향상 등
- 효율과 비즈니스 혁신: IT가 비즈니스 기회에 신속하게 대응할 수 있도록 하여 매출과 수익을 창출
- 위험감소: 보안을 강화, 단순화하며 이기종 IT 구성 요소에 대한 진화하는 위협에 대응하여 데이터 손실을 방지하고 복구 속도를 높임.

03 기술능력

출제 포인트 DBMS의 특징에 관한 문제

정답 ③

해설
DBMS는 데이터베이스를 실행하거나 관리하기 위한 소프트웨어이다. DBMS는 데이터의 추가, 갱신, 삭제 등을 위한 인터페이스를 제공하며, 사용자에 따라 접근 권한을 지정하여 최소한의 시스템만 접근할 수 있도록 설정할 수 있으며 특정 조건을 통과하는 경우에 한하여 데이터를 저장한다. 추가로 데이터를 백업하여 복원 가능하게 하며 데이터 중복 현상을 제어한다. 따라서 정답은 ③이다.

🔍 개념 보충

DBMS의 특징
1. 조작 인터페이스
   데이터의 추가, 갱신, 삭제 등을 위한 인터페이스를 제공한다.
2. 데이터 중복 제어
   데이터의 중복 현상을 제어하여 데이터가 중복되어 발생되는 문제를 예방한다.
3. 무결성
   특정 조건을 통과하는 경우에 한하여 데이터를 저장하도록 하여 데이터의 무결성을 유지하도록 한다.
4. 동시성 제어
   동일한 데이터에 다수의 사용자가 접근한 경우 보통 다음과 같은 방식을 지원한다.
   - 최초로 파일을 연 사람이 파일을 열고 닫을 때, 다음으로 접근한 사람은 파일을 열 수 없다.
   - 최초로 파일을 연 사람이 파일을 열고 있다면, 다음으로 접근할 사람은 읽기 전용으로 열린다.
   - 파일에 접근한 모든 사람이 파일을 열고 갱신할 수 있으며 최종적으로 갱신된 내용이 반영된다.
5. 백업, 복원
   데이터를 백업하고 언제든지 복원할 수 있다.
6. 보안
   사용자에 따라 접근 권한을 지정하여 보안을 유지한다.

04 기술능력

출제 포인트 제조실행 시스템(MES)에 관한 문제

정답 ④

해설
제시된 글에서 설명하고 있는 용어는 MES(제조실행 시스템)이다. 따라서 정답은 ④이다.

오답분석
① ERP: 전사적 자원관리로 기업 내 생산, 물류, 재무, 회계 등을 통합적으로 관리하여 경영의 효율화를 기하기 위한 시스템이다.
② FMS: 유연 제조시스템으로 다양한 제품을 높은 생산성으로 유연하게 제조하는 것을 목적으로 생산하는 자동화 시스템이다.
③ CPS: 사이버 물리 시스템으로 시스템과 소프트웨어 및 주변 환경을 실시간으로 통합하는 시스템이다.
⑤ SCM: 공급망 관리로 기업에서 원재료의 생산과 유통 등 모든 공급망 단계를 최적화하는 시스템이다.

개념 보충

MES(제조실행 시스템)
작업 현장에서 작업 일정, 작업 지시, 품질 관리, 작업 실적 집계 등 제반 활동을 지원하기 위한 관리 시스템이다. 생산 계획과 실행의 차이를 줄이기 위한 시스템으로, 현장 상태의 실시간 정보 제공을 통하여 관리자와 작업자의 의사 결정을 지원하는 기능을 수행한다.

05 기술능력

출제 포인트 특허 심사 절차에 관한 문제

정답 ②

해설
특허 심사 절차는 '방식심사 → 출원공개 → 실체심사 → 특허결정 → 등록공고'이다. 심사 절차 중 산업상 이용 가능성, 신규성 및 진보성 판단 심사를 진행하는 단계는 실체심사 단계이므로 그 직후 단계는 특허결정 단계이다. 특허결정 단계에서는 출원한 특허가 특허 요건을 충족하는 경우 심사관이 특허를 부여한다. 따라서 정답은 ②이다.

오답분석
① 실체심사 단계에 해당한다.
③ 등록공고 단계에 해당한다.
④ 출원공개 단계에 해당한다.
⑤ 방식심사 단계에 해당한다.

개념 보충

특허 심사 절차
- 방식심사: 서식의 필수사항 기재 여부, 기간의 준수 여부, 증명서 첨부 여부 수수료 납부 여부 등 절차상 흠결을 점검하는 심사
- 출원공개: 출원공개 제도는 심사가 지연되어 기술 공개가 늦어지는 것을 방지하기 위해 출원 후 1년 6개월이 경과한 경우 특허청이 해당 기술을 공보의 형태로 일반인에게 공개하는 제도. 출원 공개 없는 경우 설정 등록 후 특허 공보로 공개
- 실체심사: 산업상 이용 가능성, 신규성, 진보성을 판단하는 심사로 일반인이 쉽게 실시할 수 있도록 기재함을 심사. 해당 단계에서 거절 이유를 발견하는 경우 최초 거절 이유를 통지하고 수정 보정서 제출 후 재 검사하여 거절 이유를 발견하는 경우 최후 거절 이유를 통지
- 특허결정: 해당 출원이 특허 요건을 충족하는 경우 심사관이 특허 부여
- 등록공고: 특허 결정이 된 경우 출원인은 등록료를 납부하여 특허권 설정 등록해야 하며 이때부터 권리 발생. 특허 출원 내용을 등록 공고로 발행하여 일반인에게 공표

06 기술능력

출제 포인트 산업안전계획 수립의 5가지 요소(SMART)에 관한 문제

정답 ⑤

해설
산업안전계획 수립의 5가지 요소는 구체성이 있는 목표를 설정할 것, 성과측정이 가능할 것, 목표달성이 가능할 것, 현실적으로 가능할 것, 시기 적절한 실행계획일 것이다. 따라서 정답은 ⑤이다.

개념 보충

산업안전계획 수립의 5요소(SMART)
- 구체성이 있는 목표를 설정할 것(Specified)
- 성과측정이 가능할 것(Measurable)
- 목표달성이 가능할 것(Attainable)
- 현실적으로 가능할 것(Realistic)
- 시기 적절한 실행계획일 것(Timely)

07 기술능력

출제 포인트 응급조치 시행자의 행동 수칙에 관한 문제

정답 ⑤

해설
전문가에 의한 처치는 8분 이내에 이루어지도록 의료기관이나 119 구조대에 연락하고 신속하게 처치해야 한다. 따라서 정답은 ⑤이다.

개념 보충

응급조치 시행자의 행동 수칙
- 신속한 연락과 처치: 현장 응급조치 시행자에 의한 1차 처치가 4분 이내에 이루어지고 전문가에 의한 처치가 8분 이내에 이루어질 수 있도록 의료기관이나 119 구조대에 연락하고 신속하게 처치한다.
- 응급조치에 대한 허락: 재해자가 의식이 있으면 재해자에게 자기소개를 하고 응급조치를 시행해도 좋다는 허락을 받아야 한다. 다만, 의식이 없는 경우에는 동행인에게 허락을 받고 동행인이 없으면 허락을 받은 것으로 간주한다.
- 추가 손상의 방지: 더 이상의 손상을 방지하기 위하여 의식이 없는 재해자와 경추(목뼈)·척추 손상이 의심되는 재해자의 이송과 처치 시에 경추보호대와 전신부목으로 고정하여 보호한다.
- 응급조치 기구가 없으면 주변의 물건을 이용하여 응급조치를 시행한다.
- 응급조치 방법을 정확히 모르면 재해자에게 처치를 시행하지 말고 상태를 관찰하며 전문가의 도착을 기다린다.

08 기술능력

출제 포인트 디지털트윈에 관한 문제

정답 ③

해설
현실 세계의 문제 해결, 변경 또는 개선 등을 위해 현실 세계의 물리 대상을 디지털 세계로 복사하는 기술은 디지털트윈이다. 따라서 정답은 ③이다.

오답분석
① 텍스트 마이닝: 많은 텍스트 자료를 분석 및 구조화하여 숨겨진 관계를 파악하는 기술이다.
② 디지털전환: 디지털 기술을 사회 전반에 적용하여 사회 구조를 변화시키는 것이다.
④ 데이터 웨어하우스: 의사 결정에 도움을 주기 위해 다양한 운영 시스템에서 추출하여 요약된 데이터베이스이다.
⑤ 데이터 마이닝: 많은 데이터 중 숨겨져 있는 유용한 상관관계를 발견하여 실행 가능 정보를 추출하고 의사 결정에 이용하는 과정이다.

개념 보충

디지털트윈
2002년 미국 미시간대학교의 마이클 그리브스(Michael Grieves) 박사가 제품생명주기 차원에서 처음 제안하였고, 2012년 미항공우주국(NASA)이 기술예측보고서에서 언급하였다. 디지털트윈은 현실 세계의 문제 해결 또는 변경 및 개선을 위해 현실 세계의 물리 대상을 디지털 세계로 복사하여 다양한 결과를 디지털 세계에서 실행하여 최상의 정답을 찾아 현실 세계에 활용 가능한 플랫폼 기술이다. 디지털트윈의 구성도는 다음과 같다.

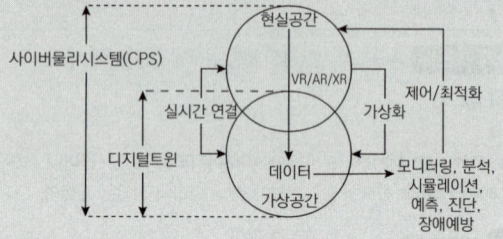

09 조직이해능력

기본문제

✓ 빠른 정답표

01	⑤	02	②	03	④	04	③	05	④
06	③	07	①	08	②	09	③	10	③

01 조직이해능력

출제 포인트 조직의 구분에 관한 문제

정답 ⑤

해설
영리조직은 이윤을 목적으로 하는 조직이며, 비영리조직은 공익을 추구하는 조직이다. 사기업은 이윤을 목적으로 하는 대표적인 영리조직이다. 따라서 정답은 ⑤이다.

02 경영이해능력

출제 포인트 경영의 구성 요소에 관한 문제

정답 ②

해설
㉠ 조직의 목적을 어떤 과정과 방법을 택하여 수행할 것인가를 구체적으로 제시해 주는 것은 '경영목적'이다.
㉡ 조직에서 일하고 있는 임직원들로서, 이들이 어떠한 역량을 가지고 어떻게 직무를 수행하는지에 따라 경영성과가 달라지는 것은 '조직구성원'이다.
㉢ 경영활동에 사용할 수 있는 금전으로, 사기업에서 조직의 지속가능성(Sustainability)을 유지하기 위한 재무적 기초가 되는 것은 '자금'이다.
㉣ 기업 내 모든 역량과 자원을 조직의 목적을 달성하기 위해 조직화하고, 이를 실행에 옮겨 경쟁우위를 달성하는 일련의 방침 및 활동은 '전략'이다.
따라서 빈칸 ㉠~㉣에 들어갈 내용은 각각 차례로 '경영목적, 조직구성원, 자금, 전략'이므로 정답은 ②이다.

03 경영이해능력

출제 포인트 경영전략의 추진 과정에 관한 문제

정답 ④

해설
A사가 경영전략을 통해 도달하고자 하는 미래의 모습인 비전을 규명하고, 전략목표를 설정한 것은 경영전략의 추진 과정 중 '전략목표 설정' 단계이다. 바로 다음 단계는 SWOT 분석기법을 통하여 회사의 내부환경과 외부환경을 분석하는 '환경 분석' 단계이다. 따라서 정답은 ④이다.

오답분석
① '평가 및 피드백' 단계에서 수행해야 하는 활동이다.
② '경영전략 도출' 단계에서 수행해야 하는 활동이다.
③ '경영전략 실행' 단계에서 수행해야 하는 활동이다.
⑤ '경영전략 도출' 단계 중 '사업전략'에 대한 설명이다.

개념 보충

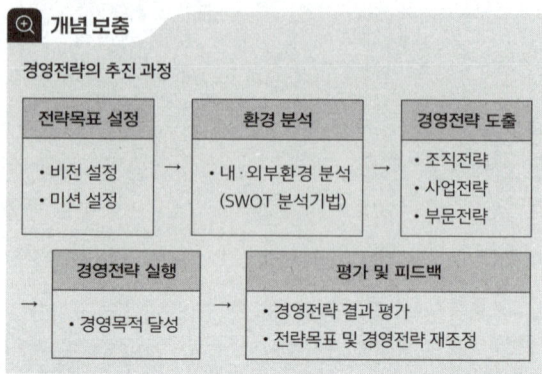

경영전략의 추진 과정

04 경영이해능력

출제 포인트 SWOT 분석에 관한 문제

정답 ③

해설
SWOT 분석을 통해 도출된 각 전략의 효과는 기업의 재정 상태, 역량, 시설, 보유 기술 등 다양한 요인에 따라 달라지므로, 시장 내 경쟁자의 수와 관계없이 어느 전략을 사용할 때 경쟁 우위를 확보하기 쉬운지는 알 수 없다. 따라서 정답은 ③이다.

오답분석
① '저가 전략을 표방한 신생 유통회사의 시장 진출 활성화'는 외부 환경에서 비롯되어 L사에 불리하게 작용하는 위협 요인이다.
② 학자에 따라서는 SWOT 분석이 기업 자체보다 기업을 둘러싼 외부 환경을 강조한다는 점에서 TOWS(위협·기회·약점·강점)라고 칭하기도 한다.
④ '안정적인 온라인 전용 물류 센터'는 경쟁 기업보다 우위를 점할 수 있는 L사의 강점 요인이므로, SO전략이나 ST전략을 수립할 수 있다.
⑤ SWOT 분석은 기업의 내·외부 환경을 분석하여 강점과 약점, 기회와 위협 요인을 규정하고, 이를 토대로 경영전략을 수립하는 기법이다.

05 체제이해능력

출제 포인트 조직구조(기계적 조직·유기적 조직)에 관한 문제

정답 ④

해설
A사는 기계적 조직, B사는 유기적 조직에 해당한다. 안정적이고 확실한 환경에서는 기계적 조직이, 급변하는 환경에서는 유기적 조직이 적합하다. 따라서 정답은 ④이다.

오답분석
① 독자적으로 활동하는 사내 벤처팀, 특정한 과제 수행을 위해 조직된 프로젝트팀 등은 대표적인 유기적 조직이다.
② 소량 생산 기술을 가진 조직은 유기적 조직구조를, 대량 생산 기술을 가진 조직은 기계적 조직구조를 따르는 것이 적합하다.
③ 기계적 조직에 비해 유기적 조직에서 개인의 전문적 지식과 경험을 보다 중요하게 평가한다.
⑤ 조직구조 결정 요인의 일종인 조직전략은 조직의 목적을 달성하기 위해 수립한 계획으로, 조직이 자원을 배분하고 경쟁적 우위를 달성하기 위한 주요 방침이므로 조직전략이 바뀌면 조직구조도 바뀐다.

06 체제이해능력

출제 포인트 사업별 조직구조에 관한 문제

정답 ③

해설
제시된 형태의 조직구조는 사업별 조직구조이다.
ⓒ 분권화된 의사결정이 가능한 사업별 조직구조는 급변하는 환경 변화에 효과적으로 대응할 수 있으며, 제품, 지역, 고객별 차이에 신속히 적응할 수 있다.
ⓒ 사업별 조직구조는 개별 제품, 서비스, 제품 그룹, 주요 프로젝트나 프로그램 등에 따라 조직이 운영되어 기능이 부서별로 분산되기 때문에 기술 발전과 전문 지식의 함양에 불리하다.
따라서 적절한 것만을 모두 고르면 'ⓒ, ⓒ'이므로 정답은 ③이다.

오답분석
① 조직구성원이 생산, 판매, 기술개발, 회계 등 특정 기능 부서 내에서 지속적으로 업무를 수행함으로써 심도 있는 전문 지식과 기술 개발이 가능하여 기능별 목표 달성이 용이한 것은 기능적 조직구조이다.
② 환경이 안정적이거나 일상적인 기술과 조직의 내부 효율성을 중요하게 생각하는 것은 기능적 조직구조이다.

07 업무이해능력

출제 포인트 업무 수행 시 일정 계산에 관한 문제

정답 ①

해설
두 번째 항목에서 워크숍 불참 사유는 경조 휴가만 인정하며, 팀별 최소 참석 인원은 2명이라고 하였다. 또한 세 번째 항목에서 워크숍 출발은 선·후발대로 구분할 예정이므로, 팀별 필수 업무로 인해 오전 출발이 불가한 사람은 점심시간 후 후발대로 출발한다고 하였다. 이를 토대로 11월 7일부터 11월 11일까지 영업부 팀별 일정 특이사항을 정리하면 다음과 같다.

7일	8일	9일	10일	11일
[구매] 박사원 경조 휴가 하과장 경조 휴가	[기획] 이사원 경조 휴가 (오전) 김사원 신입사원 교육	[마케팅] (오전) 최사원 마케팅 직무 교육	[홍보] (오전) 정과장 거래처 미팅 (오전) 박대리 거래처 미팅	[마케팅] 이대리 경조 휴가

11월 7일에는 구매팀의 박사원과 하과장 두 사람이 경조 휴가로 워크숍에 참석할 수 없으므로 '팀별 최소 참석 인원 2명'의 조건을 충족할 수 없다. 따라서 정답은 ①이다.

오답분석
② 기획팀 이사원은 경조 휴가로 워크숍에 참석할 수 없지만, 기획팀 김사원은 후발대로 출발할 수 있으므로 영업부는 해당 날짜에 워크숍을 갈 수 있다.
③ 최사원은 오전에 마케팅 직무 교육이 있지만, 후발대로 출발할 수 있으므로 영업부는 해당 날짜에 워크숍을 갈 수 있다.
④ 홍보팀 정과장과 박대리는 오전에 거래처 미팅이 있지만, 후발대로 출발할 수 있으므로 영업부는 해당 날짜에 워크숍을 갈 수 있다.
⑤ 마케팅팀 이대리는 경조 휴가로 워크숍에 참석할 수 없지만, 나머지 마케팅팀 2명은 워크숍에 참석할 수 있으므로 영업부는 해당 날짜에 워크숍을 갈 수 있다.

실전용 해설
팀별 일정 특이 사항을 일일이 계산하지 않더라도 두 번째 항목에서 팀별 최소 참석 인원은 2명이라고 하였으므로, 구매팀 팀원 2명이 경조 휴가인 11월 7일에는 워크숍을 갈 수 없음을 알 수 있다.

08 업무이해능력

출제 포인트 업무수행 시트의 종류와 그 특징에 관한 문제

정답 ②

해설
(가)는 1919년에 미국의 간트가 창안한 작업진도 도표인 '간트 차트'이고, (나)는 업무의 각 단계를 효과적으로 수행했는지 스스로 점검할 수 있는 도구인 '체크리스트'이다.
일의 흐름을 동적으로 보여주는 데 효과적인 업무수행 시트는 '워크 플로 시트(Work flow sheet)'이다. 따라서 정답은 ②이다.

오답분석
① (가)는 간트 차트이고, (나)는 체크리스트이다.
③ 간트 차트는 마이크로소프트 엑셀 등의 프로그램에 단계별 시작일과 종료일만 기입하여 비교적 쉽게 만들 수 있다.
④ 간트 차트는 단계별로 업무를 시작해서 끝나는 데 걸리는 시간을 바(Bar) 형식으로 표시할 때 사용한다.
⑤ 체크리스트는 업무를 세부적인 활동으로 나누고 활동별로 기대되는 수행 수준을 달성했는지 확인하는 데 효과적이다.

09 국제감각

출제 포인트 이문화 커뮤니케이션과 문화충격에 관한 문제

정답 ③

해설
우리가 실제 눈으로 볼 수 있는 음악, 음식, 예술, 의복, 디자인, 건축, 정치, 종교 등과 같은 문화는 10%밖에 해당되지 않는다. 따라서 정답은 ③이다.

오답분석
① 모든 나라의 문화에 공통으로 적용되는 기준은 없다.
② 본인이 속한 문화를 기준으로 다른 문화를 평가하지 말고, 자신의 정체성은 유지하되, 새롭고 다른 것을 경험하는 데 즐거움을 느끼도록 적극적 자세를 취한다.
④ 사우디아라비아에서는 커피를 권하는 것을 모욕으로 생각하는 것이 아닌, 사우디아라비아인이 권한 커피를 거절하는 것을 모욕으로 생각한다.
⑤ 국제 커뮤니케이션은 국가 간의 커뮤니케이션인 반면, 이문화 커뮤니케이션은 본인의 일을 수행하는 가운데 문화 배경을 달리하는 사람들과의 사이에서 이루어지는 커뮤니케이션이므로 동의어로 사용될 수 없다.

10 국제감각

출제 포인트 | 국제매너에 관한 문제

정답 ③

해설
- 임사원: 미국에서는 악수할 때 손끝만 잡는 것을 예의에 어긋나는 것으로 생각하며, 오른손으로 상대방의 오른손을 잠시 힘주어서 잡아야 한다.
- 장사원: 영미권에서의 악수는 일어서서, 상대방의 눈이나 얼굴을 보면서, 오른손으로 상대방의 오른손을 잠시 힘주어서 잡았다가 놓아야 한다.
- 김사원: 아프리카에서는 상대방과 시선을 마주보며 대화하면 실례이므로 코끝 정도를 보면서 대화해야 한다.

따라서 적절하지 않은 발언을 한 사원만을 모두 고르면 '임사원, 장사원, 김사원'이므로 정답은 ③이다.

심화문제

 빠른 정답표

01	⑤	02	①	03	③	04	④	05	②
06	⑤	07	①	08	④	09	③	10	②
11	③	12	④	13	②	14	⑤	15	②
16	⑤	17	⑤	18	②	19	④	20	⑤
21	②	22	③	23	⑤	24	⑤	25	③
26	⑤	27	③	28	⑤	29	③	30	①
31	③	32	④	33	②	34	⑤	35	⑤
36	④	37	⑤	38	④	39	③	40	③

01 조직이해능력

출제 포인트 | 조직과 개인의 관계에 관한 문제

정답 ⑤

해설
조직에 속한 개인은 조직이 정해준 범위 내에서 업무를 수행한다. 따라서 정답은 ⑤이다.

02 조직이해능력

출제 포인트 | 조직의 정의와 특징에 관한 문제

정답 ①

해설
조직체제는 조직목표, 조직구조, 업무 프로세스, 조직문화, 규칙 및 규정 등으로 구성된다. 이 중 조직이 존재하는 정당성과 합법성을 제공하는 것은 조직목표이며, 조직문화는 조직구성원의 사고와 행동에 영향을 주며 일체감과 정체성을 부여하는 생활양식이나 가치를 말한다. 따라서 정답은 ①이다.

오답분석
② 조직은 목적을 달성하기 위해 구성원들이 서로 협동하고, 외부 환경과 긴밀한 관계를 가진다.
③ 일 경험에서 조직을 의미하는 직장은 사람들이 일을 하는 데 필요한 물리적 장소이며 심리적 공간이다. 물리적 장소는 외형적으로 건물의 형태를 갖고 있는 것을 의미하는데, 최근 재택근무 등 원격근무가 활성화되면서 그 개념이 점차 확대되고 있다. 심리적 공간으로서 직장은 업무를 하면서 만족을 얻기도 좌절을 경험하기도 하는 무형의 공간을 의미한다.
④ 조직은 일반적으로 재화나 서비스의 생산이라는 경제적 기능과 조직구성원들에게 만족감을 주고 협동을 지속시키는 사회적 기능을 갖는다. 사람들은 조직에 속하거나 다른 조직에서 생산한 상품이나 서비스를 이용하고 다른 조직과 함께 일하며 관계를 맺는다.
⑤ 조직은 두 사람 이상이 공동의 목표를 달성하기 위해 의식적으로 구성된 상호작용과 조정을 행하는 행동의 집합체이다.

03 조직이해능력

출제 포인트 공식 조직과 비공식 조직에 관한 문제

정답 ③

해설
공식화 정도에 따라 갑이 속한 □□대학교 경영학과, 을이 속한 △△연구소, 정이 속한 ◇◇시민단체는 공식 조직에 해당하며, 병이 속한 축구 동호회는 비공식 조직에 해당한다. 따라서 '갑, 을, 정'은 공식 조직에, '병'은 비공식 조직에 소속되어 있으므로 정답은 ③이다.

🔍 개념 보충

조직의 유형별 특징

분류 기준	유형	특징
공식성	공식 조직	조직의 구조, 기능, 규정 등이 조직화되어 있는 집단
	비공식 조직	개인들의 협동과 상호작용에 따라 형성된 자발적인 집단
영리성	영리조직	이윤을 목적으로 하는 조직
	비영리조직	공익을 추구하는 조직
조직규모	소규모조직	규모가 작은 조직
	대규모조직	규모가 큰 조직

04 조직이해능력

출제 포인트 조직의 특징에 관한 문제

정답 ④

해설
개개인의 특성으로 조직의 실체를 완전히 알 수는 없다. 구성원들을 연결하는 조직의 목적, 구조, 환경 등을 알아야 조직을 제대로 이해할 수 있으며, 이를 통해 업무 성과도 향상시킬 수 있다. 따라서 정답은 ④이다.

05 조직이해능력

출제 포인트 조직체제를 구성하는 요소에 관한 문제

정답 ②

해설
조직의 규칙과 규정은 조직의 목표나 전략에 따라 수립되어 조직구성원들의 활동 범위를 제약하고 일관성을 부여하는 기능을 한다. 따라서 정답은 ②이다.

오답분석
① 조직목표는 조직이 달성하려는 장래의 상태이다.
③ 조직문화는 조직구성원들의 사고와 행동에 영향을 미친다.
④ 조직구성원들이 공유하는 생활양식이나 가치는 조직문화이다.
⑤ 조직도는 조직의 내적인 구조를 보여주는 데 한계가 있지만, 조직구성원들의 임무, 수행 과업, 일하는 장소를 알아보는 데에는 유용하다.

06 조직이해능력

출제 포인트 윤리 규정 이해에 관한 문제

정답 ⑤

해설
제4조 제4항에서 같은 조 제2항이나 제3항에 따라 상담 요청을 받은 행동강령책임관은 지시 내용을 확인하여 지시를 취소하거나 변경할 필요가 있다고 인정되면 이를 사장에게 보고해야 한다고 하였다. 만약 지시 내용을 확인하는 과정에서 부당한 지시를 한 상급자가 스스로 그 지시를 취소하거나 변경하였을 때에는 사장에게 보고하지 않을 수 있다고 하였다. 따라서 정답은 ⑤이다.

오답분석
① 제4조 제2항에서 상급자로부터 같은 조 제1항을 위반하는 지시를 받은 임직원은 별지 제2호 서식 또는 전자우편 등의 방법으로 행동강령책임관과 상담할 수 있다고 하였다.
② 제4조 제5항에서 같은 조 제4항에 따른 보고를 받은 사장은 필요하다고 인정되면 지시를 취소·변경하는 등 적절한 조치를 하여야 한다고 하였다.
③ 〈별표 1〉의 3에서 공사에 재산상 손해를 입힐 수 있는 지시인지 여부도 공정한 직무수행을 해하는 지시 판단기준에 해당한다고 하였다.
④ 제4조 제3항에서 같은 조 제2항에 따라 지시를 이행하지 않았는데도 동일한 지시가 반복될 때에는 즉시 별지 제2호 서식 또는 전자우편 등의 방법으로 행동강령책임관과 상담해야 한다고 하였다.

07 경영이해능력

출제 포인트 경영전략 유형에 관한 문제

정답 ①

해설
㉠ 기업의 사회적 책임이란 기업이 생산 및 영업 활동을 하면서 윤리경영, 환경경영, 사회공헌 등 사회 전체의 이익을 같이 고려하는 것을 말한다. '부정청탁 및 부패비리 예방 활동 강화'는 윤리경영에 해당하고 '친환경·중소기업 및 사회적 약자 기업 제품 우선 구매 활성화'는 환경경영에 해당하므로 '사회적 책임 경영'과 관련이 있다.
㉡ 참여가 제한된 소수 노조의 참여를 촉진하고 시민안전 모니터링을 도입하여 안전 관리에 시민이 참여함을 강조하는 것은 '참여와 협력 경영'과 관련이 있다.
㉢ 지역의 특성을 고려하여 테마역사나 테마계단을 조성하는 것과 혁신 스타트업 기업을 통해 공익·수익형 혁신사업 지역사회 연계 개발을 하는 것은 '지역경제 선도 경영'과 관련이 있다.
따라서 빈칸 ㉠~㉢에 들어갈 경영전략 유형은 각각 차례로 '사회적 책임 경영, 참여와 협력 경영, 지역경제 선도 경영'이므로 정답은 ①이다.

08 경영이해능력

출제 포인트 SWOT 전략에 관한 문제

정답 ④

해설
다양화 전략이 필요한 것은 ST전략이다. WT전략은 방어적 전략이 필요하다. 따라서 정답은 ④이다.

> **개념 보충**
>
> **SWOT 전략**
> SWOT이란 Strength(강점), Weakness(약점), Opportunity(기회), Threat(위험)의 합성어이다. 강점과 약점은 내부환경을 분석하는 요소로 경쟁자와 비교하여 자사의 강점 및 약점을 분석할 때 활용하며, 기회와 위협은 외부환경을 분석하는 요소로 자사를 제외한 모든 것을 분석한다.

09 경영이해능력

출제 포인트 경영의 의미와 과정에 관한 문제

정답 ③

해설
조직은 다양한 유형이 있기 때문에 모든 조직에 공통적인 경영원리를 적용하는 것은 어렵다. 그러나 특정 조직에 적합한 특수경영 외에 일반 경영은 조직의 특성에 관계없이 공통적으로 적용할 수 있는 개념이다. 따라서 정답은 ③이다.

10 경영이해능력

출제 포인트 조직의 의사결정 과정에 관한 문제

정답 ②

해설
조직의 의사결정 과정은 크게 '확인 → 개발 → 선택' 단계를 거치며, 제시된 사례의 G기업은 의사결정이 필요한 문제를 인식하여 확인한 후(확인 단계) 해결 방안을 개발한 단계(개발 단계)에 있다. 이후에는 제안된 여러 해결 방안 중 실행 가능한 해결안을 선택(선택 단계)해야 한다. 선택을 위한 방법에는 의사결정권자의 판단에 의한 선택, 경영과학 기법과 같은 분석에 의한 선택, 이해관계집단의 토의와 교섭에 의한 선택이 있다. 따라서 정답은 ②이다.

11 경영이해능력

출제 포인트 경영참가제도에 관한 문제

정답 ③

해설
제시된 용어를 통해 공통으로 연상할 수 있는 개념은 '경영참가제도'이다. 경영참가제도를 통해 노사 간 대화의 장을 마련하고 상호 신뢰를 증진시킬 수 있지만, 경영의사결정 과정에 근로자 또는 노동조합을 참여시키는 것이므로 경영자 고유의 권한인 경영권은 약화될 수 있다. 따라서 정답은 ③이다.

오답분석
① 경영참가제도로 근로자나 노동조합이 새로운 아이디어를 제시하거나 현장에 적합한 개선방안을 마련함으로써 경영의 효율성을 높일 수 있다.
② 최근 국제경쟁의 가속화와 급격한 기술 발전 등의 환경변화에 따라 대립적인 노사관계만으로는 한계가 있다는 점이 지적되면서 경영참가제도의 중요성이 점차 커지고 있다.
④ 경영참가제도는 산업민주주의의 발달과 함께 근로자 또는 노동조합을 경영의 파트너로 인정하는 협력적 노사관계가 중시되면서 이들을 조직의 경영의사결정 과정에 참여시키는 제도이다.
⑤ 경영참가제도의 가장 큰 목적은 경영의 민주성을 제고하는 것이며, 근로자 또는 노동조합이 경영과정에 참여하여 본인의 의사를 반영함으로써 공동으로 문제를 해결하고, 노사 간의 세력 균형을 이룰 수 있다.

12 경영이해능력

출제 포인트 경영참가제도의 특징에 관한 문제

정답 ④

해설
경영참가제도를 통해 근로자는 조직에 소속감을 느끼고 몰입하게 되어 조직의 발전적 협력이 가능하지만, 경영참가제도가 모든 조직에 효과적이거나 반드시 확대되어야 하는 제도는 아니다. 경영능력이 부족한 근로자가 경영에 참여하면 의사결정이 늦어지고 비합리적일 수 있으며, 경영권을 약화하거나 경영참가제도를 통해 분배 문제를 해결하여 노동조합의 단체교섭 기능이 약화될 수도 있기 때문이다. 따라서 정답은 ④이다.

> **개념 보충**
>
> **경영참가제도**
> 경영참가제도는 조직의 경영의사결정 과정에 근로자 또는 노동조합을 경영의 파트너로 인정하는 제도로, 가장 큰 목적은 경영의 민주성을 제고하는 것이다. 경영참가제도의 유형에는 경영자의 권한인 의사결정과정에 근로자 및 노동조합이 참여하는 '경영참가', 조직의 경영성과를 근로자에게 배분하는 '이윤참가', 근로자가 조직 재산의 소유에 참여하는 '자본참가' 등이 있다.

13 경영이해능력

출제 포인트 내부 규정 이해에 관한 문제

정답 ②

해설
㉠ 제12조 제3호에서 인터넷 개인방송을 통해 직접 후원 수익을 취득하는 행위는 직원 품위유지를 위해 엄격히 금지한다고 하였다.
㉢ 제14조 제2항에서 인터넷 개인방송 활동이 직원으로서 준수할 사항을 위반할 경우, 그 내용 및 정도 등을 고려하여 활동 금지 조치를 취할 수 있다고 하였다.
따라서 적절한 것만을 모두 고르면 '㉠, ㉢'이므로 정답은 ②이다.

> 오답분석

- ⓒ 제13조 제3항에서 인터넷 개인방송 활동에 대한 겸직허가 기간은 최대 6개월이며, 겸직 연장은 겸직허가 종료일 1개월 이전까지 신청해야 한다고 하였다.
- ⓔ 제13조 제1항에서 유튜브는 구독자 1,000명, 연간 누적 재생 시간 4,000시간 이상을 충족할 경우 반드시 겸직허가 신청을 해야 한다고 하였다.

14 경영이해능력

> 출제 포인트 경영활동의 유형에 관한 문제

정답 ⑤

해설
내부경영활동은 조직 내부에서 인적·물적 자원 및 생산기술을 효율적으로 관리하는 것으로, 인사관리, 재무관리, 생산관리 등이 해당된다.
- ㉠ 재무제표를 신뢰성 있게 관리하기 위해 내부회계 관리 제도를 운영하는 재무관리 활동은 내부경영활동에 해당한다.
- ㉡ 기존 생산라인을 전환하여 생산성을 향상한 생산관리 활동은 내부경영활동에 해당한다.
- ㉣ 채용 가능한 지원자 범위를 확대하고 전형 과정을 신속화한 인사관리 활동은 내부경영활동에 해당한다.

따라서 적절한 것만을 모두 고르면 '㉠, ㉡, ㉣'이므로 정답은 ⑤이다.

> 오답분석

- ㉢ 전시 및 시승 이벤트, TV광고, 온라인 고객 이벤트 등의 마케팅 활동은 외부경영활동에 해당한다.

> 개념 보충

외부경영활동
조직 외부에서 조직의 효과성을 높이기 위해 이루어지는 활동이다. 예를 들어 기업에서는 주로 시장에서 이루어지는 활동으로 자사의 차별적 가치를 고객들에게 효과적으로 알려서 새로운 고객을 창출하고 기존고객을 유지한다. 대표적으로 마케팅 활동이 있다.

15 경영이해능력

> 출제 포인트 SWOT 분석에 관한 문제

정답 ②

해설
SWOT 분석에서 강점(S)은 경쟁 기업과 비교하여 소비자로부터 강점으로 인식되는 것을, 약점(W)은 경쟁 기업과 비교하여 소비자로부터 약점으로 인식되는 것을, 기회(O)는 외부환경에서 유리한 기회 요인을, 위협(T)은 외부환경에서 불리한 위협 요인을 가리킨다. 따라서 'S'에 해당하는 것만을 모두 고르면 'ⓒ, ⓔ'이므로 정답은 ②이다.

> 오답분석

- ㉠, ㉣, ⓑ 약점 요인(W)에 해당한다.
- ⓒ, ⓘ 위협 요인(T)에 해당한다.
- ⓓ 기회 요인(O)에 해당한다.

16 경영이해능력

> 출제 포인트 집단의사결정의 특징에 관한 문제

정답 ⑤

해설
집단의 의사를 결정하는 대표적인 방법 중 하나인 브레인스토밍은 구두로 의견을 교환하는 것이며, 포스트잇 같은 메모지에 의견을 적은 후 메모된 내용을 차례대로 공유하는 방법은 브레인스토밍을 응용한 방법인 '브레인라이팅'이다. 따라서 정답은 ⑤이다.

> 개념 보충

집단의사결정
조직은 개인이 단독으로 의사결정을 내리는 경우도 있지만, 집단이 의사결정을 내리기도 한다. 집단은 개인보다 더 많은 지식과 정보를 가지고 있어 효과적인 의사결정을 할 수 있으며, 다양한 집단구성원이 가진 능력은 각기 다르기 때문에 같은 문제라도 다양한 견해로 접근할 수 있다.
집단의사결정의 장점은 결정된 사항에 대해 의사결정에 참여한 사람들이 해결책을 쉽게 수용하고, 구성원의 의사소통 기회도 향상된다는 것이다. 그러나 의견이 구성원 간 의견이 불일치하면 의사결정을 내리는 데 시간이 많이 소요되고, 특정 구성원에 의해 의사결정이 독점된다는 단점이 있다.

17 체제이해능력

> 출제 포인트 신입사원 채용 점수 산정에 관한 문제

정답 ⑤

해설
다섯 번째 항목에서 가산점은 전형별로 부여한다고 하였다. 세 번째 항목에서 서류 전형 가산점은 자격증 가산점으로, 동일 분야 내 중복 자격증이 있으면 1개만 인정한다고 하였다. 네 번째 항목에서 필기 전형 가산점은 필기 전형 점수가 가장 높은 사람 1명에게만 추가로 5점을 부여한다고 하였다. 단, 필기 전형에서 과락한 과목은 해당 과목 점수를 0점으로 부여하며, 과락 과목이 한 과목이라도 있으면 무조건 탈락이라고 하였다. 이에 따라 두 과목에서 과락한 병은 무조건 탈락이다. 이를 토대로 병을 제외한 네 사람의 서류 전형 가산점과 필기 전형 가산점을 구분하여 정리하면 다음과 같다.

구분	서류 전형 가산점	필기 전형		가산점 총점
		총점	가산점	
갑	5(→ 자격증 중복)	18 + 16 + 15 + 15 + 15 = 79	0	5
을	5(→ 외국어 점수 미달)	15 + 16 + 17 + 16 + 18 = 82	0	5
정	0	16 + 16 + 15 + 16 + 16 = 79	0	0
무	10	18 + 18 + 19 + 17 + 18 = 90	5	15

이에 따라 총 가산점이 가장 높은 사람은 서류 전형 가산점 10점, 필기 전형 가산점 5점으로 총 가산점이 15점인 '무'이다. 따라서 정답은 ⑤이다.

18 체제이해능력

출제 포인트 조직 내 집단에 관한 문제

정답 ②

해설
집단 간 경쟁이 일어나면 집단 내부에서는 응집성이 강화되고 집단의 활동이 더욱 조직화되기도 한다. 하지만 경쟁이 과열되면 공통된 목적을 추구하는 조직에 부정적인 영향을 주며, 자원의 낭비, 업무 방해, 능률 저하 등의 문제가 초래된다. 따라서 정답은 ②이다.

오답분석
① 공식적 집단에는 상설위원회 또는 임시위원회, 임무 수행을 위해 형성된 작업팀 등이 있으며, 비공식적 집단에는 업무수행능력 향상을 위해 자발적으로 형성된 스터디 모임, 봉사활동 동아리, 각종 친목회 등이 있다.
③ 비공식적 집단은 조직구성원의 요구에 따라 자발적으로 형성되지만, 조직에서 의도적으로 만드는 공식적 집단은 참여하는 구성원들도 인위적으로 결정되는 경우가 많다.
④ 조직구성원들은 본인이 속한 집단에서 필요한 정보를 획득하고 소속감을 느끼며, 인간관계 확장 등의 요구를 충족할 수 있다.
⑤ 집단 간 경쟁은 집단들이 조직 내의 한정된 자원을 더 많이 가지려고 하거나 상반되는 목표를 추구하기 때문에 일어난다.

19 체제이해능력

출제 포인트 조직구조의 결정요인에 관한 문제

정답 ④

해설
대규모조직은 소규모조직보다 업무가 전문화 및 분화되어 있고, 많은 규칙과 규칙이 존재한다. 따라서 정답은 ④이다.

오답분석
① 조직구조는 조직마다 다양하며, 조직목표를 효과적으로 달성하는 데 영향을 미친다.
② 조직구조에 영향을 미치는 요인에는 전략, 규모, 기술, 환경 등이 있다.
③ 조직전략은 조직의 목적 달성을 위해 수립한 계획이므로, 조직전략이 바뀌면 조직구조도 달라진다.
⑤ 기계적 조직은 안정적이고 확실한 환경에서, 유기적 조직은 급변하는 환경에서 적합하다.

20 체제이해능력

출제 포인트 조직목표의 기능과 특징에 관한 문제

정답 ⑤

해설
ⓒ 조직목표는 조직의 존재 이유와 관련된 장기적 관점의 사명과 사명을 달성하기 위한 단기적 관점의 세부목표로 구분된다.
ⓒ 조직목표로 설정되는 공식적 목표와 실제적 목표는 다를 수 있다.
ⓜ 조직목표는 조직구조나 운영과정과 같이 조직체제를 구체화할 수 있는 기준이 되기도 한다.
따라서 적절한 것만을 모두 고르면 'ⓒ, ⓒ, ⓜ'이므로 정답은 ⑤이다.

오답분석
㉠ 가변적 속성을 가지는 조직목표는 환경이나 조직 내의 여러 원인에 의해 변동되거나 없어지고 새로운 목표로 대치되기도 한다.
㉣ 조직이 존재하는 정당성과 합법성을 제공하는 것은 사명이며, 운영목표(세부목표)는 조직이 나아갈 방향을 제시하고 조직구성원들이 여러 행동 대안 중 적절한 것을 택하고 의사를 결정할 수 있는 기준을 제시한다.

21 체제이해능력

출제 포인트 직무그룹과 직무팀의 특징에 관한 문제

정답 ②

해설
직무그룹은 단순히 정보 공유를 위해 모인 것이라면, 팀은 시너지 창출을 위해 구성한 것이다. 팀은 멤버가 서로 부족한 점을 보완해 주면서 상승작용을 일으킬 수 있도록 구성한 집단이며, 특별한 목표를 갖고 있는 경우가 많다. 따라서 정답은 ②이다.

22 체제이해능력

출제 포인트 조직의 구조에 관한 문제

정답 ③

해설
조직도에 따르면 정보시스템과 관련된 부서는 IT부서의 정보시스템부이므로, 개인고객 및 기업고객의 정보보호 강화를 위한 시스템 구축 결제 건은 정보시스템부로 문의해야 한다. 따라서 정답은 ③이다.

23 체제이해능력

출제 포인트 OKR의 특징에 관한 문제

정답 ⑤

해설
OKR(Objective Key Results)은 목표와 핵심 결과의 합성어로, 주간에서 분기 단위로 성과를 관리하는 새로운 성과관리 체계이다. 기존의 성과관리지표인 KPI(Key Performance Indicator)는 연초에 세운 목표가 연말까지 지속되다 보니 환경변화가 있을 때 목표 수정이 어려웠지만, OKR은 보통 분기 단위로 팀원이 경영목표에 맞춰 구체적인 목표를 세우기 때문에 유연성이 높고 직원들의 자발적인 참여가 활발한 편이다. 특히 빠르게 바뀌는 산업 환경 속에서 단기 목표와 장기 성장 비전을 동시에 달성할 수 있는 방법으로 OKR이 뜨고 있다. 따라서 적절한 것만을 모두 고르면 '㉠, ㉡, ㉢'이므로 정답은 ⑤이다.

24 체제이해능력

출제 포인트 조직문화에 관한 문제

정답 ④

해설
의사들이 자신이 고용된 병원보다 그들의 의학적 전문성에 기반하여 같은 의사들끼리 더 강한 소속감을 느끼는 것은 '전문가 문화'의 사례이다. 따라서 정답은 ④이다.

오답분석
① 문화와 관련된 문화는 안전 문화와 품질 문화 등 조직이 직면한 문제로 인해 생기는 문화를 의미한다.
② 지역 문화는 지리적 지역에 기반을 둔 문화로, 특정 단위 조직이 활동하는 지역의 관습과 규범에 의해 주로 형성된다.
③ 엘리트 문화는 주로 조직의 최고위층 간부들에게 나타나는 문화로, 이들은 다른 직원보다 조직 전체에 정보를 퍼뜨릴 수 있는 강력한 통제력을 지닌다.
⑤ 사업부 문화는 같은 사업부에서 근무하는 구성원들이 조직에 대한 동일한 관점을 갖게 되면서 형성하는 하위문화를 의미한다.

25 체제이해능력

출제 포인트 기계적 조직과 유기적 조직에 관한 문제

정답 ③

해설
조직구조는 그 특성에 따라 기계적 조직과 유기적 조직으로 구분한다. 기계적 조직은 엄격히 규정된 직무를 바탕으로 많은 규칙과 규정이 있고 권한이 집권적인 반면, 유기적 조직은 광범위한 직무를 바탕으로 규칙과 규정이 적고, 권한이 분권적이다. 또한 기계적 조직은 분명한 명령체계를 가지고 있으나 통솔 범위가 좁고 낮은 팀워크가 특징적인 반면, 유기적 조직은 넓은 통솔 범위와 높은 팀워크를 특징으로 한다. 이러한 특성에 따라 기계적 조직은 군대와 같은 조직에 적합하고, 유기적 조직은 급변하는 환경에 적합하다. 따라서 정답은 ③이다.

26 업무이해능력

출제 포인트 갈등관리 방법에 관한 문제

정답 ⑤

해설
어떤 경우에는 직접적인 해결보다 일단 그 상황에서 벗어나는 회피전략이 더욱 효과적일 수 있으며, 갈등의 해결이 중대한 분열을 초래할 가능성이 있을 때는 빠르게 해결하기보다는 충분한 해결 시간을 가지고 서서히 접근하는 것이 좋다. 따라서 정답은 ⑤이다.

27 업무이해능력

출제 포인트 우선순위에 따른 업무 처리에 관한 문제

정답 ③

해설
세 번째 항목에서 주말·공휴일·휴무일에는 업무를 수행하지 않는다고 하였으므로, 해당 일정들을 제외하고 업무를 수행할 수 있는 일정을 살펴보면 다음과 같다.

일	월	화	수	목	금	토
						1
2	3	4	5	6	7	8
9	10	11	12	13	14	15
16	17	18	19	20	21	22
23	24	25	26	27	28	29
30	31					

다섯 번째 항목에서 다른 팀과의 협업 업무를 가장 우선하여 수행해야 한다고 하였으므로, 가장 먼저 처리해야 하는 업무는 영업팀과 함께 하는 업무인 ㉣이다. 다음으로는 마감일이 10월 13일이고 소요기간이 2일인 ㉡을 해야 하므로 '㉣-㉡' 순으로 업무를 수행한다. 이때 10월 11일은 연차 휴무이므로 ㉡은 10월 13일에 마무리된다.
〈표〉의 특이 사항에 따라 ㉠은 ㉢을 완료한 후에 착수해야 한다. 이때 '㉤-㉢-㉠', '㉢-㉤-㉠', '㉢-㉠-㉤'의 세 가지 경우로 나누어 검토할 수 있다.
(1) ㉤-㉢-㉠ 순으로 진행
㉤은 10월 14일에 마무리되고, ㉢은 10월 21일이 연차 휴무이므로 10월 24일에 마무리된다. ㉠은 10월 27일에 마무리되므로 마감일을 맞출 수 없다.
(2) ㉢-㉤-㉠ 순으로 진행
㉢은 10월 20일에 마무리되고, ㉤은 10월 21일이 연차 휴무이므로 10월 24일에 마무리된다. 그러나 앞의 경우와 마찬가지로 ㉠은 10월 27일에 마무리되므로 마감일을 맞출 수 없다.
(3) ㉢-㉠-㉤ 순으로 진행
㉢은 10월 20일에 마무리되고, ㉠은 10월 21일이 연차 휴무이므로 10월 26일에 마무리된다. 마지막으로 ㉤은 10월 27일에 마무리 마무리되므로 마감일을 맞출 수 있다.
따라서 처리해야 할 업무를 순서대로 바르게 나열한 것은 '㉣-㉡-㉢-㉠-㉤'이므로 정답은 ③이다.

실전용 해설
1. 주말·공휴일·휴무일에는 업무를 수행하지 않는다는 조건에 유의해야 한다.
2. ㉠은 소요기간이 3일, ㉤은 소요기간이 5일로 두 업무의 총 소요기간은 8일이므로, ㉡을 마무리한 후 10월 14일부터 소요기간을 산정하면 ㉠을 10월 26일에 마무리할 수 있다. 이를 통해 일일이 계산하지 않더라도 ㉠, ㉢, ㉤ 중 ㉤을 가장 마지막에 수행해야 함을 알 수 있다.

28 업무이해능력

출제 포인트 부서별 업무의 종류에 관한 문제

정답 ⑤

해설
- 박과장: 중장기 사업계획의 종합 및 조정 업무, 종합예산수립 및 실적 관리 업무를 담당하고 있다고 하였으므로 기획부에 소속되어 있음을 알 수 있다. 기획부의 일반적인 업무에는 경영계획 및 전략 수립이 있다.
- 최대리: 판매 원가과 판매 가격 검토 업무, 거래처로부터 접수된 불만 처리 업무를 담당하고 있다고 하였으므로 영업부에 소속되어 있음을 알 수 있다. 영업부의 일반적인 업무에는 외상매출금의 청구 및 회수가 있다.

따라서 정답은 ⑤이다.

개념 보충

부서별 업무의 종류

부서	담당 업무(예)
총무부서	주주총회 및 이사회 개최 관련 업무, 의전 및 비서 업무, 집기비품 및 소모품의 구입과 관리, 사무실 임차 및 관리, 차량 및 통신시설의 운영, 국내외 출장 업무 협조, 복리후생 업무, 법률자문과 소송관리, 사내의 홍보 광고 업무
인사부서	조직기구의 개편 및 조정, 업무분장 및 조정, 직원수급 계획 및 관리, 직무 및 정원의 조정 종합, 노사관리, 평가관리, 상벌관리, 인사발령, 교육체계 수립 및 관리, 임금제도, 복리후생제도 및 지원 업무, 복무관리, 퇴직관리
기획부서	경영계획 및 전략 수립, 전사기획업무 종합 및 조정, 중장기 사업계획의 종합 및 조정, 경영정보 조사 및 기획보고, 경영진단업무, 종합예산수립 및 실적 관리, 단기사업계획 종합 및 조정, 사업계획, 손익추정, 실적관리 및 분석
회계부서	회계제도의 유지 및 관리, 재무상태 및 경영실적 보고, 결산 관련 업무, 재무제표 분석 및 보고, 법인세·부가가치세·국세·지방세 업무 자문 및 지원, 보험 가입 및 보상 업무, 고정자산 관련 업무
영업부서	판매 계획, 판매 예산의 편성, 시장조사, 광고 선전, 견적 및 계약, 제조지시서의 발행, 외상매출금의 청구 및 회수, 제품의 재고 조절, 거래처로부터의 불만 처리, 제품의 애프터서비스, 판매 원가 및 판매 가격의 조사 검토

※ 부서별 업무는 조직의 목적과 규정에 따라 다양하게 구성될 수 있으며, 상기 표의 내용은 대부분의 조직에서 담당하는 부서별 업무의 예시를 나타냄.

29 업무이해능력

출제 포인트 업무의 특성에 관한 문제

정답 ⑤

해설
조직 내에서 업무는 조직의 목적을 보다 효과적으로 달성하기 위해 세분화된 것이므로, 궁극적으로 같은 목적을 지향한다. 또한 업무는 조직 내 다른 업무와 밀접한 관련이 있어 업무의 우선순위에 따라 순차적으로 이루어진다. 이때, 개별 업무들은 요구되는 지식, 기술, 도구의 종류가 다르고 이들 간 다양성도 차이가 있다. 따라서 적절한 것만을 모두 고르면 'ㄱ, ㄴ, ㄹ'이므로 정답은 ⑤이다.

오답분석
ㄷ 일반적으로 연구·개발 등과 같은 업무는 자율적이고 재량권이 많은 반면, 조립·생산 등과 같은 업무는 주어진 절차에 따라 이루어진다.

30 업무이해능력

출제 포인트 직무 기술서에 포함된 직무에 관한 문제

정답 ①

해설
인사 직무는 조직의 목표 달성을 목적으로 인적 자원을 효율적으로 활용하고 육성하기 위하여 직무 조사 및 직무 분석을 통해 채용, 배치, 육성, 평가, 보상, 승진, 퇴직 등의 제반 사항을 담당하는 것으로, 제시된 주요 업무 수행 내용 중 어디에도 포함되지 않는다. 따라서 정답은 ①이다.

오답분석
ㄱ 직무 세분류 항목 중 '경영기획'에 해당한다.
ㄴ 직무 세분류 항목 중 '예산'에 해당한다.
ㄷ 직무 세분류 항목 중 '자금'에 해당한다.
ㄹ 직무 세분류 항목 중 '회계·감사'에 해당한다.

31 업무이해능력

출제 포인트 간트 차트에 관한 문제

정답 ③

해설
제시된 업무 수행 시트는 '간트 차트'이다. 간트 차트는 단계별로 업무를 시작하여 끝나는 데 소요되는 시간을 바(Bar) 형식으로 표시한 것이다. 간트 차트를 이용하면 전체 일정을 한눈에 볼 수 있으며, 업무 단계별로 걸리는 시간과 업무 활동 사이의 관계를 알 수 있다. 따라서 정답은 ③이다.

오답분석
① F/W 시즌 기획 업무는 7월 1주에 종료되고, 디자인 시안 작업 업무는 7월 2주에 시작된다.
② 업무 수행 시트 중 '체크리스트'에 대한 설명이다.
④ 6월 1주에 국내외 시장조사 업무와 S/S 시즌 리뷰 업무를 동시에 시작하지만, 국내외 시장조사 업무는 6월 4주에, S/S 시즌 리뷰 업무는 6월 2주에 종료된다.
⑤ 업무 수행 시트 중 '워크 플로 시트'에 대한 설명이다.

32 업무이해능력

출제 포인트 부서별 대표 업무에 관한 문제

정답 ④

해설
첫 번째로 고객만족 향상 캠페인 홍보 진행 피드백 회의에 참석해야 하므로 공사 홍보에 관한 계획 수립·시행을 담당하는 '홍보실'을 거쳐야 한다. 다음으로 주말 당직 일정 변경은 당직 관리를 담당하는 '경영지원처'로 문의해야 하며, 경영혁신을 위한 정보 시스템 구축 관련 자료는 정보 시스템을 관리하는 '정보화추진처'에 요청해야 한다. 마지막으로 사회적 가치 실현 관련 위탁교육 진행 상황은 국내외 위탁교육을 담당하는 '인재개발원'을 통해 점검할 수 있다. 따라서 협조받아야 할 부서를 순서대로 나열하면 '홍보실 – 경영지원처 – 정보화추진처 – 인재개발원'이므로 정답은 ④이다.

33 업무이해능력

출제 포인트 업무 방해 요인에 관한 문제

정답 ②

해설
제시된 글에 따르면 업무 방해요인은 공적인 이유와 사적인 이유를 불문하며, 공적이고 업무상 발생하는 일이라도 업무의 방해요인으로 작용할 수 있다. 그러므로 사적인 요인을 모두 차단하더라도 업무 방해요인을 모두 제거할 수는 없다. 따라서 정답은 ②이다.

34 업무이해능력

출제 포인트 직무기술서에 관한 문제

정답 ③

해설
- B: '직무 수행 내용'에 도·소매업의 효율적 운영을 위한 구매, 판매, 마케팅, 물류, 채널 융·복합, 정보기술과 관련된 업무를 수행하는 유통관리 직무가 포함되므로 적절하다.
- C: 'NCS 분류 체계'에서 세분류는 유통관리, 일반영업, 해외영업이므로 적절하다.

따라서 자료를 바르게 이해한 사람만을 모두 고르면 'B, C'이므로 정답은 ③이다.

오답분석
- A: 채용 분야는 '영업·무역'이며, 주요 직무 수행 내용은 유통관리, 일반 및 해외영업, 영업전략 수립이다. 따라서 회계 관련 자격증이 반드시 필요하지 않으므로 적절하지 않다.
- D: '직무 수행 내용'에서 일반영업과 해외영업에 대한 내용을 함께 제시하고 있으므로 적절하지 않다.

35 국제감각

출제 포인트 시차 계산에 관한 문제

정답 ⑤

해설
회의는 모든 사람이 참석 가능한 요일에 근무시간에서 진행한다고 하였으므로, 월요일과 수요일에는 진행할 수 없다. 또한 상하이와 쿠칭은 서울보다 1시간, 하노이는 서울보다 2시간 느리다고 하였다. 이를 토대로 최주임과 해외 바이어들의 회의 참여 가능 시각을 서울 시각 기준으로 다시 정리하면 다음과 같다.

구분	화	목	금
최주임(서울)	13:00~17:00	14:00~17:00	14:00~18:00
A(상하이)	11:00~12:00	16:00~18:00	14:00~17:00
B(하노이)	12:00~14:00	16:00~20:00	15:00~17:00
C(쿠칭)	14:00~16:00	16:00~19:00	15:00~17:00

이때 회의는 2시간 연속으로 진행한다고 하였으므로, 네 사람이 모두 참석 가능하여 회의를 진행할 수 있는 시각은 '금요일 15:00~17:00'이다. 따라서 정답은 ⑤이다.

> **실전용 해설**
> 제시된 자료에서 회의는 모든 사람이 참석 가능한 요일에 진행한다고 하였으므로, 월요일과 수요일은 제외하고 화요일, 목요일, 금요일만 비교하면 된다.

36 국제감각

출제 포인트 국가별 비즈니스 매너에 관한 문제

정답 ④

해설
일본은 술을 따르거나 받을 때 한 손만 사용하여도 전혀 실례가 되지 않는다. 따라서 정답은 ④이다.

37 국제감각

출제 포인트 다국적 기업의 특징에 관한 문제

정답 ⑤

해설
제시된 글은 다국적 기업에 대한 설명이다. 다국적 기업은 세계 여러 나라에 걸쳐 연구, 개발, 생산, 판매, 서비스 등의 활동을 하는 기업이다. 세계 여러 나라에 직접 투자를 하는 다국적 기업은 단순히 해외 지점이나 자회사를 두고 있는 형태가 아닌, 현지 국적을 취득한 현지 법인으로서의 제조 공장이나 판매 회사를 가지고 있는 기업이다. 다국적 기업의 모회사 또는 본사, 연구소는 정보 수집과 자본 확보가 유리하고 우수한 교육 시설이 구축되어 있어 전문기술 인력이 풍부한 선진국에 입지한다. 반면, 생산 공장은 지가와 임금이 저렴하여 생산 비용을 줄일 수 있는 개발도상국에 주로 위치한다. 따라서 정답은 ⑤이다.

38 국제감각

출제 포인트 국제 동향을 파악하는 방법에 관한 문제

정답 ④

해설
토익 학원에 등록하여 부족한 영역의 점수를 높이는 것은 국제 동향 파악보다는 외국어능력을 향상시키기 위한 방법으로 볼 수 있다. 따라서 정답은 ④이다.

39 국제감각

출제 포인트 국가별 비즈니스 매너에 관한 문제

정답 ③

해설
중국에서는 황금색이 위상과 번영을 나타내므로, 명함은 금색으로 인쇄하는 것이 좋다. 따라서 정답은 ③이다.

40 국제감각

출제 포인트 이문화 커뮤니케이션 방식에 관한 문제

정답 ③

해설
'외국어'는 이문화 커뮤니케이션 방식 중 언어적 커뮤니케이션에 속하며, 영어나 중국어 등과 같은 언어를 사용해서 의사소통하는 것이다. 따라서 정답은 ③이다.

개념 보충

이문화 커뮤니케이션
이문화 커뮤니케이션은 언어적 커뮤니케이션과 비언어적 커뮤니케이션으로 구분된다. 언어적 커뮤니케이션은 의사를 전달할 때 직접적으로 이용되는 것으로, 외국어 사용능력과 직결된다. 그러나 국제관계에서는 이러한 언어적 커뮤니케이션 외에 비언어적 커뮤니케이션 때문에 여러 가지 문제를 겪는 경우가 많다. 따라서 국제 사회에서 성공적인 업무 성과를 내기 위해서는 상대국의 문화적 배경에 입각한 생활양식과 행동규범, 식사예절, 가치관 등을 이해하기 위한 노력을 지속적으로 해야 한다.

응용문제

빠른 정답표

01	③	02	④	03	④	04	③	05	⑤
06	④	07	②	08	④	09	②	10	⑤
11	④	12	③						

01 조직이해능력

출제 포인트 7S 모형에 관한 문제

정답 ③

해설
㉠ 신기술에 대하여 능동적으로 적용이 가능한 구조인지를 묻는 것은 조직 구조에 관한 내용이므로 'Structure'에 해당하는 분석 요소이다.
㉡ 동기 부여가 되어 있는 구성원들로 팀이 구성되어 있는지를 묻는 것은 구성원에 관한 내용이므로 'Staff'에 해당하는 분석 요소이다.
㉢ 조직의 환경에 적합하며 조직원들과 합의된 전략인지를 묻는 것은 전략에 관한 내용이므로 'Strategy'에 해당하는 분석 요소이다.
㉣ 도전적인 사업을 피하고 있지는 않는지를 묻는 것은 공유가치에 관한 내용이므로 'Shared Value'에 해당하는 분석 요소이다.
㉤ 역할별 책임 소재가 명확하고 의사소통이 신속하게 진행되는지를 묻는 것은 제도에 관한 내용이므로 'System'에 해당하는 분석 요소이다.
㉥ 팀원들의 의견에 대한 수렴이 잘 이루어지는지를 묻는 것은 조직 문화에 대한 내용이므로 'Style'에 해당하는 분석 요소이다.
㉦ 신기술과 관련된 교육을 하고 있는지를 묻는 것은 기술에 관한 내용이므로 'Skill'에 해당하는 분석 요소이다.
따라서 7S 모형의 각 구성 요소에 해당하는 것을 〈보기〉에서 골라 바르게 짝지은 것은 각각 차례로 '㉢, ㉠, ㉤, ㉦, ㉥, ㉡, ㉣'이므로 정답은 ③이다.

개념 보충

7S 모형
파스칼과 피터스는 조직 문화 모형으로 7S 모형을 제시하였다. 7S 모형의 구성 요소로는 가장 핵심인 Shared Value(공유가치)를 포함한 Strategy(전략), Structure(조직 구조), System(제도), Staff(구성원), Skill(기술), Style(조직 문화)이 있다.

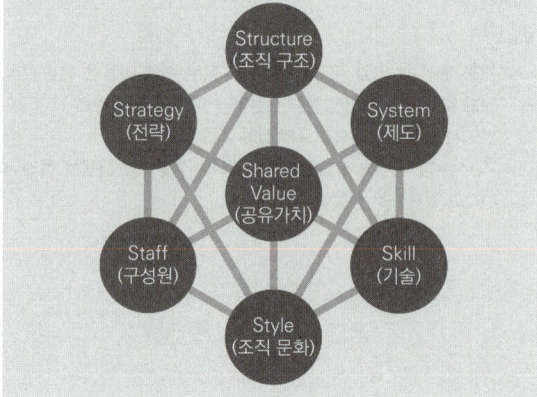

- **Shared Value(공유가치)**: 구성원 모두가 소유한 가치관, 이념, 전통 가치와 조직의 기본 목적 등을 포함하는 조직의 핵심 가치를 의미한다.
- **Strategy(전략)**: 조직의 목표와 계획, 이를 달성하기 위한 장기적인 자원 배분 형태를 포함하며, 조직의 장기적인 방향을 결정한다.
- **Structure(조직 구조)**: 전략을 수행하기 위해 필요한 조직의 구조, 직무 설계, 권한 관계와 방침 등 구성원들의 역할과 그들 간의 상호 관계를 지배하는 공식 요소들을 포함한다.
- **System(제도)**: 조직의 기본 가치와 전략 목표 달성에 적합한 인센티브, 경영 정보와 의사결정 시스템, 경영 계획과 목표 설정 시스템, 결과 측정과 조정 통제 등 기업 경영 각 분야의 관리 제도와 절차를 포함한다.
- **Staff(구성원)**: 조직의 인력 구성, 능력, 전문성, 가치관과 신념, 욕구와 동기, 지각과 태도, 구성원들의 행동 패턴 등을 포함한다.
- **Skill(기술)**: 조직의 컴퓨터 및 기계 장치 등 물리적 하드웨어와 이를 사용하는 소프트웨어를 의미한다.
- **Style(조직 문화)**: 구성원들의 행동 조성, 상호 관계 및 조직 분위기에 직접적인 영향을 미치며, 구성원들을 이끌어 가는 전반적인 조직 관리 형태를 의미한다.

개념 보충

BCG 매트릭스

BCG 매트릭스는 그림을 이용한 문제가 출제되는 경우도 많으므로, 그림에서 별(Star), 현금 젖소(Cash Cow), 물음표(Question Mark), 개(Dog)를 찾아 그 특징을 연결할 수 있어야 한다.

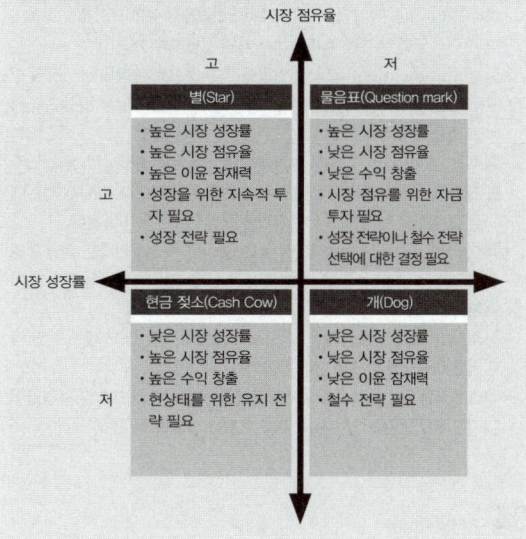

02 조직이해능력

출제 포인트 BCG 매트릭스에 관한 문제

정답 ④

해설

ⓐ, ⓑ 별은 빠른 시장 성장으로 인해 높은 투자를 요구하는 특징이 있으며, 높은 성장 가능성과 높은 시장 점유율을 가진 사업이나 제품을 의미한다. 즉, 시장 성장의 부진함으로 인해 낮은 투자를 요구한다는 것과 낮은 성장 가능성을 가졌다는 것은 적절하지 않다.

ⓓ, ⓔ 현금 젖소는 높은 시장 점유율을 유지하기 위해 적은 투자를 요구한다는 특징이 있으며, 낮은 시장 성장률과 높은 시장 점유율을 가진 사업이나 제품을 의미한다. 즉, 현재의 낮은 시장 점유율을 높이기 위해 높은 투자를 요구한다는 것과 높은 시장 성장률 및 낮은 시장 점유율을 가졌다는 것은 적절하지 않다.

ⓐ 물음표는 높은 시장 성장률과 낮은 시장 점유율을 가진 사업 단위를 의미한다. 즉, 높은 시장 점유율을 가졌다는 것은 적절하지 않다.

따라서 적절하지 않은 것을 모두 고르면 'ⓐ, ⓑ, ⓓ, ⓔ, ⓐ'이므로 정답은 ④이다.

오답분석

ⓒ 별이 성공적으로 자리를 잡게 될 경우, 이후에 성장이 점차 줄어들게 되면서 현금 젖소로 이동하게 될 가능성이 높으므로 적절하다.

ⓑ 물음표는 시장 점유율을 유지하거나 증가시키기 위해 많은 자금을 요구한다는 특징이 있으므로 적절하다.

ⓕ, ⓧ 개는 현재 상태를 유지하기 위해 충분한 자금을 확보해야 한다는 특징이 있으며, 낮은 시장 성장률과 낮은 시장 점유율의 사업이나 제품을 의미하므로 적절하다.

03 조직이해능력

출제 포인트 품질관리 도구 QC 7에 관한 문제

정답 ④

해설

특성요인도는 결과에 원인이 어떻게 관련되어 있는가를 한눈에 알 수 있도록 작성된 그림이다. 그러나 서로 대응되는 두 변수로 이루어진 데이터를 그래프에 점으로 나타낸 것은 산점도이므로, ⓔ에 대한 설명으로 적절하지 않다. 따라서 정답은 ④이다.

오답분석

① 확인 단계에서 간단한 체크를 통해 결과를 쉽게 알 수 있는 도표로 나타낸 것은 체크시트이므로 ⓐ에 대한 설명으로 적절하다.
② 결과에 영향을 미칠 것으로 예상되는 이질적 항목이 있을 때 데이터를 몇 개의 부분 집단으로 나누는 것은 층별이므로 ⓑ에 대한 설명으로 적절하다.
③ 불량이나 고장의 발생 건수를 크기가 큰 분류 항목부터 순서대로 나열해 놓은 그림은 파레토 그림이므로 ⓒ에 대한 설명으로 적절하다.
⑤ 공정상에서 도출된 측정값이 어떠한 분포를 하고 있는지 확인할 수 있는 도표로 나타낸 것은 히스토그램이므로 ⓓ에 대한 설명으로 적절하다.

개념 보충

QC 7(7 Tool of Quality Control)
- 체크시트(Check Sheet): 종류별로 데이터를 취하거나 확인 단계에서 누락 및 오류를 없애기 위해 간단히 체크해서 결과를 쉽게 알 수 있도록 만든 도표를 의미한다.
- 그래프(Graph): 데이터를 도형으로 나타내어 수량의 크기를 비교하거나 수량의 변화 형태를 알기 쉽게 나타낸 것을 의미한다.
- 층별(Stratification): 결과에 영향을 미칠 것으로 예상되는 이질적 항목이 있을 때 자료를 수집하는 단계에서부터 몇 개의 부분 집단으로 나누는 것을 의미한다.
- 파레토그림(Pareto Diagram): 불량이나 고장의 발생 건수를 크기가 큰 분류 항목부터 순서대로 나열해 놓은 그림을 의미하며, 발생 건수에 가장 큰 영향을 미치는 소수의 요인을 판별하기 위해 이용된다.
- 특성요인도(Causes-and-Effects Diagram): 특성요인도는 결과에 원인이 어떻게 관련되어 있는가를 한눈에 알 수 있도록 작성된 그림을 의미한다.
- 산점도(Scatter Plot): 산점도는 서로 대응되는 두 개의 짝으로 된 데이터를 그래프에 점으로 나타낸 그림을 의미한다.
- 히스토그램(Histogram): 히스토그램은 공정상에서 도출된 측정값이 어떠한 분포를 하고 있는지 확인할 수 있는 도표를 의미한다.

개념 보충

- 브레인스토밍(Brain Storming): 특성요인도나 연관도 작성 시 효과적인 기법으로 한 주제에 대해 관계되는 사람들이 모여, 집단의 효과를 살려 개인이 가지고 있는 아이디어의 연쇄반응을 일으키게 함으로써 자유분방하게 아이디어를 내게 하는 기법이다.
- QC 공정도(Q-map): 공정을 관리하기 위한 일종의 표준인 기법으로 공정을 관리할 때 누가, 무엇을, 어떻게 관리하면 되는가를 구체적으로 정하고 이들의 요점을 공정의 흐름에 따라 정리해 도표로 나타낸 것이다.
- 특성요인도(Causes & Effect Diagram): 품질특성 또는 어떤 결과에 영향을 미치는 크고 작은 요인들을 인과관계에 따라 나타낸 그림으로서 문제 발생 시 그 원인을 규명하고자 할 때 활용되는 기법이다.
- 연관도법: 신 QC 기법으로 여러 요인이 복잡하게 얽혀있는 문제에 대해 그 인과관계를 명확히 함으로써 적절한 해결책을 찾고자 하는 기법이다.
- FMEA(Failure Mode and Effect Analysis): 잠재 문제의 규명을 통하여 문제 발생의 예방을 하는 분석적 기법으로 고장모드 영향분석이라고도 불리며, 고장을 미연에 방지하는 기법이다.
- 5Whys 기법(5W1H): 마지막 5번째 Why 단계에서 개선 방법(how)을 검토하는 것이므로 5W1H라고도 부르며, 발견된 문제점의 원인을 근원적으로 해결하기 위하여 다섯 가지의 "왜?"라는 질문을 반복적으로 던져 문제의 근본 원인을 찾아 해결해 나가는 기법이다.

04 조직이해능력

출제 포인트 특성요인도에 관한 문제

정답 ③

해설
문제의 원인을 규명하고자 할 때 활용되는 기법으로 품질 특성 또는 어떤 결과에 영향을 미치는 크고 작은 요인들을 인과관계에 따라 그림으로 나타낸 것은 특성요인도에 관한 내용이다. 즉, 연관도법, 5Whys 기법(5W1H), FMEA(Failure Mode and Effect Analysis), 브레인스토밍(Brain Storming), QC 공정도(Q-map) 중 어느 것에도 해당하지 않으므로, 밑줄 친 ㉠에 관한 내용으로 가장 적절하지 않다. 따라서 정답은 ③이다.

오답분석
① 특성요인도나 연관도 작성 시 효과적인 기법으로 주어진 주제와 관련된 사람들이 아이디어를 자유롭게 내도록 하는 것은 브레인스토밍(Brain Storming)이다.
② 공정을 관리하기 위한 일종의 표준인 기법으로 공정을 관리할 때 누가, 무엇을, 어떻게 관리하면 되는가를 구체적으로 정하고 이에 관한 요점을 공정의 흐름에 따라 정리해 도표로 나타낸 것은 QC 공정도(Q-map)이다.
④ 고장모드 영향분석이라고도 불리는 기법으로 잠재 문제의 규명을 통하여 문제 발생을 미연에 방지할 수 있는 것은 FMEA(Failure Mode and Effect Analysis)이다.
⑤ 발견된 문제점의 근본적인 원인을 해결하기 위해 사용되는 기법으로 마지막 Why 단계에서 개선 방법을 검토하게 되는 것은 5Whys 기법(5W1H)이다.

05 조직이해능력

출제 포인트 국제기구 및 각 국제기구의 목적에 관한 문제

정답 ⑤

해설
- ㉠, ㉡ World Bank(세계은행)는 최빈국의 빈곤 퇴치와 개발도상국의 경제 발전을 목적으로 설립된 다자개발은행이므로 적절하다.
- ㉢, ㉣ ASEAN(동남아시아 국가연합)은 동남아시아 국가들의 자원 개발과 기술·과학 발전의 공동 협력 및 통합 협조를 통한 지역 경제 활성화를 목적으로 하는 국제기구이므로 적절하다.
- ㉤ APEC(아시아·태평양 지역 경제 협력체)은 아시아·태평양 지역의 지속 가능한 성장 및 번영 도모를 목적으로 설립된 국제기구이므로 적절하다.
- ㉥ ILO(국제노동기구)는 노동자의 노동조건 개선 및 지위 향상을 목적으로 설립된 국제연합의 전문기구이므로 적절하다.
- ㉦, ㉧: IDB(미주개발은행)는 미주지역 개발도상국의 경제 발전과 사회 개발 지원, 미주지역의 경제통합을 목적으로 설립된 다자개발은행이므로 적절하다.

따라서 국제기구의 목적으로 적절한 것은 '㉠, ㉡, ㉢, ㉣, ㉤, ㉥, ㉦, ㉧' 8개이므로 정답은 ⑤이다.

개념 보충

국제기구 및 각 국제기구의 목적

국제기구	성격
World Bank (세계은행)	최빈국의 빈곤 퇴치 및 개발도상국의 경제 발전을 목표로 1945년에 설립된 다자개발은행
ASEAN (동남아시아 국가연합)	• 목적: 동남아시아 국가들의 자원 개발, 기술·과학 발전의 공동 협력 및 통합 협조를 통한 지역 경제 활성화 • 회원국(10개국): 브루나이, 캄보디아, 인도네시아, 라오스, 말레이시아, 미얀마, 필리핀, 싱가포르, 태국, 베트남
APEC(아시아·태평양 지역 경제 협력체)	• 목적: 아시아·태평양 지역의 지속 가능한 성장 및 번영 도모 • 회원국(21개국): 한국, 미국, 일본, 캐나다, 호주, 뉴질랜드, 아세안 6개국(태국, 말레이시아, 인도네시아, 싱가포르, 필리핀, 브루나이), 중국, 대만, 홍콩, 멕시코, 파푸아뉴기니, 칠레, 러시아, 페루
ILO(국제노동기구)	노동자의 노동조건 개선 및 지위 향상을 위해 1919년 창설한 국제연합의 전문기구
IDB(미주개발은행)	미주지역 개발도상국의 경제 발전과 사회 개발 추천 및 미주지역의 경제통합을 위해 1959년 설립된 다자개발은행
UNESCO/UNEVOC (유네스코 국제직업훈련센터)	유네스코의 기술직업교육훈련(TVET)을 위한 국제센터로 193개국 회원국들의 TVET 체계 강화 및 보완을 지원
WSI (국제기능올림픽 대회 조직위원회)	청소년들의 건전한 심신 및 근로의식 함양을 위해 개최되는 국제기능올림픽대회 주최기관으로 대회를 통한 기술교육 홍보 및 직업기술 자격과 학력의 평등을 장려

06 조직이해능력

출제 포인트 SWOT 분석에 관한 문제

정답 ④

해설
A 사원의 메모 중 〈보기〉에서 사용된 소비자의 관심 증가는 기회에 관한 내용이며, 연구개발팀을 통한 기술 혁신은 강점에 관한 내용이다. 또한, 친환경 제품에 드는 높은 생산 비용은 약점에 관한 내용이다. 따라서 〈보기〉와 관련 있는 SWOT 분석의 요소를 모두 나열한 것은 '강점, 약점, 기회'이므로 정답은 ④이다.

개념 보충

SWOT 분석

SWOT 분석은 경영 환경 분석으로 외부 환경 변화에 따른 기회, 위협 요인과 기업 내부의 강점, 약점 요인을 분석하는 종합적인 기법이다. 해당 기업의 산업에서 강점을 극대화하고 약점을 보완함으로써 기회 요인을 극대화하고, 위협 요인을 극소화하는 핵심 전략 개발 도구이다. SWOT 분석의 SWOT은 강점(Strength), 약점(Weakness), 기회(Opportunity), 위협(Threat)의 약자이다. SWOT 분석의 요소는 다음과 같다.

• 강점(Strength): 핵심 역량 또는 회사의 경쟁 우위 요소로 기업 또는 해당 사업의 강점을 말한다.
• 약점(Weakness): 회사의 미진한 분야, 타사 대비 경쟁력이 약한 부분으로 기업 또는 해당 사업의 약점을 말한다.
• 기회(Opportunity): 외부적인 환경적 측면으로 향후 시장에서 매출 기회나 수익성 향상이 기대되는 외부 환경적인 요소를 의미한다.
• 위협(Threat): 외부 환경의 위협을 의미하며, 외부 환경에 대한 기회 요인의 반대로 매출이나 수익성 악화의 위협을 의미한다.

07 조직이해능력

출제 포인트 기능 조직에 관한 문제

정답 ②

해설
〈보기〉에서는 직원 K가 자신이 속한 조직 구조의 장점은 부서 내 책임과 역할이 명확하고, 의사소통의 체계가 단순하며 조직 체계의 변동이 없어 작업 환경이 안정적이라고 하였다. 반면, 단점은 책임 소재가 불명확하고 부서 간 조정 기능이 부재하며, 부서 관점에만 집중한 편향된 의사결정을 할 수 있다고 하였다. 이를 통해 직원 K가 자신이 속한 조직 구조가 기능 조직임을 알 수 있다. 또한 자료에서 전통적인 수직 구조의 형태를 보이며, 한 직원당 한 명의 직속상관이 배정되는 형태의 구조로 되어 있다고 하였으며, 프로젝트를 수행하면서 타 부서와 협의할 사항이 생기더라도 부서장을 통해 업무가 진행된다고 하였으므로, 기능 조직에 관한 내용임을 알 수 있다. 따라서 빈칸 ㉠에 들어갈 말로 가장 적절한 것은 '기능'이므로, 정답은 ②이다.

개념 보충

기능 조직의 장점 및 단점

구분	장점	단점
기능 조직	• 부서 내 명확한 업무 및 역할 분담 • 단순한 의사소통 체계 • 높은 전문가의 활용성 • 조직 체계의 변동이 없어 작업 환경이 안정적	• 부서 간 책임의 분산으로 인한 책임 소재의 불명확성 • 부서 간의 의사소통 체계 부재 • 부서 관점에만 집중한 편협한 의사결정 • 부서 간의 갈등 유발

08 조직이해능력

출제 포인트 델파이법에 관한 문제

정답 ④

해설
〈진행 절차〉에서는 한 문제에 대한 여러 전문가의 독립적인 의견을 수집한 후, 이러한 의견들을 요약 및 정리하여 다시 전문가들에게 배부하였으며, 일반적인 합의가 이루어질 때까지 서로의 아이디어에 대한 논평을 진행하고 있다. 이를 통해 H기업의 상품개발팀이 사용한 아이디어 창출 기법은 델파이법(Delphi Method)임을 알 수 있다.
ⓒ 많은 기간이 소요되어 설문 응답자에 대한 통제가 어렵다는 것은 델파이법의 단점에 해당한다.
ⓔ 전문가들이 같은 장소에 모일 필요가 없다는 것은 델파이법의 장점에 해당한다.
ⓗ 의사결정과정에서 타인의 영향력을 배제할 수 있다는 것은 델파이법의 장점에 해당한다.
따라서 적절한 것만을 모두 고르면 'ⓒ, ⓔ, ⓗ'이므로 정답은 ④이다.

오답분석
㉠ 타인에게 의지하여 아이디어를 제시하는 팀원이 나올 수 있다는 것은 브레인스토밍의 단점에 해당한다.
ⓛ 리더에 따라 성과가 좌우될 수 있다는 것은 브레인스토밍의 특징에 해당한다.
ⓜ 발표 능력이 부족한 사람은 자신이 가진 능력 발휘가 어렵다는 것은 브레인스토밍의 단점에 해당한다.

개념 보충

델파이법(Delphi Method)
연구하려는 분야에 관한 전문가 집단으로부터 익명성 보장을 통해 개별적인 의견을 수집하는 방법으로, 설문 형태로 작성하여 이 결과를 요약해서 전문가에게 다시 의견을 수정·보완하고, 이를 다시 최종적으로 종합하는 방식으로 진행한다.

09 조직이해능력

출제 포인트 조직 구조의 형태에 관한 문제

정답 ②

해설
그림에서 서로 다른 부서에 속해 있는 직원들이 한 가지 프로젝트에서 함께 일하는 형태를 보이고 있으므로 신입사원 K가 속한 조직 구조의 형태는 매트릭스 조직임을 알 수 있다.
ⓛ 기능식 조직과 프로젝트 조직의 장점을 결합한 조직 구조의 형태인 것은 매트릭스 조직에 관한 설명으로 적절하다.
ⓜ 직원 한 사람이 서로 다른 조직 두 군데에 소속되어 두 명의 상급자의 지시를 받는 것은 매트릭스 조직에 관한 설명으로 적절하다.
따라서 적절한 것만을 모두 고르면 'ⓛ, ⓜ'이므로 정답은 ②이다.

오답분석
㉠ 대표로부터 말단 직원에 이르기까지 명령이 수직적으로 전달된다는 것은 라인 조직에 관한 설명이다.
ⓒ 기업의 규모가 증대되고 제품과 시장이 복잡하게 되면서 제품이나 시장 또는 지역을 기초로 부문화하여 만들어진다는 것은 사업부제 조직에 관한 설명이다.
ⓔ 상호 협조를 통해 시너지 효과를 얻기 위한 수평적인 조직 구조의 형태인 것은 네트워크형 조직에 관한 설명이다.

개념 보충

조직 구조의 형태
- 매트릭스 조직(Matrix Organization): 기능식 조직과 프로젝트 조직의 장점을 혼합한 조직 구조의 형태이다.
- 라인 조직(Line Organization): 최고경영자로부터 최하위 부서에 이르기까지 명령이 수직적으로 전달되는 조직 구조의 형태이다.
- 사업부제 조직(Divisional Organization): 기업의 규모가 증대되고 제품과 시장이 복잡하게 되면서 제품이나 시장 또는 지역을 기초로 부문화하여 만들어지는 조직 구조의 형태이다.
- 네트워크형 조직(Network Organization): 상호 협조를 통해 시너지 효과를 얻기 위한 수평적 개념의 조직으로, 불필요한 업무를 제거하여 조직 구조를 재편한 조직 구조의 형태이다.

10 조직이해능력

출제 포인트 직무 분석에 관한 문제

정답 ⑤

해설
㉠ 작업의 목적이나 수준이 유사한 직위들의 집단을 의미하며, 직원 한 사람 혹은 한 사람 이상이 수행하는 것은 직무(Job)이므로 ㉠에 들어갈 말로는 '직무' 정도가 적절하다.
ⓛ 한 사람에게 부과된 여러 과업의 집단을 의미하며 수행하는 직원의 수와 그 수가 일치하게 되는 것은 직위(Position)이므로 ⓛ에 들어갈 말로는 '직위' 정도가 적절하다.
ⓒ 직무의 성질이 동일하거나 유사한 직무들의 집단을 의미하는 것은 직군(Job family)이므로 ⓒ에 들어갈 말로는 '직군' 정도가 적절하다.
ⓔ 직원에게 부여된 업무의 한 단위로서, 특정한 목적을 달성하기 위해 수행되는 하나의 구체적이고 명확한 작업 활동을 의미하는 것은 과업(Task)이므로 ⓔ에 들어갈 말로는 '과업' 정도가 적절하다.
ⓗ 어떤 직무와 관련된 구체적인 행동을 의미하는 것은 요소(Element)이므로 ⓗ에 들어갈 말로는 '요소' 정도가 적절하다.
따라서 빈칸 ㉠~ⓗ에 들어갈 말을 바르게 짝지은 것은 각각 차례로 '직무, 직위, 직군, 과업, 요소'이므로 정답은 ⑤이다.

개념 보충

직무 분석
기업에서 인사 관리를 효과적·효율적으로 실시하기 위하여 '직무'의 단위를 결정하고 그 내용을 정의하는 일련의 작업으로 직무 분석과 관련된 직무 관련 용어로는 직군(Job family), 직종(Job category), 직무(Job), 직위(Position), 과업(Task), 요소(Element) 등이 있다.

11 조직이해능력

출제 포인트 퀸과 킴벌리의 조직 문화의 경쟁가치모형에 관한 문제

정답 ④

해설
㉠ 조직 내 친밀한 분위기와 인간적 배려 및 신뢰를 중시하는 것은 관계지향문화에 관한 내용이므로, '관계지향' 정도가 가장 적절하다.
㉡ 조직의 성장과 자원 획득, 혁신 및 도전을 강조하는 것은 변화지향문화에 관한 내용이므로, '변화지향' 정도가 가장 적절하다.
㉢ 관료제 특성을 보이며 공식화 및 집권화를 중시하는 것은 위계지향문화에 관한 내용이므로, '위계지향' 정도가 가장 적절하다.
㉣ 조직의 성과 목표 달성 및 과업 수행에서 생산성을 강조하는 것은 '과업지향'에 관한 내용이므로, '과업지향' 정도가 가장 적절하다.
따라서 〈그림〉의 ㉠~㉣에 들어갈 말을 바르게 짝지은 것은 각각 차례로 '관계지향, 변화지향, 위계지향, 과업지향'이므로 정답은 ④이다.

개념 보충

퀸과 킴벌리(Quinn & Kimberly)의 조직 문화의 경쟁가치모형

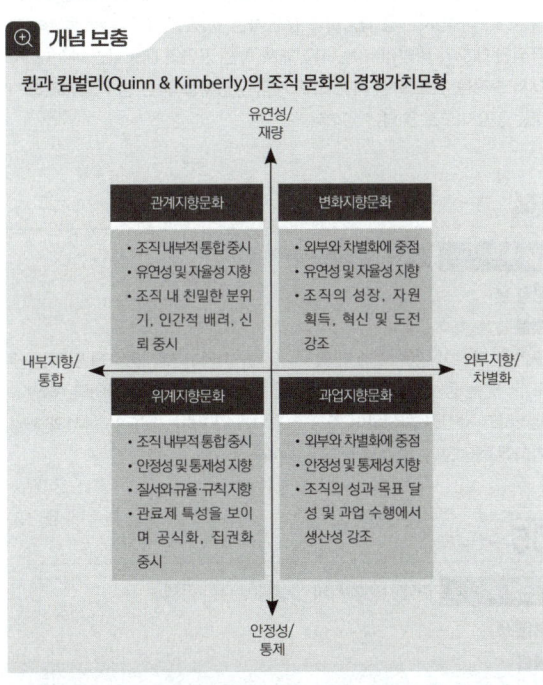

㉤에서 골라 바르게 짝지은 것은 각각 차례로 '㉡, ㉢, ㉤, ㉣, ㉠'이므로 정답은 ③이다.

개념 보충

마이클 포터의 5가지 경쟁요인 모델

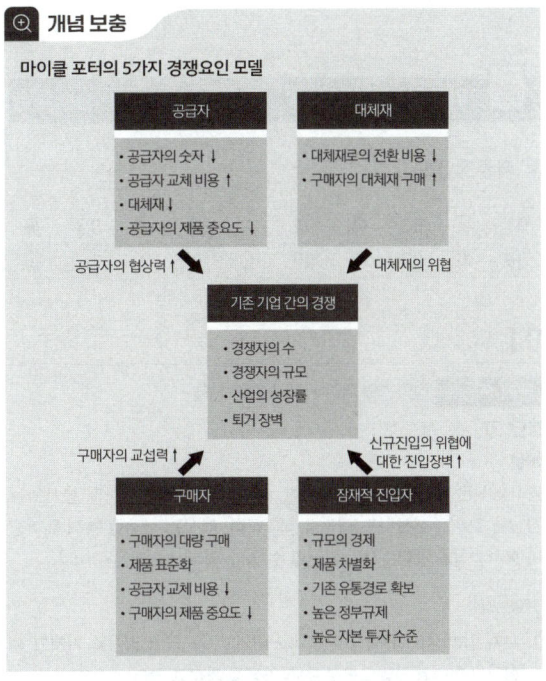

12 조직이해능력

출제 포인트 마이클 포터의 5가지 경쟁요인 모델에 관한 문제

정답 ③

해설
㉠ 산업의 성장률이 저하된 것은 기존 기업들 간의 경쟁에 영향을 주는 요인이다.
㉡ 공급하는 제품에 대한 대체재가 적은 것은 공급자에 영향을 주는 요인이다.
㉢ 대체재로의 전환 비용이 감소한 것은 대체재에 영향을 주는 요인이다.
㉣ 정부 규제 및 자본투자 요구 수준이 높은 것은 잠재적 진입자에 영향을 주는 요인이다.
㉤ 공급자 교체 비용 감소한 것은 구매자에 영향을 주는 요인이다.
따라서 제시된 모델의 각 요소에 영향을 주는 요인들을 〈보기〉의 ㉠~

10 직업윤리

기본문제

 빠른 정답표

| 01 | ④ | 02 | ④ | 03 | ④ | 04 | ④ | 05 | ⑤ |
| 06 | ⑤ | 07 | ② | 08 | ⑤ | 09 | ① | 10 | ② |

01 직업윤리

출제 포인트 직업인의 기본 자세에 관한 문제

정답 ④

해설
봉사의식은 직업활동을 통해 다른 사람과 공동체에 대하여 봉사하는 정신을 갖추고 실천하는 태도를 의미하며, 제시된 사례를 통해 유과장이 봉사의식을 가졌는지는 확인할 수 없다. 따라서 정답은 ④이다.

오답분석
① 자기 일이 능력과 적성에 맞다고 여기고, 늘 일에 열성을 가지고 성실히 임한다고 하였으므로 '천직의식'을 가지고 있다.
② 자신이 하는 일이 사회와 기업 모두를 위해 중요한 역할을 하고 있다고 믿는다고 하였으므로 '직분의식'을 가지고 있다.
③ 자신이 맡은 일은 하늘에 의해 맡겨진 일이라고 생각한다고 하였으므로 '소명의식'을 가지고 있다.
⑤ 자신이 맡은 일은 누구나 할 수 있는 것이 아니라 해당 분야의 지식과 교육을 밑바탕으로 성실히 수행해야만 가능한 것이라 믿고 수행한다고 하였으므로 '전문가의식'을 가지고 있다.

02 직업윤리

출제 포인트 개인윤리와 직업윤리의 조화에 관한 문제

정답 ④

해설
ⓒ 수많은 사람들이 관련되어 고도화된 공동의 협력을 요구하므로 맡은 역할에 대한 책임 완수가 필요하며, 정확하고 투명하게 일을 처리해야 한다.
ⓒ 규모가 큰 공동의 재산과 정보 등을 개인의 권한하에 위임 또는 관리하므로 높은 윤리 의식이 요구된다.
ⓜ 기업이 경쟁을 통해 사회적 책임을 다하고 보다 강한 경쟁력을 키우기 위하여 조직원 개개인의 역할과 능력이 경쟁상황에서 꾸준히 향상되도록 해야 한다.
따라서 적절한 것만을 모두 고르면 'ⓒ, ⓒ, ⓜ'이므로 정답은 ④이다.

오답분석
㉠ 각각의 직무에서 오는 특수한 상황은 개인적 덕목 차원의 일반적인 상식과 기준으로 규제할 수 없는 경우가 많다.
㉣ 직장이라는 특수한 상황에서 갖는 집단적 인간관계는 가족관계, 개인적 선호에 의한 친분과는 다른 측면의 배려가 요구된다.

03 근로윤리

출제 포인트 근면의 종류에 관한 문제

정답 ④

해설
근면은 '외부로부터 강요당한 근면'과 '자진해서 하는 근면'의 두 가지로 구분할 수 있다. 외부로부터 강요당한 근면은 열악한 근로 조건에도 오랜 시간 기계적으로 일하는 경우, 생계를 유지하기 위해 일하는 경우 등과 같이 외부 조건으로부터 강요당한 근면이다. 반면 자진해서 하는 근면은 자신의 것을 창조하며 스스로를 발전시키고 시간의 흐름에 따라 자아를 확립시켜 나가는 것이다. 예를 들어 승진을 위해 자격증 공부를 하는 것, 아침 시간을 활용하여 운동하는 것 등은 모두 능동적이며 적극적인 태도가 바탕이 되는, 자진해서 하는 근면의 대표적인 예이다. 따라서 승진을 위해 퇴근 시간 이후 자격증 공부를 하는 경우만 자진해서 하는 근면이므로 정답은 ④이다.

04 근로윤리

출제 포인트 근면의 태도에 관한 문제

정답 ④

해설
근면은 자신이 맡은 일에 대해서 시간을 지키고 부지런하게 임하는 태도로, 이는 곧 성공적인 직업생활을 하게 하는 기본 조건이다. 타인을 배려하고 자신을 희생하여 조직과 사회에 기여하는 태도는 봉사와 책임의식에 해당한다. 따라서 정답은 ④이다.

05 근로윤리

출제 포인트 현대사회에서의 성실성에 관한 문제

정답 ⑤

해설
성실은 개인으로 하여금 자신의 생각이 진리와 부합하려고 부단히 노력하고, 자신의 생각을 그대로 말로 표현하며, 이를 일상생활에서 행동으로 실천하도록 이끈다. 이러한 성실은 이와 같은 일련의 과정에서 항상성과 정성스러움을 동시에 갖춘다. 특히 성실의 항상성은 다른 덕목들의 모태가 되고, 어떤 일을 할 때 꾸준히 자신의 정성을 다하도록 만든다. 즉, 현대 사회에서의 성실은 도덕적인 영역으로 그 범위가 위축되는 경향을 보이지만, 사회 구성원들이 힘을 합쳐 공동 목표를 효율적으로 추구할 수 있게 하는 가장 확실한 사회적 자본으로 인식되고 있다. 따라서 정답은 ⑤이다.

06 근로윤리

출제 포인트 근면의 의미에 관한 문제

정답 ⑤

해설
경제개발에서 공업국가의 꿈은 그 꿈이 근접할 때 선진국으로, 다시 초일류국가로 전환되면서 달성 시점을 유예한다. 이러한 사례를 통해서도 알 수 있듯이 근면은 끊임없이 달성이 유예되는 가치지향적인 목표 속에서 재생산된다. 따라서 정답은 ⑤이다.

오답분석
① 근면과 인생의 성공은 표리 관계에 있으며, 근면한 것만으로 성공할 수 있는 것은 아니나 근면한 것은 성공을 이루게 하는 기본 조건이다.
② 근면은 고난을 극복하기 위해서 금전과 시간, 에너지를 사용할 수 있도록 준비하는 것이다.
③ 과거에 사치와 향락, 소비를 거부하고 이윤 축적의 직업윤리를 수행해 왔다는 점에서 근면은 비선호의 수용 차원에서 개인의 절제나 금욕을 반영한다.
④ 근면은 고난의 극복이라는 의미를 가지며, 행위자가 환경과의 대립을 극복해 나가는 과정에서 근면이 발현된다.

07 공동체윤리

출제 포인트 제조물책임의 부정적 영향에 관한 문제

정답 ②

해설
제조물책임 관련 대응을 소홀히 할 경우 소비자를 제대로 보호하지 않는 기업이라는 이미지를 줄 수 있으며, 이때 손해배상금 지급으로 인한 손실보다 기업이미지 실추가 더 큰 문제이다. 따라서 정답은 ②이다.

오답분석
① 제조물책임과 관련된 클레임이나 소송사건이 갈수록 복잡해지고 장기화되는 추세이므로, 소송의 승패와 관계없이 그로 인해 많은 인력이 투입될 가능성이 있다.
③ 제조물책임법 시행과 그에 관한 매스컴 등의 빈번한 보도로 제품안전에 대한 소비자의 문제의식이 높아질 것이므로 제품사고 클레임 건수가 크게 증가할 수 있다.
④ 제조물책임으로 인하여 기업은 더욱 엄격한 안전기준을 채택하고 발생 가능한 모든 가능성을 점검하는 제품안전에 대한 추가적인 대책을 강구하여야 하므로 신제품의 개발이 지연될 수 있다.
⑤ 제조물책임법의 시행으로 기업은 제품의 안정성 확보를 위하여 자원을 투입해야 하며, 제조물책임보험에 가입해야 할 뿐만 아니라 고액의 리콜비용, 발생한 손해보상에 지출하는 비용 등도 증가하게 되므로 제조원가가 상승할 가능성이 있다.

개념 보충

제조물책임의 긍정적 영향과 부정적 영향

긍정적 영향	부정적 영향
• 제조물의 안정성이 강화됨. • 소비자보호에 보다 충실하게 됨. • 제품안전 및 고객만족 추구로 장기적으로 기업의 경쟁력이 강화됨.	• 제조원가가 상승될 가능성이 있음. • 클레임이 증가할 가능성이 높음. • 클레임, 소송 등으로 인력자원이 낭비될 수 있음. • 신제품 개발이 지연될 수 있음. • 기업이미지가 손상될 위험이 큼.

08 공동체윤리

출제 포인트 봉사와 책임의식의 의미에 관한 문제

정답 ⑤

해설
직업세계에서 다른 직종과 비교하여 더 많은 이익을 얻는 집단은 그렇지 않은 집단들에게 그들의 이익을 분배할 수 있는 사회 환원 의식을 가져야 한다. 따라서 정답은 ⑤이다.

오답분석
① 사회를 구성하는 각각의 개인이 자신의 직업적 역할을 어떻게 수행하느냐에 따라 그 사회는 발전할 수도 있고 오히려 퇴보할 수도 있다.
② 직업을 가진 모든 개인은 그 사회의 기능을 일부 나누어 맡아 수행함으로써 사회에 참여한다.
③ 현대사회의 직업인에게 봉사란 일 경험을 통해 다른 사람과 공동체에 대하여 봉사하는 정신을 갖추고 실천하는 태도를 의미하고, 나아가 고객의 가치를 최우선으로 하는 고객 서비스 개념으로도 설명할 수 있다.
④ 기업은 단순히 이윤 추구를 하는 집단의 형태를 벗어나 자신들이 벌어들인 이익의 일부분을 사회로 환원하는 것이 중요하며, 이를 '기업의 사회적 책임(CSR; Corporate Social Responsibility)'이라고 한다.

09 공동체윤리

출제 포인트 직장 내 괴롭힘 사례에 관한 문제

정답 ①

해설
㉠ 업무와 연관된 관계에서 발생한 고의적 왕따로 직장 내 괴롭힘에 해당한다.
㉡ 비록 행위자의 직급이 낮더라도 직장 내 실세라면 직장 내 괴롭힘에 해당한다.
따라서 직장 내 괴롭힘에 해당하는 경우만을 모두 고르면 '㉠, ㉡'이므로 정답은 ①이다.

오답분석
ⓒ 업무 효율을 해치는 직원의 근태 관리는 직장 내 괴롭힘에 해당하지 않는다.
ⓔ 업무 지시를 단순히 반복한다고 해서 적정범위를 넘은 것으로 보기 어렵기 때문에 직장 내 괴롭힘에 해당하지 않는다.
ⓜ 반복적이지 않고 일회성이라면 직장 내 괴롭힘에 해당하지 않는다. 또한 업무 실수에 대한 지적은 직장 내 괴롭힘으로 보기 어렵다.

10 공동체윤리

출제 포인트 에티켓과 매너에 관한 문제

정답 ②

해설
서양에서는 예절을 에티켓과 매너로 표현하는데, 에티켓은 사람 사이에 마땅히 지켜야 할 규범으로 형식적 측면이 강하고, 매너는 형식을 나타내는 방식으로 방법적 성격이 강하다. 때문에 에티켓은 '있다, 없다'로, 매너는 '좋다, 나쁘다'로 표현한다. 예를 들어 다른 사람의 방에 들어가기 전 노크해야 하는 것은 에티켓이고, 이때 문을 몇 번 두드릴 것인가는 매너에 해당한다. 이러한 에티켓과 매너의 차이점을 일반화한 비즈니스의 에티켓과 매너를 총칭한 것이 직장예절이다. 따라서 정답은 ②이다.

심화문제

빠른 정답표

01	④	02	④	03	①	04	②	05	⑤
06	③	07	③	08	③	09	③	10	④
11	②	12	②	13	①	14	④	15	④
16	④	17	③	18	②	19	③	20	②
21	⑤	22	⑤	23	②	24	②	25	④
26	②	27	④	28	④	29	③	30	④
31	②	32	④	33	④	34	⑤	35	①
36	③	37	②	38	③	39	⑤	40	⑤

01 직업윤리

출제 포인트 일반적인 직업윤리에 관한 문제

정답 ④

해설
'천직의식'이란 자신의 일이 자신의 능력과 적성에 꼭 맞는다 여기고 그 일에 열성을 가지고 성실히 임하는 태도를 의미한다. 자신이 맡은 일이 하늘에 의해 맡겨진 일이라고 생각하는 태도는 '소명의식'이다. 따라서 정답은 ④이다.

개념 보충

일반적인 직업윤리

직업윤리	내용
소명의식	자신이 맡은 일이 하늘에 의해 맡겨진 일이라고 생각하는 태도
천직의식	자신의 일이 자신의 능력과 적성에 꼭 맞는다 여기고 그 일에 열성을 가지고 성실히 임하는 태도
직분의식	자신이 하고 있는 일이 사회나 기업을 위해 중요한 역할을 하고 있다고 믿고 자신의 활동을 수행하는 태도
책임의식	직업에 대한 사회적 역할과 책무를 충실히 수행하고 책임을 다하는 태도
전문가의식	자신의 일이 누구나 할 수 있는 것이 아니라 해당 분야의 지식과 교육을 밑바탕으로 성실히 수행해야만 가능한 것이라 믿고 수행하는 태도
봉사의식	직업 활동을 통해 다른 사람과 공동체에 대하여 봉사하는 정신을 갖추고 실천하는 태도

02 직업윤리

출제 포인트 직업의 의미와 속성에 관한 문제

정답 ④

해설
취미활동이나 아르바이트 등은 체계적이고 전문화된 일의 영역으로 볼 수 있지만, 직업의 속성인 계속성, 경제성, 윤리성, 사회성, 자발성을 갖추지 않을 경우 직업으로 포함하지 않는다. 따라서 정답은 ④이다.

> 🔍 **개념 보충**
>
> **직업의 속성**
> - 계속성: 주기적으로 일을 하거나 계절 또는 명확한 주기가 없더라도 계속 행해지며, 현재 하고 있는 일을 계속할 의지와 가능성이 있어야 함.
> - 경제성: 직업이 경제적 거래 관계가 성립되는 활동이어야 함.
> - 윤리성: 비윤리적인 영리 행위나 반사회적인 활동을 통한 경제적 이윤 추구는 직업 활동으로 인정되지 않음.
> - 사회성: 모든 직업 활동은 사회 공동체적 맥락에서 의미 있는 활동이어야 함.
> - 자발성: 속박된 상태에서의 제반 활동은 직업으로 보지 않음.

03 직업윤리

출제 포인트 직업윤리의 기본원칙에 관한 문제

정답 ①

해설
업무의 공공성을 바탕으로 공사 구분을 명확히 하고, 모든 것을 숨김없이 투명하게 처리하는 원칙은 '객관성의 원칙'이다. 따라서 정답은 ①이다.

오답분석
② 고객중심의 원칙: 고객에 대한 봉사를 최우선으로 생각하고 현장중심, 실천중심으로 일하는 원칙이다.
③ 전문성의 원칙: 자기 업무에 전문가로서의 능력과 의식을 가지고 책임을 다하며 능력을 연마하는 원칙이다.
④ 정직과 신용의 원칙: 업무와 관련된 모든 것을 숨김없이 정직하게 수행하고, 본분과 약속을 지켜 신뢰를 유지하는 원칙이다.
⑤ 공정경쟁의 원칙: 법규를 준수하고, 경쟁원리에 따라 공정하게 행동하는 원칙이다.

04 직업윤리

출제 포인트 직업윤리 중 책임감에 관한 문제

정답 ②

해설
제시된 사례에서 급유선과 낚싯배의 전복사고 원인은 선장의 면허 미보유나, 선박 개조 및 과적 등 선박 자체의 문제가 아닌, 두 배의 선장의 안이한 태도임을 알 수 있다. 이는 직업윤리 중 맡아서 해야 할 임무나 의무를 중요하게 여기는 마음인 '책임감'이 부족한 상태라고 할 수 있다. 따라서 정답은 ②이다.

05 직업윤리

출제 포인트 윤리에 관한 문제

정답 ⑤

해설
윤리와 도덕은 그 어원이 같으며, 일상생활에서 별 구별 없이 사용하지만, 도를 실천해야 할 주체적 태도를 의미하는 것은 도덕이다. 따라서 정답은 ⑤이다.

오답분석
① 윤리의 '윤(倫)'은 동료와 친구, 무리, 또래 등의 인간 집단을 뜻하기도 하고 길, 도리, 질서, 차례, 법(法) 등을 뜻하기도 한다. 즉, 인간관계에 필요한 길이나 도리, 질서를 의미한다고 볼 수 있다.
② 윤리의 '리(理)'는 다스린다(治), 바르다(正), 원리(原理), 이치(理致), 가리다(판단 判斷), 밝히다(해명 解明), 명백(明白)하다 등의 여러 가지 뜻을 가지고 있다.
③ 윤리(倫理)는 '인간과 인간 사이에서 지켜져야 할 도리를 바르게 하는 것' 또는 '인간사회에 필요한 올바른 질서'라고 해석할 수 있다.
④ 동양적 사고에서 윤리는 전적으로 인륜(人倫)과 같은 의미이며, 엄격한 규율이나 규범의 의미가 배어 있는 느낌을 준다.

06 직업윤리

출제 포인트 워라밸과 워라블의 구분에 관한 문제

정답 ③

해설
워라밸은 일과 생활을 분리하여 조화로운 삶을 추구하는 태도이며, 워라블은 조화로운 삶을 추구하되 일과 생활이 통합된 삶을 추구하는 태도이다. 정시 퇴근을 가장 중요하게 생각하는 A씨는 워라블이 아닌 워라밸을 추구할 것이다. 따라서 정답은 ③이다.

> 🔍 **개념 보충**
>
> **워라밸과 워라블**
>
> | 구분 | 워라밸(Work-life balance) | 워라블(Work-life blending) |
> |---|---|---|
> | 세대 | 밀레니얼 세대 | Z세대 |
> | 의미 | 조화로운 삶 | 조화로운 삶 |
> | 방식 | 일과 생활의 분리 | 일과 생활의 통합 |

07 직업윤리

출제 포인트 도덕적 해이의 사례에 관한 문제

정답 ③

해설
도덕적 해이는 정보의 비대칭으로 발생하는 문제로, 주로 사용자와 대리인의 관계에서 대리인이 자신의 의무와 책임을 다하지 않는 것을 말한다. 중고차 시장에서 자신이 구매하고자 하는 차량을 선택하지 못하는 경우는 도덕적 해이와 마찬가지로 정보의 비대칭으로 인해 발생하지만, 도덕적 해이와 달리 정보가 없는 쪽이 잘못된 선택을 하게 되는 역선택 문제이다. 따라서 정답은 ③이다.

> **개념 보충**
>
> **역선택**
> 역선택은 주로 판매자와 구매자의 관계에서 정보의 비대칭으로 인해 발생하는데, 판매자는 제품의 중대한 하자를 숨기거나 언급을 피하고, 다른 부분을 강조하여 감출 수 있다. 이에 따라 구매자는 그 제품을 자신이 원하던 제품이라고 생각하여 구매하지만 실제로는 좋지 않은 제품을 구매하게 된다. 즉, 구매자는 제품의 모든 정보를 알 수 없고, 판매자는 제품의 모든 정보를 공개하지 않기 때문에 구매자가 좋지 않은 제품을 구매하게 되는 역선택이 발생하는 것이다.

08 직업윤리

출제 포인트 윤리의 특성에 관한 문제

정답 ③

해설
(가)는 늙은 부모를 살해하는 것에 대한 윤리적 판단이 사회에 만연한 사상에 따라 달라질 수 있음을 보여주고 있으며, (나)는 노예 제도에 대한 윤리적 판단이 시대에 따라 달라질 수 있음을 보여준다. 따라서 정답은 ③이다.

09 근로윤리

출제 포인트 성실의 의무에 관한 문제

정답 ③

해설
㉠ 직업윤리에서 근면은 부지런하고 꾸준한 자세, 성실은 맡은 업무에 대해 정성을 다하여 처리하는 자세를 의미하므로 제시된 공무원의 의무는 근면이 아닌 성실과 관련된 내용이다.
㉡ 네 번째 항목에서 성실의 의무는 경우에 따라 근무시간 외에 근무지 밖에까지 미칠 수도 있다고 하였다.
따라서 적절하지 않은 것만을 모두 고르면 '㉠, ㉡'이므로 정답은 ③이다.

오답분석
㉢ 첫 번째 항목에서 공무원은 주어진 직무와 관련하여 국민 전체의 이익을 도모하는 법적 의무를 진다고 하였다.
㉣ 세 번째 항목에서 직무는 법령에 규정된 의무, 상관으로부터 지시받은 업무 내용, 사무분장 규정상의 소관 업무 등을 말하며, 감독자의 경우 부하직원에 대한 상사로서의 감독 의무를 게을리하지 않는 것도 성실의 의무에 포함된다고 하였다.

10 근로윤리

출제 포인트 부정청탁금지법에 관한 문제

정답 ④

해설
• 김사원: 제○○조 제2항에서 공직자 등이 부정청탁을 받았을 때 이를 거절하는 의사를 명확히 표시하는 조치를 하였음에도 동일한 부정청탁을 다시 받은 경우에는 이를 소속기관장에게 서면(전자문서 포함)으로 신고해야 한다고 하였다.

• 고사원: 제□□조 제5호에서 부정청탁을 받은 사실을 신고하려는 경우에는 부정청탁의 내용을 입증할 수 있는 증거자료를 소속기관장에게 제출해야 하지만, 이는 증거자료를 확보한 경우만 해당한다고 하였다.
• 주사원: 제△△조에서 신고를 받은 소속기관장은 신고 내용을 입증할 수 있는 참고인, 증거자료 등의 확보 여부를 확인할 수 있다고 하였으므로, 반드시 확인해야 하는 것은 아님을 알 수 있다.
따라서 적절하지 않은 발언을 한 사람만을 모두 고르면 '김사원, 고사원, 주사원'이므로 정답은 ④이다.

오답분석
• 박사원: 제◉◉조에서 신고를 받은 소속기관장은 신고의 내용에 관하여 필요한 조사를 하고, 범죄의 혐의가 있거나 수사의 필요성이 있다고 인정되는 경우에는 수사기관에 통보해야 한다고 하였다.

11 근로윤리

출제 포인트 정직, 성실, 근면에 관한 문제

정답 ②

해설
㉠ 사회시스템은 구성원 간 신뢰가 있어야 운영이 가능한 것이며, 그 신뢰를 형성하고 유지하는 데 필요한 가장 기본적이고 필수적인 규범은 '정직'이다. 정직은 신뢰를 형성하는 충분한 조건은 아니지만, 신뢰를 얻기 위해서는 빠질 수 없는 요소이다.
㉡ 창조, 변혁, 개혁, 혁신 등의 가치가 강조되는 현대 사회에서 시대정신에 뒤지는 개인의 낡은 생활방식으로, 다분히 도덕적 영역으로 그 범위가 축소되는 경향을 보이는 것은 '성실'이다. 현대사회에서 성실한 사람은 도덕적 차원에서는 바람직한 면이 있을 수 있지만, 사회적으로는 진취성이 부족하거나 창조성이 결여된 사람으로, 심지어는 변화하는 시대에 요령 없이 기존의 방식을 반복적으로 되풀이하는 사람으로 치부되기도 한다.
㉢ 해방 후 한국사회의 근대화와 경제개발을 이끈 주요한 동력으로 인식되며, 가난과 전근대의 이중적 굴레 속에서 한국사회가 가난을 이기는 유일한 수단이라고 이해한 것은 '근면'이다.
따라서 빈칸 ㉠~㉢에 들어갈 덕목은 각각 차례로 '정직, 성실, 근면'이므로 정답은 ②이다.

12 근로윤리

출제 포인트 정직, 성실, 근면에 관한 문제

정답 ②

해설
㉠은 '정직', ㉡은 '성실', ㉢은 '근면'이다. 행위자가 환경과의 대립을 극복해 나가는 과정에서 발현되는 것은 '근면'이다. 따라서 정답은 ②이다.

오답분석
① 우리 사회에서 흔히 일어나고 있는 각종 비리와 부정부패의 문제나 우리나라의 부패인식지수 순위는 한국사회의 도덕적 위기로 인한 문제의 예이다. 이는 유교의 전통적 가치가 '정직'이라는 규범적 의미를 이해하는 행위와 '정직 행동'을 선택하는 행위 사이에서 괴리를 발생

하게 하는 요소로 작용하여 한국사회가 현대사회에 필요한 도덕성을 제대로 육성하지 못했기 때문이다.
③ '성실'의 결핍은 생각과 말, 행동의 불일치를 통해 드러나고, 그것은 구체적으로 일상의 삶에서 위선과 거짓, 사기, 아첨, 음모 등의 행위로 나타난다.
④ '근면'은 외부로부터 강요당한 근면과 자진해서 하는 근면 두 종류로 구분된다.
⑤ 한국인의 이미지에 대한 조사에 의하면, '근면'과 '일중독'이 한국인의 대표적인 생활양식과 노동양식의 이미지로 나타난다.

13 근로윤리

출제 포인트 정직의 의미에 관한 문제

정답 ①

해설
인사팀 팀장인 갑은 자신의 행동이 정직하지 않다는 것을 알면서도 관행 및 업무 환경 때문에 어쩔 수 없이 부정한 행동을 한다고 말하였다. 즉, 자신의 부정한 행동의 책임을 관행이나 업무 환경에 돌려서 스스로를 정당화하고 있다. 이에 귀하는 갑에게 부정한 관행은 인정하지 않아야 하며, 강요된 행동이든, 관행에 따른 행동이든 그 책임은 전적으로 자신에게 있다는 사실을 알려주어야 한다. 따라서 정답은 ①이다.

14 근로윤리

출제 포인트 근면에 관한 문제

정답 ④

해설
가난과 전근대의 이중적 굴레 속에서 한국사회는 근면이 가난을 이기는 유일한 수단이라고 이해하였다. 또한 2018년 기준 한국은 OECD 회원국 중 임금근로자 연간 근로시간이 세 번째로 길었던 반면 시간당 노동생산성은 OECD 36개 회원국 중 28위였다. 이는 농업 기반의 사회에서 근면은 미덕이었고 남보다 부지런하면 일을 잘하는 것이었으며, 남들이 일할 때 가만히 있으면 그 자체가 악덕이었던 '농업적 근면성'이 우리의 일상생활과 일을 지배해 온 결과로 볼 수 있다. 따라서 정답은 ④이다.

🔍 개념 보충

근면의 의미

1. **고난의 극복**
   근면은 행위자가 환경과의 대립을 극복해 나가는 과정에서 발현되며, 과거의 고난을 극복한 경험을 통해 형성되고, 현재의 고난을 극복할 수 있는 자원이 됨.

2. **비선호의 수용 차원에서 개인의 절제나 금욕을 반영**
   근면은 고난을 극복하기 위해서 금전과 시간, 에너지를 사용할 수 있도록 준비하는 것

3. **장기적이고 지속적인 행위 과정으로 인내를 요구**
   근면이란 끊임없이 달성이 유예되는 가치지향적인 목표 속에서 재생산됨.

15 근로윤리

출제 포인트 윤리실천 강령에 관한 문제

정답 ④

해설
부서 간 우월주의를 배격하고 상호 간 책임과 역할을 인정하며 대등한 관계로서 화합해야 한다는 내용은 '공정한 직무 수행'이 아닌 '임직원 상호관계'에 해당한다. 따라서 정답은 ④이다.

16 근로윤리

출제 포인트 근면의 의미에 관한 문제

정답 ④

해설
제시된 사례는 어려운 상황임에도 보이지 않는 곳에서 자신이 맡은 프로젝트를 성공해 낸 우리 기술진들의 이야기로, 부지런히 일하는 근면의 덕목을 보여준다. '부지런히 일하며 힘씀'이라는 의미가 있는 근면은 성공을 이루게 하는 기본 조건으로, 크게 세 가지 특성을 가진다. 먼저 근면은 고난을 극복한다는 의미로, 과거의 고난을 극복한 경험을 통해 형성되고, 현재의 고난을 극복할 수 있는 자원이 된다. 또한 근면은 비선호의 수용 차원에서 개인의 절제나 금욕을 반영하며 장기적이고 지속적인 행위 과정으로 인내를 요구한다. '최고보다 최선을 꿈꾸어라'라는 격언은 근면이 아닌 성실에 관한 격언이다. 따라서 정답은 ④이다.

17 근로윤리

출제 포인트 정직지수에 관한 문제

정답 ③

해설
청소년의 경우 정직지수는 초등학생이 87.8점, 중학생이 76.9점, 고등학생이 72.2점으로 학력이 높아질수록 정직지수가 낮으며, 이는 각 세부 부문에서도 동일하다. 그러나 성인의 경우 19~29세가 51.8점, 30대가 55.6점, 40대가 58.7점, 50대 이상이 66.3점으로 연령대가 높아질수록 정직지수가 높지만, 세부 부문 중 가정에서의 정직지수는 30대가 49.7점, 40대가 46.4점으로 40대가 더 낮다. 따라서 정답은 ③이다.

오답분석

① 청소년 정직지수는 77.3점, 성인 정직지수는 60.2점이므로 청소년보다 성인 정직지수가 상대적으로 낮다.
② 청소년의 경우 학교, 사회, 가정, 친구, 인터넷에서의 정직지수가 각각 73.7점, 77.2점, 75.2점, 74.8점, 85.8점, 성인의 경우 직장, 사회, 가정, 친구, 인터넷에서의 정직지수가 각각 54.7점, 56.2점, 49.5점, 65.3점, 75.6점으로 청소년에 비해 성인이 모두 낮다. 또한 친구 관계에서의 정직지수는 청소년에 비해 성인이 74.8 − 65.3 = 9.5점 낮고, 가정에서의 정직지수는 청소년에 비해 성인이 75.2 − 49.5 = 25.7점 낮다.
④ 청소년 중 초등학생의 경우에는 친구 관계에서의 정직지수가 81.4점으로 가장 낮지만, 중학생과 고등학생의 경우에는 학교에서의 정직지수가 각각 73.5점, 66.0점으로 가장 낮다. 또한 성인 중 19~29세의 경우에는 직장에서의 정직지수가 45.1점으로 가장 낮지만, 30대,

40대, 50대 이상의 경우에는 가정에서의 정직지수가 각각 49.7점, 46.4점, 52.5점으로 가장 낮다.
⑤ 청소년의 전 학력대와, 성인의 전 연령대 모두에서 인터넷에서의 정직지수가 가장 높으며, 세부 부문별로는 초등학생의 인터넷에서의 정직지수가 94.1점으로 가장 높고, 19~29세의 직장에서의 정직지수가 45.1점으로 가장 낮다.

실전용 해설
각 슬라이드에서 조사 결과 자료의 수치에 대해 작성한 부분을 찾아 빠르게 확인한다.

18 근로윤리

출제 포인트 부패의 특성에 관한 문제

정답 ②

해설
제시된 글은 부패의 원인과 결과를 설명하며, 원인보다 더욱 문제 삼아야 할 것은 부패의 결과라고 하였다. 부패의 결과가 문제가 되는 이유는 부패가 아무리 개인적인 차원에서 발생했다고 하더라도 사회적인 비용이 발생하며, 그 비용은 조직의 구성원 모두가 감당해야 하기 때문이라고 하였다. 따라서 정답은 ②이다.

19 근로윤리

출제 포인트 성실에 관한 문제

정답 ③

해설
성실은 일 하나하나에, 사람 하나하나에 자신의 정성을 다하도록 만들며, 이러한 항상성의 특징은 성실이 다른 덕목들의 모태가 되게 한다. 따라서 정답은 ③이다.

오답분석
① 사전에서는 성실(誠實)을 '정성스럽고 참됨'으로 풀이하고 있다.
② '최고보다는 최선을 꿈꾸어라'라는 말은 성실의 중요성을 강조한 것이다
④ 최근 일각에서는 현대 사회의 주요한 사회적 자본, 즉 사회구성원들이 힘을 합쳐 공동 목표를 효율적으로 추구할 수 있게 하는 자본으로 성실의 중요성을 부각시키고 있다.
⑤ 성실은 개인으로 하여금 자신의 생각이 진리와 부합하려고 부단히 노력하고, 자신의 생각을 그대로 말로 표현하며, 이를 일상생활에서 행동으로 실천하도록 이끈다. 이와 같은 일련의 과정을 통해 항상성과 정성스러움을 동시에 갖추게 되는데, 이러한 항상성은 성실이 다른 덕목들의 모태가 되게 하며, 어떠한 일을 할 때 꾸준히 자신의 정성을 다하도록 만든다.

20 근로윤리

출제 포인트 워너메이커의 정직성에 관한 문제

정답 ②

해설
제시된 사례는 정직을 최고의 가치로 삼았던 미국의 신화적 기업인 존 워너메이커의 이야기로, 존 워너메이커의 사례를 통해 투명하고 정직한 행동은 시간이 지날수록 더 큰 신뢰와 더 많은 이익을 얻게 함을 알 수 있다. 따라서 정답은 ②이다.

21 근로윤리

출제 포인트 개인정보보호법에 관한 문제

정답 ⑤

해설
• 채사원: 두 번째 조 제1항에서 개인정보처리자가 개인정보를 처리할 때 개인정보에 관한 권리 또는 이익을 침해받은 사람은 보호위원회에 그 침해 사실을 신고할 수 있다고 하였고, 동조 제2항에서 보호위원회는 제1항에 따른 신고의 접수·처리 등에 관한 업무를 효율적으로 수행하기 위하여 전문기관을 지정할 수 있으며, 이 경우 전문기관이 개인정보침해 신고센터를 설치·운영하여야 한다고 하였다.
따라서 정답은 ⑤이다.

오답분석
• 길사원: 첫 번째 조 제4항에서 중앙행정기관, 지방자치단체, 국회, 법원, 헌법재판소, 중앙선거관리위원회는 그 소속 기관 및 소관 공공기관에 대하여 개인정보보호에 관한 의견을 제시하거나 지도·점검을 할 수 있다고 하였다.
• 조사원: 첫 번째 조 제2항에서 보호위원회는 개인정보보호를 위하여 필요하다고 인정하면 개인정보처리자에게 개인정보처리 실태의 개선을 권고할 수 있고, 이 경우 권고를 받은 개인정보처리자는 이를 이행하기 위하여 성실하게 노력하여야 하며, 그 조치 결과를 보호위원회에 알려야 한다고 하였다.
• 황사원: 첫 번째 조 제1항에서 개인정보보호위원회는 개인정보보호에 영향을 미치는 내용이 포함된 법령이나 조례에 대하여 필요하다고 인정하면 심의·의결을 거쳐 관계 기관에 의견을 제시할 수 있다고 하였다.
• 송사원: 두 번째 조 제3항에서 신고센터는 개인정보처리와 관련한 신고의 접수·상담, 사실의 조사·확인 및 관계자의 의견 청취 등의 업무를 수행한다고 하였고, 동조 제4항에서 보호위원회는 사실 조사·확인 등의 업무를 효율적으로 하기 위하여 필요하면 소속 공무원을 전문기관에 파견할 수 있다고 하였다.

22 근로윤리

출제 포인트 기업의 윤리경영에 관한 문제

정답 ⑤

해설
윤리경영은 기업의 경영 목적인 이윤 극대화보다는 기업윤리를 최우선 가치로 생각하여, 투명하고 공정하며 합리적인 업무 수행을 추구하는 경영 정신이다. 〈보기〉의 A~D기업은 기업 내 윤리경영 실천을 위한

사내 제도를 만들거나 사회적인 자선 활동을 실시하는 등 회사를 경영하는 데 있어 사회적 책임을 수행하고 있다. 따라서 적절한 것만을 모두 고르면 'ㄱ, ㄴ, ㄷ, ㄹ'이므로 정답은 ⑤이다.

23 근로윤리

출제 포인트 정직에 관한 문제

정답 ③

해설
제시된 자료에서 확인할 수 있는 근로윤리 관련 덕목은 '정직'이다.
ㄴ 국제투명성기구에서 발표한 국가별 부패인식지수에 따르면 우리나라의 국가별 순위는 2010년 이후 줄곧 39위 이하이다. 이는 우리나라의 도덕적 위기에 대한 심각성을 보여주고 있으며, 근본적으로 정직성의 문제를 의미하는 것이라고 할 수 있다.
ㄷ 사회시스템은 구성원 서로의 신뢰가 있어야 운영이 가능한 것이며, 그 신뢰를 형성하고 유지하는 데 필요한 가장 기본적이고 필수적인 규범이 '정직'이다.
따라서 적절한 것만을 모두 고르면 'ㄴ, ㄷ'이므로 정답은 ③이다.

오답분석
ㄱ 유교의 전통적 가치는 '정직'이라는 규범적 의미를 이해하는 행위와 '정직 행동'을 선택하는 행위 사이에서 괴리감을 발생하게 하는 요소로 작용한다.
ㄹ 개인이 자신의 생각이 진리와 부합하도록 노력하게 만들고, 자신의 생각을 그대로 말로 표현하며, 이를 일상생활에서 행동으로 실천하도록 이끄는 것은 '성실'이다.

24 근로윤리

출제 포인트 직장 윤리강령에 관한 문제

정답 ②

해설
ㄴ은 당사의 기업윤리를 상세히 설명하고 정중히 거절해야 하며, 만약 선물을 부득이하게 받은 경우에는 고마운 마음을 표하되 윤리 담당 부서에 신고해 처리해야 한다는 내용으로 수정해야 한다. 따라서 정답은 ②이다.

25 공동체윤리

출제 포인트 제조물책임에 관한 문제

정답 ④

해설
제조물책임으로 기업은 더욱 엄격한 안전기준을 채택하고, 발생 가능한 모든 가능성을 점검하는 과정을 거치는 등 제품안전에 대한 추가적인 대책을 강구해야 한다. 이에 따라 신제품의 개발은 지연될 수 있다. 따라서 정답은 ④이다.

26 공동체윤리

출제 포인트 명함 예절에 관한 문제

정답 ②

해설
명함을 건넬 때는 왼손으로 받치고 오른손으로 건네면서 자신의 이름이 상대방을 향하도록 해야 한다. 따라서 정답은 ②이다.

27 공동체윤리

출제 포인트 직장예절에 관한 문제

정답 ④

해설
이메일이나 SNS 등을 올바르게 사용하면 강력한 비즈니스 도구가 될 수 있지만, 글에는 사람의 표정이나 음성이 빠져 있으므로 읽는 사람에 따라 해석이 달라질 수 있어 오해를 불러일으키기도 한다. 따라서 정답은 ④이다.

오답분석
① 인사는 사람이 사람다움을 나타내는 가장 아름다운 행위로, 타인을 사귈 때 가장 기본이 되는 예절이므로 인사예절은 정성과 감사하는 마음을 지니고, 예의 바르고 정중한 태도를 갖추어야 하며, 진실을 담은 자세를 보여야 한다.
② 악수는 오른손으로 해야 하며, 우리나라에서는 악수할 때 가볍게 절을 하지만 서양에서는 허리를 세운 채 악수한다.
③ 인사할 때, 전화를 걸거나 받을 때, 고객을 만나 명함을 주고받을 때, 동료들과 함께 엘리베이터를 타고 이동할 때 등 출근 후 퇴근할 때까지 모든 일터의 상황에서 요구되는 기본 직장예절이 있으며, 이는 단순히 개인에 대한 호감을 넘어 성과에까지 지대한 영향을 미친다.
⑤ 에티켓은 사람과 사람 사이에 마땅히 지켜야 할 규범으로, 형식적 측면이 강하고, 매너는 그 형식을 나타내는 방식으로 방법적 성격이 강하므로, 에티켓은 '있다, 없다'로 표현하고, 매너는 '좋다, 나쁘다'로 표현한다.

28 공동체윤리

출제 포인트 준법에 관한 문제

정답 ④

해설
제시된 설문조사 결과와 관련된 공동체윤리의 개념은 '준법'이다. 사회 구성원의 준법 정도를 묻는 조사연구의 2008년과 2015년의 결과를 비교해 보면, '우리 사회가 법을 잘 지키고 있다'라는 의견이 지속적으로 증가하는 경향을 보인다. 따라서 정답은 ④이다.

오답분석
① 준법은 민주 시민으로서 지켜야 하는 기본 의무이며 생활 자세이다.
② 준법 수준에 대해 응답자들은 본인보다는 사회구성원의 준법 정도를 더 낮게 평가하는 것으로 나타났다.
③ 민주 사회의 법과 규칙을 준수하는 것, 즉 준법은 시민으로서의 권리를 보장받고, 다른 사람의 권리를 보호해주며 사회 질서를 유지하는 역할을 한다.

⑤ 우리 사회는 민주주의와 시장경제를 지향하지만 그것이 제대로 정착될 만한 사회적, 정신적 토대를 갖추지 못하고 있으므로 준법과 관련하여 선진국들과 경쟁하기 위해서는 개개인의 의식변화와 함께 체계적 접근과 단계별 실행을 통한 제도와 시스템 확립이 필요하다.

29 공동체윤리

출제 포인트 직장 내 괴롭힘 사건에 관한 문제

정답 ③

해설
ⓒ '상담 및 신고 처리 신청'에서 상담 외에 바로 직장 내 괴롭힘 고충의 조사 및 구제조치를 원하는 피해자 또는 그 대리인은 사내 직장 내 괴롭힘 신고센터에 조사 및 구제조치를 신청할 수 있다고 하였고, '조사 및 결과보고서 작성'에서 직장 내 괴롭힘 사건 조사는 인권담당관에 접수된 날부터 시민인권보호관이 조사한다고 하였다.
ⓒ '조사 및 결과보고서 작성'에서 직장 내 괴롭힘 사건을 조사하는 과정에서 피신고인에 대한 징계가 개시된 경우에는 조사를 중지한다고 하였다.
ⓜ '사건종결 및 사후 조치'에서 직장 내 괴롭힘 인정 시 기관장은 징계사유에 해당되는지 여부를 확인하여 특별한 사유가 없는 한 가해자 징계 등 제재 절차를 진행하여야 한다고 하였다.
따라서 적절한 것만을 모두 고르면 'ⓒ, ⓒ, ⓜ'이므로 정답은 ③이다.

오답분석
㉠ '상담 및 신고 처리 신청'에서 사내 예방·대응 업무담당자는 피해자가 조사를 원할 경우 시민인권보호관에 조사를 의뢰하여야 하며, 그 사실을 신청인에게 알려야 한다고 하였다.
㉣ '사건종결 및 사후 조치'에서 시민인권보호관이 조사한 결과를 토대로 시민인권구제위원회가 결정하며 권고사항 등 결정문을 작성 후 인권담당관에 통보하면, 인권담당관이 사건당사자 및 각 조치부서에 결과를 통지함으로써 사건은 종결된다고 하였다.
ⓑ '사건종결 및 사후 조치'에서 기관장은 직장 내 괴롭힘의 피해자가 원할 경우 원하는 시점에 심리치유 및 상담을 제공해야 한다고 하였다.

30 공동체윤리

출제 포인트 직장 내 인사와 소개에 관한 문제

정답 ④

해설
직장 내 인사와 소개 예절은 다음과 같다.
• 악수할 때는 오른손을 사용하고, 너무 강하게 쥐어짜듯이 잡지 않는다.
• 악수는 힘 있게 해야 하지만, 상대의 뼈를 부수듯이 손을 잡지 말아야 한다.
• 악수는 서로의 이름을 말하고 간단한 인사 몇 마디를 주고받는 정도의 시간 안에 끝내야 한다.
• 악수할 때는 상대를 바로 바라보며 미소를 짓는다.
• 외부인사가 나의 사무실에 방문했을 때 자리에서 일어나 악수를 청한다.
• 나이가 어린 사람을 연장자에게 먼저 소개한다.
따라서 적절하지 않은 것만을 모두 고르면 'ⓒ, ⓜ, ⓑ'이므로 정답은 ④이다.

31 공동체윤리

출제 포인트 직장 내 전화예절에 관한 문제

정답 ②

해설
ⓒ 전화를 받을 때는 벨이 3~4번 울리기 전에 받아야 한다.
ⓜ 전화를 받았으나 통화 담당자가 없으면 자리를 비운 이유를 간단히 설명하고 통화 가능한 시간을 알려주어야 한다.
따라서 적절하지 않은 것만을 모두 고르면 'ⓒ, ⓜ'이므로 정답은 ②이다.

오답분석
㉠ 전화를 걸기 전에 상대방의 전화번호, 소속, 직급, 성명 등을 확인하고 용건과 통화에 필요한 서류 등을 미리 준비해 둔다.
ⓒ 전화를 끊을 때는 내용을 다시 한 번 정리하여 확인하고, 담당자가 없는 경우에는 전화번호를 남긴다.
㉣ 전화를 받았으나 용건에 즉답하기 어려우면 양해를 구한 뒤 회신 가능한 시간을 약속한다.

32 공동체윤리

출제 포인트 직장 내 성희롱에 관한 문제

정답 ④

해설
직장 내 성희롱이 성립되기 위해서는 성희롱의 당사자 요건, 지위를 이용하거나 업무와의 관련성이 있을 것, 성적인 언어나 행동 또는 이를 조건으로 하는 행위일 것, 고용상의 불이익을 초래하거나 성적 굴욕감을 유발하여 고용환경을 악화시키는 경우일 것 등을 들 수 있다.
해당 게시글의 사례에서 직장 상사인 과장은 가해자이며, 글쓴이는 피해자이다. 또한 전체 회식에서의 성적인 언행, 업무를 빙자하여 피해자를 불러내고 술자리를 갖자는 언행 등은 업무와 관련이 있는 성적인 언행이며, 이로 인해 피해자는 회사를 계속 다녀야 할지 고민하고 있으므로 고용환경을 악화시킨 경우에 해당한다. 그러므로 해당 게시글의 사례는 직장 내 성희롱에 해당한다.
㉠ 과장의 행위들 모두 직장 내 성희롱에 해당한다.
ⓒ 피해자는 가해자에게 민사상 손해배상을 청구할 수 있다.
ⓒ 성희롱 행위에 대해 회사는 필요한 인사조치 또는 징계조치를 해야 한다.
따라서 적절한 것만을 모두 고르면 '㉠, ⓒ, ⓒ'이므로 정답은 ④이다.

오답분석
㉣ 어떤 행위가 성희롱이냐 하는 데 있어서 법률적인 기준의 특징은 가해자가 '의도적으로 성희롱을 했느냐'를 중시하는 것이 아니라, 피해자가 '성적 수치심이나 굴욕감을 느꼈는지 아닌지'를 중요한 기준으로 삼는다.

33 공동체윤리

출제 포인트 자동차 예절에 관한 문제

정답 ④

해설
운전기사가 있는 경우, 타고 내리기가 가장 편한 조수석 뒷자리(B)가 가장 상석이고, 운전석 뒷자리(D), 조수석(A), 운전석 뒷자리와 조수석 뒷자리 사이의 가운데 자리(C) 순으로 상석 순위가 결정된다. 따라서 운전기사가 있는 경우의 상석 순위를 순서대로 바르게 나열하면 'B – D – A – C'이므로 정답은 ④이다.

34 공동체윤리

출제 포인트 봉사에 관한 문제

정답 ⑤

해설
제시된 뉴스 인터뷰를 통해 알 수 있는 공동체윤리의 덕목은 '봉사'이다.
㉠ 현대 사회의 직업인에게 봉사란, 일 경험을 통해 타인과 공동체에 대해 봉사하는 정신을 갖추고 실천하는 태도를 의미한다.
㉢ 국가나 사회 또는 남을 위하여 자신을 돌보지 않고 힘을 바쳐 애쓴다는 사전적 의미를 가지고 있다.
㉣ 봉사는 고객의 가치를 최우선으로 하는 고객 서비스 개념으로도 설명할 수 있다.
따라서 적절한 것만을 모두 고르면 '㉠, ㉢, ㉣'이므로 정답은 ⑤이다.

오답분석
㉡ 봉사는 상대방을 위해 도움이나 물건을 제공해 주는 일을 통틀어 부르는 말이었지만, 시대가 점점 지나면서 뜻이 자원봉사에 가깝게 한정되어 사용되고 있다.

35 공동체윤리

출제 포인트 우리나라의 준법의식 수준에 관한 문제

정답 ①

해설
우리 사회는 민주주의와 시장경제를 지향하지만 그것이 제대로 정착될 만한 사회적, 정신적 토대를 갖추지 못하고 있으므로, 개개인의 준법의식 변화와 함께 제도 및 시스템 확립이 필요하다. 따라서 정답은 ①이다.

오답분석
② 법과 질서는 사람 대 사람의 약속이자 내 자신과의 약속이기도 하며, 준법은 민주 시민이 지켜야 하는 기본 의무이며 생활 자세이다. 그러나 경우에 따라서는 법을 지키기 어려울 때가 있다.
③ 선진국들과 경쟁하기 위해서는 개개인의 의식 변화와 함께 체계적 접근과 단계별 실행을 통한 제도 및 시스템 확립이 필요하다.
④ 민주 사회의 법과 규칙을 준수하는 것은 시민으로서의 권리를 보장받고, 다른 사람의 권리를 보호해 주며, 사회 질서를 유지하는 역할을 한다.
⑤ 민주주의와 시장경제는 구성원들에게 많은 자유와 권리를 부여하지만, 동시에 규율의 준수와 그에 따르는 책임을 요구한다.

36 공동체윤리

출제 포인트 소개예절에 관한 문제

정답 ③

해설
㉠ 김주임이 나이 어린 고사원을 연장자인 박과장에게 먼저 소개하였으므로 소개 예절로 적절한 사례이다.
㉣ 남차장이 회사의 관계인인 후임 주대리를 거래처 진사원에게 먼저 소개하였으므로 소개 예절로 적절한 사례이다.
㉤ 나주임이 동료 엄주임을 고객에게 먼저 소개하였으므로 소개 예절로 적절하다.
㉯ 방부장이 동년배인 오부장을 연장자인 석부장에게 먼저 소개하였으므로 소개 예절로 적절하다.
따라서 제시된 소개 예절과 부합하는 사례만을 모두 고르면 '㉠, ㉣, ㉤, ㉯'이므로 정답은 ③이다.

오답분석
㉡ 장과장은 동갑내기 신과장을 연장자인 양과장에게 먼저 소개해야 한다.
㉢ 윤대리는 회사 관계인인 후임 권주임을 거래처 안과장에게 먼저 소개해야 한다.
㉥ 송주임은 같은 부서 조대리를 고객에게 먼저 소개해야 한다.

37 공동체윤리

출제 포인트 직장 내 이메일 예절에 관한 문제

정답 ②

해설
이메일을 쓸 때는 서두에 소속과 이름을 밝히며, 업무 성격에 맞는 형식을 갖추고 간결하면서 명확하게 써야 한다. 메일 제목은 반드시 쓰되 간결하면서 핵심을 알 수 있도록 작성해야 하며, 메시지도 가능한 한 간결하게 작성하여 수신자가 이를 빨리 읽고 제대로 응답할 수 있도록 해야 한다. 따라서 정답은 ②이다.

38 공동체윤리

출제 포인트 직장 내 괴롭힘 금지에 관한 내용

정답 ③

해설
근로기준법의 '직장 내 괴롭힘 금지'에 대한 조문의 취지는 각 회사가 내부에서 발생하는 괴롭힘을 자정적으로 막는 데 힘쓰도록 하기 위함이다. 즉, 회사 내에서 부당한 괴롭힘이 발생하지 않도록 사업주가 사업장의 분위기를 바꾸기 위해 노력해야 한다는 것을 권고하고 있으며, 실제로 회사 내에서 발생한 괴롭힘에 대한 책임을 괴롭힌 당사자가 지는 것이 아니라 사용자가 지게 되어 있다. 따라서 정답은 ③이다.

39 공동체윤리

출제 포인트 조직시민행동의 구성 요소에 관한 문제

정답 ⑤

해설
조직시민행동이란 공식적인 담당 업무도 아니고, 적절한 보상도 없지만 자신이 소속된 조직의 발전을 위해 자발적으로 수행하는 각 구성원들의 지원 행동을 말한다. 조직시민행동의 다섯 가지 요소에는 이타적 행동, 양심적 행동, 신사적 행동, 배려 행동, 참여적 행동이 있다. 또한 조직이나 다른 구성원과 관련하여 불만이나 불평이 생겼을 경우, 이를 뒤에서 험담하고 소문내며 이야기하고 다니기보다 긍정적 측면에서 이해하고자 노력해야 한다. 즉, 불만 사항에 대해 단순히 참기보다 관련 당사자에게 직접 이야기하며 상호 존중을 바탕으로 문제를 해결하려고 노력해야 한다. 이때 상대의 잘못만을 지적하고 수정하라고 이야기하는 것은 바른 태도가 아니다. 따라서 정답은 ⑤이다.

40 공동체윤리

출제 포인트 직장 내 성희롱 사례에 관한 문제

정답 ⑤

해설
ⓒ, ⓔ 성적인 언어나 행동 등으로 성적 굴욕감을 유발하여 결과적으로 고용환경을 악화시키는 '환경형 성희롱'은 직장 내 성희롱에 해당한다.
ⓜ 하급자인 남성근로자가 상급자를 성희롱 하는 경우도 직장 내 성희롱에 해당하며, 출장이나 회식 등 업무와 관련 있는 장소에서 피해자가 성적 굴욕감을 느꼈다면 이 역시 직장 내 성희롱에 해당한다.
따라서 직장 내 성희롱에 해당하는 것만을 모두 고르면 'ⓒ, ⓔ, ⓜ'이므로 정답은 ⑤이다.

오답분석
㉠ 매일 아침에 특정 여사원에게 반말로 커피 심부름을 시킨 경우는 직장 예의에 벗어나는 행동으로 볼 수 있으나, 성적 언동이 아니기 때문에 직장 내 성희롱에 해당하지 않는다.
㉡ 직장 내 성희롱 행위자를 사업주나 상급자, 근로자로 보는 관련 법령에 따라 거래처 관계자나 고객 등 제삼자는 직장 내 성희롱 행위자에서 제외되므로 직장 내 성희롱에 해당하지 않는다.

응용문제

빠른 정답표

01	02	03	04	05
④	③	③	③	③

01 직업윤리

출제 포인트 윤리적 리더에 관한 문제

정답 ④

해설
윤리적 리더는 윤리적 행동을 통해 구성원에게 긍정적인 모델이 되어야 하며, 윤리 기준을 만들고 구성원에게 이를 널리 알려 윤리적 모호성을 최소화해야 한다. 또한 구성원에게 어떤 행동·관행의 용납 여부를 명확히 알려주어 윤리적 모호성을 해소하고 자발적 실천을 이끌어가야 하며, 구성원이 처한 윤리적 딜레마에 대한 상담을 해줄 수 있는 상담 센터 등을 제공해야 한다. 그리고 비윤리적 행동을 하는 구성원을 확실하게 처벌하여 다른 구성원을 보호해야 한다. 따라서 정답은 ④이다.

개념 보충

윤리적 리더의 역할
1. 역할모델이 된다.
   윤리적 행동을 통해 구성원에게 긍정적인 모델이 되어야 한다.
2. 윤리적 기준을 제시한다.
   윤리 기준을 만들고 구성원에게 이를 널리 알려 윤리적 모호성을 최소화해야 한다.
3. 윤리훈련을 제공한다.
   구성원에게 강의나 세미나 등을 통해 어떤 행동·관행의 용납 여부를 명확히 알려주어 윤리적 모호성을 해소하고 자발적 실천을 이끌어가야 한다.
4. 비윤리적 행동을 응징한다.
   비윤리적 행동을 하는 구성원을 확실하게 처벌하여 다른 구성원을 보호해야 한다.
5. 보호 기구를 제공한다.
   구성원이 처한 윤리적 딜레마에 대한 상담을 해줄 수 있는 상담 센터 등을 제공해야 한다.

02 직업윤리

출제 포인트 국제표준화기구(ISO)에 관한 문제

정답 ③

해설
국제표준화기구(ISO)가 개발한 기업의 사회적 책임(CSR)에 관한 국제표준은 ISO 26000이다. 따라서 정답은 ③이다.

> **개념 보충**

1. ISO 14001
   환경경영시스템을 통해 기업이 환경 측면을 체계적으로 식별, 평가, 관리 및 개선함으로써 환경 위험성을 효율적으로 관리할 수 있는 국제표준
2. ISO 22000
   식품 공급사슬 전반에 걸친 식품안전을 보장하기 위한 핵심요소로 상호의사소통, 시스템 경영, 선행요건 프로그램 및 HACCP 원칙을 규정하고 있는 국제표준
3. ISO 26000
   세계화에 따른 빈곤과 불평등에 대한 국제사회의 문제해결, 경제 성장과 개발에 따른 지구 환경위기 대처 및 지속 가능한 생존과 인류번영을 위한 새로운 패러다임의 요구에 따라 개발된 사회적 책임에 관한 국제표준
4. ISO 45001
   사업장에서 발생할 수 있는 각종 위험을 사전에 예측하고 예방하여 궁극적으로 기업의 이윤창출에 기여하고 조직의 안전보건을 체계적으로 관리하기 위한 요구사항을 규정한 국제표준
5. ISO 55001
   자산을 중심으로 한 자산의 라이프 사이클 전반에 대해 계획적으로 관리하고, 그 가치를 최대화하는 것을 목적으로 하는 국제표준

03 직업윤리

출제 포인트 윤리 경영의 형태에 관한 문제

정답 ③

해설

㉠: 전근대적 경영 방식으로 이윤 추구를 최우선으로 하여 기업 윤리뿐만 아니라 법이나 제도까지도 방해물로 간주하는 경영 방식을 '비윤리 경영'이라고 한다.
㉡: 윤리를 경영과 분리하여 합법적이라면 어떠한 행동을 하더라도 문제 될 것이 없다는 경영 방식을 '초윤리 경영'이라고 한다.
㉢: 법령의 입법 취지뿐 아니라 사회 통념과 같은 부분까지 고려하면서 기업 윤리를 추구하는 경영 방식을 '윤리 경영'이라고 한다.

따라서 ㉠~㉢에 들어갈 용어는 차례로 '비윤리 경영, 초윤리 경영, 윤리 경영'이므로 정답은 ③이다.

> **개념 보충**

1. 비윤리 경영
   - 이윤 추구를 최우선으로 하여 기업 윤리뿐만 아니라 법이나 제도까지도 방해물로 간주하는 경영 방식
   - 전근대적인 경영 방식으로, 최근에는 거의 발견되지 않음
2. 초윤리 경영
   - 윤리를 경영과 분리하여 합법적이라면 어떠한 행동을 하더라도 문제 될 것이 없다는 경영 방식
   - 윤리를 경영의 외적 요인으로 생각하여 기업 윤리의 문제를 리스크 관리 차원에서 접근함
3. 윤리 경영
   - 법령의 입법 취지뿐 아니라 사회 통념과 같은 부분까지 고려하면서 기업 윤리를 추구하는 경영 방식
   - 법적 책임이 없더라도 사회의 윤리 기준과 충돌할 경우 그 사회가 요구하는 윤리 기준을 선택하며, 수익 창출과 마찬가지로 기업 윤리 또한 기업이 추구해야 할 목적 중 하나로 여김

04 직업윤리

출제 포인트 저작재산권의 제한에 관한 문제

정답 ③

해설

갑: 저작권법 제33조 제1항에서 누구든지 공표된 저작물을 시각장애인과 독서에 장애가 있는 사람으로서 대통령령으로 정하는 사람(이하 "시각장애인등"이라 한다)을 위하여 「점자법」 제3조에 따른 점자로 변환하여 복제·배포할 수 있다고 하였다. 그러므로 공표된 저작물을 시각장애인을 위해 점자로 변환하여 복제 및 배포할 수 있는 사람은 시각장애인의 보호자로 한정되어 있지 않음을 알 수 있다.

을: 저작권법 제35조의3에서 사진촬영, 녹음 또는 녹화(이하 이 조에서 "촬영등"이라 한다)를 하는 과정에서 보이거나 들리는 저작물이 촬영등의 주된 대상에 부수적으로 포함되는 경우에는 이를 복제·배포·공연·전시 또는 공중송신할 수 있지만, 그 이용된 저작물의 종류 및 용도, 이용의 목적 및 성격 등에 비추어 저작재산권자의 이익을 부당하게 해치는 경우에는 그러하지 아니하다고 하였다. 그러므로 저작재산권자의 이익을 부당하게 해치는 경우가 아니라면 인물이 주된 대상인 사진의 배경에 해당 저작재산권자의 저작물이 부수적으로 포함되더라도 그 사진을 전시할 수 있음을 알 수 있다.

병: 저작권법 제34조 제1항에서 저작물을 방송할 권한을 가지는 방송사업자는 자신의 방송을 위하여 자체의 수단으로 저작물을 일시적으로 녹음하거나 녹화할 수 있다고 하였지만, 제2항에서 그 녹음물 또는 녹화물이 기록의 자료로서 대통령령으로 정하는 장소에 보존되는 경우가 아니라면 녹음일 또는 녹화일부터 1년을 초과하여 보존할 수 없다고 하였다. 그러므로 저작물을 방송할 권한을 가지는 방송사업자는 자신의 방송을 위해 자체의 수단으로 저작물을 일시적으로 녹화할 수 있으며, 그 녹화물이 기록의 자료로서 대통령령으로 정하는 장소에 보존되는 경우가 아니더라도 보존 기간은 6개월을 초과할 수 있음을 알 수 있다.

따라서 옳지 않은 발언을 한 사람은 '갑, 을, 병' 3명이므로 정답은 ③이다.

오답분석

정: 저작권법 제23조 제1호에서 재판 또는 수사를 위하여 필요한 경우에는 그 한도 안에서 저작물을 복제할 수 있지만, 그 저작물의 종류와 복제의 부수 및 형태 등에 비추어 해당 저작재산권자의 이익을 부당하게 침해하는 경우에는 그러하지 아니하다고 하였다. 그러므로 저작재산권자의 이익을 부당하게 침해하는 경우가 아니라면 수사를 위해 필요한 한도 내에서 해당 저작재산권자의 저작물을 복제할 수 있음을 알 수 있다.

무: 저작권법 제27조에서 정치·경제·사회·문화·종교에 관하여 「신문 등의 진흥에 관한 법률」 제2조의 규정에 따른 신문 및 인터넷신문 또는 「뉴스통신진흥에 관한 법률」 제2조의 규정에 따른 뉴스통신에 게재된 시사적인 기사나 논설은 다른 언론기관이 복제·배포 또는 방송할 수 있지만, 이용을 금지하는 표시가 있는 경우에는 그러하지 아니하다고 하였다. 그러므로 신문에 게재된 정치에 관한 시사적인 기사는 이용을 금지하는 표시가 있는 경우가 아닌 한 다른 언론기관이 복제·배포할 수 있음을 알 수 있다.

개념 보충

저작재산권의 제한
저작물이 직·간접적인 사회의 도움을 받아 창작된다는 점을 고려할 때 권리자의 독점을 무제한 인정하는 것은 공공의 이익에 맞지 않으며, 문화 발전에 지장을 줄 수 있으므로, 저작권법은 저작재산권이 제한되는 일정한 경우(저작권법 제23조~제36조)를 규정하고 있다.

저작권법상 저작재산권의 제한 규정 일부
제23조(재판 등에서의 복제) 다음 각 호의 어느 하나에 해당하는 경우에는 그 한도 안에서 저작물을 복제할 수 있다. 다만, 그 저작물의 종류와 복제의 부수 및 형태 등에 비추어 해당 저작재산권자의 이익을 부당하게 침해하는 경우에는 그러하지 아니하다.
1. 재판 또는 수사를 위하여 필요한 경우
2. 입법·행정 목적을 위한 내부 자료로서 필요한 경우

제27조(시사적인 기사 및 논설의 복제 등) 정치·경제·사회·문화·종교에 관하여 「신문 등의 진흥에 관한 법률」 제2조의 규정에 따른 신문 및 인터넷신문 또는 「뉴스통신진흥에 관한 법률」 제2조의 규정에 따른 뉴스통신에 게재된 시사적인 기사나 논설은 다른 언론기관이 복제·배포 또는 방송할 수 있다. 다만, 이용을 금지하는 표시가 있는 경우에는 그러하지 아니하다.

제33조(시각장애인등을 위한 복제 등) ① 누구든지 공표된 저작물을 시각장애인과 독서에 장애가 있는 사람으로서 대통령령으로 정하는 사람(이하 "시각장애인등"이라 한다)을 위하여 「점자법」 제3조에 따른 점자로 변환하여 복제·배포할 수 있다.
② 시각장애인등의 복리증진을 목적으로 하는 시설 중 대통령령으로 정하는 시설(해당 시설의 장을 포함한다)은 영리를 목적으로 하지 아니하고 시각장애인등의 이용에 제공하기 위하여 공표된 저작물등에 포함된 문자 및 영상 등의 시각적 표현을 시각장애인등이 인지할 수 있는 대체자료로 변환하여 이를 복제·배포·공연 또는 공중송신할 수 있다.
③ 시각장애인등과 그의 보호자(보조자를 포함한다. 이하 이 조 및 제33조의2에서 같다)는 공표된 저작물등에 적법하게 접근하는 경우 시각장애인등의 개인적 이용을 위하여 그 저작물등에 포함된 문자 및 영상 등의 시각적 표현을 시각장애인등이 인지할 수 있는 대체자료로 변환하여 이를 복제할 수 있다.
④ 제2항 및 제3항에 따른 대체자료의 범위는 대통령령으로 정한다.

제34조(방송사업자의 일시적 녹음·녹화) ① 저작물을 방송할 권한을 가지는 방송사업자는 자신의 방송을 위하여 자체의 수단으로 저작물을 일시적으로 녹음하거나 녹화할 수 있다.
② 제1항의 규정에 따라 만들어진 녹음물 또는 녹화물은 녹음일 또는 녹화일부터 1년을 초과하여 보존할 수 없다. 다만, 그 녹음물 또는 녹화물이 기록의 자료로서 대통령령으로 정하는 장소에 보존되는 경우에는 그러하지 아니하다.

제35조의3(부수적 복제 등) 사진촬영, 녹음 또는 녹화(이하 이 조에서 "촬영등"이라 한다)를 하는 과정에서 보이거나 들리는 저작물이 촬영등의 주된 대상에 부수적으로 포함되는 경우에는 이를 복제·배포·공연·전시 또는 공중송신할 수 있다. 다만, 그 이용된 저작물의 종류 및 용도, 이용의 목적 및 성격 등에 비추어 저작재산권자의 이익을 부당하게 해치는 경우에는 그러하지 아니하다.

05 직업윤리

출제 포인트 양국 간의 회의 시 좌석 배정의 원칙

정답 ③

해설
일반적으로 양 국가 간 서열에 의한 배치의 경우, 양국의 참석자가 마주 보고 앉는다고 할 때, 테이블 양쪽 중앙 자리를 서열이 가장 높은 제1석, 제1석의 우측 자리를 제2석, 좌측 자리를 제3석으로 하고, 제2석의 오른쪽을 제4석, 제3석의 왼쪽을 서열이 가장 낮은 제5석으로 한다. 각국 대표들의 국내 서열 순위는 대통령, 국무총리, X부장관, Y부장관, Z부장관 순이므로, 갑국 측과 을국 측 모두 제1석에 대통령, 제2석에 국무총리, 제3석에 X부장관, 제4석에 Y부장관, 제5석에 Z부장관이 앉는다. 이를 정리하면 다음과 같다.

Y부장관 제4석	국무총리 제2석	대통령 제1석	X부장관 제3석	Z부장관 제5석
F	G	H	I	J

을국 측

갑국 측

A	B	C	D	E
제5석 Z부장관	제3석 X부장관	제1석 대통령	제2석 국무총리	제4석 Y부장관

따라서 갑국 X부장관은 을국 국무총리와 마주 보고 앉으므로 정답은 ③이다.

오답분석
① 갑국 대통령은 제1석에 앉으므로 좌석 C에 앉는다.
② 을국 Z부장관은 제5석에 앉으므로 좌석 J에 앉는다.
④ 을국 국무총리는 제2석인 좌석 G, 을국 대통령은 제1석인 좌석 H에 앉으므로 을국 국무총리는 을국 대통령의 바로 오른쪽 좌석에 앉는다.
⑤ 갑국 X부장관은 제3석인 좌석 B, 갑국 Z부장관은 제5석인 좌석 A에 앉으므로 갑국 X부장관은 갑국 Z부장관의 바로 오른쪽 좌석에 앉는다.

개념 보충

좌석 배정의 원칙
좌석 배정의 경우, 중심이 되는 자리를 먼저 정한 뒤 서열에 따라 자리를 배정하는 것이 원칙이다. 서열은 각종 행사의 좌석 배치 기준으로 활용되며, 관례상 서열 기준은 과거의 관행을 존중하고 참석자의 사회적 지위와 연령 기준에 따른다. 지위가 비슷한 경우에는 연령, 성별 등을 고려하는데, 성별의 경우에는 남성보다 여성이 우선한다. 정부의 좌석 배치의 경우에는 관행상 행정, 입법, 사법 순이며, 각 부의 내부에서는 내부의 서열이나 관행을 존중하여 배치한다. 다만, 사전에 충분한 설명을 하고 양해를 구한 뒤, 행사 성격에 따라 서열 조정을 할 수도 있다. 한편, 국내 행사의 경우에는 국내 관행이, 국제 행사의 경우에는 국제 관행이 우선하게 되며, 내국인과 외국인을 모두 초청하는 행사의 경우에는 외국인을 우대한다.

• 양국 간의 회의 시 좌석 배정의 원칙
일반적으로 양 국가 간 서열에 의한 배치의 경우, 양국의 참석자가 마주 보고 앉는다고 할 때, 테이블 양쪽 중앙 자리를 서열이 가장 높은 제1석, 제1석의 우측 자리를 제2석, 좌측 자리를 제3석으로 하고, 제2석의 오른쪽을 제4석, 제3석의 왼쪽을 서열이 가장 낮은 제5석으로 한다.

PART 2

실 / 전
모 / 의 / 고 / 사

정답 및 해설

National Competency Standards

01 실전 모의고사 1회(영역형)

✓ 빠른 정답표

01	④	02	⑤	03	⑤	04	③	05	③
06	②	07	③	08	④	09	①	10	③
11	④	12	⑤	13	④	14	②	15	③
16	①	17	③	18	①	19	②	20	③
21	①	22	①	23	②	24	④	25	③
26	①	27	⑤	28	①	29	③	30	⑤
31	③	32	④	33	④	34	③	35	④
36	④	37	④	38	②	39	④	40	②

01 의사소통능력 - 문서이해능력

출제 포인트 자기소개서에 관한 문제

정답 ④

해설
A씨가 작성하고 있는 문서는 자기소개서이다. 자기소개서의 경우 기업의 인사과 등에서 수많은 자기소개서를 꼼꼼히 읽어볼 시간적 여유가 부족할 수 있으므로 한눈에 들어오는 문장이나 흥미로운 내용으로 작성하는 것이 좋다. 또한 일반적인 성장환경이나 장점에 대한 문장을 늘어놓기보다는 각 항목의 내용에 따라 적절하고 재미있는 소제목을 내용과 함께 기재하는 것도 좋은 방법이다. 따라서 정답은 ④이다.

02 의사소통능력 - 문서작성능력

출제 포인트 문서 내용의 효과적인 전달에 관한 문제

정답 ⑤

해설
A는 문장 실력을 총동원하여 작성한 마케팅 계획안을 읽고 PPT를 넘기며 발표하는 등 열심히 준비했지만, 무슨 말을 하려고 하는지 이해가 잘 안 되었다는 평가를 받았다. 반면, B는 짧은 구성 계획안을 작성한 후, 핵심적인 내용만 짧게 발표하였다. 두 사람의 사례를 통해 문서를 작성할 때는 내용을 체계적이고 시각적으로 알아보기 쉽게 해야 한다는 것을 말하고자 함을 알 수 있다. 좋은 문서는 내용을 효과적으로 전달할 수 있어야 하며, 잘 작성된 문서는 보기 쉽고, 이해하기 쉬우며, 숫자나 그래프 등으로 다채롭게 표시해야 한다. 따라서 정답은 ⑤이다.

03 의사소통능력 - 경청능력

출제 포인트 경청을 위한 기본적 태도에 관한 문제

정답 ⑤

해설
경청을 위한 기본적 태도에는 '비판적·충고적인 태도 버리기', '상대방이 말하는 의미 이해하기', '단어 이외의 보여지는 표현에 신경쓰기', '상대방과 말하는 동안 경청하고 있음을 표현하기', '대화 시 흥분하지 않기'가 있다. 따라서 정답은 ⑤이다.

04 의사소통능력 - 의사표현능력

출제 포인트 효과적인 의사표현에 관한 문제

정답 ③

해설
같은 내용의 메시지라도 직접 얼굴을 보고 이야기하는 경우와 전화나 이메일로 간접 표현하는 경우 각각 다른 의미로 듣는 이에게 전달될 수 있다. 따라서 효과적인 의사표현을 하기 위해서는 메시지를 전달하는 매체나 경로를 신중하게 선택해야 하므로 정답은 ③이다.

오답분석
① 효과적인 의사표현을 하기 위해서는 말하는 이가 자신이 전달하고 싶은 의도, 생각, 감정이 무엇인지 분명하게 인식해야 한다.
② 효과적인 의사표현을 하기 위해서는 전달하고자 하는 내용을 적절한 메시지로 바꾸어야 하며, 이때 전달하려는 내용이 메시지에 충분히 그리고 명료하게 담겨있어야 한다.
④ 효과적인 의사표현을 하기 위해서는 듣는 이가 어떻게 자신의 메시지를 받아들였는지 피드백을 받아야 한다.
⑤ 효과적인 의사표현을 하기 위해서는 표정, 몸짓, 음성적 특징 등의 비언어적 요소를 활용하여 의사표현의 메시지를 강조한다.

05 수리능력 - 기초연산능력

출제 포인트 거리·시간·속력에 관한 문제

정답 ③

해설
김사원이 출발 후 10분 동안 이동한 거리는 $30 \times \frac{10}{60} = 5km$이다. A사와 S사의 중간 지점은 $200 \times \frac{1}{2} = 100km$이며, $100 - 5 = 95km$를 95km/h의 속력으로 일정하게 이동했으므로 $\frac{95}{95} = 1$시간이 소요되었다. A사와 S사의 중간 지점부터 30분 동안 이동한 거리는 $120 \times \frac{30}{60} = 60km$이고, 남은 거리인 $100 - 60 = 40km$를 60km/h의 속력으로 일정하게 이동했으므로 $\frac{40}{60} = 40$분이 소요되었다. 총소요시간은 $10 + 60 + 30 + 40 = 140$분 = 2시간 20분이므로 도착 시각은 12시 20분이다. 따라서 정답은 ③이다.

06 수리능력 - 기초통계능력

출제 포인트 표본 관찰값에 관한 문제

정답 ②

해설
평균은 전체 수치의 값을 모두 더한 후, 총사례 수로 나눈 값을 의미한다. 따라서 정답은 ②이다.

오답분석
① 자료의 범위는 최댓값에서 최솟값을 뺀 값을 의미하므로 182 − 158 = 24cm이다.
③ 영업팀 팀원들의 평균 신장은 (158 + 160 + 162 + 162 + 164 + 164 + 166 + 168 + 170 + 172 + 172 + 174 + 174 + 176 + 176 + 178 + 180 + 180 + 182 + 182) / 20 = 171cm이다.
④ 평균편차는 평균과 각각 수치와의 차이의 절댓값을 평균한 것이므로 (|158 − 171| + |160 − 171| + |162 − 171| + |162 − 171| + |164 − 171| + |164 − 171| + |166 − 171| + |168 − 171| + |170 − 171| + |172 − 171| + |172 − 171| + |174 − 171| + |174 − 171| + |176 − 171| + |176 − 171| + |178 − 171| + |180 − 171| + |180 − 171| + |182 − 171| + |182 − 171|) / 20 = 6.5cm이다.
⑤ 평균편차와 표준편차는 평균으로부터 얼마나 떨어져 있는가를 볼 때 사용하는 지표이다.

🔍 **개념 보충**

평균편차
평균으로부터 각 관찰값까지의 거리 평균을 의미하며, 관찰값들의 분포가 평균값으로부터 얼마나 흩어져 있는가를 나타내는 지표 가운데 하나이다. 분포의 정도를 나타내는 그 밖의 방법으로는 범위, 표준편차, 분산 등이 있다.

07 수리능력 – 도표분석능력

출제 포인트 도표분석에 관한 문제

정답 ③

해설
2020년에 유족연금수급자는 장애연금수급자의 3,565 / 155 ≒ 23배이며, 2021년에 3,960 / 165 ≒ 24배, 2018년에 4,420 / 170 ≒ 26배, 2023년에 4,900 / 175 = 28배이다. 따라서 정답은 ③이다.

오답분석
① 전년 대비 2021년에 장애연금수급자 증가율은 (165 − 155) / 155 × 100 ≒ 6.5%이다.
② 전년 대비 2022년에 유족연금수급자는 4,420 − 3,960 = 460백 명 = 46,000명 증가하였다.
④ 조사기간 내내 65세 이상 인구에서 가장 큰 비중을 차지하는 연금수급자는 매년 수급자 수가 가장 많은 노령연금수급자이다.
⑤ 2021~2023년 내내 전체 연금수급자의 전년 대비 증감 추이와 3개 분류 연금수급자의 전년 대비 증감 추이는 '증가 – 증가 – 증가'로 동일하다.

08 수리능력 – 도표작성능력

출제 포인트 도표작성에 관한 문제

정답 ④

해설
전체 연금수급자의 전년 대비 증가량은 2021년에 29,315 − 26,650 = 2,665백 명, 2022년에 31,770 − 29,315 = 2,455백 명, 2023년에 34,715 − 31,770 = 2,945백 명이므로, 이를 바르게 나타내면 다음과 같다. 따라서 정답은 ④이다.

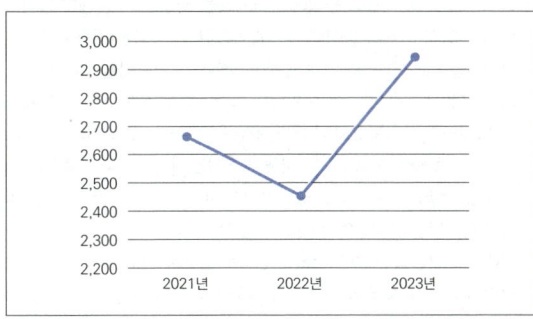

오답분석
① 전체 연금수급자 중 노령연금수급자의 비중은 2020년에 22,930 / 26,650 × 100 ≒ 86.0%, 2021년에 25,190 / 29,315 × 100 ≒ 85.9%, 2022년에 27,180 / 31,770 × 100 ≒ 85.6%, 2023년에 29,640 / 34,715 × 100 ≒ 85.4%이다.
② 유족연금수급자는 2020년에 3,565백 명, 2021년에 3,960백 명, 2022년에 4,420백 명, 2023년에 4,900백 명이다.
③ 2022년 전체 연금수급자에서 노령연금수급자는 27,180 / 31,770 × 100 ≒ 85.6%, 장애연금수급자는 170 / 31,770 × 100 ≒ 0.5%, 유족연금수급자는 4,420 / 31,770 × 100 ≒ 13.9%를 차지한다.
⑤ 65세 이상 인구와 전체 연금수급자의 단위가 다르므로 통일하여 계산해야 한다. 65세 이상 인구에서 전체 연금수급자의 비중은 2020년에 26,650 / 69,960 × 100 ≒ 38.1%, 2021년에 29,315 / 73,560 × 100 ≒ 39.9%, 2022년에 31,770 / 76,500 × 100 ≒ 41.5%, 2023년에 34,715 / 80,270 × 100 ≒ 43.2%이다.

💡 **실전용 해설**
직접 계산을 해보기 전에 그래프의 개형을 먼저 확인해 보며 빠르게 정답을 찾을 수 있다. ④의 경우 전체 연금수급자의 전년 대비 증가량을 대략적으로 계산하면 그 값이 2021년보다 2022년에 더 작고, 2022년보다 2023년에 더 크므로 그래프가 '감소 – 증가'의 형태임을 알 수 있다.

09 문제해결능력 – 문제해결능력

출제 포인트 문제해결 방법 중 소프트 어프로치에 관한 문제

정답 ①

해설
제삼자가 중개자 혹은 알선자로서의 역할을 하며 타협과 조정을 통해 문제를 해결하는 방법은 '소프트 어프로치'이다. 따라서 정답은 ①이다.

오답분석
② 하드 어프로치: 사실과 원칙에 근거한 토론 방법으로, 논쟁과 협상을 통해 서로의 의견을 조정해가는 방법이며, 제3자는 이를 기반으로 구성원을 지도하고 설득하여 전원이 합의하는 일치점을 찾아낸다.
③ 퍼실리테이션: 구성원 간 깊이 있는 의사소통을 통해 서로의 문제점을 이해하고 공감함으로써 문제해결을 도모하는 방법이다. 소프트 어프로치나 하드 어프로치에 비해 창조적인 해결방법이 도출된다.
④ 브레인스토밍: 문제해결을 위한 아이디어 구상 방법으로, 최대한 많은 아이디어를 제시하여 문제를 해결하는 기법이다.
⑤ 시네틱스 발상법: 아이디어를 구성하는 창의적 사고 방법으로, 서로 관련이 없는 두 요소를 조합하여 새로운 아이디어를 발상하는 방법이다.

10 문제해결능력 – 사고력

출제 포인트 조건추리에 관한 문제

정답 ③

해설
ⓒ, ⓔ을 정리하면 다음과 같다.

구분	원주	천안	울산	나주
진우				X
호정	X			
유진				
정래				
인원	2명			2명

ⓔ에 의해 4개 지역 모두에 출장을 가는 사람이 있는데 ⓒ에 의해 진우와 호정은 불가능하고, ㉠에 의해 유진도 불가능하므로 4개 지역 모두에 출장을 가는 사람은 정래이다. ⓓ에 의해 호정이 출장가는 지역에 유진도 출장을 가므로, 호정이 나주로 출장을 갈 경우 유진도 나주로 출장을 간다. 이때, ⓒ에 의해 나주로 출장 가는 사람은 2명이어야 하므로 호정은 나주로 출장을 가지 않는다. 호정은 천안과 울산으로 출장을 가며, 유진도 천안과 울산으로 출장을 간다. ⓕ에 의해 진우와 호정은 출장 가는 지역이 1개만 겹치므로 진우는 천안과 울산에 모두 출장 갈 수는 없다. 따라서 진우는 원주로 출장을 가고 천안과 울산 중 1개 지역에 출장을 간다. ⓒ에 의해 나주와 원주로 출장을 가는 사람은 각각 2명이므로 유진은 나주로 출장을 간다. 이를 정리하면 다음과 같다.

구분	원주	천안	울산	나주
진우	O	O/X	X/O	X
호정	X	O	O	X
유진	X	O	O	O
정래	O	O	O	O
인원	2명	3명 or 4명	3명 or 4명	2명

따라서 어떠한 경우에도 진우는 원주로 출장을 가므로 정답은 ③이다.

11 문제해결능력 – 문제처리능력

출제 포인트 맥킨지식 문제 분석법에 관한 문제

정답 ④

해설
Designing은 초기가설이 옳은지 아닌지를 증명하기 위해 어떤 분석이 필요한지 규정하는 단계이다. 문제의 범위를 파악하고, 문제를 쉽게 다룰 수 있는 작은 단위로 나누는 단계는 Framing이다. 따라서 정답은 ④이다.

개념 보충

맥킨지식 문제 분석의 4단계
- Framing(1단계): 문제의 범위가 어디까지인지 파악하고 문제를 쉽게 다룰 수 있는 작은 단위로 나누는 단계로 초기가설을 도출해 냄. 이 단계를 통해 막연한 문제점이 구체적인 이슈로 정리 및 분류되며, 자주 활용되는 툴에는 로직트리가 있음.
- Designing(2단계): 초기가설이 옳은지 아닌지를 증명하기 위해서 어떤 분석이 필요한지를 규정하는 단계
- Gathering(3단계): 분석에 필요한 데이터, 즉 팩트를 모으는 단계
- Interpreting(4단계): 데이터를 바탕으로 초기가설의 유효성을 판단하고 결과를 해석해서 앞으로 어떤 액션을 취해야 할지 결정하는 단계

12 문제해결능력 – 문제처리능력

출제 포인트 심층면접법의 특징에 관한 문제

정답 ⑤

해설
심층면접법은 조사자와 응답자 간의 일대일 대면에 의해 응답자의 잠재된 동기, 신념, 태도 등을 발견하고 조사 주제에 대한 정보를 수집하는 방법으로, 대화 내용을 통해 결과 해석이 이루어지기 때문에 인터뷰 결과가 사실과 다르게 해석될 수 있다. 따라서 정답은 ⑤이다.

13 자기개발능력 – 자기개발능력

출제 포인트 자기개발 설계 전략에 관한 문제

정답 ④

해설
ⓒ 다른 사람과의 관계를 발전시키는 것도 하나의 자기개발 목표가 될 수 있다.

ⓔ 직업인이라면 현재 직무와 관련된 일을 지속하든, 전혀 새로운 일을 하게 되든 현재 직무 상황과 이에 대한 만족도가 자기개발 계획을 수립하는 데 중요한 역할을 한다.
따라서 적절하지 않은 것만을 모두 고르면 'ⓒ, ⓔ'이므로 정답은 ④이다.

14 자기개발능력 – 자아인식능력

출제 포인트 홀랜드 육각형 모형에 관한 문제

정답 ②

해설
홀랜드의 육각형 모형에서 6가지 유형들은 유사성이 높을수록 인접하여 배치된다. 즉, 각 유형들 간의 거리는 그 이론적 관계에 '반비례'하는 것이다. 이러한 계측성의 가정을 통해 홀랜드는 각 유형들 간의 상관을 명확하게 설명한다. 따라서 정답은 ②이다.

15 자기개발능력 – 자기관리능력

출제 포인트 자기관리 단계에 관한 문제

정답 ③

해설
일의 우선순위에 따라 구체적인 일정을 수립하며, 일정은 월간계획 → 주간계획 → 하루계획 순으로 작성해야 한다. 이때 월간 계획은 보다 장기적인 관점에서 계획하고 준비해야 될 일을 작성하며, 주간 계획은 우선순위가 높은 일을 먼저 하도록 계획을 세워야 한다. 따라서 정답은 ③이다.

16 자기개발능력 – 경력개발능력

출제 포인트 경력개발능력의 필요성에 관한 문제

정답 ①

해설
경력개발이 필요한 경우는 크게 환경, 조직, 개인의 요구로 구분할 수 있다. 개인의 요구에는 발달단계에 따른 가치관 혹은 신념 변화, 전문성 축적 및 성장 요구 증가, 개인의 고용시장 가치 증대 등이 있다. 따라서 정답은 ①이다.

[오답분석]
②, ⑤ 조직 요구에 대한 것이다.
③, ④ 환경 변화에 대한 것이다.

17 자원관리능력 – 시간관리능력

출제 포인트 시간 관리 매트릭스에 관한 문제

정답 ③

해설
A는 긴급하지 않지만 중요한 일로, 예방 생산 능력 활동, 인간관계 구축, 새로운 기회 발굴, 중장기 계획, 오락 등이 여기에 해당한다. 인기 있는 활동은 긴급하지만 중요하지 않은 일이다. 따라서 정답은 ③이다.

> **개념 보충**
>
> **일의 우선순위 판단을 위한 매트릭스**
>
> | | 긴급함 | 긴급하지 않음 |
> |---|---|---|
> | **중요함** | 1. 긴급하면서 중요한 일
• 위기상황
• 급박한 문제
• 기간이 정해진 프로젝트 | 2. 긴급하지 않지만 중요한 일
• 예방 생산 능력 활동
• 인간관계 구축
• 새로운 기회 발굴
• 중장기 계획, 오락 |
> | **중요하지 않음** | 3. 긴급하지만 중요하지 않은 일
• 잠깐의 급한 질문
• 일부 보고서 및 회의
• 눈앞의 급박한 상황
• 인기 있는 활동 | 4. 긴급하지 않고 중요하지 않은 일
• 바쁜 일, 하찮은 일
• 우편물, 전화
• 시간 낭비거리
• 즐거운 활동 |

18 자원관리능력 – 예산관리능력

출제 포인트 과업세부도에 관한 문제

정답 ①

해설
과업세부도는 과제 및 활동의 계획을 수립하는 데 있어서 가장 기본적인 수단으로 활용되는 그래프로, 필요한 모든 일들을 중요한 범주에 따라 체계화시켜 구분해 놓은 그래프이다. 이 과업세부도는 구체성에 따라 2단계, 3단계, 4단계 등으로 구분할 수 있다. 과업세부도를 활용함으로써 과제에 필요한 활동이나 과업을 파악할 수 있으며, 이를 비용과 매치시켜 놓음으로써 어떤 항목에 얼마만큼의 비용이 소요되는지를 정확하게 파악할 수 있다. 따라서 적절하지 않은 것만을 모두 고르면 'ⓒ'이므로 정답은 ①이다.

19 자원관리능력 – 물적자원관리능력

출제 포인트 재고관리 시스템에 관한 문제

정답 ②

해설
부패성 제품이나 제한된 사용 기간을 가진 품목을 주문하는 데 사용되는 재고관리 시스템은 '단일기간 시스템'이다. 따라서 정답은 ②이다.

[오답분석]
① 단일상자 시스템: 최대 재고 수준을 표시한 후 주기적으로 표시된 수준으로 재고를 채우는 재고관리 시스템이다.
③ 이중상자 시스템: 재고를 2개의 상자에 나누어 담은 후 1개의 상자에 있는 재고가 모두 소진되면 주문하는 재고관리 시스템이다.
④ 기본재고 시스템: 재고가 인출될 때마다 인출된 양만큼 주문하는 재고관리 시스템이다.
⑤ 조건부 보충 시스템: 사전에 재고 수준을 정한 후 고정된 시간 간격으로 재고를 조사하여 재고 수준 이하로 떨어질 때만 주문하는 재고관리 시스템이다.

20 자원관리능력 - 인적자원관리능력

출제 포인트 인력 운영 방식에 관한 문제

정답 ③

해설
사람 중심 인력 운영은 유연하게 인력 운영을 할 수 있으며 인력관리가 용이하지만, 인건비 부담이 증가하며 통제가 어렵다는 특징이 있다. 따라서 정답은 ③이다.

개념 보충

사람 중심 인력 운영과 직무 중심 인력 운영

구분	사람 중심 인력 운영	직무 중심 인력 운영

장점	• 유연한 인력 운영 가능
	• 제도 실행의 편리성
	  - 정확한 성과 측정이 어려운 일에 적용이 편함.
	  - 인력관리가 용이
	• 직원의 생활 보장을 통한 기업에 대한 귀속의식 증대
		• 성과 중심의 조직문화 조성
		  - 공정한 평가를 통한 합리적 임금 차별화
		• 인건비의 효율성 증대 및 통제 가능
		  - 동일노동에 대한 동일임금 실현 가능
		• 직무 중심의 경력관리 및 교육훈련을 통해 직원의 고용가능성 증대

단점	• 무사안일의 조직문화 조성 가능
	  - 능력있는 직원들의 동기부여 곤란
	  - 전문 기술인력의 확보에 어려움.
	• 인건비 부담 증가 및 통제 어려움
	  - 동일노동에 대한 동일임금 실시 곤란
	• 비효율적인 조직 및 인력 운영
		• 지나치게 경직된 직무관리로 인한 인력 운영의 유연성 저하 가능
		  - 변화하는 직무를 끊임없이 관리해야 함.

21 대인관계능력 - 팀워크능력

출제 포인트 팔로워십 유형에 관한 문제

정답 ①

해설
권사원은 조직이 나의 아이디어를 원하지 않고, 자신이 노력해도 소용이 없으며, 리더는 항상 자기 마음대로 한다고 생각하고 있다. 또한 팀원들은 권사원을 하는 일이 없고, 자신의 몫을 하지 못한다고 생각한다. 따라서 권사원의 팔로워십 유형은 '수동형'이므로 정답은 ①이다.

개념 보충

팔로워십 유형의 특징

구분	소외형	순응형	실무형	수동형	주도형
자아상	• 자립적인 사람 • 일부러 반대 의견 제시 • 조직의 양심	• 기쁜 마음으로 과업수행 • 팀 플레이를 함. • 리더나 조직을 믿고 헌신함.	• 조직의 운영 방침에 민감 • 사건을 균형 잡힌 시각으로 봄. • 규정과 규칙에 따라 행동함.	• 판단, 사고를 리더에 의존 • 지시가 있어야 행동	
동료/리더의 시각	• 냉소적 • 부정적 • 고집이 셈.	• 아이디어가 없음. • 인기 없는 일은 하지 않음. • 조직을 위해 자신과 가족의 요구를 양보함.	• 개인의 이익을 극대화하기 위한 흥정에 능함. • 적당한 열의와 평범한 수완으로 업무 수행	• 하는 일이 없음. • 제 몫을 하지 못함. • 업무 수행에는 감독이 반드시 필요	이상적인 유형
조직에 대한 자신의 느낌	• 자신을 인정하지 않음. • 적절한 보상이 없음. • 불공정하고 문제가 있음.	• 기존 질서를 따르는 것이 중요 • 리더의 의견을 거스르는 것은 어려운 일임. • 획일적인 태도 행동에 익숙함.	• 규정 준수를 강조 • 명령과 계획의 빈번한 변경 • 리더와 부하 간의 비인간적 풍토	• 조직이 나의 아이디어를 원치 않음. • 노력과 공헌을 해도 아무 소용이 없음. • 리더는 항상 자기 마음대로 함.	

22 대인관계능력 - 리더십능력

출제 포인트 효과적인 변화관리를 위한 과정에 관한 문제

정답 ①

해설
조직에서 일어나는 변화가 모두 바람직한 것은 아니다. 변화를 단행하기 전에는 반드시 현재의 상황과 변화와 관련되는 사항을 면밀히 검토해야 한다. 이렇게 단계적으로 진행하면 섣부른 변화로 초래되는 실패의 위험을 막을 수 있으며, 직원들이 변화를 자신의 일처럼 생각하게 된다. 따라서 정답은 ①이다.

23 대인관계능력 - 갈등관리능력

출제 포인트 갈등 해소를 위해 취해야 하는 행동에 관한 문제

정답 ②

해설
제시된 사례의 한팀장은 권위주의형으로, 자신이 항상 옳다고 생각하는 경우가 많고, 기준이 높아 어떠한 일이든 대충 넘어가지 않는 성향의 사람이다. 게다가 보수적이고 의심이 많아서 매사에 근거와 확실한 데이터를 요구한다. 그렇기 때문에 상대방의 결과물이나 행동이 마음에 들지 않는 경우가 많고, 상대방의 흠도 잘 본다. 이러한 사람과의 갈등

을 방지 혹은 해소하기 위해서는 확실한 근거와 실행 방안을 준비하여 그의 동의를 이끌어내는 것이 중요하다. 따라서 한팀장의 동의를 이끌어내기 위해서는 그동안 받은 피드백과 우수 보고서 사례를 통해 확실한 근거와 실행 방안을 준비하여 제출하는 것이 가장 적절하므로 정답은 ②이다.

24 대인관계능력 – 협상능력

출제 포인트 협상전략에 관한 문제

정답 ④

해설
제시된 PPT 자료에서 설명하는 협상전략은 '강압전략'이다. 강압전략은 내가 승리하기 위해서 상대방은 희생되어야 한다는 전략인 'I Win, You Lose' 전략으로 'Win–Lose' 전략이다. 따라서 정답은 ④이다.

오답분석
① See–Feel–Change: 시각화하여 이해시키고, 느끼게 하여 감동시키고, 변화시켜 설득에 성공한다는 '설득전략'이다.
② Lose – Lose: 나도 손해보고 상대방도 손해를 입게 되는 전략인 'I Lose, You Lose' 전략은 '회피전략'이다.
③ Lose – Win: 상대방의 승리를 위해서 나는 손해를 보아도 괜찮다는 전략인 'I Lose, You Win' 전략은 '유화전략'이다.
⑤ Win – Win: 나도 잘되고, 상대방도 잘되는 전략인 'I Win, You Win' 전략은 '협력전략'이다.

25 정보능력 – 정보능력

출제 포인트 정보화 사회의 특징에 관한 문제

정답 ③

해설
정보화 사회에서 정보전파는 매우 중요한 요소이다. 이때, 정보관리를 잘하지 못하는 사람의 경우 구두로만 정보를 전파해야 하는데, 이는 매우 불편하고 어려운 일이므로 정보전파는 인터넷 등을 통해 다양한 방법으로 할 수 있어야 한다. 따라서 정답은 ③이다.

오답분석
① 정보를 검색할 때, 검색한 내용은 파일로 만들어 보관하거나 프린터로 출력해 두어 언제든지 필요할 때 다시 확인할 수 있어야 한다.
② 정보관리를 못 하는 사람은 오로지 구두로 전파가 가능하기 때문에 정보전파가 어려울 수 있다.
④ 인터넷을 이용할 줄 안다면 전자우편 등을 통해 정보를 다른 나라에 있는 사람도 확인할 수 있도록 얼마든지 전파할 수 있다.
⑤ 최근에는 포털사이트 외에도 유튜브 등 정보를 얻을 수 있는 다양한 사이트가 존재한다. 따라서 수많은 정보검색 사이트를 통해 원하는 정보를 모두 찾을 수 있어야 한다.

개념 보충
정보화 사회에서 필수적으로 해야 하는 일
1. 정보검색
  수많은 정보검색 사이트를 통해 원하는 정보는 무엇이든지 다 찾을 수 있어야 한다.
2. 정보관리
  검색한 내용을 파일로 만들어 보관하거나 프린터로 출력해 두어 언제든지 필요할 때 다시 볼 수 있어야 한다.
3. 정보전파
  요즘은 전자우편을 사용하기에 정보를 전파하기가 매우 쉽다. 인터넷만 이용하면 편안히 서울에 앉아서 미국에 논문을 보낼 수도 있다.

26 정보능력 – 컴퓨터활용능력

출제 포인트 엑셀 프로그램 함수에 관한 문제

정답 ①

해설
TRUNC는 지정한 자릿수 미만을 버리는 함수이고, SUM은 지정된 인수를 더하는 함수이다. B6:D6의 값을 모두 더하면 85 + 80 + 82.5 = 247.5이고, 일의 자릿수 미만을 버리면 247이 표시된다. 따라서 정답은 ①이다.

오답분석
② MAX는 범위 중에서 가장 큰 값을 찾는 함수이고, MIN은 범위 중에서 가장 작은 값을 찾는 함수이며, AVERAGE는 인수의 평균값을 구하는 함수이다. 따라서 MAX(B2:D2) = 90, MIN(B5:D5) = 70이므로 결괏값은 두 값의 평균값인 80이다.
③ COUNTA는 인수 중 비어 있지 않는 셀의 개수를 세는 함수이고, MAXA는 숫자, 빈 셀, 논리값, 숫자로 표시된 텍스트 등을 포함한 인수 중 가장 큰 값을 나타내는 함수이다. 따라서 COUNTA(C2:C5) = 4, MAXA(B2:D5) = 90이므로 결괏값은 두 값의 합인 94이다.
④ LARGE는 범위 중에서 지정된 숫자의 순번만큼 큰 값을 찾는 함수이고, COUNTA(B2:E6) = 20, LARGE(C2:C5,2) = 85이므로 결괏값은 두 값의 합인 105이다.
⑤ SMALL은 범위 중에서 지정된 숫자의 순번만큼 작은 값을 찾는 함수이므로 SMALL(B2:B5,4)는 90이고, LARGE(D2:D5,2)는 85이다. 따라서 결괏값은 두 값의 평균인 87.5이다.

27 정보능력 – 정보처리능력

출제 포인트 개인정보 유출 방지책에 관한 문제

정답 ⑤

해설
ⓒ 회원 가입 시 개인정보 보호와 이용자 권리에 대한 조항을 유심히 읽고, 제3자에게 정보를 제공할 수 있다고 명시된 부분이 있는지 확인해야 한다.
ⓒ 일부 사이트는 해지 후에도 몇 개월간 개인정보를 파기하지 않는다는 조항이 있기 때문에 사이트 탈퇴 시 개인정보도 즉시 파기되는지 확인해야 한다.
ⓔ 수많은 사이트에서 경품 이벤트를 통해 회원가입을 권유하고 있다.

정체가 불분명한 사이트에서 지나치게 개인정보를 요구하면 가입 여부를 재고해 보는 것이 좋다.
ⓔ 회원 가입 시 특별한 설명 없이 학력, 결혼 여부, 월급 등에 대한 정보를 요구한다면 가입 여부를 재고해야 한다.
따라서 적절한 것만을 모두 고르면 'ⓒ, ⓓ, ⓔ, ⓕ'이므로 정답은 ⑤이다.

오답분석
㉠ 타인이 쉽게 유추할 수 있는 비밀번호의 사용은 자제해야 한다.

28 정보능력 - 정보처리능력
출제 포인트 코드 규칙의 응용에 관한 문제
정답 ④
해설
'TREE'를 모스부호로 나타내면 '— / · — / / · / · '이다. '— / · — · · / / · / · '는 'TLEE'를 모스부호로 나타낸 것이다. 따라서 정답은 ④이다.

오답분석
① 모스부호 '· · · — / · · / · — — ·'는 '· · · —(V)/· ·(I)/· — — ·(P)'이다.
② 모스부호 '· — · / · / — — / · · · · ·'는 '· — ·(ㄴ)/·(ㅏ)/— —(ㅁ)/· · ·(ㅜ)'이다.
③ 'ㄸ'을 모스부호로 나타내면 '— · · (ㄷ)/— · · (ㄷ)'이다.
⑤ 모스부호 '· — · · / · · — / · — — · / / · — ·'는 '· — ·(ㄱ)/· · —(I)/— · —(ㅊ)/·(ㅏ)'이다.

29 기술능력 - 기술능력
출제 포인트 기술능력에 관한 문제
정답 ③
해설
기술능력은 직무의 구체화 기술을 위한 훈련 프로그램을 통해서가 아니라, 전반적인 직업적·기술적 프로그램을 통해서 학습해야 한다. 따라서 정답은 ③이다.

오답분석
① 기술능력은 직업에 종사하는 모든 사람에게 필요한 능력이다. 기술능력은 넓은 의미로 확대하면 기술교양(Technical literacy)이라는 개념으로 사용될 수 있으며, 기술교양의 개념을 보다 구체화한 개념으로 볼 수 있다.
② 일반적으로 기술능력이 뛰어난 사람은 주어진 한계 속에서 제한된 자원을 가지고 일한다.
④ 기술교양을 지닌 사람은 기술에 의한 윤리적 딜레마에 대해 합리적으로 반응할 수 있어야 한다.
⑤ 기술능력이 뛰어나다는 것이 반드시 직무에서 요구되는 구체적인 기능을 소유하고 있다는 것만을 의미하지는 않는다. 따라서 각 개인은 구체적인 일련의 장비 중 하나를 '수리하는 사람'으로서 전문가가 될 필요는 없다.

개념 보충
1. 기술교양을 지닌 사람의 특징
   • 기술학의 특성과 역할을 이해한다.
   • 기술체계가 설계되고, 사용되고, 통제되는 방법을 이해한다.
   • 기술과 관련된 이익을 가치화하고 위험을 평가할 수 있다.
   • 기술에 의한 윤리적 딜레마에 대해 합리적으로 반응할 수 있다.
2. 기술능력이 뛰어난 사람의 특징
   • 실질적 해결이 필요한 문제를 인식한다.
   • 인식된 문제를 위해 다양한 해결책을 개발하고 평가한다.
   • 실제적 문제를 해결하기 위해 지식이나 기타 자원을 선택하고 최적화하여 적용한다.
   • 주어진 한계 속에서 그리고 제한된 자원을 가지고 일한다.
   • 기술적 해결에 대한 효용성을 평가한다.
   • 여러 상황 속에서 기술의 체계와 도구를 사용하고 배울 수 있다.

30 기술능력 - 기술이해능력
출제 포인트 기술 시스템에 관한 문제
정답 ③
해설
기술 시스템은 '인공물'의 집합체만이 아니라 회사, 투자회사, 법적 제도, 정치, 과학, 자연자원을 모두 포함하는 것이기 때문에, 기술 시스템에는 기술적인 것과 사회적인 것이 결합해서 공존하고 있다. 이러한 의미에서 기술 시스템은 사회기술 시스템이라고 불리기도 한다. 따라서 빈칸 ㉠~㉢에 들어갈 내용은 각각 차례로 '인공물, 기술적인 것, 사회적인 것'이므로 정답은 ③이다.

31 기술능력 - 기술선택능력
출제 포인트 지식재산권의 특징에 관한 문제
정답 ③
해설
제시된 사례는 두 회사의 의류관리기 개발에 관한 내용을 다루고 있다. L회사는 자체 개발한 의류관리기를 더욱 개발하여 기존 특허 외에 추가로 더 많은 특허를 취득하였고, S회사는 L회사의 특허를 피하려다 독자적으로 특허를 취득했다고 하였다. 이는 지식재산권의 특징 중 연쇄적인 기술개발을 촉진하는 계기를 마련해 주고 있음을 설명하고 있다. 따라서 정답은 ③이다.

오답분석
①, ④, ⑤ 지식재산권의 특징에 해당하지만, 제시된 사례와는 거리가 멀다.
② 지식재산권의 특징이라고 볼 수 없다.

개념 보충

지식재산권의 특징

1. 국가 산업발전 및 경쟁력을 결정짓는 '산업자본'이다.
   산업이 발전한 선진국은 지식재산권, 특히 산업재산권을 많이 확보하여 타인에게 실시 사용권을 설정하거나 권리자체를 양도하여 판매수입이나 로열티를 받을 수 있게 하고 있다.
2. 눈에 보이지 않는 무형의 재산이다.
   지식재산권은 실체가 없는 기술상품으로서 상품과 같이 물체가 아니라 수출·입이 자유로워 국경 이동을 통한 세계적인 상품으로 전파될 수 있다.
3. 지식재산권을 활용한 다국적 기업화가 이루어지고 있다.
   다국적기업화는 각국 경제의 상호관계를 긴밀하게 하여 기술 제휴 등의 협력을 기반으로 국가 간의 장벽을 허물어 세계화를 촉진시키고 있다.
4. 연쇄적인 기술개발을 촉진하는 계기를 마련해 주고 있다.
   기술개발 결과에 대해 독점적 권리를 보장해 주고, 특허를 통한 기술개발의 성과가 알려지면서 더 나은 기술개발을 촉진하는 계기를 만들어 주고 있다.

32 기술능력 - 기술적용능력

출제 포인트 기술융합에 관한 문제

정답 ④

해설
유비쿼터스 및 글로벌 네트워크 요소를 통합하는 컴퓨터 및 통신 시스템의 기본 원리를 연구하는 데 있어 나노기술은 컴퓨터 하드웨어의 신속한 향상을 위해 필요하다. 또한 이 분야에서 인지과학은 컴퓨터 및 통신 시스템이 인간에게 가장 효과적으로 정보를 제시하는 방법을 제공한다. 따라서 정답은 ④이다.

오답분석

① 2001년 12월에 발표된 〈인간 활동의 향상을 위한 기술의 융합〉이라는 보고서는 나노기술, 생명공학기술, 정보기술, 인지과학이 상호 의존적으로 결합되는 것을 기술융합으로 보았다.
② 나노 규모의 부품과 공정의 시스템을 가진 물질 중에서 가장 복잡한 생물 세포를 연구하는 데 있어 나노기술, 생명공학기술, 정보기술의 융합연구가 중요하며, 그중 정보기술의 가상현실과 증강현실 기법은 세포 연구에 큰 도움이 된다.
③ 사람의 뇌와 마음의 연구에 새로운 기법을 제공하는 것은 나노기술, 생명공학기술, 정보기술, 인지과학 모두이며 이는 '인지과학자가 생각하면, 나노기술자가 조립하고, 생명공학기술자가 실현하며, 정보기술자가 조정 및 관리한다'고 표현할 수 있다.
⑤ 제조, 건설, 교통, 의학, 과학기술 연구에서 사용되는 새로운 범주의 물질, 장치, 시스템을 생산하는 데 있어 나노기술이 가장 중요하며, 정보기술 역시 그 역할이 막중하다.

33 조직이해능력 - 경영이해능력

출제 포인트 SWOT 분석의 사례에 관한 문제

정답 ④

해설
강점 요인 ICT 기술을 이용한 농어업 관련 생산 기술의 발전으로, 위협 요인인 이상기후로 인한 농수산물의 생산량 및 품질 저하에 대응하는 ST전략에 해당한다. 따라서 정답은 ④이다.

오답분석

① 기회 요소에서 신성장 동력인 다양한 해외 기술 용역 사업에 대해 긍정적 전망을 보이므로, 이미 해외 기술 용역 사업이 신 성장 동력으로 여겨지고 있음을 알 수 있으며 내적 요소도 고려되지 않았다.
② 위협 요소인 농어촌 인구의 급속한 노령화와 청장년층 인구의 유의미한 감소에 대응하는 전략이지만, 내적 요소가 고려되지 않았다.
③ 기회 요소에서 다양한 품종의 농수산물에 대한 수요가 증대되었다는 점에서 다수의 취향을 충족할 수 있는 단일 품종의 농수산물을 선별하여 생산량을 증가시킨다는 전략은 적절하지 않다.
⑤ 강점 요소인 농어촌 활성화와 관련하여 축적된 다양한 경험으로, 약점 요소인 경영실적 조작으로 인한 공사에 대한 국민의 신뢰도 하락을 해결하는 전략이지만, SWOT 분석은 내적 요소와 외적 요소를 모두 고려해야 하므로 적절하지 않다.

34 조직이해능력 - 체제이해능력

출제 포인트 조직구조의 결정 요인에 관한 문제

정답 ③

해설
조직구조의 결정 요인은 전략, 규모, 기술, 환경이다. 따라서 정답은 ③이다.

35 조직이해능력 - 업무이해능력

출제 포인트 직무 수행에 요구되는 사항에 관한 문제

정답 ④

해설
3개 공공기관에서 공통적으로 요구하는 지원 자격 및 우대 사항을 확인해야 한다. 재무회계분석사 자격증은 3개 공공기관에서 우대하는 자격 사항이 아니므로 정답은 ④이다.

36 조직이해능력 - 국제감각

출제 포인트 국제감각에 관한 문제

정답 ④

해설
제시된 강연은 국제감각을 키우기 위해 문화의 다양성을 인정하고 특정 민족이나 인종에 대한 선입견을 배제해야 하며, 문화적 우월성을 배척할 수 있어야 한다고 하였다. 따라서 단일 민족으로서 단일 문화를 가지고 있는 것에 우월적 자부심을 가지는 것은 국제감각을 키우기 위한 자세로 적절하지 않으므로 정답은 ④이다.

37 직업윤리 - 직업윤리

출제 포인트 도덕적 타성에 관한 문제

정답 ④

해설
도덕적 타성은 바람직한 행동이 무엇인지 알고 있으면서도 취해야 할 행동을 취하지 않는 무기력한 모습이다. 따라서 정답은 ④이다.

오답분석
① 거짓말: 상대를 속이려는 의도로, 말이나 글로 표현되는 메시지이다.
② 도덕적 태만: 비윤리적인 결과를 피하기 위하여 일반적으로 필요한 주의나 관심을 기울이지 않는 것이다.
③ 무지: 사람들은 무엇이 옳고 그른지 모르기 때문에 비윤리적 행위를 저지른다는 것이다.
⑤ 도덕적 해이: 정보의 비대칭으로 발생하는 문제로, 주로 사용자와 대리인의 관계에서 대리인이 자신의 의무와 책임을 다하지 않는 것을 말한다.

38 직업윤리 - 근로윤리

출제 포인트 정직에 관한 문제

정답 ②

해설
정직은 사회 구성원이 신뢰를 형성하고 유지하는 데 필요한 가장 기본적이고 필수적인 규범이지만, 그렇다고 하여 정직이 신뢰를 형성하는 충분한 조건은 아니다. 신뢰를 얻기 위해서는 정직 외에도 다른 필요사항이 있어야 하기 때문이다. 따라서 정답은 ②이다.

39 직업윤리 - 공동체윤리

출제 포인트 직장 내 괴롭힘을 판단하는 요소에 관한 문제

정답 ④

해설
직장에서의 지위나 관계 등의 우위를 이용하여 괴롭혔을 경우 직장 내 괴롭힘으로 인정되는데, 이 경우 직급상 지위의 우위뿐만 아니라 개인 대 집단, 다수 대 소수, 연령의 우위, 학벌의 우위, 출신지역의 우위 등 사실상 우위를 점하고 있는 모든 관계가 포함될 수 있다. 따라서 정답은 ④이다.

오답분석
① 직장 내 괴롭힘을 판단하는 요소는 행위자, 피해자, 행위 장소, 행위 요건의 네 가지로 구분한다.
② 행위 장소는 사내는 물론, 외근 출장지, 회식, 사내 메신저 등의 경우도 인정될 수 있다.
③ 신체적 고통을 주거나 근무환경을 악화시키는 행위가 직장 내 괴롭힘의 행위 요소로 인정받기 위해서는 그 행위로 인해 피해자가 능력을 발휘하는 데 간과할 수 없을 정도의 지장이 발생하는 경우여야 한다.
⑤ 문제되는 행위가 업무상 필요하더라도 사업장 내 유사 업무를 수행하는 다른 근로자보다 합리적 이유 없이 대상 근로자에게 이루어졌다면 직장 내 괴롭힘 행위 요소 중 업무상 적정 범위를 넘는 행위로 인정된다.

40 직업윤리 - 공동체윤리

출제 포인트 전화예절에 관한 문제

정답 ②

해설
통화 담당자가 없을 경우, 자리를 비운 이유를 간단히 설명하고 통화가 가능한 시간을 알려준다. 이때, 용건을 물어본 후 대신 처리할 수 있으면 처리하고, 전화를 끊으면 담당자에게 정확한 메모를 전달한다. 따라서 정답은 ②이다.

오답분석
① 전화를 걸기 전 상대방의 전화번호, 소속, 직급, 성명 등을 확인하고 용건과 통화에 필요한 서류 등을 미리 준비해 둔다.
③ 전화가 연결되면 담당자 확인 후 자신을 소개하고 간결하고 정확하게 용건을 전달하며, 전화를 끊기 전 내용을 다시 한 번 정리해 확인하고 담당자가 없을 땐 전화번호를 남긴다.
④ 전화를 받을 때는 벨이 3~4번 울리기 전에 받으며, 회사명과 부서명, 이름을 밝힌 뒤 상대방의 용건을 정확하게 확인한다.
⑤ 전화를 받을 때 용건에 즉답하기 어려우면 양해를 구한 뒤 회신 가능한 시간을 약속한다.

02 실전 모의고사 2회(통합형)

✓ 빠른 정답표

01	①	02	⑤	03	②	04	③	05	③
06	⑤	07	②	08	⑤	09	⑤	10	③
11	③	12	④	13	④	14	⑤	15	③
16	⑤	17	③	18	④	19	①	20	⑤
21	④	22	④	23	③	24	④	25	⑤
26	②	27	④	28	③	29	⑤	30	③
31	①	32	⑤	33	②	34	⑤	35	⑤
36	④	37	③	38	①	39	①	40	②

01 문제해결능력 - 문제해결능력

출제 포인트 문제의 원인 파악에 관한 문제

정답 ①

해설
B는 자동차에 시동이 제대로 걸리지 않는 근본 원인이 있음에도 불구하고 시동이 걸릴 때까지 자동으로 시동 거는 시도가 반복되도록 조치한 것을 잘못된 문제해결 방식으로 판단하고 있다. 이러한 조치는 눈에 보이는 문제만 급급하게 해결하려고 한 경우로, 근본 원인을 해결하지 않으면 또 다른 문제가 발생할 수 있음을 시사한다. 따라서 정답은 ①이다.

02 수리능력 - 기초연산능력

출제 포인트 베다 수학에 관한 문제

정답 ⑤

해설
A − B와 같은 뺄셈의 경우, B에 일정한 수를 더하여 10의 배수가 되도록 한 후, A에서 10의 배수가 된 B를 빼고 B가 10의 배수가 되도록 더해준 수를 계산 값에 더한다고 하였다. 따라서 55 − 35 = 55 − (35 + 5) + 5 = 55 − 40 + 5 = 15 + 5 = 10 + 5 + 5 = 10 + 10 = 20이므로 정답은 ⑤이다.

03 의사소통능력 - 문서이해능력

출제 포인트 비즈니스 레터에 관한 문제

정답 ②

해설
비즈니스 레터(E-mail)는 사업상의 이유로 고객이나 단체에 편지 형태로 보내는 문서로, 직장 업무나 개인 간의 연락, 직접 방문하기 어려운 고객 관리 등을 위해 사용되는 비공식적 문서이다. 따라서 적절한 것만을 모두 고르면 'ㄱ, ㄹ'이므로 정답은 ②이다.

오답분석
ㄴ 보도자료에 대한 설명이다.
ㄷ 비공식적인 문서이나, 제안서나 보고서 등 공식적인 문서를 전달하는 데도 사용된다.

04 자원관리능력 - 시간관리능력

출제 포인트 시간낭비의 외적 요인에 관한 문제

정답 ③

해설
시간낭비의 외적 요인은 시간낭비의 원인이 외부인이나 외부에서 일어나는 사건 등에 있으며, 동료, 가족, 세일즈맨, 고객들, 문서, 교통 혼잡 등이 해당한다. 시간낭비의 내적 요인은 시간낭비의 원인이 자신 내부의 습관에 있다는 것으로, 일정을 연기하는 것, 사회활동, 계획의 부족, 거절하지 못하는 우유부단함, 혼란한 생각 등이 해당한다. 따라서 적절하지 않은 것만을 모두 고르면 'ㄱ, ㄷ'이므로 정답은 ③이다.

05 직업윤리 - 직업윤리

출제 포인트 직업의 의미에 관한 문제

정답 ③

해설
직업이 갖추어야 할 속성은 계속성과 경제성, 윤리성, 사회성, 자발성 등으로 설명할 수 있으며, 그중 경제성은 직업이 경제적 거래 관계가 성립되는 활동이어야 함을 의미한다. 그러므로 무급 자원봉사나 전업 학생은 직업으로 보지 않으며, 노력이 전제되지 않는 자연 발생적인 이득의 수취나 우연하게 발생하는 경제적 과실에 전적으로 의존하는 활동도 직업으로 보지 않는다. 따라서 정답은 ③이다.

06 기술능력 - 기술능력

출제 포인트 산업재해의 예방 대책 5단계에 관한 문제

정답 ⑤

해설
산업재해의 예방 대책은 '안전 관리 조직 − 사실의 발견 − 원인 분석 − 기술 공고화 − 시정책 적용 및 뒤처리' 순으로 이루어진다. 따라서 정답은 ⑤이다.

> **개념 보충**
>
> **산업재해의 예방 대책 5단계**
> - 안전 관리 조직: 경영자는 안전 목표를 설정하고, 안전 관리 책임자를 선정하며, 안전 계획을 수립하고, 이를 시행·감독해야 한다.
> - 사실의 발견: 사고 조사, 안전 점검, 현장 분석, 작업자의 제안 및 여론 조사, 관찰 및 보고서 연구, 면담 등을 통하여 사실을 발견한다.
> - 원인 분석: 재해 발생 장소, 재해 형태, 재해 정도, 관련 인원, 직원 감독의 적절성, 공구 및 장비의 상태 등을 정확히 분석한다.
> - 기술 공고화: 원인 분석을 토대로 적절한 시정책, 즉 기술적 개선, 인사 조정 및 교체, 교육, 설득, 공학적 조치 등을 선정한다.
> - 시정책 적용 및 뒤처리: 안전에 대한 교육 및 훈련 실시, 안전 시설과 장비의 결함 개선, 안전 감독 실시 등의 선정된 시정책을 적용한다.

07 정보능력 – 정보능력

출제 포인트 CCL의 개념에 관한 문제

정답 ②

해설
'CCL(Creative Commons License)'은 디지털 콘텐츠를 제작하는 공유자가 자발적으로 공유의 표시 방식을 설정하여 사용자가 저작권자에게 따로 허락을 구하지 않고도 창작물을 사용할 수 있게 하는 오픈 라이선스이다. 따라서 정답은 ②이다.

오답분석
① CRM: 기업이 고객과 관련된 내·외부자료를 분석·통합해 고객 중심 자원을 극대화하고, 고객 특성에 맞게 마케팅 활동을 계획·지원·평가하는 과정이다.
③ DRM: 재산권자의 허락 없이 복제해 판매하거나 기존 콘텐츠에 변경을 가하는 것을 막아, 인터넷 콘텐츠 지식재산권을 보호해주는 기술이다.
④ URL: 웹에서 사용하는 주소를 지정하는 방식이다.
⑤ CAD: 컴퓨터를 이용해서 각종 설계 계산을 행하고 자동적으로 도면을 작성하는 시스템이다.

08 자기개발능력 – 자기개발능력

출제 포인트 자기개발의 특징에 관한 문제

정답 ⑤

해설
효과적으로 업무를 수행하고, 급속하게 변화하는 현대사회에 적응하고자 하며, 본인이 설정한 목표를 달성하고, 보람되고 나은 삶을 영위하기 위해 노력하는 사람이라면 누구나 자기개발을 해야 한다. 따라서 정답은 ⑤이다.

오답분석
① 자기개발은 개별적인 과정으로, 사람마다 자기개발을 통해 지향하는 바와 선호하는 방법 등이 다르다.
② 자기개발은 학교 단계에서 이루어지는 교육이나 어떤 특정한 사건이나 요구가 있을 때 일시적으로 이루어지는 과정이 아닌, 평생에 걸쳐서 이루어지는 과정이다.
③ 자기개발에서의 첫걸음은 자신을 이해하는 것이며, 개인은 자신의 이해를 바탕으로 자신에게 앞으로 닥칠 환경 변화를 예측하고, 자신에게 적합한 목표를 설정하며 자신에게 알맞은 자기개발 전략이나 방법을 선정해야 한다.
④ 자기개발은 생활 가운데 이루어져야 하는데, 자기개발을 위해 특정 교육훈련기관에서 교육프로그램을 이수하는 것도 자기개발로 볼 수 있다.

09 의사소통능력 – 문서작성능력

출제 포인트 문서작성의 원칙에 관한 문제

정답 ⑤

해설
박사원이 처음 작성한 [A]문서와 [B]문서 모두 불필요하게 한자를 사용하지 않았다. 따라서 정답은 ⑤이다.

> **개념 보충**
>
> **문서 작성의 원칙**
>
> | 문서 구성 시 주의 사항 | 문서 작성 시 주의 사항 |
> | --- | --- |
> | • 간단한 표제를 붙인다.
• 문서의 주요 내용을 먼저 쓴다.
• 문장을 짧고, 간결하게 작성하며 불필요한 한자 사용은 배제한다.
• 긍정문으로 작성한다. | • 작성 시기를 정확하게 기입한다.
• 문서작성 후 반드시 내용을 다시 검토해야 한다.
• 첨부자료는 반드시 필요한 자료 외에는 첨부하지 않는다.
• 금액, 수량, 일자 등은 정확하게 기재해야 한다. |

10 대인관계능력 – 리더십능력

출제 포인트 리더십의 특징에 관한 문제

정답 ③

해설
제시된 사례에서 청소부는 NASA의 청소를 담당하는 사람이지만, 자신이 하는 일이 인간을 달나라로 보내는 일이라는 자부심과 주인의식을 갖고 신나는 마음으로 업무를 수행하고 있다. 이를 통해 모든 조직구성원이 각자의 위치에서 리더십을 갖고 업무에 임해야 한다는 것을 알 수 있다. 따라서 정답은 ③이다.

오답분석
① 직급에 따라 요구되는 리더십 역량이 각기 다를 수는 있으나, 리더가 반드시 직위를 수반하는 것은 아니다. 오히려 제시된 사례에서는 모든 조직구성원이 직위에 관계없이 각자의 위치에서 리더십을 갖고 일하는 것이 중요하다는 점을 보여주고 있다.
② 제시된 사례에서는 리더십이 특정 사람에게만 강조되거나 특정 사람만 리더십을 갖고 있는 것이 아니라, 주인의식을 갖고 일하는 모든 조직구성원들이 리더십을 가질 수 있음을 보여주고 있다.
④ 각자의 위치에서 개인이 리더십을 발휘함으로써 그것이 다른 조직구성원들과 집단에 영향을 미쳐 목표 달성을 위한 팀워크가 형성될 수 있는 것은 맞지만 제시된 사례에서 팀워크가 형성되었다는 사실은 확인할 수 없다.

⑤ 제시된 사례에서 청소부가 남들이 모두 하기 싫어하는 일을 스스로 맡아 했다는 사실은 확인할 수 없다. 오히려 어떤 상황에서 어떤 일을 하든 주인의식을 갖고 일하는 것이 중요하다는 것을 보여주고 있다.

11 조직이해능력 - 경영이해능력

출제 포인트 기업윤리에 관한 문제

정답 ③

해설
제시된 자료는 기업의 윤리강령이다. 윤리강령은 '기업윤리'와 관련되어 있으며 이는 기업의 사회적 책임이 중요하다는 현실적인 요구를 바탕으로 한다. 윤리강령은 기업의 특성과 환경 분석을 통해 기업에 맞는 윤리를 도출할 수 있어야 하며, 경영자가 이와 같은 강령을 작성하여 발표하면 기업윤리를 강화할 수 있다. 윤리강령은 임직원들에게 옳은 의사결정을 할 수 있도록 하는 행동지침이 된다. 기업윤리의 궁극적인 목표는 기업의 이윤추구에 있으므로, 막연한 도덕적인 개념으로 보기 어려우며, 잘못된 관행과 비용 구조를 윤리적 기준에 맞도록 바로 잡아 기업의 경쟁력을 극대화하는 것에 중점을 두고 있다. 하지만 기업의 윤리강령에는 기업의 구체적인 전략 방향성은 제공하지 않는다. 따라서 정답은 ③이다.

12 직업윤리 - 근로윤리

출제 포인트 근로윤리 중 공무원 행동강령에 관한 문제

정답 ④

해설
제14조 제3항 제1호에서 중앙행정기관장 등이 소속 공무원이나 파견 공무원에게 지급하거나 상급자가 위로·격려·포상 등의 목적으로 하급자에게 제공하는 금품은 제14조 제1항 또는 제2항에서 수수를 금지하는 금품 등에 해당하지 않는다고 하였다. 따라서 정답은 ④이다.

오답분석
① 제14조 제1항에 따라 공무원은 기부·후원·증여 등 그 명목과 관계없이 동일인으로부터 1회에 100만 원을 초과하는 금품 등을 받을 수 없다.
② 제14조 제3항 제4호에 따라 공무원의 친족이 제공하는 금품은 제14조 제1항 또는 제2항에서 수수를 금지하는 금품 등에 해당하지 않는다.
③ 제14조 제6항에 따라 공무원은 다른 공무원에게 수수 금지 금품 등의 제공을 약속할 수 없다.
⑤ 제14조 제5항에 따라 공무원은 자신의 배우자에게 자신의 직무와 관련하여 제1항 또는 제2항에 따른 수수 금지 금품 등을 받거나 요구하거나 받기로 약속하지 아니하도록 해야 한다.

13 정보능력 - 컴퓨터활용능력

출제 포인트 Windows 10 단축키에 관한 문제

정답 ③

해설
Windows 10에서 윈도우 창 1개를 최소화하는 단축키는 Alt+Space+N이다. 따라서 정답은 ③이다.

오답분석
① Alt+Shift+N: 한글 프로그램에서 글자 사이의 간격을 조정하는 단축키이다.
② 윈도우키+Shift+S: 화면 캡쳐 단축키이다.
④ Alt+Space+X: 윈도우 창을 최대화하는 단축키이다.
⑤ 윈도우키+D: 화면에 떠 있는 모든 창을 최소화하여 바탕화면으로 나가는 단축키이다.

14 자기개발능력 - 자아인식능력

출제 포인트 성찰에 관한 문제

정답 ⑤

해설
성찰하기 위해서는 스스로에게 끊임없이 질문해야 하는데, 이때 스스로에게 던질 수 있는 질문에는 '지금 일이 잘 진행되거나, 그렇지 않은 이유는 무엇인가?', '이 상태를 변화시키거나 혹은 유지하기 위하여 해야 하는 일은 무엇인가?', '이번 일 중 평소와 다르게 수행했다면, 더 좋은 성과를 냈을 방법은 무엇인가?' 등이 있다. 따라서 적절한 것만을 모두 고르면 'ㄱ, ㄴ, ㄷ'이므로 정답은 ⑤이다.

15 대인관계능력 - 갈등관리능력

출제 포인트 윈-윈 관리법에 관한 문제

정답 ③

해설
3단계에서는 '동의하는 부분 인정하기', '기본적으로 다른 부분 인정하기', '자신이 이해한 바를 점검하기' 등과 같은 행동이 이루어져야 한다. 이 단계에서 김사원은 "우리가 동의하는 부분을 검토해보죠.", "우리가 서로 다른 부분을 검토해보죠. 최사원이 바라는 것은 이러하고, 제가 바라는 것은 이러합니다."와 같은 말을 해야 한다. "만족스러운 해결 방안을 찾기 위해 나와 노력할 의사가 있나요?"와 같은 말은 협동적인 절차에 임할 자세가 되어 있는지 알아보는 것이므로 2단계에 적합하다. 따라서 정답은 ③이다.

16 기술능력 - 기술이해능력

출제 포인트 미래 사회에 유망할 것으로 판단되는 기술에 관한 문제

정답 ⑤

해설
밑줄 친 (가), (나)분야에 해당하는 분야는 각각 차례로 '전기전자정보공학분야, 기계공학분야'이다. 따라서 정답은 ⑤이다.

오답분석
- 건설환경공학분야: 건설환경공학분야에서 유망한 기술로 떠오르는 것은 지속 가능한 건축 시스템 기술이다. 지속 가능한 건축시스템 기술은 건물 수명을 오래 유지할 수 있도록 건축물의 구조 성능이 향상되고, 리모델링이 용이하며, 건물 해체 시 구조부재의 재사용이 가능하여 친환경적이고 에너지 절약이 가능한 건축을 구현할 수 있는 건축시스템 기술이다.

- 화학생명공학분야: 화학생명공학에서는 혈관 청소용 나노로봇, 나노캡슐이 유망할 것으로 전망된다. 2025년경에는 알약 형태의 바이오칩으로 가정에서도 손쉽게 의료 서비스를 받게 될 것이다.

17 직업윤리 - 근로윤리

출제 포인트 성실성에 관한 문제

정답 ③

해설
성실성이란 '책임감이 강하고 목표한 바를 이루기 위해 목표 지향적 행동을 촉진하며 행동의 지속성을 갖게 하는 성취 지향적인 성질'이다. 즉, 일회성으로 목적을 이룬 것은 성실성으로 볼 수 없다. 따라서 정답은 ③이다.

18 자기개발능력 - 자기관리능력

출제 포인트 업무수행 성과를 높이는 방법에 관한 문제

정답 ④

해설
업무수행 성과를 높이기 위해서는 일을 미루지 않고 그때그때 처리하며, 회사와 팀의 업무 지침을 따라야 한다. 업무를 수행할 때는 역할 모델을 설정하는 것이 좋으며, 업무는 묶어서 처리해야 한다. 이밖에 다른 사람과 다른 창의적인 방식으로 일하는 것도 업무수행 성과를 높이기 위한 하나의 방법이다. 따라서 정답은 ④이다.

19 의사소통능력 - 경청능력

출제 포인트 경청의 중요성 및 특징에 관한 문제

정답 ①

해설
첫 번째 사례는 〈성공하는 사람의 7가지 습관〉과 〈성공하는 사람의 8번째 습관〉에서 스티븐 코비가 강조하는 경청의 중요성이며, 두 번째 사례는 미국에서 인정받는 최고의 방송인 중 한 명인 래리 킹이 강조하는 경청의 중요성이다. 경청은 상대방이 보내는 메시지 내용에 주의를 기울이고 이해를 위해 노력하는 행동으로, 대화의 과정에서 신뢰를 쌓을 최고의 방법 중 하나이다. 의사소통은 상대방과의 상호작용을 통해 메시지를 다루는 과정이므로, 경청은 의사소통을 위한 기본적인 자세로 볼 수 있다. 또한 경청을 통해 상대방을 한 개인으로 존중하며, 상대방을 성실한 마음으로 대하게 된다. 즉, 상대방과의 관계에서 느낀 감정과 생각 등을 긍정적이든 부정적이든 솔직하고 성실하게 표현한다. 마지막으로 선입견과 편견으로 상대방을 이해하려 하지 않고, 상대방의 입장에서 공감하며 이해하게 된다. 따라서 정답은 ①이다.

20 정보능력 - 정보처리능력

출제 포인트 전략적 분석 방법에 관한 문제

정답 ⑤

해설
전략적 분석 방법이란 현황 파악, 전략적 의미 도출, 구체적 실행의 표현 등의 절차를 따르며, 하나의 현황으로부터 전략적 의미를 도출하여 구체적으로 실행하여야 할 것들을 확인해 나가는 과정이다. 지하철을 활용한 물류체계를 구축한다는 현황으로 환경오염 감소, 근로환경 개선, 물류비용 절감, 도로운송 의존도 개선 등의 전략적 의미를 도출할 수 있다. 폐차 예정인 여객열차를 이용하는 것은 환경오염 감소라는 전략적 의미 도출에 대한 구체적 실행의 표현이다. 따라서 정답은 ⑤이다.

21 문제해결능력 - 사고력

출제 포인트 무지의 오류에 관한 문제

정답 ④

해설
P대리가 범한 논리적 오류는 '무지의 오류'이다. 무지의 오류는 어떤 명제가 참이거나 거짓이라고 밝혀진 것이 없음을 이유로, 또는 자신이 모른다는 이유로 그것을 참이거나 거짓이라고 말하는 오류이다.
이전에 사생활이 문란했고 마약을 복용한 전력이 있다는 사실과 살인 혐의로 반드시 기소되어야 한다는 것에는 인과성이 명확하지 않음에도 상대방의 다른 문제를 공격해서 관련 없는 다른 부분에서 이익을 취하려는 오류는 '허수아비 공격의 오류'이다. 따라서 정답은 ④이다.

22 대인관계능력 - 협상능력

출제 포인트 협상전략의 특징에 관한 문제

정답 ④

해설
- 협력전략: 협상 참여자들이 협동과 통합으로 문제를 해결하고자 하는 협력적 해결전략이다. 협상 당사자들이 서로에 대한 정보를 많이 공유하고 있을 때, 협상 당사자 간에 신뢰가 쌓여 있는 경우, 우호적 인간관계의 유지가 중요한 경우 사용할 수 있으며 주요 전술로는 협동적 원인 탐색, 정보 수집과 제공, 쟁점의 구체화, 개발된 대안들에 대한 공동평가 등이 있다.
- 유화전략: 협상으로 인해 돌아올 결과보다는 상대방과의 인간관계 유지를 선호하여 상대방과의 충돌을 피하고자 할 때 사용할 수 있다. 자신의 입장이나 이익보다는 상대방의 이익과 입장을 고려하여 상대방의 주장에 순순히 따르는 전략이다.
- 회피전략: 협상을 피하거나 잠정적으로 중단하거나 철수하는 전략이다. 시간과 노력을 투자할 필요가 없을 정도로 협상의 가치가 낮거나, 협상을 중단하고자 하여 상대방에게 심리적 압박감을 주어 필요한 양보를 얻어내고자 할 때, 협상을 계속 진행하는 것이 자신에게 불리하게 될 가능성이 있을 때 또는 협상 국면을 전환하기 위해서 사용할 수 있다. 주요 전술로는 협상을 회피, 무시, 상대방의 도전에 대한 무반응, 철수 등이 있다.

• 강압전략: 자신이 상대방보다 힘에 있어서 우위를 점유하고 있을 때 자신의 이익을 극대화하기 위한 공격적 전략이다. 상대방의 주장을 무시하고 자신의 힘으로 일방적으로 밀어붙여 상대방에게 자신의 입장을 강요하는 전략이다. 자신의 주장을 확실하게 상대방에게 제시하고 상대방에게 이를 수용하지 않으면 보복이 있을 것이며 협상이 결렬될 것이라는 등의 위협을 가하는 경우가 발생할 수 있다.

따라서 협력전략은 'ⓑ, Ⓐ', 유화전략은 'ⓒ, ⓘ', 회피전략은 'ⓒ, ⓕ', 강압전략은 'ⓒ, ⓔ'이므로 정답은 ④이다.

23 직업윤리 - 공동체윤리

출제 포인트 직장 내 성희롱 예방에 관한 문제

정답 ③

해설
제시된 기사는 우리 사회가 외면해 왔던 잘못된 성 인식에 따른 성희롱 및 성폭력, 양성불평등, 권력형 억압에 대한 강력한 반발로 나타난 미투운동을 소개하고 있다. 가정 내에서 발생할 수 있는 학대 및 폭력에 관한 교육은 직장 내 성 문제 근절 관련 교육 프로그램으로 적절하지 않다. 따라서 정답은 ③이다.

24 의사소통능력 - 의사표현능력

출제 포인트 의사표현의 비언어적 요소에 관한 문제

정답 ④

해설
의사표현은 기본적으로 '말하기'이기 때문에 말하는 이가 전달하려는 메시지의 내용만큼 말, 몸짓, 유머 등 비언어적인 요소도 중요하다. 따라서 정답은 ④이다.

오답분석
① 발음을 정확하게 하기 위해서는 천천히 복식호흡을 하여 깊은 소리를 내며 침착하게 이야기하는 습관을 가져야 하며, 발음을 바르게 내는 기본 요령에는 '호흡 충분히 하기', '목에 힘주지 않기', '입술과 혀와 턱을 빨리 움직이기'의 세 가지가 있다.
② 발표할 때 기본적인 말의 보통 속도는 10분에 200자 원고지 15장 정도로 하는 것이 적당하며, 이 기준보다 빠르게 말하면 청중이 내용에 대해 생각할 시간이 부족하고 놓친 메시지가 있다고 느낀다.
③ 쉼은 대화 도중에 잠시 침묵하는 것을 말하며, 의도적인 경우와 비의도적인 경우로 구분할 수 있다. 쉼을 의도적으로 잘 활용하면 논리성, 감정 제고, 동질감 등을 확보할 수 있다.
⑤ 몸짓은 손과 팔의 움직임으로, 중요한 비언어적 요소 중 하나이며, 누군가가 길을 물어볼 때 자연스럽게 말과 함께 손가락과 몸짓을 통해 그 사람에게 길을 알려주는 것처럼 몸짓의 가장 흔한 유형은 몸동작으로 화자가 말을 하면서 자연스럽게 동반하는 움직임이다.

25 자원관리능력 - 예산관리능력

출제 포인트 예산관리규정에 관한 문제

정답 ⑤

해설
예산의 편성 및 운용, 통제 등에 관한 규칙을 명확히 정하여 경영관리의 효율성을 기하기 위해 작성하는 문서는 '예산관리규정'이다. 따라서 정답은 ⑤이다.

오답분석
① 예산계획서: 예산 집행 계획을 수립하고 그 내용을 기재한 문서이다.
② 예산보고서: 실행하고자 하는 프로젝트에 대한 예산 계획을 수립하고 그 내역을 기재한 문서이다.
③ 예산내역서: 회사 내 예산 집행 내역을 기록한 문서이다.
④ 예산관리대장: 기업의 예산을 집행, 관리하고 그 내역을 게재한 문서이다.

개념 보충

예산관리규정
예산의 편성 및 운용, 통제 등에 관한 규칙을 명확히 정하여 경영관리의 효율성을 기하기 위해 작성하는 문서로, 규정의 목적과 적용 범위, 예산 기간, 예산 과목 등의 사항과 예산관리조직에 관한 규정을 명시하도록 한다. 또한 예산 체계 및 편성과 예산의 집행 및 통제, 예산의 실적과 분석보고 등의 내용을 상세히 기재하도록 하며, 시행하는 데 필요한 세부 사항은 별도의 시행규칙을 두어 시행할 수 있다.

26 자원관리능력 - 물적자원관리능력

출제 포인트 물품 보관 방법에 관한 문제

정답 ②

해설
물품의 무게와 부피 등 개별 물품의 특성을 고려하여 보관해야 한다. 부피가 크고 무거운 제품은 선반 아래 칸에, 부피가 작고 가벼운 제품은 선반 위 칸에 보관해야 한다. 따라서 정답은 ②이다.

27 수리능력 - 기초통계능력

출제 포인트 원순열에 관한 문제

정답 ④

해설
지원자 8명 중 A부서 지원자는 2명이며, A부서 지원자가 서로 마주보고 앉는 경우의 수는 A부서 지원자 중 1명을 제외한 7명을 원탁에 앉힌 뒤 제외했던 A부서 지원자 1명을 나머지 A부서 지원자와 마주보는 자리에 앉게 하는 경우의 수이다. 이에 따라 A부서 지원자 1명을 제외한 7명이 원탁에 둘러앉는 경우의 수는 $(7-1)! = 6 \times 5 \times 4 \times 3 \times 2 \times 1 = 720$가지이다. 따라서 정답은 ④이다.

28 수리능력 - 도표분석능력

출제 포인트 도표분석에 관한 문제

정답 ③

해설
2024년 매출액은 A업체가 200,000 × (1 + 0.05) × (1 + 0.1) × (1 − 0.1) × 1 = 207,900만 원, B업체가 300,000 × (1 + 0.08) × (1 + 0.15) × 1 × (1 − 0.1) = 335,340만 원, C업체가 250,000 × (1 − 0.1) × (1 + 0.04) × (1 + 0.05) × (1 + 0.1) = 270,270만 원이다. 2020년 대비 2024년에 매출액 증가량은 A업체가 207,900 − 200,000 = 7,900만 원, B업체가 335,340 − 300,000 = 35,340만 원, C업체가 270,270 − 250,000 = 20,270만 원이다. 따라서 2020년 대비 2024년에 A∼C 세 업체의 매출액 증가량의 합은 7,900 + 35,340 + 20,270 = 63,510만 원이므로 정답은 ③이다.

29 조직이해능력 - 체제이해능력

출제 포인트 조직목표의 분류에 관한 문제

정답 ⑤

해설
생산성에 관한 목표는 투입된 자원 대비 산출량을 높이기 위한 목표로, 단위 생산 비용, 조직구성원 1인당 생산량 및 투입 비용 등으로 산출할 수 있다. 시장점유율이나 시장에서의 지위 향상과 같은 목표에 해당하는 것은 시장에 관한 목표이다. 따라서 정답은 ⑤이다.

오답분석
① 전체성과에 관한 목표는 영리 조직의 수익성, 사회복지기관의 서비스 제공과 같은 조직의 목표를 가리킨다.
② 자원에 관한 목표는 조직에 필요한 재료와 재무 자원을 획득하는 것을 말한다.
③ 인력개발에 관한 목표는 조직구성원에 대한 교육훈련, 승진, 성장 등과 관련된 목표이다.
④ 혁신과 변화에 관한 목표는 불확실한 환경 변화에 대한 적응 가능성을 높이고 내부의 유연성을 향상시키기 위해 수립한다.

개념 보충

조직목표의 분류
리차드(Richard L. Daft)는 조직이 일차적으로 수행해야 할 과업인 운영목표에는 ① 조직 전체의 성과, ② 자원, ③ 시장, ④ 인력개발, ⑤ 혁신과 변화, ⑥ 생산성에 관한 목표가 포함되어야 한다고 말했다.

30 정보능력 - 정보처리능력

출제 포인트 정적 정보와 동적 정보에 관한 문제

정답 ③

해설
동적 정보는 수시로 변하는 정보를 나타내며, 언제든 변할 수 있고, 수시로 변하므로 정보에 유통기한이 있다고 할 수 있다. 예를 들면, 뉴스, 인터넷 기사, 유튜브 영상, 이메일 등이 있다. 따라서 동적 정보에 해당하는 것만을 모두 고르면 'ⓒ, ⓔ'이므로 정답은 ③이다.

오답분석
㉠, ㉡ USB, 잡지는 정적 정보에 해당한다.

개념 보충

정적 정보와 동적 정보

정적 정보	보존되어 멈추어 있는 정보로, 저장 정보라고도 함. 예 잡지, 책, 스마트폰, CD-ROM, USB, 외장 하드 등
동적 정보	• 시시각각으로 변하는 정보 • 변화하는 정보이므로 유통기한이 있음. 예 인터넷 기사, 뉴스 프로그램, 신문, 유튜브 영상 등

31 문제해결능력 - 문제처리능력

출제 포인트 문제처리 과정 5단계에 관한 문제

정답 ①

해설
• A사: 처음에 조립 공정의 문제를 대수롭지 않게 여겼지만 막대한 비용과 시간이 드는 상황이 반복되자 결국 조립 공정을 문제 상황으로 삼고 이를 해결하기 위해 문제처리팀을 구성하였으므로, 해결해야 할 문제를 파악하여 선정 문제에 대한 목표를 명확히 하는 '문제 인식' 단계에 해당한다.
• B사: 신제품 청소기의 판매량을 늘리기 위해 오프라인 홍보뿐만 아니라 온라인 홍보를 활성화하는 방안을 수립하였으므로, '해결안 개발' 단계에 해당한다.
따라서 A사와 B사가 속한 단계는 각각 차례로 '문제 인식, 해결안 개발'이므로 정답은 ①이다.

32 문제해결능력 - 문제처리능력

출제 포인트 스캠퍼(SCAMPER)의 구체적 사례에 관한 문제

정답 ⑤

해설
제시된 상황은 부하직원이 상사에게 보고받을 수 있는 시간을 물은 후 보고했던 상황에서, 상사가 자신이 보고받을 수 있는 시간을 미리 게시하고 부하직원이 해당 시간에 맞춰 보고하는 상황으로 반전되었음을 보여주고 있다. 이는 어떤 순서나 기능을 뒤집음으로써 문제가 해결된 '반전하기'에 해당한다. 따라서 정답은 ⑤이다.

33 기술능력 - 기술선택능력

출제 포인트 매뉴얼 작성 시 주의 사항에 관한 문제

정답 ②

해설
매뉴얼 작성 시 의미를 명확하게 전달하기 위해서는 수동태보다는 능동태의 동사를 사용해야 한다. 따라서 정답은 ②이다.

개념 보충

매뉴얼 작성을 위한 Tip

- 내용이 정확해야 한다.
  - 매뉴얼의 서술은 가능한 한 단순하고 간결해야 하며, 비전문가도 쉽게 이해할 수 있어야 한다.
  - 매뉴얼 내용 서술에 애매모호한 단어 사용을 금지해야 한다. 매뉴얼 개발자는 제품에 대해 충분한 지식을 습득해야 하며 추측성 기능 설명은 절대 금물이다. 추측성 기능 설명은 문장을 애매모호하게 만들 뿐만 아니라 사용자에게 사고를 유발시켜 신체적·재산적 손실을 가져다 줄 수도 있다.
- 사용자가 알기 쉬운 문장으로 써야 한다.
  - 한 문장은 통상 단 하나의 명령, 또는 밀접하게 관련된 몇 가지 명령만을 포함하여야 한다.
  - 의미 전달을 명확하게 하기 위해서는 수동태보다는 능동태의 동사를 사용하며, 명령을 사용함에 있어서 약한 형태보다는 단정적으로 표현하고, 추상적 명사보다는 행위 동사를 사용한다.
- 사용자에 대한 심리적 배려가 있어야 한다.
  - '어디서, 누가, 무엇을, 언제, 어떻게, 왜'라는 사용자의 질문들을 예상하고 사용자에게 답을 제공하여야 한다. 그리고 사용자가 한번 본 후 더 이상 매뉴얼이 필요하지 않도록, 빨리 외울 수 있도록 배려하는 것도 필요하다.
- 사용자가 찾고자 하는 정보를 쉽게 찾을 수 있어야 한다.
  - 사용자가 필요한 정보를 빨리 찾기 쉽도록 구성해야 한다. 사용자가 원하는 정보를 빠른 시간 내에 찾지 못한다면 어려운 매뉴얼이 된다. 짧고 의미 있는 제목과 비고(Note)는 사용자가 원하는 정보의 위치를 파악하는 데 도움이 될 수 있다.
- 사용하기 쉬워야 한다.
  - 매뉴얼의 내용이 아무리 훌륭하게 만들어졌다 해도 사용자가 보기 불편하게 크거나 혹은 작거나, 복잡한 구조의 일부 전자 매뉴얼처럼 접근하기 힘들다면 아무 소용이 없다. 사용이 용이하도록 하는 것은 매뉴얼의 제작 형태에 따라 달라진다.

34 자기개발능력 - 경력개발능력

출제 포인트 경력의 특징에 관한 문제

정답 ③

해설
ⓒ 경력은 직위, 직무와 관련된 역할이나 활동뿐만 아니라 이와 영향을 주고받는 환경적 요소도 포함된다.
ⓔ 경력개발은 개인이 경력목표와 전략을 수립하고 실행하며 피드백하는 과정을 의미한다.
따라서 적절한 것만을 모두 고르면 'ⓒ, ⓔ'이므로 정답은 ③이다.

오답분석
ⓐ 경력은 전문적인 일이나 특정 직업에만 한정된 개념이 아니며, 누구든지 일과 관련된 활동을 하고 있으면 경력을 추구하는 것이다.
ⓑ 과거와 달리 오늘날에는 평생직장이라는 개념이 소멸되어 가고 있기 때문에 경력관리가 점점 더 중요해지고 있다.

35 기술능력 - 기술적용능력

출제 포인트 제품 사용설명서의 이해에 관한 문제

정답 ⑤

해설
디스플레이에 양면 복사를 이용할 수 없다는 메시지가 나타나는 원인은 양면 복사 모드에서 이용할 수 없는 용지 크기를 설정하였기 때문이며, 이 경우 적합한 용지 크기를 설정해야 한다. 따라서 정답은 ⑤이다.

36 자원관리능력 - 인적자원관리능력

출제 포인트 효과적인 인력 배치에 관한 문제

정답 ④

해설
ⓐ 개인에게 능력을 발휘할 수 있는 기회와 장소를 제공한 후 그 성과에 따라 평가하고, 평가된 능력과 실적에 대해 상응하는 보상을 하는 원칙은 '능력주의'이다.
ⓑ 모든 팀원에 대해 평등한 적재적소를 고려하여, 팀 전체와 개체가 균형을 이루도록 팀원을 배치하는 원칙은 '균형주의'이다.
ⓒ 팀원의 능력이나 성격 등이 가장 잘 맞는 위치에 팀원을 배치하여 개개인의 능력을 최대로 발휘할 수 있도록 도와주는 원칙은 '적재적소주의'이다.
따라서 빈칸 ⓐ~ⓒ에 들어갈 용어는 각각 차례로 '능력주의, 균형주의, 적재적소주의'이므로 정답은 ④이다.

37 대인관계능력 - 고객서비스능력

출제 포인트 고객 불만 유형에 관한 문제

정답 ③

해설
제시된 사례의 불만고객은 과시적으로 자신의 능력을 드러내고 싶어하며, 제품을 폄하했다. 이에 김사원은 불만고객을 응대할 때, 정중하게 대하며, 과시욕이 충족될 수 있도록 언행을 제지하지 않고 인정해주었다. 따라서 제시된 사례의 고객A에 해당하는 불만 표현 유형은 '거만형'이므로 정답은 ③이다.

개념 보충

불만고객 유형별 특징과 유의 사항

구분	특징	유의 사항
거만형	• 자신이 타인보다 우월하다고 생각함. • 과시적으로 자신이 가진 지식, 능력, 소유를 드러내고 싶어 함. • 제품을 폄하	• 정중하게 대하는 것이 좋음. • 과시욕이 충족될 수 있도록 그들의 언행을 제지하지 않고 인정해 줌. • 의외로 단순한 면이 있으므로 일단 호감을 얻는다면 여러 면으로 득이 될 경우가 많음.

의심형	• 타인과 세상을 잘 신뢰하지 못함. • 직원의 설명이나 제품의 품질에 대해 의심이 많음. • 확신이 있는 말이 아니면 잘 믿지 않음.	• 분명한 증거나 근거를 제시하여 스스로 확신을 갖도록 유도함. • 때로는 책임자가 응대하는 것도 좋음.
트집형	• 사소한 것으로 트집을 잡음.	• 이야기를 경청하고, 맞장구치고, 추켜세우고, 설득해 가는 방법이 효과적임. • 잠자코 고객의 의견을 경청하고 사과하는 응대가 바람직함.
빨리빨리형	• 매사에 성격이 급함. • 일처리가 늦어지는 것에 대해 특히나 불만을 가짐.	• "글쎄요?", "아마…", "저…"와 같은 애매한 화법을 사용하면 고객이 신경이 더 날카롭게 곤두서게 됨. • 여러가지 일을 신속하게 처리하는 모습을 보이면 응대하기 쉬움.

④ 체크리스트: 업무의 각 단계를 효과적으로 수행했는지 자가 점검해 볼 수 있는 도구로, 시간의 흐름을 표현하는 데에는 한계가 있지만 업무를 세부적인 활동들로 나누고 각 활동별로 기대되는 수행수준을 달성했는지를 확인하는 데 효과가 있다.
⑤ PERT: 일의 순서와 소요 기간을 결정할 때 이용하는 도구로, 업무를 달성하는 데 필요한 전 작업을 작업 내용과 순서를 기초로 하여 네트워크상으로 표시한다.

40 수리능력 - 도표작성능력

출제 포인트 도표작성 절차에 관한 문제

정답 ②
해설
도표를 작성할 때, 주어진 자료를 가장 잘 표현할 수 있도록 가로축과 세로축의 눈금의 크기를 결정하여야 한다. 한 눈금의 크기가 너무 크거나 작으면 자료의 변화를 잘 표현할 수 없으므로 자료를 가장 잘 표현할 수 있도록 한 눈금의 크기를 정하는 것이 바람직하다. 따라서 정답은 ②이다.

38 조직이해능력 - 국제감각

출제 포인트 국제 비즈니스 매너에 관한 문제

정답 ①
해설
제시된 사례들은 조직 리더들의 국제 비즈니스 매너 부재와 국제 문화 몰이해에서 비롯된 외교적 결례를 보여주고 있다. 이를 통해 지도자는 국제적인 매너와 국제문화 이해 능력을 함양해야 한다는 것을 알 수 있다. 따라서 정답은 ①이다.

39 조직이해능력 - 업무이해능력

출제 포인트 업무효율화 도구에 관한 문제

정답 ①
해설
'WBS(Work Breakdown Structure)'는 목표를 이루는 데 필요한 업무를 결정할 때 이용하는 도구로, 세부업무추진구조도라고도 한다. 따라서 정답은 ①이다.

오답분석
② 간트 차트: 일의 시작일과 완료일을 결정할 때 이용하는 도구로, 작업공정이나 제품별로 계획된 작업이 실제로 어떻게 진행되고 있는가를 보여주며 시간적 일정 관리를 가능하게 한다.
③ 워크 플로 시트: 일의 흐름을 동적으로 보여주는 데 효과적이다. 특히 워크 플로 시트에 사용하는 도형을 다르게 표현함으로써 주된 작업과 부가적인 작업, 혼자 처리할 수 있는 일과 다른 사람의 협조를 필요로 하는 일, 주의해야 할 일, 컴퓨터와 같은 도구를 사용해서 할 일 등을 구분해서 표현할 수 있다.

Weport

위포트 전공필기 도서 라인업

사무직

상경통합전공·단일전공·금공대비

통합전공

통합전공·상경통합전공

통합전공·상경통합전공·금공대비

통합전공

통합전공·상경통합전공·금공대비

통합전공

상경통합전공

통합전공·상경통합전공·단일전공·금공대비

통합전공

기술직

단일전공

가장 빠른 합격을 위한 확실한 방법, 위포트!
10년간 72,465명 합격자를 만든 1타 라인업

(* 위포트 수강생 중 서류, 인적성, 최종합격자 수 2012.05~2024.11.15)

NCS

- **윤진원** — 5급 PSAT 자료해석 1위[1]
- **하주응** — 공기업 문제 해결 1위[2]
- **신헌** — 공기업 수리·자료해석의 神[3]
- **박어령** — 적성 언어시험 베테랑
- **이지은** — 5급 공채 1차 6회 합격

전공 필기

- **장진** — 수험 법학 25년 노하우
- **신경수** — 공무원 경제학 1위[4]
- **김윤상** — CPA 경영학 1위[5]
- **황윤하** — CPA/공기업 회계학 1위[6]
- **김만희** — 공기업 특화한 압축 행정학
- **기계의 진리** — 공기업 기계직 1위[7]

지금 바로 검색창에 '**위포트**'를 검색하세요.

동영상 강의는 위포트 웹사이트(www.weport.co.kr)에서 만나보실 수 있습니다.

1) Yes24 PSAT(외시/행시/7급) 카테고리 주별 베스트 1위 2020년 12월 2주, 3주
2) Yes24 취업 수험서 PSAT 교재 부분 2017년 7월 ~ 2021년 7월 내 총 152주 1위
3) 2021년 2월 ~ 12월 네이버 데이터랩 조회 기준 1위
4) Yes24 수험서 자격증 공무원 경제학 부분 2020년 11월 5주, 12월 1주, 2021년 1월 1주, 3주
5) Yes24 수험서 자격증 고등고시/전문직 공인회계사 부문 2021년 7월, 9월
6) Yes24 수험서 자격증 공무원 회계학 부문 2021년 9월
7) Yes24 공사공단 수험서 기계직 교재 부문 2021년 1월